Berliner Festspiele

S M
B Nationalgalerie

kulturstiftung des bundes

nicolai

Martin-Gropius-Bau, Berlin, 28. September 2003 bis 5. Januar 2004 ¬ Staatliche Tretjakow-Galerie, Moskau, 21. März bis 15. Juli 2004

# berlin москва

1950

## CHRONIK

# MOSKAU БЕРЛИН

2000

Herausgegeben von Pawel Choroschilow, Jürgen Harten, Joachim Sartorius, Peter-Klaus Schuster

Die Deutsch-Russischen Kulturbegegnungen 2003/2004 stehen unter der Schirmherrschaft von Wladimir Putin, Präsident der Russischen Föderation, und Johannes Rau, Präsident der Bundesrepublik Deutschland

## AUSSTELLUNG

Berlin – Moskau, Moskau – Berlin 1950–2000

Eine Ausstellung der Berliner Festspiele (Kulturveranstaltungen des Bundes in Berlin GmbH) und der Nationalgalerie, Staatliche Museen zu Berlin (Stiftung Preußischer Kulturbesitz) in Zusammenarbeit mit der Kulturstiftung des Bundes, dem Kulturministerium der Russischen Föderation und dem Stas Namin Zentrum Moskau; im Rahmen der Deutsch-Russischen Kulturbegegnungen 2003/2004. Gefördert von der Stiftung Deutsche Klassenlotterie Berlin.

Martin-Gropius-Bau, Berlin
28. September 2003 bis 5. Januar 2004

Staatliche Tretjakow-Galerie, Moskau
21. März bis 15. Juni 2004

Unter der Verantwortung von
Pawel Choroschilow, Stellvertretender Kulturminister der Russischen Föderation
Joachim Sartorius, Intendant der Berliner Festspiele
Peter-Klaus Schuster, Generaldirektor der Staatlichen Museen zu Berlin

Kuratoren
Pawel Choroschilow und Jürgen Harten
in Zusammenarbeit mit Ekaterina Degot, Viktor Misiano, Angela Schneider, Christoph Tannert

Alexander Lawrentjew unter Mitarbeit von Sergej Burassowski, Jule Reuter (Fotografie)

Wladimir Dmitrijew, Claus Löser (Film)

Kaufmännische Geschäftsführung der Berliner Festspiele: Jürgen Maier, Hinrich Gieseler (bis Juli 2003)

Ausstellungsbüro Berlin
Projektleitung, Berliner Festspiele
Reinhard Alings, Christoph Schwarz

Projektsekretariat und Verwaltung: Rachel Riddell, Elena Günther (bis Dez. 2002); Carola Rotheneichner (Finanzen)

Wissenschaftliche Mitarbeit: Nike Bätzner, Silke Denecke, Jule Reuter, Kyllikki Zacharias;
Agnes Wegner, Elke Kupschinsky, Caroline Philipp, Ekaterina Ivanovskaja; Praktikant: Joris Heyder;
Anna Saizewa, Marina Isjumskaja (als Stipendiatinnen der Kulturstiftung der Länder)

Ausstellungsbüro Moskau
Projektleitung Stas Namin Zentrum
Anna Issajewa, Genaraldirektorin; Michail Tscherepaschenez in Zusammenarbeit mit Anna Pachomowa;
Arbeitsgruppe zur Vorbereitung der Ausstellung: Irina Bobiliowa, Olga Boiko, Maria Gogol, Zelfira Tregulova (bis Sept. 2002)

EDV: Ingo Bassalig, Abdullah Celebi

Übersetzungen: Christine Rädisch (Russisch)
Rachel Riddell (Englisch)

Registrar: Agnes Wegner, Silke Denecke

Künstlerbetreuung: Niklas Nitschke

Presse- und Öffentlichkeitsarbeit: Ute Weingarten;
Kerstin Schilling, Jagoda Engelbrecht, Frank Giesker, Gerhild Heyder, Martin Tabor (Berliner Festspiele);
Matthias Henkel, Anneliese Wagner-Junker (Staatliche Museen zu Berlin)

Kartenbüro und Protokoll: Peter Böhme, Michael Grimm, Heinz Bernd Kleinpaß, Uwe Krey, Sönke Reyels, Carlos Rodriguez
Besucherbetreuung der Staatlichen Museen zu Berlin: Christoffer Richartz, Klaus Pioch, Heike Völker

Ausstellungsarchitektur und Produktionsleitung: Christian Axt
Mitarbeit: Christine Weiner, Evelyn Simhart
Lichtplanung: Michael Flegel
Medientechnik: Stefan Haupt

Konservatorische Betreuung: Friederike Beseler, Stephan Böhmer, Ekkehard Kneer, Lluïsa Sarries i Zgonc, Eva Wein

Restaurierung Moskau: Staatliche Tretjakow-Galerie, Staatliches Russisches Museum, Ewrobaget GmbH

Transporte: Hasenkamp Internationale Transporte GmbH; Hasenkamp GRM JV JSC, St. Petersburg; u. a.
Verpackung Moskau: Allrussische Kunst- und Industrievereinigung AG
Versicherungen: Staatshaftung der Bundesrepublik Deutschland; Kuhn & Bülow Versicherungsmakler GmbH; SAO Ingosstrakh; u. a.

Grafische Gesamtgestaltung: Knut Bayer, Detlev Pusch / pushberlin.de

Website: Ildar Nazyrov, Christine Roth / 007-berlin.de
www.berlin-moskau.net

Audioguide: Audio-Konzept, Birge Tetzner
Audioführungssystem von: SENNHEISER

Der Ausstellungskatalog besteht aus zwei Bänden: *Kunst* und *Chronik*

## CHRONIK

Herausgeber: Pawel Choroschilow, Jürgen Harten, Joachim Sartorius, Peter-Klaus Schuster

Katalogkonzeption: Nike Bätzner, Andrej Sorin in Kooperation mit den Kuratoren

Katalogredaktion: Nike Bätzner, Andrej Sorin
Mitarbeit: Caroline Philipp;
Natalja Semjonowa, Jelena Schumilowa, Olga Brjusgina

Bildredaktion: Elke Kupschinsky in Zusammenarbeit mit Sergej Balan und dem Trilistnik Verlag, Moskau

Übersetzungen: Irena Akopjan, Peter von Becker, Matthias Dondl, M. David Drevs, Alexej Khairetdinow, Gabriele Leupold, Christiane Peitz, Christine Rädisch

Verlagslektorat: Antonia Meiners unter Mitarbeit von Monika Heinker, Hartmut Schönfuß und Giselind Werner; vorbereitendes russisches Lektorat: Trilistnik Verlag, Moskau

Grafische Gestaltung: Knut Bayer / pushberlin.de
Umschlag unter Verwendung von: Oleg Wassiljew, *Ogonjok Nr. 25*, 1980. © Jane Voorhees Zimmerli Art Museum, Rutgers, The State University of New Jersey, The Norton and Nancy Dodge Collection of Nonconformist Art from the Soviet Union (F: John C. Kopp)
Frontispiz und Zwischentitel mit Stadtansichten von Moskau S. 23, 213, 235, 261: Alexander Lawrentjew;
Zwischentitel mit Stadtansichten von Berlin S. 9, 131, 159, 193, 389: Nike Bätzner
Stadtpläne: Nike Bätzner

Reproduktionen: Mega-Satz-Service, Berlin
Papier: 135 g/m², Bilderdruckpapier Profisilk
Druck: H. Heenemann, Berlin
Bindung: Kunst- und Verlagsbuchbinderei Leipzig



Buchhandelsausgabe: ISBN 3-89479-072-5
[redacted]

Dank an: SAO Ingosstrakh, Moskau

Dank an: Kempinski

Die Installation *Sieg der Sonne* von Gerhard Merz im Lichthof wurde produziert von: k • ROGGE Spezialbau GmbH mit freundlicher Unterstützung von: ZUMTOBEL STAFF DAS LICHT

Die Installation *Military Trainings Camp* von Dmitri Gutow wurde ermöglicht durch ZGG-Zarubezhgaz-Erdgashandel-Gesellschaft mbH

In Zusammenarbeit mit 3sat

Unsere Medienpartner RBB Berlin Fernsehen, Radiokultur, Inforadio, Der Tagesspiegel, Европа Экспресс

## INHALT

*Vogelscheuche* (UdSSR 1984), Filmstill

## VORBEMERKUNG

Der Flaneur kann nicht umhin, in den Städten Berlin und Moskau ein unterschiedliches Tempo einzuschlagen. Breite Gehwege und große Alleen bzw. Boulevards besitzen beide Städte. Doch nicht nur die in Moskau in extremer Tiefe und durch opernhaft grandiose Stationen unter der Stadt entlang brausende U-Bahn ist dort schneller als in Berlin. Auch der Verkehrsstrom teilt sich mancherorts niemals, um Fußgänger passieren zu lassen. Zurückgekehrt aus der russischen Metropole kommt einem die deutsche wie ein Luftkurort in dornröschenhafter Stille vor. Aber in welcher der beiden Städte könnte man heute noch – wie Walter Benjamin in seinem *Passagen-Werk* eine elegante Sitte der Flanierenden von 1839 zitiert – bei der Beobachtung der Stadt von einer an der Leine mitgeführten Schildkröte seine Schrittgeschwindigkeit bestimmen lassen?

Im Prolog zu dieser *Chronik* werfen jeweils ein Schriftsteller und ein Fotograf aus Deutschland einen Blick auf Moskau und demgegenüber stellen ein Schriftsteller und ein Fotograf aus Russland ihre Sicht von Berlin vor. Sie erfassen die beiden Städte als je eine Einheit – dies ist die Sicht um die Jahrtausendwende. Zuvor, seit 1949, haben wir es mit drei Städten zu tun: mit Moskau, Berlin als Hauptstadt der DDR und West-Berlin in seiner Insellage sowie mit den Systemen und Mentalitäten, für die diese stehen.

Die territorialen und geistigen Schmelztiegel Berlin und Moskau sind der Angelpunkt für das international angelegte, von Pawel Choroschilow und Jürgen Harten in Zusammenarbeit mit Ekaterina Degot, Viktor Misiano, Angela Schneider und Christoph Tannert kuratierte Ausstellungsprojekt *Berlin – Moskau / Moskau – Berlin 1950–2000*, zu dem zwei Katalogbände erscheinen: ein Ausstellungskatalog und dieser Essayband. Er enthält eine umfangreiche, die verschiedenen Kunstsparten und das politische und gesellschaftliche Geschehen umfassende Chronik sowie Texte zum historischen und intellektuellen Hintergrund der zweiten Hälfte des 20. und des beginnenden 21. Jahrhunderts. Dabei war uns wichtig, sowohl der aktuellen Diskussion als auch der Rezeption der Geschichte Raum zu geben. Pointierte Einzelanalysen stehen Überblicksdarstellungen gegenüber.

Die Ausstellung legt bewusst ihren Fokus auf die bildende Kunst und will keine kulturhistorische Gesamtschau der Zeit von 1950 bis 2000 liefern. Der Essayband sondiert das Terrain, auf dem diese Kunst gedeiht und stellt außerdem mit Fachbeiträgen neben der bildenden Kunst auch Gattungen vor, die in der Ausstellung nicht oder nur partiell behandelt werden – Architektur, Denkmal und Erinnerungskultur, Film, Medien, Theater und Musik sowie Literatur. Die Gliederung der Chronik entspricht derjenigen der Essays, einzelne in der Chronik angeführte Sachverhalte werden in den Textbeiträgen vertieft.

Dabei waren wir bemüht, zu einem Themenkomplex jeweils Texte von deutscher und russischer Seite einander gegenüberzustellen. Der historische Rahmen reicht von der Nachkriegszeit bis zu einer zwischen Turbokapitalismus, wirtschaftlicher Depression und historischer Restauration zerrissenen Gegenwart. Schwerpunkte der Betrachtung liegen auf dem Kalten Krieg (Wolfgang Eichwede, Alexej Filitow, Wladimir Semjonow), Nationalismus und Rassismus (Nikolai Mitrochin, Wolfgang Dreßen, Henryk M. Broder) und der Totalitarismus-Debatte (Lew Gudkow, Bazon Brock, Maja Turowskaja), wobei deutlich wird, dass der Große Vaterländische Krieg bis heute das Verhältnis zwischen Russen und Deutschen mitbestimmt. Die Dissidentenbewegung (Alexander Daniel und Arseni Roginski, Klaus Michael, Sabine Hänsgen und Georg Witte) und im Vergleich dazu die westdeutsche bzw. West-Berliner Oppositionsbewegung um 1968 (Helmut Höge) sind von besonderer Bedeutung. Die Öffnung der Mauer, das Ende der DDR und den damit verbundenen Abzug der russischen Truppen reflektieren verschiedene Essays (u. a. Michail Gorbatschow, Gassan Gussejnow). Der heutigen Situation Deutschlands bzw. Europas zwischen den Großmächten Russland und Amerika gelten eine rechtshistorische Analyse (Gret Haller) und realpolitische Überlegungen (Egon Bahr) – die neue Weltordnung nach dem 11. September 2001 spielt dabei in mehreren Texten eine Rolle (expilizit dazu Slavoj Žižek). Den Abschluss des Kapitels zu Politik und Zeitgeschehen bilden Kommentare zu den Ideologien der neunziger Jahre zwischen Neuer Linker und Pop, Anarchie und Kommerz (Kirill Rogow, Alexander Tarassow, Bert Papenfuß, Boris Kremer). Das Verhältnis von Kunst und Politik, dem im Politik-Kapitel ein Interview (mit Wilhelm Christians) gewidmet ist, besitzt auch für einen Großteil der Fachbeiträge zu den Kunstsparten Relevanz. Die Textbeiträge wie auch die Chronikeinträge spiegeln offizielle Kulturstrategien und dissidentische Nischenbildung. Sie zeugen außerdem sowohl von den verschiedenen Blickwinkeln der Generationen sowie der russischen und der deutschen Autoren als auch von einem unterschiedlichen Geschichtsverständnis.

Die Chronik wurde in langen Diskussionen in Zusammenarbeit mit dem russischen Katalogredakteur Andrej Sorin in eine für beide Seiten verständliche Form gebracht, denn deutsche und russische Auswahlkriterien und Schwerpunktsetzungen unterschieden sich enorm. Andrej Sorin danke ich für die großartige und bereichernde Zusammenarbeit, die ermöglichte, dass dieses besondere und schwierige Unterfangen in einen hoffentlich allseitigen Erkenntnisgewinn mündet.

In diesen Katalogband sind 48 reine Fotoseiten integriert, welche die von Jule Reuter und Alexander Lawrentjew für die Ausstellung zusammengestellte Fotochronik wiedergeben. Redaktionell erweitert wurden jene Seiten zu Stalins Tod 1953 und zu den Weltfestspielen der Jugend und Studenten 1957; die Bilderfolgen zum Mauerbau 1961 und zu den Protestbewegungen 1968 wurden hinzugefügt, um diesen Ereignissen, welche die Stadt Berlin und mehr als eine Generation prägten, ein besonderes Gewicht zu verleihen.

Zu den Formalien bleibt zu bemerken: Es kursieren unterschiedliche Systeme, die russische Schriftsprache in lateinische Buchstaben umzusetzen. Die bis vor kurzem von den russischen Behörden verwendete französische Umschrift unterscheidet sich deutlich von der deutschen oder der englischen bzw. amerikanischen, die heute von vielen international verankerten Künstlern verwendet wird. Im vorliegenden Buch haben wir uns an die deutschen Transkriptionsregeln nach Wolfgang Steinitz gehalten – mit Ausnahme der davon abweichenden, im Westen eingebürgerten oder von den Künstlern ausdrücklich gewünschten Namensschreibungen. Grenzfälle sind dabei nicht zu vermeiden. In den Anmerkungen wurden die Literaturangaben und in der Chronik die Zeitschriften- und Werktitel transliteriert, um ein Auffinden der entsprechenden Literatur in Fachbibliotheken zu ermöglichen.

Nike Bätzner

## DANK

Die Ausstellung wäre nicht zustande gekommen ohne die tatkräftige Unterstützung von Michail Schwydkoi, Kulturminister der Russischen Föderation, Moskau; Christine Weiss, Staatministerin für Kultur und Medien, Berlin; Klaus Wowereit, Regierender Bürgermeister von Berlin und Hortensia Völckers, Künstlerische Direktorin der Kulturstiftung des Bundes, Halle an der Saale.

Wir danken:
Petra Albrecht (Berlin), Gleb Alejnikow (Moskau), Thomas Anschütz (Berlin), Jürgen Appelt (Berlin), Yuri Avvakumov (Moskau), Monika Bartsch (Berlin), Helmut Bätzner (Karlsruhe), Christiane Bauermeister (Berlin), Katrin Becker (Berlin), Berger Bergmann (Berlin), Wolfgang Bergmann (Mainz), Eva Beuys (Düsseldorf), Jewgeni Bezel (Moskau), Vladimír Birgus (Prag), René Block (Kassel), Andreas Böldt (Berlin), Marie-Puch Broodthaas (Brüssel), Norbert Bunge (Berlin), Kristiane Burchardi (Berlin), Gisela Capitain (Köln), Lucie Chocholova (Prag), Anastasia Chorochilowa (Essen/Moskau), Thomas Conrad (Berlin), Albrecht Conze (Berlin), Volker Diehl (Berlin), Ulrich Domröse (Berlin), M. David Drevs (München), Clara Duske (Berlin), Hans Düttmann (Berlin), Michael Ehrmann (Berlin), Wolfgang Eichwede (Bremen), Konstanze Ell (Köln), Ute Eskildsen (Essen), Anke Fallböhmer (Berlin), Marc Feller (Berlin), Jörg Fidorra (Berlin), Wolfgang Fiedler (Mainz), Dorothee Fischer (Düsseldorf), Regina von Flemming (Moskau), Christiane Friedrich (Berlin), Monika Fröhlich (Berlin), Marina Fröhling (Köln), Stefan Gallon (Berlin), Ties-Christian Gerdes (Barleben), Rolf Gerlach (Berlin), Michaela Giesing (Hamburg), Maria Gillissen (Brüssel), Ralf Glaser (Chemnitz), Wolfgang Gmyrek (Düsseldorf), Werner Gondolf (Berlin), Detlev Gretenkort (Holle), Adri de Groot (Washington DC), Hans-Heinrich Grosse-Brockhoff (Düsseldorf), Boris Groys (Karlsruhe), Tatjana Gubanowa (Moskau), Petra Gumz (Köln), Carola Hartlieb (Berlin), Alex Hartmann (Berlin), Johannes Heldt (Berlin), Max Hetzler (Berlin), Margarethe Hoehme (Düsseldorf), Hans Hoepf (Berlin), Sabine Hoffmann (Moskau), Marion Hohmann (Berlin), Carl-Wolfgang Holzapfel (Weil), Marina Isjumskaja (Moskau), Jelena Jelagina und Igor Makarewitsch (Moskau), Claudia Jolles (Zürich), Jewgeni Jufit (St. Petersburg), Britta Kaiser-Schuster (Berlin), Joanna Kamm (Berlin), Elisabeth Kaufmann (Zürich), Thomas Kellein (Bielefeld), Regine Keyser (Berlin), Naum Klejman (Moskau), Galina Klimorowa (Moskau), Carmen Knoebel (Düsseldorf), Jens Komossa (Berlin), Jewgeni Kondratijew (Berlin), Mario Kramer (Frankfurt), Hans-Uve Kreher (Berlin), Mairi Kroll (Hannover), Beate Kruse (Berlin), Fee und Paul Kuff (Düsseldorf), Harald Kunde (Aachen), Aljona Kurtsewa (Moskau), Hansgert Lambers (Berlin), Peter Lang (Berlin), Gottfried Langenstein (Mainz), Silke Langenstein (Moskau), Bernd Leifeld (Kassel), Julia Lubina (Berlin), Norbert Ludwig (Berlin), Oda Mahnke-Khorasani (Berlin), Filip Marco (Prag), Elena Maslowa (Moskau), John Matheson (Zürich), Oskar Matzel (Berlin), Wolfgang Maurus (Berlin), Anne Mayershofer (Berlin), Jörn Merkert (Berlin), Katharina und Gerhard Merz (Pescia), Friedrich Meschede (Berlin), Heinrich Metel (Berlin), Marlis Micha (Berlin), Wolfgang Mössinger (Moskau), Cornelia Müller (Berlin), Walter Müller (Brühl), Pia Müller-Tamm (Düsseldorf), Cornelia Munzinger-Brandt (Dresden), Michael Naumann (Hamburg), Knut Nevermann (Berlin), Julian Nida-Rümelin (Göttingen), Lutz Nitsche (Halle/S), Xenia Nowikowa (St. Petersburg), Jewgeni Nutowitsch (Moskau), Jenny Otto (Moskau), Fokke Peters (Halle/S), Andrej Petschnikow (Berlin), Volker Petzold (Berlin), Ursula Prinz (Berlin), Thomas Pylla (Hamburg), Joachim Rau (Berlin), Rhoda Riccius (Berlin), Franz Rodvalt (Berlin), Andreas Rost (Berlin), Thomas Roth (Berlin), Sergej Salnikow (Moskau), Marina Sandmann (Berlin), Nele Sass (Berlin), Friedhelm Scharf (Kassel), Esther Schipper (Berlin), Hans-Jörg Schirmbeck (Berlin), Ewald Schneider (Salzburg), Bärbel Schönefeld (Berlin), Ilona Schreiber (Frankfurt/M), Susann Schumacher (Zürich), Uwe Schwarzer (Berlin), Liane Schwarzbach (Berlin), Elke Schwichtenberg (Berlin), Gert Scobel (Mainz), Hans Sebesta (Moskau), Hubert J. Seffen (Berlin), Gisela Seitz (Berlin), Elena Selina (Moskau), Igor Sewerzew (Moskau), Tanja Sprang (Berlin), Gudrun Steinacker (Moskau), Birgit Stöckmann (Berlin), Walter Storms (München), Beate Sturm (Berlin), Friederike Tappe-Hornbostel (Halle/S), Wolfgang Theis (Berlin), Karin Thomas (Köln), Rüdiger Thomas (Köln), Vera Tollmann (Halle/S), Gerd Trautmann (Bonn), Zelfira Tregulova (Moskau), Hans von Trotha (Berlin), Vera Udodenko (Köln), Petra Uhlmann (Berlin), Rafael Vostell (Berlin), Heidi Weber (Zürich), Volker Weidhaas (Berlin), Barbara Weiss (Berlin), Evelyn Weiss (Köln), Karin von Welck (Berlin), Michael Werner (Köln), Stefan von Wiese (Düsseldorf), Wolfgang Wittrock (Berlin), Usel Wolff (Berlin), Ulf Wrede (Berlin), Moritz Wullen (Berlin), Heiner Wüstenberg (Berlin), Heribert Wuttke (Rheinbach), Lutz Zoglauer (Chemnitz)

sowie allen Mitarbeiterinnen und Mitarbeitern der Berliner Festspiele und des Martin-Gropius-Bau.

Weiterer Dank geht an:

Trilistnik Verlag, Moskau:
Natalja Klubnikina, Direktorin; Olga Brjusgina, Jelena Lapenkowa, Jelena Schumilowa, Natalja Semjonowa, Maxim Lusjanin, Oxana Wilinskaja, Nadeshda Woskressenskaja

Botschaft der Russischen Föderation in Deutschland:
Sergej Krylow, Außerordentlicher und Bevollmächtigter Botschafter der Russischen Föderation; Wladimir Naidenow, Kultur-Berater der Botschaft

Staatliches Zollkomitee der Russischen Föderation:
Michail Wanin, Vorsitzender

Ministerium für Kultur der Russischen Föderation:
Michail Schwydkoi, Kulturminister;
Denis Moltschanow, Erster Stellvertretender Minister; Anna Kolupajewa, Leiterin der Abt. Museen; Leonid Makartschenko, Leiter des Amtes für internationale Kulturpolitik; Sergej Straschnikow, Berater des Ministers

Staatliche Tretjakow-Galerie, Moskau:
Valentin Rodinow, Generaldirektor; Alexander Morosow, stellvertretender Direktor; Tatjana Gorodkowa, Stellvertreterin des Chefkustos, Leiterin des Fonds für die Kunst des 20. Jh.; Irina Lebedewa, Leiterin der Abt. Malerei der 1. Hälfte des 20. Jh.; Larissa Kaschuk, Leiterin der Abt. Malerei der 2. Hälfte des 20. Jh.; Andrej Jerofejew, Leiter der Abt. für neuste Strömungen; Tatjana Kubanowa, Leiterin der Auslandsabteilung; Nina Diwowa, Leiterin der Ausstellungsabteilung; Olga Korina, Leiterin des Korin-Museums; Jelena Maslowa, Mitarbeiterin der Auslandsabteilung; Swetlana Maslowa, Mitarbeiterin der Auslandsabteilung; Anna Romanowa, Mitarbeiterin der Abt. für neueste Strömungen; Swetlana Kapyrina, Mitarbeiterin der Abt. Malerei der 2. Hälfte des 20. Jhs.

Staatliches Puschkin-Museum für Bildende Künste:
Irina Antonowa, Direktorin; Tatjana Potapowa, Chefkustos; Sinaida Bonami, Leiterin der Ausstellungsabteilung

Staatliches Russisches Museum, St. Petersburg:
Wladimir Gusser, Direktor; Jewgenija Petrowa, Stellvertretende Direktorin für Wissenschaftsarbeit; Iwan Karlow, Chefkustos; Wladimir Lenjaschin, Leiter der Abt. Kunst vom Ende des 19. bis zum Beginn des 21. Jhs.; Alexander Borowski, Leiter der Abt. für experimentelle Strömungen; Alissa Ljubimowa, Mitarbeiterin der Abt. Kunst vom Ende des 19. bis zum Beginn des 21. Jhs.

Krasnojarsker Surikow-Kunstmuseum:
Alexander Jefimowski, Direktor

Russisches Staatsarchiv für Literatur und Kunst:
Tatjana Gorjewa, Direktorin; Jelena Gasparowa

Moskauer Haus der Fotografie: Olga Swiblowa, Direktorin

Staatliches Museums- und Ausstellungszentrum ROSIZO, Moskau:
Jewgeni Sjablow, Direktor; Alexander Syssojenko, Stellvertretender Generaldirektor; Viktoria Subrawskaja, Leiterin der Ausstellungsabteilung; Swetlana Kowalenko, Chefkustos

GOSFILMOFOND (Staatlicher Filmfonds) Russlands:
Nikolai Borodatschew, Generaldirektor; Wladimir Dmitrijew, Stellvertretender Generaldirektor; Irina Sernowa, Stellvertretende Generaldirektorin; Waleri Bossenko, Leiter der Abt. für die wissenschaftliche Bearbeitung des Fonds und für internationale Beziehungen; Swetlana Dmitrijewa, Leiterin der Auftragsabteilung; Natalja Jakowlewa, wissenschaftliche Mitarbeiterin

Föderaler Archivdienst Russlands:
Wladimir Koslow, Direktor
Staatliches Archiv der Russischen Föderation:
Sergej Mironenko, Direktor
Russisches Staatsarchiv für Film- und Fotodokumente:
Ludmila Sapragajewa, Direktorin
Zentralarchiv für audiovisuelle Dokumente des Moskauer Stadtarchivs:
Sergej Kuschnarew, Direktor; Galina Rodionowa

Filmkonzern Mosfilm:
Natalja Ignatowa, Alexandra Tarassowa

Agentur Foto ITAR-TASS

Wissenschaftliches Informations- und Aufklärungszentrum Memorial, Moskau:
Tatjana Chromona, Archivleiterin; Arseni Roginski, Vorstandsvorsitzender

Moskauer Staatlicher Ausstellungssaal Neue Manege:
Wjatscheslaw Jermakow

Staatlicher Ausstellungssaal auf der Kaschirka:
Ljudmila Kusmina, Direktorin; Oxana Kolyschewa

Staatlicher Fonds für Fernseh- und Radioprogramme:
Irina Igonina, Angelina Balukowa, Olga Skoibedo

Theater an der Taganka: Katalina Ljubimowa

Valentin Riwkind, Generaldirektor der WChPO AG
Ljudmila Awdonina, Gutachterin
Pawel Rosso, Generaldirektor der Hasenkamp-GRM GmbH SP

# PROLOG

# MOSKAUER MENAGERIE
## EINE TIERSCHAU AN NEUN ORTEN DER STADT

DURS GRÜNBEIN

### LENINSKI PROSPEKT (DIE SAIGA-ANTILOPE)

Moskau, das Dritte Rom, ist gefallen. Was nun? Die Revolution, der große Hoffnungsfresser, der immer nur schlingt, nie verdaut, ist an ihren Eingeweiden erstickt. Was nun? Die roten Dämonen sind ausgestorben, die Plakate verbrannt, alles ist gründlich verbraucht und verdorben. Was nun? Was kommt nach dem Zusammenbruch dieses elenden Systems staatlicher Industriesklaverei? Dreifach ungeheuerlich ist dieser Zustand. Ein Block, der so fest betoniert in der Erde stand, muss bei seinem Zerbröckeln die Landschaften verwüsten. Die kleinsten Bruchstücke noch werden Tausende das Leben kosten. Die übrige Welt ist verwirrt und streckt verschämt ihre saugnapfbewehrten Tentakel nach Osten aus, auf der Suche nach künftigen Märkten.

Nach Tagen des Umherwanderns auf Moskauer Straßen fühlt man sich wie ein phlegmatisches Monstrum. Man brauchte den Staubrüssel der Saiga-Antilope aus den Steppen Kasachstans, das dicke Fell des sibirischen Yak-Bullen und die Geduld eines Wasserbüffels aus dem fernen Laos, wollte man hier überleben. Freilich, das Dromedar trug ein Monokel beim Pflügen der Stahlfelder, doch das ist lange her. Damals heizte Dostojewskis geschundenes Pferd mit seinen Rippen die Kessel der Revolutionslok vorm Panzerzug des Genossen Trotzki, der eine kurzsichtige Hyäne war. Jetzt endlich wissen sie, dass von Schrauben und Nägeln allein noch kein Mensch satt wird. Auch die Angst vor dem Staat und den faulen Zähnen des Nachbarn, die universelle Angst, ihre wichtigste Lebensquelle, ist nun versiegt. Der Asphalt auf Moskaus unmenschlichen Riesenprospekten ist aufgebrochen und schwärt in der Sommerhitze. Was nun?

Ulrich Wüst, fünfzehn Fotografien aus der Serie *Roter Oktober*, Moskau 1989

### BARRIKADNAJA (DIE GEPARDIN)

»Wenn sich das Leben stark geändert hat, so kann auch das Programm nicht dasselbe bleiben. Im Winter braucht der Mensch einen Pelz. Im Sommer wird nur ein Verrückter einen Pelz tragen. Dasselbe gilt auch in der Politik. Gerade Marx hat uns gelehrt, jedesmal die Lebensbedingungen zu beachten und dementsprechend zu handeln. Daraus folgt nicht, dass wir unsere Überzeugungen wechseln müssen wie eine Dame ihre Handschuhe.«
Bucharin/Preobrashenski, *Das ABC des Kommunismus*, 1920

Einer Gepardin im Moskauer Zoo

So teure Pelze sieht man sonst nur auf den Schultern
Der Gangsterbräute vorm Casino. So geschmeidig
Schleicht auf dem Laufsteg nur die androgyne Jugend,
Die Augen funkelnd scharf im Blitzlicht. Eine schlanke Katze,
Wie Pisanello sie gemalt hat, mit entzücktem Pinsel
(Das Fell getüpfelt, grannenhaft, ein Goldnes Vlies)
Federt sie schweifend auf und ab. Das Rückgrat
Dosiert die leiseste Bewegung.
                                        Millimeter
Vorm Grabenrand den Schwung der Pfoten umzulenken,
Geht ohne Hinsehn ab. Dort wird dem Ohr,
Der feinen Nase nichts geboten außer Lärm und Schweiß,
Jenseits des Drahtzauns, wo sich diese Affen tummeln
Mit ihren Kinderwagen zur Besuchszeit. Hechelnd
Verwandelt sie die schlechte Luft der Großstadt
In ein entferntes Air ... die weißen Schleifen
Im Haar der Mädchen in Gazellenfleisch. Faustgroß,
Ihr schmaler Kopf hält wachsam noch die Stellung,
Wenn sie im Flimmern vor den Toren Moskaus Zebras sieht.
Dann gähnt sie lange, die Gefangne des Zements.

## SADOWAJA BOLSCHAJA ULIZA (DIE HUNDE AM KIOSK)

Drei Hunde in weniger als drei Minuten, das war ihm zu viel. Spätabends wollte Igor S., genannt *Die Eisenhand*, ein mehrfach vorbestrafter Krimineller aus dem Moskauer Zuhältermilieu, an einem Kiosk Wodka kaufen. Dabei bellten ihn, in kurzer Folge, drei Hunde von der Seite an. Der erste war ein Pudel, kahlgeschoren bis auf den Scheitel, der rosa gefärbt war; sein Besitzer nannte ihn liebevoll *Lämmchen*. Das Tier zitterte von der Anstrengung des Bellens. Der zweite war ein Rottweiler, ein stämmiger Bursche, der an der Leine zerrte, Rumpf und Vorderpfoten steil aufgerichtet, dass sein Herrchen, ein bulliger, tätowierter Zwerg, Mühe hatte, ihn zurückzureißen. Der dritte war ein Deutscher Schäferhundrüde an der Seite einer älteren Frau im Pelzmantel, die das Haar unfrisiert trug, das Gesicht von einem langen Nachtleben verwüstet. Als diese sich auch noch an der Theke vordrängte, zog der Mafioso seinen Revolver und feuerte in die Luft. Unpassenderweise begannen einige der Umstehenden zu lachen. In dem Kugelhagel, der darauf folgte, starben drei Menschen – der Wodkaverkäufer, der Besitzer des Pudels, der sich schützend auf sein geliebtes Tier gelegt hatte (das dabei erdrückt wurde) und ein betrunkener Abendspaziergänger, Veteran aus dem Großen Vaterländischen Krieg, der mit der Sache absolut nichts zu tun hatte.

## KREML (DIE LEGENDE VOM VOGEL GREIF)

> »In den Kreml, und ohne Passierschein
> In sein Herz, in sein Mark, hin zu ihm –
> Alle Leinwand-Distanzen zerknirschend
> Mit schuldschwerem Kopf ging ich hin.«
> Ossip Mandelstam

Vor einen Skythenfürsten, der mit seinem wandernden Stamm ein Lager am Rande der Wüste Gobi aufgeschlagen hatte, wurde einst ein alter Mann gebracht. Skythische Spähtrupps hatten ihn überwältigt, wie er eben dabei war, flach im Sand ausgestreckt, mit einem Knotenstock in einem Erdloch herumzustochern. Der Alte glich keinem der Eremiten, wie sie gelegentlich aus der Wüste kamen. Sein zurückgeworfener Kopf mit dem breiten, glatt wie ein Kieselstein polierten Mondgesicht, die gelben Schneidezähne und seine Schlitzaugen so schmal, wie mit der Schwertklinge gezogen, ließen ihn eher als einen Mann vom Hofe erscheinen, einen asiatischen Würdenträger und gebildeten Ratgeber. Das abgewetzte Gewand und die geflickten Sandalen schienen nur Tarnung zu sein. Die Soldaten glaubten, sie hätten es mit einem Spion zu tun, und wollten, bevor sie kurzen Prozess mit ihm machen konnten, nur noch rasch die Erlaubnis ihres Anführers einholen.

»Was hast du dort zu suchen gehabt?«, fragte dieser ihn also scharf.

»So gut wie nichts, Herr«, erwiderte der Alte. »Eine Echse, ein Schuppenwaran, sind doch nur flüchtiges Fleisch, wenig mehr als ein Nichts.«

»Du siehst nicht aus wie jemand, der Nichtiges jagt«, versuchte es der Skythenfürst mit berechnender Schmeichelei.

»Das ist sehr gütig von Euch, Herr. Aber Ihr überschätzt mich. Ich war auf Nahrungssuche, sonst nichts«, sagte der Alte und schlug wie ein junges Mädchen die Augen nieder.

»Du siehst nicht aus wie ein Namenloser, ein bloßer Sack voller Staub. Dich regiert ein scharfer Verstand, nicht dein launischer Magen. Deine Geschicklichkeit im Bescheidentun verrät dich als Philosophen. Was also hast du dort zu suchen gehabt? Antworte oder du stirbst im Handumdrehn, und zwar auf die allergrausamste Weise. Sei gewiss, wir werden dich pfählen, Alter, und deinen Starrkopf an eine Zeltstange nageln. Sag uns, was du dort wirklich gesucht hast, und du wirst zum Essen willkommen sein. Ich verspreche dir, wir lassen dich nachher in Frieden ziehen.«

Derart seltsam war, bis in das späte 20. Jahrhundert hinein, die skythische Denkart. Selten gab es ein Volk, das so argwöhnisch und gleichzeitig so todesmutig war. Ihre größten Schlachtsiege hatten sie infolge ihrer ungeheuren Engstirnigkeit errungen, während ihr weites Herz sie vorantrieb. Sich selber ein Rätsel, lebten sie in dauerndem Wechsel von Misstrauen und Leichtgläubigkeit, ganz so wie starke, fröhliche Kinder, die zum Entsetzen der Erwachsenen am liebsten mit Totenschädeln und Knochen spielten.

»Also gut«, begann darauf der Alte. »Das Gedächtnis des Menschen ist ein tiefer Brunnen. Lass einen Eimer hinab, und es findet sich endlich doch noch ein Tröpfchen, wo vorher nichts war als hohle Echos. Wenn ich es recht bedenke, war es nicht Hunger, was mich vor jenes Erdloch trieb, sondern Neugier. Ich müsste weit ausholen, um Euch das zu erklären. Aber wir haben ja Zeit, nicht wahr, bevor ein jeder von uns sterben muss.«

Der Skythenfürst, der sogleich merkte, wie das Verhör sich nun umgekehrt hatte, gab ein Zeichen, worauf die Soldaten sich murrend entfernten.

»Eure Leute wagen es, zu murren, wenn Ihr ihnen befehlt?«, fragte der Alte unwillkürlich, und doch auch wie um ein letztes Mal auszuweichen.

»Das kommt, weil sie gegen ihren Willen gehorchen müssen«, erwiderte, kurz angebunden, der Skythenfürst. Die Frage hatte sehr wohl das Zeug, ihn zu zerstreuen. Vor allem erheiterte ihn die einfältige Vorstellung, die sich der Alte offenbar von der menschlichen Seele machte. »Komm zur Sache«, rief er ihm zu. Und der Alte begann zu erzählen.

»Seit vielen Jahren schon bin ich durch diese Wüste unterwegs. Zuerst sah ich nur immer die Wolken über mir und die Sanddünen ringsum. Sobald in der Ferne ein Grün auftauchte, erwachte ich aus meinem Dämmerzustand. Doch nur für Augenblicke, gleich war ich wieder im Halbschlaf. Da stieß mein Fuß eines Tages auf etwas Hartes im Sand. Ich bücke mich also, und will es eben aufheben, da geht ein deutliches Knacken durch meine Wirbelsäule. Ebenso gut hätte man einen Felsbrocken stemmen können, so schwer war das Ding. Nachdem ich es mühsam, mit beiden Händen, aus dem Sand geschält hatte, sah ich erst, was es war. Ein riesiges Knochenstück, ausgebleicht, von Regen und Wind poliert wie eine griechische Tempelsäule. Vor mir lag das Schulterblatt eines gigantischen Tieres. Ich betrachtete es von allen Seiten, dann ging ich weiter und vergaß meinen Fund. Doch schon wenige Tage später fand ich wieder ein solches Skelettteil. Diesmal war es das Gitterwerk eines gewaltigen Brustkorbs. Einmal aufmerksam geworden, stieß ich in den folgenden Wochen noch öfter auf Überreste des Monstrums. Einmal begegneten mir Nomaden, und als ich sie danach fragte, erzählten sie mir die Geschichte vom Vogel Greif. Einer von ihnen hatte ihn als Kind noch mit eigenen Augen gesehen. Er beschrieb ihn als einen Laufvogel von dreifacher Menschengröße, mit einem Schnabel, der an die Sichelwagen der Perser erinnert. Ein Strauß so groß wie ein Elefant. Das Tier lebt als Einzelgänger. Es versteckt sich in Höhlen und ist im Laufen fast ebenso geschwind wie im Fliegen. Seine Nahrung besteht aus Gazellen und Wildpferden, doch am liebsten verzehrt es Menschenfleisch. Wo immer es etwas Goldenes glänzen sieht, eilt es herbei und bemächtigt sich seiner. In seiner Höhle hat es Schätze gehortet, gegen die alle Reichtümer der babylonischen Könige nur klägliche Häuflein sind. Bedenkt, wie mir zumute war bei der Vorstellung, ich könnte ihm eines Tages begegnen.«

»Sprich leiser«, sagte der Skythenfürst. »Draußen steht immer jemand und lauscht durch die Zeltwand. Von lauter Feinden bin ich umgeben. Was geschah dann? Hast du jemals eine solche Höhle gefunden?«

»So ist es recht«, rief der Alte, der seine Unbefangenheit wiedererlangt hatte und mittlerweile munter vor dem Thronlager des Fürsten, einem Haufen stinkender Raubtierfelle, auf und ab spazierte. »Ihr möchtet, dass ich Euch flugs zu einer der Schatzkammern führe. Habt Ihr vergessen, was ich Euch über die Grausamkeit dieses Vogels erzählt habe? Nähert Euch seiner Höhle, und er wird Euch wie eine fette Beutelratte in Stücke reißen.«

»Du bist sehr schlau«, war alles, was dem Skythenfürsten dazu einfiel. Dann schloss er die Augen und versank in ein tiefes mürrisches Schweigen, aus dem ihn erst einer der Soldaten seiner Leibwache weckte, indem er den Herrscher an der Schulter rüttelte wie einen Hypnotisierten. Der Alte aber war unterdessen gegangen, ganz einfach, mit leichten Schritten, stolz erhobenen Hauptes. Niemand hatte ihn aufzuhalten versucht, denn alle waren längst über die Schreckenserzählung im Bilde. Die Nachricht vom Vogel Greif hatte sich im Lager verbreitet, lange bevor der Alte die vergoldeten Lappen am Eingang des Zeltes

zurückschlug und ungehindert davonging. Überall waren die Männer, waffenstarrende Krieger mit struppigen Bärten und fürchterlich zerbeulten Helmen, um ihre Lagerfeuer zusammengerückt. Ihren Mägden und Beutefrauen, ohnehin nie gefragt, hatte es förmlich die Sprache verschlagen. Sogar die Kinder, schmutzige, verwilderte Bälger, an Schläge gewöhnt und doch niemals folgsam, hatten von ihren Knöchelspielen und den beliebten Tierquälereien abgelassen und hockten nun zitternd und leise wimmernd in kleinen Grüppchen. Einige hatten die blutigen Fleischstücke, die ihre Ammen ihnen vorkauten und mit geübtem Zungenkuss einflößten, sogleich wieder erbrochen. Unter den Leibern der Pferde hindurch, den hunderten Holzgerüsten, auf denen die Häute getöteter Kriegsgefangener in der Sonne aufgespannt waren, vorbei an den primitiven Latrinen, den Erdgruben, aus denen das Blut der geschlachteten Tiere dampfte, kreuz und quer über die Haufen der Schwerter und Lanzen hinweg hatte die Angst sich ihren Schleichweg gebahnt. Totenstille lag über den Zelten der Skythen. Es war, als hätten im weiten Umkreis Mensch und Tier zu atmen aufgehört. Mancher vernahm in den mit beiden Fäusten fest verstopften Ohren schon das Rauschen der Flügel, das ihn an eine Flotte von Segelschiffen erinnerte. So im Schüttelfrost erstarrt, bis in die Knochen gelähmt, erwarteten sie die Nacht und den erlösenden Sandsturm, den ihre Priester ihnen vorausgesagt hatten. Am andern Morgen erst fand ein taubstummer Pferdeknecht, der Idiot des Stammes, den Kopf seines obersten Herren an einen Schandpfahl genagelt. Entgeistert studierte er, auf Zehenspitzen sich streckend, des Anführers Gesicht. Wie groß war seine Freude, sein irres Gelächter, als er sah, dass die Mundhöhle leer war. Eine gütige Hand hatte dem Fürsten die Zunge an der Wurzel herausgetrennt.

## LENINSKIJE GORY (DIE SPERLINGE)

Wer einmal zu Fuß den prunkvollen Palastbau der Lomonossow-Universität umrundet hat und das Gelände entlang der weitläufigen Brunnenanlagen davor, der weiß, wie angenehm es ist, wenn er das alles hinter sich lassen und vorn am Rand der Leninberge an einem Geländer ausruhen kann. Im Rücken den steinernen Zeltgiebel der Universität wird er nur noch Ausschau halten nach der schwungvollen blaugrauen Schleife, die tief unter ihm die Moskwa durch das Stadtbild schlingt. Vielleicht bleibt sein Blick dann an einer Sprungschanze hängen. Dieser Betrunkene dort, hoch oben auf dem Schanzentisch, will er wirklich, mitten in der Julihitze die Abfahrt wagen, ganz ohne Schnee, bewaffnet nur mit einem Bügelbrett? Man sieht hier an einem einzigen Tag schon zu viele Verrückte, um auch noch dieses Schauspiel abzuwarten. Besser, man lässt all die Selbstmörder links liegen und sucht vor den eigenen Füßen, ob sich nicht dort etwas Tröstliches findet. Zigarettenschachteln der Marke *Belomor* etwa oder die antiken Scherben einer Wodkaflasche. Vielleicht hat jemand eine ägyptische Briefmarke verloren? Oder eine Liebesperle, groß wie ein Stecknadelkopf, belebt sich plötzlich und springt einem Damenschuh hinterher, wie vom Nagel eines zirpenden Däumlings fortgeschnippt. Wenn nicht in letzter Sekunde noch eine Ameise herbeieilt und sie mit ihren Ballett-tänzerbeinchen umschließt. Es heißt ja, jedes Ding, und sei es noch so klein, führt ein Eigenleben, von dem nur die Kurzsichtigen wissen. Überall wird dasselbe Spiel auf Leben und Tod gegeben, und selten verpasst man den fünften Akt. Zum Beispiel der Spatz dort, unverschämt ist er herbeigehüpft, wie ein Aufziehapparat mit seinem Sprungfedermechanismus. Plötzlich klopft da Besuch an, und gleich wird man zum Gastgeber, zuhaus in der Fremde. Ein Sperling bittet um Aufmerksamkeit. Merkwürdig nur, dass er, genau besehen, das Gesicht des Genossen Lenin trägt. Nicht als Maske, bewahre, sondern lebensecht, in feinstem Miniaturformat wie auf dem Zifferblatt einer Komsomolzenarmbanduhr. Da! Schon kommt noch einer, und noch einer. Lauter kleine gefiederte Lenins fliegen herbei und wirbeln Staubwölkchen auf, kaum größer als die Wattebäusche auf den Schlachtfeldern

der Zinnsoldaten. Was tun? Soll man zu ihnen sprechen, sie mit der zusammengerollten *Prawda* verscheuchen, sie füttern? Womit nur? Man wühlt in den Jackentaschen, kehrt das Futter von innen nach außen und findet doch nur ein paar Rubelnoten, den Passierschein des Hotels und einen Zettel mit abgeschriebenen Versen, die vom Moskauer Regen handeln und seiner Spatzenfrische.

## HOTEL MOSKWA (DIE DIENSTHABENDEN KOBRAS)

Schlafen die Schlüssel in schneeweißen Birkenholzschränken,
Haben die Wanzen sich platt in die Teppichmuster gedrückt?
Nachts in der Lobby tuscheln Tungusen, Usbeken, Ewenken,
Tritt aus dem Fahrstuhl im Schafspelz ein müder Kalmück.

Einsame Flure, gepolstert die Türen, das schärft das Gehör.
Wer hier zu spät kommt, spielt Mäuschen, macht keinen Mucks.
Zwanzig-Watt-Lampen. In jedem Zimmer wird einer verhört.
Trüb sickert Licht durch die Ritzen – Ex oriente lux.

Versuchs nur, kriech auf dem Bauch. Dass da keiner entwischt,
Räkeln sie träg sich an Hexenhaus-Pulten, auf Stelzbein-Podest,
Dösende Kobras, *deshurnajas*. Siehst du, gleich zischt
Eine dich an, nagelt mit Schlitzaugen-Blicken dich fest.

Wie, du hast deine Nummer vergessen? Den Pass her, sofort!
Leckt mit gespaltener Zunge den Zeigefinger, durchsucht
Raschelnd Register, schlingt sich ums Telefon zum Rapport.
Schwer wie die Bibel liegt vor ihr das bleistiftbekritzelte Buch.

Zuckt nicht die Süße an deiner Seite wie unterm Nackenbiss,
Sofort als Russin durchschaut? Dollarflittchen im hautengen Rock.
Fensterchen funkelt wie Brillenglas, dahinter linst ein Tschekist.
Gib Trinkgeld, du Hurensohn. Was nützen ihr Verse von Blok?

## TWERSKAJA ULIZA (DIE FLEDERMÄUSE)

Ein durchsichtiges Öl ist er, der Wodka; als solches stellt sich dem unbefangenen Auge die milde Flüssigkeit dar, von der jeder Russe eine Ration mit sich herumträgt, manchmal direkt über dem Herzen. Quer durch den größten Flächenstaat dieser Erde verlaufen die Magistralen, durch die er gepumpt wird, in jeden windschiefen Kiosk, jede Bahnhofskaschemme, in die Keller der Interhotels, die eisernen Zapfsäulen hinter den Tresen der Bars. Wer immer es wagte, den Hahn zuzudrehen, ob Pope oder Politruk, war sofort bei den Massen erledigt. Armer Gorbatschow. Er konnte kein Wässerchen trüben mit seinem Muttermal auf der Glatze über dem Kindergesicht. Doch den milden Kristall vor dem Volk zu verstecken, das war sein Untergang. Nicht einmal Stalin wäre so tollkühn gewesen. Nimm ihnen alles, verbiete den Opiumhandel mit dem Traumstoff der Religion, doch gewähre den Ausschank der flüssigen Transzendenz, am besten als staatliches Monopol. Denn die russischen Fledermäuse saugen statt Blut lieber das farblose Petroleum, das sich seit frühester Zarenzeit Wodka nennt.

Kopfunter hängen sie von den Decken der Bars. Es ist ihnen gleich, was da unten geschieht, ob die Mädchen sich um den Ausländertisch drängen und die Männer sich prügeln und in den Toilettenkabinen erdrosseln. Die pechschwarzen Flügel gefaltet wie Mönchskutten aus japanischen Edelboutiquen, äugen sie träge herab und lauschen der Liturgie, die durch jeden der Diskorhythmen hindurchklingt. Nein, sie sind keine hämoglobinsüchtigen Vampire, die vor jeder Halsschlagader erschauern, keine höflichen, kapitalistischen Kavaliere, die mit Geschenken und Schmeicheleien ihre Opfer gefügig machen. Was sie um Mitternacht noch zur Tränke treibt, ist ein ganz andrer Instinkt. Es ist ihr bäuerlicher Sinn für die Wonnen der irdischen Transparenz. Ein Schlückchen Wodka, und Benjamin Franklin auf seinem grünen Einhundert-Dollar-Schein schrumpft zur Babuschka, die gütig lächelnd das Treiben ihrer munteren Faulpelz-Enkel verfolgt. Was ist schon das Geld? Bestenfalls lässt es sich, zur Papirossa gerollt, langsam in blauen Dunst verwandeln. Und was sind die Körper der schönen Nataschas, die diamantbesetzten Rolex-Uhren und schweren Mercedes-

Limousinen? Zerbrechliche Statussymbole aus dem Fundus des neurasthenischen Westens. Ein einziger Abend genügt, eine Wette unter Schulkameraden, eine übermütige Spritztour, und die Uhr ist verspielt, die Natascha an einer Überdosis erstickt und der prächtige Wagen zu Klump gefahren, gestrandet am Sockel des Puschkin-Denkmals. Das schönste am Fledermausleben ist das tägliche Risiko. Deshalb trinkt man hier auf die Gesundheit. *Sa sdorowje*: auf einen fürstlichen Tod! *Sa sdorowje*: auf einen Unfall mit Totalschaden, klar wie ein Bergkristall! *Sa sdorowje*: auf die glitzernde Träne im Augenwinkel der Schönheitskönigin mit dem sauber durchtrennten Hals!

## DARWIN-MUSEUM (MENSCHENAFFEN UND ROTARMISTEN)

Wer erinnert sich noch an die wilden Jahrtausende der Evolution? Kaum hatte der Mensch sich aus den Savannen Ostafrikas aufgemacht, war in den fruchtbaren Flussebenen Mesopotamiens sesshaft geworden und hatte im Wechsel immer schnellerer Völkerwanderungen die letzten bewohnbaren Ecken der Kontinente erobert, da begann die Entwicklung der Menschheit auf der Stelle zu treten. Überladen sanken einer nach dem andern die Stammesäste der Gattung zur Erde herab, brachen krachend entzwei und vermoderten in den eben erst trockengelegten Sümpfen, die unter dem Namen berüchtigter Metropolen ein langes Gesellschaftsleben versprachen. Zwanzig Jahrhunderte mussten vergehen – nach jener neuen Zeitrechnung, die mit der Geburt eines wahrhaften Mustermenschen begann –, bevor wieder Bewegung kam in den stockenden Brei. So lange hatte es gedauert, bis aus den lärmenden Schädelstätten der lebenden Toten, den elektrifizierten Gräberfeldern der Neue Mensch auferstand wie aus der Asche der Vogel Phönix. Zur Schande des ganzen Planeten sei es gesagt: Dies geschah ausgerechnet in einem der rückständigsten Weltteile, auf dem geschundenen Boden des heiligen Russland.

Eine Fotografie hält den seltnen Moment fest. Sie zeigt einen Museumssaal. Vor einem Schaukasten hat sich eine Abteilung von Rotarmisten versammelt. Formiert zur Zweierreihe, die vordere kniend, stehend die hintere, lauschen die jungen Rekruten den Ausführungen eines Professors. Der Gelehrte trägt einen weißen Kittel, wie unter Medizinern üblich. In der Linken hält er den Schädel eines Menschenaffen, die Rechte deutet auf das Skelett eines Schimpansen, der neben anderen Affenskeletten bis hin zum Lemuren in der Vitrine aufgestellt ist. Während die Soldaten, das Rückgrat durchgedrückt, in der so genannten Habachtstellung verharren, steht ihr ferner Vorfahr dort mit leicht eingesunkenen Schulterknochen, in der typischen Haltung aller Primaten. Hinter ihnen, auf einem Sockel, spreizt sich die Figur eines griechischen Athleten, dem von der Wand her der Glatzkopf des großen Darwin kritisch über die Schulter schaut. Mag auch der Saal, mit seinen holzgetäfelten Kästen, dem niedrigen Deckengewölbe und dem sauberen Fliesenboden noch an die aussterbende Klasse erinnern, die jungen Armisten mit ihren kecken Budjonny-Mützen bringen frischen Wind in die alte, faustische Bude. Die Segelohren weit aufgesperrt, folgen sie dem Bericht von der Höherentwicklung aus dem berufenen Munde eines Vertreters der Intelligenz. Sie sind es, die auf dem Sprung sitzen und lässig den Ausschuss von Mutter Natur begutachten. Dank ihrer Anwesenheit sind Revolution und Evolution auf einem Bild ineinander verschlungen zum Tableau einer neuen Zeit.

## OSTANKINO (DIE BRENNENDE GIRAFFE)

Unvergesslich der Tag, als durch die Presse die himmlische Rauchfahne zog. Das erhabene Bild dieses brennenden Fernsehturms setzte sofort den Stoßseufzer frei: Wenn sie doch überall brennen würden, die mächtigen Türme! Noch einmal war Russland der Wunschort, progressiv wie seit eh und je. Von dort kam das Fanal. Auf zehn Betonpfeilern ruhend, reckte die arme Giraffe ihren schlanken Antennenmasthals. Tatsächlich, sie brannte. Düstere Rauchschwaden quollen aus ihrer Halsschlagader, dort wo die Bündel der Kabelstränge seit Stunden verschmorten und Stichflammen spuckten. Im Rhythmus elektrischer Pulsschläge spritzte das Feuer hervor anstelle des Blutes.

Was ist der Mensch? Nach drei Tagen Sendepause auf allen Fernsehkanälen wird niemand ihn wiedererkennen. Ungeschürt blieb in jedem Moskauer Haushalt der Bildschirm-Kamin. Wie früher Kohle auf Marken, horteten viele der Süchtigen aus den Videotheken stapelweise Kassetten. Das Fernsehn, die tote Großmutter, egal ob staatlich oder privat, plötzlich war sie verstummt. Zum erstenmal wurde, bis spät in die Nacht hinein, wieder gelesen. Wie war man froh, dass es noch Zeitschriften gab, Kriminalromane und die Werke der Klassiker. Puschkin kehrte ins Wohnzimmer zurück. Auf einmal steckte Gogol seine Nase in die privaten Angelegenheiten der Neuen Russen. In der niedrigsten Neubauzelle war Tolstoi zu Gast, und Dostojewski raunte den vom Alltag geplagten, den Kleinen Leuten mit der Stimme des Großinquisitors von Gott. Man erzählte einander Familiengeschichten, und zum Einschlafen las man den Kleinen aus den Abenteuern der Holzsoldaten vor. Abermals schlich Timur und sein Trupp durch die Treppenhäuser und sammelte Altpapier ein, gute Taten und nostalgische Sowjetträume.

Drei Tage lang brannte sie lichterloh, die vom Wind gepeitschte Giraffe. An allen Ecken und Enden der Stadt standen Hobbymaler vor ihren Staffeleien und stellten alles, was der Bourgeois Dalí je zu malen wagte, in den ewigen Schatten. Rund um die Uhr verfolgten Fernsehteams das Drama der Feuerwehrleute und drehten Filme für spätere Sendezeiten. Und was taten die Komponisten? Darüber ist nichts bekannt geworden. Vielleicht, doch wer wagt schon zu hoffen, schrieb ja einer das erlösende Werk. Noch schweigen die Radios. Noch spielt kein Orchester das dringend Gesuchte –

Requiem für die junge Fahrstuhlführerin im Fernsehturm von Ostankino.

# BERLIN – HAUPTSTADT DES DRITTEN JAHRTAUSENDS

GEORGY LITICHEVSKY

## OZEAN BERLIN (ES WAR EINMAL BERLIN)

Es gibt Städte, über deren Gründung nichts bekannt ist. Vielleicht waren sie in gewisser Weise schon immer da, zumindest in Form eines kleinen Dorfs, eines Förster- oder Wächterhäuschens oder einer Fischerbaracke. Solche Städte nehmen ihren Anfang mit einer meist zufälligen Erwähnung in der historischen Buchführung, einer Zeile in einer Chronik oder zwei Wörtern in einer aus völlig anderem Anlass verfassten Urkunde. Zwar wird diese erste Erwähnung mit der Zeit eine nicht geringe Rolle in der Mythologie der Stadt spielen, doch der Grundmythos solcher Städte ist nicht der Mythos ihrer Gründung.

Möglicherweise liegt solchen Städten der Mythos der Katastrophe, der Zerstörung und des Wiederaufbaus zugrunde – der Mythos der zweiten Geburt. Dieses Motiv gehört zur Mythologie aller großen Städte. Neu geboren wurde Athen, sowohl nach dem Einfall der Perser als auch nach der Befreiung vom Osmanischen Reich, neu geboren wurde das von den Vandalen zerstörte Rom, und auch das heutige Sankt Petersburg ist ohne die Erinnerung an die Blockade von Leningrad nicht denkbar. Und dennoch können diese durchaus machtvollen und in ihrer Historizität überzeugenden Überlieferungen nicht den Streit zwischen Athene und Poseidon mit Kekrops als Schiedsrichter, die Mythen von Romulus und Remus oder Peter dem Großen in den Schatten stellen.

Im Gegenteil: Katastrophenmythen prägen gerade die Biographien von Städten mit unklarem Gründungszeitpunkt wie etwa Moskau und Berlin. Historisch gesehen zerfällt Moskau in ein Moskau vor und eines nach dem Brand, während sich in Berlin seit fast einem halben Jahrhundert sämtliche Diskussionen um eine Katastrophe namens Mauer drehen, die so fundamental destruktiv war, dass der von ihr hinterlassene Phantomschmerz bis heute die grundsätzliche Störung, Nicht-Ganzheit und Nicht-Abgeschlossenheit jener einst durch sie geteilten Stadt offenbart. Was immer auch über Berlin gesagt wird, es geht immer um das geteilte, aufgegliederte, vielfache, ja sogar zerbröckelnde Berlin. Eine Stadt aus Sand, auf Sand gebaut.

Auf Meeressand. Gleich nach der Kriegskatastrophe, noch vor dem Mauerbau, schuf der Berliner Künstler Werner Heldt eine Reihe kleiner Gemälde mit dem Titel *Berlin am Meer*. Diese naiv-realistischen, sehr poetischen, traurig-sanften, in gewisser Weise vielleicht an Maurice Utrillo erinnernden Bilder vermitteln einen Eindruck davon, was 1945/46 tatsächlich war. Für eine Zeit erlöst von den organisierenden und zerstörerischen Kräften des Menschen, war die Metropole den ungezügelten geophysikalischen Kräften der Natur

Alexander Tokarev, zehn Fotografien aus der Serie *Berlin*, 2002

ausgesetzt. Die neu entstandenen Leeren, die ihre zahlreichen Einwohner, Häuser und sogar das Straßenpflaster hinterlassen hatten, begannen sich mit Sand zu füllen. Wie sich herausstellte, war die Stadt auf dem Grund eines ehemaligen Ozeans entstanden, der sich nun erneut daran machte sie in seine Obhut zu nehmen, indem er in Form riesiger Sanddünen durch die eingestürzten Mauern vorrückte und die menschenleeren Straßen füllte. Ein wortloser, rein visueller und doch beredter Mythos von Berlin.

Solche temporären und teilweisen Durchbrüche der Natur, ihre Eroberung einzelner Räume Berlins, das in diesem Sinne nie endgültig Stadt wurde, waren zuvor schon Vladimir Nabokov aufgefallen, der die mit Unkraut überwachsenen Gleisdämme der S-Bahn bestaunte und natürlich die Seen und das Dickicht am Rande der Stadt besang.

Doch der Vormarsch der Natur hat irgendwann einmal ein Ende, und erneut werden auf dem Sand Mauern errichtet, und es erscheint *die Mauer*. Und wieder ist die Stadt – diesmal nicht aus physikalischen, sondern anderen Gründen – keine Stadt, sondern eine Kombination von Zonen. Sie verdoppelt sich, und das ist das Geisterhafte an ihr, es fehlt ihr an ganzheitlicher Dichte. Die mit Grafitti übersäte Mauer selbst ist nach einer bereits 1983 gemachten Bemerkung Jean Baudrillards nicht real, sondern simulativ wie das gesamte Pathos des Kalten Krieges. Nun ist sie zerstört, doch unsichtbar teilt sie die Stadt noch immer. Und noch immer wird allenthalben von Wessis und Ossis geredet, von Multi-Kulti, vom Fehlen eines Zentrums und mehreren Zentren der Stadt, vom russischen Berlin (Charlottengrad), von Klein-Istanbul (Kreuzberg), davon, dass es in der Stadt sechs Potsdamer Straßen gibt, von vielen anderen Namen, die mehrfach an entgegengesetzten Enden der Stadt auftauchen, und vom extrem intensiven und liberalen Nachtleben. Es reizt einen geradezu, über Berlin allerlei Erstaunliches und Unwahrscheinliches zu erzählen. Eine unwahrscheinliche Stadt, und auch ihr Inneres ist ungewöhnlich.

Wer bewohnt sie? Überall stehen Bärenfiguren in verschiedenen Posen. Der wichtigste Park der Stadt heißt Tiergarten, und der wichtigste Bahnhof Zoo. Eine falsche Etymologie verbindet den Namen der Stadt über indogermanische Wurzeln mit dem russischen

Wort *berloga – Ber-lin* als Bärenlager. Und obwohl der Bär im Wappen ist, weiß wohl kaum jemand etwas von einem Bären oder einer Bärin, die die Stadt gründeten oder ihren Gründer aufzogen, weshalb es der Stadt nicht gelingt, sich von dem unbekannten Ungeheuer – ihrem Urahn – zu lösen, eine gewöhnliche Menschenstadt zu werden, wobei sie selbst ein Ungeheuer bleibt.

Aber vielleicht ist alles auch viel einfacher. In einem 1996 in Moskau gehaltenen Vortrag erklärte Baudrillard, dass überhaupt alle Megalopolen Monster seien. Heißt das, Berlin ist nicht einzigartig? Und stellt gemeinsam mit allen Riesenstädten der Welt eine – um Baudrillards Terminologie zu folgen – enorme Produktionsmaschinerie für architektonischen und humanen Müll dar? Der Vortrag des französischen Philosophen hatte den Titel: *Die Stadt und der Hass*. Seiner Ansicht nach ist in der modernen Stadt alles von Hass durchdrungen, der in einer gewissermaßen erstarrten Form keineswegs von Gewalt begleitet sein muss. Es ist dieser Hass, der der Stadt ihre Ganzheit nimmt und sie zu einer Geisterstadt (ghost town) werden lässt.

Werner Heldt, *Berlin am Meer*, 1949, Tusche auf Papier

Doch auch all das Wunderbare, das man sich von dem unglaublichen Leben und dem unglaublichen Anblick Berlins erzählt, sind Geschichten über die Megalopolis der Moderne. Enthält diese intensive zeitgenössische Mythogenese nicht auch das Verlangen, dem Hass etwas entgegenzusetzen, zum Beispiel: Liebe?

## BERLINPARADE

Die in der ganzen Welt berühmte Berliner Parade der Liebe, die Loveparade, bei der Millionen zu Musik tanzender Menschen durch den Tiergarten, vom West- in den Ostteil der Stadt und wieder zurück ziehen, ist wahrscheinlich das größte Ritual, dessen Teilnehmer einmal im Jahr aus ganz Deutschland und Europa trotz kilometerlanger Autobahnstaus nach Berlin kommen, um die hasserfüllten Tendenzen der Stadt in positive Stimmungen zu verwandeln. Es hat auch Unglücksfälle gegeben. Es ist sogar vorgekommen, dass von den eineinhalb Millionen Ravern einer niedergestochen wurde.

Die Hauptsache aber ist, dass es sich nur um ein Ritual handelt, also um ein zeitlich sehr begrenztes Ereignis. Einmal jährlich finden auch andere rituelle, weniger stark frequentierte Paraden, Prozessionen und Märsche statt, deren Ziel es ist, eine positive und liebevolle Koexistenz unterschiedlicher Minderheiten, Gruppen oder einfach einzelner Menschen zu gewährleisten. Und es gibt Bräuche des Stadtlebens, an denen noch weniger Menschen teilnehmen. Sie sind auf verschiedene Punkte der Stadt begrenzt, werden jedoch häufiger, täglich und nächtlich, begangen. Ein Ritual mit extrem geringer Beteiligung, das man sogar mehrmals am Tag vollziehen kann, ein zudem noch angenehmes und bequemes, ist ein einsamer Spaziergang durch die Straßen Berlins.

Bei diesem Ritual zeigt einem Berlin möglicherweise zum ersten Mal seine besonderen Eigenschaften und tritt in unmittelbaren Kontakt zu dem Fußgänger. Bei diesem einsamen Marsch oder Spaziergang muss man keineswegs die Richtigkeit von Walter Benjamins Beobachtungen überprüfen, dessen Flaneur davon träumt, sich bald in den Massen der Megalopolis zu verlieren, bald an einen plötzlich entgegenkommenden Käufer aus der »Klasse der Bourgeoisie« zu verkaufen, um sich am Ende in der Phantasmagorie des Kaufhauses aufzulösen. Im Unterschied jedoch zum benjaminisch-baudelaireschen Paris trifft man in Berlin erst gar nicht auf solche Massen. Sicher sind es nicht weniger Menschen, aber sie sind gleichmäßiger verteilt. In der U-Bahn findet man immer Platz, sogar zur Stoßzeit, ganz anders als in Paris oder unserem teuren Moskau. Vertreter der »Bourgeoisie« sind nicht besonders erkennbar, und außer dem Kaufhaus gibt es noch einiges andere, wo man Unterschlupf finden kann. Unzählige Berliner Clubs sind für fast jeden erschwinglich und offen. So kann man bei seinen endlosen Irrwegen durch die Stadt zum Beispiel auf folgendes Schild stoßen: »Club der Polnischen Versager«. Das ist ein echter Club in der Torstraße. Geführt wird er von Polen, besucht aber mindestens genauso oft von Russen, wenn nicht sogar öfter. Ein Club wie jeder andere auch – Feiern, Konzerte, Ausstellungen –, jedoch mit absolut faszinierendem Namen. Vielleicht liegt darin der Schlüssel zur ganzen Stadt: ein Club der polnischen, ein Club aller möglichen – russischen, französischen, türkischen, deutschen, humanen, künstlerischen – Versager. Man kann sich Berlin gut als eine Art Weltclub der internationalen Versager vorstellen. Was dann doch etwas zu hart gesagt ist. Und wahrscheinlich auch nicht ganz stimmt. Aber mit Sicherheit ist hier das Problem des Erfolgs, der Jagd nach dem Erfolg nicht ganz so akut wie in anderen Zentren der Welt.

Berlin ist tatsächlich in größerem Maße ein Weltzentrum, obwohl es natürlich auch die Hauptstadt Deutschlands ist. Der Begriff der Berliner Republik lässt sich trefflich ironisieren. Berlins Tradition als gesamtdeutsche Hauptstadt ist ohnehin nicht besonders lang. Und die als Weltstadt sogar noch kürzer. Dafür wird sie aber von fast niemandem in Zweifel gezogen. Und so kommen aus der ganzen Welt nun nicht unbedingt »Loser« hierher, aber doch zumindest allerlei Originale und Exzentriker jenseits von Erfolg und Misserfolg, und nicht einmal das, sondern einfach nur Menschen, denen es in den kleineren Städten zu eng geworden ist oder die den strengeren Maßstäben und Normen anderer Großstädte nicht mehr entsprechen wollen.

Vielleicht sind es Menschen, denen die Kraft ausgegangen ist, mit jenem Hass der Megalopolen, den Baudrillard beschrieben hat, zu leben und sich zu arrangieren, einem Hass, den es in Berlin anscheinend gar nicht oder nur in wesentlich geringerem Maße gibt. Oft sind diese Menschen Künstler. In Berlin gibt es sehr viele Künstler, mehr als in jeder anderen deutschen oder europäischen Stadt. Und das keineswegs, weil hier der Kunstmarkt am besten funktionieren würde, die Galerien am besten liefen und Mäzene sowie Stiftungen die beste Unterstützung böten. Kunst verträgt sich nur sehr schlecht mit Aggression und Hass, weshalb die Vielzahl der Berliner Künstler wohl darauf hindeutet, dass es hier wesentlich weniger Hass und viel mehr Liebe gibt.

Ein Künstler ist nun nicht unbedingt ein Versager, aber ein bestimmter Künstlertyp – sagen wir einmal, ein nicht oder nur mäßig konkurrenzbewusster – fühlt sich in Berlin sehr wohl. Ja, hier gibt es Zuschüsse, Stipendien und allerlei andere Möglichkeiten, doch besonders wichtig ist die Möglichkeit, seinesgleichen zu treffen. Sehr verschiedene Typen treffen in Berlin ihresgleichen – und schneller als irgendwo anders. Vielleicht findet ja in Berlin jeden Tag irgendwo unbemerkt eine Loveparade statt.

## BERLIN, ADE

Die Stadt ist also ein Ungeheuer, ein Gespenst aufgrund ihrer eigenen Geschichte und darin anderen Megastädten ähnlich. Und zugleich sind da der Kult und die Rituale der Liebe, die Zuflucht der Künstler. Übrigens, wenn man überhaupt von einer Schönheit Berlins sprechen kann, so ist dies eher eine malerische Schönheit. Dabei ist durchaus auch bemerkenswerte Architektur zu sehen, doch besticht Berlin vor allem durch seine Gesamtpanoramen. Viktor Schklowski, der hier litt, hat über die Berliner Schlösser gesagt, sie stammten »aus dem Schlösserladen«. Was meinte er damit? Nicht nur verwittert, sondern auch von den Wunden der Zeit gezeichnet, bezaubern sämtliche Berliner Häusermauern heute besonders durch eine rührende Schönheit, die in ihrem Wesen nicht architektonisch, sondern malerisch ist.

Heute ist man vielfach der Meinung, dass Berlin unter den deutschen Städten die amerikanischste sei. War es doch vor gerade mal zweihundert Jahren unter den nicht-französischen Städten die franzö-

sischste. Seit dem 17. Jahrhundert Zufluchtsort der Hugenotten, war Berlin, wenn nicht zur Hälfte, so doch zu einem Drittel von gebürtigen Franzosen bewohnt. Die Verbindung zu diesem Land ist noch heute in den Namen der Berliner Plätze, Straßen und Kirchen zu hören. Die Stadt wandte sich der Aufklärung und den liberalen Tendenzen in Europa zu und wurde früh zum Fluchtpunkt der verfolgten Geistesfreiheit. Die Franzosen waren die ersten Ankömmlinge, ohne die Berlin nicht Berlin geworden wäre. Danach gab es weitere Wellen von Zuwanderern und Vertriebenen. Und es gab zwölf furchtbare Jahre, in denen Berlin vertrieb, aus Berlin vertrieben wurde – doch war diese Zeit eine wahrhaft anti-berlinische.

Es ist schon oft von der Exterritorialität der Kultur des 20. Jahrhunderts gesprochen worden, davon, dass sie ausschließlich von Vertriebenen und Migranten geschaffen wurde. In Berlin gingen Modernisierungsprozesse schon sehr viel früher mit der Offenheit für verfolgte und verschleppte Personen einher. Berlins Offenheit macht es zum Zentrum eines großen Projekts der Modernisierung.

Derzeit ist der Antiglobalismus Mode, was nur bestätigt, dass der Globalismus unausweichlich ist. Denjenigen, die sich für die globalistische Perspektive nicht recht erwärmen können, sei die des Vogel Strauß' mit dem Kopf im Sand – dem Berliner Sand – empfohlen. Auch in Berlin löst der Globalismus Nervosität aus, aber hier ist das alles nicht so schlimm. Jeder Künstler ist per definitionem Antiglobalist und in diesem Sinne ein Kleinkrämer (ein Heimwerker im stillen Kämmerlein). Schließlich ist der Antiglobalismus die Bewegung der Kleinkrämer.

Wer weiß, vielleicht ist ja die Globalismus-Neurose in ein paar Jahrzehnten schon vorbei. Berlin, das die Auswirkungen beispiellos katastrophaler Neurosen überlebt hat, ist für neue furchtbare Worte am ehesten gewappnet, denn auch am Anfang jeder Katastrophe war und ist das Wort. Und eine Stadt, deren Mythologie auf einer Katastrophe beruht, ist besser auf die vielen möglichen Überraschungen des noch jungen Jahrtausends vorbereitet. Wie dieses sein wird, globalisiert, geklont oder noch anders, ist von seiner Schwelle aus schwer zu sagen. Berlin erscheint als Modell eines überaus sicheren Ortes der Zuflucht vor allen künftigen Überraschungen, als ganz weicher und pluralistischer Sand für jeden beliebigen Straußenkopf.

Doch die erstaunlichste Eigenschaft dieser Stadt ist wohl ihre Fähigkeit, sogar außerhalb ihrer Mauern Unterschlupf zu gewähren. Um Berliner zu werden, muss man nicht unbedingt lange in Berlin gelebt haben. (Um beispielsweise ein Moskauer zu werden, muss man lange in Moskau leben, möglichst sogar ohne es zu verlassen.) In Berlin kann man einfach kurz vorbeifahren und wie John F. Kennedy erklären: »Ich bin ein Berliner«. Freilich gibt es auch hier Berliner im engeren Sinne des Wortes: die echten Berliner. Die von der Weltstadt nichts wissen wollen und für die Berlin eine vertraute Straße ist, mit dem Takt der Stadtbahn und dem Teppichklopfen, wie Benjamin schrieb. Doch es sind bereits neue Berliner aufgetaucht und verstreuen sich über die Welt. Berlin, das sie einmal hineinließ, hat ihnen ein besonderes Gefühl für und Verhältnis zu katastrophalen, für manch einen furchtbaren Worten geschenkt, ohne sie zum Bleiben innerhalb seiner Mauern zu zwingen, aber auch ohne ihnen die Hoffnung auf eine Rückkehr zu nehmen.

Sei gegrüßt, Berlin.

*Übersetzung: M. David Drevs*

# POLITIK ¬ ZEITGESCHEHEN

# DER KALTE KRIEG 1945–1989

WOLFGANG EICHWEDE

Der Kalte Krieg – er bestimmte die Weltkarte der nördlichen Halbkugel über vier Jahrzehnte. Rot die riesige Landfläche von der Elbe bis Wladiwostok. Blau der weit geschwungene Bogen vom Nordkap bis zur Türkei mit Nordamerika jenseits des Atlantiks. Der Kalte Krieg – das war die »Zonengrenze« bei Helmstedt oder anderswo, gewollt und ungewollt inszeniert als Zivilisationsbruch. Eine Schere im Kopf. Dazu gehörten das russische »njet« und das westliche Embargo, John Foster Dulles und Wjatscheslaw Molotow als unversöhnliche Antipoden, Friedenstauben von und Päckchen nach »drüben«, Kerzen im Fenster, die Mauer, Radiosender, die ihre Propaganda in die jeweils andere Richtung schickten, Atompilze, Geheimdienste und die »Insulaner«. An plakativen Kontrasten mangelte es nicht. Der Gegner schien »das Böse« schlechthin. Die Waffenproduktion folgte einer Logik des Wahnsinns. Doch durchlebte die Epoche auch einen stürmischen Wandel. Mit den frühen Dichotomien gab sie sich nicht zufrieden.

## DIE KONFRONTATION DER BLÖCKE I – AUSSENDIMENSIONEN

Dabei war die Frontstellung von »Ost« und »West« keineswegs von Anfang an vorprogrammiert. Im Krieg hatte der gemeinsame Feind zusammengeschweißt. Für die Zeit danach wurde an abgestimmten Perspektiven gearbeitet. Selbst Einflusssphären, die auf den Konferenzen der »Großen Drei« – zuletzt in Jalta – Kontur gewonnen hatten, schienen mit Franklin D. Roosevelts Vision der »One World« durchaus vereinbar. Noch auf dem Potsdamer Treffen im Sommer 1945 verabschiedete man gemeinsame Richtlinien zur Behandlung des geschlagenen Deutschlands. Schon bald jedoch gerieten über konkrete Streitpunkte – Reparationen, polnische Wahlen, gegenläufige Interessen im Mittleren Osten – die Entfremdungseffekte außer Kontrolle. Die Sitzungen des Außenministerrats der vier Alliierten hörten spätestens 1947 auf, Instrumente des Ausgleichs zu sein. Sie wurden zu Foren der Schuldzuweisung. Die Sprache der Diplomatie lud sich ideologisch auf. Weit über die Niederlage des nationalsozialistischen Deutschlands hinaus erwies sich das Ende des Krieges mit S chaffung einer neuen Weltordnung als historische Zäsur. 1939 hatte niemand vorhersehen können, welche Optionen es nach 1945 geben sollte. Die USA wie die UdSSR waren ebenso unvorbereitet in ihre Führungsrollen geraten, wie sie von diametral unterschiedlichen Prämissen aus zu agieren hatten.

Zerstört und ausgeblutet stand die Sowjetunion am 9. Mai 1945 auf dem Höhepunkt ihrer internationalen Reputation. Sowjetische Soldaten auf den Ruinen des Reichstages – Bilder des Triumphes. Kein europäisches Land würde fortan mehr imstande sein, Russland ernsthaft zu gefährden. Allein mit den USA würde man sich in Zukunft noch messen müssen. Seine Armeen hielten bis zur Elbe jene Territorien Europas besetzt, die es als »cordon sanitaire« oder »eigene« Hemisphäre beanspruchte. An ein Oktroi des sowjetischen Systems war zunächst nicht gedacht. Doch scheute man nicht vor massiven Eingriffen in die inneren Verhältnisse der osteuropäischen Staaten zurück, um sich oder den kommunistischen Parteien Machtpositionen zu sichern. Gewaltspiralen eskalierten. Anfängliche, wenngleich immer limitierte Flexibilität erstarrte in den Techniken der Macht. Die »Sowjetisierung« nahm ihren Lauf. Aus der avisierten Vormachtstellung wurde eine Herrschaftsordnung, die sich nach den berühmten Worten Winston Churchills hinter dem »eisernen Vorhang« abkapselte. Die Welt wurde in zwei Lager – das kapitalistische und sozialistische – eingeteilt, die sich unversöhnlich gegenüberstanden, die »Fenster nach Europa« zugenagelt (Isaac Deutscher). Aus dem Internationalismus von einst wurde die Jagd auf jeglichen Kosmopolitismus. Dabei scheint die Sowjetmacht weder die Illusion noch das Vermögen besessen zu haben, in das westliche Europa hinein zu expandieren. Das, was man im Osten gewonnen hatte, war schwer genug zu behaupten.

Luftbrücke, Berlin, Juli 1948 (F: Henry Ries)

Die Vereinigten Staaten von Nordamerika, von Pearl Harbor tief geschockt, dennoch auf dem Festland unangreifbar, ausgestattet mit einer Ökonomie, deren Produktionskapazitäten im Krieg ungeahnte Höhen erklommen hatten, konnten sich nicht mehr (wie nach dem Ersten Weltkrieg) aus den globalen Zusammenhängen zurückziehen, sei es in Europa, sei es in Asien. Während es zu Hause galt, die tief verwurzelten Traditionen des Isolationismus abzustreifen, war die Versuchung groß, die übrige Welt nur durch das Prisma der eigenen, amerikanischen Werte zu sehen oder sie diesen gar anzupassen. Glaubte man die Sicherheit des Landes in Gefahr, gab es keine Alternative zu weltweitem Engagement. Handfeste Interessen kamen hinzu. Stalins Politik fiel eine Schlüsselfunktion zu. Seine Aggression nach »innen« wurde im gesamten Westen als Wille zur Expansion nach außen gedeutet. Wer unterdrückt, greift auch an – war nicht die Weltrevolution Programm? Die feierlich proklamierte Bedrohung half, sich in die neue Führungsrolle hineinzufinden und die erforderlichen Kräfte in der Innenpolitik zu mobilisieren. Aus der Vision der »Einen Welt« wurde die Verteidigung der »Freien Welt«.

Trotz aller feindseligen Rhetorik dachte keine Seite daran, den Machtbereich der anderen ernsthaft anzutasten. Truman-Doktrin und Marshall-Plan (1947) dienten dem »containment«, der »Eindämmung«, nicht dem »roll-back«. Russland antwortete mit einer Eskalation seiner Intoleranz, die von den USA als weitere Herausforderung verstanden wurde. So war der Kalte Krieg eine Konfrontation der Abschottung, die das Feindbild als Konstruktionselement brauchte, aber nicht den Feind selbst in seiner Existenz bedrohte. Antiamerikanismus und Antisowjetismus entpuppten sich als reziproke Begriffe, um die eigene Hemisphäre zu organisieren, nicht, um den Gegner zu attackieren. Zu Recht definiert ein Historiker den Kalten Krieg als Innenpolitik. Schon in der Logik der Wortkombination liegt, dass – je kälter der Krieg – er nicht von selbst zu einem »heißen« werden würde.

Immerhin führte die Blockade der Land- und Wasserwege nach Berlin 1948 dicht an den Rand einer militärischen Auseinandersetzung. Die USA organisierten die Luftbrücke und schenkte der Epoche damit eine der großen Legenden. Wo Moskau kein anderes Mittel als

Erpressung sah, gelang es Amerika, für sich zu werben und Wellen der Sympathie zu wecken. Straßensperren dort, »Rosinenbomber« hier. Der Kontrast konnte nicht provozierender sein. Rief die sowjetische Hegemonie an all den Orten, wo sie durchgesetzt wurde, Widerstand wach, wurde die amerikanische (zumal in Deutschland) als Chance wahrgenommen, ja geradezu begrüßt. In den Tagen der Blockade appellierte Berlins Regierender Bürgermeister Ernst Reuter an »die Völker der Welt« zu erkennen, »dass ihr diese Stadt und dieses Volk nicht preisgeben könnt, nicht preisgeben dürft.« Noch drei Jahre zuvor war Berlin ein Synonym für Hitlers Tyrannei gewesen. Nun wurde es Vorposten des »freien Westens«. Noch in Trümmern und schon Inbegriff einer neuen Zeit. Die Weltgeschichte hatte sich gedreht.

Als Kern des Kalten Krieges wurde die Teilung der Welt zum strukturierenden Element der internationalen Politik. Flankiert von einer Kultur des beispiellosen Mißtrauens. Wie Stalin erneut seine Maschinerie des Terrors und der politischen Prozesse in Gang setzte, katapultierte die Kommunistenjagd von McCarthy die USA in einen Zustand öffentlicher Hysterie. Selbst als die pathologischen Formen überwunden waren, lebte der Antikommunismus noch lange als Denkverbot und Feindreflex in den Köpfen fort. Vor allem aber huldigten beide Seiten über Jahrzehnte einem Rüstungswettlauf, der den Frieden durch Abschreckung und Kriegsszenarien definierte. Die Vergeltungslogik trieb die Kosten in Schwindel erregende Höhen. Von Drohkulissen bis zu den tödlichen Gefahren der Kernwaffenversuche in der Atmosphäre, auf dem Bikini-Atoll oder der Eismeerinsel Nowaja Semlja – man gewöhnte sich daran, am Rande der Apokalypse zu leben. Der gesamte Globus wurde in das Raster der Konfrontation gesperrt, brennende Sorgen und Konflikte anderer Erdteile instrumentalisiert. Nur unzureichend vermochten sich die Länder der Dritten Welt Gehör zu verschaffen. Der gespaltene Norden gab dem notleidenden Süden keine wirkliche Chance.

Das Grundmuster der Machtblöcke von NATO (1949) und Warschauer Pakt (1955) hielt sich bis zu den europäischen Revolutionen von 1989, so tiefgreifend auch schon früher Wandlungen innerhalb dieses Rahmens waren. Für Augenblicke schien es 1952 und nochmals 1953 nicht ausgeschlossen, dass die UdSSR die DDR zur Disposition stellen könnte, um die Formierung des Westens unter Einschluss der Bundesrepublik zu vereiteln. Doch ließen Washington und Bonn die berühmte »Stalin-Note« und Sondierungen nach dem Tode des Diktators ins Leere laufen. Danach dokumentierten die Niederschlagung der Aufstände in der DDR 1953 und Ungarn 1956 sowie der Militäreinsatz gegen den »Prager Frühling« 1968 die verzweifelte Entschlossenheit des Kreml, den eigenen Block auch mit Gewalt zusammenzuhalten. Der Sicherheitsgürtel in Ostmitteleuropa erwies sich als Unsicherheitsfaktor. Da Sicherheit nur durch Herrschaft erreichbar schien, Herrschaft aber neue Instabilität produzierte, geriet die sowjetische Hegemonialpolitik in eine Legitimationsfalle. Immerhin hielt sich der Westen abseits. So hell die Empörung war und so hoch die Emotionen schlugen, so unumstößlich die Erkenntnis, dass die abgesteckten Einflusssphären keine Intervention erlaubten.

Schon früh hatte die Einsicht an Boden gewonnen, dass die Teilung des Kontinents auf überschaubare Zeit nicht mehr zu ändern sei. »Ost« und »West« fanden in gegeneinander gerichteten Paktsystemen ihre institutionelle Grundstruktur. Der Kalte Krieg formalisierte sich. Von Mitte der fünfziger Jahre an gab es auch Anstrengungen, ihn einzudämmen oder beherrschbar zu machen. Wie ideologische Dogmen in pragmatische Argumentationsmuster umgeschmolzen werden konnten, demonstrierte Nikita Chruschtschow auf dem XX. Parteitag 1956 mit dem Hinweis, heute sei der Sozialismus so stark, dass er den westlichen Imperialismus entgegen seiner ihm innewohnenden Aggressivität zum Frieden zwingen könne. Die Konfrontation kleidete sich in »friedliche Koexistenz«. Weckten 1955 das Gipfeltreffen im »Geist von Genf« oder 1959 der USA-Besuch des Kremlführers mit Cowboy-Hut Hoffnungen auf eine neue Ära, sorgten die Krisenherde im Nahen und Fernen Osten für ein fortwährendes Säbelrasseln.

Vorrangig ging es der Sowjetunion darum, den Westen nicht nur zur faktischen Hinnahme, sondern zur Akzeptanz ihres Machtbereichs zu bewegen. Hingegen griff sie mit dem Berlin-Ultimatum von 1958, das die Westsektoren in eine »selbständige politische Einheit« verwandeln, also die Westalliierten aus der Stadt verdrängen sollte, über die abgesteckten Interessenzonen ihrerseits hinaus. Das riskante diplomatische Spiel ging verloren, um mit dem Bau der Mauer 1961 als Zementierung der Blockbildung abgeschlossen zu werden. Wieder hatten sich Moskau und Ost-Berlin selbst dazu verurteilt, ihre Politik in einer Art von Negativ-Symbolik zu inszenieren. Mauern gegen die eigene Bevölkerung als »antifaschistischen Schutz- und Friedenswall« – jede Ironie fehlte, es war ein blanker Offenbarungseid. Noch gewagter war die sowjetische Raketenstationierung ein gutes Jahr später auf Kuba. Die Krise in der Karibik führte an den Rand eines Nuklearkrieges. Sie wurde zum Scheitelpunkt des Kräftemessens, um mit einer weitreichenden Niederlage des Kreml zu enden. Für eine offensive Politik des militärischen Pokerns gab es keinen Spielraum.

### DIE KONFRONTATION II – INNENDIMENSIONEN

Dennoch konnte die Sowjetunion nach Stalin auch Erfolge aufweisen, die über die Zwangsvorstellungen des Kalten Krieges hinausgriffen. Ansätze eines inneren Wandels. Die Ökonomie verzeichnete noch immer Wachstumsraten, so sehr die Funktionsdefizite des Planungssystems Grund bitterer Klagen waren. Verbesserungen im Lebensstandard brachten Nikita Chruschtschow auf dem XXII. Parteitag 1961 zu dem kühnen Versprechen, binnen einer Generation die USA »überholen« zu können. Hatte Stalin das Land durch immer neue Diktate vorangepeitscht, versuchten seine Nachfolger, Effizienz und Produktivität durch ebenso begrenzte wie überstürzte Reformen zu erhöhen. Die meisten freilich blieben in den Apparaten stecken. Als der amtierende Generalsekretär auf dem XX. Parteitag mit dem toten Diktator ins Gericht ging, schienen die Fundamente kommunistischer Herrschaft zu erbeben: Entstalinisierung aus den Machtstrukturen heraus, um der Partei eine neue Legitimation jenseits des Terrors zu geben und doch ihr Monopol auf die Macht zu sichern. Aufbruch und Repression in einem. Das gleiche Bild in der Kultur. Ein »Tauwetter« war möglich, aber Boris Pasternaks *Doktor Shiwago* wurde verboten. Die zweite Demontage Stalins auf dem XXII. Parteitag ereignete sich zwischen Mauerbau und Kubakrise. Es schien, als komme die Sowjetunion aus ihren Widersprüchen nicht heraus. In der Rüstung scheute man keinen Aufwand, mit den Vereinigten Staaten gleichzuziehen. Bezahlen musste eine Wirtschaft, deren Gesamtkraft deutlich unter der des Konkurrenten lag. Zur Sternstunde der sowjetischen Technologie wurde der 4. Oktober 1957, als der erste Sputnik die Erde umkreiste. Amerika stand unter Schock. Juri Gagarins spektakulärer Weltraumflug 1961 folgte.

Der Kalte Krieg half auch, den Westen zu konstituieren. So viele Konflikte er schuf und so sehr er das Denken blockierte – er war zugleich die Folie, wenn nicht ein Motor von Entwicklungen, die der Nachkriegsgeschichte neue Horizonte wiesen. Im Namen des »containment« wurde die atlantische Welt zusammengeführt und der kommunistischen Ideologie ein attraktiver »way of life« gegenübergestellt. Was mit dem Marshall-Plan und dem »European Recovery Program« begonnen hatte, setzte sich fort in Strategien der Internationalisierung und des wirtschaftlichen Wachstums. Die »pax americana« war nicht frei von hegemonialen Interessen. Unter ihrem Dach relativierten sich die überlieferten Konflikte auf dem alten Kontinent. Der sowjetische Druck tat ein Übriges. Europas Westen begann, das erste Kapitel seiner friedlichen Integration zu schreiben. So paradox und bitter es klingen mag: Was die Welt teilte, einte Europa von der Elbe bis zum Atlantik. Der Eiserne Vorhang als Katalysator, Grenzen abzubauen. Der Kalte Krieg zugleich als Zeitalter der lähmenden Blockade und der entfesselten Dynamik. Nach Osten wurden historische Zusammenhänge zerschnitten – im Westen gemeinsame Räume geschaffen. 1945 schien Europa von der weltpolitischen Bühne abgetreten. Der Kalte Krieg diktierte ihm einen Platz im Schatten der beiden Supermächte, um doch eine Erfolgsstory in Gang zu setzen, die ohne Präzedenzfall in der modernen Geschichte ist.

Für die Deutschen brachte der globale Konflikt eine verblüffende Wendung. Einerseits litten sie unter der Spaltung des Landes, andererseits fühlten sie sich nicht länger auf der Anklagebank. Dabei fielen die Perspektiven in Ost und West krass auseinander. Beide Staaten wurden von ihren jeweiligen Schutzmächten als Partner gebraucht und auf unterschiedliche Weise von der historischen Schuld des untergegangenen Reiches entlastet. Die DDR, weil ihre Bewohner gleich zweimal Opfer von Unfreiheit waren: rückblickend im Faschismus, laut offizieller Ideologie, als »Klasse«; gegenwärtig im eigenen Verständnis als halbes Volk ohne demokratische Rechte. Die Bundesrepublik, weil die Integration in den Westen erlaubte zu sagen, man habe aus der Geschichte gelernt. Der Nachkrieg überlagerte den Krieg, der »kalte« den »heißen«. Den Deutschen ermöglichte die Gefahr aus dem Osten überdies lange Zeit, viele Kriegsverbrechen, die dort begangen worden waren, gleichsam »unter den roten Block« zu kehren. Stattdessen konnten alte, noch aus den Frontberichten stammende Feindbilder (»der Russe«, der »Iwan«) fortgeschrieben und das »Abendland« in neuer Formation verteidigt werden. In diesem Sinne »schützte« uns der Eiserne Vorhang vor uns selbst.

Alles freilich hätte nur wenig gefruchtet, wären die Jahre der Konfrontation nicht gleichzeitig Jahre des ungeahnten wirtschaftlichen Aufschwungs gewesen. Die Bundesrepublik Konrad Adenauers im Bann des Westens – Ergebnis der Teilung und Land des Wirtschaftswunders. Niemand, der die minutiösen Kontrollen an der »Zonengrenze« je erlebt hat, wird ihre Dramaturgie der Einschüchterung vergessen. Dem Schaudern beim Blick über die leeren Flächen des Potsdamer Platzes stand die Freude gegenüber, in das bunte Treiben des Kurfürstendamms einzutauchen. Das eintönige Grau des Ostens im Kopf, ließ es sich im Westen um so rasanter leben. Mit Anstecknadeln vom Brandenburger Tor im Jackett tanzten wir Rock 'n' Roll. Mochten die »Sowjets« in den Panzer- und Raketen-Stückzahlen auch gleichziehen – zu Elvis Presley und James Bond, zu Walt Disney und Coca-Cola hatten sie keine Alternative. Der Westen aber war mehr als die Verführungen einer attraktiven Massenkultur. In Malerei und Musik, in Philosophie und Literatur wurde die Moderne neu oder wieder entdeckt. Gesellschaftskritiker diagnostizierten die *Unfähigkeit zu trauern*. Aus der Katastrophe fliehe man in Biedermeierlichkeit und Saus und Braus. Politische Kabaretts nahmen den alltäglichen Materialismus aufs Korn. An Widerspruchsgeist mangelte es nicht, auch wenn Regierungen sich anschickten, in ihm nur »Wege nach Moskau« zu sehen.

Das intellektuelle Rüstzeug für eine Kommunismuskritik lieferte ein Begriff, der nach den wegweisenden Arbeiten von Hannah Arendt (1951), Zbigniew Brzezinski und Carl Friedrich (1956) weit über das akademische Milieu hinaus Karriere machte – der »Totalitarismus«. Herrschaft ohne Privatheit, als totale Kontrolle, Manipulation und Mobilisierung. Versuchten Arendt und Friedrich mit Umsicht, nationalsozialistische und stalinistische Herrschaftspraktiken in Vergleich zu setzen, fühlte sich eine breite politische Öffentlichkeit ermuntert, »rot« und »braun«, Hitler und Stalin in einen Topf zu werfen. In eindringlichen Appellen warnten große Denker vor solcher Vereinfachung. George Orwells *Animal Farm* und *1984* wurden zu Bestsellern. Durch ihr Prisma – das Auge des »Großen Bruders« und das »Wahrheitsministerium« – begriff man plötzlich den Sowjetstaat. Was der Autor als negative Utopie in faszinierender Groteske entwarf, schien kommunistisches Ideal zu sein. Zum geflügelten Wort avancierte Wolfgang Leonhards Autobiographie als SED-Funktionär *Die Revolution entlässt ihre Kinder*, Dissidenten aus den Machtapparaten als Zeugen der Anklage. Über den Rahmen von Systemanalysen hinaus führte das wohl bedeutendste Russland-Buch der Nachkriegszeit, Klaus Mehnerts *Der Sowjetmensch*. Jenseits aller Machtstrukturen wurden menschliche Züge im sowjetischen Alltag erkennbar, die nicht nur die ideologischen Dogmen der Kreml-Führer erschütterten, sondern ebenso die westliche Fixierung auf diese. Der Antikommunismus zeigte sich außerstande, die vielen Wirklichkeiten der kommunistischen Welt zu begreifen.

Die DDR litt stärker unter dem Kalten Krieg als die »BRD«, wie sie »drüben« genannt wurde. Durch die Reparationen hatte man große Teile der Industrieausrüstung verloren und zu Hauf liefen die Menschen davon. Der Aderlass war nicht auszugleichen. Von einem Wirtschaftswunder konnte keine Rede sein, auch wenn die Wachstumsraten im Vergleich zu den anderen Staaten im eigenen Machtblock imponierend waren. Der verordnete Antifaschismus erstarrte bald zu einer Staatsideologie. Walter Ulbrichts SED taugte nicht als mitreißendes Design für ein neues Deutschland. Doch indem die Mauer Fluchtwege abschnitt, gewannen private Nischen im Lande umso größere Bedeutung. Vielleicht sorgte das martialische Bauwerk sogar für ein Minimum an Stabilität. Wo immer freilich kritische Nachfragen an sensible Bereiche der Politik rührten, waren die Sicherheitsorgane zur Stelle. Triumphe im Sport polierten das internationale Image auf. Weltrekorde als Punktesammlung im Wettbewerb mit der Bundesrepublik.

## ENTSPANNUNG IN IHREN WIDERSPRÜCHEN I – DIE WESTLICHE PERSPEKTIVE

In den sechziger und siebziger Jahren beschleunigte sich der Formwandel des Kalten Krieges. Zwar blieben die Ideologien im Streit, ihre Bedeutung jedoch schwand. Konfrontationsmodelle mutierten in Spielarten der Systemkonkurrenz. Sicherheitsinteressen definierten sich – wenngleich gegen Widerstände – neu. Hatten sie ursprünglich den Kalten Krieg als Abschottungsstrategie verursacht, verlangten sie nun – bei Fortdauer der Teilung – ein Mehr an Beziehungen, um schließlich gar in den Ruf nach Partnerschaft zu münden. In Europa gelang es über die Verknüpfung ungezählter »kleiner Schritte«, Spannungsfelder zu

1

2

5

3

4

1 Marschall Shukow nimmt die Siegesparade auf dem Roten Platz ab, Moskau, 24. Juni 1945 (F: Jewgeni Chaldej)

2–4 Siegesparade auf dem Roten Platz, Moskau, 24. Juni 1945 (F: Jewgeni Chaldej)

5 Potsdamer Abkommen. Am Runden Tisch: Harry Truman, Iossif Stalin, Clement Richard Attlee, Potsdam, Juli 1945 (F: Jewgeni Chaldej)

1

2

3

4

5

6

7

1 Niedergebranntes Murmansk, 1942 (F: Jewgeni Chaldej)
2 Heimkehrer und Hamsterer, Halle, 1946 (F: Fritz W. Richter)
3 Berlin, 1945 (F: Robert Capa)
4 Kolonne von deutschen Kriegsgefangenen in Berlin, 1945 (F: Georgi Petrussow)
5 Flüchtlinge, Berlin, Juli 1945 (F: Jindřich Marco)
6 Erschöpfte vom Flüchtlingstreck, Berlin, 1945 (F: Gerhard Gronefeld)
7 Militärkolonnen in Berlin-Biesdorf, 1945 (F: Georgi Petrussow)

reduzieren. In anderen Teilen der Welt – von Vietnam über Afrika und den Nahen Osten bis Afghanistan – brachen sie umso offener auf.

Die Dramatik der Kuba-Krise 1962 hatte Folgen. Washington und Moskau installierten den »heißen Draht«. Gesprächsebenen vermehrten, Rüstungskontrollbemühungen intensivierten sich. Der Teststoppvertrag für Nuklearwaffen in der Atmosphäre bildete den Auftakt. Einerseits offenbarte sich, dass die Interessen der beiden Supermächte in der Wahrung ihrer Exklusivität zusammenfielen, welche Gegensätze sie sonst auch trennen mochten. Beide waren darauf bedacht, sich ein Monopol an strategischen Waffengattungen zu sichern, allein die Regeln des Rüstens zu definieren und die Hierarchien der internationalen Ordnung zu bestimmen. Andererseits scheute man keinen Aufwand, sich neue Waffentechnologien zu erschließen und die Fähigkeit zur Vergeltung um jeden Preis zu erhalten. Die Rüstungsspirale nahm ihren ungehemmten Lauf. Wird aber Frieden nur durch die »Zweitschlagskapazität« garantiert, schreibt sich der Kalte Krieg fort. Erst in den siebziger Jahren war man bereit, den tausendfachen Overkill wenigstens in Ansätzen durch die »Strategic Arms Limitation Talks«, SALT I mit ABM-Vertrag und SALT II, unter Kontrolle zu bringen. Vieles davon blieb »symbolisch« (Dieter Senghaas).

Gegen die Logik der Blöcke hatte Frankreichs Präsident Charles de Gaulle schon frühzeitig für ein »Europa vom Atlantik bis zum Ural« geworben, um dem alten Kontinent neben den Supermächten ein eigenes Gewicht zu geben. Niemand hatte bis dahin die Zuordnung von Interessensphären in der Nachfolge von Jalta so konsequent in Frage gestellt wie er, niemand so nachdrücklich daran gearbeitet, geschichtliche Zusammenhänge wieder zu beleben, die im Kalten Krieg zerschnitten worden waren. Auf der Suche nach neuen Wegen konnte die Bundesrepublik auf Dauer nicht abseits stehen. Die Berliner Mauer war ein bitteres Faktum. Hatte sie schon nicht verhindert werden können, musste an einer Politik gezimmert werden, um sie in ihrer Härte abzumildern. So perspektivlos es war, sich an Konfliktstrategien ohne Ausweg zu klammern, so kühn konnte es sein, in dem Modernisierungsdruck, unter dem die andere Seite litt, eine Perspektive für eigenes Handeln zu entdecken. Mit dem Passierschein-Abkommen zu Weihnachten 1962 preschte das westliche Berlin frühzeitig vor. Menschliche Erleichterungen als Schlüsselcode, John F. Kennedys »Ich bin ein Berliner« als Ermunterung und Schirm. Nach vielen Jahren »Frontstadt« wurde die alte Metropole zum Ausgangspunkt praktischen Experimentierens, wie die Mauer durchlässig zu machen sei. Mit Willy Brandt bekam die Entspannungspolitik einen Namen, mit Egon Bahrs Formel vom »Wandel durch Annäherung« ein Programm. Auf welche Skepsis ein solcher Neuansatz jenseits der zementierten Grenze stoßen würde, demonstrierte der DDR-Ministerpräsident, als er von einer »Aggression auf Filzpantoffeln« sprach.

Doch hatte auch die Bundesrepublik ihre Probleme. Mehr als ein Jahrzehnt sollte es dauern, um die Hallstein-Doktrin beiseite zu räumen und der Einsicht Geltung zu verschaffen, dass Brückenschläge in das östliche Europa hinein einer Lösung der deutschen Frage eher nutzten als die völkerrechtliche Ächtung der DDR. Die Anerkennung der europäischen Nachkriegsgrenzen als Voraussetzung, diese überhaupt öffnen zu können, erwies sich als Erfolgsrezept, das alle Erwartungen übertraf. Mit seiner »neuen Ostpolitik« wurde Bonn schnell zum Vorreiter im west-östlichen Dialog. Auf die Aussöhnung mit dem Westen folgte die mit dem Osten. Wenngleich die Spaltung Europas fortbestand, fand die Halbierung des Denkens nach und nach ein Ende. Willy Brandts Kniefall 1970 vor dem Denkmal für die Opfer des Aufstands im Warschauer Ghetto avancierte zu einem Jahrhundertbild. Über die »Konferenz für Sicherheit und Zusammenarbeit in Europa« (KSZE) liefen die Arbeiten an einer neuen Architektur für den alten, jedoch geteilten Kontinent. Manche zeitgenössischen Kommentare sahen in der Schlussakte von Helsinki 1975 schon das Ende des Kalten Krieges. Richtiger ist es, von dem historischen Versuch zu sprechen, ihn durch gemeinsame Konstruktionen zu überwölben. Beträchtlicher Konfliktstoff – von Fragen der Abrüstung bis zur inneren Ordnung der Signatar-Staaten – konnte noch längst nicht ausgeräumt werden. Hingegen lieferte die Ökonomie entscheidende Impulse zur Forcierung der Détente. In der Wachstumsperspektive der Europäischen Gemeinschaften erschienen die Sowjetunion und der Osten insgesamt als ein schier unermesslicher Wirtschaftsraum, den es zum eigenen Nutzen zu erschließen galt. Die Furcht vor dem Kommunismus wich den Chancen des Marktes.

### ENTSPANNUNG II – DIE ÖSTLICHE PERSPEKTIVE

In der sowjetischen Hemisphäre besaßen die Widersprüche eine andere Dimension. Der Nutzen von Entspannung lag nicht weniger auf der Hand, die Risiken aber waren größer. Trotz aller Arbeitsteilung innerhalb des Comecon und wiederholter Reformanläufe waren die sozialistischen Planwirtschaften mehr und mehr auf die Zusammenarbeit mit den westlichen Ökonomien angewiesen, um offenkundigen Innovationsschwächen und Produktivitätsrückständen entgegenzuwirken. Hatte die Staatsräson vormals eine Politik der Abschottung verlangt, weil man den überlegenen Westen fürchtete, erzwang sie nun eine (dosierte) Öffnung, weil man ihn brauchte. Vernetzungen aber schaffen Abhängigkeiten, die den Monopolanspruch von Ideologie und Partei auf Dauer nicht unberührt lassen. Systemsanierung mit aufklaffenden Glaubwürdigkeitslücken. Schon von den späten fünfziger Jahren an hatte der »Ostblock« aufgehört, ein monolithischer Block zu sein, mochte der Warschauer Pakt auch die ungeliebte Dachorganisation bleiben. Ungarn experimentierte mit seinem »Gulasch-Kommunismus«, Polen suchte zwischen den widerstreitenden Kräften im Innern ein Minimum an Spielraum nach außen, Rumänien setzte nationalistische Akzente. Doch demonstrierten die Panzer gegen den »Prager Frühling« und die Breschnew-Doktrin 1968 die Grenzen von Sonderwegen, selbst wenn diese den Sozialismus »mit einem menschlichen Antlitz« versehen wollten. Nicht mehr aufzuheben war der Bezug auf den Westen.

Das galt auch für die sowjetische Führungsmacht selbst. Viele ihrer halbherzigen Wirtschaftsreformen hatten sich in den Apparaten festgefahren. Prag war zum Menetekel geworden. Als strategischen Ausweg plante man, Modernität und Technologie von außen zu importieren. Entspannung als Ersatz für Reformen, die zu wagen man keine Courage hatte. Baute man gegenüber dem Westen Feindbilder ab, hielt man sie zu Hause aufrecht. Außen- und Innenpolitik wurden voneinander separiert. Die Westeuropäer hingegen setzten gerade auf Spillover-Effekte, auf Wechselwirkungen. Die Entspannungskonzepte der Partner waren nicht deckungsgleich. Dem Kooperationszwang aus Schwäche stand der Kooperationswille aus Stärke gegenüber. Den Systemkonflikt vermochten sie nicht aus der Welt zu schaffen – so kategorisch der Imperativ auch war, sich zu verständigen.

Der Zusammenhalt im Warschauer Pakt war nur aufrechtzuerhalten, wenn den Mitgliedern Handlungsräume nach Westen zugestanden wurden. Um so wichtiger war es, die europäischen Nachkriegsgrenzen in vertraglichen Formen als »unverletzlich« festzuschreiben. Helsinki tat dies. Ohne den Westen gab es fortan keine Stabilität mehr. Mit ihm aber holte man Vergleichsmöglichkeiten in die realsozialistischen Länder, die die Stabilität hinterfragen und die Binnenverhältnisse aufweichen mussten. Dem Zugewinn an internationaler Reputation stand ein potenzieller Schwund an innerer Legitimation gegenüber. Man brauchte das Kapital, aber hatte die bürgerlichen Freiheiten zu fürchten. Zwischen ausländischen Krediten und heimischen Bürgerrechtsbewegungen hatten die Partei-Diktaturen einen zunehmend schweren Stand. Die Kooperation, zu der es keine Alternative gab, legte eher Defizite bloß, als sie zu beheben.

Um dennoch Abhängigkeiten zu vermeiden, liefen die Rüstungsprogramme weiter. Gerade weil das Modernitätsgefälle zwischen den beiden Systemen unleugbar war, galt es, auf militärischem Sektor den Gleichstand zu wahren oder gar Vorteile auszuloten. Die Kosten dafür lasteten überproportional auf der Gesamtwirtschaft. Auch in den Staaten der NATO fehlte es nicht an Versicherungen, dass die Politik der Détente kein Nachlassen in den Verteidigungsanstrengungen bedeute. Man bleibe sich der Gefahren bewusst. Doch ging es in der Sowjetunion nicht nur darum, mögliche Skeptiker zum Schweigen zu bringen, sondern um den verzweifelten Versuch, ihre strukturelle Unterlegenheit zu kompensieren, allerdings mit Mitteln, die diese Unterlegenheit fortschreiben mussten.

## ENTSPANNUNG IN DER KRISE UND DAS ENDE DES KALTEN KRIEGES

Die Realität kannte ihre Kapriolen. Während man auf Konferenzen hochfliegende Zukunftspläne schmiedete, blieben die alltäglichen Grenzkontrollen schikanös. Leonid Breschnew schwärmte 1978 von russisch-deutschen Großprojekten, um trotzdem die auf Westeuropa gerichteten Waffensysteme seines Landes mit neuen Raketen auszustatten. Die NATO antwortete Ende 1979 mit dem »Doppelbeschluss«, ihrerseits neue Waffen zu stationieren, d.h. nachzurüsten, falls die sowjetischen nicht abgebaut würden. Auf den russischen Einmarsch in Afghanistan folgte der westliche Boykott der Olympischen Spiele in Moskau 1980. Amerikas neuer Präsident Ronald Reagan spielte ernsthaft mit dem Gedanken, ein Antiraketensystem – seine Strategic Defense Initiative (SDI) – zu entwickeln, das das Gleichgewicht des Schreckens aus den Angeln heben könnte. Von einem »Zweiten Kalten Krieg« war plötzlich die Rede. Die Supermächte verfielen in Sprachlosigkeit.

Europa und die Bundesrepublik aber taten sich schwer, einen Ausweg zu finden, weil der Wandel im Innern des sowjetischen Blocks widerspruchsvoller vonstatten ging, als die Vision der Entspannung vorausgesehen hatte. Dissidenten und Menschenrechtler dort wurden mundtot gemacht, ihr Dialogangebot zum Schweigen verurteilt. Der Aufbruch einer unabhängigen Arbeiterbewegung in Polen – der Solidarność – überraschte den europäischen Westen. In Warschau selbst wurde das Kriegsrecht verhängt. Die Friedenspolitik der siebziger Jahre hatte Großes geleistet. Nun aber schien sie aufgerieben zu werden zwischen der militärischen Eigenlogik der Blöcke und der Unfähigkeit der Regierungen im östlichen Europa, einen Frieden mit den eigenen Völkern zu finden. Indem die Entspannungspolitik Feindbilder abzutragen und Handlungsräume zu erweitern suchte, wirkte sie im Sinne einer historischen Verständigung. Klammerte sie sich jedoch allein an bestehende Staatsformen, ging ihr das Gespür dafür verloren, was sie selbst an Dynamik mit verursacht hatte. Perspektiven des gesellschaftlichen Wandels gerieten leichtfertigerweise aus dem Blickfeld. In der Häufung von Konfliktherden fielen die frühen achtziger Jahre weit hinter die frühen siebziger zurück.

Umso unerwarteter kam die epochale Wende. Am 11. März 1985 wurde Michail Gorbatschow zum neuen Generalsekretär der KPdSU gewählt. Er beendete den Kalten Krieg. Die »doppelte Null-Lösung« wurde möglich, der Rückzug aus Afghanistan beschlossen, die Militarisierung der Außenpolitik aufgehoben. Sollte der sowjetische Sozialismus eine Chance auf Erneuerung haben (was Gorbatschows innerstes Anliegen war), musste die imperiale Überlastung seines Landes abgebaut werden. Entspannung und Reform wurden nicht länger gegeneinander ausgespielt, sondern als unauflöslicher Zusammenhang verstanden. Die »Perestroika« gelang dennoch nicht. System und Reich brachen zusammen. Zu militärischer Gegenwehr wurde nicht gegriffen, das Unvermögen des eigenen Regimes einerseits und der Aufbruch der Völker andererseits akzeptiert. Dass ein Imperium, dessen Waffenarsenale nur Furcht einflößen konnten, in friedlichen Bahnen abtrat, war ein in der Geschichte unerhörter Vorgang. Unmögliches wurde 1989 möglich. Polen wählte frei. Ungarn öffnete seine Grenze. Anfang Oktober mahnte Gorbatschow die DDR-Führung, wer zu spät komme, den bestrafe das Leben. In der Nacht vom 9. auf den 10. November durchströmten Hunderttausende die Mauer von Berlin. Gestern noch »Bollwerk« der Trennung, heute Kulisse überschwenglicher Freude. Schon zuvor hatten die Deutschen in der DDR mit den »Montagsdemonstrationen« eines der eindringlichsten Kapitel ihrer Geschichte geschrieben. Der Westen begann vom Osten zu lernen. Prag durchlebte bange Tage, bevor Millionen von Tschechen die kommunistische Regierung stürzen und Václav Havel gleichsam »auf die Burg« tragen konnten. Umbrüche auch in Bulgarien und Rumänien. »Von Jalta bis Malta« kommentierte ein Aufkleber in der Moldaustadt das Treffen des amerikanischen und sowjetischen Präsidenten im Mittelmeer am 2. Dezember, als diese die Nachkriegskonfrontation für beendet erklärten. Der Eiserne Vorhang wurde zu einer Sache der Bolzenschneider.

Heimkehr aus sowjetischer Gefangenschaft, Grenzbahnhof Herleshausen, 1955 (F: Robert Lebeck)

1

2

3

4

5

6

1 Trümmerfrauen am Elbufer, Dresden, um 1947 (F: Erich Höhne, Erich Pohl)
2 Trümmerfrau, Berlin, 1948 (F: Heinz Krüger)
3 Ziegelsteine in der Möckernstraße, Berlin, Dezember 1945 (F: Gerhard Gronefeld)
4 Bei der Schuttbeseitigung vor dem Reichstag, Berlin, Sommer 1945 (F: Gerhard Gronefeld)
5 Prämien für Trümmerfrauen, Berlin, 1947 (F: Walter Heilig)
6 Abräumen der Trümmer an einem Sonntag, Berlin, August 1945 (F: Jindřich Marco)

1

2

3

4

1 Tag des Sieges, Moskau, 1946 (F: Jewgeni Chaldej)
2 Salut zum Sieg, Moskau, 1. Mai 1947 (F: Jakow Rjumkin)
3 Wiederaufbau Leningrads, 1946 (F: Jakow Chalip)
4 Moskau, September 1947 (F: Robert Capa)

1

2

3

4

5

6

1 Berlin, 1946/47 (F: Henry Ries)

2 Soldaten der vier Alliierten mit ihren Flaggen vor der Kommandantur, Kaiserswerther Straße 16–18, Berlin-Zehlendorf, 1948 (F: Henry Ries)

3 Flugplatz Gatow während der Blockade der Westsektoren, Berlin-Spandau, 17. August 1948 (F: Henry Ries)

4 Polizisten markieren den Grenzverlauf zwischen sowjetischem und britischem Sektor am Potsdamer Platz, Berlin-Tiergarten, 21. August 1948 (F: Henry Ries)

5 Sektorengrenze. Grenzmarkierung am Potsdamer Platz, Berlin-Tiergarten, um 1948 (F: Henry Ries)

6 Abmarsch einer sowjetischen Abordnung nach einer Kranzniederlegung am Sowjetischen Ehrenmal, Berlin-Tiergarten, um 1948 (F: Henry Ries)

1

2

3

4

1 Karussell vor dem Berliner Schloss, Berlin-Mitte, um 1948 (F: Henry Ries)

2 Amerikanische GIs und deutsche »Fräulein« im Treptower Volkspark, Berlin-Treptow, 1947 (F: Gerhard Gronefeld)

3 Staubsturm am Reichstagsgebäude, Berlin, Juli 1945 (F: Jindřich Marco)

4 Kleingärten an der Siegesallee, Berlin-Tiergarten, 1948 (F: Henry Ries)

# DIE DDR, DIE UDSSR UND DIE »ANTIKULTUR« DES KALTEN KRIEGES

ALEXEJ FILITOW

Der Kalte Krieg begann zwar nicht in Deutschland und auch nicht wegen Deutschland, aber auf deutschem Boden entwickelte die Auseinandersetzung zwischen den beiden politischen Blöcken eine besondere Heftigkeit. Im Grunde handelte es sich um einen blutigen Bürgerkrieg, wenn auch ohne die direkte Konfrontation feindlicher Armeen. Fünfzig Tote und dreihundert Verletzte forderten die Ereignisse im Juni 1953 in der DDR, etwa neunhundert[1] Menschen starben beim Versuch, sich über die deutsch-deutsche Grenze in Berlin oder entlang von Elbe und Werra illegal in den Westen abzusetzen, und mehrere Dutzend Menschen wurden von sowjetischen Tribunalen und DDR-Gerichten wegen Spionage, Diversion und Sabotage zum Tod verurteilt und hingerichtet. Natürlich lässt sich das nicht vergleichen mit der Zahl der Opfer des Korea- oder des Vietnamkriegs. Andererseits gab es nach dem 9. Mai 1945 auf deutschem Boden keine Kriegshandlungen mehr, und für eine Friedensperiode war die Zahl der Opfer durch den Einsatz von Waffen und sonstiger Mittel staatlicher Gewalt außergewöhnlich hoch. Nicht umsonst wurde Deutschland als das Hauptschlachtfeld des Kalten Krieges bezeichnet.

17. Juni 1953. Mit Steinen gegen Sowjetpanzer (F: anonym, deutsch)

Es war ein Krieg ohne Kriegserklärung, der keinerlei Regeln folgte. Allerdings war die brutale Unterdrückung Andersdenkender kein Monopol der DDR. Das erste Opfer war noch vor dem Juni 1953 im westdeutschen Essen zu beklagen, wo am 1. Mai 1952 der junge Arbeiter Philipp Müller bei einer Demonstration gegen die Wiederbewaffnung der Bundesrepublik Deutschland erschossen wurde. Man kann dies als einen Einzelfall bezeichnen. Aber die Millionen von Toten in Korea und Vietnam, Hunderte oder gar Tausende von Opfern unter den DDR-Bürgern (sowohl unter denen, die protestierten, als auch unter denen, die »ihre Pflicht gegenüber dem Arbeiter- und Bauernstaat erfüllten«) und schließlich auch die Opfer politischer Gewalt im anderen deutschen Staat – all diese Fakten haben eine gemeinsame Wurzel, sie sind Folge und Verkörperung einer Art Kultur oder nennen wir es besser »Antikultur« des Kalten Krieges.

Eines der wichtigsten Elemente dieser »Antikultur« war das Feindbild. Während der Wahlkämpfe in Westdeutschland Anfang der fünfziger Jahre wurden überall Plakate aufgehängt, auf denen »der Osten« entweder als schielender Sowjetsoldat mit Furcht einflößender Physiognomie oder als auf den Westen zielender Sensenmann dargestellt war.

So offensichtlich rassistische Methoden wurden im anderen deutschen Staat nicht angewandt. An Primitivität und Grobheit bei der Diskreditierung des »Feindes« herrschte aber auch dort kein Mangel. In der DDR galt die Losung »Von der Sowjetunion lernen heißt siegen lernen«, was mitunter dazu führte, dass man Schülern anstelle der Märchen der Gebrüder Grimm nicht allzu gelungene deutsche Übersetzungen der Werke Marschaks zur Lektüre gab. Die einschlägigen Dienste übernahmen die Methoden der sowjetischen außenpolitischen Propaganda und perfektionierten sie mit deutscher Gründlichkeit. So wurde der erste Kanzler der Bundesrepublik Konrad Adenauer als »Marionette Amerikas«, als »Verehrer Hitlers und Mussolinis« usw. tituliert. Als man in den sechziger Jahren auf sowjetischer Seite etwas vorsichtiger wurde, was die »Enthüllungen« über führende westdeutsche Politiker betraf, gaben die Berliner Freunde dem »großen Bruder« bezeichnenderweise ihr Missfallen darüber zu verstehen. Man musste den Enthüllern aus der DDR explizit erklären, dass es nicht den internationalen Gepflogenheiten entspreche, sich in einem solchen Ton über ein ausländisches Staatsoberhaupt zu äußern, zumindest nicht in den offiziellen Presseorganen.

Eine Atmosphäre der Intoleranz, die Neigung, in elementaren Gegensätzen zu denken, und die Formel »Wer nicht für uns ist, ist gegen uns« bestimmten nicht nur die offiziellen Stellungnahmen und das Massenbewusstsein auf beiden Seiten des Eisernen Vorhangs, sondern in hohem Maße auch die Geisteshaltung der Intellektuellen, Leuten also, von denen man nicht annehmen sollte, dass sie sich die Dogmen staatlicher Propaganda zu Eigen machen.

Die Angehörigen dieser geistigen Elite positionierten sich unterschiedlich. Bertolt Brecht äußerte sich mit brillantem Spott über den plumpen Versuch der SED-Funktionäre, die Schuld an den Ereignissen im Juni 1953 den Volksmassen in die Schuhe zu schieben: Wenn sich das Volk schon keine Regierung wählen darf, dann könnte sich vielleicht die Regierung ein anderes Volk wählen, anstatt sich mit einem unverständigen Volk herumzuplagen? schrieb er sinngemäß in sein Tagebuch, wo man diese Eintragung erst nach seinem Tod fand.[2]

Es gab aber auch andere Reaktionen. Viele von denen, die zunächst begeistert waren vom »neuen Anfang«, der in Deutschland Einzug zu halten schien mit der sowjetischen Armee, mit dem Potsdamer Abkommen, den Nürnberger Prozessen, der Bodenreform, der Schuldemokratisierung und all dem, was die deutsche Nation von Grund auf im Geiste von Humanismus, Frieden und Gerechtigkeit umerziehen sollte, wanderten später in den Westen ab. Und sie taten das, obwohl ihnen klar war, dass die Bundesrepublik ihnen fremd sein und immer fremd bleiben würde. Hier genügt es, einige wenige zu nennen, wie den Schriftsteller und Publizisten Alfred Kantorowicz, den Philosophen Ernst Bloch und den Filmregisseur Wolfgang Staudte.

Es gab aber auch Leute, die angesichts der Verlogenheit der offiziellen Propaganda nicht den Weg in die innere oder äußere Emigration wählten, sondern den Dialog mit der Staatsmacht suchten, um diese von der Notwendigkeit einer anderen Politik zu überzeugen. Als Beispiel sollen hier Dokumente aus dem ehemaligen Archiv des ZK der KPdSU (heute das Russische Staatsarchiv für neuere Geschichte RGANI) dienen.

Beim ersten Dokument handelt es sich um einen Brief von zehn Schreibmaschinenseiten des sowjetischen Staatsbürgers Jan Vogeler,

Sohn des deutschen Künstlers Heinrich Vogeler, und sehr erfahren im Umgang mit KPD- und SED-Funktionären. Er schrieb ihn am 26. Juni 1953 unter dem Eindruck der soeben beendeten Unruhen in der DDR an das Zentralkomitee der KPdSU.[3] Ohne die offizielle Interpretation der Ereignisse als »eines vom Westen organisierten, faschistischen Putsches« offen in Zweifel zu ziehen, richtete er doch einen geradezu beschwörenden Appell an die sowjetische Führung: »Es wäre völlig falsch, die Sache nur und ausschließlich auf ein Störmanöver von aus Westberlin eingeschleusten Agenten, ausschließlich auf die Aktivitäten amerikanischer Agenten zurückzuführen. ... Das Problem besteht darin, dass die Bevölkerung der Republik das Vertrauen in eine Führung verloren hat, bei der ein offensichtliches Missverhältnis zwischen Worten und Taten besteht, konkret gesagt, zwischen ihren Beteuerungen, die Spaltung Deutschlands überwinden zu wollen einerseits und andererseits der realen Tendenz, diese Spaltung als definitives Faktum hinzunehmen.«

Iwan Kabin, Sektorenleiter einer Abteilung des ZK der KPdSU, der den Brief als Kurator für Deutschland auf den Schreibtisch bekam, machte sich keine sonderliche Mühe, den unerwünschten Ratgeber »abblitzen« zu lassen. Die Notiz, die er ins Sekretariat des Genossen Chruschtschow schickte, ist in ihrer Art auch ein bemerkenswertes Dokument der »Antikultur« des Kalten Kriegs und ein Beispiel Orwellscher Neusprache. Der Text der Notiz sei hier vollständig zitiert: »Die vom Genossen Vogeler vorgebrachten Beurteilungen einiger Führer der SED sind keine neue Erkenntnis. Was die in seinem Brief dargelegten Einschätzungen zur derzeitigen Lage in der DDR betrifft, so entsprechen diese weitgehend nicht der Realität, abgesehen von bekannten Fakten, die in der Presse veröffentlicht wurden. Durch den Brief des Genossen Vogeler entsteht keinerlei Handlungsbedarf, er kann im Archiv abgelegt werden. 9. Juli 1953.«

Wenn einer von Kabins Vorgesetzten sich die Frage gestellt hätte, in welche Kategorie nun z. B. die negative Meinung von Vogeler

*Deutsche Arbeiter nach den Ereignissen im Juni 1953* (F: anonym, sowjetisch)

über Pieck und Ulbricht bzw. seine positive Meinung über Herrnstadt und Honecker einzuordnen sei, in die Kategorie der »bekannten Fakten« oder in die Kategorie »entsprechen nicht der Realität«, hätte er wohl kaum eine Antwort darauf bekommen. Aber der Parteibürokrat hatte ganz richtig gerechnet: Keinem da oben würde es in den Sinn kommen, sich eingehend mit der Sache zu beschäftigen, und so würden alle zufrieden sein, sogar der Unruhestifter selbst, dem offenbar klar geworden war, dass es keinen Sinn hat, mit dem Kopf durch die Wand zu wollen.

Nach Meinung Vogelers waren die deutschen Genossen bei der 2. Parteikonferenz der SED (diese hatte im Juli 1952 stattgefunden und den planmäßigen Aufbau des Sozialismus beschlossen) zu schnell vorgegangen, sie sollten dem Beispiel der chinesischen Kommunisten folgen, die sich Zeit ließen mit den sozialistischen Reformen. Man müsse sich außerdem von alten Führern wie Wilhelm Pieck und Walter Ulbricht trennen und sich stattdessen an Leuten wie Rudolf Herrnstadt und Erich Honecker orientieren (letzteren hielt Vogeler für eine Ausnahme unter den der Idee der deutschen Einheit gleichgültig gegenüberstehenden SED-Funktionären), dann wäre alles in Ordnung. Eine Argumentation von rührender Aufrichtigkeit, aber weit von der Realität entfernt. Weder erfüllten sich die Hoffnungen des Autors auf die chinesischen Kommunisten (erinnern wir uns nur an den »Großen Sprung«!) noch auf die Herren Herrnstadt und Honecker.

Das zweite Beispiel ist komplizierter und stammt aus der Anfangszeit der langen »Dissidentenschaft« des Schriftstellers Stefan Heym. In den fünfziger Jahren verkörperte er zusammen mit Anna Seghers, Willi Bredel und Stephan Hermlin für den sowjetischen Leser das »neue Deutschland«, ein Land von Antifaschisten und

Kämpfern gegen den Revanchismus. 1952 siedelte Heym aus den USA, wohin er 1935 emigriert war, in die DDR über. Sein Roman *Kreuzfahrer von heute*[4], in dem er heftige Kritik an der amerikanischen Armee äußerte, wurde in der UdSSR in kürzester Zeit übersetzt und herausgegeben.

Damals wusste in der Sowjetunion kaum jemand, dass Heym auch bald die Situation in seiner neuen Heimat ebenso heftig kritisierte. Bücher und Artikel, in denen dies zum Ausdruck kam, wurden in der UdSSR weder übersetzt noch gedruckt, obwohl die Behörden der DDR dem Schriftsteller sogar ermöglichten, seine Werke im anderen deutschen Staat herauszubringen.

Doch bei aller Kritik an der Regierung der DDR betonte Heym stets seine tiefe Verbundenheit mit den Idealen des Sozialismus und zog die staatliche Existenz der DDR nie in Frage. Und so war der 1990 vollzogene faktische Anschluss an die Bundesrepublik für ihn ein schwerer Schlag. In seinen letzten Lebensjahren vertrat er im Parlament des vereinigten Deutschlands die Partei des demokratischen Sozialismus (PDS), die Nachfolgepartei der SED, gegen deren Dogmatismus er immer gekämpft hatte, solange sie an der Macht war.

Doch schon bevor Heym seine nonkonformistischen Ideen in seinen Werken formulierte, äußerte er sie relativ offen in Gesprächen mit sowjetischen Bürgern wie beispielsweise dem Mitarbeiter der sowjetischen Botschaft in der DDR, L. W. Kusnezow, und dem *Prawda*-Korrespondenten Mai Podkljutschnikow. Noch überraschender dürfte aber sein, dass die kritischen Äußerungen des Schriftstellers bei dem Vertreter des ideologischen Sprachrohrs der Partei, wenn nicht auf volle Zustimmung, so doch immerhin auf ein gewisses Verständnis und Sympathie stießen. Andernfalls hätte der sowjetische Korrespondent nicht zu Beginn seines Berichts *Über die Stimmung in der Bevölkerung der Deutschen Demokratischen Republik* vom 29. April 1955[5], der fast zur Gänze auf einem »langen Gespräch« mit Stefan Heym basierte, geschrieben, dass dieser »den Eindruck eines klugen, scharfsichtigen und prinzipientreuen Menschen macht« und dass seine Ansichten »weitgehend mit dem übereinstimmen, wovon ich mich selbst während meines Aufenthalts in der Deutschen Demokratischen Republik überzeugen konnte.«

Besuch des Bundeskanzlers Konrad Adenauer in Moskau, 1955 (F: anonym)

Einen etwas anderen Standpunkt nahm der Diplomat Kusnezow in einem Gespräch mit Heym ein, das am 19. September 1955 stattfand. Einem von ihm angefertigten Gesprächsprotokoll[6] zufolge widersprach er einige Male den Thesen seines deutschen Gesprächspartners. Allerdings verschweigt er auch nicht die Antworten Heyms auf seine »politisch korrekten« Einwände, und insgesamt gesehen scheint das Dokument ein diplomatischer Versuch zu sein, »die dort oben« von der Notwendigkeit zu überzeugen, von primitiven Klischees im Verständnis der deutschen Verhältnisse abzurücken.

Am schmerzlichsten war für Heym, genau wie für Vogeler, das Missverhältnis zwischen Worten und Taten bei den Regierenden der DDR; allerdings nicht in Bezug auf die beiden deutschen Staaten, sondern im Bereich der Wirtschaftspolitik: 1950 hatte Ulbricht versprochen, dass zum Ende des Fünfjahresplans »in der DDR ein Lebensstandard erreicht werde, wie ihn das alte Deutschland noch nie erlebt habe«. Als die fünf Jahre zu Ende gingen, mussten die Arbeiter feststellen, dass der Lebensstandard »noch weit hinter demjenigen in Hitlerdeutschland« zurückgeblieben war.

Ein weiterer wunder Punkt war in den Augen Heyms die schmale Basis des Regimes. Er schätzte, dass zehn Prozent der Bevölkerung offene Regimegegner seien, sechzig Prozent es weder bekämpften noch sich dafür einsetzen und nur dreißig Prozent »die demokratische Ordnung tatsächlich unterstützten«. In der DDR wie auch in der UdSSR waren prunkvolle »Massenveranstaltungen« sehr beliebt, weil sie angeblich die Einheit von Partei und Volk dokumentierten. Heym kommentierte dies mit Ironie: »... Aufmärsche, Demonstrationen, Lautsprecher in den Straßen, viele Fahnen, überall Porträts der Führer, Parteiabzeichen. Von alledem hatten die Deutschen schon unter den Nazis die Nase voll, und jetzt übertragen sie diese Antipathie auf die Methoden der SED. Ein beachtlicher Teil der Bevölkerung ist der Meinung, dass die SED als Regierungspartei auch nicht anders sei, als es die Nationalsozialistische Partei war. Unter den Mitgliedern der SED gibt es Leute, die nur deswegen in die Partei eingetreten sind, weil sie an der Macht ist.«

70. Geburtstag von Walter Ulbricht. Chruschtschow in Berlin, 1963 (F: Wassili Jegorow)

Leonid Breschnew, Walter Ulbricht und Erich Honecker in einer Pause zwischen den Sitzungen der Internationalen Konferenz der kommunistischen und Arbeiterparteien, 1969 (F: Valentin Sobolew)

Einen negativen Einfluss auf das Verhältnis der Bevölkerung zur Partei hatte auch die Tatsache, dass in der SED die Prinzipien der innerparteilichen Demokratie oftmals verletzt wurden. Besonders spürbar wurde dies an der Basis. Als Beispiel führte Heym die Parteiorganisation eines Dorfes an, das er besucht hatte. »Hier spielt der Sekretär der Parteiorganisation die Rolle eines kleinen Führers und die Mitglieder der Organisation führen widerspruchslos seine Anweisungen aus.« Bei der Lektüre des Berichts von Podkljutschnikow hat man das Gefühl, dass ihm vor allem solche Äußerungen seines deutschen Gesprächspartners sympathisch waren, da sie seine eigenen Eindrücke bestätigten.

Andererseits hat Heym mehrmals den Gedanken geäußert, dass es um der Rettung der DDR willen völlig gerechtfertigt und notwendig sei, sich auf die sowjetischen Truppen zu stützen. Hier ein Auszug aus dem Gesprächsprotokoll Podkljutschnikows: »Stefan Heym ist der Meinung, dass für den Fall, dass die sowjetischen Truppen aus der DDR abgezogen würden, sich die Lage hier unter dem verstärkten Einfluss westlicher Propaganda und geheimdienstlicher Aktivitäten erneut verschlechtern und sich so etwas wie die Ereignisse des 17. Juni in anderer Form wiederholen könnte.«

Im Prinzip ist er damit gar nicht so weit entfernt vom Standpunkt jener »Genossen«, die Jan Vogeler in seinem Brief ans ZK der KPdSU kritisierte. Der Unterschied besteht wohl nur darin, dass selbst ein Lippenbekenntnis zur Idee der deutschen Einheit fehlt, und in der präzise formulierten These, dass sich die Situation in Deutschland durch den Abzug der ausländischen Truppen nicht verbessern würde. Hier äußert sich klar der Einfluss der »Antikultur« des Kalten Kriegs, für die eine von Spaltung, gesellschaftlicher und militärischer Konfrontation geprägte Atmosphäre bestimmend war.

So erklären sich auch Heyms Verweise auf die »westliche Propaganda« und die »Aktivitäten von Unterwanderungszentren« sowie seine Interpretation des Phänomens der Abwanderung von DDR-Bürgern in den Westen: Die Flucht einer Gruppe von Fachleuten der Leuna- und der Bunawerke sei ein »positives« Faktum, da es »beweist, dass die Besitzer des Konzerns IG Farbenindustrie die Hoffnung auf eine baldige Rückgabe der in der DDR befindlichen Betriebe verloren« hätten. Zu Ende gedacht hieße das: Je mehr Leute in den Westen fliehen, desto mehr unterstreicht dies die Stabilität des »Arbeiter- und Bauernstaats«.

Vielleicht lassen sich diese Ansichten Heyms mit dem Prinzip Hoffnung erklären und damit, dass auch der andere deutsche Staat in der Form, wie er sich in den vierziger und fünfziger Jahren darstellte, nie und nimmer ein Ideal für einen so unabhängig und nonkonformistisch denkenden Intellektuellen wie Heym sein konnte. Im damaligen Westdeutschland war die Wirtschaftselite zum Großteil dieselbe geblieben wie zu Zeiten des Faschismus, und auch in der Politik gab es nicht wenige »durch und durch Braune«. Man denke nur an Leute wie Hans Globke oder Theodor Oberländer.

Wenn man die Äußerungen von Heym aufmerksam analysiert, kommt man zu einer paradoxen Schlussfolgerung. Ihm selbst, einem der hervorragendsten Vertreter der deutschen intellektuellen Elite, war ein Denkmuster, das er der Staatsmacht immer vorwarf, durchaus nicht fremd, nämlich das »Misstrauen gegenüber den Massen«. Es ist interessant, wie er laut dem Bericht von Podkljutschnikow die deutsche Arbeiterklasse beurteilt: »Ihre überwältigende Mehrheit war bis zur Machtergreifung der Nazis von sozialdemokratischer Ideologie durchdrungen. In der Folgezeit hat sich die Masse der Arbeiterklasse den Nazis angeschlossen und das Regime Hitlers aktiv unterstützt.«

Noch härter fällt dieses Urteil im Gesprächsprotokoll von Kusnezow aus: »Heym sagt, wenn man die Entscheidung über das Schicksal Deutschlands den Arbeitern selbst in die Hände legen würde, dann sähe die Zukunft düster aus. Seiner Meinung nach ist das Ideal der deutschen Arbeiter die Sozialdemokratie. ... Heym hat Zweifel geäußert an der Fähigkeit der SED, die Entwicklung der Republik richtig zu lenken, da die Partei sich aus dem Volk rekrutiere und an den selben Krankheiten wie das Volk leide. Wenn man die Überlegungen Heyms logisch zu Ende denkt, kommt man überhaupt zu dem Schluss, dass man die Lenkung des Staates weder dem Volk noch der Partei anvertrauen dürfte. Wem aber dann? Diese Frage lässt Heym unbeantwortet.«

Natürlich könnte man Heyms Kritik an der deutschen Arbeiterklasse und an den Deutschen überhaupt als eine natürliche, wenn auch übertriebene Reaktion auf die offizielle Propaganda verstehen, die den Faschismus als »Verschwörung der Bourgeoisie« interpretierte. Mag sein, dass er den Wohlstand und die Regimetreue der Bevölkerung unter Hitler übertrieben dargestellt hat. Wichtig ist aber, dass es für Heym nur eine Alternative gab: entweder »realer Sozialismus«, und sei es in der Form, wie er in der UdSSR, der DDR und in den anderen Ländern der »sozialistischen Staatengemeinschaft« existierte, oder Faschismus. Ein solcher Standpunkt war typisch für die »progressive Intelligenz« in den dreißiger Jahren und ließ sie die Augen vor dem Gulag und anderen »Segnungen« des Stalinismus verschließen. Allerdings war Stalins Sowjetunion damals die einzige Macht, die in der Lage war, den Hitlerstaat in die Knie zu zwingen. Nach 1945 jedoch änderte sich die Situation. Seltsamerweise gab es für Heym keinen »dritten Weg«, also den Weg der sozialen Marktwirtschaft und demokratischer Entwicklung, den der andere deutsche Staat beschritten hat.

Um es zu betonen: Die damalige Bundesrepublik Deutschland war geprägt von der Ära Adenauer, die nicht nur Stabilität und relativen Wohlstand brachte, sondern auch die Konservierung jener Situation, die Wolfgang Staudte in seinem Film von 1946 *Die Mörder sind unter uns* beschrieb. Es gab aber auch eine Opposition gegen

Brandenburger Tor, Blick von Ost-Berlin, 1976 (F: Valentin Sobolew)

diesen Status quo, in deren Zentrum die Sozialdemokratie stand. Für Heym aber war die »Sozialdemokratische Ideologie« etwas Fremdes und sogar Feindliches. Er setzte sie zwar nicht mit dem Faschismus gleich, zog aber doch eine Linie der »Kontinuität zwischen beiden«. Da haben wir ihn wieder, den Einfluss der »Antikultur« des Kalten Kriegs! Die Überwindung dieses Einflusses ist noch immer eine Aufgabe für die Zukunft.

*Übersetzung: Matthias Dondl*

1 Verschiedene Institutionen kommen zu unterschiedlichen Zahlen von Todesopfern: Die Arbeitsgemeinschaft 13. August ermittelte 957 Todesopfer (darin sind alle eingeschlossen, die in Zusammenhang mit dem Grenzregime ums Leben gekommen sind, wobei es schwierig ist, diese Zahl exakt zu bestimmen); die Staatsanwaltschaft Berlin führt 270 Todesfälle an (dies benennt die Zahl jener, die nachweislich auf einen Gewaltakt der Grenzsicherungskräfte der SBZ/DDR zurückzuführen sind); die Zentrale Ermittlungsgruppe für Regierungs- und Vereinigungskriminalität benennt 421 Todesopfer (dies bezieht sich auf Verdachtsfälle auf Tötungen durch die bewaffneten Kräfte der DDR, die der Gruppe mitgeteilt wurden), Anm. der Red.

2 Vgl.: Bertolt Brecht, *Tagebücher 1920–1922. Autobiographische Aufzeichnungen 1920–1954*, Hg.: Herta Ramthun, Frankfurt/M 1975.

3 RGANI, f. 5, op. 28, d. 54, ll. 129–141.

4 Erstm. *The Crusaders*, New York 1948; *Kreuzfahrer von heute*, Leipzig 1950.

5 RGANI, f. 5, op. 28, d. 325, ll. 189–201.

6 RGANI, f. 5, op. 28, d. 325, ll. 341–344.

# DEUTSCHLANDS VEREINIGUNG ALS WELTGESCHICHTLICHES EREIGNIS

MICHAIL GORBATSCHOW

Fast eineinhalb Jahrzehnte sind seit 1989 vergangen. Für die Welt hat eine neue Epoche begonnen – auch und nicht zuletzt deshalb, weil das vereinte Deutschland zur richtigen Zeit und friedlich entstanden ist. Heute kann man sich die deutsche Nation nur schwer geteilt vorstellen, genauso wie Anfang des 20. Jahrhunderts die Menschen wahrscheinlich kaum mehr spürten, dass Deutschland vor kurzem noch aus mehreren Staaten bestanden hatte. Die Beseitigung der Folgen des Zweiten Weltkriegs wurde für Deutschland in den achtziger Jahren zu einer dringenden Frage, die eine Lösung erforderte. Für die Welt war die Ära der Globalisierung bereits angebrochen, auch wenn der Begriff selbst noch nicht gebräuchlich war. Ein großer Teil Europas trat mit Erfolg als Vorreiter einer effektiven Integrationspolitik auf den Plan. Mit überraschender Dynamik waren die Prozesse der Selbstbestimmung der Nationen und ihrer historischen und kulturellen Identifikation in Gang gekommen. Zudem war der Kalte Krieg, der die Welt gespalten hatte, in eine gefährliche Sackgasse geraten. Die Stereotypen ideologischer und sozialer Unvereinbarkeit hatten sich als Mittel und Imperativ der internationalen Politik spürbar überlebt. Dies war der globale Hintergrund, der den Anstoß zur Lösung der »deutschen Frage« gab. Und in Moskau war das sowohl unterschwellig als auch öffentlich zu spüren.

Die beiden Hauptkräfte der deutschen Wiedervereinigung – das sowjetische und das deutsche Volk – lieferten die entscheidenden Impulse. Die furchtbaren Wunden, die der Krieg beiden Ländern zugefügt hatte, waren im Wesentlichen geheilt, die bitteren Erinnerungen an die Verluste verblassten zunehmend, man begann klarer zu verstehen, was damals, 1941–45, geschehen war.

Die wirtschaftlichen Beziehungen zwischen der UdSSR und der BRD hatten sich beachtlich entwickelt, und zur DDR bestanden umfangreiche kulturelle und menschliche Beziehungen, aufgrund derer Deutsche und Russen ihre Vorstellungen voneinander entscheidend revidieren konnten. Die dunklen Schatten des Hasses und der Feindschaft waren aus dem Bewusstsein geschwemmt worden, ja es wurden sogar vielfach Bande der Freundschaft geknüpft.

Von entscheidender Bedeutung waren aber wohl die grundlegenden sozialen und politischen Veränderungen in der Bundesrepublik und der Sowjetunion. Westdeutschland war ein vollwertiger demokratischer Staat geworden, der für immer mit der Nazivergangenheit gebrochen hatte. Davon konnte ich mich während meines Besuches im Sommer 1989 einmal mehr überzeugen.

Auch die Sowjetunion veränderte sich durch die Perestroika vor den Augen der gesamten Welt und begann sich – ebenfalls unwiderruflich – zu einem normalen, zivilisierten und demokratischen Staat zu entwickeln. Der Charakter der sowjetischen Außenpolitik verän-

Am Brandenburger Tor, 10. November 1989 (F: Thomas Kienzle)

derte sich radikal: Sie befreite sich von der Last der Konfrontationsideologie und dem Dogma der unüberwindlichen Unvereinbarkeit der »zwei Welten«. Dieses »neue Denken« eröffnete die Möglichkeit, an die Ostpolitik Willy Brandts, Hans-Dietrich Genschers und Egon Bahrs auf einer für beide Seiten annehmbaren Grundlage anzuknüpfen.

Ein wesentliches Moment war natürlich der Bankrott des DDR-Regimes, dessen Führer sich hartnäckig weigerten, auf die Anforderungen der neuen Zeit zu reagieren. Es war die Unzufriedenheit mit dieser Stagnation, die in den Ostdeutschen den Drang zur Wiedervereinigung weckte. In kurzer Zeit hatte sich eine mächtige, tatsächliche Volksbewegung gebildet, die man nur mit Panzern hätte aufhalten können – worauf sich die neue Führung der UdSSR natürlich nicht einließ.

Der Prozess der Vereinigung selbst wurde zum Gegenstand der Politik vieler Staaten. Erstmals seit dem Ende des Krieges zeigte sich, dass Politiker verschiedener Länder gemeinsam und in gegenseitiger Abstimmung, im Interesse aller und jedes Einzelnen, zum Wohle der Völker und für die Sache des Friedens zu handeln fähig sind. Dies war das Zeichen einer neuen Epoche, ein Beweis dafür, dass die Welt eine qualitativ neue Entwicklungsstufe erreicht und sich vom Wahnsinn des Kalten Krieges endgültig verabschiedet hatte.

Ich kann hier nicht die Verdienste jedes Einzelnen nennen, möchte aber doch Helmut Kohl, Hans-Dietrich Genscher, George Bush und François Mitterrand erwähnen. Auch meinen Kollegen in der damaligen Führung der UdSSR gebührt Anerkennung: Keiner von ihnen hat sich gegen die Vereinigung Deutschlands ausgesprochen. Und einige haben aktiv mitgeholfen, diese für uns keineswegs einfache Frage einer Lösung zuzuführen.

Über den Prozess der Vereinigung und all seine dramatischen Wendungen sind zahlreiche Bücher und Memoiren erschienen und unendlich viele Artikel publiziert worden. Man hat ihn im Einzelnen auf internationalen Konferenzen erörtert sowie in unzähligen Interviews und dokumentarischen Sammelbänden festgehalten. Den detaillierten Verlauf der Ereignisse hier wiederzugeben, ist mir nicht möglich.

Doch ich will mich nicht in falscher Bescheidenheit üben: Hätte es nicht jene feste Entschlossenheit gegeben – aus moralischen und politischen Überlegungen, ausgehend vor allem von den grundlegenden Interessen des eigenen Landes –, die anormalen Verhältnisse im Zentrum Europas zu beenden, die geschichtlich fundierte Nähe zweier großer Nationen wiederherzustellen und ihre Potenziale zum Wohle beider Völker sowie im Interesse Europas und der Welt zu verbinden, es hätte die Wiedervereinigung Deutschlands in jener zivilisierten und für alle zufriedenstellenden Form, in der sie sich vollzog, nicht gegeben.

Was die Anschuldigungen gegen mich betrifft, die verleumderischen Verdächtigungen und verschiedenen Spekulationen hinsichtlich meiner Motive, die Zweifel an der Richtigkeit bestimmter Schritte, so sind diese – gemessen am historischen Maßstab des Erreichten und angesichts der rasanten Entwicklungen des 21. Jahrhunderts, an denen sich Deutschland und Russland aktiv, positiv und oft gemeinsam beteiligen – entweder bedeutungslos, von vorübergehender, gar konjunktureller Natur, oder sie entspringen mangelnder Kenntnis über den wahren Gehalt der Fakten und Ereignisse jener Zeit sowie der damals getroffenen Entscheidungen (beziehungsweise dem Unwillen zu erfahren, wie es wirklich war).

Dies gilt auch für die Frage, die uns damals am meisten Kopfschmerzen bereitete: die NATO-Mitgliedschaft des vereinten Deutschlands. Wie oft haben wir leidenschaftlich darüber gestritten! Doch die Geschichte hat nicht nur in dieser Frage, sondern auch über das Schicksal der NATO insgesamt entschieden, und wahrscheinlich wird sich dieser Transformationsprozess weiter fortsetzen.

Die im Zusammenhang mit der deutschen Vereinigung unterzeichneten Dokumente eröffneten für die Zusammenarbeit zwischen unseren Staaten und Völkern glänzende Perspektiven. Eine solide Grundlage dafür war der »Große Vertrag« – so die inoffizielle Bezeichnung des im November 1990 in Bonn unterzeichneten »Vertrags über

Petersburger Dialog, Weimar, April 2002
v.l.n.r.: Peter Boenisch, Wladimir Putin, Gerhard Schröder, Michail Gorbatschow

gute Nachbarschaft, Partnerschaft und Zusammenarbeit zwischen der Bundesrepublik Deutschland und der Union der Sozialistischen Sowjetrepubliken«. Leider konnten die sich bietenden Möglichkeiten in der Folge nicht voll ausgeschöpft werden, da einer der beiden Partner – der sowjetische Staat – von der politischen Bühne trat.

Dennoch treten die Kontakte, Beziehungen und das Zusammenwirken zwischen dem heutigen Russland und der Bundesrepublik nicht auf der Stelle. Sie erhalten ständig neue Impulse. Eine große Rolle spielt dabei eine gemeinsame Initiative des deutschen Bundeskanzlers Gerhard Schröder und des russischen Präsidenten Wladimir Putin. Sie haben das russisch-deutsche Diskussionsforum »Petersburger Dialog« ins Leben gerufen, das den Kontakten zwischen Deutschen und Russen – den jungen Eliten, technischen Fachleuten, Geschäftsleuten, Kulturschaffenden und Wissenschaftlern – eine neue Dimension verschafft. Diese Initiative ermöglicht eine Vertiefung der Zusammenarbeit unserer Völker sowie ihre weitere Annäherung. Ein solches Projekt kann man nur begrüßen.

*Übersetzung: M. David Drevs*

1

2

3

1 *Kalte Krieger.* Pressekonferenz der amerikanischen Delegation, Pariser Gipfelkonferenz, Mai 1960 (F: Walter Heilig)

2 Konfrontation zwischen Amerikanern und Sowjets am Checkpoint Charlie, Berlin, Oktober 1961 (F: Will McBride)

3 Chruschtschow schlägt während der Generalversammlung der Vereinten Nationen mit der Faust auf den Tisch, New York, 23. September 1960 (F: anonym)

## AUS DEN AUFZEICHNUNGEN VON WLADIMIR SEMJONOW

**VORBEMERKUNG.** Wladimir Semjonow war 1945/46 Stellvertretender Politischer Berater, 1946–49 Politischer Berater der Sowjetischen Militäradministration in Deutschland (SMAD); 1949–53 Politischer Berater der Sowjetischen Kontrollkommission in Deutschland (SKK); 1953 Leiter der dritten Europäischen Abteilung und Mitglied des Kollegiums des Ministeriums für Auswärtige Angelegenheiten der UdSSR; 1953/54 Hochkommissar der UdSSR für Deutschland und Botschafter in der DDR, 1954/55 Leiter der dritten Europäischen Abteilung; 1955–78 Stellvertretender Außenminister der UdSSR; 1978–86 Botschafter in der Bundesrepublik Deutschland. In der westlichen Presse wurde er als »Nestor der sowjetischen Diplomatie«, als »graue Eminenz« des Außenministeriums oder als Geheimdienstmann bezeichnet. Der *Münchner Merkur* vom 29. Mai 1953 charakterisierte ihn so: »Er sieht aus wie ein Deutscher, spricht wie ein Engländer, benimmt sich wie ein Franzose und denkt wie ein Russe.«

Tagebuch führte Semjonow seit Anfang der sechziger Jahre, dabei schrieb er über Ereignisse vom Ende der dreißiger Jahre (der Zeit seiner Arbeit in der sowjetischen Botschaft in Litauen) bis zum Anfang der neunziger Jahre. Eine besondere Rolle spielt in den Tagebüchern die deutsche Frage und der gesamte Komplex der damit verbundenen Vorgänge, die heute in Russland praktisch vergessen sind. Die Tagebücher befinden sich im Archiv der Familie Semjonows.

Das andere Leben liegt hinter mir. Quietschend öffnen sich die Fenster der Vergangenheit. Gewöhnt an ein Aufgehen in der Tagespolitik, fällt es mir schwer, mich dem Leben meiner Generation zuzuwenden. Doch die Würfel sind gefallen. Ich muss von allem berichten, wie es war, denn die Vergangenheit lässt sich nicht umschreiben, sie ist dem Menschen nicht unterworfen. Doch sie hält Lektionen für Gegenwart und Zukunft bereit. (12.10.1989)

### ZUM JUNI 1953

Am 10. Juni 1953 kehrte ich in die DDR zurück und fand eine beunruhigende Situation vor. Seit März 1953 hatte man in meiner Abwesenheit eilig Maßnahmen im Sinne des »Sparsamkeitsprinzips« ergriffen und die Arbeitsnormen der Arbeiter um zehn Prozent erhöht. Die Lohnsätze waren gesenkt und eine Reihe von Vorteilen für die Arbeiter und Angestellten in den Betrieben, besonders Großbetrieben, abgeschafft worden, z. B. Vergünstigungen für kinderreiche Familien, verbilligte Bahnfahrkarten, Treueprämien und anderes mehr. Es hatte dafür keinerlei fundierte Überzeugungsarbeit unter der Bevölkerung gegeben. Der »neue Kurs« rief auch innerhalb der DDR-Führung verständliche Entrüstung hervor. Unzufriedenheit und zunehmende Lohnstreiks im Land verbanden sich mit einer Krise in der Führung, wo gewaltige Differenzen hinsichtlich dieses Kurses zutage traten. Ich kannte die Beweggründe des Politbüros nicht und versuchte natürlich, die Führer der DDR von der Notwendigkeit eines »Kurswechsels« zu überzeugen. Vertreter der sowjetischen und der örtlichen Organe bombardierten Karlshorst und das ZK der SED buchstäblich mit immer beunruhigenderen Nachrichten. Die eingehenden Materialien sprachen von einer Verschlechterung der Stimmung in der Bevölkerung. (21.7.1991)

Doch die Alarmsignale bezüglich der Differenzen über den »neuen Kurs« hatten unsere Aufmerksamkeit geweckt. Ich bat den neuen Oberbefehlshaber der Sowjetischen Streitkräfte in Deutschland, Marschall Andrej Gretschko, zu mir und erzählte ihm von den eingehenden Nachrichten. Die sowjetischen Streitkräfte befanden sich damals bei sommerlichen Feldübungen, und es wurde beschlossen, sie in die städtischen Garnisonen zurückzurufen. Am 14. Juni 1953 kam es auf einer Massenversammlung im Friedrichstadtpalast zu Unruhen, und ein Teil der Anwesenden versuchte, den Auftritt Otto Grotewohls zu stören. Anschließend schloss sich ein Teil der Veranstaltungsteilnehmer den außerhalb des Gebäudes versammelten Berlinern an, unter denen auch welche aus den Westsektoren waren, und veranstaltete unweit der Sowjetischen Botschaft Unter den Linden eine Demonstration, die wir aus den Fenstern der Botschaft beobachten konnten. Demonstrationen gab es auch im westlichen Berlin. Unsere Berichte über die Lage wurden von der sowjetischen Führung ernst genommen. Es wurde angeboten, Lawrenti Berija als Vorsitzenden des Politbüros des ZK der KPdSU nach Berlin zu schicken, er aber weigerte sich kategorisch, so dass Marschall Wassili Sokolowski als Repräsentant zu uns kam. Bereits zuvor hatte Marschall Gretschko entschieden, Ost-Berlin durch sowjetische Panzer- und Artillerieverbände zu besetzen und an den Westgrenzen der DDR sowjetische Kampfflieger aufsteigen zu lassen. Dann kam es zu den bekannten Ereignissen des Aufstandes von 1953.

Ankunft des Hochkommissars Wladimir Semjonow in der DDR, 1953/54 (F: anonym)

Der Aufstand am 17. Juni war ein ernsteres Ereignis, als man sich das heute vorstellt. In der Annahme, der Westen werde uns am »Tag X« (dem 17. Juni) mit dem Bajonett auf den Zahn fühlen, beschlossen Chruschtschow und das Politbüro, die Unruhen gewaltsam zu unterdrücken und im Falle von Komplikationen an der Grenze zwischen der DDR und der BRD eine Gegenoffensive am Pas de Calais zu starten. Marschall Sokolowski war ein weiser und umsichtiger Militär und Staatsmann. Er gab sofort Befehl, die Beobachtung der Westgrenzen der DDR zu verstärken. Unsere Armee stellte keine ernsthaften Bewegungen jenseits der Grenze fest. Da verfügte Sokolowski ohne Rücksprache mit Moskau, die Flugzeuge an der Grenze aus der Luft zu nehmen und die zusammengezogenen Panzertruppen abzuziehen. Er sagte mir, man müsse Provokationen und Zufälle vermeiden, die zu einem dritten Weltkrieg führen könnten. (1.12.1992)

In der Nacht zum 17. Juni 1953 weckte mich das Gepolter der in die Stadt einrollenden Panzereinheiten. Gegen Morgen desselben Tages hatten unsere Truppen das Stadtgebiet bis zum Brandenburger Tor besetzt. Die Infanterie war durch Selbstfahrlafetten verstärkt worden.

Es gab mehr Gewehrläufe als Baumwipfel im Wald. Wassili Sokolowski hieß die ergriffenen Maßnahmen gut, und in meinem riesigen Arbeitszimmer im Hauptgebäude in Karlshorst, wo man, wie ich mich erinnere, Mini-Fußball spielen konnte, standen die Tische der Marschälle Gretschko und Sokolowski. Die Telefone auf meinem Schreibtisch klingelten pausenlos – die Kommandeure aus den Kreisen und Bezirken gaben Lageberichte ab, man erkundigte sich aus Moskau. Gegen sieben Uhr früh versuchten gewaltige Menschenmengen, das Gebäude des ZK der SED zu stürmen, das nahe der Grenze zu West-Berlin lag. Am Vorabend hatten große Panzer- und Artillerieverbände die Stadt besetzt. Und in diese Stellungen stürzten sich lärmende Mengen aus West-Berlin und von den Sammelpunkten im Ostteil der Stadt. Die Offiziere, die an den offenen Panzertürmen standen, wurden mit verdorbenen Tomaten, faulen Eiern und Steinen beworfen. Ein zur Beobachtung gesandter Mitarbeiter meines Apparats nahm unfreiwillig am Sturm auf das ZK-Gebäudes teil. Die Aufständischen besetzten die

Absperrkette der Volkspolizei am Potsdamer Platz, 17. Juni 1953 (F: anonym)

untere Etage, doch weiter konnten sie nicht vordringen. Die leitenden Vertreter des ZK der SED, Wilhelm Pieck, Otto Grotewohl und Walter Ulbricht, wurden nach Karlshorst ausquartiert und belegten meine Dienstvilla. Der im Gebäude ausharrende junge Sekretär Karl Schirdewan organisierte die Verteidigung des Gebäudes, aus dem er auch die Verbindung in die Bezirke und Länder aufrechterhielt. (11.3.1992)

Aus den Provinzstädten der DDR, Gera, Cottbus, Chemnitz, Halle, Leipzig, Dresden und Magdeburg und einigen anderen, gingen Nachrichten von großen Demonstrationen und heftigen Konfrontationen ein. Opfer gab es auf beiden Seiten. Wir verfolgten sorgfältig die Entwicklung der Ereignisse, die von den Demonstranten ausgegebenen Losungen und Forderungen, die Geographie der Schauplätze und die Lage an den Grenzen der DDR zu Westdeutschland. Ich bekam Anrufe von Chruschtschow, Molotow, Berija, Malenkow und anderen führenden Politikern. Die Leidenschaften kochten hoch. Um elf Uhr erhielten wir Anweisung, das Feuer auf die Aufständischen zu eröffnen. Unter Nutzung unserer Sondervollmachten setzten Sokolowski und ich uns über die Anweisung aus Moskau hinweg und verfügten, über die Köpfe der Demonstranten hinweg in die Luft zu schießen, und nicht auf die Menschen. Die Menge zerstreute sich.

Außerdem gab es den weiteren Befehl, angesichts der Unruhen in anderen Städten Standgerichte einzusetzen und einige Personen zu erschießen, was zuvor durch Aushänge an Pfosten und Anschlagsäulen der Städte bekannt zu machen sei. Ich bestellte den Militärstaatsanwalt ein und übermittelte ihm den Befehl aus Moskau. Doch er verweigerte seine Ausführung wegen mangelnder Rechtsmandate. Ich drückte den Knopf. Den erschienenen Offizieren vom Dienst befahl ich, den Staatsanwalt zu verhaften, nach Moskau zu befördern und direkt auf dem Flugfeld freizulassen. Der Stellvertretende Staatsanwalt erfüllte meine Anweisung, Standgerichte einzusetzen, korrekt.

Wer weiß, was gewesen wäre, wenn wir den Befehl des Zentrums widerspruchslos ausgeführt hätten. Als Chruschtschow von unserem Verstoß gegen die Entscheidung des Politbüros erfuhr, sagte er: »Sokolowski und Semjonow sind die besten Deutschlandberater. Sie sind vor Ort und wissen, was zu tun ist und was nicht.«

Schon die ersten Schüsse lösten unter den Aufständischen Panik aus, sie zogen sich nach West-Berlin zurück. Zugleich nahmen sie den Vorsitzenden der CDU in der DDR, Otto Nuschke, mit, den ehemaligen Abgeordneten des Weimarer Parlaments. Doch er lehnte das Ansinnen ab, gegen die DDR aufzutreten und die Aufständischen zu unterstützen, er hielt auf einer Pressekonferenz eine Rede zur Verteidigung des Sozialismus in der DDR und wurde nach Ost-Berlin entlassen.

Die härtesten Auseinandersetzungen gab es in Gera, Cottbus und Halle. Dort wurden Polizeiwachen und Häuser der SED-Bezirksleitungen demoliert, auf beiden Seiten wurden leichte Schützenwaffen eingesetzt. Hier eine Szene der Versammlung der Arbeiter der Buna-Werke kurz vor Ende des Streiks: »Viele Arbeiter hatten sich vor der Versammlung für eine Beendigung des Streiks ausgesprochen, wenn ihren Forderungen Rechnung getragen würde. Doch dann marschierten geschlossen, wie einst die SS-Trupps, Arbeiter aus den mechanischen Werkstätten in den Saal ein und schlugen jene mit Stahlruten auf die Hände, die für die Beendigung des Streiks stimmten.«

In meinem Arbeitszimmer klingelte das Telefon ununterbrochen: Chruschtschow, öfter Molotow und andere. Mein ehemaliger Mitarbeiter, Anatoli Kowaljow, gab mir einmal sein Gespräch mit Berija wieder: »Ich bins ...« – »Verzeihung, ich verstehe nicht.« – »Ich, ich, Berija«, schrie die gutturale Stimme des Mingrelen in den Hörer. »Wo ist Semjonow?« – »Er ist mit dem Auto in die Stadt gefahren.« – »In die Stadt, in die Stadt, zu so einer Zeit hat man am Platz zu sein, und nicht durch die Stadt zu fahren! Und dann, warum spart Semjonow mit Patronen!«, dröhnte Berija drohend. Kowaljow trug mir diesen Anruf erst später vor: »Ich wollte Sie nicht aus dem Konzept bringen.« Während der Unruhen gab es etwa 220 Opfer auf beiden Seiten. ...

17. Juni 1953. Aufmarsch sowjetischer Truppen in der Leipziger Straße/Ecke Wilhelmstraße, Berlin-Mitte. Auf Panzer 84 steht Generalmajor Dibrowa, Miltärkommandant des sowjetischen Sektors von Berlin (F: anonym)

Auf Verlangen Moskaus begannen wir unverzüglich mit der Niederschrift eines Berichts an die Führung, der den gesamten Komplex der Ereignisse des 17. Juni beleuchtete: die geographische Reichweite, die Losungen in den verschiedenen Ortschaften und der unterschiedlichen Bevölkerungsschichten, die Taktik der Aufstänischen und Vorschläge für praktische Konsequenzen. Mitgearbeitet haben an diesem Bericht meine Mitarbeiter Anatoli Kowaljow, Anatoli Blatow, Alexander Awaldujew, der leitende Referent bei der Sowjetischen Kontrollkommission, und bei einzelnen Aspekten Vertreter des Hochkommissariats für die Länder und im zentralen Apparat. Molotow trieb uns mehrmals zur Eile und verwies dabei auf Forderungen des Politbüros. Am 25. Juni war der Bericht fertig, unterzeichnet hatten ihn Sokolowski, ich, Gretschko und Iwan Iljitschow, der im Rang eines Botschafters in der DDR stand. Licht und Dunkelheit hatten sich abgelöst vor dem Fenster meines Arbeitszimmers, wir hatten eine ganze Woche nicht geschlafen in dieser schwierigen Situation ...

Molotow hatte mehrfach einen Bericht über die Lage angefordert, und darüber, welche Schlüsse wir daraus ziehen. Ich übertrug das Verfassen dieser Berichte meinen Mitarbeitern Anatoli Kowaljow und Anatoli Blatow. Ich selbst organisierte die Untersuchung der Umstände, vernahm verhaftete Aufständische und ergriff Maßnahmen zur Normalisierung der Lage und zur Berichtigung der von uns begangenen Fehler.

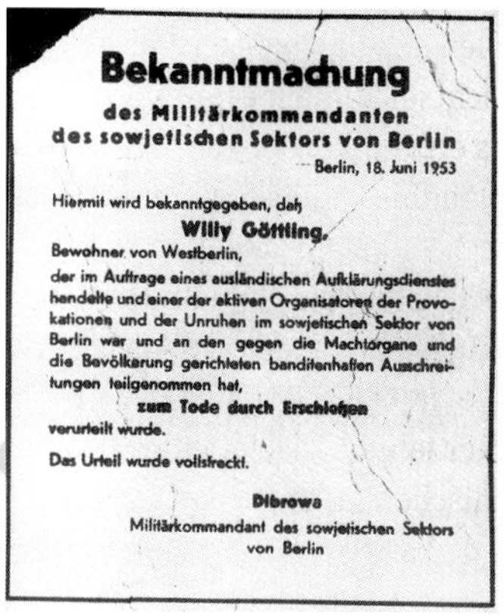
**Bekanntmachung**
**des Militärkommandanten des sowjetischen Sektors von Berlin**
Berlin, 18. Juni 1953

Hiermit wird bekanntgegeben, daß
**Willy Göttling,**
Bewohner von Westberlin,
der im Auftrage eines ausländischen Aufklärungsdienstes handelte und einer der aktiven Organisatoren der Provokationen und der Unruhen im sowjetischen Sektor von Berlin war und an den gegen die Machtorgane und die Bevölkerung gerichteten banditenhaften Ausschreitungen teilgenommen hat,
**zum Tode durch Erschießen**
verurteilt wurde.

Das Urteil wurde vollstreckt.

**Dibrowa**
Militärkommandant des sowjetischen Sektors von Berlin

Bekanntmachung des Militärkommandanten des sowjetischen Sektors von Berlin vom 18. Juni 1953

Ich werde die Vernehmung eines neunzehnjährigen Arbeiters nicht vergessen, dem ich die Freiheit versprach. ... Er sagte: »Die SED hat sich mit ihren neuen Losungen so weit von den Massen entfernt, dass wir sie nicht einmal mehr am Horizont sehen und den Sinn ihrer Politik nicht mehr verstehen.« Der Arbeiter wurde sofort freigelassen, und seine Aussagen wurden in den Bericht an die Führung aufgenommen.

Die Arbeit Walter Ulbrichts wurde kritisiert und die Frage seiner Ablösung gestellt. Ich berichtete auch von der Rolle Schirdewans. Der Bericht war mit Karten und Illustrationen versehen, er umfasste etwa neunzig maschinengeschriebene Seiten. »Semjonow fließt es aus der Feder«, bemerkte neidisch der erste Stellvertreter des Ministers für Auswärtige Angelegenheiten, Andrej Wyschinski. Schon am dritten Tag nach dem Putsch fuhr ich im offenen Wagen durch die Stadt und die Republik, erst mit Bewachung, später auch ohne. Molotow bewertete unseren Bericht über die Ereignisse im ganzen positiv und bemerkte beiläufig, »in der Frage der Ablösung Ulbrichts ist Semjonow nach rechts gerückt«. (1.12.1992)

Ebenso wie die SED-Führung (Wilhelm Pieck, Walter Ulbricht, Otto Grotewohl und andere) verstanden wir, dass unsere Nöte darin begründet lagen, dass wir eine gewisse Zeit den Kontakt zur Arbeiterklasse verloren hatten. Und sie, nicht die Faschisten (obwohl auch sie parallel agierten), hatte sich plötzlich in all ihrer Riesenkraft erhoben und uns gezeigt, dass mit ihr nicht zu scherzen ist. Anatoli Kowaljow erzählte mir von einem Anruf Berijas in den Tagen des Aufstandes, wo jener den Satz habe fallen lassen, Semjonow schone die Waffe. Wir »schonten« die Waffe nicht, sondern hatten schon zu Beginn des Ereignisses begriffen, dass Waffen und Repressionen nicht der Weg sind, um das Vertrauen der Arbeiterklasse zurückzugewinnen, dass der Weg in der Korrektur der großen Fehler liegt, die wir (d.h. die SED-Führung und die sowjetischen Militärbehörden) gegenüber der Arbeiterklasse begangen hatten. Und wir ließen die festgenommenen Arbeiter, die aktiv an den Unruhen teilgenommen hatten, schnell aus den Gefängnissen frei, und ermittelten nur gegen alte SS-Leute und Faschisten, die Kontakt zu westlichen Diversionszentren hatten.

Zur Verhärtung kam es nicht, aber die größten Werke der DDR – die »Buna-Werke« und die »Leuna-Werke« – führten den Streik noch drei Monate fort. Wir schickten (als Arbeiter getarnt) meine Mitarbeiter Blatow und Awaldujew, die hervorragend Deutsch sprachen, damit sie mitten unter den Menschen die Ereignisse beobachteten und über einen vereinbarten Kanal darüber berichteten. Dasselbe tat, so glaube ich, auch die SED-Führung. So erfuhren wir von den Bedürfnissen der Arbeiter und setzten so gleich, im Auftrag der Partei und ihrer Funktionäre an der Basis, ihre Forderungen in die Realität um. Das veränderte die Lage jäh, und schon drei Monate später, am 7. Oktober, dem Gründungstag der DDR, stand die SED-Führung gemeinsam mit den Führern anderer antifaschistischer demokratischer Parteien und Organisationen auf den Tribünen an den eine Hunderttausende Köpfe zählende Demonstration unter den Losungen der SED entlangführte.

17. Juni 1953. Bergung eines Verwundeten (F: anonym)

Indessen analysierten wir die uns unterlaufenen Fehler, älteren und jüngeren Datums, und korrigierten sie nach Maßgabe der Möglichkeiten (die Schwierigkeiten waren damals noch sehr groß). Wir sahen ein, dass der seit Mai 1945 gefahrene Kurs »gleicher Lohn für gleiche Arbeit« politisch ungenau und unverständlich war und praktisch unannehmbar für die Stammarbeiter großer Unternehmen wie der Buna-Werke. Und dass die Monopole diesen Arbeitern höhere Löhne zahlten und auch verschiedene Vergünstigungen gewährten (sie zahlten die Fahrtkosten von der Wohnung zum Arbeitsplatz in Form von Zulagen, sie gewährten Zuwendungen je nach Zahl der Kinder, für Überstunden, nach Dienstalter etc.).

All das musste in der Tat korrigiert werden. Und die politische Lage verbesserte sich daraufhin sofort. Auf der Demonstration am 7. Oktober 1953 standen die Führer des Landes und der antifaschistischen Parteien ohne Schutz. Grotewohl und ich waren es leid, uns auf den Tribünen herumzudrücken, und wir gingen ein ganzes Stück an der Seite der Demonstranten. Allmählich begannen uns Leute zu umringen, die Grotewohl lautstark begrüßten. Seine kleine Leibwache konnte dem Druck der Enthusiasten nicht standhalten. Grotewohl bekam keine Luft. Mich kannte dem Aussehen nach niemand, ich sprang aus dem sich zusammenziehenden Ring und rief ein verstärktes Kommando herbei. Grotewohl lachte, obwohl er so gut wie ich verstand, das hätte auch eine organisierte Provokation sein können ...

All diese Vorgänge bewegten uns, noch stärker auf Korrektur jedes der erkannten Fehler zu dringen. Die Kostenposition des Staatshaushalts war zu revidieren. (12.10.1989)

Zum Sommer 1954 war klar, dass sich die Lage beruhigt hatte. Und ich dachte schon über einen Wechsel der Arbeitsstelle nach. Ein Autounfall in Karlshorst im September 1954 setzte meinen Überlegungen ein Ende, mit einem Bruch des linken Beins und des Kiefers wurde ich in ein Moskauer Krankenhaus eingeliefert. Ich kann schwer sagen, warum Konrad Adenauer Nikita Chruschtschow bat, mich zum sowjetischen Botschafter in Bonn zu machen. Ich beschwor Chruschtschow, davon abzusehen, und sagte ihm, es gäbe junge Diplomaten, die Deutschland gut kennen würden und das übernehmen könnten, etwa Valentin Falin, Anatoli Kowaljow, Boris Bazanow ... Vier Monate später erging der Erlass über meine Ernennung zum Stellvertretenden Außenminister der UdSSR. In dieser Funktion arbeitete ich 23 Jahre.

### DIE ZEIT ALS BOTSCHAFTER IN DER BUNDESREPUBLIK

1978 holte mich das Leben in die frühere Position zurück, diesmal nach Westdeutschland. Das politische Klima war kalt, manchmal eisig. Doch im Bereich der Wirtschaft, der wissenschaftlich-technischen und kulturellen Beziehungen waren Deutschland und Russland zwei große Nachbarstaaten auf der Landkarte geblieben. Staatliche Interessen erforderten die Entwicklung dieser Beziehungen. Hier half auch die zeitgenössische Malerei. Als ziemlich bekannter Sammler der zeitgenössischen bildenden Kunst[1] erkundete ich Verbindungskanäle: Antonina Gmurzynska, Peter Ludwig, Friedrich Wilhelm Christians, Lothar Späth und andere.

Eröffnung einer Ausstellung aus der Sammlung von Wladimir Semjonow, Esslingen 1980 (F: anonym)

Deutschland hat eine interessante Besonderheit – hier gibt es nicht das eine große kulturelle Zentrum. Manchmal ist sogar eine Kleinstadt (ganz zu schweigen von den großen Städten) ein einzigartiges Kulturzentrum. 1982 organisierten wir in Düsseldorf eine Malewitsch-Ausstellung. Natürlich sprach ich bei der Eröffnung. In diesem Zusammenhang gab es gereizte Reaktionen in der Presse und in Briefen an mich: »Sie sind Stalinist und Marxist und versuchen hier, über Malewitsch, die Dinge in anderem Licht darzustellen. Das ist Heuchelei, Sie sind nicht so.« Doch das war nur komisch, nicht mehr. Sie wussten nichts von dem heftigen Kampf um die Malerei in der UdSSR. Die Ausstellung war gegen den verzweifelten Widerstand des ZK-Sekretärs für ideologische Fragen, Michail Suslow, organisiert worden, der verboten hatte, sie in Berlin zu zeigen. Die Ausstellung hat damals viel bewirkt, und sie bewies, dass die kulturellen Kanäle wichtig sind.[2] (undatiert)

... Suslow stellte die Frage nach meiner Sammlung (»er sammelt das Falsche«) sogar auf einer Sitzung des Politbüros. Aber Breschnew fuhr ihm über den Mund: »Und wer wird die SALT-Verhandlungen führen?« Und auf die Frage Suslows »Wie konnten Sie in Ihrer Postition zur Verteidigung der Formalisten auftreten?!«, antwortete ich, »mit Vergnügen«. Neuen Richtungen in der Kunst und der Kultur den Weg zu bahnen, war zu allen Zeiten schwierig, das ging bis ins Lächerliche. In Bonn teilte man mir einmal mit, der Komponist Alfred Schnittke dürfe nicht zu einem Konzert nach Deutschland reisen (alle vier Jahre gibt es eine Konzertreihe zur internationalen Kammermusik, Schnittke war in jenem Jahr die zentrale Figur). Ich schickte ein erbostes Telegramm nach Moskau. Der Komponist erzählte später, man habe ihn mitten in der Nacht geweckt und befohlen, unverzüglich in die BRD zu fliegen.

Seine Erzählung erinnerte mich an eine weitere Episode in Nachkriegsdeutschland. Man präsentierte mir damals einen Haftantrag gegen die Dirigenten Furtwängler und Karajan – beide ehemalige Mitglieder des Reichsrats unter Hitler. Doch ich entschied: »Sie waren die Zierde in der Krone Hitlers. Sollen sie nun die Zierde der Krone der Sowjetischen Militäradministration in Deutschland sein. Halten Sie sie nicht fest – sie sollen fahren wohin sie wollen.« (undatiert)

Miljutenko sagte, ich müsse unbedingt in der deutschen Presse Verlautbarungen dementieren, dass wir in der Ermitage die Kunstschätze aus Dresden in sehr schlechtem Zustand hielten und uns ihrer entledigen wollten, indem wir die Werke schmutzig und beschädigt an die DDR zurückgeben würden. Das war bewusste Verleumdung. Ich war selbst in Konews Hauptquartier (in Dresden), als im Mai 1945 unsere Offiziere in den Stollen Kisten fanden, die von den Leuten Hitlers zur Sprengung vorbereitet waren. Wir schickten die Bilder nach Moskau, die Restaurierung (durch die Abteilung für Bildende Künste) leitete Pawel Korin. Auch die Pergamon-Skulpturen wurden in der Ermitage sorgsam gehütet, ich habe sie selbst dort in hervorragendem Zustand gesehen.

1955 wurde (auf meine bereits zwei Jahre zurückliegende Initiative) der Beschluss gefasst, alle Dresdner Kunstschätze an die DDR zurückzugeben. Und erst nach diesem Beschluss wurden die Sammlungen unserer Bevölkerung gezeigt. Es gab riesige Schlangen, allgemeine Begeisterung. Doch als man Grotewohl gegenüber bemerkte, als Zeichen des Danks sei es angemessen, uns wenigstens *Das Schokoladenmädchen* von Jean-Étienne Liotard zu lassen, blieb die Antwort aus. Diese Undankbarkeit der deutschen Seite erzeugte Gereiztheit unter der Moskauer künstlerischen Intelligenz. Doch wir schickten alle Schätze gemäß den Inventarlisten zurück. (2.3.1992)

Ich war auf einer Reise nach Warschau und Berlin zu Konsultationen über den Kernwaffensperrvertrag. In Berlin besuchte ich den Bildhauer Fritz Cremer in seinem Atelier. Er empfing mich freundlich und mit Vergnügen. Das Gespräch kam auf Brecht, einen engen Freund Cremers. Ich bemerkte, dass ich Brecht gekannt habe und er bei uns zu Hause war. »Brecht hat mir davon erzählt«, sagte Cremer. »Und was hat er gesagt, Schlechtes oder Gutes?« – »Nichts Schlechtes, aber auch nichts Gutes«, antwortete Cremer offen. »Und zwar?« – »Er hat mir erzählt, dass Sie ihm eine Mappe mit Lithographien von Bildern sowjetischer Künstler aus der Kriegszeit gezeigt haben. ›Die Bilder waren schwach, aber ich wollte ihn nicht kränken und schwieg. Aber Semjonow lobte weiter begeistert, wie die Waffe gezeichnet sei, wie gut, dass die Faschisten geschlagen wurden etc. Und ich verstand‹, fuhr Brecht fort, ›dass ihn nicht die Malerei interessierte, nicht die Kunst, sondern nur die Waffe, die die Faschisten schlug. Und mir wurde leicht ums Herz. Damit war ich einverstanden. Und ich wurde fröhlicher‹; hier lachte auch Cremer, und ich mit ihm. Natürlich hatte ich damals nicht die geringste Ahnung von Kunst, ich verstand auch nicht, was in Brecht vorging, der erst gekränkt war, dann aber fröhlicher wurde, weil politisch alles in Ordnung war. (10.3.1967)

*Übersetzung: Gabriele Leupold*

1 Die Sammlung Wladimir Semjonows enthält Werke der russischen Avantgarde des frühen 20. Jahrhunderts sowie der sechziger und siebziger Jahre.

2 Die Privatsammlung des sowjetischen Botschafters wurde dem deutschen Publikum mehrfach vorgestellt: 1980 in Köln und Esslingen, 1984 in Essen und in Mainz.

2

1

4

3

5

6

1 Strausberger Platz, Ost-Berlin, 1959 (F: Arno Fischer)
2 1. Mai, Tiergarten, West-Berlin, 1959 (F: Arno Fischer)
3 Anlässlich des ersten Besuchs Chruschtschows, Ost-Berlin, 1957 (F: Arno Fischer)
4 Bahnhof Zoologischer Garten, West-Berlin, 1958 (F: Arno Fischer)
5 Weberwiese, Ost-Berlin, 1958 (F: Arno Fischer)
6 Kurfürstendamm, West-Berlin, 1958 (F: Arno Fischer)

# DER RUSSISCHE NATIONALISMUS IN POLITIK UND KULTUR 1962–1965

NIKOLAI MITROCHIN

Jedes Nachdenken über die Entwicklungswege der Kultur und Kunst im 20. Jahrhundert führt unausweichlich zur Frage nach der Rolle des Staates in diesem Prozess. Traditionell herrscht die Ansicht, seit Beginn der dreißiger Jahre sei die erdrückende Mehrheit der Künstler und »Ingenieure der menschlichen Seelen« (zumindest diejenigen von ihnen, die arbeiten und ihre Werke dem öffentlichen Urteil vorlegen und dabei nicht in den Lagern verfaulen wollten) gegenüber der Partei- und Staatsmaschinerie die leidende Seite gewesen.

Allerdings erlaubt die Lektüre einer ganzen Reihe von Publikationen, die nach Öffnung der Archive Anfang der neunziger Jahre erschienen sind, auch vom umgekehrten Fall zu sprechen. Hohe Partei- und Staatsfunktionäre hatten ihre künstlerischen Vorlieben, die nicht immer mit der gerade herrschenden Linie übereinstimmten; oftmals suchten sie selbst das Wohlwollen und die Freundschaft von anerkannten, halbanerkannten oder sogar in Ungnade gefallenen Kulturschaffenden. Diese wiederum, zu Klans zusammengeschlossen, nutzten die angebotene Freundschaft zur Stärkung der Lobby für ihre auf der politischen, ästhetischen und kommerziellen Ebene gelegenen Interessen. Dieser Artikel ist zwei Episoden des Kampfes zwischen russischen Nationalisten und Liberalen im Künstlermilieu gewidmet – einer langen Konfrontation, die mit dem Ende der Stalinzeit begann und im Grunde noch heute andauert. Sie wurden Anlass für erbitterte Kämpfe in Politik und Kultur, Geschichte und Philosophie, Ethik und Ästhetik, Nationalismus und Schaffensfreiheit.

Die russischen Nationalisten und Liberalen waren nicht Teil einer Gemeinschaft, die infolge von unzureichendem gegenseitigem Verständnis oder persönlichen Ambitionen vorübergehend zerfallen war, sondern Interessenvertreter einander in Wertorientierung und sozialer Basis entgegengesetzter Schichten – der Bewahrer der traditionellen Gesellschaft und der Anhänger einer Modernisierung des russischen Reiches nach europäischem Vorbild. Das sowjetische Brimborium überdeckte den alten Widerstreit von Traditionalisten und Westlern, der schon Ende des 19. Jahrhunderts begonnen hatte.

## DIE DISKUSSION ÜBER DEN ANTISEMITISMUS 1961–1963

Anfang Dezember 2002 beschäftigten sich alle zentralen Massenmedien in Russland mit dem vierzigsten Jahrestag des Besuchs des Ersten Sekretärs des Präsidiums des ZK der KPdSU, Nikita Chruschtschow, auf der Kunstausstellung in der Manege und den anschließenden Scharmützeln des erzürnten Parteiführers mit der liberalen Intelligenz. In den Augen der Memoirenschreiber, die für unsere Zeitgenossen oft den Vektor des »Geschichtsverständnisses« definieren, verstellt dieses Ereignis zweifellos andere, für die damalige Zeit nicht weniger wichtige Aspekte des kulturellen Lebens. Und vor allem die erbitterte Diskussion über den Antisemitismus in der UdSSR, die dem Skandal in der Manege vorausging.

Den Anstoß gab der sowjetische, jüdische Schriftsteller und Publizist, Vertreter des öffentlichen Lebens und Held an der Propagandafront des Zweiten Weltkriegs, Ilja Ehrenburg. Am 26. Januar 1961, auf einem Abend zu seinem siebzigsten Geburtstag im Moskauer Haus der Literaten, erging er sich in Erinnerungen und Betrachtungen über die Zeit des Kampfs gegen die Kosmopoliten und erwähnte auch die eigene Situation eines Russisch schreibenden, dem Pass nach jüdischen Schriftstellers. Dieser Auftritt, noch dazu vom Allsowjetischen Radio live übertragen, erschütterte sowohl die Anwesenden im Saal wie die Hörer draußen.

Das Wort »Jude« war in der UdSSR seit den Zeiten der antisemitischen Kampagne 1949–53 für den öffentlichen Gebrauch faktisch verboten. Die Rehabilitierung der während der »Ärzte-Affäre« Verhafteten hatte nur einen geringen Teil der Anschuldigungen gegen die Juden entkräftet und wahrscheinlich die herangereiften Pogrome abgewendet.[1] Das Verbot aller Formen von kulturellem Leben in der jüdischen Gemeinde (abgesehen von denen, die im Jüdischen Autonomen Gebiet, dem spärlich bevölkerten ostsibirischen Ghetto, gestattet waren) war in Kraft geblieben.

Unverändert geblieben war auch die Weltsicht jenes Teils des Partei- und Staatsapparats, der diskriminierende Maßnahmen hinsichtlich einer ganzen Reihe von Volksgruppen befürwortete – dazu gehörten außer den Juden die Deutschen, Polen, Finnen, Koreaner, Krimtataren u. a. Die festen xenophoben Stereotypen im »Bereich der nationalen Beziehungen«, die sich in der obersten Schicht der sowjetischen Nomenklatura 1937–53 gebildet hatten, hätten nur durch Bemühungen der Führer des Landes sowie eine gesellschaftliche Diskussion darüber verändert werden können. Nikita Chruschtschow und seine Umgebung, die sich, wenn auch nicht allzu konsequent, um die Tilgung des stalinistischen Denkens (in erster Linie verstanden als die Gewohnheit, alle Probleme mit den ihnen Unterstellten durch die Drohung mit Erschießung zu lösen) aus den Köpfen ihrer Landsleute bemühten, hielten es allerdings nicht für nötig, Entsprechendes in Bezug auf die ethnischen Mythen zu tun. In nicht geringem Maße auch deshalb, weil sie selbst ihnen anhingen.

Nikita Chruschtschow auf einer Ausstellung in der Manege, 1962 (F: Wassili Jegorow)

Unter den Kulturschaffenden – der sowjetischen künstlerischen Intelligenz – bildeten die ehemaligen Aktivisten im »Kampf gegen den Kosmopolitismus« 1953–57 eine besondere Fraktion, die eine nicht unbedeutende Gruppe von Schriftstellern, Bildhauern und Malern vereinte (Wsewolod Kotschetow, Anatoli Sofronow, Leonid Sobolew, Alexander Gerassimow, Jewgeni Wutschetitsch waren nur die bekanntesten von ihnen). Diese Leute spürten, dass die Wut und die Verachtung des größeren Teils der Intelligenz gegen sie gerichtet waren und reagierten sehr empfindlich auf jede »antistalinistische« Handlung der Führung und der eigenen Zunftkollegen, in der sie zu Recht nicht nur »Antisowjetismus« sahen, sondern auch einen Angriff auf die von ihnen besetzt gehaltenen Positionen im öffentlichen Leben. Ateliers und Sonderrationen, Datschas und Auslandsreisen hingen direkt vom Vorsitz in allen möglichen Organisationen, Räten und Sektionen ab.

In dem Bewusstsein, dass die Koexistenz von Menschen mit entgegengesetzten weltanschaulichen und politischen Einstellungen kontraproduktiv sei, beschloss das Präsidium des ZK 1957 die faktische Teilung der größten und am stärksten politisierten Künstlervereinigung – des Verbands Sowjetischer Schriftsteller (SSP). Innerhalb des SSP wurde der Verband der Schriftsteller der RSFSR gegründet, dessen Apparat politisch »konservative« Leute mit ausgeprägten antisemitischen Ansichten stellten. Die Moskauer Organisation des SSP, formal Teil des Schriftstellerverbands der RSFSR, blieb unter der Kontrolle von Liberalen. Den zentralen Apparat des SSP verwalteten Konjunkturritter ohne klare politische Ansichten, die zwischen Liberalen, Konservativen und regionalen Lobbyisten aus Schriftstellerverbänden der anderen Republiken lavierten. Doch die dreijährige Waffenruhe nach der Teilung war für niemanden befriedigend.

Die Anregung Ilja Ehrenburgs, die Diskussion über den Antisemitismus zu eröffnen, wurde von Jewgeni Jewtuschenko enthusiastisch aufgegriffen, der am 19. September 1961 in der *Literaturnaja gaseta* das Poem *Babi Jar* veröffentlichte. Die Beschreibung der Schrecken des Völkermords an den Juden war ein wichtiger Schritt zur Entmythologisierung des jüdischen Themas. Zu jener Zeit hatte ein Großteil der Bevölkerung des Landes eine recht vage Vorstellung von der Katastrophe, denn nach der offiziellen sowjetischen Propaganda hatten die Hitlertruppen im westlichen Teil der Sowjetunion »sowjetische Menschen« getötet, die gezielte Vernichtung von Juden wurde nicht erwähnt. Von Bedeutung war vor allem Jewtuschenkos Folgerung, die Nazis hätten Helfer unter den Sowjetbürgern gehabt und der Pass eines Bürgers der UdSSR schütze nicht vor antisemitischen Überzeugungen. Die Konservativen warfen ihm dafür in den Zeitungen und in Samisdat-Versen mangelnden Patriotismus und seine nichtrussische Herkunft (er war in Sima, Sibirien, geboren worden) vor.

Auf dem XXII. Parteitag der KPdSU im Oktober 1961 wurde Chruschtschow deutlicher. Der unversöhnlichen Kritik an Stalin folgte die Entfernung seines einbalsamierten Leichnams aus dem Mausoleum, was die endgültige Trennung von der Stalinzeit symbolisierte. Auf demselben Parteitag jedoch wählten die Delegierten in eines der beiden höchsten Parteiorgane – das Sekretariat des ZK der KPdSU – einen neuen, jungen und in seinen politischen Ansichten sehr konservativen Parteifunktionär, Alexander Schelepin. In den folgenden sechs Jahren war er faktisch der zweite Mann im Staat. Sein Trupp oder die »Schelepin-Gruppe« bestand aus relativ jungen Apparatschiks, die in der zweiten Hälfte der vierziger und in den fünfziger Jahren im ZK des Komsomol gearbeitet hatten. Diesem Klan Schelepins, der inoffiziell einen sowjetischen Neokonservatismus verkündete, schlossen sich eilig auch kleinere Gruppierungen von Konservativen aus dem Partei- und Staatsapparat und den Künstlerverbänden an. Eine dieser Gruppen hatte sich um den Sekretär für ideologische Fragen, Leonid Iljitschow, gebildet. Dieser ziemlich schwache Politiker hatte darauf zu achten, dass die Intellektuellen in der Auslegung der Ideen des XX. und XXII. Parteitags nicht zu weit gingen.

Die Kubakrise, die den Charakter der sowjetischen Außenpolitik für ein paar Monate von der Pseudooffenheit zu einem aggressiven Militarismus verschob, hatte heftigen Einfluss auch auf die innenpolitische Situation. Die Konservativen in der politischen und künstlerischen Elite sahen ihre Chance gekommen, mit der »fünften Kolonne« abzurechnen: den Liberalen und Juden, den Verehrern der westlichen Kunst und den abstrakten Künstlern.

Ankunft des Schriftstellers Ilja Ehrenburg in Stockholm, 1953 (F: anonym)

In einem Poesieseminar am Literaturinstitut bezichtigte ein Dozent im Oktober 1962 wieder jene Literaturkritiker des Kosmopolitismus, denen man diesen Stempel bereits 1949 aufgedrückt hatte, und gesellte ihnen auch die bekannten Literaten Konstantin Simonow, Pawel Antokolski und Ilja Selwinski zu, womit er im Saal Applaus erntete. Im Auditorium der Lehranstalt, die in den vierziger bis sechziger Jahren eine wahre Kaderschmiede der russischen Nationalisten war, erstand für kurze Zeit erneut die Atmosphäre der Stalinschen Säuberungen.

Am 27. November 1962, als die politische Situation sich etwas beruhigt hatte, hielt der prominente sowjetische Regisseur Michail Romm auf einer Konferenz eine öffentliche Gegenrede. Er bestand auf dem antisemitischen Charakter des »Kampfes gegen die Kosmopoliten«, und – besonders unangenehm für die Konservativen – er brachte die Namen jener in Erinnerung, die sich in dieser Kampagne profiliert hatten: Wsewolod Kotschetow, im Jahr 1962 auf dem Posten des Chefredakteurs der Literaturzeitschrift *Oktjabr* (des wichtigsten Organs der Konservativen), und Anatoli Sofronow, Chefredakteur der populären Illustrierten *Ogonjok*.

Am 1. Dezember 1962 besuchte Nikita Chruschtschow die Kunstausstellung in der Manege. Der von ihm ausgesprochene Verweis war nicht nur eine Extravaganz eines zu weit gegangenen Machthabers und schlecht erzogenen, ungebildeten Menschen. Zweifellos war Chruschtschow von den Konservativen, d.h. in erster Linie von Leonid Iljitschow und den hinter ihm stehenden »Schelepin-Leuten«, gut auf eben diese Aufnahme der abstrakten Bilder und Skulpturen vorbereitet worden.

Schlusspunkt der öffentlichen Diskussion über den Antisemitismus war im Januar 1963 das Erscheinen des Romans *Tlja* (Die Blattlaus), den der Journalist Iwan Schewzow bereits 1953 geschrieben hatte. Im Roman kämpfen junge realistische Künstler unter der Führung eines anerkannten Malers (sein Vorbild war offensichtlich Alexander Gerassimow) gegen eine Gruppe von schlauen und erfahrenen jüdischen Kunstkritikern mit Lew Barselonski an der Spitze – eine offensichtliche Parodie auf Ilja Ehrenburg. Der absolut skandalöse und allen geltenden Normen der sowjetischen zensierten Presse widersprechende Antisemitismus des Autors war offensichtlich.

Doch nach diesen Windungen der sowjetischen Geschichte war für die Konservativen streng genommen auch alles zu Ende. Chruschtschow hatte sich beruhigt, die liberale Intelligenz zeigte

Eröffnung der *8. Weltfestspiele der Jugend und Studenten* im Stadion in Lushniki, Moskau, 1957 (F: Georgi Petrussow)

Solidarität mit der Macht. Vom Misslingen der Idee enttäuscht, Chruschtschow gegen die Liberalen aufzuhetzen, bereiteten die Konservativen den Sturz des Landesvaters vor, woran sich die »Schelepin-Leute« ungemein aktiv beteiligten.

## DIE FREUNDE DER JUGEND 1965

Der Samisdat-Hit von November/Dezember 1965 waren drei kleine maschinengeschriebene Seiten mit dem Titel *Sittenstatut*. Aus Platzmangel können wir sie hier nur mit wesentlichen Kürzungen zitieren:

1. In der Erziehung der Jugend »gilt es, sich entschlossen von einem vernunftmäßigen Egoismus abzugrenzen und das Herz und die Stimme des Blutes ins Zentrum zu stellen.«
2. »Das Glück des Lebens liegt im Kampf auf Leben und Tod ... Einschwören der Jugend auf einen permanenten Kampf auf Leben und Tod nicht nur heute und morgen, sondern auch übermorgen. Diesen Kampf verbinden mit der kosmischen Mission des eigenen Volks.«
3. »In einem wahren ›Moralkodex‹ haben an erster Stelle die Pflichten gegenüber den eigenen Vorfahren und Nachkommen zu stehen, die Pflichten gegenüber dem eigenen Volk ... Es gilt, einen Kult der Vorfahren zu stiften.«
4. »Entschlossene gesellschaftliche Verurteilung jedweder nihilistischer Theorien ... Durchführung einer anhaltenden Kampagne über den familiären, moralischen und physiologischen Wert der jungfräulichen Reinheit und Ehre und über das Frevelhafte von vorehelichen Beziehungen. Bis zur Werbung für die alten bäuerlichen Sitten gehen ... körperliche Bestrafung derer, die sich Ausländern hingeben, ihre Abstempelung und Sterilisierung.«
5. »Zur Sicherung der sittlichen Reinheit des Volkes ist über Anreize für unterschiedliche Arten der sozialen Schichtung und Kastenbildung nachzudenken.«
6. Keine so genannte »Sexualerziehung ... Die beste Sexualerziehung ist die Erziehung zur Liebe zur Heimat.«
7. »Einführung körperlicher Strafen« (für die Jugend). »Über den Komplex einer Militarisierung der Jugend nachdenken, von der Grundschule an.«
8. »Es wird keine Ordnung herrschen im Volk, wenn nicht jede Verfehlung härteste Bestrafung erfährt ... Die komplette Vernichtung des artfremden Prinzips ist Gewähr eines glücklichen Ausgangs.«
9. »Von jungen Jahren an für den Sport begeistern.«
10. »Es gibt keine gemeinere Beschäftigung, als ›Denker‹, ›Intellektueller‹, ›idealistische Karausche‹ zu sein, und es gibt keine edlere Aufgabe als Soldat zu sein ... Um die Entartung des Volks zu verhindern ... ist der einzig gesunde, zu wahrer Unsterblichkeit führende Kult wiederzuerwecken und auf ewig zu befestigen, der Kult des Soldaten.«[2]

Der Text dieses Dokuments war wirklich höchst ungewöhnlich. In einem Land, dessen gesamte Propaganda auf den Gedanken der Friedensliebe und des Humanismus der sowjetischen Menschen aufbaute, dessen Politik des sowjetischen Imperialismus, der seine Hände nach dem gesamten Erdball ausstreckte, auf den Träumen Tausender Schriftsteller, Dichter, Journalisten, Künstler und Musiker von einer allgemeinen Brüderschaft der Menschen unabhängig von Rasse und Hautfarbe und einer Welt ohne Kriege gründete, wirkte das Auftauchen eines Dokuments, das dazu aufrief, jungen Frauen, die sich mit Ausländern trafen, das Tor mit Pech zu bestreichen, Kasten zu bilden oder den Beruf des Soldaten als edel, den des Intellektuellen dagegen als gemein zu betrachten, einfach unerhört. Dass allerdings solche Aufrufe aus einer Organisation kamen, die für die Jugend der Hauptstadt verantwortlich war, machte die Sache wirklich prekär.

Die erste Reaktion der liberalen Leser war eindeutig – man stufte das Dokument als faschistisch ein. Im Großen und Ganzen war das vollkommen zutreffend. Sein Autor, Waleri Skurlatow, Instrukteur beim Stadtkomitee, hatte schon als Kind auf dem Territorium Ostpreußens Bekanntschaft mit der Naziliteratur gemacht. Später hatte er eine Wende vollführt, wie sie typisch war für die Generation der »Physiker und Lyriker«[3]. Nach dem Abschluss an der Fakultät für Physik der Moskauer Staatsuniversität begann Skurlatow eine Aspirantur am Institut für Philosophie, wo er wieder die Werke nationalsozialistischer Ideologen las.

Im Stadtkomitee hatte Skurlatow erst kurz vor diesem Vorfall angefangen. Gemeinsam mit zwei Freunden hatte er die Gründung einer Universität der jungen Marxisten initiiert, einer für die Jugend gedachte und unter der Ägide des Stadtkomitees veranstaltete Seminarfolge. Entwicklungsfähige Propagandisten suchte und pflegte man auch in der Propagandaabteilung des ZK des Komsomol, das die Ernennung Waleri Skurlatows in das Moskauer Stadtkomitee befürwortet hatte. Den Vorschlag seiner neuen Vorgesetzten, Thesen für die propagandistische Arbeit mit der Jugend zu formulieren, nahm Skurlatow als zusätzliche Möglichkeit, von sich reden zu machen. Der Text der Thesen wurde unter Kollegen und Sympathisanten lange diskutiert und schließlich auf dem Wachsmatrizenapparat des Stadtkomitees vervielfältigt. Der erfreute Skurlatow verteilte ihn nach allen Seiten, und das *Statut* ... fand sofort den Weg in den Samisdat.

Freude brachte ihm das nicht. Der KGB zog eilig alle Exemplare des auf dem Vervielfältigungsgerät des Komsomol gedruckten Textes aus dem Verkehr, und sein Autor wurde aus dem Stadtkomitee gefeuert. Allerdings war das *Sittenstatut* nicht nur Äußerung des in Naziliteratur belesenen Philosophen. Skurlatow hatte ohne jede Übertreibung jene Ideen formuliert, die er in den Amtsstuben des ZK und des Moskauer Stadtkomitees des Komsomol und auf diversen offiziellen und halboffiziellen Veranstaltungen mit Komsomolführern gehört hatte.

1959 trat der Absolvent des Instituts für Sport, Sergej Pawlow, die Stelle des Ersten Sekretärs des ZK des Komsomol an. Wie auch der andere Günstling Nikita Chruschtschows, Alexander Schelepin, verband er Jugend mit nach sowjetischen Maßstäben ultrakonservativen Ansichten. Prinzip der ersten fünf Jahre seines Amtes war der physische Kampf gegen alle Akteure einer »falschen« sowjetischen Subkultur – vor allem gegen »Modegecken« und »Hooligans«. Die operativen Abteilungen des Komsomol schlugen die »Dummheit« mit Fäusten aus den Köpfen der »Renegaten«. Gegen Mitte der sechziger Jahre allerdings wurde den Komsomolführern zunehmend klar, dass nicht marginale Gruppierungen der Kontrolle der Partei entglitten, sondern der größte und perspektivreichste Teil der Jugend – die Studenten und älteren Schüler.

Der Kampf gegen den »verderblichen Einfluss des Westens« sollte auf der Ebene der Ideologie und der Propaganda und nicht mit Fäusten ausgetragen werden. Als sehr geeignet erwies sich hier eine gesamtnationale Kampagne – die Feier des zwanzigsten Jahrestags des Sieges. Als Leonid Breschnew an die Macht kam, machte er die

Erinnerung an den Zweiten Weltkrieg zum wichtigsten ideologischen Instrument seiner Führung. Der Jugend wurde das militärische Thema von den Komsomol-Ideologen in etwas anderer Aufmachung serviert. Die »Romantik der Ruhmestat« wurde zur Grundlage sowohl des anlaufenden militärisch-patriotischen Spiels »Wetterleuchten« als auch der Ausflüge zu »Stätten des Kampfesruhms«, die anfangs tatsächlich Massencharakter hatten. In gewissem Maße ist das Ergebnis der gesamtnationalen Kampagne als Erfolg zu bewerten. Die Führung, deren Teil das ZK des Komsomol war, konnte den katastrophalen psychologischen Riss kitten, der sich zwischen der Generation der Veteranen des Zweiten Weltkriegs und ihren Kindern aufgetan hatte. Allerdings bedeutete das keineswegs, dass die Jugend eindeutig die von der Partei- und Staatsnomenklatura proklamierten Sichtweisen übernahm. Die Jugendlichen buddelten begeistert in den alten Schützengräben und gruben die Überreste getöteter und eilig begrabener Soldaten oder rostige Helme aus, ohne zu ahnen, dass man sie in den Amtsstuben des ZK des Komsomol und des Verteidigungsministeriums auf diese Weise eigentlich von den Liedern eines Bulat Okudshawa oder Alexander Galitsch abbringen wollte, die sich nach einem ganzen Tag des Spatenschwingens so gut am abendlichen Lagerfeuer zur Gitarre singen ließen.

Allerdings hatte das ZK des Komsomol noch einen weiteren propagandistischen Trumpf in der Tasche. Schon seit Beginn der sechziger Jahre bekundete ein Teil der Sergej Pawlow nahe stehenden Mitarbeiter des zentralen Apparats des Komsomol Interesse für den russischen Nationalismus in seinen vorrevolutionären Formen. Die bei den Komsomol-Funktionären vorhandenen xenophoben Einstellungen wurden in ein strenges System logischer Beweise eingebunden, die auf die Zeiten der »Schwarzhundertschaft« und des »Bundes des Erzengel Michael« zurückgingen. Innerhalb kurzer Zeit wurde das ZK des Komsomol faktisch zum Koordinationszentrum der sich formierenden Bewegung der russischen Nationalisten. In den vom ZK des Komsomol betreuten Strukturen agierten junge Funktionäre (wie Waleri Skurlatow und seine Freunde), Literaten, Militärs und Repräsentanten der Bewegung für den Schutz von Denkmalen der Geschichte und der Kultur, in der ebenfalls russische Nationalisten dominierten.

Anfang und Mitte der sechziger Jahre waren eine entscheidende Periode in der Geschichte der russischen Nationalisten. Den Herausforderungen der Zeit entsprechend, gelang es ihnen, eine ziemlich unabhängige gesellschaftliche Bewegung ins Leben zu rufen. Diese überlebte ihre Initiatoren bei weitem und wurde zu einem selbständigen Faktor, der die Innen- und zum Teil auch die Außenpolitik des Staates mitbestimmte. Die russischen Nationalisten der sechziger Jahre konnten das Erbe der erzreaktionären Organisationen des Russischen Reiches bewahren und legten den Grund für die Entstehung der national-patriotischen Gesellschaft »Pamjat« (Erinnerung) in den achtziger Jahren.

*Übersetzung: Gabriele Leupold*

1 Vgl. dazu den Eintrag in der Chronik unter Politik zum 13.1.1953.

2 CAODM (Zentralarchiv für gesellschaftliche Bewegungen Moskaus), Fonds 4, Verzeichnis 136, Akte 111, Blatt 17–19. Der Begriff »idealistische Karausche« ist dem Titel eines Märchens von Saltykow-Schtschedrin entlehnt.

3 Im Zuge des mit wissenschaftlich-technischen Neuerungen einhergehenden Differenzierungsprozesses der sowjetischen Kultur ab 1960 werden die »Physiker und Lyriker« statt der Arbeiter und Pioniere zu den neuen Helden. Vgl. dazu den Text von Alexej Bobrikow im 1. Band des Katalogs.

## »FERN IM OSTEN STEHEN DUNKLE WOLKEN«
## DIE DEUTSCHE VOLKSGEMEINSCHAFT UND IHR RASSISMUS

WOLFGANG DRESSEN

In den deutschen Finanzämtern lagert ein bis heute für die Öffentlichkeit weitgehend gesperrter Aktenbestand[1] mit detaillierten Angaben über die Enteignung der jüdischen Deutschen und die Umverteilung ihres Eigentums. Die Deutschen haben nicht »geplündert«, sie sind schließlich keine Räuber, sie haben umverteilt, und diese Umverteilung geschah »ordnungsgemäß«, nach legalen Regeln. Meist versteigerten die zuständigen Gerichtsvollzieher den Besitz, oft direkt an die Nachbarn; in den Großstädten machten Zeitungsanzeigen die Versteigerung »nichtarischen« Eigentums bekannt. Aus den besetzten Gebieten brachten deutsche Spediteure Hab und Gut der von dort deportierten Juden in die deutschen Städte, dabei achteten sie eifersüchtig darauf, dass sie ihren jeweiligen Anteil erhielten.

1943 bedankte sich der Oberbürgermeister von Aachen für die »Waggons mit Möbeln, Hausrat und Wäsche aus früherem Besitz ausländischer Juden«: Es »konnten Fliegergeschädigten, Versehrten des jetzigen Krieges und kinderreichen Familien ... eine Reihe guter, wenn auch gebrauchter Gegenstände zugeführt werden. Dies wurde von dem Personenkreis dankbar begrüßt.« In den noch erhaltenen Akten sind die Namen der Käufer verzeichnet, die ein Aktienpaket, ein Barockgemälde, eine Perlenkette, eine Kaffeekanne oder einen Sack Zwiebeln erstanden. Kein Deutscher sollte mehr darben, so die »Massenintegrationspartei« NSDAP (Otto Kirchheimer). Slawische Zwangsarbeiter standen für die Hausarbeit oder im Ladengeschäft zur Verfügung. Auch der deutsche Vorarbeiter wurde zum Herrenmenschen. Diese rassistische Ideologie konstituierte eine Produktions- und Lebensgemeinschaft, die Einheit von Wirtschafts- und Sozialpolitik, die der »Wirtschaftwunder«-Korporatismus der westdeutschen und das »deutsche Nationalgefühl« der ostdeutschen Gesellschaft weiterführten.

Die Akten wurden im Westen Deutschlands nicht mit dem 8. Mai 1945 geschlossen. Wie die Deutschen zuvor den Verfügungen ihrer Regierung Folge geleistet hatten, taten sie das jetzt gegenüber den »alliierten Anordnungen«. Sehr oft kümmerten sich um die Rückgabe nun dieselben Finanzbeamten, die vorher das Eigentum der jüdischen Deutschen versteigert hatten. Die Beweislast fiel den Opfern zu. Auch wenn sie gerade Auschwitz entronnen waren – sie mussten beweisen, was ihnen gehört hatte und abgenommen worden war.

Eine Revolution wie nach 1918 musste 1945/46 gar nicht erst begonnen werden. Die Volksgemeinschaft hatte ihre »deutsche Revolution« bereits zwischen 1933 und 1945 durchgeführt. Nur konnte sie sich nicht mehr offen hierauf berufen. Die Bilder von Auschwitz, die Deutschen, die das KZ Buchenwald unter alliierter Bewachung besichtigen mussten, die Erzählungen der Opfer, die schon hierfür gehasst wurden, ließen keine Verdrängung der deutschen Taten zu.

Die Volksgemeinschaft konnte nur gerettet werden, wenn alle sich einig waren: »Wir waren es nicht.« »Die Nazis«, das waren nur wenige, vielleicht war es auch nur einer, wir wurden »verführt«, »was hätten wir auch tun sollen«. An den massenhaften Versteigerungen aber musste niemand teilnehmen. Deshalb stören sie so sehr die Erinnerung, dass sie bis heute im öffentlichen Bewusstsein keinen Platz gefunden haben.

Die nach 1933 doch endlich erreichte »deutsche Nation« wurde gegen die Erinnerung der Opfer verteidigt und die »Nazibarbarei« erfunden, die dieser Nation angeblich völlig widersprach. Die Historiker durchforschten die deutsche Geschichte und entdeckten, was die Deutschen von Auschwitz trennte. Im Westen wurde eine Nationalgeschichte erfunden, der Reichsmythos in den Abendlandmythos verzaubert, der über tausend Jahre zurück bei Karl dem Großen ansetzte. Dieses tausendjährige Reich erschien unverdächtig. Alles, was diese vorgespiegelte Einheit in der Geschichte störte, wurde ausgeblendet. Auschwitz musste unbedingt unverständlich bleiben: zwölf »dunkle Jahre«, die über Deutschland hereingebrochen waren und wie ein Spuk verschwinden sollten – aber nicht verschwanden.

Der Volksgemeinschaft gelang eine bemerkenswerte Interpretation. Die Häftlinge der »Schutzlager« wurden für ihre eigene Lage verantwortlich gemacht. Auschwitz hatten die »Extremisten« verursacht, die Menschen, die schon immer gestört hatten: die demonstrierenden und »gewalttätigen« Arbeitslosen in den zwanziger Jahren, die Spartakisten 1918/19, alle »Fremden«, die sich nicht assimilieren wollten, die »vaterlandslosen Gesellen«, die nicht in die »Gemeinschaft« passten. Damit entwarfen die Deutschen schon gleich nach dem Krieg ein Muster, das inzwischen als Begründung für weltweite Kriege dient: Die jeweiligen Feinde müssen bekämpft werden, um ein neues Auschwitz zu verhindern. Auf diese Weise, in der Distanzierung von Auschwitz, werden auch alte Feindbilder aufrechterhalten. Dies allerdings gelingt nur, wenn Auschwitz als ein »Rückfall in die Barbarei«, als das »Böse« schlechthin, nichts mit der deutschen Volksgemeinschaft zu tun hat.

Auch der Machtapparat des östlichen Deutschlands rechtfertigte sich über Auschwitz. Seine »antifaschistische Revolution« blieb eine staatliche Propagandaveranstaltung. Allerdings hatten diese Kommunisten selber zu den Verfolgten und zum »Widerstand« gehört. Sie konnten nun auf die »Altnazis« im Westen verweisen, um ihre Grenzen zu rechtfertigen. Diese Grenzen richteten sich immer auch gegen die eigene Volksgemeinschaft, die sich nach der »Einheit« sehnte. In Konkurrenz sollte eine eigene Gemeinschaft den »Sozialismus sichern«, der für die Volksgemeinschaft allerdings schon im Nationalsozialismus verwirklicht worden war. Der »Sozialismus« im Osten konnte mit dieser Vergangenheit nur als ein Macht sicherndes Diktat auftreten. Ein Wettlauf begann, wer denn nun besser die »nationale Geschichte« vertrat, der Westen oder der Osten. Dabei griffen auch die Kommunisten im Osten auf die Feindbilder der Volksgemeinschaft zurück: Einordnung wurde verlangt, kontroverse Diskussionen wurden unterdrückt. Der Jude, der sich nicht im »Sozialismus« assimilierte, erschien als Kapitalist. Die Enteigneten wurden nicht entschädigt.

Anders als im Westen gab es aber Ehrenrenten für »Kämpfer« gegen die Nationalsozialisten und für »Verfolgte«. Die »Kriegerdenkmäler«, an denen der Westen den »Dank der Heimat« abstattete und sie mit Kränzen schmückte, waren hier ersetzt durch die Denkmäler für die Opfer des Faschismus. Diese Denkmäler benutzte der Staat zu seinen Pflichtveranstaltungen, die beweisen sollten, dass der Faschismus »überwunden« sei.

Auch hier wurde die Volksgemeinschaft gerettet. Die Historiker im Osten entdeckten eine deutsche Geschichte der Aufstände und Revolutionen. Die Volksgemeinschaft war unterdrückt und verführt worden, nicht etwa selbst beteiligt. Die Nazis, das waren auch hier die »anderen«, die Kapitalisten oder Militaristen, nicht etwa die proletarische Oma, die sich beim deportierten Juden den Sack Zwiebeln leistete, oder der deutsche Vorarbeiter, der einen Zwangsarbeiter herumkommandieren durfte, oder der deutsche Gefreite, der von der Ansiedlung im eroberten Osten träumte.

Der Westen suchte die unterdrückte Volksgemeinschaft im Osten zu befreien. Mit der Gleichsetzung von DDR und Nazideutschland konnten die Kommunisten weiterhin bekämpft und eine Distanzierung von Auschwitz erreicht werden. Allerdings gab es im Westen immer wieder Rückfälle. Die Volksgemeinschaft protestierte gegen die alliierten Todesurteile, die Haftbedingungen der Kriegsverbrecher, die »Kollektivschuldthese«, die Forderungen der überlebenden Opfer. Aber solche Feindbilder erinnerten noch zu sehr an die nationalsozialistische Gemeinsamkeit. Der Westen ersetzte sie durch den sowjetischen »Feind im Osten«. Das Feindbild des gerade verlorenen Vernichtungskrieges gegen die »Slawen« wurde mit gutem Gewissen weitergepflegt. Die alten Spezialisten erhielten im BND und in der Bundeswehr neue Einsatzmöglichkeiten, der Staat rehabilitierte die nationalsozialistischen Beamten.

Der Osten erfand einen Arbeiterwiderstand gegen den Nationalsozialismus, der die Unschuld der Volksgemeinschaft beweisen sollte. Dies fiel leichter als im Westen, denn wenn auch nicht die deutschen Arbeiter, so hatten doch die deutschen Kommunisten den Nazis widerstanden. Im Westen konnten die Kommunisten mit keiner Entschädigung rechnen. Mit erneuter Feinderklärung bestrafte die Volksgemeinschaft sie dafür, dass sie den deutschen Massenmord bekämpft hatten.

Was die Haltung gegenüber den Juden betraf, so stand der Westen vor einer schwierigen Aufgabe. Sie waren nicht erwünscht, der Antisemitismus blieb verbreitet. Vor allem erinnerten die Überlebenden unverzeihlich an Auschwitz. Aber Deutschland war auf eine drittklassige Macht geschrumpft, die Rücksichten nehmen musste. Die Deutschen erfanden die »Wiedergutmachung«. Es gab das »Böse«, nun entdeckte die Volksgemeinschaft das »Gute«, das der führende Vertreter einer Arisierungsbank einkaufte. Dieses »Gute« förderte zudem den deutschen Export auch nach Israel und stärkte die Position des Westens im Nahen Osten.

Der Westen suchte nach einem für ihn akzeptablen Widerstand gegen die Nazis, der dann in Teilen der deutschen Elite gefunden wurde. Sie hatte sich gegen die Fortsetzung eines Krieges gewehrt, als er sicher verloren war und der Verlust der eigenen ökonomischen Machtbasis drohte. Die Wissenschaftler bestätigten sich gegenseitig ihre Distanz zu den »Barbaren« und erhielten ihre Lehrstühle zurück. Selbst der verantwortliche Leiter jenes Instituts, das die Menschenversuche in Auschwitz auswertete, musste sich nicht beklagen. Die Rassenhygiene wurde in Humangenetik umgetauft und schon war ein Lehrstuhl in Münster gefunden. So schamlos gingen die Kommunisten im Osten nicht vor,

1

2

3

4

5

1 Blick nach drüben, Bernauer Straße, West-Berlin, 1962 (F: Bernard Larsson)

2 Panzersperre und Sichtblende, Schwedter Straße, Berlin-Mitte, 1963 (F: Bernard Larsson)

3 Fassade eines Mietshauses, Bernauer Straße, Berlin-Wedding, 1963 (F: Bernard Larsson)

4 Ein Grenzposten der DDR bewacht den grenznahen Invaliden-Friedhof an der Scharnhorststraße, Berlin-Mitte, 1962 (F: Bernard Larsson)

5 Blick nach drüben, Chausseestraße, Ost-Berlin, 1962 (F: Bernard Larsson)

1

2

3

4

5

6

1 John F. Kennedy, Willy Brandt und Konrad Adenauer am Brandenburger Tor, West-Berlin, Juni 1963 (F: Will McBride)

2 *J. F. Kennedy spricht*, Menge vor dem Rathaus Schöneberg, West-Berlin, Juni 1963 (F: Max Jacoby)

3 Feier zum 50. Jahrestag der Oktoberrevolution, Ballsaal der Sowjetischen Botschaft, Ost-Berlin, 1967 (F: Bernard Larsson)

4 Der Botschafter der UdSSR, Pjotr Abrassimow, spricht zur Feier des 50. Jahrestages der Oktoberrevolution, Ost-Berlin, 1967 (F: Bernard Larsson)

5 Zentralmarkthalle, Ost-Berlin, November 1963 (F: Uwe Steinberg)

6 1. Mai 1965, Ost-Berlin (F: Ursula Arnold)

aber auch sie verdrängten die Kontinuität in weiten Teilen der Wissenschaft. Und mit dem Zeigefinger auf den Westen begannen sie gar nicht erst eine Debatte um die breite Beteiligung der Volksgemeinschaft. Deshalb gab es hier auch keine »Neonazis«, selbst wenn Gräber auf jüdischen Friedhöfen beschmiert wurden. Hinter allem, was nicht verschwiegen werden konnte, steckte die »Infiltration« durch den Westen.

Der Westen warnte vor «Neonazis«, die aber die eigene »Aufarbeitung« bestätigten. Der These von der »Barbarei« folgend, sind »Neonazis« nicht-sozialisierte Jugendliche, die das staatliche Gewaltmonopol missachten. Ihre Angriffe und Schmierereien dienen der unschuldigen Volksgemeinschaft dazu, sich selbst aus dem Bereich der »dunklen Jahre« herauszuhalten, zugleich lieferten sie den Anlass für den Ruf nach einem »starken Staat«, der auch gegen andere Gegner eingesetzt werden kann.

Dabei berufen sich auch diese »Neonazis« auf die Volksgemeinschaft, sie greifen gerade die Menschen an, die nicht »dazugehören« – nur mit den falschen Mitteln. Diese »Neonazis« gehören nicht zum Rand der Gesellschaft, sie gehen gegen diesen Rand vor.

Für das Bild der Vergangenheit bedeutet die These von der »Barbarei« eine bestimmte Auswahl der Ikonen. Die Medien bevorzugen angetrunkene SA-Männer, die Schaufenster einschlagen und nicht gerade einen bürgerlichen Eindruck machen. Die Entmachtung der Radau-Antisemiten zugunsten des effizienten Apparates der SS im Jahr 1934, die aktive Beteiligung der deutschen Beamten, die Entwicklung des Vernichtungsapparates durch Wissenschaft und Wirtschaft verdrängten das öffentliche Gedächtnis.

Wenn die Volksgemeinschaft ihre Unschuld bewiesen hat, kann sie sich Gedenkstätten leisten. »Gedacht« wird der Opfer, die Täter kommen meist nicht vor. Ausgebreitet werden dagegen Erzählungen über die wenigen Deutschen, die Juden gerettet haben. Veröffentlichungen zur Tätergeschichte hielt die deutsche Geschichtswissenschaft für nicht erwähnenswert. Joseph Wulf hatte als erster umfassend die Täter in der etablierten Gesellschaft ausgemacht.[2] Er bemühte sich um einen zentralen Täterort, die Berliner Wannseevilla. Zu seinen Lebzeiten konnte die dort von ihm geplante Ausstellung nicht eröffnet werden. Die Berliner Kinder sollten ihren inzwischen dort eingerichteten Erholungsort mit Seezugang behalten. Völlig verarmt, nahm sich Joseph Wulf, nachdem er Auschwitz entronnen war, schließlich das Leben. Seine Bücher über die deutschen Täter sind vergriffen.

Der Osten entlarvte die in den westlichen Machtapparat eingegliederten Täter, aber nur um die Volksgemeinschaft als antifaschistisches Kollektiv zu beweisen und in die Geschichte zurück zu projizieren. Allerdings rief dieses Volk Ende der achtziger Jahre nach der Einheit und zerstörte den »antifaschistischen Schutzwall«. Zuvor hatten schon die Historiker im Osten immer neue Felder entdeckt, um sich der »Nationalgeschichte« zu nähern, von Friedrich dem Großen bis zu Otto von Bismarck. Auch das Volk wollte nun endlich wieder bei sich selber sein. »Wir sind ein Volk«, dieser Ruf ließ bald den Pazifismus der Opposition (»Schwerter zu Pflugscharen«) vergessen. Viele Pazifisten mutierten zu Politikern, die sich in die westliche Machtpolitik einreihten.

Bei den Brandanschlägen in Rostock zeigte die Volksgemeinschaft sehr schnell, dass sie dazugehörte. Im Unterschied zum Westen sind im Osten auch heute kaum Türken oder andere »Fremde« zu finden. Der ökonomische Nutzen steht hier immer noch hinter einer ideologischen Einheit zurück, die jetzt ihren Rassismus offen zugeben kann.

Allerdings zeigen Umfragen, dass es im Osten nicht mehr Rassisten als im Westen gibt. Der Rassismus trat im Osten zunächst, anders als im Westen, »unzivilisiert« und daher sichtbarer in Erscheinung. Dass Auschwitz »barbarisch« und deshalb ein gewisser Anstand erwünscht war, das hatte die Volksgemeinschaft im Osten noch nicht gelernt. Hier wurden Menschen eher als im Westen direkt angegriffen. Im »zivilisierten« Westen dagegen war im Bündnis mit dem Staat gelernt worden, unerwünschte »Fremde« gar nicht erst ins Land zu lassen. Der jeweilige ökonomische Nutzen stand bei der Auswahl und der Behandlung der »Fremden« im Vordergrund. Der abendländische Reichsmythos umfasste, wie schon vor 1945, auch die anderen westlichen und europäischen Staaten. Problematisch bleiben die »Fremden«, die nicht aus dem »westlichen Kulturkreis« stammen. Darunter leiden vor allem die Muslime. Sie sind inzwischen unter Generalverdacht geraten. Zum ersten Mal seit der NS-Zeit unterliegen Menschen allein wegen ihrer Religionszughörigkeit Überwachungsmaßnahmen. Dies traf besonders die muslimischen Studenten nach dem 11. September 2001 an den Hochschulen. Ihre Daten überprüfen die Behörden, selbst wenn sie inzwischen deutsche Staatsangehörige sind. Der Islam ersetzt die früheren Drohungen aus dem Osten. Die in den Medien verbreiteten Karikaturen und Unterstellungen gegen muslimische Menschen erinnern an die antisemitischen Angriffe vor 1945.

Die Volksgemeinschaft hat inzwischen ihre besondere Liebe zu den jüdischen Opfern entdeckt. Ausstellungen zur jüdischen Kultur sind überlaufen, der Klezmerjude ist wie der Geigenroma höchst beliebt. Das »jüdische Leben« wird an den Orten der Vertreibung erforscht. Die Beteiligung der Deutschen, die breite Verwertung des Vermögens bleiben dagegen tabuisiert. Zunächst waren viele Synagogen auch nach 1945, noch in den fünfziger und sechziger Jahren, abgerissen worden, jetzt werden in den wenigen erhaltenen und nicht genutzten Gebäuden Kunstausstellungen veranstaltet.

Diese Liebe begann bereits mit dem *Tagebuch der Anne Frank* und mit der Holocaust-Serie im deutschen Fernsehen. Hier wurden Identifikationen angeboten, die eine Frage nach der Tätergemeinschaft überflüssig machen sollten. Die Opferidentifikation ermöglichte eine Aufrechterhaltung der Tabuthemen. Die Deutschen beklatschen die Lesungen jüdischer Autoren, fragen aber lieber nicht danach, warum im westlichen Deutschland so viele deutsche Geschäfte Ende der achtziger Jahre ihr fünfzigjähriges Jubiläum feierten.

Die Opferidentifikation ist außenpolitisch erwünscht. Schließlich besitzen die Juden jetzt einen Staat, dazu noch an geopolitisch wichtiger Stelle. Hier leben keine »vaterlandslosen Ostjuden«, die Juden haben sich endlich angepasst. Und ihre an den »Wüstenfuchs« in Nordafrika erinnernden Kriege lösen bei den Deutschen fast Bewunderung aus.

Die Volksgemeinschaft kann zudem noch ihren Rassismus pflegen. »Der Jude« muss abstrakt bleiben. Der Beginn des rassistischen Satzes »Der Jude ist:« kann weiter aufgesagt werden. Nur folgt jetzt eine überaus positive Bezeichnung, wo vorher die negative zu finden war. Für den Anti- wie den Philosemiten gibt es nicht einzelne, unterschiedliche jüdische Menschen, sondern nur eine rassistische jüdische Abstraktion. Deshalb werden Deutsche, die eine jüdische Regierung kritisieren, als Antisemiten verfolgt, und deutsche Schriftsteller, die einen einzelnen in Deutschland lebenden jüdischen Menschen bis in sein Schlafzimmer verleumden, können nicht nur mit Nachsicht rechnen.[3] Sie erklettern die Bestsellerlisten. Und wenn es ein einzelner Jude nach Meinung der

Volksgemeinschaft zu weit getrieben hat, dann trifft ihn die Verachtung der Rassisten, die eine kriminelle Ecke für ihn finden werden.

Freundschaft mit Israel heißt auch: »Der Jude« hat endlich erkannt, dass seine wahre Heimat nicht Deutschland ist. Den einzelnen in Deutschland lebenden Juden dagegen, wenn er den Rassisten auch noch an die Schemata der »jüdischen Zersetzung« erinnert, noch schlimmer, wenn er Geld fordert, trifft nach wie vor die faszinierte Wut der Volksgemeinschaft. Eine »Verharmlosung« von Auschwitz ist strafbar und wird doch politisch eingesetzt. Auschwitz darf nicht geleugnet werden, es wird gebraucht als ein Teil der Propaganda. Da die Volksgemeinschaft es endlich geschafft hat, sich von Auschwitz zu reinigen, kann sie jetzt überall auf der Welt ihre »Feinde« mit dem Namen des »Bösen« belegen und endlich wieder Kriege führen. Der deutsche Außenminister bekämpft Auschwitz im Kosovo. Und die Welt hat von Deutschland gelernt: Die westlichen Staaten finden überall auf der Welt ein drohendes »Auschwitz«, das zu verhindern ist. Die Gasmaske wird zur Maske des »Guten«, das jetzt endlich gewinnt. Die Ermordeten von Auschwitz werden ein letztes Mal, nun restlos bis in die Erinnerung, verwertet.

»Fern im Osten stehen dunkle Wolken«, dieses Lied der deutschen »Gebirgsjäger«, das sie bei ihren bis heute ungesühnten Massakern begeisterte, fand einen immer neuen Refrain. Die deutsche Vergangenheit reicht bis in die Gegenwart und bleibt verdrängt. Wenn ein jüdischer Friedhof von »neonazistischen Barbaren« geschändet wird, empört sich die Volksgemeinschaft. So handelt man nun wirklich nicht. Auf dem Werksgelände der Bayer AG in Krefeld-Uerdingen wurde ein jüdischer Friedhof zuasphaltiert. Er blieb bis heute ohne jede Kennzeichnung oder »Gedenktafel«, es gibt keine Empörung über diese Schändung. IG Farben hatte diesen Friedhof nach der Deportation der letzten Gemeindemitglieder in der NS-Zeit erworben. Das Dokument ist verwahrt in dem gesperrten Archivbestand der Oberfinanzdirektion Köln. Der Bayer-Konzern sieht keine Veranlassung, diesen Zustand zu ändern. Schließlich wurde der Friedhof legal erstanden. Weder eine Gedenkstätte noch die Medien interessieren sich für diesen Friedhof. Denn dieser jüdische Friedhof wurde nicht von »Barbaren« geschändet, sondern von einem deutschen Konzern.

Neben dem Werksgelände ist auf einem christlichen Friedhof ein Ehrengrab zu besichtigen. Hier wurde Fritz ter Meer begraben, verantwortlich für die Planung der Bunawerke in Auschwitz, ein nach dem Krieg von den Alliierten verurteilter Kriegsverbrecher. Wie viele andere musste er nur kurze Zeit einsitzen und war in den Fünfzigern Aufsichtsratsvorsitzender der Bayer AG. Sein Grab schmückt alljährlich ein Kranz seiner Heimatstadt Krefeld und des Aufsichtsrats der Bayer AG.

1 Die rechtliche Lage ist nach wie vor unübersichtlich und die in regionalen Ämtern liegenden Akten sind nur zum Teil freigegeben. Der weitaus größte Teil der Akten bleibt gesperrt. Da dieser in den Zuständigkeitsbereich der Oberfinanzdirektion gehört, verantwortet die Sperrung das Bundesfinanzministerium. Eine vom Stadtmuseum Düsseldorf 1998 gestartete und vom Autor zusammen mit einer studentischen Arbeitsgruppe organisierte Wanderausstellung unter dem Titel *Betrifft: »Aktion 3« Deutsche verwerten ihre jüdischen Nachbarn* zeigt einen Teil des Aktenbestands der Oberfinanzdirektionen von Düsseldorf und Köln. Zur Ausstellung erschien eine gleichnamige Dokumentation im Aufbau-Verlag, Berlin.

2 Vgl. auch H.G. Adlers oder Raul Hilbergs Veröffentlichungen zur Tätergeschichte.

3 Eine Anspielung auf Martin Walsers Roman *Tod eines Kritikers*, Frankfurt/M 2002, in dem der Protagonist dem Literaturkritiker Marcel Reich-Ranicki nachgebildet ist. Anm. d. Red.

# DIE TOTALITARISMUS-DEBATTE IN RUSSLAND UND DEUTSCHLAND

## LEW GUDKOW

Die erste wissenschaftliche Totalitarismus-Konferenz fand vor fünfzig Jahren, am 5. Mai 1953, in den USA statt. Wie jedes Jubiläum liefert auch dieses einen Anlass, an die damit verbundenen Probleme zu erinnern und auf Erfolge und Defizite in der Totalitarismus-Forschung seit dieser Zeit hinzuweisen. Die Konferenz von damals brachte keine besonderen Ergebnisse und blieb im Schatten der zweiten von 1954. Dort hatte Carl Joachim Friedrich die Forschungen der vorausgegangenen dreißig Jahre zusammengefasst und die berühmten fünf Merkmale des Totalitarismus formuliert, die später von ihm und Zbigniew Brzezinski in gemeinsamer Arbeit weiterentwickelt und unter der Bezeichnung »totalitäres Syndrom«[1] bekannt wurden. Zusammen mit dem Buch von Hannah Arendt[2], das 1951 erschienen war, steht diese Arbeit von Friedrich und Brzezinski am Anfang der Totalitarismusforschung im Rahmen der Politikwissenschaft an den Universitäten.

Panorama einer Neulandsiedlung. Arbeitslager mit Stacheldraht und Türmen, Gebiet Karaganda, 1954 (F: anonym)

Das Hauptproblem des 20. Jahrhunderts war der Totalitarismus. In ihm treffen alle intellektuellen Hauptströme der Geschichte des 20. Jahrhunderts zusammen: die Utopien von einer neuen Welt, der staatlichen Herrschaft und der nationalen Konsolidierung sowie das Ende der Epoche der Aufklärung und des Rationalismus. Der Totalitarismus stellt die dunkle Seite des europäischen Kulturkonzepts dar, das sich Ende des 18. Jahrhunderts herausgebildet hatte: eine Modernität ohne Subjektivitätsprinzip, ohne dessen Institutionalisierung und Schutz.

Bereits die ersten Soziologen, Luigi Sturzo, Waldemar Gurian u. a., die sich mit der Technologie totalitärer Macht befassten, stellten fest, dass diese Macht dem Aufbau der Partei, der ideologischen und militärisch sportiven Erziehung der Jugend, der Schaffung eines mehrschichtigen Systems aus Mechanismen und Ritualen der gesamtgesellschaftlichen Mobilmachung und dem Führerkult große Bedeutung beigemessen hatte. Denn auf diese Weise sollte die Treue zur neuen Gesellschaftsordnung von einer Generation eingefordert werden, für die sich nun neue Chancen für den bis dahin verwehrten gesellschaftlichen Aufstieg und Erfolg eröffneten.

Viel später, Ende der sechziger, Anfang der siebziger Jahre, wurden dann die Reproduktionsressourcen der totalitären Regime und die Ursachen der institutionellen und menschlichen Apathie erforscht, welche die Weiterexistenz dieser Regime auch nach dem Bankrott der messianisch-utopischen Ideen oder ihrer Ersatzideologien ermöglichte. Der Zusammenbruch der Sowjetunion hat die Totalitarismuskonzepte nicht entkräftet, sondern sie im Gegenteil erst recht in den Vordergrund gerückt.

Häftling Nr. Ja-691 des Sonderlagers Workuta-Petschersk, 1946 (F: anonym)

Die Theorien der Totalitarismusforschung wurden wegen ihrer ungenügenden Weiterentwicklung und aufgrund ihres sturen Lehrsatzes kritisiert, ein totalitäres Regime sei ein »einheitliches organisches Ganzes«. Doch der Anschein von nachlassenden Repressalien und einer »Liberalisierung« in den sozialistischen Ländern sowie die Feststellung, dass es innerhalb einiger Gruppierungen des Nationalsozialismus und Stalinismus heftige Machtkämpfe gegeben hatte, schienen die Idee der Einheitlichkeit als dem wichtigsten Charakteristikum eines totalitären Regimes widerlegt zu haben.

Die »Einheitlichkeit« – also die moralische und politische Einheit der Macht und des Volkes – ist nicht das einzige Merkmal der totalitären Systeme. Den Kritikern entging der Zwangscharakter dieser teils funktionalen, teils demonstrativen Schein-Einheitlichkeit. Bei all den Interessensunterschieden und differierenden Intentionen zwischen der Elite und der Gesellschaft, wie groß sie auch sein mochten, sollte auch deren Bedeutung nicht überbewertet werden. Denn gerade in den Jahren nach dem Zusammenbruch des sozialistischen Lagers wurde klar, wie resistent das Massenbewusstsein in posttotalitären Systemen gegen alle Veränderungen ist.

Man kann weiterhin alle öffentlichen Ereignisse – in Wissenschaft, Kunst und Politik – vor dem Hintergrund der Totalitarismus-Diskussionen befragen und diese als Maß nicht nur für theoretische, sondern auch für menschliche oder sozialpolitische Handlungsfähigkeit einer Gesellschaft und für ihre Zivilisiertheit heranziehen, falls man denn auf diesen veralteten Wert zurückgreifen will.

In Deutschland ist diese Problematik seit den sechziger Jahren aktuell. In den letzten Jahren fanden hier viele wichtige Konferenzen und Symposien statt, darunter die Tagungen deutscher Soziologen und Politologen[3], es erschienen Sammelbände mit den Diskussionsbeiträgen, die von der Presse besprochen wurden und das Interesse der breiten Öffentlichkeit an dieser Thematik weckten. Die Erörterung des Konzepts des Totalitarismus, der Grenzen seiner theoretischen Tragweite, der Differenzen zu sinnverwandten Begriffskonstruktionen – dem Faschismus, Nazismus, Kommunismus – gingen hierzulande über den Rahmen eines rein akademischen Interesses hinaus und wurden zu einem wichtigen Teil öffentlicher Diskussionen und praktischer Politik.

Die Kriegsverbrechen und der Genozid, die infolge der absoluten moralischen und sozialen Kraftlosigkeit nach der Niederlage von 1945 negiert wurden, sind von der öffentlichen Meinung in Westdeutschland zunächst teilweise, später dann vollständig zugegeben worden. Dies wurde möglich, nachdem die Ausmaße der Katastrophe öffentlich geklärt worden waren: in erster Linie die Vernichtung der Juden, der Zigeuner, der Bevölkerung in den besetzten Ländern. Es ist kaum möglich, alle bedeutsamen Ereignisse in diesem Zusammenhang zu erwähnen: Willy Brandts Appell an die Jugend, seine moralischen und politischen Gesten in Polen und die breite Akzeptanz deren in der Gesellschaft; der Aufstand der Jugend und Studenten Ende der sechziger Jahre; die Veröffentlichungen von Dokumenten über den Terror und die Repressionen; die Schulaufsätze über die Familien- oder Gemeindevergangenheit und schließlich die Fernsehfilme über den Holocaust und andere Verbrechen jener Zeit.

Gleichzeitig entstand ein verständliches Phänomen des individuellen Schutzes oder gar einer inneren Abwehr gegen die Ausweitung der Zone moralischer Verantwortung der Deutschen: Schuldig wären nur die Nazis, Hitler und seine Umgebung; wir hätten nichts davon gewusst; wie kann man ein ganzes Volk für die Verbrechen einer Bande von Massenmördern verantwortlich machen usw.

Diese innere Blockade im Bewusstsein konnte man nur abbauen, indem man die moralischen und juristischen Schutzschilder in Form von Funktionsgebilden, also den Staatsinstitutionen, zerstörte, welche die Grundlage des Regimes gebildet hatten – die Wehrmacht, das gesamte Rechtssystem, die Polizei, die Wirtschaft (vor allem die Großunternehmen), die Wissenschaft, das Bildungssystem (besonders die Hochschulbildung), die Presse, das Verlagswesen usw. Diese für die nationale Identität traumatischen Erkenntnisse hätten nicht in die praktische Tätigkeit der Institutionen umgesetzt werden können, ohne die Entwicklung grundsätzlicher ethischer, publizistischer oder theoretischer Gedanken. Dies belegen auch die Erfahrungen der Menschen in der einstigen DDR, die immer noch durch das Leben unter zwei Diktaturen mit unterschiedlichen Totalitarismusformen geprägt sind.

In Russland sah die Situation anders aus. Die Floskeln der antitotalitären Rhetorik dienten in den ersten Jahren der Perestroika einer scharfen, wenn auch nur sehr oberflächlichen Kritik der Sowjetmacht und der Selbstrechtfertigung der neuen Reformer, die der alten Nomenklatura entstammten. Zusammen mit anderen Begriffen und symbolischen Zeichen der »Demokraten«, die in der öffentlichen Meinung in Misskredit geraten waren, verschwanden diese Phrasen aus dem öffentlichen Vokabular ziemlich rasch. Im Grunde hat es eine ernsthafte Diskussion über die Natur des Totalitarismus in Russland nicht gegeben, obwohl Begegnungen, »Runde Tische« oder gar wissenschaftliche Seminare[4] stattfanden. Die Letzteren wurden meistens von der deutschen Seite initiiert und gingen nie über einen engeren Kreis von Historikern hinaus.

1

2

3

4

5

6

1 Zwei Raumfahrthunde werden an den längeren Aufenthalt in einer Kabine gewöhnt, 1958 (F: anonym)

2 Parade zum 1. Mai auf dem Roten Platz, Moskau, 1961 (F: anonym)

3 Die Skulptur *Zu den Sternen*, Moskau, 1960er Jahre (F: Georgi Petrussow)

4 Der erste Kosmonaut, Juri Gagarin, Moskau, 1961 (F: Waleri Gende-Rote)

5 Wostok-1 auf dem Gelände der WDNCH, Moskau, 1968 (F: Nikolai Lawrentjew)

6 *Atom* von Wjatscheslaw Kolejtschuk, Kurtschatow-Platz, Moskau, 1967 (F: Wjatscheslaw Kolejtschuk)

1

2

3

4

1 Abschlussveranstaltung des XXII. Parteitages der KPdSU, Moskau, 1961 (F: Dmitri Baltermanz)

2 *Zweikampf.* Aus der Serie *Die Moskauer Universität*, 1964 (F: Wsewolod Tarassewitsch)

3 Monumentalbild, Moskau, 1960er Jahre (F: Waleri Stignejew)

4 Am Ausgang der Metrostation Belorusskaja, Moskau, 1961 (F: Viktor Achlomow)

Die Wissenschaftler hatten widersprüchliche Gefühle bezüglich dieses Themas, viele Historiker aus den Instituten der Russischen Akademie der Wissenschaften (RAN) machten kein Hehl aus ihrer deutlich negativen Einstellung gegenüber solchen Diskussionen: Der Grund dafür waren die korporative Angst vor derartigen Fragen, methodologische Vorurteile gegenüber den soziologischen Generalisierungen, sowjetischer Konservatismus sowie die national oder ideologisch bedingten Minderwertigkeitskomplexe. So schrieb der Autor des Vorworts zu einem Sammelband: »Das willkürliche Verwischen der Grenzen zwischen Faschismus und Kommunismus hat zur Folge, dass die Verbrechen und Verfehlungen des ›realen Sozialismus‹ auf die Lehre vom Kommunismus übertragen werden, auf eine der wichtigsten Errungenschaften der europäischen theoretischen Ideengeschichte des vorigen Jahrhunderts.«[5]

Die erste Aufklärung russischer Leser über ausländische Veröffentlichungen zum Totalitarismus lieferten die Publikationen der Referate der INION.[6] Diese Texte haben jedoch keinen analytischen Bezug zur Wirklichkeit in der Sowjetunion und bleiben deswegen im abstrakten Bereich. Ein ebenso zögerndes Herangehen an das Thema kennzeichnete die Publikationen verschiedener Institute der Russischen Akademie der Wissenschaften, die der interessierten Leserschaft erst gar nicht zugänglich waren.[7] Eigentlich gab es keine weiterführenden theoretischen Arbeiten zu den Problemen des Totalitarismus. Verschließt man sich gegen die Möglichkeiten der typologischen Vergleichsanalyse von institutionellen Strukturen der totalitären Gesellschaften, bleibt man ohne Mittel zur Bewusstmachung und Erklärung der Vergangenheit. Dann sind die Historiker im Endeffekt auf die Darstellung der persönlichen Beziehungen von Führern, Ideologen und höchsten Parteifunktionären angewiesen sowie auf heterogene Tatsachen, die ohne inneren Zusammenhang und nur durch die negative Wertung zusammengehalten werden.

Bereits Mitte der neunziger Jahre ließ das Interesse für diese Problematik beträchtlich nach, und bald darauf war der Begriff »Totalitarismus« in Bezug auf die jüngste Vergangenheit der Sowjetunion oder gar auf die einzelnen Bereiche in der Organisation des Staatsapparats verpönt, um schließlich vollständig aus dem öffentlichen und politischen Gebrauch zu verschwinden. Wenn man die Leistungen der vergangenen Zeit in Russland und Deutschland auswertet, kann man die deutschen Historiker, Soziologen, Philosophen und Pädagogen um die Intensität ihrer kollegialen Arbeit beneiden. Das liegt nicht nur an der moralischen Haltung oder dem professionellen Interesse der Forscher. Der offensichtliche Unmut der russischen Gesellschaft gegenüber Veränderungen gibt Anlass, darüber nachzudenken, welche Faktoren die Effektivität bei der Auswertung und Bewältigung der Nazivergangenheit in Deutschland steigerten und welche gesellschaftlichen Faktoren eine ähnliche Arbeit in Russland blockierten.

Sowohl in Deutschland als auch in Russland weisen die Prozesse der nachträglichen Bewusstmachung der Vergangenheit, der Selbsteinschätzung, der Erinnerungsarbeit viel Gemeinsames auf. Dort und hierzulande waren als Massenreaktion auf den Zusammenbruch des gesamten Systems Formen der De-Identifizierung mit dem früheren Regime verbreitet: das Verdrängen der Vergangenheit, historische Aphasie, Teilnahmslosigkeit, Abweisung der Verantwortung für die Verbrechen, an denen die breiten Massen beteiligt waren. Dementsprechend gab es auch stark negative Reaktionen auf die Versuche, die öffentliche Meinung mit den einschlägigen Tatsachen zu konfrontieren. Es bestand die Neigung, individuelle Schuld auf die Führerpersönlichkeiten zu übertragen. Der Widerstand gegen alle Versuche einer Diskussion über die Vergangenheit kulminierte in dem Aufruf, endlich einen Schlussstrich unter die Geschichte zu ziehen.

Artillerie auf dem Roten Platz während der Parade zum 1. Mai, 1954 (F: Nikolai Sitnikow)

Artillerie auf dem Roten Platz während der Parade zum 1. Mai, 1956 (F: Nikolai Sitnikow)

In der Zeit der Perestroika verbreitete sich eine starke Missstimmung gegenüber der Kritik des Stalinismus und der gesamtsowjetischen Vergangenheit. Sie übertönte die Stimmen, die zur historischen Umwertung der kommunistischen Epoche aufriefen. Vor einer vollständigen Rehabilitation der totalitären Zeit bewahrten nur die korporativen Selbsterhaltungsinstinkte der russischen Bürokratie, die sich eigentlich keine kommunistische Revanche oder Restauration herbeiwünscht.

An dieser Stelle wollen wir die Faktoren zusammenfassen und erörtern, die nach unserer Meinung Deutschland erlaubten, seine Vergangenheit aufzuarbeiten, und diesen Prozess in Russland unmöglich gemacht haben.

Deutsche Delegation mit Otto Grotewohl am Denkmal für Soja Kosmodemjanskaja, der russischen Partisanin des Großen Vaterländischen Krieges, 1950er Jahre (F: anonym)

Bundesaußenminister Hans-Dietrich Genscher am Grab des Unbekannten Soldaten, Moskau, 1981 (F: anonym)

Gestürztes Stalin-Denkmal, Moskau, 1991 (F: Igor Muchin)

1. Die Rolle der Institutionen bei der Vergangenheitsbewältigung und der Charakter ihrer Bestimmung: Das Naziregime in Deutschland und das faschistische Regime in Italien waren infolge einer militärischen Niederlage untergegangen, das kommunistische System in der UdSSR dagegen fiel aus innenpolitischen Gründen zusammen. Im Gegensatz zu Deutschland und Italien war die sowjetische Gesellschaft während ihrer gesamten Existenz einem totalitären System unterworfen. Von der Gründung des Regimes über seine Stabilisierung bis zum Verfall, der ungefähr in den siebziger Jahren ansetzte. Es geht dabei nicht primär um die Dauer der totalitären Verhältnisse in einer Gesellschaft (fünfundsiebzig Jahre in Russland, zwölf in Deutschland und zwanzig Jahre in Italien), sondern um die Unmöglichkeit der Wiederherstellung vortotalitärer Verhältnisse, wie es in der Sowjetunion der Fall ist.

Neue und alte Symbole, Moskau, 1990 (F: Igor Muchin)

Auf die militärische Niederlage des Totalitarismus der Nationalsozialisten und der Faschisten folgte in Deutschland und Italien ein breit gefächertes Programm zur sozialpolitischen Transformation der staatlichen und gesellschaftlichen Institutionen, das unter der militärisch-administrativen Kontrolle der westlichen Länder umgesetzt wurde. Die Entwicklung und die Realisierung dieses Programms, an dem viele namhafte Wissenschaftler teilnahmen, können zu Recht als der größte Sieg der westlichen sozialen Ideen eingestuft werden. Ein wichtiges Moment waren dabei die Zwangsauflagen der Siegermächte. Hätte sich die Bevölkerung gegen diese Politik gewehrt, wäre der Erfolg der Aufarbeitung allein schon durch die extern erzwungene Einrichtung von entsprechenden Institutionen und durch die Gewährleistung ihres bloßen Funktionierens gesichert worden. Es ging also um die Schaffung eines Verantwortungsgefühls der Gesellschaft für die von ihren Mitgliedern verübten Verbrechen, für ihr stillschweigendes Einverständnis oder passive Mittäterschaft während des Terrors, seinen Massenrepressionen und Vernichtungen.

Es ist kein Geheimnis, dass allein die Gleichsetzung der deutschen Wehrmacht mit der SS auf heftigen Widerstand stieß: Die Öffentlichkeit versuchte bei jeder Gelegenheit krampfhaft, die Greueltaten der SS, ihren Terror gegen die Juden, Partisanen und die Zivilbevölkerung von den Aktionen der so genannten normalen, regulären Wehrmachtseinheiten zu trennen, die ihrer Ansicht nach nur an den Militäroperationen gegen ebenso reguläre Gegner beteiligt waren.

Zwar war die sowjetische Armee in der zweiten Hälfte des 20. Jahrhunderts auch an verbrecherischen Repressionen auf den von ihr besetzten Territorien von Ungarn, Polen, Deutschland, Afghanistan und der Tschechoslowakei beteiligt oder im eigenen Land, im Tambower Gebiet, in Nowotscherkassk, in Tschetschenien – aber niemand kann sich beim besten Willen vorstellen, dass eine ähnliche

Aufarbeitung der Erinnerung, der moralischen und historischen Identität in Bezug auf die Armee auch in Russland möglich wäre.

Der halbherzige Versuch, das Nürnberger Tribunal Anfang der neunziger Jahre in einem Prozess gegen die KPdSU nachzuahmen, sah äußerst unbeholfen aus und wirkte deprimierend wie eine Schmierenkomödie, eine Parodie. Ebenso wie die Aufrufe der Intellektuellen zur Reue just nach dem gleichnamigen Film von Tengis Abuladse. Bald erwies sich dieses Vorhaben als unrealistisch und stieß auf massenhafte Ablehnung: »Schluss mit der Hexenjagd«, »Schluss mit den politischen Prozessen«, »Schluss mit dem ganzen Stalin- und Gulag-Gerede«, hieß es damals. Selbst nach dem Zusammenbruch und dem Verbot der KPdSU und nach der Abschaffung der höchsten Ebene der Nomenklatura blieben die wichtigsten Institutionen der Sowjetunion und deren Kader im Grunde unangetastet, sei es das Rechtswesen, die Wissenschaft, die Bildung, der Verwaltungsapparat oder die Armee. Die körperschaftlichen Interessen dieser Gruppen und der Bevölkerung insgesamt blockten alle Versuche ab, die sowjetische Vergangenheit rational zu erklären und neu zu bewerten.

2. Die Rolle der Emigration: Anders als die russische Emigration der ersten Welle, die bereits vor dem Krieg über so gut wie kein produktives kulturelles Potenzial mehr verfügte, hatte die deutsche und die italienische Emigration einen bedeutenden Einfluss auf den Charakter der wissenschaftlichen und sozialen Analyse der Totalitarismusproblematik. Eigentlich haben die Emigranten die ersten Beschreibungen und die wichtigsten theoretischen Konzepte des Totalitarismus geliefert und die neuen Ansätze in Wirtschaft, Rechtswesen, Psychologie, Kulturwissenschaft und anderen fundamentalen geistigen Bereichen geschaffen, die die Erfahrung von Auschwitz, von Krieg und Massenutopien berücksichtigten. Denn Emigranten verschiedener Generationen nahmen sogar an den Entnazifizierungsprogrammen der Militärverwaltungen der jeweiligen Besatzungstruppen teil. Unter ihnen waren zum Beispiel Carl Joachim Friedrich und andere hervorragende Soziologen.

3. Offenheit der Totalitarismus-Debatten: In Deutschland waren die wichtigsten theoretischen Arbeiten aus der Totalitarismusforschung immer einsehbar. Doch in der Sowjetunion hat es diese Möglichkeit niemals gegeben, und im heutigen Russland fehlt sie immer noch. Die entsprechende Literatur blieb in den Geheimarchiven der wenigen großen Bibliotheken oder ideologischen Institute immer verschlossen. Heute ist sie, vor allem die Neuerscheinungen der letzten zehn bis fünfzehn Jahre, nicht einmal in den größten Nationalbibliotheken des Landes vorhanden. Zwar wurden in den letzten zehn Jahren einige neue Bücher ins Russische übersetzt – wie zum Beispiel die Arbeiten von Raymond Aron, Alain Besançon, Edgar Morin, Milovan Djilas oder *Das Schwarzbuch des Kommunismus*.[8] Das genügt aber nicht, um eine wissenschaftliche oder öffentliche Debatte auszulösen. Auf diese Weise bleibt die Diskrepanz zwischen den russischen und westlichen Analytikern nicht nur bestehen, sondern wird mit der Zeit immer größer.

Also sind wir hier wieder bei der Ausgangsfrage angelangt: Wie klärt man seine totalitäre Vergangenheit auf, wenn Imperative von innen wie von außen einfach nicht da sind?

*Übersetzung: Irena Akopjan, Alexej Khairetdinow*

1 *Totalitarianism*, Hg.: Carl Joachim Friedrich, Cambridge (Mass.) 1954; ders. und Zbigniew Brzezinski: *Totalitarian Dictatorship and Autocracy*, Cambridge (Mass.) 1956; dt. *Totalitäre Diktatur*, Stuttgart 1957.

2 Hannah Arendt: *The Origins of Totalitarianism*, New York 1951; dt. *Elemente und Ursprünge totaler Herrschaft*, Frankfurt/M 1955; Die russische Übersetzung erschien erst 45 Jahre später: *Istoki totalitarizma*, Moskau, 1996.

3 Als umfangreichsten Überblick der Konzepte des Totalitarismus und seiner Unterscheidung von den anderen Diktaturregimes in der deutschen Fachliteratur siehe: Wolfgang Wippermann: *Totalitarismustheorien. Die Entwicklung der Diskussion von den Anfängen bis heute*, Darmstadt 1997; und Wippermanns Nachwort zur russischen Übersetzung *Evropejskij fašizm v sravnenii* (Europäischer Faschismus im Vergleich), Nowosibirsk 2000, S. 184–194. Über die jüngste Diskussion zum Totalitarismus während der Tagung der deutschen Politologen siehe: *Totalitarismus. Sechs Vorträge über Gewalt und Reichweite eines klassischen Konzepts der Diktaturforschung*. Hg.: Klaus-Dietmar Henke, Dresden 1999 (Berichte und Studien Nr. 18).

4 *Totalitarizm v Evrope XX veka. Iz istorii ideologij, dviženij, režimov i ich preodolenija.* (Totalitarismus im Europa des 20. Jahrhunderts. Aus der Geschichte der Ideologien, Bewegungen, Regimes und ihrer Überwindung), Leitung des Autorenkollektivs: Ja. S. Drabkin, N. P. Komolova, Moskau 1996 (Serie: *Rossija – Germanija – Evropa* (Russland – Deutschland – Europa) IVI RAN, Zentrum der historischen Deutschland-Forschungen und die »Mülheimer Initiative« Ausg. 2). Obwohl in diesem Buch interessantes und wichtiges Material gesammelt ist, fehlen Beiträge zum Totalitarismus als einem speziellen Phänomen. Außerdem folgen die Autoren dieser kollektiven Monographie der Tradition der sowjetischen Geschichtsschreibung und versuchen, die Unhaltbarkeit der vergleichenden Analyse zwischen der sowjetischen und anderen Diktaturen unbedingt zu beweisen, indem sie die theoretische Idee hinter dem Begriff Totalitarismus ablehnen.

5 T. M. Islamov: *Vek totalitarizma. Avtoritarnyje režimy v Central'noj i Vostočnoj Evrope* (Das Jahrhundert des Totalitarismus. Autoritärregimes in Mittel- und Osteuropa), Moskau, 1999, S. 10, 18. Diese Position vertreten sowohl die ehemaligen Wissenschaftler vom Fach »Wissenschaftlicher Kommunismus«, vgl. A. Butenko: *Totalitarizm v Rossii i puti ego preodolenija* (Totalitarismus in Russland und die Wege seiner Überwindung), in: *Social'no-političeskij žurnal*, Nr. 9/10, 1994, 168–170, als auch die Historiker der Akademie, die Mitherausgeber der bedeutendsten Sammelschrift zum Totalitarismus *Totalitarizm v Evrope XX veka* (Totalitarismus im Europa des XX. Jahrhunderts). Ihre Autoren sagen diesbezüglich nichts Neues, da sie die Argumente der besser informierten Gesellschaftswissenschaftler aus der DDR wiederholen, die seinerzeit gegen die bürgerliche Fachwissenschaft Widerstand leisten mussten, vgl.: *Die Totalitarismus-Doktrin im Antikommunismus. Kritik einer Grundkomponente bürgerlicher Ideologie*, Hg.: Gerhard Lozek, Berlin 1985.

6 *Totalitarizm: Čto ėto takoe?* (Totalitarismus: was ist das?), Sammelband, Moskau 1993, Teil 1 und 2 (der Band enthält Referate der Arbeiten von H. Arendt, M. Curtis, M. Funke, K. Bracher, L. Shapiro, F. Borkenau, C. Friedrich und Z. Brzezinski); *Sistemy sovetskogo tipa v Vostočnoj Evrope. Osmyslenie opyta četyrech desjatiletij* (Systeme sowjetischen Typs in Osteuropa. Zur Auswertung der Erfahrung aus vier Jahrzehnten), Sammelband, Moskau 2000 (hier werden die Arbeiten von M. Djilas, Monographien von F. Fecher, A. Heller, D. Marcuš, das Buch von L. Kołakowski referiert).

7 *Totalitarizm. Istoričeskij opyt Vostočnoj Evropy* (Totalitarismus. Historische Erfahrung Osteuropas), Institut für Slawenkunde und Balkanistik, Moskau 1995; *Totalitarizm i posttotalitarizm* (Totalitarismus und Posttotalitarismus), *Socrealističeskij kanon* (Der Kanon des Sozrealismus), St. Petersburg, Hg.: H. Günther und Je. Dobrenko, 2 Bde., Moskau 2000.

8 *Das Schwarzbuch des Kommunismus. Unterdrückung, Verbrechen und Terror*, Hg.: Stéphane Courtois u. a., erstm. französ. 1997, München 1998.

Sportparade auf dem Roten Platz, Moskau, 1. Mai 1955 (F: Nikolai Petrow)

# VOM UNTERGRUND ZUR LEGALITÄT
## STERNSTUNDEN DER SOWJETISCHEN DISSIDENTENBEWEGUNG

ALEXANDER DANIEL, ARSENI ROGINSKI

Aus der bunten Mischung von Biographien, Handlungsweisen und Texten, die man gemeinhin als »Dissidentenbewegung« bezeichnet, ragen einige Ereignisse heraus, die für die Entstehung einer unabhängigen Kultur und Bürgerbewegung in der Sowjetunion von besonderer Bedeutung waren. Ihrer Natur und ihren Umständen nach sehr verschieden, haben sie jedoch zwei Dinge gemeinsam:

Erstens ging es jedes Mal um das Handeln eines Menschen oder einer Menschengruppe, durch das ungeschriebene, das gesellschaftliche Standardverhalten des Sowjetmenschen bestimmende Tabus gebrochen wurden. Zweitens enthielt jede dieser Handlungen neben ihrem unmittelbaren Inhalt eine Art »Normanspruch«, einen Anspruch auf das Recht, sich so zu verhalten, wie es den eigenen Vorstellungen von einem kulturellen Prozess, der Freiheit und der Rechtsordnung sowie der Bürgerpflicht entsprach.

Heute kann man sich nur schwer vorstellen, was dies für die Zeitgenossen bedeutete und wie damals jene heute nahezu trivial erscheinenden Aktionen in der Gesellschaft rezipiert wurden. Doch Mitte der sechziger Jahre diskutierten z. B. auf der Bühne des Theaters an der Taganka, das Kultstatus besaß, zwei Charaktere höchst aktuell darüber, ob die Behauptung, die Erde drehe sich um die Sonne, öffentlich zu verteidigen sei: »Unglücklich das Land, das keine Helden hat«, sagte der eine, worauf der andere entgegnete: »Nein. Unglücklich das Land, das Helden nötig hat.« (Bertolt Brecht, *Leben des Galilei*)

Im Folgenden soll es um drei »modellhafte« Schlüsselepisoden aus der Chronik des Dissidententums gehen.

### DIE HERAUSFORDERUNG

Die Verbreitung unzensierter Texte in Abschriften war jahrhundertelang ein wichtiges Element des kulturellen Prozesses in Russland gewesen, den das Aufkommen der Schreibmaschine nur vereinfachte. Das Wort Samisdat selbst wurde bereits Mitte der vierziger Jahre von dem Dichter Nikolai Glaskow erfunden. Seine maschinengeschriebenen »Büchlein«, auf deren Titelblatt anstelle der staatlichen Verlagsbezeichnung das von ihm selbst erfundene Wort »Samsebjaisdat« (»Sich-selbst-Verlag«) stand, waren nicht mehr als ein literarisches Spiel, auch wenn in den Jahren 1944–46 ein solches Nachäffen bürokratischer Abkürzungen als ziemlich aufrührerisch empfunden wurde. Das Wort jedoch bürgerte sich ein und wurde in der zweiten Hälfte der Fünfziger zu »Samisdat« (Selbstverlag) reduziert, sodass die ironisch-parodierende Parallele zu »Gosisdat« (Staatsverlag) noch deutlicher wurde.

Aber weder Glaskow, noch die in- und halboffiziellen Moskauer und Leningrader Literaturzirkel – Mansarda, die Lianosowo-Gruppe, der Bachtin-Kreis u. a. –, die seine Erfindung aufnahmen, sahen in ihrem Tun eine offene Herausforderung. Ihr Credo war die Verwirklichung der schöpferischer Unabhängigkeit »nach eigenem Ermessen« (wie sich Andrej Sacharow einmal sehr viel später ausdrücken sollte), nicht die öffentliche Verkündung dieser Unabhängigkeit.

Die ersten, die dem Underground einen öffentlichen Anstrich gaben, waren die Lianosowzy – keine Literaten, sondern Maler. In Lianosowo fand man die Balance zwischen Öffentlichkeit und Privatsphäre, indem man Ausstellungen in Privatwohnungen organisierte. Es blieb, diese gesammelten Erfahrungen in den Literaturbereich zu transferieren. Diesen Schritt machte 1959 einer der ständigen Besucher der Lianosowoer Ausstellungen, der junge Moskauer Journalist und Sammler von Avantgarde-Kunstwerken Alexander Ginsburg. Er hatte die Idee – nicht ohne Genrich Sapgirs Zutun –, von der Zensur abgelehnte oder erst gar nicht zum Druck vorgelegte Lyrik (von Sapgir, Igor Cholin, Sergej Tschudakow, Glaskow, Michail Aronow, Bulat Okudshawa, Bella Achmadulina und anderen weniger bekannten oder völlig unbekannten Dichtern) in einem Samisdat-Band zu versammeln.

Andrej Sinjawski, Dorf Jawas, Dubrowlag, Mitte der sechziger Jahre (F: anonym)

Solche Samisdat-Konvolute waren natürlich schon früher erschienen – auf Initiative von Lesern oder Verbreitern der Texte. Das Revolutionäre an Ginsburgs Idee war hingegen etwas anderes. Erstens hatte der Almanach einen Titel: *Syntaxis*. Zweitens erschien er periodisch, und auf der ersten Seite aller drei Bücher stand unter dem Titel die Nummer der Ausgabe. Drittens schließlich machte Ginsburg sich selbst als Herausgeber des Almanachs kenntlich und bekannte sich somit »öffentlich« zu seiner Rolle im verlegerischen Prozess.

Juli Daniel, Dorf Jawas, Dubrowlag, 1966 (F: anonym)

Diese drei maschinengeschriebenen Zeilen auf den »Titelblättern« jener im Grunde harmlosen Lyriksammlungen machten aus dem Samisdat mit einem Mal *den* Samisdat, eine alternative Kulturinstitution. Der Titel bedeutete, dass die unabhängige, unzensierte Literatur von sich behauptete, kein Phantom zu sein, dessen Erscheinen von der spontanen Vermehrung von Handschriften durch zufällige Leser abhing, sondern eine literarische Erscheinung. Periodizität bedeutete, dass diese Erscheinung nicht ephemer war und ihren eigenen Platz innerhalb der Kultur beanspruchte. Und der Herausgeber hatte sich nicht einmal die Mühe gemacht, sich hinter einem Pseudonym zu verbergen. Also besaß diese Literatur nicht weniger Existenzberechtigung als jene, die von den offiziellen Buchverlagen veröffentlicht wurde.

Vielleicht ist dieser feine Unterschied heute nur noch schwer zu erkennen, aber für die Zeitgenossen war er absolut klar: Die Veröffentlichung dieses *Syntaxis*-Bandes war eine Art Unabhängigkeitserklärung der Kultur. Auch die Staatssicherheit war sich darüber im Klaren: 1960 wurde Ginsburg – er hatte bereits drei Nummern der Zeitschrift veröffentlicht und arbeitete gerade an der vierten – unter dem Vorwurf der »antisowjetischen Agitation« verhaftet. Doch schon bald zog es der KGB vor, dieses Verfahren unauffällig einzustellen, und kurzerhand wurde eine andere, »nichtpolitische« Anschuldigung für Ginsburg ersonnen, die ihm seine erste Haftstrafe einbrachte. Das Exempel war jedoch statuiert, der Dschinn aus der Flasche befreit worden. Dass es zur Selbstverwirklichung der Kultur nicht unbedingt einer Druckmaschine bedurfte, war mit Anschaulichkeit bewiesen worden – die Samisdat-Almanache und -Zeitschriften, die nach *Syntaxis* herauskamen, zeigen es.

## DIE ERLANGUNG DER SPRACHE

Den 5. Dezember 1965 bezeichnet man mitunter als den Geburtstag der Menschenrechtsbewegung in der UdSSR. An diesem Tag gab es in Moskau auf dem Puschkin-Platz eine »Demonstration der Öffentlichkeit« – seit mehreren Jahrzehnten die erste Kundgebung unter dem Banner der Menschenrechte. Das Ziel der Demonstration stand auf einem Flugblatt, das – als *Aufruf an die Bürger* überschrieben – in den Moskauer Hochschulen verteilt wurde. Es rief dazu auf, von der Sowjetmacht öffentlich die Wahrung von Rechtmäßigkeit und Verfahrensordnung in dem bevorstehenden Gerichtsprozess zu fordern, der gegen die Schriftsteller Andrej Sinjawski und Juli Daniel wegen »antisowjetischer Propaganda« geführt werden sollte. Der wichtigste, wenn auch nicht einzige Organisator der »Demonstration der Öffentlichkeit« war der bekannte Mathematiker, Philosoph und Dichter Alexander Sergejewitsch Jessenin-Wolpin (der Sohn Sergej Jessenins), eine äußerst bemerkenswerte Persönlichkeit. Obwohl noch gar nicht alt – 1965 war er vierzig –, hatte er schon unter Stalin Verhaftung und Verbannung, unter Chruschtschow Verhaftung und lange Verwahrung in einer Nervenklinik sowie von den höchsten Tribunen des Landes grobe Schelte für sein lyrisches Werk hinnehmen müssen. 1963 überhäufte ihn Leonid Iljitschow, seines Zeichens Haupt-Parteiideologe, im Plenum des ZK mit ausgesuchten Schmähungen.

Wolpin war von einer exotischen Idee besessen, die nicht nur Feinde, sondern auch Freunde als seltsamen Tick bezeichneten: Für ihn lag der höchste gesellschaftliche Wert in der Wahrung des Rechtsverfahrens. Die Grundlage der bürgerlichen Moral und Garantie der Freiheit sah er in der peinlich genauen Befolgung der geltenden Gesetze. Vergeblich versuchten Freunde ihn zu überzeugen, dass seine Maxime in einem Unrechtsstaat wie der UdSSR nicht anzuwenden war, worauf er – ein wesentlich verbissenerer Antikommunist als die meisten seiner Gegner – stets unerschütterlich entgegnete: »Unrechtsstaat – Nonsens.

Umschlag der Samisdat-Zeitschrift *Syntaxis*, 1959

Es geht nur darum, den Staat zu zwingen, seine eigenen Gesetze zu befolgen, egal, ob sie gut oder schlecht sind.« Als Spezialist für mathematische Logik trat er somit den Beweis an, dass die Bürgerfreiheiten existierten – man durfte nur keine Angst mehr davor haben, sie zu nutzen. Insgesamt betrachteten die Dissidenten seine juristischen Gedankenspiele mit Ironie, aber wohlmeinend. Wolpins Empfehlungen halfen ihnen, die Vernehmungen unbeschadet zu überstehen (die Untersuchungsführer waren starr vor Ehrfurcht). Er selbst entschied sich mit seinem juristischen Ansatz zwischen Legalität und Untergrund zugunsten der Legalität. Dies verlangte jedoch, dass man die Angst und das Gefühl, sich opfern zu müssen, ablegte.

Im Fall der beiden verhafteten Schriftsteller sah Wolpin eine hervorragende Gelegenheit, seine Theorie des legalen gesellschaftlichen Protests im Namen der Gesetzlichkeit zu überprüfen. Aus den Entwürfen des *Aufrufs an die Bürger* (diese mehrseitigen, im Archiv der Gesellschaft Memorial lagernden Handschriften sind eher philosophische Traktate als Demonstrations-Flugblätter) wird ersichtlich, dass Wolpin die »Demonstration der Öffentlichkeit« am 5. Dezember zur Entwicklung eines Modells für weitere Appelle an den Staat nutzen wollte, auf die die Machthaber auf jeden Fall reagieren mussten. Natürlich begriff er – so naiv war er nicht –, dass diese Reaktionen hauptsächlich repressiver Natur sein würden; doch maß er diesem Umstand keinerlei prinzipielle Bedeutung bei. Mit vereinten Kräften gelang es den anderen Organisatoren, Waleri Nikolski und Jelena Strojewa, ihn davon zu überzeugen, seinen Text auf ein paar Absätze zusammenzukürzen. Doch in diesen Absätzen ist das ursprüngliche juristische Pathos des Entwurfs zu spüren.

Juli Daniel, Dorf Jawas, Dubrowlag, 1966 (F: anonym)

Was die Demonstration selbst betrifft, so passierte an jenem Tag auf dem Puschkin-Platz nichts Besonderes. Ein paar Dutzend Menschen, hauptsächlich Studenten, hielten zwei Plakate in die Höhe: »Wir fordern Öffentlichkeit im Gerichtsverfahren gegen Sinjawski und Daniel« und »Achtet die Verfassung der UdSSR«. Die Plakate wurden ihnen abgenommen und vernichtet. Ein paar Demonstranten wurden von der Miliz abtransportiert. Bereits am Vortag waren einige Flugblattverteiler verhaftet und in verschiedene Nervenkliniken gesteckt worden.

Zeitzeugen erinnern sich, sie hätten an diesem Tag Barrikaden, Panzer, Maschinengewehre und Schießscharten erwartet und seien von dem vergleichsweise trägen Verlauf der Ereignisse enttäuscht gewesen. Doch auch diejenigen, die begriffen hatten, dass die »Demonstration der Öffentlichkeit« ein großer Schritt hin zur Entstehung eines neuen Bürgerbewusstseins war,[1] sahen den Sinn dieser Veranstaltung weniger in dem Appell an das Rechtssystem als vielmehr in der Verkündung bürgerlicher Freiheit. Sie empfanden ihn nicht als Versuch, einen Dialog zwischen der Gesellschaft und der Macht herzustellen, sondern als Ausdruck des Protests gegen politische Verfolgung. Überhaupt sah man die öffentlichen Aktionen der Dissidenten – einschließlich der berühmtesten und regimekritischsten, der »Demonstration der Sieben« vor dem Lobnoje mesto auf dem Roten Platz am

1

2

3

4

1 Militärparade auf dem Roten Platz, Moskau, 9. Mai 1965 (F: Viktor Achlomow)

2 Stadion in Lushniki, Moskau, 1964 (F: Jewgeni Chaldej)

3 Kalinin-Prospekt, Moskau, 1977 (F: Viktor Achlomow)

4 Umbettung der sterblichen Überreste des Unbekannten Soldaten, Moskau, 3. Dezember 1966 (F: Viktor Achlomow)

1

2

3

4

5

1 Die Truppen des Warschauer Pakts nahe der Rundfunkstation, Prag, August 1968 (F: Josef Koudelka)

2 Die Truppen vor der Rundfunkstation, Prag, August 1968 (F: Josef Koudelka)

3 Die tschechoslowakische Nationalfahne, Prag, August 1968 (F: Josef Koudelka)

4 In der Nähe der Rundfunkstation drängt die Menge den ersten Panzer zurück, Prag, 21. August 1968 (F: Josef Koudelka)

5 Prag, August 1968 (F: Josef Koudelka)

25. August 1968 – eher als ein Mittel des Ausdrucks der Bürgermeinung denn als Einladung zum gesellschaftlichen Dialog an.

Der 5. Dezember hatte die Möglichkeit eines offenen und gewaltlosen Bürgerprotests aufgezeigt. Im Laufe der folgenden zwei Jahrzehnte setzte sich diese Handlungsweise nach und nach als die einzig mögliche durch und verdrängte revolutionäre sowie konspirative Oppositionsformen. Und wer weiß, wieviel Unglück sie uns in der Folge, während der Wirren der Perestroika, erspart hat!

Der Bürgerrechtler Alexander Jessenin-Wolpin, Anfang der siebziger Jahre (F: anonym)

Die Idee, dass sich der Bürgerprotest auf Recht und Gesetzlichkeit stützen kann und soll, war Grundlage einer ganzen Reihe öffentlicher Kampagnen in den Jahren 1966–68. Und es war diese Idee, aus der jene Menschenrechtsbewegung entstand, die bei den Aktivitäten der Dissidenten der siebziger Jahre eine zentrale Rolle spielte. Als unbedingter, absoluter Wert galt in der von den Menschenrechtlern konstruierten Hierarchie jedoch nicht mehr das auf der geltenden sowjetischen Rechtsordnung beruhende juristische Verfahren, sondern die Konzeption der Menschenrechte, die in der Allgemeinen Erklärung der Vereinten Nationen von 1948 zum Ausdruck kam. Artikel 19 dieser Erklärung erschien sogar als Motto auf dem Titelblatt der legendären *Chronik der laufenden Ereignisse*, eines Samisdat-Informationsbulletins sowjetischer Menschenrechtler (1968–82). In ihrer praktischen Arbeit lernten die Autoren jedoch bald – Jessenin-Wolpins Vorbild folgend –, an die geltende Rechtsnorm zu appellieren.

Am Ende kam doch ein großer Teil von Jessenin-Wolpins ursprünglicher Konzeption zum Tragen: Die meisten Dissidenten übernahmen die Idee des Rechts als Instrument zum Schutz vor staatlicher Willkür. Die Sprache des Rechts wurde zum Kennzeichen der unabhängigen gesellschaftlichen Bewegung.

### DER AUSGANGSPUNKT

Für die sowjetischen Dissidenten war die Periode von Dezember 1965 bis Mai 1969 wahrscheinlich die intensivste ihrer Geschichte: Der Prozess gegen Sinjawski und Daniel sowie die damit verbundenen ersten offenen Proteste gegen politische Verfolgungen; das so genannte *Weißbuch* – ein dokumentarischer Band, in dem Alexander Ginsburg diese Proteste sammelte; die Verhaftung Ginsburgs und seiner Freunde; der Prozess gegen diese, der eine neue Protestwelle nie gekannten Ausmaßes auslöste; das Erscheinen der *Chronik der laufenden Ereignisse* und die Konsolidierung der Menschenrechtsbewegung; und schließlich der Prager Frühling 1968, der im August mit dem sowjetischen Einmarsch in die Tschechoslowakei und der »Demonstration der Sieben« endete.

In den Jahren 1966/67 waren die Petitionen der Dissidenten formal an die sowjetischen Partei- und Staatsinstanzen, also an das ZK der KPdSU, das Oberste Gericht der RSFSR, das Präsidium des Obersten Sowjets der UdSSR usw. adressiert. Die meisten der Unterzeichner wussten jedoch, dass der Sinn ihrer offenen Briefe nicht darin lag, seitens der formalen Adressaten eine positive Reaktion zu erreichen, sondern eben darin, dass sie offen waren: über Samisdat und ausländische Radiosender würde ihr Protest an die sowjetische und ausländische Öffentlichkeit gelangen. Dies geschah erstmals im Januar 1968, als der Aufruf von Larissa Bogoras und Pawel Litwinow *An die Weltöffentlichkeit* über ausländische Radiosender, die in der Sowjetunion zu empfangen waren, gesendet wurde. Sie unterbrachen ihre Sendungen für diese Sensation. Der Aufruf *An die Weltöffentlichkeit* stellte zum ersten Mal eines der grundlegenden sowjetischen Tabus in Zweifel: das Verbot, an das Ausland zu appellieren und die »eigene schmutzige Wäsche vor anderen Leuten zu waschen«.

Nun war der Moment gekommen, da die bunten Häuflein von Moskauer, Leningrader, Charkower, Kiewer und anderen Dissidenten – ohnehin bereits zu einem einheitlichen Ganzen verschmolzen – sich endlich bewusst werden mussten, was da mit ihnen geschah, wer sie waren, und vor allem, was sie nun zu tun hatten.

Die letzte dieser Fragen führte zu heftigen Diskussionen. Und als Antwort darauf wurde am 20. Mai 1969 zum ersten Mal in den vielen Jahrzehnten der Sowjetmacht eine unabhängige Bürgerorganisation gegründet: die Initiativgruppe zur Verteidigung der Menschenrechte in der UdSSR.

In seinen Erinnerungen *Der Flug des Weißen Raben* schreibt Sergej Kowaljow, selbst Mitglied der Initiativgruppe: »Ich erinnere daran, dass seit Ende der zwanziger Jahre jede von den Machthabern nicht genehmigte Bürgervereinigung automatisch als staatsfeindlich erachtet wurde – mit allen daraus resultierenden Konsequenzen. Dieser Ansatz ist vernünftig und richtig für ein Regime, das sein Monopol auf soziale Aktivität streng bewacht. ... Natürlich ist das Recht der Bürger auf Vereinsbildung in der Verfassung verankert. Aber als die Verfassung 1936 entstand, ahnte niemand, dass es jemandem einfallen würde, dieses Recht ohne vorherige Abstimmung mit dem Bezirkskomitee der Partei zu nutzen – und außerdem nicht zur Gründung eines Philatelistenvereins.« [2]

Zu den heftigsten Verfechtern der Gründung einer solchen Organisation gehörte Pjotr Grigorjewitsch Grigorenko. Noch kurz zuvor General der Sowjetarmee und Kommunist mit langjähriger Parteierfahrung, hatte er 1963 eine marxistisch-leninistische Untergrundgruppe gegründet und versucht, Flugblätter an Jugendliche und Arbeiter zu verteilen. Nun war er jedoch überzeugter Anhänger der Legalität (was bereits im Titel seiner Memoiren: *Im Untergrund trifft man nur Ratten ...* anklingt[3]) und propagierte mit gleicher Überzeugung den Grundsatz der Initiativgruppe.

Es gab aber auch Gegner dieser Entwicklung unter den Dissidenten, und sie hatten gewichtige Argumente. Nicht nur praktische Einwände, etwa, man werde für die Gründung der Organisation sofort hinter Gitter kommen, sondern auch theoretische, ja sogar weltanschauliche. Sie hatten von der einzigen ihnen bekannten Partei mehr als genug und fürchteten, eine Arbeit in organisierten Gruppen werde am Ende in eine Art »verkehrtes Parteiwesen« münden. Das individuelle Handeln eines Bürgers, allein oder gemeinsam mit ebenso individualistischen Freunden, war allen vertraut. Auch die Beweggründe für den individuellen Protest waren klar: in erster Linie – pathetisch ausgedrückt – die Verantwortung vor dem eigenen Gewissen. Würde die Gründung einer Organisation nicht eine der sowjetischen Intelligenz wohl bekannte Entfremdung von der Verantwortung bewirken, die sie doch gerade erst zu überwinden gelernt hatten? Und würde das nicht die Politisierung der Bewegung bedeuten? Daran, dass in der Welt eine Vielzahl parteiloser und nichtpolitischer Organisationen existierte,

1

2

1 Am Denkmal für die Helden des Kosmos, Moskau, 1970 (F: Nina Swiridowa, Dmitri Wosdwishenski)

2 Sommerregen, Moskau, 1970 (F: Valentin Sobolew)

sollten sich die Diskutanten erst später erinnern – die sowjetische Lebenswirklichkeit enthielt keinerlei Hinweise auf eine solche Möglichkeit. Zu Beginn waren die Gegner weitgehend in der Mehrheit. Doch am Ende wurde die Initiativgruppe gegründet – wenige Tage nach Grigorenkos Verhaftung. Die Entstehung der IG ermöglichte es den Dissidenten, ihre von der Sowjetmacht anerzogene Ablehnung kollektiven Handelns teilweise zu überwinden.

Jedoch hatten die Zweifel an der Zweckmäßigkeit einer Organisationsstruktur offenbar ihre Auswirkungen: Die IG hatte kaum etwas mit einer Organisation gemein – eher noch mit einem fünfzehnköpfigen Autorenkollektiv, dessen Zusammensetzung sich teilweise nach dem Repräsentationsprinzip richtete: außer den Moskauern gehörten ihm noch Leningrader, Charkower, Kiewer sowie ein Krimtatare aus Usbekistan an. In erster Linie war die Gruppe damit beschäftigt, Appelle an die UNO zu richten, in denen sie die politischen Repressionen gegen Andersdenkende beschrieben. Die wichtigste Tätigkeit der sowjetischen Menschenrechtler war somit endgültig definiert: nämlich, modern ausgedrückt, die Beobachtung und Offenlegung von Menschenrechtsverletzungen in der UdSSR – jene Arbeit, die bereits die Herausgeber der *Chronik der laufenden Ereignisse* geleistet hatten und die in der zweiten Hälfte der siebziger Jahre – nun bereits auf professionelle Weise – von den Nachfolgern der IG, den Helsinki-Gruppen sowie verschiedenen Komitees zum Schutz der Glaubensrechte, Behindertenrechte, Gefangenenrechte usw., weitergeführt wurde. Im Grunde ging es darum, einen zwischenstaatlichen Dialog über die Menschenrechte anzuregen. Die Appelle der sowjetischen Menschenrechtsorganisationen waren sogar formal nicht mehr an den Kreml, sondern an die UNO und andere internationale Strukturen (später an die Regierungen ausländischer Staaten) adressiert. Diese Aktivitäten führten dazu, dass die Probleme der sowjetischen Gesellschaft erstmals in der Geschichte im weltpolitischen Kontext erschienen.

Der Philosoph Boris Schragin, 1974 (F: Juri Gertschuk)

Wenn die Sowjetmacht die Gefahr der neuen Entwicklung auch nicht verstand, so spürte sie sie doch genau. Die repressive Maschinerie, deren historische Bilanz eine enorme Zahl gefälschter Verfahren gegen nicht existierende, »antisowjetische Organisationen« aufwies (Art. 58–11 in Stalins Strafgesetzbuch), konnte sich dennoch nicht entscheiden, den entsprechenden Artikel auf die IG und andere real existierende Menschenrechtsvereinigungen anzuwenden, denn das hätte indirekt die Anerkennung ihrer Existenz bedeutet. »Wir sind doch Abtrünnige«, bemerkte Sergej Kowaljow in diesem Zusammenhang sehr treffend. Und was können Abtrünnige schon für ein Kollektiv sein? Folglich griff der KGB in Bezug auf Menschenrechtler und andere Dissidenten ausnahmslos zum Mittel der individuellen Strafverfolgung. Schon bald musste die Initiativgruppe einen bedeutenden Teil ihrer Briefe ihren eigenen Mitgliedern widmen: einer nach dem anderen wanderte ins Gefängnis. 1975 stellte die IG ihre Tätigkeit praktisch ein.

Ziel unseres Beitrags war es, anhand einiger Beispiele zu zeigen, welcher inneren Dramaturgie die Entwicklung der Weltanschauung innerhalb der Dissidenten-Bewegung folgte und wie sie sowjetische Bewusstseins-Stereotypen – ob von oben aufoktroyiert oder in der Opposition verwurzelt – überwand. Uns scheint, dass es hier um zwei parallele Prozesse geht, die in unterschiedlichen Dimensionen abliefen.

Demonstration für die Menschenrechte, Moskau, 5. Dezember 1979 (F: anonym)

Im Bereich der Kultur war das der Übergang vom Kampf gegen die Parteiideologie zu der Behauptung, dass die Kunst von der Macht unabhängig ist; wie es scheint, ist dieser Prozess heute nahezu zu einem Abschluss gekommen. Der zweite Prozess ist der Übergang vom politischen Kampf zur Realisierung der Prinzipien einer Zivilgesellschaft; diese Entwicklung ist im Grunde noch in ihrer Anfangsphase. Was daraus wird, kann nur die Zukunft zeigen. *Übersetzung: M. David Drevs*

1 Vgl. z.B. die Einschätzung von Varlam Šalamov: *Pis'mo staromu drugu* (Brief an einen alten Freund), in: *Cena metafory, ili Prestuplenie i nakazanie Sinjavskogo i Daniėlja*, Moskau 1989, S. 516–525.

2 Sergej Kowaljow: *Der Flug des Weißen Raben. (Von Sibirien nach Tschetschenien: eine Lebensreise)*, Berlin 1997. Zitiert nach der russischsprachigen Originalausgabe, deren Kopie im elektronischen Archiv der Gesellschaft Memorial lagert.

3 Pjotr Grigorenko: *Erinnerungen*, Gütersloh 1980.

# POLITISIERUNG DES ALLTAGS

HELMUT HÖGE

»Der Mensch wurde abgeschliffen wie ein Stein im Wasser, unfähig zu Widerstand und eigener Meinung.«
Juri Tynjanow

Die deutsche Linke der Nachkriegszeit verstand unter Politisierung (der Massen und des Individuums) eine Bewusstmachung der eigenen Lage – deren Entprivatisierung. Unter Alltag sind all jene Lebensbereiche zu verstehen, auf deren Basis sich die Menschen in einem Prozess der Selbstaufklärung verständigen und organisieren. »Ich hatte Depressionen, Arbeitsstörungen, Kontaktschwierigkeiten, war einfach kaputt – und dann plötzlich die Osterdemonstrationen, die neuen Kontakte, die ganze Aktivität im SDS; es war wie eine Befreiung«, so äußerte sich z. B. ein Student 1971. Zu diesem Zeitpunkt war die Politisierung bereits weltweit ein Massenphänomen geworden, fast ein Trend, der dann in der Bundesrepublik u. a. im Kursbuch 25 *Politisierung: Kritik und Selbstkritik* analysiert wurde. Die Äußerung des Studenten entstammt daraus. Doch die nachkriegsdeutschen Anfänge der Politisierung waren vorerst vereinzelt und zaghaft, zumindest im Westen.

In einem 1953 veröffentlichten Berlin-Roman *Ring über Ostkreuz* von Erich Wildberger, in dem es um die Existenzgründungsprobleme einer West-Berliner Baufirma geht, fährt ein frisch verliebtes Pärchen auf ein Grundstück in den Ostteil der Stadt, auf dem 41 erntereife Obstbäume stehen. Um dahin zu gelangen, müssen sie sich mit ihren Fahrrädern fast anschleichen – und anschließend mit dem Obst über die Sektorengrenze ebenso vorsichtig zurückbewegen. »In Britz erreichen sie wieder den Westsektor. Sie lächeln sich an. Ein Triumph! Man hat zwar unnötig viel riskiert, aber man hat sich gewehrt, hat der Willkür ein Schnippchen geschlagen.«

Im selben Jahr wurde der (kommunistischen) »Willkür« sogar für kurze Zeit en masse Einhalt geboten: am 17. Juni 1953 – als während des »mitteldeutschen Aufstands« allein in Ost-Berlin Zehntausende auf die Straße gingen, um gegen die Normerhöhungen der Regierung zu protestieren, die einer Verschlechterung der Arbeits- und Lebensbedingungen gleichkamen. Die Demonstranten zogen zu den Regierungsgebäuden in Mitte, immer mehr stießen hinzu. Einer der Teilnehmer, Jochen Markmann, erinnert sich, »dass zum Beispiel plötzlich lauter Köche auftauchten, die einfach ihren Küchenherd in irgendeinem Hotel oder Restaurant im Stich gelassen hatten ... Der Zug schwoll zu einer enormen Menge an.« Die kommunistische Regierung musste schließlich von der Roten Armee geschützt werden. In den Jahren vor diesem »Arbeiteraufstand« hatte es bereits studentische Unruhen – vor allem an der Ost-Berliner Humboldt-Universität – gegeben, die Ende 1948 zur Gründung der Freien Universität im Westen geführt hatten. Auch dort kam es immer wieder zu Auseinandersetzungen – wenn z. B. Agitationskollektive der FDJ auf dem Dahlemer Campus auftauchten. Ins Visier der Weststudenten wiederum geriet der einst von den Nazis aus der Akademie der Künste ausgeschlossene Karl Hofer, der nach dem Krieg die Hochschule der Künste wiederaufgebaut hatte und ihr Rektor geworden war. Er wurde regelmäßig mit Lebensmittelpaketen aus dem Osten unterstützt und so hieß es in einer studentischen Protestresolution: »Was Hofer für die Russen leistet, zeigen die Pajoks, die er von ihnen erhält ... Die Künstler, die sich gleichzeitig vom Westen und vom Osten ernähren lassen, nehmen an Umfang ständig zu.« Diese Vorwürfe wurden während der fünfzehnmonatigen Berlinblockade 1949 erhoben. Die eher unterernährten Studenten waren der Auffassung, dass Hofer deshalb »zur Erziehung der Jugend völlig ungeeignet« sei.

1950 wurde West-Berlin von der Bundesregierung zum »notleidenden Gebiet« erklärt: Es fehlte an Wohnraum, die Hälfte der Bevölkerung lebte noch in unzumutbaren Verhältnissen, die Zahl der Arbeitslosen hatte mit über 300.000 gerade ihren Nachkriegshöhepunkt erreicht und nach wie vor strömten täglich tausende von Flüchtlingen in die Stadt. Dies ist sozusagen der materielle Ausgangspunkt für die Politisierung in den fünfziger Jahren. Der Publizist Erich Kuby kam 1957 nach einer Recherchetour durch die DDR und die Bundesrepublik zu dem Schluss, dass es nur im Osten eine politisierte, zu »Unruhen« fähige, studentische Jugend gäbe: »Westdeutsche Jugend findet politisch nicht statt.« Dies galt auch und erst recht für die in West-Berlin, die er damals noch als »bürgerlich« und antikommunistisch verhetzt einschätzte.

Dieser Befund sollte sich jedoch bald – nicht zuletzt durch Erich Kubys eigenes Wirken, wofür ihn die FU im Sommersemester 1965 mit einem Haus- und Redeverbot ehrte – geradezu umdrehen. Und zwar in dem Maße, wie sich der antikommunistische Konsens zwischen Staat und (Adenauer-)Regierung auf der einen und den Studenten auf der anderen Seite langsam auflöste. Als ein Meilenstein auf dem Weg dahin wird die Ostermarschbewegung angesehen.

Der aus dem Osten geflüchtete spätere Psychologieprofessor und Teilnehmer an dieser Bewegung, Peter Brückner, schrieb in einem autobiographischen Fragment: »Seit der Wiederbewaffnung der BRD und dem Antrag auf ein Verbot der KPD (1952) greife ich ab und zu wieder nach Marx ... Der Protest holt mich einigermaßen aus der Depolitisierung hervor ... 1958/59 deutet sich in den Antiatom-Kongressen an der FU Berlin eine Art von Wende an; bildet sich in diesem Sparkassenland ein ›kollektives Subjekt‹?«[1]

Dieses Subjekt der Autopolitisierung entstand im Westen zu dem Zeitpunkt erst zögernd, dann jedoch sich überstürzend, während es im Osten letztlich Objekt (der Partei) blieb. Stattdessen entwickelte sich dort bis zum Mauerbau ein anschwellender Flüchtlingsstrom (»Abstimmung mit den Füßen« genannt), und danach eine vereinzelte Dissidenz, ähnlich der in der Sowjetunion. Formierende Tendenzen von oben kamen aber auch in der BRD, nämlich über die westlichen Besatzungsmächte zum Zuge: »Im bundesdeutschen teamwork ist der sales-promoter eine wichtige Figur geworden; er leitet in Gestalt von lay-outs dem managing-director Vorschläge zu, die darauf hinauslaufen, den Standard auf ein level zu heben, der uns bisher unbekannt war ...«, schrieb 1957 Erich Kuby über »die Sprache, die der deutsche Michel in knapp sechs Jahren erlernt hat«. Dagegen kamen dann jedoch gerade aus den USA mit dem Protest der Ameri-

1

2

3

4

5

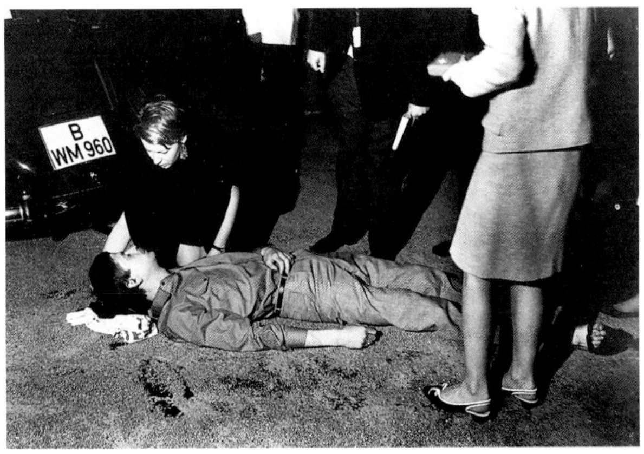


6

7

8

1 Kommune-Fest auf dem West-Berliner Kurfürstendamm anlässlich der Entlassung von Fritz Teufel aus der Untersuchungshaft. Andreas Baader, Dorothea Ridder, Rainer Langhans, 12. August 1967 (F: Klaus Lehnartz)

2 Kommune I in West-Berlin, 1968 (F: Werner Kohn)

3 Demonstrierende Studenten vor der Ankunft des Schahs und seiner Frau vor der Deutschen Oper, Berlin-Charlottenburg, 2. Juni 1967 (F: Bernard Larsson)

4 Sit in im Foyer des Henry-Ford-Baus der FU Berlin. Rudi Dutschke spricht zu den Studenten, 19. April 1967 (F: Bernard Larsson)

5 Informationsplakat des AStA, des Konvents der FU Berlin und der Humanistischen Union über die Notstandsgesetze, West-Berlin, März 1967 (F: Bernard Larsson)

6 Der von einer Polizeikugel getroffene Benno Ohnesorg bei der Deutschen Oper, West-Berlin, 2. Juni 1967 (F: Bernard Larsson)

7 Sternmarsch auf Bonn gegen die geplante Verabschiedung der Notstandsgesetze durch den Bundestag, 11. Mai 1968 (F: Hilmar Pabel)

8 Demonstration in West-Berlin, Ostern 1968 (F: Jochen Moll)

kaner gegen den Vietnamkrieg auch die Widerstandsformen. Beginnend mit dem antimilitaristischen und antirassistischen »Free Speech Movement« an der Universität Berkeley 1964, bis zu den sozialen Erfindungen »Teach-in«, »Sit-in«, »Go-in« – und, noch heute immer nicht endend, mit der »Political Correctness«. Hinter dieser alternativen Amerikanisierung, die zugleich eine Antiamerikanisierung war, insofern sie sich gegen die Kriegsführung in Südostasien richtete (»USA – SA – SS!«), griff das »kollektive Subjekt« jedoch vor allem auf russische Erfahrungen und Theorien zurück – und zwar weltweit. In Berlin war die Keimzelle für deren bald massenhafte »Aufarbeitung« der SDS, und dort insbesondere die Gruppe um die aus dem Osten stammenden Studenten Rudi Dutschke, Bernd Rabehl und Peter Rambauseck. Fast könnte man sagen, dass die Studentenbewegung in Deutschland versuchte, bruchlos wieder an dem Punkt anzuknüpfen, von wo aus die Linken 1933 in den Untergrund, ins Exil oder ins Arbeitslager gegangen waren. All die frühen Debatten und Auseinandersetzungen – seit der Zeit der Dekabristen und vor allem der Revolution von 1905 – wurden nun noch einmal geführt. Die großen bundesdeutschen Intelligenzverlage Rowohlt, Fischer, Suhrkamp, Hanser, Ullstein ... führten geradezu ein Kopf-an-Kopf-Rennen mit den linken Raubdruckern um die Neuherausgabe der einstigen Bestseller der Arbeiterbewegung – von den alten Anarchistinnen bis zu den noch fast frischen Stalinisten. Kommunebewegung, Feminismus, psychoanalytische Kindererziehung, sexuelle Befreiung, Antipsychiatrie, Heimerziehungsalternativen, revolutionäre Betriebszellen, illegale Druckereien, Reisekader, Konspiration, Terrorismus, eigene Rauschmittelversorgungswege etc. – all das hatte es bereits in Russland von der zweiten Hälfte des 19. bis zum ersten Viertel des 20. Jahrhunderts gegeben. Diese Schätze wurden in den sechziger Jahren nach und nach gehoben – und für die »politische Arbeit« wieder nutzbar gemacht. Die Studentenbewegung breitete sich wie eine Epidemie aus, sie wurde ideell und materiell vom Osten unterstützt und war ihrerseits mit den »Befreiungsbewegungen der Dritten Welt« solidarisch. So sammelte die im »Deutschen Herbst« 1977/78 gegründete linke *tageszeitung* z. B. Geld, um »Waffen für El Salvador« zu kaufen, andere Aktivisten vermachten ihr naziväterliches Millionenerbe dem Vietkong. Der erste getötete Demonstrant – Benno Ohnesorg – erschossen am 2. Juni 1967 bei der Deutschen Oper Berlin, forcierte die allgemeine Politisierung noch einmal. 1968 erfassten die Vietnamproteste und die schwarze Bürgerrechtsbewegung auch die in Deutschland stationierten US-Soldaten. In den Streitkräften zirkulierten bald 250 linke Zeitungen, einige auch in Berlin, wo der SDS Deserteuren half, nach Schweden zu entkommen.

Während es in Frankreich den Studenten gelang, mit den Arbeitern im Mai '68 einen Generalstreik auszurufen, waren sie im »antikommunistischen Bollwerk« West-Berlin jedoch weit davon entfernt, mit den Arbeitern auch nur ansatzweise eine »Aktionseinheit« zu bilden. Hier verstärkten die Gewerkschaften eher noch ihre Abgrenzungsbemühungen (u. a. durch Rausschmiss kommunistischer Mitglieder), was zur Folge hatte, dass die Politisierung des Alltags mehr und mehr in eine bloße »Kulturrevolution« mündete, d.h. sich auf das Milieu der Studenten und Schüler beschränkte und weder die kapitalistische Wirtschaft noch konkrete politische Ziele in den Fokus nahm. Positiv spiegelte das eine »Randgruppenstrategie« wieder, die auch Rocker, Heimkinder, Straffällige usw. einbezog. Die Umkrempelung des eigenen Lebens, die in einem sich ausbreitenden Netz von selbst organisierten, d.h. »alternativen« Projekten, in Läden, Kneipen, Kommunen und Publikationsorganen stattfand, setzte eine kollektive Ich-Suche in Gang, die bisweilen arbeiterfeindliche Töne annahm. In diesem Zusammenhang sei an die damaligen linken Bestseller *Lenz* von Peter Schneider, *Häutungen* von Verena Stefan und vor allem an *Die Reise* von Bernward Vesper erinnert.[2] Für orthodoxe Linke waren das alles kleinbürgerliche Fluchtbewegungen.

Gleichzeitig wurden die Straßendemonstrationen der APO (Außerparlamentarische Opposition) immer selbstbewusster und militanter, wobei in den anschließenden Diskussionen den Polizeiknüppeln durchaus eine bewusstseinserweiternde, d. h. politisierende Wirkung zugeschrieben wurde. Umgekehrt beharrte jedoch vor allem die CDU/CSU darauf, dass die Polizeiknüppel eher beruhigend und depolitisierend auf die studentischen Randalierer wirkten.

In den siebziger Jahren spaltete sich »die Bewegung« immer mehr auf – in Maoisten, Trotzkisten, Anarchosyndikalisten, Illegale (wie die RAF) usw.. Und neben dem Anti-AKW-Protest hatten auch einige spektakuläre »Psychosekten« regen Zulauf. Erwähnt seien die Bhagwananhänger im indischen Poona und die Wiener Aktions-Analyse-Kommune von Otto Muehl, die beide starke Ableger in Berlin besaßen. Bedeutend unspektakulärer war dagegen die alltägliche »politische Kleinarbeit« – etwa der SDS-Basisgruppen Moabit und Wedding. Dennoch entstanden daraus einige geradezu exemplarische Biographien: Eine rote Germanistin kam z. B. über die Betriebsagitation dazu, eine Druckerlehre anzufangen, und wurde später Betriebsrätin in einer Großdruckerei. Heute ist sie Vorsitzende der Berliner IG Medien. Umgekehrt wurde bei einem AEG-Arbeiter in der Basisgruppe Wedding das politische Interesse derart geweckt, dass er es schließlich über diverse Ausbildungsgänge bis zum Vorsitzenden der Berliner IG Metall brachte. Nach der Wiedervereinigung versagte er jedoch: als die Arbeiter im Osten den Westgewerkschaften quasi ungewollt in den Schoß gefallen waren, dann jedoch eine eigene, Branchen übergreifende Betriebsrätebewegung gegen die Abwicklung ihrer Betriebe durch Privatisierung ins Leben gerufen hatten, die bald ebenso wie

*Der SDS, Nacht mit Gästen*, v.l.n.r.: Lefèbvre, Dutschke, Salvatore, Teufel, Mahler, Langhans, Guevara, Roth, Rabehl, Cohn-Bendit, Semler, Krahl, Mao, 1969, (anonym)

die des 17. Juni 1953 das Haus der Ministerien belagerte, das nunmehr die Treuhandanstalt beherbergte. Bei diesem Funktionär kann man von einer Depolitisierung durch Karriere reden.

Diese wurde Mitte der siebziger Jahre sozialdemokratisches Programm, indem ein Dutzend neue Universitäten geschaffen wurde, wo den meisten studentischen Rädelsführern Dozentenstellen winkten. Außerdem wurde das System des Begabtenabiturs derart ausgeweitet, dass sich Tausenden von Jungproletariern plötzlich Aufstiegschancen auftaten. In West-Berlin nutzten das vor allem die bereits »anpolitisierten« Kindergärtnerinnen, Heimerzieherinnen und Krankenschwestern. Gleichzeitig hatte sich hier aber eine neue Arbeitergruppe als »kollektives Subjekt« gebildet: die Türken – die zunächst in Arbeiterwohnheimen untergekommen waren. Sie zogen in den siebziger Jahren in die fast nur noch von subproletarischen Kümmerexistenzen bewohnten Kieze Kreuzbergs, Schönebergs und im Wedding. Dadurch wurden sie langsam von Gastarbeitern zu Dauerbewohnern Berlins – gründeten Arbeiterklubs, Solidaritätsvereine und organisierten sich u. a. gegen nationalistische Gruppen wie die Grauen Wölfe, aber auch gegen Benachteiligungen am Arbeitsplatz. Die Gewerkschaften gewöhnten es sich an, Flugblätter auf Türkisch zu verfassen. Bald gab es die ersten türkischen Arbeitnehmersprecher. Noch heute – da die »Betriebsverschlankungen« längst auch auf West-Berlin übergegriffen haben – sagt man: »Jeder gute türkische Betriebsrat war früher ein maoistischer Kurde!«

Zu den ersten türkischen AEG-Arbeiterinnen gehörte Emine Sevgi Özdamar, danach studierte sie Schauspiel in Istanbul. Wieder zurück in Berlin, bekam sie 1976 eine Anstellung an der Volksbühne. Fortan lebte sie in West-Berlin und arbeitete in Ost-Berlin. In einem ihrer autobiographischen Romane schreibt sie – rückblickend auf ihre Politisierung als Arbeiterin, die in einem der türkischen Arbeitervereine begann, in denen fast nur Männer saßen und diskutierten, dabei ununterbrochen rauchten und Tee tranken: »Als ich den hinkenden türkischen Sozialisten einmal vor dem Café Steinplatz sah, er überquerte gerade die Straße, sagte ich zu mir, schlaf mit dem hinkenden Sozialisten, er wird dich danach in Ruhe lassen, er hinkt, er ist Sozialist, er wird keine Angst bekommen, dass du ihn zum Heiraten zwingen willst.«[3] Die türkischen Arbeiter hatten ihr wiederholt nahe gelegt: Du musst zuerst deinen Diamanten (die Unschuld) loswerden, um dich dann den wichtigen Dingen des Lebens zuzuwenden.

Das Café und Kino am Steinplatz in Charlottenburg fungierte als eines der Zentren der Studentenbewegung. Spätestens seit dem Bau der Mauer 1961 waren die meisten wohlhabenden Berliner nach Westdeutschland ausgewichen. In ihre großen Wohnungen links und rechts des Kurfürstendamms zogen Studenten ein. Berlin lockte damals vor allem solche an, die, wie der Künstler Thomas Kapielski sagte: im Malen eine Eins und im Rechnen immer eine Fünf hatten. Doch in dem Maße, wie die Hausbesitzer ihre zentralen Liegenschaften wieder in den Griff bekamen, wichen die Studenten nach Schöneberg und Kreuzberg aus. Ihre Politisierung hatte sich unterdessen auf einige Aspekte des Alltags – nämlich die »behutsame Stadterneuerung unter ökologischem Vorzeichen« – konzentriert, sodass sie dort mit den Türken aneinander gerieten. In diesen sahen sie bald nur noch »Stoßtrupps der Hausbesitzer« – zum endgültigen Herunterwohnen der letzten Altbausubstanz vor dem Abriss. 1980 schrieb die Szene-Zeitung *Zitty*: »In einem Türkenghetto entscheiden nur noch Justiz und Polizei ... Türken raus? Warum nicht. Zumindest einige. Es sei denn, man will den Stadtteil sterben lassen.« Viele Türken ließen nach und nach ihre Familien nachkommen, was die Bezirksregierung von Kreuzberg immer wieder mit »Zuzugssperren« zu verhindern suchte. Ümit Bayam, den seine Mutter, als er acht Jahre alt war, nach Kreuzberg holte, schrieb 1997 einen Text über seine ersten Erlebnisse dort. Er bekam dafür einen Preis beim SDR-Schreibwettbewerb *40 Jahre Gastarbeiter – Deutschland auf dem Weg zur multikulturellen Gesellschaft?* Als Stadtplaner und Mitglied der Bezirksverordnetenversammlung engagiert er sich derzeit im Kreuzberger »Wrangel-Kiez«, wo es gilt, den Bau eines riesigen Einkaufscenters in einem mühsam erkämpften und sich langsam zusammenraufenden Soziotop zu verhindern. In den siebziger Jahren war es dort noch darum gegangen, so genannte Kahlschlagsanierung und Autobahnbau zu stoppen.

Die Depolitisierung des Alltags, so wie sie einmal von den unbeugsamen Professoren Johannes Agnoli und Peter Brückner in ihrem Buch *Die Transformation der Demokratie*, das man auch die »Bibel der APO« genannt hat, verstanden wurde, besteht vor allem in der »Parlamentarisierung der Linken«, die inzwischen »in den westlichen Ländern zu einer Lebensfrage des Kapitalismus« geworden sei. Mit den Grünen gelang das auch, obwohl in den achtziger Jahren die Politik auf der Straße zunächst weiterging: einmal in der Anti-AKW-Bewegung und zum anderen bei den Hausbesetzern – in den Häuserkämpfen, wobei die Personnage einen Wechsel vom Hippietum zum Punk vollzog. Dennoch scheint das kollektive Subjekt dabei nicht mehr auf, sondern geht langsam unter. Bis Ende der neunziger Jahre die Reprivatisierung nach und nach auch alle Alltagsbereiche erfasst.

Wir haben somit von 1953 bis 1968 eine aufsteigende Linie der Politisierung des Alltags, die Arbeit, Familie, Kindererziehung, Sexualität, Künste etc. erfasste, um diese Bereiche zu transformieren. Danach spaltet sich die soziale Bewegung immer mehr auf – in Parteien und Single-Purposes, sie spezialisiert und professionalisiert sich. Mit dem Zerfall der Sowjetunion und der deutschen Wiedervereinigung ist der alternative Impuls endgültig am Ende – bzw. vom System integriert. »Wir machen aus Punk Prunk!« verspricht z. B. ein Werbeslogan des Kaufhof-Konzerns.

Zur Erklärung dieser westlichen Politisierungswelle hat u. a. der *taz*-Widerstandsforscher Mathias Mildner ausgeführt, die Schüler- und Studentenbewegung habe ihre materielle Ursache darin gehabt, dass damals zum ersten Mal eine noch junge Generation schon über eine erhebliche Kaufkraft verfügte – und dafür eine eigene »Kultur« einforderte, die sie sich erst einmal erkämpfen musste. Die Rockmusik z. B. war bis in die sechziger Jahre noch weitgehend verboten – heute dudelt sie auf allen Kanälen von morgens bis abends. Sie ist zu einer akustischen Umweltverschmutzung geworden. Desungeachtet kann von einem Scheitern nicht die Rede sein. Ähnliches gilt für viele linke »Ansätze«, die sich durchgesetzt haben, nur dass sie jetzt eben von anderen Leuten vertreten werden. »Wir waren anfangs etwa 12 Leute im SDS – und jetzt sind wir wieder genauso viele: fast noch die selben«, so sagte es der West-Berliner Widerstandsforscher Hans-Dieter Heilmann 1999 selbst verblüfft.

1

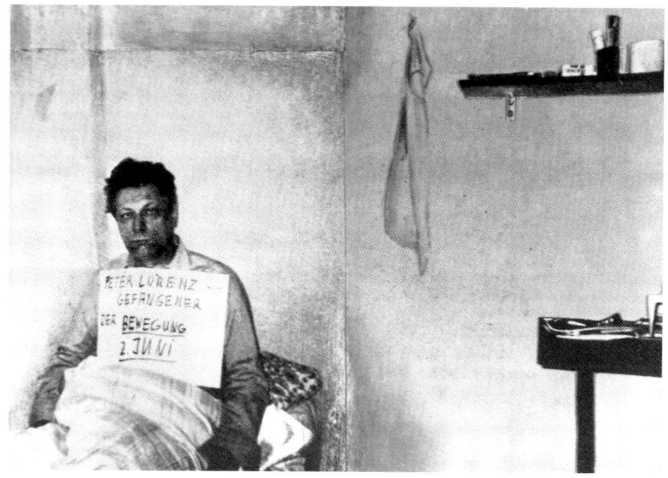


2

3

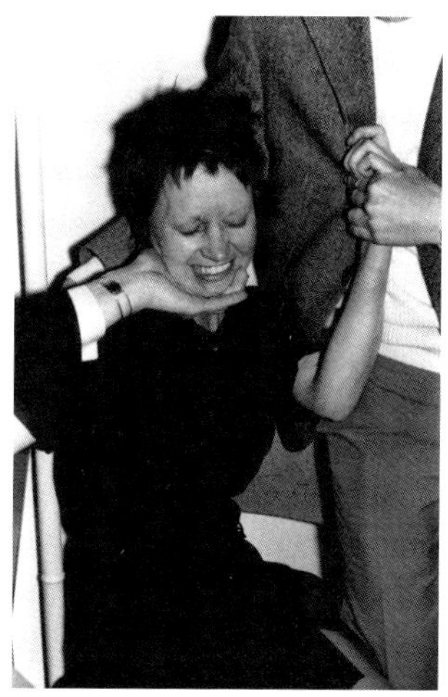

4

5

1 Steckbrief von Ulrike Meinhof nach der Befreiung von Andreas Baader, 14. Mai 1970, West-Berlin (F: Heinrich Burger)

2 Von den Entführern aufgenommenes Foto des CDU-Politikers Peter Lorenz, Gefangener der Bewegung 2. Juni, 27. Februar 1975; rechte Bildhälfte: Gegenstände in seiner Zelle, März 1975 (F: anonym)

3 Holger Meins bei seiner Verhaftung in Frankfurt/M, 1. Juni 1972 (F: anonym)

4 Beamte versuchen Ulrike Meinhof gewaltsam zu Presseaufnahmen zu zwingen, Hannover, 16. Juni 1972 (F: anonym)

5 Beisetzung der RAF-Mitglieder Andreas Baader, Gudrun Ensslin und Jan-Carl Raspe in einem Gemeinschaftsgrab auf dem Stuttgarter Dornhaldenfriedhof, 27. Oktober 1977 (F: Abisag Tüllmann)

In Restaurationszeiten, da wieder von Generationen, Rassen, Nationen die Rede ist, wächst zunächst die rechte Bewegung. Ob man bei ihr von einer Politisierung des Alltags, als Basisimpuls, reden kann, vermag ich nicht zu sagen. Auf alle Fälle hat sie bereits etliche Gefängnisse umgekrempelt, d.h. dass die Neonazis das Klima der Auseinandersetzungen dort mittlerweile bestimmen. Körpertraining, nationalistisch-rassistische Entmischung und Kommunikationslosigkeit lassen die Ostler in den Westgefängnissen inzwischen sogar von ihren alten DDR-Knästen schwärmen – wie eine Studie über die Justizvollzugsanstalt Berlin-Tegel von Hans-Joachim Neubauer gerade nahe legte.[4] Statt der in den siebziger Jahren in West-Berlin wiedergegründeten »Roten Hilfe« gibt es dort jetzt eine »Braune«. Und statt der selbst organisierten linken »Release«-Vereine haben die Drogensüchtigen fast nur noch den totalitären Synanon-Verein als Anlaufstelle, der sich mit ganz viel »Staatsknete« zu einem regelrechten Umerziehungskonzern entwickelte. Für entlaufene Heimkinder gab es ab den siebziger Jahren im Wedding die »Werkschule«, in der das Kollektiv der Jugendlichen und Erzieher sich seine eigenen (einstmals besetzten) Häuser herrichtete und eine neue Form von Schulunterricht erfand. Alle bekamen dasselbe »Taschengeld« und jeder hatte auf Vollversammlungen eine Stimme. Heute betreibt eine grüne Kiezsanierungsfirma dieses Geschäft im großen Stil und auf ABM-Basis im Osten: Es werden Häuser gekauft, saniert und dann für »betreutes Wohnen« hergerichtet, wozu man noch Ausbildungsmöglichkeiten, vor allem an Computern, anbietet.

Es wäre zu viel verlangt, in dieser Situation wieder auf Russland zu hoffen, wo man noch verwirrter zu sein scheint. Immerhin kommen jetzt jede Menge Russen nach Berlin, es ist fast ein Exodus der sowjetischen Intelligenz. Ironischerweise gerade wegen des depolitisierten Alltags hierzulande. »Das war ein befreiender Akt und ein Erfolg«, schrieb Peter Brückner einst – über seinen ersten lukrativen Job im Westen, »dass der Entschluss befreiend war, dass mich das Geld politisiert hat (und nicht, wie die jungen Generationen, die Sexualität), hat eine Moral. Es gibt Zustände – individuelle wie gesellschaftliche – in denen einzig ein Stück Ruchlosigkeit produktiv ist, und wo die ›individuelle Interessen-Orientiertheit‹ viel weniger sozial integriert als Armut, Sozialarbeit, Tugend.«[5]

1 Peter Brückner: *Vom unversöhnlichen Frieden*, Berlin 1984, S. 199.
2 Peter Schneider: *Lenz*, Berlin 1973; Verena Stefan: *Häutungen*, München 1976; Bernward Vesper: *Die Reise*, Jossa 1977.
3 Emine Sevgi Özdamar: *Das Leben ist eine Karawanserei hat zwei Türen aus einer kam ich rein aus der anderen ging ich raus*, Köln 1992, S. 216.
4 Hans-Joachim Neubauer: *Einschluss. Bericht aus einem Gefängnis*, Berlin 2001.
5 Peter Brückner: *Vom unversöhnlichen Frieden*, Berlin 1984, S. 195

# EX ORIENTE LUX
## DIE SOWJETUNION IM SPIEGEL DER DDR-OPPOSITION UND KRITISCHER KUNST

KLAUS MICHAEL

Die Wahrnehmung der Sowjetunion durch deutsche Intellektuelle und Künstler war in der deutschen Geschichte zu keinem Zeitpunkt spannungsfrei, entwickelte stets ihre Eigendynamik und folgte nur selten rationalen Mustern. Sie war entweder geprägt von Projektionen, großen Hoffungen und der Bereitschaft, den aus dem Osten kommenden Utopien zu folgen, oder sie war bestimmt von Ablehnung, Misstrauen, Gleichgültigkeit, gar von kulturellem Hochmut. Ambivalent war nicht nur das Verhältnis deutscher Politiker zur Sowjetunion – von Walther Rathenau über Konrad Adenauer bis hin zu Helmut Kohl oder Kurt Hager –, sondern auch das kritischer Intellektueller und DDR-Oppositioneller seit den sechziger Jahren. Auch die Emotionalität, mit der um Unterstützung oder Ablehnung von Glasnost und Perestroika Ende der achtziger Jahre gefochten wurde, ist weder ein Spezifikum, noch ein Produkt der DDR, sondern ein tief in die deutsche Kulturgeschichte des 20. Jahrhunderts eingeschriebenes Muster. Zu erinnern ist an die heftigen Debatten in der intellektuellen Linken der zwanziger Jahre zwischen Russlandbefürwortern wie Ernst Bloch, Bertolt Brecht und Walter Benjamin einerseits oder Siegfried Kracauer andererseits.[1] Die Heftigkeit der Debatten um das kulturelle und politische Verhältnis zum Osten, insbesondere zur Sowjetunion, ist nur zu erklären, wenn man sich in Erinnerung ruft, dass es bei dem Streit stets auch um eine zutiefst innerdeutsche Kontroverse ging: um eine Auseinandersetzung über den kulturellen, geschichtlichen und politischen Ort Deutschlands zwischen Ost und West.

### DIE FÜNFZIGER JAHRE

Opposition, Widerstand und kulturelle Verweigerung waren nicht nur Erscheinungen in der Endphase der DDR. In den ersten anderthalb Jahrzehnten der DDR war die ablehnende oder zumindest reservierte Haltung gegenüber dem von der sowjetischen Besatzungsmacht etablierten politischen System eher Konsens denn Ausnahme. Mit der Fortsetzung der Demontagepolitik, mit anhaltenden Enteignungen, willkürlichen Verhaftungen, mit der Gleichschaltung des kulturellen und politischen Lebens und mit einem omnipotenten Herrschaftsanspruch, der diese Entwicklungen als Leistungen des Sozialismus pries, verspielte die SED schnell den Kredit des Neubeginns und stimmte auch jene nachdenklich, die sich nach Ende des Kriegs für eine radikale Veränderung der politischen Strukturen in Deutschland eingesetzt hatten. In keiner Phase des ostdeutschen Teilstaats formierte sich solch breiter und organisierter Widerstand – quer durch alle politischen Lager – wie in den fünfziger Jahren.[2] Als Vorbild diente der Widerstand im »Dritten Reich«; zum Teil brauchten dazu sozialdemokratische, gewerkschaftliche oder bürgerliche Organisationsstrukturen aus der NS-Zeit lediglich wiederbelebt zu werden. Gleichwohl blieb dieser Widerstand organisatorisch und konzeptionell auf kleine Kreise und Gruppierungen beschränkt. Man war sich darin einig, dass man nach Krieg und zwölf Jahren nationalsozialistischer Diktatur keine Diktatur in Deutschland etablieren wollte, auch nicht eine Diktatur des Proletariats. Als Leitbild der demokratischen Gesellschaft gab der Westen das unmittelbare politische und wirtschaftliche Beispiel. Dass es einer festen Organisationsstruktur in der Ablehnung des nach 1945 schrittweise etablierten Staates sowjetischen Typs nicht bedurfte, zeigten die Massenproteste um den 17. Juni 1953, von dem binnen Stunden die gesamte DDR ergriffen wurde. Der 17. Juni 1953 stellte die sowjetische Führung vor die Entscheidung, Teile der Nachkriegsordnung aufzugeben und auf Ostdeutschland zu verzichten oder den Herrschaftsanspruch mit allem Mitteln zu verteidigen. Mit dem Befehl zur Niederschlagung des Aufstands diktierte die Sowjetunion dem ostdeutschen Teilstaat nicht nur die Existenzbedingungen, sondern entschied sich für ein Konfliktlösungsmodell, das auf ähnliche Weise mit dem Einmarsch 1956 in Ungarn, 1968 in Prag und 1979/80 auch in Afghanistan Anwendung finden sollte. Die Existenz der DDR war seitdem auf Gedeih und Verderb an Moskau gekoppelt. Nichts zeigte dies deutlicher als der Umbruch 1989 und der Fall der Mauer. Im Herbst 1989 blieben die sowjetischen Panzer in den Kasernen, was das Schicksal der DDR besiegelte.

In ihrer Symbolik und in ihren historischen Voraussetzungen können die Ereignisse 1953 und 1989 eng aufeinander bezogen werden. Aber auch in anderer Hinsicht ist ein Vergleich erhellend. Künstler und Autoren, denen unter den Bedingungen der Diktatur eine besondere Bedeutung als Multiplikatoren und Vermittler öffentlicher Meinung zukommt, waren an beiden historischen Zäsuren nicht oder nur mittelbar beteiligt. 1953 wie 1989 reagierten sie irritiert, zum Teil mit Ablehnung oder kündigten, von der Wucht und Dynamik der Veränderungen überrascht, »dem Volk« das Vertrauen auf.

Die Niederschlagung des Aufstands 1953 und seiner Nachläufer, die Anerkennung des Status quo durch die Westmächte und die Westintegration der Bundesrepublik, mit der sich die Hoffnungen auf Wiedervereinigung und einen schnellen Wechsel des politischen Systems auch in der DDR zerschlugen, führten bald zu einem Rückgang oppositioneller und widerständiger Entwicklungen. Da das politische Ganze nicht zu verändern war und auch im Westen daran kein offensichtliches Interesse bestand, blieb für Kritiker und Andersdenkende nur die individuelle Entscheidung, die DDR zu verlassen oder sich mit den Verhältnissen zu arrangieren.

Immer wieder regte sich sogar innerhalb der SED Protest, wenngleich dieser nicht das Systems als Ganzes in Frage stellte, sondern sich gegen Personen und Methoden richtete. Nach den internen Säuberungen, denen vor allem sozialdemokratische Mitglieder und Westimigranten zum Opfer fielen, formierte sich in der zweiten Hälfte der fünfziger Jahre Unmut über das starre Festhalten an stalinistischen Prinzipien, obwohl der große Diktator bereits seit Jahren tot war. Aufwind erhielten diese Rufe nach Reform und Strukturveränderung nach der Geheimrede Chruschtchows auf dem XX. Parteitag 1956, deren Folgen unter eingeweihten jüngeren Künstlern, Verlegern, Philosophen und Hochschulmitarbeitern kontrovers diskutiert wurden. Zum ersten Mal in der Geschichte ostdeutscher Opposition nach 1945 dienten Entwicklungen in der Sowjetunion als Leitbild für Veränderungen in der DDR. Dies ist insofern auch von Bedeutung, als das Macht-, Wirtschafts- und Kultursystem der DDR unmittelbar auf die Bedürfnisse Moskaus ausgerichtet war und nach Stalins Tod in eine tiefe Krise geriet. Vor allem die vielfältigen institutionellen Kontakte zwischen Einrichtungen der DDR und der Sowjetunion führten zu einem schnellen Transfer kultureller und politischer Entwicklungen und Nachrichten. In besonderer Weise war davon die Arbeit von Verlagen, Kultureinrichtungen und Künstlerverbänden berührt, die 1950 nach sowjetischem Vorbild gegründet worden waren und über engste Kontakte zu den Moskauer Schwesterorganisationen verfügten.

So erbittert auch hinter den Kulissen um den Kurs der Partei und um eine neue Kulturpolitik gerungen wurde, blieb dies doch Herrschaftswissen, das seinen Weg nicht oder nur mittelbar in die Öffentlichkeit fand. Ausnahmen bestanden allenfalls im »Donnerstagskreis«, einer lockeren Zusammenkunft von Künstlern, Intellektuellen und Kulturpolitikern in Berlin und in Diskussionsrunden im Umfeld des Leipziger Schriftstellerverbands. Wie gefährlich es war, nicht nur intern, sondern öffentlich über individuelle Freiräume und die Veränderung der Verhältnisse nachzudenken, zeigte das Beispiel Erich Loests, der mit Wolfgang Harich und Walter Janka 1957 wegen »Boykotthetze« zu sieben Jahren Zuchthaus verurteilt wurde. Gerhard Zwerenz, Ralph Giordano und Uwe Johnson verstanden die Zeichen und kehrten der DDR den Rücken. Ihnen folgten Hans Mayer und Ernst Bloch. »Das waren nicht Zusammenschlüsse gegen die DDR, sondern Verbindungen im gemeinsamen Kummer über ihr Verhalten«, entsinnt sich Uwe Johnson. »Wer nun ging, brauchte dazu kaum einen einzelnen tagespolitischen Anlaß, nicht einmal alle zusammen: er war mit der DDR fertig ...«[3]

## DIE SECHZIGER JAHRE

Der Schock des Mauerbaus wich in Teilen der jüngeren Künstler- und Studentenschaft bald einer vorsichtigen Hoffnung auf Liberalisierung. Diese speiste sich aus der Annahme, dass es nach dem Wegfall der unmittelbaren Ost-West-Konfrontation und mit der wirtschaftlichen Stabilisierung zu einer Verständigung über die politischen und kulturellen Verhältnisse kommen könne. Bestärkt wurden diese Hoffnungen durch die Entwicklungen in Moskau und Leningrad. Nach dem XXII. Parteitag der KPdSU 1961, mit dem Chruschtschow eine zweite Entstalinisierungswelle einleitete, war besonders das kulturelle Leben in Moskau von großer Anziehungskraft für die jüngere Autoren- und Intellektuellengeneration der DDR. In der Literatur- und Kunstszene der Sowjetunion hatte sich ein Generationswechsel vollzogen; mit der neuen Autorengeneration um Jewgeni Jewtuschenko, Andrej Wosnessenski, Andrej Amalrik, Iossif Brodski, Wladimir Bukowski oder Andrej Sinjawski brachen sich zugleich all jene Traditionen und Stimmen Bahn, die seit den frühen dreißiger Jahren verfemt oder unterdrückt worden waren. In Großlesungen stellten sich nicht nur neue Dichter und Liedermacher vor, ins Gedächtnis gerufen wurden auch Texte der Vorbilder Anna Achmatowa, Marina Zwetajewa, Ossip Mandelstam. Etwa zeitgleich lagen diese Werke in immer neuen Abschriften vor, aus dem sich nach und nach die Kultur des Samisdat entwickelte.[4] In dieser unübersichtlichen Situation begannen Zeitschriften wie wie das renommierte Organ des sowjetischen Schriftstellerverbands *Nowy mir* wichtige Autoren zu rehabilitieren. Es versteht sich von selbst, dass jüngere DDR-Autoren und Übersetzer, die in diesen Jahren in der Sowjetunion zu Gast waren oder dort studierten – wie Fritz Mierau, Rainer Kirsch, Peter Gosse, Adolf Endler oder Elke Erb, um nur einige zu nennen –, sich von dieser Gleichzeitigkeit des Ungleichzeitigen fasziniert zeigten und nach Kräften halfen, diesen eruptiven Ausbruch kultureller und künstlerischer Kreativität in die DDR zu transferieren. Seit Anfang der sechziger Jahre kam es nach Moskauer Vorbild auch in der DDR zu Großlesungen in Universitäten und Kultureinrichtungen. In einer von Stephan Hermlin organisierten Lesung in der Akademie der Künste Ende 1962 stellte sich die Autorengeneration um Volker Braun, Rainer und Sarah Kirsch, Bernd Jentzsch der Öffentlichkeit. Die Lesung geriet zum Eklat, da Wolf Biermann die Gelegenheit seines ersten öffentlichen Auftritts nutzte, um unter lebhafter Anteilnahme des Publikums zu einem Boykott der Kulturpolitik des *Neuen Deutschland* aufzurufen. Auch wenn Hermlin sich von der Lesung distanzierte, blieb doch der allgemeine Impuls dieser Veranstaltungsform weiter wirksam. Der literarische und poetische Text gewann taktile, politische Qualität, die Lesung wurde zum Medium sozialer Kommunikation; Literatur und Kunst ganz allgemein zu Sphären einer Ersatzöffentlichkeit.

In dem für den Außenstehenden exotisch anmutenden kreativen Durcheinander der frühen sechziger Jahre in der Sowjetunion lassen sich bereits die prägenden kulturellen und gegenkulturellen Strukturen der nachfolgenden Jahrzehnte bis 1989 ablesen. Nachdem Chruschtschow Ende 1962 Jean-Paul Sartres Forderung nach Abrüstung auf kulturellem Gebiet entschieden zurückgewiesen hatte, begann mit der Kampagne gegen Wassili Axjonow, Jewtuschenko, Wosnessenski, Alexander Solschenizyn und Ilja Ehrenburg im März 1963 eine Kehrtwende der sowjetischen Kulturpolitik. Während Ehrenburg und Solschenizyn ihren öffentlichen Einfluss einsetzten und noch eine Zeitlang Publikationsmöglichkeiten ertrotzten, bedeutete der Kurswechsel für viele der jüngeren Autoren das Ende ihres eben erst gewonnenen offiziellen Status. Vom Literaturbetrieb ausgeschlossen oder sich diesem verweigernd, weil sie die Möglichkeiten einer »Reform von oben« für erschöpft hielten, schlossen sie sich zu ersten »Gruppen Andersdenkender zusammen; sie begründeten die autonome Samisdat-Kultur, den Keim der zukünftigen demokratischen Opposition«[5].

Die intellektuelle und persönliche Konsequenz dieses Beispiels blieb nicht ohne Folgen für kritische Autoren der DDR. Der Kontakt zu Autoren in der Sowjetunion stellte nicht mehr nur einen Prestigegewinn, sondern nun auch eine Gefahr dar. Andererseits zeigte das Leningrader und Moskauer Beispiel, welch breites künstlerisches Leben unter den Bedingungen der Diktatur möglich war, wenn man bereit war, dies zu ertrotzen. An diesem Punkt schieden sich aber die Geister unter den Autoren und Intellektuellen der DDR. Während Rainer Kirsch, Helga Maria Novak oder Wolf Biermann wichtige Werke ohne Genehmigung im Westen veröffentlichten, schreckten andere Autoren vor diesem Schritt zurück und entwickelten das Prinzip der kritischen Loyalität, d.h. einer Übereinkunft zwischen Autoren und Machthabern, das bis zum Ende der DDR Gültigkeit behalten sollte.

Vom politischen Stimmungswandel in der Sowjetunion war auch Rainer Kirsch überrascht worden. 1966 mit einer offiziellen Reportage zum »50. Jahrestag der Oktoberrevolution« beauftragt, besuchte er im Sommer 1966 während einer Reise des FDJ-Zentralrats, trotz ausdrücklichen Verbots, Ilja Ehrenburg. Ehrenburg, dessen Autobiographie man noch drei Jahre zuvor gefeiert hatte, war unterdessen zur persona non grata erklärt worden. Der Besuch hatte diplomatische Folgen, da sich der »regierende sowjetische Botschafter« in der DDR, Pjotr Abrassimow, umgehend über Kirsch beschwerte und Konsequenzen anmahnte.[6] Kirsch, dem man daraufhin die Publikation seiner Reportagen verweigerte, die Uraufführung eines Theaterstücks absetzte, und der in den folgenden Jahren zwei Mal aus der Partei ausgeschlossen wurde, begann eine Karriere als Übersetzer und Nachdichter – bevorzugt aus dem Russischen. Ein Samisdat-Autor oder politischer Rebell à la Wolf Biermann wurde er nicht.

1965 forderte Robert Havemann »das Recht auf Opposition, sowohl in der Öffentlichkeit, in Presse, Funk und Fernsehen wie auch im Parlament und in den Volksvertretungen, deren Mitglieder durch freie und geheime Wahlen bestimmt sind«. Als kultureller Vermittler der Ideen Havemanns entwickelte sich Wolf Biermann, um den sich nicht nur zahlreiche junge Autoren scharten, sondern auch Maler, Schauspieler und Filmemacher. Biermanns Protest war weder fundamental noch antisozialistisch wie die Opposition der fünfziger Jahre. Sie war eher lebensweltlich geprägt als Symbiose alternativer Sozialismusvorstellungen und westlicher Rock- und Popkultur. Die politischen Vorstellungen kulminierten nach Prager Vorbild in einem »Sozialismus mit menschlichem Antlitz«, dessen uneingelöste Potenziale es auch in der DDR einzuklagen galt. Von einer breiten oppositionellen Bewegung in der DDR um 1968 lässt sich hingegen nicht sprechen, wohl aber von jugendkulturellen Protesten, die nicht ohne Auswirkung auch auf Autoren und Künstler blieben. In diesem Zusammenhang stehen z. B. die Proteste gegen die Sprengung der Leipziger Universitätskirche und die Lesungen und Aktionen der Leipziger Autorengruppe um Andreas Reimann, Wolfgang Hilbig, Siegmar Faust, Gert Neumann u. a., Autoren, die in den siebziger Jahren mit gegenkulturellen Konzeptionen hervortreten sollten.[7] In Berlin organisierten Peter Brasch und Bettina Wegner Flugblattaktionen gegen die Niederschlagung des Prager Frühlings.

Gründe, warum es in der DDR 1968 keine mit Polen oder der ČSSR vergleichbare Reform- und Protestbewegung gegeben hat, liegen zum einen in Vorbehalten gegenüber dem Sozialismusmodell begründet. Dies erlangte erst bei der jüngeren, ab Mitte der vierziger Jahre geborenen Generation Akzeptanz, für jene Generation, die ihre wesentlichen Sozialisations- und Bildungserfahrungen in der DDR gemacht hatte. Zum anderen waren die Reformbewegungen des Jahres 1968 in der ČSSR, Ungarn oder in Polen aus den Kommunistischen Parteien selbst hervorgegangen. Über ein auch nur in Ansätzen vergleichbares Reformpotenzial verfügte die SED aber nicht, auch nicht 1989. Schließlich war der Aufbruch der frühen sechziger Jahre mit dem 11. Plenum des ZK der SED vom Dezember 1965 beendet worden. Beat- und Rockgruppen waren verboten, Dutzende Filme abgesetzt, ganze Jahresauflagen von Gegenwartsautoren eingestampft und reihenweise Theaterstücke vom Spielplan genommen worden. Ein Mindestmaß an Streitkultur, intellektuellem Austausch und kritischer Öffentlichkeit, Voraussetzung für jede Form sozialer Veränderung, war damit von vornherein unterdrückt.

### DIE SIEBZIGER JAHRE

Nach dem kulturpolitischen Kahlschlag und einer seit Mitte der sechziger Jahre anhaltenden Stagnation verbanden sich mit dem Machtantritt Erich Honeckers 1971 Hoffnungen auf eine Liberalisierung des öffentlichen und kulturellen Klimas. Wie kein anderes Jahrzehnt waren die siebziger Jahre geprägt von Hoffnungen auf einen Marsch durch die Institutionen, auf eine Reform von innen und auf ein Nachholen des 68er Projekts eines menschlicheren Sozialismus. Das Festhalten der Opposition am Projekt Sozialismus koppelte die DDR allerdings von den kulturellen und politischen Entwicklungen der östlichen Nachbarländer ab; auch von den Intellektuellen- und Dissidentengruppen in der Sowjetunion. Deutlich wurde dies in der Auseinandersetzung um die Person und das Werk Alexander Solschenizyns, in der wichtige Konfliktlinien brennpunktartig hervortreten. Der *Archipel GULAG*, bereits 1967 abgeschlossen, war 1973 überraschend im Westen erschienen. Solschenizyn hatte die Publikation seines Romans über die stalinistischen Lager immer wieder hinausgezögert und sich erst dazu entschließen können, nachdem eine der Manuskriptabschriften in die Hände des Geheimdiensts gefallen war. Solschenizyn war zu diesem Zeitpunkt kein Unbekannter mehr. Im Laufe der sechziger Jahre waren in kurzer Folge zahlreiche Werke über das Leben, Leiden und Sterben in den Straflagern herausgekommen, u. a. auch in der renommierten Literaturzeitschrift *Nowy mir*. Doch bereits 1968 begann sein Stern im sowjetischen Kulturbetrieb zu sinken, nachdem er in einem offenen Brief an den Schriftstellerverband die Aufhebung der Zensur und Meinungsfreiheit gefordert und damit nicht nur bei seinem Entdecker und einstigen Förderer Alexander Twardowski Entsetzen ausgelöst hatte. Doch Solschenizyn bedurfte zu diesem Zeitpunkt schon nicht mehr des Rückhalts im Schriftstellerverband, da er zu einem international bekannten Autor geworden war. Die Verleihung des Literaturnobelpreises im Oktober 1970 schien wie eine Bestätigung dessen. Mit Solschenizyn wurde das Modell des russischen Dissidenten, des intellektuellen Einzelgängers, der ausschließlich seinem Werk, dem Gewissen und dem Dienst an der Nation verpflichtet ist, zum Modell für Opposition und kulturellen Widerspruch in der Sowjetunion wie im gesamten Osteuropa. Solschenizyn repräsentierte damit nicht nur einen neuen Typus für politischen und kulturellen Widerspruch, sondern legitimierte diesen unter Berufung auf die nationalen Wurzeln der Geschichte, Kultur und Religion. Auch wenn diese nationale Option unter sowjetischen Dissidenten keineswegs unumstritten war, vor allem nicht unter jüdischen Intellektuellen, so schien sie doch ein Modell für die Legitimation von Opposition und Protest darzustellen und erschien als vielversprechende Basis einer neuen Sammlungsbewegung.

Die Verknüpfung von Opposition und kulturellem Widerspruch mit der Dimension des Nationalen führte in Polen, der ČSSR und auch in Ungarn in den siebziger Jahren zu einem neuen Selbstbewusstsein kritischer Intellektueller, nicht aber in der DDR. Die Selbstversicherung nationaler Traditionen taugte nicht, wo Fragen der nationalen Identität tabuisiert und von vornherein ausgeklammert waren. Damit taugte auch der Typus des russischen Dissidenten nicht als Leitbild für Opposition und Widerstand im ostdeutschen Teilstaat. Dennoch provozierte dieses Bild unter kritischen wie staatstreuen Intellektuellen heftige Debatten. Nicht anders ist der polemische Ton der Entschließung zu verstehen, mit der der Schriftstellerverband auf die Zuerkennung des Nobelpreises an Solschenizyn im Herbst 1970 reagierte: »Wenn wir unseren guten Willen sehr bemühen, können wir die diesjährige Entscheidung der Schwedischen Akademie einen groben Irrtum nennen; was dann immer noch bleibt, ist die Wirkung ihres Schritts: Er hat einer weit gespannten antisowjetischen und antisozialistischen Kampagne Anschub gegeben; der Entspannung – und damit auch der Literatur, denn die eine gedeiht nur durch die andere – wurde ein übler Dienst erwiesen. Wir möchten alle, die es angeht, wissen lassen: Die Mitglieder des Deutschen Schriftstellerverbandes wissen sich in uneingeschränkter Solidarität und Freundschaft mit ihren Kollegen und Genossen des sowjetischen Verbandes. Sie werden gemeinsam mit ihnen alle Angriffe auf den Sozialismus und seine Literatur zurückweisen: sie werden immer gemeinsam mit ihnen kämpfen, für den Sozialismus, für den Frieden, für die Literatur.«[8] Für den Verband unterzeichneten Anna Seghers und die Vizepräsidenten Jurij Brězan, Hermann Kant, Fritz Selbmann und Erwin Strittmatter.

Im Februar 1974 wurde Solschenizyn ausgebürgert. Nach Bekanntwerden seiner Ausweisung aus der UdSSR erklärte der Vizepräsident des Schriftstellerverbandes der DDR, Fritz Selbmann: »Ich halte das für die beste Lösung. Nur hätte man diese Lösung vielleicht schon etwas früher finden können. Solschenizyn hat den Weg des offenen Verrats beschritten.«[9] Andere Schriftsteller wie Wolfgang Joho erklärten »übereinstimmend, es sei eine gute Sache, dass Solschenizyn von der UdSSR nach der BRD gebracht worden sei. ... Vielleicht sollte man in der DDR überlegen«, führte Joho weiter aus, »ob man nicht auch Herrn Biermann, aber in erster Linie Herrn Kunze auf diese Weise los wird.«[10] Im Unterschied zu den anderen osteuropäischen Ländern, im Gegensatz auch zu den Linksintellektuellen Frankreichs, Italiens oder Spaniens, löste der *Archipel* in Ost- und Westdeutschland keine vergleichbaren Erschütterungen aus. Vor dem Hintergrund der eigenen verhängnisvollen Geschichte nahm man das Werk zur Kenntnis und wusste sich in Ost und West über dessen ästhetische Unzulänglichkeiten einig. Eine Infragestellung des sozialistischen Modells, wie dies nach Erscheinen des Werks u. a. von den Neuen Philosophen Frankreichs gefordert wurde, erfolgte nicht oder erst mit geraumer Verzögerung nach 1989. An mangelnder Kenntnis über Stalins Terror lag es nicht, wie das Beispiel Klaus Schlesinger zeigt, der sich 1974 durchaus mit Konsequenzen aus der Lektüre befasste: »Vom moralischen Standpunkt aus sei es schwierig, zum Beispiel durch das heutige Sibirien zu fahren ohne zugleich Kenntnis zu nehmen von den Straflagern in der Stalin'schen Zeit. Das sei eine Frage der Moral und Ethik eines Schriftstellers.«[11] Jurek Becker erklärte, »die Literatur könne nicht weiterkommen, wenn sie sich nicht auch dieses Zeitabschnitts energisch bemächtige. Die Probleme und Verbrechen des Personenkults müssten ohne Furcht angepackt und dargestellt werden können.«[12] Auch Stephan Hermlin, in diesen Jahren bekannt für sein besonders vertrautes Verhältnis zu Honecker, lehnte eine Verurteilung Solschenizyns ab. Es sei bedauerlich, dass man »nicht begreifen wolle, dass Solschenizyns Buch *Archipel GULAG* in wenigen Jahrzehnten das wichtigste und bleibende Standardwerk über die Verbrechen in der Zeit des Personenkultus sei. Solschenizyns Buch«, so Hermlin, »sei eine mutige Tat und man müsse ihm Anerkennung zollen für diese Leistung«.[13]

Im November 1976 wurde mit der Ausbürgerung Wolf Biermanns das sowjetische Modell politischer Konfliktlösung zum ersten Mal auf einen prominenten Künstler der DDR angewandt. Abschiebungen oder Ausweisungen hatte es stets gegeben, auch in anderen osteuropäischen Ländern gehörte dies zum Standard in der Auseinandersetzung mit der Opposition. Was die Ausweisung Biermanns im Rückblick besonders hervortreten lässt, ist der Umstand, dass sich gegen sie eine breite gesellschaftliche Bewegung entwickelte, die alles kritische Potenzial der DDR auf einzigartige Weise vereinigte. Ausgelöst wurde diese Bewegung durch den Protestbrief namhafter Schriftsteller, dem

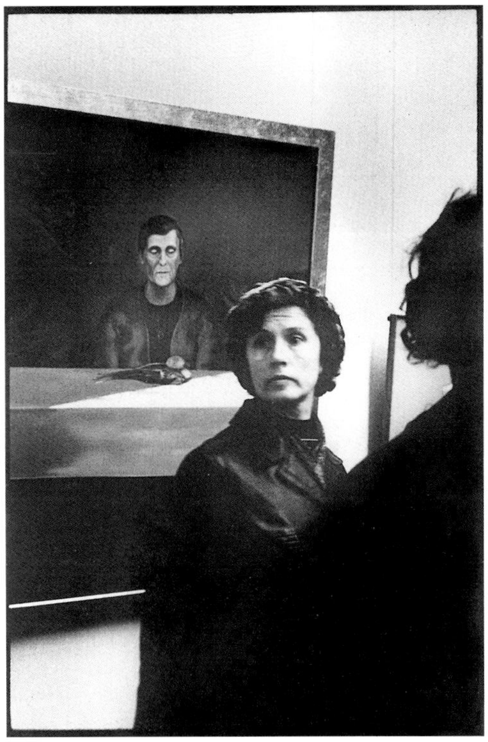

1

2

3

1 Vor Wolfgang Mattheuers *Die Ausgezeichnete*, Albertinum Dresden, 1975 (F: Evelyn Richter)

2 Palast der Republik, Ost-Berlin, 1978 (F: Sibylle Bergemann)

3 Betriebsfeier, Ost-Berlin, 1977 (F: Uwe Steinberg)

1

2

3

4

1 Robert Havemann, Helga Maria Novak, Fritz Rudolf Fries, Kurt Bartsch, Rainer und Sarah Kirsch, Gert Loschütz und Christoph Borowski bei Wolf Biermann, Ost-Berlin, 1965 (F: Roger Melis)

2 Bulat Okudshawa, Andrej Wosnessenski, Robert Roshdestwenski, Jewgeni Jewtuschenko in der Datscha Okudshawas nahe Moskau, 1970er Jahre (F: Dmitri Baltermanz)

3 Walpurgisnacht, Frankfurt/M, 1978 (F: Barbara Klemm)

4 Konzert der Liedermacher in der Nähe von Moskau, 1970er Jahre (F: Waleri Stignejew)

1

2

3

4

1 Abbau des Störsenders für den Empfang der Stimme Amerikas am Kursker Bahnhof, Moskau, 1972 (F: Viktor Achlomow)

2 Alexander Solschenizyn nach seiner Ausweisung aus der UdSSR bei Heinrich Böll in der Eifel, 13. Februar 1974 (F: anonym)

3 Komar & Melamid, Performance *Farbe – die große Kraft*, Moskau, 1970 (F: W. Serow)

4 Sarah Kirsch auf Ausreisekisten, Ost-Berlin, 1977 (F: Roger Melis)

sich binnen Tagen mehrere Hundert Menschen anschlossen. Der Protest hätte zur Geburtsstunde einer breiten Oppositionsbewegung in der DDR werden können, falls es die Initiatoren und Wortführer der Petition darauf angelegt hätten. Doch anders als osteuropäische Intellektuelle und Dissidenten schienen sie von der Wirkung ihres Protests überrascht, wenn nicht gar überrumpelt zu sein und in der Folge um Schadensbegrenzung bemüht. Andere Wortführer standen nicht zur Verfügung. Das Beispiel Rudolf Bahros zeigte, dass Protest, wenn er zu spät kam, wirkungslos blieb, mochte er auch noch so umfassend und philosophisch fundiert sein.

Als Ergebnis der politischen Auseinandersetzungen in den Jahren 1976 und 1977 formierten sich Protestgruppen, aus denen ab Ende der siebziger und im Laufe der achtziger Jahre netzwerkartig Oppositionsstrukturen erwuchsen. Gescheitert waren allerdings die Hoffnungen auf einen Marsch durch die Institutionen und der Versuch, die DDR von innen durch Umbau ihrer Strukturen zu reformieren. Protest, dies war wohl das entscheidende Ergebnis der Biermann-Ausbürgerung, konnte nur unabhängig von staatlichen und kulturellen Strukturen entwickelt werden. Dabei auf die Unterstützung etablierter Autoren oder von nahmhaften Vertretern aus der Partei zu hoffen, war illusorisch. In dieser Situation wuchs den Kirchen besondere Bedeutung zu; sie waren Sammlungsraum, Denkfabrik und Ausgangspunkt für den Protest der achtziger Jahre. Hier fanden – wenn auch nur vorübergehend – all jene eine Bleibe, die infolge der Auseinandersetzung um die Ausbürgerung Biermanns die Institutionen verlassen mussten, den Beruf verloren hatten oder von Schule und Universität gewiesen worden waren.

Als unmittelbare Folge des Helsinki-Prozesses und der Gründung von Menschenrechtsgruppen wie KOR und KON in Polen[14] oder der Charta 77 in der ČSSR begann man sich ab 1978 auch im Partei- und Sicherheitsapparat der DDR intensiv mit dem Phänomen der Dissidentenbewegung auseinanderzusetzen. Diese galt nicht länger als sonderbare Hervorbringung westlicher Massenmedien, sondern als eine über zwei Jahrzehnte währende eigenständige Entwicklung osteuropäischer Länder.[15] Insbesondere die in Paris erscheinende und von Wladimir Maximow und Viktor Nekrassow herausgegebene Exilzeitschrift *Kontinent*, die u. a. Texte aus dem Samisdat veröffentlichte und auch in englischer und deutscher Übersetzung erschien, war Gegenstand eingehender Analysen. Neben allen politischen Stereotypen zeigen diese Analysen vor allem, dass das Phänomen sich international vernetzender Oppositionsgruppen ernst genommen wurde und man systematisch daran ging, die möglichen Auswirkungen dieser Entwicklung auf andere osteuropäische Länder, einschließlich der DDR, zu untersuchen. Als unmittelbare Gefahr für das politische System der DDR wurden osteuropäische Dissidenten allerdings nicht gesehen. Dazu war der Vernetzungsgrad zwischen den DDR- und den osteuropäischen Gruppen zu gering und die sich formierenden basisdemokratischen Gruppen der DDR zu sehr am Vorbild der neuen sozialen Bewegungen des Westens orientiert.

### DIE ACHTZIGER JAHRE

Das neue Jahrzehnt war zunächst geprägt von der Bedrohung durch die sowjetische bzw. amerikanische Atomrüstung und die Ost und West umspannenden Proteste gegen eine mehr und mehr als irrational empfundene Politik. Andererseits wurden die achtziger Jahre von den Leitbildern Glasnost und Perestroika bestimmt, die sich in der DDR zu neuen Chiffren für Reform und Veränderung entwickelten und auch fest gefügte Muster in der Oppositions- und Kulturszenen aufzulösen begannen.[16]

Deutlich wurde dies in der Auflösung der bis dahin stets vorausgesetzten Identität von künstlerischer und politischer Opposition, eine Entwicklung, die sich in der DDR später vollzog als in der Sowjetunion, Polen, Ungarn oder der ČSSR. Das Modell der klassischen Avantgarde von einem Zusammenklang ästhetischer und politischer Veränderungen begann zu verblassen. Zu unterschiedlich waren nicht nur die Interessen, sondern auch die Zielstellungen. Nüchtern betrachtet stellte dies das Ergebnis eines normalen Differenzierungsprozesses zwischen den einzelnen oppositionellen Gruppen und Milieus dar.

Das Anliegen von Autoren und Künstlern – vorausgesetzt sie verstanden sich nicht explizit als politische Akteure – bestand keineswegs im Sturz des Staates, sondern im Zuwachs an individueller, künstlerischer Freiheit und der Möglichkeit, das eigene Werk der Reflexion durch die Öffentlichkeit auszusetzen. Vielfach war dies bereits in den achtziger Jahren, so in Ungarn oder in Polen, erreicht, während die weiter gehenden Ziele der sozialen Bewegungen und politischen Gruppen, die auf Etablierung zivilgesellschaftlicher Strukturen drängten, längst nicht eingelöst waren. Dies deutet auf eine Inkongruenz, die den Blick darauf schärfen sollte, dass Literatur und Kunst sehr wohl auch unter den Bedingungen der Diktatur gedeihen können und die infrastrukturellen Voraussetzungen subkultureller Milieus auch kritischer Literatur und Kunst einen ausreichenden Entwicklungsrahmen zu geben vermögen. In der DDR entstanden bis 1989 etwa dreißig künstlerisch-literarische Zeitschriften, eine etwa gleich hohe Anzahl privater Galerien und Dutzende von Lese- und Diskussionsreihen, die entweder privat organisiert wurden oder unter dem Dach der Kirche stattfanden. In diesen Samisdat-Zeitschriften kam es seit Mitte der achtziger Jahre zu einem verstärkten Austausch und zu einer intensiven Auseinandersetzung mit Konzepten der russischen Avantgarde, mit Welimir Chlebnikow, Daniil Charms u. a., und zur Entdeckung verschollener Autoren wie Pawel Florenski. Auf großes Interesse stießen aber auch Gegenwartsautoren, die sich, wie Dmitri Prigow oder der Deutsch-Georgier Giwi Margwelaschwili, in die Tradition der Avantgarde stellten. Vermittelt wurde der Transfer auf zahlreichen Wegen, besonderes Verdienst gebührt hierbei Fritz Mierau. Von nachhaltigem Einfluss auf essayistische, theoretische und kunstkritische Arbeiten dieser Zeit erwies sich der Strukturalismus, der die inoffiziellen Literatur- und Kunstszenen der DDR über zwei Wege infiltrierte: zum einen in der direkten Auseinandersetzung mit der Formalen Schule und ihren Nachfolgern; zum anderen in der poststrukturalistischen Variante, die, vermittelt durch Tzvetan Todorov und Julia Kristeva, über Frankreich ihren Weg in die DDR fand.

Im Unterschied dazu setzte die Ausbildung einer funktionierenden politischen Öffentlichkeit mit Informations- und Meinungsfreiheit, allgemeiner Teilhabe an den Medien, mit der Möglichkeit der Diskurs- und Kritikbildung die Ablösung, zumindest aber die nachhaltige Veränderung des politischen Systems voraus. Diesem Ziel folgten ab Mitte der achtziger Jahre die meisten Oppositionsgruppen der DDR, auch wenn sie formal dem Projekt des demokratischen Sozialismus verhaftet blieben. In der DDR sind zu dieser Sphäre etwa 100 Informationszeitschriften zu rechnen, die von Oppositions- oder Basisgruppen oder kirchlichen Organisationen herausgegeben wurden.[17] Das zeugt von einem Funktionswechsel: Hatten Literatur und Kunst in den osteuropäischen Ländern und der DDR über fast zwei Jahrzehnte die Aufgabe einer Ersatzöffentlichkeit, wurde Herstellung von Öffentlichkeit seit Ende der siebziger Jahre mehr und mehr durch politische Informationszeitschriften und Journale übernommen. Spätestens seit Beginn der achtziger Jahre ist in allen osteuropäischen Ländern ein Abkoppelungsprozess der politischen Oppositionsszene vom kritisch-künstlerischen Milieu zu beobachten. Vom Staat wurde der literarisch-künstlerische Samisdat der achtziger Jahre nicht mehr als Bedrohung empfunden. Für die politische Opposition war er ebenfalls uninteressant geworden, da er in seinen Forderungen nicht weit genug ging. Am deutlichsten traten die Divergenzen innerhalb der oppositionellen Szene bei Künstlergruppierungen zu Tage, die sich – wie die Künstlerszene des Ost-Berliner Prenzlauer Bergs – an Vorbildern der klassischen Avantgarde orientierten. Sie entwarfen die Vision eines autonomen Künstlertums, das aus ästhetischen und generationsspezifischen Gründen, nicht aus politischen Erwägungen heraus den Bruch mit der Gesellschaft vollzog. Ihnen ging es um Schock, nicht um soziale Verantwortung; um Verweigerung und Brüskierung, weniger um Engagement; wichtig waren Provokation und Regelverstoß als ästhetische Standards, nicht als Mittel politischer und sozialer Mobilisierung. Diese Entwicklung ist Ende der achtziger Jahre in allen künstlerischen Subkulturen Berlins, Moskaus und Prags zu beobachten. Die künstlerische Selbstinszenierung löste die politische Programmatik ab. Dissidenten, denen es um die Vollendung des Projekts der Aufklärung oder um die Vertretung des dissidentischen Anspruchs ging, ein »Leben in Wahrheit« zu führen (Václav Havel), wurden zunehmend als unzeitgemäß belächelt. Es ist nur zu verständlich, dass Widersprüche und Konflikte vorprogrammiert waren und noch im historischen Rückblick die Auseinandersetzung zwischen politischer Dissidenz und künstlerischer Subkultur bestimmen.

Im Unterschied zu Polen oder zur Sowjetunion spielten in der DDR Informationszeitschriften, deren Prototyp u. a. durch die *Chronik der laufenden Ereignisse* gegeben war, nur eine untergeordnete Rolle. Die Informationsvermittlung wurde fast ausschließlich von den Medien des anderen deutschen Teilstaates übernommen. Mit diesem Sprach- und Standortvorteil, um den die DDR von allen anderen ostmitteleuropäischen Ländern beneidet wurde, war zugleich ein eminenter Nachteil verbunden. Mit den Schablonen westlicher Medien wurden nicht zuletzt auch Wertungen und Zielstellungen westdeutscher Politik übernommen: Koexistenz, Verzicht auf Fundamentalopposition, Beschränkung auf Detailreformen, die Nicht-Infragestellung der europäischen Nachkriegsordnung. Vor allem aber sollten die guten Kontakte zwischen den Regierungen beider Staaten nicht getrübt werden.

In der polnischen Opposition – wie auch in der Charta 77 – war man sich hingegen bereits Ende der siebziger Jahre darüber einig, dass die eigentliche Lösung des Ost-West-Konflikts in der Beantwortung der deutschen Frage bestand. An dieser Stelle zeigte sich ein entscheidender Unterschied: Waren die Oppositionsgruppen der DDR, ob sie aus der Perestroika, den Kirchen, den Bürgerrechtsgruppen oder aus den Reihen der sich institutionalisierenden Opposition – wie der »Initiative Frieden und Menschenrechte« – kamen, letztlich auf Bewahrung des status quo und auf Ausblendung der nationalen Frage bedacht, so entwickelte die Opposition in der ČSSR bereits Konzepte europäischen Zuschnitts. In ihnen wies man sehr hellsichtig darauf hin, dass das Verschwinden der DDR eine wesentliche Voraussetzung für die europäische Einigung war. Der deutsche Einigungsprozess wurde, wenngleich kritisch beobachtet, in Budapest, Prag und Warschau mehrheitlich begrüßt; vor allem von jenen, die bis 1989 in der Opposition gearbeitet hatten.

Bedauert wurden der Fall der Mauer und die deutsche Einheit lediglich in Moskau, wo die national geprägte Opposition in die Klage der einstigen Ideologen der Breschnew-Andropow-Tschernenko-Ära einstimmte, dass Russland mit dem Faustpfand Ostdeutschland einen Teil Europas verloren habe.[18] In ihrer wechselseitigen Wahrnehmungsverschränkung waren sich beide Seiten auf verblüffende Weise ähnlich, ob die Kunst- oder Oppositionsszene in Deutschland oder in Russland; für beide galt, dass der Beginn einer rationalen Auseinandersetzung mit dem Jahr 1989 gerade erst begonnen hatte.[19]

1 Vgl. Siegfried Kracauer: *Instruktionsstunde in Literatur*, *Frankfurter Zeitung*, 25.4. 1931, wieder in: Siegfried Kracauer: *Schriften*, Bd. 5.2. Hg.: Inka Mülder-Bach, Frankfurt/M 1990.

2 Vgl. Widerstand ehemaliger Sozialdemokraten, Christdemokraten und Liberaler ab 1946, aber auch die Tätigkeit von Oppositionsgruppen wie des Eisenberger Kreises sowie Gruppierungen an Universitäten und Oberschulen. Vgl. *Widerstand, Opposition, Revolution*, Enquete-Kommission »Aufarbeitung von Geschichte und Folgen der SED-Diktatur in Deutschland«, Bd. VII, Baden-Baden, Frankfurt/M 1995.

3 Uwe Johnson: *Versuch, eine Mentalität zu erklären*, in: *»Wo ich her bin ...« Uwe Johnson in der DDR*, Hg.: Roland Berbig, Erdmut Wizisla, Berlin 1993, S. 26.

4 Vgl. den Text von Sabine Hänsgen und Georg Witte in diesem Katalog.

5 György Dalos: *Vom Propheten zum Produzenten. Zum Rollenwechsel der Literaten in Ungarn und Osteuropa*, Wien 1992, S. 79.

6 Bis Mitte der achtziger Jahre waren der sowjetischen Botschaft alle Publikationen zur Genehmigung vorzulegen, die sich mit der Sowjetunion auseinandersetzten.

7 Vgl. *Revolution im geschlossenen Raum. Die andere Kultur in Leipzig 1970–1990*, Hg.: Uta Grundmann, Klaus Michael, Susanna Seufert, Leipzig 2002, S. 102ff.

8 *Sonntag*, 8.11.1970.

9 Bundesstelle für die Sichtung der Stasi-Unterlagen, BStU, ZA, A–123/76, Bd. II/2, Bl.281.

10 EBd.

11 BStU, ZA, A-123/76, Bd. II/2, Bl.280.

12 BStU, ZA, AIM 7781/83, Bd. I/3, Bl.295.

13 BStU, ZA, A-123/76, Bd. II/2, Bl.292.

14 Helmut Fehr: *Unabhängige Öffentlichkeit und soziale Bewegungen. Fallstudien über Bürgerbewegung in Polen und der DDR*, Opladen 1996; Hartmut Kühn: *Das Jahrzehnt der Solidarność. Die politische Geschichte Polens 1980–1990*, Berlin 1999.

15 Dissidenten gelten nach einer 1978 vom KGB übernommenen Definition als »feindliche Elemente aus den Reihen der Revisionisten, Nationalisten, Zionisten, Kirchenanhänger und Sektierer, die illegale und legale Formen des Kampfes gegen den existierenden Aufbau in der UdSSR anwenden und sich als Vorkämpfer für die Menschenrechte und für die Demokratie maskieren«, BStU ZA HA XX/AKG, Nr. 781, Bl.220.

16 *Zwischen Selbstbehauptung und Anpassung. Formen des Widerstands und der Opposition in der DDR*, Hg.: Ulrike Poppe u. a., Berlin 1995; *Zwischen Verweigerung und Opposition. Politischer Protest in der DDR 1970–1989*, Hg.: Detlef Polack, Dieter Rink, Frankfurt/M/New York 1997.

17 Vgl. *Freiheit und Öffentlichkeit. Politischer Samisdat in der DDR 1985–1989*, Hg.: Ilko-Sascha Kowalczuk, Berlin 2002; *DDR 1980–1989. Künstlerbücher und originalgrafische Zeitschriften im Eigenverlag. Bibliographie*, Hg.: Jens Henkl, Sabine Russ, Gifkendorf 1991; Klaus Michael: *Jenseits der Öffentlichkeit? Öffentlichkeitskonzepte in den selbstverlegten Literaturzeitschriften der achtziger Jahre*, in: *Zeitschrift des Forschungsverbundes SED-Staat an der FU Berlin*, Nr. 3, 1996.

18 Vgl. Masha Gessen: *Auf den Erfolg unserer hoffnungslosen Mission. Die russische Intelligenzija*, München 1998.

19 Vgl. *Stasi, KGB und Literatur. Beiträge und Erfahrungen aus Rußland und Deutschland*, Hg.: Heinrich-Böll-Stiftung, Berlin 1993.

## POLITIK UND KUNST
## WILHELM CHRISTIANS IM INTERVIEW MIT JÜRGEN HARTEN DÜSSELDORF, 7. OKTOBER 2002

**JÜRGEN HARTEN** Sie hatten seit Ende der sechziger Jahre dienstlich in Moskau zu tun …

**WILHELM CHRISTIANS** Auf der Hannover-Messe 1969 hat alles begonnen. Chruschtschow hatte 1959, also zehn Jahre zuvor, als er die Weizenfelder in den USA besuchte, Eisenhower gegenüber erklärt: »In zehn Jahren holen wir euch ein.« 1969 kam dann der Außenhandelsminister Nikolai Patolitschew zur Hannover-Messe. Wir unterhielten uns über den Westhandel und etwas verbrämt erklärte Herr Patolitschew, dass von Chruschtschows Verkündigungen nichts eingetroffen sei und sie die Tore zum Westen hin öffnen wollten. Das war der entscheidende Beginn. Schon bald nach Patolitschews Äußerungen in Hannover kam ein Herr Sweschnikow, Chairman der sowjetischen Außenhandelsbank, zu mir in die Deutsche Bank – ich war damals Mannesmann-Mann – und wollte über Geschäfte sprechen. 1970 kam dann das Röhrenabkommen zustande: Mannesmann lieferte Röhren zum Bau von Erdgasleitungen im Tausch gegen Gaslieferungen aus der Sowjetunion an Österreich und deutsche Energieversorger. Ich führte damals die Verhandlungen. Das Geschäft stieß auf große Widerstände, vor allem bei den Amerikanern und den Franzosen.

**J. H.** Die Initiative ging also von russischer Seite aus? Und Hannover, Deutschland spielte bei der Annäherung eine wichtige Rolle. Das ist ja eine Vision gewesen …

**W. C.** Ja, denn das war zu einer Zeit, wo die Verklemmungen, miteinander umzugehen, noch deutlich spürbar waren – das konnte auch im Westen nicht jeder. Ich war im Krieg in Russland gewesen und nun darüber erstaunt, dass man mich überhaupt akzeptierte. Vom Ende der Sechziger bis Ende der Achtziger bin ich über fünfzig Mal in der Sowjetunion gewesen. Bis nach Ostsibirien bin ich gekommen, und die Russen haben mich nicht einmal spüren lassen, dass ich vorher ihr Gegner war. Ich hatte auch ein gutes Verhältnis zu dem Chef des sowjetischen Bankwesens, Herrn Alchimow, der mich, nachdem wir bereits zehn Jahre zusammengearbeitet hatten, auf dem von Gorbatschow veranstalteten Moskauer Friedenskongress im Februar 1987 bat, ihm eine Beschreibung des alten Königsberg, heute Kaliningrad, zu besorgen. Dabei stellte sich heraus, dass er als Offizier im Krieg gegen uns gekämpft hatte, im Frühjahr 1945 vor Königsberg, ebenso wie ich. Zum Friedenskongress trug er seinen sowjetischen Orden mit Stolz. Es war eine eigenartige Begegnung ehemaliger Kriegsgegner, die aber vergleichbare Erfahrungen teilten.

**J. H.** Wenn Sie schon 1969 in Russland waren, war das noch bevor Willy Brandt Breschnew getroffen hat …

**W. C.** Oh ja. Ich war der erste Westler und mein erster Besuch in Moskau geschah im Auftrag der Deutschen Bank im Dezember 1969. Von daher fuhr ich als Privatmann, was eine eigenartige Situation war. Ich war damals noch sehr jung, und die Sowjets dachten, wenn so ein junger Kerl mit uns über Milliarden spricht, dann muss er Beziehungen in Bonn haben. Da von Seiten der Sowjetunion allein auf Staatsebene verhandelt wurde, konnte ich in ihren Augen allenfalls ein Mitarbeiter der Regierung sein. Das wurde beispielsweise 1972 deutlich. Bei einem Treffen mit dem Stellvertreter von Herrn Patolitschew im sowjetischen Außenhandelsministerium, Nikolai Kamarow, ging es wieder einmal um den Zinssatz, den er nicht akzeptieren wollte. So drohte er mir, Bundeskanzler Willy Brandt zu sagen, dass ich die deutsch-sowjetischen Beziehungen kaputt machen würde. Worauf ich entgegnete, es täte mir leid, ihm das zu sagen, aber Brandt habe als Bundeskanzler in dieser Angelegenheit nichts zu sagen, ich sei ihm gegenüber nicht weisungsgebunden. Da hat er mich angefahren. Und ich stand auf, brach die Verhandlungen ab und verließ den Raum. Mittags kam dann ein Bote des stellvertretenden Ministerpräsidenten Wladimir Nowikow (der damals in der Regierung für die Verhandlungen mit der Bundesrepublik zuständig war) ins Hotel Intourist, mit der Einladung, am Nachmittag desselben Tages zu ihm in den Kreml zu kommen. Ein Wagen brachte mich um 16 Uhr dorthin. Herr Nowikow war im Gegensatz zu mir von riesiger Statur: »So, Herr Christians, jetzt wollen wir die Sache von heute morgen nochmal bereden. Jetzt setzen wir uns hin und werden die deutsch-sowjetischen Beziehungen wieder in Ordnung bringen.« Drei Stunden habe ich im Kreml gesessen, in dieser Zeit haben wir die ganze Welt erörtert. Es hatte ja bis dahin keine offenen Gespräche gegeben. Wir kamen dann zu folgendem Gesamtergebnis: Die Sowjetunion ist reich an Rohstoffen und die Bundesrepublik Deutschland hoch technologisiert und kompetent. Demzufolge müssen beide zusammengehen, die Russen mit ihren Rohstoffen, die Deutschen mit ihrem technischen Vermögen, dann ließe sich daraus gemeinsam etwas machen.

**J. H.** Sie haben sich also nicht in das Geschirr der Politik begeben, wenn ich das richtig sehe.

**W. C.** Nein. Das war überhaupt meine Devise. Aber wir haben sehr hart verhandelt. Sie müssen sich vorstellen, das waren die ersten Verhandlungen im großen Stil. Ich hatte nur zwei Begleiter mit, und die Russen hatten zehn, von denen immer zwei vom Geheimdienst waren, die wir auch inzwischen kannten. So führten wir über Jahre Verhandlungen. Es war jedenfalls ein großer Zirkus.

Patolitschew kam eines Tages zu mir und sagte: »Herr Christians, stellen Sie sich vor, meine Kollegen im Politbüro machen mir den Vorwurf, dass ich mit Ihnen verhandele und dass wir Pflichten eingingen, unser Gas zu verkaufen, was wir nicht nötig hätten. Die westlichen Demokratien brauchten unsere Energie. Wir lieferten uns aus, meinen meine Kollegen. Was sagen Sie dazu?« Darauf haben wir uns sehr persönlich unterhalten. Ich habe ihm gesagt, dass die Sowjetunion zwar eine große Macht sei, doch könne auch sie nicht ohne Beziehungen zur Außenwelt überleben. Wörtlich sagte ich ihm: »Was Ihre Kollegen sagen, ist von vorgestern. Sie müssen offen sein. Sie sind doch selbstbewusst genug. Sie können doch mit uns reden und wir mit Ihnen.« Zu der Zeit war der Kalte Krieg auf dem Höhepunkt. Dennoch blieb ich immer neugierig in meinem Metier. Ich wollte immer dahinter gucken und so bin ich auch nach Russland gereist. Nach wenigen Wo chen in Moskau, nach wenigen Reisen nur merkte ich bereits, dass dieses Regime, das sich so aufplustert, irgendwann zusammenfallen musste. Ähnliches haben auch die Russen in Gesprächen durchscheinen lassen, nachdem wir uns näher kannten.

**J. H.** Das Erdgasgeschäft war ja das erste langfristige Importgeschäft mit der Sowjetunion.

**W. C.** Ja, es wurde weiter vorangetrieben durch die Erdölkrisen 1973 und 1979. Ich war zu der Zeit Aufsichtsratsvorsitzender bei Mannesmann. Das Erdöl wurde damals mit 30 Dollar pro Barrel gehandelt, und es galt festzustellen, ab welcher Preishöhe die deutsche Industrie praktisch nicht mehr wettbewerbsfähig sein würde.

**J. H.** Und damals war der Dollar noch 3 Mark Wert.

**W. C.** Mit Helmut Schmidt, dem damaligen Bundeskanzler, haben wir gemeinsam überlegt, woher wir die nötige Energie für die hochtechnisierte Bundesrepublik beziehen könnten, da wir mit unserer eigenen Energie die deutsche Wirtschaft nicht aufrecht halten konnten. Wir berieten, dass man dreißig Prozent von der Sowjetunion beziehen könnte. Zehn Prozent kamen aus den Niederlanden, die über große Erdgaslager verfügen, und ein weiterer Anteil aus Norwegen. Wir haben uns darauf geeinigt, von der Sowjetunion nur so viel zu beziehen, dass man uns nicht den Hals abwürgen könnte.

Die Sowjetunion hatte Energie im Überfluss, sodass man Tag und Nacht die Fenster aufließ, weil die Räume so überheizt waren. Wir im Westen hatten ja nun gelernt, Energie zu sparen. Das war auch ein Thema meines ersten Gesprächs mit Michail Gorbatschow im April 1985.

Gorbatschow traf mich als ersten westlichen Wirtschaftsvertreter, da ich keine offizielle politische Figur war. Er kam auf mich zu und sagte: »Ich weiß, sie handeln schon 15 Jahre mit uns, sie kennen unser Land.« Er fragte mich, wo ich in Russland gewesen sei. Mir war völlig klar, dass man alles über mich wusste, doch hatten sie nichts gegen mich in der Hand. Und wir hatten vom Krieg her ein gegenseitiges Respektverhältnis. Mein folgender Gesprächspartner war dann der damalige Außenminister Eduard Schewardnadse.

**J. H.** Sie sind ja auch immer besonders motiviert gewesen und haben persönlich sehr viel investiert. Wenn Sie es nur als reines Geschäft betrachtet hätten, dann wäre es nicht gelungen.

**W. C.** Das Geschäft kannte ich nach zehn Jahren. Vor allem aber muss man etwas über die Mentalität wissen. Wer die russische Mentalität nicht versteht, kommt nie zum Erfolg. Das zeigte sich beispielsweise auch im Zusammenhang mit der Beutekunst in Russland. Ein Vertreter der Bundesrepublik Deutschland ist mit einem Papier über internationale Vereinbarungen zur Rückführung von Kunstwerken in der Duma aufgetreten und sagte gerade heraus, was uns zustehe. Das war aussichtslos, damit war es aus. Das Problem der Rückgabe von Kunst ist nur gegenseitig zu lösen und nur unter Berücksichtigung dessen, was wir Deutschen in Russland angerichtet haben.

Zu der Zeit, als Boris Jelzin wieder einmal angewiesen wurde, keine Garantie für Rückgaben zu geben, war ich 1982 mit der Direktorin des Puschkin Museums, Frau Irina Antonowa, im Gespräch. Sie versprach, mir den Schatz des Priamos zu zeigen. Wir haben darauf eine Veranstaltung in ihrem Zimmer mit allen Direktoren organisiert, Samt wurde ausgebreitet und wie bei einer Audienz standen wir ringsherum. Sie trat ein und hielt einen Vortrag in Deutsch. Das war unglaublich. Und dann sagte sie: »Herr Christians, den Schatz des Priamus werden sie nicht zurückerhalten. Wir bewahren den Goldschatz für die Menschheit. Jeder, der ihn sehen will, kann ihn sich bei uns ansehen, aber wir werden ihn nicht zurückgeben.«

**J. H.** Der Schatz ist heute im Puschkin Museum ausgestellt, offiziell wurde zunächst behauptet, Russland hätte ihn gar nicht. Sie haben sich für die Kunst überhaupt stark engagiert.

**W. C.** Ja. Als die Ausstellung *Moskau–Paris* 1981 im Puschkin Museum in Moskau zu sehen war, nachdem sie zuvor 1979 in Paris stattgefunden hatte, bekam ich den Hinweis, dass Breschnew im Puschkin Museum sei. Ich bin sofort hingefahren in der Hoffnung, ihn noch zu sehen. Damals ist Breschnew vor dem Bild *Der Tanz* von Henri Matisse aus der Ermitage stehen geblieben und sagte: »Kunst ist das beste Mittel der Völkerverständigung.« Der Satz stand am nächsten Tag groß in der *Frankfurter Allgemeinen Zeitung*. Ich habe ihn ausgeschnitten und bin damit zum damaligen Kulturminister Herrn Demitschew gegangen. Überrascht darüber, mich in seinem Büro anzutreffen, sagte er: »Herr Bankier, sie sind hier falsch. Das Finanzministerium ist dort drüben.« Ich machte ihm klar, dass ich zu ihm wolle. Als ich ihm von meinem Plan einer Ausstellung mit deutscher Kunst in der Sowjetunion erzählte, reagierte er ungläubig. Herr Schäfer, damaliger Vorsitzender des Düsseldorfer Kunstvereins, hatte mir diesen Floh ins Ohr gesetzt. Wir haben insgesamt fünfzig Exponate für *Mensch und Landschaft*, 1983, zusammengestellt – es wurde mir gesagt, es wäre die erste westliche Ausstellung seit 1917. Bis dato hatte die Sowjetunion keinen Vertrag mit der Bundesrepublik gemacht, nun wurde erstmals zwischen einem privaten Unternehmen, der Deutschen Bank, und der Weltmacht Sowjetunion ein Vertrag geschlossen. Damit war für meine weiteren Pläne der nächsten Jahre der Weg gebahnt.

Es gab Milliarden-Verträge im Zusammenhang mit dem Erdgas. Das war hochinteressant, doch für mich wurde die Kunst viel spannender. Dort gab es Neuland für mich zu entdecken. Zum Beispiel habe ich 1983 Günther Uecker für eine Einzelausstellung in die Ermitage gebracht. Für die Russen war dieser Nagelkünstler etwas Besonderes. Auf deutscher Seite stieß ich jedoch auf Unverständnis: »Der Christians sollte doch über Erdgas reden und dann bringt der Kunst.«

**J. H.** Das hängt ja auch mit Ihrer Persönlichkeit zusammen, der Neugier auf Russland, dem Wunsch nach Kommunikation und Ihrem Kunstinteresse. Sie haben schließlich auch zum Gelingen der Ausfuhr der Sammlung Costakis beigetragen, die bereits 1977, erstmals im Westen, im Düsseldorfer Kunstmuseum auf Ihre Veranlassung hin zu sehen war.

**W. C.** Ja. Ich war ja wegen der Verhandlungen häufig auch am Wochenende in Russland. In Moskau – ein langweiliges Nest – wurden abends die Bürgersteige hochgeklappt. Das Bolschoi-Theater und den Zirkus habe ich jedes Mal besucht, aber irgendwann kannte ich alles. Dann begegnete ich Georgi Costakis, einem Angestellten der kanadischen Botschaft in Moskau. Costakis hatte eine Wohnung im sozialen Wohnungsbau einer Vorstadt von Moskau. Seine Wohnung quoll über von Avantgarde-Bildern, ungerahmt und in scheußlichem Zustand. Die Bilder hingen bis an die Decke, und da die Gänge so eng waren, trat man mit dem Absatz fast in die Bilder, die am Boden an der Wand lehnten. Costakis wandte sich an mich: »Man weiß sehr wohl, dass ich alle die Bilder besitze, und ich muss damit rechnen, überfallen zu werden. Einen Teil zumindest muss ich in den Westen schaffen. Können sie mir helfen?« Es musste schließlich sehr schnell gehen. Ich wandte mich an Werner Schmalenbach, den Direktor der Kunstsammlungen NRW, aber der winkte ab. Doch dann verhalf mir der Düssel-

1

2

3

4

1 Drushba-Trasse, Ukraine/UdSSR, 1978 (F: Werner Mahler)

2 Drushba-Trasse, Ukraine/UdSSR, 1978 (F: Werner Mahler)

3 Am Hobel. Zeche Haus Aden, Bergkamen, 1977 (F: Jörg Boström)

4 Grubenfahrt. Zeche Haus Aden, Bergkamen, 1977 (F: Jörg Boström)

1

2

3

1 Leonid Breschnew und Erich Honecker, 30. Jahrestag der DDR, Ost-Berlin, 1979 (F: Barbara Klemm)

2 Moskau, 1. Mai 1980 (F: Fjodor Rubaschkin)

3 Vorlesung zum wissenschaftlichen Kommunismus im Polygrafischen Institut, Moskau, 1979 (F: Oleg Smirnow)

dorfer Kulturdezernent Herr Dieckmann innerhalb von zwei Tagen zu einer Zusage für das Kunstmuseum unter Graf Kalnein. Die Deutsche Bank übernahm die Restaurierung der Bilder. Am Vortag der Eröffnung wurde die Ausstellung für das Fernsehen freigegeben und Costakis kam dazu. Er war trunken vor Glück und tanzte von einem Bild zum anderen. Problematisch war, dass wir es mit verbotener Kunst zu tun hatten. So offen durfte ich das eigentlich nicht machen. Aber wir haben das alles unter uns gemacht und am Abend der Eröffnung hier im Haus der Deutschen Bank einen Empfang gegeben. Es kamen Kunsthändler aus New York, London, Tokyo. Das war die erste Ausstellung der Avantgarde aus Russland im Westen.

**J. H.** Das war 1977, in dem Jahr, als der Internationale Museumsrat, *The International Council of Museum*, seine große Tagung in Leningrad und Moskau veranstaltete. Das Motto dieser Tagung lautete: Internationaler Kulturaustausch. Das war damals für mich, als Leiter der Kunsthalle Düsseldorf, der Startschuss. Aber bei mir fing das nicht mit der Avantgarde an, sondern mit Poussin. Für die Poussin-Ausstellung 1978 in der Kunsthalle in Zusammenarbeit mit der Académie de France in der Villa Medici, Rom, wandte ich mich an den Kulturattaché Herrn Smidowitsch, wobei ich mich auf den ICOM-Kongress berief. Ich bekam dann tatsächlich vier Poussin-Bilder aus der Sowjetunion. Das wäre mit der DDR damals nicht gegangen. War denn während dieser vielen Jahre die DDR ein Thema für Sie oder für die Russen?

**W. C.** Nein, die DDR wurde nicht ernst genommen. Während der Gespräche von Ende 1960 bis Anfang 1990 wurde die DDR überhaupt nicht erwähnt.

**J. H.** Das ist interessant, denn es gab ja auf beiden Seiten Beziehungen zu Kollegen aus der DDR. Ich denke beispielsweise an Larissa Shadowa, sie war eine sehr gute Kunsthistorikerin und Gattin von Konstantin Simonow, dem berühmten Romancier. Ich habe sie damals auf ihrer Datscha in der Nähe von Moskau besucht, wo sie unter anderem einen Picasso hängen hatte. Sie hatte dank ihres Ehemannes internationale Kontakte und ihre Publikation über Malewitsch, die erste russische, ist nicht in der Sowjetunion erschienen, sondern merkwürdigerweise in Dresden.[1]

**W. C.** Zwar war die Avantgarde im formellen Sinne nicht verboten, aber sie durfte in der Sowjetunion nicht ausgestellt werden. Auch im Westen war davon nichts zu sehen. Eine hervorragende Sammlung russischer Avantgarde ist allerdings durch Zufall nach Holland gelangt.

**J. H.** Sie meinen Malewitsch. Willem Sandberg, der erste Nachkriegsdirektor des Stedelijk Museums, hatte eine berühmte Sammlung von Malewitsch für Amsterdam gekauft, und dort ist sie immer noch zu sehen.[2] Sie haben Recht: Wer Malewitsch sehen wollte, musste nach Amsterdam fahren. Als ich 1979 in Moskau über Malewitsch verhandelte, habe ich gefragt, ob ich die Bilder aus Amsterdam dazunehmen könnte. Im Kulturministerium war man strikt dagegen. Man wollte damals einer späteren Regelung des Anspruchs der Erben auf Entschädigung nicht vorgreifen. Die Ausstellung hieß dann auch *Kasimir Malewitsch. Werke aus sowjetischen Sammlungen.* Das war 1980. Eigentlich sollte die Ausstellung von Düsseldorf nach Hamburg und nach Baden-Baden weiterreisen. Aber plötzlich kam ein Telegramm mit der Aufforderung, die Exponate nach Beendigung der vereinbarten Zeit unverzüglich zurückzuschicken. Hier verstand damals niemand, warum Malewitsch wieder zurückbeordert wurde. Viel später, als er bereits Pensionär war, hat mir Wladimir Semjonow erzählt, dass Michail Suslow dies angeordnet hatte. Er hatte in der *Prawda* einen Artikel gegen Malewitsch schreiben lassen, und was in der *Prawda* stand, galt *ex cathedra*.

**W. C.** Die nicht offiziellen Künstler durften ihre Arbeiten ebenfalls nicht zeigen. So habe ich meine Moskauer Nächte meist in Kellern verbracht. Nur einmal gab es eine Ausstellung draußen vor Moskau, die dann zerstört worden ist.

**J. H.** Ja, die so genannte Bulldozer-Ausstellung in Jugo-Sapadny, im Jahre 1974.

**W. C.** Schlimm ist das gewesen. Wir, meine Mitarbeiter und ich, wollten im Grunde nur Kontakte knüpfen. Wir haben dann die Reste, die noch vorzeigbar waren, gesammelt und auch ausgestellt. Der Geheimdienst war natürlich informiert darüber, wo ich mich bewegte. Doch sie haben mir nichts getan. Das hat mich immer gewundert, denn eine Zeit pflegte ich mit nicht registrierten, jungen Künstlern Kontakt. Als ich in Moskau 1983 die Ausstellung *Mensch und Landschaft* eröffnete und mit dem russischen Kulturminister das rote Band in der Tretjakow-Galerie durchschnitten hatte, kamen die ganzen jungen Künstler hinter mir her, da sie der Meinung waren, ich sei derjenige, der sie in den Westen bringen würde. Die Eröffnung in der Tretjakow-Galerie erregte großes Aufsehen. Dort war ein Publikum, das man sonst nie sah.

**J. H.** Ich war auch bei der Eröffnung. Das war hoch spannend. Auch zu mir kamen ganz vertraulich Leute, die Angst hatten beobachtet zu werden, aus den gleichen Gründen wie zu Ihnen.

**W. C.** Die Kunst hatte für mich eine spezielle Funktion. Bei verschiedenen Verhandlungen und schwierigen Gesprächen haben wir mehrfach sachliche Probleme über den Umweg der Kunst lösen können. Mit Wladimir Semjonow z. B., dem stellvertretenden Außenminister der UdSSR[3], redete ich, wenn sich die geschäftlichen Verhandlungen verrannten, über Kunst. Wir haben mehrere Milliarden-Verträge gemacht, ohne viele Subventionen von der Regierung. Aber oft habe ich gedacht: Nicht einmal die eigenen Leute verstehen, warum wir uns um die Kunst kümmern. Meine Überlegung war, wenn wir eine Annäherung schon nicht mittels der Milliarden schaffen, dann über die Kunst. Das ist doch etwas, was man den Leuten nahe bringen kann.

**J. H.** Ja sicher, da bricht man Blockaden auf …

1 Larissa Shadova: *Suche und Experiment*, Dresden 1978; wieder aufgelegt unter dem Titel *Kasimir Malewitsch und sein Kreis*, München 1982.

2 Sandberg erwarb die »Berliner Bilder" Malewitschs 1958 von dem Architekten Hugo Häring.

3 Zu Wladimir Semjonow siehe seine Aufzeichnungen in diesem Band. 1980 stellte das Museum Ludwig, Köln, Semjonows Sammlung russischer Gemälde und Grafiken aus.

# EUROPA ZWISCHEN RUSSLAND UND DEN VEREINIGTEN STAATEN
## STAATSPOLITISCHE PERSPEKTIVEN RECHTS- UND FRIEDENSPOLITISCHE KONSEQUENZEN

GRET HALLER

Das Verhältnis zwischen Europa, Russland und den Vereinigten Staaten wird heute meistens machtpolitisch diskutiert. Hinter der Machtpolitik sind in diesem Dreieck jedoch auch feiner gewobene Linien auszumachen. Die folgenden Gedanken beschränken sich auf jene Bereiche, in welchen sich heute transatlantische Unterschiede abzeichnen, die man während des Kalten Krieges nicht wahrnehmen konnte. Sie sollen hier in der gebotenen Kürze in Beziehung gesetzt werden zu Russland. Geografisch umfasst es heute zwar immer noch etliche Gebiete, die zu Beginn des 20. Jahrhunderts dem Zarenreich angehörten, auch die Sprache ist dieselbe geblieben, dennoch gibt es kaum noch Gemeinsamkeiten mit der damaligen Situation. Wenn hier trotzdem für Russland geschichtliche Aspekte einbezogen werden, so deshalb, weil sich auch die transatlantischen Verschiedenheiten nur historisch erklären lassen.

### STAAT UND GESELLSCHAFT

Um das Jahr 1000 wurde im ersten sich formierenden russischen Staatswesen durch die Taufe des Kiewer Fürsten Wladimir das Ost-Christentum eingeführt, nachdem Westmitteleuropa römisch-christlich geworden war. In den folgenden zwei Jahrhunderten fand durch diplomatischen Kontakt wie auch durch die Heiratspolitik der Königshäuser ein Austausch zwischen Ost und West statt. Dieser wurde jedoch jäh beendet durch die Tataren, welche Russland eroberten und es für die nächsten 200 Jahre in ihr Großreich integrierten. Die Befreiung von der mongolischen Herrschaft und die Eroberung Konstantinopels durch die Türken im Jahr 1453 bewirkten, dass sich die russisch-orthodoxe Kirche als selbständig und Moskau – nach Rom und Byzanz – zum »Dritten Rom« erklärte. Das heutige Russland ist multireligiös, bedingt durch die spätere geografische Erweiterung nach Osten und Süden.

Ein Unterschied zu den historischen Wurzeln Westmitteleuropas liegt darin, dass hier »Staatlichkeit« schon früh als eine öffentliche Angelegenheit entstand. Die feudalen Lehensverträge über Rechte und Pflichten, die für alle Mitglieder der Gesellschaft Gültigkeit hatten, bildeten die Grundlage einer öffentlichen Ordnung, und die Herrscher richteten bereits im Mittelalter neben der Verwaltung ihres privaten Vermögens auch einen öffentlichen Haushalt ein. In Russland hingegen formierte sich »Staatlichkeit« vorwiegend als Privatbesitz der Fürsten und später der Zaren. Land und Leute gehörten gleichsam als Privateigentum dem Herrscher, und zwar sowohl die Bauern als auch die Adligen.[1] Es wurde nicht unterschieden zwischen öffentlich und privat. Im 18. Jahrhundert setzte dann unter Zar Peter dem Großen der systematische Versuch ein, Russland an Westeuropa anzugleichen. Der Staat wurde begrifflich vom Herrscher getrennt.[2] Es wurden ein eigener Staatshaushalt und das Privateigentum an Grund und Boden eingerichtet, dies allerdings nur für den Adel. Die im 16. Jahrhundert eingeführte Leibeigenschaft erreichte 200 Jahre später ihren Höhepunkt und wurde erst 1861 aufgehoben.

Eine eigentliche Antithese zum alten Europa verwirklichte sich hingegen jenseits des Atlantiks. Der Machtkampf zwischen Staat und Kirche war in Europa zugunsten des Staates ausgegangen. Nach den Religionskriegen hatte man durch den Westfälischen Frieden 1648 die Grundlage einer völkerrechtlichen Ordnung zwischen den Staaten geschaffen und die Religion definitiv dem Staat unterstellt. Wer von den Auswanderern in die Neue Welt eine weltanschauliche Motivation hatte, wollte genau diese Rangordnung nicht anerkennen. Dies gilt insbesondere für die puritanischen Pilgerväter, die die Vereinigten Staaten mehr als alle anderen prägen sollten. Ausgehend von der Idee des auserwählten Volkes Gottes, wollten sie eine neue, reine Gesellschaft aufbauen. Die religiösen Gemeinschaften verstanden sich als eine sich selbst genügende öffentliche Ordnungsstruktur, die gar keines Staats bedurfte. So kam es jenseits des Atlantiks zu einem bis heute konsequent gehandhabten Staatsminimalismus.[3]

Richard Pipes legt dar, warum die Staatsidee nach westeuropäischem Muster auch nach ihrer Lancierung in Russland nur unvollkommen assimiliert worden ist, und er umschreibt den Schlüssel für die staatspolitische Entwicklung Russlands folgendermaßen: »Weder wuchs der Staat aus der Gesellschaft, noch wurde er ihr von oben auferlegt. Vielmehr entwickelte er sich neben der Gesellschaft her ... «[4] Unter »Gesellschaft« kann in Russland bis Mitte des 19. Jahrhunderts nur ein Teil der Adligen verstanden werden, später kamen Großhändler und Intellektuelle aus anderen Ständen hinzu. Vor allem im 20. Jahrhundert wurde »Gesellschaft« gleichbedeutend mit der »Intelligenzija«, welche vom kommunistischen Staat mit allen Mitteln bekämpft wurde. In den Vereinigten Staaten hat die Gesellschaft dagegen immer den Staat bekämpft, sodass er schließlich gleichsam in ihr aufgegangen ist. Effektiv beschränkt sich das US-amerikanische Staatsverständnis auch heute noch auf einen rein horizontal verstandenen Gesellschaftsvertrag, während der europäische Staat etwas Drittes darstellt, das über die horizontalen Beziehungen zwischen den Individuen hinausgeht, und das es im Sinne einer staatspolitischen Identität in den Vereinigten Staaten gar nicht gibt. Europa differenziert zwischen den Begriffen »Staat« und »Gesellschaft«, während in den Vereinigten Staaten diese beiden Begriffe letztlich gar nicht auseinander gehalten werden.[5] Nur in Westmitteleuropa hat sich historisch konsistent die Wechselbeziehung zwischen Staat und Gesellschaft entwickeln können, in welcher die Gesellschaft als öffentliche Ordnungsstruktur den Staat einrichtet, der als eine dritte Dimension über sie hinausgeht und dadurch in die Lage versetzt wird, die gleiche Freiheit aller Individuen zu garantieren. Russland ist heute auf dem Weg zu dieser Wechselbeziehung zwischen Staat und Gesellschaft.

### DEMOKRATIE

Der Begriff »Demokratie« umschreibt den Vorgang der Ausgestaltung des Staates durch die Gesellschaft. In Diktaturen erlauben die staatlichen Herrscher der Gesellschaft kein Eigenleben, weshalb Demokratie nicht stattfindet. Die heutige Situation Russlands hat Konstantin Asadowski so umschrieben: »Ein Land der Sklaverei, wo es kein Recht gab, kein Gesetz, wo überhaupt keine politische Kultur entwickelt worden ist, braucht ein neues gesellschaftliches Bewusstsein. Und dieses entsteht langsam und unter Qualen. Aber es entsteht.« In Russland muss heute die Gesellschaft wiedergeboren werden, damit sie den Staat ausgestalten kann. Westeuropa hingegen verfügt diesbezüglich über ein privilegiertes historisches Erbe. Aber es hat eine große historische Schuld auf sich geladen, dieses Erbe verantwortungslos verwaltet zu haben. Europäische Staaten haben in der Kolonialzeit – neben positiven Errungenschaften – viel Unrecht und Leid über die kolonisierten Länder anderer Kontinente gebracht. Und in der ersten Hälfte des 20. Jahrhunderts wussten sie den Zusammenbruch dieses Erbes in unmenschlicher Barbarei nicht zu verhindern. Heute wird im Rahmen der Europäischen Union eine gesamteuropäische staatspolitische Identität geschaffen, ohne dass jedoch auf dieser Ebene eine neue »Nation« entstehen kann.

Wenn Demokratie die Ausgestaltung des Staates durch die Gesellschaft ist, und wenn jenseits des Atlantiks der Staat in der Gesellschaft aufgegangen ist, wie findet dann dort Demokratie statt? In Europa besteht die demokratische Identität in der Wahl der Parlamente, zu der man in der Eigenschaft als Teil des Volkssouveräns berechtigt ist. US-Amerikaner erleben demokratische Identität viel weniger in diesem Bereich, sondern darin, Rechte zu haben, die man als Einzelperson oder Vertretung eines Minderheitsinteresses vor Gericht einklagen kann.[6] So erhalten das Recht und die Justiz eine ganz andere Funktion als in Europa.[7] US-Demokratie versteht Politik als »Kampf um das Recht und um Rechte«.[8]

## RECHT UND POLITIK

In Europa wird in den politischen Instanzen, insbesondere in den Parlamenten um die Gesetzgebung gestritten, und die so entstandene Rechtsordnung wird dem Staat anvertraut. In den Vereinigten Staaten wird hingegen um Rechte gestritten. Wenn in den Vereinigten Staaten die Auseinandersetzung um die Verteilung von Macht direkt – horizontal – in der Gesellschaft zwischen den Privaten stattfindet, und nur zu einem kleineren Teil im Parlament, so deshalb, weil den Gründern dieser Nation die Vorstellung eines vernünftigen Gemeinwillens fremd war, der in Europa der Staatsbildung zugrunde liegt. Sie wollten eine möglichst staatsfreie Gesellschaft, in welcher die Machtverteilung zwischen Privatpersonen oder allenfalls Minderheitsgruppen ausgehandelt wird. Damit sollten Mehrheiten vermieden werden, welche die Legitimation hätten beanspruchen können, den Staat zu stärken.[9] Schädliche Produkte werden in Europa durch Gesetze verboten, und zwar möglichst bevor ein Schaden eintritt. In den Vereinigten Staaten werden solche Produkte viel seltener verboten, aber der Produzent wird von den Geschädigten verklagt, nachdem der Schaden eingetreten ist. Als Instrument der politischen Auseinandersetzung sind »Sammelklagen« jenseits des Atlantiks durchaus sinnvoll, mit dem europäischen Rechtsdenken hingegen sind sie nicht kompatibel.[10]

In Russland sind die im 18. Jahrhundert lancierten Reformen letztlich daran gescheitert, dass man der Differenzierung zwischen »öffentlich« und »privat« nicht zum Durchbruch verhelfen konnte, und sich eine eigenständige Staatsidee trotz aller Bemühungen nicht entwickelt hat.[11] Als der Staat von der Krone getrennt zu existieren begann, wurde das Recht nicht zur öffentlichen Angelegenheit, mit der sich die Rechtsunterworfenen hätten identifizieren können, sondern es war weiterhin etwas Privates, auch wenn es jetzt dem Staat und nicht mehr der Krone gehörte. »Recht bekommen« konnte man nicht über eine wie auch immer geartete Rechtsordnung, sondern nur über persönliche Beziehungen, gleichsam am Recht vorbei.[12] Unter der kommunistischen Herrschaft konnte sich ein Rechtsbewusstsein schon gar nicht entwickeln. In Westeuropa ist die rechtspolitische mit der staatspolitischen Identität verbunden, wie es sich auch im Begriff der »Rechtsstaatlichkeit« oder noch deutlicher in der französischen Übersetzung »État de Droit« widerspiegelt. In den Vereinigten Staaten fehlt der rechtspolitischen Identität eine staatspolitische Komponente, weil es eine staatspolitische Identität gar nicht gibt. In Russland fehlt letztere ebenfalls, aber aus ganz anderen Gründen: Nicht weil man nie einen Staat gewollt hat, sondern weil der Staat etwas Fremdes blieb. Ein in Russland langsam heranwachsendes Rechtsbewusstsein muss sich gegen die jahrhundertealte Erfahrung durchsetzen, wonach man sich auf das Recht nicht verlassen kann.[13] Rechtspolitische Identität wächst unter diesen Voraussetzungen nur gemeinsam mit staatspolitischer Identität heran: Der breite Graben, der über die Jahrhunderte hinweg zwischen dem Individuum und dem Staat bestanden hat, muss überbrückt oder langsam aufgefüllt werden.

## KIRCHE, RELIGION UND NATION

Auf den Unterschied zwischen den Vereinigten Staaten und Europa im Verhältnis zwischen Staat und Religion ist bereits hingewiesen worden. Die russisch-orthodoxe Kirche und der Staat definierten sich nie als getrennt, über viele Jahrhunderte hinweg sprach man diesbezüglich nicht nur von der »byzantinischen Symphonie«[14], sondern sogar von der »Verkirchlichung des Staates«[15]. Die Kirche unterstützte die Herrschenden und wurde von diesen mit Privilegien bedacht, deren Umfang im Lauf der Zeiten schwankte.[16] Die kommunistische Herrschaft hat die Kirche dann systematisch ausgerottet und hinterließ Russland als atheistischen Staat. Heute kommen im russisch-orthodoxen Christentum mitunter auch patriotisch-nationalistische Töne auf.[17] Die Orthodoxie dient darüber hinaus der Abgrenzung vom »Westen«, dem »katholisch« und »protestantisch« zugeordnet werden.[18] Russland ist ein Vielvölkerstaat, bestehend aus vielen »Nationen«, wenn dieser Begriff in der kulturellen Bedeutung verwendet wird, wie dies in Mittelosteuropa häufig geschieht.[19] Die Balkankriege haben in erschreckender Weise aufgezeigt, wie explosiv sich ethnisch definierte Zugehörigkeit entwickeln kann, wenn in Vielvölkerstaaten die einigende Klammer wegfällt und sich eine staatspolitische Identität mangels Demokratie nicht hat bilden können.

In diesem Zusammenhang ist zu erwähnen, dass in Europa die Nation während etwa zweihundert Jahren an die Stelle der Religion getreten ist, welche man im 17. Jahrhundert als kriegsauslösendes Element gebannt hatte. Kriege fanden nicht mehr zwischen den Religionen, sondern zwischen den Nationen statt, aber die kriegsauslösenden Mechanismen waren durchaus vergleichbar. Die Nation war von der Romantik ursprünglich als ein rein kulturelles Phänomen erfunden worden, und zwar als Reaktion auf die als zu intellektuell empfundene Aufklärung. Anstelle der aufklärerischen Vernunft

1

2

3

4

1 Joseph Beuys beim Gründungsparteitag der Grünen, Karlsruhe, 1980 (F: Barbara Klemm)

2 Polizeiaufgebot bei der Großdemonstration gegen die Inbetriebnahme des Atomkraftwerks Brokdorf, 7. Juni 1986 (F: Günter Zint)

3 Protestaktion gegen die Baumrodung für das geplante Atommüll-Lager, Gorleben, 1979 (F: Günter Zint)

4 Heinrich Böll bei der Demonstration gegen die Stationierung von Mittelstreckenraketen, Mutlangen, 1983 (F: Barbara Klemm)

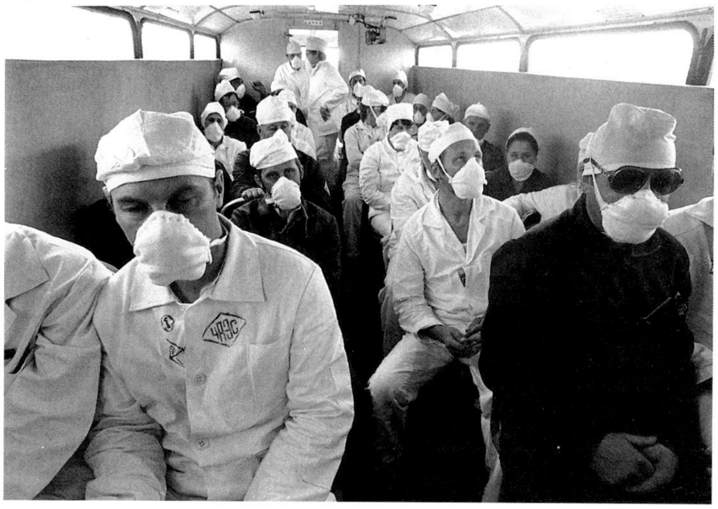

1

2

1 Tschernobyl, Aufräumtrupp, 1986 (F: Igor Gawrilow)

2 Atomkraftwerk Tschernobyl, 4. Block, 1986 (F: Igor Gawrilow)

wurde in der Romantik die Emotion betont, anstelle der universalen Betrachtungsweise das Kleinräumige, das Besondere, die kulturelle Eigenart, und anstelle des Individuums die Gruppe. Für die abstrakten, aufklärerischen Ideen des Republikanismus brauchte die Französische Revolution jedoch ein identitätsstiftendes Gefäß, nachdem der König als staatliche Identifikationsfigur (»L' État c'est moi«) abgesetzt worden war. In Frankreich wurde deshalb das kulturelle Phänomen der Nation in ein politisches umgewandelt, das nun plötzlich zur Bildung von »Nationalstaaten« beitrug. Die längst als Staaten konzipierten Länder Westeuropas – England, Frankreich, Spanien – wurden so in das Gefäß staatspolitisch verstandener Nationen gegossen. Andere westeuropäische Nationalstaaten fanden erst später zu dieser Form.

Etwas ganz anderes geschah in Amerika: Zwar wurde formal ein Nationalstaat gegründet, aber das Fundament der nationalen Gefühle lag aufgrund des von Anfang an umgekehrten Verhältnisses zwischen Staat und Religion nicht im staatspolitischen Bereich, sondern im religiösen. Dieser transatlantische Unterschied ist bis heute wirksam, wobei sich religiöse Vorstellungen heute auch und vor allem in moralischen Kategorien manifestieren. Im Verständnis der US-amerikanischen Nation spielte das »Gute«, für das diese Nation steht, von Anfang an eine zentrale und religiös begründete Rolle – also muss es auch das Böse geben. Nach außen wird das Böse immer wieder mit Personen und Staaten identifiziert, nach innen werden »böse« Menschen gesellschaftlich ausgegrenzt.[20] Europa begründet die Nation staatspolitisch, die US-amerikanische Nation begründet sich mangels staatspolitischer Identität religiös.

## EUROPA UND DIE VEREINIGTEN STAATEN

Im Verhältnis zwischen Europa und den Vereinigten Staaten gibt es drei Entwicklungen, deren Bedeutung noch unterschätzt wird. Eine erste betrifft die nationale Identität. 200 Jahre nachdem die Französische Revolution für die Verbreitung republikanischer Ideen das Gefäß der Nation zu Hilfe nahm, beginnt sich das damals geschlossene Bündnis zwischen Republik und Nation wieder zu lösen, die staatspolitische und die kulturelle Identität werden sachte getrennt. Wenn im Rahmen der Europäischen Union eine staatspolitische Identität ohne den emotionalen Rahmen der Nation entsteht, so bedeutet dies, dass sich die staatspolitische Identität vertikal auch nach oben auf eine übernationalstaatliche Ebene ausbreitet, nachdem sie in föderalistischen Staaten auch schon auf verschiedenen Ebenen unterhalb des Nationalstaates existiert hat. Umgekehrt erhält die kulturelle Identität durch die langsame Ablösung von der staatspolitischen die Möglichkeit, sich auf der geografischen Karte – also gleichsam horizontal – auszubreiten, und dies mit ganz unterschiedlichen Anknüpfungspunkten: herkunftsabhängige, frei gewählte oder durch die Lebensumstände bedingte. Verschiedene kulturelle Identitäten können nebeneinander bestehen und durchaus intensiv gelebt werden. Immer häufiger und erfolgreich wird heute versucht, Gruppen von Einwanderern staatspolitisch zu integrieren, ohne eine kulturelle Integration zu verlangen. Dies ist eine dem bis vor einigen Jahren durchaus erfolgreichen »Meltingpot« nach US-amerikanischem Muster diametral entgegengesetzte Erscheinung, denn dieser verlangt vom Einwanderer eine weitgehende Übernahme der nationalen US-Identität. Nationale Identität als Integrationselement ist jenseits des Atlantiks unverzichtbar, da es eine staatspolitische Identität im europäischen Sinne gar nicht gibt.

Durch die langsame Trennung zwischen staatspolitischer und nationaler Identität bewegt sich in Europa die Nation wieder dahin zurück, woher sie einst gekommen ist, nämlich in den kulturellen Bereich. Staatspolitische und kulturelle Identität rücken in diesem Trennungsprozess auseinander, wobei die rechts- und staatspolitische Kultur Teil der staatspolitischen Identität bleiben. Dass sich verschiedene Regionen Europas in verschiedenen Stadien dieser Entwicklung befinden, ändert nichts am gesamteuropäischen Charakter des Prozesses: Die Befriedung des Balkans ist heute nur möglich durch die Schaffung einer staatspolitischen Identität, welche losgelöst von der kulturellen Identität besteht und damit eine Alternative bildet zum monolithischen ethnischen Denken. Die Entwicklung verläuft somit entlang derselben ideengeschichtlichen Linie wie die Befriedung Westeuropas seit 1945. Für die Vereinigten Staaten hat die europäische Integration lediglich eine ökonomische, allenfalls eine machtpolitische Bedeutung. Den eben geschilderten friedenspolitischen Aspekt können sie nicht verstehen, weil für sie eine Trennung nationaler und staatspolitischer Identität – mangels der letzteren – gar nicht vorstellbar ist. Deshalb werden die Wege Europas und der Vereinigten Staaten weiter divergieren, wenn Europa den Weg der Konsolidierung seiner Friedensordnung geht.

## VÖLKERRECHT, MENSCHENRECHTE UND MORAL

Eine zweite Entwicklung betrifft das Völkerrecht. Völkerrechtliche Regelungen werden heute immer unentbehrlicher, weil einerseits die Welt immer vernetzter wird, und weil andererseits vielen Gefahren nur noch in weltweiter Zusammenarbeit wirksam begegnet werden kann. Werden das US-amerikanische Rechtsverständnis und dessen Hintergründe auf die internationale Ebene übertragen, so wird sofort deutlich, weshalb die Vereinigten Staaten in diesem Prozess nicht mithalten können. Das Entstehen einer völkerrechtlichen Ordnung basiert auf dem Souveränitätsverzicht von Staaten. Es wiederholt sich also auf internationaler Ebene genau das, was in Europa und auch andernorts zum Entstehen nationaler Rechtsordnungen geführt hat, nämlich der Souveränitätsverzicht des Individuums zugunsten der Staatlichkeit und einer für alle Beteiligten in gleicher Weise geltenden Rechtsordnung. Zwar wird diese Ordnung auf internationaler Ebene nicht einem Weltstaat anvertraut, aber den internationalen Organisationen mit ihren dafür zuständigen Gremien. Die Vereinigten Staaten wollen den individuellen Souveränitätsverzicht möglichst vermeiden und denken nicht in Kategorien von Rechtsordnungen, sondern in jenen des Kampfs der Individuen um ihre Rechte. Deshalb können sie dem analogen Souveränitätsverzicht auf internationaler Ebene begreiflicherweise nichts abgewinnen und müssen sich dagegen zur Wehr setzen. Die europäische Integration bringt eine Friedensordnung hervor, welche auf Souveränitätsverzicht beruht. Die Vereinigten Staaten stehen bei vielen völkerrechtlichen Verträgen im Abseits, weil sie zum Souveränitätsverzicht nicht bereit sind. Auch diesbezüglich divergiert der europäische und der US-amerikanische Weg.

Eine dritte Entwicklung zeichnet sich schon lange ab, aber erst heute wird sie öffentlich wahrgenommen. In Europa sind Recht und

Moral ein für allemal getrennt worden. Der Erlass von Normen ist so lange ein politischer Prozess, wie die Normen noch keine Geltung erlangt haben, und in diesem Prozess werden verschiedene Moralkonzepte durchaus diskutiert. Sobald die Normen aber Teil der positiven Rechtsordnung geworden sind, gelten sie als moralisch neutral. Europa hat für die Moral Gefäße geschaffen, man hat sie Erstens in der Gesetzgebung gebündelt und Zweitens in der Form der Rechtsordnung dem Staat anvertraut. In den Vereinigten Staaten werden Moralvorstellungen direkt und mit öffentlichem Druck vor den Gerichten eingebracht, die öffentliche Diskussion steht stark im Zeichen von »gut« und »böse«. Dies zeigt sich auch im Verständnis der Menschenrechte, welche von der Aufklärung gerade zum Schutze von verachteten, geschundenen oder als »böse« geltenden Menschen erfunden wurden. Durch die Terroranschläge vom 11. September 2001 ist das US-amerikanische Nationalgefühl zutiefst getroffen worden. In der Folge betrachteten die Vereinigten Staaten das in ihrer Nation verkörperte »Gute« als so bedroht, dass alle anderen, universell geltenden Werte zurücktraten, so auch die Menschenrechte von Gefangenen, die des Terrorismus verdächtigt werden. Solange die ursprünglich religiösen und heute moralischen Kategorien von »gut« und »böse« nicht überwunden sind, können Menschenrechte jedoch keinen Bestand haben. Im US-amerikanischen Verständnis sind die Menschenrechte ein politisches Instrumentarium zur Durchsetzung ihrer nationalen Interessen. Dieses Verständnis wird zu Recht als Kulturimperialismus apostrophiert. Für die europäische Philosophie der Menschenrechte trifft diese Bezeichnung jedoch nicht zu, weshalb nicht von »westlichem« Kulturimperialismus gesprochen werden sollte.

## SÄKULARISIERUNG

Die Philosophie der Menschenrechte lässt sich in allen Weltreligionen verankern. Im christlichen Bereich stellt sie einen Ausdruck säkularisierter Nächstenliebe dar. Wirksam geworden sind die Menschenrechte seit Mitte des letzten Jahrhunderts durch ihre völkerrechtliche Kodifizierung, jedem Menschen wurde jenseits seiner religiösen und nationalen Zugehörigkeit oder seiner moralischen Qualifikation durch seine Mitmenschen die selbe Würde zugesprochen. Staatspolitisch begründete Nationen sind in der Lage, an dieser Entwicklung teilzunehmen, denn Staatlichkeit ist die Voraussetzung für die Trennung von Recht und Moral. Nationen, die sich religiös oder moralisch begründen, sind dazu nicht in der Lage. Der Übergang von einer religiösen oder moralischen zu einer staatspolitischen Begründung der Nation kann als »Säkularisierung der Nation« bezeichnet werden. Säkularisierung bedeutet »Verweltlichung«, »Umsetzung oder Integration in eine öffentliche Ordnung«: Wertvorstellungen religiöser, moralischer oder kultureller Herkunft müssen nach der Säkularisierung für die öffentliche Diskussion gleichsam übersetzt werden.[21] Die formelle Trennung von Kirche und Staat fällt nicht unter diesen Begriff der Säkularisierung: Diese Trennung kann einen Beitrag zur Säkularisierung darstellen, sie kann aber – strikt gehandhabt – auch zur Dominanz der Religion über die Staatlichkeit und damit zu nicht säkularisierten Verhältnissen führen.[22] Säkularisierung ermöglicht immer den Abbau von Feindbildern und von Gewaltanwendung. Die realitätsferne Phantasie vom »Clash of civilisations« ist ideengeschichtlich vor allem ein Produkt mangelnder Säkularisierung.

Die Säkularisierung der Nation ist friedenspolitisch in dreifacher Hinsicht von Bedeutung. Zum einen dient das staatspolitische Fundament der Nation als Grundlage für inter-nationale (also inter-staatliche) Bindungen im Sinne von Friedensordnungen. Zum Zweiten macht dieses staatspolitische Fundament das Denken in Rechtsordnungen möglich, welches auch Voraussetzung ist für die Bereitschaft der Staaten, gemeinsam eine völkerrechtliche Ordnung zu erarbeiten und diese für sich anzuerkennen. Und zum Dritten ist nur dank dem staatspolitischen Fundament die Trennung von Recht und Moral möglich, welche die Voraussetzung für die Anerkennung und die Umsetzung der Menschenrechte ist. In Westeuropa wurde 1648 die Religion definitiv säkularisiert. Die Aufklärung führte in der Philosophie zu einer säkularisierten Form der christlichen Nächstenliebe in Form der Menschenrechte. Und schließlich brachte 1945 den Anfang der Entwicklung zur definitiven Säkularisierung der Nation.

## SÄKULARISIERUNG DER NATION IN RUSSLAND?

Für Russland von nationaler Identität zu sprechen macht nur Sinn, wenn man von der Entwicklung staatspolitischer Identität zur Begründung der Nation ausgeht, denn diese Nation ist nicht nur multiethnisch, sondern auch multireligiös. Die kommunistische Doktrin war an sich universal orientiert, doch trug dieser Internationalismus auch nationale Züge, und zwar aufgrund seines imperialistischen Selbstverständnisses.[23] Heute ist eine erneute Verkirchlichung des Staates festzustellen, da versucht wird, gemeinschaftsorientierte Werte mit Hilfe der russischen Orthodoxie wiederherzustellen. Darüber hinaus gibt es innerhalb der russisch-orthodoxen Kirche patriotisch-nationalistische Strömungen, welche die Philosophie der Menschenrechte sowie völkerrechtliche Einbindungen zum Teil offen ablehnen.[24] Solche Tendenzen sind einer Säkularisierung der Nation nicht förderlich.

Es lassen sich aber auch umgekehrte Entwicklungen nachzeichnen, und zwar im Zusammenhang mit der Rezeption aufklärerischen Gedankengutes. Folgt man Ferdinand Seibt, so ist auch der Begriff »Europa« ein Produkt der Aufklärung, vorher habe man diesen Ausdruck nicht gebraucht, sondern von der katholischen oder lateinischen Christenheit gesprochen.[25] Die US-amerikanische Antithese zu Europa hat ihre Wurzeln bereits vor dieser Zeit, weshalb die spezifisch amerikanische Grundstruktur im Bereich der Religion und der Ökonomie, die sich vor allem im Staatsminimalismus und in der fehlenden staatspolitischen Identität niederschlug, die Rezeption jenes Teils der Aufklärung unmöglich machte, der die universelle Zugehörigkeit und Würde aller Menschen jenseits moralischer Kategorien beinhaltete. Die russische Rezeption der Aufklärung schloss dieses Element hingegen mit ein. Wohl lässt sich zeigen, dass und warum in Russland die aufklärerischen Ideen auf der breiten Ebene der Bevölkerung nicht zum Tragen kamen.[26] Dennoch kann heute auf dem Boden der damaligen Rezeption aufklärerischer Grundgedanken weitergebaut werden. Darin liegt eine Chance für den Prozess der Säkularisierung der Nation. Das in Russland langsam entstehende gesellschaftliche Bewusstsein umfasst auch staatspolitische Identität. Diese verbindet Russland mit Europa.

Machtpolitisch wird es noch einige Zeit durchaus Parallelen im Verhalten der beiden Nationen geben, welche die Hauptprotagonisten des Kalten Krieges waren. Ideengeschichtlich ist die Affinität zwischen Russland und Europa jedoch ungleich stärker, und möglicherweise wird sich insbesondere in rechts- und friedenspolitischer Hinsicht schon bald eine Geistesverwandtschaft Europas in Richtung Osten zeigen. Dies um so mehr, als die Unterschiede in der rechts- und friedenspolitischen Weltsicht zwischen Westeuropa und den Vereinigten Staaten immer unübersehbarer werden.

1 Richard Pipes: *Rußland vor der Revolution*, München 1977, S. 113.
2 Christian Schmidt-Häuer: *Rußland in Aufruhr. Innenansichten aus einem rechtlosen Reich*, München 1993, S. 95.
3 Gret Haller: *Die Grenzen der Solidarität. Europa und die USA im Umgang mit Staat, Nation und Religion*, Berlin 2002, S. 40.
4 Pipes, s. Anm. 1, S. 30.
5 Haller, s. Anm. 3, S. 49.
6 Ulrich K. Preuß: *Der Begriff der Verfassung und ihre Beziehung zur Politik*, in: *Zum Begriff der Verfassung: die Ordnung des Politischen*, Hg.: Ders., Frankfurt/M 1994, S. 19.
7 Dick Howard: *Die Grundlegung der amerikanischen Demokratie*, Frankfurt/M 2001, S. 64ff. (amerikanische Ausgabe: *The Birth of American Political Thought*, 1976, S. 176–87).
8 Ebd., S. 334.
9 Ulrich K. Preuß: *Revolution, Fortschritt und Verfassung. Zu einem neuen Verfassungsverständnis*, Berlin 1990, S. 32
10 Haller, s. Anm. 3, S. 81.
11 Pipes, s. Anm. 1, S. 289.
12 Ebd., S. 294.
13 Schmidt-Häuer, s. Anm. 2, S. 53.
14 Tomás Spidlik: *Die russische Idee. Eine andere Sicht des Menschen*, Würzburg 2002, S. 228.
15 Emanuel Sarkisyanz: *Russland und der Messianismus des Orients. Sendungsbewusstsein und politischer Chiliasmus des Ostens*, Tübingen 1955, S. 64.
16 Pipes, s. Anm. 1, S. 232, Schmidt-Häuer, s. Anm. 2, S. 72ff.
17 Schmidt-Häuer, s. Anm. 2, S. 286ff.
18 Kathrin Behrens: *Die russische orthodoxe Kirche: Segen für die »Neuen Zaren«?*, München 2000, S. 127.
19 Haller, s. Anm. 3, S. 150.
20 Ebd., S. 88.
21 Ebd., S. 133.
22 Ebd., S. 46.
23 Sarkisyanz, s. Anm. 15, S. 106.
24 Behrens, s. Anm. 18, S. 376, Schmidt-Häuer, s. Anm. 2, S. 337.
25 Ferdinand Seibt: *Die Begründung Europas. Ein Zwischenbericht über die letzten tausend Jahre*, Frankfurt/M 2002, S. 17.
26 Pipes zeigt die Vielfalt dieser Gründe insbesondere im zweiten Teil seines Buches auf, s. Anm. 1.

# TUGEND UND TERROR

## FASCHISTEN ALS DEMOKRATEN UND DIE GEKÖPFTEN BOTEN DER WELTZIVILISATION

BAZON BROCK

Seit der römischen Antike begegnete man fanatischen Idealisten und Prinzipienreitern mit größter Skepsis, denn deren Maxime »fiat justitia pereat mundus« – das Gesetz muss buchstabengetreu angewendet werden, egal was dabei herauskommt – hatte sich stets fatal ausgewirkt. Auf diese Maxime beriefen sich zum Beispiel religiöse Fanatiker, wenn sie ausgerechnet ihre Religionen der Barmherzigkeit und Nächstenliebe mit Feuer und Schwert verbreiteten.

Auch Repräsentanten der Französischen Revolution wie Robespierre und Saint Just folgten ihr, soweit sie mit tödlichem Ernst die Ideale Freiheit, Gleichheit, Brüderlichkeit gegen jeden Mann und jede Frau glaubten durchsetzen zu müssen. Die Schreckensherrschaft dieser Wächter der Revolutionsideale bestand zwar nur 1793/94; sie wurde aber von den Bürgern als so einschneidend empfunden, dass sie zum Inbegriff aller späteren totalitären Regime wurde, die rücksichtslos und gnadenlos ihre politischen, religiösen oder sonstigen kulturellen Ziele zu verwirklichen trachteten.

Die folgenreichsten totalitären Regime waren die Hitlers und Stalins in ihrer angeblich weltgeschichtlichen Mission, den Kommunismus zu etablieren bzw. die Welt vor eben dieser Absicht zu schützen. Was die totalitären Regime zur Verteidigung ihrer hohen Mission an Repressionen nach innen und außen für nötig hielten, entsprang einer realitätsfernen Überschätzung der Gefahren, die ihnen von Gegenrevolutionen oder Autonomiebestrebungen einiger Minderheiten drohten; der Repressionsterror werde von den Regimegegnern selber erzwungen, so lautete die Rechtfertigung.

Gegen den Terror der Verwirklichung von Idealen, die allen und jedem von den Regimen aufgenötigt wurden, behaupteten die regimekritischen Demokratien die Freiheit der Individuen, selber ihre Ziele zu wählen und im Rahmen demokratischer Machtbeschränkung auch befolgen zu dürfen.

Dabei gerieten die Demokratien in ein Dilemma. Sie riskierten die Selbstaufgabe, wenn sie die von ihnen garantierten Freiheiten und Rechte auch jenen gewährten, die sie nur nutzen wollten, um diese Freiheiten und Rechte anderen Wertprioritäten zu unterwerfen. Verweigerten die Demokratien ihren Feinden die demokratischen Freiheiten und Rechte, wurden sie von der gegnerischen Propaganda als bloße Variante der eigenen Regime diskreditiert.

Dieser Schwachpunkt wurde während des relativ stabilen Ost-West-Gefüges in den siebziger Jahren ausgerechnet durch das Programm »Wandel durch Annäherung« besonders belastet. Wie der Osten sich bis zur Selbstliquidierung an den Westen annäherte, ist bekannt. Jetzt erst, seit der Krieg der Demokratien gegen den Terror erklärt wurde, wird man gewahr, wie weitgehend Demokraten sich den Auffassungen der Regimefunktionäre annäherten, man müsse zentrale Freiheiten und Rechte beschränken, um sie dadurch für die Zukunft zu sichern.

Die Staaten und Gesellschaften des Westens greifen zu Formen der Selbstverteidigung, wie sie bisher als typisch für totalitäre Staaten und Gesellschaften galten.

Aber hinter diesem Schutzschild vor der Ohnmacht demokratisch legitimierter Macht, die den Terror als Geste der Ohnmächtigen abzuwehren versucht, erneuert sich ein weltgeschichtliches Projekt, das als Durchsetzung des Sozialismus/Kommunismus in der UdSSR und ihren Satellitenstaaten gescheitert war: die Entstehung einer Weltzivilisation.

### ZUR KONVERGENZ VON TOTALITÄREN UND DEMOKRATISCHEN REGIMEN

»Wandel durch Annäherung« lautete die frohe Botschaft, und Gorbatschow schließlich schien die Annäherung an den Westen zu glücken. Wie aber sollte man die Annäherung des Westens an den Osten denken können? Bedeutete die Maxime der neuen Ostpolitik unter Willy Brandt womöglich doch nur die gefährliche Selbstaufgabe, als die sie viele Bundesrepublikaner werteten, die sich vehement gegen dieses Konzept stemmten – denn sich dem Osten anzunähern hätte ja bedeutet, in den Demokratien des Westens Aspekte der totalitären östlichen Regime zur Geltung zu bringen.

Wandel durch Annäherung konnte zwischen Kubakrise und dem sowjetischen Einmarsch in Afghanistan durchaus als ein Beitrag zur Bewältigung jener grundlegenden Konflikte propagiert werden, die sich im Weltmaßstab als Ost-West-Konflikt und im regionalen europäischen Maßstab als Rechts-Links-Konflikt manifestierten. Wandel durch Annäherung konnte als zentrale Aufgabe innerhalb der »Bewältigung der Vergangenheit« gesehen werden. Auf die ungewollten Konsequenzen des wohlmeinenden Versuchs, mit der totalitären Vergangenheit des Dritten Reiches ins Reine zu kommen, hatte schon 1959 Theodor W. Adorno hingewiesen, ohne dass er verstanden worden wäre. In dem mehrfach, sogar im Schulfunk, ausgestrahlten Radiovortrag *Was bedeutet Aufarbeitung der Vergangenheit?* ging die von heute aus gesehen zentrale Botschaft unter, er fürchte nicht so sehr die Wiederkehr der Nazis mit ihren Terror verbreitenden antidemokratischen Praktiken als die Wiederkehr der Nazis als Demokraten.

Auf dem Höhepunkt der Studentenrevolten blieben in Israel der Philosoph Jeschajahu Leibowitz und in Deutschland Jürgen Habermas ebenso ungehört wie Adorno, obwohl sie mit dem Hinweis auf »linken Faschismus« respektive »Judo Nazi« oberflächlich betrachtet gewaltige öffentliche Erregung auslösten.

In den siebziger Jahren konstatierte der Berliner Cannabisphilosoph Wolfgang Neuss im Zusammenhang mit dem Widerstand der Hausbesetzerszene gegen Räumungsbeschlüsse, dass man den Faschismus voll in die Szene integriert habe. Darüber wurde herzlich gelacht, denn Neuss galt als kabarettistische Ulknudel in leichter Rauschgiftbenommenheit. Derartige Entlastungen ließen sich gegen die Hinweise auf das Fortleben oder die Wiederkehr von Totalitarismen sowjetstaatlicher Provenienz nicht vorbringen; ab Mitte der siebziger Jahre lief die Kritik junger französischer Philosophen wie André Glucksmann an den Meisterdenkern darauf hinaus, dass allzu viele westliche Intellektuelle mehr oder weniger offen Sympathie für den Stalinschen Repressionsapparat zeigten, weil sie es für unabdingbar hielten, so die historische Verwirklichung des Sozialismus vor der Konterrevolution zu schützen.

Aber auch diese Hinweise auf hochnotpeinliche Konvergenzen blieben ohne Wirkung, da mit den Enthüllungen über die Taten des Pol-Pot-Regimes die Eindeutigkeit in der Bewertung der Frage wiederhergestellt schien, welche Seite sich zu wandeln habe. Erst als die Anverwandlung des sozialistischen Lagers an die kapitalistischen Demokratien irreversibel vollzogen zu sein schien, wurde es im Westen, z. B. in Frankreich, möglich, die Angleichung der westlichen Demokratien an ihre Gegner ins Auge zu fassen.

Zwar gab es noch keine Antworten, aber die Frage durfte immerhin gestellt werden, wie es denn zu erklären sei, dass die zweifellos demokratisch verfasste Vierte Republik im Kampf gegen die algerische Autonomiebewegung nicht nur Praktiken totalitärer Regime wie Folter, Umsiedlung und extralegale Tötung von Staats wegen zuließ, sondern diese von der Regierungsspitze her angeordnet wurden. Aber der Algerienkrieg lag lange zurück.

Erst die Deklaration des Kriegs gegen den Terrorismus durch den amerikanischen Präsidenten, die bereits unmittelbar auf die Zerstörung des World Trade Center am 11. September 2001 erfolgte, erzwang eine Stellungnahme zur teilweisen Konvergenz der Demokratien mit ihren Gegnern, seien die nun Staaten oder kriminelle Vereinigungen, Kulturkämpfer, Individualanarchisten oder Psychopathen. In diesen mit übertragungsstarkem Pathos geforderten Überlebenskämpfen der Demokratien sieht man sich zu Maßnahmen verpflichtet, durch deren Ausübung man bisher die totalitären Regime faschistischer wie sozialistischer Zielsetzung gekennzeichnet hatte. Unabdingbar scheint es zu sein, so jedenfalls die durch historische Beispiele legitimierte Auffassung des amerikanischen Präsidenten, Präventivkriege zu führen, auch wenn man sie zur Unterscheidung von totalitaristischen Versionen als »pre-emptive« bezeichnet.

Im Kampf gegen den Terrorismus wird auch die Suspendierung von Grundrechten, deren Geltung und Schutz Demokratien stets als zentral für ihr Selbstverständnis beschreiben, offensichtlich unabdingbar, seien es die Grundrechte gefangen genommener Gegner oder die der eigenen Bevölkerung.

Wie lauten die Antworten auf die Fragen, die mit der Einrichtung des Lagers für afghanische Kriegsgefangene auf Guantanamo und der Homeland-Security gestellt werden? Bisher hört man nur von logischen Widersprüchen oder Kontraproduktivität der Maßnahmen. Den Insassen von Guantanamo den Status von Kriegsgefangenen zu verweigern, sei unlogisch, wenn man doch den Kriegszustand für Amerika seit dem 11. September offiziell feststellte; und es sei kontraproduktiv, mit der Einrichtung von Sicherheitsämtern den Bürgern die Sicherheit demokratischer Verfahren zu nehmen, für deren Erhaltung die Sicherheitsämter angeblich sorgen sollen.

Wie lautet die Antwort auf die Frage, warum unleugbar demokratisch verfasste Gesellschaften wie die englische eugenische Maßnahmen wie Präimplantationsdiagnostik und andere Eingriffe in die menschliche Keimbahn zuließen, wo doch bisher Eugenik zu betreiben als wesentliches Kennzeichen des Dritten Reiches galt?

Was bedeutet es, dass das demokratisch verfasste Tschechien mit der ausdrücklichen Anerkennung der Beneš-Dekrete die Vertreibung von Minderheiten als friedensstiftend im Sinne des EU-Selbstverständnisses zur Geltung bringt, obwohl doch bisher Aussiedlungen, Umsied-

1

2

3

4

5

1 Pfingsttreffen der FDJ, Ost-Berlin, Juni 1989 (F: Jens Rötzsch)

2 Kampfgruppen-Demonstration, Leipzig, Oktober 1988 (F: Jens Rötzsch)

3–5 7. Oktober 1989, Schönhauser Allee, Ost-Berlin (F: Ralf Herzig)

1

2

3

1 Reichstag und Brandenburger Tor, Berlin, 10. November 1989 (F: Karl Ludwig Lange)

2 Grenzposten am Potsdamer Platz, Berlin, 11. November 1989 (F: Maurice Weiss)

3 Besetzung der Staatssicherheitszentrale in Leipzig, 8. Dezember 1989 (F: Maurice Weiss)

lungen, Bevölkerungstransfer als charakteristisch für Stalinsche Minderheiten-Politik galten? Das niederländische Parlament stellte Maßnahmen sanktionsfrei, die bisher unter dem Begriff Euthanasie gefasst wurden und die dem Hitler-Faschismus als schlimmster Verstoß gegen humanitär-christliche Grundwerte vorgehalten wurden. Staatlich angeordnete extralegale Tötung von Menschen, die man generell für vogelfrei erklärt hat, galt als Inbegriff des Unrechtsstaats; Sippenhaft zu verhängen schien bisher eine Perversion strafrechtlicher Überlegungen. Für jedes Partisanenverbrechen zehn, zwanzig oder mehr Angehörige der potenziellen Unterstützer- oder Sympatisantenkreise zu liquidieren, bleibt auch dann ein eklatantes Kriegsverbrechen, wenn Partisanen nunmehr Terroristen heißen.

Wie weitgehend die Konvergenz sogar im Alltag der Politiker sich bereits bemerkbar macht, verdeutlicht eine Pressemeldung vom 5. Dezember 2002, derzufolge die Fraktionsvorsitzende der Grünen im Bundestag, Frau Katrin Göring-Eckardt, der »Opposition Kritik verbiete, die getarnt als demokratische Auseinandersetzung daherkomme«. Das sahen alle Funktionäre der Ostblockregime genauso. Auch sie waren völlig überzeugt von der logisch zwingenden Unterscheidung zwischen erlaubter, weil positiv aufbauender, und unerlaubter, weil zerstörerisch negativer Kritik an den Entscheidungen oder Verlautbarungen oder Verhaltensweisen der Nomenklatura.

Mit großer Zustimmung hätte bei diesen Funktionären auch rechnen können, wer, wie der Humorist Ephraim Kishon, öffentlich erklärt, zwar sei Kritik an Ministerpräsident Ariel Scharon erlaubt, werde sie aber öffentlich geäußert, müsse sie als Ausdruck des Antisemitismus verstanden werden und sei deswegen prinzipiell verboten. Wie gesagt, Kishon ist Humorist, bei dessen Pointen uns das Lachen im Halse stecken bleiben soll.

Die bisher üblichen Antworten auf die Fragen, die sich aus der angedeuteten Annäherung des Westens an die gegnerischen Regime ergeben, lassen sich nach folgenden Mustern sortieren:

– Quod licet iovi non decet bovi.

Eines schickt sich nicht für alle; wenn zwei das Gleiche tun, ist es eben nicht dasselbe; zwar müsse man gleiches gleich behandeln, aber Ungleiches eben ungleich. Und was in westlichen Demokratien an Bedenklichem geschehe, sei nicht mit Ähnlichem in östlichen oder anderen Regimen vergleichbar. So sei politische Zensur in Ost-Regimen etwas grundlegend anderes als wirtschaftlich begründeter Ausschluss vom Markt der Meinungen in Demokratien.

– Wiederkehr des Verdrängten

Die Verniedlichung von Systemfehlern in Demokratien zu bloßen Einzelfällen individuellen Versagens und die Entlastung von Einwänden durch Projektion der Schwächen auf das konkurrierende System funktioniere nicht mehr, seit das Sowjetsystem sich aufgelöst habe und die sakralrechtlich begründeten Gesellschaften der religiösen Fundamentalisten nicht offiziell als Gegner des Westens ausgewiesen werden dürfen. In das politische Korrektheitsverständnis kehre zurück, was man als totalitär Böses oder als böse Totalitarismen allein den Gegnern zuzuschreiben pflegte.

– Pyrrhussieg

Die BRD habe als Teilstaat des Westblocks sich bei der Übernahme der DDR zu Tode gesiegt (pars pro toto für den Westen); dadurch sei die BRD jetzt in den Zustand der DDR als Teilstaat des Ostblocks von 1982 überführt worden, so wie ihn Alexander Schalck-Golodkowski zu Protokoll gegeben habe: wahnhafte Allmachtsanmaßungen der Parteien; jahrelange Verweigerung der Wahrnehmung von wirtschaftlichen und gesellschaftlichen Realitäten wie der gewaltigen Überschuldung, einer enormen Staatsquote, zu geringer Produktivität der Wirtschaft, Überdehnung der sozialen Fürsorge im Gesundheitswesen, kostenloses Studium etc. Es sei zu erwarten, dass mit ihrem Pyrrhussieg die BRD das gleiche Schicksal erfahre wie ihr einstiger unmittelbarer Systemgegner DDR.

– Ausnahmezustand

Die westlichen Demokratien haben offiziell den Krieg gegen den Terrorismus und alle, die ihn nicht ihrerseits bekämpfen, ausgerufen. Auch der nur ausgerufene, wenn auch nicht formal erklärte Krieg verlange nach außergewöhnlichen Maßnahmen, die schließlich im Ausnahmezustand kulminierten. Die besagten totalitären Gepflogenheiten wie Präventivkrieg, Folter, Isolationshaft, Bevölkerungstransfer, Sippenhaft, Ghettoisierung, Vergeltungsgewalt seien Beweise für den längst eingetretenen Ausnahmezustand in den Abwehrkämpfen der Demokratien.

– Fundamentalisierung

Auch in den Demokratien nehme der Einfluss von Gruppen zu, die als fundamentalistisch bezeichnet werden, weil sie ihr Weltverhältnis auf Offenbarungstexte oder sonstige grundlegende Programme gründen und jede Handlung oder Verhaltensweise als wortwörtliche Umsetzung dieser fundamentalen Vorgaben verstehen wollen. Auch Demokratien stützen sich auf »fundamental laws« oder Grundgesetze, aber es gehört zum Grundverständnis, dass der Geist der Gesetze in jedem Fall höher zu schätzen sei als die toten Buchstaben. Diese Anstrengung, den Geist zu bemühen, möchten sich viele ersparen. Sie bestehen darauf, die Basistexte ohne jede Freiheit zur abweichenden Integration, also in dogmatischer Strenge, als Handlungsanleitungen zu nutzen, denn was nützen, so meinen sie, Programme, Verfassungen oder Gottes Worte, wenn man sie nicht strikt ohne jede Ausnahme oder Aufweichung befolge.

Wer sich zur rückhaltlosen Unterwerfung unter die Dogmen nicht bereit finde, müsse dazu mit allen Mitteln gezwungen werden; schließlich vollziehe man die Maßnahmen, um die man offenbar nicht herumkomme, zum eigenen Besten der Abweichler. Die fraglichen Formen der Verteidigung von Demokratien, die in den anderen Regimen ohnehin selbstverständlich sind, ergeben sich, so sagt eine gängige Erklärung, aus der Notwendigkeit, die Menschen auf die uneingeschränkte Geltung von Grundsätzen, Regeln und Zielen des Zusammenlebens zu verpflichten und die Erfüllung dieser Pflichten zu garantieren. Wer einen derart tugendhaften Weg des Lebens nicht bedingungslos befolge, oder die erzwungene Befolgung als unmenschlich denunziere, gehöre nicht zu den achtbaren Menschen. Solche, auch in den Demokratien wie den USA, wohlgelittenen Fundamentalisten aller möglichen Basisprogramme sind bereits die als Demokraten wiedergekehrten Faschisten wie sie Adorno und andere erwarteten.

## SOZIALISMUS UND INTERNATIONALE ALS GEKÖPFTE BOTEN EINER WELTZIVILISATION

Die weitestgehende Form der Annäherung, die durch den Wandel der Ostpolitik des Westens erreichbar war, vollzog die DDR mit ihrem Beitritt zur Bundesrepublik. Das führte aber nicht zu einer folgenlosen Inexistenz von vierzig Jahren Deutscher Demokratischer Republik, sondern zu deren nunmehr auf lange Zeit gesichertem Fortleben als innerer Konflikt des vermeintlichen Siegerstaates Bundesrepublik Deutschland.

In der Geschichte scheint generell das Siegen nur möglich zu werden, wenn eine überlegene Streitpartei die Positionen der unterlegenen Gegner als inneren Konflikt ins eigene System aufnimmt und sichtbar austrägt. Demokratien scheinen deshalb auf lange Sicht anderen Gesellschaftsformationen und deren Staatsformen überlegen zu sein, weil sie sich naturgemäß am wenigsten damit schwer tun, solche mit der Integration von Gegnern implantierten Konflikte als eigene Streitpositionen zu akzeptieren. Die demokratieeigenen Fragen und Selbstthematisierungen nehmen mit der gegnerischen Position Gestalt an; der Gegner wird damit zum Teilnehmer der internen Auseinandersetzungen. Das heißt aber auch, dass den Sieg verspielt, wer wie die UdSSR – auch durch das Erbe des zaristischen Russlands dazu genötigt – die sieghafte Vereinheitlichung aller kooptierter Staaten, Länder und Völker so weit vorantreibt, dass die Positionen der Unterworfenen oder Kooptierten nicht mehr in der Öffentlichkeit zur Geltung kommen können.

Dieser radikale Zwang zur Assimilierung der Teile an das Ganze entsprang natürlich der Angst, die unterschiedlichen Kulturen, Ethnien, Religionen, Rassen könnten die Integration in eine übergeordnete Einheit verhindern, wenn man es zuließe, dass sich die Teile über die Differenzen zueinander und zum Ganzen definieren.

Dieser Befürchtung war historisch wirksam mit dem Aufbau von Nationalstaaten begegnet worden. Dabei lässt sich nach innen die Einheit der Nation am leichtesten und nahezu irreversibel durch Kriege gegen äußere Kräfte, zumeist andere Nationalstaaten erreichen. Für Gewinner wie Verlierer dieser Kriege gilt aber die angesprochene Logik des Sieges. Um dieser tatsächlich in vollem Umfang entsprechen zu können, entwarf man das Konzept des Vielvölkerstaates mit fallweiser Gewährung von mehr oder weniger weitreichenden Teilautonomien. Das umfassendste Beispiel für ein solches Konzept bot die k. u. k.-Monarchie der Habsburger, aber auch dieses Beispiel der Vermittlung von Vielheit und Einheit wurde durch die offenbar unwiderstehliche Assimilierung Vieler an die Einheit einer Nation und ihres Staates obsolet und schließlich 1918 gänzlich liquidiert.

Es ist meines Wissens bisher zu wenig hervorgehoben worden, dass die Oktoberrevolution 1917, vor allem aber Stalins Ausformung des Projekts »Aufbau des Sozialismus in einem Land« eine historisch erstmalige Orientierung auf Einheit jenseits von nationalstaatlicher Assimilierung oder teilstaatlicher Integration zu bieten versuchte. Dass Stalin sich bereits unter Lenin als Volkskommissar für die Nationalitätenfrage auszuzeichnen versuchte, zeigt, dass er erkannt hatte, wie weitgehend das gesamte Unternehmen Sozialismus/Kommunismus von der Möglichkeit abhing, die Differenzen der zahlreichen Völker, Kulturen, Religionen, Sprachen auszublenden oder stillzustellen.

Dafür bot die marxistische Auffassung, der Klassenkampf übergreife alle Kulturkämpfe, einen erfolgreichen Ansatz, obwohl im Weltkrieg trotz aller Appelle ihrer Führer und sozialdemokratischen Parlamentarier Arbeiter auf Arbeiter geschossen hatten. Das aber galt gerade als Anzeichen, dass es noch kein Vaterland der Werktätigen, Arbeiter und Bauern gäbe, für das die Arbeiter hätten streiten können. So folgten sie dem Appell an ihren Patriotismus in den Krieg, der die Klassenauseinandersetzungen, wenn nicht verhindern, so doch wenigstens aufschieben würde. Welcher Rekonstruktion der Entwicklung der sozialistischen Vereinheitlichungsideen man auch bis 1941 folgt und ob man gar den Rückgriff auf die Pathosformel Großer Vaterländischer Krieg als Re-Installierung des nationalstaatlichen Einheitskonzepts versteht – der Versuch zur Etablierung sozialistischer Staaten bleibt das historische Exempel für die Bewältigung von Problemen, die sich uns heute weit radikaler stellen, als sie immerhin schon in der ersten Hälfte des 20. Jahrhunderts bestimmend waren.

Was haben wir zu bieten, um den fatalen Folgen der Identitätspolitik und der Biopolitik zu entgehen? Mit Biopolitik ist gemeint, dass man zunächst noch auf natürlichem Wege durch Erhöhung der Vermehrungsraten von Minderheiten die Gewichte im Zusammenleben verschiedener Gruppen wirksam verschiebt. Mit Identitätspolitik ist gemeint, dass man die verschiedensten Gruppen herausfordert, auf der gleichberechtigten Durchsetzung ihrer kulturellen, sprachlichen, religiösen Identität zu beharren. Dieses Konzept, als Multikultur gefeiert, widerlegt sich theoretisch und zudem praktisch, weil es unmöglich ist, in einem Gemeinwesen dreißig oder mehr Amtssprachen zu akzeptieren und jeder kulturellen Minderheit einen gleich umfassenden Zugriff auf kulturelle Einrichtungen wie beispielsweise Museen zu ermöglichen.

Wenn man in der Bundesrepublik willkürlich auch nur fünfundzwanzig kulturellen Identitäten auf der Ebene ihrer Kunstschöpfungen zur Geltung in öffentlichen Museen verhelfen wollte, so könnte bei unumgänglichen Auf- und Abbauzeiten jede Kultur sich gerade zehn Tage im Jahr präsentieren. Selbst euphorische Multikulturalisten würden einzelnen Kulturen im Zusammenleben mit anderen nicht das Recht zugestehen, ein eigenes Rechtssystem zu entwickeln mit zum Beispiel eigenen Verkehrsregeln, oder eigene materielle Reproduktionsformen wie Jäger- und Sammlertätigkeiten. Was aber sind Kulturen, die von ihren genuinen Wirtschaftsformen, Sitten und Gebräuchen wie Schächtung oder Ritualverstümmelungen, von ihren Rechtssystemen, Verteidigungsformen abgeschnitten werden? Sie sind Folklore. Es gilt herauszufinden, auch am Beispiel der Sowjetunion, wie in Industriegesellschaften Musealisierung und Folklorisierung die Kulturen so zur Geltung bringen, dass sie ihre historische Bedeutung demonstrieren und ihre wissenschaftlich erarbeitete Distinktion zur Verfügung stellen können.

Was jenseits der Folklore die Gesellschaften überlebensfähig erhalten wird, ist die Etablierung von Regeln, die für alle Gesellschaften und Individuen gelten, vorausgesetzt, dass sie die gleichen Mindeststandards für Arbeit, Ernährung, Gesundheit und Bildung erfüllen. Das sind Standards der Zivilisation, die es nur in vollständiger Abkopplung von jeglicher kultureller Identität geben kann, bei Globalisierung ihres Geltungsbereichs und durch Universalisierung ihrer Geltung, zum Beispiel als Menschenrechte. Auch in diesem Punkt haben die vier Stadien der Entwicklung einer sozialistischen Internationale bis heute ihre Beispielhaftigkeit behalten, der bestenfalls ein weltlich verstandener Katholizismus oder eine imperialen Frieden gewährende Amerikanisierung der Welt zu entsprechen vermöchten.

Von der Sowjetunion lernen heißt aus Fehlern lernen. Und das heißt, wie die sozialistischen Internationalen zu wissen, dass die Menschen nicht durch die Behauptung ihrer je eigenen Kulturen, Sprachen, Religionen, Ethnien zur Einheit und Gemeinsamkeit gelangen werden, sondern durch die unausweichliche Konfrontation aller Menschen mit gewaltigen, bösartigen, weil nicht lösbaren Problemen globaler Ausdehnung sowie universeller, die Menschheit betreffender Bedeutung.

1

2

3

4

5

1 Jüterbog, Fuchsberge, sowjetische Kaserne, März 1991 (F: Frank Gaudlitz)

2 Altes Lager, Brandenburg, April 1992 (F: Frank Gaudlitz)

3 Potsdam, Pappelallee, sowjetische Kaserne, Juli 1991 (F: Frank Gaudlitz)

4 Rostock, März 1992 (F: Frank Gaudlitz)

5 Helmut Kohl, Boris Jelzin. Abzug der letzten russischen Soldaten, Berlin-Treptow, 1994 (F: Barbara Klemm)

1

2

3

4

5

6

1 Boris Jelzin, Moskau, 9. Mai 1995 (F: Barbara Klemm)

2 Handgranatenwerfer, Grosny, Tschetschenien, 15. Januar 1995 (F: Oleg Smirnow)

3 Im Schützenpanzerwagen. Einfahrt nach Grosny, Tschetschenien, 13. Januar 1995 (F: Oleg Smirnow)

4 Tschetschenien, 2000 (F: Wladimir Wjatkin)

5 Veteranen am 50. Jahrestag des Kriegsendes, Moskau, 9. Mai 1995 (F: Barbara Klemm)

6 Früher Morgen in Grosny, Tschetschenien, 2000 (F: Wladimir Wjatkin)

# NEUE WELTORDNUNGEN? MACHT UND RECHT

## EGON BAHR IM INTERVIEW MIT NIKE BÄTZNER BERLIN, 28. NOVEMBER 2002

**NIKE BÄTZNER** Herr Bahr, Sie haben wiederholt gesagt, es sei notwendig, dass Deutschland seinen Vasallenstatus gegenüber den USA langsam verlassen solle. Im Moment gibt es wegen der Irak-Frage einige Unstimmigkeiten mit den USA. Welches Verhältnis zu den USA sollte Deutschland anstreben, wie sollte sich Deutschland zwischen den USA und der GUS positionieren?

**EGON BAHR** Den Ausdruck Vasall akzeptiere ich für Deutschland nicht. Er kommt von einem wirklich guten amerikanischen Freund unseres Landes, Robert Gerald Livingston, der in einem Artikel vom November 2001 im *Tagesspiegel* schrieb: Die Deutschen wundern sich, warum wir Amerikaner uns so wenig für sie interessieren. Die Antwort ist ganz einfach. Deutschland war 40 Jahre lang unser treuester Vasall und wir rechnen nicht mit einer Änderung. Wir würden uns wieder für sie interessieren, wenn Deutschland in einer wichtigen Frage Amerika widersprechen würde. Das ist nun zum Thema Irak wirklich geschehen.

Tiefe Einschnitte in der Geschichte erfordern eine Neubewertung der Situation und der tiefste Einschnitt in der Geschichte des zurückliegenden Jahrhunderts war das Ende des Ost-West-Konflikts oder auch das Ende der Sowjetunion. Beides hatte niemand vorausgesehen oder für möglich gehalten. Wie sieht die Welt nun hinterher aus? Die ersten, die sich darüber systematisch Gedanken gemacht haben, waren die Amerikaner. Sie haben 1996 eine Gruppe von hochrangigen Politikern, Wissenschaftlern und Publizisten, sowohl Republikanern als auch Demokraten, zusammengestellt, eine »Kommission für die Nationalen Interessen Amerikas«. Damit definierten sie ihre Interessen für den nächsten Präsidenten, wer auch immer das sein würde. Und zwar unter den Gesichtspunkten der Macht und in sehr großer Offenheit. Natürlich ist Amerika erstens daran interessiert, dass es die einzige Supermacht bleibt, zweitens, dass niemand sie einholen kann, und drittens, dass man dazu die militärtechnologische Spitzenposition erhalten muss. Dann muss man sehen, dass man die Bündnisse unterstützt, dass es keine Gruppierung oder ein einzelnes Land geben kann, welches eine Herausforderung für die Position Amerikas bildet. Dann muss man auch noch die Demokratie fördern, das ist aber schon nicht mehr so wichtig, und schließlich kommen auch noch die Menschenrechte. Niemand kann sagen, dass das Heuchelei wäre.

Das ist so und auch nur so vor dem Hintergrund der amerikanischen Geschichte zu verstehen. Nimmt man nur das letzte Jahrhundert, war Amerika das einzige Land, das im Grunde ungebrochen durch das Jahrhundert gegangen ist. 1900 war Amerika als einzelnes Land die stärkste Produktionskraft und hundert Jahre später ist es die einzige Supermacht. Alle anderen Länder – Russland, Deutschland, Polen, Frankreich, England, China, Japan, Indien, Pakistan – sind durch mehrfache Brüche ihrer Geschichte gegangen mit dem Ergebnis, dass all diese Länder über ihre Rolle und über ihre Werte nachdenken und darüber, was man neuerdings Identifikation nennt. Die Amerikaner suchen nicht nach neuen Werten. Sie sagen: Warum sollen wir unsere Werte ändern, mit denen wir so erfolgreich gewesen sind? Und es kommt noch etwas hinzu: Amerika steht unter dem Gesetz jeder Großmacht oder Supermacht. Denn wenn Sie die Kriterien des Verhaltens Roms mit dem Verhalten Washingtons vergleichen, dann stellen Sie fest, dass jede dieser Weltmächte daran interessiert ist, die Macht zu erhalten und/oder auszuweiten, jedenfalls zu sichern. D.h. eine ganze Reihe von Punkten, über die wir heute in Hinblick auf Amerika sprechen und den Kopf schütteln, sind mit dem unausweichlichem Interesse verbunden, stark zu bleiben, stärker und uneinholbar zu werden.

**N. B.** Aber im Zusammenhang mit dem 11. September hat sich nun eine Verwundbarkeit des Staates Amerikas an einer Stelle gezeigt, wo sie nicht vermutet wurde.

**E. B.** Darauf komme ich gleich zurück. Amerika hat bei der Definition seiner Interessen angefangen festzustellen, dass der politische Faktor Moskau wichtiger ist als der militärische Faktor der NATO und dass die Türkei geo-strategisch wichtiger ist als Deutschland. Amerika hat angefangen, sich von Europa und auch von Deutschland zu emanzipieren.

**N. B.** Also hat sich Amerika emanzipiert und nicht Europa.

**E. B.** Ja, selbstverständlich. Und dieser Prozess, den ich gar nicht aufhalten kann, muss natürlich von einem Prozess der Emanzipation Europas und auch Deutschlands von Amerika begleitet sein. Das wäre die Antwort, die Kompensation, das Gleichgewicht.

**N. B.** Das hieße, endlich aktiv zu werden, nicht immer die passive Rolle einzunehmen und nicht von außen bestimmen zu lassen, welche Rolle Deutschland einnehmen sollte.

**E. B.** Richtig. Wir müssen genauso wie die Amerikaner, allerdings mit Verspätung, definieren, was unser Interesse ist. Russland muss es übrigens auch. Soweit ich sehen kann, ist Russland zum Teil dabei. Der 11. September ist die Schrecksekunde der Erkenntnis gewesen, dass auch die stärkste Militärmacht, Amerika, verwundbar ist und die Vereinten Nationen und natürlich andere braucht, um ein Bündnis ohne Vertrag, nämlich eine Allianz gegen den Terror zu bilden. Diese Allianz ist gewissermaßen das überwölbende Dach, weil alle Staaten dieser Welt daran interessiert sind, nicht die Gefangenen entstaatlichter Gewalt zu werden. Das Gewaltmonopol liegt bei den Staaten und diese haben das Interesse, nicht destabilisiert zu werden. Alle anderen Interessen sind eine Stufe zurückgesetzt worden, aber nach wie vor vorhanden. Die Ausweitung der NATO wird nach wie vor verfolgt. Das gigantische Aufrüstungsprogramm der Vereinigten Staaten ist vor dem 11. September durchdacht, im Prinzip beschlossen und danach nur in Kraft gesetzt worden. Doch die Uneinholbarkeit Amerikas ist länger angelegt und die Amerikaner haben nach dem 11. September zunächst nur mit dem einzigen, was sie hatten, angefangen, nämlich mit der militärischen Macht. Und wenn wir jetzt sagen, das reicht nicht, wissen die Amerikaner das inzwischen auch, und man sieht ja, dass sie neue Methoden im Kampf gegen den Terror entwickeln, die über das rein Militärische hinausgehen. Aber das Militärische ist nach wie vor dominant.

**N. B.** Wo und wie haben Deutschland und Europa in dieser Situation noch ihren Platz?

**E. B.** Das erste, was man sagen muss, wir sollten nicht so verrückt sein zu glauben, wir müssten Amerika ähnlicher werden.

**N. B.** Das haben wir ja lange versucht...

**E. B.** Ja, aber ich meine in Hinblick auf die Aufrüstung. Wozu soll ich gegen Amerika aufrüsten? Amerika ist ja nicht mein Feind. Der wirkliche Punkt ist: Europa muss erkennen, dass es falsch wäre, auf dem Gebiet von Wehrtechnik und Rüstung Amerika ähnlich oder gleich werden zu wollen. Stattdessen muss Europa seine Stärken auf den Gebieten von Kooperation, Wirtschaft und Politik entwickeln. Da kommt interessanterweise Russland ins Spiel. Wir haben während des Ost-West-Konfliktes in Deutschland das Modell des Gewaltverzichts entwickelt, ein Modell des militärisch Schwachen gegenüber dem Starken. Der Schwache ist daran interessiert – und gegenüber Amerika sind alle anderen Länder schwach –, das Recht des Stärkeren in die Stärke des Rechts zu transformieren. Also die internationalen Beziehungen zu verrechtlichen oder das theoretische Gewaltmonopol der Vereinten Nationen zur Praxis zu erheben. Wie wir es in Europa gemacht haben: Alle Grenzen stehen unter dem Gesetz des Gewaltverzichts, können aber im gegenseitigen Einvernehmen geändert werden. Wer sich heute überlegt, ob Amerika noch einmal einen Gewaltverzichtsvertrag abschließen würde wie in Helsinki 1975, muss das bezweifeln. Aber alle anderen Länder müssten eigentlich gerade daran interessiert sein, auch die Supermacht in eine Herrschaft des Rechts einzubinden und damit in eine Situation des gesicherten Friedens zwischen den Staaten.

**N. B.** Aber wie kann das im Moment gelingen, wo die USA gerade gegen die »Schurkenstaaten« vorgehen wollen. Wenn man dem CIA-Chef George Tenet folgt, sind es ca. 60 Staaten, die nach und nach von der Weltpolizei USA befehdet werden sollen.

**E. B.** Die USA können das machen, denn sie haben die Macht. Sie haben sogar die Macht, Fehler zu machen und diese Fehler dank ihrer Macht wieder zu korrigieren. Präsident George Bush, der Vater des jetzigen Präsidenten, hat gesagt, Amerika solle die Welt in eine neue Weltordnung führen. Dafür bin ich. Weltordnung heißt, dass sich alle, also auch gerade der Stärkste, an die Regeln halten. Der Sohn macht aber das Gegenteil des Vaters.

**N. B.** Man hat den Eindruck, Bush jr. möchte der Welt seine Ordnung oder die amerikanische Ordnung aufoktroyieren.

**E. B.** Der Sohn macht den Eindruck: Ich lasse mich nicht binden und bestimme allein, was Recht ist, und setze es auch allein durch, notfalls auch ohne die Vereinten Nationen, denn ich habe die Macht dazu. Und was gut für Amerika ist, muss auch gut für die ganze Welt sein. Es gibt ein Sendungsbewusstsein.

**N. B.** Zum Teil ist es ein Sendungsbewusstsein, aber häufig ist es doch auch ein Etikettenschwindel, indem im Namen einer vorgeblichen Demokratisierung und der Menschenrechte Kriege geführt werden, wo es in Wahrheit um wirtschaftliche Interessen oder um den Zugang zum Öl geht.

**E. B.** Ja, das ist unbestreitbar. Aber ich glaube, man würde Amerika falsch einschätzen, wenn man seine Machtinteressen als vorgeschoben betrachtet und sie auf Öl- oder Rohstoffinteressen reduziert. Umgekehrt ist es richtig. Es gilt, das Angenehme mit dem Nützlichen zu kombinieren.

Hier spielen auch die atomaren Fähigkeiten eine Rolle. Zum Beispiel die Interkontinentalraketen mit Atomsprengköpfen. Durch den Besitz dieser Waffen bleibt Russland eine Macht, die Amerika ernst nimmt, denn dadurch ist es die einzige Macht, die Amerika potenziell schwer verwunden kann. Irgendwann wird vielleicht mal China dazukommen, aber das hat noch ein bisschen Zeit und das wird dann noch mal sehr spannend. Das heißt, Russland behält bis dahin eine Sonderstellung gegenüber den Vereinigten Staaten von Amerika. Ich habe den Eindruck, dass Putin in sehr gesunder Einschätzung dessen, was er kann, und dessen, was er nicht kann, seine Position im Kampf gegen den Terrorismus gewählt hat. Aber abgesehen davon hat Russland ein vergleichbares Interesse wie Europa, nämlich das, einen dauerhaften Frieden herbeizuführen. Die Europäische Union hat erreicht, dass Kriege zwischen europäischen Staaten unmöglich geworden sind.

Die Frage ist nur, ob die Europäer nun die Kraft aufbringen, mit einer Stimme zu sprechen, nachdem sie vierzig Jahre davon geredet haben, und auch durch Diplomatie politisch präventiv tätig zu werden. Wenn das Gespräch über Gewaltverzicht Erfolg hat, dann könnten wir Amerika vielleicht sogar einen Krieg ersparen. Wenn es keinen Erfolg hat, dann nimmt man Amerika nichts von seiner Stärke. Die große Frage für mich ist: a) wird Europa dazu fähig sein, b) ist Russland bereit, diesen Weg mitzugehen?

**N. B.** Halten Sie Russland für einen einschätzbaren Partner?

**E. B.** Ja.

**N. B.** Und ist der Tschetschenien-Krieg in diesem Rahmen dann als ein notweniger Kampf gegen den Terrorismus anzusehen, wäre er somit eine Sache, die einem gerechten Anspruch folgt?

**E. B.** Tschetschenien ist mehr als bloßer Kampf gegen den Terrorismus. Ich habe einen guten russischen Freund, der mir schon vor Jahren gesagt hat, dass es in Tschetschenien um arabisches Geld, arabische Waffen, arabische Ausbildung im Interesse des Islam geht. Das habe ich am Anfang nicht recht glauben wollen. Ich hielt es für eine propagandistische Ausrede. Inzwischen wissen wir, dass es stimmt. Aber es kommt der Kampf eines Volkes hinzu, das zweifellos seine Identität hat und seine Unabhängigkeit will. Wenn Russland einem Volk seine Unabhängigkeit gibt, wird es mit dem nächsten konfrontiert sein. Dass Russland das nicht will, kann ich verstehen. Dass daraus eine Gemengelage wird, die es für Russland schwer macht, sich nach außen verständlich zu machen, und es anderen schwer macht, dies zu begreifen oder zu tolerieren oder gar zu unterstützen, ist die eigentliche Schwierigkeit des Themas Tschetschenien. Wobei ich empfehle, dem zu folgen, was mir Willy Brandt einmal während des Vietnam-Krieges gesagt hat. Er war gegen den Vietnam-Krieg und hat gesehen, was da passiert. Mit Menschenrechten hatte das wenig zu tun, mit Demokratie auch nicht, und trotzdem hat er keine öffentliche antiamerikanische Äußerung zum Vietnam-Krieg von sich gegeben. Obwohl er gewusst hat, wie die Bevölkerung denkt, und obwohl er gewusst hat, wie seine Partei denkt. Auf die Frage, warum er sich so verhalte, gab er mir zur Antwort, einen Freund, der in einer schwierigen Situation sei, den schone man.

**N. B.** Dann wäre im Moment Russland der Freund, den man schont.

**E. B.** Genau das ist meine Empfehlung. Russland ist unser Freund, der Schonung in seiner Lage verdient. Das Thema Tschetschenien ist für Russland schwer.

1

2

1 Willy Brandt vor dem Denkmal für die Opfer des Aufstands im Warschauer Ghetto, 7. Dezember 1970 (F: Hanns Hubmann)

2 Leonid Breschnew und Willy Brandt, Bonn, 1973 (F: Barbara Klemm)

**N. B.** Hat Deutschland in diesem Zusammenhang eine spezielle Rolle? Denn es scheint ja, als ob gerade die Beziehung zwischen Gerhard Schröder und Wladimir Putin als Vorspiel in Hinblick auf eine größere Anbindung an Europa gedacht ist.

**E. B.** Ich glaube Otto von Bismarck hat gesagt, wenn das Verhältnis zwischen Deutschland und Russland in Ordnung ist, ist Europa in Ordnung – auch wenn weder das Russland von heute das Zarenreich von damals, noch das Deutschland von heute das Kaiserreich von damals ist. Zudem gab es seinerzeit keine Supermacht Amerika. Das integrative Modell Europas ist daran interessiert, den Zustand der Unangreifbarkeit auszuweiten. Die Lage Deutschlands in der Mitte Europas prädestiniert es zu einem Sonderverhältnis zu Russland. Ich glaube, wir verstehen die Russen besser, als die Amerikaner es können. Und da ist natürlich Putin ein Glücksfall, weil er unser Land kennt und man mit ihm reden kann, ohne einen Dolmetscher zu brauchen. Obwohl ich immer wieder festgestellt habe, wenn es um Macht und Raketen, um Reichweiten und Zerstörungsfähigkeiten ging, verstanden sich die Amerikaner mit den Russen fabelhaft, weil alle wussten, worüber geredet wurde.

**N. B.** Das sind ja auch konkrete Rechenspiele innerhalb eines Denksystems. Heute geht es also nicht mehr darum, dass Russland als ehemalige Supermacht nun mit Hilfe von Europa ein stärkeres Gewicht gegen die USA bilden kann?

**E. B.** Nein. Ich bin fest davon überzeugt, die Leute im Kreml sind nicht so verrückt. Für Russland genügt es, die Fähigkeit seiner Zweitschlagkapazität zu erhalten, das reicht als ernst zu nehmender Partner für die Vereinigten Staaten. Ansonsten wird Russland einen langen Weg zu gehen haben zu seiner wirtschaftlichen Erholung, zu Modernisierung, zu Rechtsstaatlichkeit und zum Kampf gegen die Korruption. Ich kann mir im Augenblick nicht vorstellen, wie lange das dauern wird, aber das allein ist eine gigantische Aufgabe. Dann werden wir hoffentlich in eine Situation kommen, in der das militärische Gewicht faktisch nicht mehr das ausschlaggebende Gewicht eines Staates ist.

**N. B.** Das Gleichgewicht des Schreckens wie noch zu Zeiten des Kalten Krieges ist Vergangenheit. Im Moment scheint die Betonung der militärischen Stärke zumindest zwischen bestimmten Staaten nicht mehr wichtig. Stattdessen bildet man eine gemeinsame Allianz gegen den Terror und hat damit ein nach außen verlagertes, ein außerhalb dieser Großmachtinteressen gelagertes Ziel.

**E. B.** Das Gleichgewichtsdenken ist zusammengebrochen in dem Augenblick, in dem es den Ost-West-Konflikt und die Sowjetunion nicht mehr gab. Wer sollte jetzt das Gleichgewicht stellen? Wir haben es mit einer neuen Situation zu tun, in der auf der einen Seite die uneinholbare Militärmacht und auf der anderen Seite alle anderen stehen, die sich nun mit dieser Situation arrangieren müssen. Außerdem haben wir in Europa keine Feinde mehr. Wir sind von Freunden umzingelt. Russland ist mehr als ein Partner, es ist durch die NATO-Russland-Akte ein Halbverbündeter geworden und spricht in europäischen Sicherheitsinteressen mit. Das ist fabelhaft …

**N. B.** … und ein großer Stabilitätsgarant. Wenn aber das Vorgehen gegen die »Schurkenstaaten« ausgeweitet wird, bedeutet das auf der einen Seite eine Stärkung der Allianz, auf der anderen Seite wird es massenweise neue Kriegsherde geben. Und wie Sie zuvor bemerkt haben, ist es spannend zu sehen, was mit China passiert. Russland nähert sich dem Westen an oder richtet sich nach Westen aus. Was passiert dann mit Asien, welche Rolle kann es einnehmen im Gleichgewicht der Kräfte?

**E. B.** Das ist mir im Augenblick ein bisschen zu spekulativ. Wenn Amerika seine Politik fortsetzt, die günstige Gelegenheit zu nutzen, um die Weltkarte in Mittelasien neu zu zeichnen, unliebsame Regime loszuwerden und Stabilität nach seinen Regeln einzuführen, dann wird das auch passieren, ohne dass andere Länder zur Unterstützung oder zum Mittun bereit sind. Außerdem ist die Politik in Washington von der Person des Präsidenten abhängig. Der gegenwärtige Präsident kann noch zwei oder sechs Jahre amtierten, danach wird es einen anderen geben. Die Weltgeschichte wird nicht in sechs Jahren entschieden.

**N. B.** Aber die Stärke Amerikas, das Grundprinzip, sich auszudehnen und die Welt nach dem eigenen Bilde neu zu ordnen, bleibt bestehen.

**E. B.** Das stimmt. Aber als eine Macht, die in eine neue Weltordnung führt oder als Herrscher einer neuen Weltordnung. Das ist ein Unterschied.

**N. B.** Doch eigentlich kann im Moment niemand dieser Supermacht etwas entgegensetzen.

**E. B.** Militärisch nicht, wozu auch.

**N. B.** Die Frage ist, inwieweit es diplomatische Möglichkeiten der Einflussnahme gäbe. Europa ist noch nicht so geeint, dass es mit einer klaren Stimme sprechen könnte, es gibt nach wie vor die Splitterstimmen der einzelnen Staaten, auch weil deren Geschichte sehr unterschiedlich ist.

**E. B.** Ich beklage nicht die Stärke Amerikas, ich beklage die Schwäche Europas. Die Amerikaner werden nicht warten und der Rest der Welt auch nicht. Aber die Europäer haben in einem Punkt angefangen, nämlich mit dem Euro als Konkurrenzwährung zum Dollar. Das haben die Amerikaner nicht für möglich gehalten.

**N. B.** Und allmählich stabilisiert er sich …

**E. B.** Ja, natürlich. In zehn oder auch fünfzehn Jahren wird es den Euro und den Dollar geben, vielleicht auch in umgekehrter Reihenfolge, und es wird die chinesische Währung geben. Und dann vielleicht noch den Yen oder den Schweizer Franken, aber das ist nicht mehr so wichtig.

**N. B.** Die Kräfteverteilungen sind längst wirtschaftlich organisiert. Müsste das Recht nicht noch eine stärkere Allgemeinverbindlichkeit bekommen?

**E. B.** Jedenfalls muss man versuchen, die Konflikte und die Interessensunterschiede, die es nach wie vor gibt, auf dem Wege des Rechts zu lösen. Und da, wo alle daran interessiert sind, macht man ja bereits globales Recht. Denken Sie zum Beispiel an das Seerecht. Auf dem Balkan wird man keine wirkliche Stabilität kriegen, wenn man nicht den Gewaltverzicht in Bezug auf die Grenzen befolgt, das heißt international anerkannte Grenzen festlegt. Ich kann natürlich auch das Recht, das in der Charta der Vereinten Nationen kodifiziert ist, ausformulieren in Bezug auf bestimmte Regionen. Das ist denkbar, braucht aber eben Zeit.

**N. B.** Aber als Tribut an die Stabilität wird man sehr vorsichtig sein, bestimmte Rechtssysteme zu kritisieren, und wird zumindest vorläufig akzeptieren, dass es nicht überall Pressefreiheit, die Abschaffung der Todesstrafe u.ä. gibt.

**E. B.** Ich akzeptiere doch, dass Amerika die Todesstrafe nicht abgeschafft hat. Ich habe auch akzeptiert, dass es keine Demokratie in Südafrika gegeben hat, aber einen Rechtsstaat, sonst hätte Mandela nicht überlebt. Ich muss die kulturelle und traditionelle Unterschiedlichkeit von Wertvorstellungen respektieren, solange alle bereit sind, sich im Prinzip hin auf a) Berechenbarkeit und b) Demokratisierung zu entwickeln.

**N. B.** Das bedeutet, der Weg hin zur dieser Demokratisierung kann sehr unterschiedlich verlaufen und unterschiedlich definiert werden.

**E. B.** Ja natürlich, das ist ein wichtiger Punkt.

**N. B.** Kann es dann überhaupt eine übergeordnete Kontrollinstanz geben? Sie sprachen von den Vereinten Nationen. Was könnte den anzustrebenden Demokratisierungsprozess als allgemeiner Nenner verschiedener Entwicklungsmöglichkeiten gewährleisten?

**E. B.** Was viele Leute vergessen haben – weil wir in Deutschland mit etwas anderem, nämlich der deutschen Einheit beschäftigt waren – ist, dass wir Ende 1990 eine Charta von Paris unterzeichnet haben. In der Charta von Paris ist der Gewaltverzicht als europäisches Grundgesetz enthalten. Und wenn ich aus der Charta von Paris einen internationalen Vertrag mache und den garantieren lasse von allen Staaten, dann habe ich exakt die Verbindlichkeit, die Sie wollen.

# DEUTSCHLAND IN DEN RUSSISCHEN MASSENMEDIEN DER NEUNZIGER JAHRE

GASSAN GUSSEJNOW

Es hat schon immer eine Diskrepanz zwischen der Selbsteinschätzung der Bevölkerung, also der Menschen im Sinne eines kollektiven Individuums, und der Beurteilung durch ihre Nachbar-Nationen gegeben. Um eine solche Diskrepanz im Verhältnis zwischen Deutschland und Russland im Laufe des vergangenen 20. Jahrhunderts aufzeigen zu können, muss man sich möglichst auf kurze Zeitabschnitte konzentrieren.

Die folgenden Aufzeichnungen beruhen erstens auf der Sichtung russischer Tages- und Wochenzeitungen[1] von Oktober bis Dezember 1994, das heißt zwischen den Bundestagswahlen in Deutschland und dem Anfang des ersten Tschetschenienkrieges in Russland, zweitens auf der Auswertung von Fernseh- und Radioprogrammen über Deutschland und schließlich auf meinen persönlichen Beobachtungen und Gesprächen. Um die Recherche überschaubar zu halten, wollte ich die Grenze zum Jahr 1995 nicht überschreiten, dem Jahr des 50-jährigen Jubiläums des Sieges der Anti-Hitler-Koalition über das nationalsozialistische Deutschland. Zumal sich in der Folgezeit die Wahrnehmung Deutschlands in Russland sehr veränderte.

Trotz der freundschaftlichen politischen und wirtschaftlichen Zusammenarbeit Ende der achtziger, Anfang der neunziger Jahre, erreichten Russland und Deutschland zu der Zeit die wohl am weitesten voneinander entfernten Punkte ihrer historischen Entwicklung: Das Deutschland der neunziger Jahre steht für den territorialen und demographischen Zugewinn, für eine innerstaatliche Konsolidierung, für das Wachstum des politischen und wirtschaftlichen Einflusses in Mittel- und Osteuropa. Das Russland der neunziger Jahre steht für den Verlust von Gebieten binnen kurzer Zeit, die über drei Jahrhunderte Geschichte und Politik des russischen Imperiums und der UdSSR bestimmt hatten, für einen Bevölkerungsschwund auch in dem übrig gebliebenen Territorium, der nicht zuletzt auf die Auswanderung von Hunderttausenden nach Deutschland zurückzuführen ist.

## DER NAME DES LANDES, DER NAME DES VOLKES

Die Russen haben seit langem schon Deutschland nicht mehr Deutschland[2] genannt. Der östliche Teil des Landes hieß seit einigen Jahrzehnten *GDR* (die DDR), und diese Abkürzung wurde so gut wie nie durch den vollen Namen ersetzt. Bis zur Wiedervereinigung der *GDR* (DDR) mit der *FRG* (BRD) verstand man unter *Germanija* ein nicht existentes geschichtliches und kulturelles Gebilde, aus dem zwei Staaten auf deutschem Boden geworden waren. Mit dem Wort *Germanija* verband man zwei Weltkriege. Der Erste Weltkrieg hieß auch salopp *Germanskaja*. Der Große Vaterländische Krieg war ein Krieg des sowjetischen Volkes gegen *gitlerowskaja Germanija*, also Hitlerdeutschland, gegen den *germanski* Faschismus bzw. Nazismus, gegen die *nemezko-faschistskije*, also die »deutsch-faschistischen« Besatzer. In der Umgangssprache gehörten die Begriffe *Germanija* und *germanskij* vor allem in den Bereich der Geschichte und der Politik, die Begriffe *nemezki* und *nemzy* (deutsch und Deutsche) hingegen in den Bereich des kulturellen Alltags. Die deutsche Sprache: *nemezki jasyk*; die deutsche Lyrik: *nemezkaja poesija*; die deutsche Kultur: *nemezkaja kultura*. Aber bei *kultura Germanii* könnte es auch um die Zeit der Reformation oder der Romantik gehen, also um historische Themen. Eigentlich taucht *Germanija* als ein politischer Begriff im russischen Sprachraum erst nach der Vereinigung von Ost und West um 1990 auf, wodurch sich auch die Schnittstelle zwischen den Begriffen *nemezki* und *germanski* verändert hat.

1989–93 war eine kurze Phase, in der das Wort *Germanija* mit humanitärer Hilfe und dem Abzug der sowjetischen und später dann russischen Truppen assoziiert wurde. Seit etwa 1994 versteht man im öffentlichen und politischen Alltag unter dem Begriff *Germanija* eine neue politische Wirklichkeit mit all ihren alten, historischen Konnotationen, wobei die jüngste Vergangenheit eher vernachlässigt wird. Als der Autor der Zeitung *Sewodnja* in seinem Artikel die latente Gefahr der Verdrängung Russlands nicht nur aus dem westlichen, sondern auch aus dem osteuropäischen Markt behandelte, schrieb er über die Aktivitäten »einer *germano- norweshski*, also einer deutsch-norwegischen Gasallianz namens Netra, die eine Pipeline bis zur Ostgrenze Deutschlands baut, an der bis heute uneingeschränkt die *rossisko-nemezki*, also die russisch-deutsche Allianz Gasprom-Wintershall[3] vorherrscht.« Bei der Gegenüberstellung eines fremden *germano-norweshski* und des eigenen *rossisko-nemezki*, Konzerns ahnt man den feinen Unterschied zwischen den Begriffen *germanski* und *nemezki*, der im isolierten Wortgebrauch nicht auffällig ist: *germanski* klingt entfernter und fremder als *nemezki*.

## DIE WIEDERVEREINIGUNG UND DAS SCHNELLE VERGESSEN DER DDR

Die DDR kannte man in Russland relativ gut. »In den westlichen Truppenverbänden SGV (*Sapadnaja gruppa woisk*, Westliche Truppenverbände, früher: Sowjetische Truppenverbände in Deutschland) dienten etwa 7 Millionen Armeeangehörige. Außerdem kamen 400.000 Ärzte und Krankenschwestern, Ingenieure und anderes Hilfspersonal hinzu. Und noch einmal 1,5 Millionen Familienmitglieder. Insgesamt waren es 8,9 Millionen Bürger der Sowjetunion und Russlands. Die meisten von ihnen sahen den Dienst in der sowjetischen Besatzungszone in Deutschland oder eben in der SGV als die einzige legale Ausreisemöglichkeit und als ihr persönliches Schlupfloch in eine fremde, unerreichbare, verlockende Welt.«[4]

Um so merkwürdiger war die Leichtigkeit, mit der sich die russische Presse vom »Bruderland« verabschiedete. Wie von Estland, Lettland und Litauen erfuhr man von der DDR kaum mehr etwas: die Privatisierung, die Veränderungen in der Wirtschaft und im Rechtswesen wurden von den Massenmedien im Herbst und im Winter 1994 äußerst sparsam behandelt. Die Berichte über die fünf neuen Bundesländer bezogen sich überwiegend auf folgende Themen:

- Korruption in den Westlichen Truppenverbänden und die Russenmafia in Deutschland insgesamt,
- Abzug der russischen Truppen aus Deutschland,
- Unmut unter den Einwanderern aus der GUS bei ihrer »Zuweisung« nach Ostdeutschland,
- psychologische Schwierigkeiten der Ex-DDR-Bürger bei ihrer Konfrontation mit dem Kapitalismus.

Statt die Ergebnisse der Bundestagswahlen 1994 in den neuen Bundesländern zu analysieren, wurden Feststellungen aus den deutschen Zeitungen übernommen. Es fehlten beispielsweise unabhängige Analysen solch politischer Veränderungen in Deutschland, welche die Interessen Russlands berührten. Gleichzeitig flaute Mitte der neunziger Jahre die Berichterstattung über die Ahndung der Verbrechen hoher Sowjetfunktionäre ab, die Frage nach der gerichtlichen Belangbarkeit des Staats- und Parteiapparates wurde gar nicht gestellt. Deswegen reagierte man in Russland mit Gleichgültigkeit auf die Versuche der Bundesrepublik, die Erblasten des SED- und Stasi-Regimes aufzuarbeiten.

Trotz vielfältiger Aktivitäten russischer Unternehmer in den neuen Bundesländern erfuhr man aus den russischen Massenmedien wenig über die Privatisierungsmethoden in der ehemaligen DDR, über die Tätigkeit der Treuhandanstalt und überhaupt über die für Russland relevante rechtliche und politische Integration eines von der Gesellschaftsordnung her verwandten Landes in die westliche Zivilisation.

## WIEDERVEREINIGUNG DEUTSCHLANDS: DER UNVERGESSENE KRIEG UND DIE BUNDESREPUBLIK VON HEUTE

Die letzten Soldaten aus der russischen Kaserne in Berlin-Karlshorst warten auf den Zug nach Moskau. Die Sterne vom Kasernentor nehmen sie mit, 5. September 1994 (F: Erik-Jan Ouwerkerk)

Die Tatsache, dass das wiedervereinigte Deutschland eigentlich die durch die DDR erweiterte Bundesrepublik ist, wurde in der russischen Öffentlichkeit in ihrem historischen Rahmen betrachtet. In der russischen Presse herrschte das Thema des Großen Vaterländischen Krieges vor. Die ganze Problematik des Sieges der UdSSR bzw. Russlands im Zweiten Weltkrieg wurde insbesondere am Vorabend des 50-jährigen Jubiläums des Kriegsendes in allen russischen Printmedien behandelt. In mindestens einem Punkt waren sich alle einig: Zwar war es ein Sieg, jedoch waren für ihn übermäßige Opfer gebracht worden. T. Koshemjakina, die sich als »Tochter eines Soldaten, der bei Leningrad gefallen war«, vorstellte, schrieb in ihrem Leserbrief an die *Nowoje wremja*: »Nach den neuesten Berichten über unsere Verluste im Großen Vaterländischen Krieg kommt auf zehn gefallene Russen ein Deutscher und die Gesamtzahl der Gefallenen übersteigt 40 Millionen.«[5]
Zeitgleich mit diesem Brief konnte man in einer anderen Publikation die offiziellen Angaben über die Kriegsverluste der UdSSR und Deutschlands nachlesen. Bald nach der Bekanntmachung dieser dort 1990 genannten sensationellen Zahl von 27 Millionen Menschen hat die Behörde für Militärstatistik diese Angaben im Sinne einer Annäherung an die bisherige offizielle Zahl von 20 Millionen Menschen revidiert: Die sowjetischen Verluste werden auf etwa 22 Millionen Menschen geschätzt, die deutschen – auf etwa elf Millionen Menschen.[6]

Die russische Diskussion über die Folgen des Zweiten Weltkriegs brach abrupt an der Stelle ab, wo es um die Entnazifizierung Deutschlands ging und um den kritischen Charakter der Kriegsdarstellungen in Westdeutschland Ende der sechziger Jahre. So hieß es 1994 beispielsweise: Vor dem Hintergrund des Krieges, für den »wir einen unermesslich hohen Preis gezahlt haben«[7], erscheint Deutschland wie ein glücklicher Verlierer, der damals schon billig davonkam, und heute erst recht, hatte er doch dem »Freund und Liebling aller Deutschen«[8] Gorbatschow nicht gerade teuer die Deutsche Demokratische Republik abgekauft.

Auch die Geschichte russischer Emigranten in Deutschland in der Zeit des Nationalsozialismus stieß auf reges Interesse der Massenmedien: Neu entdeckte Dokumente ergänzten die zunächst spärlichen Informationen zu einem Thema, das in den achtziger Jahren mit der Veröffentlichung des Romans von Daniil Granin *Der Genetiker. Das Leben des Nikolai Timofejew-Ressowski, genannt Ur* (er erzählt von der Arbeit eines sowjetischen Wissenschaftlers in Deutschland während des Krieges) zum ersten Mal ins Bewusstsein der russischen Leser rückten. Die Zeitungen *Sewodnja* und *Moskowskije nowosti* widmeten ganze Seiten den ausführlichen Besprechungen entsprechender Bücher.[9]

Nach der russischen Abschiedsparade, Berlin-Karlshorst, 25. Juni 1994
(F: Erik-Jan Ouwerkerk)

Ein wichtiges Moment, das in den Massenmedien für eine feine Trennung zwischen dem Begriff von Deutschland und der neuen wiedervereinigten Bundesrepublik sorgte, stellt die alte sowjetische Propagandatradition dar, nach der ideologische Kritik an der BRD und eine gewisse Sympathie für die westdeutsche Toleranz gegenüber der Sowjetunion nach Breschnews Entspannungszeit geschickt unter einen Hut zu bringen waren. Je nachdem war die BRD mal »die Brutstätte des Revanchismus und direkte Nachfolgerin des Dritten Reichs« oder aber auch ein braver Handelspartner. Heute ist der gewohnte ideologische Code aufgehoben, doch ein Ersatz dafür fehlt bis jetzt.

## DIE ANGELSÄCHSISCHE PERSPEKTIVE

Neu in den russischen Massenmedien ist die Wahrnehmung Deutschlands aus der Perspektive der britischen und amerikanischen Presse. So waren die ausführlichsten Beiträge über Wirtschaft, Handel und Finanzleben Deutschlands in *Iswestija* 1994 oft einfach Übersetzungen von Artikeln britischer oder amerikanischer Wirtschaftsexperten der *Financial Times*, einer Partnerzeitung von *Iswestija*. Die in *Iswestija* veröffentlichten Einschätzungen des deutschen Finanzmarkts als eines für westliche Investoren nicht gerade attraktiven Marktes oder die Beurteilung von Frankfurt am Main, der offiziellen Finanzhauptstadt der Europäischen Union als einer Stadt, die vergeblich versucht, mit London mitzuhalten, können in diesem Zusammenhang womöglich auf eine weitergehende politische Tendenz hinweisen. Ihr Kern ist der Zweifel an der Rolle der deutschen Wirtschaft als der tragenden Konstruktion des gesamteuropäischen Wirtschaftssystems.[10] Symbolisch wirken auch Kleinigkeiten: Die Berichte über die Wahlen in Deutschland liefen in der Zeitung *Sewodnja* unter dem englischen Obertitel *German elections* und die Wiedervereinigung Deutschlands wird in *Iswestija* mit einem im Russischen nicht vorhandenen Wort »junifikazija«, einer Umwandlung des englischen »unification«, bezeichnet.

## DER NATIONALSOZIALISMUS: ÜBERSCHNEIDUNGEN DER DEUTSCHEN GESCHICHTE UND DES RUSSISCHEN ALLTAGS

Ein Thema wird in den russischen Massenmedien konsequent ausgespart, nämlich dass sich die Bundesrepublik nur zu einem demokratischen Staat entwickeln konnte, indem sie gegen das Erbe des Nationalsozialismus vorging. Als die russische Presse 1994 intensiv die Gefahren des Faschismus oder des Nationalsozialismus für das moderne Russland besprach, tappte sie in die mächtige Falle einer ideologischen Tradition, die den Faschismus einzig und allein als ein nationales Spezifikum der Geschichte Deutschlands definierte.

Wie manchmal deutsche Zeitungen, die zum Beispiel Wladimir Schirinowski als Russen-Hitler bezeichneten, kann auch die russische Presse der Versuchung nicht widerstehen, ein akutes politisches Problem mit einem vertrauten Etikett zu versehen. Dass sie die Nazi-Ideologie ausschließlich mit Deutschland verbindet, ist geschichtlich durchaus nachvollziehbar. Aber durch die langjährige Zensur sowie das Verbot, den Nationalsozialismus als Ideologie zu studieren, und das Ignorieren des Entnazifizierungsprozesses als Voraussetzung für den Aufbau eines demokratischen Staates erklärt sich die Ohnmacht der russischen demokratischen Öffentlichkeit angesichts der – wie ein Teilnehmer der Diskussion um die Ereignisse in Moskau im Oktober 1993 es ausdrückte – »Nazifizierung des russischen ideologischen Raumes«.

Die Begriffe »Hitler«, »Faschismus«, »Nazismus« usw. wurden unzählige Male von der sowjetischen Propagandamaschinerie eingesetzt und bekamen den Charakter hohler Schimpffloskeln. Ihr häufiger Gebrauch führte letztendlich zur Illusion, dass der Leser jegliche Erwähnung der »braunen Pest« mit einer Abwehrreaktion erwidern würde. Russische Journalisten reden sich wohl ein, die ideologische Aufgabe wäre bereits erledigt, wenn man nur neben irgendeinem Statement eines russischen Extremisten eine sinnverwandte Aussage von Hitler veröffentlichen würde; beim Ausmalen des Porträts eines russischen Rot-Braunen, also eines russischen Fascho-Kommunisten, entstünde so beim Leser ein doppeltes Urbild der historischen Figuren Stalin und Hitler. Dieses Schema wenden Journalisten verschiedener Richtungen an, die sich auch noch Patrioten nennen – von den Nationalbolschewisten bis zu den nationalreligiösen Fundamentalisten. Bloß sehen sie wiederum die Demokraten als neue russische Erben Hitlers.

### GEOPOLITISCHE BARRIEREN

»In Moskau wird befürchtet, dass nach dem Abzug unserer Truppen Deutschland die Handlungsfreiheit verspürt und anfängt, sich nach und nach von Russland zu entfernen, da Russland auch rein geographisch jetzt noch weiter nach Osten abgerückt zu sein scheint.«[11] Nach dem Zerfall der UdSSR reagierten die russischen Massenmedien äußerst empfindlich auf alle Zeichen der Unabhängigkeit der Nachfolgestaaten. So fällt Deutschland im Bewusstsein eines professionellen sowjetischen Propagandisten leicht wieder in die gewohnte Rolle des früheren Westdeutschlands, der BRD des Kalten Krieges zurück. Zum Beispiel berichtete ein Journalist in der unabhängigen Zeitung *Sewodnja* von der Zusammenarbeit der Militärbehörden Deutschlands und der Ukraine. Er verriet sich in einem Satz über den Besuch einer »westdeutschen Delegation in der Ukraine« und verwendete alte sowjetische Klischees mit einem neuen politischen Inhalt: »Der wichtigste deutsche General [gemeint ist der Generalinspekteur der Bundeswehr Klaus Naumann, Anm. d. A.] interessierte sich für die Möglichkeiten des Ausbaus ukrainisch-deutscher militärischer Zusammenarbeit. Eine besondere Freude bereitete dem General der Besuch in der Stadt Perwomaisk, wo die Kommandozentrale und die Abschussanlagen einer Raketendivision stationiert sind. Von Herzen fühlte er mit den Angehörigen der Raketentruppen mit, die ihre eigenen Waffen vernichten müssen. Gleichzeitig betonte Klaus Naumann, dass die Auflösungsprozesse in dieser Einheit nach Plan verliefen. In Bonn wird kein Geheimnis daraus gemacht, dass die Ukraine als Komponente in der neuen europäischen Kräfteverteilung angesehen und Russland die Rolle eines potenziellen Opponenten zugewiesen wird.«[12]

Fasst man die Berichte über die Präsenz Deutschlands in den russischen Zeitungen in dem kurzen Zeitabschnitt des Jahres 1994 zusammen, so ergibt sich ein widersprüchliches Bild. Einerseits ist es von historischen Reminiszenzen und Analogien strapaziert, wie etwa der Analogie mit der Weimarer Republik oder der Parallele zwischen dem Nationalsozialismus und den neuen russischen Extremisten. Andererseits entbehrt es jeglicher Merkmale des Historismus[13] und ist überwiegend dem Propagandaarsenal aus sowjetischen Zeiten entnommen. Die zeitgenössischen politischen und philosophischen Ideen und die Theorien der gesellschaftlichen Entwicklung Deutschlands, die sich mit der Bewältigung der düstersten Kapitel der nationalsozialistischen Vergangenheit beschäftigen, nehmen die Massenmedien Russlands nicht wahr, da sie in erster Linie auf sich und die Probleme im eigenen Land fixiert sind. Vielleicht sendeten die Medien gerade im Jahr 1994 die ersten Signale der sich vergrößernden Entfernung unserer Gesellschaften.

*Übersetzung: Irena Akopjan, Alexej Khairetdinow*

Russischer Bahnhof in Wünsdorf. Abschiedsfeier am Bahnsteig vor dem Zug nach Moskau, 15. August 1994 (F: Erik-Jan Ouwerkerk)

1 *Izvestija, Krasnaja zvezda, Juridičeskaja gazeta, Segodnja, Zavtra, Nezavisimaja gazeta, Moskovskij komsomolec, Novoe vremja, Vek, Literaturnaja gazeta, Literaturnaja Rossija*. Regionalzeitungen sowie Literaturmagazine wurden wahlweise ausgewertet.

2 Auf Russisch: *Germanija*. Vgl. auch die russischen Entsprechungen des Wortes »deutsch«: *germanskij* und *nemeckij*, Anm. d. Übers.

3 Rustam Narsikulow: Jeder einzelne Schritt auf dem Gasmarkt kostet mindestens eine Milliarde Mark. Norwegen, der wichtigste Konkurrent Russlands, investiert direkt in eine deutsche Pipeline, in: *Biznes-Segodnja* (Business-Heute), 18.10.1994.

4 Marina Pavlova-Silvanskaja: *Russkie ušli.Ili opjat' idut?* (Die Russen sind gegangen. Oder kommen sie schon wieder?), in: *Novoe vremja* (Neue Zeit) Nr. 52, 1994, S. 22–24.

5 *Novoe vremja*, Nr. 37, 1994, S. 3.

6 *Ona takoj vdavila sled i stol'kich nazem' položila* ... (Der hat so tiefe Spur geprägt, so viele zu der Erd' geschlagen), ein Gespräch zwischen dem Schriftsteller Jurij Ščeglov und dem Leiter des Instituts für Militärgeschichte des Moskauer Bezirks der Russischen Föderation, dem Generalmajor Vladimir Zolotarev, in: *Vek*, 1994, Nr. 38 (107), S. 12–13.

7 Jurij Ščeglov, s. Anm. 6, S. 13.

8 Valentin Zapevalov, *Kak Gorbačev Elcina operedil. A nabljudala za ėtim vsja Germanija*, (Wie Gorbatschow Jelzin zuvorkam. Und das ganze Deutschland zuschaute), in: *Literaturnaja gazeta*, 7.9.1994.

9 Auszüge aus den Büchern von Großfürst Vladimir Kirillovič, Großfürstin Leonida Georgievna: *Rossija v našem serdce* (Russland in unserem Herzen), St. Petersburg 1995; Fürstin Marija Vasil'čikova, *Berlinskij dnevnik 1940–1945* (Das Berliner Tagebuch 1940–1945), Moskau 1994.

10 »Frankfurt hat gute Chancen, ein dynamisch entwickeltes Finanzzentrum zu werden. Das heißt aber nicht, dass es je London erreichen wird, die Finanzmetropole neben New York und Tokio. Einen Beweis dafür liefert auch die jüngste Entscheidung der Deutschen Bank, ihre Hauptgeschäfte in London abzuwickeln. ... Noch ist das Interesse der ausländischen Investoren am deutschen Markt nicht sehr groß. ... Nach der Meinung des Chefs der deutschen Abteilung der amerikanischen Investmentgesellschaft Merrill Lynch International Private Client Group, Andreas von Buddenbrock, ist der deutsche Markt nicht der wichtigste Markt für amerikanische Investoren.«

11 Dmitrij Pogorželskij: *Posle ischoda ... V otnošenijach Moskvy i Berlina nastupit ochloždenie?* (Nach dem Exodus ... Kommt es zur Abkühlung der Beziehungen zwischen Moskau und Berlin?), in: *Novoe vremja*, Nr. 36, 1994, S. 28.

12 Jurij Selivanov: *Bundesver nam pomožet. U Ukrainy pojavilis' novye brat'ja po oružiju* (Die Bundeswehr wird uns helfen. Die Ukraine hat neue Waffenbrüder), in: *Segodnja*, 23.11.1994.

13 Die einzige bedeutende Ausnahme sind Beiträge über Deutschland in der Wochenzeitung *Novoe vremja*, für die in der analysierten Zeit einige bekannte Germanisten gearbeitet haben.

# SCHATTEN DER NEUEN WELTORDNUNG

## DER IRAK-KRIEG BETRAF NICHT NUR DEN NAHEN OSTEN. ER ZIELTE AUCH AUF DIE WESTLICHE GESELLSCHAFT[1]

SLAVOJ ŽIŽEK

Das einzige gute Argument für einen Krieg gegen den Irak lautete: Die Mehrheit der Iraker sind Opfer von Saddam Hussein, sie sind froh, wenn sie ihn loswerden. Er bedeutet eine solche Katastrophe für sein Land, dass eine amerikanische Besatzung für die Irakis allemal bessere Aussichten versprach. Dabei war keine Rede davon, »die westliche Demokratie in den Irak zu bringen«, es ging schlicht darum, den Albtraum namens Saddam loszuwerden. In den Augen der meisten Iraker konnten die Bedenken westlicher Liberaler nur zutiefst heuchlerisch erscheinen. Spielt für diese denn überhaupt eine Rolle, was das irakische Volk empfindet?

Ich erinnere mich, dass Linke aus dem Westen in den frühen neunziger Jahren auf die selbe Weise eingebildet krähten: »Jugoslawien existiert noch.« Mich bezichtigten sie damals des Verrats an der einzigartigen Chance, mit Slobodan Miloševič Jugoslawien zu erhalten. Meine Antwort war, dass ich noch nicht reif sei, ein Leben zu führen, das die Träume westlicher Liberaler nicht enttäuscht. Es gibt kaum etwas Ideologischeres als einen westlichen Akademiker, der in seiner Arroganz einen Osteuropäer aus einem ehemals kommunistischen Land verkennt (oder noch schlimmer: versteht): einen, der sich nach der westlichen, liberalen Demokratie und nach ein paar Konsumgütern sehnt.

Trotzdem macht man es sich zu leicht, wenn man aus dieser Erkenntnis nun folgert, dass die Iraker in ihrem innersten Inneren wie wir sind und auch dasselbe wollen wie wir. Als ob wir die Leute nur von den ihnen auferlegten Zwängen befreien müssten – und schon teilen sie unsere politischen Träume. Kein Wunder, dass ein amerikanischer Politiker den Begriff der »kapitalistischen Revolution« verwendete, um zu beschreiben, wie die Amerikaner ihre Revolution jetzt in alle Welt exportieren. Früher hielten sie nur den Feind in Schach, jetzt legen sie eine aggressivere Haltung an den Tag. Wie seinerzeit die untergegangene Sowjetunion, sind es jetzt die Vereinigten Staaten von Amerika, die unterschwellig die Weltrevolution herbeiführen wollen. Kürzlich erklärte George W. Bush: »Die Freiheit, die wir meinen, ist nicht Amerikas Geschenk an die Welt, sondern Gottes Geschenk an die Menschheit.« In der Tat, und wie der Zufall es will, verstehen sich die USA als Gottes Prophet.

### AMERIKAS ROLLE IM 21. JAHRHUNDERT

Aber auch der abstrakte Pazifismus ist eine intellektuelle Dummheit und moralisch falsch. Gegen eine Bedrohung muss man sich wehren. Denn Saddams Sturz war eine Erleichterung für die große Mehrheit des irakischen Volks, und deshalb hatte jeder Protest gegen den Krieg auch etwas Verlogenes. Dennoch waren der Einmarsch und die Besetzung falsch, weil sie von den Falschen betrieben wurden. Die Frage von Krieg und Frieden greift zu kurz. Es geht vielmehr um das diffuse Gefühl, dass etwas an diesem Krieg falsch war und dass sich etwas mit ihm unwiderruflich veränderte.

Jacques Lacan hat einmal bemerkt, dass selbst dann, wenn alles stimmt, was ein eifersüchtiger Ehemann über seine untreue Frau behauptet, die Eifersucht noch immer ein pathologischer Fall bleibe. Das gleiche traf für die Behauptung zu, dass Saddam Massenvernichtungswaffen besäße. Selbst wenn das stimmte (und vieles sprach dafür), steckte doch viel Heuchelei in dieser Behauptung, wenn man den in Betracht zieht, der sie aufstellte. Und wie sich nun, Anfang Juni 2003, herausstellte, hat die CIA gezielt mit Falschaussagen über dieses angebliche Waffenarsenal Propaganda betrieben. Doch jeder weiß, dass es in diesem Krieg um mehr ging als um Massenvernichtungswaffen. Und um mehr als Öl. William Kristol und Lawrence F. Kaplan schreiben in ihrem aktuellen Buch *The War over Iraq*[2], dass es bei dieser Besetzung sogar um mehr ginge »als um die Zukunft des Mittleren Ostens und den Krieg gegen den internationalen Terrorismus. Es geht um die Rolle, die Amerika im 21. Jahrhundert zu spielen beabsichtigt.«

Die Zukunft der internationalen Gemeinschaft steht auf dem Spiel. Die neuen Regeln werden bestimmen, wie die neue Weltordnung aussieht. Wir befinden uns inmitten einer stillen Revolution; nicht nur das Völkerrecht, auch die ungeschriebenen Gesetze der internationalen Politik werden sich ändern. Washington schilt den deutschen Bundeskanzler, einen demokratisch gewählten Führer, für seinen Widerstand gegen den Irak-Krieg, obwohl er von der Mehrheit der Deutschen unterstützt wird. In der Türkei waren nach Umfragen 94 Prozent der Bevölkerung dagegen, dass US-Truppen von ihrem Territorium aus diesen Krieg führen. Wo bleibt da in Washington der Respekt für die Demokratie? Diejenigen, die sich als globale Verteidiger der Demokratie aufführen, unterlaufen und schwächen in Wahrheit die Demokratie.

Man muss daran erinnern, dass das irakische Regime völlig säkular und nationalistisch war, ohne Nähe zum populistischen islamischen Fundamentalismus. Saddam benutzte die panarabischen Gefühle der Muslime nur zum Schein. Seine Karriere zeigt klar, dass er ein pragmatischer Machtpolitiker war, der Allianzen wechselte, wenn es seinen Zwecken diente – erst im Iran-Krieg, als es ihm um die Ölfelder des Nachbarn ging, ebenso beim Überfall auf Kuwait, als er die anderen arabischen Staaten im Bündnis mit den USA gegen sich aufbrachte. Saddam ist kein vom Satan besessener Fundamentalist, der die Welt in die Luft jagen würde. Eine amerikanische Besetzung des Iraks allerdings könnte eine reale fundamentalistische Muslim-Bewegung zur Folge haben, verbündet mit anderen islamischen Staaten.

### FOLTER FÜR TERRORISTEN?

Die Okkupation eines großen arabischen Kernlandes durch Amerika: Wie sollte das nicht weltweit Hass erzeugen? Man kann sich nur zu gut die Tausenden von Jugendlichen vorstellen, die dann davon träumen, Selbstmordattentäter zu werden – und wie das die US-Regierung bestärken könnte, eine Art permanenten Ausnahmezustand zu verhängen. An diesem Punkt aber ist man leicht paranoid dazu verführt, sich die Frage zu stellen: Was, wenn die Leute um Bush genau das wissen und dieser »Kollateralschaden« das wahre Ziel der ganzen Aktion ist? Was hieße es, wenn sich der Krieg gegen den Terror in Wahrheit auch gegen die amerikanische Gesellschaft richtet – um sie nach allen emanzipatorischen Exzessen der letzten dreißig, vierzig Jahre wieder zu disziplinieren?

Am 5. März 2003 sahen wir im Fernsehen das Foto des kurz zuvor gefassten Scheich Khalid Mohammed, des dritten Manns der Al Qaida. Ein Durchschnittsgesicht, jemand in einer schlafanzugähnlichen Sträflingskleidung, ein paar Blutergüsse, Hinweise schon auf erste Torturen. Moderator Pat Buchanans flotte Stimme fragte im amerikanischen Sender NBC: »Sollte dieser Mann, der alle Namen und alle Details künftiger Terrorpläne gegen die USA kennt, gefoltert werden, damit wir das von ihm erfahren?« Das Erschreckende dabei war, dass das Foto bereits die Antwort suggerierte. Kein Wunder auch, dass die Antwort anderer Kommentatoren und Zuschauer ein überwältigendes »Ja!« war.

Anschlag auf das World Trade Center, New York, 11. September 2001 (F: Kelly Price)

Der Vorgang kommt dem sehr nahe, was George Orwell einst in seinem Zukunftsroman *1984* als »Hass-Sitzungen« imaginiert hatte, auf denen den Bürgern Fotos der Verräter gezeigt wurden, um diese mit Buhrufen niederzuschreien. Ein Kommentator des amerikanischen Nachrichtensenders Fox forderte, dass man mit dem in Pakistan Gefangenen alles tun dürfe, was man wolle – ihm den Schlaf entziehen, seine Finger brechen und so weiter –, denn er sei »ein Stück menschlicher Abfall ohne jegliche Rechte«. Dass solche öffentlichen Äußerungen bei uns heute möglich sind, ist die eigentliche Katastrophe.

Deshalb sollte man sich nicht mehr auf Nebenkriegsschauplätzen verkämpfen bei Debatten darüber, wie verdammenswert Saddam sei, welches die Kosten des Krieges sind, nicht einmal darüber, wie gut (oder schlecht) die Invasion im Irak erfolgte. Der Fokus für uns müsste vielmehr sein, was tatsächlich in unserer eigenen Kultur vorgeht, welche Art von Gesellschaft sich als Ergebnis des »Kriegs gegen den Terror« entwickelt. Denn das entscheidende Ergebnis dieses Krieges wird eine Veränderung unseres politischen Systems sein.

*Übersetzung: Peter von Becker, Christiane Peitz*

1 Abgedruckt ist hier eine leicht veränderte Fassung des erstmals im Berliner *Tagesspiegel* am 23.3.2003 veröffentlichten Texts.

2 Lawrence F. Kaplan, William Kristol: *The War over Iraq – Saddam's Tyranny and America's Mission*, San Francisco 2003.

## WOLLT IHR DEN TOTALEN FRIEDEN?

### WAS DIE DEUTSCHEN AUS DER GESCHICHTE GELERNT HABEN UND WIE SIE IHRE ROLLE ALS MORALISCHE GROSSMACHT SPIELEN – EINE ERINNERUNG AN DIE LETZTEN TAGE DER VORKRIEGSZEIT

HENRYK M. BRODER

Ein Mann befürchtet, seine Frau würde ihn betrügen. Er hat einen Verdacht, aber keinen handfesten Beweis. Also beauftragt er einen Privatdetektiv. Der soll die Frau in flagranti erwischen. Nach ein paar Tagen ruft der Detektiv den Mann an. »Ihre Frau hat sich gestern mit einem gewissen Hans B. getroffen.« – »Das beweist noch gar nichts«, sagt der Mann, »das ist mein bester Freund, der würde mir so was nicht antun.« – »Schon möglich«, sagt der Detektiv, »aber die beiden sind stundenlang händchenhaltend im Park spazieren gegangen.« – »Alles ganz harmlos«, sagt der Mann, »sie kennen sich seit ihren Kindertagen, haben schon im Sandkasten zusammen gespielt.« – »Und dann waren sie Mittag essen, haben Champagner getrunken und sich gegenseitig mit Austern gefüttert.« – »Ich würde es nicht überbewerten«, sagt der Mann, »beide sind eben Feinschmecker und Genießer.« – »Und hinterher waren sie im Kino, letzte Reihe, und haben die ganze Zeit wild geknutscht.« – »Das ist in der Tat seltsam«, sagt der Mann, »meine Frau geht nie ins Kino, aber auch dafür wird es eine harmlose Erklärung geben.« – »Und nach dem Kino sind sie ins Hotel und haben sich ein Zimmer genommen.« – »Hatten sie Gepäck dabei?«, will der Mann wissen. »Nein, nicht einmal einen Kulturbeutel«, sagt der Detektiv. Jetzt wird der Mann langsam nervös. »Nun sagen Sie schon, wie ging's weiter?« – »Zufällig wohne ich in derselben Straße, genau gegenüber dem Hotel«, sagt der Detektiv, »ich lief in meine Wohnung und platzierte mich am Fenster.« – »Und dann? Und dann?« Der Mann schwitzt, seine Hände zittern. »Dann konnte ich sehen, wie die beiden ins Zimmer kommen und übereinander herfallen.« – »Auf dem Bett?« will der Mann wissen. – »Nein, auf dem Fußboden.« – »So lange sie angezogen waren, beweist das nichts«, sagt der Mann. »Mehr Beweise habe ich nicht«, sagt der Detektiv, »denn dann ist der Mann aufgestanden, zum Fenster gegangen und hat die Vorhänge zugezogen.« – »O mein Gott«, ruft der Mann und schlägt die Hände vors Gesicht, »diese Ungewissheit ist nicht zu ertragen!«

Was immer die UN-Inspektoren im Irak fanden oder nicht fanden, auch dort fehlte der ultimative Beweis, die sprichwörtliche »smoking gun«. Optimal wäre es gewesen, wenn Saddam persönlich die Inspektoren in eine Halle voller B- und C-Waffen geführt hätte, die gerade versandfertig gemacht wurden, und hinterher, zur Feier des Tages, einen kleinen Empfang gegeben hätte, mit Falafel, Humus,

Tehina, Kubbe und Tabule. Weil es aber so einfach nicht geht, wollte man die Zahl der Inspektoren vervielfachen. Denn wo es nichts zu finden gibt, sollen wenigstens viele an der Suche beteiligt werden. Allein die Annahme, ein Diktator wie Saddam, der sich seit 23 Jahren mit Mord, Massenmord und Völkermord an der Macht hält, würde den Inspektoren die Einreise und ungehindertes Arbeiten erlauben, damit sie etwas finden, zeugt von einer Naivität, wie wir sie in Europa nicht mehr erlebt haben, seit 1954 im Aufbau-Verlag ein Buch (*Du Welt im Licht*) mit lauter Elogen auf den ein Jahr zuvor verstorbenen Iossif Stalin erschien, u. a. mit Beiträgen von Stephan Hermlin und Johannes R. Becher, zwei bekannten Friedensaktivisten. Auch heute werden, dem Frieden zuliebe, die Rollen vertauscht. Bush ist das Problem, nicht Saddam. Mitte Februar 2003 waren, laut einer Forsa-Umfrage, 54 Prozent der Deutschen der Meinung, Bush wäre eine Gefahr für den Weltfrieden. Auf die Frage, wer den Weltfrieden stärker gefährde, Bush oder Saddam, nannten 38 Prozent Bush und 37 Prozent Saddam. Das schlimmste Unglück, das man dem Despoten zumuten möchte, wäre das Exil. Schon hat der Schweizer Kanton Wallis, in bester eidgenössischer Tradition, heimatlosen Flüchtlingen zu helfen, angeboten, Saddam aufzunehmen, nachdem dessen Geld schon längst ein sicheres Depot in der Schweiz gefunden hat. Er wäre immerhin noch besser dran als Idi Amin, der seit seiner Vertreibung aus Uganda vor 25 Jahren in Saudi-Arabien ein neues, sicheres Zuhause gefunden hat.

Um Saddam aus der selbstverschuldeten Bredouille zu helfen, wurden immer wieder drei Argumente in Stellung gebracht. Erstens, das Grundgesetz verbietet einen Aggressionskrieg; zweitens, mit einem Krieg kann man kein Problem lösen und keinen Frieden erzwingen; und drittens, eine Intervention im Irak würde die ganze Region »destabilisieren«, wahrscheinlich sogar zu einem »Weltbrand« führen. Dieser Meinung sind u. a. der TV-Pfarrer Jürgen Fliege und die Schlagersängerin Katja Ebstein, der Ratsvorsitzende der Evangelischen Kirchen in Deutschland Manfred Kock und der Vorsitzende der Deutschen Bischofskonferenz Kardinal Karl Lehmann, der Schriftsteller Günter Grass, der CSU-Politiker Peter Gauweiler und mit ihnen Tausende oder gar Millionen von praktizierenden Pazifisten, die sich zu Lichterketten vereinigen und an Aktionen teilnehmen, die »Trommeln für den Frieden«, »Hupen für den Frieden«, »Schweigen für den Frieden« und »Schlafen für den Frieden« heißen. Aber ein dummes Argument wird nicht dadurch besser, dass es wie eine Lawine auf dem Weg ins Tal immer lauter wird. Und ein militärischer Präventivschlag ist nicht per se ein Aggressionskrieg. Wenn ein Krieg begrenzt und zugleich effektiv sein soll, ist es sinnvoll, ihn präventiv zu führen. Aus keinem Dokument des Individual- oder des Völkerrechts ergibt sich die Verpflichtung, dass ein potenzielles Opfer sich erst massakrieren lassen muss, bevor es sich zur Wehr setzen darf. Wie viele Leben wären gerettet worden, wenn die Alliierten nicht abgewartet hätten, bis die Nazis ungehindert Polen und Frankreich, Holland und Dänemark, Norwegen und Belgien überfallen konnten?

Und es muss natürlich nicht immer ein Krieg im klassischen Sinne sein. Eine gezielte Intervention tut es auch. Als die Israelis Anfang 1981 den (von Frankreich gelieferten) halb fertigen Atomreaktor von Osirak zerstörten, war die ganze Welt über diesen Akt der Aggression empört. Heute weiß man, dass es eine friedenserhaltende Maßnahme war. Was für eine Vorstellung: Ein Irak, der bei der Besetzung von Kuweit über Atomwaffen verfügt. Vergessen scheint auch, dass es lange Zeit eine Nato-Strategie der »Vorwärtsverteidigung« gab, die nur deswegen nicht realisiert werden musste, weil sie von den Sowjets ernst genommen wurde. Die eiserne Entschlossenheit der Pazifisten von heute, Passivität als Tugend zu feiern, Bedrohungen wegzureden, nach Bagdad zu reisen, um dort Konzerte zu geben und sich als menschliche Schutzschilde für Saddam anzubieten, steht auch im Widerspruch zu der Militanz, die sonst an den Tag gelegt wird, wenn es darum geht, »aus der Geschichte zu lernen«: Dann heißt es: »Wehret den Anfängen!« und »Nie wieder '33!« Aber das sind nur rituelle Floskeln, die exklusiv den Nazis gelten. Denn: »Der Widerstand gegen Hitler wird umso stärker, je länger das Dritte Reich zurück liegt« (Johannes Gross).

Inzwischen wird sogar Georg Elser von der Bundespost mit einer Briefmarke geehrt, der Mann, der am 8. November 1939 versucht hat, Hitler mit einem selbstgebauten Sprengsatz umzubringen. Vom pazifistischen Standpunkt aus betrachtet, muss man sich freilich fragen, ob hier nicht eine Gewalttat verherrlicht wird. Hitler war ja an die Macht gewählt worden, und im November 1939 hatte er erst ein wenig Polen überfallen, von einem systematischen Völkermord konnte noch keine Rede sein. Elser hätte Hitler in ein Gespräch verwickeln sollen, statt ihm nach dem Leben zu trachten.

Natürlich haben die Deutschen aus der Geschichte gelernt. Zum einen, dass man keine Juden umbringen soll, weil die nachtragend sind und es hinterher teuer wird, zum anderen, dass »von Deutschland nie wieder ein Krieg ausgehen darf«. Jetzt exportieren wir den Frieden in alle Welt. Nur mit der Einsicht, dass man Diktatoren beizeiten in die Eier treten muss, damit sie kein Unheil anrichten, ist es noch nicht weit her. Dafür bemühen sich führende Intellektuelle um eine »Äquidistanz« zu George W. Bush und Saddam Hussein, wenn sie nicht, wie der Moderator und Moralist Franz Alt, Stellung beziehen und den US-Präsidenten zum »größten Feind der Menschheit« erklären.

Von ähnlicher Substanz ist das Argument, mit einem Krieg ließen sich keine Probleme lösen. »Es gibt keinen Krieg, der dazu verhelfen könnte, Frieden oder auch nur zivile Zustände herzustellen«, sagt der Münchener Theaterintendant Dieter Dorn stellvertretend für viele, wir müssten »bereit« sein, »uns mit dem anderen auseinanderzusetzen« und »erkennen, dass die Ursachen für Terror und Diktatur auch bei uns zu suchen sind«. Dorn gehört zu denjenigen, die die Anschläge vom 11. September als eine Art Einladung zu einem interkulturellen Dialog verstehen. Sicher würde er auch jemanden, der sein Haus überfällt und seinen Hund flambiert, am nächsten Tag zu einem Frühstück in den Bayerischen Hof einladen, um sich mit ihm inhaltlich auseinanderzusetzen.

Erstaunlich dagegen ist, dass er sich bis jetzt nicht entschiedener gegen die »zivilen Zustände« gewehrt hat, die daran schuld sind, dass er nur das Münchener Schauspiel leiten darf, statt an der Front bei Nowosibirsk die groß-deutschen Truppen zu unterhalten. Die Beharrlichkeit, mit der deutsche Kulturschaffende den Gedanken abwehren, dass sie ihr Leben und ihre Karrieren einem Frieden verdanken, der herbeigebombt werden musste, ihre Unfähigkeit oder Unbereitschaft, sich vorzustellen, was aus ihnen geworden wäre, wäre dieser Krieg nicht geführt worden, sind so infantil wie die Parolen, die derzeit bei den Demos mitlaufen: »Krieg ist doof!« und »Krieg ist Scheiße!«.

Das Argument galt freilich nicht, als es darum ging, die Befreiungsbewegungen von Angola, Mosambik und Vietnam zu unterstützten. Da gab es noch die Guten und die Bösen und der Krieg gegen die Besatzer und Unterdrücker war natürlich ein gerechter Krieg. Heute dagegen spricht Claudia Roth, Abgeordnete der Grünen, von der Notwendigkeit einer »nicht-militärischen Entwaffnung des Irak«, als habe sie eine sichere und saubere Methode der ungeschlechtlichen Fortpflanzung entdeckt. Und ein prominenter Senior der Friedensbewegung, der nicht einmal Gasmasken in Krisengebiete liefern möchte, kann sich nicht daran erinnern, dass er in einem früheren Leben Geld gesammelt hat, um »Waffen für El Salvador« zu kaufen.

Auch das Argument, ein Krieg würde den Irak sprengen, »die ganze Region« destabilisieren und die moslemischen Massen in Aufruhr versetzen, gehört in die Abteilung »Wünsch Dir was, es darf was Tolles sein«. Das hat uns, unter vielen anderen, der Journalist und Nahost-Experte Peter Scholl-Latour schon beim ersten Golfkrieg und beim Afghanistan-Krieg versprochen, und beide Male konnte er sein Versprechen nicht halten. Nun wiederholt er es, im festen Vertrauen auf seine hellseherischen Qualitäten und das kurze Gedächtnis seiner Fans.

Doch selbst wenn er faktisch Recht behalten sollte, würde er immer noch danebenliegen. Destabilisierung ist der Anfang jeden Fortschritts, die feudalen Regime wurden durch bürgerliche Revolutionen destabilisiert, und heute sind es autoritäre und totalitäre Systeme wie Kuba und Nordkorea, die nichts mehr fürchten als ihre Destabilisierung. Das Ende des Kommunismus destabilisierte ganz Osteuropa – es war das Aus für Diktaturen wie die von Nicolae Ceauşescu. Heute gibt es im Osten und Südosten Europas souveräne Staaten, die bis 1990 entweder sowjetische Kolonien oder nicht existent waren. Die Landkarte ist unübersichtlich geworden, für die einen haben sich die Lebensbedingungen verbessert (Slowenien), für die anderen verschlechtert (Moldawien), das ist die Dialektik des politischen Wandels, aber niemand möchte das sowjetische Imperium neu etablieren, um stabile Verhältnisse wieder herzustellen.

Warum sollte also der Irak nicht aufgeteilt werden, so wie Jugoslawien aufgeteilt wurde? Von Nachteil wäre es vor allem für deutsche Exporteure, die dann mehr Minister schmieren müssten, als sie es jetzt tun. Dafür bekämen die Kurden, die Schiiten und die Sunniten die Chance, ihre Angelegenheiten selbst zu regeln. Doch die Deutschen möchten nicht nur den Frieden, sondern auch die »territoriale Integrität« des Irak retten, denn sie schätzen stabile Verhältnisse über alles. Deswegen wurde die bankrotte DDR mit Krediten vollgepumpt, deswegen haben die Sozialdemokraten lieber mit dem polnischen Kriegspremier Wojciech Jaruzelski als mit den Störenfrieden von der Solidarność angebandelt, deswegen gerät jede Minireform zu einem Endlosprojekt. Zu Adenauers Zeiten lautete die Begründung für den aggressiven Stillstand: »Nur keine Experimente!«

Der Wunsch nach stabilen Verhältnissen daheim und in der Welt geht einher mit einer Tendenz zum schnellen Beleidigtsein. Wir nehmen's persönlich. Dass wir nicht gefragt werden. Dass wir nicht ernst genommen werden. Dass wir zahlen, aber nicht mitreden sollen. Obwohl wir so viel zu sagen haben. Die Internet-Foren sind voll mit Berichten von Weltkrieg-2-Überlebenden, die ihre Erfahrungen den Irakis ersparen möchten. Der Regisseur Joseph Vilsmaier (*Stalingrad*) erinnert sich, wie er als Kind »nachts in meinen Kleidern auf dem Tisch ... lag und nicht einschlafen konnte«, aus Angst vor den anfliegenden Bombern. Der Kunstsammler und Autor Lothar-Günther Buchheim erzählt, wie sein U-Boot, mit dem er nicht zum Einkaufen unterwegs war, vor Gibraltar von alliierten Fliegern angegriffen wurde und meint, jetzt stünde die Welt wieder vor so einer »Riesensauerei«. Der Münchener Staatsschauspieler Jörg Hube sieht einen »unauslöschbaren Weltenbrand« am Horizont und warnt davor, das Volk zu bestrafen: »Wir Deutschen sollten aus eigener Erfahrung wissen, dass es in einer Diktatur einen Punkt ›of no return‹ gibt, wo ein Volk nicht mehr die Kraft aufbringen kann, den Diktator zu beseitigen.«

Die Rede ist von den Irakis, gemeint sind aber: wir, die Opfer von gestern und die Opfer von morgen. »Glaubte ich, nach dem 2. Weltkrieg sei eine Steigerung nicht mehr möglich, so liegt die Vermutung ganz nahe, mit Bush werden wir uns an Unvorstellbares gewöhnen müssen«, schreibt ein Leser an seine Zeitung. Das Münchener Boulevardblatt *Abendzeitung* titelt *Peace, not war, Mr. Rumsfeld!*, und der ganz normale Münchener Viktualienmarkt-Besucher redet heute so, wie der *Arbeiterkampf* des Kommunistischen Bundes vor dreißig Jahren schrieb: »Die Rüstungsindustrie in den USA und ihre Lobby wollen mit diesem Krieg doch nur die Altwaffen loswerden.«

Anfang des Jahres 2003 verwandelte sich ganz Deutschland in eine einzige große Bewegung, angeführt vom Bundeskanzler, der von einem Heer von Narren und Närrinnen angefeuert wurde. Der Präsident des Bundes Deutscher Karneval nannte den Karneval »die größte Friedensbewegung überhaupt, bei der Millionen friedlich im Geiste vereint durch die Straßen ziehen«. Und wo die Karnevalisten ihre Botschaft nicht verbreiten konnten, da sollte es der Sport leisten. Bernd Stange, ehemaliger Trainer der DDR-Fußball-Nationalmannschaft und an ein kommodes Leben in einer Diktatur gewöhnt, ließ sich von den Irakis als Trainer anheuern – und als ein »Botschafter des Friedens«, der nicht nur die irakische Nationalelf auf Weltniveau bringen, sondern auch ein Zeichen setzen wollte. »Ich werde bis zur letzten Minute bleiben«, versprach er und enthüllte die wahren Motive der Amis. Sie hatten es nicht auf das irakische Erdöl, sondern auf ihn abgesehen. »Ich fürchte, dass ich zum zweiten Mal in meinem Leben durch Ränkespiele der Politik um etwas gebracht werde, das ich mit viel Mühe und Schweiß erarbeitet habe. Das erste Mal war's der Boykott von Olympia 1984 in Los Angeles. Ich war als Trainer der DDR-Auswahl mit meinem Team qualifiziert, und wir durften wegen des Boykotts nicht fahren. Jetzt fürchte ich wieder, dass ich durch die Mächtigen dieser Welt davon abgehalten werde, meinen Job zu Ende zu führen und so meinen Traum erfüllen zu können ...«

Bald darauf zog es der Botschafter des Friedens doch vor, den Irak »wegen der Kriegsgefahr« zu verlassen und nach Jena zurückzukehren. Seinen Spielern schrieb er zum Abschied einen Brief: »Ich bete zu Gott, dass er Euch und Eure Familien schützt.« Wie eine intellektuelle Erleuchtung mutete dagegen die Erkenntnis des Bayern-Spielers Mehmet Scholl an: »Frieden ist wichtiger als Fußball ..., das wünsche ich mir mehr als alles andere, mehr als die deutsche Meisterschaft, mehr sogar als die Champions League!« Derweil rief der österreichische Dichter Peter Handke dazu auf, Amerika und nicht den Irak zu entwaffnen, und sein deutscher Kollege Konstantin Wecker machte einen noch besseren Vorschlag: Amerika sollte in

Roland Kochs Hessen einmarschieren, im Gegensatz zu Saddam Husseins Irak wäre das wirklich ein »Schurkenstaat«. Die pazifistische Phantasie kannte keine Grenzen, die Witzischkeit ihrer Träger auch nicht.

Solange sich die Iraker und Iraner gegenseitig massakrierten, regte sich niemand in Deutschland auf. Solange Saddam nur irakische Kurden vergaste und sein eigenes Volk tyrannisierte, protestierte allenfalls die »Gesellschaft für bedrohte Völker«. Nur als eine Intervention derselben Mächte drohte, die sich an Deutschland vergangen hatten, wachten die Friedensbewegten aus ihrem Schlummer auf: »Krieg ist keine Lösung!« Es war eine späte Gelegenheit, es den Amis heimzuzahlen. Und wie bei einer echten Volksbewegung waren jede Frau und jeder Mann aufgefordert, mitzumachen, auch Menschen, »die keine Demonstrationserfahrung haben oder durch ihre Arbeit keine Zeit haben, um auf die Straße zu gehen«, sagte der Münchener Oberbürgermeister Christian Ude, Mitinitiator der Aktion »Deutschland sagt Nein zum Krieg gegen den Irak«. Dabei konnte »per Überweisung« abgestimmt werden, es kam auf jede Stimme an, mit nur einem Euro war man/frau dabei, ein echtes Schnäppchen, bevor die Lichter ausgingen.

Billiger war der totale Frieden nie zu haben.

Augsburg, 17. Februar 2003

# ZWISCHEN DEMOKRATIE UND FREIHEIT
## IDEELLE PARADOXE DER RUSSISCHEN REVOLUTION ANFANG DER NEUNZIGER JAHRE

KIRILL ROGOW

Zum Ende des 20. Jahrhunderts verfestigte sich zunehmend die in Russland vorherrschende Meinung, dass die erste Phase der marktwirtschaftlichen Neuordnung Anfang der neunziger Jahre im Wesentlichen gescheitert sei. Diese negative Einschätzung bezieht sich sowohl auf den Aspekt der Gerechtigkeit als auch auf den Aspekt der Effektivität. So vertritt man den Standpunkt, dass gerade der gewählte Reformkurs eine übermäßige Zersplitterung der Gesellschaft verursacht hat und die Reformen zwar einschneidend waren, letztlich aber nicht zur Entstehung einer funktionierenden Marktwirtschaft geführt hätten. Andererseits gilt gerade die Spaltung der demokratischen Bewegung in zwei Lager aufgrund einer unterschiedlichen Beurteilung der Reformen der Regierung Jegor Gaidars als einer der tragischen Umstände in der russischen demokratischen Revolution. Ihr sind die schwache politische Basis der Reformen, ihre Halbherzigkeit und weitgehend auch die politischen Verwerfungen in den neunziger Jahren insgesamt zu schulden.

### LIBERALISIERUNG UND REFORM

Nach dem Scheitern des Augustputsches, der zu einer Lähmung der obersten Verwaltungsstrukturen des Unionsstaates geführt hatte, erreichte Boris Jelzin achtzig Prozent Zustimmung in der Bevölkerung, und vor dem Hintergrund des Kollapses der Warenmärkte im Herbst 1991 wurde es praktisch gesellschaftlicher Konsens, dass radikale Wirtschaftsreformen vonnöten seien. Allerdings waren schon die ersten Schritte in dieser Richtung im Januar 1992 Anlass zu heftiger Kritik. Ende Januar kam es zur Spaltung in der Führung der Bewegung Demokratisches Russland (der wichtigsten politischen Kraft der Augustrevolution), im Februar fanden in Moskau die ersten gegen die Regierung gerichteten Demonstrationen statt, und auf dem VI. Kongress der Volksdeputierten Anfang April sah sich die Regierung einer bereits vielschichtig gestaffelten Opposition gegenüber. Die Augustkoalition, die »Koalition der Sieger«, existierte nicht mehr.

Dabei wurden die ersten Schritte der Gaidarschen Reform nicht nur von den alten Eliten und vielen Anführern der demokratischen Bewegung der Jahre 1989–91 negativ bewertet, sondern auch von praktisch allen Wirtschaftspublizisten (den »Ingenieuren der Perestroika«), die letztlich auch die allgemein verbreitete Meinung über die zukünftige Reform und das Paradigma für die gängigen wirt-

*Geregelter Markt. Verkaufsstand.* Moskau, 1990er Jahre (F: Igor Muchin)

schaftlichen Ansichten der gebildeten Klasse insgesamt formten. Aus deren Sicht waren die von der Regierung Gaidar unternommenen Schritte überhaupt keine Reformen. Die im Frühjahr gebräuchlich gewordene, abschätzige politische Formel vom »Schock ohne Therapie« war Ausdruck eben jener Einschätzung, die Wirtschaftspolitik Gaidars sei angesichts der Notwendigkeit einer »wirklichen Reform« ineffektiv, inkonsequent und nicht umfassend genug. Die Liberalisierung wurde nicht als Reform empfunden, sondern heftig kritisiert (»eine Liberalisierung ohne strukturelle Veränderungen in der Wirtschaft führt lediglich zu Preiserhöhungen«) und im Lager der »Demokraten« als eine »Diskreditierung der Reformen« bezeichnet, während sie im Massenbewusstsein und in der linken Propaganda bereits den Status eines offenen Betrugs (»Ausplünderung des Volks«) erworben hatte.

Der »demokratischen« Konzeption der »Reform«, wie sie sich in der politischen Auseinandersetzung der Jahre 1988–91 herausgebildet hatte, lag die Idee einer staatlich gelenkten Transformation des Wirtschaftssystems zugrunde. Man rechnete damit, dass die Werte des alten Systems im neuen System konvertiert und die Kosten der Transformation durch jene Vorteile kompensiert würden, die Rationalisierung und Modernisierung des Wirtschaftsmechanismus einbrächten. Das bekannte 500-Tage-Programm Grigori Jawlinskis war ein beispielhaftes politisches Produkt dieser Ideologie. Der »Übergang zur Marktwirtschaft« erschien hier als eine in ihrem zeitlichen Ablauf, ihren einzelnen Schritten und ihren Konsequenzen durchkalkulierte staatliche Konstruktion eines neuen Systems aus den Fragmenten des alten. In den entsprechenden methodologischen Postulaten hieß es, dass direkte Regulierung und staatliche Programme zur Schaffung der marktwirtschaftlichen Institutionen die Schlüsselrolle in der Übergangszeit spielen würden.

Auf politischer Ebene steckt sowohl hinter dieser Konzeption als auch hinter der Gegenüberstellung von »Liberalisierung« als Quelle von Chaos und Willkür einerseits und »Reformen« als zielgerichtetem Vorgehen des Staates andererseits ganz offensichtlich das im russischen Progressismus tief verwurzelte Modell der »Revolution von oben«.[1] Die »Demokraten« hatten Gorbatschow für seine Inkonsequenz und sein »Schwanken« hart kritisiert, der Gegenentwurf zu ihm jedoch sah lediglich eine zielstrebigere und striktere Umsetzung der Reformen von oben vor und damit die planmäßige Einführung eines neuen Wirtschafts- und Sozialsystems anstelle des alten.

### INTELLIGENZ UND HANDEL

Die Regierung Gaidar dagegen ging in ihrer Strategie vom faktischen Untergang des Unionsstaates aus und hielt den schnellen Aufbau handlungsfähiger Verwaltungsstrukturen für unmöglich. Im Unterschied zu den »Transformationsprogrammen« richtete sie ihr Handeln auf eine revolutionäre Situation in einer handfesten »Systemkrise« aus. Die Anerkennung einer solchen Krisensituation barg einmalige Chancen für die Umsetzung der Liberalisierung, also für einen deklarativen und entschlossenen, wenn auch gewissermaßen unvermeidlichen Abbau der Vollmachten und Zuständigkeiten des Staates in Form seines Zentralapparats.

Bei der »Gaidarschen Liberalisierung« denkt man zunächst einmal an den ersten Reformakt, nämlich an die Preisfreigabe vom 2. Januar 1992. Dieser Reformakt verkörpert die radikale, »unaufhaltsame« Liberalisierung und gilt als Wendepunkt im Verlauf des nach vorherrschender Meinung gescheiterten russischen Reformprozesses.

Dies ist umso bemerkenswerter, als es in Wahrheit gar nicht um eine Liberalisierung, sondern um eine Dezentralisierung bei der Regulierung der Einzelhandelspreise ging, die nun de facto von territorialen und branchenangehörigen administrativen Strukturen kontrolliert wurden. Trotz dieser ökonomisch sehr eingeschränkten Bedeutung ging von der Liberalisierung der Preise höchste Symbolkraft aus. Sie erwies sich als Schlüssel zu einer echten sozialen Revolution, da sie den grundlegenden Vertrag des sozialistischen Systems aufkündigte, dass nämlich der Staat ein bestimmtes Konsumniveau (Verhältnis von Löhnen und Preisen) garantiert und als Gegenleistung das uneingeschränkte Verfügungsrecht über die wirtschaftlichen Ressourcen innehat.

Die Regierung Gaidar erteilte der demokratischen Ideologie der »gelenkten Transformation« eine Absage und erklärte den bisherigen Staat für bankrott. Vor diesem Hintergrund liquidierte sie das Modell der administrativen Verteilungsvertikale und zog einen Schlussstrich unter eine ganze Epoche. Die Preisschilder in den Geschäften wurden zum allgegenwärtigen und vom ganzen Volk wahrgenommenen Zeichen dafür, dass der alte Staat und die alte Ordnung nicht mehr existierten.

Das erste und augenfälligste Zeichen dieser sozialen Revolution war die Entwicklung des Handels. Schon bald nach dem Dekret über die Handelsfreiheit (Februar 1992) verwandelte sich das Land tatsächlich in einen einzigen großen Markt – und zwar im ursprünglichen und alltäglichen Sinne des Wortes. Kilometerlange Schlangen von

*Händler bringen ihre Waren auf den Markt. Coca-Cola aus dem Bauchladen. Der Handel als wichtigste Einnahmequelle,* Moskau, 1990er Jahre (F: Igor Muchin)

Menschen, die alles, was man sich nur vorstellen kann, einfach auf der Straße verkauften, prägten nun den neuen städtischen Alltag und waren sichtbares Symbol des »wilden Kapitalismus«. Wirtschaftliche Freiheiten und Unabhängigkeit vom Staat waren de facto gewährleistet, und dies gab den Anstoß zu kolossalen – wenn auch zwangsläufigen – sozialen Verschiebungen. Die bisherigen Modelle des wirtschaftlichen und sozialen Handelns wurden zerstört, die Eliten erheblich durchgerüttelt.

Die Bevölkerung sah in diesen Freiheiten jedoch weder eine Errungenschaft noch ein »Geschenk« (wie dies im Modell der »Revolution von oben« vorgesehen war), sondern eine aufgenötigte Wahl und ein Resultat der Bankrotterklärung des Staates. Die Helden dieser sozialen Revolution waren ja auch keineswegs die Schichten, die 1991 die Avantgarde der demokratischen Revolution gestellt hatten. Die alte Wirtschaftselite, Komsomol-Genossenschaftler und die Masse des Volks, die Handel trieb, etwas transportierte oder bewachte, Bestechungsgelder zahlte oder Abgaben eintrieb, schufen die Infrastruktur und das soziale Umfeld des »wilden« russischen Markts, während sich die Intelligenz, die eine Schlüsselrolle bei den Reformen zur Transformation und Modernisierung hätte spielen sollen, angesichts der Liberalisierung und der Aufnötigung marktwirtschaftlicher Initiative in tiefer Frustration wiederfand.

### EIGENTUM UND GERECHTIGKEIT

Die nächste ideelle Krise ereilte das demokratische Reformbewusstsein bei der Privatisierung. Das »demokratische« Privatisierungskonzept ging von der Voraussetzung aus, dass alle Bürger das gleiche Anrecht auf das Volkseigentum des sozialistischen Staates hätten und somit Bedingungen geschaffen werden müssten, die jedem Bürger zu seinem »Anteil« an diesem Eigentum verhelfen. Dieses Vorhaben resultierte aus der Vorstellung, dass das Eigentum und die Produktionskapazitäten des alten Systems im Zuge der »gelenkten Transformation« nicht nur ihren Wert behalten, sondern sich durch die Rationalisierung des Wirtschaftsmechanismus sogar kapitalisieren lassen würden.

Ein Musterbeispiel solcher Vorstellungen war das Konzept der Konversion, also der administrativen (im Rahmen des alten Systems vollzogenen) Umstrukturierung der Militärproduktion mit dem Ziel, sie auf die Herstellung ziviler Erzeugnisse umzustellen. Das alternative Privatisierungskonzept Jawlinskis sah eine solche Vorgehensweise im Prinzip für die gesamte Industrie vor. Die Staatsbetriebe sollten durch das alte Management umstrukturiert und danach zu Marktpreisen verkauft werden (»den Staat nicht für ein Butterbrot verkaufen«).

Im Gegensatz dazu ging die auf Liberalisierung abzielende Privatisierungsdoktrin davon aus, dass eine unkontrollierte Privatisierung von Eigentum in verschiedenen Formen (von massenhaftem alltäglichem Diebstahl in den Produktionsstätten bis hin zur Umverteilung von Aktiva und Finanzströmen auf der Ebene der Betriebe, Ministerien und Hauptverwaltungen) bereits seit 1988/89 im Gange war und sich die Bevölkerung in ihrem Verhältnis zu diesem nur mehr formal dem Volk gehörenden Eigentum bereits erheblich differenziert hatte. Die primäre Aufgabe der Privatisierung bestand demnach also nur darin, diesen Prozess der Entstaatlichung zu legalisieren und in geordnete Bahnen zu lenken. Die eigentliche Privatisierung sollte dann erst in der sekundären Umverteilung des Eigentums unter den Bedingungen der marktwirtschaftlichen Konkurrenz stattfinden.

Der Unterschied zwischen dem liberalen und dem transformatorischen (demokratischen) Ansatz resultierte aus den unterschiedlichen Vorstellungen vom Gegenstand der Reform. Das demokratische Konzept für die Privatisierung und »gelenkte Transformation« ging von der Vorstellung aus, dass das Volkseigentum die Grundlage des alten Systems bildet und vom »kommando-administrativen System« (ein Terminus von Gawriil Popow) verwaltet wird. Grigori Jawlinski schrieb Programme für die Umwandlung eines idealen Sozialismus in eine ideale Marktwirtschaft.

Die Liberalen hingegen gingen davon aus, dass sowohl das »Volkseigentum« als auch das administrative Verwaltungssystem nur Surrogate seien, hinter denen sich ein völlig anderes, paternalistisch-bürokratisches Wirtschaftssystem verbirgt. Am konsequentesten und kategorischsten ist dieser Ansatz in der »Theorie des administrativen Markts« (Witali Naischul, Simon Kordonski) ausgeführt, in der die sozial-ökonomischen Realitäten im Spätsozialismus als kompliziertes System eines geldlosen Markts analysiert werden.

Dementsprechend gilt die Tatsache, dass die politische Ungleichheit des sozialistischen Systems in eine wirtschaftliche Ungleichheit der Subjekte des Markts transformiert wurde, im Rahmen des liberalen Ansatzes als wichtiger Schritt nach vorn und als Reformerfolg. »Die Trennung von Eigentum und Staat« ist das Schlüsselelement der Entkommunisierung und Bedingung für die weitere Umverteilung dieses Eigentums nach dem Prinzip der marktwirtschaftlichen Gerechtigkeit. Aus der Sicht des anderen Ansatzes dagegen ist die Erhaltung und Legalisierung der Ungleichheit die unmittelbar negative Folge der Liberalisierung und Zeugnis für ihr offensichtliches Scheitern, wodurch sowohl der Reformprozess als auch der Markt diskreditiert werden.

### ZWEI MÄRKTE – ZWEI FREIHEITEN

Grigori Jawlinski reagiert meist allergisch darauf, wenn behautet wird, die Ideologie seiner Jabloko-Partei sei im Grunde sozialdemokratisch. Im Theoriestreit mit den »Liberalisierern« assoziiert er seine Position mit dem Keynesianismus, die Position Gaidars mir dem klassischen Liberalismus. Letztere beurteilt er als »vulgär-liberalen« Ansatz, der sich ausschließlich auf die »unsichtbare Hand des Markts« und das Prinzip der persönlichen Freiheit (auf das Laisser-faire-Prinzip) verlasse. Allerdings dürfte wohl kaum eine Darstellung der Diskussionen innerhalb der Marktgesellschaft über den richtigen Übergang von der sozialistischen zur Marktgesellschaft vollständig korrekt sein.

Das 500-Tage-Programm, das zu einer ideellen Plattform für die Kritik an der Liberalisierung wurde, hätte im Rahmen des politischen Systems und der administrativen Strukturen der UdSSR gestartet werden sollen. Im Grunde basierte es auf der Theorie, dass eine »friedliche« Transformation des Sozialismus in den Kapitalismus möglich sei. Ihre Wurzeln hat diese Theorie im sowjetischen Liberalismus der sechziger Jahre. Das Konzept von der »gelenkten Transformation« ist ein Erbe der liberalen Strömungen in der sowjetischen Wirtschaftswissenschaft, die sich in den sechziger Jahren aufgrund von politischen Beschränkungen (das Problem des Eigentums stand nicht zur Diskussion) auf die Aspekte der Rationalisierung und einer Effektivitätssteigerung des »Wirtschaftsmechanismus« konzentriert hatte.[2]

Unter Marktwirtschaft verstand man hier im Wesentlichen einen optimalen Mechanismus zur Verteilung der Ressourcen und des

Gewinns, der auf die Ideale des »Gemeinwohls« abzielt und die im Sozialismus aufgetretene Ungleichheit im Zugang zu den Ressourcen und den Arbeitserträgen beseitigen sollte. Vor allem diese Vorstellung vom Markt als eines Regulativs zur gerechten Verteilung des Gewinns entsprechend der investierten nützlichen Arbeit wurde in die demokratische Massenideologie der achtziger Jahre übernommen, was einerseits zum Erfolg der ersten, politischen Revolution 1990/91 führte und andererseits zu einer breiten Ablehnung der Ergebnisse der zweiten, sozialen Revolution 1992/93, die in die »Oktoberkrise« von 1993 mündete.

Das »Liberalisierungskonzept« hingegen entstand offenbar vor dem Hintergrund des Sozialpessimismus der siebziger Jahre und basierte auf dem Grundgedanken, dass der Sozialismus prinzipiell nicht reformierbar sei. Nicht reformierbar vor allem deshalb, weil echtes Privateigentum und freie Preisbildung in seinem Gesellschaftsvertrag nicht vorkommen und dieser Mangel nicht zu beheben ist.[3]

scher Gleichheit auch wirtschaftliche Gleichberechtigung im Zugang zu den Ressourcen und zu den Arbeitserträgen mit sich bringen würde.

Im Falle der russischen Liberalisierung jedoch erwiesen sich bürgerliche und wirtschaftliche Freiheiten nicht nur als untrennbar zusammengehörige Werte, sondern sie traten bekanntermaßen sogar in scharfen Widerspruch zueinander. Mehr noch, es waren im Prinzip verschiedene gesellschaftliche Gruppen, die auf diese Freiheiten angewiesen waren beziehungsweise es verstanden, sie sich zu Nutze zu machen. Diejenigen Schichten, die sich an die aufgezwungene Liberalisierung anpassten und bei der anfänglichen Anhäufung von Besitztümern mitmischten, zeigten sich desinteressiert an den vorhandenen politischen Freiheiten. Sie gingen nicht zum Wählen und taten nichts für die Konsolidierung ihrer Interessen. Statt irgendeiner Form von kollektiver politischer Aktivität nachzugehen, zogen sie es vor, ihre Probleme individuell mit Hilfe von Schmiergeldzahlungen

*Bierbar im Sommer. Verkaufsstand eines Fleischkombinats. Kaufhaus GUM,* Moskau 1990er Jahre (F: Igor Muchin)

Aus der Sicht der ersten Theorie stellten sich die Kräfte des Markts und die Verabsolutierung der individuellen Freiheit (Laisser-faire) in der Tat eher als historische Attribute der Marktwirtschaft dar; aus der Sicht der zweiten Theorie als ihre institutionellen Grundlagen, deren Fehlen wiederum ein charakteristisches Prinzip des Sozialismus ist.

Der Konflikt zwischen den zwei verschiedenen Konzepten von Marktwirtschaft und den zwei verschiedenen Vorstellungen von Freiheit war ganz offensichtlich schon in der breiten Demokratiebewegung der Jahre 1989–91 und in deren Ideologemen angelegt. Es ist bezeichnend, dass die politische Demokratisierung nicht von denselben Leuten angeführt und letztlich realisiert wurde, die danach die wirtschaftliche Demokratisierung, also die Liberalisierung durchsetzten, indem sie die soziale Revolution von 1992 initiierten. Im Gegenteil, die meisten Anführer der Demokratiebewegung der ersten Stunde engagierten sich entweder gegen die Liberalisierung oder sie verloren ihre Führungspositionen und zogen sich zurück.

Die in der Epoche der späten Perestroika entstandene Vorstellung von radikalen Reformen ging davon aus, dass sich durch die Befreiung von der parteiadministrativen Ordnung politische und wirtschaftliche Freiheiten gleichzeitig, also quasi in einem Aufwasch erreichen ließen. Die populäre vorrevolutionäre These, wirtschaftliche Reformen könnten nur durch tief greifende Veränderungen im politischen System erreicht werden, setzte stillschweigend voraus, dass durch solche politischen Veränderungen sich wie selbstverständlich auch ein wirtschaftlicher Wandel vollziehen würde und dass die Schaffung politi-

zu lösen. Die Ideologie der bürgerlichen Gesellschaft, des Gemeinwohls und der humanitären politischen Freiheiten wurde dagegen von jenen eingefordert, die sich »nicht dem Markt anschlossen«, um es in der Sprache der neunziger Jahre auszudrücken. Diese Ideologie sollte nun ihre Unfähigkeit kompensieren, mit den elementaren wirtschaftlichen Freiheiten umzugehen. Das Prinzip der Gleichberechtigung und das Prinzip der persönlichen Freiheit gerieten wieder einmal in einen ziemlich heftigen Konflikt gegeneinander, den die russische Gesellschaft hier zum ersten Mal erlebte.

Paradoxerweise entschied man sich in der Praxis der Reformen der neunziger Jahre in der Regel für das elementare Modell der Liberalisierung, während die Sympathien der öffentlichen Meinung dem wesentlich weniger praktischen, demokratisch-egalitären Modell gehörten. Darin begründet sich zum Großteil auch die in der öffentlichen Meinung herrschende tiefe Frustration über die vollzogenen Reformen.

*Übersetzung: Matthias Dondl*

1 Siehe Natan Ėjdel'man: *Revoljucija sverchu* (Revolution von oben), Moskau 1989. Darin beschreibt der Historiker die Phänomenologie des Modells der »Revolution von oben« als spezifische Konstante in der russischen Geschichte von Peter dem Großen bis Gorbatschow.

2 Vladimir Mau: *Ėkonomika i vlast'. Političeskaja istorija ėkonomičeskoj reformy v Rossii. 1985–1994* (Wirtschaft und Macht. Politische Geschichte der Wirtschaftsreform in Russland. 1985–1994), Moskau 1995.

3 Zur Untermauerung dieser These der Ideologie des russischen Liberalismus der neunziger Jahre beruft man sich traditionell auf Ludwig Mises' Buch über den Sozialismus: *Die Gemeinwirtschaft. Untersuchungen über den Sozialismus*, Jena 1922.

1

2

3

4

1 Kundgebungen, 1998 (F: Waleri Stignejew)

2 Tag der Verteidigung, Moskau, 23. Februar 2000 (F: Igor Muchin)

3 Aus der Serie *Gesichter*, 2000 (F: Waleri Stignejew)

4 *Nebel der Zeit*, 2002 (F: Georgi Kolossow)

2

1

3

1 NPD-Demonstration, Brandenburger Tor, Berlin, 1998 (F: Andreas Rost)

2 Love-Parade, Straße des 17. Juni, Berlin, 2000 (F: Andreas Rost)

3 Silvester am Brandenburger Tor, Berlin, 1998 (F: Andreas Rost)

# DIE NICHTSOWJETISCHE LINKE: DIE WAHRE LINKE

ALEXANDER TARASSOW

Zur Sowjetzeit durfte es in der UdSSR natürlich kein linkes Gedankengut geben, das von der offiziellen Linie abwich, ganz zu schweigen von entsprechenden Aktivitäten. Das Sowjetsystem, das ihm offenkundig fern liegende Ideologien (z. B. religiöse Doktrinen) in einem bestimmten Rahmen zu tolerieren bereit war, reagierte allergisch auf »Häresie« auf seinem ureigensten ideologischen Territorium (zumal innersozialistische Polemik die ideologischen Grundlagen des Regimes delegitimiert hätte). Aus diesem Grund waren praktisch alle alternativen Linken Repressionen ausgesetzt. Deswegen (und ungeachtet

Titelblatt der Anarchistenzeitschrift *Čërnaja zvezda* Nr. 13, 1995, und Nr. 14, 1996

dessen) formierten sich in der UdSSR seit dem Tauwetter unter Chruschtschow Ende der fünfziger Jahre im Untergrund Gruppen, Zirkel und Organisationen, die sich im Unterschied zu den offiziellen sowjetischen Strukturen ernsthaft mit linken Ideologien befassten und versuchten, diese zu verinnerlichen, weiterzuentwickeln und ihre (in der Regel nur propagandistischen) Aktivitäten nach Möglichkeit danach auszurichten. Es gab ziemlich viele solcher Gruppierungen, und sie deckten das ganze Spektrum linker Ideologien ab, vom Anarchismus bis zur Sozialdemokratie[1].

Während der Phase der Perestroika änderte sich die Situation radikal. In den Jahren 1987–90 entstanden Dutzende von linken, vorwiegend von Jugendlichen geprägten Organisationen, die in Opposition zur KPdSU standen und die sowjetische Ordnung von links her kritisierten. In dieser Zeit bildeten sich die wichtigsten ideologischen und organisatorischen Strömungen dieser oppositionellen Linken heraus: Anarchismus, Trotzkismus, radikaler Marxismus, Eurokommunismus, Sozialdemokratie und »Proletarismus«. Der »Proletarismus« entstand im Industriearbeitermilieu und verband verschiedene Inhalte des klassischen Marxismus, des Trotzkismus und des Anarcho-Syndikalismus. Am ehesten damit vergleichbar sind der französische Ouvrierismus und der italienisch-deutsche Operaismus der sechziger und siebziger Jahre, allerdings wussten unsere »Proletaristen« nichts von diesen Bewegungen.

Einige der linken oppositionellen Gruppen wurden nicht erst während der Perestroika gegründet, sondern existierten vorher schon im Untergrund. So ging die »proletaristische« gesellschaftlich-politische Vereinigung Rabotschi (OPORa) aus dem bis 1988 im Untergrund aktiven Bund der Kommunisten hervor; die Konföderation der Anarcho-Syndikalisten (KAS) entstand auf der Basis des Organisationskomitees der Revolutionären marxistischen Allunionspartei; die Gruppe Lesnoi narod (Waldvolk) basierte auf der Organisation Otrjad imeni Tsche Gewary (Che-Guevara-Truppe) usw.

Während der Perestroika schossen linke oppositionelle Gruppen und ihre Publikationen wie Pilze aus dem Boden. Und bald wuchsen auch deren Auflagenzahlen stark an. 1990 erreichte z. B. die KAS einen Mitgliederstand von 1200; die größte Organisation nichtsowjetischer Linker in jenen Jahren war OPORa mit 2500 Mitgliedern.[2] Solche Organisationen breiteten sich auch geografisch aus, ursprünglich regionale wurden nun zu landesweit organisierten Gruppen. Die anarchistische Zeitschrift *Obschtschina* (sich selbst verwaltende Gemeinde) gehörte zu den meistgelesenen Blätter im oppositionellen Umfeld und erreichte eine Auflage von 20.000 Stück.

Dieser Erfolg der Linken erklärte sich unter anderem dadurch, dass sich selbst überzeugte Feinde der sozialistischen Ideologie zu jener Zeit als »sozialistische Liberale« oder als Anhänger eines »Sozialismus mit menschlichem Antlitz« und einer »Demokratisierung des Sozialismus« tarnten. Dadurch waren sie nicht von der übrigen Oppositionsbewegung isoliert, sondern arbeiteten im Gegenteil eng mit ihr zusammen. Popularität erlangten die nichtsowjetischen Linken auch durch die Veröffentlichung von Werken sozialistischer Intellektueller, deren Arbeiten unter dem Stalinismus und darüber hinaus verboten waren, wie zum Beispiel Alexander Bogdanow, Nikolai Bucharin, Martemjan Rjutin und Leo Trotzki oder Werke ausländischer Autoren des 20. Jahrhunderts, darunter Karl Kautsky, György Lukács, Erich Fromm und Jean-Paul Sartre.

Eine erste Krise erlebten die nichtsowjetischen Linken nach dem Sturz der KPdSU und der Auflösung der UdSSR. Sie waren wohl die einzige politische Kraft, der wirklich an der Schaffung einer sozialistischen Gesellschaft mit nichtsowjetischen Prinzipien in der UdSSR gelegen war. Ihr größtes ideologisches Problem war nun der Verlust ihres wichtigsten Ideologems: Alle Linken dämonisierten den Staat und hielten ihn für den Hauptschuldigen an allen gesellschaftlichen Missständen. Mit dem Machtverlust der KPdSU war die Allmacht des Staates, seine ökonomische, ideologische und kulturelle Kontrolle gebrochen. Das Resultat allerdings war das exakte Gegenteil von dem, was man sich erwartet hatte. In den Reihen der Linken herrschte verbreitet große Enttäuschung über die Theorien ihrer Leitfiguren.

Darüber hinaus stellte sich heraus, dass ein Teil der Linken nur unter den Bedingungen des sowjetischen »Sozialstaats« zu aktiver politischer Betätigung imstande war. Während der »Schocktherapie«, als die Bevölkerung rasch verarmte und Betriebe geschlossen wurden, verloren viele Linke ihre Arbeit und somit auch ihre Einkünfte, was zur Folge hatte, dass sie von politischen Aktivitäten Abstand nahmen und sich ganz auf die dringliche Suche nach Erwerbsquellen konzentrierten. Die »Schocktherapie« der Regierung von Boris Jelzin und Jegor Gaidar war einer der Hauptgründe für den Zerfall der Vereinigung OPORa im Februar 1992.

Oleg Mawromati, Aktion *Kreuzigung*, 2001 (F: anonym)

Ein Teil der Linken reagierte mit einer verstärkten Radikalisierung auf die Veränderungen im Land. Als symbolisch erwiesen sich die Ereignisse des 7. Novembers 1991. Trotz eines Verbots kamen Mitglieder der anarchokommunistischen Organisation Initiative revolutionärer Anarchisten (IREAN, diese Organisation hatte sich im Mai 1991 von der KAS abgespalten) und Mitglieder trotzkistischer Gruppierungen zum Roten Platz. Nachdem sie ihre Banner und Transparente entrollt hatten, fanden sie sich unerwartet in der Gesellschaft von 30.000 Anhängern der Oktoberrevolution wieder, die sich spontan in der Umgebung des Roten Platzes versammelt hatten. Die Demonstranten durchbrachen die Polizeiabsperrungen, zogen um den Kreml und stürzten die Obrigkeit damit in völlige Konfusion. Ab diesem Zeitpunkt hatten die radikalsten anarchistischen und trotzkistischen Gruppierungen erheblichen Zulauf.

Etwa seit dem Frühjahr 1993 überwanden die Linken, die sich inzwischen den veränderten Bedingungen angepasst hatten, allmählich ihre Krise. Die wiedergegründete Organisation OPORa knüpfte Kontakte sowohl zu verschiedenen oppositionellen Organisationen im Land (sogar zu Stalinisten) als auch zu Trotzkisten im Westen und erneuerte ihre Strukturen im Ural und im Wolgagebiet. Die Überreste der KAS in den Gebieten von Omsk, Tomsk und Nowosibirsk gründeten nun die Sibirskaja konfederazija truda (Sibirische Konföderation der Arbeit).

Zuletzt wurde als direkte Reaktion auf die »Zweitausgabe des Kapitalismus« in Russland und auf die »Schocktherapie« im Januar 1992 die erste Organisation Neuer Linker nach dem »1968er Vorbild« gegründet: die Violette Internationale. Die Violette Internationale und die Initiative revolutionärer Anarchisten IREAN waren aktiv an Zusammenstößen mit OMON- und Milizeinheiten am 1. Mai 1993 auf dem Lenin-Prospekt beteiligt. Danach nahmen diese Organisationen umfangreiche Kontakte zu verschiedenen radikalen kommunistischen Parteien, Bewegungen und Jugendorganisationen auf. Außerdem bildeten sie auf der Grundlage der beiderseitigen Ablehnung des Kapitalismus eine lose Koalition mit den sowjetischen Linken.

Die Neue Linke orientierte sich ideologisch bereits nicht mehr an der klassischen Zeit des Sozialismus des 19. und der ersten Hälfte des 20. Jahrhunderts, sondern an den Werken von Ideologen der fünfziger bis siebziger Jahre wie Ernesto Che Guevara, Jean-Paul Sartre, Herbert Marcuse, Erich Fromm, Theodor W. Adorno, Régis Debret, Rudi Dutschke, Daniel Cohn-Bendit u. a. Die IREAN-Zeitung *Tschornaja Swesda* (Schwarzer Stern, ab Juli 1993 eine Zeitschrift) wurde das erste Massenblatt der Neuen Linken.

Die Propagierung der Ideen der Neuen Linken hatte einen zersetzenden Einfluss auf die Jugendorganisationen (Komsomolorganisationen) verschiedener postsowjetischer kommunistischer Parteien. Diese wurden sehr stark radikalisiert, sodass sie sich einerseits von den »erwachsenen Genossen« abwandten und andererseits ein Reservoir bildeten, aus dem den Gruppierungen der Neuen Linken ständig neue Mitglieder zuflossen.

Das erfolgreichste linke Projekt in der Phase der Postperestroika war die Organisation *Studentscheskaja saschtschita* (Studentische Verteidigung). Diese Bewegung war formal als Gewerkschaft organisiert und vereinte auf diese Weise in ihren Reihen (und in ihrer Führung) Mitglieder der Violetten Internationale, der IREAN und anderer anarchistischer, Komsomol-, neuer linker und sogar sozialdemokratischer Organisationen. In ihrer Blütezeit (Frühjahr 1998) zählte diese Gewerkschaft etwa 14.000 Mitglieder in 28 Regionen Russlands.

Demonstration von Mitgliedern der anarchistisch-kommunistischen Initiative revolutionärer Anarchisten, Moskau, 7. November 1991 (F: Igor Muchin)

Der Gewerkschaft *Studentscheskaja saschtschita* gelang es mehrfach, große Studentendemonstrationen in verschiedenen russischen Städten zu organisieren, unter anderem am 12. April 1994 und am 12. April 1995 in der Moskauer Innenstadt, wobei diese Demonstrationen sich zeitweise zu Straßenunruhen auswuchsen, unter deren Eindruck sich die Behörden gezwungen sahen, Forderungen der Studenten zu erfüllen.[3]

Die Linke konnte in der Phase der Postperestroika allerdings nur solange Erfolge verzeichnen, wie die russische Staatsmacht nicht zu Repressionen griff. Nach dem Ende der Ära Jelzin jedoch änderte sich das, und die Linken sahen sich mit Gegenmaßnahmen der Ge-

Moskauer Rocker, 1990er Jahre (F: Igor Muchin)

Die linke oppositionelle Gruppe Otrjad imeni Che Guevary, 1990er Jahre (F: Igor Muchin)

Kundgebung der Studentscheskaja saschtschita, Moskau, 1990er Jahre (F: Igor Muchin)

Scouts in Moskau, 1990er Jahre (F: Igor Muchin)

heimdienste, mit Durchsuchungen und Verhaftungen konfrontiert. So konnte die *Studentscheskaja saschtschita* Massendemonstrationen von Studenten, die ja ihre Hauptprotestform gewesen waren, nun nicht mehr durchführen, da die Innenbehörden von geplanten Aktionen schon in der Vorbereitungsphase erfuhren und sie unterbanden. Bei den Hauptverantwortlichen der Gewerkschaft wurden Mitgliederlisten sowie die offiziellen Dokumente und der Stempel der Gewerkschaft beschlagnahmt. Auf diese Weise wurde deren wirtschaftliche und organisatorische Tätigkeit paralysiert, und ihr Exekutivgremium verlor die Möglichkeit, die Aktivitäten der regionalen Ableger zu koordinieren. Letztendlich verlor die Gewerkschaft *Studentscheskaja saschtschita* über die Hälfte ihrer Mitglieder und zerfiel in nicht miteinander verbundene, lokale Gruppen, die auch zunehmend ihre Radikalität einbüßten.

In manchen Fällen gelang es dem russischen Geheimdienst FSB, legal agierende Gruppen von Linken stark zu dezimieren oder ganz zu liquidieren. Einige anarchistische und trotzkistische Gruppen sowie einige Organisationen der Neuen Linken zerfielen von selbst, da sie unter dem veränderten politischen Regime keine effektiven Betätigungsmöglichkeiten mehr sahen. Andere, wie die Violette Internationale, wandten sich künstlerischen Aktivitäten zu (im Rahmen des Projekts »Kommunistischer Realismus«).

Zu Beginn der Ära Putin ging es mit den Linken also bergab, nachdem sie bedeutende Organisationen und ihre wichtigsten Printmedien verloren hatten. Erst seit 2001 kommt wieder Bewegung in die Szene. Es erwies sich, dass die von den nichtsowjetischen Linken in der vorhergehenden Phase propagierten Ideen in bestimmten Kreisen der Jugend und der künstlerischen Intelligenz doch auf fruchtbaren Boden gefallen waren. Es formierten sich Rockgruppen wie Mental Depression, Eschelon, Krasnyje pantery (Rote Panter), Sapreschtschonnyje barabanschtschiki (Verbotene Schlagzeuger), 69 und Sona sumerek (Zone der Dämmerung), die im Umfeld der Jugendlichen linke Ideen transportieren, und es entstand eine poetische

Tradition, die sich an Vorbildern der revolutionär-romantischen und futuristischen Dichtkunst vom Anfang des 20. Jahrhunderts orientiert. Außerdem nahm eine Gruppe aktueller Künstler (Anatoli Osmolowski, Dmitri Gutow, Awdej Ter-Oganjan, Oleg Mawromatti u. a.) die linken Ideen auf.

Zu den erfolgreichsten Veranstaltungen linker Künstler gehörten die Aktionen von Awdej Ter-Oganjan am 4. Dezember 1998 anlässlich der Ausstellung *Art-Moskwa* und von Oleg Mawromatti unter dem Titel *Raspjatije* (Kreuzigung) am 1. April 2000. Diese Aktionen hatten zum Ziel, die Tatsache ins Bewusstsein der Öffentlichkeit zu rücken, dass die Orthodoxie in Russland faktisch Staatsreligion ge-

Punks in Moskau, 1990er Jahre (F: Igor Muchin)

worden war. Auf Verlangen der russisch-orthodoxen Kirche leitete die Staatsanwaltschaft gegen beide Künstler Strafverfahren wegen des Vorwurfs der »Schürung interreligiöser Feindschaft« ein und demonstrierte damit, wie von den Künstlern beabsichtigt, die Klerikalisierung der Machtorgane.

Gleichzeitig wurde in den letzten eineinhalb bis zwei Jahren auch eine große Zahl von Internetseiten von nichtsowjetischen Linken gegründet. Diejenigen linken Gruppierungen, die die Krise an der Schwelle vom 20. ins 21. Jahrhundert überstanden hatten, verzeichneten nun wieder einen erheblichen Mitgliederzuwachs (das gilt sogar für die Ende der neunziger Jahre schon fast verschwundenen trotzkistischen Organisationen). Einige Verlage, die früher keine Werke linker Theoretiker veröffentlicht hatten (Gileja, Logos, Pangloss, Praxis, Ad Marginem), begannen nun die Schriften westlicher linker Autoren zu verlegen. In mindestens zwei »akademischen« Zeitschriften, nämlich in *Swobodnaja mysl-XXI* (Freier Gedanke-XXI) und in *Alternatiwy*, werden die Arbeiten nichtsowjetischer Linker abgedruckt, die eigenständige theoretische Doktrinen entwickeln.

Offenbar hat diese Belebung in letzter Zeit zum einen mit der Enttäuschung über die Ergebnisse der wirtschaftlichen, sozialen und politischen Veränderungen in Russland im letzten Jahrzehnt und mit einer völligen Desillusionierung gegenüber dem Neoliberalismus zu tun, zum anderen aber auch mit dem unter intellektuellen Jugendlichen aufkommenden Antiglobalisierungstrend. In Russland gibt es derzeit bereits zwei antiglobalistische Organisationen: ATTAK-Rossija und Mir – ne towar (Die Welt ist keine Ware). Beide wurden sie von nichtsowjetischen Linken gegründet und werden auch von ihnen angeführt (in der Bewegung engagieren sich Trotzkisten, Anarchisten und Neue Linke). Am 14. Dezember 2002 wurde die Gründung von ATTAK-Moskwa, also einer dritten antiglobalistischen Organisation angekündigt.

Die organisierten Linken haben ihre Krise zur Jahrhundertwende noch nicht überwunden, und es ist unklar, ob sie sich das in der Gesellschaft (vor allem unter Jugendlichen) neu aufgeflammte Interesse an linken Ideologien zu Nutze machen können. Es ist aber bemerkenswert, dass die organisatorische Krise der Linken diesmal nicht wie in den neunziger Jahren auch mit einer ideologischen Krise einhergeht. Während Anfang der neunziger Jahre unter den Aktivisten linker Organisationen eine verbreitete Enttäuschung über die linken Ideologien im allgemeinen spürbar war, sind die Linken heutzutage, selbst wenn sie außerhalb der Organisationen agieren, sehr aktiv auf künstlerischen, wissenschaftlichen und meinungsbildenden Plattformen vertreten, und man hat nicht den Eindruck, dass sie an ihren antikapitalistischen und antiliberalen Ideen zweifeln.

*Übersetzung: Matthias Dondl*

Plakat *Schlafe niemals, esse nichts. Untergrabe, untergrabe, untergrabe,* 1996 (Autor: anonym)

1 Ausführlicher dazu siehe Ljudmila Michajlovna Alekseeva: *Istorija inakomyslija v SSSR. Novejšij period* (Geschichte des Andersdenkens in der UdSSR. Neueste Zeit), Wilna/Moskau 1992, S. 201, 219, 221, 223–230, 301–311; Aleksandr Nicolaevič Tarasov, Gleb Jur'evič Čerkasov, Tat'jana Vladimirovna Šavšukova: *Levye v Rossii: ot umerennych do Ėkstremistov* (Die Linken in Russland: von den Gemäßigten bis zu den Extremisten), Moskau 1997, S. 12–17, 195, 213.

2 Tarasov, Čerkasov, Šavšukova: Die Linken. (s. Anm. 1), S. 20.

3 Ausführlicher dazu siehe: *POLIS/Političeskie issledovanija* (POLIS/Politische Forschungen), Moskau 1997, Nr. 6, S. 87–103.

# ANATOLIPHOBIE UND ZIVILVERTEIDIGUNG

BERT PAPENFUSS

»Ich sehe, von den Knien erhebt sich mein Heimatland.
Ich sehe, aus Schutt und Asche empört sich mein Heimatland.
Ich höre, wie es singt, mein großes Heimatland.
Aufs neu erhebt sich von den Knien mein Heimatland.

Es wirft die Ketten von sich mein mächtiges Volk,
die Kraft unseres Zorns rückt die Mauern beiseite,
die liebe Sonne ruft uns zu ihrem Feldzug
in tödlichen Frost, in höllische Nacht.

Ich sehe, von den Knien erhebt sich mein Heimatland …

Mein sagenhaftes Volk streckt seinen Rücken,
hell und heiß glüht das Morgenrot in den Herzen,
von unserem Atem beginnt das Eis zu schmelzen,
die Erde erblüht unter unseren Füßen.

Ich sehe, von den Knien erhebt sich mein Heimatland …«[1]

Das vorangestellte Lied des Omsker Rockmusikers Jegor Letow begleitete seit ca. 1994 die »nationale Phase« eines Teils der russischen Subkultur. Der bombastische, blut-und-bodenrünstige Text ist ohne die Tradition der Vaterländischen Verteidigungskriege des russischen Volkes nicht zu verstehen. Es gibt etliche Phänomene des russischen Andersseins, die insbesondere für Deutsche und Anti-Deutsche schwer nachzuvollziehen sind, und das ist ein Problem.

Am 5. August 2002 spielte Jegor Letow ein Solokonzert im Berliner Kaffee Burger in der Torstraße. Im Vorfeld hatte es Proteste gegen einen Auftritt seiner Band Grashdanskaja Oborona am 31. Juli im Berliner (Alternativ-)Kulturzentrum Tacheles bzw. der Bar Zapata gegeben. Auf der Website Indymedia wurde im Zeichen von »Freiheit, Spaß und Antifaschismus« dazu aufgefordert, den »sibirischen Dorfdeppen« zu zeigen, was eine Harke ist. Das Zapata sagte das Konzert ab (»Wir haben für diesen Abend schon eine andere Band gebucht«) und der Veranstalter Dom Kultury Berlin verlegte den Auftritt in den Mudd Club in Berlin-Mitte. Letow wurden seine Kontakte zur 1993 gegründeten National-Bolschewistischen Partei von Eduard Limonow[2] und Alexander Dugin[3] und faschistische, rassistische, nationalistische und homophobe Äußerungen in Interviews und im Internet vorgeworfen.

Am 10. August erschien in der *Jungen Welt* ein Artikel über das Konzert von Grashdanskaja Oborona im Kaffee Burger. Dieser Artikel löste eine Diskussionswelle aus, die zum »Berliner Lesebühnenstreit« hochgekocht wurde. In Berlin sind mehr als zehn mehr oder weniger rivalisierende Lesebühnen aktiv. (Einen guten Überblick bietet www.hortkind.de). Das Kaffee Burger ist Veranstaltungsort der Reformbühne Heim und Welt, der Mudd Club die Stammbühne der Surf Poeten, nach deren wöchentlicher Veranstaltung das eilig umdirigierte Konzert von Grashdanskaja Oborona stattfand. Im öffentlichen und halböffentlichen Disput warfen vornehmlich westdeutsche Aktivisten ihren ostdeutschen bzw. osteuropäischen Kollegen mangelndes politisches Bewusstsein, unpolitische Attitüde und Kryptofaschismus vor. Ohne mich als Lesebühnen-Kenner, geschweige denn National-Bolschewismus-Forscher gebärden zu wollen, hierzu einige Anmerkungen.

Ich schätze Jegor Letow als psychedelischen Punk und Liedermacher. Seine provokativen und widersprüchlichen Statements sind fragwürdig, deswegen bat ich die russische Anarchistin M. R., deren Kritik an Letow ich kannte, das Gespräch mit Letow zu suchen, und gegebenenfalls als Interview für die Zeitschrift *Gegner*, die ich mitverantworte, zu bearbeiten. Letow sagte das Interview zu. Leider hatte M. R. am Tag des Konzerts von Letow im Kaffee Burger, für den auch das Gespräch vereinbart war, einen Verkehrsunfall – und Letow kam zu spät; das Gespräch fand nicht statt.

M. R. warf bei dem Konzert im Mudd Club während des Liedes *Rodina* eine Bierflasche in Richtung Band und traf Letows Frau Natalja Tschumakowa, die Bass spielte, an der Hand. Diese irgendwie punkmäßig daherkommende Handlung war in erstes Linie pubertär und unfair. Das, ganz offensichtlich nicht nur meiner Meinung nach, gute Konzert wurde daraufhin abgebrochen, was ich bedauert, aber verstanden habe. Im Nachhinein ergab ein Gespräch mit M. R., dass sie in dem verabredeten Interview nicht die Auseinandersetzung mit Letow gesucht hätte, sondern Verständigung über seine Äußerungen im letzten Heft der Zeitschrift *Kontrkultura*. Besagte Flasche Bier hätte sie nicht geworfen, um gegen ein nationalistisches Lied zu protestieren, sondern wegen Missfallens des Liedes generell. Sie wollte niemanden verletzen. Schlimm sei gewesen, dass sich die Leute während des Konzertes überhaupt wie Bolle amüsiert hätten. Bei Konzerten von Grashdanskaja Oborona in Sibirien sei niemals »gute Laune« in Form von *stage diving* oder Abhotten aufgekommen, sondern Nachdenklichkeit und Ausrasten. Jegor Letow sei kein Faschist, er war der mutigste subkulturelle Aktivist der achtziger und neunziger Jahre, und ist es heute nicht mehr.

Meine Unterhaltung mit Letow war die eines Veranstalters mit einem auftretenden Künstler. Soviel ich weiß, war er an der Gründung der National-Bolschewistischen Partei beteiligt, hat sich jedoch von Limonow und Dugin instrumentalisiert gefühlt, und sich inhaltlich und personell distanziert. In seinen kontroversen Statements bezeichnet er sich als »sowjetischer Nationalist [sic!], Kommunist und Anarchist«, ähnlich beschreibt er sein Publikum in Russland. In seiner militanten und nekrophilen Metaphorik bezeichnet er Kreativität gerne als Kriegsführung. Interviews mit Rockmusikern sind Interviews mit Rockmusikern. Nachmittags mit dem einen, und abends mit einem scheinbar anderen. Mehr als anderen wird Rockmusikern zugestanden, ihre Meinung zu ändern.

Die selbst ernannten Theoretiker »revolutionärer Erhebungen und Bewegungen« Limonow und Dugin sind gemeingefährliche Irre, Letow hingegen ist ein widersprüchlicher Künstler. Seine auf der offiziellen »Grashdanskaja Oborona«-Website befindlichen politischen Statements schaden der Reputation seiner Band nur nebenher, in erster Linie schaden sie den Tschetschenen und anderen potenziellen Opfern nationalistischer Übergriffe. Inwiefern sich hier Provokation mit Meinung deckt, kann ich nicht beurteilen – das hätte ein quasi offizielles Gespräch geklärt.

Zum *Junge Welt*-Artikel mit dem knalligen Titel *Europa erobern. Russische Exotik: Wer im Berliner Kaffee Burger so alles Konzerte gibt* ist anzumerken, dass »Grashdanskaja Oborona« nicht mit »Bürgerwehr«, sondern mit Zivilverteidigung zu übersetzen ist und sich auf eine dem Technischen Hilfswerk vergleichbare Institution der ehemaligen sozialistischen Länder bezieht, nicht auf eine (rechte) Miliz bzw. Bürgerwehr. Korrigiert sei ebenfalls, dass Letow nicht vorgeschlagen hat, »man solle *die Tschetschenen* an den Eiern aufhängen«, sondern »Schamil Bassajew an den ...« usw. – die Drastik des Ausdrucks ist die eines russischen Mutterfluches und selbstverständlich komplett geschmacklos. Letows Äußerungen über Hitler, Stalin, Bassajew und Lukaschenko, den er sogar mit Waffengewalt unterstützen würde, sind unsäglich.

Letows Lebensmaxime ist »Ja wsjegda budu protiw« (»egal was geschieht, ich bin dagegen«) – das kann man einschlägig nachlesen. Seine Haltung in den achtziger Jahren war eine anti-»kommunistische«, in den neunziger Jahren eine, wie er sie nennt, »ultrakommunistische«, sein Verhältnis zur Demokratie ist ein gebrochenes und seine Heimatgefühle beziehen sich auf die Sowjetunion. Sicherlich ein seltsames Konglomerat von inkorrekten Tendenzen, die jedoch in seinen Konzerten, so auch im Burger, nicht propagiert werden. Als radikal denkender Anarchist, dem jedes Nationalgefühl abhold ist, hätte ich dies gern zur Sprache gebracht und ausdiskutiert – und gegebenenfalls die Konsequenzen daraus gezogen. Es ging mir nie darum, russischen National-Bolschewisten ein Podium zu bieten – das hat die rechte, neokonservative und *mainstream*-Presse getan –, sondern eventuelle linke Missverständnisse aus dem Weg zu räumen.

Jegor Letow im Kaffee Burger, Berlin, 5. August 2002
(F: Alex Hartmann)

Zurück zum Politikastergeschmeiß wie Alexander Lukaschenko: Ich habe als »Lyriker« und Essayist schon viel Scheiße über real existiert gehabt habende Politiker und noch real existierendes Gesocks ausgekippt, und habe nie einen Grund gesehen, den einen einem anderen oder einer etwaigen anderen vorzuziehen, außer einem kleinen Schlenker, als es galt, den Prenzlauer Berg vor dem Bundestagspräsidenten Wolfgang Thierse zu schützen, und somit notgedrungen Petra Pau (PDS) zu unterstützen. Meine politische Haltung war stets eine antinationale und, unter Umgehung der Begriffe »international« und »global«, weltweit interessierte. Deswegen und trotzdem habe ich in Veranstaltungen mit dem des National-Bolschewismus verdächtigten Moskauer Anarchisten Dmitri Kostenko versucht, die Irrungen des russischen Extremismus zu diskutieren. Ähnliches habe ich von einer Lesung mit der jungen Moskauer Lyrikerin Alina Wituchnowskaja erwartet, die für den russischen National-Bolschewismus und die Person Limonow eintritt. (Ihr Buch *Die Schwarze Ikone* erschien 2002 in Köln.) In beiden Fällen siegte die Show über eine konstruktive Diskussion. In einem eventuellen Gespräch wäre es darum gegangen, eine klare Grenze zwischen Links- und Rechtsextremismus und Linksradikalismus zu ziehen, weil auch in Deutschland heute national-bolschewistische Tendenzen im Schwange sind.

Der deutsche National-Bolschewismus entstand in Gruppierungen im Vorfeld und außerhalb des Spartakusbundes und der USPD. In Hamburg verbündete sich die Gruppe um Heinrich Laufenberg und Fritz Wolffheim, trotz vorhandener antibolschewistischer Ressentiments, mit den Bolschewiki, um gegen den westlichen Kapitalismus zu kämpfen. In Vorbereitung eines eventuellen Beitritts der linksradikalen KAPD zur Kommunistischen Internationale wurden auf Forderung Moskaus Laufenberg und Wolffheim wegen ihrer antibolschewistischen Haltung aus der KAPD ausgeschlossen. Sie verschwanden in den zwanziger Jahren von der politischen Bildfläche. Anfang der zwanziger Jahre wurde der rechte Sozialdemokrat Ernst Niekisch zum Führer eines frontsoldatischen »Jungnationalismus«, später setzte sich auch die Bezeichnung »nationalrevolutionär« durch. Ab 1926 gab er die Zeitschrift *Widerstand* heraus, die zum Kampforgan gegen die »Verweichlichung des Staates«, »Nivellierung des Kulturangebotes« und »Amerikanisierung« wurde. Gemeinsam mit Ernst Jünger kämpfte er gegen Versailles, Weimar und Wall Street für einen »preußischen Sozialismus« im Gegensatz zum weltrevolutionären Bolschewismus. 1930 stieß der bündisch jugendbewegte Verfasser des Nationalbolschewistischen Manifests Karl Otto Paetel ins selbe Horn, und wurde Chefredakteur der von Ernst Jünger herausgegebenen Zeitschrift *Die Kommenden*. Paetel gründete die Gruppe »Sozialrevolutionärer Nationalisten« und vertrieb bis 1933 die Zeitschrift *Sozialistische Nation*. Die genannten Vertreter des deutschen National-Bolschewismus waren Gegner von Hitler, ohne das Grundübel des autoritären, anti-emanzipatorischen Nationalismus verstanden zu haben. Ihr blut-und-bodentümelndes Geschwafel wurde später von den so genannten Konservativen Revolutionären bis hin zu den verwirrten Nationalen Anarchisten usw. aufgegriffen.

In der 1931 von Franz Jung herausgegebenen antifaschistischen Zeitschrift *Gegner* fand eine, von Franz Jung initiierte und später von Harro Schulze-Boysen bis 1933 weitergeführte, Auseinandersetzung mit deutschen National-Bolschewisten statt. Hierbei ging es darum, reaktionären Strömungen verfallene Menschen auf die antifaschistische Seite zu ziehen. Der deutsche National-Bolschewismus der späten zwanziger und frühen dreißiger Jahre war ein pseudorevolutionäres Konzept, das blutig gescheitert ist mit dem Sieg der Faschisten und der Ermordung vieler ihrer Gegner.

Dem modernen europäischen National-Bolschewismus geht es darum, Anarchisten, Punks, Kommunisten u. a. auf die Seite der Faschisten zu ziehen. Es gibt leider auch im linken Lager Menschen, die für autoritäre Strukturen anfällig sind. Einer Wiederbelebung solcher

Tendenzen ist überall auf der Welt mit einer antiautoritären, antipatriarchalischen und antinationalen Haltung entgegenzuarbeiten. Ob Rockmusikern dabei die wichtigste Rolle zukommt, wage ich zu bezweifeln. Künstler sollen sich emanzipatorisch engagieren und nicht als Politiker aufspielen – oder in selbstgefälliger Bosheit bockig stellen. Warum sich radikale Künstler in Russland extremistisch gebärden, würde ich gern anhand russischer Stimmen klären.

Unzivilisierte Äußerungen über »sibirische Dorfdeppen« und eine dogmatische Polemik gegen Extrem- und Radikalpositionen der osteuropäischen Linken erschweren den Dialog ungemein. Insbesondere westdeutsche K-Gruppen-Renegaten und Kulturmarktwirtschaftler neigen dazu, hinter jeder »Warschauer Pakt«-Biographie Neo-Nazis, Stasisten oder zumindest unsichere Kantonisten zu wittern. Mein Eindruck ist, dass der Kodex der politischen Korrektheit zumindest in Russland mit der revolutionären Tradition kollidierte und auf mehr oder weniger spöttischen Widerstand gestoßen ist. Ewige Anti-Provokation führt allerdings zu Verstocktheit. Die reaktionäre Angst vor der »Roten Walze« spiegelt sich in der modernen linken Anatoliphobie.

Doch *Back to Rock* – zurück zum Felsen des Schicksals. Rockmusiker stellen manchmal die richtigen Fragen, die Antworten, die sie sich selber geben, gehen oft im Gedröhn ihres sowohl eigenen elektrischen als auch medialen Lärms unter. In dem Lied *Nimm den Mantel* von Grashdanskaja Oborona heißt es:

»Wer ist hier der wichtigste Anarchist?
Wer ist hier der listigste Spion?
Wer ist hier der klügste Jurist?
Wer ist hier der kühnste Dämon?«[4]

– der werfe den ersten Stein. Mit aller knappen oder proppenprallen Seele. Von ein paar guten Geistern sollte man schon verlassen sein, wenn man ein Punk-Konzert besucht.

1 Jegor Letow, *Rodina*, auf der Grashdanskaja Oborona-CD/MC *Solnzeworot*, GrOb-Records, 1995; aus dem Russischen von Ilya Kitup und Bert Papenfuß.

2 »In der kulturellen Juwelierwelt Moskaus funkelt seit zehn Jahren (nicht weniger!) ein falscher, luxuriöser Brillant mit Spitznamen Eduard Limonow. Warum falsch? Als Schriftsteller ist Limonow durchaus passabel: gediegener Autor in der Tradition Gorkis und in der Vergangenheit fröhliches Dichterlein. Eine Zeitlang hatte er die Courage mittleren Niveaus – die Courage eines schneidigen Proletariers, der es zur Kultur gebracht hatte. Limonow jedoch wollte mehr: ein gewaltiges politisches Abenteuer, das einmal seine Götzenbilder verfolgt hatten: Ezra Pound, Louis-Ferdinand Céline, Jukio Mishima. Kein tapferer und unbekümmerter Straßenkämpfer, sondern viel eher ein Kabinett-Schreiberling, träumte Limonow wie ein onanierender Jugendlicher von Barrikaden, Paraden, blutigen Kaskaden und partisanischen Eskapaden. So schuf er seine operettenhafte national-bolschewistische Partei, zu der es verbitterte junge Idioten und großäugige romantische Tierchen zog. So sammelte er medialen Billigruhm und Popularität unter gelangweilten Burschen und anderen Spießern. Seine Partei ist absolute Soz-Art, aus Karton und nicht ernst! Er onanierte jedoch mit nicht abschlaffen wollender Energie auf die Jelzin-Clique und hasste außerdem den Westen sehr. Scheinbar kam ihn die langjährige Emigration teuer zu stehen, den Armen. Er schimpfte auf den Westen: manchmal klug, manchmal weniger, aber mit echter Wut. Sein positives Programm war vollkommener Dreck: National-Bolschewismus mit einem Wort! Omas angepisste Militäruniform mit Schuppen! Roheisenarschige Demagogie einer stalinistischen Fehlgeburt! Spucke mit Zimt!« Aus: Alexander Brener/Barbara Schurz: *Furzende Völker. Ein Dokumental-Roman*, Wien, 2000, S. 156f.

3 Alexander Dugin wurde 1998 nach seinem Ausstieg aus der National-Bolschewistischen Partei »geopolitischer« Berater des KPRF-Funktionärs Gennadi Selesnjow, der 2000 die Bewegung »Rossija« gründete. 2001 gründete Dugin die Bewegung *Eurasien*, als deren Vorsitzender er die Politik Putins unterstützt.

4 Statt »Jurist« heißt es bei Letow »Richter«, und »Gott« ist frei mit »Dämon« übersetzt – des Reimes wegen.

# IM WIND DES WANDELS: GORBI, RUSTY UND DIE SCORPIONS

BORIS KREMER

## »DER LAUSBUB BRAUCHT EINEN ANPFIFF ...«[1]

Am 28. Mai 1987 ging Margarit Seabury, eine 50-jährige Kunstlehrerin aus den Vereinigten Staaten, über den Roten Platz in Moskau spazieren, als sich dicht über den Dächern des Kaufhauses Gum ein Flugzeug näherte. Später wird sie der *Morgenpost* erzählen, dass sie der Cessna 172 des selbst ernannten Friedensengels Mathias Rust zuerst keine besondere Aufmerksamkeit schenkte, »weil sie das Flugzeug für einen Teil einer Ausstellung gehalten hat«.[2]

Neben den zahlreichen Deutungsmöglichkeiten in punkto Kunstkontextualität und Rezeptionsbedingungen, die der Trugschluss der offenherzigen US-Pädagogin zuließe, drängt sich vor allem eine Erkenntnis auf: Den Wind der Geschichte schnuppert noch längst nicht jede(r). Dies gilt natürlich nicht für die Boulevardpresse, die sich im Zweifelsfall nie für eine welterschütternde Schlagzeile zu schade ist. So gesehen sollte man in der intellektuell sicher anspruchsvollen Untersuchung deutsch-russischer Beziehungen die Perspektive der eigentlichen Meinungsmacher, und somit die ihrer Millionen Leser, nicht außen vor lassen.

Mathias Rust landet auf dem Roten Platz, Moskau, 28. Mai 1987 (F: Lehtikuwa Oy Podd)

Dem unter diesem Blickwinkel Forschenden würde sich zum Beispiel die lapidare Feststellung von Dr. Heidi Schüller (36) aufdrängen, einer ehemaligen deutschen Meisterin über 100 Meter Hürden und Sprecherin des olympischen Eides 1972 in München, die just zu besagtem Zeitpunkt im Hotel Rossija eingetroffen war: »Ein russischer Maler, der sonst nur den Kreml malt, malte ihn dann halt mit Flugzeug.«[3] Während also die Kunstsinnigen und Sportlerinnen noch grübelten, was es denn mit diesem Stunt auf sich habe, stieg der fliegende Hamburger schon mal aus seiner tollen Kiste, um sich angeregt mit deutschen Touristen zu unterhalten. »Er sagt das Wort: Helsinki«, weiß die *BZ* aus zuverlässiger Quelle zu berichten.[4]

Rusts diplomatische Bruchlandung passierte ausgerechnet zum »Ehrentag der Luftabwehr«. *Bild* zitiert einen ›westlichen Geheimdienstler‹, der den Feiertag als einen »deutliche[n] Hinweis darauf, dass die Radarbediener wieder mal blau waren« wertet. Die um fundierte Hintergrund-Recherche nie verlegene Redaktion untermauert diese Einschätzung mit dem Verweis, dass »allein im Moskauer Gorki-Park 100 betrunkene Elite-Soldaten der Grenztruppen randalierten«.[5]

Die innenpolitischen Konsequenzen ließen folglich nicht lange auf sich warten. Verteidigungsminister Sergej Sokolow und Alexander Koldunow, Oberkommandierender der Truppen der Luftverteidigung, wurden von ihren Aufgaben entbunden. Hierzu munkelt die *BZ*: »Kam der Sensationsflug ... Kreml-Chef Michail Gorbatschow wie gerufen?«[6] Diese Spekulation wird mit der Tatsache begründet, dass der Reformer alle Bereiche des Apparats bereits gesäubert habe, mit Ausnahme der Streitkräfte. Der Fall Rust habe ihm lediglich den gewünschten Vorwand geliefert.

*Bild* war derweil damit beschäftigt, der öffentlichen Meinung hierzulande Ausdruck zu verleihen: »Mathias Rust beliebter als Boris Becker.«[7] Franz Josef Strauß bestätigt: »Rust braucht einen richtigen Anschiss, aber er sollte auf jeden Fall weiterfliegen können.«[8] Von einem Besuch bei Mathias' Eltern wusste die *BZ* Einschlägiges zu berichten: »Vor dem Haus der Familie Rust stolperten Reporter über Blumenkübel. Das Dach des Hauses wurde neu gedeckt.«[9]

Der von seinen Mitschülern als Rusty verspottete Apostel verteidigte seine Tat bekanntlich mit der Begründung, er habe eine Friedensmission vollbringen wollen. »Im bösen Westen würden die Menschen von den Regierungen und Medien nur irregeführt. Die wahre ›Quelle des Friedens‹ sei in der Sowjetunion zu finden«, wird er von der *BZ* zitiert.[10] Das wiederum sah Richter Tichomirnow anders und verdonnerte den missionarisch Eifernden unter anderem wegen »schweren Rowdytums« zu vier Jahren Arbeitslager. »Die Verurteilung ... nannte die Parteizeitung *Prawda* gerecht und human«, vermerkt das *Hamburger Abendblatt* und fügt süffisant an, der Prozess sei »nach einhelliger Expertenmeinung mustergültig abgelaufen – und damit untypisch für die sowjetische Rechtsprechung.«[11]

Diese blockübergreifende Eintracht in der Prozessbeurteilung deutet darauf hin, dass die Sympathiekurve für den Sonderling schon vor seiner frühzeitigen Entlassung aus dem Straflager zum Sturzflug angesetzt hatte. Und das nicht etwa nur, weil der mittlerweile als Muttersöhnlein Geoutete dem Architekten der Perestroika sein Lieblingspferd La Bamba als Symbol der Völkerverbindung schenken wollte.[12] Vielmehr bezeugte Rusts Selbsteinschätzung seinen geistigen Irrflug: »Wenn Gorbatschow mich in seine politischen Überlegungen mit einbezogen hätte, säße er heute nicht auf dem absteigenden Ast.«[13] Jahre später, als er wegen versuchten Totschlags an der Lernschwester Stefanie W. erneut in die Schlagzeilen und hinter Gitter geriet, wurde er von der Springer-Presse fortan nur noch pauschal als Kreml-Flieger und Messerstecher bezichtigt. So erklärt sich der spöttische Ton, mit dem die *Berliner Zeitung* über Rusts zweite Russland-Reise nach seiner Haftentlassung berichtet: »Der junge Mann ... saß in der Business Class und langte beim Frühstück (Rühreier mit Schinken, Brötchen, Aufschnitt, Orangensaft) kräftig zu.«[14] Die *Bild* genüsslich: »In Moskau darf [er] bei Schlagersängerin Gaby Baginski (40, *Der Rum von Barbados*) arbeiten. Als Gehilfe in ihrem Restaurant Bierstube ...«[15] Nachdem sich seine Spur zwischenzeitlich verloren hatte, meldet schließlich die *BZ*: »Kreml-Flieger Rust in Berlin gelandet.«[16] Hier verschwindet der Eintagsflieger einstweilen vom Radar.

## »WENN WIR DENEN HELFEN, HELFEN WIR UNS SELBST«[17]

»Die Luft riecht nach Glasnost, Öffnung, Frieden, Freiheit und die Sehnsucht danach. *Wind of Change*, die erste wirklich internationale Hymne ...«[18] Wer hätte vermutet, dass ausgerechnet die Biedermänner der deutschen Heavy-Metal-Combo Scorpions den penetranten Ohrwurm zu den Umbrüchen jener Jahre liefern würde?

Dabei ließ ein 1990 veröffentlichter Konzertbericht der *Welt* das drohende Unheil vorausahnen. Hinter dem kryptischen Titel *Metallgewitter donnern durchs Schlüsselloch* verbirgt sich ein nicht nur in sprachlicher Hinsicht visionärer Ansatz: »An sich keine schlechte Idee in Zeiten, wo sich politisch allseits Türen, Tore und Grenzen öffnen, ein gigantisches Schlüsselloch als Symbol für eine Bühnenshow zu wählen.« Einige Zeilen weiter ringt der Autor mit Metaphern, um dieses Schlüsselerlebnis zu beschreiben: »In ihren düsteren Momenten gelingt es den Scorpions, dass Gitarrenriffs wie ein Brocken eines Asteroidenschwarms aus Schwermetallklängen ins Ziel treffen.«[19] Auch die *Morgenpost* erkennt die geopolitische Dimension dieses akustischen Sternhagels: »In [ihren] Ansagen dokumentierte sich das neue Bewusstsein der rockenden Skorpione. Ganz in eine schwarze Lederkluft gehüllt, rief der Sänger zu Spenden für die UdSSR auf, ›wenn wir denen helfen, helfen wir uns selbst‹.«[20]

Die Scorpions in Moskau, 12. August 1989 (F: anonym)

Tatsächlich hatte die *Morgenpost* längst vom feinen politischen Gespür der Autoren des Klassikers *Rock Me Like a Hurricane*[21] berichtet: »Von den politischen Neuerungen bekamen die Hannoveraner sogar schon sehr früh Wind. Bereits 1988 spielten sie als erste westliche Top-Rockband zehn ausverkaufte Konzerte in der Sowjetunion. [...] Viele Eindrücke aus der UdSSR verarbeitete die Band in den Texten ihres nagelneuen Albums *Crazy World*.« Bei diesen Reisen formte sich bei den deutschen Eliterockern eine grundlegende Erkenntnis: »Wir sind mit dem Bild des ›Bösen Russen‹ aufgewachsen. Doch als wir mit den russischen Fans und Musikern redeten, merkten wir, dass sie sich von uns oder den Amis überhaupt nicht unterscheiden. Das sind total dufte Typen und von der Mentalität her den Deutschen sehr verwandt ...«[22]

Dies war auch der *Bild* nicht entgangen, wie ein Essay unter dem Titel *Spasibo, Scorpions, Spasibo* bezeugt: »160.000 Russen feierten unsere Hardrock-Band ... Die Fans im Sportkomplex von Leningrad toben! Junge Männer recken die geballten Fäuste, schwenken T-Shits [sic]. Eine dunkelhaarige Schönheit schleudert ihren BH auf die Bühne.« Dabei erfahren wir ganz nebenbei Grundlegendes über die wirtschaftlichen Bedingungen im Sowjetreich: »Zuerst kamen die Russen-Rocker Gorki Park auf die Bühne, doch keiner wollte sie hören. Fans bewarfen sie mit Kohlköpfen, Kartoffeln und Zuckerrüben ...«, schreibt die spürbar ergriffene Autorin, und schiebt auch gleich die einleuchtende Erklärung nach: »Eier und Tomaten sind in der UdSSR Mangelware.«

Ergreifende Szenen spielen sich ab: »Bei *Still loving you* schunkelten sie wie beim Karneval in Köln. Männer der Miliz nahmen ihre Mützen ab, mischten sich unters Publikum – Rocking Glasnost!« Doch es kommt noch schlimmer: »Sänger Klaus Meine verschenkt seine schwarze Lederhose an einen Jungen, der keine Karten mehr bekommen hat.« Dass die Scorpions aber mehr als nur ein Herz und eine Hose für Kinder haben, wird an ihren Moskauer Einkäufen klar: »Ihre Rubel-Gage dürfen sie allerdings nicht ausführen. Sie müssen dafür in Moskau einkaufen: Kaviar, Krim-Sekt, Pelze! Schlagzeuger Hermann Rarebell kaufte sich einen Teppich für 8000 Mark.«[23]

Kein Wunder also, dass unsere Schwerstmetaller dank der so erkämpften Bekanntheit und einer geschickt eingefädelten Scheckübergabe-Aktion ins Herz des sowjetischen Machtapparats vordrangen. Dieser geschichtsträchtige Besuch ist der *Bild* einen Sonderbericht wert, schließlich sind sie »die einzige Rockband, die je im Kreml empfangen wurde«. Es folgt ein angeregter Gedankenaustausch: »Später spricht Gorbi mit den Scorpions. Auch über Chruschtschows Wutanfall in der UNO, als er im Oktober 1960 mit dem Schuh aufs Rednerpult schlug. Gorbi: ›Das war Rock 'n' Roll.‹« Doch schon ruft die hohe Politik: »Nach etwa einer Stunde: Anruf von François Mitterrand. Gorbatschow eilt zum Telefon ... und die Scorpions packen ihre Gitarren aus, singen *Wind of Change*. Ein enger Mitarbeiter von Gorbi: ›Noch nie wurde im Kreml so schön gesungen.‹«[24]

Leider werden diese und andere berührende Augenblicke der deutsch-russischen Beziehungskiste aller Voraussicht nach keinen Platz in den Geschichtsbüchern finden. Dabei zeugt gerade der unverwechselbare Springer-Stil, der noch dem scheinbar belanglosesten Detail einen Hauch von Historie zu verleihen vermag, von einer diesen speziellen Momenten angemessenen und gleichsam außergewöhnlichen Kreativität. Dem würde Klaus Meine, »seines Zeichens Frontmann und Metal-Troubadour der Stachelrocker«[25], sicherlich zustimmen: »Kreativität ist wie eine Flasche, aus der du trinken kannst«[26], weiß »der gertenschlanke Vokalist«.[27] Na sdarowje.

1 Franz-Josef Strauß, zit. nach: *Bild*, 2.6.1987.
2 *BZ*, 31.5.1987.
3 *Deutsche Ärztin: Ich war dabei*, in: *Bild*, 3.6.1987.
4 *BZ*, 30.5.1987.
5 *Mathias bald frei?*, in: *Bild*, 1.6.1987.
6 *Wurde zuviel gebechert?*, BZ-Randbemerkung, in: *BZ*, 1.6.1987.
7 *Bild*, 5.6.1987.
8 *Bild*, 2.6.1987.
9 *Die Eltern*, in: *BZ*, 31.5.1987.
10 *Schwamm drüber – der Junge will nach Hause*, BZ-Randbemerkung, in: *BZ*, 3.9.1987.
11 *Was mir am Rust-Prozess in Moskau auffiel*, in: *Hamburger Abendblatt*, 7.9.1987.
12 *Kreml-Flieger will ihm sein Pferd schenken*, in: *Bild*, 13.6.1989.
13 *Welt am Sonntag*, 21.4.1991.
14 *Jetzt serviert er in Moskau Bier und Wodka*, in: *Berliner Zeitung*, 30.4.1994.
15 *Rust fliegt wieder nach Moskau*, in: *Bild*, 11.4.1994.
16 *Bild*, 1.9.2000.
17 Klaus Meine, zit. nach: *Morgenpost*, 7.12.1990.
18 *Scorpions. Ihre Geschichte – ein einmaliges Rock-Märchen*, in: *Bild*, 24.9.1991.
19 *Die Welt*, 7.12.1990.
20 *Scorpions entfachten am Funkturm ein brodelndes Schwermetall-Feuerwerk*, in: *Morgenpost*, 7.12.1990.
21 *Die wilden Scorpions – daheim sind sie ganz zahm*, in: *Bild*, 19.7.1991.
22 *Die Scorpions rücken an*, in: *Morgenpost*, 29.11.1990.
23 *Bild*, 30.4.1988.
24 *Gorbi: Das war Rock 'n' Roll*, in: *Bild*, 16.12.1991.
25 *Morgenpost*, 29.11.1990.
26 *Bild*, 24.9.1991.
27 *Morgenpost*, 29.11.1990.

# BILDENDE KUNST

# ZWISCHEN MASSENREPRODUKTION UND EINZIGARTIGKEIT: OFFIZIELLE UND INOFFIZIELLE KUNST IN DER UDSSR

EKATERINA DEGOT

## PROLOG: 1962

Es war am Abend des 26. November 1962, als in einem der Gewerkschaftshäuser für Kultur in Moskau eine Ausstellung mit Werken eines Studienateliers eröffnet wurde – für einen Abend, für Bekannte, zu denen auch berühmte Physiker zählten. Der Leiter des Ateliers war Eli Beljutin, der seinen Schülern einen schwungvoll-expressiven Malstil vermittelte. Neben den Kunststudenten, die hauptsächlich als Buchdesigner in Staatsverlagen arbeiteten, nahm an der Ausstellung auch ein junger Bildhauer und Mitglied des Künstlerverbands namens Ernst Neiswestny teil. Am nächsten Morgen, als eine der Ausstellerinnen ihre Arbeiten abholen wollte, traf sie im Saal zu ihrem Schrecken auf westliche Fernsehkorrespondenten. Sie rief Beljutin an, und als dieser hinzueilte, fragte man ihn: »Ist solche Kunst in der UdSSR denn erlaubt?« Ohne lange nachzudenken, antwortete Beljutin: »Ja«, und in diesem historischen Augenblick deutete nichts darauf hin, dass er Unrecht hatte.

Der Bildhauer Ernst Neiswestny vor seiner Ausreise in seinem Atelier, rechts der Entwurf für das Grabmal von Chruschtschow, Moskau 1975 (F: Nikolai Lawrentjew)

Einige Tage später wurde die Frage, ob abstrakte Kunst in der UdSSR erlaubt sei, unvermittelt auf einer Pressekonferenz sowjetischer Diplomaten auf Kuba gestellt. Offenbar war diesen die Antwort weniger klar, weshalb sie in Moskau anriefen. Sofort begann man sich in den obersten Parteirängen für die unscheinbare Ausstellung der Kunststudenten zu interessieren. Auf Anforderung von oben brachte man die Exponate wieder zusammen, schaffte sie in die Manege (den zentralen Ausstellungssaal Moskaus), wo gerade eine umfassende Werkschau des Moskauer Künstlerverbands stattfand, und hängte sie in einigen Diensträumen auf. Am 1. Dezember kam es dort zu jener berühmten Farce mit dem Titel »Chruschtschows Besuch der Ausstellung moderner Kunst«: Der sowjetische Staatschef bezeichnete die Künster als »Päderasten« und forderte, sie zu verhaften und des Landes zu verweisen. Exiliert oder verhaftet wurde niemand, die Künstler erhielten ihre Bilder zurück, doch verloren viele ihre Arbeit im Verlag und erlebten so etwas wie ein Berufsverbot. Mit diesem Datum beginnt die Existenz der inoffiziellen Kunst, die romantisch verklärt als heroischer Widerstand gegen die Staatsmacht erscheint.

Obgleich es in dieser Episode durchaus Raum für persönlichen Heldenmut gab (Neiswestny und andere widersprachen Chruschtschow öffentlich), geht es hier bei pragmatischer Betrachtung eher um die Entstehung eines für die UdSSR, riskanten, aber zugleich vielversprechenden Status. Unmittelbar nach dem 1. Dezember kam es zu einigen »Treffen der Partei und der Regierung mit der schöpferisch tätigen Intelligenz«, zu denen die bis dato völlig unbekannten Ateliermitglieder eingeladen und ihre Bilder erneut, diesmal nur für diesen engen Kreis, ausgestellt wurden. Offenbar wünschte das ZK der KPdSU, zu den »Eingeweihten« zu gehören. Gegenstand der Diskussion war weniger die Ästhetik als vielmehr die Tatsache, dass die Künstler »für westliche Korrespondenten« gearbeitet hatten. Nur wenig später, 1966, wurden die Schriftsteller Andrej Sinjawski und Juli Daniel zu Lagerhaft verurteilt, weil sie ihre Werke im Ausland veröffentlicht hatten.

Da die Geschichte international Aufsehen erregte, begannen damals viele der Beteiligten (besonders Neiswestny, aber auch Ülo Sooster, Juri Sobolew, Boris Shutowski und Wladimir Jankilewski), ihre Werke im Ausland zu zeigen, sowohl offiziell in den Staaten des Warschauer Pakts als auch am Staat vorbei in kleinen West-Galerien, wobei die Bilder die UdSSR in Diplomatenkoffern verließen. Während sich von den Künstlern der sowjetischen Akademie kein Einziger mit dem Interesse ausländischer Kunstinstitutionen brüsten konnte, genossen die jungen Künstler den schon fast mythischen Status, »im Ausland bekannt zu sein«, mit allen sich daraus ergebenden Folgen: dem Neid des Künstlerverbands, der Entziehung der Existenzgrundlage, der Kontrolle durch den KGB und dem Versuch, den Künstler nötigenfalls als Symbol der Veränderung zu missbrauchen. Obwohl sich Neiswestny in der Situation eines Außenseiters befand, hatte er die einzigartige Gelegenheit, eine Arbeit im Ausland zu realisieren, als er 1971 den Wettbewerb für eine Skulptur zur Gestaltung des Assuan-Staudamms gewann. Im Übrigen kamen Neiswestny und Shutowski Chruschtschow nach dessen Entmachtung 1964 näher und sollten zehn Jahre später seinen Grabstein gestalten.

Konstantin Iwanow, *Frieden für die Welt!*, Moskau 1952, Plakat

Die Suche nach einem geeigneten Terminus für die Kunst, die im eigenen Land offiziell nicht, jedoch im Ausland gezeigt wurde, dauerte zehn Jahre, wobei der nichtstaatliche Kunstexport aus der UdSSR in dieser Zeit weiterhin aktiv betrieben wurde. In den Titeln der ersten Ausstellungen in der zweiten Hälfte der sechziger Jahre hieß es einfach »neue« Kunst aus der UdSSR. Mitte der siebziger war der Begriff »nonkonformistisch« verbreitet (Alexander Gleser, als Sammler und Kurator dieser Kunst 1975 emigriert, verwendete ihn für die Ausstellungen seiner Sammlung im Westen), den die in der UdSSR zurückgebliebenen Künstler jedoch als politisch heikel ablehnten. Schließlich setzte sich der Begriff »inoffizielle Kunst« durch, der auch im Untertitel der Zeitschrift *A-Ja* (Paris 1979–86) erschien.

Die Abkömmlinge der inoffiziellen Kunst vertreten heute die russische Kunst im Westen. Im jetzigen Russland jedoch ruft die Einteilung in offizielle und inoffizielle Kunst nicht selten Protest hervor, denn sie ist – natürlich – keineswegs neutral und erzeugt eine ästhetische und ethische Hierarchie, weil sie der ersten die Schuld gibt und die Richtigkeit der zweiten unterstreicht. Man argumentiert, viele der heute berühmten Vertreter der inoffiziellen Kunst seien nicht nur Mitglieder im Künstlerverband, sondern dort auch durchaus erfolgreich gewesen (z. B. Ilya Kabakov als hoch bezahlter Buchillustrator); außerdem seien die als offiziell bezeichneten Künstler genauso verfolgt worden, bis hin zum Verlust ihrer Dozenturen. Diese Argumente ignorieren natürlich die Frage, welche Kunst denn nun eigentlich besser sei, und was die Verfolgungen damit zu tun haben. Doch von dieser Art sind offenbar die Trennungskriterien zwischen offiziell und inoffiziell. Man sollte sie einmal überprüfen.

*Zu Lenin*, Moskau, 1969 (F: Nina Swiridowa, Dmitri Wosdwishenski)

Die Vorstellung, die sowjetische Gesellschaft habe im völligen Konsens gelebt, geht auf einen totalitären Mythos zurück. Nicht weniger mythisch ist jedoch, dass es in dieser Gesellschaft einen absoluten Gegensatz gegeben habe. Zudem zwingt einen die Figur des Gegensatzes, eine Sache als die Wichtigere herauszustellen. So wurde auf beiden Seiten des Eisernen Vorhangs das »Prosowjetische« (offizielle, an der Macht Befindliche) lange als typisch favorisiert, während das »Prowestliche« (z. B. einige Phänomene der inoffiziellen Kunst) als marginal ignoriert wurde. Die sowjetische Kunst kann man – wie auch die sowjetische Gesellschaft – nur als etwas zugleich Einheitliches und innerlich Zerrissenes verstehen, doch ist dieser Riss außerhalb der Logik des Kalten Krieges zu verorten, da diese eine einseitige Wahrheit präsupponiert. Diese Logik ist politisch und ästhetisch zugleich: Sie gründet sich auf der Gegenüberstellung von autonomer, einzigartiger, individueller Kunst und dem Totalitären, dem Abstrakten und dem Figurativen, Avantgarde und Kitsch. Um Wertungen zu vermeiden, schlage ich vor, die sowjetische Kunst nicht in zwei, sondern in vier Felder einzuteilen, die sich an zwei sich schneidenden Achsen orientieren: der Achse »Vorhandensein versus Fehlen staatlicher Unterstützung« sowie »Unikalität versus mediale Verbreitung des Werks«.

## STAATLICHE MEDIALE KUNST

Das Verständnis der inoffiziellen Kunst gründet sich für gewöhnlich auf die modernistische Logik des Widerstreits von Neuerern und Traditionalisten. Diese Logik funktioniert jedoch schon allein deshalb nicht, weil die normative sowjetische Kunst von den Zwanzigern bis in die achtziger Jahre selbst modernistisch war: Sie zielte auf den Umbau der Wirklichkeit ab. Dieser Modernismus existierte vor dem Hintergrund des siegreichen Sozialismus, nicht des Kapitalismus. Was schließlich auch dazu führte, dass der sowjetische Modernismus allmählich nur noch als figurative Kunst existierte.

Im Sozialismus sollte die Kunst, wie es hieß, nicht einzigartige Objekte schaffen, die kaum jemand brauchte, sondern zentral vertriebene visuelle Muster. Diese medialen Ambitionen summierten sich bereits seit 1919 zur Idee der »Projektion«, der Translation des Bildes auf die Fläche mit immateriellen Mitteln, von denen Welimir Chlebnikow, Alexander Rodtschenko und Wladimir Tatlin träumten. Dieses Bedürfnis nach Illusion wurde später von Fotografie und Kino befriedigt. Im Idealfall sollte die ganzheitliche Abbildung (isobrashenije) direkt in den Kopf des Konsumenten übertragen werden. Kasimir Malewitsch bezeichnete seine Kunst Anfang der zwanziger Jahre als Projektion »von Bildern auf ein Negativ«. Solche Bilder (obrasy) – Illustrationen seiner Theorie, die er immer mehr als sein einziges Werk betrachtete – waren für Malewitsch bereits Mitte der Zwanziger gleichermaßen abstrakte wie figurative Gemälde, zumal diese als auch jene oft Kopien früherer Arbeiten darstellten: Im Prozess der »Projektion« verliert die Vorstellung von Original und Kopie genauso ihre Gültigkeit wie in der Massenkultur (z. B. im Kino oder in der Popmusik, wo oft nur Kopien vertrieben werden). Die Gruppe der »Projektionisten« trat in den Zwanzigern mit einem Programm auf, in dem das Werk des Künstlers als Methode bezeichnet wurde, Lebensmodelle für die Massen in den Alltag zu projizieren. Diese Definition von Kunst stimmt mit den Definitionen des Sozialistischen Realismus überein, dessen Theoretiker erklärten, er sei eine Methode, kein Stil. Grundlage des Sozialistischen Realismus war die simultane Translation visueller Bilder auf die Massen, und die radikalsten sowjetischen Maler (z. B. Geli Korshew in den Sechzigern) thematisierten dies in ihren riesigen Gemälden, deren Stil vom Kino diktiert wurde. In der Sowjetunion war bereits zu Beginn der dreißiger Jahre ein System der reproduzierten Kunst entstanden, in dem die Künstler gleichsam Angestellte des staatlichen Medienapparats waren und für ihre Dienstleistungen entlohnt wurden. Zu diesem System gehörte neben Buchdesign, Illustration, Werbung und Film genauso die Malerei – als Reproduktionen auf Postkarten sowie in Zeitschriften und Lehrbüchern. Die Fülle von Erzählungen über Polarforscher bzw. Melkerinnen in der sowjetischen Presse, die vom Künstler verlangten, dass er ihnen ein Bild ihrer Arbeit »gebe«, zeigen deutlich, dass das eigenhändig angefertigte Gemälde nur als Vorlage für die Reproduktion betrachtet wurde. Reproduktionsverlage und Zeitschriften, deren Heftklammern man aufbog, um sich seinen eigenen Repin oder Rembrandt herauszunehmen, konstituierten das sowjetische Kunstsystem genauso, wie dies die Galerien im Bezug auf das westliche System taten.

## STAATLICHE UNIKALE KUNST

Natürlich blieb die Versuchung der Unikalität weiterhin groß, auch in der UdSSR hatten sich Rudimente des 19. Jahrhunderts mit seinem

Originalfetischismus erhalten (Museen mit Plüschsofas, der Kult der »technischen Meisterschaft« und der Kult der »großen Namen«), die für die Künstler vorteilhaft waren und der neuen Elite imponierten. Durch gezielte Lobbyarbeit hatten es die Maler der traditionellen Schule vermocht, den privaten Kunstmarkt in einen staatlichen zu verwandeln: Vor allem der Staat begann in der UdSSR in riesigen Mengen Arbeiten von Künstlern zu kaufen. Das Original konnte im Museum als Objekt elitären Konsums ausgestellt werden, doch aus Sicht der kulturellen Prioritäten war die nach dem Original gefertigte Postkarte wichtiger. Als 1947 die Akademie der Künste der UdSSR eingerichtet wurde, war sie im Wesentlichen ein Institut zur Herstellung von Standardmustern für die Reproduktion in Zeitschriften – oder die eigenhändige Kopie z. B. durch Laienkünstler in der Provinz, wo es nur wenig Druckmaschinen gab, die Kreiskomitees der Partei aber trotzdem dekoriert werden mussten. Es ist bezeichnend, dass die sowjetische Kunstkritik das Plagiat selten verurteilte.

Somit entwickelte sich die sowjetische Kunst von Anfang an und radikal zu einer Kunst der massenhaften Distribution und stand dem Begriff des Originals gleichgültig gegenüber. Die Aufteilung in offizielle und inoffizielle Kunst erfolgte in dem Augenblick, als der Staat den Distributionsmechanismus unter seine Kontrolle brachte: Private Verlage verschwanden, eine strenge Zensur von Veröffentlichungen und Ausstellungen wurde eingeführt. Veränderungen, die sich in der zweiten Hälfte der dreißiger Jahre vollzogen und bereits nach dem Zweiten Weltkrieg eine entsprechende Reaktion hervorriefen. Und genau an dieser Stelle entsteht die inoffizielle Kultur.

### PRIVATE UNIKALE KUNST

Entgegen der verbreiteten Meinung wurde die schöpferische Freiheit in der UdSSR nicht verletzt. Der Staat kontrollierte die Verteilung von Kunst, schenkte ihrer Produktion jedoch keine Beachtung. Weder in der Stalinzeit, noch später wurde auch nur ein einziger Künstler für Arbeiten verfolgt, die er für sich in seiner Werkstatt anfertigte. Zeigte er diese jedoch ausländischen Korrespondenten, so wurde die Situation gefährlich. Die Ästhetik des Sozialistischen Realismus – eine Allianz der akademischen Erfahrungen des 19. Jahrhunderts mit der Reproduktionsmethode – förderte sogar dieses »Arbeiten für sich selbst«, da es als lehrreich und »schöpferisch« erachtet wurde. Man war bereit, in diesem Status nicht nur Studien von Gänseblümchen, sondern sogar Aktmalerei und gewisse »Experimente« zu dulden. Beljutins Studenten verteidigten sich gegenüber Chruschtschow damit, dass sie ihre Bilder abends malten und tagsüber einer »ehrlichen Arbeit« nachgingen.

Bilder am Staat vorbei zu verkaufen war grundsätzlich illegal. Doch in der Sowjetunion existierte – sei es legal oder halblegal – praktisch durchgehend ein kleiner Privatmarkt für Bilder, die aus den unterschiedlichsten Gründen nicht von der staatlichen Reproduktionshysterie erfasst wurden. Um zu überleben, verkauften viele ehemalige Avantgarde-Künstler in den vierziger und fünfziger Jahren Stillleben und Landschaftsbilder an gut verdienende Musiker und Schriftsteller. Diese Praxis weitete sich in den Sechzigern wesentlich aus, sodass dafür eigene Institutionen ins Leben gerufen wurden, vor allem der elitäre Salon der neuen Aristokratie, wo sich die Künstler mit ihren Käufern trafen. Als solche Salons dienten in dieser Zeit die Wohnungen des Sammlers Georgi Costakis, des Pianisten Swjatoslaw Richter, des Kunsthistorikers Ilja Zirlin, der amerikanischen Sammlerin Nina Stephens sowie des Komponisten Andrej Wolkonski, der 1947 mit seinen Eltern in die Sowjetunion zurückgekehrt war. Ein typischer Künstler solcher Salons war zum Beispiel Anatoli Swerew, der seine abstrakte Malerei mit performativer Virtuosität in Anwesenheit der Gäste praktizierte. Das Fehlen einer breiten Resonanz betrübte die meisten inoffiziellen Künstler keineswegs, da sie das sowjetische Publikum ohnehin von oben herab betrachteten und sich auf eine elitäre Kundschaft ausrichteten, die sie in der schöpferischen Intelligenz und – eine Neuerung der fünfziger und sechziger Jahre – in den ausländischen Diplomaten sahen.

Eine wirklich neue Institution war in diesen Jahren der Salon im Wohnraum der Künstler selbst. Ein solcher entstand 1958 in einer heruntergekommenen Baracke in Lianosowo (einem Vorort von Moskau), wo die Familie des Künstlers und Dichters Jewgeni Kropiwnizki lebte, zu der auch sein Schwiegersohn Oskar Rabin gehörte, der Initiator des Unterfangens. Regelmäßig fuhren Limousinen des Moskauer Diplomatischen Korps vor diesem Haus vor, worüber die Nachbarn ebenso regelmäßig dem KGB berichteten. Somit konnte jeder mit dieser Situation leben.

Erik Bulatov, *Krassikow-Straße*, 1976, Öl auf Leinwand

Die Gründung einer solchen Institution war ein bedeutender Schritt. Sich mit »nicht reproduzierter Kunst« zu befassen wurde für die gesamte Bevölkerung des Landes immer wichtiger. Das Projekt der Staatskunst funktionierte nach dem Zweiten Weltkrieg nicht mehr reibungslos. Privatsammlungen der russischen Avantgarde, deren Besuch den Künstlern gestattet war, waren eine Alternative zum Museum; private Ateliers eine Alternative zur staatlichen Ausbildung; Wohnungsausstellungen, zu denen Freunde und Freunde von Freunden Zutritt hatten, eine Alternative zu offiziellen Ausstellungen; diese Freundeskreise eine Alternative zur Gesamtheit der Menschen der UdSSR und der sowjetischen Künstler (dem Künstlerverband); die Zeitschriften und Bücher des Samisdat eine Alternative zu offiziellen Publikationen. All dies waren Institutionen der inoffiziellen Kunst in der UdSSR, zu denen die Machtorgane ein recht tolerantes Verhältnis hatten – mit Ausnahme des Samisdat, der mit ihnen auf dem Feld der Distribution konkurrierte.

In den sechziger bis achtziger Jahren konnte jeder Einwohner einer großen Stadt in der UdSSR, wenn er wollte, Samisdat-Erzeugnisse erhalten, eine Ausstellung in einer Privatwohnung besuchen oder einem mehr oder weniger oppositionellen, engen Kreis angehören. Die Bevölkerung sabotierte das staatliche Projekt und begann eigene Projekte zu entwickeln, hauptsächlich Projekte des Privatlebens, aber oft auch wissenschaftliche, literarische und künstlerische. Die sowjetische Gesellschaft baute sich seit den fünfziger Jahren aus privaten und beruflichen »Kreisen« auf, selbst ernannten Eliten, die in Opposition zur proklamierten Ideologie standen. Die offizielle und die nichtoffizielle Kultur in der UdSSR waren nicht »sowjetisch« oder »antisowjetisch«: Ihre Kontamination selbst ist ein spezifisch sowjetisches Phänomen. Dieser Sozialismus war eine Kombination aus dem bürokratischen Totalitarismus der Macht und den entwickelten Technologien des Widerstands, zu denen auch die Kunst gehörte. Gar keine öffentliche Rolle zu haben war unmöglich (in der UdSSR gab es ein Gesetz gegen »Schmarotzer« ohne Arbeit), doch war es genauso unmöglich, sich darauf zu beschränken: Jeder, die Stalinpreisträger eingeschlossen, versah seinen Dienst für die Staatsorgane mehr oder weniger nachlässig und arbeitete nebenbei »für sich«.

Somit gehörte jeder Künstler sowohl einem offiziellen als auch einem inoffiziellen Kreis an, wobei weder seine Nähe zur Macht noch die Frage, ob er vom KGB verfolgt wurde, noch die Qualität seiner Arbeit, noch das Maß, in dem seine Arbeiten der Avantgarde oder den konservativen Kunstrichtungen zuzuordnen waren oder seine Mitgliedschaft im Künstlerverband eine Rolle spielte. Relevant war allein, welche Form der Distribution der Künstler für sich als am wichtigsten erachtete, in welchen Bereich er mehr investierte. Und zu welchem engen Kreis er gehörte, denn nicht alle diese Kreise waren in der Lage, eine konkurrenzfähige Ästhetik und Theorie zu entwickeln.

### PRIVATE MEDIALE KUNST

Die teilweise Wiederbelebung des Kunstmarkts machte aus den Salons noch keine Prototypen von Galerien. Für die Künstler waren sie vor allem Bildungsinstitutionen (da die privilegierten Hausherren Zugang zu ausländischen Kunstbüchern hatten) und verwandelten sich unweigerlich in Diskussionsforen. Es ist daher kein Zufall, dass zum Lianosowo-Kreis auch herausragende Samisdat-Dichter gehörten (Jgor Cholin, Wsewolod Nekrassow, Genrich Sapgir). Die Distribution der Kunst verlief über mediale Kanäle, doch waren diese weder weitreichend noch von der Macht usurpiert, vielmehr intim. Hausausstellungen verfolgten kommunikative Ziele, sie wurden von Diskussionen begleitet. Eine Pionierinstitution dieser Art waren die »Dienstage« in der Wohnung Ülo Soosters (1960–68), denen die philosophischen Seminare in Kabakovs Atelier am Sretenski-Boulevard folgten. Die Kommunikation wurde institutionalisiert. Dialoge, Vorträge, Artikel von Künstlern und Philosophen erschienen in maschinengeschriebenen Sammelbänden, in denen die Grenze zwischen Kunst und Text nicht mehr existierte. Die Kunst erschien in Form immaterieller Objekte und fiktiver Medien – als hand- und maschinengeschriebene Bücher (Dmitri Prigow, Genrich Chudjakow, Lew Rubinstein, Rimma und Waleri Gerlowin), Mail-Art, Zeitungen und Wandzeitungen, Einzelblatt-Alben mit Textkommentaren (Ilya Kabakov, Viktor Piwowarow), Textsammlungen usw. Waren die typischen Gattungen der offiziellen sowjetischen Kunst (und zwar im Avantgarde-Sinn des Wortes, also nicht eingeteilt in funktional getrennte Sparten) Kino, Massenveranstaltungen, Design, Plakat, Buch, Zeitungsfotografie und das auf die Leinwand projizierte Bild (gemeinhin als »Malerei« bezeichnet), so entsprachen dem in der inoffiziellen Kunst Album, Text, maschinengeschriebenes Objekt-Buch, Performance, unikale (häufig bloß gefundene) Fotografie und Diaprojektion. In jedem Fall blieb die mediale Natur der sowjetischen Kunst gewahrt.

Sowohl die offizielle als auch die inoffizielle Kunst der Sowjetunion sind zweifellos sowjetische Kunst. Die Existenzgrundlage der inoffiziellen Kunst waren nicht die restaurierten Fragmente der kapitalistischen Wirtschaft in der Ausprägung des 19. Jahrhunderts – des direkten Handels von Mensch zu Mensch –, sondern das Wirtschaftssystem des Sozialismus, in dem der Staat durch garantierte Bezahlung von Wohnraum, Gesundheit und Bildung die ausgiebige Freizeit seiner Bürger faktisch sponserte, die diese wiederum – sei es dilettantisch oder professionell – zur Kritik an diesem Staat nutzten. Die Möglichkeit einer derart seltsamen Gesellschaftsstruktur war im Sozialismus schon immer angelegt gewesen: In der UdSSR wurde es gefördert, wenn sich Laien schöpferisch betätigten, sowohl in der Kunst als auch in Technik und Wissenschaft. In der zweiten Hälfte des 20. Jahrhunderts wandte sich diese schöpferische »Eigenarbeit« dann gegen den Staat oder blickte jedenfalls in eine andere Richtung. Gerade in den Einrichtungen für Amateurkunst organisierten inoffizielle Künstler oft ihre Ausstellungen. Beljutins Atelier hatte den Status eines »Fortbildungsateliers« für Buchkünstler, später für Stoffdesigner; beim Architektenverband leitete der hervorragende Maler und Kunsttheoretiker Wladimir Wejsberg von 1959 bis 1984 ein Fortbildungsatelier. Künstler und Fotografen fanden Unterschlupf bei den

Ausstellung im Ismailowski-Park, Moskau, 29. September 1974 (F: Igor Palmin)

Zeitschriften *Klub i chudoshestwennaja samodejatelnost* (Klub und Laienkunst) und *Snanije – Sila* (Wissen ist Macht). 1959 wurde Juri Sobolew künstlerischer Leiter des Verlags Snanije und später der zuletzt genannten Zeitschrift. Die Reflexion über den wissenschaftlichen Diskurs dieses Verlages war sowohl für Sobolew selbst als auch für Sooster und Jankilewski wichtig. Auch für Kabakov, Piwowarow und Bulatov, die im Kinderbuch-Verlag Detskaja literatura als Buchillustratoren arbeiteten, war ihr Brotberuf Ausgangspunkt der Reflexion über das Verhältnis von Bild und Wort. Die Quelle für Boris Mikhailows konzeptuelle Arbeit war sein Job als Nachrichtenfotograf, als der er den Alltag der sowjetischen Institutionen aufnahm. Diese Reflexion vollzog sich in einer einzigartigen institutionellen Situation, in der sich jener Teil der inoffiziellen Kunst befand, der sowohl vom Staat als auch vom Privatmarkt unabhängig war: der Kreis der Moskauer Konzeptualisten und die ihm nahe stehenden Künstler. Diese Situation sollte in der Geschichte nie mehr wiederkehren. Zumindest nicht in der Zeit – doch wiederholte sie sich im Raum: Die meisten Künstler aus eben dieser Zone waren auch auf der internationalen Bühne relativ erfolgreich. Tatsache ist, dass sie sich von Anfang an auf diesen Raum (allerdings nicht auf den »Westen«) hin orientiert hatten. Die Besonderheit der Konzeptkunst – der Kunst der fiktiven Medien – bestand darin, dass sie sich institutionell »nirgends« oder »überall« verortete, in jenem Kosmos, wo sich die immateriellen Vektoren der Kommunikation überschneiden.

## EPILOG: 1974

1969 wurde in der UdSSR eine Verordnung erlassen, die für jede beliebige öffentliche Ausstellung einen Zensurvermerk des Künstlerverbandes verlangte, was unabhängigen Autoren kaum noch Chancen ließ. Damals äußerte Oskar Rabin die Idee, eine Straßenausstellung »im Pariser Geist« zu organisieren, wobei er die touristischen Mini-Bildermärkte meinte, die es heute auch in Moskau gibt. Zur selben Zeit waren in der Moskauer Szene die Soz-Art-Gründer Komar & Melamid tätig, die eine Ausstellungsparodie planten, eine Ausstellung in Konkurrenz zur Obrigkeit. Im Schnittpunkt dieser beiden Pläne entstand die Idee einer Ausstellung unter freiem Himmel, deren Sinn nicht darin bestand, ein breites Publikum zu erreichen (dieses wurde erst gar nicht informiert), sondern in der ästhetischen Provokation der Macht, in einer Performance im internationalen Informationsraum. Die Organisatoren des Ereignisses waren Oskar Rabin und Alexander Gleser, und am 2. September 1974 setzte die Gruppe den Moskauer Stadtsowjet in einem Brief über die bevorstehende Demarche in Kenntnis. Als Ort des Geschehens wählte man ein brachliegendes Gelände, um dem üblichen Verbotsargument der Verkehrsbehinderung zuvorzukommen. Die Behörden rieten den Künstlern eindringlich von der Durchführung der Aktion ab, doch gab es kein direktes Verbot, sodass die Einladungen an Freunde und an ausländische Journalisten verschickt wurden.

Am Morgen des 15. September machten sich die Ausstellungsteilnehmer in einzelnen Gruppen zum Gelände auf. Rabin und Gleser wurden 15 Minuten lang von der Miliz aufgehalten. Als sie vor Ort erschienen, bot sich ihnen folgendes Bild: Etwa fünfhundert Zuschauer folgten einer surrealistischen Szene, in der ein Bulldozer gegen Bilder kämpfte. Verkleidete Milizionäre hatten sich als Normalbürger ausgegeben, die auf dem freien Feld Bäume pflanzen wollten. Nun drehten sie den Ausstellern, die sie angeblich störten, die Arme auf den Rücken und nahmen ihnen ihre Arbeiten weg. Der in die Geschichte eingegangene Bildersturm mit Hilfe eines Bulldozers war jedoch ein Ergebnis des Zufalls: Der Bulldozer-Fahrer hatte, als ihm ein (in Zivil gekleideter) KGB-Mann befahl anzuhalten, den falschen Hebel betätigt, worauf die Maschine weiterfuhr. Doch nur wenige Augenblicke später gelang es einem geistesgegenwärtigen amerikanischen Korrespondenten, sich in das Fahrerhaus zu stürzen und den Motor auszuschalten.

Ergebnis der Ausstellung war, dass ein paar Künstler für kurze Zeit eingesperrt wurden und einige Bilder abhanden kamen. Am nächsten Tag fand in Glesers Wohnung eine Pressekonferenz für ausländische Journalisten statt, die einen großen internationalen Skandal entfachte. In einem Brief an das Politbüro des ZK der KPdSU kündigten die Künstler an, eine Woche später eine weitere Ausstellung zu veranstalten, worauf die Obrigkeit angesichts der katastrophalen Konsequenzen, die das forsche Auftreten der Moskauer Miliz gehabt hatte, kompromissbereit reagierte. Es wurde gestattet, die Ausstellung im Ismailowski-Park durchzuführen. Am 29. September 1974 versammelte sich dort eine enorme Zahl von Zuschauern, wobei einige Diplomaten für alle Fälle große Hunde mitgebracht hatten. Bald darauf eröffneten die Behörden einen eigenen – kontrollierten – Ausstellungssaal für Nichtmitglieder des Künstlerverbands, doch interessierte das die damaligen Organisatoren schon nicht mehr. Gleser emigrierte 1975, Komar & Melamid 1977 und Rabin 1978.

Bilder von Olga Potapowa, Valentina Kropiwnizkaja, Jewgeni Kropiwnizki im Ismailowski-Park, Moskau, 29. September 1974 (F: Igor Palmin)

Das ästhetische Ergebnis der »Bulldozer-Ausstellung« wussten jedoch auch jene zu nutzen, die geblieben waren (z. B. Kabakov): Sie hatten ein neues Feld der Exposition entdeckt. Die Bulldozer-Episode birgt viel Archaisch-Modernistisches: die Rivalität zwischen Avantgardisten und Obrigkeit, zwischen Kunst und Technik. Letzten Endes ist nirgendwo – weder damals, noch bei der Ausstellung in Ismailowo – in der Öffentlichkeit ästhetisch Innovatives gezeigt worden. Schon damals hat es jedoch ein Element aus der Ära der elektronischen Kommunikation gegeben, das für den Ablauf dieses Tages von Bedeutung war: den Informationsbereich. Dazu gehörte sowohl das Abhören von Telefonleitungen (wodurch es den Künstlern gelang, die Machtorgane »telepathisch« zu manipulieren) als auch die augenblickliche Nachrichtenverbreitung über die Netze westlicher Agenturen. Es ging um die Verbreitung von Kunst. Doch während die realen Ausstellungsflächen von der Macht kontrolliert wurden, hatte diese auf die medialen keinen Einfluss. Die inoffiziellen Künstler setzten auf etwas Globaleres als den »Sozialismus in einem Land« (so Stalins berühmte Formel), auch wenn sie sich dabei der Erfahrung der sowjetischen medialen Megalomanie bedienten.

*Übersetzung: M. David Drevs*

# PARADISE REVISITED
## DIE ÄSTHETIK DES SPÄTKOMMUNISMUS

BORIS GROYS

Jede Kunst kann nur aus dem historischen Kontext ihrer Entstehung verstanden werden. Mit dieser alten Einsicht sind in der Regel sogar diejenigen einverstanden, die meinen, dass das Besondere an der Kunst gerade darin bestehe, dass sie nicht verstanden zu werden braucht, um betrachtet und bewundert zu werden. Allerdings bleibt dabei die Frage offen, was man sich unter dem Kontext der Entstehung von Kunst vorstellen soll. Die Aufzählung der historischen Fakten nutzt offensichtlich wenig. Die Analyse der Kunstinstitutionen und ihrer Funktionsweisen ist auch weniger hilfreich als man oft meint, denn es kommt letztendlich darauf an, wie sich einzelne Künstler zu diesen Institutionen verhalten – und solche Verhaltensweisen fallen bekanntlich unterschiedlich aus. So findet man sich, wenn auch äußerst widerwillig, auf die einzige Methode verwiesen, die einem bleibt, nachdem sich alle »objektiven« Beschreibungen des Kontextes als unglaubwürdig herausgestellt haben: das psychologisierende Erzählen. Ganz besonders fühlt man sich darauf angewiesen, wenn es sich um die so genannte Stagnationszeit der Sowjetunion handelt, die nach wie vor nicht besonders gut erforscht ist. Und fast unvermeidlich scheint dieses Verfahren zu sein, wenn der Beschreibende selber für eine Weile innerhalb dieses Kontextes agiert hat. So bietet das Folgende den Versuch einer notwendigerweise lückenhaften Rekonstruktion der psychologischen Atmosphäre, in der die Kunst der poststalinistischen Sowjetzeit entstanden ist.

Ilja Glasunow, *Iwan der Schreckliche*, 1974, Öl und Collage auf Leinwand

Die Zeit zwischen dem Tod Stalins und dem Untergang der Sowjetunion war für den durchschnittlichen Bewohner des kommunistischen Imperiums die Zeit einer allumfassenden Langeweile – einer deprimierenden, aber zugleich angenehmen Langeweile zwischen zwei Epochen der Ekstase. Davor herrschte die Ekstase der Produktion: In der Stalinzeit war die Bevölkerung durch den allgegenwärtigen Terror gezwungen, immer mehr zu produzieren, ohne zu konsumieren. Dazu kamen außerdem noch Kriege und Siege. Angst und Schrecken vermischten sich mit der exzessiven Lebensfreude, dem Fest, dem Stolz. Das Leben schien ein Abenteuer mit ungewissem Ausgang zu sein. Auf das Ende der Sowjetunion folgte eine Epoche des exzessiven Konsums, wobei der Konsumierende ständig damit rechnen musste, für seinen Konsum mit dem Tod zu bezahlen – so wie er in der Stalinzeit damit rechnen musste, für seine Produktion mit dem Tod entlohnt zu werden. Und so wurde das Leben nach dem Ende des Kommunismus wiederum als ein gefährliches Abenteuer erlebt: Die Ekstasen des Konsums ohne Produktion hatten die Ekstasen der Produktion ohne Konsum abgelöst. Der poststalinistische sowjetische Kommunismus war dagegen moderat und durchaus berechenbar. Man konnte ziemlich ruhig überleben, ohne sich übermäßig anzustrengen, und auch wenn man sich noch so sehr angestrengt hätte, wäre es letztendlich auf das Gleiche herausgekommen. Es war ein Leben jenseits der großen Gefahr und des großen Glücksversprechens. Man arbeitete nicht zu viel und konsumierte viel zu wenig, im Großen und Ganzen litt man nur an Langeweile. Kurzum, es war eine belle époque.

Freilich: Das Bild der sowjetischen Ideologie, wie es vor allem nach außen hin dargeboten wurde, hatte sich kaum geändert – es war nach wie vor die Rede vom Aufbau des Kommunismus und vom Befreiungskampf gegen den imperialistischen Kapitalismus des Westens. Doch die offiziellen ideologischen Sprachregelungen wurden nahezu von allen als leer, unglaubwürdig und letztendlich irrelevant empfunden. Der Glaube an die kommunistische Zukunft wurde vielmehr ersetzt durch ein Interesse am Gegenwärtigen, Privaten, Individuell-Menschlichen, Traditionellen und Beständigen. Man lebte nicht in der Gesellschaft als einem Ganzen, sondern in einem kleinen sozialen Umfeld, das aus Familie, Verwandten, Freunden und Bekannten bestand – im eigenen, privaten Lebenskreis. Solche kleinen Lebenskreise bildeten sich leicht und blieben über Jahre und Jahrzehnte hinweg relativ beständig. Die individuelle Konkurrenz war minimal, denn man konnte durch eine solche Konkurrenz wenig gewinnen: Die Lebensbedingungen blieben trotz einiger Differenzen vergleichsweise einheitlich. Die Legenden vom schönen Leben der herrschenden kommunistischen Nomenklatura konnte niemand wirklich nachprüfen.

Gleichzeitig handelte es sich um eine Mangelwirtschaft, in der das Geld keine große Rolle spielte. Auch wenn man Geld hatte, konnte man damit wenig anfangen. Alles lief über »zwischenmenschliche Beziehungen«, Kontakte, Freundschaften, Bekanntschaften, Seilschaften. Die zwischenmenschlichen Beziehungen bildeten das eigentliche Kapital. Die Pflege dieser Beziehungen stellte daher die Hauptbeschäftigung der sowjetischen Menschen im späten Kommunismus dar. So war das sowjetische Leben jenseits aller Ideologie damals doch kommunistisch gestaltet, weil es kommunal war – der menschliche Faktor fungierte als entscheidender wirtschaftlicher Faktor. Diese kommunale Existenz ist auch das eigentliche Thema der sowjetischen Kultur der damaligen Zeit. Allerdings würde man vergeblich nach einer marxistischen oder ökonomischen Analyse dieser Lebensweise suchen. Stattdessen predigten die sowjetische Literatur und Kunst einen neuen Humanismus, der diese privat-kommunale Lebensweise – den Kommunismus ohne Zukunft – vielfach idealisierte. Der enge Freundeskreis wurde zum neuen Ort des Utopischen – zum Ideal einer wahren Gemeinschaft, die eine Alternative zum individualistischen Karrierismus und zur unpersönlichen Kälte des Staatsapparats bilden sollte. Zugleich war dieser Freundeskreis aber auch ein Schauplatz aller Dramen jener Zeit, in denen Loyalität oder Illoyalität für das Schicksal der Protagonisten von entscheidender Bedeutung waren. Die Beschwörung des engen Freundeskreises, in dem der Einzelne immer Hilfe und Unterstützung finden kann, erklang damals überall – von der Prosa von Wassili Axjonow bis zu den Liedern von Bulat Okudshawa und Alexander Galitsch. Die andere Seite der gleichen Medaille war allerdings die allgegenwärtige Korruption: Wer mit der Unterstützung eines solchen

Zirkels von Freunden nicht rechnen konnte, hatte in der sowjetischen Gesellschaft keine guten Überlebenschancen. Denn man konnte nichts von dem, was man wirklich brauchte, einfach kaufen, sondern nur als Geschenk von einem Freund bekommen. Unter diesen Bedingungen entstand übrigens jenes kleinbürgerliche Milieu, jene neue, korrumpierte, konsumorientierte, spätkommunistische gesellschaftliche Mitte, die den sowjetischen Staat in den achtziger Jahren ohne spektakuläre revolutionäre Aktionen und fast ohne Widerstand zu seinem definitiven Fall gebracht hat. Denn dieser Staat hatte sich de facto schon früher in viele Freundeskreise aufgelöst, die unter den neuen Bedingungen allerdings noch deutlicher mafiose Züge annahmen.

Wenn sich die Lebensweise des spätkommunistischen Menschen auch relativ einheitlich gestaltete, so war die sowjetische Kultur jener Zeit doch zutiefst gespalten – und zwar in eine offizielle und eine inoffizielle Kultur. Der Grund für diese Spaltung war eine rigide offizielle Zensur, deren Funktion es war, Werte zu verteidigen, an die niemand mehr glaubte. Diese Zensur hatte deswegen einen durchaus formalen Charakter – und ihre Vorgehensweise war dementsprechend durch und durch formalistisch. Es gab Namen, die man erwähnen durfte, künstlerische Verfahren, die man benutzen durfte oder Handlungen, die man schildern durfte, und andere Namen, Verfahren und Handlungen, die verboten waren. Die Zuordnung war oft nicht unmittelbar verständlich und hatte meistens historische Gründe: Jemand hatte Lenin kritisiert oder war von Lenin kritisiert worden – und schon war er tabu. Und damit auch seine Verwandten, Freunde, Bücher, Bilder und Fotos – wie auch überhaupt alles, was auf ihn verweisen konnte. Die Kriterien für Inklusion und Exklusion waren dementsprechend vielfältig, verworren, undurchsichtig und strittig. Die ganze offizielle Kultur lebte eigentlich vom Kampf gegen diese undurchsichtige Zensur – von einem Kampf, der oft auch gewonnen wurde. Der Held der offiziellen Kultur war im Grunde derjenige, der es geschafft hatte, die Grenzen der Zensur in aller Öffentlichkeit zu verschieben, zu erweitern, aufzuweichen. Ein solcher Mensch wurde im ganzen Land bewundert und gefeiert – Dichter, wie Jewgeni Jewtuschenko, Regisseure wie Juri Ljubimow oder Künstler wie Ilja Glasunow. Weniger gefeiert waren freilich diejenigen, die in diesem Kampf unterlagen, wie etwa der Schriftsteller Alexander Solschenizyn oder der Künstler Ernst Neiswestny. Auf jeden Fall aber hat das ganze Land diesen dramatischen, ereignisreichen, gefährlichen Kampf fasziniert verfolgt. Die offizielle Kultur war im Wesentlichen eine Bühne für diesen Kampf, der den Leuten eine ordentliche Unterhaltung und den passenden Gesprächsstoff bot. Und es wäre ein großer Irrtum zu glauben, dass dieser Kampf gegen die Zensur nur von einem Teil des damaligen kulturellen Establishments geführt wurde. Wer die Chance hatte, mit den führenden Funktionären der angeblich parteitreuen, offiziellen sowjetischen Kulturelite privat zu sprechen, der weiß, dass sie sich alle ohne Ausnahme für – vielleicht auch besonders vorsichtige und verschlagene – Kämpfer gegen die Zensur hielten. Die Zensur waren immer nur die anderen.

Erik Bulatov, *Einstimmig*, 1987, Öl auf Leinwand

Die inoffizielle Szene bestand dagegen aus Künstlern und Autoren, für die dieser Kampf viel zu anstrengend war. Darüber hinaus hatten sie das ungute Gefühl, dass die Dramatik des Kampfes seine Protagonisten vergessen lassen kann, wofür dieser Kampf eigentlich geführt wird. Stattdessen schrieben die inoffiziellen Künstler und Autoren einfach Texte und produzierten Kunstwerke, von denen von Anfang an jeder wusste, dass sie gar keine Chance hatten, die offizielle Zensur zu überwinden, um veröffentlicht oder ausgestellt zu werden. Dabei waren diese Texte und Kunstwerke so vielfältig und heterogen wie die Bestimmungen der Zensur, die ihre Publizierung verhinderten. Heute, nach der Auflösung der Sowjetunion, fallen vor allem diese Differenzen auf, und man versteht kaum mehr, wie es möglich war, dass damals so unterschiedliche künstlerische Strategien und politische Überzeugungen im gleichen Milieu der inoffiziellen Kultur praktiziert werden konnten.

Es existierten damals ein gemeinsamer Feind und darüber hinaus ein gemeinsames Lebensgefühl. Gewiss, die inoffiziellen Künstler fühlten sich wegen ihres unsicheren sozialen Status isoliert und bedroht – doch außer dem Gefühl der Angst erzeugte diese Isolation zugleich eine gewisse Euphorie. Der Kreis der inoffiziellen Künstler empfand sich als ungeheuer privilegiert, weil er für sich einen relativ unabhängigen Lebensstil in Anspruch nehmen konnte in einem Land, in dem die erdrückende Mehrheit der Bevölkerung davon nicht einmal träumen konnte. Die inoffiziellen Künstler wurden von ihrer sozialen Umgebung zwar ängstlich gemieden, aber auch insgeheim bewundert, beneidet und umworben. Einen inoffiziellen Künstler als Freund zu haben, hielten viele in diesen Jahren in Moskau und Leningrad für ein faszinierendes Abenteuer. Auch die offizielle Künstlerszene beneidete die inoffiziellen Künstler um ihre Freiheit. In vielen Ateliers der inoffiziellen Künstler fanden regelmäßig kleine Ausstellungen, Dichterlesungen und Konzerte statt, zu denen relativ viele Besucher erschienen. Die Atmosphäre war fröhlich und entspannt – und die ständige Angst vor möglichen Repressionen verlieh dem Ganzen eine zusätzliche Faszination. Rückblickend kann man in der Tat feststellen, dass die Lebenssituation der inoffiziellen Kunst dem Paradies oder zumindest der belle époque nahe war. Es gab keinen Kampf um offizielle Anerkennung, und es existierte auch kein Kunstmarkt mit Konkurrenzzwang. Deswegen waren die Beziehungen im Kreis der inoffiziellen

Künstler weitgehend frei von Neid, Ehrgeiz und Rivalität. Zudem war das Leben billig und das Lebensminimum staatlich gesichert – was dem Künstler die Sorge um das tägliche Brot nahm. So schwebte die Szene in einer Art gesellschaftlicher Schwerelosigkeit – jenseits akuter Gefahr, bedrückender alltäglichen Sorgen und zugleich jenseits aller Hoffnungen auf einen möglichen Erfolg, die das Leben der so genannten Kulturschaffenden oft genug nachhaltig vergiften. Das Leben in dieser Zeit war ein melancholisches Fest. Man wusste, dass man sich in einer geschichtlich außergewöhnlichen Lage befand – und genoss es. Diese höchst ambivalente Nachbarschaft von Ausgeschlossenheit und Auserwähltheit bestimmte das Selbstverständnis der inoffiziellen Künstler und diktierte ihnen auch ihre künstlerischen Strategien.

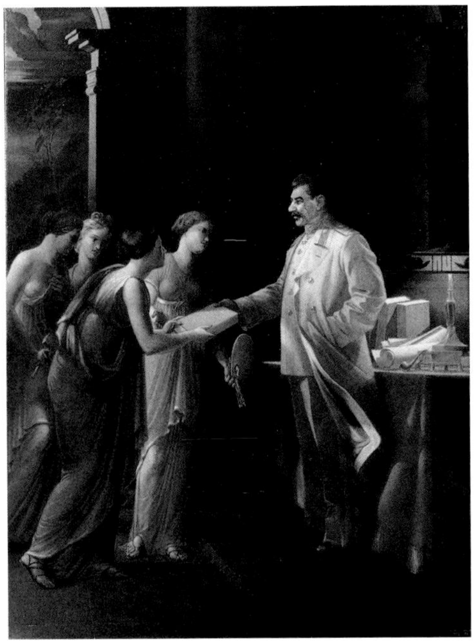

Komar & Melamid, *Stalin und die Musen*, 1981/82, Öl auf Leinwand

Die meisten inoffiziellen Moskauer Künstler der später fünfziger und sechziger Jahre verstanden ihre Kunst als eine höhere Mission, als ein Mittel, wichtige Wahrheiten und Offenbarungen in die profane sowjetische Welt zu tragen, die sie umgab. Ihre Kunst war in der Regel vom gleichen Pathos unbedingter künstlerischer Wahrheit inspiriert wie etwa die Kunst der französischen Moderne der Vorkriegszeit oder die der amerikanischen Neo-Avantgarde der frühen Nachkriegszeit – von Jackson Pollock und Mark Rothko bis Barnett Newman. Mit einer gewissen zeitlichen Verspätung im Vergleich zu ihren französischen oder amerikanischen Kollegen fühlten sich auch die russischen inoffiziellen Künstler berufen, den radikalen Anspruch der früheren Moderne auf individuelle künstlerische Wahrheit in einem Land zur Geltung zu bringen, in dem sich sogar die viel gelobte frühere russische Avantgarde als ein kollektivistisches Projekt verstanden hatte. Aber schon deswegen war die russische inoffizielle Kunst ihrerseits keine neue Avantgarde. Man hatte nicht die Absicht, in die Zukunft zu gehen, das Neue zu entdecken, anders zu sein als alle anderen. Vielmehr fühlte man sich als inoffizieller Künstler oder Autor mit dem Westen solidarisch, wo man den Ort vermutete, an dem die individuelle künstlerische Wahrheit gesellschaftlich akzeptiert werde – an dem man als Künstler »normal« leben und arbeiten könne. Diese Vorstellung von der »Normalität« ist eigentlich der Schlüssel zur Psychologie der inoffiziellen Kunstszene der spätkommunistischen Zeit. Man sah das eigene Land als exotische Verirrung, als Sonderfall, als extravagante historische Abweichung von der gesellschaftlichen Normalität. Doch im Unterschied zur russischen Avantgarde war man auf diese Abweichung nicht stolz. Man wollte die Norm. Und die Norm vermutete man entweder außerhalb der Grenzen der Sowjetunion oder aber in der vorrevolutionären russischen Vergangenheit. Wenn man im eigenen Land in der Minderheit war, fühlte man sich zugleich mit der großen Welt, die dieses Land umgab, solidarisch und dadurch eigentlich auf der Seite der Mehrheit. Die Stimmung in der inoffiziellen russischen Kultur der damaligen Zeit war also zutiefst konservativ – allerdings konservativ in Bezug auf Normen und Traditionen, von denen man im Grunde keine Ahnung hatte, weil man von ihnen zeitlich und territorial unwiderruflich getrennt lebte.

Die ganze Schärfe dieser Trennung hat sich freilich erst offenbart, als die Vertreter der inoffiziellen russischen Kunstszene nach der Auflösung der Sowjetunion mit den realen Bedingungen des westlichen Kunstsystems konfrontiert wurden, wobei diese traumatische Erfahrung ihren Kollegen aus dem offiziellen Kunstmilieu weitgehend erspart geblieben ist: Diese unternahmen nämlich nicht einmal den Versuch, sich im Westen als Künstler zu etablieren. Allerdings war die Vorahnung dieser Erfahrung auch während der sowjetischen Zeit in der inoffiziellen Kunstszene durchaus vorhanden. Man beobachtete nämlich so gut man konnte die kulturelle Revolution der sechziger Jahre im Westen, die eigentlich schon Ende der fünfziger Jahre begonnen hatte, d.h. just zu der Zeit, in der auch die inoffizielle Kulturszene in der Sowjetunion entstanden war. Und man war gleichzeitig fasziniert und entsetzt. Die Faszination war verständlich: Hier wie dort wurde gegen den grauen Alltag und den Produktionszwang protestiert. Junge Leute wollten ungehindert konsumieren, jede Autorität abschaffen, das Leben genießen, bunt werden, sich freuen, Sex praktizieren, Spaß haben, persönliche Abenteuer erleben. Das verstand man auch in der Sowjetunion gut. Und damit war man zu hundert Prozent einverstanden.

Nicht einverstanden war man hingegen mit der politischen Ausrichtung der Achtundsechziger Bewegung, die als zu pro-kommunistisch oder gar pro-sowjetisch empfunden wurde. So hat sich die Logik des Kalten Krieges innerhalb des Landes reproduziert. Auf beiden Seiten der Trennungslinie zwischen Ost und West wollten die Künstler oppositionell sein und gegen die herrschende Ideologie protestieren. Im Westen positionierte sich die avancierte Kunst deswegen als eine antikapitalistische. Die ideologische Unterfütterung der damals dominierenden künstlerischen Praktiken geschah zumeist mittels einer mehr oder weniger sozialistischen Rhetorik. Die durchaus vergleichbaren Kunstpraktiken in Russland wurden dagegen im Namen des radikalen »westlichen« Individualismus praktiziert und waren gegen jede Art der sozialistischen, kollektivistischen Vereinnahmung gerichtet. Deswegen mochten die russischen Künstler der damaligen Zeit die westliche Kunstszene überhaupt nicht – wegen ihrer pro-sozialistischen Gesinnung schien ihnen diese Szene auf der Seite ihrer Unterdrücker situiert zu sein. Und umgekehrt: Die westlichen Repräsentanten der Kunstszene mochten ihre östlichen Kollegen nicht, weil sie auf der Seite des bürgerlichen Individualismus und letztendlich des Kapitalismus zu stehen schienen – also auf der Seite der Feinde der avancierten westlichen Kunst. Kurzum: Der Kalte Krieg hat nicht nur die zwei gesellschaftlichen Systeme gegeneinander positioniert – auch die oppositionellen Bewegungen innerhalb eines jeweiligen Systems hassten sich nach dem Motto: Der Feind des Feindes meines Feindes ist auch mein Feind. Erst heute, nach dem Ende des Kalten Krieges, kann man sehen, dass die beiden oppositionellen Bewegungen in Ost und West letztendlich doch das gleiche Ziel hatten – nämlich den Sieg einer allumfassenden Konsumgesellschaft, die alle ideologischen und kulturellen Differenzen irrelevant machen würde. Erst jetzt, da der Sieg dieser totalen Konsumgesellschaft schon hinter uns liegt, ist unsere Sicht der Dinge frei von den damaligen ideologischen Oppositionen geworden und erlaubt uns, auch die Kunstentwicklungen dieser Zeit geschichtlich adäquat zu kontextualisieren.

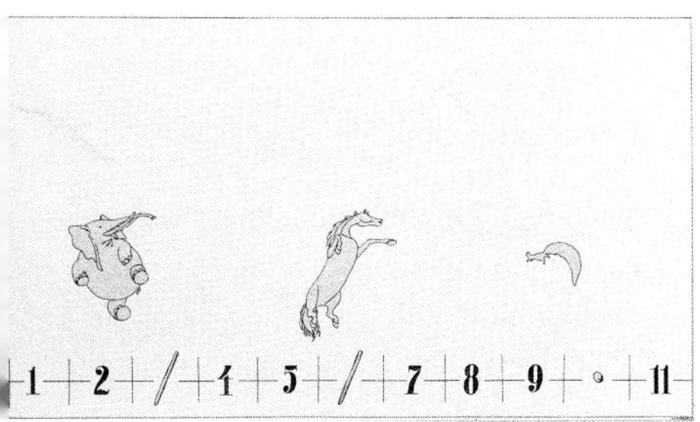

lya Kabakov, aus dem Album *Der mathematische Gorski* 37 Blätter), 1972–75, Tusche und Buntstift auf Papier, arton 22 (Detail), Teil der Albumserie *10 Characters*

In jenen Tagen aber war das Verhältnis der russischen inoffiziellen Kunstszene in Bezug auf die Vorgänge innerhalb der im Westen avancierten Kunst zutiefst gespalten. Die künstlerische Seite wirkte auf sie faszinierend, die politische abstoßend. Daher kam der für die oppositionellen russischen Intellektuellen und Künstler charakteristische Wunsch, dem Westen – und damit waren vor allem eben die avancierten Künstlerkreise gemeint – zu erklären, was für eine furchtbare Angelegenheit der sowjetische Kommunismus sei und was für einen schrecklichen Fehler diejenigen begingen, die mit ihm naiv sympathisierten. Jeder, der diese Zeit in Russland erlebt hat, kann sich gut daran erinnern, wie viel Energie verschwendet wurde, um den westlichen Besuchern, die sich in der inoffiziellen Kunstszene verirrt hatten, die wahre Sicht der Dinge beizubringen, sie aufzuklären, ihnen die Augen zu öffnen, sie zu warnen und vor Illusionen zu retten. Dass dies eine verlorene Mühe war, war nur wenigen in Russland klar. Denn aus der westlichen Perspektive gesehen, waren alle Russen zunächst einmal eben Russen – und die ideologischen Unterschiede zwischen ihnen konnten aus westlicher Perspektive kaum wahrgenommen werden. Russland wurde während des Kalten Krieges – und wird im Grunde nach wie vor – im Westen als eine fremde, exotische Zivilisation empfunden, deren innere Spannungen und Erfahrungen mit den Begebenheiten der westlichen Zivilisation nichts zu tun haben und deswegen für den Westen auch irrelevant sind. Was auch immer in Russland passierte, gedacht wurde oder geschehen ist – man ist im Westen nie davon ausgegangen, dass es eine Bedeutung für den Westen selbst haben könnte, außer vielleicht die einer sich verstärkenden oder nachlassenden äußeren Bedrohung. So wurden auch alle oben erwähnten Warnungen und Beschwörungen vom westlichen Publikum als eine eigentümliche Manifestation der russischen Seele interpretiert, die als solche nicht ernst genommen und noch weniger auf die westlichen Verhältnisse übertragen werden konnte.

Diese westliche Grundeinstellung Russland gegenüber, die gleichermaßen für die westliche Rechte wie für die westliche Linke charakteristisch war, fand übrigens ihre genaue Entsprechung in der offiziellen sowjetischen Sicht auf den Westen, die ebenfalls frei von jeder Solidarisierung war. Aus der offiziellen sowjetischen Perspektive gesehen, war auch die gesamte links und sozialistisch orientierte künstlerische Produktion des Westens nur ein Symbol unter vielen anderen des westlichen way of life: Ein sowjetischer Funktionär der damaligen Zeit konnte zwischen Konrad Adenauer und Joseph Beuys, zwischen Ronald Reagan und John Lennon nicht so richtig unterscheiden, denn sie alle, was auch immer sie dachten oder sagten, agierten im Rahmen und nach den Regeln der gleichen kapitalistischen Gesellschaft, d.h. einer Gesellschaft, die als eine von der sowjetischen Gesellschaft fundamental unterschiedene galt. Deswegen ist es nicht verwunderlich, dass später im Westen nur eine einzige Richtung der inoffiziellen russischen Kunst ein bestimmtes Interesse fand, nämlich diejenige, die abwechselnd unter den Namen Moskauer Konzeptualismus oder Soz-Art firmierte. Dabei handelt es sich um eine relativ kleine Gruppe russischer Künstler, die, nachdem sie festgestellt hatten, dass die Sowjetunion einen exotischen, historischen Sonderfall darstellte, begannen, sie als einen solchen zu beschreiben, anstatt zu versuchen, universal, international und »normal« zu werden. Diese Selbstexotisierung und Selbstästhetisierung führten zu einer Kunst, mit der sich der westliche Blick leicht anfreunden konnte, weil er unter den gleichen Voraussetzungen funktionierte. Deswegen wurde diese Kunst später auch oft als eine Anbiederung an den westlichen Blick kritisiert. Doch zumindest Anfang der siebziger Jahre, als Erik Bulatov, Ilya Kabakov oder Vitaly Komar und Alexander Melamid anfingen, diese Selbstästhetisierung zu praktizieren und das »Sowjetische« zum Gegenstand ihrer Kunst zu machen, wurde diese in erster Linie aus dem Wunsch heraus entwickelt, für sich selbst und für den eigenen engen Freundeskreis die sowjetische Wirklichkeit zu reflektieren, die man so lange Zeit bloß ignorieren wollte.

Sicherlich war die Kunstpraxis des Moskauer Konzeptualismus und der Soz-Art stark von den verschiedenen Strömungen der westlichen Kunst – von der Pop-Art bis hin zur amerikanischen Concept-Art

Ilya Kabakov, aus dem Album *Der weggeflogene Kamarow* (32 Blätter), 1972–75, Tusche und Aquarell auf Papier, Karton 13 und 18 (Details), Teil der Albumserie *10 Characters*

– beeinflusst, die sich auf unterschiedliche Weise mit der visuellen Welt und den kulturellen Codes der westlichen kommerziellen Massenkultur beschäftigten. Trotzdem bedeutete diese Praxis keineswegs eine einfache Übertragung der westlichen künstlerischen Verfahren auf das spezifische Material der sowjetischen Kultur. Alle Kriterien des Geschmacks, der sinnlichen Attraktivität oder der künstlerischen Qualität, die im Kontext der kommerziell orientierten Kultur des Westens so bedeutend sind, spielten in der sowjetischen Kultur eine mehr als untergeordnete Rolle. Entscheidend für den Erfolg oder Misserfolg eines Kunstwerks war weniger seine visuelle Gestaltung als vielmehr die Fähigkeit des Künstlers, das Kunstwerk auf die eine oder andere Weise ideologisch zu legitimieren. Um so mehr war für den sowjetischen Künstler aber der Kontext der ideologischen Auslegung seiner Kunst bedeutsam, der fast ausschließlich über das Schicksal seiner Arbeit entschied. Die Künstler des Moskauer Konzeptualismus versuchten, diesen herrschenden Kontext möglichst genau zu definieren und ihn als einen unter vielen anderen möglichen kulturellen Kontexten zu begreifen. Darin lag sicherlich ein subversives Potenzial ihrer Werke, denn der sowjetische ideologische Kontext wurde dadurch seines zentralen Anspruchs auf historische Exklusivität beraubt.

So hat Erik Bulatov in seinen Bildern das Verhältnis zwischen dem malerischen Bild und dem ideologischen Plakat auf eine Weise analysiert, die vielen damals das komplizierte Verhältnis zwischen den sowjetischen Varianten der Hoch- und Massenkultur überhaupt erst bewusst machte. Und Komar & Melamid haben die klassizistischen Vorbilder des offiziellen Sozialistischen Realismus explizit gemacht, die von diesem selbst als solche geleugnet wurden. Doch vor allem der Zyklus der Alben mit dem Titel *10 Personen* (1971–1973) von Ilya Kabakov hat den Nerv der Zeit getroffen, denn in dieser Arbeit wird gerade der Freundeskreis als soziale Grundstruktur der damaligen Zeit eingehend reflektiert. Jedes dieser Alben erzählt die Geschichte eines Künstlers, der in einer kommunalen Wohnung lebt: Auf den losen Blättern der Alben werden Kabakovs Bilder präsentiert, begleitet von den Kommentaren seiner Freunde, Verwandten und Mitbewohner, wobei diese Kommentare ein völliges Unverständnis seiner Kunst zum Ausdruck bringen. Und dadurch wird deutlich: Inmitten eines engen Freundeskreises lebt der Mensch besonders einsam, wenn er etwas für diesen Kreis Unverständliches, wie etwa die moderne Kunst, produziert. So kann dieser Zyklus u. a. als eine Satire auf die zentrale Utopie der Zeit gelesen werden – die aber auch fast die einzige blieb.

Somit wurde der Moskauer Konzeptualismus zu einer unerwarteten kulturellen Innovation und zu einem Ausnahmefall in den Zeiten des Kalten Krieges, als alle sowohl im Osten wie auch im Westen glaubten, für oder gegen den Kommunismus sein zu müssen. Erst heute sieht man den russischen Kommunismus in der historischen Perspektive als eine spezifische Kulturform, die ihren bestimmten Platz in der Weltgeschichte einnimmt. Und zugleich kann man heute, wo der Kontext der sowjetischen Zivilisation untergegangen ist, deutlich merken, dass dieser Kontext am besten gerade in den Werken des Moskauer Konzeptualismus künstlerisch festgehalten wurde. Die Kunst, die in den Zeiten der Sowjetunion als Relativierung und damit als Kritik am sowjetischen ideologischen Kontext funktionierte, erweist sich heute als Rettung und Aufbewahrung dieses spezifischen Kontextes im System des internationalen kulturellen Gedächtnisses, wie es im modernen Kunstsystem immer noch verkörpert ist.

## INTERMEDIEN, INTERFUNKTIONEN UND INTERFERENZEN
### VOM AUSSTIEG AUS DEM BILD UND VOM EINSTIEG IN DIE BILDER

MICHAEL DIERS

> »ART situation 1998–99 is very good
> A. peace and prosperity
> B. globalisation of art context
> C. New FORM through the expanded E-Media
> Combination of A + B + C is
> a good news for
> ART, especially the Media Art«
> PAIK 99/1/9 [1]

»Hört auf zu malen!« – In den deutschen Feuilletons wird an der Jahreswende 2002/03 einmütig die Rückkehr der Malerei gefeiert. »Wer hatte noch mal gesagt, die Malerei sei tot?«[2], fragt spöttisch das eine Blatt, während die Botschaft der anderen Zeitung lautet: »Gute Nachrichten am Jahresanfang: Der Patient M[alerei] ist wohlauf.«[3] Bei aller leisen Ironie, die den Artikeln unterlegt ist, schwingt in beiden Fällen ein Seufzer der Erleichterung mit. Die Malerei hat, so der Tenor, nicht nur eine Geschichte, sie hat auch wieder eine Gegenwart und darüber hinaus eine Zukunft.[4] Neo Rauch auf der einen und Martin Kippenberger (sowie dessen künstlerische Erben) auf der anderen Seite werden als Gewährsleute genannt. Nachdem die *Documenta 11* im Sommer die Malerei als repräsentative Kunstform für verzichtbar erachtet zu haben schien und sich stattdessen intensiv (und manchen Kritiker irritierend) den technisch gestützten Künsten – Fotografie, Film, Video – zugewandt hatte, kommt im Gegenzug das klassische Tafelbild wieder ins Gespräch und sorgt offenbar fürs erste für Beruhigung im vermeintlichen Rangstreit der Gattungen. Wenn dann in diesem Zusammenhang auch noch von neuen »Meisterwerken« die Rede ist, könnte man die Idee haben, hier werde versucht, partout eine restaurative Wende hin zu figurativer Malerei und traditionell »großer Kunst« zu forcieren.[5]

Dass diese Anstrengung müßig ist, kann zum Beispiel der schlichte Hinweis auf die beiden international gefeierten deutschen Malerei-Protagonisten Gerhard Richter und Sigmar Polke belegen. Seit den sechziger Jahren repräsentieren sie das Fach ohne Unterlass, und ihr Werk bezeugt aufs beste die Kontinuität und Unangefochtenheit dieser klassischen Gattung. Dennoch scheint die Malerei – und scheinen mehr noch ihre Liebhaber – von Zeit zu Zeit um ihren Status zu bangen. Spätestens seit den sechziger Jahren des 20. Jahrhunderts ist dies in regelmäßigen Abständen der Fall, und fast immer geht es bei diesen Identitätskrisen um eine Abgrenzung von jenem Bereich, der damals unter der Bezeichnung »expanded media« geläufig war oder schlicht »Medien« hieß und heute unter die Rubrik »neue Medien« fällt. Im Unterschied jedoch zu den sechziger Jahren, als die Maler diese Krise auf der Suche nach neuen künstlerischen wie politischen Ausdrucksmöglichkeiten bewusst selbst provoziert hatten, sind die Künstler später von der Entwicklung allenfalls betroffen, reagierten vielleicht noch darauf, agierten aber längst nicht mehr selbst. Das Gattungsspektrum hat sich nach und nach wesentlich erweitert, und die Malerei hat darin einen renommierten Platz behalten, allerdings, vom Kunstmarkt als Instanz mit seinen eigenen Bewertungskriterien abgesehen, kaum mehr unangefochten den höchsten Rang inne. Doch darüber richten zu wollen, hieße, einen Streit um Hekuba auszufechten. Insofern klingt auch die frohe Botschaft der eingangs zitierten Artikel etwas hohl und ausgedacht.[6] Immendorffs *gemalter* Appell aus dem Jahr 1966, die Pinsel zu strecken (*Hört auf zu malen!*), zielte jedenfalls nicht auf ein grundsätzliches Ende, sondern auf eine zeitgemäß aktuelle, politisch motivierte Alternative zur Malerei, sei dies nun, wie es für ihn selbst galt, die Form eines LIDL-Transparentes, eines LIDL-Flugblattes oder einer LIDL-Aktion.[7] Im Übrigen malt Immendorff bekanntlich bis zum heutigen Tag.

Aufschlussreich ist nun, zu sehen, dass die aktuelle Malerei sich mit ihren Sujets entschieden auf die Welt medial vermittelter Bilder stützt, seien dies Fernseh-, Film- oder fotografische Bilder. Insbesondere die Auseinandersetzung mit der Fotografie, ihrem Wirklichkeitsmodell und Realitätsanspruch steht im Vordergrund der jungen deutschen Malerei. Durch diesen (Rück-)Bezug lässt sich sowohl über das eigene als auch über das andere Medium – seine Ästhetik, Technik und Allgegenwart – reflektieren: »So denkt die zeitgenössische deutsche Malerei ... über Bildinterpretation und Bilderfindung im Zeitalter der neuen Medien nach.«[8] Dies galt allerdings, gerade mit Bezug auf das Vor-Bild Fotografie cum grano salis bereits seit den sechziger Jahren, als etwa Gerhard Richter seine Malerei auf dem Umweg über die Fotografie neu definierte.[9] Die fotorealistische Malerei eines Franz Gertsch oder Chuck Close sorgte 1972 auf der *documenta 5* für Aufsehen, indem sie über divergente Weisen der Wirklichkeitswahrnehmung unterrichtete.[10] Nachdem heute die künstlerische Fotografie der Malerei in vieler Hinsicht den Rang als Leitgattung abgelaufen hat, scheint diese gegenwärtig an deren beträchtlichen Erfolg anknüpfen zu wollen. Die Rückkehr zur Figuration, die lange Zeit äußerst verpönt war, verläuft auf dem Weg über die Fotografie, an welche die Malerei dieses Genre zuvor nach und nach abgetreten hatte, um sich stattdessen auf das Nicht-Gegenständliche und die Abstraktion zu verlegen. In dem Augenblick jedoch, in dem die Fotografie mit ihren Großformaten gleichzieht und mit ihren klassisch gerahmten Bildern auf den Galerie- und Museumswänden geradezu auftrumpft, besinnt sich die Malerei jüngst wieder verstärkt auf ihre traditionelle Domäne: »Dass viele Maler vom Erfolg der Fotografien der Becher-Schüler Andreas Gursky, Thomas Ruff und Candida Höfer gelernt haben, belegt die Vielzahl der fotorealistischen Großformate.«[11] Bernd und Hilla Becher als Fotografen auf der einen und Gerhard Richter und Sigmar Polke als Maler auf der anderen Seite ließen sich demnach als die prägenden Gestalten der Düsseldorfer Schule benennen, auf deren Arbeiten sich die aktuelle Kunst stützt.[12] Die Genannten taugen als Dioskuren im Diskurs der Gattungen, der gegenwärtig stärker von Abgrenzung und Konkurrenz als von Wettstreit und wechselseitigem Austausch geprägt zu sein scheint.[13]

örg Immendorff, *Hört auf zu malen!*, 1966, unstharz auf Leinwand

Tim Eitel, *Krümmung*, 2002, Öl auf Leinwand

»Ausstieg aus dem Bild« – Ohne Frage markieren die sechziger Jahre des vorigen Jahrhunderts in vielfacher Hinsicht einen entscheidenden Einschnitt in der Entwicklung der jüngeren Kunst. Man kann geradezu von einem Paradigmenwechsel sprechen, insofern das Modell der Abgeschlossenheit und Selbstbezüglichkeit der Kunst abgelöst wurde durch Positionen expliziter Öffnung hin auf die Gesellschaft und andere Künste und Integration von vormals Kunstfremdem. Diese Kehrtwende betrifft das gesamte Feld der bildenden Künste und schließt zahlreiche grundlegende Aspekte in sich ein: Da ist zum einen die Wende zu einem verstärkten inoffiziellen und informellen, von den Künstlern initiierten Austausch zwischen Europa und den USA[14], der zu forcierter Internationalität vieler Projekte führt. Da ist zum anderen die deutliche Bezugnahme auf die aufführenden und darstellenden Künste Musik, Tanz und Theater sowie die Auflösung der wechselseitigen Grenzen, aus der gänzlich neue Mischformen resultieren (Aktion und Performance, Happening und Fluxus, Environment und Installation). Da ist ferner die Einbeziehung der technischen Medien, die vollständig neue Möglichkeiten künstlerischer Produktion eröffnet. Darüber hinaus schließlich schärft die Hinwendung zum Alltag und seinen Phänomenen inklusive der Politik die Aufmerksamkeit für die Welt der allgemeinen, populären Bilder und schließt zum Teil eine explizite Abkehr vom Kunstbetrieb in sich ein. Die Konsequenzen sind vielfältig und betreffen insbesondere den allgemeinen Kunst- und Werkbegriff, die Annäherung der Künste untereinander und die Herausbildung neuer Kunstformen und -genres.

Eine der prägnantesten Formeln, welche die genannten Tendenzen auf den Begriff zu bringen sucht, ist die von Laszlo Glozer geprägte Wendung vom »Ausstieg aus dem Bild«.[15] Sie ist insofern treffend gewählt, weil sie ausgehend vom vorherrschenden Paradigma des

Tafelbildes den grundsätzlichen Hang zur Grenzüberschreitung bezeichnet: »Der ›Ausstieg aus dem Bild‹ ist eine Metapher, die wir nicht überanstrengen möchten, die sich aber für den Gesamtprozess ... aufdrängt. Dass es seit langem nicht mehr selbstverständlich sein kann, Bilder zu malen, haben wir oben ausgeführt. Die Spannung, die an das Bild in permanenter Attacke herangetragen wird, ist ein ›Trotzdem‹.«[16] Nicht nur verlieren die Gemälde nach und nach ihre Rahmen, wodurch die Bildflächen räumlich und funktional entgrenzt werden, auch der klassische Status des Bildes wird aufgehoben, indem nicht mehr nur

Gerhard Richter, *Sargträger*, 1962, Öl auf Leinwand

malerisch repräsentiert, sondern ganz konkrete Objekte einbezogen und als solche dinglich präsentiert werden. Der Ausstieg aus dem Bild erfolgt nicht zuletzt durch die Einbeziehung außerkünstlerischer, vielfach banaler Materialien, wie dies in der Tradition von Duchamp und Dada Robert Rauschenberg als einer der ersten bereits in der zweiten Hälfte der fünfziger Jahre mit seinen Combine Paintings erprobt hat und wie es gleichzeitig in Gestalt der so genannten Objektkunst auch für den Bereich der Skulptur nachhaltig wirksam geworden ist.[17] Ob ein stilllebenhaftes »Fallenbild« Daniel Spoerris aus der Perspektive der Gattungen eher ein Bild oder ein Relief darstellt, ist insofern eine müßige Frage, weil es um die Schaffung einer Zwischengattung geht, deren Thema gerade das Changieren und folglich die Unbestimmtheit ist. Das klassische Gemälde wird in all seinen Voraussetzungen, Dimensionen und Funktionen dem Grundsatz nach reflektiert. Insbesondere werden der Bezug zum Raum überprüft und die Beziehung zum Betrachter neu definiert. Die Bilder werden selber zu Objekten, die jetzt auch in ihrer Gegenständlichkeit angesehen werden wollen. Die in ihre Oberfläche eingeschlossenen Wirklichkeitspartikel bleiben als Fremdkörper erfahrbar und verweisen auf eine Realität außerhalb des Bildes.

Die Rede vom »Ausstieg aus dem Bild« lässt sich über die zitierte materiale Bild-Entgrenzung hinaus auch nutzen, um jene künstlerischen Aktions- und Handlungsformen zu charakterisieren, welche vielfach an die Stelle des manifesten Werks treten. Happening und Fluxus setzen als Ereigniskünste nicht länger auf die mittelbare Darstellung, sondern auf unmittelbare Vorstellung im Sinne akuter und aktueller Aufführung. Erprobt werden, häufig an ungewohnten Veranstaltungsorten, unbekannte Aufführungs- und Präsentationstechniken. Aktionen und Performances betonen ausdrücklich den ephemeren Charakter der Kunstpraxis.[18] Der traditionelle Werkbegriff gerät ins Wanken. Wie selbstverständlich scheinen die Künste wieder gemeinsam aufzutreten: Man agiert und musiziert, boxt und tanzt, debattiert und speist miteinander und zieht nicht selten das Publikum als Protagonisten heran. Alle Register der darstellenden und bildenden Künste werden gezogen, sämtliche Sinne bis hin zu Schmerz- und Ekelempfinden gereizt. In dieser neuen Rolle des Zuschauers ist auch das Publikum mit allen Sinnen am Geschehen beteiligt. Ein Fluxuskonzert wird nicht einfach zu Gehör, sondern gleichzeitig zu Gesicht gebracht, vor und für aller Augen und Ohren entfaltet, und demnach nicht nur aufgeführt, sondern »ausgestellt«[19] und als (Spiel-)Aktion präsentiert. Die Teilnehmer einer Fluxusveranstaltung wie dem 24-Stunden-Programm in der Wuppertaler Galerie Parnass im Jahr 1965 bildeten gemeinsam mit den Akteuren eine Aufführungsgesellschaft, die sich im Laufe der Veranstaltung in wechselnden Formationen gruppierte.[20]

Vielen voran hat Joseph Beuys mit seinem erweiterten Kunstbegriff auf das Prinzip einer Einheit der Gattungen und Sinne gesetzt.[21] Wenn schon nicht im gesamtgesellschaftlichen Rahmen, so sollte doch zumindest im eher ausgegrenzten Bereich der Kunst seine Strategie einer allgemeinen und sozial gerichteten Synästhesie experimentell und exemplarisch zur Anwendung kommen. Die herkömmlichen Gattungen Bild und Skulptur wurden durch das mit heterogenen Materialien bestückte, auch akustische und visuelle Medien einschließende Environment ersetzt. Oder es traten ihnen die »Mixed Media« zur Seite, die als Aufführungsmedien Musik, Tanz, Pantomime, als technische Vorführ- und Speichermedien aber auch Film, Ton, Fernsehen und Video in sich einschlossen. Happening und Fluxus, und in deren Folge auch andere Aktions- und Körperkunstformen, haben das Unbehagen an der traditionellen Museumskunst samt deren »Visualprimat«[22] nicht nur artikuliert, sondern dem überkommenen System im selben Zuge ein Alternativmodell gegenübergestellt, das Kunst insofern als ein politisches Medium ansah, als sie es als ihre Aufgabe betrachtet hat, die erstarrte Gesellschaft ganz wesentlich über den (Fluxus-)Appell an die Sinne wieder »in Fluss zu bringen«.

Robert Rauschenberg, *Pilgrim*, 1960, verschiedene Materialien und Stuhl auf Leinwand

»Den Medien den Rücken kehren!«[23] – Insbesondere auch die technischen und elektronischen Medien befördern den Ausstieg aus dem klassischen Bildsystem. Ihrem Einsatz verdankt sich die wohl nachdrücklichste Erschütterung der Selbstgewissheit der Malerei als maßgeblicher Gattung. Während es einerseits der Fotografie als technischem Medium erst sehr spät gelungen war, als künstlerisches Bildgenre akzeptiert zu werden, der Film aber andererseits bis heute nur sehr bedingt zu den Bildmedien der Kunst gerechnet wird, stellte sich dies für die Videotechnik anders dar. Dank der

Vorreiterrolle einiger Pioniere, allen voran Nam June Paiks, wurde dieses Medium ab Mitte der sechziger Jahre auffällig rasch in das System Kunst integriert. Mit der anfangs zwar eminent teuren, insgesamt aber gut handhabbaren Videotechnik gelang der Kunst ein Quantensprung in die Ära des audiovisuellen Bildes und damit auf die elektronische Höhe der Zeit. Auf den Ausstieg aus dem Bild folgte der Einstieg in die Bilder. Spätestens seit Ende der sechziger Jahre ist die Welt der bildenden Kunst multimedial geprägt, und diese veränderten Voraussetzungen und Rahmenbedingungen gelten nebst allen technischen Fortschreibungen bis hin zu den durch Internet und Virtual Reality gebotenen Möglichkeiten bis heute. Paik hat von der elektronischen Palette gesprochen. Doch diese Analogie trägt nur bedingt, weil die Differenz des technisch gestützten Bildes zur klassischen künstlerischen Darstellung eminent groß ist. Dies gilt sowohl für die gänzlich andersartige Produktionsweise wie für die Verfassung des Produkts selbst und gleichermaßen für die erforderlichen neuen Formen der Präsentation und Rezeption. Die einzelnen Genres der Videokunst – das Tape, die Skulptur, die Performance, die Installation – lassen sich ohne Frage auf tradierte Gattungsmuster zurückbeziehen, die Distanz aber ist größer als die auf diese Weise zu belegende historische Verwandtschaft. Doch damit ist nicht auf Konkurrenz abgezielt. Vermittelnd heißt es bei Paik: »Für mich ist Video nie eine Alternative zu Malerei oder Bildhauerei gewesen; es ist auch keine Alternative zur Musik. Es ist eine Erweiterung bestehender Kunstwerke, Kunstgenres, Kunstarten, und nicht unbedingt eine Alternative.«[24]

Statt von Erweiterung – ein Begriff, der das Selbstverständnis der Kunst der sechziger und siebziger Jahre entscheidend bestimmt (von »expanded cinema«, »expanded television« bis zum »erweiterten Kunstbegriff«) – könnte man auch von der Idee der »Intermedia« sprechen, die Dick Higgins im ersten *newsletter* des von ihm gegründeten Verlages Something Else Press programmatisch benennt und begründet: »Much of the best work being produced today seems to fall between media.«[25] Und dies, so Higgins weiter, sei auch kein Wunder, denn das Konzept der Trennung der Gattungen entstamme der Renaissance und korrespondiere einem vollständig anderen, die Gesellschaft strikt hierarchisch und mechanistisch gliedernden politischen System. Aus diesem Geist des Klassifizierens und Kategorisierens entspringe auch die Idee der akademischen Grenzziehung zwischen den Künsten und Gattungen. Im Gegensatz dazu – und Duchamp mit seinen Readymades wird als Kronzeuge angeführt – gelte es, die Kunst jenseits dieser Gattungen zu denken. Bildende Kunst, Literatur, Musik und Theater gehörten ebenso zusammen wie die klassischen Gattungen Architektur, Skulptur, Malerei oder Grafik. Darüber hinaus gelte es, die Medien der Kunst mit jenen des Lebens zu verknüpfen: »However, I would like to suggest that the use of intermedia is more or less universal throughout the fine arts, since continuity rather than categorization is the hallmark of our new mentality.«[26] Es entstehen Künste und künstlerische Formen zwischen den herkömmlichen Bereichen und Gattungen, zwischen den Funktionen[27], zwischen den Distinktionen von High und Low, zwischen den Kontinenten, sodass die Präposition »inter« als Vorsilbe im Sinne von Austausch, Verbindung, Zwischenraum und In Between zu einer Leitidee der Epoche geworden ist. Mit der Einrichtung des Internet samt seinem World Wide Web scheint dieses Programm zu einer Institution des Alltags geworden zu sein, und selbst die Interaktivität als intendierter spielerischer Austausch

Charlotte Moormann und Nam June Paik, Fluxuskonzert während *24 Stunden*, Galerie Parnass, Wuppertal, 5. Juni 1965 (F: Ute Klophaus)

Joseph Beuys, *Filz-TV*, 1968, Fernsehgerät, Antenne, Holz, Filz, Wurst, Stethoskop

Nam June Paik, *Video Synthesizer*, 1969/1992, Videoskulptur

zwischen Mensch und Maschine lässt sich auf Modelle zurückführen, die in den Künsten entwickelt worden sind.

Vielfalt und Reichtum der zeitgenössischen Kunst wiederum verdanken sich ganz wesentlich den technischen Möglichkeiten der alten und neuen Medien, darunter Fotografie und Film, Video und Internet, Cyberspace und Virtual Reality. Immersion als Einschluss ins Bild oder Interaktivität als »Spiel« des Betrachters mit dem Bild – so lauten einige der Maßgaben, denen sich die jüngste Kunst verpflichtet hat.[28] Poetisch gewendet heißt es bei Pipilotti Rist über ihren freien Umgang mit der neuen Medientechnologie: »Ohne Respekt vor der Technik reite ich der Sonne im Computer entgegen und mische mit der Hirnzunge die Bilder knapp vor und knapp hinter den Augendeckeln.«[29]

Pipilotti Rist, Porträt (F: Vera Jsler)

Erweiterte Projektions- und Installationstechniken verschaffen der Kunst darüber hinaus neue raumgreifende Auftritte, die durch die »filmischen« Möglichkeiten nicht nur die akustische respektive audiovisuelle – demnach den Ton, die Musik und auch den Lärm –, sondern durch die elektronischen Voraussetzungen auch die immaterielle, die digitale und virtuelle Ebene hinzugewonnen hat. Das Bild besteht nun jenseits des Materials, als errechnetes, mathematisiertes Pixel-Bild, das Bild als bloße Rechenoperation, das sich nur noch seiner Struktur und Faktur nach begreifen, aber nicht mehr »greifen« lässt und dennoch bestens sichtbar ist. Auch diese neue Technizität hat die zeitgenössische Kunst, insbesondere für einen Teil des jüngeren Publikums, attraktiv gemacht. Indem sich die Medien des Alltags mit jenen der Kunst verschränken, verringert sich in mancher Hinsicht der Abstand zwischen der einen und der anderen Erfahrung. Aufgrund dieser starken Medienbestimmtheit und -reflektiertheit der jüngeren Kunst gibt es keine Berührungsängste mehr mit den banalen und billigen technischen Bildern, im Gegenteil, diese Ressourcen werden in vielfältigster Weise als Material, Beleg und Vor-Bild genutzt. Nach ihren Träumen gefragt, hat die Videokünstlerin Rist in einem Interview als eine ihrer Visionen die Idee bezeichnet, »die elitäre Kunstwelt zu öffnen, ohne dass das ganze System zerbricht. Denn Exklusivität ist einerseits ein Grundstein für den Kunstmarkt, die Sammler und die Museen. Gleichzeitig aber hat Kunst vor allem einen gesellschaftlichen Auftrag. So weit zu kommen, dass sich die Türen der Disziplinen öffnen, ohne dass die Disziplinen sterben, das ist ein Traum.«[30]

Während Rist in der zeitgenössischen Kunst, vereinfacht gesagt, die medienbasierte, multimediale Paik-Tradition fortsetzt, vertritt Thomas Hirschhorn in mancher Hinsicht die von Beuys herkommende, andere Linie der »Erweiterung«, die in gleicher Weise ebenso kennzeichnend wie prägend geworden ist. In den Besprechungen der *Documenta 11* hieß es in den ersten Presseberichten wiederholt, der Kasseler Schau fehle ein markantes Wahrzeichen. Dies traf zu, insofern man das Signum wie gewohnt auf dem Platz vor dem Fridericianum gesucht hatte. Begab man sich allerdings fort aus dem Zentrum und bewegte sich gemäß der Theorie der vier Plattformen, welche die Ausstellung vorbereitet hatten[31], an die Peripherie der angestammten Kunstbezirke, dann traf man dort auf eine Installation, der dieser Rang zumindest inoffiziell zukam. In der Kasseler Nordstadt hatte Hirschhorn für 100 Tage seine Zelte, sprich eine Reihe improvisierter Bauten aus Kanthölzern, Planken, Plastikplanen und Klebeband in einer Wohnsiedlung aufgeschlagen. Seine »Bataille Monument« getaufte Idealstadt aus Imbissbude, Bibliothek, Ausstellungsraum, TV-Studio, Denkmalskulptur und Taxi hat als soziale und kommunikative Plastik alle Voraussetzungen eines Wahrzeichens für eine Documenta erfüllt, in deren Zentrum künstlerische Antworten auf programmatische gesellschaftliche Fragen gestanden haben.

Darüber hinaus aber repräsentiert Hirschhorns Arbeit auch jene integrale Form zeitgenössischer Kunst, die viele Gattungs- und Medienfragen zugleich einbezieht und hinter sich zurücklässt. Selbstverständlich waren die technischen Medien präsent und gleichzeitig auch die Bücher einbezogen; ohne Frage wurden hier auf dem schäbigen Bretterboden einer Bibliothek Alltagsgespräche geführt und wurde parallel dazu auf der Ausstellungsebene dem philosophischen Diskurs gehuldigt; und ohne Frage liefert die gemalte Darstellung der »città ideale« aus dem Umkreis des Francesco di Giorgio Martini das Modell für eine soziale Phantasie, die mithilfe einiger ephemerer Bretterbuden auf dem Rasenstreifen zwischen zwei Wohnblöcken einer Arbeitersiedlung äußere Gestalt angenommen und, nicht zuletzt, praktischen Nutzen gebracht hat.[32]

»Das Bild hat nichts mit Kunst zu tun, es hängt hier, weil es schön ist.«[33] – Neben dem materiellen, dem performativen und dem elektronischen Ausstieg aus dem Bild begleitet die Kunst der Gegenwart die Idee der Kritik jener Institutionen, in denen sie sich scheinbar selbstsicher bewegt. Diese Nachdenklichkeit zeichnet sie geradezu aus und ist selbstverständlich an keine medialen oder technischen Voraussetzungen gebunden. Sie lässt sich vielmehr auf der Leinwand ebenso wie mit den »armen« Mitteln eines Hans-Peter Feldmann ins Kunstwerk setzen, das dann allerdings gelegentlich derart beiläufig daherkommt, dass es auch übersehen werden könnte.[34] Aber hier ist eben wie in jedem anderen künstlerischen Fall am Ende der Betrachter am Zuge.

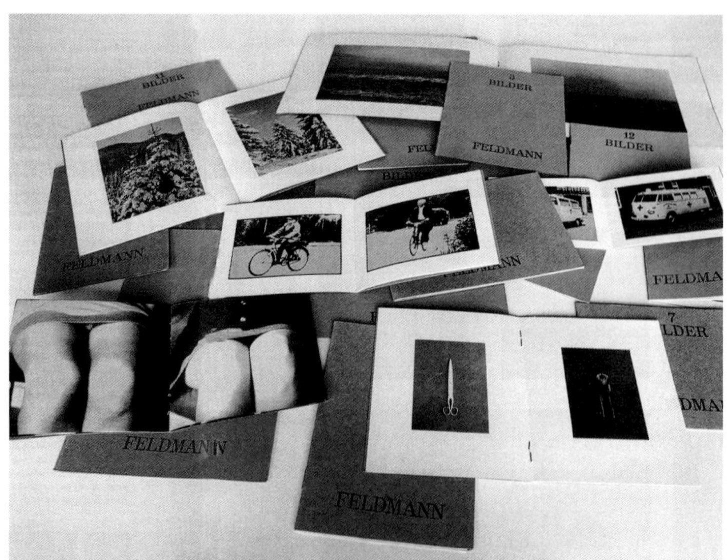

Hans Peter Feldmann, *Ein Bild, elf Bilder,* 1968–75

1 Nam June Paik: *Telegramm an die Kunsthalle Bremen vom 9.1.1999*, in: *Nam June Paik, Fluxus/Video*, Hg.: Wulf Herzogenrath, Ausst.-Kat. Kunsthalle Bremen, Bremen 1999, Frontispiz.

2 Florian Illies: *Wer hatte noch mal gesagt, die Malerei sei tot? Seit gestern sind elf neue Bilder von Neo Rauch in Berlin zu sehen: Meisterwerke der modernen deutschen Kunst*, in: *Frankfurter Allgemeine Sonntagszeitung*, Nr. 49, 8.12.2002, S. 19; vgl. auch ders.: *Malerei hoch zwei. Die Frankfurter Ausstellung »deutschemalereizweitausenddrei« markiert einen Wendepunkt: 61 meist junge Künstler zeigen, dass sie keine Scheu davor haben, die Realität mit malerischen Mitteln darzustellen – und ironisieren zugleich die neue Popularität des Genres*, in: *Der Spiegel*, Heft 3/2003, hier zit. nach http://www.spiegel.de/spiegel/0,1518,231223,00.html.

3 Holger Liebs: *Schwarz Brot Gold. Die Republik malt – und erinnert sich ihres Punk-Pioniers Martin Kippenberger*, in: *Süddeutsche Zeitung*, Nr. 3, 4./5./6.1.2003, S. 11; vgl. dazu auch den umfangreicheren älteren Artikel desselben Autors: *Generation Klecks – Die Malerei erlebt eine Renaissance – oft mit digitalen Effekten*, in: *Süddeutsche Zeitung*, Nr. 6, 9.1.2001, S. 15.

4 Illies, s. Anm. 2: »Mit Lust schickt Rauch die Logik auf Ausritte ins Niemandsland und die Malerei auf Expeditionen in die *Zukunft*.« (Hervorhebung vom Verf.)

5 Siehe dazu auch zahlreiche Ausstellungen, die dem Phänomen der Wiederkehr der Malerei gewidmet sind, z. B.: *»Lieber Maler, male mir ...«. Radikaler Realismus nach Picabia*, Centre Georges Pompidou, Paris, Kunsthalle Schirn Frankfurt/M u. a., 2002/03; *Vitamin P. New Perspectives in Painting*, London 2002; *Urgent Painting*, Musée d'Art Moderne de la Ville de Paris, Paris 2002, *deutschemalereizweitausenddrei*, Frankfurter Kunstverein, 2003 oder *Painting Pictures. Malerei und Medien im digitalen Zeitalter*, Kunstmuseum Wolfsburg 2003.

6 So »widerruft« Holger Liebs bereits Ende Januar 2003 in der *Süddeutschen Zeitung*, was er kurz zuvor (s. Anm. 3) noch gefeiert hat: *Ich sehe was, was du nicht siehst. Die Malerei boomt – aber die wahre Revolution der Bilder findet in der Videokunst statt*, in: *Süddeutsche Zeitung*, Nr. 24, 30.1.2003, S. 13.

7 Siehe Harald Szeemann, *Der lange Marsch oder Ausreizungen aus der Zeit heraus. Ein Kompilat*, in: *Immendorff*, Ausst.-Kat. Kunsthaus Zürich 1983, S. 8–35; vgl. dazu auch den von Barbara John, Susanne Rennert u. Stephan von Wiese herausgegebenen Ausst.-Kat. *Chris Reinecke: 60er Jahre – Lidl-Zeit*, Kunstmuseum Düsseldorf, Köln 1999.

8 Illies, *Malerei hoch zwei*, s. Anm. 2.

9 Vgl. dazu unter anderem Ingrid Misterek-Plagge: *»Kunst mit Fotografie« und die frühen Fotogemälde Gerhard Richters*, Münster/Hamburg 1992 und den Aufsatz d. Verfs.: *Grauwerte. Farbe als Argument und Dokument*, in: *»Who's afraid of ...« Zum Stand der Farbforschung*, Hg.: Anne Hoormann, Karl Schawelka, Weimar 1998, S. 276–301.

10 Vgl. Bazon Brock: *Wirklichkeit in Bildwelten heute. Eine Lernschau* (entspricht: 8. Ausstellung im Haus Deutscher Ring in Zusammenarbeit mit der Hochschule für Bildende Künste, Hamburg), 1973, Begleitbroschüre.

11 Christina Tillmann: *Reif für den Pinsel. Eine neue deutsche Künstlergeneration kehrt zur figurativen Malerei zurück – zwei Ausstellungen in Frankfurt*, in: *Der Tagesspiegel*, Nr. 18012, 24.1.2003, S. 26.

12 Die Nominierung von Martin Kippenberger und Candida Höfer als diesjährige Biennale-Vertreter Deutschlands (Kurator: Julian Heynen, K21 Düsseldorf) scheint ebenfalls dieser Doppelstellung zu entsprechen.

13 Vgl. auch den lesenswerten, trendkritischen Artikel von Jörg Heiser: *Wille zum Machwerk. Und noch eine Malerei-Schau: »Painting Picture« in Wolfsburg zeigt Leinwandkunst im digitalen Zeitalter*, in: *Süddeutsche Zeitung*, Nr. 50, 1./2.3.2003, S. 14; dort heißt es unter anderem: »Wer sich also heroisch für die Relevanz von malerischen Fragen stark macht, führt längst Scheingefechte – oder bedient vergreistes Grenzwächtertum, demzufolge wahre Kunst nur auf Leinwand und Sockel stattfinde.«

14 Vgl. dazu allgemein *Europa/Amerika. Die Geschichte einer künstlerischen Faszination*, Ausst.-Kat. Museum Ludwig, Köln 1986.

15 Laszlo Glozer: Einführung, in: *Westkunst. Zeitgenössische Kunst seit 1939*, Hg.: Laszlo Glozer, Handbuch zur Ausstellung in den Rheinhallen Köln, Köln 1981, S. 13ff., S. 234ff. (»Ausstieg aus dem Bild. Wiederkehr der Außenwelt«).

16 EBd., S. 238.

17 Vgl. Willy Rotzler: *Objektkunst. Von Duchamp bis zur Gegenwart*, Köln, 1975, sowie übergreifend *Transform – BildObjektSkulptur im 20. Jahrhundert*, bearb. von Ernst Beyeler, Gottfried Boehm u. a., Ausst.-Kat. Kunstmuseum und Kunsthalle Basel, 1992.

18 In diesem Abschnitt folge ich den Ausführungen meines Aufsatzes *Von Sinnen in der Kunst*, in: *Der Sinn der Sinne*, Hg.: Kunst- und Ausstellungshalle der Bundesrepublik Deutschland, Göttingen 1998, S. 51ff., hier S. 56–58.

19 Nam June Paik spricht z. B. von der »Ausstellung von Musik«, in: *Nam June Paik: Video Time-Video Space*, Hg.: Toni Stooss, Thomas Kellein, Ausst.-Kat. Kunsthalle Basel u. a., Stuttgart 1991, S. 46.

20 Vgl. die Ausstellungskataloge *Fluxus in Deutschland, 1962–1994*, Hg.: Institut für Auslandsbeziehungen, Stuttgart 1995, und *Treffpunkt Parnass, Wuppertal 1949–1965*, Hg.: Willi Baltzer, Alfons W. Biermann, Ausst.-Kat. Kunst- und Museumsverein Wuppertal im Von der Heydt-Museum, Köln 1980, S. 274–295

21 Vgl. dazu Theodora Vischer: *Joseph Beuys. Die Einheit des Werkes. Zeichnungen, Aktionen, Plastische Arbeiten, Soziale Skulptur*, Köln 1991.

22 Hartmut Böhme: *Der Tastsinn im Gefüge der Sinne*, in: *Tasten*, Hg.: Kunst- und Ausstellungshalle der Bundesrepublik Deutschland, Bonn, Göttingen 1996, S. 198.

23 Textzeile eines von Jochen Gerz 1970 entworfenen Stempels; vgl. dazu die Ausführungen des Künstlers in: Hans D. Baumann u. a.: *Kunst und Medien. Materialien zur documenta 6*, Kassel 1977, S. 39f.

Thomas Hirschhorn, *Bataille Monument: Bibliothek*, 2002, zur *Documenta 11*, Kassel (F: Werner Maschmann)

24 Nam June Paik im Interview 1977, in: Baumann u. a., *Kunst und Medien*, s. Anm. 23, S. 53.

25 Dick Higgins: *Intermedia* [1965], in: Ders.: *foew&ombwhnw*, New York/Barton/Köln 1969, S. 11–29, hier S. 11.

26 EBd., S. 27.

27 Vgl. den charakteristischen, programmatischen Titel der von Friedrich Wolfram Heubach gegründeten, später von Benjamin H.D. Buchloh herausgegebenen Zeitschrift *Interfunktionen*, Köln 1968ff.

28 Vgl. Annegret Hünnekens: *Der bewegte Betrachter. Theorien der interaktiven Medienkunst*, Köln 1997.

29 *I'm not the girl who misses much*, Ausst.-Kat. Kunstmuseum St. Gallen, Kunstverein Hamburg u. a. 1994, o. S.

30 *Die Zeit*, Nr. 4, 20. Januar 2000, Rubrik *Leben*, S. 16 (Serie *Ich habe einen Traum*).

31 Vgl. die entsprechenden Dokumentationsbände der vier Plattformen, erschienen Ostfildern-Ruit 2002f.; die Ausstellung selbst war als *Plattform 5* definiert, *Documenta 11 – Plattform 5*, Ausst.-Kat., Ostfildern-Ruit 2002.

32 Eine zweiteilige Publikation, die das Kasseler *Bataille Monument* ausführlich dokumentiert und reflektiert, ist unter dem Titel *Bataille Maschine* für Herbst 2003 angekündigt.

33 Titel einer Arbeit von Hans-Peter Feldmann, undatiert, vgl. *Hans-Peter Feldmann, 272 pages*, Begleitbuch zur Ausstellung in der Tàpies Foundation Barcelona u. a. 2002/03f.

34 Vgl. die Arbeiten, Installationen und Inszenierungen der jüngsten Ausstellung *Hans-Peter Feldmann, Kunst-Ausstellung*, Tàpies Foundation Barcelona, Fotomuseum Winterthur, Musée d'Art Moderne de la Ville de Paris, Museum Ludwig Köln, 2002/03 sowie das zugehörige Künstlerbuch, s. Anm. 33.

# »EINE MORALISCHE AKTION« FÜR OST UND WEST?

## ZUM AUSSTELLUNGSPROJEKT *DIE ENDLICHKEIT DER FREIHEIT BERLIN 1990*

JOACHIM SARTORIUS

»Irgendeine riesige Welt bewegt sich, lebt dicht hinter der Mauer, und man kann sie weder verstehen noch berühren.«
»Wie in einem schweren Traum.«
»Weißt du, das Schlimmste ist diese Stille, die auf der anderen Seite herrscht.«
»Deswegen scheint es so, als ob jede Sekunde etwas ganz plötzlich geschehen würde ...«

Notate von Ilya Kabakov, Gedankenfetzen, hilflose Meinungen von Bewohnern auf beiden Seiten der Mauer, aufgehängt an Drähten zwischen Fundstücken und Müllresten, vom Künstler aufgelesen auf dem Potsdamer Platz, die Drähte mit all dem Müll wiederum verspannt in 28 Meter langen, provisorisch wirkenden Holzkorridoren, die im Sommer 1990 jeweils links und rechts des »Ost-West-Risses, der hier durch Stadt und Nation ging« (Durs Grünbein), auf der öden, leeren, staubigen Weite des Potsdamer Platzes errichtet wurden: Eine der Installationen der elf Künstler, die an der Ausstellung *Die Endlichkeit der Freiheit* wenige Monate nach dem Fall der Mauer teilnahmen. Eine der vielen Antworten auf die einzige Vorgabe der Ausstellungsmacher, innerhalb des zentralen Berliner Stadtgebietes zwei aufeinander bezogene Arbeiten westlich und östlich des Mauerstreifens zu gestalten.

Heute im Rückblick, mehr als ein Dutzend Jahre später, erscheint *Die Endlichkeit der Freiheit* als legendäre Ausstellung, um die Möglichkeiten der Berührung von aktueller Kunst und Öffentlichkeit in einer ganz spezifischen Situation auszuloten und die Dimensionen eines geschichtlich aufgeladenen Ortes zu erkunden. Selten waren in einem ganz spezifischen Moment Kunst und Politik, Geschichte und Aktualität so ineinander verwoben. Wie entstand dieses Projekt? Ich erinnere mich an einen Besuch Rebecca Horns im Sommer 1989 bei mir. Ich leitete damals das Berliner Künstlerprogramm des DAAD. Sie berichtete, dass Heiner Müller, Jannis Kounellis und sie schon vor drei Jahren, abends in einer Kneipe, von Geist und Alkohol bewegt, den Plan gefasst hätten, in der geteilten Stadt eine Ausstellung anzuregen. Wichtige und berühmte Künstlerfreunde sollten mit in-situ-Arbeiten in der Gefahrenzone auf beiden Seiten der Mauer auf die Teilung der Stadt reagieren. Wulf Herzogenrath war in diese Pläne bereits eingeweiht. Ihm gegenüber hatte Jannis Kounellis diese Ausstellungsidee mehr »als eine moralische Aktion denn eine Ausstellung« bezeichnet. Für ihn als ausländischen Künstler bestünde das Faszinierende darin, »in Kontakt mit der deutschen Realität, nicht Wunden neu zuzufügen, sie aber auch nicht zu schließen.« Wulf Herzogenrath und ich baten Christoph Tannert in das Kuratorenteam. Mit Rebecca Horn ging ich – denn der DAAD war der Träger der Ausstellung – zu dem damaligen Berliner Finanzsenator Horst Meisner, der nach kurzem Gespräch 1,5 Millionen DM für das Projekt bewilligte. Wir waren beschwingt. Wir legten los. Giovanni Anselmo, Barbara Bloom, Christian Boltanski, Hans Haacke, Ilya Kabakov, Via Lewandowsky, Mario Merz, Raffael Rheinsberg, Krzysztof Wodiczko nahmen – vorgeschlagen von den Initiatoren Jannis Kounellis und Rebecca Horn – die Einladung an. Heiner Müller steuerte den Titel der Ausstellung bei und schrieb auch den eindrücklichsten Text dazu:

»Die Idee der Ausstellung von Differenzen und/oder Gemeinsamkeiten zwischen Ost- und West-Berlin durch Kunst wurde geboren, als die Mauer, die sich jetzt in Souvenire auflöst, noch der Pfahl im Fleisch der Stadt war, ein Regulativ auch, Zeitmauer zwischen zwei Geschwindigkeiten: Beschleunigung im Westen, im Osten Verlangsamung. Sie versammeln sich jetzt, nach der Öffnung des Ostens und dem Kopfsprung in die deutsche Einheit, zu einem explosiven Gemisch. Nach Abschied vom Gleichgewicht des Schreckens betreten wir eine Zone der Unsicherheit. Die Arbeiten der Künstler reflektieren diesen Schritt: Die Freiheit gibt der Kunst das Element der Gefahr zurück. ... Mit der besseren Sicht nimmt die Blindheit zu: Die Arbeiten zeigen die Bruchstellen der Be/Vereinigung und erlauben einen Blick in den Abgrund der Freiheit, den das Plastiklächeln, mit dem die Medien den Planeten einspeicheln, dem Auge der Mehrheit entzieht.«

Ilya Kabakov, *Zwei Erinnerungen an die Angst*, Potsdamer Platz/Ebertstraße, Berlin-Tiergarten/Mitte (F: Werner Zellien)

Alle Künstler haben sich der Vorgabe – »Ausstellung von Differenzen und/oder Gemeinsamkeiten zwischen Ost- und West-Berlin durch Kunst« mit Zwillings- oder antagonistischen Arbeiten gestellt. Während Barbara Bloom Spiegelung und Doppelung zum Thema einer ästhetischen Untersuchung im Museum für Naturkunde in der Invalidenstraße, Ost-Berlin, und in der Gipsformerei der Staatlichen Museen, West-Berlin, machte, wählten andere die Grenzbereiche selbst: Hans Haacke mit der Umwandlung eines DDR-Wachturms in eine auf die wirtschaftlichen Zusammenhänge der »Wende« verweisenden Mahnmal-Skulptur; Rebecca Horn mit dem *Raum des verwundeten Affen* in einem Haus der Stresemannstraße direkt am Todesstreifen; Raffael Rheinsberg mit martialischen Kabeltrommeln aus westlicher und östlicher Produktion entlang dem Mauerverlauf am Martin-Gropius-Bau und Ilya Kabakov mit seinen beiden klaustrophobischen Holzkorridoren, den Erinnerungsfetzen aus Müll und 270 *Sätzen der Angst*. Christian Boltanski entdeckte nach wochenlangen Wanderungen durch die Stadt die Große Hamburger Straße Nr. 15/16 und schuf sein *Missing House*, eine bewegende Erinnerung an die einstigen Bewohner eines partiell zerbombten Hauses im Scheunenviertel, einer ehemals insbesondere von Juden bewohnten Gegend. Das *Missing House* ist übrigens die einzige Installation, die noch heute zu sehen ist. Mit Monumenten schließlich setzten sich Via Lewandowsky und der Pole Krzysztof Wodiczko auseinander. Lewandowsky brachte das Mosaik der Siegessäule mit dem Wandbild aus dem Haus der Ministerien der DDR an der Leipziger Straße in Verbindung, eine Meditation über den Austausch von »Auftragsbildern«. Wodiczko projizierte wirtschaftliche Westreize auf die Lenin-Statue am Leninplatz in Ost-Berlin und einen aus einem Tresor fliegenden Adler auf das Weinhaus Huth am Potsdamer Platz. Kounellis selbst positionierte eine Lore in einem heruntergekommenen Umspannwerk gegenüber dem Haus der Ministerien (heute Bundesfinanzministerium). In permanenter, unsinniger Bewegung fuhr der

Hans Haacke, *Die Freiheit wird jetzt einfach gesponsert – aus der Portokasse*, Beobachtungsturm, Stallschreiberstraße, Berlin-Mitte 1990 (F: Werner Zellien)

Jannis Kounellis, *Ohne Titel*, Ruine Umspannwerk, Mauerstraße, Berlin-Mitte (F: Werner Zellien)

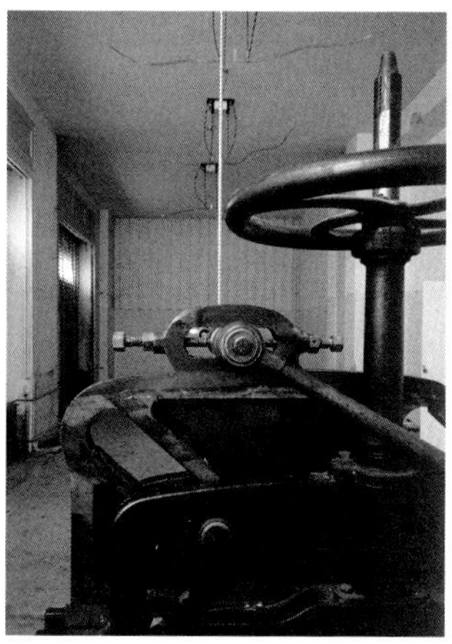

Rebecca Horn, *Raum des verwundeten Affen*, Stresemannstraße, Berlin-Mitte (F: Werner Zellien)

Kohlenwagen hin und her, als wolle er eine uneinholbare Vergangenheit beschwören oder eine gekappte Verbindung – wenn auch nicht historisch, so doch zumindest formal – wieder herstellen.

Hier, wie bei den im Windkorridor klirrenden *Angstsprüchen* von Ilya Kabakov, bewegte sich eine von Widersprüchen gezeichnete Geschichte, stellte irrwitzige Fragen nach moralischer Norm, Stillstand und Weiterkommen. Damals waren dies Fragen angesichts einer noch leeren Mitte der Stadt, die heute – so Durs Grünbein 1990 vorausschauend – »neu maskiert ist«, beruhend auf sich immer noch rasend verändernden ökonomischen, gesellschaftlichen und psychologischen Grundlagen.

## KÜNSTLERAUSTAUSCH

### DAAD-Stipendiaten aus der UdSSR/Russland in Berlin

1977 Maja Tabaka, UdSSR (Bildende Kunst)
Andrej Wolkonski, UdSSR (Musik)
1979 Lew Nussberg, UdSSR/Frankreich (Bildende Kunst)
1985 Andrej Tarkowski, UdSSR/Italien (Film)
1988 Otar Iosseliani, UdSSR/Georgien (Film)
1989 Ilya Kabakov, UdSSR (Bildende Kunst)
1990 Igor Kopystiansky, UdSSR (Bildende Kunst)
Dmitri Prigow, UdSSR (Literatur)
Alexander Askoldow, UdSSR (Film)
1991 Gia Kantscheli, Georgien (Musik)
Waleri Ogorodnikow, UdSSR (Film)
1992 Hardijs Ledins, Lettland (Bildende Kunst)
Wladimir Sorokin, Russland (Literatur)
Gennadi Aigi, Russland (Literatur)
1993 Alexander Knaifel, Russland (Musik)
1994 Lew Rubinstein, Russland (Literatur)
Saincho Namtschylak, Russland/Österreich (Musik)
Eldar Rjasanow, Russland (Film)
Sergej Bodrow, Russland (Film)
1996 Boris Mikhailow, Ukraine (Bildende Kunst)
Viivi Luik, Estland/Finnland (Literatur)
Alexander Rechwiaschwili, Georgien/Russland (Film)
Bachtiar Chudojnasarow, Tadshikistan (Film)
1997 Tolib Chamidow, Tadshikistan (Film)
1998 Valentin Silwestrow, Ukraine (Musik)
1999 Valeria Narbikowa, Russland (Literatur)
Ales Rasanaw, Weißrussland (Literatur)
Dmitri Tsintsadze, Georgien/Russland (Film)
2002 Viktor Pelewin, Russland (Literatur)
Alan Tschertschessow, Russland (Literatur)

### Stipendiaten aus der UdSSR/Russland im Künstlerhaus Bethanien, Berlin

1979 Maja Tabaka, Lettland/UdSSR (Bildende Kunst)
1989 Anatoli Wassiljew, UdSSR (Regie)
1992 Anatoli Shuralew, Russland (Bildende Kunst)
Maria Serebrjakova, Russland (Bildende Kunst)
1993 Sergej Woronzow, Russland (Bildende Kunst)
1994 Timur Nowikow, Russland (Bildende Kunst)
1996 Anatoli Osmolowski, Russland (Bildende Kunst)
Alexej Schulgin, Russland (Bildende Kunst/Netzkunst)
Oleg Kulik, Russland (Bildende Kunst)
Olga Lialina, Russland (Bildende Kunst/Netzkunst)
1997 Andrej Chlobystin, Russland (Bildende Kunst)
2000 Alexander Sokolow, Russland (Bildende Kunst)
Alexander Panow (Bildende Kunst)

### Stipendiaten des Berliner Senats in Moskau

1993 Ute Weiss-Leder (Bildende Kunst)
1994 Christiane Büchner (Bildende Kunst/Film)
1995 Christiane Dellbrügge und Ralf de Moll (Bildende Kunst)
1996 Birgit Kleber (Bildende Kunst/Fotografie)
1997 Juliane Duda (Bildende Kunst)
1998 Max Baumann (Bildende Kunst)
1999 Frank Hüller (Bildende Kunst)
2000 Julia Harmann (Bildende Kunst)
2001 Barbara Caveng (Bildende Kunst)
2002 Ingar Krauss (Bildende Kunst)

Zwischen der DDR und der UdSSR bestand ein reger, staatlich geförderter Künstleraustausch. Russland-Reisen wurden offiziell vom Verband Bildender Künstler organisiert und in der Regel vom Kulturfonds finanziert. Der überschaubaren Anzahl der oben aufgelisteten Stipendiaten westdeutscher Institutionen steht eine unüberschaubare Menge von Teilnehmern des ostdeutsch-sowjetischen Austauschs gegenüber. Eine Liste dieser Künstler existiert nicht und konnte im Rahmen unseres Projekts nicht recherchiert werden.

# ARBEIT AM VERSTÄNDNIS
## KULTURAUSTAUSCH IM GETEILTEN DEUTSCHLAND

CHRISTOPH TANNERT

Solange die Mauer stand, war die Welt der DDR-Funktionäre in Ordnung, übrigens auch die der bundesdeutschen Linken. Noch in der Wendezeit meinten die Gerontokraten im Wutgeheul der Aufständischen den ausgelassenen Jubel zum 40. Jahrestag der DDR zu hören und wunderten sich, dass sie trotz nimmermüde adressierter Einheits- und Liebesschwüre auf Partei und »ihr« Volk von diesem so kulturlos im Stich gelassen wurden. Dabei hatte die Partei mit ihrer Kulturbringerideologie kommunismusselig auf die Hebung des »Kulturniveaus der Werktätigen« gesetzt.[1] Jetzt erstritten sich die Massen getreu der Spruchbandweisheit »Kommt die D-Mark nicht zu uns, gehen wir zu ihr« das Recht auf unbegrenzte Teilnahme an den Systemen des kapitalistischen Wohlfahrtsstaates.

Hätte es einen wirklichen Kulturaustausch zwischen den beiden deutschen Staaten und mehr Freizügigkeit in der DDR gegeben, die Krankheit »Zonophobie« (Monika Maron) hätte einen minder schweren Verlauf genommen. Stattdessen gab es in der Endphase der DDR zwischen Ost und West ein Kulturabkommen, das nichts anderes war als ein Instrument zur Stabilisierung der Herrschaftskultur in der DDR, das ihrem Export in den Westen zu Repräsentationszwecken diente. Die ideologischen Formeln des Kalten Krieges steckten tief in den Köpfen der Einpeitscher. Ihnen ging es nicht nur um die Etablierung eines ideologischen Reinraums DDR. Ihr missionarischer Eifer zur kommunistischen Weltbeglückung ließ sie auch propagandistisch aktiv werden im und gegen den Westen. In der DDR führte das zu einem Zuckerbrot-und-Peitsche-Kurs, der Künstlern und Publikum mal mehr, mal weniger Freiheiten zugestand und die West-Öffnung nach Belieben vorantrieb oder behinderte. Nachdem die Kölner Band BAP, vom ZK der SED geadelt als »im besten Sinne ein Bündnispartner«[2], sich kurz vor der Ost-Berliner Jubelschau *Rock für den Frieden* von 1984 der Umarmung durch das DDR-Regime mit dem Song *Deshalv spill' mer he* zu entziehen versuchte (»Uns kriegt ihr vor keinen offiziellen Karren gespannt«), schlug der Apparat zurück. Im Januar 1984 entwickelte das Politbüro eine Order zum »Auftreten von Rockgruppen aus der BRD in der DDR«[3], nach der das ZK der SED verfügte: »Der Empfang von Künstlern und Gruppen aus der BRD und Westberlin ist maximal einzuschränken. Generell soll künftig auf Gastspiele von Rockgruppen verzichtet werden.« Der Gewahrsamsstaat schmollte mal wieder.

Über die »kapitalistische Kulturindustrie (k.K.)« vermerkt das *Kulturpolitische Wörterbuch*: »Die marxistisch-leninistische Betrachtungsweise der k.K. verlangt neben dem entschiedenen Kampf gegen alle Erscheinungsformen der herrschenden imperialistischen Kultur vor allem auch die exakte Analyse und Unterstützung all jener demokratischen und sozialistischen Kulturleistungen, die im Ergebnis des Ringens der Volksmassen gegen die Herrschaft der Monopole entstehen und in der k.K. zum Tragen kommen. Für die Verwirklichung demokratischer Veränderungen auf kulturellem Gebiet ist die Brechung der Herrschaft der Monopolbourgeoisie in der k.K. eine unabdingbare Voraussetzung.«[4] Daraus folgte, dass die DDR ihrerseits im Westen auch nur jene Künstler auftreten bzw. ihre Kunstwerke zur Anschauung bringen ließ, die in der politischen Großwetterlage nützlich zu sein versprachen oder finanzielle Gewinne erbrachten.

Erasmus Schroeter, acht Fotografien aus der Serie *DDR, 80er Jahre*: *Mädchen im Karussell*, Leipzig 1982

Vor Inkrafttreten des Kulturabkommens, das am 6. Mai 1986 nach zwölfjährigen Verhandlungen endlich abgeschlossen wurde, waren es Kontakte zu DKP oder SEW, über die der Westen infiziert und erschlossen sowie Plattformen der Selbstdarstellung erobert werden sollten. Das ZK der SED, das Ministerium für Kultur, der FDJ-Zentralrat, der Verband Bildender Künstler der DDR, das Zentrum für Kunstausstellungen und die Liga für Völkerfreundschaft etwa waren auf DDR-Seite in entsprechende Planungen involviert.

Mit ihrer ausschließlich auf Frieden und nicht auf Systemkonkurrenz ausgerichteten Politik der letzten dreißig Jahre hat die bundesrepublikanische SPD der SED freilich nicht nur menschliche Erleichterungen für DDR-Bürger abgerungen (etwa Passierscheinregelungen, Transit- und Verkehrsabkommen, Familienzusammenführung und erweiterte Reisemöglichkeiten für Rentner, Freischaltung von Telefonverbindungen, Häftlingsfreikauf und mehr), sondern auch mitgeholfen, die alltägliche Banalität des Totalitären in der DDR zu institutionalisieren. Willy Brandt, Egon Bahr und Leonid Breschnew waren die Eckpunkte eines politischen Bermuda-Dreiecks, in dem die zaghaften oppositionellen und subkulturellen Entwicklungen in der DDR verstrudelt wurden. Alle Formen einer Annäherung führten in der DDR zu kurzen Momenten systemimmanenten Dampfablassens bei gleichzeitiger falscher Sicherheit und noch größerer Resignation. Die Teilung Deutschlands wurde dadurch weiter aufrechterhalten. Dass Willy Brandt und Helmut Schmidt die DDR besuchten, aber nicht die Menschenrechtsverletzungen kritisierten, belegt noch nicht ihr Einverständnis mit dem Unterdrückungsapparat, zeigt jedoch wie unkompliziert die menschliche Natur sich in Erziehungsdiktaturen einzufügen vermag. Auch ließ sich Altbundeskanzler Helmut Schmidt 1983/84 von Bernhard Heisig porträtieren, während Max Uhlig 1998 an einem Kanzlerbild für Gerhard Schröder zu arbeiten begann. Sicherlich eine bewusste Entscheidung in Bezug auf künstlerischen Stil und Haltung der jeweiligen Künstler.

Insbesondere in der Mitte der achtziger Jahre, als Reaktion auf das erneute Ansteigen der Fluchtwelle aus der DDR, war die Frage vieler DDR-Künstler nach dem Verhältnis der Deutschen zu Ungehorsam und Angst hochaktuell. Lutz Dammbeck griff sie in seinem *HERAKLES-Projekt* beherzt auf.

Der offizielle Kulturaustausch, den die DDR mit der BRD vor und nach dem Abschluss des Kulturabkommens bereit war in Gang zu bringen, orientierte sich bezüglich der DDR-Positionen an dem, was bis zum Ende aller Tage gelten sollte: dem Sozialistischen Realismus, der seit Mitte der siebziger Jahre durchaus in diversen »Gestalttypen« (Peter H. Feist) existierte. Noch auf dem X. Kongress des VBK-DDR (1988) steckte Willi Sitte, damaliger Präsident des Künstlerverbandes, die Grenzen ab und bezog sich auf den längst überholten Hofer-Grohmann-Streit: »In einem Land, in dem der Künstler stets gesellschaftlich dazu herausgefordert wurde, sich mit geschichtlicher und gegenwärtiger Wirklichkeit zu beschäftigen, musste sich eine andere Kunst entwickeln als in einem Land, in dem Realismus als künstlerisch unergiebig diskriminiert, in dem ›mit blindwütiger Ignoranz‹, wie Karl Hofer es 1955 formulierte, ›das Gegenständliche als minderwertig‹ bezeichnet wurde. Manchmal muss der Eindruck entstehen, als würde dies von einigen unserer Kollegen vergessen.«[5] Während Willi Sitte einerseits wetterte: »Uns bringt im Ensemble der Künste in unserem Lande kein Nachahmen überholter Dinge voran, die schon seit vielen Jahren auf dem kapitalistischen Kunstmarkt bekannt sind und die dem Werden und Vergehen unterliegen«, versicherte er sich andererseits der Unterstützung seiner Argumentation durch »progressive Kräfte in der BRD«.[6] Gemeint waren etwa Manfred Bluth, Wolfgang Grape, Richard Hiepe, Werner Marschall, Gabriele Sprigath oder Jürgen Weber – Autoren und Autorinnen aus dem Umfeld der Zeitschrift *tendenzen*, von denen einige (Richard Hiepe und Gabriele Sprigath) Ende der siebziger Jahre mit Berufsverbot belegt worden waren.

Konsequent ausgeschlossen wurden beim Ausschreiten des Spielraums aktionistische und prozessuale Kunstformen, Concept Art, avancierte Formen der Fotografie sowie Videokunst. Und das, obwohl »Sozialistischer Realismus« in »Weite und Vielfalt« (Erich Honecker)

*Raketen*, Zwickau 1983

*Musik*, Leipzig 1983

genossen und mehr und mehr als Weltanschauung verstanden, und nicht auf Fragen des Stils oder der ästhetischen Qualität reduziert werden sollte.

Willi Sitte folgte in seiner Argumentation häufig einem der ideologischen Einflüsterer des Künstlerverbandes, Herrmann Raum, dessen Buch *Die bildende Kunst der BRD und Westberlins*[7] seine Abseitsposition als vulgärmarxistischer Staubfänger bis heute unangefochten verteidigen konnte. Auch in Raums Scheuklappenperspektive spielen die medialen und konzeptionellen Erweiterungen der Kunst seit den sechziger Jahren keine Rolle. Für den offiziellen Kunst- und Kulturaustausch hatte das weitreichende Konsequenzen. Ausgetauscht wurde nur, was in den »klassischen« Rahmen passte, also Werke der Malerei, Grafik, Plastik. Von der DDR-Beteiligung an der *4. documenta* (1977) über die Ausstellungen von Willi Sitte und Wolfgang Mattheuer in Hamburg[8] bis hin zur Präsentation von DDR-Kunst in der Neuen Nationalgalerie zu Berlin lange nach der Wende. Immer bot sich das gleiche, eindimensionale Bild. Eine Ausnahme war allerdings die von Beatrice Stammer und Christiane Zieseke für die Neue Gesellschaft für Bildende Kunst, Berlin, kuratierte Ausstellung *Zwischenspiele*, in offizieller Zusammenarbeit mit dem VBK-DDR konzipiert noch vor dem Fall der Mauer, eröffnet in den Tagen der Wende.[9] Unter »DDR-Kunst« wurde noch Ende der achtziger Jahre aus Sicht von Kurt Hager (Sekretär des ZK der SED), Ursula Ragwitz (Leiterin der Abteilung Kultur beim ZK der SED), Hans-Joachim Hoffmann (Minister für Kultur), Dietmar Keller (Staatssekretär im Ministerium für Kultur), Horst Kolodziej (1. Sekretär des VBK-DDR), Willi Sitte und anderen an der Zementierung des Begriffs Interessierten all das subsumiert, was seine höheren Weihen bereits durch verschiedene Juryentscheide im Vorfeld von »Bezirkskunstausstellungen« und den großen »Kunstausstellungen der DDR« in Dresden bekommen hatte. Kunst wurde in der DDR aus einer ständischen Perspektive und über ihre traditionelle Handwerklichkeit juriert. Autonomie, Imagination und Konstruktion spielten eine eher untergeordnete Rolle.

*Am Blauen Wunder*, Dresden 1982

Auf diesen Begriff von »DDR-Kunst«, unverdrossen erpicht auf unverhüllten (deutschen) Ausdruckssinn, konnte sich erstaunlicherweise auch der langjährige Kritiker der *Frankfurter Allgemeinen Zeitung*, Eduard Beaucamp, einigen. Keinen Streit um die Bärte der mehligen alten Männer hinter der Mauer ließ er aus und hielt sich dabei bewusst nicht unabhängig von doktrinären Lagerbildungen. Lob aus seiner Feder ging den Funktionären runter wie Öl und schuf den argumentativen Hintergrund für so manche Debatte im Zentralvorstand des Künstlerverbandes über Möglichkeiten des Kulturaustauschs und der Ausstellungsbeteiligung. In einer Lobeshymne auf Werner Tübke spricht Beaucamp den von der westlichen Postmoderne Enttäuschten aus dem Herzen, wenn er schreibt: »Keine DDR, keine SED, keine Auftragsumstände haben die Lust an Tübkes Kunst verderben können. Seine Bilder elektrisierten früh Ästheten: durch exakte Phantastik und disziplinierte Sensibilität, durch haarscharfe, geschmeidige Genauigkeit, durch stabile Form und irrlichternde Exzentrizität, durch gesellschaftliche Korrektheit und morbide Raffinesse, durch durchdringenden Charme und zauberische Verfremdung. Die Mischung aus Pedanterie, Schönheitsseligkeit und Dekadenz ist unwiderstehlich für spätzeitliche Gemüter, die heute meist mit flachen Banalitäten und ästhetischem Fast Food abgespeist werden.«[10]

Um den Klassenkampf mit Stoßrichtung West an der richtigen Stelle zu intensivieren, entwickelte der VBK Pläne »auf der Grundlage der Beziehungen des VBK-DDR zu progressiven Künstlerpersönlichkeiten in nichtsozialistischen Ländern.« Die Information, wer als »progressiver« Künstler zu gelten hatte, wurde den Ausstellungsmachern per »Ausstellungsdirektive« durchgestellt. Order kam von ganz oben, so auch im Fall des damals noch am Beginn seiner Karriere stehenden Hamburgers Alfred Akkermann (Jahrgang 1951). Zur Sicherstellung der Parteilichkeit des Projekts entschieden die Genossen: »Die kunstwissenschaftliche Vorbereitung der Ausstellung werden wir dem Bremer Kunstwissenschaftler, Genossen Wolfgang Grape, übertragen. Wir unterstützen so einen seit Jahren arbeitslosen Genossen und haben die Gewähr einer guten Zusammenarbeit.« Es nützte auch nichts, dass Grape auf gewisse Startschwierigkeiten bei Akkermann hinwies.[11] Der kulturpolitische Apparat der DDR verlangte nach linientreuen Vorführnummern, besonders von denen, die sich im Westen freiwillig in die weltanschauliche Obhut der Partei begaben. Akkermanns Ausstellung wurde mit leichter Verzögerung schließlich im März 1989 in der Galerie Junge Kunst in Frankfurt/O eröffnet. Sie ist

*Paar mit Luftballons*, Leipzig 1984

wohl kaum wegen ihres »progressiven« Tons euphorisch vom Publikum oder von gleichaltrigen DDR-Künstlern begrüßt worden.

Schokoladenkönig und Weltkunstsammler Peter Ludwig sowie Kunsthändler Dieter Brusberg hingegen handelten nicht im politischen Auftrag irgendeiner Macht. Das sei vorab betont. Ihrem Geschmack und ihrem kaufmännischen Interesse verpflichtet, operierten sie freilich nicht im luftleeren Raum und waren auf Kontakte zu offiziellen Entscheidungsträgern in der DDR, zu Funktionären des Apparats ebenso wie zu Mitarbeitern des staatlichen Kunsthandels, angewiesen. Brusberg hat den in der DDR beargwöhnten Gerhard Altenbourg bei DDR-Gruppenausstellungen im Westen oft gegen die Vorstellungen der Parteistrategen durchgesetzt. Aber zu welchem Preis? Längst war bewiesen, dass sich Sozialistischer Realismus im Westen immer dann bestens verkaufte, wenn er die Grenze zum Kitsch überschritt, denn im Sozialistischen Realismus ist der »Bruch zwischen dem Elitären und dem Kitsch grundsätzlich überwunden«, wie Boris Groys in *Gesamtkunstwerk STALIN* nachweist.[12]

*Ein junges Paar*, Dresden 1983

Dass sich ihr persönliches Interesse an bestimmten künstlerischen Haltungen und Stilen objektiv mit dem Interesse der DDR nach politischer Außenwirkung deckte, ist eine Tatsache. Denn Ludwig und Brusberg sondierten weit mehr im Staatskunst-Terrain als in den Zwischenwelten der Außenseiter oder denen dissidenter Praxis. Der kommerzielle Aspekt ließ sich nicht ohne Passierscheine und das KoKo-Imperium abwickeln. Berufshalber verstrickt und mehr oder weniger bewusst rollenfixiert, kosteten sie ihren Sonderstatus aus. Eine Hand wusch die andere.

Das Nicht-Zugelassene dennoch nach dem Westen zu exportieren gelang nur in verdeckten Operationen, etwa für die Ausstellung *Tiefe Blicke* des Hessischen Landesmuseums in Darmstadt (1985), wobei davon auszugehen ist, dass die Stasi in Gestalt von Horchposten innerhalb der Szene mit von der Partie war, ohne die Gesetzesverstöße an die große Glocke zu hängen. Für Gedrängel zwischen den Welten sorgte Jürgen Schweinebraden in Ost-Berlin mit seiner Wohnzimmer-Galerie, in der in ca. 70 Ausstellungen Künstler wie Bernd & Hilla Becher, Tomas Schmit, Raffael Rheinsberg, Wolf Kahlen und Marcel Odenbach auftraten und sich mit den Cliquen aus Dresden und vom Prenzlauer Berg verbrüderten.

Auch für die von Insidern für Insider in Ost-Berlin herausgebrachte, staatlicherseits nicht lizenzierte (aber auch nicht verbotene) Zeitschrift *SCHADEN*[13] war es ab Mitte der achtziger Jahre normal, Künstlerfreunde aus dem Westen in die Redaktionsarbeit einzubeziehen bzw. Bild- und Textbeiträge von ihnen zur Veröffentlichung zu bringen. Von West-Berliner Seite aus argumentierte das klandestin agierende *Niemandsland. Zeitschrift zwischen den Kulturen* gegen die »geteilte Resignation«.[14]

Ludwigs Leihgaben, die 1977 in die Ost-Berliner National-Galerie implantiert wurden, bildeten dagegen das Dekor für ein schnödes Pokerspiel, in dem beide Seiten auf ihre Kosten zu kommen versuchten. Da es sich um pure Selbstdarstellung eines Sammlers handelte, war diese Kunstbeglückung demokratietheoretisch ungerechtfertigt. Doch weil es nichts Vergleichbares in der DDR gab, konnte Ludwigs Sammlungsausschnitt von DDR-Seite aus exemplarisch als »die Westkunst« ausgegeben werden. Indessen blieb das, wonach die Unangepassten der jüngeren Generation damals suchten – Fluxus, Happening, Aktion, Intermedia, Neue Medien, Raumokkupationen, Environments, Klanginstallationen –, außen vor. Und aufgrund dieser Absage an die neuen, die anderen Schlüssel zum Verständnis der Gegenwart, rückte Ludwig automatisch auf die Positionen der Vormoderne in der DDR zu – welche wiederum vice versa über Ludwigs Oberhausener Projekte *Durchblick I* (1984) und *Durchblick II* (1986) im Westen dokumentiert sind. Diese Art von Kulturaustausch im Sinne einer politischen Theorie der gegenseitigen Anerkennung passte in die Zeit. Von beiden Seiten wurde ideologische Distanz bei gleichzeitiger Kooperation zu gegenseitigem Vorteil signalisiert.

Erst das Hinzusammeln von Ost-Kunst legte den Charakter der Ludwig-Sammlung bloß, die zwar eine Perlenkette exzellenter und mit Weitsicht ausgewählter Kunstwerke enthält, in ihrem Kern – und besonders im damaligen Kontext – jedoch keineswegs progressiven, sondern repressiven Charakters ist. Weil es dem dahinter stehenden

*Männer mit Fahnen,* Leipzig 1983

Sammlerinteresse nicht auf Verstehen, sondern vielmehr auf Kontrolle ankam – auf Berechnung und Berechenbarkeit der Geschäftsbeziehungen, für die die Kunstwerke auserwählt wurden, das Unberechenbare zu dämpfen. Bei Ludwig Unterschlupf gefunden zu haben, bedeutete für manchen DDR-Künstler, etwa im Fall von Hartwig Ebersbach, freilich auch, gegen Repressalien im Inland besser gewappnet zu sein.

Auch wenn es erst so aussah, als ob das Ende der DDR gleichfalls ein Ende traditionsreicher Malerschulen der DDR, etwa der Dresdener und Leipziger, bedeutet hätte – Ausnahmetalent Neo Rauch und Nachwende-Aufsteiger wie Eberhard Havekost, Frank Nitsche, Thomas Scheibitz oder die Mitglieder der LIGA (Tilo Baumgärtel, Tim Eitel, Martin Kobe, Christoph Ruckhäberle, David Schnell, Matthias Weischer u. a.) belegen das Gegenteil. Nämlich, dass der ostdeutsche Malstrom lebendig genug ist, Neues zu stimulieren und Überkommenes darin aufzubewahren. Eine erste gesamtdeutsche Maler-Bande ist im Entstehen.

Das Bewusstsein, sich als Jungkünstler gegen Widerstände – des Betriebs, herrschender Diskurse und Kunstkonzepte – durchsetzen zu müssen, hat diese Künstler schneller reifen lassen. Sie sprechen im Sinne der Tradition. Aber sie tun dies in einer Sprache, die gleichzeitig ganz andere Fragen aufwirft, Fragen, die alle sichtbaren Dinge, Formen und Figuren nicht nur als das interpretieren, was sie zu sein beanspruchen, sondern auch auf die Medien und Hintergründe hin untersuchen, in denen sie zustande kommen.[15]

Ist es Ost-Trotz? Nicht alle der Genannten kommen aus dem Osten. Ist es der genius loci der längst durchgelüfteten Ost-Akademien? Oder ist es nur einfach ein MATRIX-Syndrom und schick, die Auseinandersetzung mit den Vor- und Mitläufern kämpferisch aufzunehmen? Es hat den Anschein, als ob das Ost-Erbe sich nicht länger in Regionalausstellungen verkrümelt. Die junge Generation steigt ein mit ihren »Zonenkind«-Erfahrungen, durchbricht und konterkariert Stile und reißt gleichermaßen DDR-Kunst-Kritiker wie -Verehrer aus ihrer Erinnerungsseligkeit.

*Mann mit Aktentasche,* Leipzig 1983

1 Vgl. *Kulturpolitisches Wörterbuch*, Berlin, 1978, S. 379.

2 Stiftung Archiv der Parteien und Massenorganisationen der DDR im Bundesarchiv (SAPMO), DY 30/JIV2/906/17.

3 SAPMO, DY 30/JIV2/2/2037.

4 s. Anm. 1.

5 Referat des Präsidenten des VBK-DDR, Prof. Willi Sitte, in: *X. Kongress des Verbandes Bildender Künstler der Deutschen Demokratischen Republik*, Berlin, 22.–24.11.1988, Dokumentation, Hg.: Zentralvorstand des VBK-DDR, Berlin 1989, S. 21.

6 Willi Sitte, ebd., S. 23.

7 Leipzig 1977.

8 Jeweils mit großer Publikumsresonanz im Hamburger Kunstverein, Willi Sitte 1974, Wolfgang Mattheuer 1977.

9 22.10.–10.12.1989; gezeigt wurden Malerei und Arbeiten auf Papier, Plastik, Installationen, Objekte und Fotografie – eine Ausstellung, bei der auf unerklärliche Weise möglich wurde, was bis dahin nicht möglich schien: die Präsentation der DDR-Tatsächlichkeiten im Westen, des Quantensprungs, der sich von Dresden, Leipzig, Karl-Marx-Stadt und Ost-Berlin aus vorbereitete, der Überwindung der konzeptionellen und intellektuellen Eingleisigkeit.

10 Eduard Beaucamp: *Zeremonien des Abschieds. Am Ende des Jahrhunderts noch einmal das Welttheater der Malerei: Werner Tübke wird Siebzig*, in: *Frankfurter Allgemeine Zeitung*, 24.7.1999, S. I.

11 Vgl. Stiftung Archiv der Akademie der Künste (SAdK), Berlin, VBK-ZV, 5231/Ausstellung: Alfred Akkermann (Hamburg). Brief von Wolfgang Grape an Barbara Bell, Zentralvorstand des VBK-DDR vom 3.10.1988: »Erlaube bitte, dass ich mit der Vorgeschichte beginne. Wenn ich mich richtig erinnere, dann war jemand vor fast drei Jahren in Hamburg. Der VBK erhielt darauf die Anweisung, für eine Akkermann-Ausstellung in der DDR zu sorgen. Darüber sprachst Du mit mir im Fühjahr 1986 und batest mich, das Projekt zu betreuen. ... Eine weitere Sache ist, dass ich Dir mehrmals sagte, die Ausstellung käme für den Künstler zu früh; Alfred selbst hätte von sich aus bei einem derartigen Unternehmen noch einige Jahre warten sollen. Natürlich – für uns in der BRD sind Alfreds gute Ansätze sehr wichtig; doch reicht das Euch? Wäre jetzt nicht der erste dringende Schritt, Euch selbst über den heutigen Stand zu informieren? Ich habe noch das unerbittliche, z.T. ungerechte Urteil von Raum über unsere Künstler in den Ohren ... es ist nun einmal so, eine Monika Sieveking ist schlichtweg besser als ein Alfred. Auch Du musst von vornherein wissen, was auf uns zukommt. Nach dem Raum-Erlebnis halte ich meinen Kopf auch nicht mehr bedingungslos hin. Rufe doch bitte Gudrun Brüne an; sie besuchte letztes Jahr Alfred im Atelier und erörterte mit ihm seine Werke. ... Ich möchte weiterhin das Akkermann-Projekt betreuen, möglicherweise aber nicht nur mit Lob, sondern auch mit kritischer Distanz. Wie lösen wir jetzt die geschilderte Problematik?«

12 Boris Groys: *Gesamtkunstwerk STALIN*, München 1988, S. 15.

13 Der *SCHADEN* wurde in wechselnder Besetzung hrsg. von Frank Lanzendörfer, Leonhard Lorek, Sascha Anderson, Peter Böthig, Heike Drews, Egmont Hesse, Johannes Jansen, Christoph Tannert, Ulrich Zieger und Axel Rannefeld. 1984–87 erschienen 17 Nummern in Kleinstauflage von 15–40 Exemplaren. Vgl. Ilona Schäkel: *Sudelblatt und Edelfeder. Über den Wandel der Öffentlichkeit am Beispiel der offiziell und inoffiziell publizierten künstlerisch-literarischen Zeitschriften aus der DDR (1979–1989)*, dissertation.de, Berlin 2003.

14 *Die geteilte Resignation*, Interview mit Klaus Staeck von Holger Kulick und Denkzettel aus der DDR, in: *Niemandsland. Zeitschrift zwischen den Kulturen*, Hg.: Wolfgang Dreßen, Eckhard Gillen und Siegfried Radlach im Paul-Löbe-Institut Berlin, Heft 3, 1987, S. 128.

15 Vgl. Niklas Luhmann: *Das Medium der Kunst*, in: *Delfin VII*, 1986, S. 6–15.

# DAS HAMBURG-PROJEKT: ABSCHIED VON DER DISZIPLINÄREN ORDNUNG

VIKTOR MISIANO

## DIE GESCHICHTE DES PROJEKTS

Am 21. Januar 1994 waren im Moskauer Zentrum für zeitgenössische Kunst (ZSI) in der Bolschaja-Jakimanka-Straße 6 die Besucher »zum Auftakt der Ausstellungsphase des Hamburg-Projekts« geladen. So stand es auf der Einladungskarte – eine eher ungewöhnliche Formulierung für eine Kunstexposition, die jedoch einen entscheidenden Hinweis enthielt: Das Hamburg-Projekt hatte längst vor der Ausstellung begonnen.

Im Frühjahr 1993 erhielt das Zentrum für zeitgenössische Kunst die Einladung, an der Internationalen Kunstmesse in Hamburg teilzunehmen, deren damaliger Schwerpunkt die Kunst aus Osteuropa war. Die Einladung des Direktors der Kunstmesse, Rudolf Zwirner, musste der Autor dieser Zeilen, damals leitender Kurator des Zentrums, beantworten, eine Herausforderung, die den gewohnten Rahmen organisatorischer Routine sprengte. Irritierend war eigentlich nicht die Aussicht auf eine Arbeit im internationalen Kontext, da sich die Produktion solcher Ausstellungen bereits gut eingespielt hatte. Prinzipiell neu und aufregend diffizil war dagegen die Aufgabe, im Namen einer Institution aufzutreten und sie mittels einer Kunstausstellung zu repräsentieren, schienen doch die Rahmenbedingungen für eine solche Repräsentation gänzlich zu fehlen. Zu offensichtlich war der ephemere Charakter des Moskauer Zentrums für zeitgenössische Kunst, einer Institution ohne wirtschaftliche Stabilität, soziale Funktion und Unterstützung durch jenen gesellschaftlichen Enthusiasmus der Perestroika, der 1993 schon ganz verschwunden war. Das einzige, worauf das Zentrum damals zurückgreifen konnte, war ein begrenzter Kreis von international orientierten Künstlern, die in ihm eine der wenigen, wenn nicht gar die einzige künstlerische Plattform in Moskau sahen.

Die Feststellung dieser Tatsache wurde zum Ausgangspunkt der gesamten Präsentationsstrategie des Projekts: Es sollten keine einzelnen Arbeiten der Künstler aus diesem Kreis ausgestellt, sondern der Künstlerkreis selbst sollte präsentiert werden, und zwar als soziales Gefüge und substanzielle Grundlage der Institution.

Somit begann die präexpositionelle Phase des Projekts in dem Moment, als Anfang Mai 1993 die Kuratoren des Zentrums[1] acht Künstler in ihr kleines Büro einluden, die in der damaligen Moskauer Kunstszene eine Schlüsselrolle spielten. Entgegen der üblichen Praxis schlug man Dmitri Gutow, Wladimir Kuprijanow, Juri Lejderman, Anatoli Osmolowski, Ilja Piganow[2], Guia Rigvava, Alexej Schulgin und Wadim Fischkin vor, mit den Kuratoren nicht über einzelne Arbeiten, sondern über eine ganze Reihe von Grundsatzproblemen der institutionellen Präsentation zu diskutieren. Mit anderen Worten, die Kuratoren boten den Künstlern an, mit ihnen die Verantwortung zu teilen, und zwar nicht so sehr für die Ausstellung, sondern vielmehr für den Aufbau der gesamten Institution.

An die Künstler wurden folgende Fragen gerichtet : Wie stellen Sie sich die ideale Künstlerinstitution vor? Wie soll das ZSI in Zukunft aussehen? Lässt sich dieses ideale Modell einer Institution in ein Kunstprojekt umsetzen? Kann dieses Projekt mit gemeinsamen Kräften, in einem Dialog, in gleichberechtigter Kooperation realisiert werden? Und schließlich: Ist ein kollektives Werk überhaupt möglich? Kann die aktuelle Situation überhaupt Projekte hervorbringen, und zwar keine negativen Dekonstruktionsprojekte, sondern positive, konstruktive Projekte?

Die Erörterung dieser Fragen, die sich in mehreren regelmäßigen Treffen über drei Monate hinzog, war von paradoxer Eigendynamik. Die von den Künstlern erklärten Positionen berührten sich in keinem Punkt, doch gerade dies entfachte die polemische Intensität und kreative Leidenschaft der Gespräche immer wieder neu.

Konkretes Ergebnis der Diskussionen war ein Arbeitsmodell eines Ausstellungsprojekts, das sich im Wesentlichen folgendermaßen gestaltete: Jeder Künstler legte auf den kleinen Glastisch – das Zentrum unserer stundenlangen Debatten – einen kleinen Gegenstand, der für den jeweiligen Künstler persönlichen Symbolcharakter hatte. In der spontan entstandenen Arbeitsterminologie nannten die Künstler diese Gegenstände »wesenhafte Objekte«, während das gesamte Vorhaben fortan »Hamburg-Projekt« hieß. Später, als wir den Tisch mit den »wesenhafte Objekten« in der Mitte des leeren Ausstellungsraums des ZSI aufstellten, beschlossen wir, den Arbeitstitel zum offiziellen Namen des Projekts zu machen.

Nach der Eröffnung »zum Auftakt der Ausstellungsphase des Hamburg-Projekts« am 21. Januar 1994 bekamen die Künstler die Schlüssel zu den Räumen des Zentrums und die Erlaubnis, sie jederzeit zu betreten. Die Künstler stellten neue Objekte und Installationen auf, welche die bereits vorhandenen Arbeiten der übrigen Teilnehmer kommentieren sollten. Mit anderen Worten, die zunächst verbal geführte Diskussion nahm nunmehr die Form einer Projektarbeit an.

*Wesenhafte Objekte*, Hamburg-Projekt, Moskau 1994 (F: anonym)

Für dieses kuratorische Experiment sollte jedoch noch anderes wesentlich sein. So waren die Künstler derart in den internen Dialog vertieft, dass sie dem Kontakt mit der Außenwelt keine Beachtung mehr schenkten: Sie verzichteten auf Ausstellungstexte und -schilder und blieben auf diese Weise für die Besucher anonym. So behielt die Ausstellung den Charakter einer kollektiven Installation, selbst als sie sich über vier Säle des Zentrums ausgedehnt hatte. Ungewöhnlich war dabei auch die Rolle des Kurators: Nachdem er das Projekt initiiert hatte, blieb er zunächst ein gleichberechtigter Teilnehmer der Diskussion, bis die Künstler ihm anboten, die Moderation zu übernehmen. So wurde am 21. April 1994 gemeinsam festgestellt, dass das Projekt sich überlebt habe – fast ein Jahr nach dem ersten Treffen im Büro der Kuratoren.

Es bleibt nur hinzuzufügen, dass zu diesem Zeitpunkt die Hamburger Kunstmesse längst vorbei und das Hamburg-Projekt dort nicht gezeigt worden war.

### DIE KRISE DER DISZIPLINARKULTUR

Wenn eine Institution zur Klärung ihrer eigenen Legitimität Personen einlädt, die traditionsgemäß vom Funktionieren dieser Institution abhängig sind, ist dies zweifellos ein Symptom einer Identitätskrise. Die Krise des Zentrums für zeitgenössische Kunst und des Moskauer Künstlerkreises war ein Teil des allgemeinen Zerfalls der sowjetischen Disziplinargesellschaft. Deswegen war das Hamburg-Projekt vor allem der Versuch, eine Institution nicht-disziplinär funktionieren zu lassen.

In einer disziplinär strukturierten Gesellschaft werden Institutionen als Gegebenheit empfunden. Ihr Funktionieren wird – gebraucht man einen Begriff von Michel Foucault – vom *Dispositiv* gesteuert, das gesellschaftliche Normen und Praktiken, ihre Spezifizierung, Stratifikation und Hierarchie vorgibt. Im Laufe des Hamburg-Projekts vollzogen seine Teilnehmer – der Kurator und die Künstler – genau genommen den programmatischen Verzicht auf die unreflektierte Ausübung ihrer professionellen Funktionen. Sie diskutierten diese und überschritten so ihre disziplinär vorgegebenen Grenzen. Denn innerhalb der disziplinären Kultur sind die Bereiche der Produktion und der Freizeit getrennt, die Produktion manifestiert sich im erzielten Resultat und nicht im flüchtigen Diskurs einer Unterhaltung.

*Kollektive Installation,* Hamburg-Projekt, Moskau 1994 (F: anonym)

Ein weiteres Symptom der nicht-disziplinären Natur des Hamburg-Projekts war der programmatische Verzicht auf jegliche Hierarchie. Entscheidungen, die traditionell in der Macht der Kuratoren liegen, vor allem die Verteilung der Ausstellungsfläche unter den einzelnen Künstlern, wurden hier gemeinsam gefällt.

Natürlich kam das Hamburg-Projekt nicht ganz ohne die alleinige Entscheidung des Kurators aus, schließlich hatte es mit der Auswahl von acht Künstlern durch eben diesen Kurator begonnen. Jedoch folgte diese Auswahl nicht der Logik des disziplinären Dispositivs, denn sie folgte nicht dem üblichen Ziel eines Kurators, die eingeladenen Künstler einem Trend, einer Richtung oder einer Gruppe zuzuordnen.

Dies belegt noch ein weiteres charakteristisches Merkmal des Hamburg-Projekts: sein Name. Er war zufällig, diente den Teilnehmern als Arbeitstitel und hob den programmatischen Vorrang einer internen »konfidentiellen Kommunikation«[3] gegenüber einer Kommunikation nach außen hervor. Dieses Projekt diente keinem vorab festgelegten Diskurs. Im Gegenteil, es war so angelegt, dass sein Diskurs sich im Laufe der Projektrealisierung erst herausbilden konnte.

Schließlich war der am wenigsten disziplinäre Zug des Hamburg-Projekts die Tatsache, dass die Auswahl durch den Kurator keinen Anspruch auf Objektivität erhob. Ein solcher Anspruch gehört aber unabdingbar zum disziplinären Wissen, das strenge Kriterien der Professionalität vorgibt. Im Fall einer Krise der disziplinären Ordnung verfügt der Kurator jedoch über keine äußeren Argumente zur Legitimation seines professionellen Status, sodass die Wahl zwangsläufig subjektiv wird. Bei der Gründung der Gruppe, die ihrerseits mittels Kommunikation eine berufliche Gemeinschaft konstituieren sollte, ließ sich der Kurator von nicht-professionellen Kriterien leiten, wie etwa von menschlicher Sympathie und freundschaftlicher Zuneigung.

### ZWISCHEN PLURALITÄT UND BIOPOLITIK

Das wichtigste Merkmal einer freundschaftlichen Bindung besteht in deren Individualität: Der andere wird angenommen, nicht weil er gewissen abstrakten Eigenschaften entspricht, sondern um seinetwillen. Da die Tätigkeit des Kurators über die disziplinäre Organisationsform der Kultureinrichtungen hinausgeht, wird sie mit den Phänomenen der Pluralität und der Singularität konfrontiert. Was früher von überindividuellen Konstrukten absorbiert wurde – Begriffen wie Trends, Richtungen und allerlei modernistischen Ismen –, zerfällt heute in »Tausend Plateaus«.

Nicht eingegliedert und nicht erfasst waren früher lediglich marginale Erscheinungen, die noch keine Objekte der disziplinären Ordnung geworden waren. Zu den Aufgaben des Kurators gehörte es, eben diese Phänomene zu erfassen und in den Gesamtkontext einzugliedern. Heute finden sich Singularität und Pluralität unmittelbar im Zentrum der zerfallenen Ordnung wieder. Gerade deswegen konnte das Hamburg-Projekt polare Künstlerpersönlichkeiten zusammenführen, die weder stilistisch noch thematisch, noch ideologisch etwas gemein hatten und nur auf interaktive und prozessuale Weise verknüpft werden konnten.

Die Krise herkömmlicher Ausstellungen, die autarke Kunstobjekte in einem Ausstellungsraum präsentieren, ist bedingt durch den Verlust eines gemeinsamen symbolischen Horizonts. Da Einzelarbeiten in persönlichen Kontexten verwurzelt sind, sind sie kaum noch zur Kommunikation untereinander fähig. Deshalb setzte das Hamburg-Projekt die körperliche Anwesenheit des Künstlers im Ausstellungsraum voraus. Es stellte also nicht nur die Kunstobjekte aus, sondern auch den Prozess ihres Entstehens und die leibhaftigen Träger der jeweiligen Erfahrung dahinter. Außerdem wurde der individuelle Kontext durch einen kollektiven erweitert, der infolge einer gemeinsamen Aktion entstanden war. Keines der im Laufe des Hamburg-Projekts entstandenen Objekte konnte einen solipsistischen Status für sich beanspruchen: Jedes einzelne wurde von einem anderen erzeugt und generierte seinerseits ein weiteres. Im Mittelpunkt der Bemühungen der Künstler stand nicht die Schaffung einzelner Objekte, sondern die Inszenierung ihrer Koexistenz.

### ONTOLOGIE UND ARBEIT

Das auf Interaktion und Prozesshaftigkeit fußende Hamburg-Projekt brachte ein neues Verständnis des Künstlers hervor. Dieses Projekt widersteht dem asozialen Verständnis künstlerischer Tätigkeit: Die Arbeit des Künstlers »für sich selbst«, der Kult der »abgeschiedenen Werkstatt«, der Mythos der »fatalen Einsamkeit des Schöpfers« usw. sind ihm fremd. Das Hamburg-Projekt zeigte, dass es keinen Künstler außerhalb einer Gemeinschaft, keine künstlerische Tätigkeit ohne soziales Verständnis und keinen individuellen Autor ohne einen anderen geben kann.

Da der Künstler notwendigerweise ständig im Ausstellungsraum auftauchte, etwas herrichtete und bastelte, eine neue Erweiterung an der kollektiven Installation vornahm, geriet er unweigerlich ins Blickfeld des Ausstellungsbesuchers. Das hatte es zuvor in Moskau noch nie gegeben, schließlich sieht man in einer herkömmlichen Ausstellung nicht die Arbeit, sondern das Produkt. Gewöhnlich wissen wir nicht, wie lange ein Künstler an seinem Werk gearbeitet, wie viel Mühe es ihn gekostet hat usw. All dies hat im üblichen Ausstellungskontext keinen Platz. Das Werk war sonst entweder Dokument eines dramatischen Schöpfungsakts oder bloßer Träger der Signatur seines Urhebers; weder das eine noch das andere setzt die physische Präsenz des Künstlers voraus.

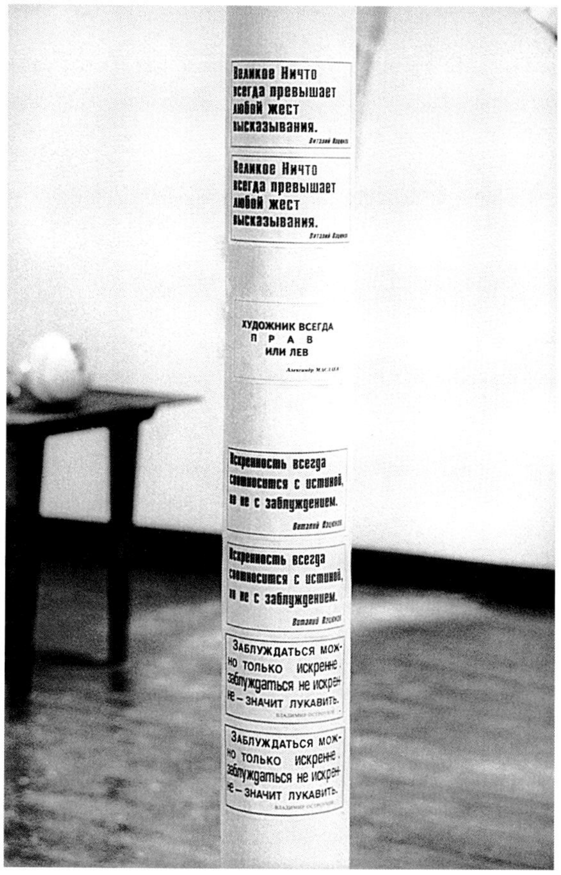


Ohne Titel, Objekt des Hamburg-Projekts, Moskau 1994 (F: anonym)

Hier jedoch erschien das Werk als entromantisierte Arbeit. Ein Hinweis darauf ist auch die von den Künstlern gewählte »ärmliche« Poetik ihrer kollektiven Installation: primitive Konstruktionen und Alltagsmaterialien – Sperrholz, Zeitungsausschnitte, Haushaltsgegenstände usw. Die praktische Arbeit selbst wurde zum Mittelpunkt des Projekts: Sie bestimmte seinen Verlauf, führte die voneinander unabhängigen Künstler zusammen und gab den Ton für ihren Dialog an, stellte körperliche Anstrengung und intellektuelles Streitgespräch auf eine Ebene und war letztendlich Grundlage der Sozialisation. Da die Arbeit nun zur Domäne des aus der disziplinären Ordnung befreiten Subjekts wurde, erhielt sie ontologischen Status.

Gleichzeitig bedeutet die Befreiung aus der disziplinären Ordnung auch eine Freiheit von vorgegebenen Normen und starren Einschränkungen. Das Hamburg-Projekt als Prozess kannte somit keine äußeren Grenzen, die Dynamik der Arbeit hatte kein festgelegtes Maß. Früher hatte die institutionelle Praxis verlangt, dass ein Projekt den vorab festgelegten Fristen und Ausstellungsräumen gerecht wurde. Im Hamburg-Projekt konnten sich die Künstler den Raum aussuchen und zu jeder für sie passenden Zeit arbeiten. Antidisziplinär in seinem Wesen, postulierte das Hamburg-Projekt die Freiheit von jeder Art Metaphysik.

*Die Erde hat die Form eines Koffers,* Objekt des Hamburg-Projekts, Moskau 1994 (F: anonym)

Daneben wollte sich das Projekt auch nicht auf eine bestimmte Gruppe von Mitgliedern festlegen. Im Laufe der Projektrealisierung schlossen sich ihm weitere Teilnehmer an, darunter die Künstler Wladimir Archipow und Juri Chorowski sowie der Kritiker Witali Pazjukow. Diese programmatische Offenheit ist äußerst signifikant. Das Projekt war bereit, immer neue Teilnehmer zu berufen und wurde damit zur Metapher einer neuen globalen Gemeinschaft. Das Einzige, was im Hamburg-Projekt von einem potenziellen Teilnehmer erwartet wurde, war seine praktische Mitwirkung, die physische Präsenz seiner selbst sowie seiner Arbeit.

Wesentlich ist dabei, dass ein neues Objekt, sobald es in die Ausstellung aufgenommen und in den interaktiven Austausch einbezogen wurde, nicht mehr schadlos aus dem Projekt entfernt und durch ein anderes ersetzt werden konnte, denn sämtliche Bestandteile der Installation waren miteinander verbunden. Auch darin unterscheidet sich das Projekt von den üblichen Ausstellungen, wo jedes Werk durch ein vergleichbares ersetzt oder einem Künstler die Teilnahme zugunsten eines anderen verweigert werden kann. Das Hamburg-Projekt als Metapher einer neuen globalen Gemeinschaft stellte eine Einheit dar, in der keiner ersetzbar war.

Man muss jedoch auch klarstellen: Das Hamburg-Projekt lehnte keinesfalls das Maß als solches ab, sondern lediglich vorweg festgelegte Normen. Davon zeugen die Anforderungen, die die Teilnehmer an die Qualität der von ihnen geschaffenen Objekte stellten. Mit ihrer unbedarften Technologie und handwerklichen Einfachheit standen diese Arbeiten im klaren Widerspruch zu den äußeren Kriterien der Markt- und Museumsqualität, erfüllten jedoch auf adäquate Weise die innere Bestimmung des Projekts, Medium im internen Dialog der Künstler zu sein. Genauso folgte die Dynamik, mit der neue Objekte in der Ausstellung auftauchten, nicht irgendeinem vorgegebenen Zeitplan, sondern dem natürlichen Rhythmus der Diskussion. Und irgendwann beschlossen die Teilnehmer des Projekts selbst, dass seine Möglichkeiten ausgeschöpft seien und es demnach zu beenden war. All das bedeutete, dass die Ontologie nun nicht mehr außerhalb der Erfahrung lag; die ontologische Ordnung wurde durch den Verlauf des Arbeitsprozesses bestimmt.

## DAS HAMBURG-PROJEKT UND DER MOSKAUER AKTIONISMUS

Die schöpferische Utopie des Hamburg-Projekts deckte nicht die gesamte russische künstlerische Szene der neunziger Jahre ab. Als unmittelbarer Kontrapunkt zum kollektiven Betrieb der Künstler im Zentrum für zeitgenössische Kunst in der Jakimanka-Straße kann der so genannte Moskauer Aktionismus gesehen werden, der am Anfang des letzten Jahrzehnts von Anatoli Osmolowski initiiert und bald von Alexander Brener sowie Oleg Kulik aufgenommen und dann von vielen anderen fortgesetzt wurde. Der für die Teilnehmer des Hamburg-Projekts ausschlaggebenden Idee des gemeinsamen künstlerischen Prozesses setzten die Moskauer Aktionisten das individuelle Risiko entgegen, dem Pathos der Arbeit die soziale Provokation, der Schaffung eines autonomen Raums den Durchbruch nach außen, in die mediale Welt.

Das Hamburg-Projekt versuchte der disziplinären Gewissheit zu entkommen und bot deswegen außer dem Eintauchen in den internen Dialog seiner Teilnehmer kein äußeres programmatisches Ziel, verkündete keine Losungen oder Ideologeme. Zur gleichen Zeit proklamierten die Moskauer Aktionisten ganz konkrete Ziele: die Eroberung des Establishments, den Durchbruch im Westen, den Erfolg in den Medien; sie hatten sich der Revolution, dem Staat, dem Markt verschrieben.

Versteckt hinter einem Namen ohne ideologische Färbung, bot das Hamburg-Projekt hingegen lediglich absolute Offenheit für die schöpferische Freiheit des anderen. Ganz und gar von der inneren Diskussion hingerissen, brauchte es keine äußere Polemik, etwa die Kritik der neoliberalen Ideologie, der Institutionen usw. Da es jedwede Ziele und pragmatische Funktionalität ablehnte, befand es sich außerhalb jeglicher Institutionen und außerhalb der Logik des Kapitals.

Dass die heutige Epoche nicht von disziplinären Normen, sondern von der »Biopolitik« bestimmt wird – um einen von Michel Foucault geprägten Begriff aufzunehmen – war nicht nur den Teilnehmern des Hamburg-Projekts klar, sondern auch den Vertretern des Moskauer Aktionismus. Es geht dabei um das Entstehen einer neuen gesellschaftlichen Ordnung, welche die Existenz eines Individuums, sein Bewusstsein und seinen Körper ihrer Kontrolle zu unterwerfen versucht. Die Ganzheit des Soziums wird fortan nicht mehr durch disziplinäre Regeln, sondern durch die »Verwaltung des Lebens« erhalten. So verzichteten die Teilnehmer des Hamburg-Projekts schließlich auf die Herstellung von Kunstobjekten und wandten sich der »Verwaltung« ihres eigenen Lebens zu.

Dabei berücksichtigten sie jedoch nicht, dass die Logik der neuen Macht die Errichtung einer »Gesellschaft der Kontrolle« beabsichtigte, wobei sie diese nicht durch festgelegte Normen fesseln, sondern sich selbst in einem System repressiver Handlungen manifestieren würde.

So gesehen, befand sich das Hamburg-Projekt in einer konsequenten Opposition: Während die Moskauer Aktionisten die Macht zu repressiven Maßnahmen provozierten und ihr damit ermöglichten, sich zu manifestieren, entglitt der geschlossene Dialog des Hamburg-Projekts der Macht und enttäuschte ihr Bestreben nach Konsolidierung und Manifestation. Wandte sich der Aktionismus an die Medien und lebte den Dialog mit ihnen aus, so bot das Hamburg-Projekt eine andere Form der Kommunikation: einen intimen, von persönlicher Erfahrung geprägten Dialog. Während der Aktionismus das temporale Kommunikationsdiktat der Medien übernahm, das Diktat der momentanen sensationellen Ereignisse, bestand das Hamburg-Projekt auf einem anderen Zeitgefühl: Es dehnte ein Ereignis auf Monate aus und beraubte es jeglicher Sensationalität. Verbündete sich der Aktionismus mit den Medien, um sich kurzfristig Zugang zu den globalisierten Informationsströmen zu verschaffen, so bot das Hamburg-Projekt das utopische Arbeitsmodell einer globalen Gemeinschaft.

## KONSTITUIERENDE UND KONSTITUIERTE VERMITTLUNG

Ebenfalls signifikant für den Dialog der Künstler im Ausstellungsraum des ZSI war die Tatsache, dass dieser Dialog ohne Vermittler stattfand: Die Künstler entschieden selbst, an wen die jeweilige Botschaft gerichtet war und wo, wie und wann sie im Ausstellungsraum platziert werden sollte. Dabei war die Vermittlung das wichtigste metaphysische Dispositiv der disziplinären Kultur gewesen, das zwischen dem Subjekt und der Natur bzw. zwischen zwei Subjekten unbedingte Zwischeninstanzen voraussetzte. Im Kunstbereich sollte der Kurator eine dieser Instanzen sein. Der Kurator gab die Dramaturgie der Ausstellung vor, er war ihr absolutes Zentrum: Schließlich kommunizieren die Künstler bei einer herkömmlichen Ausstellung in erster Linie mit dem Kurator und erst dann miteinander. Außerdem neigt der Kurator dazu, stets neue derartige Zwischeninstanzen zu schaffen: Einzelne Werke werden durch Ausstellungsräume und Wände getrennt und durch Katalogtexte und Interpretationen voneinander entfernt. Im Hamburg-Projekt wurde die biopolitische Kommunikation unmittelbar geführt: Jeder vermittelte hier für jeden.

Mit dem Zerfall der disziplinären Ordnung verschwindet die Vermittlung nicht, im Gegenteil: Sie wird zum totalen Zustand des Soziums und der künstlerischen Gemeinschaft. Mehr denn je sind diejenigen gefragt, die entgegengesetzte Singularitäten zu einem Dialog zusammenzuführen und bei der Entstehung neuer dialogischer, sich selbst generierender Projekte zu vermitteln vermögen. Das bedeutet aber auch, dass der Status des Kurators und der Sinn seiner Arbeit sich heute verändern: Seine Aufgabe läuft nicht mehr auf die Schaffung eines statischen Objekts, also einer stationären Ausstellung hinaus. Vielmehr geht es ihm darum, einen Prozess in Gang zu setzen, der in seinem Verlauf neue Verknüpfungen herstellt. Das heißt, der moderne Kurator ist »ein konstituierender«, kein »konstituierter Vermittler«[4]. Und das wiederum bedeutet, dass der Kurator den Rahmen für einen Dialog setzen muss, dessen spontane Weiterentwicklung er jedoch nicht stören darf; er soll einen auslösenden Impuls für den Prozess geben, im Weiteren aber nicht versuchen, ihn unter Kontrolle zu bringen. Der Auftrag des Kurators schließt heute somit auch die Aufgabe ein, sich rechtzeitig zurückzuziehen.

*Übersetzung: Irena Akopjan, Alexej Khairetdinow, M. David Drevs*

1 Zweiter leitender Kurator des Zentrums für zeitgenössische Kunst war damals Wladimir Lewaschow.

2 Ilja Piganow verließ das Projekt freiwillig noch während der »präexpositionellen Phase«.

3 Das Problem der »konfidentiellen Kommunikation« und einer »konfidentiellen Gemeinschaft« habe ich in einer eigenen Arbeit erörtert: *The Institutionalisation of Friendship*, in: *Transnacionala*, Ausst.-Kat. Študentska organizacija Univerze, Ljubljana 1999, S. 182–192, auf Russisch: *Institutionalizacija družby*, in: *Chudožestvennyj žurnal*, Nr. 28/29, 2000, S. 39–46.

4 Die Begriffe (im Original: »médiateur constituant« und »médiateur constitué«) verdanke ich Dieter Lesage und seinem Text *Y a-t-il un médiateur dans l'empire?*, den ich im Manuskript gelesen habe.

# ARCHITEKTUR ¬ DENKMAL

# HAUPTSTADT BERLIN

## ZUR PRAXIS UND SYMBOLIK BAULICH-RÄUMLICHER HAUPTSTADTINSZENIERUNG IM GETEILTEN UND VEREINTEN BERLIN

BRUNO FLIERL

Die Entwicklung Berlins zur neuen deutschen Hauptstadt in der zweiten Hälfte des 20. Jahrhunderts – nach der Befreiung Deutschlands vom Nationalsozialismus 1945 – vollzog sich in zwei Etappen: zunächst im geteilten Berlin, seit 1990 im vereinten Berlin. Das war nicht nur gesellschaftlich, sondern auch baulich-räumlich ein überaus widersprüchlicher Prozess praktischer und zugleich auch eminent symbolischer Stadtinszenierung.

Mit dem Untergang des Deutschen Reiches versank auch seine Reichshauptstadt Berlin in den Trümmern des Zweiten Weltkriegs – samt der von Adolf Hitler und seinem Architekten Albert Speer verfolgten Träume einer Welthauptstadt Germania. Danach war Berlin zunächst eine von den Alliierten der Anti-Hitler-Koalition besetzte und in vier Sektoren geteilte Stadt – analog zur Teilung Deutschlands in vier Besatzungszonen, allerdings mit dem Unterschied, dass sich das geviertelte Berlin inmitten der sowjetischen Besatzungszone befand. Die in Berlin unter der Obhut der Siegermächte institutionalisierte deutsche Stadtverwaltung war anfangs für die Stadt insgesamt zuständig, zerbrach jedoch an deren politischen Spannungen im weltweit beginnenden Kalten Krieg. Das führte 1948 zur Spaltung der Stadt in West-Berlin als dem Bereich der westlichen Mächte – USA, Großbritannien und Frankreich – und in Ost-Berlin als dem Bereich der östlichen Macht – Sowjetunion – mit jeweils eigenen kommunalen Verwaltungen. Nachdem dann im Prozess wachsender Widersprüche zwischen Ost und West im August 1949 auf dem Territorium der drei Westzonen Deutschlands die Bundesrepublik Deutschland mit Bonn als Hauptstadt und kurz darauf im Oktober in der Ostzone Deutschlands die Deutsche Demokratische Republik mit Ost-Berlin als Hauptstadt entstanden waren, erlangte Berlin – ein Teil von Berlin – wieder Funktionen einer Hauptstadt.

In dieser ersten Etappe Berlins als Hauptstadt blieb West-Berlin – seiner politischen Konstitution nach kein Teil der Bundesrepublik – ohne Hauptstadtfunktion. Als Insel im Territorium der DDR behauptete es sich mit Hilfe des Westens als Frontstadt, vor allem während der Blockade 1948/49, und festigte sich später als Schaufenster des Kapitalismus gegenüber der östlichen Welt des Sozialismus. Ost-Berlin inszenierte sich als Hauptstadt der DDR mit seinem gesellschaftspolitischen Zentrum genau am Ort der alten Staatsmitte im historischen Kern der Stadt, der ihm durch die Teilung zugefallen war.

Eine solche Entwicklung zweier Städte unterschiedlicher, ja entgegengesetzter Gesellschaftsordnungen auf dem Boden einer ehemals homogenen Stadt konnte angesichts zunehmender Konflikte zwischen den hinter ihnen stehenden Supermächten in Ost und West nicht lange gut gehen – zumal bei offenen Grenzen. Der Bau der Mauer 1961 rings um West-Berlin – innerstädtisch wie randstädtisch – war die tragische Folge. Erst mit der Beendigung des weltweiten Kalten Krieges Ende der achtziger Jahre konnte auch die Ost-West-Konfrontation in Europa, vor allem in Deutschland und in Berlin überwunden werden. Die kaum so schnell erwartete Gelegenheit dazu kam, als die DDR im Herbst 1989 implodierte, ein Jahr später ihre staatliche Existenz aufgab und der Bundesrepublik Deutschland beitrat.

Im Vereinigungsvertrag beider deutscher Staaten – unterzeichnet am 3. Oktober 1990 – wurde Berlin als Hauptstadt im vereinten Deutschland festgeschrieben. Damit begann die zweite Etappe Berlins als Hauptstadt: zunächst formell, denn Regierung und Parlament blieben ja noch in Bonn; bald danach aber reell, nachdem der Deutsche Bundestag im Juni 1991 Berlin auch zum Sitz von Regierung und Parlament erklärt und den Umzug der Hauptstadt-Institutionen von Bonn nach Berlin beschlossen hatte.

Diese in zwei Etappen verlaufene Hauptstadtwerdung Berlins nach dem Zweiten Weltkrieg ist heute, zu Beginn des 21. Jahrhunderts, für viele – zumal für eine junge Generation – als Raum und Stein gewordene Geschichte kaum noch nachvollziehbar.

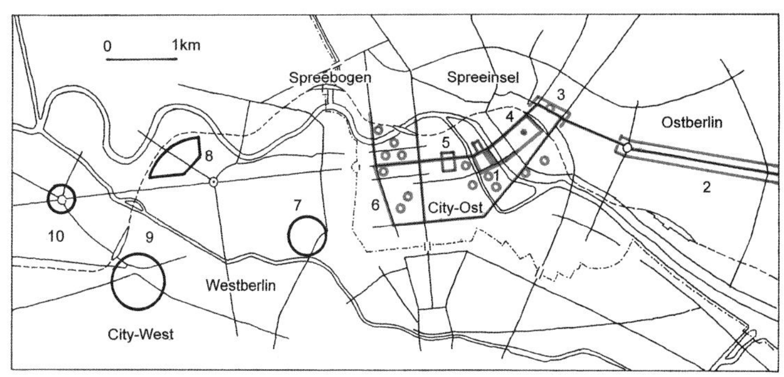


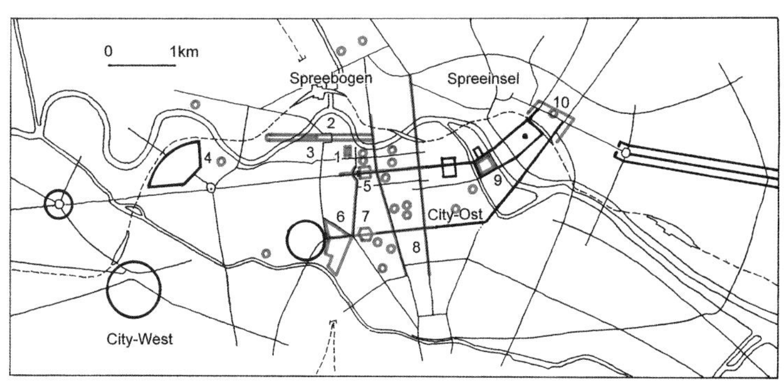


**ORTE DER BAULICHEN INSZENIERUNG**

Oben: West-Berlin und Berlin, Hauptstadt der DDR

1 Palast der Republik
2 Karl-Marx-Allee
3 Alexanderplatz
4 Fernsehturm
5 Forum Fridericianum
6 Otto-Grotewohl-Straße
7 Kulturforum
8 Hansaviertel
9 Bahnhof Zoologischer Garten, Kurfürstendamm
10 Ernst-Reuter-Platz

Kleine Kreise: Ministerien der DDR

Unten: Die vereinigte Hauptstadt Berlin

1 Reichstagsgebäude
2 Band des Bundes
3 Kanzleramt
4 Schloss Bellevue
5 Pariser Platz mit Brandenburger Tor
6 Potsdamer Platz
7 Leipziger Platz
8 Friedrichstraße
9 Schlossplatzareal
10 Alexanderplatz

Kleine Kreise: Bundesministerien

## HAUPTSTADT DER DDR 1949–1990

Ost-Berlin wurde Hauptstadt mit der Gründung der DDR am 7. Oktober 1949. Knapp ein Jahr später lag mit dem »Aufbauplan« der erste städtebauliche Plan für das Hauptstadtzentrum vor. Er enthielt bereits die für die weitere Entwicklung wesentlich gebliebenen neuen Ansprüche: Die neue Gesellschaft wollte ihre eigene Zentralität am zentralen Ort der Stadt »Mitte Spreeinsel« entfalten, genau dort, wo sich über Jahrhunderte der repräsentative Herrschaftsort Preußens und Deutschlands bis 1918 befunden hatte und wo nun – nach den Bombenangriffen noch in den letzten Tagen des Krieges – das einstige Schloss der Hohenzollern in Ruinen lag. Am Ort früherer Macht sollte die neue Macht des »Staates der Arbeiter und Bauern« – wie die DDR sich selbst verstand – stadträumlich und baulich wirksam inszeniert werden: mit einem großen »Zentralen Platz« und einem repräsentativen Gebäude für die Regierung und die Volkskammer als dem »Zentralen Gebäude« der Stadt und des Staates. Die Wahl dieses Standortes war aus zwei Gründen erfolgt: Erstens, weil die seit Mitte des 19. Jahrhunderts charakteristische Tendenz der so genannten Westwanderung der Regierungsstandorte von der historischen Mitte zur Wilhelmstraße und über sie hinaus wegen der entstandenen innerstädtischen Grenze nicht fortgesetzt werden konnte; zweitens, weil das gewünschte Zentrale Gebäude ganz nach sowjetischem Vorbild möglichst im Herzen der Stadt – also Ost-Berlins – als Hochhaus und damit als Stadtkrone und Staatskrone zugleich errichtet werden sollte. Angesichts einer solchen Bauaufgabe bestand für einen Wiederaufbau des ruinösen Schlosses keine ökonomische Voraussetzung, vor allem aber keinerlei politisches Interesse. So kam es Ende 1950 zum Abriss der Schlossruine und an deren Stelle zur Anlage eines großen Platzes, der dann am 1. Mai 1951 als Marx-Engels-Platz eingeweiht wurde. Das jenseits der Spree vorgesehene Zentrale Gebäude, für das Richard Paulick Ende 1951 einen Entwurf nach dem Vorbild der Moskauer Hochhäuser, ähnlich auch dem Palast der Kultur und Wissenschaften in Warschau, angefertigt hatte, wurde trotz immer neuer Entwürfe anderer Architekten jedoch nie gebaut, zuerst aus ökonomischen Gründen, später infolge veränderter Vorstellungen über bauliche Machtdemonstration.

Der Ort auf der Spreeinsel sollte aber nicht nur selbst eine neue gesellschaftliche Wertsetzung erhalten, sondern auch auf neue Weise mit der Stadt verbunden werden. Es ging darum, diesen Ort, der von der Geschichte her mit dem Westen der Stadt strukturell immer besser in Beziehung gestanden hatte als mit dem Osten, nun aber infolge der Teilung der Stadt außerhalb von West-Berlin und zugleich azentral in Ost-Berlin lag, auch mit dem Osten der Stadt wirkungsvoll zu verbinden. Die Idee einer verkehrsmäßig effektiven und zugleich repräsentativen Ost-West-Verbindung durch die ganze Stadt hatte Stadtplanern schon seit Beginn des 20. Jahrhunderts mit der Anlage einer so genannten Ost-West-Achse vorgeschwebt. Ihre praktische Umsetzung aber war ausgeblieben. Die DDR griff diese Idee auf und realisierte in den frühen fünfziger Jahren mit dem Aufbau entlang der Frankfurter Allee – später dann mit deren Verlängerung bis zum Alexanderplatz – den Ostarm dieser Ost-West-Achse. Ihre repräsentative Gestaltung mit Wohnungsbauten entlang einer bestimmenden Magistrale verweist auf das sowjetische Städtebaumodell der Nachkriegszeit. Ihr Name Stalinallee bezeugt dies nachdrücklich. Die traditionelle Architektursprache der elfgeschossigen und bis zu 200 Meter langen Wohngebäude auf beiden Seiten dieser Straße wurde von der führenden Staatspartei und vom Staat als dem neuen gesellschaftlichen Auftraggeber – nicht zuletzt durch Walter Ulbricht persönlich – gegen zuvor praktizierte moderne Architekturkonzeptionen autoritär durchgesetzt. Heute, im vereinten Deutschland, steht

Stadtzentrum Berlin um 1940. Baubestand vor Kriegszerstörung mit Einzeichnung (rot) der geplanten Nord-Süd-Achse der »Welthauptstadt Germania« (1942)

diese große Straße der DDR-Hauptstadt – die 1961 den Namen Karl-Marx-Allee erhielt – unter Denkmalschutz.

West-Berlin und die Bundesrepublik sahen all diesen Projekten und Baumaßnahmen der fünfziger Jahre in Ost-Berlin keineswegs kommentarlos und tatenlos zu. Mit der Internationalen Bauausstellung 1957 – sichtbar im West-Berliner Hansaviertel – gaben sie eine weithin beachtete politische und städtebaulich-architektonische Antwort auf die Stalinallee in Ost-Berlin. Durchaus schwieriger war es, mit dem 1957/58 durchgeführten Wettbewerb »Hauptstadt Berlin« den Anspruch der Bundesrepublik auf Berlin als Hauptstadt eines später einmal wieder vereinten Deutschlands zu bekunden. Wenn dieser Anspruch unter den obwaltenden Verhältnissen im geteilten Deutschland und Berlin auch keine reale Chance hatte – schon weil er auch Teile Ost-Berliner Territoriums einbezog –, so sollte er doch wenigstens eine symbolische Wirkung haben. Doch selbst diese hielt trotz großer Propaganda nicht lange vor. Denn die DDR veranstaltete 1958/59 einen eigenen Hauptstadtwettbewerb, allerdings begrenzt auf das Ost-Berliner Territorium, dafür aber mit der Aussicht, die Ergebnisse auch realisieren und auf diese Weise eine Hauptstadt nicht nur symbolisch-bildlich, sondern auch praktisch-baulich in Szene setzen zu können.

Der Ost-Berliner Wettbewerb zur »sozialistischen Umgestaltung des Stadtzentrums der Hauptstadt der DDR, Berlin« konzentrierte sich auf den Aufbau des Stadtzentrums vom Pariser Platz bis zum Alexanderplatz, also auf den zentralen Teil der großen ost-west-gerichteten innerstädtischen Achse. Der auf den Entscheidungen zu diesem Wettbewerb beruhende Bebauungsplan wurde im Mai 1961 bestätigt. Dieser Plan wie auch die preisgekrönten Wettbewerbsentwürfe zeichneten sich – bei aller den Idealen modernen Städtebaus gezollten räumlichen Auflockerung gegenüber der früheren dichten Bebauung – durch eine im Prinzip tradierte Stadtstruktur aus: Sie gaben die alte Stadtlandschaft nicht preis und sahen keine spektakulären Hochhäuser wie viele Entwürfe des westlichen Hauptstadtwettbewerbs vor. Im Gegenteil. In einem Punkt blieb der bestätigte Plan sogar hinter den Erwartungen der Ausschreibung zurück: Er fixierte zwar eindeutig den künftigen Ort des auch weiterhin noch geplanten Zentralen Gebäudes, enthielt sich aber bindender Aussagen über seine architektonische Gestalt. Vor dem Start zum östlichen Wettbewerb hatte Gerhard Kosel im April 1958, damals war er Staatssekretär im Ministerium für Bauwesen, als vorgezogene Antwort auf den laufenden westlichen Wettbewerb die Konzeption einer sozialistischen Staatsmitte als Marx-Engels-Forum mit einer modernen Variante des gewünschten Regierungshochhauses ins öffentliche Gespräch gebracht. Mit einer überarbeiteten Fassung dieses Entwurfs beteiligte er sich dann 1959 auch am Wettbewerb, freilich außer Konkurrenz. Dort stieß sein Entwurf bei dem ebenfalls außer Konkurrenz auftretenden Chefarchitekten von Berlin, Hermann Henselmann, auf heftigen Widerspruch, der statt eines Regierungshochhauses einen Fernsehturm als »Turm der Signale« und damit ein zukunftsträchtiges bauliches Symbol weltweiter Kommunikation einer auf Internationalität orientierten sozialistischen Gesellschaft errichten wollte. Der Auftraggeber lehnte diesen Entwurf brüsk ab, weil er vom Bau eines Regierungshochhauses als Vertikaldominante der Stadt nicht abgehen wollte. Da es hierfür jedoch zunächst keine ökonomischen Voraussetzungen gab, legte er das Thema vorerst auf Eis.

Zentrales Gebäude am Marx-Engels-Platz 1951, Entwurf: Richard Paulick

Turm der Signale (Fernsehturm) 1959, Entwurf: Hermann Henselmann

Stadtzentrum Berlin 2000. Rot die Neubauten ab 1945

1

2

3

4

1 Wässerung der aus Trümmern gewonnenen Ziegelsteine zur Verarbeitung bei den Bauten der Stalinallee, August 1952 (F: Herbert Hensky)

2 Der Strausberger Platz im Bau, 8. September 1952 (F: Herbert Hensky)

3 Die Stalinallee im Bau, 1. Mai 1953 (F: Gerhard Kiesling)

4 Blumenstraße, Berlin-Mitte, 1950er Jahre (F: Chargesheimer)

1

2

3

1 Hansaviertel. Blick auf die Kreuzung Bartningallee/Altonaer Straße/Klopstockstraße in Richtung Süden, 1962 (F: Rolf Koehler)

2 Schleswiger Straße mit Blick auf das Hansaviertel, 1950er Jahre (F: Chargesheimer)

3 Hansaviertel am Hansaplatz. Blick in Richtung Bartningallee, 1962 (F: Rolf Koehler)

Was beide Wettbewerbe in Ost und West zum Stadtzentrum der Hauptstadt verband, war zweierlei: einmal das miteinander abgestimmte übergeordnete Konzept des Straßenverkehrs, das zur Vermeidung übermäßiger Verkehrsdichte ein System von autobahnähnlichen Tangenten um das Zentrum herum vorsah; zum anderen die Tatsache, dass ein Wiederaufbau des ehemaligen Schlosses auf der Spreeinsel weder in der Ausschreibung noch in einem einzigen der vielen Entwürfe beider Wettbewerbe Erwähnung fand. Die Orientierung war eindeutig auf die Zukunft gerichtet.

Nach dem Bau der Mauer im August 1961 war der westliche Hauptstadtwettbewerb praktisch obsolet geworden. Die West-Berliner Planer zogen daraus zwei Schlussfolgerungen: Zum einen konzentrierten sie sich verstärkt auf den Ausbau des seit Ende des 19. Jahrhunderts entstandenen Wirtschafts-, Geschäfts- und Kulturzentrums am Bahnhof Zoologischer Garten, am Kurfürstendamm und in der Tauentzienstraße zur City-West sowie des unweit davon gelegenen Hochschulstandortes. Zum anderen hielten sie das gesamte Gebiet entlang der Grenze zu Ost-Berlin vom Spreebogen bis zum Gleisdreieck als so genannten Zentralen Bereich der künftigen Hauptstadt eines vereinten Deutschlands von Bebauung frei – bis auf eine Ausnahme: Am Ort des zur Nazizeit teilweise schon bebauten Runden Platzes entlang der geplanten Nord-Süd-Achse wurde in den sechziger Jahren mit dem Bau des Kulturforums begonnen, eines städtebaulichen Ensembles solitärer Bauwerke so bekannter Architekten wie Hans Scharoun und Ludwig Mies van der Rohe.

Unter den Linden, Ost-Berlin, in den 1970er Jahren, in der Straßenflucht sichtbar der Palast der Republik (F: Bruno Flierl)

Kulturforum, Berlin, 2003, im Hintergrund die Hochhäuser am Potsdamer Platz (F: Erik-Jan Ouwerkerk)

Jenseits der Mauer vollzog sich in Ost-Berlin Schritt für Schritt der Ausbau zur Hauptstadt der DDR. Im Mittelpunkt der Aufmerksamkeit stand die angestrebte stadträumliche und bauliche Gestaltung des Weges zum Zentrum von Osten her und des Zentrums selbst – nun in der Sprache moderner Architektur. 1965 war der neue Abschnitt der Karl-Marx-Allee vom Strausberger Platz bis zum Alexanderplatz fertig gestellt – ebenfalls das von Hermann Henselmann entworfene »Haus des Lehrers« an diesem Platz. Fünf Jahre später bildete ein Ensemble neuer Gebäude am Alexanderplatz, darunter das 125 Meter hohe Hotel, zusammen mit den restaurierten Gebäuden von Peter Behrens vom Ende der zwanziger Jahre des 20. Jahrhunderts das neue Gesicht dieses großstädtischen Orts. Bereits 1969 stand in der Nachbarschaft der 365 Meter hohe Fernsehturm, für den Hermann Henselmann zehn Jahre zuvor die damals abgelehnte Idee geliefert hatte, an dessen praktischer Errichtung in gewandelter Gestalt er nun nur noch konsultativ beteiligt wurde. Bis 1972 wurden dann zu beiden Seiten des großen Freiraums um den Fernsehturm die neuen Wohngebäude und Einkaufseinrichtungen entlang der Rathausstraße und Karl-Liebknecht-Straße errichtet.

Hauptstadtwettbewerb (West) 1957/58, 2. Preis: Hans Scharoun, Wils Ebert

Die 1964 getroffene Entscheidung für den Bau des Fernsehturms in der Mitte der Stadt als weithin sichtbares Zeichen für ganz Berlin gründete auf dem Verzicht der Errichtung eines Regierungshochhauses, dessen Symbolkraft inzwischen als historisch überholt begriffen worden war. Dafür sollte als Zentrales Gebäude der Hauptstadt ein relativ flaches Kongressgebäude für multifunktionale Zwecke, aber auch für die Tagungen der Volkskammer gebaut werden, und zwar genau an diesem Ort, der für das Regierungshochhaus vorgesehen war. 1972 wurde dann beschlossen, dieses Gebäude westlich der Spree direkt auf den Marx-Engels-Platz zu setzen. Hier waren zuvor schon andere neue Bauten des Staates errichtet worden: 1962–64 nach dem Entwurf von Roland Korn das Staatsratsgebäude, das mit dem eingebauten Portal IV des ehemaligen Schlosses symbolisch an die Vergangenheit dieses Ortes erinnern sollte, besonders daran, dass Karl Liebknecht während der Novemberrevolution 1918 vom Balkon dieses Portals die »Sozialistische Republik Deutschland« ausgerufen hatte. 1967 wurde dann das Gebäude des DDR-Außenministeriums an der Westseite des Platzes nach dem Entwurf von Josef Kaiser gebaut. Der 1976 eingeweihte Palast der Republik nach einem Entwurf eines Architektenkollektivs unter Leitung von Heinz Graffunder bildete den Schlussstein der stadträumlichen und baulichen Inszenierung Ost-Berlins als Hauptstadt der DDR, insbesondere des Zentrumsbandes vom Alexanderplatz bis zum Marx-Engels-Platz.

Zentrumsband, Berlin, Hauptstadt der DDR (Luftbild 1991)

In diesem Zentrumsband war der Marx-Engels-Platz, der alte Ort der Hohenzollernmacht, zur Staatsmitte der DDR und ihrer Hauptstadt geworden, allerdings ohne das ursprünglich geplante Zentrale Gebäude als Regierungssitz, sondern mit einem »Haus des Volkes«, dem Palast der Republik. In ihm befand sich neben Räumen für kulturelle Kommunikation auch die Volkskammer – praktisch und symbolisch ein mixtum compositum: halb Volkspalast, halb Staatspalast. Der Ministerrat der DDR hatte sich seit 1959 in dem nach Plänen von Ludwig Hoffmann 1911 gebauten Alten Stadthaus eingerichtet. Auch andere Institutionen der Regierung waren polyzentral zumeist in rekonstruierten alten Gebäuden aus der Zeit des Deutschen Reiches einschließlich der Nazizeit untergebracht worden: So wurde das ehemalige Reichsluftfahrtministerium, errichtet 1935/36 nach Plänen von Ernst Sagebiel, als Haus der Ministerien genutzt. Das Gebäude der ehemaligen Reichsbank, gebaut 1934–38 nach Plänen von Heinrich Wolff, wurde seit 1959 zum Sitz des Zentralkomitees der SED. Um die Ecke des Marx-Engels-Platzes stets sichtbar, war es der eigentliche Herrschaftsbau der DDR. Ein architektonisch modernes Gesicht zeigte der Staat DDR nur mit seinen neuen Gebäuden am Marx-Engels-Platz: mit dem Staatsratsgebäude, dem Außenministerium und dem Palast der Republik.

Der große Straßenzug von der Karl-Marx-Allee über den Alexanderplatz bis zum Marx-Engels-Platz und weiter entlang der Straße Unter den Linden mit dem schon in den fünfziger Jahren wieder aufgebauten Forum Fridericianum bildete die repräsentative Achse der DDR-Hauptstadt. Sie endete am Brandenburger Tor, das als Tor nicht mehr funktionierte, seitdem die Mauer errichtet worden war. Hier, an der Grenze zweier Welten, wehten zwei deutsche Fahnen: auf dem Brandenburger Tor in Ost-Berlin und auf dem Reichstagsgebäude in West-Berlin. Hierher kamen die Staatsmänner beider Seiten und redeten über die Mauer hinweg mit gegensätzlichen Forderungen: Kennedy und Chruschtschow, Reagan und Gorbatschow. Und hier begegneten sich am 9. November 1989 die Berliner: sitzend und stehend auf der Mauer.

### HAUPTSTADT DER BUNDESREPUBLIK DEUTSCHLAND SEIT 1990

Nach dem Fall der Mauer strebten beide Städte in Berlin – unterstützt von beiden Staaten in Deutschland – zuerst einmal danach, die so lange Zeit wirksam gewesenen Trennungen in der Stadt und zum territorialen Umfeld zu überwinden und Wege für zukunftsfähige Verflechtungen zu erkunden. Gleichzeitig begann eine breite öffentliche Diskussion über die neue Rolle Berlins in Deutschland, in Europa und in der Welt. Die Vision der Zukunft Berlins war 1990 nicht so sehr auf ihre Rolle als Hauptstadt im vereinten Deutschland, als vielmehr auf ihre erneuerte Rolle als Weltstadt gerichtet. Diese Vision basierte auf der Euphorie, die mit dem Ende des Kalten Krieges und der Annahme aufgekommen war, Berlin könnte – ja müsse geradezu – zur Drehscheibe des Handels zwischen Ost und West werden und von daher wieder Weltgeltung erlangen. Das war keine kulturell gestützte Vision von Berlin auf der Achse zwischen Paris und Moskau wie im ersten Drittel des 20. Jahrhunderts, sondern eine primär ökonomisch orientierte Vision in Richtung Osteuropa. Sie ist bis heute nicht Realität geworden, weil ihr die dafür notwendigen politischen und wirtschaftlichen Voraussetzungen fehlten.

Städtebaulich-strukturelle Überlegungen für das neue Berlin konzentrierten sich zuerst darauf, am Potsdamer Platz, der während der Teilung Berlins zum Niemandsland zwischen Ost und West geworden war, eine neue, selbständige City Berlin-Mitte zu entwickeln. Dazu gab es zu Beginn des Jahres 1991 – quasi als Neujahrsüberraschung – visionäre Bilder. Sie wurden von der *Frankfurter Allgemeinen Zeitung* und vom Deutschen Architekturmuseum in Frankfurt am Main in die Öffentlichkeit gebracht, also von Medieninstitutionen der deutschen Bankenhauptstadt. Sie ließen von eigens dazu eingeladenen 16 international renommierten Architekten zum Thema arbeiten: *Berlin morgen. Ideen für das Herz einer Großstadt*. Viele der Entwürfe zeigten, was ihre Autoren – und die hinter ihnen stehenden Investoren – sich unter einer Weltstadt von heute vorstellten: eine Stadt mit Hochhäusern. Den rhetorisch wirkungsvollsten und zugleich nachhaltigsten Entwurf lieferte Hans Kollhoff mit dem Vorschlag, nicht nur am Potsdamer Platz, sondern auch am Alexanderplatz Gruppen von Hochhäusern mit Höhen von weit über 200 Metern zu lokalisieren. Auf diese Weise wollte er mit der deutschen Tradition von Hochhaussolitären brechen und den Weg zur amerikanischen Skyline mit Hochhausballungen öffnen. Dieses Konzept ist – wenn auch nach Anzahl und Höhe der Hochhäuser gestutzt – in die Berliner Planung eingegangen. Am Ende der neunziger Jahre war der Komplex Potsdamer Platz als marktwirtschaftlich und kulturell bedeutender Standort baulicher Demonstration großer deutscher und ausländischer Industrieunternehmen – DaimlerChrysler und Sony – realisiert: nach Entwürfen vor allem von Renzo Piano, Helmut Jahn und Hans Kollhoff. Die seit 1993 vorliegenden Projekte für den Alexanderplatz warten jedoch noch auf ihre Verwirklichung.

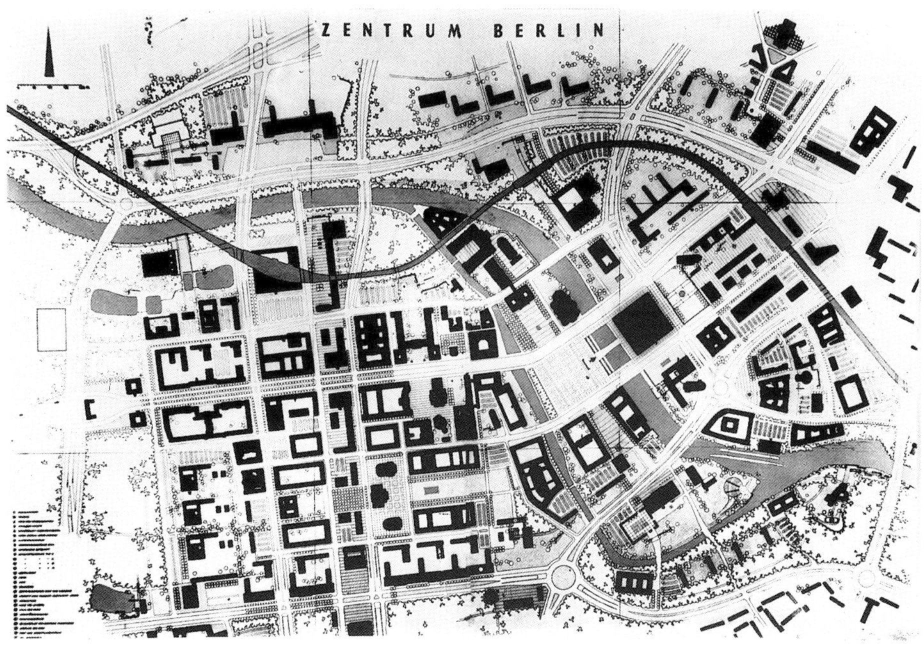

Wettbewerb Stadtzentrum Ost-Berlin 1958/59, Ergebnis-Plan 1961

Erst mit dem Beschluss des Deutschen Bundestags über Berlin als Sitz der Bundesregierung und des Parlaments im Juli 1990 ging die Hauptstadtplanung richtig los. Dabei sahen sich die Planer vor der Aufgabe, die Institutionen des Bundes in den meisten Fällen an historischen Standorten und in historischen Gebäuden unterschiedlicher Zeiten der Hauptstadt Berlin unterzubringen: der Zeit vor 1933, der Nazizeit und der Zeit der DDR. Zunächst gehegte Hoffnungen auf eine größere Anzahl an Neubauten mussten aus Kostengründen fallen gelassen werden. Auf der Grundlage eines analytischen Plans für mögliche Standorte wurden drei Hauptbereiche ausgewiesen: der Spreebogen mit dem Platz der Republik und dem alten Reichstagsgebäude, der traditionelle Bereich entlang der Wilhelmstraße sowie die Spreeinsel mit dem Marx-Engels-Platz, dem Palast der Republik und dem Staatsratsgebäude. Für die Bereiche Spreebogen und Spreeinsel wurden 1992 und 1993 städtebauliche Wettbewerbe durchgeführt. Als Prinzip der Standortwahl für weitere Bauvorhaben galt: Polyzentralität, kein Regierungsviertel als Ghetto. Die ausländischen Botschaften erhielten ihre traditionellen Standorte in der Nähe des Brandenburger Tores und am südlichen Rand des Tiergartens zurück oder fanden neue. Das Gebäude der Russischen Botschaft, entstanden als Sowjetische Botschaft 1953, blieb am prominenten Standort der Straße Unter den Linden.

Pariser Platz mit Brandenburger Tor, von Ost-Berlin aus, 1970er Jahre (F: Bruno Flierl)

Pariser Platz mit Brandenburger Tor, 2003 (F: Erik-Jan Ouwerkerk)

Der preisgekrönte Entwurf von Axel Schultes und Charlotte Frank im Wettbewerb Spreebogen ist – wenn auch mit Abstrichen – realisiert worden. Die Idee der beiden Architekten war es, im bewussten Gegensatz zu den historischen Planungen einer Nord-Süd-Achse – vorgesehen von Martin Mächler 1919 und von Albert Speer 1937–42 – ein großes ost-west-gerichtetes »Band des Bundes« anzulegen: bestehend aus dem Amt des Bundeskanzlers, aus Büros des Deutschen Bundestages sowie einem Bundesforum als Ort der demokratischen Begegnung von Volk und Volksvertretern zwischen ihnen. Außerhalb dieses »Bandes«, ihm aber symmetrisch zugeordnet, sollte das alte Reichstagsgebäude für den Deutschen Bundestag umgebaut und ihm gegenüber ein Neubau für den Bundesrat errichtet werden. Das schien für viele eine symbolisch überzeugende Konzeption einer selbstbewussten, aber doch auch maßvollen stadträumlichen und baulichen Inszenierung der Bundesrepublik mit ihren legislativen und exekutiven Organen zu sein. Zugleich war es die Negation der an diesem Ort zuvor beabsichtigten megalomanen Machtdemonstration zur Nazizeit. Bedauerlicherweise ist das Konzept von Schultes/Frank nur lückenhaft verwirklicht worden. Der Bundesrat zog aus Kostengründen statt in einen Neubau in das umgebaute ehemalige Preußische Herrenhaus in der Leipziger Straße. Dagegen war nichts zu sagen. Keine Zustimmung in der breiten Öffentlichkeit findet jedoch, dass das geplante Bundesforum bislang nicht gebaut worden ist und offenbar auch für die Zukunft nicht mehr vorgesehen ist – nicht so sehr aus ökonomischen Gründen, sondern weil es angeblich gar nicht gebraucht wird. Hatten die Architekten die Möglichkeiten der Demokratie verklärt? Jedenfalls bedauern sie die Beschädigung ihrer Idee nicht nur politisch, sondern auch städtebaulich-architektonisch, weil nun kein gebautes »Band des Bundes«, sondern bauliche »Solitäre des Bundes« den Ort prägen, dessen Mitte ohne neue Sinnstiftung einfach leer bleibt. Das verbliebene alte Gebäude der Schweizer Botschaft wird dafür unverdientermaßen aufgewertet.

Nach einem gesondert durchgeführten Wettbewerb für das Reichstagsgebäude erhielt der britische Architekt Lord Norman Foster den Auftrag zur Umgestaltung, die im Jahr 2000 beendet war. Glanzstück des neuen Gebäudes wurde die gläserne Kuppel über dem zentral gelegenen Plenarsaal des Bundestages, die zunächst gegen die Idee des Architekten, dann aber nach seinem Entwurf als transparente und öffent lich begehbare Krone auf das Gebäude kam. Im Unterschied zum nicht gebauten Bundesforum im Band des Bundes vermittelt sie Transparenz der Demokratie zwischen Volk und Volksvertretern jedoch nur scheinbar, wird aber gleichwohl in den Medien als Symbol der Demokratie interpretiert. Tatsache ist: Die Kuppel ist zum baulichen Zeichen Berlins als der deutschen Bundeshauptstadt geworden, und sie fungiert als ein für jedermann offen zugänglicher Ort auf dem Dach des Parlaments mit Panoramablick auf die Stadt.

Band des Bundes, links Bundeskanzleramt, rechts Paul-Löbe-Haus (F: Erik-Jan Ouwerkerk)

Berliner Reichstag, links Paul-Löbe-Haus (F: Erik-Jan Ouwerkerk)

Im Unterschied zu der bemerkenswerten stadträumlichen und baulichen Inszenierung des Bundes im Bereich Spreebogen ist es bislang nicht gelungen, auch den Bereich Spreeinsel in der alten historischen Mitte Berlins – bis vor kurzem noch zentraler Ort der DDR-Hauptstadt – für das vereinte Deutschland auf angemessene Weise neu anzueignen. Alle Versuche – auch ein eigens durchgeführter Wettbewerb *Spreeinsel* 1993/94 – scheiterten, weil es, neben den notwendigen finanziellen Mitteln, im Grunde immer wieder an einer neuen gesellschaftlichen Sinnstiftung und damit Wertsetzung für diesen Ort mangelte.

Im Umfeld dieses Ortes Mitte Spreeinsel, der bis 1996 Marx-Engels-Platz hieß und dann in Schlossplatz umbenannt wurde, haben inzwischen merkbare Veränderungen stattgefunden. Das Gebäude des DDR-Außenministeriums wurde abgerissen, das Gebäude der ehemaligen Reichsbank, zur Zeit der DDR Haus des Zentralkomitees der SED, wurde für das Auswärtige Amt der Bundesrepublik umgestaltet und mit einem Vorbau versehen, der die Naziarchitektur des Gebäudes vorteilhaft verdeckt. Das ehemalige Staatsratsgebäude der DDR, das laut Beschluss des Bonn-Berlin-Ausschusses 1993 abgerissen werden sollte, blieb erhalten, nicht zuletzt weil es zuerst vom Bundesbauminister als seine Berliner Dienststelle und dann sogar vom Bundeskanzler als provisorischer Amtssitz genutzt wurde. Jetzt wird es zur European School of Management and Technology, einer privaten Schule für auszubildende Führungskräfte der Industrie, umgewidmet und damit dem öffentlichen Leben der Stadt entzogen. Im Unterschied dazu soll das vom Asbest befreite Gebäude des Palasts der Republik eine kulturelle Zwischennutzung erhalten, so lange jedenfalls, bis die praktische Neuaneignung des so genannten Schlossplatzareals beginnt. Alles in allem: Der Bereich Mitte Spreeinsel ist zum politischen Symbol dafür geworden, dass hier eine anstehende Aufgabe nicht gelöst worden ist.

Heute – zu Beginn des 21. Jahrhunderts – haben die Institutionen des Bundes so gut wie allesamt ihren Standort gefunden: Regierung und Parlament befinden sich im Spreebogen, der Bundespräsident hat seinen Sitz im Schloss Bellevue. Der Bundesrat und die Ministerien liegen an vielen Standorten dezentral in der Stadt. Insgesamt befinden sich die Bauten des Bundes der neuen Bundeshauptstadt auf dem erweiterten Territorium der DDR-Hauptstadt im Zentrum Stadtmitte, so wie diese auf dem reduzierten Territorium der Hauptstadt Preußens und des Deutschen Reiches lag – ein Resultat der historischen Veränderung, Überlagerung und Umgestaltung der Hauptstadt Berlin über Jahrhunderte.

In der Kuppel des Reichstagsgebäudes, Entwurf: Lord Norman Foster (F: Erik-Jan Ouwerkerk)

Die für Berlin heute signifikantesten baulichen Symbole – das Brandenburger Tor, der Fernsehturm und die Kuppel auf dem Reichstagsgebäude – sind Zeichen mehrerer Etappen der Geschichte der Stadt. Das vor über 200 Jahren gebaute Brandenburger Tor – nach dem Zweiten Weltkrieg Symbol der Teilung in Berlin und Deutschland – ist heute, restauriert in neuem Glanz, zum Symbol der deutschen Vereinigung geworden. Der Fernsehturm am Alexanderplatz, entstanden als Symbol der DDR-Hauptstadt und deshalb vom Westen oft negativ gewertet, gewinnt zunehmend bei allen Deutschen aus Ost und West auch als Symbol ihrer neuen Bundeshauptstadt Berlin an Akzeptanz. Gänzlich angenommen ist die Kuppel auf dem Gebäude des Reichstags. Unter den Bauten des Bundes ist gerade sie zum primären baulichen Symbol der Hauptstadt Berlin avanciert. Im Gegensatz dazu ist der geschichtsträchtige Ort Mitte Spreeinsel – weil noch immer ohne neue Wertbestimmung und Gestaltung – zu einem Loch im gesellschaftlichen und baulichen Gefüge der Stadt geworden. Es wird erst verschwinden können, wenn der Ort neu angeeignet wird: sinnstiftend für die Zukunft im vereinten Deutschland.

# STADTSCHLOSS BERLIN: ZUKUNFT DER VERGANGENHEIT?

EVA-MARIA BARKHOFEN

»Mögen täten wir schon wollen,
nur dürfen haben wir uns nicht getraut«
Karl Valentin

Es gibt kaum ein Thema, das die an der Stadt Berlin Interessierten seit der Wiedervereinigung 1989 so sehr und so kontrovers beschäftigt wie die Frage, was auf dem Gelände zwischen Dom und ehemaligem Staatsratsgebäude städtebaulich und architektonisch passieren soll. »Dabei muss ganz nüchtern festgestellt werden, dass in dem genannten Gebiet in Berlin kein direkter Handlungsbedarf besteht. Das Gelände ist bebaut. Keine Ruine ... wartet seit Kriegsende 1945 auf den ununterbrochen gewollten Wiederaufbau, der sich nun mangels Geld verzögert.«[1] Betrachtet man den Ort allerdings emotional, so ist ein dringender Handlungsbedarf gegeben, denn einen ungemütlicheren Platz gibt es im Zentrum Berlins wohl nicht ein zweites Mal.

Die Mitte der deutschen Hauptstadt ist wahrlich keine Angelegenheit für Lokalpolitiker. Und die Gründe für den Wiederaufbau des Schlosses sind ebenso vielfältig wie die der Gegner. Warum das Schloss wiederaufbauen? Dazu einige Zitate:

»Weil damit die einzige große Lücke im historischen Bild der Berliner Mitte geschlossen wird und weil diese Lücke weniger durch Bomben als durch den Akt der Kulturbarbarei gerissen wurde. Neben den vielen Zeugnissen der Moderne muss man an dieser Stelle der wiedererstehenden Hauptstadt die Geschichte reden lassen.« (Werner Knopp, ehem. Präsident Stiftung Preußischer Kulturbesitz) »Neben zahlreichen weiteren Gründen schreckt mich die Vorstellung, was moderne Architekten an diese Stelle setzen würden.« (Joachim C. Fest, Historiker, ehem. Herausgeber der FAZ)[2]

Dies sind nur zwei Stimmen derer, die sich für den Aufbau des Schlosses einsetzen und damit auf den Widerstand ebenso engagierter Schlossgegner stoßen. Vielfach wird die Undifferenziertheit und Emotionalität der Diskussionen beklagt: »So viele Stimmen und Namen haben sich ins Für und Wider der Argumente eingeschaltet und zunehmend den Eindruck erweckt, es rüsten zwei hermetische Lager gegeneinander auf – West gegen Ost, Bewahrer gegen Zerstörer, Experten gegen Ahnungslose.«[3]

Eine endgültige architektonische Entscheidung über die Gestaltung des Schlossplatzes gibt es bis heute nicht, zudem fehlt es bisher an Finanzmitteln für jeglichen Bau. Ein bitteres Wort Christoph Stölzls bringt den derzeitigen Zustand auf den Punkt: »Eines ist wohl eine nicht von der Hand zu weisende Tatsache: Es gibt in Berlin eine einmalige Unfähigkeit, Entscheidungen zu treffen.«[4]

Ist es tatsächlich Unfähigkeit oder vielmehr Furcht vor dem Ort? So mancher resigniert bereits angesichts der nicht enden wollenden

Diskussion: »Es wird am empfindlichsten Platz der ganzen Republik ganz sicher die übliche Lösung gefunden werden: Politikverflechtung auf allen Ebenen wird einen Kompromiss gebären, der weder Rekonstruktion noch innovative Architektur ist. ... Für die Anhänger des Wiederaufbaus des Schlosses hat sich das Warten vermutlich gelohnt.«[5] Deutlich und zugleich höchst emotional beschreibt Klaus von Beyme die Situation des Orts. »Berlins Mitte hat es schwer, einen in sich stimmigen Genius Loci zu entwickeln, weil Ausdehnung und Einfriedung dieser Stadt, die ›ständig wird und niemals ist‹ (Karl Scheffler), dauernd verschoben worden sind.«[6] »Der Genius Loci setzt sich aus zwei Komponenten zusammen: den sichtbaren Symbolen und den Erinnerungswerten von Ereignissen, die mit der architektonischen Gestalt verbunden sind.«[7]

Blick vom Marstall nach der Sprengung des Schlosses, 12. Dezember 1950, links steht noch das Eosanderportal, rechts: der Berliner Dom

Müssen nicht vor der Errichtung eines wie auch immer gearteten Baus in Berlins Mitte zunächst die Probleme gelöst werden, die außerhalb der Architektur liegen? Was will man, was braucht die Stadt?[8] Eine Tradition der Stadt, mit einem kompakten Kern und Hinterland, gibt es in Berlin nicht. Die Stadt funktioniert schon seit Jahrhunderten als urbanes Netzwerk mit zahlreichen Kleinzentren. Auch das Schloss war nie alleiniger Ort der Macht, die preußischen Herrscher wohnten bevorzugt in Charlottenburg, Potsdam, Babelsberg, Oranienburg, Königs Wusterhausen und Paretz.

Das Berliner Schloss war immer ein Mehrzweckbau, der am wenigsten zum Wohnen diente. Nach der Revolution 1918 wurde das Schloss museal und durch die Verwaltung genutzt. In der Zeit der nationalsozialistischen Diktatur lag es außerhalb der politischen Nutzung.[9] Am 3. Februar 1945 war das Schloss schwer beschädigt worden. Walter Ulbricht erklärte auf dem 3. Parteitag der SED am 22. Juli 1950: »Das Zentrum unserer Hauptstadt, der Lustgarten und das jetzige Gebiet der Schlossruine, müssen zu dem großen Demonstrationsplatz werden, auf dem der Kampfwille und Aufbauwille unseres Volkes zum Ausdruck kommt.«[10] Am 7. September 1950 wurde auf Beschluss der Regierung der DDR damit begonnen, das Stadtschloss zu sprengen. Lediglich die unterirdischen Fundamente zeugen heute von seiner Existenz. Die zahlreichen Proteste gegen den Abriss, auch von Seiten Hans Scharouns, dem damaligen Leiter des Instituts für Bauwesen, und des Kunsthistorikers Richard Hamann blieben ohne Folgen. Der Direktor des Stadtmuseums, Walter Stengel, sprach gar von kaltblütigem Mord und suchte an Bauteilen zu retten, was zu retten war.[11] Scharoun stellte schon im August 1950 die Schlüsselforderung, um deren Erfüllung bis heute gerungen wird: Dem städtebaulich und historisch bedeutsamen Ort muss so oder so Inhalt und Seele gegeben werden. Der Abbruch des Preußenschlosses war eine politische Entscheidung und hatte keine Ursache in künstlerisch-stadtgeschichtlichen Fragen. Von vergleichbaren Diskussionen betroffen waren die Schlossruinen in Berlin-Charlottenburg, Stuttgart, Hannover und Braunschweig.

Wie aber argumentierten diejenigen, die den Abriss vollzogen? »Der Abbruch der Ruine ... ist nach dem Willen des Ministerrats zu verbinden mit einer ... wissenschaftlichen Durchforschung des ganzen Objekts. Dabei wird der Ausbau umfassend genug sein, um eine Rekonstruktion des Werks der genialen Baumeister Schlüter und Eosander von Göthe in ihren wertvollsten Details zu gestatten, ... so dass das Schloss zwar fällt, die in ihm realisierte, noch nicht im Hagel der Bomben ausgelöschte große menschliche Leistung aber bewahrt bleibt.«[12] Spezialisten wie Architekten, Denkmalpfleger und eine zwanzigköpfige Gruppe von Bildhauern betreuten den Ausbau und fertigten Gipsabdrücke von den Teilen an, die beim Ausbau zu zerbrechen drohten. Christoph Stölzl resümierte Anfang 2001: »Ulbricht aber hat dem Roten Platz in Moskau ein entsprechendes Pendant in seiner Hauptstadt gegenüberstellen wollen, einen Aufmarschplatz im Zentrum der Stadt für 800.000 Menschen, für den er das verhasste Schloss hat beseitigen wollen.«[13]

Der »Ersatz« für das Schloss, der Palast der Republik, wurde 1973 bis 1976, entworfen von einem Architektenteam um Heinz Graffunder, auf der Brache des Schlossplatzes errichtet. Der Ort verlor zugleich seine bisherige Funktion, denn die offiziellen Demonstrationen wurden ab 1977 in die Karl-Marx-Allee verlegt. Das architektonische Programm des Palasts war variabel: Es umfasste den großen Saal für die Volkskammer ebenso wie Räumlichkeiten für Kongresse oder auch sport- und parteipolitische Veranstaltungen und nicht weniger als 13 Restaurants. Der Palast wurde zu einem »Volkshaus« und erfüllte die Doppelfunktion als politischer Bau und öffentlicher Ort. Die große Foyerhalle diente gleichsam als überdeckter Stadtraum, als »Marktplatz« der Kommunikation. Etwa 60 Millionen Besucher wurden in den 14 Jahren seines Betriebs gezählt.[14] Auch wenn der Palast der Republik großen Symbolwert für die DDR nach außen trug, er funktionierte nicht in erster Linie als Machtzentrale, sondern als Veranstaltungsort.

Noch vor dem Beschluss des Ministerrats der DDR, den Palast der Republik wegen seiner Asbestbelastung im September 1990 zu schließen, begann die Diskussion um den Wiederaufbau des Berliner Stadtschlosses. »Im DDR-Volkskammerwahlkampf vom Frühjahr 1990 tauchte das Thema zum ersten Mal auf, ein bizarrer Schnörkel, wie es zunächst schien. Hatten die Leute keine anderen Sorgen, als den Palast der Republik abzureißen und das Hohenzollernschloss wiederaufzubauen?«[15] Der Palast, inzwischen asbestsaniert, existiert nun seit Jahren nur noch als Ruine.

Mit dem Abstand von mehr als fünfzig Jahren betrachtet, bedeutete die Auslöschung des Schlosses eher eine Verdrängung der Vergangenheit als deren Aufarbeitung. Die DDR-Spitze handelte nicht anders, als Herrscher in Jahrtausenden zuvor: Die Stelle eines kulturgeschichtlich bedeutungsvollen Ortes wurde mit eigenem herrschaftlichem Anspruch okkupiert und neu belegt. Doch die von den Planern gewünschte Solitärstellung des Palasts war und ist städtebaulich durchaus problematisch und im Nachhinein kaum durch einen An- oder Umbau zu korrigieren. Anders als das Schloss ist der Palast quer zum Platz ausgerichtet und überschneidet den Grundriss des Schlosses. Und die Stimmen, die für den Erhalt des Palasts argumentieren und ihn als einen integrativen Bestandteil eines Neubaus sehen, sind in den vergangenen zehn Jahren stark zurückgegangen.

Soll also eine Architektur als Erinnerungszeichen entstehen? »Auf dem Berliner Schlossareal kann nahezu jede Vorstellung verwirklicht werden .... es muss nur ›großartig‹ sein. ... Hier darf nichts Belangloses entstehen und die Entscheidung darf auch nicht auf künftige Generationen verschoben werden.«[16]

Soll eine zurückgeholte Historie Emotionen bedienen? Soll das »neue Schloss« reparieren, was zerstört wurde, im Sinne einer Wiedergutmachung? Soll es der bessere Ausweg aus mehreren schlechten Möglichkeiten sein, eine hohle Fassade, eine hohle Idee? Die Besetzung eines kulturhistorisch markierten Orts mit Machtanspruch wäre derzeit nicht gegeben. Der Palast der Republik ist als Ruine inzwischen zum Mahnmal des nicht mehr vorhandenen Staates DDR geworden. Der »Palazzo Prozzo«, wie er anfangs auch genannt wurde, soll nicht leben, aber auch nicht sterben. Aber die kreative Kraft und Intelligenz zeitgenössischer Architekten, den Schlossplatz mit neuer, eigener Architektur zu besetzen, wird von einer breiten Mehrheit in Frage gestellt. Der Inhalt der Architektur auf diesem so geschichtsträchtigen Ort ist weder durch einen rein politischen Bau noch einen rein kommerziellen zu definieren. Ist die Schlossidee also tatsächlich aus einer Entscheidungsunfähigkeit geboren worden? Und, ist denn das Schloss tatsächlich ein solcher kunstgeschichtlicher Meilenstein gewesen, dass es zwangsläufig in seiner Gestalt wieder hergeholt werden muss? Haben wir demgegenüber die zeitgenössischen Architekturgestalten so satt, dass wir nicht mehr formhungrig sind? Dass wir nicht mehr nach Neuem fragen können, weil die Phantasie nicht reicht, einen Ort mit historischem Anstand neu zu besetzen? Ein ganzer Fragenkatalog harrt, trotz langer Diskussionen, noch immer auf Antworten.

Die Vergangenheit als ideal zu träumen, ist heute eigentlich aus der Mode. Rekonstruktionen sind stets umstritten, solange sie nicht umgesetzt sind. Der Frankfurter Römer, der Prinzipalmarkt in Münster, der Marktplatz in Hildesheim und nicht zuletzt der Wiederaufbau der Christ-Erlöser-Kathedrale in Moskau sind solche heraufbeschworenen Vergangenheiten, in denen man sich als kritisch denkender Mensch mehr oder weniger wohl fühlt.

Klaus Stuttmann, *Typisch Städtebau des 21. Jahrhunderts*, 2002

Welchem Harmoniebedürfnis huldigt man im architektonisch zerklüfteten Berlin? Wollen die Schlossbefürworter letztlich einem Wort Heinrich Schliemanns gerecht werden, der 1888 den Neubau des Deutschen Archäologischen Instituts in Athen lobte: »Das Gebäude ist bloß aus Stein und Eisen gebaut, reichlich mit Marmor versehen, hat Gaseinrichtung und Bäder. Alles ist pompejanisch ausgemalt; mit einem Wort: es ist ein des Institutes der größten Nation auf Erden würdiger Prachtbau.«[17]

Das Schloss also: Mit drei Fassaden zurück in die Geschichte. Der Schlossplatz, so wie er heute ist, legt einen wichtigen Abschnitt deutscher Geschichte bloß, einen architektonisch sichtbareren Bruch, der nun unsichtbar gemacht und überklebt werden soll.

Architektur gibt uns Identität durch ihre Dauerhaftigkeit. Macht auch eine wiederhergestellte Vergangenheit ein Bauwerk schön und damit wichtig? »Authentizität bedeutet nicht, dem Fetisch der Patina zu huldigen, sondern zu akzeptieren, dass wir in der Gegenwart leben und dass alle Kunstwerke der Vergangenheit sich unserem unmittelbaren Zugriff entziehen.«[18] Die im Folgenden in Auszügen wiedergegebene Argumentation Peter Stephans erscheint mir problematisch: »Über die Rekonstruktion des Berliner Schlosses, in seinen wesentlichen Teilen der wohl bedeutendste profane Barockbau nördlich der Alpen, kann historisch stringent nur aus dem Blickwinkel der barocken Kunsttheorie geurteilt werden. Und danach kommt es maßgeblich auf die Idee des Bauwerks an, dessen tatsächliche Errichtung lediglich eine notwendige (und grundsätzlich beliebig reproduzierbare) körperliche Manifestation derselben ist. ... Ein Königsschloss im Stil einer römischen Palastanlage war das Thema, das Schlüter zu bewältigen hatte.«[19] Andreas Schlüter zitierte die bedeutendsten Zeugnisse der antiken und zeitgenössischen Architektur. Er mischte die Triumpharchitektur der Kaiserforen, die Kolonnaden des Konservatorenpalasts mit den Säulenfluchten der Scala Regia im Vatikan. Die künstlerische Leistung Schlüters liegt in der intellektuellen Umsetzung des Herrschaftsgedankens in einem Entwurf gemäß des Auftrags des preußischen Königs. In der barocken Theorie war die Idee das Wesentliche und der Entwurf lediglich deren Vermittlung an die Ausführenden. Dem-

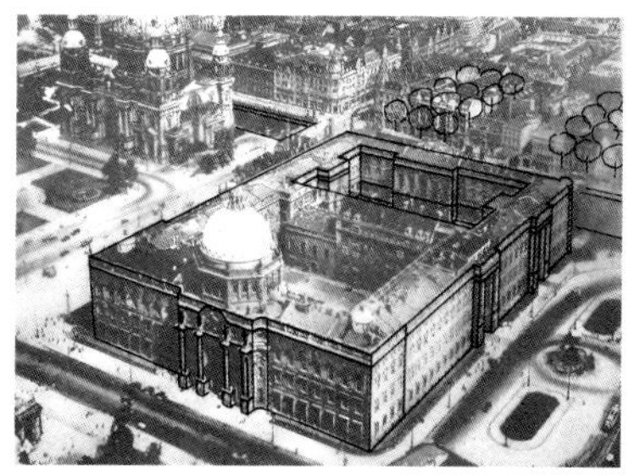
Kubatur des alten Schlosses (Einzeichnung: Bruno Flierl)

nach war die Umsetzung nur eine Frage des handwerklichen Geschicks. Es wird daraus aber gerade nicht gefolgert, dass das Geniale allein der Gedanke, die Realität dagegen, also Steine und Mörtel, nachrangig sind. Ideen barocker Baukünstler sind zu Tausenden in Stichwerken, im Sinne von Baukatalogen, festgehalten. Käme man je auf den Gedanken, sich aus einem Vorlagenstichwerk ein zerstörtes Stadtensemble neu zusammenzustellen?

Hellmut Lorenz, ausgewiesener Barockexperte, setzt die kunsthistorische Qualität des Berliner Stadtschlosses keineswegs so hoch an. Er beurteilt das gewachsene Ensemble Schloss als Monument und Torso zugleich. Erst Schlüter – als Bildhauer nicht die erste Wahl unter den Architekten, die Friedrich I. ausersehen hatte, das Königsschloss grundlegend zu modernisieren – setzte sich mit dem gewachsenen Baubestand, geleitet durch modernste, barocke Bauideale, auseinander. Schlüters Gedanken konnten nicht alle umgesetzt werden, seine Entlassung als Hofbaumeister im Jahr 1706 ließ die Ideen des Konkurrenten Eosander von Göthe zum Zuge kommen. Lorenz lehnt aus kunsthistorischen Erwägungen eine werkgetreue Kopie des Schlosses ebenso ab, wie er einen modernen Neubau völlig losgelöst vom Verlorenen verwerfen würde. Er stellt sich einen Neubau vor, in den »Erinnerungen« an die barocke Vergangenheit eingebettet sein sollten.[20] Damit bleiben seine Vorstellungen jedoch ebenso unpräzise wie die vieler anderer Befürworter der Wiederherstellung lediglich einer Kubatur in Erinnerung an das Stadtschloss. Entwürfe zum Schlossplatzareal, die seit 1991 vom Land Berlin, den Printmedien, von privaten Initiativen und aus Eigeninteresse der Architektenschaft initiiert wurden, sind ebenso vielfältig wie die Meinungen in Politik und Öffentlichkeit.[21] Zwei sehr voneinander abweichende Entwürfe stammen von den renommierten Architekten von Gerkan, Marg und Partner, Hamburg, und Axel Schultes/Charlotte Frank, Berlin. Schultes beruft sich auf historische Stilformen, wählt aber eine »Negativform« des Schlosses, indem er eine dreiflügelige Anlage die einstige Ausdehnung des Schlüterbaus umrahmen lässt. Er schlägt damit eine Übertragung südeuropäischer Stadträume nach Berlin vor. Sein Vorschlag ist ein Kompromiss aus der Erinnerung an das Schloss und der Gestaltung eines neuen, urbanen Stadtraums. Sein Entwurf wurde intensiv diskutiert, eine Mehrheit fand er nicht.

Die Hamburger Architekten plädieren für ein »Janusschloss«, das moderne Technik mit vorhandenen Schlossfragmenten vereinen soll. Unter Einbeziehung des Palasts der Republik schlagen sie einen dem Schloss größenmäßig angenäherten, in moderner Technik errichteten Baukörper mit vorgehängten Glasfassaden vor, in die digitalisierte Ansichten des Schlosses geätzt sind. Erhaltene Originalbauteile würden an ihrer authentischen Position in die Fassade integriert werden. Die Fassaden wären lediglich als Gebäudehülle für alle denkbaren Nutzungen konzipiert. Daher könne, nach Meinung der Architekten, das »Schloss« auch sofort gebaut werden, ohne dass die Nutzung festgelegt sein müsse. Die Idee ist technisch brillant, jedoch erschreckt die riesige Dimension des in Pixel aufgelösten Glasfassadendekors. Die Beliebigkeit dieses Fassadenbildes – die Scheiben könnten auch jedes andere architektonische Dekor tragen – lassen um die Authentizität eines in solcher Weise bebauten Ortes ernsthaft fürchten.

Marx-Engels-Platz (heute Schlossplatz) mit Tribüne, Mai 1952

Welches Gebäude kann an dieser Stelle zum Ausdruck bringen, was sich alle Beteiligten wünschen? Es soll Zerstörtes wiederherstellen und Neues schaffen, welches das Verlorene in sich trägt, es soll neue Funktionen aufnehmen und selbstverständlich wirtschaftlich sein. So meint man, die Expertenkommission habe im April 2002 mit der Vorlage Ihres Abschlussberichts das Ei des Kolumbus gelegt: ein »Humboldt-Forum«, bestehend aus der Landesbibliothek Berlin, dem Ethnologischen Museum, einer universitären, wissenschaftlichen Sammlung, sowie einer »Agora«, einem Konferenz- und Begegnungszentrum. All das in der äußerlich wieder aufgebauten Hülle des Schlosses.

Ebenso unterschiedlich wie die Meinungen vor dem Entscheid der Expertenkommission fielen auch die Kommentare der Presse danach aus. »Peter-Klaus Schuster, Generaldirektor der Staatlichen Museen Berlin, gelang es, eine geeignete Philosophie dafür zu verkünden: Die Ansiedlung der in Aussicht genommenen kulturellen Institutionen als Fortsetzung und Vollendung der von Friedrich [Wilhelm] IV. und den Gebrüdern Humboldt begründeten Bildungs- und Museumskonzeption, worunter eine ›Freistatt der Künste und des Wissens‹ in der Tradition

1

2

3

4

1 Stadtschlossattrappe, Berlin, 1993 (F: Barbara Klemm)

2 Befestigung des Kreuzes auf der Kuppel der Christ-Erlöser-Kathedrale, Moskau, 1997 (F: Waleri Gende-Rote)

3 Bau der Christ-Erlöser-Kathedrale, Moskau, 1996 (F: Sergej Borissow)

4 Verhüllter Reichstag von Christo & Jeanne-Claude, Berlin, 1995 (F: Barbara Klemm)

progressiver Ideen Preußens im 19. Jahrhundert zu begreifen sei; konkret: die kulturelle Landschaft der Spreeinsel zu verlängern und mit einem neu zu errichtenden ›Museumsschloss‹ zu krönen. Zugleich verbinde sich damit der Anspruch, durch diese Konzentration die größte kulturelle Mitte in einer Hauptstadt ganz Europas zu schaffen. Ein wahrhaft grandioser deutscher Anspruch!«[22]

Palast der Republik, Berlin 2002 (F: Nike Bätzner)

Vor allem die aus verschiedensten Verbänden zusammengesetzte Gruppe der Architekturfachleute sprach sich heftig gegen den Entscheid aus und qualifizierte ihn als »Laienentschluss« ab: »Der Souverän übernimmt das Zentrum der Hauptstadt zum Zwecke kultivierten Vergnügens. ... Das Humboldt-Forum versucht sich im Spagat einer bewussten thematischen Neusetzung, die zugleich dem Genius loci durch den Rekurs auf die ethnologischen und wissenschaftshistorischen Objekte der einstigen Kunstkammer des Schlosses huldigt. Ein intellektuelles Konzept, das barockes Weltverständnis in postkoloniales Bildungsinteresse zu transformieren sucht und zu Missdeutungen führen wird.«[23] Schuster selbst betonte, dass zur architektonischen Gestalt des Berliner Museumsschlosses bislang keinerlei Vorabfestlegung getroffen worden sei.[24]

Die Diskussion wurde emotional weitergeführt. Im Dezember 2002 kreisten Gerüchte, die Schlossfreiheit solle bebaut werden.[25] Antje Vollmer, Vizepräsidentin des Deutschen Bundestags, äußerte sich über eine kulturelle Zwischennutzung des ehemaligen Palasts der Republik verärgert und sah gar den Wiederaufbau des Berliner Schlosses dadurch gefährdet.

Betrachtet man die wenigen, mehr als ein halbes Jahrhundert nach ihrer Zerstörung wieder aufgebauten Großarchitekturen in Europa, wie etwa die Frauenkirche in Dresden oder die Christ-Erlöser-Kathedrale in Moskau, so tun sich doch grundlegende Unterschiede zum geplanten Teilwiederaufbau des Berliner Schlosses auf. Die Entscheidung für die Rekonstruktionen in Dresden und Moskau sind nur in städtebaulicher Hinsicht vergleichbar. In beiden Fällen wurde eine Gesamtwiederherstellung angestrebt, beide sind politische wie gesellschaftliche Prestigeobjekte. Die Nutzung ist allerdings abweichend. Die Frauenkirche in Dresden soll ein kultureller Veranstaltungsort werden, die Kathedrale in Moskau ist wieder ganz der kultisch-religiösen Ursprungsbestimmung zugeführt worden.

Der Vorgängerbau der Christ-Erlöser-Kathedrale in Moskau wurde zwischen 1839 und 1881 unter Nikolaus I. und Alexander II. errichtet und aus politischen Gründen am 6. Dezember 1931 abgebrochen.[26] An ihrer Stelle sollte unmittelbar nach dem Abriss der Kirche ein monumentales politisches Zeichen, der »Palast der Sowjets«, errichtet werden. Auch dies stellte einen Akt der Okkupation eines architekturgeschichtlich belegten Orts durch die regierenden Machthaber dar. Der Palast wurde nie fertig gestellt, geradezu ironisch war die Errichtung eines Schwimmbades in dessen Fundamenten.[27] Schon 1988 begann eine Gruppe Interessierter, Ideen zum Wiederaufbau des Kirchengebäudes zu entwickeln. Die politischen wie kirchlichen Vertreter nahmen die Gedanken auf und erarbeiteten innerhalb kürzester Zeit ein Realisierungskonzept. Schon Ende 1994 war der Baubeginn, und die Einweihung fand am 31. Dezember 1999 statt. Allein aufgrund der Übereinstimmung aller Verantwortlichen konnte in so kurzer Zeit ein solch monumentales Bauwerk, ganz nach modernsten Baumethoden in Stahlbeton errichtet, neu erstehen. Vor allem dem Bürgermeister Moskaus, Juri Lushkow, mit seiner Vorliebe für historisierende Architektur, ist es zuzurechnen, dass der riesige Kirchenbau neu und – seinem Verständnis von Kunst entsprechend – prachtvoller als der alte errichtet werden konnte. Die Gründe dafür scheinen allerdings eher politische gewesen zu sein. Die Diktatur der Politik nahm während der Ära Gorbatschows ab. Und es lag nahe, dass sich die Politiker der im Verborgenen stark gebliebenen Macht der Kirche bedienten, ja diese offiziell zum Partner in religions- und kulturgeschichtlichen Anliegen machten, um die eigene Position in der Bevölkerung zu stärken. Was also hätte man mit größerer Geste und in Anerkennung traditioneller Werte tun können, als ein der Politik zum Opfer gefallenes Bauwerk wiedererstehen zu lassen und damit ein Zeichen zur Wende zu setzen? Es ist dennoch sehr bedenklich, und damit ist eine Parallele zu den Rekonstruktionsplänen des Berliner Schlosses gegeben, den Wiederaufbau der Christ-Erlöser-Kathedrale in modernsten Bauverfahren und -techniken zu vollziehen. Einmal mehr stellt sich hier die Frage nach Authentizität und bloßem Zitieren von Historie.

Wohngebäude »Patriarch«, Moskau, 2003 (F: Nike Bätzner)

Nicht allein die neu erstandene Kathedrale, sondern auch die in den letzten Jahren des 20. Jahrhunderts errichteten Wohnbauten in Moskau stehen im Kontext des Zurückgreifens auf eine traditionelle Architektursprache und dem Wunsch nach dem Zurückholen von verloren gegangenen Geschichtszeugnissen. In Russland hat sich etwas entwickelt, das man stilistisch unter dem Begriff »Kapitalistischer Realismus« fassen könnte.[28] Im Rahmen der Demokratisierung und der Hinwendung zu kapitalistisch orientierten Wirtschaftsformen bei gleichzeitiger Reduzierung zentral gesteuerter Baupolitik findet das Suchen nach Geschichte auch in den traditionellen Bauformen seine Logik. Es musste ein Ersatz für die Parolen gefunden werden, unter denen auch die Architektur der Sowjetunion seit dem Zweiten Weltkrieg stand: Fortschritt, soziale Gleichmachung und technische Innovationen. In den neunziger Jahren des 20. Jahrhunderts haben Perestroika und Glasnost für den Zusammenbruch dieser künstlich aufrechterhaltenen Werte gesorgt. In dieses Vakuum trat die Rückbesinnung auf traditionelle Werte und die nationale Kultur. So beschwören, neben der Christ-Erlöser-Kathedrale, typische Beispiele für Neubauten der neunziger Jahre in Moskau den Klassizismus der Zarenzeit. Daneben kommt die westeuropäische Postmoderne mit all ihren Spielarten vor. Es werden Zuckerbäckerfassaden mancherorts von sinnlosen Architekturzitaten gekrönt, wie etwa dem Tatlin-Turm auf dem zehngeschossigen Wohngebäude »Patriarch« in Moskau.[29] Ist dieser Ausdruck von Stilpluralismus vielleicht auch ein Ausbruch der lange eingesperrten Phantasie oder, wie behauptet wird, lediglich auf den Profit aller Beteiligten hin orientiert?[30] Darf man pauschal unterstellen, all das zeuge schlicht von schlechtem Geschmack? Folgt man den Kritikern, dann sind die neuen Moskauer Bauten ausnahmslos großmannssüchtig, selbstzufrieden und von ästhetischer Bedeutungslosigkeit.[31] Dann müsste man allen Planungsbeteiligten, ebenso wie denjenigen, die horrende Mieten in den so dekorierten Neubauten bezahlen oder sich mit einer Kathedrale aus dem Disneyland identifizieren, Geschmacksverirrung unterstellen. Ist es aber nicht vielmehr der Wunsch nach den vermeintlichen historischen Qualitäten, die diese Form der Architektur hervorgebracht haben? Doch verdient die wieder aufgebaute Kathedrale überhaupt den Begriff »Rekonstruktion«? Dieser industriell hergestellte Nachbau ist doch nur scheinbar und aus weiter Entfernung betrachtet ein Ebenbild seines Vorgängers.

Was in Moskau mit der Rekonstruktion der Christ-Erlöser-Kathedrale und den historisierenden Neubauten an »Architektur der Erinnerung« beschlossen und mit einer gewissen Leichtigkeit realisiert wird, scheint in Berlin als ein unlösbares Problem beschworen zu werden. Oder ist der Wunsch nach Rekonstruktion des Schlosses gar von der Angst vor einer Architektenpersönlichkeit bestimmt, die es wagen könnte, sich über alles bisher da Gewesene hinwegzusetzen, und die Berlin eine ganz neue, ganz andere Mitte geben könnte? Sollte nicht vielmehr versucht werden, die provokante Frage zu beantworten, die der ehemalige Berliner Senatsbaudirektor Karl-Heinz Wuthe gestellt hat: »Was können wir tun, woran uns das Schloss 450 Jahre lang gehindert hat?«[32]

Noch ist kein internationaler Wettbewerb zur Bebauung des Schlossareals ausgeschrieben worden, dessen Ergebnisse die Furcht vor zeitgenössischen Architekturentwürfen wirklich begründen würde.

1 Hiltrud Kier: *Pro und Contra Rekonstruktion Berliner Stadtschloss*, in: *Städtebau und Staatsbau im 20. Jahrhundert*, Hg.: Gabi Dolff-Bohnekämper, Hiltrud Kier, München 1996, S. 213. Zum Thema Stadtschloss Literatur in Auswahl: Klaus-Helge Donath: *Eine Stadt macht die hohle Hand*, in: *Neue Zürcher Zeitung*, 1998; Nikolaus Bernau: *Das ist die Wohlstandsgesellschaft. »Glück Stadt Raum«: Die Akademie der Künste zeigt Zeichen des guten Lebens aus der Nachkriegszeit*, in: *Berliner Zeitung*, 7.10.2002; Dieter Hoffmann-Axthelm: *Die Rettung der Architektur vor sich selbst*, Braunschweig 1995, hier: *Zumutung Berliner Schloß – und wie man ihr begegnen könnte*; *Das Schloß? Eine Ausstellung über die Mitte Berlins*, Berlin 1993, darin: Nikolaus Bernau: *Der Ort des Souveräns*, S. 53–80. Renate Petras: *Das Schloß in Berlin. Von der Revolution 1918 bis zur Vernichtung 1950*, Berlin 1992; *Stadt-Schloß-Stadt-Mitte?*, Hg.: Spreeinsel-Initiative Berlin, Berlin 1993; Bodo Rollka, Klaus-Dieter Wille: *Das Berliner Stadtschloß*, Berlin 1993; Michael Kraus: *Mitten in Berlin*, Berlin 2001; Barbara Jakubeit: *Schloß, Palast, Haus Vaterland*, Berlin 1998. *Der Berliner Schlossplatz. Visionen zur Gestaltung der Berliner Mitte*, Hg.: Monika Zimmermann, Berlin 1997.

2 Alle Zitate aus dem Internet: www.berliner-schloss.de, 21.10.2002.

3 Hannelore Deubzer: *Gegenbilder*, in: *Internationale Expertenkommission Historische Mitte Berlin*, Hg.: Bundesministerium für Verkehr, Bau- und Wohnungswesen, Berlin 2002, Bd. 1: Materialien, S. 30.

4 Christoph Stölzl, in: *Frankfurter Allgemeine Zeitung*, 17.4.2002.

5 Klaus von Beyme: *Stadtmitte: Historische und politische Bedeutung*, in: *Mitten in Berlin. Ein Diskussionsforum zur Berliner Stadtmitte*, Reihe: *Anmerkungen zur Zeit*, Bd. 36, Hg.: Akademie der Künste, Berlin 2001, S. 15–22, hier: S. 15.

6 Ebd., S. 21f.

7 Ebd., S. 19f.

8 György Dalos: *Diskussion über die historische und politische Bedeutung des Ortes*, in: von Beyme, s. Anm. 5, S. 29–41, hier S. 40.

9 Laurenz Demps: *Anmerkung zum historischen Ort*, in: *Expertenkommission*, Bd. 1, s. Anm. 3, S. 45.

10 Zit. nach Rollka, Wille, s. Anm. 1, S. 29.

11 Eine Ausstellung der Stiftung Stadtmuseum Berlin, im Märkischen Museum, 5.12.–30.12.2002, präsentierte erstmals nach Abbruch des Schlosses die geborgenen Funde der Öffentlichkeit.

12 *Archäologie und Aneignung. Ideen, Pläne und Stadtfigurationen. Aufsätze zur Ostberliner Stadtentwicklung nach 1945*, Regio Nr. 10, Hg.: Institut für Regionalentwicklung und Strukturplanung, Erkner 1996. Anhang Dokument IV: *Quelle Ministerium für Aufbau, Akte Minister, Wiederaufbau Berlin 1949–1951*, Bundesarchiv: DH 1/44476, S. 133–134.

13 Christoph Stölzl, Ansprache am 26.1.2001, in: *Expertenkommission*, Bd. 1, s. Anm. 3, S. 1.

14 *Historische Mitte Berlins Schlossplatz*, Kat., Hg.: Senatsverwaltung für Stadtentwicklung/Bundesministerium für Verkehr, Bauen und Wohnungswesen, Berlin 2001, S. 28.

15 Christoph Stölzl, in: *Frankfurter Allgemeine Zeitung*, 17.4.2002.

16 Christoph Stölzl, s. Anm. 13, S. 1.

17 Heinrich Schliemann: *Briefwechsel II*, zit. nach Anton Bammer: *Architektur als Erinnerung*, Wien 1977, S. 59.

18 Peter Stephan, in: *Frankfurter Allgemeine Zeitung*, 16.4.2002.

19 Ebd.

20 Hellmut Lorenz: *Zur kunsthistorischen Bedeutung des barocken Berliner Schlosses*, in: *Expertenkommission*, s. Anm. 3, Bd. 1, S. 54–57, S. 56.

21 Vor allem ostdeutsche Architekten machten ab 1991 als Erste Vorschläge zum Umbau des Palasts und der Neubebauung des Schlossplatzes. Die Ausstellung *Das Schloß* 1993/94 simulierte mit bemalten Planen die Kubatur des Schlüterschen Baus. Der internationale Wettbewerb *Spreebogen* veranlasste 1993 1106 Architekten, ihre Entwürfe einzureichen. Der *Tagesspiegel* bat 1996/97 Architekten um ihre persönliche »Schlossplatzvision«. Und 1997 führten die Bundesregierung und das Land Berlin ein »Interessenbekundungsverfahren Schlossplatz Berlin« durch, zu dem 14 Projektvorschläge eingereicht wurden. Siehe dazu den Katalog: *Historische Mitte Schlossplatz, Ideen und Entwürfe 1991–2001*, Hg.: Senatsverwaltung für Stadtentwicklung, Bundesministerium für Verkehr, Bau und Wohnungswesen, Berlin 2001.

22 Bruno Flierl, in: *Frankfurter Rundschau*, 12.9.2001.

23 Michael Zajonz, in: *Der Tagesspiegel*, 24.11.2001.

24 Peter-Klaus Schuster: *Das Berliner Museumsschloss – eine Freistätte für Kunst und Wissenschaft*, in: *Expertenkommission*, Bd. 1, s. Anm. 3, S. 46–51, S. 47.

25 *Berliner Wochenblatt*, 11.12.2002.

26 *Die Christ Erlöser Kathedrale. Die äußere und innere Dekoration*, in russischer und englischer Sprache, Hg.: L.V. Shirshova, I.V. Novik, Moskau 2001.

27 Der Wettbewerb zum Palast der Sowjets ist ausführlich dargestellt in: *Naum Gabo and the Competition for the Palace of Soviets*, Ausst.-Kat., Hg.: Berlinische Galerie, Moskau 1993; zur Christ-Erlöser-Kathedrale siehe dort: Karl Schlögel: *The Shadow of an Imaginary Tower*, S. 177–183.

28 Bart Goldhoorn: *Kapitalistischer Realismus*, in: *Stadtbauwelt*, Nr. 48, 2002, S. 12–21, hier S. 12.

29 Abb. in: *Stadtbauwelt*, Nr. 48, 2002, S. 16.

30 Goldhoorn, ebd., S. 18.

31 Jewgeni Ass: *Architekten in Geiselhaft*, in: *Stadtbauwelt*, Nr. 48, 2002, S. 22–27, hier S. 22.

32 Zit. nach Deubzer, in: *Expertenkommission*, Bd. 1, s. Anm. 3, S. 33.

# ZURÜCKDENKEN AN DIE AKTUALITÄT
## ARCHITEKTUR 1958/2002

ANDREJ KAFTANOW

»Schrecklich, den Himmel
in sich hineinzuholen,
die glimmenden Pisten
unglaublicher Metropolen!
...
Ein Sternenspringer, ein kristallines Ungetüm,
ein Kind der Zukunft zu sein –
zu schön, zu dumm.«
Andrej Wosnessenski, 1962

Moskau, 21. Oktober 1958. Im Großen Kremlpalast wurde der V. Kongress des Weltverbandes der Architekten (UIA) eröffnet. Das Thema: *Konstruktion und Rekonstruktion der Städte 1945–1957.* Sechs Tage lang diskutierten über eineinhalbtausend Architekten aus 51 Ländern die Ergebnisse des ersten Jahrzehnts nach dem Krieg und entwarfen städtebauliche Entwicklungsperspektiven für die nächste Zukunft. Am 25. Juli fand das Treffen der Mitglieder des UIA-Rats und der Organisatoren des Kongresses mit dem sowjetischen Staatschef Nikita Chruschtschow statt, bei dem über zwei Stunden Fragen des sowjetischen und internationalen Städtebaus besprochen wurden.[1]

Berlin, 23. Juli 2002. Während der Eröffnung des 21. Weltkongresses des Architektenverbandes UIA im Internationalen Congress Centrum hielt Bundeskanzler Gerhard Schröder eine Ansprache. Er sprach davon, dass Architekten genauso wie Politiker die Verpflichtung hätten, die soziale Integration und das ökologische Gleichgewicht zu fördern und insbesondere in der Zeit der Globalisierung lokale und regionale Traditionen zu respektieren.[2] Das Thema des Kongresses lautete *Ressource Architektur*. 6000 Architekten trafen hier für fünf Tage zusammen und sprachen von ihren Erfahrungen und versuchten, Prioritäten für die Welt des 21. Jahrhunderts zu setzen. Allerdings hatte dieser Kongress längst nicht die Tragweite wie der von 1958.

Diese zwei Ereignisse sind durch die fünfzigjährige Geschichte dramatisch gewandelter Denkweisen voneinander getrennt, sie begrenzen eine Periode von besonders tief greifenden Entwicklungen in Architektur und Städtebau. Anhand dieser beiden Ereignisse lässt sich aber nicht nur eine sich zyklisch entwickelnde Architektur in ihrer Aktualität begreifen, sondern auch, dass die Rückbesinnung auf die Vergangenheit eine wichtige Ressource ist. »Die Architektur strebt wie jede menschliche Tätigkeit zu ihren äußersten Extremen, die sie beiderseits von der Unendlichkeit trennen.« Dies sind die Worte von Leonid Pawlow, eines hervorragenden Architekten der sechziger Jahre.[3]

Anfang des 21. Jahrhunderts stehen die Architekten am Beginn eines neuen Weges. Das neue Zeitalter der Architektur soll von Anfang an auf eine Übereinstimmung mit der Natur setzen, so eine wichtige These des Berliner Kongresses. *Das weiße Buch. Die Zukunft der Architektur. Vorschläge für die gebaute Umwelt* entstand unter aktiver Mitarbeit des Kongresspräsidenten Andreas Gottlieb Hempel. Anstelle von Beschlüssen und einer Charta im automatischen Einvernehmen erschien ein »Nachschlagewerk mit den Grundsätzen, die uns in die Zukunft leiten sollen«. Das Buch enthält Äußerungen zum »Dialog zwischen den Kulturen, Disziplinen und Zivilisationen«[4].

Dieser Triade möchte man auch den Begriff »Generation« hinzufügen. Denn während des Berliner Kongresses wurde eine geradezu revolutionäre These verkündet: »Alles, was wir bauen, soll wieder genau in die Naturzyklen zurückgeführt werden können.« »Machen wir denn nicht einen Fehler, indem wir solch kapitale Bauten errichten, die die nächsten Generationen der Architekten vor noch schwierigere Aufgaben stellen werden«[5], fragte B. Lordkipanidse, ein Teilnehmer auch des Weltkongresses von 1958. Er vertrat damals die Sowjetunion, in der die Ideen des industriellen Massenwohnungsbaus erst im Entstehen begriffen waren. Damals warnte Rudolf Hillebrecht, Teilnehmer des Moskauer Kongresses aus der Bundesrepublik, dass »die schlechte Politik im Städtebau schwere Folgen für kommende Generationen haben wird.«

Die Stadt Berlin war ein Thema des Kongresses 2002. Das war nahe liegend, denn Berlin veranschaulicht die in Ost und West unterschiedlichen Vorstellungen von »Aktualität«. Um das Millennium herum wurden die programmatischen Zielsetzungen noch klarer. Jedes architektonische Objekt ist ein Manifest. Die Stadt präsentiert sich als eine internationale Schau vielfältiger individueller Konzepte zum Thema »Dialoge mit der Aktualität«. Die Dialoge zwischen der einstigen und der heutigen Aktualität werden in einer modernen Formensprache geführt, in der auch eine zweite Geburt der Ideen der fünfziger Jahre stattfindet. Diese Ideen sind zwar Geschichte, doch gleichzeitig sind sie Ressourcen für Innovationen.

GSW-Hochhaus in Berlin-Kreuzberg, 1999 (F: Nike Bätzner)

Beispielsweise verbindet der Gebäudekomplex der Hauptverwaltung der GSW (Gemeinnützige Siedlungs- und Wohnungsbaugesellschaft) von Matthias Sauerbruch und Louisa Hutton zwei Erscheinungsformen: die Ideen der fünfziger Jahre mit ihrer heutigen Lesart. Mit dem bereits vor vierzig Jahren entstandenen Hochhaus führt das neue Gebäude einen Dialog, aktualisiert jene Epoche und reichert sie durch neue Begriffe an. Der Komplex strukturiert *seine* Umgebung neu, entwickelt an der Zeitachse entlang die »zeitlose Architektur« weiter und gibt einen zusätzlichen Impuls für ihre Selbstentfaltung.

Nach der Besichtigung der Neubauten Berlins besuchten viele Kongressteilnehmer die berühmte Wohneinheit von Le Corbusier, die 1958 für die Internationale Bauausstellung errichtet worden war. Der während des Berliner Kongresses verkündete Wunsch, »sich von den einseitigen Paradigmen der Moderne zu verabschieden«, impliziert keine Vision, die der alten gleichkäme. Man kann aber auch nicht alles abreißen. Die Diskussion um den Palast der Republik und den Wiederaufbau des Stadtschlosses in Ost-Berlin zeigt, dass sich die Suche nach Versöhnung der Architekturen fortsetzt. Das Erbe kann man sich nicht aussuchen. Können vernünftige Antworten auf die Fragen der Geschichte nach 1989 beziehungsweise 1991 Deutschland und Russland zu einer neuen Renaissance verhelfen? Die Erfolge des Wiederaufbaus in beiden Ländern nach dem Krieg wurden zusammen mit der Erarbeitung des »Paradigmas der Aktualität« beim Kongress in Moskau 1958 erörtert.

Der Moskauer Kongress konnte nur in der Atmosphäre der »Tauwetter«-Politik von Nikita Chruschtschow stattfinden. Nach einem Jahrzehnt der extremen Isolation hob das Land den »Eisernen Vorhang« etwas an. Ende 1954 war Chruschtschow mit der Idee einer radikalen Umstrukturierung der Architektur und des Bauwesens an die Öffentlichkeit getreten. Der Massenwohnungsbau wurde zur Grundlage der Reformen.

.taatliche Universität auf den Leninbergen, ·loskau, 1953 (F: anonym)

Drei Jahre lang hatte der Architektenverband der UdSSR den Kongress vorbereitet und eingehend die bis dahin unter Verschluss gehaltenen Erfahrungen der ausländischen Kollegen studiert. In Verbindung damit gelang es auch, eigene zeitgemäße technische Lösungen zu finden. So entwickelte der Architekt und Wissenschaftler Andrej Burow Großplattenkonstruktionen aus Glasfasern, Boris Iofan realisierte das Projekt eines Platten- und Rahmenskelettbaus aus Plastik für ein fünfstöckiges Haus.[6] In den den Kongress begleitenden Architektur- und Bauausstellungen wurden Projekte der Moskauer Architekten gezeigt: die ausgezeichneten Wettbewerbsbeiträge für den Palast der Sowjets, die Gewinner des Denkmalwettbewerbs für den ersten Sputnik und Studentenprojekte. Das Geplante und noch nicht Realisierte ergänzte die internationale Gesamtschau.

Moskau veranstaltete solch eine repräsentative Versammlung von Architekten nur einmal. Nach der Eröffnung im Kreml fand der Kongress im neuen Gebäude der Moskauer Staatlichen Universität auf den Leninbergen statt (nähere Angaben zu den abgebildeten Bauwerken befinden sich auf S. 198). Dieses Hochhaus, wie auch andere Bauten Moskaus des ersten Nachkriegsjahrzehnts, wurden von den westeuropäischen Architekten kritisiert. Unter den Teilnehmern des Kongresses waren Jacob Berend Bakema, Johannes van der Broeck, Victor Bourgeois, Pierre Vago, Robert Matthew, Eero Saarinen, Jean Tschumi, Cornelis van Eesteren und andere Verfechter der Moderne. Das Organisationskomitee, an dessen Spitze der Leiter des Architektenverbandes, Pawel Abrossimow, stand, erweiterte den Rahmen des angekündigten Themas *Konstruktion und Rekonstruktion*. »Der zeitgenössische Städtebau« heißt der Hauptvortrag, der gemeinsam mit den Kommissionen der UIA vorbereitet und von Nikolai Baranow vorgetragen wurde. Statt von den Errungenschaften der sozialistischen Länder zu erzählen, verschob er den Akzent auf die westeuropäische Erfahrung des industriellen Häuserbaus und der Raumplanung im städtebaulichen Kontext. Nicht alle Teilnehmer aus den sozialistischen Ländern unterstützten die sich abzeichnende Orientierung der UdSSR auf den Westen. Daraus erwuchs eine polemische Diskussion zwischen den Delegationen aus der Bundesrepublik und der DDR.[7] Mit einem der Hauptvorträge trat Professor Rudolf Hillebrecht aus der Bundesrepublik auf. Im Mittelpunkt seines Beitrags stand die Nachkriegserfahrung in beiden deutschen Staaten. Er wandte sich gegen die veralteten Methoden und die übermäßige Zentralisierung der städtebaulichen Planungen in der DDR. Sein Vortrag wurde von Seiten der DDR-Delegation stark kritisiert. So entgegnete Hans Schmidt: »Die Theorie des Städtebaus im Westen ist bei einer rein biologischen Auffassung des Menschen angekommen. In der sowjetischen Theorie und Praxis ist zum ersten Mal die Gesellschaft in den Mittelpunkt der zeitgenössischen Architektur gerückt.« Der englische Architekt Arthur Ling resümierte die Auseinandersetzung: »Ich halte es für überaus bedauerlich, dass Europa in Ost und West geteilt worden ist«, denn das führe zu dem, »was man in Berlin sehen kann: Zwei konkurrierende Wirtschafts- und Gesellschaftssysteme benutzen die Architektur und den Städtebau zur Propaganda ihrer Ziele.«

Der Glaube an die Universalität der Industrialisierungsmethoden und die Hoffnung auf die »Verwandlung der Baustellen in Montageplätze für die in den Fabriken hergestellten Fertigteile und Baublöcke« verband Architekten aus allen Ländern. Doch man diskutierte über die Mittel und die möglichen Folgen. »In meinen Augen stellen die grandiosen Dimensionen des Bauens einerseits und ein so knapper Spielraum einer menschlichen Existenz andererseits ein großes Problem dar«, sagte Robert Matthew. Karo Alabjan versuchte davon zu überzeugen, dass der von der UdSSR gewählte Weg der Unifizierung der Bauelemente und der Typisierung der Gebäude nicht zur Monotonie und zu Schablonen führen muss, wenn »wir nur nicht mechanisch denken«.

Wohnviertel in Nowyje Tscherjomuschki, 1958 (F: anonym)

Der am 26. Juli verabschiedete Beschluss des V. UIA-Kongresses legte die allgemeinen städtebaulichen Prinzipien fest, denen die Architekten »uneingeschränkt« zustimmten: einheitliche Planungen von Wohnvierteln, flexible, offene Positionierung der Gebäude aus Gründen der Abwechslung und Schaffung einer erschlossenen und begrünten Umgebung. »Die Architekten betreten bewußt den Weg des industrialisierten Bauens. Nur die Industrialisierung kann den größten Nutzen aus den menschlichen und materiellen Ressourcen ziehen, aus der Industrialisierung kann eine neue Ästhetik entstehen.«[8]

Rat für Gegenseitige Wirtschaftshilfe, Moskau, 1969 (F: Alexandrow)

Das wichtigste Resultat des Kongresses in Moskau 1958 war, dass die sowjetische Architektur in den Klub der »Modernen Bewegung« aufgenommen wurde. Sie schloss sich dem Entwicklungsprozess der internationalen Architektur an und wurde ihr fester Bestandteil bis Ende der sechziger Jahre. Das Moskau der sechziger Jahre war eine Stadt mit rasanten architektonischen Realisierungen, deren Umfang mit denen in Berlin und Moskau der neunziger Jahre vergleichbar ist. Neue Wohnhäuser, Wohnviertel, Cafés, Läden ließen seit 1959 eine Neue Stadt[9] am Rande der alten entstehen. »Neu« in der Bedeutung von »aktuell«. Der Kongress des Jahres 1958 hatte dafür den Impuls gegeben: Eine neue Umgebung nach Gesetzen zu gestalten, die prinzipiell anders als die einer traditionellen Stadt sind. »Ich habe ein experimentelles Viertel gesehen, in dem die Wohnhäuser frei stehen. Das Gesamtensemble ist sorgfältig durchdacht – funktional wie ästhetisch«, sagte Cornelis van Eesteren während des Kongresses über den experimentellen neunten

1

2

3

4

5

1 Staatliche Lomonossow-Universität, Moskau, 1957 (F: Wadim Kowrigin)

2 Eingang zur Metrostation Kalushskaja, Moskau, 1952 (F: Georgi Petrussow, Iwan Schagin)

3–5 Moskau, 1954 (F: Henri Cartier-Bresson)

Wohnbezirk in Nowyje Tscherjomuschki, der zur damaligen Zeit das einzige bereits realisierte Konzept des Experiments der »Aktualität« war. Ab 1959 wurden die ersten Wohnhäuser in den Wohnbezirken Kusminki, Choroschewo-Mnewniki, Fili-Masilowo bezogen. 100.000 neue Wohnungen sollten für Moskau jährlich entstehen. In den sechziger Jahren wurden ca. 10.860 Fünfgeschosser gebaut.

Die sowjetische Architektur der sechziger Jahre entstand ausgerechnet hier, an der Schnittstelle zwischen den Typenbauten und dem »originellen, innovativen, experimentellen Bauen«. 1958 wurde ein neues Ziel deklariert: 90 % der Planungen sollten Typenentwürfe sein. Das Restsegment von 10 % blieb für die kreative Suche; hier kamen die Innovationen der Sechziger-Generation zum Ausdruck. Alexej Gutnow, Viktor Jegerew, Wladimir Kubassow, Alexander Larin, Ilja Leshawa, Felix Nowikow, Natan Osterman, Leonid Pawlow, Igor Pokrowski, Jewgeni Stamo, Boris Tchor und viele andere Vertreter dieser Generation versuchen mit der »Aktualität« die heroische Romantik ihrer Epoche und ihres Landes in einer internationalen Sprache der neuen Ästhetik zu formulieren: Deren Fundament waren die Eroberung des Weltalls und der Antarktis, die Erschließung Sibiriens und des Neulands, die wissenschaftliche Revolution.

Die sowjetische Architektur emanzipierte sich vom architektonisch überflüssigen Dekor des ersten Nachkriegsjahrzehnts, strebte nach den geometrisch klaren Formen. Die Freiheit und die Offenheit der post-stalinistischen Gesellschaft äußerten sich in der offenen Bauweise der Bezirke, die der Blockrandbebauung der vierziger Jahre entgegengesetzt war. Den Lebensmittelpunkt des Menschen der sechziger Jahre sollte nicht eine 30-Quadratmeter-Typenwohnung in einem Typenhaus von makellos minimalistischer Ästhetik ausmachen, sondern das gesamte Wohnviertel mit seinem System freistehender Objekte auch des Kultur- und Servicebereichs.

Die Architektur sollte authentisch sein, ihre Konstruktionen und Funktionen nicht verstecken, sondern offen legen, schlicht und lakonisch sein: der Pionierpalast auf den Leninbergen, die Hotels Junost und Minsk, das Erholungsheim Kljasma, die Flughäfen Scheremetjewo 1 und Domodjedowo, die Satellitenstadt Selenograd. Mit dem Einsatz von leichten Konstruktionen aus Glas und Metall in den Pavillons des Sokolniki-Parks, in den Geschäften der Gorkistraße und auf dem LeninProspekt sowie im Restaurant Kristall begannen sich die Ideen der sowjetischen Moderne zu entwickeln, nicht nur als eine Bauweise, sondern auch als Philosophie.

All diese Metaphern realisierten sich in der plastischen Klarheit des charakteristischsten Bauwerks der sechziger Jahre – dem Gebäudekomplex des RGW, des Rates für Gegenseitige Wirtschaftshilfe. Das Gebäude mit 100 Metern Höhe ruht auf einem flachen Stylobat. Die Vertikale wird als etwas Neues im horizontalen Raum der Architektur der industrialisierten Welt propagiert. Das Gebäude versinnbildlicht die Errungenschaften der sowjetischen Architektur und der sozialistischen Länder, es will sie ausstellen, dynamisch, wie es seine hochstrebenden Flügel öffnet.

Mit seinen »Großen Projekten« öffnete sich Moskau dem Westen. Die neue städtebauliche Achse begann im Kreml, wo 1961 der Kongresspalast gebaut wurde. Weitergeführt wurde sie am Kalinin-Prospekt, dessen Gesamtkomposition sich am präzise strukturierten Rhythmus einzelner Dominanten ausrichtete. Als Michail Possochin diese Achse in Richtung Westeuropa gestaltete, war er mit den Pariser Architekten in Kontakt, die damals La Défense planten. Seit dem Ende der fünfziger Jahre beeinflussten sich die französischen und sowjetischen Architekten deutlich. Frankreich wurde zum wichtigsten westeuropäischen Partner. Die Achse Moskau – Paris schließt heute auch Berlin ein. Vielleicht wird es entlang dieser Achse eine neue Zusammenarbeit der Architekten geben.

Die drei Perioden der sechziger Jahre in der UdSSR wurden von den sowjetischen Pavillons auf den Internationalen Ausstellungen markiert. Die Periode des »Werdens« kennzeichnete ein statischer Glaskubus auf der Expo in Brüssel 1958. Die Phase der »Entwicklung« wurde von der dynamischen Offenheit des Pavillons in Montreal 1967 symbolisiert. Und der »Abschluss« präsentierte sich in Osaka 1970 mit einer Konstruktion, die sich zwar zu einem Gipfel aufschwang, sich dann aber in einer Spirale bremste.

Entwurf für das Gebäude der Expo 2010 in Moskau unter Einbezug der WDNCh-Bauten, 2002 (Computergrafik: Andrej Kaftanow)

Entwurf für das Geschäftszentrum Moscow-City, 2000 (Modellfoto)

Nach der Absetzung von Chruschtschow 1964 verschwand nach und nach die »romantische Emotionalität« mit ihren diaphanen Strukturen und dem Anspruch der Verkörperung von Ideen aus der Architektur. In ihren Überlegungen zur Kultur der sechziger Jahre, die im Kampf gegen den Stalinismus entstand, schrieben Pjotr Wail und Alexander Genis 1988: »Der Wechsel der Epochen äußert sich im Wechsel der Zeichen. Das Neue beginnt dort, wo das Alte gegen sein Gegenteil ausgetauscht wird.«[10] Das trifft auch für den »Moskauer Historismus« der neunziger Jahre mit seiner Auflehnung gegen die Moderne zu.

Die Moskauer Architektur trägt heute die Spuren eines Jahrzehnts der freien Wahl der Stile, die noch von einer retrospektiven Haltung beherrscht wird. »In der Welt, die die klaren Orientierungen verloren hat, haben sich deutliche Architekturkonzepte erschöpft und lösen sich nun in der stilvollen Ruhe eines neuen Eklektizismus auf«[11], meint Andrej Ikonnikow. Die »sowjetische Moderne« bildet eine der Ressourcen, die die aktuellen Stilrichtungen speisen. Die Denkmäler der Avantgarde der zwanziger Jahre sind dem Verfall überlassen und auch das in den Sechzigern Gebaute wird bereits baufällig. Die dünne, fragile Glasarchitektur, deren einstige Aktualität nicht standhalten konnte, ist ohnehin verloren gegangen. Nun sind große Projekte an der Reihe. 2002 wurde das einfache, rechteckige Hotel Intourist abgerissen, das die Sechziger-Jahre-Devise veranschaulichte: »Moskau ist eine offene Stadt«. Die Relikte aus Stahlbeton sind international.

Das beste Werk aus den sechziger Jahren haben wir bereits in den Neunzigern verloren. Das Freibad Moskwa[12], die »reinigende Waschung« anstelle der gesprengten Kathedrale, auf dem Fundament des nicht gebauten Palasts der Sowjets. Eine Architektur des Raumes, des Wassers und der Luft. Infolge der »Tauwetter«-Periode wurde ein Symbol errichtet, fast ein Denkmal, in dem sich unser Wunsch nach Abschied vom Totalitarismus widerspiegeln konnte. Heute steht an dieser Stelle die Kopie eines historischen Denkmals. Die »Reinigung« der Sechziger wurde von der »Reumütigkeit« der Neunziger abgelöst.

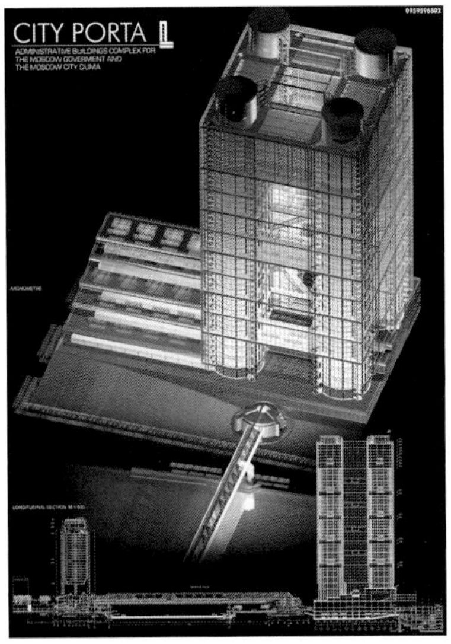


1. Preis im Wettbewerb zum Gebäudekomplex der Moskauer Stadtduma im internationalen Geschäftszentrum Moscow-City, 2002 (Computergrafik: Andrej Kaftanow)

Vor diesem Hintergrund gibt es heute in Moskau Ereignisse und Zeichen, die vermuten lassen, dass das Pendel der Präferenzen wieder in Richtung »Aktualität« schwingt. Im Februar 2002 wurde der 100. Geburtstag von Iwan Leonidow gefeiert. Das Jubiläum des Architekten bot den ersehnten Anlass, auf einer Konferenz, zu der unter anderen auch Rem Koolhaas anreiste, über das weitere Schicksal des sowjetischen Erbes und das schöpferische Potenzial der eigenen Geschichte zu sprechen. Die dort geführten Diskussionen fanden ihren Niederschlag beispielsweise in der von Juri Woltschok vorgeschlagenen Konzeption *Die Formung der symbolischen Funktion der Expo 2010 in Moskau auf der Grundlage der neu entdeckten Architektur der Avantgarde der 1920er Jahre*. Die modernen Objekte Moskaus mit der Aktualität der sowjetischen Avantgarde zu verbinden, ist ein wichtiger Gedanke Woltschoks. Es soll nun eine Reihe von Entwürfen aus den Zwanzigern realisiert werden, insbesondere die Rekonstruktion der Bauten auf dem Gelände der WDNCh, wo die Expo 2010 stattfinden soll. Man beginnt auch mit der Bestandsaufnahme der Werke aus den sechziger Jahren, um die Liste der Architekturdenkmäler des 20. Jahrhunderts zu vervollständigen. Heute endet sie noch immer mit den Hochhäusern der fünfziger Jahre. Das »Prinzip der Aktualität« wird weiterentwickelt und wieder in den Wirkungskreis der aktuellen Architektur zurückgeführt.

Das wird in neuen signifikanten Großprojekten bestätigt. Hier steht im Mittelpunkt der Ausbau der Moskow-City zum Megasymbol des modernen Russlands. Nach den Diskussionen über die Hochtürme und über den Kern des Areals wurde 2002 ein seit langem erwarteter internationaler Wettbewerb für die Gebäudekomplexe der Moskauer Duma und der Regierung der Stadt Moskau ausgeschrieben.[13] Der Siegerentwurf von Michail Chasanow basiert auf der Jahreszahl 2002: ein Palindrom, das eine Metapher für die spiegelverkehrte Sicht auf die Geschichte liefert. Die Verdoppelung schafft eine neue Metaebene: Vier Türme werden miteinander durch ein Rechteck aus Glas verbunden.

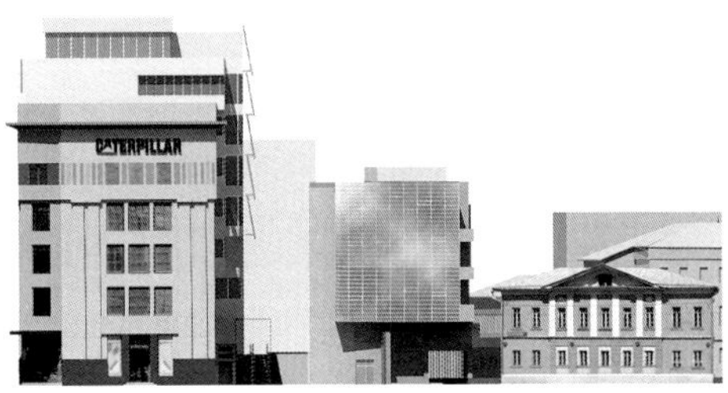

Bürogebäude an der Krasnoproletarskaja Straße, Moskau, 2002 (Computergrafik: Andrej Kaftanow)

Im Komplex Krasnyje Cholmy, dessen Gesamtbild sich zusammen mit den veränderten Prioritäten der Moskauer Architektur der neunziger Jahre formte, wurde der Bau des Internationalen Musikhauses im Dezember 2002 vollendet. Moderne Konstruktionen und Technologien ermöglichten es, ein großes Konzerthaus mit einer enormen Kuppel zu überdachen. »Wir wollten ein neues Bild im traditionellen Moskauer Kontext erfinden«, sagt der Architekt Juri Gnedowski.[14]

Wie schon in den Fünfzigern formen auch die Experimente der neunziger Jahre eine neue innovative

Russisches Kulturzentrum auf der Krasnocholmskaja strelka, Moskau, 2002 (F: anonym)

Architektengeneration. 2002 beendete Alexander Assadow die Arbeit am Mercedes-Benz-Zentrum, wo er die »transparente Reinheit« als semantische Form schuf. Sergej Kisseljow errichtete ein großes Bürogebäude, dessen lakonische Stilistik sich dem benachbarten Vorkriegsgebäude unterordnet. Wladimir Plotkin entwarf neue Wohnhäuser, deren Grundideen auf die Experimente der Sechziger zurückgehen. Nikolai Lyslow kehrte zum Thema kleiner Glaspavillons im Sokolniki-Park zurück, die dort bereits in den Fünfzigern auftauchten. Der Verfechter des Minimalismus, Jewgeni Ass, wendete sich dem wohl romantischsten Objekt der Sechziger, dem Jachtclub zu.

Die konsequenteste Verbindung zur Architektur der Sechziger stellte der Rationalist Alexander Skokan dar. Eine Raum-Zeit-Komposition verband das kürzlich fertig gestellte Bürogebäude Tschaika-Plaza und das Hotel Minsk aus den Sechzigern. Die beiden Gebäude standen im Winkel von 90 Grad zueinander und führten einen aktuellen Dialog. Das Neue bereicherte und ergänzte das Alte, das seinerseits das Neue hervorhob. 2002 wurde beschlossen, das Hotel Minsk abzureißen. Die Einheit ist dahin.

Im folgenden sind nähere Angaben zu den ab gebildeten Bauwerken angeführt:

Das neue Gebäude der Moskauer Staatlicher Universität auf den Leninbergen, Moskau 195 Architekten: B. Iofan (Idee), L. Rudnew, S. Tsche nyschow, P. Abrossimow, A. Chrjakow, Ingenieur W. Nassonow.

9. experimentelles Wohnviertel in Nowyj Tscherjomuschki, Moskau 1958, Architekten N. Osterman, S. Ljaschtschenko, G. Pawlow, W Swirski, W. Kalafatow. Ingenieur: W. Schapir

Gebäudekomplex des Rats für Gegenseitig Wirtschaftshilfe, Moskau 1969, Architekten: M Possochin, A. Mndojanz, W. Swirski, S. Jegorov J. Semjonow.

Entwurf zur *Symbolischen Funktion der Expo 201 in Moskau auf der Grundlage der Wiederbelebun des Architekturerbes der Avantgarde der 1920e Jahre*, 2002, Leitung: J. Woltschok, Architekten S. Bassarija, A. Jersowski, M. Kanunnikow, I. Kr mowa, W. Medwedew, O. Medinski, J. Nikulin mit Beteiligung von A. Melitonjan.

Entwurf des Geschäftszentrums Moscow-Cit 2000, Leitung: A. Kusmin, Architekten: M. Poss chin, B. Tchor, A. Assadow, G. Sirota, G. Schitow I. Geleta.

Internationaler Wettbewerb zum Projekt de Gebäudekomplexes der Moskauer Stadtdum und der Regierung Moskaus im internationale Geschäftszentrum Moscow-City, 1. Preis: M. Cha sanow, A. Nagowizyn, N. Kontschelli.

Das Moskauer Internationale Haus der Musi innerhalb des Russischen Kulturzentrums auf de Krasnocholmskaja strelka, 2002, Architekten J. Gnedowski, W. Krassilnikow. D. Solopow, M Gawrilowa, S. Gnedowski. Ingenieure: S. Belov I. Kusnezowa.

Bürogebäude auf der Krasnoproletarskaja Straße Moskau 2002, Architekten: S. Kisseljow, W. Labu tin, N. Chaikin, W. Schabanow.

GSW-Hochhaus, Berlin-Kreuzberg 1999, Architek ten: M. Sauerbruch, L. Hutton.

Bürogebäude in der Degtjarny-Gasse, Moskau 1999, Architekten: A. Skokan, A. Gnesdilov K. Gladki sowie das Hotel Minsk, Moskau 196 Architekten: A. Arkin, W. Kilpe.

Bürogebäude in der Degtjarny-Gasse, Moskau von 1999 mit Hotel Minsk von 1965 (F: A. Konowaltschik)

Im Jahr 2000 brannte das wichtigste Bauwerk der Sechziger – der Ostankino-Fernsehturm. Für seine Rekonstruktion bekam die Regierung Russlands 2002 einen Kredit. Der Staat will die Vertikale wiederherstellen. Oder etwa die Ganzheitlichkeit der Kultur?

Wir steigen die sphärische Spirale der neuen Reichstagskuppel, dieses Symbols der Einheit und Versöhnung, empor. Wir bleiben eine Zeitlang dort oben stehen, lassen das »Erreichte« auf uns einwirken, kehren dann zurück, in unsere Vergangenheit, um dort Ressourcen aufzuspüren, die die Architektur in das neue Zeitalter hinübersetzen. Vor vierzig Jahren sagte der Dichter und Architekt Andrej Wosnessenski über das Guggenheim-Museum von Frank Lloyd Wright: »Architektur? ... Stellen Sie sich eine blendende, stramme Spirale vor, die in den Himmel reicht! Sie gehen die Windungen dieser Spirale, den geneigten Boden, die Rampe hinunter und besichtigen die Gemäldesammlung. Die Bewegung nach unten ermüdet nicht.«[15]

*Übersetzung: Irena Akopjan, Alexej Khairetdinow*

1 *Informacionnyj bjulleten' V Kongressa MSA* (Informationsbulletin des V. Kongresses des UIA), Nr. 7, 25.7.1958, S. 1.

2 *ARCH B 02. Congress Newsletter*, 24.7.2002, S. 3.

3 Zitiert nach: *Architektor Leonid Pawlow. Vzgljad iz XX. stoletija* (Der Architekt Leonid Pawlow. Der Blick aus dem XX. Jahrhundert), Ausst.-Kat. Staatliches Museum für Architektur, Moskau 2000.

4 *UIA White Book*, Hg.: UIA zus. mit dem Europäischen Architektenrat, Berlin 2002; im Anhang: *The Future of Architecture. Propositions for the Built Environment*, S. 245–286.

5 Die Beiträge der Teilnehmer des Moskauer Kongresses werden hier und weiter zitiert nach: *V Kongress Meždunarodnogo Sojuza architektorov* (Der 5. Kongress des Weltverbandes der Architekten), gekürzte Fassung des stenographischen Berichts, Moskau 1960.

6 *Architektura i stroitel'stvo Moskvy* (Architektur und Bau Moskaus), 1958, Nr. 7, S. 11–13.

7 Aus der Bundesrepublik waren 23 Teilnehmer, aus der DDR 44 Teilnehmer angereist. *Informacionnyj bjulleten' V Kongressa MSA* (Informationsbulletin des V. Kongresses des UIA), Nr. 3, 22.7.1958, S. 9.

8 Beschlüsse des V. Kongresses des UIA, *Informacionnyj bjulleten' V Kongressa MSA* (Informationsbulletin des V. Kongresses des UIA), Nr. 8, 26. Juli 1958, S. 3–7.

9 Vgl. Andrej Kaftanov: *Rajony pjatiètažek – vospominanija o buduščem* (Die fünfstöckigen Wohnviertel: Erinnerung an die Zukunft); *Pavil'onnyj modernizm 60-ch. Reabilitacija iz 90-ch.* (Aktualität der Pavillons. Eine Rehabilitation aus den 90ern); *Ot internacional'noj architektury k architekturnomu internacionalizmu* (Von der internationalen Architektur zur architektonischen Internationalität), in: *Proekt Rossija* (Projekt Russland), Nr. 6, 1997, S. 72–77; Nr. 12, 1999, S. 57–61; Nr. 16, 2000, S. 19–24.

10 Piotr Vajl', Aleksandr Genis: *60-e. Mir sovetskogo čeloveka.* (Die 60er. Die Welt des Sowjetmenschen), Ann Arbor, 1988, S. 57.

11 A.V. Ikonnikov: *Architektura XX veka. Utopii i real'nost'* (Architektur des 20. Jahrhunderts. Utopien und Realität), Bd. 1, Moskau 2001, S. 7.

12 Das Projekt des Freibades wurde 1958 vorgestellt. *Architektura i stroitel'stvo Moskvy* (Architektur und Bau Moskaus), Nr. 10, 1958, S. 23–26.

13 *Architekurnaja gazeta*, Nr. 2, Dez. 2002, S. 6–7.

14 Juri Gnedowski, der Präsident des Architektenverbandes Russlands, ist während des Berliner Kongresses zum UIA-Vizepräsidenten gewählt worden.

15 Andrej Voznesenskij: *Treugol'naja gruša. 40 liričeskich otstuplenij iz poėmy* (Die dreieckige Birne. 40 lyrische Abschweifungen aus einem Poem), Moskau 1962, S. 42.

# SPASS – BEISEITE?

## RUSSISCHE FEIERTAGE IN POSTKOMMUNISTISCHER ZEIT

ANDREJ SORIN

Wie sehr jeder Staat einen Nationalfeiertag braucht, um sich seiner Ideologie und Selbstidentifikation zu versichern, ist schon vor langer Zeit erkannt worden. Die Herrscher haben dies übrigens viel früher begriffen als die Gelehrten. Große soziale Veränderungen, insbesondere revolutionärer Art, führen stets zu grundlegenden Veränderungen im System der Feiertage. Mit Paul Ricœurs Worten ist »das Nachspielen der Gründungsereignisse ein fundamentaler ideologischer Akt. Es gibt darin ein Element der Wiederholung des Ursprungs. ... Können wir uns eine Gemeinschaft ohne die mehr oder weniger mythische Feier ihrer eigenen Geburt überhaupt vorstellen?«[1]

Der Revolutionsfeiertag, den sich sowohl die Ideologen der Französischen als auch der Russischen Revolution ausgedacht hatten, sollte eine neue Nation schaffen, die Kluft zwischen dem offiziellen Staatsfeiertag und einem privaten Feiertag überbrücken und die gesamte Nation in einem Akt massenhafter Teilhabe an der gemeinsamen Feier vereinen. Es war Michail Bachtin, der diese utopische Vision des Feiertags in den dreißiger Jahren in seinem Buch *François Rabelais und seine Welt*[2] nostalgisch wiederbelebte. Er schrieb, dass Karnevalsfeier und Karnevalsraum im Laufe der Zeit in asymmetrische Sphären zerfielen: in die der offiziellen Feierlichkeiten im Zeichen des Dogmatismus, der die festliche Stimmung des Volkes zur Verbreitung der offiziellen Ideologie ausnutzt, und in die des privaten Feierns persönlicher und familiärer Festtage, die lokal, individuell und vertraut sind, aber immer noch eine vage Erinnerung an die alte karnevalistische Freiheit, das utopische goldene Zeitalter des Karnevals, enthalten.

Noch bevor Bachtins Buch vergriffen war, waren Glanz und Schrecken der stalinistischen Zeremonien in den dreißiger Jahren von der Langeweile offizieller Feiern der spätkommunistischen Periode abgelöst worden. Daher erkannte die sowjetische Gesellschaft der Breschnew-Ära in der erwähnten Dichotomie weniger die Welt des europäischen Mittelalters, als vielmehr die Wirklichkeit der späten Sowjetunion, in der das individuelle Leben mit seinen Freuden und Festen völlig von den offiziellen Zeremonien geschieden war. Dennoch manifestierten sich die Beziehungen zwischen diesen beiden Arten des Feierns nie in Protest, Opposition oder gar Indifferenz. Um diese Spannungen zu erklären, können wir auf Michel de Certeaus Ideen zurückgreifen, die er in *The Practice of Everyday Life* darlegt. Certeau beschreibt darin die Taktiken der Schwachen in ihrem ewigen Kampf gegen die Starken, um sich das, was ihnen die Mächtigen vorschreiben, anzuverwandeln und für ihre eigenen Zwecke – nämlich individuelles Wohlbefinden und Entspannung – zu nutzen.

1

2

3

4

5

1 Moskau, 1954 (F: Henri Cartier-Bresson)

2 Enthüllung des Majakowski-Denkmals, Moskau, 1958 (F: Nikolai Lawrentjew)

3 Moskau, 1954 (F: Henri Cartier-Bresson)

4 WDNCh, Volkswirtschaftsausstellung der UdSSR, Kirgisischer Pavillon, Moskau, 1955 (F: Wadim Kowrigin)

5 Demonstration zum Feiertag am 7. November 1957, Moskau (F: Anatoli Jegorow)

Folglich lässt sich die Art, wie sich die Menschen in der Sowjetunion offizielle Feiern zu Eigen machten, mit einer von Certeau geprägten Metapher beschreiben: Sie lebten in ihnen wie in einem gemieteten Haus, das sie mit ihren eigenen Sehnsüchten, Wünschen, Erfahrungen und Überzeugungen möblierten.[3] Zum Beispiel wurde der 8. März, der Frauentag und offizielle Feiertag der sozialistischen Frauenbewegung, im ganzen Land ausgiebig, jedoch auf besondere, karnevaleske Weise gefeiert. In der patriarchalischen russischen Gesellschaft, in der die Arbeit im Haushalt allein Frauensache ist, war dies der einzige Tag im Jahr, an dem die Rollen getauscht wurden. Die Männer kochten und putzten. Am 8. März frönte man jedoch auch der sexuellen Freizügigkeit, was sicher nicht im offiziellen Sinne dieses Feiertags war.

Wichtig ist dabei auch, dass genau zwei Wochen vor dem Tag der Frau, am 23. Februar, offiziell der Gründung der sowjetischen Armee gedacht wird. Vor der Perestroika hatten Angst und Aversion vor dem Wehrdienst im Lande noch nicht das heutige Ausmaß angenommen. Dennoch ist es keine Übertreibung, wenn ich sage, dass die überwältigende Mehrheit junger russischer Männer alles getan hätte, um der Armee zu entgehen. Und doch wurde der 23. Februar als Tag des Mannes begangen und als eine Art Vorstufe zu den Feierlichkeiten des 8. März betrachtet. In den Schulen machten die Mädchen den Jungen Geschenke, in der Erwartung, dass jene zwei Wochen später viel großzügiger sein würden. Dabei bezeichneten die Mädchen die Jungen als »unsere Verteidiger« (naschi saschtschitniki), obwohl sie ihren männlichen Klassenkameraden aufrichtig wünschten, sie mögen dem Wehrdienst entgehen.

Sogar der 7. November, der Tag der Oktoberrevolution, wurde auf diese Weise instrumentalisiert. Aus ihm wurde eine Art Familienfeier mit traditionellen Gerichten – in gewisser Anlehnung an das westliche Weihnachten, das aus dem Kalender verbannt worden war. Ich denke, jeder Sowjetbürger erinnert sich ohne Mühe an »Hering unter dem Pelz« (Seljodka pod schuboi) und Salat Olivier. Bemerkenswert ist in diesem Zusammenhang, dass während der Neujahrsfeierlichkeiten, am in der Sowjetunion bei weitem beliebtesten Festtag, die traditionelle Ansprache des Generalsekretärs der Kommunistischen Partei als eine Art Startsignal verstanden wurde. Das Ende der offiziellen Rede markierte den Zeitpunkt, da die ganze Nation den Champagner einzuschenken begann, um sodann, mit dem letzten Schlag der Kremluhr, mit dem Trinken zu beginnen.

Dies war also die traditionelle sowjetische Technik der Appropriation gegebener Verhältnisse. Die politischen Symbole wurden privatisiert und domestiziert. Diese Aneignung entzog dem Feiertagssystem das revolutionäre Feuer sowie den ideologischen Glanz und machte daraus eine konservative Struktur, die den Rhythmus des Jahreszyklus stabilisierte.

Nach dem Zusammenbruch des Sowjetreichs erwiesen sich die Feiertage des neuen Russland jedoch weder für die nationalen Feierlichkeiten noch für die beschriebene Technik der Halb-Privatisierung als ausreichend populär. Das demokratische Russland hat keine wirklichen Feiertage. Diese Situation ist teils einer fehlenden Kontinuität der Tradition geschuldet – der Voraussetzung für wirkliche Feierlichkeiten –, teils dem fehlenden Vertrauen in die von der Regierung errichtete allgemeine politische Ordnung, am meisten jedoch dem Fehlen einer kohärenten Vision von der nationalen Identität des Landes, auf der die Feierlichkeiten beruhen würden.

Deshalb hat die Mehrheit der russischen Bevölkerung nicht die geringste Ahnung, was sie am 12. Juni feiert: nämlich den Tag der russischen Unabhängigkeit, den die neuen Machthaber zum Tag der Staatsgründung erklärt haben. Niemand scheint sich an den Titel der »Deklaration der staatlichen Souveränität Russlands« zu erinnern, die der erste Volkskongress der Russischen Föderation am 12. Juni 1990 verabschiedete. Sowohl die Obrigkeit als auch die kommunistische Opposition, die diesen Tag nicht als Feiertag, sondern als Tag einer nationalen Tragödie empfindet, erwähnen die Deklaration nur unwillig, da Russlands Unabhängigkeit seinerzeit von der kommunistischen Mehrheit des Kongresses eingeleitet wurde, den Jelzin später auflöste. Noch wichtiger dabei ist, dass dieser Gründungsakt überhaupt nicht die Unabhängigkeit Russlands zum Ziel hatte, sondern der russischen Regierung einen radikalen Zuwachs an Macht und Vorrechten innerhalb der Sowjetunion verschaffen sollte.

Wie groß die Verwirrung rund um diesen Feiertag in den Neunzigern war, konnte man deutlich an den Zeremonien erkennen, bei denen gewöhnlich der exzessive Gebrauch des Wortes »Russland« und der Appell an den russischen Patriotismus mit Elementen eines religiösen Rituals und der Ästhetik eines traditionellen Parteikonzerts kombiniert wurden. Das auffälligste Beispiel lieferte der Abschluss der Feierlichkeiten 1994, als nach dem Auftritt einer weiblichen Volkstanzgruppe und eines Armeechors (des Krasnosnamenny-Chor) eine Ikone auf die Bühne des Kongresspalasts im Kreml getragen wurde. Das Publikum, größtenteils Mitglieder der alten kommunistischen Elite, wusste zunächst überhaupt nicht, wie es reagieren sollte. Schließlich erhob sich der ganze Saal und begann stürmisch zu applaudieren (burnyje, prodolshitelnyje aplodismenty). Ich glaube nicht, dass sich irgendein Soz-Art-Künstler eine derart konzeptualistische Performance hätte ausdenken können.

Moskau am 50. Jahrestag der Oktoberrevolution, 1967 (F: Naum Granowski)

Den wahren Gründungstagen des neuen Russlands – vom 19. bis 22. August – erging es noch schlechter. Die schon bald eintretende Enttäuschung infolge der Reformen sowie überwiegend nostalgische Gefühle machten dieses Ereignis für die Mehrheit der Bevölkerung als Nationalfeiertag unbrauchbar. Sogar die liberalen Intellektuellen, die sich als überzeugte Verfechter der Reformen sehen, tendieren dazu, die Dimension des Augustputsches herunterzuspielen. Der Haupttenor von Fernsehsendungen und Zeitungsartikeln, die an die Geschehnisse des Sommers 1991 erinnern, lautet: »Dies war der Tag, an dem wir alle betrogen wurden.« Die einzige halboffizielle Feier, die mit diesen Ereignissen im Zusammenhang steht, ist der so genannte Tag der Nationalflagge am 22. August, der einzige Tag, an dem Skater im Rahmen eines Rockkonzerts auf den Roten Platz gelassen werden.

Somit leben die Nationalfeiertage in Russland in erster Linie von der Wiederbelebung alter religiöser Feiertage und der Umbenennung der sowjetischen. So ist beispielsweise der 23. Februar, früher der Tag der sowjetischen Armee und Kriegsflotte, heute offiziell als

Tag der Verteidiger des Vaterlands bekannt, der 1. Mai, zuvor der Tag der Solidarität der Werktätigen, ist heute der Tag des Frühlings und der Arbeit, und sogar der Tag der Oktoberrevolution wurde von Präsident Jelzin zum Tag der nationalen Eintracht und Versöhnung umbenannt.

In den Neunzigern erlebten wir, wie sich die Rolle dieser Feiertage und die Einstellung ihnen gegenüber umkehrten. Die Obrigkeit schlug nun aus der beliebten sowjetischen Tradition der Privatisierung offizieller Feiertage Kapital, während die Opposition offenbar versuchte, deren Bedeutungen zu repolitisieren. Ein gutes Beispiel für diese Tendenzen sind die Ansprachen an die Nation, die Präsident Jelzin und die Führung der kommunistischen Partei am Vorabend des 23. Februar 1998 hielten: »Der morgige Feiertag ist traditionell der unsrige, ein männlicher (mushskoi)«, sagte Jelzin. »Das Vaterland, die Heimat, die Familie zu verteidigen – das ist die Pflicht eines wahren Mannes. Viele

Parade auf dem Roten Platz zum 50. Jahrestag der UdSSR, 1972 (F: Michail Trachman)

Jahre haben wir dieses Datum mit dem Geburtstag der Roten Armee in Verbindung gebracht, doch unsere Militärgeschichte begann lange vorher – mit der Gründung des Russischen Reiches.« Es ist offensichtlich, dass der 23. Februar, so unangebracht diese Aussage in historischer Sicht auch sein mag, der Geburtstag der Roten Armee *ist*. Jelzin verwendete hier jedoch mit Absicht ein traditionelles Perestroika-Klischee: »Man hat die Wahrheit lange vor uns verborgen, doch jetzt kennen wir sie«. Diesmal handelte es sich bei dieser lang verborgenen Wahrheit zufälligerweise um eine tief verwurzelte nationale Tradition, die hinter einem kommunistischen Feiertag steht.

Dennoch wurde auch jene Gruppe, die sich standhaft weigert, die neu entdeckte Wahrheit anzuerkennen, eigens in der Rede erwähnt: »Besondere Ehre erweisen wir den Veteranen und Teilnehmern des Großen Vaterländischen Krieges. ... Für sie ist es nicht *nur* [Hervorhebung von A. S.] der Feiertag der Verteidiger des Vaterlandes, sondern ein ruhmreiches 80. Jubiläum unserer Armee und Kriegsflotte. Am Vorabend dieses wichtigen Datums gratuliere ich Ihnen, liebe Veteranen, von ganzem Herzen. Ich wünsche Ihnen, dass Sie diesen Tag in der angenehmen Gesellschaft Ihrer alten Kampfgefährten verbringen mögen.« Der Präsident beendete seine Ansprache mit einer Gratulation zum Feiertag und dem Wunsch, man möge einen »schönen freien Tag verbringen«[4], und zog damit die Trennlinie zwischen dem Begriff des Feiertags (prasdnik) als nationalem Ereignis und dem freien Tag (wychodnoi) als Chance zur persönlichen Entspannung, die der Feiertag dem Bürger verschafft.

Volksfest auf den Leninbergen, im Hintergrund die Moskauer Universität, 1990er Jahre (F: Igor Muchin)

Während der Sowjetzeit hätte die übliche Begründung einer Feierlichkeit durch eine ideologisch skeptische Person wie folgt gelautet: »Ist mir egal, was es für ein Feiertag ist, für mich ist es ein freier Tag.« Jelzin verdeutlichte dieselbe Idee in seiner Rede zum achtzigsten Jahrestag der bolschewistischen Revolution, indem er seiner Überzeugung Ausdruck verlieh, dass es für die Mehrheit der Nation nur ein freier Tag sei, an dem sie ihre Wintereinkäufe erledigen und »Sauerkraut machen« (kwasit kapustu). Seine Ansprachen reflektierten die Erkenntnis, dass die Nation in zwei ungleiche Teile geteilt ist. Der eine, militant ideologisch, besteht vor allem aus alten Menschen, denen die alten Feiertage noch immer heilig sind. Für den zweiten – die Mehrheit – sind diese Feiertage in erster Linie freie Zeit und eine willkommene Gelegenheit, Sauerkraut zuzubereiten. Es ließe sich behaupten, dass diese Interpretation im Wesentlichen den Verlauf und das Ergebnis der Präsidentschaftswahlen von 1996 widerspiegelt.

Kein Wunder, dass sich die Rhetorik der Opposition hier radikal unterscheidet. Während der Stil von Jelzins Ansprachen explizit persönlich ist, bevorzugen die Oppositionsführer die Muster des alten Partei-Newspeak. »Das Zentralkomitee der Kommunistischen Partei der Russischen Föderation und das Präsidium der Patriotischen Volksunion Russlands beglückwünschen Sie zum 80. Jahrestag der Streitkräfte unseres Landes. Die RKKA (Rote Arbeiter- und Bauernarmee) ... hat damals die besten Traditionen der Russischen Armee in sich aufgenommen.«[5] Man erkennt hier sofort den Stil der »Ansprachen des ZK der KPdSU an das sowjetische Volk«. Diese Dokumente, die vor den Nationalfeiertagen in den Parteizeitungen in fetten Lettern veröffentlicht wurden, waren völlig unlesbar und eigentlich auch nie dafür gedacht, gelesen zu werden.

Durch die erkennbare Verwendung der Sprache der Macht wollen die neuen Kommunisten nicht so sehr ihren Leitsätzen Lesbarkeit und Faszination verleihen, sondern vielmehr Kontinuität betonen, zeigen, dass die Partei noch immer existiert und das Ruder in der Hand hat. Wie wir jedoch während des Wahlkampfs 1996 sehen konnten, ist dies eine defätistische Strategie. Die kommunistische Führungsriege weiß, dass die Art von Attraktivität, die sie wiederzubeleben versucht, nur bei dem sozial am wenigsten aktiven und zahlenmäßig schwindenden Teil der Bevölkerung – den älteren Menschen – Wirkung zeigt.

Die Parteiansprache vom 23. Februar ist in der kommunistischen Zeitung gleich neben dem Gedicht *Bleibt am Leben, Veteranen* abgedruckt. Der Autor behauptet darin, solange die ältere Generation am Leben sei, gebe es noch Hoffnung für Russland.

Die heutige Reaktion auf die Feiertage reflektiert somit insgesamt eine allgemeine Ratlosigkeit in Bezug auf das Land selbst, auf seine Beziehung zur eigenen Geschichte und Kultur sowie auf seine Perspektiven und Ziele. Während die Opposition die Feiertage für die nationale Mobilisierung nutzt, strebt die Obrigkeit geradezu nach nationaler Demobilisierung. Die erste Form politischer Rhetorik wendet sich dabei traditionell an die Nation als Ganzes, ohne dem Individuum auch nur die geringste Aufmerksamkeit zu schenken, während die andere – paradoxerweise der Regierung zugehörig – keinen Versuch macht, nationbildend zu wirken. Diese Lücke wird nun offenbar durch neue Initiativen und neue Arten unkonventioneller Feiertage gefüllt.

Das spektakulärste Beispiel solcher Bemühungen wurde vom 5. bis 7. September 1997 inszeniert, als Moskau sein 850-jähriges Jubiläum feierte. Dies war der erste wirklich nationale Feiertag seit vielen Jahrzehnten. Schätzungsweise waren über drei Millionen Menschen auf den Straßen. Das letzte Mal hatte Moskau eine solche Menschenmenge 1953 bei Stalins Beerdigung gesehen, als Tausende in dem Gedränge ums Leben kamen. Nun aber fiel erstmals in der Erinnerung der meisten Menschen eine offizielle Feierlichkeit mit einem Volksfest zusammen.

Salutschüsse und Feuerwerk auf dem Roten Platz, 2000 (F: Igor Muchin)

Traditionellerweise wird ein nationaler Feiertag über den Mythos der Staatsgründung definiert. Gewöhnlich setzt man dabei den von diesem Tag zu einer bestimmten Zeit geschaffenen Kosmos in Opposition zu dem Chaos, das zuvor herrschte. Wenn die Amerikaner den Unabhängigkeitstag feiern, so nehmen sie an, dass die Zeit vor der Unabhängigkeit eine Art dunkles Zeitalter war, aus dem die Nation am 4. Juli strahlend emporstieg. Dieselbe ideologische Botschaft hatten die sowjetischen Feierlichkeiten zum Jahrestag der bolschewistischen Oktoberrevolution, und offensichtlich kann man das auch vom bereits erwähnten russischen Unabhängigkeitstag am 12. Juni sagen. Übrigens gilt dies nicht nur für politische, sondern auch für religiöse Feiertage. Wenn wir Weihnachten oder Ostern feiern, gehen wir davon aus, dass die Zeit vor Christi Geburt beziehungsweise seiner Auferstehung vorüber ist. Das Fest teilt die Zeit in zwei Teile und verwirft einen davon.

Salutschüsse, Moskau, 1998 (F: Igor Muchin)

Wählen wir das Gründungsdatum einer Stadt als Nationalfeiertag, so minimieren wir im Grunde diese Verwerfung. Wenn wir so einen Tag feiern, geben wir eigentlich gar nichts auf – nur anderen Orten einen Anlass, nach ihren eigenen Gründungsmythen zu suchen. Und so breitet sich derzeit eine Welle lokaler Feierlichkeiten über ganz Russland aus. Das Moskauer Jubiläum ist historisch gesehen ein absolut erfundenes Datum, da niemand weiß, wann Moskau eigentlich gegründet wurde. Die ersten Erwähnungen Moskaus in historischen Manuskripten sind auf April datiert – die Feierlichkeiten fanden dagegen im September statt. Doch interessierte sich niemand wirklich für die Geschichte, der Mythos war hier viel wichtiger.

Während der Jubiläumsfeierlichkeiten wurde aus Russlands unseliger Geschichte mit all ihren tragischen Erfahrungen und furchtbaren menschlichen Opfern irgendwie ein ewiges goldenes Zeitalter. Mehrere Bühnenversionen unserer Staatsgeschichte waren zu sehen, in denen ausschließlich gute Menschen vorkamen. Die alten russischen Fürsten waren gute Menschen – Moskaus Bürgermeister erschien zu der Feierlichkeit sogar im Kostüm eines solchen. Auch die russischen Zaren, die diese Fürsten köpften und das feudale Russland in eine absolute Monarchie verwandelten, waren gute Menschen, besonders Iwan der Schreckliche. Sein Bild wurde bei der Lasershow des französischen Komponisten Jean-Michel Jarre an die Mauer der Staatlichen Moskauer Universität projiziert.

Peter der Große, der Moskau hasste und die Hauptstadt nach Sankt Petersburg verlegte, um möglichst nie wieder zurückzukehren, war auch ein toller Typ. Und so wurde in Moskau ein Denkmal zu seinen Ehren errichtet und während der Feierlichkeiten offiziell enthüllt. Auch die Kaiser aus Petersburg waren sehr liebenswürdig. Und die Kommunisten, die diese Kaiser stürzten und den letzten von ihnen samt seiner Familie erschossen, waren auch in Ordnung. Während der Feierlichkeiten ertönte aus allen Fernsehern neo-sowjetischer Retro, Lieder über Lenin und Stalin und die freundlichen Begegnungen im Moskau der alten, glücklichen kommunistischen Zeit. Also war es kein Wunder, dass die Demokraten, die die Kommunisten abgesägt hatten, auch sehr nett waren. Die Feste wurden offiziell von Präsident Jelzin gesponsert, weshalb auch er während der Zeremonie entsprechend gewürdigt wurde. Somit war alles stets wunderbar gewesen, und es hatte nie irgendwelche Widersprüche in der Geschichte Russlands gegeben.

Es ist interessant, den funktionalen Wandel der beiden Moskauer Hauptplätze zu verfolgen: des Roten Platzes, der stets ein Symbol der imperialen Supermacht gewesen war, mit all den Paraden, Panzern und Raketen, die über seine Pflastersteine rollten – und der unweit davon gelegenen Maneshnaja. Dieser größte Platz Moskaus, ein riesiger leerer Raum, war während der Perestroika zum Zentrum sozialer Aktivitäten und so zum Symbol des wiedererweckten politischen Lebens geworden. Hunderttausende demonstrierten auf diesem Platz. Heute wird der Rote Platz wieder von den nachgebauten alten Toren begrenzt, sodass kein Panzer mehr darauf fahren kann. Gleichermaßen ist die Maneshnaja vollkommen von dem Gebäude des neuen Moscow Trade Center verbaut worden, das von einer Kuppel, dem traditionellen Symbol der russischen Architektur, gekrönt wird.

Im September 1997 sahen wir, dass die Konsumgesellschaft in Russland angekommen war, allerdings legitimiert von der Geschichte des russischen Reiches und der russisch-orthodoxen Kirche, also von Historie und Religion. Am Ende der Feierlichkeiten hörten wir eine Rede des Bürgermeisters, der sich an den Patriarchen und den Präsidenten wandte, die beide an der Zeremonie teilnahmen. Das letzte Wort gehörte jedoch der populärsten Popsängerin Russlands: Alla Pugatschowa, der russischen Madonna. Diesmal spielte sie beide Madonna's, die amerikanische und das Original. Nach der Rede des Bürgermeisters kam sie in einem schneeweißen Kleid auf die Bühne, ein kleines Kind an der Hand, und sang ein Lied, in dem Moskau Prophet und Messias genannt wurde. Danach segnete sie die Zuhörer mit dem Kreuzzeichen, und das Feuerwerk begann.

Es ist klar, dass diese nostalgische Suche nach einer »erfundenen Tradition« sich nicht auf die Moskauer Jubiläumsfeierlichkeiten beschränkt. Russland testet neue Feiertage wie neue Kleider in dem Versuch, eine neue Identität zu finden. 1999 feierten wir Puschkins 200. Geburtstag, dann das Millennium, das uns von Jelzins plötzlichem Rücktritt ein wenig verdorben wurde. Noch ist es schwer zu sagen, was Russland im 21. Jahrhundert feiern wird. Aber es gibt bereits deutliche Anzeichen dafür, dass ein Feiertag, um erfolgreich zu sein, eine zutiefst postmoderne Kombination aus Orthodoxie, Kommunismus und Konsum sein muss.

Wie Bachtin uns gelehrt hat: »vox populi, vox dei«, insbesondere die Stimme einer feiernden Nation. Wir haben die Stimme dieses Gottes gehört. Es verwundert nicht, dass er nur Belanglosigkeiten von sich gibt.

*Übersetzung: M. David Drevs*

1 Paul Ricoeur: *Lectures on Ideology and Utopia*, New York 1984, S. 261/62.
2 Michail Bachtin: *François Rabelais und seine Welt: Volkskultur als Gegenkultur*, Frankfurt/M 1965.
3 Michel de Certeau: *The Practice of Everyday Life*, Berkeley/Los Angeles/London 1984, S. XXI.
4 *Kommersant*, 20.2.1998.
5 *Sovetskaja Rossija*, 21.2.1998.

## HELDEN DER VERGANGENHEIT
## VOM STURZ UND SCHUTZ DER DENKMÄLER

NIKE BÄTZNER

In einer Kiesgrube bei Köpenick, am Rande Berlins, liegt Lenins Standbild begraben. Man könnte es jederzeit exhumieren. Doch was einmal aus den Augen geschafft ist, soll so schnell nicht wieder ins Blickfeld gerückt werden. Seit der Französischen Revolution hat sich das Vergraben als Methode der Denkmalbeseitigung bewährt.

Den oberbayerischen Steinmetz Josef Kurz hingegen trieb der Wunsch zu bewahren quer durch die neuen Bundesländer, um die unliebsam gewordenen Statuen einzusammeln. »Das kommunistische Glump« steht nun, zum Ärger des christlich-konservativen Dorfvorstehers, im Garten des Steinmetzen bei Gundelfingen. Die Devotionalien der Abwicklung der DDR sind zu Sammlerstücken geworden.

Einweihung des Lenin-Denkmals von Nikolai Tomski durch Walter Ulbricht, Leninplatz, Ost-Berlin, 20. April 1970 (F: Heinz Schönfeld)

Manchmal verschwanden die Denkmäler klammheimlich, wie in einer Novembernacht 1961 das Stalin-Denkmal in der Stalinallee, Berlin-Friedrichshain, infolge des XXII. Parteitags der KPdSU in Moskau, auf dem Chruschtschow die Verbrechen der Stalinzeit öffentlich machte. In dieser Nacht wurden auch sämtliche Straßen, die den Namen des Diktators trugen, umbenannt. Die Glorifizierung Walter Ulbrichts sollte das Verdikt gegen den Personenkult allerdings nicht tangieren.

Um den Lenin auf dem nach ihm benannten Platz in Berlin-Friedrichshain (heute Platz der Vereinten Nationen) entfachte sich 1991 eine – allerdings vorschnell gekappte – Diskussion. Das Denkmal war am 19. April 1970 anlässlich des 100. Geburtstags von Lenin in einem Festakt vor 200.000 Menschen von Walter Ulbricht mit den Worten eingeweiht worden: »Auf diesem Platz wird das Denkmal Wladimir Iljitsch Lenins von der Sieghaftigkeit des Marxismus-Leninismus im sozialistischen Staate deutscher Nation künden.« Die 19 Meter hohe Statue des sowjetischen Bildhauers Nikolai Tomski präsentierte den Revolutionär und Staatsmann standfest mit seinem granitenen Sockel verbunden und, aus diesem emporwachsend, lesbar als die Basis des Volkes oder als naturhafter Ursprung seiner über jedes menschliche Maß und alle Zweifel hinausgehenden Größe. Kultbildhaft stilisiert, fungierte Lenin als kommunistische »vera icon«, gleich einem nicht von Menschenhand geschaffenen, zeitlos gültigen Bild. Heroisch war er von einer Fahne hinterfangen – eine Bewegung, die durch die dahinter liegende, gestaffelte Hochhauszeile noch verstärkt wurde. Der ganze Platz strebte auf die Kulmination im Denkmal zu, bot diesem einen grandiosen Auftritt. Lenins Blick richtete sich auf die Stadt und in die Zukunft. In die Rückseite des Sockels waren Reliefs zum Thema der »deutsch-sowjetischen Klassenbrüderschaft« integriert. Tomskis Lenin ist ein Paradebeispiel der Staatskunst der UdSSR, der sich die DDR anschließen sollte.

Die Statue war Machtausdruck und mahnendes Zeichen, Wächter des beschworenen Volkskollektivs und monumentales Symbol staatlicher Legitimation. Der Platz um das Denkmal diente als Ort für staatstragende, gemeinschaftsstiftende Rituale wie Festappelle umliegender Schulen, Vereidigungen des ostdeutschen und Festveranstaltungen des sowjetischen Militärs. Dieser Lenin war ein Devotionsobjekt, erhabenes Bild der Hingabe an die Ideologie, der Unterwürfigkeit unter das Dogma. Aus ukrainischem Granit mit einem Kern aus Stahlbeton sollte er für die Ewigkeit gebaut sein – auch symbolisch als Fels in der Brandung des ihn umfließenden Großstadtverkehrs. Entsprechend schwer fiel die Demontage, die vom November 1991 bis Februar 1992 erfolgte. Diese lief nicht als Denkmalsturz ab wie in Moskau, Riga, Vilnius, Bukarest, Tirana und anderen Städten, wo der Bildersturz von der Bevölkerung ausging. Der Abbau des Lenin-Denkmals war ein verwaltungstechnischer Akt des Berliner Senats zu einem Zeitpunkt, als der Sturm des Aufbegehrens und der revolutionäre Impuls sich längst gelegt hatten. Es wurde nur noch abgewickelt, was nun als historisch obsolet galt. In Deutschland fand nach 1989 kein Denkmalsturm statt. Vielleicht weil man sich an all die Statuen von Lenin, Marx etc. längst gewöhnt hatte. Robert Musil bemerkte in seinem *Nachlass zu Lebzeiten*: »Das Auffallendste an Denkmälern ist nämlich, dass man sie nicht bemerkt. Es gibt nichts auf der Welt, was so unsichtbar wäre wie Denkmäler.«[1] Er meinte damit freilich die historistische Denkmalschwemme der zweiten Hälfte des 19. Jahrhunderts, vor allem die Bürger-Denkmäler, welche zuhauf städtische Straßen und Parks besetzten. Am Ende der DDR stellten Denkmäler nicht die eigentlichen Gegner dar. Vertreter der repressiven Staatsmacht war die Staatssicherheit, ihr konkretes und nicht symbolisches Handeln. Und gegen diese richtete sich dann auch das Engagement des Volkes nach einem Demonstrationsaufruf des »Neuen Forums« im Januar 1990. Das sowohl von seiner Symbolik als auch seinem Format her größte, »ungewollte«[2] Denkmal aber, das alle ikonoklastischen Energien des Volkes auf sich zog, war die heute fast komplett verschwundene Berliner Mauer.

*Chronik des Putschs*, Moskau, August 1991 (F: Wjatscheslaw Kolejtschuk)

Die Leninstatue konnte aufgrund ihrer Positionierung und Größe nicht so leicht übersehen werden. Die Bürger, vor allem die (freilich in dieser exklusiven Lage meist aus alten Parteikadern bestehenden) Anwohner, bildeten zusammen mit Fachleuten eine Initiative, um das Denkmal zu erhalten. Die Skulptur war ursprünglich bald nach ihrer Errichtung unter Denkmalschutz gestellt worden, der nach dem Einigungsvertrag noch seine Gültigkeit besaß. Stadtentwicklungssenator Volker Hassemer musste also Lenin von der Denkmalliste streichen lassen, damit die Abrissgenehmigung erteilt werden konnte. Auch den von den Denkmalschützern mobilisierten Erben Tomskis gelang es nicht, den Abbau zu verhindern. Eine von der Denkmalpflege geforderte »Kommission zum Umgang mit den politischen Denkmälern«, die vor allem den Verbleib der DDR-Denkmäler regeln sollte, wurde vom Senat erst nach der Demontage Lenins eingesetzt.

Zentrale Gruppe des Marx-Engels-Forums während der Aktion *Urbane Planeten* von Roland Stratmann, Berlin, 1998 (F: Roland Stratmann)

Auch in Osteuropa wurde nach der ersten Welle der spontanen Volksempörung die Bürokratie eingeschaltet. Die Diskussion über den Umgang mit Denkmälern kreist dabei immer darum, ob ihre politisch agitatorischen Werte im Vordergrund stehen oder ob sie als Teil einer vergangenen Epoche nun historisiert und entschärft sind. Handelt es sich um Kunstwerke oder um bloße Materialisierungen von Propaganda, wäre ihre Entfernung Geschichtsverdrängung oder ein notwendiger Akt der Befreiung? Die »damnatio memoriae« ist ein seit der Antike übliches Verfahren. Stellvertretend für das System werden die Personenstandbilder angegriffen. Diese Bereinigung der Geschichte scheint simpel und seit Jahrtausenden nach demselben Muster zu funktionieren. Die Motivation für den Ikonoklasmus kann fanatisch-religiös sein, wie die Sprengung der Buddha-Statuen von Bamiyan durch die Taliban im Februar 2001. Doch selbst dort spielten neben den religiösen auch politische Gründe eine Rolle: Die Taliban widersetzten sich bewusst der Weltöffentlichkeit, die, an westlichen Werten orientiert, nicht den Kultwert, sondern den »allgemeingültigen« Kunstwert der Statuen als Argument für ihren Erhalt anführte.[3] Das menschliche Handwerk steht in Konkurrenz zum göttlichen Demiurgen und das Gebot »Du sollst Dir kein Bildnis von Gott machen« verficht eine Transzendenz des Göttlichen ohne Bilder. Ob nun der wahre Glaube oder die aufklärerische Vernunft den Hintergrund für den Bildersturm bilden, das Vertrauen auf die Wirkungsmacht der Bilder geht einher mit der Annahme, dass die Gegenseite einem naiven Glauben an deren Inhalte verfallen sei.

1

2

4

3

5

1 Michail Gorbatschow und Boris Jelzin auf der Demonstration am 7. November 1990, Moskau (F: Wladimir Bogdanow)

2 Mstislaw Rostropowitsch im Weißen Haus, Moskau, August 1991 (F: Juri Feklistow)

3 Beim Konzert von Mstislaw Rostropowitsch auf dem Roten Platz, Moskau, 1991 (F: Wladimir Bogdanow)

4 Demontage des Dsershinski-Denkmals, Moskau, 23. August 1991 (F: Sergej Burassowski)

5 Brennendes RGW-Gebäude, Moskau, 4. Oktober 1993 (F: Oleg Smirnow)

1

2

3

4

1 Lenin-Denkmal, ehemaliger Leninplatz, heute Platz der Vereinten Nationen, Berlin-Friedrichshain, November 1991 (F: Harald Hauswald)

2 Gauckbehörde Leipzig, Zusammensetzen von Aktenschnipseln, 1994 (F: Jens Rötzsch)

3 Gauckbehörde Berlin, Lager für Aktenschnipsel, 1994 (F: Jens Rötzsch)

4 Abbriss des Lenin-Denkmals, Berlin-Friedrichshain, November 1991 (F: Andreas Kämper)

Der Frage, ob die inkorporierte Idee oder der künstlerische Wert erhaltens- und bedenkenswert seien, umgingen die Verteidiger des Berliner Lenin-Denkmals großteils, indem sie formal argumentierten: Die Statue zentriere den Platz optisch, Architektur und Denkmal seien als Ensemble entworfen, der Achsenbezug der Straßen zum Platz verlöre ohne Lenin seinen Halt.[4] Und es ist richtig, heute herrscht hilflose Leere auf dem Platz, welche durch die aufgestellten Blumenkübel eher verstärkt als kaschiert wird.

Formale Überlegungen stellten im September 2002 auch die Verfechter einer Wiederaufstellung des dem Geheimdienstchef Felix Dsershinski gewidmeten Denkmals auf dem Lubjanka-Platz in Moskau an. Bereits 1993 hatten Kirill Raslogow und Anna Wassiljewa auf der Berliner Tagung *Bildersturm in Osteuropa* den Denkmalsturz von 1991 als einen Akt der »vandalisierenden Menge« bezeichnet, der den künstlerischen Wert der Eisenstatue und ihre Funktion für die Platzgestaltung verkannt habe.[5] Um Dsershinski nun aus seiner marginalen Position, abgestellt auf dem Gelände des Zentralen Haus des Künstlers am Krymski wal, zu erlösen, wurde betont, dass der Platz wieder eine Vertikale benötige.

Thälmann-Denkmal, 1986, Berlin-Prenzlauer Berg, 2002 (F: Nike Bätzner)

Am 22. August 1991 war das Denkmal im Rahmen der Meetings demokratischer Gruppen nach dem gescheiterten Staatsstreich der Kommunisten gegen Staatspräsident Gorbatschow und ersten wagemutigen Versuchen der auf dem Platz Versammelten schließlich mit Einwilligung des Bürgermeisters und Kränen der Stadtverwaltung geschleift worden.

Seine Reinstallation wird indessen nicht nur formal, sondern auch inhaltlich unterfüttert. Dabei soll angeblich nicht gemäß dem Personenkult Dsershinski als Gründer der Tscheka (Sonderkommission zum Kampf gegen Konterrevolution, Sabotage und Spekulation) vor seiner Behörde, dem drohend inmitten der Stadt stehenden Sitz der Geheimdienste (heute des FSB) wieder erstehen – sondern als Gönner der obdachlosen Kinder und der Eisenbahn. Die dahinter steckenden restaurativen Tendenzen wollen das Negative, den mit der Figur des »Eisernen Felix« verbundenen Terror, ausblenden und den Blick nur auf das »Gute« lenken. Ist Dsershinski das »passende Emblem der repressiven Mythologie des spätsowjetischen Regimes«[6] und daher der wieder herbeigewünschte ideale Ordnungshüter angesichts politischer und ökonomischer Unsicherheiten? Er passt in eine »symbolische Resowjetisierung«[7], die Reaktivierung der goldenen Zeit des Kommunismus, als die Welt noch nicht aus den Fugen war. Dsershinski ist seines Einschüchterungsgestus beraubt. Seine Wiederbelebung passt sowohl zur »nostalgischen Selbsheroisierung«[8] Russlands mit Großmachtanspruch als auch zur Nostalgie des Retrodesigns, des Souvenirvertriebs via Internet, der angesagten Klubs voll Plaste und Elaste. Befürworter der Rückkehr des Geheimdienstchefs sahen ihn auch als Vertreter einer Epoche Russlands, die nicht aus der Geschichte zu tilgen sei – gleichgültig was er sich zu Schulden kommen ließ – und plädierten damit für eine bagatellisierende Historisierung.[9]

Alternative Gestaltungsvorschläge für den Platz regten im September/Oktober 2002 die Aufstellung von weniger »heiklen«, positiv konnotierten Persönlichkeiten an: Man dachte an Juri Andropow, Fürst Dmitri Donskoi, Andrej Sacharow, ein Denkmal für den unbekannten Oberst der verborgenen Front (wie die Mitarbeiter des Sicherheitsdienstes genannt wurden) oder den ursprünglich im 19. Jahrhundert auf dem Platz stehenden Springbrunnen. Die Menschenrechtsgesellschaft Memorial hatte bereits im Oktober 1990 ein Mahnmal für die Opfer des Lagersystems des Stalinismus vor dem KGB-Gebäude aufgestellt – einen Stein von den Soloweski-Inseln.

Momentan herrscht ein Denkmalboom in Russland. Zur Selbstvergewisserung der kollektiven Vergangenheit gehört egalitär alles: der Schlächter der Tscheka, die Zaren, die ehemaligen Dissidenten. Die Witwe Andrej Sacharows hat sich in diesem Jahr gegen ein Denkmal für ihren Mann gewehrt. Jelena Bonner meint, vor zehn Jahren, in der Zeit des liberalen Aufbruchs, hätte es Russland gut zu Gesicht gestanden, dem Physiker und Menschenrechtler ein Denkmal zu errichten. Das heutige Russland habe mit Sacharows Ideen nichts mehr zu tun.[10] Das hauptstädtische Komitee für monumentale Kunst will das Denkmal auch ohne die Einwilligung Jelena Bonners errichten.

Doch die Renaissance der Denkmäler provoziert zum Teil radikale Antworten. Im Juni 2000 wurde Andrej Sokolow, angeblich Mitglied der linksradikalen Jugendorganisation Neue revolutionäre Alternative (NRA), aufgrund des Vorwurfs des »Terrorismus« verhaftet und im April 2001 dann zu vier Jahren Freiheitsentzug wegen »Aufbewahrung explosiver Stoffe und Waffen« verurteilt. Er soll aus Protest gegen die soziale Ungerechtigkeit 1997 das Romanow-Denkmal auf dem Wagankowskoje-Friedhof und 2000 das Denkmal Zar Nikolaus' II. im Dorf Taininskoje jeweils mit einem Sprengsatz beschädigt haben. In den neunziger Jahren wurde viel über den letzten Zaren aus der Dynastie der Romanows berichtet, der mit Angehörigen in der Nacht vom 17. auf den 18. Juli 1918 von den Bolschewiki ermordet worden war, dessen Grab 1991 wiederentdeckt und der am 17. Juli 1998 feierlich in St. Petersburg beigesetzt wurde. Sokolow behauptet, die Beweise der in seiner Wohnung vorgefundenen Waffen und Sprengstoffe seien von den Sicherheitskräften gefälscht worden, und es wird von Rechtsanwälten, Rechtsschützern und anarchistischen Organisationen bezweifelt, ob es die NRA überhaupt gibt, der auch andere Sprengstoffanschläge vorgeworfen werden.[11]

Dagegen hat sich der Revolutionäre Militärrat (RWS), eine verbotene Organisation mit dem Ziel der Wiederherstellung der Sowjetmacht, im November 1998 zur Sprengung des Denkmals von Nikolaus II. in Podolsk bekannt. Im Juli 1997 deponierten sie auch in der Basis des Denkmals für Peter I. in Moskau (von Zurab Zereteli) einen Sprengsatz, ohne dass die Sprengung erfolgte. Sokolow soll daran auch beteiligt gewesen sein. Die Berichterstattung ist reichlich undurchsichtig und widersprüchlich. Linksradikale unterschiedlicher Couleur werden gleichermaßen der vandalistischen Aktionen beschuldigt. Sehen sie im offiziellen Anknüpfen der Denkmalsaufstellungen an die vorrevolutionäre Vergangenheit eine Auslöschung oder Überformung der sowjetischen Geschichte? Eine Anbindung an einen prowestlichen Feudalismus, wie er heute in Gewand der Neureichen auftritt?

Auffällig ist, dass in unruhigen Zeiten gerne auf die Fundamentierung des Herrschaftsanspruchs via Denkmäler zurückgegriffen wird. Gegen Ende der DDR, während der fortschreitenden politischen und ökonomischen Verunsicherung des Systems Mitte der achtziger Jahre, als die Jugendlichen »No more heroes anymore«[12] riefen, wurden noch eine ganze Reihe von längst geplanten Denkmälern endlich realisiert. So das Marx-Engels-Forum[13] in Berlin-Mitte oder Lew Kerbels gigantomanischer Kopf von Thälmann[14], die »bronzene Riesenbriefmarke«[15] im gleichnamigen, zugepflasterten »Park«. Dabei spielt immer auch die symbolische Inbesitznahme zuvor anderweitig besetzter Orte eine Rolle. Das Marx-Engels-Forum beispielsweise sollte auf Vorschlag von Ludwig Engelhardt 1973 (in dem Jahr, in dem der Grundstein für den Palast der Republik am Platz des abgerissenen Stadtschlosses der Hohenzollern gelegt wurde) anstelle des bereits demontierten wilhelminischen Nationaldenkmals errichtet werden. Eine offensichtlich gewordene Leerstelle sollte wieder aufgefüllt werden, das Alte verdrängt und der politische Umschwung zeichenhaft sichtbar gemacht werden. Das erinnert an Lenins »Plan der monumentalen Propaganda« vom 12. April 1918, welcher den Abbau zaristischer Denkmäler, den Austausch von Inschriften, Emblemen, Straßennamen etc. und eine schnellststmögliche Entwicklung neuer Denkmäler für die »großen Tage der Russischen Sozialistischen Revolution« forderte. Die Idole der Kämpfer der Oktoberrevolution, insbesondere Marx- und Lenin-Denkmäler, gibt es noch zu Tausenden.[16]

Statt einer Auslöschung oder eines Austauschs kann aber auch eine Umnutzung erfolgen, wie vereinzelt in Berlin durch die Neuinterpretation des nationalsozialistischen Baubestands geschehen. Das Reichsluftfahrtministerium des »Dritten Reiches« beispielsweise wurde zum Haus der Ministerien der DDR und dann zum gesamtdeutschen Bundesministerium der Finanzen. Die eindeutig nazistische Architektur erhielt mit dem am 3. Januar 1953 eingeweihten Keramikbild von Max Lingner unter den Eingangsarkaden, welches das fröhliche Leben der Werktätigen im Stil des sozialistischen Realismus zeigt, eine sichtbare Umwidmung. Es trat an die Stelle eines Soldatenfrieses.[17] Das *Denkmal zu den Ereignissen am 17. Juni 1953* von Wolfgang Rüppel auf dem Platz davor (eingeweiht am 16. Juni 2000), das sowohl in seinen Maßen als auch inhaltlich auf das Wandbild von Lingner Bezug nimmt, indem es die im Aufstand sich manifestierende Realität der Arbeiter gegen die verfälschte Idylle stellt, kommentiert den Ort in seinem Wandel.

nspektion »Medizinische Hermeneutik«, *Sleeping Monuments*, 1993, Projektskizze

Dem Besetzen des Territoriums als Eroberergeste auf der einen Seite steht auf der anderen statt Zerstörung, Abriss, Tilgung und Verschwinden-Lassen, ein Leben mit der Geschichte, ein Sichtbar-werden-Lassen der Veränderungen gegenüber. Jedoch auch das lässt verschiedene Modelle des Umgangs mit den Relikten obsolet gewordener Demonstrationen von Staatsmacht zu: Soll man sie umgekehrt im Boden versenken? Mit kommentierenden Inschriften und Attributen versehen? Umwidmen? Verpacken? Zuwachsen lassen? Verballhornen (siehe Alexander Kossolapows *Mickey-Lenin*, 2002)? Austauschen? Irgendwo in Parks als Schauerkabinett oder Bespielsammlung zusammenstellen? Immer wieder neu thematisieren? Krzysztof Wodiczko projizierte 1990 im Rahmen des Ausstellung *Die Endlichkeit der Freiheit* einen Mann mit Ringelhemd und Alditüte auf den Berliner Lenin und machte ihn damit zum gewöhnlichen Konsumenten der neuen Zeit. Ein schöner Vorschlag stammt von der Inspektion »Medizinische Hermeneutik«: *Sleeping Monuments* (1993): Die momentan unliebsamen Denkmäler werden vor Ort in großen, aufgesockelten Betten schlafen gelegt. Man stelle sich die zu riesigen Schlafsälen umgewandelten Städte vor – sich nach und nach mit ihren ins Koma gelegten einstigen Bestimmern anfüllende Irrenhäuser.

Krzysztof Wodiczko, *Leninplatz-Projektion*, anlässlich der Ausstellung *Die Endlichkeit der Freiheit*, Berlin, 1990 (F: Werner Zellien)

Eine eigene Ikonographie verfolgen die »negativen Denkmäler«: Horst Hoheisels *Aschrottbrunnen* in Kassel, Micha Ullmans *Mahnmal der Bücherverbrennung* auf dem Bebelplatz in Berlin, Jochen Gerz' Mahnmale in Hamburg-Harburg oder Saarbrücken, die durch ihre kontemplative Gestaltung und den Entzug des Offensichtlichen eine Leerstelle markieren und das Gedenken wach halten.[18]

Es gibt keine Standardlösung. Beim Berliner Lenin hätte man sich ein Erhalten zur Erinnerung gewünscht. Erinnerung meint das individuelle wie das kollektive Gedächtnis, welches das soziale, das politische und das kulturelle einschließt.[19] Und Denkmäler sind auch gegen ihre ursprüngliche Intention lesbar, als Geschichtszeugnisse. Für den Betrachter können sie Identifikationsfiguren und ein Bindeglied zur persönlichen Erinnerung sein – aber auch widerständige Objekte der

Reibung und Reflexion. Das heißt, sie haben mittlerweile »ungewollte« Implikationen, die über das von ihren Urhebern intendierte hinausgehen – neben dem Beabsichtigten, ursprünglich Inkorporierten beinhalten sie etwas mit den veränderten historischen Umständen Erworbenes. Ein Denkmal kann zum Mahnmal, von einem Instrument der Machtausübung zu einem der Instruktion werden. Neben diesem pädagogischen Effekt besitzt natürlich eine gesteigerte Heroik in einer Zeit egalitärer Orientierungen auch einen gewissen Witz.

Anfang 2003 erlebten wir eine Aktualisierung des Denkmalsturzes. In Bagdad versuchten am 9. April auf dem Al-Fardos-Platz vor dem Palestine-Hotel Jugendliche, Hand an die große Bronzestatue von Saddam Hussein zu legen. US-Soldaten kamen schnell mit einem Kran hinzu – die im Hotel versammelte Weltpresse besaß Logenplätze für dieses Event, das in seltsamer Eintracht von »Befreiern« und »Unterdrückten«, Einheimischen und Besatzern durchgeführt wurde. Kurzzeitig verhüllte sogar ein Sternenbanner das Gesicht der Statue – doch ein US-Soldat, sich der Medieninszenierung des Ganzen bewusst, erkannte dieses »misstönende« Zeichen und wechselte die amerikanische Fahne kurz vor dem Fall des Diktators gegen eine irakische aus. Die Amerikaner erhielten die Bilder, auf die sie gewartet hatten, die sie bestätigten und ins »rechte Licht« rückten. Mit der Übermittlung in alle Welt entfaltete der Denkmalsturz eine Wirkmacht und beeinflusste die Stimmung in der medialen Gemeinde. Auch ehemalige Gegner dieses illegalen, völkerrechtswidrigen Krieges waren versucht, sich nun positiv zu äußern, denn die symbolische Zerstörung verhieß die schnelle, erfolgreiche Beendigung des Krieges und einen neuen gesellschaftlichen Anfang.

Sturz der Statue von Saddam Hussein, Al-Fardos-Platz, Bagdad, 9. April 2003

Der Sprecher des US-Kommandos in Qatar sprach davon, dass dem Volk und dem Regime ein »Signal« gesetzt und das Bild intakter Herrschaft zum Einsturz gebracht werden sollte.[20] Mehrere Paläste Saddam Husseins waren zu der Zeit besetzt – Saddam selbst konnte nicht gefangen genommen werden. So mussten als Stellvertreter für den unsichtbaren Feind seine Repräsentationen, die Konterfeis und Statuen herhalten – eine Hinrichtung »in effigie«. Saddam war bereits ein Ausweichziel für den nicht fassbaren Osama Bin Laden – ein »›angreifbarer‹ Schurkenstaat« für den »ungreifbaren Terrorismus«[21]. Das Stellvertreterspiel wird noch absurder dadurch, dass Diktator und Terroristenführer nur als mediale Abbilder erscheinen (sie bevorzugen Videos und Tonbandkassetten). So werden Saddam und Bin Laden zu Mythen, für ihre Anhänger in gottgleicher Verklärung, für ihre Gegner als Trauma – sie durchdringen alles und sind nirgendwo. Schon deswegen ist dem Satz des siegeszuversichtlichen US-Verteidigungsministers Donald Rumsfeld, »Saddam Hussein nimmt jetzt seinen rechtmäßigen Platz neben Hitler, Stalin, Lenin und Ceauşescu im Pantheon der gescheiterten brutalen Diktatoren ein«[22], der Boden entzogen – denn deren Leichen sind verortet.

Die Bilder des Bagdader Denkmalsturzes animierten allgemein zu einem erneuten Nachdenken über die Symbolik der Bilder. Unbekannte beflügelten sie dazu, an die Athene-Statue vor einem Wuppertaler Gymnasium Hand anzulegen und sie zu schleifen.[23] Diese stand seit 1957 vor der Schule, geschaffen von Arno Breker, dem Staatskünstler Adolf Hitlers. Die Jahre zuvor hatten insbesondere die Schüler immer wieder gegen diese Wächterin protestiert. Die ramponierte Kriegsgöttin liegt nun verpackt in der Aula der Schule.

Denkmäler sind – gewollt oder ungewollt – nie wertneutral und immer mehrdeutig. Das wissen sowohl die emphatischen Aufklärer als auch ihre der naiven Bildergläubigkeit bezichtigten Gegner.

1 Robert Musil: *Nachlass zu Lebzeiten* (erstm. 1936), Hamburg 1962, S. 59.
2 Alois Riegl unterscheidet zwischen »gewollten« und »ungewollten« Denkmälern, in: *Der moderne Denkmalkultus, sein Wesen und seine Entstehung*, Wien 1903, in *Gesammelte Aufsätze*, Nachdruck Berlin 1995, S. 144ff.
3 Vgl. dazu die Texte von Pierre Centlivres und Jean-François Clément, in: *Iconoclash*, Hg.: Bruno Latour, Peter Weibel, Ausst.-Kat. ZKM Karlsruhe, Cambridge/London 2002.
4 Erste Entwürfe für den Platz von Hermann Henselmann 1967; Generalbebauungsplan und Beauftragung Tomskis 1968.
5 In: *Bildersturm in Osteuropa*, ICOMOS, Hefte des Deutschen Nationalkomitees XIII, Berlin, 1993, S. 36. Das Denkmal wurde 1958 errichtet, Bildhauer: Jewgeni Wutschetitsch. Seit 1998 gab es vermehrt Bestrebungen, das Denkmal wieder aufzustellen. Bürgermeister Lushkow war zuerst dagegen, im Sept. 2002 machte er selbst den Vorschlag zur Reinstallierung des »schönen Monuments« – als Geburtstagsgeschenk für dem ehemaligen KGB-Mitarbeiter Staatspräsident Putin.
6 Andrej Zorin: *Skul'pturnyj mif russkoj demokratii* (Der Skulpturenmythos der russischen Demokratie), Kolumne in: *Neprikosnovennyj zapas* (Eiserne Ration), Nr. 5, 2002, (Übers. Christine Rädisch).
7 Sonja Margolina: *Stalin und gemischte Gefühle*, in: *Neue Zürcher Zeitung*, 19.3.2003.
8 Ebd.
9 Wobei immerhin 10 % der Befragten nach einer Umfrage des Moskauer Zentrums für Meinungsforschung ihn für eine wichtige Persönlichkeit hielten, die auch viel Gutes für die Sowjetunion getan habe – dagegen meinten 14 % er habe viel Schlechtes angerichtet. Insgesamt waren im Sept. 2002 48 % für die Wiederaufstellung und 41 % dagegen.
10 Siehe: *Nicht für meinen Mann*, in: *Frankfurter Allgemeine Zeitung*, 16.4.2003.
11 Auf verschiedene Militärkommissariate von 1996/97 in Moskau und Tschermuschki sowie eine Explosion vor dem Gebäude des FSB auf der Kuzneski most am 4.4.1999.
12 Laut Erfahrungsbericht von Christoph Tannert; die Parole ist zugleich ein Songtitel von The Stranglers.
13 Planungen für ein Denkmal für Marx und Engels liefen seit 1951; Einweihung des Forums am 4.4.1986.
14 Erste Ideen für ein Thälmann-Denkmal erörterte der Berliner Senat 1949. 1981 fasste die SED einen konkreten Beschluss für das Denkmal. Einweihung am 15.4.1986. Der Abriss des Denkmals wurde 1993 diskutiert und ist bisher nur aus Kostengründen nicht vollzogen.
15 Friedrich Dieckmann, in: *Der Tagesspiegel*, 17.9.1991.
16 Lenins *Dekret über die Denkmäler der Republik* ist abgedruckt in: *Demontage ... revolutionärer oder restaurativer Bildersturm?*, Berlin 1992, S. 11. Auf dem Territorium der Russischen Föderation soll es im Sommer 1992 immer noch ca. 850.000 Lenin-Denkmäler gegeben haben, laut der Moskauer Gewerkschaftszeitung *Trud*, angeführt von Michael Petzet in: *Denkmäler im Umbruch? Einführung in die Tagung »Bildersturm in Osteuropa«*, vgl. Anm. 4, S. 11.
17 Von Arnold Waldschmidt.
18 Vgl. Nike Bätzner: *Der Himmel als Abgrund. Eine kurze Genealogie unterirdischer Räume*, in: *Micha Ullman, Bibliothek*, Hg.: Friedrich Meschede, Berlin 1999, S. 85–106.
19 Vgl. *Mnemosyne. Formen und Funktionen kultureller Erinnerung*, Hg.: Aleida Assmann, Dietrich Harth, Frankfurt/M 1991.
20 Vgl. Niklas Maak: *Demontage des Öffentlichen*, in: *Frankfurter Allgemeine Zeitung*, 9.4.2003.
21 Vgl. Jürgen Habermas: *Was bedeutet der Denkmalsturz?*, in: *Frankfurter Allgemein Zeitung*, 17.4.2003.
22 Laut *Der Tagesspiegel*, 10.4.2003.
23 Vgl. Stefan Koldehoff: *Opfer des Krieges*, in: *Süddeutsche Zeitung*, 16.4.2003.

# FILM

# VERFREMDUNG
## DER GEWÖHNLICHE FASCHISMUS

MAJA TUROWSKAJA

Es mag seltsam erscheinen, dass ein Film auf der Grundlage fremden Materials, montiert aus fremden Filmdokumenten, einen so herausragenden Platz in der sowjetischen Kultur der »Tauwetterperiode« einnahm. Wer indes diese Zeit noch erlebt hat, weiß, dass dies der erste Film war, der die Gesellschaft insgesamt und jeden Einzelnen zwang, über die eigene jüngste Vergangenheit und über sich selbst nachzudenken. Der Film kam 1966 in die Kinos, zwei Jahrzehnte nach dem Sieg über den Faschismus und 13 Jahre nach Stalins Tod.

Die Generation der Sieger, denen man den Sieg gestohlen hatte, bildete das Rückgrat der Gesellschaft. Diejenigen, die »in Marschordnung / mutig in fremde Hauptstädte eindrangen / doch voll Angst in die eigene zurückkehrten« (Joseph Brodsky), erinnerten sich nicht nur an Stalingrad und Berlin, sondern auch an die »Kampagne gegen den Kosmopolitismus« (1949), die »Ärzte-Affäre« (1953), den Antisemitismus vaterländischer Fasson – und an die Fragebögen: »Waren Sie in Gefangenschaft?«, »Waren Sie auf besetztem Gebiet?«, »Waren Ihre Verwandten ...?« usw., an jenen heimatlichen Terror, der gegen jeden gerichtet und zum verborgenen Unterbau des Alltags geworden war. Sie erinnerten sich an die Ausstellung der Geschenke für Stalin, die tödliche Massenpanik bei der Beerdigung des Führers und vieles andere, das später mit dem Euphemismus »Personenkult« belegt werden sollte. In den Rezensionen zum Film ist davon nicht die Rede, auch nicht im Film selbst, aber jeder dachte daran. Man kann es »äsopische Sprache« nennen oder »Allusion«; ich bezeichne es als »Verfremdung«. Seltsamerweise lässt fremdes Material mehr Freiheit – *Der gewöhnliche Stalinismus* ist jedenfalls noch nicht gedreht worden.

Natürlich ist in dem Film vieles veraltet. Die Pockennarben des Kalten Krieges entstellen das Bild, wir baten Romm, darauf zu verzichten, doch das war der Preis der Freigabe durch die Zensur. Die sowjetischen Bewusstseinsstereotypen erscheinen archaisch, und auch das Sechziger-Jahre-Pathos der Hoffnung, dass sich die Welt zum Besseren ändern werde, ist reichlich verwittert. Doch die Verallgemeinerung des Themas, der breite Kontext und der Reichtum an visuellem Material sowie schließlich die »Montage der Attraktionen« sicherten dem Film ein langes Leben. Während das Genre des antifaschistischen Montagefilms, wie es auf der westlichen Leinwand nach dem Krieg zu sehen war, bereits Filmgeschichte geworden ist, ist *Der gewöhnliche Faschismus* noch heute, wie leider auch der Faschismus selbst, am Leben.

Michail Romm, mein Koautor Juri Chanjutin und ich durften uns schon zu verschiedenen Anlässen daran erinnern, »wie es war«. Doch mit der Zeit verändert sich die eigene Optik. Die Summe der Zufälle, dank derer der Film entstehen konnte, setzte sich aus den verschiedensten Elementen zusammen:

1. Mein Freund und Kritikerkollege Juri Chanjutin schrieb damals eine Dissertation über Kriegsfilme und fuhr immer wieder ins sowjetische Filmarchiv Gosfilmofond (etwa dreißig Kilometer von Moskau entfernt), um sich dokumentarisches Material aus Kriegszeiten anzusehen.
2. Jemand gab mir Siegfried Kracauers Buch *From Caligari to Hitler*. Es offenbarte mir so viel von uns selbst, dass ich begann, mit den Frühzügen mitzufahren, um mir deutsche Filme im Gosfilmofond anzusehen. In dessen kalten Sälen konzipierten wir ein Drehbuch, das aus dokumentarischem Material und Fragmenten deutscher Filme bestand und den Titel *Der gewöhnliche Faschismus* trug. Uns interessierte das Schicksal des »kleinen« oder, wie wir damals sagten, »einfachen« Mannes unter den Bedingungen der Diktatur (gleich welcher). An die Realisierung des Projekts gingen wir recht unbefangen heran. Naiv wie wir waren, wollten wir nicht in einem Dokumentarfilmstudio produzieren, sondern bei Mosfilm, wo wir damals beide tätig waren, und als Regisseur erschien uns Michail Romm geeignet. Eigentlich eine utopische Idee, doch ...
3. Michail Iljitsch filmte gerade nicht. Ein Drehbuch, für das er einen Vorschuss bekommen hatte, kam nicht voran. Er war bereit, ein bis zwei Monate auf einen Montagefilm zu verwenden. Im Studio stand man unserer Idee skeptisch gegenüber. Goskino, sagte man uns, würde das ohnehin nicht gestatten. Doch ...
4. der als reaktionär verschriene Chefredakteur von Goskino, Alexander Dymschitz, war Kulturoffizier in Deutschland und sogar Pate des ersten deutschen Nachkriegsspielfilms – Wolfgang Staudtes *Die Mörder sind unter uns* – gewesen. Er unterstützte das Projekt. Außerdem ...
5. wollte man Romm lieber »beschäftigt« sehen. Vor kurzem hatte er eine skandalöse Rede über den Antisemitismus gehalten, und nun fragten die Amerikaner nach ihm, da sie mit ihm zusammenarbeiten wollten.

Michail Romm und Maja Turowskaja bei der Arbeit an *Der gewöhnliche Faschismus*, Moskau, 1965

Also wurde uns bei Mosfilm der Vorführsaal Nr. 17 sowie ein Schneideraum zugeteilt. Romm erschien der Titel nicht sehr publikumswirksam, und so erfanden wir, vor uns hin kichernd, etwas wie »Von den Fackeln zu den Öfen« oder »Vampire und Führer«. Einstweilen jedoch hängten wir ein Schild mit dem ursprünglichen Titel an die Tür, weshalb man uns im Studio bald »die gewöhnlichen Faschisten« nannte.

Vor dem Beginn der Arbeit teilte uns Michail Iljitsch gnädig mit, wenn der Film nicht gelänge, sei das unsere Schuld, wenn aber doch, werde es ein Film von Romm sein. Er trommelte ein hervorragendes Team zusammen, doch es kamen auch Freiwillige zu uns – ein weiterer Beweis, dass dieser Film auf großes Interesse stieß und gemacht werden musste. Das Team bestand aus verschiedenen Einheiten – die einen übernahmen die Recherche des Fotomaterials, die anderen die Durchsicht der Bücher. Im Saal Nr. 17 liefen von 9 bis 18 Uhr Vorführungen. In eineinhalb Jahren sichteten wir zwei Millionen Meter dokumentarischen Materials und wählten davon 60.000 Meter für Romm aus. Das Material wurde nach Themen sortiert: Paraden, Reden, Fackelzüge u. a. Jura und ich hatten all das zu tun, zudem mussten wir gemeinsam mit

Romm, bisweilen auch im Streit mit ihm, immer wieder den roten Faden ertasten. Schon im Drehbuch-Stadium fielen meine geliebten Kracauer-Monster weg. Romm kannte da keine Gnade: »Wollen Sie etwa einen Film für das Haus des Kinos machen?« (Uns schwebte tatsächlich etwas Komplexes, Assoziatives vor.) »Einen Film über den Faschismus müssen Millionen sehen, sonst brauchen wir uns gar nicht erst zu bemühen.«

Hier müssen wir auf das eingehen, was man das »Romm-Paradox« nennen könnte. Im sowjetischen Kino der sechziger Jahre galt er als der wichtigste Intellektuelle. Jedoch hatte er es in den Dreißigern besser als die übrigen vermocht, auf der Leinwand das Modell eines allgemein verständlichen, massentauglichen und erfolgreichen Films umzusetzen und darin unangefochtener Meister zu werden. Trotz seines glänzenden Verstands und seiner sprühenden Ironie hatte er die Art des einfachen Zuschauers verinnerlicht, er interessierte sich für das, was viele interessierte, und deshalb interessierten sich alle für seine Filme. Unverständliche oder unverstandene Filme gab es bei ihm nicht. All das machte Romm mit Beginn des »Tauwetters« zur Zielscheibe heftiger Kritik seitens der jungen Generation. Aber wenn es einen Regisseur der Stalinzeit gab, der in sich die Kraft fand, die Krise zu überwinden und ins Fahrwasser des Sechziger-Jahre-Films zu gelangen, so war das Romm. Ohne es zu wissen, brauchte er mich und Jura nicht weniger als wir ihn. Wir verlängerten gleichsam die Flugbahn seiner Selbsterkenntnis durch die Erfahrungen einer anderen Generation. Denn auch sein ungeschriebenes Drehbuch, in dem ein hoher Funktionär nachts über die Vergangenheit nachsann, war eigentlich ein Versuch, sich zu den gleichen Fragen Zugang zu verschaffen.

Spiel- und Dokumentarfilmfundus von Mosfilm, Moskau

Als wir zu arbeiten begannen, entdeckten wir erstaunt, wieviel Kindliches in ihm geblieben war. Nicht umsonst wurden meine Monster gerade von Kinderzeichnungen und Kindern selbst aus dem Kontrapunkt des Films verdrängt. Diese Zeichnungen suchten und sammelten wir überall. (Der Zeichner des »fröhlichen Katers«, mit dem der Film beginnt, ist übrigens Romms Enkel.) Ich kann bezeugen: Romm war ein intuitiver Regisseur, er dachte mit dem Bauch. Qualvoll rieb er sich an dem Material, denn noch wusste er nicht, dass er durch die Fremderfahrung allmählich zu sich selbst finden würde.

Aber wenigstens wussten Chanjutin und ich, worüber wir den Film machen wollten, und wenn wir uns auch zu Hause den Mund fusselig stritten, traten wir bei Mosfilm doch als solidarische Autoren auf. Als Außenstehende kannten wir nicht einmal das erste Gebot des Filmens – die Diktatur des Regisseurs – und ließen uns, während wir Romm die Bruchstücke unserer Funde zeigten, auf Diskussionen ein. So war uns beispielsweise das Sujet der »Präsentation« einer Stele in die Hände gefallen, auf der in etwa geschrieben stand: »Arbeit – eine Sache der Ehre, der Tapferkeit und des Heldentums«. Romm mochte jedoch derlei Allusionen nicht, sodass die Sequenz nicht in den Film aufgenommen wurde. Ein anderes Mal gelang es uns dafür mit Hilfe des Toningenieurs Sergej Minerwin, Kriegsbilder mit einer schwungvollen Melodie aus einer von uns zusammengestellten Sammlung damals beliebter Lieder und Märsche zu montieren. Auf diesen Bildern baut das zentrale Kapitel des Films auf. Es gab natürlich auch einstimmige Entscheidungen: So wurde die Idee, die Konzentrationslager mit der tanzenden Marika Rökk zu verbinden – man kannte sie in der UdSSR aus dem Film *Die Frau meiner Träume* –, ohne Diskussion als offensichtlich abgeschmackt verworfen.

Das Wichtigste war natürlich die Suche nach dem Ganzen. Romm, der »gut gemachte« Spielfilm-Drehbücher gewohnt war, erkannte als Erster, dass wir in den Bereich der Eisensteinschen »Montage der Attraktionen« vordrangen. Einmal zeigte er uns einen Film, ich glaube, es war Erwin Leisers *Mein Kampf*. (Damals kannten wir die europäischen antifaschistischen Filme recht gut – einiges lernten wir daraus, anderes lehnten wir ab.) Nach dem ersten Teil wurde der Ton abgeschaltet, und nach ein paar Minuten waren wir im Chaos der Bilder versunken: Die Montage orientierte sich an der Matrix des Textes, das Sujet war in erster Linie historisch. Es wurde offenbar, dass wir eine solche Lösung nicht brauchen konnten – uns interessierte nicht so sehr die Geschichte des Phänomens, sondern vielmehr das Phänomen als solches. Eine »Montage der Attraktionen« bot eine kontrastreiche, vielfach verfremdete Struktur; in Saal Nr. 17 jedoch trieb uns die Monotonie des Materials zum Wahnsinn. Aus praktischen Gründen teilten wir es in mehrere Typen auf:

1. Empirisches oder Historisches. Dies war, wie gesagt, in den westlichen Filmen bereits erschöpfend genutzt worden, die das sowjetische Publikum jedoch nicht kannte. Gewisse Wiederholungen waren also nicht zu vermeiden.
2. Typologisches oder massenhaft Vorkommendes, von den Reden des »Führers« und der »Führer« über das uns wohlbekannte Corps de Ballet der Paraden und Treueschwüre bis hin zur »Winterhilfe« und der »Gemeinschaftssuppe«, dieser flüssig gewordenen Emanation des kollektiven Unbewussten. Diese Ebene konstituierte den Hauptstrang des Filmmaterials. Die markantesten Aufnahmen wurden ausgewählt, nach Themen geordnet und zu Blöcken zusammengefügt, aus denen sich dann der Film zusammensetzte. Den »statistischen Effekt« entdeckten wir dabei zwangsläufig selbst: die Häufung »gleichartigen« Materials verleiht diesem neue Qualität.
3. Einzigartiges Material oder »Attraktionen«. Ein Fund ist ein Augenblick des Glücks, vom Panorama der berüchtigten Bücherverbrennung, bis dato nur als kleines Fragment bekannt, bis zu den Kuriosa des Soldatenalltags in den Schnittresten der *Wochenschau*.

Es gab aber auch Szenen, die der Rommsche Blick unwiederholbar machte, und es waren diese Szenen, die seine zunehmende Selbsterkenntnis deutlich machten. Da gibt es zum Beispiel die berühmte Aufnahme der Goebbelsschen Rede zum »Totalen Krieg«. Keines anderen Blick lag so gebannt auf den ermüdeten, in Gedanken versunkenen Gesichtern der Zuhörer wie der Romms. Vielleicht sah er in ihnen eine Art Selbstporträt. Diese weithin bekannte Szene wurde zum Wendepunkt des Films: »Sie denken.« Ein anderes Mal legten wir Romm folgende seltsame Episode vor: Ein Junge steht am Pranger, auf der Brust ein Schild mit der Aufschrift: »Ich habe nein gestimmt«. Romm war überwältigt, er sog sich an diesem minderjährigen Neinsager fest, der für ihn die Verkörperung eines persönlichen Problems darstellte, denn er selbst war von Natur aus ein Jasager, nicht nur in Bezug auf das Regime, sondern auch auf das Leben insgesamt.

Michail Iljitschs Aversion gegen das Spielfilm-Material zwang Jura und mich, eine andere Quelle für die Entfremdung der Dokumentation zu suchen, und wir fanden sie dort, wo noch niemand gesucht hatte: im so genannten Kulturfilm. Wenn der dokumentarische Film ein Porträt der Ideologie war, so war der Kulturfilm das Selbstporträt. Zum Beispiel das herrliche Sujet der Produktion eines Prachtexemplars von *Mein Kampf*, das – vom Titel »Das Buch der Deutschen« über die Herstellung des Pergaments aus Kalbfellen der besten deutschen Zucht bis hin zum Schmelzen des Erzes für den geschmiedeten Einband – für uns zu einer Art ungewollter parodia sacra wurde. Als ebenso parodistisch erwies sich das Rassen-Sujet mit der Schädelvermessung, der rassischen Untersuchung Heiratswilliger und der Herstellung von Wiegen für Soldaten, die auf ihrem Fronturlaub für eine Auffrischung des Rassenbestands sorgten (eine Tätigkeit weniger sexueller, als vielmehr sozialer Natur: diese unehelichen Kinder nannte man »Geschenke für den Führer«). Das waren fertige »Attraktionen« aus Goebbels' Ministerium, die die visuelle Palette des Films erheblich erweiterten.

Der 4. Parteitag der NSDAP, Nürnberg 1929, Vorlage für den Film

Die Vielfalt des verfremdenden Kontexts unterschied den Film vom gewohnten antifaschistischen Kino. Während der Kameramann German Lawrow Auschwitz filmte, trieb sich Sawwa Kulisch, der als Volontär zu uns gestoßen war und nun als Praktikant firmierte, mit einer Kamera in Moskau herum und legte sich an belebten Stellen auf die Lauer – das Privatleben war das Markenzeichen der Sechziger. Manchmal entdeckte die Kamera im Alltag etwas, was dem Auge unbemerkt geblieben war; beispielsweise, dass die Frauen zu Beginn eines Rendezvous ihren Geliebten die Krawatte stets mit gleicher Geste zurechtrückten. Es waren solche Szenen und Kinderzeichnungen, aus denen Romm den friedlichen Beginn des Films montierte.

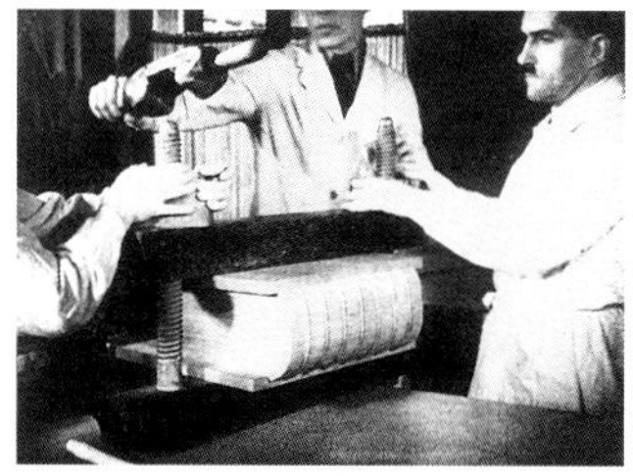

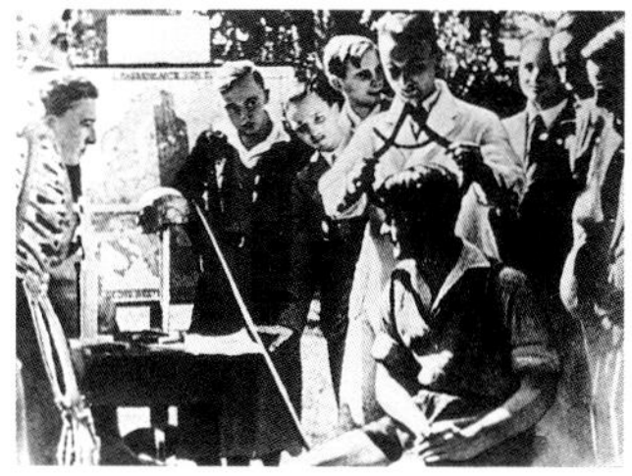

Filmstills aus *Der gewöhnliche Faschismus*, UdSSR 1966, R: Michail Romm, B: Romm, Maja Turowskaja, Juri Chanjutin:

Produktion der Luxusausgabe von Adolf Hitlers *Mein Kampf*

Demonstration der Rassenkunde: Schädelvermessung

Im Warschauer Ghetto

Hermann Göring beim Bogenschießen im Rahmen eines Volksfests

Aus einem deutschen Lesebuch

Schandpfahl

Joseph Goebbels beim Abschreiten der »Letzten Front«

Ich erinnere mich noch gut an den Tag, als bei einer der Vorführungen Regieassistent Lew Indenbom sagte: »Halten Sie bitte diese Aufnahme an« – auf der Leinwand nahm eine Moskauer Mutter vor dem Überqueren einer Straße ihr kleines Kind auf den Arm und drückte es an sich. »Ich glaube, ich habe ein Foto von der Erschießung einer Mutter mit Kind in einer ähnlichen Einstellung gesehen.« Indenbom (zuvor übrigens Regieassistent bei Eisenstein) hatte sich nicht getäuscht, und diese zufällige Übereinstimmung erzeugte jenen notwendigen Schockeffekt, mit dem das Thema des Nationalsozialismus im Film eröffnet wird.

Außer dem explosiven Übergang vom Leben zum Tod gab es an diesem Angelpunkt des Films noch ein auf den ersten Blick technisches Detail: den Wechsel von der gefilmten Sequenz zur unbewegten Fotografie. Nach den mit versteckter Kamera gedrehten Episoden (des »überrumpelten Lebens«) erzeugte dieser Schnitt das Gefühl eines dokumentarischen Schlages. Das dokumentarische Material wird aus dem Strom des Lebens herausgegriffen – das Besondere der Fotografie ist ja die Herausstellung des Augenblicks und daher seine gleichsam verlängerte Dauer. Zudem ist die Oberfläche der Fotografie gleichzeitig Teil ihres latenten

Inhalts: im Kontrast zu den hellen, lächelnden Filmpassagen und den Kinderzeichnungen in der Einleitung verleiht das trübe, unscharfe Foto der Geste des Mordes unerschütterliche Glaubhaftigkeit.

In diesem Molekül des Films wird vieles sichtbar. Sichtbar wird, dass der Zufall der König des Montagekinos ist. Sichtbar wird, dass jeder seinen Teil dazu beitrug. Sichtbar wird das Prinzip des Zusammenpralls von Thema und – oft weit hergeholtem – Kontext. Sichtbar wird das Visuelle und »Attraktionshafte« der jeweiligen Lösung, in diesem Fall ein Reim, ein Kurzschluss zweier Bilder. Und sichtbar wird schließlich die Rolle der Fotografie bei der Suche nach dem Diskurs.

Seit dem Krieg lagen bei Mosfilm zwei Säcke aus dem Archiv von Hitlers Leibfotografen Heinrich Hoffmann, die von einem unbekannten Flieger vor der Vernichtung gerettet worden waren. Diese und andere Fotos ermöglichten es Romm, ein Porträt des Führers sozusagen von innen zusammenzusetzen (und dabei eine Wiederholung der bereits gezeigten Bilder mit Eva Braun zu vermeiden). Außerdem interessierte uns weniger das Privatleben Hitlers, sondern vielmehr, woraus das Bild des Führers gemacht wurde. Hier musste Romm seine Abneigung gegen Allusionen aufgeben – sie schrien einfach zum Himmel. Die Fotos aus dem Album über den Führer »mit menschlichem Gesicht« waren fast eine Tautologie der eigenen Erfahrung. Sujets wie Hitler und das Mädchen oder Geschenke für Hitler riefen im Saal ein Stöhnen der Wiedererkennung hervor: Ein Kult gleicht dem anderen doch mehr oder weniger.

Doch hatte Hitler auch etwas Eigenes, zum Beispiel jene Posen auf einer Reihe von Ansichtskarten, in die sein Pathos, mit Brecht gesagt, »zerlegt« worden war. Zur Glanzserie wurden dabei die Fotos aus dem Hoffmann-Archiv, auf denen der Führer und, ihm nachfolgend, seine Getreuen ihre Hände nicht wie Napoleon vor der Brust kreuzten, sondern vor ihr Geschlecht hielten. Nicht nur die allmähliche Zunahme von Führern auf den Fotografien war frappierend komisch, in dieser Bagatelle zeigte sich auch eine latente Symbolik. Diese lässt sich auf der Alltagsebene bezeichnen als in der Montage sichtbar geworden Mimesis der Kriecherei; freudianisch als allgemeine infantile Kastrationsangst; soziologisch als personifizierte Trivialität des Bösen – nicht umsonst nahm Chaplin diese Geste auf und parodierte sie. Dieses Kapitel unseres Films wurde in der ersten Person erzählt und heißt: »Wie er über sich selbst spricht«.

Doch während sich für die Mechanik des Kults das Komische eignete, ließen und lassen sich bis heute die damals aufscheinenden Dimensionen des Bösen nicht direkt beschreiben. Die Entscheidung, den Schrecken nicht noch anzuheizen, wurde nicht nur von dem Wunsch diktiert, Wiederholungen zu vermeiden – Wiederholungen beispielsweise von KZ-Aufnahmen waren unvermeidlich –, sondern auch von der bereits gesammelten Erfahrung mit dem »statistischen Effekt«, der in der Regel eine entgegengesetzte Reaktion hervorruft. Die derzeitige Eskalation der Gewalt in den Medien ist ein Beispiel für die Gewöhnung an das Schreckliche. Wir brauchten damals eine eigene, »nicht-allgemeine« Beschreibungssprache.

Das Medium der Fotografie half uns nicht nur, die visuellen Ausdrucksmöglichkeiten zu erneuern und Lücken in der dokumentarischen Chronik zu füllen, sondern auch, unerwünschtes Pathos abzubauen, indem es die Funktion des »Beweismaterials« übernahm. Im Film gibt es einige solcher massiver fotografischer Blöcke. Einer davon ist Stroops Album, ein Zeugnis der Deportation der Warschauer Juden, das für einen Besuch Himmlers erstellt worden war, der allerdings nicht stattfand. Dieses Album wurde später im polnischen Justizministerium gefunden, heute kennt man diese Bilder auf der ganzen Welt. Doch in *Der gewöhnliche Faschismus* wurden eben nicht die Fotografien, sondern das Album aufgenommen: die Oberfläche des Ledereinbands, die souvenirhafte Qualität der Bilder im schreienden Gegensatz zu ihrem Inhalt – die Menschen jagte man wie Vieh. Am Ende ein Stempel und die geckenhafte Unterschrift: Stroop. Solch bürokratische Gediegenheit belegt die bedrückende Banalität des Bösen.

Dennoch geht das Foto als Indiz, als historisches Zeugnis, nicht über die Feststellung dieser Banalität hinaus. Es gibt kein Umschlagen von der Quantität der Opfer in die Qualität ihrer Subjektivität. Wie also hinter die Kulissen des Massenmords blicken?

Uns half der Zufall, oder genauer: eine – die gesamte Atmosphäre unserer Arbeit prägende – Bereitschaft, auf den Wink des Schicksals zu reagieren. Einmal rief uns Michail Iljitsch in den Vorführsaal, um uns ein Experiment mit Fotomaterial zu zeigen, das gerade erst aus Auschwitz eingetroffen war. Auf der Leinwand waren typische Lageraufnahmen zu sehen: Männer und Frauen, von der Seite und von vorn, junge und alte. Die Kamera holte die Gesichter heran, bis auf der Leinwand nur noch die Augen zu sehen waren. Diese riesige Vergrößerung zerstörte das Foto; die Explosion vollzog sich gleichsam auf molekularer Ebene und setzte einen latenten Inhalt frei, von dem nicht einmal der Lagerfotograf selbst geahnt hatte: die Essenz reiner Emotion. Den Tod.

In Wirklichkeit sind diese Fotografien kleinformatig, sie kleben an der Wand eines Ganges in Auschwitz. Romm trat als erster nah an sie heran und erriet das, was nicht sichtbar war. Diese Augen aus Auschwitz sollten der Höhepunkt des gesamten Films werden und das Finale des Kindermärchens über das bunte Hühnchen Rjaba illustrieren.

Nachdem die stumme Fassung des Films fertig war, kam die Frage nach dem Text auf: In welcher Person und mit wessen Stimme sollte vertont werden? Die Diskussion darüber ging in die Breite: von dem Schauspieler und ehemaligen KZ-Häftling Innokenti Smoktunowski über einen Sprecher wie Juri Lewitan bis hin zu einem bekannten Publizisten. Es gab sogar die Idee, Ernst Busch einzuladen – Michail Iljitsch schickte Jura und mich als Parlamentäre zu ihm. Doch auf einmal blickten mein Koautor und ich einander an und begriffen: Wozu sollten wir wer weiß wen suchen, wenn wir doch Romm hatten? Zudem gab Michail Iljitsch ohnehin allerlei Erklärungen bei improvisierten Vorführungen für Hinz und Kunz (er war immer noch besorgt, ob das Thema überhaupt »interessierte«). Wir wussten, dass wir damit ein zweites Mal und unwiederbringlich »unseren« Film abgaben, doch war diese Entscheidung die einzig richtige. Michail Iljitsch erschrak, er sah sich weder als Sprecher, noch als Schauspieler. Doch nun begannen das Schreiben sowie die wiederholten Aufnahmen des Textes. Die »Montage der Attraktionen« erhielt die ihr bis dato fehlende persönliche Dimension.

Als der Film 1966 in den Verleih kam und sich um die Kinos Schlangen bildeten, erwies sich, dass Michail Iljitschs Auffassung richtig gewesen war: Millionen sahen den Film, und er ging um die ganze Welt. Doch zur Selbsterkenntnis führte er paradoxerweise gerade bei unseren Landsleuten. In gewisser Weise hatten wir damit unsere ursprüngliche Aufgabe erfüllt. Wenn ich im Nachhinein zu formulieren versuche, was *Der gewöhnliche Faschismus* für Michail Iljitsch Romm war, so muss ich wohl sagen: eine Art von Buße.

*Übersetzung: M. David Drevs*

# DEUTSCH-RUSSISCHE FILMTRÄUME

OKSANA BULGAKOWA

Wenn heute im Minsker Kino Jungpionier eine Retrospektive des neuen deutschen Films läuft, in einem Moskauer Theater eine *Performance nach Motiven aus Fassbinder-Filmen mit Akkordeon, Liedern und Choreographie* versprochen wird und schließlich in einer Erzählung der Abend einer russischen Familie so geschildert wird: »Das Kind war eingeschlafen, und im Fernsehen lief stumm ein früher Film von Fassbinder …«[1], kann man sich kaum mehr daran erinnern, dass noch 1987 die Zeitschrift *Cine Phantom*, vervielfältigt mit der Schreibmaschine, »zum ersten Mal die verschwiegenen Namen von Fassbinder und Straub in Umlauf gebracht hat« (so zumindest wird die Entwicklung heute von Gleb Alejnikow beschrieben[2]). Der neue deutsche Film und dessen russisches Alias »Fassbinder« wurden – noch bevor man sie überhaupt sehen konnte und schließlich gesehen hat – zu einem Phantom, das für die russischen Nekrorealisten und Schöpfer des »parallelen Films« alles Tabuisierte auf einmal verkörperte. Ihre Filme *Der wahnsinnige Prinz Fassbinder* (Boris Juchananow, 1988) und *Der Wunsch, einen Film von R. W. Fassbinder zu sehen* (Alexander Dulerein, 1993) wurden Teil eines Untergrundrituals. Die Anfänge des russisch-deutschen Austauschs von Filmträumen zwischen den Nachkriegsgenerationen waren zu diesem Zeitpunkt schon vergessen.

## BEUTE-TRÄUME 1945–1975

Anfang der fünfziger Jahre träumten die Russen deutsche Filmträume: Zarah Leander und Marika Rökk wurden zu den beliebtesten Stars der sowjetischen Siegergeneration. Zu verdanken war der unerwartete Kriegsausgang auf diesem Gebiet der Tatsache, dass am 11. Mai 1945 ein Funktionär aus dem Filmministerium in eine Major-Uniform aus der Mosfilm-Garderobe gesteckt und nach Berlin geschickt wurde, um dort deutsche Farbfilme ausfindig zu machen. Am 4. Juli flog er zurück mit etwa 5200 Filmen aus dem Reichsfilmarchiv im Gepäck, darunter auch viele amerikanische. Das Filmministerium wurde beauftragt, Korrekturen an den Kopien durchzuführen und mit ihrem Verleih 750.000.000 Rubel zu verdienen. So kamen auch Disney und Hollywood über den deutschen Umweg in die russischen Kinos. Marika Rökk belebte in *Die Frau meiner Träume* das alte Motiv der sich badenden Schönheit und wurde zum ersten erotischen Kinoerlebnis pubertierender sowjetischer Jugendlicher und ihrer Väter. Der russische Titel verwandelte sie in *Das Mädchen*, um rhetorisch die Unschuld zu retten. Über die Beute an Filmträumen wurde in der Öffentlichkeit geschwiegen. Erst vierzig Jahre später erinnerte sich Bulat Okudshawa, wie er seiner Mutter, die gerade aus dem Lager zurückgekommen war, diesen Filmbesuch als schönstes Erlebnis schenken wollte, und Lew Razgon beschrieb die Vorführung der *Frau meiner Träume* direkt im Lager.[3] Mit ähnlicher Zeitverschiebung wurde auch von der Vorführung sowjetischer Filme in Lagern für deutsche Kriegsgefangene erzählt: In *Mama, ich lebe* (1976) zeigte Konrad Wolf, wie deutsche Soldaten auf die singenden und tanzenden Kolchosbauern von Iwan Pyrjew starren.

Als erstes filmisches Verständigungsangebot schickten die Russen ihre Musikkomödien und Märchen nach Berlin: *Lustige Burschen*, *Die steinerne Blume*, *Die reiche Braut*. Doch keiner der russischen Stars wurde bei den Deutschen so berühmt wie Marika Rökk in der Sowjetunion. Zwar rankten sich merkwürdige Gerüchte um Ljubow Orlowa, die populärste sowjetische Filmschauspielerin der Stalinzeit. Sie soll nach Hitlers Überfall nach Berlin übergesiedelt sein, Erfolge im Kino gefeiert, ein Leben in Luxus genossen und vom Führer ein Flugzeug geschenkt bekommen haben.[4] Die Realität sah aber nüchterner aus: 1946 drehte Ljubow Orlowa in Prag in der Filmdekoration, die einst für *Die Frau meiner Träume* gebaut worden war, den russischen Film *Frühling*.

Rainer Werner Fassbinder mit Rosel Zech, Hauptdarstellerin in *Die Sehnsucht der Veronika Voss*, BRD 1982, R: Fassbinder

Die sowjetische Besatzungsarmee requirierte in Berlin 90 Kinos, und ab August 1945 wurden sie bespielt. Die Stimmen von O. E. Hasse und Carl Raddatz, abgetrennt von den jüngsten Erinnerungen an ihre Leinwandkörper in Fliegeruniformen, belebten die Filmschatten von *Lenin im Oktober* und *Iwan der Schreckliche*. In den ersten fünf Jahren nach dem Krieg wurden 250 Filme synchronisiert. Lange Schlangen bildeten sich vor den Kinos für den am 7. Juli 1950 gestarteten *Der Fall von Berlin* von Michail Tschiaureli, eine mythologisierte Chronik des Krieges mit grandiosem inszenatorischem Aufwand, die Zerstörung der Stadt und die Flutung der U-Bahn eingeschlossen. 100 Flugzeuge, 5000 Kleindarsteller, 100 Panzer und die gesamte Berliner Garnison waren für den Film im Einsatz. Weil die Briten die Aufnahmen am Reichstag verboten hatten, wurde ein Modell auf dem früheren UFA-Gelände in Babelsberg gebaut, ebenso ein Modell von Berlin im Maßstab 1:20. Die Autoren schrieben neun Fassungen des Drehbuchs und behaupteten, einen Film über die Liebe zweier sowjetischer Menschen zueinander zu erzählen – mit dem Genossen Stalin als Hauptheld en.[5] Das Werk verblüfft durch einen unerschrockenen Umgang mit Erzählkonventionen und historischer Genauigkeit: Am Ende entsteigt der Generalissimus in weißer Uniform einem neben dem Reichstag gelandeten Flugzeug und leitet damit zugleich das Finale der Filmhandlung und der vorgeführten Geschichte ein: Der Himmel wird sofort blau und sonnig, die Liebenden, die so lange getrennt waren, sehen sich endlich wieder, die Völker ganz Europas singen und tanzen. Der Film verschwand nach 1956 von deutschen und russischen Leinwänden, fünf Jahre früher als das Stalin-Denkmal an der gleichnamigen Allee in Berlin.

Seit der Teilung Deutschlands verwandelte sich die Filmachse Moskau–Berlin in ein Dreieck. Zwei Eckpunkte dieser Figur, Moskau und Bonn, scheinen einander in den nächsten 25 Jahren nicht wahrzunehmen. Nach dem Überschuss an Beuteträumen wurde der sowjetische Zuschauer mit nur ganz wenigen Filmen aus der Bundesrepublik konfrontiert. In *Sowjetski ekran*, der Publikumsillustrierten mit immenser Auflage, wurden bis 1970 nur drei westdeutsche Filme erwähnt: Rolf Thieles *Das Mädchen Rosemarie* (1958), Kurt Hoffmanns *Das Spukschloss im Spessart* (1960); und Raissa Orlowa, die Frau Lew Kopelews, berichtete in einer Reportage, wie Heinrich Böll in Leningrad einen Fernsehfilm über Dostojewskis Petersburg drehte.[6] Unter den vielen ausländischen Schauspielern, die in Interviews den sowjetischen Zuschauern ihren Traum beichteten, einmal in der Sowjetunion zu filmen, gab es nur zwei Deutsche: Mario Adorf und Annekathrin Bürger. In der Fachzeitschrift *Iskusstwo kino* erschienen bis 1979 nur drei Texte über den westdeutschen Film: *Probleme des Films in BRD*, *Massenmedien und Neofaschismus*, *Antifaschistischer Film in der BRD. Aus Gesprächen auf dem Mamai-Hügel* (Stalingrad).[7] Kurt Hoffmanns *Wir Wunderkinder* (1958) bekam den Hauptpreis auf dem ersten, nach einer 25-jährigen Pause wiederbelebten Moskauer Filmfestival – zusammen mit Sergej Bondartschuks *Ein Menschenschicksal*. Zwei Jahre später teilte sich Hoffmanns *Spukschloss im Spessart* den zweiten Preis mit Konrad Wolfs *Professor Mamlock*. Der Zuschauer wurde darin unterwiesen, dass er im *Spukschloss* nicht pure Unterhaltung, sondern antifaschistische Satire geboten bekäme: »Dieser Film zielt auf die stickige, falsche, vor bürgerlicher Selbstzufriedenheit berstende Welt des säbelrasselnden Bonn.«[8]

Marika Rökk in *Die Frau meiner Träume*, D 1944, R: Georg Jacoby

Der Zuschauer allerdings – geht man von Besucherzahlen aus – wollte nicht unbedingt die Darstellung des Krieges aus der Perspektive des ehemaligen Gegners sehen. Die antifaschistischen DEFA-Filme *Nackt unter Wölfen* und *Die Abenteuer des Werner Holt* wurden zwar auf dem Moskauer Festival prämiert und in Zeitschriften besprochen, wirklich massenhaft konsumiert wurden jedoch die mit keiner Rezension gewürdigten ostdeutschen Ersatzprodukte westlichen Genrekinos: Western, Komödien und Kriminalfilme. Aus dem anderen Deutschland kam nur das High-Society-Melodrama *Und der Regen verwischt jede Spur*, dessen handgemalte Plakate viele Jahre in Arbeiterklubs lockten. Der Kalte Krieg gegen Amerika wurde laut ausgetragen, das hassgeliebte Hollywood blieb immer präsent. Die Nichtwahrnehmung der Filme aus der Bundesrepublik wurde nicht einmal »bemerkt«. Die Leidenschaft für den westdeutschen Film kam erst in den späten Achtzigern auf, und die alten sowjetischen Filmkritiker waren im Nachhinein angesichts ihrer Wahrnehmungslücke ratlos: wie konnten sie nur diese Filme »übersehen« haben, was in der Tat unglaublich scheint, da sie fraglos Zeuge von Kluges Erfolgen in Venedig (1966, 1968) und Herzogs, Schlöndorffs und Wenders' Triumphen in Cannes (1974, 1975, 1979 usw.) waren. Die jungen Kritiker – von historischem Gedächtnis nicht belastet – forderten Ende der achtziger Jahre, dass Fassbinders Meisterwerke nicht länger vor der Öffentlichkeit verborgen würden. Die erste *Woche des westdeutschen Films*, offiziell genannt *Filme der BRD*, wurde 1973 in Moskau veranstaltet (als eine Folge der neuen Ostpolitik). Dabei wurden im Moskauer Kino Illusion *Jagdszenen aus Niederbayern*, *Der junge Törless* und *Strohfeuer* gezeigt, für Filmemacher gab es intern auch Verhoevens *O.K.* 1977 stellten Volker Schlöndorff und Margarethe von Trotta im Moskauer Haus des Films *Fangschuß* und Ottokar Runzes *Verlorenes Leben* vor – Appetithäppchen für geschlossene Kreise. Dabei waren das die Jahre, in denen »der sowjetische Mensch« das europäische Kino für sich entdeckte – dank der gewaltigen Expansion des Kinonetzes und einer Öffnung der Verleihpolitik. 1955 ging der Durchschnittsmoskauer 12,5-mal ins Kino (übrigens genauso oft wie ein durchschnittlicher westdeutscher Bürger[9]), und 1968 dann 22-mal![10]

Ähnlich wie mit dem westdeutschen Film in der Sowjetunion verfuhr man mit dem sowjetischen Film in der Bundesrepublik. *Wenn die Kraniche ziehen*, die Geschichte einer untreuen Kriegsbraut, war 1958 ein großer Erfolg im Verleih und rührte Kritiker wie Zuschauer zu Tränen. Dagegen gab der Interministerielle Ausschuss für *Ein Menschenschicksal* acht Jahre lang keine Importgenehmigung, denn von den Erlebnissen eines russischen Soldaten im deutschen KZ sollten die Zuschauer offenbar verschont bleiben. Als der Film 1960 im Filmclub der FU in West-Berlin erstmals gezeigt wurde, mussten die Veranstalter, Erika und Ulrich Gregor, mit polizeilicher Einmischung rechnen: »Alles Sowjetische, Kommunistische war ja bei uns tabuiert, das war sozusagen Teufelsbrut und dürfte gar nicht auf irgendwelche Leinwände gelangen.«[11]

Um sowjetische Filme sehen zu können, mussten die Enthusiasten aus dem westlichen Teil Deutschlands nach Paris fahren. Oder nach Ost-Berlin. 1970 allerdings eröffneten die Freunde der Deutschen Kinemathek das Kino Arsenal in der West-Berliner Welser Straße, ausgestattet mit Stühlen, die von den Amerikanern kamen, und Szenenfotos aus Eisensteins Filmen, einem Geschenk der Russen. 1972 und 1974 wurden historische Streifen von Wertow, Eisenstein, Kosinzew und Trauberg in die ersten Programme des Internationalen Forums des Jungen Films aufgenommen. In der DDR dagegen stammten 1971 von 125 Streifen, die im Verleih waren, 25 aus der UdSSR, was die Zahl der eigenen Produktionen um neun Filme überragte.[12]

Ljubow Orlowa in *Frühling*, UdSSR 1947, R: Grigori Alexandrow

1972 kamen die Russen zum ersten Mal als Beobachter zur Berlinale, und 1974 lief der erste sowjetische Film offiziell im Wettbewerb: *Mit dir und ohne dich*.[13] Auch im Forum gab es zum ersten Mal einen neuen sowjetischen Film, Wassili Schukschins *Kalina krasnaja*. In *Iskusstwo kino* erschien ein Artikel über das Festival mit der Unterzeile *Warum wir hingefahren sind*.[14] Die Sowjetunion hatte bereits vorher in Oberhausen und Mannheim an Filmfestspielen teilgenommen, doch nun musste dem Leser erklärt werden, dass das Erscheinen in West-Berlin nicht vor der Unterzeichnung des Viermächteabkommens möglich gewesen war. 1977 gab es den ersten Goldenen Bären für einen sowjetischen Film – die Wahl dieses Films ist bemerkenswert: Larissa Schepitkos *Aufstieg* ist ein existenzielles Kriegsdrama, in dem kein einziger Deutscher auftritt und die Geschichte des Verrats, der Folter und der Exekution nur unter den Russen spielt.

Andrej Tarkowski wurde zum Kultregisseur in beiden Teilen Deutschlands. Sein Ruhm begann mit *Andrej Rubljow* (1964/1972) und belebte ein in der deutschen kollektiven Imagination fest verankertes Bild Russlands, das zu Anfang des Jahrhunderts von Rainer Maria Rilke, Hermann Hesse, Thomas Mann, Stefan Zweig, Arthur Moeller van den Bruck und Oswald Spengler beschworen worden war: ein von der Moderne abgeschottetes Reich, in dem spirituelle Urkräfte brodelten, von »Seelenmenschen« (Hesse) mit verinnerlichter Naturmystik bevölkert. Die von diesem Geist geschaffene Kunst wurde auch damals nicht anders als »heilig« oder »prophetisch« (Spengler) bezeichnet. Tarkowskis Filme bedienten die Erwartungen an russische Metaphysik – im russischen Kontext allerdings war der Regisseur ein »Westler«, näherte sich sein Kunstkredo doch dem Selbstverständnis der abendländischen Kultur, die, auf einer anderen historischen Erfahrung basierend, die Emanzipation der Persönlichkeit und die Autonomie des individuellen Ausdrucks nicht als Gefährdung der Gemeinschaft, sondern als entwicklungsfördernd ansah.

Der deutsch-russische Transfer der Filmbilder verlief so lückenhaft wie die gegenseitige Wahrnehmung der beiden Länder. Auch, weil nicht die russischen Filme die Nachkriegsmode in Europa bestimmten, sondern die italienischen, französischen und – amerikanischen. Über diesen Spiegel trafen sich die deutschen und russischen Blicke. Amerikanisch angehaucht erscheint im Film die Generation, die nicht im Krieg war und eigentlich frei sein sollte von der traumatischen deutsch-russischen Erfahrung. Doch ist es gleichzeitig eine bis dahin von der Kunst ausgeblendete soziale Gruppe – die rebellische Jugend.

## AMERIKANISCHE TRÄUME 1956–1964

In italienischen Filmen ziehen durch die Straßen arbeitslose Fahrraddiebe oder nachtwandlerisch anmutende Frauen. In Berlin und Moskau lungern an den Straßenecken einfach Jugendliche. Da es in der Realität keine für sie vorgesehenen Räume gibt (keine Diskos, keine Jugendklubs), wird im Film die Stadt zu ihrem Aktionsfeld. Es sind neue Darsteller – unreif, offen und verspielt – und ihre mädchenhaften Partnerinnen. Begriffe wie Anarchie, Jugendrevolte und sexuelle Revolution sind nicht einmal in Andeutungen da, erzählt aber wird über die Konflikte der Jungen mit der Welt der Erwachsenen. Selbst in einer so harmlosen Komödie wie *Zwischenlandung Moskau* (Georgi Danelija, 1964) baut jede Episode auf einen oft völlig sinnlosen, jedoch sehr laut ausgetragenen Streit zwischen Jungen und Alten auf, der die verdeckte Aggression sofort freilegt. Zunächst wird diese Jugend auf der Leinwand kriminalisiert. Ähnlich wie Marlon Brandos *The Wild One* (1954) und James Deans *Rebel without a Cause* (1955) werden die deutschen Jugendlichen über den Tod geläutert und durch einen väterlichen Polizisten sozialisiert – das geschieht in den westdeutschen Filmen (*Die Halbstarken*, 1956) wie in den ostdeutschen (*Berlin Ecke Schönhauser*, 1957, oder *Die Glatzkopfbande*, 1963).

Diese Filme – aus dem Osten wie aus dem Westen – sind Horrormärchen über die neue Generation und zugleich dogmatische Erziehungsarbeit für sie. Die Halbstarken in Leder, karierten Cowboyhemden oder in Schwarz verunsichern die stillen Straßen mit ihrem wilden Fahrstil in geklauten Autos oder auf Motorrädern. Sie sind verwahrlost, weil keine Väter da sind. Dabei ist der Krieg nur in den Filmen aus dem Osten präsent, und das nicht nur in Häuserruinen, sondern auch in menschlichen Trümmerfeldern: einsame, auf Männer hungrige Frauen, Invaliden, kaum steuerbare Waisenkinder. Männer (wenn vorhanden) sind verbittert, hysterisch und impotent, Mütter weinerlich – ihre Söhne reagieren darauf mit Aggressivität. Die Zeichen der Verwilderung dieser (im metaphorischen Sinne) vaterlosen Jugend sind in Ost- und Westfilmen gleich – amerikanisch (dafür fehlen in beiden die Zeichen der Russen): Werbung, Hollywoodfilme, Coca-Cola, Boogie oder Rock 'n' Roll, eine amerikanische Bar mit dem US-Original nachempfundener Musik darf in keinem Film fehlen. Die Orgien der Halbstarken oder der Glatzköpfigen erinnern an die Ausschweifungen der Kommunisten in *Hitlerjunge Quex*, nun ist nicht das rote Russland, sondern Amerika für das »Aus-den-Fugen-Geratensein« deutscher Jungs verantwortlich. Zugleich etabliert der Starke in diesen Clans, diesen minitotalitären Strukturen, seine Herrschaft, indem er auf Angst, Erniedrigung und die Erpressung der Schwächeren baut. Diesen amerikanisierten, faschistoiden Jugendlichen legen die westdeutschen Filmautoren die biederen Träume der älteren Wirtschaftswunder-Generation in den Mund. Die tristen Ost-Berlin-Filme beobachten die neuen Verhaltensmuster nüchtern und liefern unter der Hand eine Erklärung dafür, warum die Mauer errichtet werden müsste, und das schon 1957. An der Grenze schießen in diesen Filmen allerdings nur die Westler.

Horst Buchholz und Karin Baal in *Die Halbstarken*, BRD 1956, R: Georg Tressler

In Russland sieht alles viel harmloser aus, obwohl auch dort die Schuld an der Enthemmung der Jugend der kosmopolitischen Öffnung (wiederum in Richtung Amerika) zugeschoben wird. In ostdeutschen Filmen fliehen die Unzufriedenen, die Zornigen in den Westen, um am Ende zurückzukehren. In der Sowjetunion reißen sie von zu Hause aus und fahren nach Sibirien oder in den Hohen Norden, um Kraftwerke oder Atomreaktoren zu bauen. Die Harmonie zwischen den Generationen ist ein Muss der Dramaturgie. Die Konflikte der Jungen mit den Stalinisten fehlen in diesen frühen Filmen – sowohl in *Kollegen* (1962) als auch in *Ich bin 20 Jahre alt* (1964)[15] –, genauso wie in deutschen Filmen der Dissens mit der Vätergeneration nicht als eine Folge von deren historischer Schuld gesehen wird.

Der Bruch des europäischen Films mit dem verkrusteten Kanon der Großväter – der italienische Neorealismus, die französische Nouvelle Vague, das englische Free Cinema – waren die Bezugspunkte für junge russische Regisseure wie für westdeutsche Filmemacher, die 1962 das Oberhausener Manifest unterzeichneten. Zunächst war beiden Richtungen ein ausgeprägter Dokumentarismus eigen, der von Siegfried Kracauer in dessen Buch *Theorie des Films. Die Errettung der äußeren Wirklichkeit* (1960, deutsch 1964, russisch 1974) als Produkt einer historischen Erfahrung gewertet wurde: Die Manipulationen mittels der großen kinematografischen Propagandamaschinen der dreißiger Jahre und in der Zeit des Kalten Krieges weckten das Interesse der Filmemacher für den anonymen Zustand der Realität, das Zufällige, den »Fluss des Lebens« in seiner Vieldeutigkeit, die vom Film eingefangen, ja *errettet* werden sollten. Die alte Schule der »gemachten« Kunst war verpönt – Handkamera, Improvisation und Dilettantismus wurden dagegen aufgewertet. Die

*Die Glatzkopfbande*, DDR 1963, R: Richard Groschopp

*Kleiner Mann – was nun?*, DDR 1967, R: Hans-Joachim Kasprzik

*Siebzehn Augenblicke des Frühlings*, UdSSR 1973, R: Tatjana Liosnowa

dokumentarische Richtung galt in der UdSSR als durchaus akzeptabel, doch die existenziellen, surrealistischen, metaphysischen, maoistischen »Abweichungen« im westlichen Film (etwa von Godard, dem symbolischen Sündenbock der sowjetischen Filmpublizistik) wurden scharf kritisiert und als Auswüchse eines dekadenten Modernismus gegeißelt. Auch deshalb fiel die Entwicklung des westdeutschen Films in den sechziger und siebziger Jahren aus dem Gesichtskreis des sowjetischen Publikums heraus. Zudem kamen den oppositionell gestimmten, vom Sozialismus enttäuschten russischen Intellektuellen die linken Westdeutschen mit ihren soziologischen, analytischen, marxistischen Interessen und ihrer Begeisterung für den russischen Revolutionsfilm der zwanziger Jahre suspekt und exaltiert vor. Eisenstein wurde von ihnen als Konformist angesehen, der dem System ein pathetisches und deshalb fragwürdiges Denkmal gesetzt hätte. Später, in den achtziger Jahren, als der Neue Deutsche Film salonfähig wurde, waren die mystischen Erfahrungen von Wenders und die extremen von Fassbinder mehr geschätzt. Alexander Kluge und Hans Jürgen Syberberg mit ihren Collagen und ihrer Brüchigkeit, dem vehementen Angriff auf die Gegenwart und dem »Abschied von Gestern«, die Vorboten des Postmodernismus, konnten erst wahrgenommen werden, als die russischen Konzeptualisten stark wurden, und man der nostalgischen Verklärung der sechziger Jahre nicht mehr entsprechen wollte. Der Neue Deutsche Film bezog seine Energie aus Trauerarbeit und Vergangenheitsanalyse – eine psychologische und politische Erfahrung, der die sowjetische Gesellschaft auch nach der Perestroika nicht folgen konnte, da hier die Frage der Schuld der Vätergeneration im Stalinismus nicht gestellt wurde. Wie hätten sie auch den Sieg über den Faschismus (der dem Stalinismus eine Rechtfertigung gab) mit dieser Schuld zusammenbringen können?

### PHANTOMTRÄUME 1974–1994

In den siebziger Jahren begeisterte Leni Riefenstahl die amerikanischen Feministinnen, Susan Sontag analysierte die *Faszination Faschismus*[16] und versuchte zu erklären, warum die homosexuelle Ästhetik sich des nazistischen Bildvorrats bediente; Zadek erregte Aufsehen mit seinen Fallada-Revuen, Bob Fosse drehte *Cabaret* (1972), Liliana Cavani *Der Nachtportier* (1974). Und das sowjetische Fernsehen produzierte die populärste Serie seiner Geschichte, *Siebzehn Augenblicke des Frühlings* (1973), über die Abenteuer des sowjetischen Kundschafters Max Otto von Stierlitz in den Führungsetagen des »Dritten Reichs« – eine sowjetische Reaktion auf die internationale Mode, womöglich auf eine Liedzeile aus Mel Brooks *Producers* (1968): »Springtime for Hitler!« Eine erste filmische Reaktion darauf lieferte 1994 Wladimir Sorokin, eine der zentralen Figuren des postsowjetischen Konzeptualismus, mit seiner Collage *Der wahnsinnige Fritz*. Der Film nutzt – ebenso wie Sorokins Romane – die visuellen und textuellen Vorlagen der sowjetischen Massenkultur, die sozialistisch-realistischen, unterhaltenden und sadistischen Fragmente der Kriegsfilme, die Angst, Hass, Folter und Mord auskosteten. Sorokin sortiert – zusammen mit Tatjana Didenko – diese Fragmente gemäß der Ordnung eines systematischen Katalogs im Filmarchiv: Bilder von Technik (Panzer und Bomber) und Bilder von Techniken der Körper (sich waschen, trinken, essen, tanzen, foltern, fotografieren und sich fotografieren lassen, saufen, töten). Die Collage deutet auf die Gründe der tief versteckten Faszination hin: Die rohe Brutalität dieser Filmbilder geht Hand in Hand mit der Armut ihrer Produktionsbedingungen, was einen besonderen, »unästhetischen« Stil kreiert. Die Collage nimmt sich nur die Filme aus den vierziger und den sechziger Jahren vor, gedreht unter Kriegsbedingungen oder in den Studios der Provinz mit einer armseligen technischen Ausstattung. Eine Stilisierung und Ästhetisierung der Gewalt (und des Faschismus) findet nicht statt. Die »nicht-ästhetischen«, »sadistischen« B-pictures bedienen oft ein und dasselbe Erzählmuster: Parteisekretäre im Untergrund und Kundschafter in der Führungsspitze der Wehrmacht schlüpfen in die Rolle geheimnisvoller, omnipotenter Rächer (à la Zorro) und spielen mit den dummen Deutschen Räuber und Gendarm. In dieser Stilistik und mit diesem naiven Infantilismus wird das zentrale Motiv der Filme präsentiert: der Tod – ganz ohne Metaphysik. Mit dieser Ästhetik spielen auch die russischen Konzeptualisten.

Die Russen, die implizierten Zuschauer, an die die Bilder gerichtet sind, fürchten sich immer noch vor deutschen Gespenstern namens Otto Krieg und Magda Totgast (!). Es ist nicht mehr zu unterscheiden, wer verrückt ist. Die Deutschen? Die Russen? Der Film ist nicht als eine Entlarvung des Faschismus und auch kaum als Entlarvung der Mythenproduktion zu konsumieren, sondern als ein Phantomtraum, eine Art Phantomschmerz, der den Tod und den Krieg in das Viereck der Leinwand abdrängt, ja verbannt. Sie verschwinden in der Abblende, um bei der nächsten Vorführung aufzuerstehen. Genau von diesem filmischen Wunder lässt sich Sorokin hypnotisieren – und bietet seinen Zuschauern an, ihm zu folgen. Im Kontext der vergangenen Erfahrung fungiert sein Film als Spiegel, in dem der Russe den Anderen in sich erkennen soll. Heute jedoch, da Russland mit Non-stop-Vorführungen aller Fassbinder-Filme in das Guinness-Buch der Rekorde strebt, bietet diese Collage jene gewohnte, beruhigende Rettung, in die man eintaucht, um vor neuen, nicht verarbeiteten deutschen Filmträumen zu fliehen.

1 Evgenij Popov: *Podlinnaja istorija Seljonych muzykantov*, in: *Znamja*, Nr. 6, 1998.
2 *Ėksal'tirovannoe obščenie o predmete kino*, Fernsehinterview von Kirill Raslogow mit Boris Juchananow und Gleb Alejnikow (ausgestrahlt am 14.5. und 1.10.2001), http://www.otkakva.ru/interview/parallel/index.htm#_ftnref40.
3 *Devuška moej mečty za koljutcej provolokoj*, Interview Alexej Jerochins mit Lew Rasgon, in: *Sovetskij ėkran*, Nr. 14, 1989, S. 14–15.
4 Jurij Saakov: *Ljubov' Orlova, 100 bylej i nebyliz*, Moskau 2002, S. 211–212.
5 *Iskusstvo kino*, Nr. 4, 1950, S. 23.
6 Raisa Orlova, *Genrich Bell. Putešestvie v Peterburg Dostoevskogo*, in: *Sovetskij ėkran*, Nr. 23, 1966, S. 20.
7 *Problemy kino v FRG. Interv'ju Ol'gi Surkovoj s W. Schlendorfom i M. Trottoj*, in: *Iskusstvo kino*, Nr. 6, 1974, S. 148–153; Reinhard Hauff: *Antifašistskij fil'm v FRG. Iz besed na Mamaevom kurgane*, in: *Iskusstvo kino*, Nr. 10, 1975, S. 134–144; Käthe Rülicke-Weiler: *Sredstva massovoj informazii FRG i neofašism*, in: *Iskusstvo kino*, Nr. 5, 1979, S. 149–154.
8 L. Agranovič, *Fil'my-pobediteli*, in: *Sovetskij ėkran*, Nr. 17, 1961, S. 8.
9 Michael Dost, Florian Hopf, Alexander Kluge: *Filmwirtschaft in der BRD und in Europa. Götterdämmerung in Raten*, München 1973, S. 150.
10 *Narodnoe chozjajstvo SSSR. Statističeskij spravočnik*, Moskau 1971, S. 677.
11 Ulrich Gregor im Interview mit Dietmar Hochmuth, in: *Film und Fernsehen*, Nr. 17, 1992.
12 *Filmwirtschaft in der BRD und in Europa*, s. Anm. 9, S. 151.
13 Der aufschlussreiche Briefwechsel (aus den Archiven des Auswärtigen Amtes), der diesem Besuch vorausging, wurde vor kurzem unter dem Titel *Das Eis ist gebrochen* veröffentlicht, in: Wolfgang Jacobsen, *Berlinale: Berlin International Film Festival*, Berlin 1990, S. 209–217.
14 Rostislav Jurenev, *Rasmyšlenija posle festivalja v Zapadnom Berline*, in: *Iskusstvo kino*, Nr. 3, 1976, S. 137.
15 Vgl. Oksana Bulgakowa: *Der Film der Tauwetterperiode*, in: *Geschichte des sowjetischen und russischen Films*, Hg.: Chrtistine Engel, Stuttgart 1999, S. 144–152.
16 Susan Sontag: *Fascinating Fascism* (1975), in: *Under the Sign of Saturn*, New York 1981, S. 71–105.

# KORRESPONDENZEN IN DER EINBAHNSTRASSE

## ORIENTIERUNGSVERSUCHE DER OSTDEUTSCHEN ALTERNATIVKULTUR UND EINFLÜSSE DES SOWJETISCHEN KINOS

CLAUS LÖSER

»In diesen Tagen darf sich niemand auf das versteifen,
was er ›kann‹. In der Improvisation liegt die Stärke.
Alle entscheidenden Schläge werden mit der linken Hand ausgeführt werden.«
Walter Benjamin [1]

### VOM FLUCH UND SEGEN HERMETISCHER SYSTEME

Not macht erfinderisch. Und Mangelgesellschaften sind immer auch Surrogatgesellschaften. Wo Knappheit herrscht, wird nach Ersatz gesucht. Es bedurfte nicht eines Feldversuchs namens DDR, um diese Binsenweisheiten zu belegen. Seit mehreren Jahren tourt erfolgreich die Ausstellung *Marke Eigenbau*[2] durch Ost- wie Westdeutschland, präsentiert dem verblüfften Publikum selbst gebaute Motorkettensägen, Bordcomputer und Rasenmäher, sogar Fernseher. Die Geräte wurden von DDR-Bürgern in Einzelanfertigung hergestellt, aus Verzweiflung über jahrelange Wartezeiten oder weil keine Forumsschecks für den Einkauf im Intershop[3] verfügbar waren. Derlei technische Kuriositäten gehören heute ebenso zur verklärenden Erinnerungsfolklore wie Ostpro-Märkte[4], Brettspiele[5] oder Spielfilme à la *Sonnenallee* und *Goodbye, Lenin!*. Auf kuriose Weise sind die Stilblüten des Mangels zum Marktfaktor avanciert. Ein vorgeblich auf vollständige Abschaffung von Privateigentum zielendes Gesellschaftsmodell – das der Sozialismus theoretisch ja verkörperte – wurde damit postum selbst zum Produzenten von Kapital. Und dies weitaus erfolgreicher als zu Lebzeiten.

Weniger erheiternd fällt das Fazit aus, wenn man Ursachen und Folgen des nicht-materiellen Mangels in Ostdeutschland untersucht. Auch der Zugang zu Büchern, Filmen, Bildern, Tonkonserven usw. wurde ja kontingentiert. Knapp waren diese geistigen Güter jedoch nicht wegen mangelnder Ressourcen, sondern aus schlichten Zensurgründen. Die Vorstellung, dass tumbe Funktionäre Zugang zu Ausstellungen, Büchern oder Filmen hatten, man selbst aber mit den gefilterten Informationen und gnädig verabreichten Häppchen vorlieb nehmen musste, produzierte Rachephantasien. Wer nicht zu den Reisekadern gehörte, wer über keine florierenden Westkontakte verfügte und vielleicht sogar noch im »Tal der Ahnungslosen«[6] wohnte, der musste schon ein gehöriges Maß an Einfallsreichtum entwickeln, um dieses Manko auszugleichen. Oder musste sich eben an anderen Vergleichsmaßstäben ausrichten. In den nachfolgenden Zeilen soll ein Versuch unternommen werden, auf einige Aspekte dieser kompensatorischen Tendenzen hinzuweisen; dies stets bezogen auf die letzte Phase des DDR-Realsozialismus, deren Beginn in der Regel mit dem Schlüsseljahr 1976 datiert wird.[7]

In Bezug auf Musik, Literatur oder bildende Kunst ließen sich die Defizite durch ins Land geschleustes westliches Material einigermaßen eindämmen. Für Filmenthusiasten fielen die Leerstellen verheerender aus. Abgesehen von den wenigen Studiokinos, war man auf die Angebote des Monopolverleihs Progress oder auf die Fernsehprogramme angewiesen. Videotechnik war nicht ohne Absicht bis zum Ende der DDR für Einzelverbraucher nicht zugänglich. Besonders schwierig gestaltete sich die Lage für Cineasten, deren Interesse über den Mainstream hinausging und die auf Avantgarde, Underground- und Experimentalfilme fixiert waren. Erst recht dann, wenn sie selbst Filme drehen wollten und nach internationalen Orientierungsgrößen suchten.

Auch hier wurden zahlreiche Behelfsmechanismen entwickelt. Die am wenigsten befriedigende Methode der Wissenskompensation stellte für Cinephile die des Anlesens dar. Von Filmtexten auf die darin beschriebenen Filme zu schließen, eröffnet zwar gewisse imaginäre Räume, bleibt letztlich aber unbefriedigend. Tatsächlich war aber diese Ersatzhandlung in der DDR weit verbreitete Praxis. Die raren inländischen Publikationen zum Thema wurden nach verheißungsvollen Filmen abgegrast. So las man sich neidisch durch die Berichte jener Journalisten, die zu westlichen Festivals reisen durften und über Filme schrieben, die niemals auf die Leinwände der Bezirksfilmdirektionen gelangen würden. Absurderweise erschienen ja sogar Filmszenarien von unzugänglichen Produktionen Ingmar Bergmans oder Federico Fellinis[8], die man sich Sequenz für Sequenz im Kopf zusammensetzen, nicht aber als Kinoerlebnis realisieren konnte. Gierig wurden aus westlichen Büchern Informationen gesogen und Wissensvorräte angelegt. Einige Schlüsselwerke, wie Amos Vogels Versuch einer nichtchronologischen Filmgeschichtsschreibung *Film as a Subversive Art*, avancierten zu regelrechten Kultobjekten.[9]

*Das fünfte Siegel,* U 1976, R: Zoltán Fábri

Die Surrogat- und Mangelgesellschaft DDR wurde primär im oben genannten Sinne wahrgenommen – nämlich als Zumutung. Massenhafte Absetzbewegungen Richtung Westen wurzelten auch in diesem Umstand. Mit den eingeschränkten Informationsflüssen einhergehende Vorteile ergeben sich erst mit dem Privileg des historischen Draufblicks – gegeben hat es diese Vorteile unbedingt. Aus dem latenten Notstand des Abgeschnittenseins heraus entwickelten sich nämlich ganz selbstverständlich ästhetische und inhaltliche Verortungssysteme, die es im Zustand der totalen Freizügigkeit so nie gegeben hätte. Beispielsweise lässt sich die massenhafte Begeisterung für alle Formen frei improvisierter Musik, vor allem für möglichst atonalen Free Jazz[10], wohl nur im Kontext mit solchen Verweigerungs- und Neuorientierungsprozessen erklären. Tendenzen wie diese entwickelten sich in ihrer Eigendynamik zu Phänomenen, die durchaus als Errungenschaften gewertet werden können. Um die spezielle Formatierung ostdeutsch sozialisierter Maler, Dichter oder Filmemacher wenigstens ansatzweise zu verstehen, muss heute auch auf diese Umstände eingegangen werden.

Die Suche nach autonomen, von den staatlichen Leitsystemen unabhängigen Koordinaten, mit denen eine eigene kulturhistorische Genealogie erstellt werden konnte, vollzog sich mehrschichtig, in vertikaler wie horizontaler Ebene. Sie erfasste Geschichte und Geographie, fiel zudem individuell höchst unterschiedlich aus. Bezogen auf die Literatur fällt eine Affinität zu Strömungen und Einzelpersonen auf, die in der offiziellen Rezeption vernachlässigt oder beargwöhnt wurden.

*Engelchen,* DDR 1985, R: Thomas Frydetzki

Dadaismus, Surrealismus und Expressionismus lagen weitaus näher als die heroisch beschworenen Wurzeln des sozialistischen Realismus mit seinem Bund proletarischer Schriftsteller. In den Zirkeln der literarischen Subkultur kümmerte man sich um Erich Weinert und Johannes R. Becher keinen Deut, wohl aber um Franz Jung und Erich Mühsam. Benn galt mehr als Brecht, Lasker-Schüler mehr als Seghers.

Im Film gestalteten sich die Bezüge komplizierter, da, wie erwähnt, der Zugang zu relevantem Material erheblich eingeschränkt war. In der unabhängigen Schmalfilmszene der späten DDR, die ab Ende der siebziger Jahre als Bewegung evident wurde, fallen immer wieder Bezüge zu den Leistungen des deutschen Stummfilms auf, etwa zu Walter Ruttmanns *Opus*-Filmen in *Hommage à La Sarraz* (1979) von Lutz Dammbeck oder zu *Nosferatu – Die Symphonie des Grauens* von Friedrich Wilhelm Murnau in Thomas Frydetzkis *Engelchen* (1985). In zahlreichen anderen Super 8-Filmen, wie in denen von Mario Achsnick (*Kino* von 1986) oder von Gino Hahnemann (*Frau ins Meer* von 1984) spricht der gesamte ästhetische Gestus von einer Verwandtschaft zum filmischen Expressionismus Deutschlands. Referenzen an eine nationale Avantgarde also, die durch den Triumph der Diktaturen ab 1933 abgeschnitten worden war, deren Exponenten ins Exil getrieben worden waren oder verstummt sind. Zum aktuellen DDR-Filmschaffen bestanden nahezu keine Bezüge. In der Regel wurden in der Subkultur die Produktionen aus Babelsberg und Adlershof mit Ignoranz gestraft. Eine durchaus gegenseitige Ablehnung. Nur durch vereinzelte persönliche Kontakte stellte sich zwischen diesen kulturellen Sphären mitunter ein Austausch her – Ausnahmen, die auch hier die Regel bestätigen.[11]

## EX ORIENTE LUX: LICHT AUS DEM OSTEN?

Im Rezeptionsverhalten der ostdeutschen Alternativkultur spielten Kinoerfahrungen dennoch eine prägende Rolle. Weitaus wichtiger als die überwiegend von Opportunismus geprägten Filme der DEFA-Produktion und die wenigen im Land zugelassenen Filme westlicher Herkunft waren ohne Zweifel filmische Signale, die aus den mehr oder weniger unter Moskauer Einflussbereich stehenden »Bruderländern« kamen. Dabei waren Rumänien, Bulgarien sowie Vietnam und Kuba ebenso irrelevant wie die vom zentralistischen Kremlkurs abgefallenen Einzeldiktaturen Albaniens, Chinas und Nordkoreas. Das bis 1968 überaus innovative tschechoslowakische Kino des »Prager Frühlings« spielte nach der Disziplinierung durch die befreundeten Armeen ebenfalls keine maßgebliche Rolle mehr.

Sonderpositionen nahmen die Filmländer Polen und Ungarn ein. Selbst die durch die Zensurschranken der DDR-Kulturbürokratie gelangten Spielfilme verrieten den aufmerksamen Zuschauern regelmäßig, dass in diesen Ländern zumindest teilweise ein ganz anderer, nämlich ein aufmüpfiger Wind wehte. Arbeiten der Polen Andrzej Wajda (*Das gelobte Land*, 1974) und Krzysztof Zanussi (*Spirale*, 1978) oder der Ungarn Zoltán Fábri (*Das fünfte Siegel*, 1976) und Miklós Jancsó (*Das Herz des Tyrannen*, 1981) legten in formaler wie inhaltlicher Hinsicht eine Respektlosigkeit an den Tag, die im DDR-Biedermeier wie ein Sakrileg erscheinen musste. Dabei stellten Filme wie die genannten nur die Spitze des Eisbergs dar. Kinoreisen nach Warschau und Budapest offenbarten dem Cineasten nicht nur eine noch viel breiter gefächerte und radikalere nationale Filmkultur als in der DDR, sie boten auch Gelegenheit, entbehrte westliche Filme endlich auf der Leinwand sehen zu können. Mit diesen Reisemöglichkeiten war es nach Einführung des Kriegsrechts 1981 in Polen zumindest teilweise vorbei, dennoch gelangten weitere unerhörte Produktionen in den Osten Deutschlands. Diese am Zensureingriff von Kulturministerium und Progress-Filmverleih vorbeigeschleusten Botschaften fanden ihren Weg zum Zuschauer über die polnischen und ungarischen Kulturinstitute, die beide im Zentrum Ost-Berlins ihren Sitz hatten. Engagierten Filmclubs war es sogar möglich, diese Filme als 35-mm-Kopien auszuleihen. Auf diese Weise gelangte zum Beispiel auch die subversive Flaschenpost eines Gábor Bódy in Studenten- und Theaterkeller von Dresden oder Karl-Marx-Stadt. Stirnrunzelnd nahmen die Sicherheitsbehörden diesen Transfer wahr, wagten aber nicht, die Genossen der »Brudervölker« zu bevormunden.

Filme aus der Sowjetunion erlebten eine ambivalente Aufnahme. In breiten Kreisen der Bevölkerung überwog vehemente Ablehnung. Der allgegenwärtige Spruch »Das gibt es in keinem Russenfilm!« fungierte wahlweise als Umschreibung für besonders langwierige oder haarsträubende Alltagsnöte. Der Satz verweist aber auch auf die vielen zwangsweisen Kinobesuche, die zu jeder DDR-Sozialisation gehörten und die vorzugsweise Filmen des »Großen Bruders« galten. Gemeinsam mit der Schulklasse, dem Arbeitskollektiv und während des Grundwehrdienstes Filme aus der Sowjetunion ansehen zu müssen, hat der Völkerverständigung freilich einen nachhaltigen Bärendienst erwiesen. Eine kollektive Erfahrung, die bis in die unmittelbare Nachkriegszeit zurückreicht. Schon im Siegesjahr 1945 liefen in der Sowjetischen Besatzungszone 23 Filme aus der UdSSR an, 1950 waren es sogar 27 (eine interessante Zahl vor allem deshalb, weil in der Sowjetunion selbst in jenem Jahr lediglich sechs Eigenproduktionen an die Öffentlichkeit gelangten[12]). *Wie der Stahl gehärtet wurde* (1956), *Befreiung I–V* (1969–1971) oder *Die Prämie* (1974) sind Filmtitel, die zu Synonymen für gemeinschaftliche Nötigungserfahrungen mutierten.

Diametral zur tatsächlichen Beliebtheit verhielt sich das Wunschdenken der Funktionäre – schließlich wollte Lenins unseliger Satz vom Film als wichtigster aller Künste[13] anhand sowjetischer Filme in die Wirklichkeit umgesetzt werden. Verlässliche Zuschauerzahlen lassen sich deshalb aus heutiger Warte unmöglich verifizieren. Da auch im Lichtspielwesen der DDR ein Plan existierte und für hohe Besucherzahlen in sowjetischen Filmen Sonderprämien ausgezahlt wurden, übertrug sich dieses Wunschdenken auf das Interesse des Kinopersonals. Vor westlichen Hauptfilmen sowjetische Vorfilme zu zeigen, die mit eigenen Eintrittskarten abgerechnet wurden, war gängige Praxis.[14] Die Diskrepanz von massiver Bespielung einerseits und geringem Interesse bzw. Ablehnung andererseits bestand bis unmittelbar vor dem Zusammenbruch der DDR. In den achtziger Jahren hatte sich der Import von sowjetischen Spielfilmproduktionen und deren Auswertung durch den Progress-Filmverleih auf eine Größenordnung zwischen jährlich dreißig bis vierzig eingepegelt. Das regelmäßig im Herbst jedes Jahres stattfindende *Festival des sowjetischen Films in der DDR* diente primär dem Ziel einer quantitativen Aufwertung von Filmen aus der UdSSR. Ironie der Geschichte, dass in jenem Moment, da zum ersten und einzigen Male dieses Festival auf massenhaftes Interesse stieß – nämlich nach Gorbatschows Machtantritt und der damit einhergehenden Welle von Perestroika-Filmen sowie der Ost-Berliner »Sputnik-Krise« –, die Zuschauer massiv am Kinobesuch gehindert

*Befreiung III. Teil. Die Hauptstoßrichtung*, UdSSR/DDR/PL/I 1970, R: Juri Oserow, Cover des Programmhefts

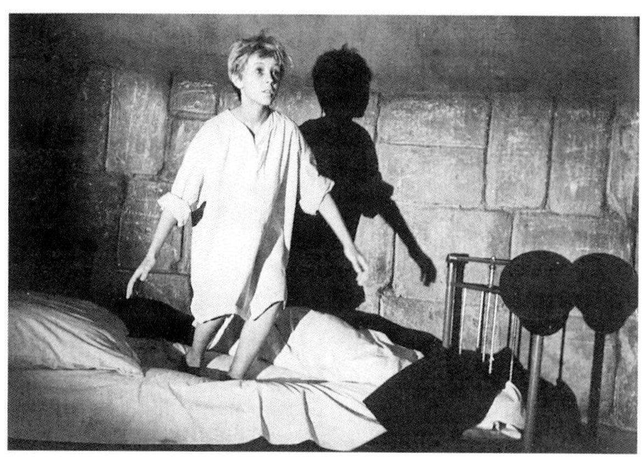

*Iwans Kindheit*, UdSSR 1962, R: Andrej Tarkowski

wurden.[15] Im Wendejahr 1989 wurden plötzlich nur noch 18 Kinofilme aus der Sowjetunion als würdig für die ostdeutschen Lichtspieltheater befunden.

Antirussische bzw. antisowjetische Ressentiments waren in der DDR stark verbreitet, gleichzeitig in hohem Maße öffentlich tabuisiert. Unabhängig davon gab es jedoch auch zahllose Menschen, die aus persönlichen, beruflichen, künstlerischen und anderen Gründen vorbehaltlos – das heißt ganz ohne opportunistische Hintergedanken – für sowjetische Kultur und die russische Sprache ein authentisches Interesse aufbrachten. In diesem, dem sensibleren Teil der Bevölkerung, war man sehr wohl in der Lage, zu differenzierten Urteilen zu finden und zwischen Propaganda und Kunst zu unterscheiden. Auf das Kino bezogen, ergibt sich eine in den allseits beliebten Märchenfilmen von Rou oder Ptuschkin fußende Akzeptanzpyramide, die sich über Filme von Kalatosow, Romm, die Brüder Michalkow, Mitta, Rjasanow, Paradshanow, Schukschin, German, Schepitko, Klimow und anderen immer weiter verjüngt. Im Zenit steht nur noch ein einziger Name – der von Andrej Tarkowski.

### TARKOWSKI

Der Einfluss Tarkowskis auf künstlerisch-intellektuelle Kreise der DDR kann gar nicht hoch genug eingeschätzt werden. Er ist gleichzeitig der einzige sowjetische Regisseur, dessen Wertschätzung sich von den frühen sechziger Jahren bis zu seinem Tod im Dezember 1986, ja sogar weit darüber hinaus, kontinuierlich gehalten hat. Als sein Debüt *Iwans Kindheit* im April 1963 in die ostdeutschen Kinos kam, assoziierte man den Film automatisch mit anderen Beispielen der allzu kurzen »Tauwetterphase«, konkret mit Michail Kalatosows *Wenn die Kraniche ziehen* (1957), Grigori Tschuchrais *Die Ballade vom Soldaten* (1960) oder Michail Romms *Neun Tage eines Jahres* (1962). Mit Arbeiten von Filmemachern also, die zwischen 1901 und 1921 geboren worden waren. Tarkowski gehörte jedoch einer anderen Generation an, war zur Premiere von *Iwans Kindheit* gerade einmal dreißig Jahre alt. Eine kurzzeitig günstige Kombination von individuellen und historischen Faktoren – wie der Rückzug eines anderen Regisseurs vom Projekt, die Protektion durch Michail Romm und die relativ entspannte innenpolitische Lage – hatte es dem WGIK-Absolventen erlaubt, frühzeitig einen abendfüllenden Kinofilm vorzulegen. Seine damaligen Kommilitonen brauchten wegen des trägen Kadersystems viel länger für einen solchen Durchbruch. Nachdem er einmal die Erfahrung der Erweiterung seiner Grenzen gemacht hatte, gab es für ihn kein Zurück mehr. »Als ich *Iwans Kindheit* drehte, spürte ich zum ersten Male, dass das Kino irgendwo in der Nähe war«, schrieb er später.[16] Fortan gab er in seiner Suche nach diesem Ideal nie wieder auch nur einen Zentimeter nach. Anders als die anderen, wesentlich älteren Exponenten des filmischen Tauwetters[17], hatte sich Tarkowski nie durch einen Akt künstlerischen Opportunismus korrumpieren lassen. Der einmal eingeschlagene Weg wurde von ihm in Zeiten schärferen innenpolitischen Windes beibehalten. Darin besteht über die unbestrittenen künstlerischen Leistungen hinaus das eigentliche Verdienst Andrej Tarkowskis. Der Preis dafür war hoch: in 24 Jahren nur sieben Filme (davon die letzten beiden im westlichen Exil) sowie Verbitterung, Krankheit und Krebstod.

Für die Kulturfunktionäre der DDR war die Brisanz des Tarkowski-Debüts zunächst nicht spürbar. Der mit internationalen Preisen überhäufte Film passte für sie in den Kanon zahlloser anderer sowjetischer Filme, die sich mit dem Überthema des Großen Vaterländischen Krieges auseinander setzten, und wurde ohne viel Aufhebens bereits ein Jahr nach seiner heimatlichen Premiere in die Kinos gebracht. Bei jenen ostdeutschen Cineasten aber, die sehnsüchtig nach Signalen der Erneuerung suchten, wurden die subversiven Potenzen von *Iwans Kindheit* sehr wohl als solche identifiziert. Der damalige Leipziger Filmkritiker und Programmgestalter des Studiokinos Casino Fred Gehler erinnerte sich 1988 anlässlich der Wiederaufführung des Films: »... ein Film, der zu den großen filmästhetischen Konstanten meiner Generation gehört: Andrej Tarkowskis *Iwans Kindheit*, ein Film, der schockartig Tore aufstieß, uns mitnahm in – so schien es uns – bislang kaum begangene filmische Regionen. Der bis dato so festgezurrte Sehweisen in Frage stellte. ... Es ist ein Werk der Entdeckungen, der Innovationen geblieben. Ein Film, aus dem selbst wieder Filme hervorgehen. Geblieben ist die kostbare Schule der Gefühle, die Schule des Sehens.«[18] Nachdem in der Sowjetunion Chruschtschow von Breschnew abgelöst worden war und damit die Phase der inneren Entspannung in eine bis Gorbatschow dauernde Zeit der Stagnation überging, gewannen auch in der DDR wieder die Hardliner Oberwasser. Sämtliche zarten Ansätze einer Erneuerung wurden spätestens mit dem berüchtigten 11. Plenum des ZK der SED im Dezember 1965 für obsolet erklärt; für den DEFA-Film eine Katastrophe mit irreversiblen Folgen: nicht nur, dass nahezu die

Bei den Dreharbeiten von *Stalker*, UdSSR 1979, R: Andrej Tarkowski, Standfoto aus dem Mosfilm-Studio, Moskau

gesamte Jahresproduktion kurzerhand einem Aufführungsverbot anheim fiel[19] – die kinematografisch Interessierten in der DDR wurden auch von allen innovativen Strömungen des »befreundeten Auslands« abgeschnitten. Waren vorher noch Filme wie *Messer im Wasser* von Roman Polanski (Polen), *Schwarzer Peter* von Miloš Forman (Tschechoslowakei) oder eben *Iwans Kindheit* auf die Leinwände gelangt, machte sich dort nach dem 11. Plenum das große Einerlei der moskautreuen Anpassung breit. Bis der nächste Tarkowski-Film seinen Weg in die DDR fand, mussten fast zehn Jahre vergehen: Der 1965 gedrehte *Andrej Rubljow* erlebte erst 1973 in einer von den sowjetischen Zensurbehörden verstümmelten Fassung seine DDR-Uraufführung.

»Was ich im Osten gesehen hatte, waren Tarkowski-Filme – die waren ganz wichtig gewesen für mich. Das war es, was ich wollte: dieses Einsame, Melancholische, auch Finstere – und immer voller Würde. Das entsprach genau meinem Gefühl«, resümiert die Malerin Cornelia Schleime 1996.[20] Für viele der ostdeutschen Pioniere eines nach 1976 auf den Plan tretenden künstlerischen Selbstverständnisses, das sich selbst »jenseits der Staatskultur«[21] verortete, kam dem Werk Tarkowskis eine mehrfach codierte Bedeutung zu. Einerseits wurde seine ästhetisch-innovative Dimension in ihrer ganzen, auch internationalen Bedeutung glasklar erfasst. Zum anderen verkörperte der Künstler Tarkowski den Beweis, dass es überhaupt möglich sein konnte, trotz aller staatlicher Restriktion auch unter den Bedingungen des »real existierenden Sozialismus« ein Höchstmaß an individueller Integrität zu bewahren. Die DDR wurde zwar von den Künstlern dieser Szene verachtet, gleichzeitig wusste man aber, dass in diesem Biotop – im Gegensatz zur UdSSR – weder Tod noch Gefängnis oder Psychiatrie als unmittelbare Konsequenz auf zivilen Ungehorsam zu fürchten waren. Die moralische Hochachtung, die einem Künstler wie Tarkowski entgegenschlug, resultierte deshalb auch aus dem oben beschriebenen Zwang einer eigenen Orientierungssuche. Wenn es möglich sein konnte, dass in der viel diktatorischeren Sowjetunion ein Künstler derart autonom auftrat, dann hatten einerseits all die Opportunisten im eigenen Land keine Ausreden mehr, dann musste man selbst andererseits um so konsequenter der eigenen Vision folgen. Als Tarkowski 1983 während der Dreharbeiten des ursprünglich als sowjetisch-italienische Koproduktion geplanten Spielfilms *Nostalghia* bekannt gab, nicht mehr in die UdSSR zurückzukehren, befand sich die zweite Ausreisewelle ostdeutscher Künstler gerade auf ihrem Höhepunkt. Wohl mehr als eine zeitliche Analogie. Anfang der achtziger Jahre waren in der UdSSR wie in der DDR die allerletzten Utopievorkommen erschöpft. Wer konnte, ging …

1 Walter Benjamin, *Einbahnstraße* (1928), in: *Allegorien kultureller Erfahrung. Ausgewählte Schriften 1920–1940*, Leipzig 1984, S. 10.

2 Von der Chemnitzer Beschäftigungsgesellschaft Phoenix ausgerichtete Wanderaussstellung (www.phoenix-chemnitz.de).

3 Staatliche Läden, in denen gegen Valuta westliche Waren verkauft wurden.

4 Verkaufsschau mit Waren ausschließlich ostdeutscher Provenienz.

5 Das Würfelspiel *Überholen ohne zu einzuholen* vollzieht DDR-Lebensläufe in typischen Stationen nach (Einschulung, Jugendweihe, Bestellung eines PKW Trabant u sw.).

6 Im Volksmund gebräuchliche Bezeichnung für die Stadt Dresden, weil diese außerhalb der Reichweite westlicher Sendestationen lag.

7 1976 wird mitunter etwas salopp als »Jahr der drei großen Bs« bezeichnet. Gemeint sind damit die innenpolitischen Zäsuren, die mit der Ausbürgerung Wolf Biermanns (13.11.), der Selbstverbrennung des evangelischen Pfarrers Oskar Brüsewitz (22.8.) und der illegalen Veröffentlichung des Buches *Die Alternative* von Rudolf Bahro verbunden werden.

8 Z.B. *Aus dem Leben der Marionetten* von Ingmar Bergman (Berlin, 1983) und *La Dolce Vita* von Federico Fellini (Berlin, 1983).

9 Der damals in Hainichen lebende Fotograf Ulrich Polster lichtete Mitte der Achtziger mit seiner Kamera das 336 Seiten umfassende Werk vollständig ab.

10 Im Gegensatz zu westlichen Rockmusikern durften Jazzmusiker relativ freizügig in die DDR einreisen, auftreten und veröffentlichen. Entsprechende Schallplatten erschienen seit den siebziger Jahren in hoher Auflage beim staatlichen Label AMIGA. In der brandenburgischen Kleinstadt Peitz (Nähe Cottbus) fanden Anfang der Achtziger mehrfach unter der Regie von Ulli Blobel und Peter Metag Free-Jazz-Open-Air-Festivals statt, die sich größter Beliebtheit erfreuten. Im Umkehrschluss erfuhren DDR-Jazzmusiker wie Conrad Bauer, Ernst-Ludwig Petrowsky oder Ulrich Gumpert hohe internationale Reputation. Rockstar David Bowie, der von 1976 bis 1981 in Berlin-Schöneberg lebte, wies während seines Berliner Auftritts im Herbst 2002 ausdrücklich auf den maßgeblichen Einfluss hin, den Besuche in Ost-Berliner Jazzkellern auf seine Musik ausgeübt hatten.

11 So interessierte sich der DEFA-Regisseur Rainer Simon für die filmische Subkultur, setzte bei der Studioleitung sogar durch, dass Lutz Dammbeck in seinem Spielfilm *Das Luftschiff* (1983) Animationsfilmszenen beisteuern konnte. Auch Regisseure wie Heiner Carow, Ulrich Weiß oder Helke Misselwitz versuchten, ihre »nichtoffiziellen« Kollegen zu unterstützen. Einen Sonderfall bildete Jürgen Böttcher Strawalde, der als filmender Maler bzw. malender Filmemacher zwischen den Genres und Szenen pendelte und beiderseitig starke Einflüsse ausübte.

12 Quellen: *Ausländische Spiel- und Dokumentarfilme in den Kinos der SBZ/DDR 1945–1966*, Bundesarchiv-Filmarchiv/DEFA-Stiftung 2001, *rororo Filmlexikon*, Reinbek bei Hamburg 1978.

13 Dieser Ausspruch Lenins wurde von ihm selbst nie schriftlich fixiert. Volkskommissar Anatoli Lunatscharski erinnerte sich 1925 an ein im Januar 1922 geführtes Vier-Augen-Gespräch mit Lenin wie folgt: »Dann lächelte er und sagte noch: ›Sie gelten bei uns als Schirmherr der Künste, darum müssen sie ständig dessen eingedenk sein, dass für uns von allen Künsten die Filmkunst die wichtigste ist.‹«, zit. nach … *wichtigste aller Künste. LENIN über den Film – Dokumente und Materialien*, Hg.: Günther Dahlke, Lilli Kaufmann, Berlin 1970, S. 171.

14 Der Autor arbeitete von 1983 bis 1985 als Filmvorführer bei der Bezirksfilmdirektion Karl-Marx-Stadt und konnte die oben beschriebenen Vorgänge hautnah erleben.

15 Während des *XVII. Festivals des sowjetischen Films in der DDR* 1988 eskalierte die bis dahin unterschwellige Ablehnung des Perestroika-Kurses durch die DDR-Parteiführung. Obwohl mit *Der kalte Sommer des Jahres 1953* (Regie: Alexander Proschkin), *Und morgen war Krieg* (Regie: Juri Kara) sowie *Die Kommissarin* (Regie: Alexander Askoldow) mehrere explizite Glasnost-Filme ins Programm genommen worden waren, erfolgte zunächst keine Übernahme dieser Filme ins reguläre Programm. Während der Festivalvorführungen kam es zu Massenbuchungen durch Partei und Verwaltungsapparat, um den freien Zugang einzudämmen. Auf einen Beschwerdebrief antwortete das Ministerium für Kultur am 5.1.1989 kryptisch: »Es gibt für Filme, die während des Festivals des sowjetischen Films weit über eine halbe Million Zuschauer gesehen haben, nicht nur Zustimmung und Verständnis, sie stoßen auch auf Reaktionen der Ablehnung aus verschiedenen und meist auch ernstzunehmenden Gründen.« Zeitgleich erfolgte das Verbot der deutschsprachigen sowjetischen Monatszeitschrift *Sputnik*, eine Art *Reader's Digest*, die sich zum Geheimtipp aufgrund ihrer liberalen Artikel herumgesprochen hatte. Auch diese Maßnahme löste eine Flut von Beschwerdebriefen aus.

16 Andrej Tarkowski, *Die versiegelte Zeit – Gedanken zur Kunst, zur Ästhetik und Poetik des Films*, Berlin 1984.

17 Selbst Michail Romm, Tarkowskis wichtigster Förderer, hatte sich 1950 zu einem Machwerk wie *In geheimer Mission* hinreißen lassen. Laut Naum Klejman, Direktor des Musej Kino und Leiter des Eisenstein-Archivs in Moskau, ein Akt der Selbstverleugnung, den er sich selbst nie verzeihen konnte.

18 Fred Gehler, in: *Aus Atelier und Bühne*, Berliner Rundfunk Ost-Berlin, 20.3.1988.

19 Verboten wurden infolge des 11. Plenums unter anderem *Das Kaninchen bin ich* von Kurt Maetzig, *Berlin um die Ecke* von Gerhard Klein und Jürgen Böttchers einziger Spielfilm *Jahrgang 45*. Vgl. hierzu: *Kahlschlag. Das 11. Plenum des ZK der SED – Studien und Dokumente*, Hg.: Günter Agde, Berlin 1991.

20 Cornelia Schleime im Gespräch mit Karin Fritzsche, in: *Gegenbilder. Filmische Subversion in der DDR 1976–1989*, Hg.: Karin Fritzsche, Claus Löser, Berlin 1996.

21 *Jenseits der Staatskultur* lautete auch der Titel eines 1992 in München erschienenen Sammelbandes über »Traditionen autonomer Kunst in der DDR«, Hg.: Gabriele Muschter, Rüdiger Thomas.

# BERLIN IM DEUTSCHEN SPIELFILM

GUNTRAM VOGT

### FILM. STADT

Die Vielzahl der Berlin-Filme stellt für die zweite Hälfte des 20. Jahrhunderts ein Berlin-Bilderbuch dar, dessen Einbildungs-Macht kaum überschätzt werden kann. Vor allem in ihrem spezifischen Realitätseindruck liegt der immerwährende Reiz. Je weiter die Entstehung der Bilder und Töne zurückliegt, um so suggestiver drängen sie sich als Film-Realität an die Stelle dessen, was einmal erlebter Alltag war. Für die Rückschau gilt, dass die Bilder »der geteilten Stadt ... längst in den Köpfen der Zuschauer [sind]. Sie müssen nicht gesondert gezeigt werden ...«[1] An Beispielen lässt sich verdeutlichen, dass oft nur noch chiffreartige Andeutungen oder bestimmte Geräusche genügen, um im Publikum die erwünschten Stadt-Bilder zu evozieren.

*killer.berlin.doc*, BRD 1999, R: Bettina Ellerkamp, Jörg Heitmann

Subjektive Bilder und Töne, ob nun von Berlin oder Moskau, wie von jeder Stadt, entstehen und vergehen in einem permanenten und meist diffusen Wahrnehmungs- und Erinnerungsstrom. Von diesem assoziativen Bilderpool leben die Filme, wenn sie ihre Geschichten erzählen. Mögen die Filme aber auch noch so nahe am Leben sein, mag ein gleichsam personifiziertes Film-Berlin entstehen – sie bleiben eine mediale Konstruktion. Kamera-Blicke wählen aus, darin liegt sowohl ihre Stärke wie auch ihre Begrenzung. Würde man sämtliche Berlin-Filme zwischen 1950 und 2000 sehen können, so wäre das Ungefilmte immer noch bemerkenswert. »Die als Ganzes undarstellbare Geschichte lässt sich nur in Ausschnitten und Fragmenten erzählen.«[2] Und so meint die Rede von einem audiovisuell oder filmisch konstruierten Berlin oder Moskau immer nur wechselnde Bruchstücke des nie fassbaren Ganzen. Die Landkarte ist bekanntlich nicht das Land. Einer der letzten Berlin-Filme des Jahrhunderts, *killer.berlin.doc* (1999, Regie: Bettina Ellerkamp, Jörg Heitmann), spielt mit dieser Spannung.

### THEMEN. MOTIVE

Auf der Kinoleinwand und auf dem TV-Bildschirm war und ist Berlin die auch in internationalen Produktionen am häufigsten dargestellte deutsche Stadt. Weit mehr als 200 in Berlin spielende Filme wurden nach 1950 in Deutschland West und Ost gedreht.[3] Zum Ende des 20. Jahrhunderts präsentierten von jährlich rund sechzig in Deutschland produzierten Filmen bis zu jeweils einem Dutzend den Schauplatz Berlin.

1951 öffneten die 1. Internationalen Filmfestspiele in Berlin ihre Tore. Mehr als zwanzig Jahre lang spielte auf dieser Berlinale die Sowjetunion keine Rolle. »Nach den Ostverträgen war 1974 erstmals ein sowjetischer Film zu sehen, und 1975 war mit *Jakob, der Lügner* (DDR 1974) von Frank Beyer erstmals wieder ein DEFA-Film am Wettbewerb beteiligt, während ein sowjetisches Mitglied in der Jury saß.«[4] Für die folgenden Jahre galt immer mehr: »Die Veränderungen in der Weltpolitik gingen auch an der Berlinale nicht spurlos vorbei. 1987 gab es einen Goldenen Bären für den russischen Beitrag *Das Thema* (*Tema*, SU 1986) von Gleb Panfilow.«

Die Genres, vom Thriller bis zum Melodram, waren in den Berlin-Filmen – Ost und West – abwechslungsreich vertreten, die überwiegend politisch grundierten Themenfelder umfassten ein vielseitiges Spektrum, vom Nachkriegs-Schauplatz der Ruinen über die Restaurierungsphasen bis zur Überwindung der Grenzen und die Neugestaltung der Metropole. Vierzig Jahre lang bestimmten die Motive im Umfeld von Teilung und Mauer, Kaltem Krieg und Neu- und Wiederaufbau diese Themen.

Mit der nach der Wende 1989 an allen Ecken sichtbaren Stadterneuerung wurde ein verändertes Lebensgefühl der Bewohner zum Gegenstand filmischer Stadterzählungen. Manche signalisierten schon mit ihrem Titel neue Befindlichkeiten und Zustände, geradezu programmatisch der Film *Das Leben ist eine Baustelle* (1997, Regie: Wolfgang Becker). Mit der modern-coolen Wortschöpfung *killer.berlin.doc* oder dem an ein internationales Metropolen-Flair anknüpfenden Titel *Angel Express* (Regie: Rolf Peter Kahl) zielten 1999 junge Filmemacher nicht zuletzt auf ein urban-junges Publikum. Und mit Doku-Filmen wie dem Ruttmann-Remake *Berlin: Symphonie einer Großstadt* (Regie: Thomas Schadt, 2002) wurden nicht nur Erinnerungen an längst vergangene Großstadt-Film-Zeiten aufgerufen, sondern auch Metropolen-Mythen aktiviert, mit denen das Kino stets am besten umgehen kann.

*In weiter Ferne, so nah!*, BRD 1993, R: Wim Wenders

Nach den Jahrzehnten der Teilung wurde eine neue filmische Landkarte Berlins entworfen. Auf ihr sind, neben Alltagsgeschichten der Bewohner (*Fette Welt*, Regie: Jan Schütte, 1998; *Schnee in der Neujahrsnacht*, Regie: Thorsten Schmidt, 1999) vor allem die sozialen Randbereiche nachdrücklich eingetragen. Die nach dem Fall der Mauer wiederbelebte Mitte spielte dabei keine auffällige Rolle. Tom Tykwer ließ seine Lola zwar auch durch die renovierte Friedrichstraße rennen, aber dies inszenierte er so, dass es dabei ausschließlich auf das Urbane und nicht auf eine irgendwie typische Berlin-City ankam. Erinnerungen an das Ost-Berlin der DDR-Zeit besetzten vergleichsweise eng umgrenzte Stadträume (*Wege in die Nacht*, Regie: Andreas Kleinert, 1999; *Sonnenallee*, Regie: Leander Haußmann, 1999). Unübersehbar tauchten in filmischen Episoden und Zufallsbegegnungen die sprichwörtlichen Figuren der Großstadtnacht auf (*Nachtgestalten*, Regie: Andreas Dresen, 1999). Und türkische Berliner eroberten mit beachtlichem Erfolg deutsche Kinoleinwände (*Berlin in Berlin*, Regie: Sinan Cetin, 1993; *Ich Chef, du Turnschuh*, Regie: Hussi Kutlucan, 1999; *Dealer*, Regie: Thomas Arslan. 1999). Mehrfach standen auf dieser filmischen Landkarte die Baustellen am Potsdamer Platz im Zentrum der Aufmerksamkeit (*Der Platz*, Regie: Uli M. Schüppel, 1997; *Plus minus null*, Regie: Eoin Moore, 1998; *Berlin Babylon*, Regie: Hubertus Siegert, 2000).

### FIGUREN. KONTRASTE

Drehbücher handeln vorzugsweise von Orten, an denen sich die Autoren und Regisseure auskennen. Wer von den Filmemachern, die nach 1950 und vor allem in den letzten beiden Jahrzehnten vor der Jahrtausendwende Berlin-Filme drehten, kannte oder kennt Moskau? Wer von ihnen hat schon einmal ernsthaft überlegt, Wechselbezüge zwischen diesen beiden Städten filmisch zu erzählen? Der große Ausnahmefall, und dies mit der Vehemenz des programmatischen Antifaschismus, war Konrad Wolf, der seine Erfahrungen als Soldat der Roten Armee in die DDR mitbrachte und – nach dem Studium an der Moskauer Filmhochschule ab 1949 – in Filmen wie *Ich war 19* (1968) und *Mama, ich lebe* (1977) die Perspektive der deutschen und sowjetischen Identitäten zu gestalten und kritisch in Frage zu stellen versuchte.

Wer nach dem Engagement für ein kinematografisches Berlin-Moskau-Verhältnis fragt, sollte auch nachforschen, wie es um ein neugieriges Moskau-Berlin-Bewusstsein nicht nur der Filmemacher, sondern auch des Kino- und TV-Publikums bestellt ist. Die Antworten würden die Vermutung bestärken, dass die russische Hauptstadt für die meisten Deutschen, trotz zahlreicher Initiativen, immer noch eine terra incognita darstellt. Ein gut besetzter TV-Film von 1997 mit dem vielversprechenden, inhaltlich aber doch irreführenden Titel *Berlin – Moskau* (Regie: Wolfgang F. Henschel) oder die Doku-Fiktion *Mit IKEA nach Moskau* (2001, Regie: Michael Chauvistré) sind noch kaum mehr als zaghafte Ansätze.

Anfang der neunziger Jahre wurden in zwei Filmen, die unterschiedlicher nicht sein könnten, zwei Russen in Berlin inszeniert: 1993 war es der zwei Jahre zuvor aus seinem Amt vertriebene Präsident Michail Gorbatschow, der im Wim-Wenders-Film *In weiter Ferne, so nah!*, beobachtet von dem für ihn unsichtbaren Engel Cassiel, einen ebenso unwirklich wie lebensecht erscheinenden Gastauftritt gibt, in dem er über Prinzipien einer von Liebe und gegenseitigem Verstehen – anstelle von Blut und Gewalt – bestimmten Welt reflektiert.

Im Jahr darauf stellte der damals noch unbekannte Jungfilmer Fred Kelemen in seinem seither mehrfach preisgekrönten Film *Verhängnis/Fate* die Figur eines russischen Akkordeonspielers in den Mittelpunkt, der in Berlin als Straßen- und Kneipenmusikant mit wehmütigen Tangos sein Geld verdient.

Beide Figuren sind nur winzige Episoden im endlosen Flimmern der Leinwände – und doch sind diese Bilder in ihrem Kontrast bemerkenswert. Auf der einen Seite der Protagonist einer neuen Politik der Verständigung und des Kompromisses, auf der anderen Seite ein namenloses Opfer des gleichzeitig stattfindenden gesellschaftlichen Umbruchs. Beide gesehen aus der Perspektive deutscher Filmregisseure in Berlin. Die im Kontext der Filmhandlung verschwindend kurze Gorbatschow-Szene bleibt für die Frage nach irgendeiner deutsch-russischen Film-Beziehung nach 1989/90 ein nachdenklich stimmender Kino-Augenblick. Und der russische Tangospieler markiert ein Zeichen der Verlorenheit nicht nur im zerfallenden Sowjetimperium, sondern auch in der neuen deutschen Hauptstadt. Verlierer sind sie beide.

*Verhängnis/Fate*, BRD 1994, R: Fred Kelemen

Wenders drehte mit *In weiter Ferne, so nah!* die Fortsetzung seines 1987 so erfolgreichen *Der Himmel über Berlin*. Die Klarheit und den Gedankenreichtum seiner Berlinreise vor der Wende konnte er mit dieser Fortsetzung nach dem Mauerfall nicht erreichen. Möglich, dass der Filmkünstler noch zu wenig Abstand vom historischen Ereignis hatte.[5] Sein *Himmel über Berlin* jedoch bleibt der faszinierendste und tiefsinnigste Berlin-Film der zweiten Jahrhunderthälfte. Für die Blicke der Engel-Figuren auf Berlin und seine Menschen hat Wenders mit dem Kameramann Henri Alekan eine eigentümlich schwebende Kamera »erfunden«. Seine historischen Panoramen und seine wunderbar ausgedachten Figuren umfassen weit gespannte Gegenwarts- und Vergangenheitsdimensionen dieser Stadt. Sie sind schier unerschöpflich in ihrer Dichte und Beziehungsfülle, und sie sind immer noch maßstabsetzend. Allein die Sequenz, in der der über neunzigjährige Schauspieler Curt Bois als »ewiger Erzähler« auf der Brache des ehemaligen und nun – 1987 – nicht wiederzufindenden Potsdamer Platzes herumirrt, wobei er sich, seinem Engel-Begleiter und dem Kino-Publikum Erinnerungsfetzen an die Zeit des unzerstörten Platzes zurückruft, gehört – auch angesichts des inzwischen neuen Potsdamer Platzes – zu einem unvergesslichen Filmereignis dieser Stadt. Auch Bilderfindungen, mit denen Wahrzeichen der Stadt wie etwa der Engel der Siegessäule oder der Mercedes-Stern am Europa-Center mit den Figuren der Handlung belebt und zugleich kontrastierend verfremdet werden, überbieten, was in den Jahrzehnten davor in dieser Hinsicht aufs Zelluloid gebracht worden war.

*Der Himmel über Berlin*, BRD/F 1987, R: Wim Wenders

## BRUCHSTÜCKE. SELBSTBILD

Den filmischen Berlin-Erzählungen der späten neunziger Jahre wurde mit guten Gründen ein Patchwork-Charakter bescheinigt. Kritiker sprachen von Short Stories, von Momentaufnahmen und von episodenhaften Multi-Personen-Geschichten. Man vermisste größere Erzählungen mit ihren Panoramablicken. Aber Bruchstücke waren auch schon nach 1945/50 das sichtbarste Zeichen Berlins. 1948 hörte sich der Filmtitel einer schmissigen *Berliner Ballade* (Regie: Robert A. Stemmle) wie ein dezidiertes Gegenprogramm zur geschlossenen musikalischen Berlin-Symphonie (Regie: Walter Ruttmann) der Vorkriegs-Großstadt an. Diese Ballade als filmisches Nummern-Kabarett konnte sich dem versprengten Stadt-Gegenstand weitaus angemessener annähern als die abrundende Form der Symphonie.

*Die allseitig reduzierte Persönlichkeit – Redupers*, BRD 1977, R: Helke Sander

Der Fragmentcharakter Berlins formte auch die nachfolgenden Kino-Geschichten. Sie kreisen immer wieder um Berlins auffällige Selbstbezogenheit. Es liegt auf der Hand: Jeder Teil der Stadt erblickt sich selbst im provozierten Kontrast zur abgespaltenen »Hälfte« und bezieht daraus sein Selbstbewusstsein. Wegen der Teilung der Stadt – der Insellage West-Berlins einerseits und dem forcierten Hauptstadtanspruch Ost-Berlins andererseits – drehte sich die Stadt in ihren West-Filmen und im DEFA-Kino seit 1950 vorwiegend um sich selbst. Durchaus produktiv. In *Die allseitig reduzierte Persönlichkeit – Redupers* (1978) zum Beispiel inszenierte Helke Sander die mühsame Arbeit am Bild des geteilten Berlin: Eine West-Berliner Fotografinnengruppe organisiert für eine Ausstellung verschiedene Blicke auf die Mauer und deren unmittelbare Umgebung. Sei es die direkte Abbildung in plakatgroßer Kopie, sei es die pseudotheatrale Inszenierung von geteilter Stadtrealität im Blick über die Mauer – immer balancieren diese Foto-Aktionen zwischen Zuversicht und Resignation, und die Stadt gibt ihre Realität nur in kinematografischen Fragmenten preis.

Dies konnte sich auch nach dem Fall der Mauer so rasch nicht ändern. Auch im Film war die langsam zusammenwachsende deutsche Hauptstadt weiterhin mit ihren eigenen Problemen beschäftigt.

## TEILUNG. GRENZE

Der Rückblick von 1999 auf die Berliner Mauer wurde mit Filmen wie *Sonnenallee* (Regie: Leander Haußmann) und *Helden wie wir* (Regie: Sebastian Peterson) als Satire inszeniert. Der Fall der Mauer und die zeitliche Distanz zu diesem Ereignis machten die ironisch-distanzierte Haltung ehemaliger DDR-Bewohner zu ihrer eigenen Vergangenheit möglich. Unmittelbar vor der Errichtung der Mauer drehten die Regisseure Viktor Vicas und Wieland Liebske mit *Zwei unter Millionen* (1961) einen Teilungs- und Grenz-Film, der die manifeste Spaltung in eindringlichen mentalen Bildern zeigte: Die Freunde Kalle und Paulchen trennen sich an der Sektorengrenze in einer menschenleeren Straße. Man kann in dieser ungeheuer tristen und grauen Straßen-Einstellung bereits die Mauer erahnen.

Die für West-Berlin mehr und mehr verbreitete Metapher vom »Schaufenster des Westens« bestätigte auf kritisch-abwertende Weise bereits der frühe DEFA-Film. Vor allem der Ku'damm mit seinen Neonreklamen und seinem Warenangebot, der Bahnhof Zoo als Treffpunkt dunkler Gestalten oder Ort korrupter Machenschaften westlicher Organisationen sollten in den Berlin-Filmen von Gerhard Klein und Wolfgang Kohlhaase – *Alarm im Zirkus* (1954), *Eine Berliner Romanze* (1956) und *Berlin Ecke Schönhauser* (1956/57) – die Negativansicht dieses West-Schaufensters zeigen. Zu den 1965 verbotenen und erst nach 1989 allgemein zugänglichen Filmen gehörte *Berlin um die Ecke*, der vierte aus der Berlin-Reihe von Klein/Kohlhaase, der noch mehr als seine Vorgänger ein aufmüpfiges Lebensgefühl der DDR-Jugend in Szene setzte. Schlaglichtartig dienten diesen partiell selbstkritischen, weithin aber systembejahenden DEFA-Filmen einfache Stadt-Schrift-Bezüge zur Veranschaulichung ihres Programms. So wurde exemplarisch und prägnant im Auftakt zu *Berlin Ecke Schönhauser* »die Hauptstadt der DDR« mit dem *Neuen Deutschland* ins Bild montiert.

Für den Berlin-Film der fünfziger und sechziger Jahre, insbesondere die US-Produktionen[6], gehörte zu den charakteristischen Einstellungen der demonstrative Kamerablick auf die zahlreichen Grenzschilder. Ein prominentes Beispiel dafür ist Billy Wilders *One, Two, Three* (1961). Auf das Kinopublikum wirkten diese Hinweise auf die Sektoren der Stadt wie Schlagzeilen des Kalten Krieges.

Differenzierte Widersprüche wurden auf einfache Schwarz-Weiß-Zeichnung reduziert. Auch in Konrad Wolfs Antwort auf den Bau der Mauer, *Der geteilte Himmel* (1964), genügte dem Regisseur als pars pro toto für den »Westen« eine überdimensionale Reklametafel oder die nüchterne Fassade eines Wohnblocks, um die davor postierten Figuren in der Isolation westlicher »Kälte« zu zeigen. Diese zeichenhafte Reduktion funktionierte, weil sie sich auf eine entsprechende Bildtradition stützen konnte, die nicht das Kino allein erfunden hatte, die es aber besonders geschickt zu benutzen und zu erweitern verstand. Ähnlich verknappt in der Auseinandersetzung mit Mauer und Grenze verfuhr beispielsweise Ulrich Schamoni, der sich in seiner filmischen Tragikomödie *ES* von 1966 auf den Satz »Berlin ist eine Werbung wert« bezieht, um die Grundstückspekulationen an der Mauer zu karikieren.

*Zwei unter Millionen*, BRD 1961, R: Viktor Vicas, Wieland Liebske

Ein Bauzaun, ein Plakat, wenige Figuren vor einem diffus-städtischen Hintergrund markieren die Situation. Wie vor ihm der Ost-Regisseur Konrad Wolf vermeidet auch der Westler Schamoni den ausformulierten Blick auf die Mauer zugunsten einer satirischen Betonung jener Borniertheit, mit der sich der Westen in einer Art mentaler Einmauerung der materialen Einmauerung des Ostens gegenüber verhielt. Eine andere Variante der auf die Mauer-Situation bezogenen Filme realisierte im ungewöhnlichsten Werk der DEFA-Verbotsfilme von 1965/66 der Maler und Filmemacher Jürgen Böttcher mit dem erst 1990 aufgeführten *Jahrgang 45*. Vom ersten bis zum letzten Bild sieht man ein unangepasstes Ost-Berlin, dem die lässig-lockere Haltung der jungen Leute entspricht, die sich den Zumutungen und der Lethargie des Staates zu entziehen versuchen. In der Konfrontation westlicher Sightseeing-Besucher mit den Ost-Berliner »Taugenichts«-Figuren dieses Films gelingt Böttcher die Vergegenwärtigung der Mauer-Situation auf witzig-indirekte Weise. Übrigens zeigte Jürgen Böttcher 1990 mit seinem Doku-Essayfilm *Die Mauer* eine aktuelle und filmästhetisch herausfordernde Auseinandersetzung mit dieser nahezu dreißig Jahre währenden Grenz-Geschichte.

*Berlin Ecke Schönhauser*, DDR 1956/57, R: Gerhard Klein

### STADT. ERNEUERUNG

Seit den Kriegszerstörungen wurde in Berlin gebaut, abgerissen, neu errichtet und – gefilmt. Niemand, der den ersten deutschen Nachkriegsfilm und zugleich den ersten DEFA-Film, Wolfgang Staudtes *Die Mörder sind unter uns* (1946), kennt, wird die intensiv inszenierten Ruinenbilder vergessen. Auffällig ist, dass es dem Regisseur nicht auf eine Abbildung der zerbombten deutschen Hauptstadt ankam. Auch Roberto Rossellinis *Germania anno zero* (1947) porträtierte mit dem zerstörten Berlin vor allem das zerstörte Deutschland. Ihm wie dem DEFA-Film der Folgezeit ging es in erster Linie noch nicht um Erneuerung der Stadt, sondern um moralische Einsicht und Umkehr.

*Der geteilte Himmel*, DDR 1964, R: Konrad Wolf

Erst seit den siebziger Jahren, dann aber kontinuierlich, hat sich vor allem der DEFA-Film mit der Problematik der Stadt-Erneuerung beschäftigt. Die Errichtung von Neubauwohnungen in ausreichender Anzahl war in der DDR ein innenpolitisches Ziel. Neubauten und damit bessere Wohnungen für die Werktätigen standen für den neuen sozialistischen Menschen, der von den Zwängen kapitalistischer Hinterhofkultur befreit werden sollte. Im Herbst 1966 hatten die Abrissarbeiten für den Umbau des Alexanderplatzes begonnen, eine der größten Baumaßnahmen in Berlin-Ost. *Die Legende von Paul und Paula* (Regie: Heiner Carow, 1973) brachte den problematischen Kontrast von Alt und Neu in einer kritisch-distanzierenden Erzählung unter. Diese »Legende« verknüpft mit den Altbauten die an eine bedingungslose Liebe glaubende Paula. Ihr gegenüber, auf der anderen Straßenseite, wo der sozialistische Wohnungsbau sich etabliert, lebt der anpassungsfähige Paul. Aus dieser kontrastreichen Geschichte zieht der Film das Fazit: So leicht gibt man das Alte nicht auf, aber auch dickköpfiges Daran-Festhalten hat seinen Preis. Das Thema beschäftigte DDR-Filmemacher weiterhin in stadt- und architekturkritischen Filmen wie *Insel der Schwäne* (Regie: Hermann Zschoche, 1983) oder *Die Architekten* (Regie: Peter Kahane, 1990). In letzterer unmittelbar vor, während und nach der Wende gedrehten Geschichte ist es noch einmal die Disproportion zwischen den menschlich-kommunikativen Erwartungen und den parteiabhängigen Verordnungen, woraus die ungelösten Konflikte der Bauplaner entstehen.

*Jahrgang 45*, DDR 1965/66/1990, R: Jürgen Böttcher

*Die Legende von Paul und Paula*, DDR 1973, R: Heiner Carow

Im Westen verhandelte der Spielfilm die Frage der Stadterneuerung in Berlin vor allem im Kontext der Hausbesetzungen und Sanierung. Ein Titel wie *Schade, dass Beton nicht brennt* (Regie: Gabriele Bartels, 1981) deutet die aggressive Polemik an, die das Thema weithin beherrschte. *Berlin Chamissoplatz* (Regie: Rudolf Thome, 1980) stellt die Stadtsanierung in den Kontext einer Liebesgeschichte und weckte mit seinem Titel zugleich Assoziationen zum berühmt gewordenen Film *Berlin Alexanderplatz von 1931* (Regie: Phil Jutzi). Dessen Aktualisierung im historischen Kolorit gelang Rainer Werner Fassbinder mit seiner 14-teiligen TV-Adaption von Alfred Döblins *Berlin Alexanderplatz* (1980), einer kunstvollen Verklammerung von Krisenthemen der späten Weimarer Republik mit den Dispositionen des biederen Stadtbewohners in der Kriegs- und Nachkriegszeit.

## MOSKAU – IN WEITER FERNE?

Mit und nach dem Katastrophengeschehen des Zweiten Weltkriegs wurde Moskau aus der Sicht des Westens zum Sammelbegriff für den Welt-Kommunismus und damit für den Hauptfeind im Kalten Krieg. 1948 drehte Jacques Tourneur mit *Berlin Express* einen Film, in dem die vier Mächte in Berlin gegen die immer noch präsenten Relikte des Nationalsozialismus zusammenarbeiten. Diese im Film anvisierte politische Kooperation blieb in der Realität marginal und verkehrte sich im Kalten Krieg in ihr Gegenteil. Bezeichnend dafür ist der 1952 herausgebrachte westdeutsche Titel *Die Spur führt nach Berlin* (Regie: František Čap), der nur noch wie aus weiter Ferne Berlin mit Moskau in Verbindung bringt: Es ist das besiegte Berlin, und es sind Spuren der Sieger, die hier am Ende die Folie bilden für ein kleines Thriller-Spektakel: In dessen Schlusseinstellungen inmitten der Ruinen des Reichstagsgebäudes sieht man beiläufig die von den Soldaten der Roten Armee 1945 in die Mauern eingeschriebenen, heute noch teilweise erhaltenen Graffiti.[7]

Die Sowjetunion oder Moskau interessierten den westlichen Kinofilm jahrzehntelang kaum. Aber auch in der DEFA-Produktion waren Auseinandersetzungen mit dem Bruderland und seiner Hauptstadt kein Thema – Moskau kam auch da nicht vor.[8] Ost-Berlin verzeichnete zwar in seinem Straßennetz eine beachtliche Anzahl von Straßennamen, mit denen Moskauer Größen der Vergangenheit und Gegenwart geehrt wurden, aber solche Signale bleiben ohne Ausstaffierung durch ästhetisch gestaltete Geschichten wirkungslos.

Nach 1950 waren es Wochenschau-Berichte, seit den sechziger Jahren Fernsehbilder, die den Deutschen in West und Ost offizielle Moskauer Fragmente zeigten. So blieb nach Faschismus, Krieg und Niederlage die sowjetisch-russische Hauptstadt für ein deutsches Kino-Publikum in fast jeder Hinsicht eine Metropole in weiter Ferne, nahezu eine Leerstelle.

Jetzt, am Beginn des 21. Jahrhunderts, ließe sich diese Leerstelle als eine Chance erkennen – für Filmemacher und ihr Publikum gleichermaßen. Berlin – Moskau ist zwar nur eine von vielen wichtigen Metropolen-Konnexionen; es wäre aber mit Blick auf die enormen Veränderungsprozesse in beiden Städten für den Film eine besonders lohnende. Im Hin und Her zwischen Berlin und Moskau könnte sich gerade dem Kino jene spezifische Vielfalt noch nicht erzählter Geschichten eröffnen, denen sich auf ihre Weise Malerei, Fotografie und Literatur bereits mit Engagement zugewandt haben.

*Die Spur führt nach Berlin*, BRD 1952
R: František Čap

1 Knut Hickethier: *Filmische Großstadterfahrung im neueren deutschen Film*, in: *Dschungel Großstadt. Kino und Modernisierung*, Hg.: Irmbert Schenk, Marburg 1999, S. 186–200.

2 Christina Scherer: *Arbeit an der Filmgeschichte*, in: *Kluges Fernsehen*, Hg.: Christian Schulte und Winfried Siebers, Frankfurt/M 2002, S. 183.

3 Karl-Heinz Wegner: *Berlin im Spielfilm*, Staatliches Filmarchiv der DDR Berlin 1987. Kurt Laser: *Glamour: Kunst und Kinoalltag*, in: *Edition Luisenstadt, Berlinische Monatsschrift*, Heft 3/2001, und ders.: *Mauer-, Himmel- und Berlinfilme. Kinoblicke auf beide Stadthälften*, in: ebd., Heft 6/2001. Guntram Vogt: *Die Stadt im Kino. Deutsche Spielfilme 1900–2000*, Marburg 2001.

4 Dies und das folgende Zitat aus: *Geschichte der Berlinale*, in: http://www.epilog.de/Dokumente/Film/Berlinale/Geschichte.htm.

5 Lou Reeds Life-Song-Zeile *In Berlin after the wall it's very nice, it's paradise* ist ein Beispiel für diese thematische Bild- und Sprachlosigkeit.

6 Vgl.: Inken Heeb: *Deutschlandbilder im amerikanischen Spielfilm. 1946–1993*, Stuttgart 1997.

7 In Thomas Schadts *Berlin: Symphonie einer Großstadt* sieht man die Reste dieser Graffiti im Reichstagsgebäude. Der russische Film *Osvoboždenie* (1970, dt. Befreiung) in der Regie von Julius Kun und Juri Oserow schildert in breit gefächerter Genauigkeit den Kampf um Berlin.

8 In den frühen 50er Jahren brachte die DEFA im Jahr kaum mehr als zehn neue Film-Produktionen heraus. Vgl.: Ralf Schenk (Red.): *Das zweite Leben der Filmstadt Babelsberg. DEFA-Spielfilme 1946–92*, Hg.: Filmmuseum Potsdam, Berlin 1994, S. 50ff.

# THEATER ¬ MUSIK

# DIE RUSSISCHE BRECHT-VARIANTE
## JURI LJUBIMOW IM INTERVIEW MIT MARINA TSCHEREDNITSCHENKO MOSKAU, 1. FEBRUAR 2003

**VORBEMERKUNG** Das von Bertolt Brecht 1949 gegründete Berliner Ensemble kam zum ersten Mal im Mai 1957 in die Sowjetunion, bereits ohne seinen Begründer. Während des Gastspiels in Moskau und Leningrad zeigte das weltberühmte Theater mehrere Stücke, darunter die sehr bekannte *Mutter Courage*, in der Hauptrolle konnte das Publikum Helene Weigel bewundern, die langjährige Weggefährtin Brechts, die das Theater nach seinem Tod leitete.

Diese erste Begegnung mit dem Brecht-Theater erwies sich als sehr wichtig für die weitere Entwicklung der sowjetischen Kunst. Bis dahin hatte unser Theater nur einmal versucht, sich das Brechtsche Dramenschaffen anzueignen. 1930 inszenierte Alexander Tairow auf der Bühne des von ihm geleiteten Kammertheaters *Die Bettleroper* nach der *Dreigroschenoper* von Bertolt Brecht und Kurt Weill. Nach dem Gastspiel des Berliner Ensembles 1957 wurden die Stücke Brechts zum festen Bestandteil des Repertoires an sowjetischen Theatern. Auf den Theaterplakaten Anfang der sechziger Jahre sah man Titel wie *Mutter Courage und ihre Kinder* und *Die Gesichte der Simone Machard*, *Dreigroschenoper* und *Der aufhaltsame Aufstieg der Arturo Ui*, *Der kaukasische Kreidekreis* und *Schweyk im Zweiten Weltkrieg*. Der größte Publikumserfolg wurde jedoch Juri Ljubimows Inszenierung des Stücks *Der gute Mensch von Sezuan*. Und so kommt es, dass wir Bertolt Brecht die Entstehung eines der berühmtesten russischen Theater des 20. Jahrhunderts verdanken: 1963 inszenierte der erfolgreiche Schauspieler des Wachtangow-Theaters und angehende Lehrer an der Schtschukin-Schauspielschule, Juri Ljubimow, mit Studenten des dritten Studienjahrs eine Diplomandenaufführung nach dem ungewöhnlichen und nicht sehr theatralischen Stück Brechts. Der Erfolg der Aufführung war so gewaltig, dass man Ljubimow die Leitung eines Moskauer Theaters anbot. Die an der Aufführung beteiligte Studententruppe konnte er mitnehmen. So begann mit *Der gute Mensch von Sezuan* die Geschichte des Moskauer Taganka-Theaters.

**MARINA TSCHEREDNITSCHENKO** Juri Petrowitsch, warum hatten Sie Bertolt Brechts *Der gute Mensch von Sezuan* für die Inszenierung der Diplomandenaufführung gewählt?

**JURI LJUBIMOW** Es war ein interessantes Stück, das für mich neu war. Ich wusste zuerst nicht, wie ich es auf die Bühne bringen sollte. Ich fing damals gerade an, machte meine ersten Schritte als Regisseur und unterrichtete an der Schtschukin-Schauspielschule. Den *Guten Menschen* habe ich mit Studenten des dritten Studienjahrs erarbeitet. In einer Zeitschrift hatte ich die Übersetzung des Stücks von Juzowski und Ionowa gelesen. Auf Iossif Juzowski war Ende der vierziger Jahre während der Kampagne gegen den Kosmopolitismus brutal eingeprügelt worden. Das hatte ihn furchtbar mitgenommen – er erzählte sehr bildhaft davon: »Als erstes war das Telefon tot« – niemand rief ihn mehr an. Als er in unserer Inszenierung die Brechtsongs hörte und sah, die ich ziemlich frei zusammengestellt hatte, erschrak er sehr und bat: »Bitte nehmen Sie entweder alle Songs raus, oder meinen Namen vom Plakat!« Das erschütterte mich damals sehr. Er war ein hoch geachteter Mann, ein hervorragender Kritiker und kenntnisreicher Mensch – und hatte eine solche Angst. So eingeschüchtert waren damals die klügsten Köpfe.

Brecht war bei uns leider nicht in Mode. Er war ziemlich kühl empfangen worden in der Sowjetunion, und dies erstaunte ihn sehr – schließlich bekam er 1955 den Lenin-Friedenspreis. Man zollte ihm Anerkennung, er war sozusagen revolutionär, machte politisches Theater. Aber in Wirklichkeit verstand man seine Stücke nicht.

In den dreißiger Jahren hatte Tairow die *Bettleroper* inszeniert, angelegt als Parodie, mit Musik von Georg Friedrich Händel. Es war eine scharfsinnige Inszenierung, aber die Grundlage war doch von Brecht. Später wurde all das vergessen. Tairows Theater war vernichtet,

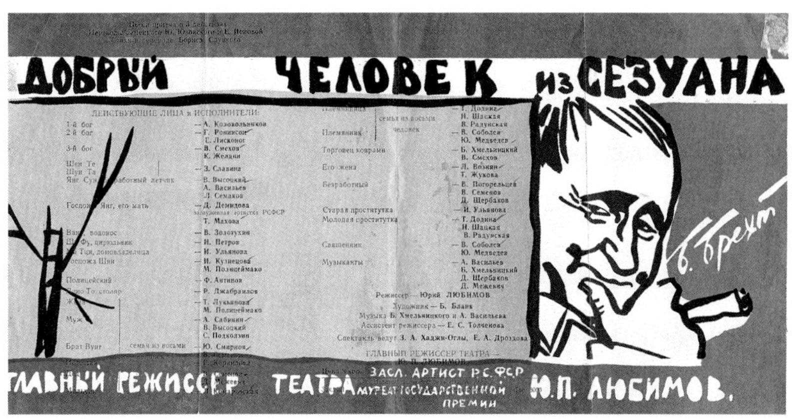


Programm zu *Der gute Mensch von Sezuan*, 5. April 1970 (F: anonym)

und er selbst wurde verrückt. Das ist eine traurige Seite unserer Geschichte. Anfang der Sechziger begann eine neue Welle, als Axer am Großen Dramatischen Theater den *Aufstieg des Arturo Ui* inszenierte und ich an der Schtschukin-Schauspielschule den *Guten Menschen*. Da begann die Diskussion, hier sei der eine Brecht, und dort ein anderer. In Towstonogows Theater gab es die Inszenierung eines polnischen Regisseurs, Erwin Axer, und sie war gut gemacht. Ich erinnere mich, damals erregte das in Moskau Aufsehen.

**M.T.** Das Berliner Ensemble kam zum ersten Mal im Mai 1957 nach Moskau, schon ohne Brecht. Sie spielten mehrere Stücke, darunter die berühmte *Mutter Courage* mit Helene Weigel in der Hauptrolle. Haben Sie damals etwas sehen können?

**J.L.** Nein, das habe ich verpasst. Als das Theater 1957 nach Moskau kam, war ich auf einer Gastspielreise, ich glaube, mit dem Wachtangow-Theater, und als ich mit meinem Theater in die DDR kam, waren sie gerade hier. Wir haben uns immer verfehlt. Außerdem führte ich damals noch nicht Regie, ich war Schauspieler. Das ist ein ganz anderer Beruf, mit einer anderen Psychologie.

**M.T.** Als Sie den *Guten Menschen* inszenierten, hatten Sie also die Inszenierungen des Berliner Ensembles noch nicht gesehen?

Nein, ich war vollkommen frei vom Einfluss der Brecht-Tradition. Ich verließ mich nur auf meine Intuition, auf mein Gefühl. Ich machte es so, wie ich es verstand, weil mir das Stück gefiel, weil mir seine Anleitungen für die Schauspieler gefielen. Damals gab es auch wenig Übersetzungen. Später habe ich natürlich mehr gelesen, ich habe ja viel Brecht inszeniert.

Waleri Solotuchin in der Rolle des Wasserträgers Wang in *Der gute Mensch von Sezuan*, 1964 (F: anonym)

Aber trotzdem finde ich es gut, dass ich keine von Brechts eigenen Inszenierungen gesehen hatte, bevor ich selbst inszenierte. Ich war ein unbeschriebenes Blatt, und so entstand eine russische Brecht-Variante.

Die Porträts im Foyer des Theaters an der Taganka: Konstantin Stanislawski, Jewgeni Wachtangow, Wsewolod Meyerhold, Bertolt Brecht (F: anonym)

**M.T.** Sie sind später immer wieder zu diesem Autor zurückgekehrt.

**J.L.** Ich habe viel Brecht inszeniert, die *Dreigroschenoper* habe ich in Budapest inszeniert, dann *Leben des Galilei* bei mir, an der Taganka. Noch als Lehrer an der Schauspielschule habe ich Fragmente aus dem Stück *Furcht und Elend des Dritten Reiches* aufgeführt. 1979 inszenierte ich *Turandot oder der Kongreß der Weißwäscher*, der bei der Parteiführung auf geharnischte Kritik stieß, und zu irgendwelchen hohen Geburtstagen wurden dann Spielverbote erteilt. Ich denke, es war eine interessante Inszenierung. Das Stück ist bekanntlich unvollendet. Damals glaubte Brecht, Rotchina werde allen den Weg zeigen. Später kam dann die Kulturrevolution. Den *Guten Menschen* habe ich zweimal inszeniert. Das zweite Mal in Tel Aviv, im Nationaltheater Habima.

Juri Ljubimow und Sinaida Slawina während der Probe zum Stück *Der gute Mensch von Sezuan*, 1970er Jahre (F: anonym)

**M.T.** Haben Helene Weigel und andere Brecht-Mitarbeiter Ihre Interpretation gesehen?

**J.L.** Ja, später in Moskau. Und nach der Aufführung haben sie die ganze Nacht diskutiert, so erzählte man mir später. Der junge Teil der Truppe war auf meiner Seite. Helene Weigel, die Witwe Brechts und nach seinem Tod Leiterin des Berliner Ensembles, hütete das Andenken Brechts und fand, dass ich zu frei mit ihm umgegangen sei. Aber der *Gute Mensch* war ein großer Erfolg. Wahrscheinlich deshalb luden mich Helene Weigel und der damalige Leiter des Berliner Ensembles, Manfred Wekwerth, einige Jahre später zur Feier von Brechts Geburtstag in sein Theater nach Berlin ein. Als Gastgeschenk brachte ich ihnen das Brechtporträt mit, das auch in unserem Foyer im Theater an der Taganka hängt. In unserem Foyer hängen vier Porträts: Bertolt Brecht, Wsewolod Meyerhold, Jewgeni Wachtangow und Konstantin Stanislawski. Zuerst hatte ich drei Porträts aufgehängt, ohne Stanislawski. Der Führung gefiel diese Troika nicht, besonders Meyerhold, sie forderten, sie abzunehmen. Da hängte ich das Porträt von Stanislawski dazu.

Sinaida Slawina in der Rolle der Shen Te und Wladimir Wyssozki als Flieger Yang Sun in *Der gute Mensch von Sezuan*, 1970er Jahre (F: anonym)

Dann kam das internationale Brecht-Symposium, der *Brecht-Dialog*, im Februar 1968. Giorgio Strehler war dabei, natürlich Helene Weigel, Walter Felsenstein. Und jeder von uns sprach darüber, wie er Bertolt Brecht sieht. So kam ich ins Berliner Ensemble und sah zum ersten Mal seine Inszenierungen: den *Arturo Ui*, den *Galilei*, die »Königsdramen« und die *Mutter* in Brechts Bearbeitung nach Gorki. Manfred Wekwerth und ich entwickelten sogar die Idee, ich solle bei ihnen in Berlin ein Brecht-Stück inszenieren, und er würde bei mir an der Taganka Gorki inszenieren. Wir haben damals alles besprochen, aber leider wurde nichts aus dem Plan. Die Führung hat es nicht erlaubt.

**M.T.** Haben die Inszenierungen des Berliner Ensembles Sie beeindruckt?

**J.L.** Ja, natürlich. Aber es war für mich keine Offenbarung. Ich habe gesehen, das ist hervorragend gemacht, aber mir schien die Zeit dafür vorbei. Das setzt Brecht nicht im Geringsten herab. Die Form muss sich ändern, man darf Brecht nicht konservieren.

**M.T.** Haben Sie Ihren *Guten Menschen* in Deutschland gezeigt?

**J.L.** Ja, das Theater war Ende der siebziger Jahre zu einem Gastspiel in Berlin. Damals gab es noch die DDR. Ich kam aus Italien geflogen, wo ich gerade an der Mailänder Scala Mussorgskis Oper *Boris Godunow* inszenierte. Mein guter Freund Claudio Abbado ließ mich kaum für zwei Tage ziehen. Aber für uns war es natürlich sehr wichtig, dem deutschen Publikum unseren *Guten Menschen* zu zeigen. Immerhin hatte mit dieser Inszenierung unser Theater angefangen. In Berlin hatten wir großen Erfolg.

**M.T.** Ihr Stück darüber, wie schwer das Leben für einen »guten Menschen« ist, läuft seit fast vierzig Jahren. Hat sich etwa nichts verändert?

**J.L.** Nichts ändert sich. Auch bei Brecht gibt es den Satz: »In den letzten vierzehnhundert Jahren hat sich die Menschheit wenig verändert.«

**M.T.** Warum erwies sich gerade Ihre Inszenierung als so gelungen?

Alla Demidowa als Frau Yang in *Der gute Mensch von Sezuan*, 23. April 1999 (F: Michail Guterman)

**J.L.** Darüber habe ich nicht nachgedacht. Der Erfolg war wirklich groß. Die Inszenierung ist mehr als tausend Mal gelaufen und läuft bis heute, schon vierzig Jahre, das ist wahrscheinlich ein Rekord. Aber warum? – Das weiß ich nicht. Kommen Sie und sehen Sie es sich an, anders kann ich es nicht erklären. Die Form scheint zu wirken. Als das Theater dreißig Jahre alt wurde, kam der amerikanische Regisseur Robert Wilson zu mir, ein Mitglied unseres Internationalen Olympischen Theaterkomitees. Er spricht nicht Russisch, aber er fand den Stil interessant. Und weil er selbst sein Leben lang über die Vollendung der Form nachdenkt, wusste er das zu würdigen. Außerdem zieht das Sujet. Ein biblisches, ewiges Sujet, ein Gleichnis. Das ist immer interessant. Besonders, wenn es gut gespielt ist.

Seinen 35. Geburtstag feiert das Theater an der Taganka mit der Wiederaufführung von *Der gute Mensch von Sezuan*, Plakat, 23. April 1999

**M.T.** Welchen Einfluss hatte Brecht auf die Kunst der zweiten Hälfte des 20. Jahrhunderts?

**J.L.** Er hat die Form des politischen Theaters geschaffen. Und die Politik durchdringt leider die

**J.L.** Geschichte der Menschheit.

**M.T.** Haben Sie sich deshalb so oft Brecht zugewandt?

**J.L.** Nein. Ich beschäftige mich nicht mit Politik. Die Führung glaubte, dass ich mich mit Politik beschäftige in diesem Theater. Ihnen gefiel einfach weder mein Repertoire, noch der Stil meiner Inszenierungen. Er hat sie gereizt. Aber ich habe immer nur nach künstlerischen Kriterien ausgewählt. Und mich um eine gute Regie und eine gute Darstellung bemüht.

**M.T.** Was ist an Brecht heute aktuell? Sehen Sie im zeitgenössischen Theater einen Einfluss Brechts?

**J.L.** So allgemein kann ich dazu nichts sagen. In den Ozeanen gibt es ewige Strömungen, und selbst sie ändern sich. Im Theater genauso. Es gibt modische Strömungen und Inszenierungen. Und dann gibt es andere Dinge, die als Grundlage des Unterrichts an den Schauspielakademien oder -schulen dienen. Und dort gilt Brecht als Neuerer, als Begründer des politischen Theaters. Der Rest hängt nur vom Regisseur und von den Schauspielern ab. Wenn es gelingt, Brecht gut zu inszenieren, dann wird das ein Ereignis. Giorgio Strehler hat z. B. die Commedia dell'Arte genommen und damit Furore gemacht: *Diener zweier Herren*. Alle sind hingelaufen und haben gestaunt. Worüber haben sie gestaunt? Über Goldoni? Nein. Über die glänzende Inszenierung und die Kunst der Schauspieler. Ein Schauspieler macht mit siebzig Jahren erstaunliche Dinge! Und bei uns sind die Leute mit sechzig kaputt!

Oder in Griechenland habe ich eine Inszenierung von Sir Peter Holl nach Aristophanes gesehen. Eine ausgezeichnete Inszenierung, mit englischen Schauspielern, nur der Bühnenbildner war Grieche, Dionyssi Fotopoulos. Die Darsteller waren sehr musikalisch. Sie zeigten Chöre gleichsam in griechischem Stil, aber absolut für ein zeitgenössisches englisches Publikum. Auch die Griechen waren begeistert. Das war wirklich virtuos! Solche großartigen Inszenierungen erfreuen das Herz.

**M.T.** Wird Brecht vielleicht heute nicht mehr gebraucht? Die Zeiten haben sich geändert, die Menschen sind die Politik und die direkten Belehrungen leid …

**J.L.** Nein, Sie haben Unrecht. Die Mode geht vorüber, Brecht bleibt. Und der Verweis auf die Zeiten – das ist unsinnig. Ich habe den *Guten Menschen* um etwa vierzig Prozent gekürzt und ummontiert, eben um ihm das Didaktische zu nehmen. Das habe ich vor vierzig Jahren gemacht. Also hängt es vom Regisseur ab und davon, wie gut das Ensemble die vom Regisseur gestellten Aufgaben erfüllen kann. Weder Brecht noch Sophokles oder Homer können irgendwelche Zeitströmungen etwas anhaben. Sie sind da. Und jetzt kann man sich ihrer bedienen.

*Übersetzung: Gabriele Leupold*

# THEATER ZWISCHEN BERLIN UND BERLIN
## FÜNF AKTE AUS EINEM OFFENEN DRAMA ZWISCHEN 1950 UND 2000

FRANZ WILLE

### STELLUNGSLOSER KÜNSTLER SUCHT THEATER

Berlin hatte nicht auf Bertolt Brecht gewartet, im Gegenteil. Als er Ende 1948 auf Einladung von Johannes R. Becher endlich kam, waren die Besitztümer verteilt, die Theater vergeben. Im Deutschen Theater regierte Wolfgang Langhoff, und im Theater am Schiffbauerdamm, der Uraufführungsbühne der *Dreigroschenoper*, warteten Fritz Wisten und sein Ensemble darauf, dass die zur Ruine zerbombte Volksbühne am Rosa-Luxemburg-Platz wiederaufgebaut würde. Was ihn im Bühnen-Berlin erwartete, kann Brecht nicht gefallen haben: nicht Langhoffs harmonisch-naive Klassikerpflege, nicht Wistens munteres Volkstheater. Auch eine Begegnung mit dem Ost-Berliner Oberbürgermeister Friedrich Ebert in den Verhandlungen um ein eigenes Haus verlief wenig begeisternd. Der Amtsträger habe Brecht klar zu verstehen gegeben, dass Wisten das Vorrecht auf den Schiffbauerdamm habe. Verärgert fand Brecht seine Bemerkungen über den »kläglichen Zustand« des Berliner Theaters als »mehr oder weniger beleidigte Meckereien eines sich überschätzenden stellungssuchenden Künstlers abgetan.«[1]

Hans Gaugler in Jakob Michael Reinhold Lenz' *Der Hofmeister*, R: Bertolt Brecht, Berliner Ensemble, 1953 (F: Willy Saeger)

Erst auf massiven Druck der Partei- und Staatsführung, vermutlich auf direkte Intervention von Wilhelm Pieck und Otto Grotewohl, die den prominenten Neuankömmling nicht verlieren wollten, kam schließlich eine der folgenreichsten Theatergründungen der Nachkriegszeit zustande. Was zunächst als Interims-Lösung den Verhältnissen abgetrotzt wurde, sollte Ästhetik und Debatten bis weit in die folgenden Jahrzehnte beeinflussen: das Berliner Ensemble war zuerst viereinhalb spannungsreiche Jahre lang als Staat im Staat, als eigenständiges Produktions-Kollektiv mit souveräner Etathoheit in Langhoffs Deutschem Theater untergebracht, bis es 1954 doch noch das endlich frei gewordene Theater am Schiffbauerdamm bekam. Im BE hat der Autor, Regisseur und Theoretiker Brecht mit seiner Frau, der Schauspielerin und mutterstrengen Intendantin Helene Weigel, in den nur sechseinhalb Jahren bis zu seinem Tod 1956 seine Ideen von einem realistischen zeitgenössischen Theater so überzeugend in die Praxis übersetzt, dass ihnen weder die bald einsetzende Legendenbildung noch die folgende Denkmalstarre viel anhaben konnten. Dabei sah es lange nicht nach Triumph aus. Am 4. März 1953 schrieb Brecht in sein Journal: »Unsere Aufführungen in Berlin haben fast kein Echo mehr. In der Presse erscheinen Kritiken Monate nach der Erstaufführung, und es steht nichts drin, außer ein paar kümmerlichen soziologischen Analysen.«[2] Wie das?

Die Staatsneugründung DDR klammerte sich ängstlich an jeden Grashalm zur inneren Festigung und blieb nicht nur außenpolitisch jederzeit Moskauer Marionette. Besonders in den ersten anderthalb Jahrzehnten wurden die Künste zur Legitimation der zweitdeutschen Eigenstaatlichkeit herangezogen – mit so kuriosen wie beklemmenden Folgen. Der Arbeiterklasse war im Selbstverständnis des neuen Staats dazu bestimmt, die Pannen des überkommenen Bürgertums der letzten 250 Jahre vergessen zu machen und das klassische humanistische Erbe Goethes und Schillers anzutreten. Damit erfand sich die DDR ein Kontinuum nationalen Kultur-Bewusstseins, das nur unter harten Verbiegungen herbeizuklittern war. Zum anderen gab es als Vorbild für das sozialistische Deutschland nur die Sowjetunion, weshalb man neben bewährten kulturpolitischen Techniken wie der stalinistischen Säuberung auch deren ästhetische Doktrin, den sozialistischen Realismus, übernahm: verballhornten György Lukács à la Andrej Shdanow, der eine idealisierte sozialistische Wirklichkeit zur Realität erklärte, welche dann zur gefälligen Identifikation mit illusionistischen Mitteln darzustellen sei.

Im Theaterbereich führte das dazu, dass Goethe und Schiller als Leitsternbild erstrahlten und die »Methode Stanislawskis«, die es beim historischen Stanislawski nie gab, zur Doktrin erklärt wurde. Abweichungen vom einen wie vom anderen galten als dekadenter Formalismus. Dabei traf es sich gut, dass man von Stanislawskis tatsächlicher Theaterarbeit wenig bis gar nichts wusste, was die I. (und einzige) Deutsche Stanislawski-Konferenz 1953 erschöpfend deutlich machte. Es sei nicht im Sinne Stanislawskis, so fasste der Schauspieler Edwin Marian die Konferenzergebnisse für sich zusammen, wenn »in den Garderoben vor der Probe Skat gespielt werde, man unvorbereitet zur Probe oder betrunken ins Theater kommt«[3].

Abgesehen von der geforderten Nüchternheit hatte Brecht weder den Stanislawski-Propagandisten noch den Klassiker-Verehrern viel zu bieten. Sein *Urfaust* empörte die Erbewächter, sein *Hofmeister* nach Lenz sprengte den Kanon, seine Ästhetik verstörte die Kulturfunktionäre und ihre weich erpressten Gefolgskünstler. Deren bessere, wie Wolfgang Langhoff, bewahrten sich immerhin den Glauben, ihr erzwungener Opportunismus vermittle zwischen Kunst und Politik. Dagegen setzte Brecht viel taktische Schläue im Umgang mit allen sozialistischen Freunden in Partei und Apparat und seinen Begriff von Realismus, der alles dramaturgisch Denkbare, bühnenästhetisch Realisierbare und schauspielerisch Mögliche mobilmachte, um bloß nicht eine zur Lüge verzerrte Wirklichkeit auf der Bühne wahr erscheinen zu lassen.

Therese Giehse in Bertolt Brechts *Die Mutter*, R: Peter Stein, Schaubühne am Halleschen Ufer, Berlin, 8. Oktober 1970 (F: Ilse Buhs)

Was allerdings auch Brecht nicht verhindern konnte, war die eigene postume Eingemeindung als sozialistischer Erbvater unter marmorner Kanonisierung seiner Kunst, die doch eigentlich immer den gesellschaftlichen Widersprüchen gegolten hatte. Nach Helene Weigels Tod 1971 übernahm zunächst Ruth Berghaus die Leitung. Doch mit Manfred Wekwerths Intendanz ab 1977 begann die Zeit, in der eine zur Gestenkommandantur verkommene Brecht'sche Verfremdung entweder in Berlin zur Touristenfalle mutierte oder auf Gastspielreisen rund um die Welt geschickt wurde.

## NOTIZEN AUS DER PROVINZ UND DAS BERLINER THEATERTREFFEN

In West-Berlin ging es freier zu als im Osten, allerdings hatte man keinen Theatergründer Brecht, auch keinen Gustaf Gründgens. Fritz Kortner ertrug man nur sehr gelegentlich und oft unter Protest als Gastregisseur, Rudolf Noelte floh als Volksbühnen-Intendant nach nicht einmal einem halben Jahr, Erwin Piscator duldete man dort erst als alten, gebrechlichen Mann. Was immer blieb, war die Provinz, und sie hatte einen Namen: Boleslaw Barlog.

Er hatte mit Aufbau-Energie und Kiez-Gespür gleich nach dem Krieg ein ehemaliges Kino in Steglitz zu einer erfolgreichen Bühne ausgebaut, dem Schloßpark Theater. Als dann 1951 das neu errichtete Schiller Theater zu vergeben war, wurde er zur nicht geringen Überraschung des Fachpublikums auch dessen Intendant. Die so entstandenen Staatlichen Schauspielbühnen Berlin entwickelten sich schnell zum Markenzeichen für hohen parkettfreundlichen Inszenierungs-Ausstoß auf Basis ruhmreicher Mimen unter nur sehr gelegentlicher Eingehung künstlerischer Risiken: »Barlogs Bühnen – In welcher Stadt haftet der Name des Intendanten derart fest dem kommunalen Theater an? Man geht in Berlin zu Barlog, wie man zu Neckermann geht, um eine Waschmaschine zu erstehen oder zu Hühner-Hugo.«[4]

Getragen von der neugierigen Theaterbegeisterung der Stunde Null, dem Nachkriegs-Nachholbedarf an englischer, französischer und amerikanischer Dramatik und – was die Publikumsresonanz betraf – auf Rosen gebettet in den idyllischen Zeiten des Vor-Fernsehzeitalters, frönte man einer fröhlichen Theater-Theaterei. Entsprechend temperamentvoll protestierte Barlog in den sechziger Jahren gegen eine neue Festival-Erfindung, die seine Splendid Isolation in der ummauerten Insel Berlin ernsthaft in Frage stellte: das Theatertreffen. Es sollte auf einen Schlag gleich mehrere West-Berliner Probleme lösen.

Die zehn bemerkenswertesten Inszenierungen einer Spielzeit wollte eine unabhängige Kritiker-Jury jeden Mai nach Berlin holen, um in der regional zersplitterten deutschsprachigen Bühnenlandschaft der Nachkriegszeit Vergleichsmaßstäbe zu setzen. Galten bis 1944 die Berliner Theater naturgegeben als deutschsprachige Spitzenbühnen, die die gefragtesten Künstler, Schauspieler und Regisseure anzogen, so war im Kulturföderalismus der Nachkriegszeit der bis heute gültige Zustand eingetreten: Jedes der ein bis zwei Dutzend größeren Häuser zwischen München und Hamburg, Stuttgart und West-Berlin konnte unter einer ambitionierten Leitung und glücklichen Ensemble-Konstellationen zur wichtigen Bühne aufsteigen, allerdings auch ebenso schnell wieder im Durchschnitt verschwinden. Nur in der zentralistisch verfassten DDR war nach wie vor Ost-Berlin das Maß aller Dinge. Auch diesem Umstand galt es etwas entgegenzusetzen.

Mit dem Theatertreffen erlöste man ab 1964 das bundesdeutsche Theater aus seiner kulturföderalistischen Hauptstadtlosigkeit, machte das notorisch mittelmäßige, aber von hohem Selbstbewusstsein besonnte West-Berlin tatsächlich für jeweils drei Wochen im Mai zur Bühnen-Metropole und zeigte ganz nebenbei dem Osten, was der Westen alles konnte. Noch die besonnensten Berliner Lokalpolitiker, nicht zu reden von der in der Stadt gut vertretenen Springer-Presse, nahmen in der Gründungsphase die damit verbundene »kulturpolitische Aufrüstung im Kampf um Berlin«[5] dankbar auf. Doch spätestens als nach 25 Jahren und zwei Spielzeiten vor der Wende erstmals auch Inszenierungen aus der DDR ausreisen durften, hatte sich diese Frontstadt-Komponente erübrigt. Seither ist dem Theatertreffen nur noch eins wirklich gefährlich geworden: Jahrgänge ohne Kontroversen, in denen sich der notorisch selbstzufriedene und zur Routine neigende Stadttheaterbetrieb unwidersprochen feiern darf.

Martin Wuttke und Milan Peschel in Fjodor Dostojewskis *Erniedrigte und Beleidigte*, R: Frank Castorf, Volksbühne, Berlin, 28. Mai 2001 (F: Thomas Aurin)

## ZEITGEIST, BUNDESREPUBLIKANISCH

Als im Oktober 1970 Peter Stein in die Leitung der Schaubühne am Halleschen Ufer eintrat, konnte noch niemand ahnen, wie vergeblichkeitstrunken ihre Gründer einmal »nach Moskau« rufen würden, gab man sich doch zu Anfang alle revolutionäre Mühe. Eröffnet wurde mit Brechts Gorki-Dramatisierung *Die Mutter*, der Bewusstseins-Schulung für alle skeptischen Kleinbürger, die herzensrein nach einem besseren und gerechteren Leben streben. Neben der großen alten Dame der aufrichtigen Unbeugsamkeit und Brechts Münchner Courage, Therese Giehse, spielten mit Bruno Ganz, Jutta Lampe und Edith Clever die zukünftigen Stars des Hauses. Inszeniert hatte basisdemokratisch und mitbestimmungsstreng nicht ein Regie-Herrscher, sondern ein Kollektiv um den primus inter pares Peter Stein.

Die Fäden im Hintergrund für den Neuanfang des »Zeitgenössischen Theaters«, so der Untertitel im Briefkopf, hatte Dieter Sturm gezogen, dramaturgisches Mastermind und Mitbegründer jener Ur-Schaubühne, die 1962 aus einem Studententheater hervorgegangen war.

Man spielte dort während der sechziger Jahre mit bescheidenen Mitteln und ohne festes Ensemble die sozialkritische Theaterliteratur für kleine Besetzungen und war damit schon nach einigen Jahren an Grenzen gestoßen: künstlerisch, finanziell und konzeptionell. Dieses Spielplansegment war mittlerweile in die Programme der etablierten Bühnen eingerückt. Sturm hatte bereits 1967 auf der Suche nach Neuorientierung Kontakt zu Stein gesucht. Doch erst als Stein nach seiner Bremer *Torquato Tasso*-Inszenierung unter Mitnahme der zentralen jüngeren Schauspieler nach Zürich gezogen war und dort bald wegen politischer Unverträglichkeit gehen musste, gelang Sturms beharrliche Eheanbahnung. Stein hatte mit seinem *Tasso* nicht nur einen Ensemblekern für seine Regie-Zukunft gefunden, er hatte in Interpretation und Spielweise bereits die Grundlagen für die weitere Arbeit gelegt: der Künstler als gesellschaftlich konditionierter, luxuriöser und gefeierter Existenzialclown, dessen heiliger Ernst immer von Lächerlichkeit bedroht und dessen Kunstübungen immer prekär bleiben. Vorgeführt mit jener psychologischen Genauigkeit, die sich Stein von Fritz Kortner (dessen Assistent er an den Münchner Kammerspielen war) angeeignet hatte, erweitert um bis in den Manierismus getriebene formale Zuspitzungen.

Ein Vierteljahrhundert später, als Peter Stein längst Schauspieldirektor der Salzburger Festspiele geworden war, hat er sich von diesem *Tasso* distanziert: »Wir sind im Theater nicht dazu da, die Verkleinerungen und Verkrüppelungen unserer Zeit abzubilden. Nicht in einem Text, der aus einer ganz anderen Zeit stammt.«[6] Sein Widerruf von 1993 allerdings war noch in der Weigerung nichts als die Bestätigung und konsequente Vollendung des ursprünglich zeitgenössischen Anspruchs der Schaubühne, denn zwischen 1970 und den frühen Neunzigern lagen Triumph und Ende der Bundesrepublik. Und ob Stein nun wollte oder nicht – während dieser zwanzig Jahre war die Schaubühne der neidlos anerkannte, bestaunte und verklärte Taktgeber für den westdeutschen Bühnenzeitgeist, also jene Mischung aus Stilen, Verhaltensweisen und Ansichten, die für eine Zeit charakteristisch sind. Dieser Zeitgeist war in den Nachwehen der Studentenrevolte als linkes Projekt gestartet und unter der Hand immer konservativer geworden, was im Theater hieß: immer kulturkritischer und ideell verzweifelter, dabei materiell saturiert und ständig um äußerste Niveauhöhe besorgt.

Theaterästhetisch bedeutete das den Weg in Perfektion und Virtuosentum, Klassizismus und Musealität, alltagsphilosophisch eine skeptische Aufklärung, die an Sonn- und Feiertagen gerne mit neuen Mythologien kokettierte. Ihr Haus-Dichter wurde Botho Strauß, der anhand pointiert geschliffenen Sprachmaterials ironische Innenansichten der Gegenwart schuf, die er gerne mit mythischen Mustern kurzschloss, sodass sich sein Personal aus scheinbar autonomen Zeitgenossen auf der Höhe ihrer Konsumenten-Freiheit nicht unkomisch an langen Moiré-Fäden verzappelte.

Schauspielerisch hieß es: eine Tendenz vom Gestischen, in dem sich das persönlich Besondere mit einem gesellschaftlich Verallgemeinerbaren trifft, ins verspreizt Individuelle, in die Einzelschicksals-Feier des bürgerlichen Individuums. Einer von vielen Höhepunkten dieser Entwicklung waren Steins *Drei Schwestern* von 1984: eine monumentale Rekonstruktion, wie sie Stanislawski nicht zu träumen gewagt hätte. In den weitläufig verschachtelten Räumen Karl-Ernst Herrmanns arrangierte Stein kunstvoll scheinbar kunstlose Abläufe. Hinterm Cinemascope-Portalausschnitt entstand mit filmrealistischer Genauigkeit die perfekte Kulisse aus dem zaristischen Russland. Die Figuren blieben un-

Bruno Ganz in Johann Wolfgang von Goethes *Torquato Tasso*, R: Peter Stein, Bremen, 1969 (F: Günter Vierow)

Jutta Lampe, Edith Clever, Corinna Kirchhoff u.a. in Anton Tschechows *Drei Schwestern*, R: Peter Stein, Schaubühne am Halleschen Ufer, Berlin, 1984 (F: Ruth Walz)

Rolf Ludwig und Eberhard Esche in Jewgeni Schwarz' *Der Drache*, R: Benno Besson, Deutsches Theater, Berlin, 11. März 1965 (F: Willy Saeger)

durchsichtig auf ihre historisch-soziale Realität, weil völlig darin eingebettet. Ein bruchloser Illusionismus umkapselte einen Tschechow, in dem jede Aussicht auf Veränderung nur als Illusion vorkam. Die Stimmung war elegisch, aber großartig. Am Ende regierte tragische Wehmut, Tschechow war im Historienfilm angekommen, die Revolution im Breitwand-Kino geendet: Moscow Universal Pictures proudly present.

### TRANSFUSIONEN NACH WESTEN

Während das Maßstab setzende West-Berliner Theater der siebziger Jahre spätestens in den Achtzigern seine künstlerische Fortentwicklung in artistischen Selbstüberbietungsgesten suchte, versteinerten die Ost-Berliner Verhältnisse auf andere Weise. Zwar hatten sich zumindest bei den intelligenteren und avancierteren Theaterleuten Brechts Kriterien durchgesetzt: die Suche nach einem zeitgenössischen Realismus, der im scheinbar Privaten das Gesellschaftliche sucht, nicht misszuverstehen als sklavische Anwendung einer Regiemethode, ob sie nun brechtisch oder verfremdend oder wie immer genannt wurde. »Stil« war ein Schimpfwort am BE. Aber sobald dieses zeitgenössische realistische Theater in einem Staat wie der DDR einmal gelungen war, reagierte der in seinen gesellschaftlichen Widersprüchen getroffene Realsozialismus allergisch.

Die sechziger und siebziger Jahre lassen sich auch als eine Chronik der absurden Theaterskandale darstellen, die aus heutiger Perspektive reichlich lächerlich wirken mögen, aber für die Beteiligten einschneidende existenzielle Konsequenzen hatten. Eine lange traurige Liste reicht von der Absetzung einer Studenteninszenierung – B. K. Tragelehn hatte 1961 Heiner Müllers *Die Umsiedlerin* an der Hochschule für Ökonomie Karlshorst uraufgeführt, was mit der Zwangsverschickung des Regisseurs in die Braunkohleförderung endete – über Wolfgang Langhoffs Demission als Intendant am Deutschen Theater nach seiner Peter-Hacks-Inszenierung *Die Sorgen und die Macht* 1963 bis zur Biermann-Ausbürgerung 1976 und ihren Folgen. Oft waren die Konsequenzen nicht ganz so einschneidend: Bei Adolf Dresens *Faust* 1968 wurden nach der Premiere »nur« circa 60 Änderungen verlangt; Peter Hacks' *Moritz Tassow* 1965 an der Volksbühne durfte immerhin neunmal gespielt werden, bevor er abgesetzt werden musste.

In letzter Konsequenz blieben die Folgen aber immer gleich. Irgendwann hatten die Künstler das unproduktiv werdende Katz-und-Maus-Spiel satt und zogen es vor, in Österreich, der Schweiz, Frankreich oder West-Deutschland zu arbeiten. Es gingen, wurden gegangen, durften gehen oder mussten draußen bleiben: Adolf Dresen, Benno Besson, Manfred Karge, Matthias Langhoff, B. K. Tragelehn, Einar Schleef, Jürgen Gosch, Alexander Lang, um nur einige der Wichtigeren zu nennen. Diese freiwillig-unfreiwillige Abstimmung mit den Füßen bescherte dem Westen über lange Jahre eine nicht zu unterschätzende Blutzufuhr und hinterließ bei den Zurückgebliebenen in Ost-Berlin neben viel Frust eine Besinnung auf handwerkliche Meisterschaft als Qualitätsmaßstab: Dagegen konnte schließlich keiner etwas einwenden. Dass sich damit aus unterschiedlichen Ursachen ähnliche Virtuositätsprobleme einstellen sollten wie an der West-Berliner Schaubühne, stand auf einem anderen Blatt, das aber erst Frank Castorf wenden sollte.

Natürlich sind nicht alle vor der Staatsmacht geflohen, das hieße ihr zu viel Ehre erweisen. Interessant in diesem Zusammenhang die Begründung von Adolf Dresen für seinen Ost-Abschied: »Tatsächlich blieb ich nicht, wie man dort vermutet hatte, wegen einer Verschärfung, sondern gerade wegen der Aufweichung des politischen Kurses. Mir schien, dass den meisten die eigene Datsche in der DDR wichtiger wurde als die Kunst.«[7]

Dazwischen gab es immer wieder Aufschwünge, wie die später legendäre Zeit von Benno Besson an der Volksbühne, wo er von 1969 bis 1977 seine Idee vom sozialistischen Volkstheater verwirklichte. Besson, der ehemalige Brecht-Assistent, scheiterte am Ende nicht an der SED, sondern an den Brecht-Erben, die ihm die Aufführungsrechte verweigerten, gerade als er glaubte, es sei zwingend, an Brecht weiterzuarbeiten. Heiner Müller, der als Dramaturg und Autor für die Volksbühne arbeitete, hat das Klima der Stagnation auf den Punkt gebracht, als er lange nach Bessons Abschied die Gemeinsamkeit in Erinnerung brachte: »Meiner Meinung nach hat Besson immer ein Theater der Erfahrung gemacht. Das einzige, was mich am Theater interessiert, ist die Erfahrung, die ich da machen kann. Wenn man eine Erfahrung macht, kann man die nicht sofort auf den Begriff bringen – sonst wäre es gar keine!«[8] Müller, der Erfahrungshungrige, löste das Problem auf seine Weise: Er blieb, indem er ging und zurückkam, immer zugleich überall und nirgends war – und sich auch sonst als Meister beim Tanz über den Widersprüchen bewährte.

Sein Nachruf zu Lebzeiten auf die DDR waren die fünf Teile der *Wolokolamsker Chaussee*, entstanden zwischen 1985 und 1987: »Der Weg der Panzer von Berlin nach Moskau und zurück, und weiter von Moskau nach Budapest und Prag.«[9] Die historische Entwicklung schien kurz vor ihrem Ende als tragische Zwangsläufigkeit: »Der Beweis für die Existenz der DDR, seit der Ablehnung von Stalins Tauschangebot ›Deutschland gegen Neutralität‹ durch Adenauer beziehungsweise die USA nur noch militärisches Glacis der Sowjetunion, war zuletzt nur noch die Grenze, die Toten an der Mauer, dem Mausoleum nicht nur des deutschen Sozialismus, ihre letzte perverse Legitimation als Staat.«[10]

Müller war bis zuletzt ein treuer Freund-Feind jenes Staats, der ein Gutteil seines moralischen Selbstbewusstseins aus dem Kampf gegen den Faschismus gewonnen hatte, und der erleben musste, wie sich ein staatlich sanktionierter Antifaschismus unter der Hand in eine Diktatur verwandelte mit ehemaligen Widerstandskämpfern und ihren sozialistischen Idealen als bürokratischen Tyrannen. Diese apokalyptische Geschichtsphilosophie fand sich in *Wolokolamsker Chaussee IV, Kentauren* noch einmal im Zerrbild zusammengefasst: Der Albtraum eines Stasi-Kaders, der einen Untergebenen bei Rot über die Ampel kommandiert, weil jeder funktionierende Staat einen Staatsfeind braucht. Als er den befehlsgemäß umgekommenen Verkehrstoten vor sich sieht, »gefallen an der Front der Dialektik«, durchzuckt den Genossen ein »Schmerz wie eine Schweißnaht«: »Ich war mit meinem Schreibtisch fest verwachsen«.[11] In dieser Metapher sammelt sich die schizophrene Grunderfahrung eines Lebens als DDR-Bürger: die lautere Absicht, die zur Absurdität verkommene sozialistische Utopie und der Mensch dazwischen eingekeilt wie eine lebende Schublade.

### IM KREML BRENNT NOCH LICHT

Die Schublade hatte sich massiv verklemmt, und beim Versuch, sie freizurütteln, ging der ganze Tisch zu Bruch. Nach der Wiedervereinigung sortierte sich das künstlerische Kräfteverhältnis in der Stadt neu, die ästhetischen Antworten waren mit den Mitteln der siebziger und achtziger Jahre nicht zu geben. Die Nachkriegszeit war unübersehbar zu Ende, aber den Menschen in Ost wie West steckte ihre Geschichte in den Knochen. Die Widersprüche, die ein realistisches zeitgenössisches Theater in Berlin zusammenzudenken hatte, lagen auf der Hand: Einerseits die unübersehbare Zäsur und die Unsicherheiten des Neuanfangs, andererseits die psychischen Trägheitsmomente, die Biographien nun mal mit sich bringen.

Heiner Müller, *Mauser*, Deutsches Theater, Berlin, BB: Jannis Kounellis, 14. September 1991 (F: David Baltzer)

»Von Stalin kann man sich nicht befreien, ohne ihn zumindest ästhetisch zu wiederholen, und so begreift die neue russische Kunst Stalin als ästhetisches Phänomen, um ihn zu kopieren und auf diese Weise loszuwerden«, zitiert eines der ersten Programmhefte der Volksbühne am Rosa-Luxemburg-Platz, die Frank Castorf seit 1992 leitet, eine Schlüsselstelle aus Boris Groys' Essay *Gesamtkunstwerk Stalin*.[12] Vermutlich muss man in einem totalitären System gelebt haben, um Groys' urdialektischen – dabei psychologisch nur allzu nahe liegenden – Gedanken zu verstehen, dass alles, was ein Leben lang um einen Menschen herum ist, irgendwann einmal auch in ihm drin ist. Dass zum Beispiel jemandem, der den Verschwörungswahn des Stalinismus erlebt hat, die moralischen Eindeutigkeiten verloren gehen: »Es war nahezu unmöglich zu unterscheiden, in welchem Moment ein Mensch als Agent der guten Sache oder als Agent der schlechten Sache handelte. Sogar Stalin konnte sich darin irren, obwohl er sich ja nie irrte.«[13]

Frank Castorf hat wiederholt darauf hingewiesen, dass ihn seine Hassliebe zum Osten zwinge, den Stalinismus, der in ihm sei, abzuarbeiten. Seine Art, damit umzugehen, war denkbar einfach: Stücke wurden nicht konzeptionell auf Linie gebracht und kohärent interpretiert, sondern im Gegenteil möglichst vieler moralischer und weltbildhaft weiterführender Gewissheiten entbunden. Dazu wurden sie heftig mit Schauspielern konfrontiert, die, während sie ihre Rollen spielen, laut und selbstbewusst »ich« rufen dürfen.

Das hat nichts zu tun mit der Wekwerthschen Brecht-Variante, die Figur neben sich zu stellen wie einen Besenstiel. Es wirkt mehr, als wäre der Schauspieler vor der Vorstellung in den Fundus gerannt, hätte sich dort sein verabredetes Kostüm herausgezerrt und probiert es jetzt mal vor dem Spiegel aus Zuschauern an. Er guckt es sich von innen und von außen an, hält es gegens Licht, der Fetzen wird dann übergezogen, man wirft sich hinein, dass die Nähte krachen, und schmeißt ihn zwischendurch mindestens zweimal in die Ecke. In ihren schmutzig-unperfekten Spielweisen verschmelzen Selbstbewusstsein und Verunsicherung, sie purzeln von einer hektischen Gefühlslage übergangslos in die nächste, bleiben zwischendurch mit sturer Gleichgültigkeit in schwer durchschaubaren Seelenrillen hängen, die sie in zwanghafter Wiederholung abarbeiten. Über ihrem ganzen Repertoire an Ticks, Übersprüngen, neurotischen Schüben oder purem Klamauk bleiben die Darsteller als Personen präsent, fallen umstandslos aus ihren Rollen in private Haltungen zurück, beharren auf dem Theaterspielen als Spiel auf dem Theater.

Diese Technik hatte noch zu späten DDR-Zeiten für einige Verwirrung gesorgt. Da damals bekanntlich die Partei die Widersprüche der bürgerlichen Gesellschaft für überwunden erklärt hatte und unmöglich irren konnte, durfte es auch kein entfremdetes Leben mehr geben in der DDR. Je enthemmter, ekstatischer und ungenierter die Schauspieler also »ich« sagten auf dem Theater, desto parteikonformer traten sie auf. Dass sich die SED-Organe vor allem auf Provinzebene dieser an sich zwingenden Logik nicht immer widerspruchslos anschließen wollten, versteht sich. Im neuen Deutschland funktioniert es aber noch besser: Denn erstens kann es in einer stolzen freien bürgerlichen Gesellschaft ja nichts schaden, deutlich auf vorhandene Widersprüche hinzuweisen. Zweitens trainiert so ein organischer Zwitter aus Rolle und Selbst ungemein, wenn die allgemeine Schizophrenie zur Lebensform wird. Und wie anders soll man die entfremdeten Zustände in dieser Stadt, die Gleichzeitigkeit von gestern und heute, von Ost und West, Pleite und KaDeWe realistisch fassen?

In den letzten Jahren haben Castorf und sein Ensemble die Ost/West-Konfrontation anhand von Dostojewski-Romanen fortgeschrieben: bewährtes panslawisches Terrain im bruchlosen Übergang in die Delirien westlicher Kommerzialisierung. Niemand kann so schön frenetische Kleinbürger von leuchtender Durchschnittlichkeit zwischen zwei Werbe-Blöcken in eine Bungalow-Datscha westlich des Ural bannen wie Castorf und seine Schauspieler. Und solange die Volksbühne in ihrer Paradedisziplin durchhält, muss sich um die EU-Osterweiterung niemand Sorgen machen. Denn Castorfs entfremdungstrainierter Osten ist dem harmonie- und identitätssüchtigen Westen und dessen Leistungskategorien derzeit haushoch überlegen. Damit korrigiert die Volksbühne endlich den verhängnisvollen Irrtum von Marx: Der Kapitalismus besiegt sich nicht selbst; wer ihn vernichten will, muss einfach besser sein.

1 Bertolt Brecht: *Journale 2, Gesammelte Werke*, Große kommentierte Berliner und Frankfurter Ausgabe XXVII, Berlin/Weimar/Frankfurt/M 1988ff., S. 296 und S. 358.

2 EBd., S. 346.

3 Zit. nach Petra Stuber: *Spielräume und Grenzen, Studien zum DDR-Theater*, Berlin 1998, S. 337.

4 Volker Klotz, Michael Pehlke: *Barlog und Berlin – eine notwendige Polemik*, in: *Theater heute*, Juli 1969, S. 21ff.

5 Günther Rühle: *Die ersten und die nächsten 25 Jahre*, in: *25 Jahre Theatertreffen Berlin 1964–1988*, Hg.: Ulrich Eckhardt, Börries v. Liebermann, Berliner Festspiele, Berlin 1988, S. 23.

6 Peter von Becker: *»Das Theater ist eine geisterhafte Veranstaltung« – ein Gespräch mit Peter Stein*, in: *Theater 1993, Jahrbuch der Zeitschrift Theater heute*, S. 9ff.

7 Adolf Dresen: *Opposition mit Klassikern, Meine Arbeiten am Deutschen Theater*, in: *Durch den eisernen Vorhang, Theater im geteilten Deutschland 1945 bis 1990*, Hg.: Henning Rischbieter, Berlin 1999, S. 104.

8 Heiner Müller: *»... und deswegen ärgert es mich, dass Besson in Genf arbeitet«*, in: *Benno Besson, Theater spielen in acht Ländern*, Hg.: Christa Neubert-Herwig, Berlin 1998, S. 214

9 Heiner Müller: *Krieg ohne Schlacht, Leben in zwei Diktaturen, eine Autobiographie*, Köln 1992, S. 343.

10 EBd., S. 349.

11 Heiner Müller: *Wolokolamsker Chaussee IV, Kentauren*, UA Deutsches Theater, Berlin 1988.

12 Boris Groys: *Gesamtkunstwerk Stalin, Die gespaltene Kultur in der Sowjetunion*, München/Wien 1988.

13 Boris Groys: *Stalin. Das ist der Karneval – ein Gespräch mit Carl Hegemann*, in: *Einbruch der Realität*, Hg.: Carl Hegemann, Berlin 2002, S. 35.

# DE PROFUNDIS: DAS SYMPOSIUM *ZEITGENÖSSISCHE MUSIK 78* IN NOWOSIBIRSK

DMITRI UCHOW

Das Symposium *Zeitgenössische Musik 78* in Nowosibirsk, das 1978 gemeinsam von der Sibirischen Sektion des Sowjetischen Komponistenverbands und dem Schöpferischen Jazz-Verband beim Gebietskomitee des Kommunistischen Jugendverbands (Komsomol) veranstaltet wurde, stellte in jeder Hinsicht ein no man's land dar, eine Grauzone zwischen der offiziellen und der inoffiziellen sowjetischen Kultur. In unserem Land war es für niemanden ein Geheimnis, dass die Nowosibirsker Filiale der Akademie der Wissenschaften der UdSSR eine gewisse Autonomie besaß. Die Wissenschaftler lebten in noch größerer Isolation von der »Zivilisation« als in den »geschlossenen« Trabantenstädten um Moskau. Der Führung war klar, dass die ortsansässige wissenschaftliche Intelligenz ein gewisses Maß an intellektuellen Freiheiten brauchte. Wenn in den Metropolen nichtöffentliche Filmvorführungen, Begegnungen mit der progressiven westlichen Boheme, die Zeitschrift *Nowy Mir* und die *Literaturnaja gaseta* ausreichten, um »Dampf abzulassen«, so forderte die isolierte intellektuelle Szene in Sibirien mehr: Die erste institutionalisierte Gesellschaft der Jazzmusiker entstand im sibirischen Akademgorodok.

Anfangs nannte sie sich »Takt-18« (nach der Zahl der Beteiligten), später wurde sie umbenannt in Schöpferischer Jazz-Verband (abgekürzt TDO – das Wort »schöpferisch« war keineswegs ein Ausdruck der Megalomanie; es verwies auf die stilistischen Bestrebungen der Organisatoren und war eine Lehnübersetzung des englischen creative, das die afroamerikanischen Jazz-Avantgardisten, aus typologisch ähnlichen sozialen Motiven, zur Abgrenzung ihres neuen Jazz vom entertainment gewählt hatten). Die TDO wurde beim entsprechenden Sowjetischen Gebietskomitee des Komsomol registriert. Überhaupt suchten die sowjetischen Kulturideologen beständig nach einem Status für den Jazz in der Sowjetunion – mal unterstellten sie ihn, zusammen mit den Agitbrigaden oder (bestenfalls) Studiotheatern, dem Komsomol, mal den Gewerkschaften, wo er sich zwischen Gesellschaftstanz-Zirkeln, Philatelisten- und Aquarianervereinen wiederfand.

In Fachkreisen zählte man den Jazz dem Liedgenre zu, eine Kommission für Estraden- und Jazz-Musik gab es nur bei der Moskauer Abteilung des Komponistenverbands. Formal wurde sie von Nikolai Minch geleitet, faktisch von dem jüngeren und sozial aktiveren Juri Saulski. Auf der gesamtsowjetischen Ebene »betreute« den Jazz die Vorsitzende der Liedsektion Alexandra Pachmutowa.

Der Jazz, der sich im Grunde erst nach der Einführung der bolschewistischen Ideologie herausbildete, war von Beginn an ein geeignetes Objekt für ideologische Etüden. Am Verhältnis der Führung zu ihm konnte man leicht den Liberalisierungsgrad der sowjetischen Gesellschaft ablesen. Wenn das Zentrale Fernsehen in der Neujahrsnacht Episoden aus dem Beutefilm *Sun Valley* zeigte, so hieß das, dass dem Jazz gegenüber eine tolerante Haltung angesagt war und es überhaupt auf das nächste innenpolitische »Tauwetter« zu ging. 1968, nach der Niederschlagung des Prager Frühlings, war der Jazz faktisch verboten: Es gab keine öffentlichen Konzerte, keine Presse, keine Festivals, von Schallplatten ganz zu schweigen.

Aber etwa Mitte der siebziger Jahre begannen die sowjetischen Ideologen zu begreifen, dass der Jazz nicht mehr der Sammelpunkt der oppositionellen Energie war – diese Position hatte die Rockmusik übernommen. Parallel fand bei den Vokal-Instrumentalgruppen (WIA) mit Elektrogitarre ein Professionalisierungsprozess statt. Allmählich wurden die Jazzfestivals der Gewerkschaftsjugend wieder aufgenommen, ab Mitte der siebziger Jahre fanden sie in der Provinz statt. Die Tendenz zu mehr Toleranz bestätigte sich auch in der Institutionalisierung der TDO am Haus der Wissenschaftler in Akademgorodok. Vorsitzender der TDO war der ausgebildete Virologe und (zu jener Zeit vom intellektuell-avantgardistischen Jazz begeisterte) Jazzschlagzeuger Sergej Belitschenko. 1977 veranstaltete die TDO unter seiner Leitung ein Jazzfestival von gesamtsowjetischer Bedeutung. Und 1978 überzeugte Sergej Belitschenko, animiert von seinem

Der Schlagzeuger Sergej Belitschenko, Organisator des Symposiums *Zeitgenössische Musik 78*, Nowosibirsk (F: Alexander Sabrin)

Leningrader Gesinnungsgenossen Jefim Barban, einem überaus tatkräftigen und hochgebildeten Mitarbeiter der Ermitage, die lokale Abteilung des Komponistenverbandes davon, nicht einfach eine Konzertreihe zu veranstalten, sondern ein Symposium, das die Bezeichnung *Zeitgenössische Musik 78* erhielt.

Im Rahmen des Symposiums fanden eine dreitägige wissenschaftliche Konferenz, drei abendliche Konzerte im Großen (Philharmonischen) Saal des Tschkalow-Kulturhauses im Zentrum von Nowosibirsk sowie eine Matinee im Saal des Hauses der Wissenschaftler in Akademgorodok statt. Einige Referenten aus Moskau und Leningrad reisten nicht an, offenbar wegen des aus akademischer Sicht geringen Rangs der Unternehmung. Ein Komponist und Musikwissenschaftler allerdings, dessen Autorität unbestritten war und dessen Vortrag das Symposium hätte eröffnen sollen, hatte eine Entschuldigung für sein Ausbleiben: Alfred Schnittke war im Zusammenhang mit der Affäre um *Pique Dame* hohen Regierungs- und Parteiinstanzen vorgeladen. Der inzwischen verstorbene Dirigent Algis Žuraitis hatte damals während eines Aufenthalts in Paris mit Hilfe unlauterer Mittel Einsicht in die Partitur-Handschrift der Tschaikowski-Oper genommen, die die Truppe der Paris Grand Opéra in einer Inszenierung des Regisseurs Juri Ljubimow und des Dirigenten Gennadi Roshdestwenski probte. Er entdeckte dort drei cembalobegleitete Rezitative Schnittkes in französischer Sprache und veröffentlichte in der *Prawda* einen offenen Brief, der mit den Worten begann: »Ungeheures bereitet sich vor ...« Alfred Schnittke wurde dort als »klägliches Avantgardekomponistlein« bezeichnet.

Das Jazz-Ensemble Bumerang aus Alma-Ata (F: Alexander Sabrin)

Damals war es allerdings schon für niemanden mehr ein Geheimnis, dass die Führung auf diese Weise weder dem Dirigenten noch dem Komponisten Knüppel zwischen die Beine warf (Schnittke hatte jene Rezitative nur geschaffen, damit das des Russischen unkundige Publikum verstehen konnte, worum es bei Puschkin-Tschaikowski geht). Dieser ganze Skandal diente vor allem der Abrechnung mit dem opponierenden Juri Ljubimow. Wie auch immer, vom 16. bis 19. Februar war Schnittke nicht in Nowosibirsk.

Außerdem wurden im Moskauer Flughafen Scheremetjewo drei Konferenzteilnehmer registriert: Alexej Bataschew, Autor des Buchs *Sovetskij džaz* (Der sowjetische Jazz), eines späten Echos auf die Tauwetterzeit, das 1972 erschien und keine einzige Rezension in der Presse erhielt; der Kulturwissenschaftler Leonid Perewersew, wissenschaftlicher Mitarbeiter am Institut für technische Ästhetik (WNIITE), einem Zentrum der Freidenkerei (dort arbeiteten der Jazzer Alexej Koslow, der Semiotiker Dmitri Schtschedrowizki, der Kunsthistoriker Igor Golomstok u. a.) und der Autor dieser Zeilen, damals Doktorand an der Moskauer Staatsuniversität.

Wir saßen bis zum Morgen in der Abfertigungshalle, dann wurden alle Passagiere zum Flughafen Domodedowo gebracht, die Hälfte von ihnen stieg vom Bus ins Flugzeug um, wurde jedoch zurückgepfiffen und wartete weiter. Schließlich flogen wir um 14 Uhr Moskauer Zeit und hatten so einen Tag der Konferenz verpasst. Man sagte uns, in Nowosibirsk habe kein Flugwetter geherrscht, und Gewitter seien im Anzug gewesen, obwohl davon nicht die Rede sein konnte. Der wahre Grund für die Verzögerung des Flugs blieb uns ein Rätsel.

So war uns der »richtungsweisende« Vortrag von Juri Cholopow *Quo vadis – musikalisches Denken heute* entgangen.[1] Aber dafür hatten wir drei am Flughafen unser, wie sich Leonid Perewersew ausdrückte, »Mini-Symposium« abgehalten. Dieses Mini-Symposium befand: Angesichts des im Russischen fehlenden Begriffsapparats einer Wissenschaft vom Jazz sei auf dem großen Symposium die englische Terminologie in irgendeiner Weise mit den Kategorien der akademischen Musikwissenschaft in Übereinstimmung zu bringen.

Auf dem Symposium selbst stellte sich heraus, dass die gesamte neue Musik und die Wissenschaft davon, ob in der akademischen Tradition, im Jazz oder sogar im Rock, viel gemeinsam hatten – auch vom ontologischen Standpunkt aus gesehen. Besonders überzeugten in dieser Beziehung drei Vorträge von Boris Gasparow, der die Universität Tartu und die semiotische Schule Juri Lotmans vertrat: *Struktur und Semiotik der beiden Passionen Johann Sebastian Bachs*, *Das Verhältnis psychophysischer und kultureller Faktoren in der musikalischen Semantik* und *Die Motivstruktur musikalischer und poetischer Texte.* Anschließend gab es lange Diskussionen.

Interessanterweise waren sämtliche Redner – ausgenommen die Veranstalter des Symposiums – von ihrer politischen Haltung wenn nicht der Opposition, so zumindest dem Anti-Establishment zuzurechnen. Für niemanden der Angereisten, mit Ausnahme von Juri Cholopow, war die Musiktheorie die Hauptbeschäftigung. Doch auch er, der namhafteste Wissenschaftler auf dem Symposium, galt als Dozent am Moskauer Konservatorium als »weißer Rabe«. Vom bald darauf emigrierten Boris Gasparow mit seiner ganzen Tartuer Semiotik braucht man hier gar nicht zu reden. Der Autor dieser Zeilen galt formal als Doktorand am Lehrstuhl für Ausländische Literatur der Philologischen Fakultät, allerdings mit einem Dissertationsthema, das doch einigen Bezug zum Gegenstand der Konferenz besaß: die Poetik des zeitgenössischen populären Lieds in den USA und England.

Das Trio GTTsch; Wjatscheslaw Ganelin, Wladimir Tarassow, Wladimir Tschekassin (F: Alexander Sabrin)

Erfolg hatte auf dem Symposium der Vortrag von Leonid Perewersew mit dem etwas neckischen Titel *Johnny spiel auf für den Steppenwolf*, die erste Analyse von Hermann Hesses Roman *Der Steppenwolf* aus musikalischer Sicht.[2] Gennadi Sacharow aus Swerdlowsk erzählte von seinem Versuch, Carla Bleys Oper *Escalator over the Hill* mit Hilfe von Dias zu »visualisieren«. Die Vorträge von Jefim Barban, Alexej Bataschew und Dmitri Uchow erschienen in dem Band *Sovetskij džaz – Problemy. Sobytija. Mastera* (Der Sowjetische Jazz – Probleme. Ereignisse. Meister)[3]. Die Manuskripte lagen schon Anfang der achtziger Jahre vor, doch verzögerte sich das Erscheinen der Publikation durch die Schuld des von der Sektion für Estraden- und Jazzmusik des Moskauer Komponistenverbands benannten Herausgebers. Ermöglicht wurde es schließlich durch die Bemühungen eines Enthusiasten, des Organisators des Amateur-Jazzclubs der Moskauer Staatlichen Technischen Bauman-Universität, Igor Kossolobenkow.

Die Publikation über den Jazz kam wie gerufen: Anfang der achtziger Jahre hatten die Sowjetideologen beschlossen, mithilfe des Jazz den Untergrund-Rock zu verdrängen, der damals nicht mehr nur mit Englischen, sondern mit russischen Texten gespielt wurde. Alles, was mit Jazz zu tun hatte, wurde nun begrüßt – die Festivals wurden reaktiviert, Platten, Noten und Lehrbücher erschienen. Hier war wieder Juri Cholopow am Werk, der in seine *Zadanija po garmonii* (Aufgaben zur Harmonik)[4] ein Kapitel über den Jazz aufnahm – soviel Entschlossenheit kannte nicht einmal die westliche Musikwissenschaft. Zur gleichen Zeit entstand Karen Schachnasarows prosowjetisch-apologetische Filmkomödie *Wir vom Jazz*, in der es nicht nur von unverzeihlichen Anachronismen wimmelt, sondern auch alle Probleme der Entstehung der neuen Kunst unter den Bedingungen des Totalitarismus auf Operettenkollisionen reduziert werden – das junge Ensemble hat keinen Ort zum Proben.

Zurück zum Symposium *Zeitgenössische Musik 78*. Der Konzertteil verlief ohne größere Probleme. Praktisch alle angekündigten Musiker spielten ihre angemeldeten Programme. Nur das Ensemble Anatoli Wapirow und Sergej Kurjochin war nicht gekommen. Stattdessen lud Jefim Barban die damals kaum bekannte Jazz-Gruppe Archangelsk ein. Obwohl man dem Leiter des Ensembles Wladimir Resizki buchstäblich fünf Minuten vor seinem Auftritt direkt hinter den Kulissen das Saxophon gestohlen hatte, konnte er das Programm so auf Flöte umstellen, dass es fast vollständig gespielt wurde.

Eine Entdeckung war auch Bumerang aus Alma-Ata, das Duett Boris Podlipjan und Wjatscheslaw Gaiworonski (einem Leningrader, der nach der musikalischen eine medizinische Ausbildung genossen und seinen Arbeitsplatz als Chirurg am Gebietskrankenhaus im Kemerowo zugewiesen bekommen hatte). Die minimale Ensembleform des Duetts, von Gaiworonski mangels Partnern aus der Not gewählt, erwies sich als sehr entwicklungsfähig. In den achtziger Jahren galt das Leningrader Duett aus Gaiworonski und dem Kontrabassisten Wladimir Wolkow als eines der besten sowjetischen Jazzkollektive. Zwei Konzerte gab das Trio »Ganelin-Tarassow-Tschekassin« (GTTsch). Eines davon erschien bald darauf bei dem unabhängigen englischen Label Leo Records.[5]

Zum ersten Mal hörten die Gäste von Nowosibirsk das Trio für Musikalische Improvisation (mit dem Altsaxophonisten Wladimir Tolkatschow, Sergej Belitschenko am Schlagzeug und Sergej Panassenko am Kontrabass). Später schloss sich ihnen der dort lebende Komponist Juri Juketschew an; mit ihm entstand eines der innovativsten Ensembles der improvisierten Musik, das Quartett Homo Liber (das ebenfalls von der Firma Leo Records entdeckt wurde). Der Schlagzeuger Mark Pekarski, der auch mit dem eigenen Ensemble auftrat, besorgte im Duett mit dem Pianisten Alexej Ljubimow die sowjetische Erstaufführung der *Tanzenden Persischen Derwische* von Terry Riley. Die Rockgruppe von Wladimir Martynow und Tatjana Grindenko stellte Martynows *Lieder und Hymnen* vor, wobei der fehlende Schlagzeuger durch Wladimir Tarassow von GTTsch ersetzt wurde, der den Moskauern beisprang – trotz des fremden Kontexts und fehlender Proben. Es war das erste Mal, dass minimalistische Musik in der Sowjetunion in solchem Umfang zu hören war.

Aus heutiger Perspektive ist die Bedeutung des Nowosibirsker Symposiums *Zeitgenössische Musik 78* gar nicht zu überschätzen. Neben der Erfüllung rein wissenschaftlich-praktischer Aufgaben hat es gezeigt, dass unsere »Untergrund«-Jazzologie das Niveau einer akademischen Wissenschaft erreicht hatte, zum ersten Mal gab es die legale Form des Symposiums, Konferenz plus Konzerte. Im Jahr darauf trafen sich seine Teilnehmer in Tallinn, und 1982 veranstalteten sie bereits unter Beteiligung der Gesellschaft für Rockmusik die Konferenz *Die Improvisation in der zeitgenössischen Musik* – über die Improvisation in der Rockmusik sprach Artjomi Troizki.

Wladimir Resizki, Leiter der Gruppe Archangelsk (F: Alexander Sabrin)

Auf dem Nowosibirsker Symposium wurde auch deutlich, dass auf der ganzen Welt vergleichbare Prozesse ablaufen, dass sich die »Avantgarden« unterschiedlicher Musiken einander annähern und dass es aktuelle Strömungen gibt, etwa den Minimalismus, in denen das Paradigma der Konfrontation von Hohem und Niederem, von Komposition und Improvisation nicht mehr funktioniert. Vor denselben Problemen stand zur gleichen Zeit auch das in Mode gekommene Downtown New York.

*Übersetzung: Gabriele Leupold*

1 Sein konzeptueller Teil erschien als Beitrag zum Band *Problemy tradicii i novatorstva v sovremennoj muzyke* (Probleme von Tradition und Neuerung in der zeitgenössischen Musik), Moskau 1982.
2 Den Text findet man im Internet unter www.jazz.ru und www.musiclab.ru.
3 *Sovetskij džaz – Problemy. Sobytija. Mastera* (Der Sowjetische Jazz – Probleme. Ereignisse. Meister), Moskau 1987.
4 *Zadanija po garmonii* (Aufgaben zur Harmonik), Moskau 1983.
5 Unter dem Titel *Poco a poco*, Leo Records Nr. 101.

# NEUE RUSSISCHE MUSIK IN DEUTSCHLAND IN DEN NEUNZIGER JAHREN

TATJANA REXROTH

Das wichtigste deutsche Festival in Bezug auf moderne russische Musik waren in den neunziger Jahren sicher die *Frankfurt Feste*. Ab 1990 stand moderne russische Musik in Frankfurt am Main stets auf dem Programm, und zwar nicht nur die der im Westen bereits anerkannten und geschätzten Komponisten Alfred Schnittke, Sofia Gubaidulina und Edison Denissow, sondern auch jene von den Vertretern der neu organisierten Assoziation für moderne Musik.

Die Assoziation für moderne Musik wurde 1990 in Moskau ins Leben gerufen. Der Name bezieht sich auf jene Vereinigung, der in den zwanziger Jahren namhafte sowjetische Komponisten angehört hatten und die dann 1931 aufgelöst worden war. Komponisten verschiedener Generationen hatten sich in ihr zusammengefunden: Zu den ältesten zählten Sofia Gubaidulina (geboren 1931), Leonid Grabowski (1935), Wladislaw Schut (1941), Alexander Wustin (1943), Faradsh Karajew (1943). Die mittlere Generation wurde durch Nikolai Korndorf (1947–2001), Viktor Jekimowski (1947), Wassili Lobanow (1947), Dmitri Smirnow (1948) und Jelena Firsowa (1950) vertreten, und zu den Jüngeren gehörten Alexander Raskatow (1953), Juri Kasparow (1955) und Wladimir Tarnopolski (1955).

Viele Komponisten fühlten sich der »Assoziation« und ihren Zielsetzungen eng verbunden, so Alfred Schnittke, Valentin Silwestrow aus Kiew und Alexander Knaifel aus St. Petersburg.

Sie haben damit einer Bewegung Rückhalt gegeben, deren integrativer Funktion umso mehr Gewicht und Bedeutung zukam, als auch das Musikleben in der damaligen UdSSR von Besorgnis erregenden Verfallserscheinungen bedroht war.

Vorsitzender der Assoziation war Edison Denissow. In seiner Person kristallisierte sich das Programm der Vereinigung: Orientierung an unkonventionellen künstlerischen Konzeptionen und Zielsetzungen, Information über alle wichtigen nationalen und internationalen Tendenzen und Errungenschaften, Veröffentlichung herausragender kompositorischer Arbeiten der russischen Kollegen im In- und Ausland sowie Herstellung und Festigung von Kontakten zu internationalen Organisationen. Denissow selbst hat seinen Kollegen wertvolle Hilfe geleistet, Informationen vermittelt und damit überhaupt die Voraussetzungen für ein sinnvolles und auch durchführbares Programm geschaffen.

Besondere Beachtung verdient die Tatsache, dass nicht eine bestimmte Ästhetik darüber entschied, wer zur Assoziation zählte und ihr nahe stand. Die Haltung war und ist das Entscheidende, welche über Generations- und Nationalitätengrenzen hinweg die Komponisten der Assoziation miteinander verbindet. Was sie natürlich auch zusammenschließt, ist ihre Vergangenheit. Ob Jekimowski oder Schut, ob Wustin, Smirnow oder Tarnopolski – die Aufführungen ihrer Werke wurden in der Sowjetunion lange entweder mit Schweigen oder mit Schmähungen bedacht. Diese Erfahrungen haben geradezu nach Initiativen gerufen und so auch zur Gründung der Assoziation geführt. Dabei spielte insbesondere die Situierung eines Ensembles nach dem Vorbild des Deutschen Ensemble Modern oder des französischen Ensemble Intercontemporain eine zentrale Rolle. Denn entscheidend war, dass man durch Aufführungen mit den neuen musikalischen Produktionen aus dem In- und Ausland bekannt und vertraut wurde.

Diese erfreulichen Aktivitäten in Moskau wurden in Deutschland sofort unterstützt. Schon am 14. Juli 1991 erhielt die Assoziation im Rahmen des Schleswig-Holstein Musik Festivals den Hindemith-Preis aus Mitteln der Erika und Rudolf Koch-Stiftung. Alfred Schnittke übernahm die Begrüßung und Nikolai Korndorf, Wladislaw Schut und Wladimir Tarnopolski nahmen den Preis entgegen.

Im Konzert auf Schloss Plön wurden zwei Uraufführungen von Wladislaw Schut, *Offerto* für Violine, Cello und Klavier und *Dolce far niente* für Cello und Klavier, gespielt sowie Werke von Nikolai Korndorf, Juri Kasparow, Iwan Sokolow und Wladimir Tarnopolski. »Komponisten feiern Befreiung vom Zwang der Parteiästhetik« begrüßten die Kieler Nachrichten am 16. Juli 1991 die Aufführungen – »es müssen Kontakte geknüpft werden, die eine kulturelle Identitätsfindung in der Auseinandersetzung mit anderen Konzepten erleichtern und fördern«.

Nikolai Korndorf, *Welcome!* für sechs weibliche Stimmen, 1995

Im September des gleichen Jahres fand während der *Frankfurt Feste* eine umfangreiche Präsentation der russischen zeitgenössischen Musik statt. Das Ensemble Modern unter der Leitung von Ingo Metzmacher spielte ein Konzert mit drei Uraufführungen von russischen Komponisten: Viktor Jekimowskis *Tripelkammervariationen* für 15 Instrumentalisten, Faradsch Karajews *Der Stand der Dinge* für Ensemble und Tonband und Wladimir Tarnopolskis *Kassandra* für Ensemble.

Die Komposition *Tripelkammervariationen* ist Teil eines dreiteiligen Werkzyklus, bestehend aus den *Kammervariationen für 13 Spieler* von 1974, den *Doppelkammervariationen* für 15 Spieler von 1989 und den *Tripelvariationen* für 15 Spieler, entstanden 1991 als Auftragskomposition des Ensemble Modern. Der Terminus »Tripel« bezieht sich nicht auf die Verwendung von drei Themen, sondern bezeichnet den formalen Bau der Komposition. Sie besteht aus drei Episoden, die drei Varianten des exponierten Materials darstellen. Jekimowski meidet melodische Strukturen ebenso wie harmonische Funktionalität, dynamische Wellenbewegungen, d.h. die Merkmale einer emotionalen Musik, die für russische Komponisten als typisch gelten. Die Werke von Faradsch Karajew und Wladimir Tarnopolski sind dagegen ganz anders.

Ausgangspunkt und Kern der Komposition von Karajews *Der Stand der Dinge* war die Vorstellung von den *Fünf Stücken für Orchester*, op.10 von Anton von Webern, in denen man sich in einem Labyrinth des musikalischen Materials bewegt. Ähnlich wie Weberns Musik, die manchmal als klingendes Ereignis, manchmal aber auch nur als optische Erscheinung in Form des Notenbildes im Kopf des Dirigenten anwesend zu sein scheint, bewegt sich dieses Werk von Karajew auf höchst eigenen Schienen, zu deren qualitativen Merkmalen vor allem Spielarten des absurden Theaters gehören.

*Kassandra* von Tarnopolski – darauf verweist der Titel des Werks – ist von beunruhigenden Vorgefühlen und Ahnungen gekennzeichnet. Das Werk entstand unmittelbar vor dem Putsch 1991 in Moskau und damit vor dem Zerfall der UdSSR. Der Komponist, in dessen Werken sich immer wieder eine sehr starke Neigung zu kulturhistorischen Aspekten bekundet, blickt hier auf die mythologische Gestalt der Kassandra zurück und zitiert diese, um die aktuelle Situation und deren innere Zustandsform in eine übergeordnete Vorstellung von Daseinsproblematik zu transformieren. Das Konzert in Frankfurt wurde später vom Ensemble Modern in Berlin und in Wien wiederholt.

Am 9. und 13. September 1991 gab auch das Ensemble der Assoziation für moderne Musik Moskau zwei Konzerte in Frankfurt. Die Teilnahme an den *Frankfurt Festen 91* war das erste Auslandsgastspiel des Ensembles und stand unter der Leitung von Alexej Winogradow. Es wurden Werke von verschiedenen Komponisten der Assoziation gespielt: von Alexander Wustin, Alexander Raskatow, Alfred Schnittke, Nikolai Korndorf, Juri Kasparow, Sofia Gubaidulina, Wladislaw Schut, Edison Denissow, Jelena Firsowa und von den oben genannten Viktor Jekimowski, Faradsh Karajew und Wladimir Tarnopolski.

Die Kritiken waren erstaunlich gut: »Das Ensemble spielte ... grandios«,[1] »... man hört ein Ensemble, das in Präzision, Virtuosität und im aufmerksamen Zusammenwirken internationales Spitzenniveau mühelos erreicht und keinen Vergleich mit westlichen Vereinigungen scheuen muss – kein Zweifel, dass man authentische Interpretation moderner russischer Musik zu erwarten hatte.«[2] Für die deutschen Zuhörer war eine solche Präsentation von moderner russischer Musik einmalig. Im gleichen Jahr hörte man auch die Werke von Valentin Silwestrow, unter anderem die Uraufführung seines Postludiums für Violine und Klavier mit Thomas Zehetmair (Violine) und Siegfried Mauser am Klavier.

Die Frankfurt Feste bedeuteten den Anfang einer kontinuierlichen Bekanntmachung von neuer russischer Musik in Deutschland. Schon 1992 standen große Projekte auf dem Programm: Musik von Alexander Knaifel wie *Offenbarungen ...*, außerdem drei Uraufführungen, bis heute die bedeutendste Präsentation von Knaifels Musik. Außerdem die Uraufführung der 3. Symphonie von Nikolai Korndorf mit dem Moskauer Bolschoi-Theaterorchester unter der Leitung seines Chefdirigenten Alexander Lasarew. Dieses Konzert bezeichnete der Komponist selbst als »den wichtigsten Moment meiner Künstlerbiographie«.

Die Neue Musik aus Russland wurde schnell Thema internationaler Diskussionen; denn fast alle Konzerte wurden vom Deutschlandfunk aufgenommen und ausgestrahlt – nicht nur in Deutschland, sondern auch in vielen Ländern Europas. Ein weiterer wichtiger Aufführungsort neuer russischer Musik war bereits Ende der achtziger Jahre München mit der Musiktheater-Biennale. Dort haben Nikolai Korndorf und Wladimir Tarnopolski ihre Erfolge gefeiert.

In der Dirigierklasse von Lew Ginsburg im Moskauer Konservatorium lernte der junge Nikolai Korndorf Alexander Lasarew kennen, den späteren Chefdirigenten des Bolschoi-Theaters Moskau und der Duis-

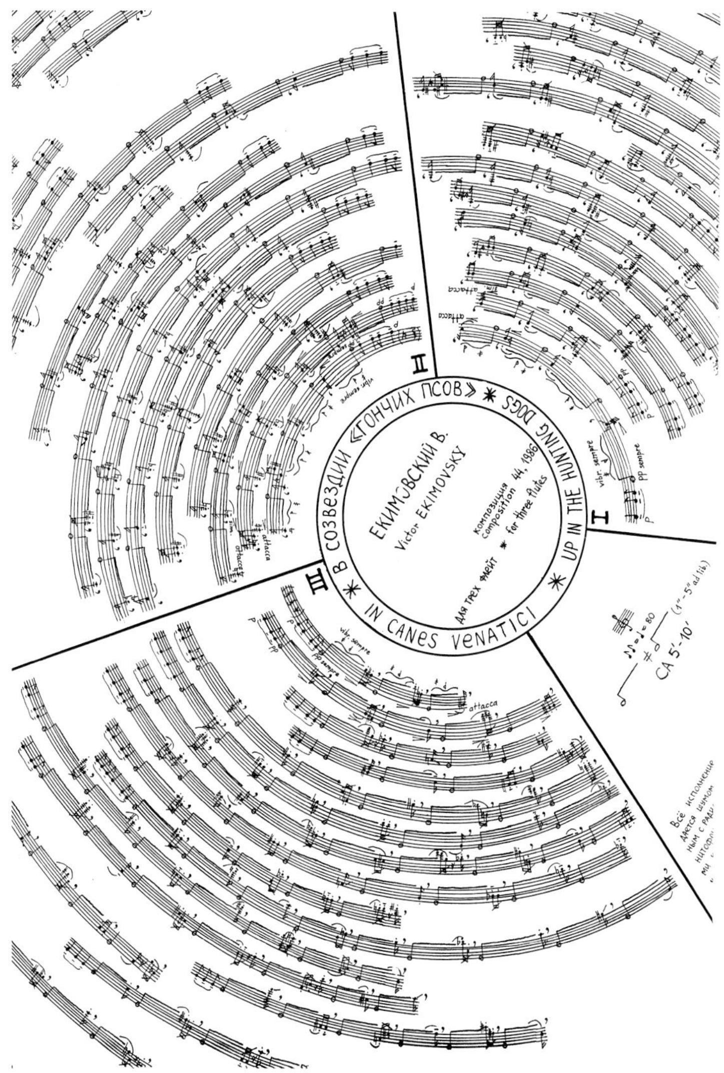


Viktor Jekimowski, *Up in the Hunting Dogs*, Komposition 44, für drei Flöten, 1968

burger Symphoniker. Mit ihm verbindet Korndorf eine treue Freundschaft und eine intensive musikalische Zusammenarbeit, die ihren Niederschlag in vielen von Lasarew dirigierten Uraufführungen gefunden hat. Er wurde von der Musiktheater-Biennale München für das Eröffnungskonzert 1988 verpflichtet. Dafür schlug Lasarew unter anderen den bis dahin im Westen unbekannten Nikolai Korndorf vor. So entstand *Hymnus 1*, ein zweiteiliges Werk für großes Symphonie-orchester, in dem alle Musiker nur in zwei gegensätzlichen Lautstärkegraden musizieren, in Fortissimo und Pianissimo. Dem Werk liegt die programmatische Idee eines »Hymnus« zugrunde. Diese Idee bedingt den statisch-hymnischen Charakter des ersten Teils, in dem dann Harmonieveränderungen und wechselnde Klanggestaltungen Störungen bedeuten, wobei Elemente aus der Popmusik sich neben Marschrhythmen finden. Diese Entwicklung findet ihren Höhepunkt im zweiten Teil des Stückes, in dem das Ausgangsbild der Komposition völlig zerstört wird. Darauf folgt wieder die Anfangssequenz. Damit ist eine zyklische Form entstanden, die beliebig oft wiederholt werden kann. Der Komponist selbst war nicht zufrieden und bemerkte: »Als ich im Dezember 1987 das Stück *Hymnus 2* geschrieben habe, habe ich den zweiten Teil von *Hymnus 1* als ganz falsch empfunden und eine Veränderung erwogen. So entstand die Komposition *Hymnus 2*, die 1989 von der Moskauer Philharmonie unter Alexander Lasarews Leitung zur Uraufführung gebracht worden ist.«

Alexander Knaifel, Titelei zur Partitur Jeanne, 1970–78. Die Grafik symbolisiert den Verlauf der 27 Formteile der Komposition

Ebenfalls für Lasarew und die Duisburger Symphoniker schrieb Nikolai Korndorf im Auftrag der Kohler-Osbahr-Stiftung im Frühjahr 1990 schließlich *Hymnus 3* als eine »Hommage an Gustav Mahler«. Das Werk wurde am 8. Mai 1991 in der Duisburger Mercator-Halle mit den Duisburger Symphonikern uraufgeführt. Es steht in unmittelbarer Nähe zu den vorherigen Kompositionen *Hymnus 1* und *Hymnus 2*. Das manifestiert sich einerseits in der Verwendung gleichen Materials, anderseits aber auch in einer Grundkonzeption, die gleichsam kontrapunktisch auf *Hymnus 2* bezogen ist.

Mahler gehört zu den Lieblingskomponisten Korndorfs. So erscheint es ganz natürlich, dass *Hymnus 3* mehrere thematische und gedankliche Anklänge an dessen Symphonien aufweist. Der für das Publikum unsichtbar entweder von einer Sängerin oder vom Tonband wiedergegebene Sopran-Solopart im ersten Teil von *Hymnus 3* hat den Charakter einer himmlischen Musik, die vor allem dem vierten Satz der 4. Symphonie von Mahler nahe steht. Die Sopransolostimme singt Phoneme und vermittelt den Eindruck einer musikalischen Universalsprache. Gerade vor diesem Hintergrund gewinnt schließlich der später einsetzende Text aus der Offenbarung des Johannes, der bei den Aufführungen jeweils in der Landessprache gesungen wird, die Bedeutung einer Demonstration von Korndorfs Lebensgefühl, das sich in der Vision eines gleichsam paradiesischen Zustands manifestiert.

Korndorfs Musik hat Tableau-Charakter, enthält in sich ein ungewöhnliches Maß an Kraft, an machtvoller Erhabenheit und an Pathos. Seine Oper *Marina und Rainer,* die am 20. Mai 1994 in der Münchener Muffathalle uraufgeführt wurde, unterscheidet sich hiervon. Der Komponist selbst schrieb vor der Premiere: »Das Thema dieses Werkes ist die Liebesgeschichte zwischen Marina Zwetajewa und Rainer Maria Rilke. Ich bezeichne meine Oper als ›Opern-Romanze‹ um die Verbindung zwischen den Prinzipien meines Werkes und der klassischen russischen Romanze des 19. und des beginnenden 20. Jahrhundert zu betonen. Es handelt sich jedoch nicht um eine Stilisierung, es ist vielmehr mein Standpunkt in Bezug auf die moderne Oper.«

Leider gehört die Aufführungsgeschichte der einzigen Oper von Nikolai Korndorf zum Traurigsten seiner Künstlerbiographie. Die einaktige Oper besteht aus fünf Szenen, die die Geschichte von Zwetajewa und Rilke und die ähnlicher Paare wie Sappho und Alkeus und Jakomoti und Sakanoe in ihren Dichtungen darstellen. Die Oper ist dramaturgisch stringent und schlüssig durchkonzipiert. In der Inszenierung durch das Ulmer Theater wurde die Musik jedoch auf zehn Fragmente verkürzt, was den musikalischen Ablauf und dessen formale Konturen zerstörte. Die Hauptdarsteller Rilke und Zwetajewa wurden durch zwei Schauspieler verdoppelt, die endlos lang auf extrem exaltierte Art aus Briefen lasen. Von der Seelenverwandtschaft oder von der Zerrissenheit der berühmten russischen Dichterin war kaum die Rede. Der Komponist, der auf eigene Initiative einen Monat vor der Premiere aus Kanada eingereist war, wurde unzureichend über den Regieplan informiert und hat seine Oper erst vier Tage vor der Premiere gesehen und kaum erkannt. Trotz des Entschlusses des Komponisten, seine Oper zurückzuziehen, wurde sie dennoch uraufgeführt, jedoch nur ein Mal gespielt.

Im Unterschied zu Korndorfs Oper wurde die seines Kollegen Wladimir Tarnopolski ein großer Erfolg. Zunächst hatte der Komponist, vermittelt durch Hans Werner Henze, dem Gründer und künstlerischen Leiter der Münchener Musiktheater-Biennale, den Auftrag vom Bayerischen Rundfunks erhalten, ein Orchesterwerk für die Biennale 1994 zu schreiben. Am 9. Mai 1994 führte das Symphonieorchester des Bayerischen Rundfunks unter der Leitung von Alexander Lasarew das Werk *Der Atem der erschöpften Zeit* mit großem Erfolg zum ersten Mal auf. Von diesem Werk ging (wie von Tarnopolskis Musik allgemein) eine überwältigende Faszination aus – seine Musik ist stets aktuell. Sie atmet und macht zugleich ihr Atmen hörbar. Er selbst schrieb zu seinem Werk: »... das 20. Jahrhundert kommt zu seinem Ende. Wenn man zurückblickt und bedenkt, was dieses Jahrhundert hervorgebracht hat, gerät man in Schwierigkeiten, denn es ist dem Bewusstsein unmöglich, dies alles im Zusammenhang zu begreifen: die unglaublich schöpferischen Taten und die unendlich schrecklichen Katastrophen, den Reichtum und die unfassbare Armut, die Revolutionen und den vernichtenden Menschenhass ... Das wahrhaft Schöne kennen wir nicht mehr, weil das Geistige nicht mehr wichtig ist. Unser Leben wird umzäunt von Pseudo-Schönheit und von Funktionalität. Der Alltag ist Kunst geworden. Wir haben keine Zeit mehr – denn die Zeit selbst hat sich erschöpft, und ihr ausgebrannter Atem hat uns schon umarmt.«[3] Tarnopolski fühlt in sich den Puls der Zeit, spürt Entwicklungen, bevor sie zum Ausbruch kommen.

Der Zusammenhang von Musik und Atem bildet die Dramaturgie des Stücks. Einige Elemente des Musikmaterials stehen als besondere Zeichen für »die Welt« des 20. Jahrhunderts – so z. B. eine Gruppe von elektronischen Instrumenten und mehrere Schlaginstrumente; der Klang von tiefen Posaunen spielt auf das Flugzeuggeräusch an.

»Für mich ist dieses Werk eine klingende Metapher einer gigantischen *Solaris* (Stanisław Lem, Andrej Tarkowski), eines ›im Nachdenken sich wiegenden Schilfs‹ (Pascal), und bezeichnet Anfang und Ende des Jahrhunderts, der Geschichte, des Atems, der sich hervorbringt und der erschöpften Zeit.«[4] Nach der erfolgreichen Uraufführung dieses Werkes in München 1994 machte Hans Werner Henze den Vorschlag, über eine Oper in dieser Richtung nachzudenken. Es dauerte mehr als ein Jahr, bis Tarnopolski sich inhaltlich mit der Idee vertraut gemacht und eine positive Entscheidung getroffen hatte.

Tschechow zählt ganz fraglos zu den Lieblingsautoren eines jeden russischen Künstlers und Musikers. Doch auffallend ist, dass es in der modernen russischen Musik so gut wie keine kompositorische Auseinandersetzung mit Tschechow gibt. Tarnopolski nähert sich nun diesem Thema. Seine Oper ist allerdings keine Literatur-Oper, sie benutzt kein Tschechow-Stück als Vorlage für eine Vertonung. Das Libretto von Ralph Günter Mohnnau beinhaltet nur kleine Fragmente aus *Drei Schwestern*, *Der Kirschgarten* und anderen Werken Tschechows. Diese Fragmente wollen keine konstruktiven Beziehungen zu Tschechows Stücken aufbauen, sondern sind eher Assoziationen, Allusionen oder traumhafte Erscheinungen.

Wichtigstes Thema der Oper ist die Zeit. Das findet seine Spiegelung in ihrem Leitmotiv. Die Gliederung der Oper in Form von drei Szenen orientiert sich an Vergangenheit, Gegenwart und Zukunft. Ein zweites Thema ist die Entfremdung der Menschen voneinander und vom Leben selbst. Es durchzieht die Oper in ihrer dramaturgischen Entwicklung. Die Oper besteht aus drei Szenen. Die Hauptdarstellerinnen – die drei Schwestern – sind nicht als drei individuelle Personen ausgeführt, sondern singen fast immer im Ensemble. Damit symbolisieren sie gleichsam die Einheit von drei Lebensweisen.

Tarnopolskis Oper ist eine Ensemble-Oper. Das heißt, dass die Oper kaum Arien oder Ariosi aufweist. Die Personen sind nicht als Charaktere und Individuen gezeichnet, sondern repräsentieren Typen. Wichtigstes Element, um dieses sinnfällig zu machen, ist die Stimme.

Ende April 1999 fand im Rahmen der Münchner Musiktheater-Biennale die Premiere mit großem Erfolg statt. Die Oper wurde allerdings bis heute kein zweites Mal gespielt.

Auffallend ist, dass in Deutschland in der zweiten Hälfte der neunziger Jahre die Auseinandersetzungen mit der jungen Komponistenszene Russlands stark zurückgegangen sind. Das Interesse hat nachgelassen, was zwangsläufig zu einer Reduzierung von Aufführungen führte. Der Musik von Sofia Gubaidulina wird nach wie vor vergleichsweise viel Aufmerksamkeit gewidmet wird, während die Werke von Denissow und Schnittke nach deren Tod deutlich seltener aufgeführt werden. Man könnte den Eindruck gewinnen, dass für das deutsche Musikleben die Entwicklungen in Russland keine nennenswerte Rolle mehr spielen. Auch wenn es noch vereinzelte Engagements gibt, ist fraglos eine andere Qualität der Auseinandersetzung festzustellen, als wir sie aus den frühen neunziger Jahren kennen.

Grund dafür ist zweifellos, dass gleich nach der Auflösung der Sowjetunion auch die gewachsenen Strukturen der Musikszene in Russland zerfallen sind. Die Assoziation spielt schon seit Jahren keine bedeutende Rolle mehr und international hat sie nicht die Entwicklung genommen, die man ihr Anfang der neunziger Jahre vorausgesagt hatte. Wesentlich ist wohl auch, dass viele der Komponisten der mittleren und jüngeren Generation ihr Heimatland verlassen haben und nun in anderen Ländern versuchen, sich durchzuschlagen. Diese Weggänge haben in Moskau zu beträchtlichen Einbrüchen in der Szene der neuen Musik geführt. Das mag bedauerlich sein. Doch ist dadurch auch Raum entstanden, der nachwachsenden Talenten Chancen eröffnet.

1 *Allgemeine Zeitung Mainz*, 16.9.1991.
2 *Neue Musikzeitung*, Mai 1991.
3 Aus dem Programmheft zum Konzert am 9.5.1994 im Münchener Gasteig.
4 Ebda.

## GRENZZIEHUNGEN – GRENZÜBERSCHREITUNGEN

### EXPERIMENTELLE MUSIK IN WEST-BERLIN SEIT 1945

BARBARA BARTHELMES

Berlins einzigartige topographische und politische Lage – inmitten des sowjetisch besetzten Gebiets, aufgeteilt zwischen den vier Mächten, später dann gespalten in Ost- und West-Berlin und getrennt durch einen doppelten Betonplattenwall – steckte die Rahmenbedingungen ab, innerhalb derer sich das kulturelle Leben und damit auch die Existenzbedingungen der zeitgenössischen Musik im Westteil der Stadt herausbildeten. In einer Art dialektischem Wechselspiel bedingten sich dabei diese Eingrenzung und die Notwendigkeit, den Kontakt zur Welt zu halten. Die kulturelle Öffnung zur Welt wurde aber auch umgekehrt mit beharrlicher Einigelung im Bestehenden beantwortet. Die Absicht, die Linien und Mäander der zeitgenössischen experimentellen Musik nachzuzeichnen, muss die soziographische Seite des musikkulturellen Lebens in West-Berlin im Blick behalten.

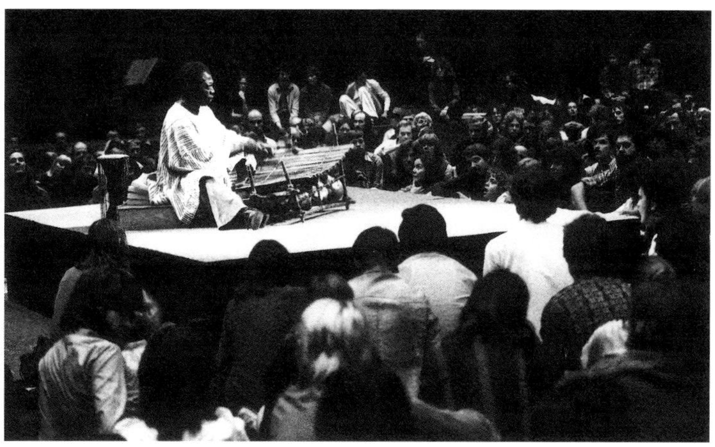

Kakraba Lobi aus Ghana am Ballaphon, *Metamusik-Festival 3*, 1978 (F: Werner Bethsold)

#### AUFBRUCH UND SPALTUNG

Trotz aller materiellen Not nahm man nach dem Ende des Zweiten Weltkriegs die Fäden des kulturellen Lebens schnell wieder auf. »Aus dem Überdruck, den Verbote erzeugen, erklären sich Vehemenz und Massenkonsum des Angebots an zeitgenössischer Musik nach dem deutschen Zusammenbruch. Unterschiedslos wurde gespielt und gesungen, was jahrelang als entartet oder volksfremd gegolten, wahllos akklamierte ein geistig ausgehungertes Volk Dinge, die man ihm vorenthalten hatte, vom Schönbergschen Klavierstück bis zur Rhapsodie von Gershwin.«[1] In dem kurzen Zeitraum von 1945 bis 1948 entstand in den vier Sektoren der Stadt eine rege Veranstaltertätigkeit hinsichtlich moderner und zeitgenössischer Musik. Die sich wieder konstituierenden Berliner Philharmoniker unter Leo Borchard und nach seinem Tod unter Sergiu Celibidache begannen ihre Konzerttätigkeit und nahmen neue Musik anteilig in ihre Programme auf: französische (Francis Poulenc, Maurice Ravel, Albert Roussel) und russische Komponisten, vor allem die großen Symphonien Dmitri Schostakowitschs, aber auch Werke Luigi Nonos und Bernd Alois Zimmermanns. Gleichzeitig engagierte man sich auf bezirklicher Ebene für die neue Musik. In Zehlendorf veranstalteten Karl Ludwig Skutsch und Josef Rufer im Haus am Waldsee Konzerte mit zeitgenössischer Kammermusik von amerikanischen und russischen Komponisten. Im Kontext der Charlottenburger Musikbibliothek stand mehr die deutsche und englische Moderne im Vordergrund. Und im Ostteil der Stadt war es der Vortragssaal des Clubs der Kulturschaffenden in der Jägerstraße, in dem Programme mit betont internationalem Charakter unter der Federführung Hans Heinz Stuckenschmidts gespielt wurden. Zu hören waren dort Werke von Sergej Prokofjew, Benjamin Britten, Paul Hindemith, Aaron Copland, Hanns Eisler, Olivier Messiaen und Boris Blacher. Noch stand die zweite Wiener Schule mit Arnold Schönberg, Alban Berg und Anton von Webern, die wenig später für eine jüngere Generation so bedeutsam werden sollte, nicht im Vordergrund. Angeboten und rezipiert wurde vor allem die Musik einer, von heute aus betrachtet, gemäßigten Moderne.[2]

Diese Entwicklung wurde durch Währungsreform und Blockade 1948 jäh unterbrochen. Nicht nur vorherrschende materielle Sorgen und eine fehlende Infrastruktur waren dafür verantwortlich. Was anfänglich wie eine nach allen Seiten hin offene Situation aussah, war durchzogen von den subkutan sich aktivierenden Ost-West-Spannungen. Es vollzog sich eine Spaltung des Musiklebens, die bereits in der Weimarer Republik ihren Anfang genommen hatte. Die Debatte um die gesellschaftliche Funktion neuer Musik trat wieder in den Mittelpunkt und verschärfte sich durch die fortschreitende Teilung Deutschlands und Berlins.

Mit den Musikbeschlüssen des ZK der KPdSU (am 10. Februar 1948) und dem II. Internationalen Kongress fortschrittlicher Komponisten und Musikkritiker in Prag (20./21. Mai 1948) auf der einen Seite und dem Zwölfton-Kongress in Mailand (15. Mai 1949) auf der anderen Seite brachen die Lager auseinander.[3] In Berlin rieb sich diese Debatte an der Person Stuckenschmidts, dessen Rolle für die neue Musik in den Nachkriegsjahren mit der vergleichbar ist, die Will Grohmann, Werner Haftmann oder Arnold Bode für die bildenden Kunst einnahmen. 1946 – kaum aus der französischen Gefangenschaft entlassen – wurde er sofort in die Wirbel des sich neu aufbauenden Berliner Musiklebens hineingezogen. Im gleichen Jahr noch wurde er zum Leiter des Studios für Neue Musik im RIAS ernannt und entfaltete seine Aktivitäten als Organisator von Konzerten und als Musikkritiker. Sein oberstes Ziel war, da anzuknüpfen, wo der Faden durch die vernichtenden Strategien des Nationalsozialismus und durch die Emigration unzähliger Künstler und Komponisten abgerissen worden war: bei der musikalischen Moderne bzw. Avantgarde. Allgemein baute man vor allem auf deren internationalen Charakter, auf die Weltsprache der »Abstraktion«, und glaubte so, die durch den Krieg tief aufgerissenen Gräben zwischen den Ländern, zumindest auf dem Wege der Kultur, überbrücken zu können. In diesem Kontext sind nicht nur spektakuläre Ausstellungen wie die erste und zweite *documenta* in Kassel zu sehen, sondern auch die Einrichtung der *Internationalen Ferienkurse für Neue Musik* auf Schloss Kranichstein 1946 und die Wiederbelebung der *Donaueschinger Musiktage* 1950. Auch publizistisch wurde versucht, eine Brücke zu schlagen zwischen der Avantgarde nach dem Ersten Weltkrieg und den damals zeitgenössischen Strömungen der fünfziger Jahre. Stuckenschmidts 1951 und 1958 veröffentlichte Bücher *Neue Musik zwischen den Kriegen* und *Schöpfer neuer Musik* stehen dafür ein.

In diese Phase des Wiederaufbaus des Musiklebens fällt die Teilung Deutschlands, die die bereits schwelenden Spaltungstendenzen in Einklang mit der Konstitution eines neuen staatlichen Gebildes und dessen ideologischer Fundierung brachte. In der DDR griff man auf die Dogmen des sozialistischen Realismus zurück und grenzte die westliche Musik aus, verbunden mit dem Vorwurf der Dekadenz und der Bürgerlichkeit, namentlich des »überhitzten Expressionismus der Schönberg-Schule« und des »kalten Neoklassizismus der Adepten Strawinskys«.

»Berlin tritt leise«[4] – mit diesem Satz charakterisierte Josef Rufer das Verhältnis West-Berlins zur neuen Musik nach 1948. Dieses »Leisetreten« spiegelte sich nicht nur im Fehlen einflussreicher Institutionen und Ensembles, die sich ausdrücklich für die neue Musik einsetzten,[5] sondern auch in den spärlichen Programmen. Diese wandten sich über Jahre der klassischen Moderne zu und zeichneten sich durch eine distanzierte Haltung gegenüber der Zwölftönigkeit und ihrer Nachfolgerin, der seriellen Musik, aus. Die »Neue Musik«, die sich mit den Namen Karlheinz Stockhausen, Pierre Boulez, Luigi Nono und anderen verband, wurde in der Provinz gefördert: in Darmstadt, in Donaueschingen und in Köln, wo sich vor allem der Rundfunk der noch jungen elektroakustischen Musik annahm.

Trotz aller Agonie wurden in den Jahren nach 1948 nicht nur die notwendigen Infrastrukturen erneuert, sondern auch die Grundsteine gelegt, die den zeitgenössischen aktuellen Strömungen zunehmend Gehör verschaffen sollten. Vor allem mit der Gründung der Berliner Festspiele 1951 entstand ein Forum institutionellen Charakters, das sich als eine wichtige Plattform für innovative Konzepte und Musiken entpuppen sollte. In einer damals im Fernsehen übertragenen Reihe von Gesprächskonzerten mit dem Titel *Musik im technischen Zeitalter*, initiiert vom *Arbeitskreis für elektronische Musik*,[6] schien zum ersten Mal der Weg auf, den West-Berlin bei seinem Versuch, die Isolation zu überwinden, gehen sollte: den der permanenten Grenzüberschreitung im musikalischen Experiment, damals repräsentiert durch Komponisten wie Pierre Schaeffer, John Cage und David Tudor.

## ÜBER DIE MAUER HINWEG – DIE SECHZIGER JAHRE

Mit dem Mauerbau 1961 wurde die Spaltung der Musikkultur in Ost und West im wörtlichen Sinne fest zementiert, gleichzeitig aber auch die Insellage West-Berlins, das heißt seine Eingrenzung nach innen festgeschrieben. Auch in kultureller Hinsicht wirkte der Mauerbau 1961 als ein Schock, denn »mit ihm wurden über Nacht Illusionen und Identifikationen ausgelöscht. Für die Berliner gingen mit dem Mythos der Frontstadt und dem ›Schaufenster der freien Welt‹ Fundamente ihres Selbstverständnisses zu Bruch. Was damals übrig zu bleiben schien, war eine verblichene Erinnerung an die ehemalige deutsche Hauptstadt und ihren nostalgischen Mythos eines europäischen Kulturzentrums in den 20er Jahren.«[7]

Um dem Absinken in die kulturelle Bedeutungslosigkeit entgegenzuwirken, entwickelte 1962 der Berliner Senat, gemeinsam mit dem Bund und der Ford Foundation, ein *Berliner Kultur-Programm* und stattete es mit enormen finanziellen Mitteln aus. Aus dieser Initiative gingen drei verschiedene Projekte hervor: das *Internationale Institut für vergleichende Musikstudien und Dokumentation* als Brücke und Dialogpartner für außereuropäische Kulturen, das *Literarische Colloquium Berlin* als ein Workshop internationaler Schriftsteller und das *Artists in Residence* Programm, das nach amerikanischem Vorbild Komponisten, Schriftsteller und bildende Künstler zu längeren Arbeitsaufenthalten nach Berlin einladen sollte. Dieses *Artists in Residence* Programm, das spätere Berliner Künstlerprogramm des DAAD[8], hatte weitreichende Folgen für die zeitgenössische Musik in West-Berlin.

Zunächst jedoch stieß es nicht nur auf Ablehnung und Ressentiments bei den West-Berliner Künstlern und Musikern, sondern auch auf ein geringes Echo und wenig Bereitschaft der ortsansässigen Institutionen, sich für den Austausch mit den Stipendiaten einzusetzen oder davon auch zu profitieren. »Studiert man die ersten Konzertreihen, die das Berliner Künstlerprogramm veranstaltete, dann ist nicht zu übersehen, dass die Berliner Institutionen, die sich neuer Musik grundsätzlich widmeten – die Akademie der Künste, die Sender SFB und RIAS, sowie die Berliner Philharmoniker – sich den neuen Anforderungen des DAAD nur zögernd öffneten. Die meisten Konzerte des Künstlerprogramms fanden zunächst an weniger exponierten Orten statt – in den Kulturhäusern der Amerikaner und Engländer, in Berliner Kirchen oder in der damals sehr aktiven Amerika Gedenkbibliothek ... ich erinnere mich an manches Gespräch mit den Stipendiaten, in denen sie vor allem ihre Isolation beklagten, die geringen Kontakte zur Berliner Komponisten-Szene.«[9] Unter den ersten Gästen dieses Programms waren in den Jahren 1963–1965 Komponisten wie Roger Sessions, Elliott Carter, Luciano Berio, Iannis Xenakis, Frédéric Rzewski und sogar Igor Strawinsky. Ihnen folgten in den Jahren darauf Luc Ferrari, Francis Miroglio, Cristóbal Halffter, Franco Evangelisti, Krzysztof Penderecki, Roman Haubenstock-Ramati, György Ligeti. Also alles Komponisten, deren Namen Eingang in die einschlägige Geschichtsschreibung gefunden haben und deren Wirkung auf die Musik des 20. Jahrhunderts verbürgt ist.

*Neither* in der Neuen Nationalgalerie, aufgeführt vom Radio Symphonie Orchester Berlin beim *Metamusik-Festival 3*, 1978, Musik: Morton Feldman, Text: Samuel Beckett, Bühnenbild: Michelangelo Pistoletto (F: Werner Bethsold)

Die Stagnation in der »musikalischen Gesamtatmosphäre«, die sich der Grenzziehung nach innen, der Selbstbezüglichkeit der Institute verdankte, veränderte sich erst, als junge Berliner Komponisten von sich aus die Initiative ergriffen und 1965 die *Gruppe Neue Musik Berlin* gründeten. Erst mit deren engagierten Programmen vollzog sich der verspätete Berliner Aufbruch in die neue Musik. Ihre Initiative in eigener Sache – Aufführung der Musik junger Berliner Komponisten (wie z. B. Gérald Humel, Dieter Siebert, Karl Heinz Wahren, Erhard Grosskopf, Frank Michael Beyer) – mündete schnell in ein Engagement für die neuen Werke anderer. Sie präsentierten in thematisch ausgerichteten Konzerten die Protagonisten der Neuen Musik ebenso wie die jeweiligen Gäste des DAAD, aber auch weniger bekannte Komponisten. Sie organisierten Festivals zeitgenössischer Musik, wie zum Beispiel die *6 Tage*

*Musik* 1969 in der Akademie der Künste, die der elektronischen Musik, der Improvisation und Live-Elektronik und den sich zwischen Beat, Elektronik und Improvisation bewegenden Gruppen wie Tangerine Dream, Agitation und Musica Elettronica Viva gewidmet waren.

Ebenfalls 1965 schuf der DAAD mit den *Rencontres Musicales* eine Konzertreihe, die bis in die siebziger Jahre den Stipendiaten die Aufführung ihrer Werke ermöglichte. Und auch die Institutionen, deren Einsatz auf dem Gebiet der zeitgenössischen Musik bislang eher verhalten gewesen war, wie die Akademie der Künste, die Rundfunkanstalten und die Philharmoniker, schienen von diesem Aufschwung zu profitieren.[10] Es entwickelte sich eine Organisationsstruktur, die auf der einen Seite mit den Festwochen, dem DAAD und der Akademie der Künste ihre institutionelle und auch finanzstarke Verankerung hatte, der auf der anderen Seite aber auch selbst organisierte, frei bewegliche Initiativen gegenübertraten.

Die Festwochen standen im Zentrum. Nicht zuletzt durch ihre finanzielle Ausstattung konnten sie sowohl die großen Orchester als auch Initiativen wie die der Gruppe Neue Musik integrieren. Und im Interesse des DAAD lag es, seine Aktivitäten mit möglichst vielen Veranstaltern zu verbinden, um so eine Akzeptanz und Integration des Künstlerprogramms zu erreichen. Umgekehrt fand dadurch das in der Stadt vorhandene kreative Potenzial Resonanz und Öffentlichkeit. Dieses Modell der Verzahnung und gegenseitigen Zuarbeit verschiedener Träger zeitgenössischer Musik auf der Basis staatlicher und stattlicher Subventionen sollte für das Musikleben West-Berlins konstitutiv bleiben.

### METAMUSIK UND KLANGKUNST

Berlin hat verspätet den Anschluss an die zeitgenössische Musik Darmstädter Zuschnitts gefunden. Genau darin jedoch begründete sich die Besonderheit des West-Berliner Musiklebens. Es musste nicht nur, sozusagen im Zeitraffer, die Lücke aufgefüllt werden, die sich im Zeitraum zwischen der Blockade und dem Mauerbau aufgetan hatte. Berlin ist darüber hinaus gleichzeitig noch auf den bereits fahrenden Zug der Kunst- und Musikströmungen aufgesprungen, die in den sechziger Jahren außerhalb seiner Grenzen virulent waren – wie zum Beispiel die Tendenzen der Live-Elektronik, der Performance- und Aktionskunst, der Minimal Music und einer intermedialen Kunst. Dabei gerieten, ohne den Blick von Osteuropa zu wenden, vor allem die Experimente amerikanischer und westeuropäischer Komponisten und Künstler zusammen mit den Vorboten der World Music in den Fokus.

Das »Experimentelle« fand in der Praxis der Veranstalter verschiedene Deutungen. Experiment, im neuzeitlichen naturwissenschaftlichen Sinn verstanden, war Bestandteil von Veranstaltungen mit elektronischer und elektroakustischer Musik. Experiment, verstanden als ein »gewagtes« Unternehmen mit eher ungewissem Ausgang, als das Zufällige, das Musik auch als »experimental action« interpretiert,

verband sich vor allem mit den zwischen den Kunstgattungen agierenden Musiken. Zentral für diese Position war seit den fünfziger Jahren John Cage, der bereits ab 1960 immer wieder West-Berlin besuchte. 1972 war er Gast des DAAD, wo er gleichermaßen in den Sparten Kunst und Musik wirkte.

Überhaupt hielten sich in der Zeit viele Komponisten in West-Berlin auf, die an den Nahtstellen von bildender Kunst und Musik experimentierten. Angefangen mit Ladislav Kupkovič, der 1970 in der Akademie der Künste eine vom Publikum begehbare *Musikalische Ausstellung* inszenierte, bis hin zu Robert Morans spektakulärer *Oper ohne Musik und Handlung* für ein Kaufhaus-Schaufenster am Kurfürstendamm (1974). Mario Bertoncini entwickelte in Berlin Klangplastiken und installierte zusammen mit dem Briten Peter Sedgley 1974 im Haus am Waldsee Klang-Environments, die fest mit der Aktion des Publikums rechneten. Stephan von Huene und Max Neuhaus erprobten ihre Klang und Raum gestaltenden Projekte am Berliner Publikum: Stephan von Huene mit seinen *Sound Machines* 1977 in der Galerie Becker und Max Neuhaus mit der akustischen Installation *Water Music* am 18. Juni 1977 im Kreuzberger Prinzenbad – eine der ersten Klanginstallationen überhaupt. Die Auftritte der Performerin Joan La Barbara in der Konzertreihe *Lautkompositionen* und ihr *Voice Workshop* im K 19, einer für den Abriss freigegebenen Fabriketage am Klausener Platz, haben bleibenden Eindruck in der Berliner Szene hinterlassen.

Zunehmend wurden Ereignisse der Kunstszene auch für ein musikorientiertes Publikum interessant. Edward Kienholz, zusammen mit Robert Rauschenberg Erfinder des Environments, arbeitete von 1973 bis 1974 in Berlin. Vertreter der Happening- und Aktionskunst wie Allan Kaprow und Wolf Vostell waren in der Stadt präsent. Nicht zu vergessen die Aktivitäten des Galeristen René Block, der ausgehend von seinem Engagement für Fluxus 1970 akustische Räume von Künstlern wie Karl Horst Hödicke, Konrad Schnitzler und Wolf Vostell gestalten ließ.

1974 endlich öffnete sich auch die Hochschule der Künste der inzwischen sehr lebendigen Szene aktueller Musik. Mit der Einrichtung eines Lehrstuhls für »Experimentelle Musik« betrat die HdK damals in der bundesrepublikanischen Hochschullandschaft Neuland. Die Vorlesungen und Seminare des Komponisten Dieter Schnebel wirkten nicht nur hochschulintern. Sie waren Anlaufstellen und fächerübergreifender Anziehungspunkt für die jüngere Generation der sich experimentell ausrichtenden Szene West-Berlins.

*Contre Festival* im Atelier von Mary Bauermeister, Köln, 1960 (F: Manfred Leve)

All diese Tendenzen der Öffnung, der Grenzüberschreitung haben die heute legendären *Metamusik*-Festivals[11] aufgegriffen und gebündelt. Deren Begründer, Walter Bachauer, schuf durch seine Verbindung von europäischer Avantgarde mit amerikanischen wie auch außereuropäischen Einflüssen ein Festival neuen Typs. Metamusik »ist keine Etikett für eine neue Schublade im musikalischen Sortiment der Zeit. Metamusik ist genau das Gegenteil von Genre-Begrenzung, das ›Meta‹- steht für ›Über‹-griff, für ein kasten- und kästchenloses Musikbewusstsein, dem die ›Querlinien über die Weltmusik‹ wichtig geworden sind.«[12]

Und mit der Wahl der Aufführungsorte, der Neuen Nationalgalerie und der benachbarten Matthäi-Kirche, versuchte Bachauer, den durch die aktuellen Musikströmungen in Frage gestellten traditonellen Aufführungssituationen etwas Neues entgegenzusetzen. »Der allabendliche Griff zum Kunststoffkissen, das auf den Boden gelegt wird und den Besucher und Hörer zu einer meditativen Sitzhaltung zwingt, hat bereits den Charakter einer ersten Einübung in eine gänzlich andere, gelöstere, unprätentiöse Rezeptionshaltung. Nicht strukturelles Hören dominiert in solchen Konzerten, sondern eine Haltung grundsätzlicher Offenheit und Gelöstheit.«[13]

Gerade die überlebensnotwendige Öffnung nach außen hat bewirkt, dass das »Crossover« der Künste – von Musik zu bildender Kunst und umgekehrt, die Grenzüberschreitungen zwischen den Kulturen, das Ausloten des Vakuums zwischen U- und E-Musik und die Irritationen traditioneller Konzert- und Aufführungsformen – zu einer Besonderheit, zum experimentellen Charakter des Musiklebens der Stadt geworden sind. In den Jahren vom letzten Metamusik-Festival bis zum Mauerfall erfuhr diese Spezifik eine Erweiterung auf breiter Basis, in Ausstellungen, Symposien, Festivals, Konzertreihen und in der wissenschaftlichen Reflexion.[14] René Block und Nele Hertling knüpften gleich 1980 mit der Ausstellung *Für Augen und Ohren. Von der Spieluhr zum akustischen Environment* an der Akademie der Künste an die Tradition der *Metamusik*-Festivals an. Sie dokumentierten nicht nur den Ist-Stand einer virulenten Strömung, sondern brachten mit Nachdruck das Entstehen neuer künstlerischer Formen ins öffentliche Bewusstsein: Klanginstallation, Klangskulptur und Musikperformance. Diese Strömung wurde in ihrer Entwicklung von einer Vielzahl von Initiativen getragen: von der seit 1978 aktiven, von Rolf Langebartels ins Leben gerufenen *Galerie Gianozzo*, von der Ladengalerie *Gelbe Musik*, geleitet von Ursula Block, von den *Inventionen*, einem vom Elektronischen Studio der Technischen Universität und dem DAAD getragenen Festival, um nur einige zu nennen.

In die achtziger Jahre hinein wuchs aber auch eine Generation, für die die Massenkultur des Pop und Rock und der mediale Transport von Musik eine primäre musikalische Erfahrung darstellten. Sie wurde in die universelle Präsenz einer Vielfalt von Musiken, Stilen und Gattungen hineingeboren, die unabhängig vom Zeitpunkt ihrer Entstehung und ihrer Herkunft durch den global operierenden Musikmarkt jederzeit zur Verfügung gestellt werden konnten. In diesem Zusammenhang steht der Punk, eine Bewegung jugendlicher Subkultur und Avantgardekunst zwischen 1977 und 1980. Er markierte das Ende einheitlicher, linear aufeinander folgender jugendlicher Stilformen. Zusammen mit dem damals aufkommenden Videoclip, der den Eklektizismus und extensiven Gebrauch von Zitaten sowie die Auflösung und Diversifikation einzelner Stilelemente förderte. Der erweiterte Musikbegriff Cage'scher Prägung, der alles einschließt, was klingt, erfuhr im Punk eine zeitgemäße Aktualisierung. Hinzu kam das Amalgam musikalischer Sprachstile, von Rock, Jazz, Free Jazz bis hin zu neuer und ethnischer Musik, die neu gelesen und kontextualisiert werden konnte. Auf diese neue Gemengelage von Musik im weitesten Sinn reagierten in West-Berlin die *Freunde Guter Musik* mit der Gründung ihres gleichnamigen Vereins 1983. In ihren Konzerten, *Musiken am Sonntagnachmittag*, vor allem aber in der Festival-Reihe *Urbane Aboriginale* protegierten sie einen neuen Künstlertypus, den Composer-Performer, und eine neue musikalische Praxis, die Musikperformance.

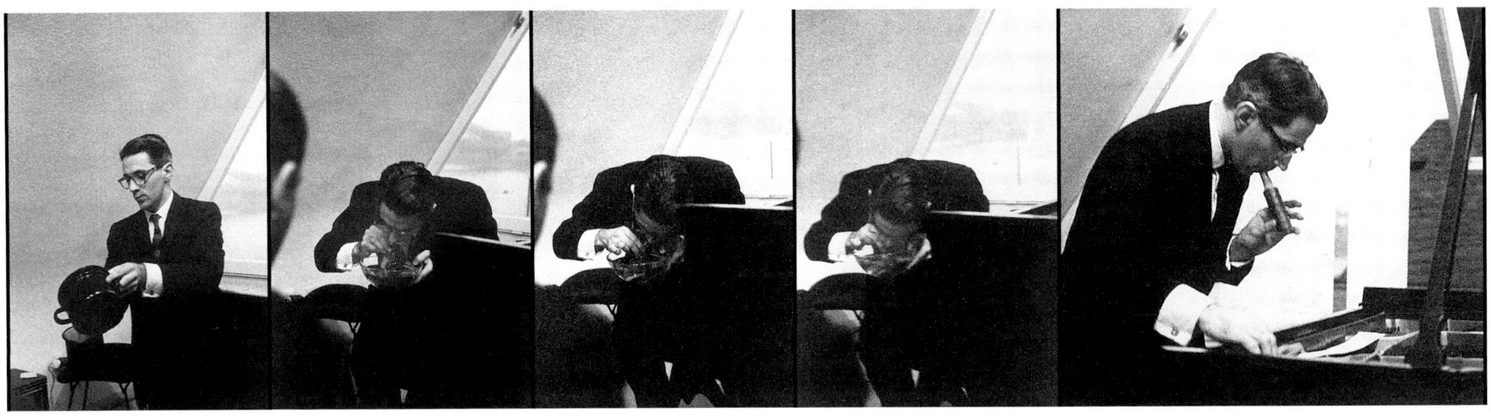

In ihr wurde die Verknüpfung von Primitivismus und Stadt als Element der künstlerischen Avantgarde neu aufgegriffen, und eine semi-narrative Kunst, die spielerisch mit dem explosiven Kontext Mensch-Maschine umging, spiegelte das Lebensgefühl in den Metropolen der achtziger Jahre wider.

Diese Wiederbelebung des Urbanen fand deutlichen Ausdruck in der Ausstellung, mit der sich West-Berlin anlässlich der 750-Jahr-Feier selbst inszenierte: In *Mythos Berlin* wurde nicht nur historisierend mit diesem für das Überleben der Stadt so wichtigen Ideologem umgegangen. Das Urbane als soziologisches, ökonomisches und politisches, vor allem aber als ästhetisches Phänomen und Lebensgefühl schien endlich die durch Mauer und Isolation verloren gegangene Identität wieder zu beleben. Doch nicht lange. Mit dem Fall der Mauer 1989 galten schlagartig die psychogeographischen Bedingungen dieses so spezifischen Musiklebens in West-Berlin nicht mehr. Eine erneute Identitätsfindung wurde nötig. Das geschah beispielsweise in der Musik-Ausstellung *Sonambiente* 1996, welche insbesondere die »site specifity« der architektonisch und kulturell im Umbruch befindlichen Stadt Berlin thematisierte. Dafür wurden als Ausstellungsorte unter anderem das Staatsratsgebäude oder die ruinösen und aufgrund ihres Standorts im Mauerstreifen während des Bestehens der DDR nur schwer zugänglich gewesenen Räume der Akademie am Pariser Platz genutzt. Im Zentrum stand erneut das Experiment.

1 Hans Heinz Stuckenschmidt: *Neue Musik in Deutschland nach 1945*, in: *Musik in der Bundesrepublik Deutschland, Dokumentation 1957/58*, Hg.: Deutsche Sektion der Internationalen Gesellschaft für Neue Musik e.V., Frankfurt/M 1958, S. 11–18.
2 EBd.
3 Siehe: *Das Jahr der Spaltung*, in: *Neue Musik im geteilten Deutschland. Dokumente aus den fünfziger Jahren*, Hg.: Ulrich Dibelius und Frank Schneider, Berlin 1993, S. 14ff.
4 Josef Rufer: *Berlin tritt leise*, in: *Melos*, 1955, Heft 4, S. 115.
5 Die Rundfunkanstalten (SFB und RIAS) traten so gut wie gar nicht in Erscheinung. Eine Ausnahme war die vom SFB veranstaltete Konzertreihe *Musik der Gegenwart*, die heute noch existiert.
6 Siehe: Frank Gertich, Julia Gerlach, Golo Föllmer: *Musik ..., verwandelt. Das elektronische Studio der TU Berlin 1953–1995*, Hofheim 1996.
7 Peter Nestler: *Das Berliner Künstlerprogramm. Vorläufer und Anfänge*, in: *Blickwechsel. 25 Jahre Berliner Künstlerprogramm*, Berlin 1988, S. 59.
8 Das Programm wurde ab Juli 1966 vom DAAD übernommen.
9 Wolfgang Burde: *Rendezvouz der musikalischen Weltkulturen in Berlin*, in: *Blickwechsel*, s. Anm. 7, S. 80.
10 Siehe: *Neue Musik in der Bundesrepublik Deutschland. Dokumentation von 1959/60 bis 1970/71*, Hg.: Deutsche Sektion der Internationalen Gesellschaft neuer Musik e.V., Darmstadt 1971.
11 Das *Metamusik*-Festival 1 fand 1974 statt, Nr. 2 1976, Nr. 3 1978. Sie standen jeweils unter den Themen des *Einflusses Asiens auf Euroamerika*, *Rhythmus und Perkussion* oder *Gestik-Mimik/Musik-Theater-Aktion*. Diesen Festivals waren das *1. Festival für avantgardistische Musik* (1964), die *2. Woche experimenteller Musik* (1968) und die *Arbeitstage für Musik* (1970) vorausgegangen.
12 Walter Bachauer: *Metamusik als Manifest. Musik als Metamusik. Ein ad notam*, in: *Metamusik-Festival 1 und 2*, Berlin 1974 und 1976, DAAD Berlin, 1977.
13 Wolfgang Burde: *Metamusik in Berlin*, in: eBd., o.S.
14 Helga de la Motte-Haber: *Musik und Bildende Kunst*, Laaber 1990.

# LITERATUR

# TITANISMUS UND WELTERFAHRENE HÄUSLICHKEIT

## EIN LEBEN MIT DER RUSSISCHEN MODERNE

FRITZ MIERAU

*Für Wolfgang Kasack*

Als ich vor fünfzig Jahren an der Ost-Berliner Humboldt-Universität Slawistik studierte, stand dahin, was ich einmal in meinem Fach anfangen würde. Kein Mensch sprach damals von »russischer Moderne«. Ich ahnte nicht, dass ich mich längst in einer Gegend dieses Namens bewegte, aus der ich dann ein Leben lang meine geistigen Existenzmittel beziehen sollte. Wie viel weniger ließ sich vermuten, dass meine Ankunft, mein Aufenthalt und meine Arbeit auf diesem Felde vor Jahrzehnten erwartet und angekündigt worden waren.

»Wenn die Europäer«, so Ossip Mandelstams Voraussage von 1921 im Essay *Über die Natur des Wortes*, »demütig Generationen am Studium der russischen Sprache erzogen haben [werden] wie die früheren an den alten Sprachen und der klassischen Poesie«, dann werden sie über die Kühnheit der russischen Dichtung staunen. Dass die Europäer einmal zur Demut gegenüber dem Russischen gezwungen sein könnten, sah Mandelstams Prophezeiung nicht vor. Und doch ist es so gekommen.

Die sowjetische Vormachtstellung im Osteuropa der Nachkriegszeit führte zu einer nie da gewesenen Rangerhöhung des Russischen, die zwar nicht gerade die geistigen Ziele der Voraussage von 1921 verfolgte, sich aber doch auch im Kalkül einer einheitlichen politischen, wirtschaftlichen und militärischen Verkehrssprache für das künftige sozialistische Weltsystem nicht erschöpfte.

Was aus dem Imperium im Osten selbst schon über unsere erste Russisch-Fibel (Wolfgang Steinitz' *Volkslehrbuch* von 1946) in das Sachsen meiner Jugend herüber drang, hatte etwas Ungeheures. Es verlieh dem in der Sowjetischen Besatzungszone zur ersten Fremdsprache erhobenen Russisch den Zauber eines Geheimschlüssels. Neben der Unvorstellbarkeit des Raumes, der immer gleich in Tausenden von Kilometern gerechnet wurde und ein Dutzend Zeitzonen überspannte, war da ein Unmaß und Übermut in den Unternehmungen, eine Vermessenheit, etwas Titanisch-Aufrührerisches, das ich bisher nur aus Heldensagen oder aus Goethes *Prometheus* kannte: Unerbittlich im Tempo der gewalttätigen Industrialisierung des einstigen Agrarlandes, erdverändernd in den stalinschen »Großbauten des Kommunismus«, Millionen umschlingend in der Friedensrhetorik.

Zum Agenten und Dolmetscher dieser Hybris war die Gesellschaft für Deutsch-Sowjetische Freundschaft ausersehen. Sie versuchte den Eindruck zu erwecken, als sei man an den sagenhaften Projekten unmittelbar beteiligt, was eben nicht das Distelköpfen eines Knaben sei, sondern das Menschenschaffen eines Demiurgen. Alles beglaubigt durch das Stalin-Wort zur Gründung der DDR vom 13. Oktober 1949, nach dem das deutsche und das sowjetische Volk über »die größten Potenzen in Europa zur Vollbringung großer Aktionen von Weltbedeutung« verfügten.

Als Zirkelleiter für Russisch, Wandzeitungsredakteur, und »Großbauten«-Lektor habe ich zunächst in Sachsen diese »Aktionen von Weltbedeutung« betrieben, bis ich 1956/57 als Funktionär für Agitation und Propaganda im Berliner Zentralvorstand der Freundschaftsgesellschaft die ganze DDR damit überzog: Ich streifte mit zwei Freunden durchs Land und erzählte von den Wasserkraft-Wundern der sibirischen Flüsse Jenissej und Angara – ohne sie je erblickt zu haben. Boris Pasternak hat die Zweideutigkeit solcher Bezauberung in einem Lamento des Dichters Doktor Shiwago genau beschrieben. Angesichts der ewigen Wiederholungen in den Dekreten und Verlautbarungen der neuen Macht überkam den Doktor der tödliche Schrecken, man werde das Entzücken über die Vorbehaltlosigkeit dieser Sprache und die Geradheit dieses Denkens damit zu bezahlen haben, dass man sein Lebtag nichts anderes zu sehen bekäme als die immer gleichen schalen Aufrufe und Aufforderungen, die, je häufiger wiederholt, desto lebloser, unverständlicher und uneinlösbarer sein würden. »War er etwa einen Augenblick lang allzu teilnahmsvoll gewesen und hatte sich auf ewig selbst versklavt?«

Ganz ungeschützt gegen die Attacke des Titanismus war ich glücklicherweise nicht. Der Stil meines sächsischen Elternhauses feite mich gegen den bösen Reiz demonstrativer Auftritte und der dazugehörenden Zeremonielle und Diskurse. Mein Vater – Bankkaufmann in Berlin und nach 1945 zehn Jahre Geschäftsführer der EDEKA des Kreises Döbeln – verstand sich als »parteiloser bürgerlicher Demokrat« und begegnete den hochfliegenden sowjetischen Plänen mit dem kühlen Kopf eines Kenners der Weltwirtschaft und geschulten Logistikers. Dieser Nüchternheit verband sich der entwaffnend praktische Sinn und der Humor meiner Mutter. Noch die heikelsten Verwicklungen entwirrte sie dank ihrer Empfänglichkeit für Sprachwitz und Situationskomik. Ich lernte bei uns zuhause die scheinbar so verpflichtenden Sprachregelungen als Übereinkünfte von begrenzter Dauer und daher kündbar zu begreifen.

Wie dieser aus dem Häuslichen gespeiste Impuls meine Berliner russischen Studien prägte, habe ich erst im Laufe der Jahre begriffen. Zunächst war da wohl nichts anderes als der intuitive Versuch, die geistige Welt im Osten an meine Welt heranzuziehen. Das erwies sich deshalb als schwierig, weil die erste Gestalt, in der diese Welt mir mit suggestiver Kraft begegnete, meiner Welt so fern stand, ja feind war, dass eine Annäherung undenkbar schien. Von den »Großbauten« war gut reden gewesen – die blieben Angelegenheit der Technik und Logistik. Hier aber beherrschte einer die Szene, der wie dazu geschaffen war, das Ungestüm der Welterneuerung leibhaftig zu verkörpern. Er verkehrte mit Natur und Geschichte in einer Weise, dass einem der Atem stockte. Die Sonne musste es sein, die er sich als »Monokel ins Auge« klemmte oder zumindest zu Gast lud; eine »Sowjetfabrik« wollte er werden, »erbaut, um / Glück / zu produzieren« – den »hundertjährigen Sommer«. Wladimir Majakowski hieß dieser neue Prometheus, und es passte zum Bild, dass ihn der politische Architekt der »Großbauten« zum poeta laureatus sovieticus erwählt hatte. Kunst und Macht in einer spektakulären Allianz.

In meiner Ahnungslosigkeit geriet ich an der gefährlichsten Stelle auf das Gelände der russischen Moderne – genau dort, wo sie die Allianz mit der Macht nicht nur duldete, sondern als Triumph ihrer Maximen feierte. »Ich will, / dass von Dichter-Erzeugnissen / Stalin /

im Namen des Politbüros / berichtet.« Vier Jahre danach erschoss sich der Dichter Majakowski. Würde ich nun gezwungen sein, für immer im Angesicht von Versuchung, Glanz und Tödlichkeit dieser titanischen Allianz zu leben?

Hilfe kam von unverhofter Seite. Anfang 1955 stieß ich auf eine Zeitschrift, in der Majakowski ganz anders aussah als auf den kanonischen Bildern der Berliner Vorlesungen. Es war das hektographierte Hamburger Blatt *Zwischen den Kriegen*, das seit 1952 erschien. Ich wandte mich an den Herausgeber Werner Riegel und erbat Auskunft zum Programm. Riegel verwies mich auf die »finistische« Lyrik und Poetik in den laufenden Heften, die er mir für 0,25 DM das Stück auf meine Bitte hin sicherheitshalber nicht zu mir nach Pankow, sondern nach Schöneberg zu meiner Tante Bertha sandte.

In Riegels Genealogie des Finismus erschien Wladimir Majakowski nicht als der »stalinistische Dialektiker«, zu dem er verhunzt worden war. Er erschien als der Revolutionär der Form, für den die soziale Revolution weltgeschichtliches Material darstellte. »... was diesen Typ im letzten wahr macht«, schrieb Riegel mit Blick auf Majakowskis Poetik-Essay *Wie macht man Verse*, ist »eine Hinterhältigkeit, die das Primat der Formenergie (das heißt: der Kunst) hinter dem Primat der Zweckmäßigkeit (das heißt: des sozialen Nutzens) verbirgt. Die Form ist die Determinante der Tendenz, der Formcharakter enthält die Erbanlage der zukünftigen Aussage.« Majakowskis Selbstmord im April 1930 sei das Eingeständnis gewesen: »Einer starb, den seine Kunst widerlegt hatte.« Majakowski stand hier in einem ganz anderen Umfeld, als an der Humboldt-Universität gelehrt wurde. Bei Riegel fand er sich mit Hölderlin, Heine, Rimbaud und Georg Heym unmittelbar neben den »vier Großen« des 20. Jahrhunderts wieder – Stefan George und Georg Trakl, Gottfried Benn und Bertolt Brecht, den vier »Hochspannungsmasten eines elektrischen Nervs dieser Zeit, ungeheure Kraftströme entsendend«.

Ich traf hier bei aller Weltkundigkeit und Weltgewandtheit auf etwas Haushälterisches – Versökonomie etwa oder poetische Vorratswirtschaft, auf einen durchaus konventionsbewussten Alltag, der nun eine Annäherung nicht nur möglich machte, sondern geraten sein ließ. Im Sommer 1956 las ich in Majakowskis Poetik-Essay, der 1948 im Berliner Verlag Volk und Welt erschienen war, die erlösenden Sätze vom häuslichen Geheimnis des Versrhythmus: »Einen Rhythmus kann sowohl das Rauschen der sich wiederholenden Brandung auslösen als auch ein Hausmädchen, das allmorgendlich die Tür zuschlägt, was in Wiederholungen dröhnend durch mein Bewusstsein stampft. Und schließlich auch die Vorstellung der Erdumdrehung, die bei mir, wie bei der Vorführung eines rotierenden Schulglobus, komischerweise unzertrennlich mit dem An- und Abschwellen des dabei erzeugten Windes verbunden ist.« Was ich am Ende »welterfahrene Häuslichkeit« nannte, muss ich in diesem Augenblick zuerst erlebt haben.

So begann mein Austritt aus der Ahnungslosigkeit. Dem Lotsen habe ich für seinen Dienst erst spät danken können. Jahrzehnte nach seinem frühen Tod 1956 widmete ich Werner Riegel meinen Einführungsvortrag zum Hamburger Symposium über den russischen Emigrationsfilm *Die Hamburger Rechnung. Zur Topographie der russischen Deutschland-Mythen* (1994).

Es war diese Rückbindung Majakowskis ans Häusliche, die mich für den Anruf aus dem unbekannten Gelände empfänglich machte. War ich es nicht, dem Anna Achmatowa ihre *Berufsgeheimnisse* anvertraute?

Sergej Tretjakow, *Lyrik Dramatik Prosa*, Leipzig 1978

Demjan Bedny, *Gedichte und Fabeln*, Leipzig 1974

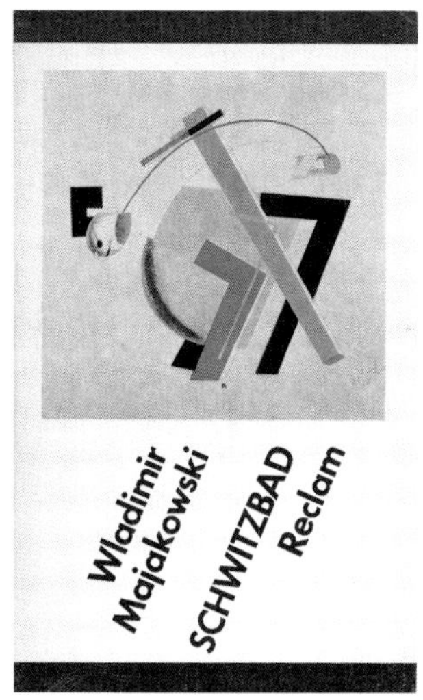


Wladimir Majakowski, *Schwitzbad*, Leipzig 1978

Marina Zwetajewa, *Gedichte Prosa*, Leipzig 1987

*Die Erweckung des Wortes*. Essays der russischen Formalen Schule, Leipzig 1987

*Russen in Berlin, Literatur Malerei Theater Film 1918–1933*, Leipzig 1987

»Und wüssten Sie, wie ohne jede Scham
Gedichte wachsen, und aus welchem Müll!
Wie durch das Zaunloch gelber Löwenzahn,
Wie Melde und Dill.

Ein ärgerlicher Ruf, frischer Geruch von Teer,
Geheimnisvoller Schimmel an der Wand …
Und unverschämt und zärtlich tönt der Vers …«

War ich es nicht, dem die Flaschenpost zugedacht war, als die Ossip Mandelstam seine Gedichte ausgesandt hatte? Ihr ferner Empfänger – ich? »Der Brief in der versiegelten Flasche ist an den gerichtet, der ihn findet.«

»Mein Wolfshund-Jahrhundert, mich packts, mich befällts –
Doch bin ich nicht wölfischen Bluts.
Mich Mütze – stopf mich in den Ärmel, den Pelz
Sibirischer Steppenglut.
…
Zum Jenissej führ mich, zur Nacht seiner Welt,
Zur Tanne, die morgenhin fand.
Denn ich bin nicht von wölfischem Blut, und mich fällt
Nur die ebenbürtige Hand.«

Bei aller Empfänglichkeit dauerte es freilich seine Zeit, bis ich dem Ruf recht zu folgen lernte. Anfangs schien es noch, als sei lediglich hier und da ein verfemter, ein vergessener, ein ausgelöschter Name wieder einzuführen. Jefim Etkind, der feine Kenner der russischen Verskultur, war 1972 schon zufrieden, dass ich in meinem Buch *Revolution und Lyrik* Mandelstam, Achmatowa und Pasternak umgehen ließ, die er in seinem Zuspruch aus Leningrad nur mit den Initialen nannte: »… dass Sie O. M., A. A. und B. P. betrachten und in ihrer Stellung so viele revolutionäre Elemente sehen, muss unbedingt Einfluss auf die russischen Kritiker ausüben.«

Gewiss habe ich mit meinen zweisprachigen Reclam-Ausgaben der Russen (die übrigens mangels eigener Editionen auch in Moskau zu Hunderttausenden vertrieben wurden), besonders mit den Material- und Studienausgaben zu Isaak Babel, Sergej Tretjakow, Demjan Bedny, Wladimir Majakowski, Marina Zwetajewa, der *Formalen Schule*, den *Russen in Berlin* zur Wiederherstellung der »Nomenklatur« der russischen Literatur beitragen können. Doch hätte sich dies auf die üblichen Bemühungen des Übersetzers und Literarhistorikers beschränkt, wäre da nicht parallel die Empfindung einer Zugehörigkeit so stark geworden, dass ihr mit der landläufigen Edition und Deskription nicht mehr entsprochen werden konnte.

Während ich bis Ende der sechziger Jahre noch versuchte, in Essays, in Kapiteln für die Literaturgeschichte von Harri Jünger oder gar in der von mir geplanten *Geschichte der russischen Lyrik des 20. Jahrhunderts im weltliterarischen Kontext* die fälligen Erweiterungen durchzusetzen, wandelte sich das Verhältnis zum Gegenstand meiner Neigung merklich. In dem Maße, wie ich weiter in das Gelände vordrang, wurde ich zum Pfadfinder auch sein Kostgänger. Die Gegend der russischen Moderne erwies sich als märchenhaft großmütig. Wenn ich richtig fragte, erhielt ich auch die richtige Antwort.

Ein unbeholfener Versuch, davon Gebrauch zu machen, fiel schon in das Jahr 1965. Ich verteidigte Wolf Biermann mit dem Hinweis auf Sergej Jessenin, den ich eben für Reclam betreut hatte. Klaus Höpcke, damals Kulturredakteur der SED-Parteizeitung *Neues Deutschland*, hatte sich scharf gegen *Die Drahtharfe* gewandt. »Ich bin Slawist«, erwiderte ich Höpcke am 8. Dezember 1965, »und muss an die Angriffe gegen Sergej Jessenin denken … Man warf ihm Stimmungsmache für das Alte und Konterrevolution vor. Man teilte ihn in einen positiven und einen negativen Jessenin. Und übersah dabei, dass es keine zwei Jessenins gab, sondern diesen einen mit der einmaligen Kompliziertheit seiner Beziehungen zur Realität. Aber diese Kompliziertheit hatte er sich nicht ausgedacht, um sein Volk zu ärgern oder zu missachten … Sie schreiben von dem einen und dem anderen Biermann. Sollte man nicht eher darüber nachdenken, wie ernstzunehmen die Besorgnisse eines Dichters sind, der eine *Briefträgerballade* geschrieben hat?«

Antwort erhielt ich nicht. Noch im Dezember 1965 verbot die DDR-Zensur dem Dichter Auftritte und Publikationen. Mein Versuch, Biermann mit dem russischen Beispiel beizuspringen, war gescheitert. Es bedurfte eines viel entschiedeneren Ansatzes, um die Verweigerung der Allianz mit der Macht zu legitimieren und die Kühnheit der russischen Dichtung zu gewinnen.

Mandelstam hatte 1921 die Kühnheit an dem Dichter Innokenti Annenski gerühmt, der – ein »majestätischer Räuber« – mit der Kenntnis von Mallarmé, Rimbaud und Verlaine die Griechen und Römer ins Russische brachte, der »Eurydike in den russischen Schnee entführte, den klassischen Schleier von Phädras Schultern riss und – wie es dem russischen Dichter gebührt – einem immer noch frierenden Ovid liebevoll den Pelz umlegte«. War es nicht jetzt an uns, die Russen zu entführen?

Seit Beginn der sechziger Jahre bemühte ich mich, einen Überblick über frühere »Entführungen« der Russen nach Westeuropa zu gewinnen. Von 1963 stammt eine Liste mit 34 Titeln, die ich für einen *Literaturbericht* zur Edition und Deutung der russischen Poesie durch die *Zeitschrift für Slawistik* bei den Verlagen in London, Paris, New York, Cambridge, Ann Arbor, Mailand, Turin, Zürich und Frankfurt am Main erbitten ließ. Zugleich bedachte ich in einigen Studien die Schwierigkeiten der Versübersetzung. Der Literaturbericht kam nicht zustande, aber ich verfügte nun über zwei Dutzend exzellente Editionen, darunter die Pasternak-, Mandelstam- und Achmatowa-Ausgaben von Gleb Struve und Boris Filippov, und Elsa Triolets zweisprachige Anthologie *La Poésie Russe* mit dem Vorwort von Roman Jakobson, in dem er erklärte, was immer der Westen von den russischen Künsten schätze – die Ikonen, den Film, das klassische Ballett, die Theaterexperimente, den Roman oder die Musik – die größte und unbekannteste unter ihnen aber sei die Poesie.

Die glorreiche »Entführung« der Russen wäre allerdings nie gelungen, wenn nicht die Dichter meiner Generation in ihnen ihre Schicksalsgenossen gefunden hätten. Geistig wie materiell wurde für sie das Nachdichten der Russen zu einem Rettungsakt, weil sie in den sechziger und siebziger Jahren ihrerseits mit dem Titanismus in Konflikt gerieten, den die Russen aus der Generation zuvor zu bewältigen gehabt hatten. Dank der erzwungenen Demut hatten auch sie das Russische gut im Ohr und wussten mit den kommentierten Interlinearübersetzungen des Jenenser Slawisten Oskar von Törne, die ihren Nachdichtungen zugrunde lagen, souverän umzugehen. Ich nenne Sarah Kirsch, Elke Erb, Adolf Endler, Rainer Kirsch, Karl Mickel, Volker Braun, Bernd Jentzsch, Roland

Erb und Heinz Czechowski. Vom »Wolfshund-Jahrhundert« überfallen, waren sie – wie Ossip Mandelstam – nicht »wölfischen Bluts«.

Diese noch nirgends gewürdigte Anstrengung des deutschen Verses im Dienste der Russen veränderte in der DDR das Bild der russischen Geisteskultur des 20. Jahrhunderts gründlich. Die Übereinkünfte wurden gekündigt: Von der sektenhaften Enge des offiziell-sowjetischen Selbstverständnisses blieb nichts mehr übrig, und die Russen konnten sich endlich als das zeigen, was sie nach ihrer Herkunft und Leistung waren – ein Teil der europäischen Moderne. Ja, es war ausgesprochen ihr häuslicher Umgang mit dem Titanischen, mit dem Aufruhr gegen das Gesetz, mit Unmaß, Machtbesessenheit und Grenzüberschreitung, es war ihr häuslicher Umgang mit Umsturz und Terror, der die russischen Dichter an die Spitze der europäischen Moderne stellte.

Etwa zur gleichen Zeit, da Mandelstam von der Kühnheit der russischen Dichtung sprach und Pasternak Doktor Shiwago die Zweideutigkeit der Bezauberung durch die Macht beklagen ließ, ist in Moskau dieser Umgang mit dem Titanischen in einer religiösen Anthropologie beschrieben worden – in Pawel Florenskis Vorlesungen zur *Philosophie des Kults*. Der Erde entsprungen, »Wahrheit der Erde«, kenne das Titanische keine Beherrschung von innen. Solange es nur etwas tun *wolle*, wirke es »heroisch, imposant, faszinierend«. Habe es sich aber verwirklicht, erweise es sich »als nichtig, als des Sinnes bar, fault und stinkt«. Die beklagte Zweideutigkeit beruht auf einer Antinomie. Es bedürfe der Person, des geistigen Antlitzes, um Maß, Grenze, Sinn zu finden. »Im Menschen gibt es wegen der Antinomie der Pole keine Harmonie; der dunkle Grund des Seins steht gegen das *Antlitz* auf, er verlangt nach Verkörperung; das Antlitz unterwirft sich den elementaren Aufruhr und setzt seine Wahrheit durch.« Aus dem Welterbe schöpfend, verfüge

Ossip Mandelstam, *Hufeisenfinder*, Leipzig 1975

Anna Achmatowa, *Poem ohne Held*, Leipzig 1979

die orthodoxe Liturgie über die Kraft, in einem ganz persönlichen, in einem »intimen Fleckchen« das Menschheitliche erfahren zu lassen.

Von hier aus fällt nun auch ein neues Licht auf Majakowskis Sonnenpathos und Glücksverlangen. Der Dichter Gennadi Aigi hat kürzlich unseren Blick darauf gelenkt, als er schrieb: »Das grandios *Liturgische* seiner intim-persönlichen Beicht- und Bekenntnisdichtung (die frühen Poeme wie auch der Prolog *Mit aller Stimmkraft*) gemahnt an das orthodox Liturgische bei Mussorgski.«

## HEINRICH BÖLL UND RUSSLAND

MARIA SORKAJA

»Zwischen 1939 und 1945 war ich Soldat bei der Wehrmacht. Ich könnte natürlich sagen, dass ich in diesen sechs Jahren nur Obergefreiter geworden bin und dass ich als Funker gedient habe. Aber das ist keine Entschuldigung.« Mit diesen Sätzen antwortete Heinrich Böll, tief errötet, auf die Frage: »Wo waren Sie während des Krieges?« Man hatte sie an ihn aus dem überfüllten Saal des Zentralhauses der Literaten gerichtet, in Moskau an einem Septembertag 1962 während seiner ersten Reise in die Sowjetunion. Ein Funktionär vom Schriftstellerverband, der das Treffen moderierte, bat ihn, diese Taktlosigkeit zu ignorieren, »man wäre hier schließlich nicht bei einem Veteranentreffen, sondern wir möchten hier über die künstlerischen Erfahrungen und die Aufgaben der Literatur sprechen«. Böll aber fuhr fort: »Ich war zusammen mit anderen deutschen Soldaten bei der Besetzung von Kiew, Odessa und der Krim. Die persönliche Verantwortung für die Verbrechen der deutschen Wehrmacht ist mir durchaus bewusst. Aus diesem Bewusstsein heraus schreibe ich.«

Diese geradezu programmatische Erklärung ist vielen Moskauer Literaten in Erinnerung geblieben und Lew Kopelew, der die Diskussion damals übersetzt hatte, trug das oben genannte Zitat in sein Tagebuch[1] ein. Wie in einem Knoten werden in dieser Episode alle Fäden gebündelt, die Heinrich Böll und Russland verbinden: lebhaftes Interesse der Leser und die Heuchelei der Funktionäre auf der einen Seite, persönliche Schuldgefühle und der Mut zur Verantwortung auf der anderen Seite. Und auf beiden Seiten – ein offenes Staunen übereinander.

Mit seinen 45 Jahren war Heinrich Böll zu diesem Zeitpunkt bereits eine unbestrittene Leitfigur unter den westdeutschen Schriftstellern der Kriegsgeneration, der bedeutendste Repräsentant der »Trümmer- und Heimkehrerliteratur«. Der Sohn eines Schreiners hatte damals den Dienst an der West- und Ostfront, vier Verwundungen, die Desertion und die amerikanische Kriegsgefangenschaft hinter sich, dann die entsetzliche Not der Nachkriegszeit, die in Schutt und Asche zerbombte Heimatstadt Köln, den Tod seines ersten Kindes, den Abbruch des Studiums. Und bei all dem schrieb er unablässig, leidenschaftlich: die ersten Schreibübungen und literarischen Versuche, die erste, 1946 veröffentlichte Kurzgeschichte, das erste, 1949 erschienene Buch, der erste, 1951 verliehene Preis, der sich nahende Ruhm. In den frühen Jugendjahren hatte Böll mit Begeisterung Fjodor Dostojewski, Anton Tschechow, Lew Tolstoi gelesen, zur Genüge von der »geheimnisvollen slawischen Seele« gehört und war »von der Größe und dem Rätsel Russlands ergriffen und verzaubert«[2]. Die Nazipropaganda gegen die Slawen hatte, wie er behauptete, keinen Einfluss auf ihn gehabt, und die »Erfahrungen in den Schützengräben« hätten seine Sympathie für die Russen nur gestärkt. Sein Besuch in Russland als Freund, auch an der Spitze einer Delegation aus der Bundesrepublik im Rahmen einer offiziellen Reise in die UdSSR, war für ihn nur folgerichtig und dringend.

Es waren fast zehn Jahre seit Stalins Tod vergangen, in allen Bereichen der Kultur herrschte die »Tauwetter«-Stimmung. Die »Prosa junger Leutnants« stieß in das literarische Leben auf der ganzen Linie vor: Juri Bondarew erzählte über die »ungeschminkte Wahrheit der Schützengräben« (*Die Bataillone bitten um Feuer*, 1957), Grigori Baklanow war bereits wegen der »Verzerrung historischer Tatsachen bei der Darstellung von Grauen und Ängsten an der Front« gebrandmarkt worden (*Ein Fußbreit Erde*, 1959), Wassil Bykau sprach voller Trauer über die unausweichlichen Gewissenskonflikte im Krieg (*Die dritte Leuchtkugel*, 1962).

Die Belebung des literarischen Lebens äußerte sich auch in der wachsenden Zahl der Übersetzungen. Die Leser begeisterten sich für Ernest Hemingway, ließen sich Bärte wachsen und rauchten Pfeife. Die Leserinnen trugen ihr Haar lose um die Schultern, liefen elegant auf hohen Stöckelschuhen und bildeten sich ein, sie wären Mädchen aus Erich Maria Remarques Romanen. Die Jugendlichen litten unter der Heuchelei ihrer Eltern und probierten in ihren Träumen die rote Jagdmütze des Helden von Jerome David Salinger auf. Es war damals Zeitgeist und herrschende Mode, wortkarg und unbeirrbar zu sein, eine zurückhaltende treue Freundschaft zu schätzen, auf der brüchigen Welt von hier und heute den Sinn des Lebens zu suchen und vage Hoffnungen auf den Sieg des Guten zu hegen. Mit seiner frühen Prosa gehörte Heinrich Böll bald zu den – wie man sie heute nennen würde – Kultautoren.

Die historische Situation des Rheinlands oder das Lokalkolorit von Köln kümmerten die Leser in der Sowjetunion allerdings wenig, auch nicht die akuten sozialen Probleme Westdeutschlands oder die Rolle der katholischen Kirche im Leben des Einzelnen und der Gesellschaft, also die Themen und Fragen, die sich bereits in den frühen Schriften von Böll abzeichneten und sein Gesamtwerk durchziehen.

Dafür griff ein ganzer Chor sowjetischer Funktionäre mit höchster Zufriedenheit den kritischen Ton von Böll auf; man entschuldigte sich zwar hektisch für seinen christlichen Glauben und versuchte vielmehr seinen »Glauben an den Menschen« hervorzuheben, hoffte aber insgeheim, ihn als eine westliche Leitfigur für sich abzuwerben. Doch die aufgewühlten Leser, in erster Linie die Intellektuellen, die Böll laut Vera Panowa geradezu anbeteten, hielten etwas anderes in seinem Werk für wichtig. Nachdem sie in ihrer Vorstellung sämtliche Kulturschichten abgetragen hatten, stießen sie auf das Wesen seiner Bücher: auf die Beichte, auf das unauslöschliche Schuldgefühl, auf das Mitleid mit jedem Menschen. Mit diesen Eigenschaften stellte Böll den Russen das Deutschland von damals vor, auch wenn er nie die Rolle eines Unterhändlers beanspruchte. Als er mit der Genauigkeit eines geradezu dokumentarischen Berichts davon erzählte, wie ein ganz normaler ermüdeter Mensch fror und hungerte, schlafen wollte, sich an seine Schule erinnerte, vor einer Denunziation oder vor dem Schießen Angst hatte – aber all das auf der anderen Seite der Frontlinie –, wirkte dies wie eine Offenbarung. Statt eines Landes, das von allen Menschen gehasst wurde, das vor Größenwahn und Arroganz nur so strotzte, enthüllte Böll ein Deutschland des Leids und Mitleids, der Enttäuschung und Scham.

Doch nicht nur er trat damals mit diesem Thema auf: Eine ganze Abteilung der Literatur aus der DDR, die zu jener Zeit vollständig übersetzt wurde, widmete sich der »Abrechnung mit der Vergangenheit«, aber doch auch gleichzeitig dem fröhlichen Aufbau der Zukunft nach der »Stunde Null«. Dass dies nur die halbe Wahrheit war, wussten allerdings alle. Heinrich Böll dagegen, in dessen frühen Texten über den Krieg und seine Folgen noch die schwache Hoffnung spürbar war, dass man aus der Geschichte wirksame Lehren ziehen würde, sprach alles aus. »Der offensive, selbstlose, treue Dienst an der Wahrheit, der Mut, mit dem der Künstler in die Augen der Geschichte schaute, faszinierten uns an Böll und verliehen unserer Empfindung für ihn, eigentlich für einen ausländischen Autor einmalig, etwas Herzliches, Familiäres«[3], erinnerte sich Michail Rudnizki, Böll-Übersetzer und -Forscher.

Die Bücher von Böll zeigten die Welt jener Menschen, die der Krieg aus der Bahn geworfen, verstümmelt, vernichtet hatte. Niemand schien ihm unwichtig: ein Soldat, der seinen nahen Tod ahnt, und ein Kommandant des Todeslagers, ein Bonbonverkäufer und die Witwe eines umgebrachten Dichters, Kinder ohne Ernährer, ein Hundesteuerinspektor, ein Invalide mit amputierten Beinen und ein Arzneimittelfabrikant, Opfer und Täter, die Armen und die Reichen, die Schwachen und die Starken – klein und gar nicht so klein, aber im gleichen Maße vom Strom der Geschichte getrieben. Seine Lieblingshelden waren Menschen, die sich auf ihre Art der unerbittlichen und niederreißenden

Heinrich Böll im Ferienheim des sowjetischen Schriftstellerverbandes in Dubulti bei Riga, 1965 (F: anonym)

Gewalt der Geschichte widersetzten und im klaren Bewusstsein ihrer Einsamkeit niemals der Mehrheit anschlossen. Der Verzicht auf »das Sakrament des Büffels« ist zu einer klassischen Metapher für diese moralische Haltung geworden (*Billard um halbzehn*, 1959) – darüber schrieb Irina Rodnjanskaja in ihrer ersten in die sowjetische Literaturwissenschaft eingegangenen Analyse der Poetik von Bölls Werken.[4] In der UdSSR war gerade der Personenkult von Stalin entlarvt worden, nach und nach zeichneten sich gewisse Parallelen in der Geschichte beider totalitärer Systeme ab. Bei der Lektüre Bölls konnten die sowjetischen Leser nicht umhin, ihre eigene Position am mutigen Alleingang seiner Helden zu messen, die das »Sakrament des Büffels« abgelehnt hatten und dem Staat ihre eigene Existenz entgegenhielten.

Später empfanden die Leser eine Wahlverwandtschaft mit dem traurigen und ironischen Hans Schnier, dem der Autor viele seiner eigenen Gedanken in den Mund gelegt hatte (*Ansichten eines Clowns*, 1963). Die Inszenierung des Buches im Mossowjet-Theater mit Gennadi Bortnikow in der Hauptrolle (Erstaufführung 1968) wurde zu einer

Sensation. Die Autoren dieser Aufführung und später auch die Zuschauer verschoben auch hier die Böllschen Akzente und schenkten der Liebesgeschichte und der Einsamkeit des Helden mehr Aufmerksamkeit als der Sozialkritik und der antiklerikalen Position des Autors. Der Protagonist war ein schöner und stolzer Mann, er kannte die Liebe und das Leid, und er hielt sich abseits der Gesellschaft und des Staates, während diese sich ihm ständig aufzwangen. Wie konnte man diesem Ideal widerstehen? Das Phänomen Böll war nicht allein von der Qualität und vom Inhalt seiner Werke bedingt, sondern von den historischen Umständen, also vom Zeitgeist.

Lew Kopelew, Freund und Kommentator Bölls, bestand auf dessen Nähe zur russischen geistigen Kultur, zu ihren klassischen Traditionen und ihrer Aktualität, auf Bölls Gemeinsamkeit mit den russischen Schriftstellern, für die das Gewissen gleichermaßen eine ethische und ästhetische Quelle war. Dass der Erfolg Bölls in Russland mit seiner »organischen Verwandtschaft« zur russischen klassischen Literatur zusammenhing, wurde oft genug auch von der deutschen Literaturkritik betont. In einem Versuch, das Verhältnis der Russen zu den Büchern von Böll zu erklären, charakterisierte ihn ein deutscher Kritiker als »den eigentlich russischen Schriftsteller des 19. Jahrhunderts unter den deutschen Autoren der Gegenwart«.[5] Doch viel wichtiger war die Tatsache, dass Böll in der Wahrnehmung der Leser die Tradition Remarques fortsetzte und eine Zeit lang *der* Repräsentant der deutschen Literatur war.

Heinrich Böll mit Lew Kopelew in Wien, 1982
(F: René Böll)

Allerdings haben auch historische Umstände das Schicksal der russischen Publikationen von Böll bestimmt. Zunächst verlief alles glücklich. Die erste Erzählung[6] ist 1952 auf Russisch erschienen, sein erster Roman *Und sagte kein einziges Wort* 1957. In den nächsten fünfzehn Jahren folgten elf Bücher in russischer Übersetzung: *Das Brot der frühen Jahre*, 1958/1959, *Haus ohne Hüter*, 1960, *Billard um halbzehn*, 1961, *Wo warst du, Adam?*, 1963, der Erzählungsband *Stadt der alten Gesichter*, 1964/1965, *Ansichten eines Clowns*, 1965, die Hörspielsammlung *Sieben Geschichten*, 1968, der Novellenband *Im Tal der donnernden Hufe*, 1971. Die Rekordauflage von 300.000 Exemplaren erreichte der Roman *Ansichten eines Clowns*, und die Gesamtauflage aller Buchpublikationen von Böll auf Russisch und in anderen Sprachen der Völker der UdSSR näherte sich drei Millionen.

Die Auflage zeugte jedoch weniger von der Nachfrage der Leser als von der Verlagspolitik, welche die staatliche Politik widerspiegelte. Der Schriftsteller Böll war nicht nur zugelassen in der Sowjetunion, sondern geradezu willkommen. Im Laufe von fünfzehn Jahren konnte man ihn nicht nur in den berühmten Literaturzeitschriften *Nowy mir*, *Inostrannaja literatura*, *Snamja*, *Oktjabr*, *Newa* oder in den Zeitungen *Literaturnaja gaseta* und *Literaturnaja Rossija* lesen, sondern auch in *Nauka i religija* (Wissenschaft und Religion), *Wokrug sweta* (Rund um die Welt) und sogar in den Provinzblättern *Sewerny komsomolez* (Komsomolze des Nordens), *Molodoi zelinnik* (Der junge Eroberer des Neulands), *Ogni Kusbassa* (Lichter vom Kusbass) oder *Sowjetskaja Adsharija* (Das sowjetische Adscharien). Die Presse verfolgte penibel jede Neuerscheinung, jeden Beitrag in den literarischen und politischen Diskussionen und maßregelte ihn oder gab sarkastische Kommentare, wenn seine Meinung nicht mit der offiziellen sowjetischen Linie konform ging.

Das war immer häufiger der Fall. Seit Ende der sechziger Jahre, als das sowjetische Regime sich verhärtete und die Dissidentenbewegung an Kraft gewann, kämpfte Böll für die Gerechtigkeit und die Freiheit vor allem mit seinem wichtigsten Mittel, dem Wort. Er verurteilte den Prozess gegen Andrej Sinjawski und Juli Daniel und lehnte 1966 den Leninpreis mit der Begründung ab, dass diese zwei Schriftsteller im Arbeitslager waren. Nach der Rückkehr aus Prag protestierte Böll empört gegen den Einmarsch sowjetischer Truppen in die Tschechoslowakei, wo er sich ausgerechnet am 21. August 1968 befunden hatte. 1972 traf er sich in Moskau mit Alexander Solschenizyn, der damals in Ungnade gefallen war, und 1974 öffnete er ihm die Türen seines Hauses, nachdem Solschenizyn aus der Sowjetunion verbannt worden war. 1976 forderte Böll die Aufklärung des Mordes an seinem Freund Konstantin Bogatyrjow, einem Übersetzer und Dissidenten. Böll nahm Lew Kopelew und Raissa Orlowa in seinem Haus auf, die 1980 aus der Sowjetunion ausgebürgert worden waren.

Das offizielle Hofieren von Schriftstellern, die aufgrund ihrer Kritik am Kapitalismus und ihres Interesses für die Sowjetunion als progressiv galten, war eine feste Tradition seit Herbert G. Wells, Romain Rolland, Rabindranath Tagore. Die politische und literarische Nomenklatura hätte sich durch die Freundschaft mit Böll geschmeichelt gefühlt und seinen weltberühmten Namen für ihre Zwecke gerne missbraucht. Aber kaum einer hat der Sowjetmacht so zugesetzt wie der Nobelpreisträger (1972) und der Präsident des internationalen PEN-Clubs (1971–1974) Heinrich Böll. Es ist geradezu verwunderlich, dass Böll, der niemals die Gunst der sowjetischen Behörden suchte, so lange toleriert wurde und weiterhin das Einreisevisum bekam.

Seine letzte wichtige Veröffentlichung in der UdSSR vor der Perestroika-Zeit war der Roman *Gruppenbild mit Dame* 1973.[7] Doch die Übersetzung war rücksichtslos gekürzt und dermaßen sinnentstellend, dass Böll ihre Verbreitung untersagte. Dieser Eklat fiel zusammen mit dem Beitritt der Sowjetunion zum Genfer Welturheberrechtsabkommen, das der Willkür der Verlage entgegentrat, und mit dem angeordneten Publikationsverbot für Heinrich Böll.

Die Druckerschwärze auf den Seiten der Zeitschriftenhefte mit dem Roman *Gruppenbild mit Dame* war noch feucht, als die Kritiker mit dem Hinweis auf die Figur des russischen Gefangenen aufschrien, der Autor hätte »kein Verständnis für den wahren Charakter eines Sowjetmenschen«. Außerdem hieß es in der Kritik, Böll hätte vor kurzem »eine Reihe von schlichtweg unhaltbaren Äußerungen über die ›fehlende künstlerische Freiheit‹ in der Sowjetunion und ›über die Verfolgung der anders denkenden Schriftsteller‹« gemacht.[8]

olschenizyn bei Heinrich Böll in Köln, 974 (F: Sven Simon)

Neben anderen zahlreichen Frivolitäten hätte sich Böll zudem am unantastbaren moralischen Antlitz eines sowjetischen Soldaten vergriffen. Dass dieser in einer deutschen Werkstatt »für das Reich« arbeitete und es obendrein wagte, sich in eine Deutsche zu verlieben, konsternierte die sowjetischen Kritiker auch dreißig Jahre nach dem Krieg. Doch gleichzeitig waren sie in derselben Situation bei Juri Bondarew nachsichtiger, nachdem sie eine Diskussionsrunde über dessen wahrheitsgetreue Darstellung des Lebens abgehalten hatten: In seinem Roman *Bereg* (*Das Ufer*) von 1975 ließ Juri Bondarew einen sowjetischen Offizier sich in die Arme einer Berlinerin stürzen. Nachdem der Protagonist Jahrzehnte später nach Deutschland kam und die Frau wiedertraf, starb er auf dem Rückweg. Der Held in Bölls Roman musste auch sterben, denn seine Liebe hatte keine Zukunft. Also hatte Bondarew die Lehren Bölls nicht vergessen, hatte man ihm doch bereits 1962 vorgeworfen, er hätte in seinem frühen Roman *Tischina* (*Die Stille*) Böll nachgeahmt.

Heinrich Böll wurde dann zwölf Jahre lang in der UdSSR nicht veröffentlicht. Als Vorbote einer neuen Zeit und einer neuen Politik der Glasnost wurde bezeichnenderweise das Erscheinen von *Brief an meine Söhne* in der *Literaturnaja gaseta* am 3. Juli 1985 aufgenommen. Einige Tage vor seinem Tod am 16. Juli sah Böll diese Zeitung und erfuhr, dass die vollständige Version seines *Briefes* im Heft 12 der Zeitschrift *Inostrannaja literatura* abgedruckt werden sollte.

Im Rausch der Perestroika machten sich die Redakteure an die Übersetzung und Veröffentlichung von Bölls Texten, nun postum. Kaum ein Jahr später erschien in der Zeitschrift *Oktjabr* (Nr. 3, 1986) *Die verlorene Ehre der Katharina Blum*, danach *Fürsorgliche Belagerung* (*Inostrannaja literatura*, Nr. 11/12, 1988). 1989 kamen gleich zwei Bücher heraus: ein Band mit den publizistischen Beiträgen unter dem Titel *Es stirbt täglich Freiheit weg*, unter dem auch Bölls letztes Interview erschienen war, und auch sein letzter Roman, *Frauen vor Flusslandschaft*. Das Erscheinen der Gesammelten Werke in fünf Bänden zur Subskription (Moskau, 1989–96) zog sich unendlich in die Länge, diesmal aber nicht wegen der Tücken der Zensur, sondern aus finanziellen Gründen, die auch die Verringerung der Auflage zur Folge hatten: Der erste Band erschien in einer Auflage von 200.000 und der letzte lediglich mit 20.000 Exemplaren. Die Auflage des letzten Buches mit den für russische Leser neuen Erzählungen *Husten im Konzert* (Moskau, 2002) betrug 5000 Exemplare.

Die Liebe der russischen Leser zu Böll beruhte auf Gegenseitigkeit. Er war sieben Mal in der UdSSR, zuletzt im Jahr 1979, auch zusammen mit seiner Frau und den Söhnen. Er blieb für mehrere Wochen, reiste durch das Land, besuchte alte russische Städte und mehrere Sowjetrepubliken, er war in Jasnaja Poljana und anderen Gedenkstätten russischer Schriftsteller. Er traf sich mit Anna Achmatowa, Ilja Ehrenburg, Konstantin Paustowski, Nadeshda Mandelstam.

Er hatte die klassische russische Literatur gründlich gelesen: Alexander Puschkin, Nikolai Leskow, Iwan Gontscharow. Er bewunderte Nikolai Gogol, er kannte Wladimir Korolenko, Maxim Gorki, Wladimir Majakowski, Isaak Babel, Alexander Blok, Sergej Jessenin, Boris Pasternak. Und natürlich die zeitgenössischen Schriftsteller von Michail Scholochow bis Solschenizyn. Seiner Liebe zu Dostojewski ist er für immer treu geblieben: Ende der sechziger Jahre arbeitete er mit Hingabe an dem Dokumentarfilm *Dostojewski und St.Petersburg*. Gezielt studierte Böll die Topographie der Romane von Dostojewski, machte Aufnahmen des berühmten Hauses von Raskolnikow und filmte dessen Weg von 735 Schritten zur alten Wucherin. Daniil Granin, der das bis zur Unkenntlichkeit sanierte Haus beklagt, glaubt, dass Bölls Film »als einziges Dokument die literarisch großartige Übereinstimmung des beschriebenen mit dem realen Ort«[9] belegt. Weder in der UdSSR noch in Russland wurde dieser Film je gezeigt. Jewgenija Kazewa, die Böll gekannt und seine Werke übersetzt hat, erzählt in ihren Erinnerungen, dass selbst die Dostojewski-Spezialisten in der Redaktion der Zeitschrift *Woprosy literatury* (Fragen der Literatur) den Film nicht sehen durften, weil darin Joseph Brodsky über seine Stadt erzählt.[10]

Immer wieder las Böll Lew Tolstoi. 1970 schrieb er unter dem Titel *Ein Annäherungsversuch* ein Vorwort zu *Krieg und Frieden*. Er hat viel über die zeitgenössischen Schriftsteller Wassili Grossman, Konstantin Paustowski, Andrej Sinjawski, Alexander Solschenizyn, Wladimir Solouchin und Juri Trifonow geschrieben, ihre Neuerscheinungen besprochen, über sie im Radio berichtet.

Komar & Melamid, *Treffen von Heinrich Böll und Alexander Solschenizyn auf der Datscha von Mstislaw Rostropowitsch*, Serie Soz-Art, Öl auf Leinwand, 1972

Bölls Russland war nicht nur das Land der von ihm geliebten Bücher, sondern auch ein Land, wo Dutzende seiner zum Teil sehr engen Freunde, lebten. Während seiner Reisen erduldete er die für einen Europäer unzumutbaren Einschränkungen im Alltag, die oft an Bösartigkeit grenzten. Der Sohn von Bölls Freund, der Maler Boris Birger, erinnert sich, dass 1979 die »Gastgeber« den Tagesablauf für Böll bewusst so gestalteten, dass er keine geregelten Mahlzeiten zu sich nehmen konnte, die für ihn als schwer krankem Diabetiker lebensnotwendig waren.[11] Ganz zu schweigen davon, dass jeder Besuch von Böll bei seinen Dissidentenfreunden Bogatyrjow, Woinowitsch, Daniel, Kopelew und vielen anderen stets von schwarzen Autos mit Abhöranlagen begleitet wurde. Böll wusste davon. Er schrieb niemals über das intellektuelle Leben in Moskau, weil er einerseits seine Kenntnisse darüber nicht für ausreichend hielt und andererseits niemandem schaden wollte.

Zahlreiche Erinnerungen belegen, dass Böll in jeder Situation freundlich war, klug, ironisch, bescheiden und vor allem immer bereit zu helfen – sei es mit Anrufen bei sowjetischen und deutschen Behörden, mit Verhandlungen bei den Verlagen, mit Büchern oder seltenen

Arzneimitteln. Die Intellektuellen, die bereit waren, Ausländern allein schon wegen ihrer Zugehörigkeit zur westlichen Welt zu vertrauen, verbanden mit Böll besondere Hoffnungen. »In dieser Woche forderten mindestens fünfzig Menschen von mir, dass ich ihnen bei der Errettung Russlands helfe. Und jeder hatte seinen eigenen Plan und seine eigene Methode«[12], staunte er während seines fünften Besuchs 1972.

Doch Böll wurde zu einem erbitterten Gegner selbst seiner ehemaligen Schützlinge, wenn diese bei der Beurteilung des gesellschaftlichen Lebens im Westen von ihren Erfahrungen in Gefängnissen und in der Verbannung ausgingen. Zum Streit zwischen den russischen Intellektuellen und denen aus dem Westen leistete er damals ebenfalls einen Beitrag; sein Essay über Solschenizyn, seine Buchbesprechung zu Wladimir Bukowski sind Beispiele für scharfe polemische Texte. Wie hätten sie sich auch verstehen sollen, ein kritischer Intellektueller aus dem Westen, der die Konsumgesellschaft verachtete, und ein politischer Gefangener in der Sowjetunion, der vom Westen als von einer freien Welt träumte, wie sie ihm damals aus seiner Warte erschien.

In seinen Erinnerungen schrieb Andrej Sacharow über sein erstes Treffen mit Böll im Jahr 1975: »Bei den – wie mir schien – gemeinsamen inneren Voraussetzungen, bei der – wie ich fühlte – gegenseitigen Sympathie, bei der Böll eigenen Toleranz stellte sich heraus, dass unsere Urteile, Befürchtungen, Zielprioritäten oft unterschiedlich waren. Natürlich ist es kein Wunder, wenn man bedenkt, wie verschieden die Welten sind, in denen wir leben. Am Ende unseres Gespräches sagte er: ›Das Leben im Westen ist schwierig, und bei ihnen ist es unmöglich!‹«[13]

Für den Dialog des russischen Lesers mit der ausländischen Literatur, bei der Bildung des sozialen Bewusstseins in unserem Land repräsentiert Heinrich Böll eine Epoche. In der schwierigen und wirren Zeit übernahm er die Rolle eines Friedensstifters. Seine historische Bedeutung ist erstrangig.

*Übersetzung: Irena Akopjan, Alexej Khairetdinow*

1 Lev Kopelev: *O Genriche Belle (Über Heinrich Böll)*, in: *Inostrannaja literatura*, Nr. 12, 1988, S. 219; Raisa Orlova, Lev Kopelev: *My žili v Moskve 1965–1980* (*Wir lebten in Moskau. 1965–1980*), Moskau 1990, S. 148/149.
2 Aus dem Interview *Razrušenie stereotipa* (Zerstörung eines Stereotyps), in: *Ogonëk*, 2.9.1989.
3 *Nravstvennye uroki Genricha Bellja* (Moralische Lektionen von Heinrich Böll), in: *Inostrannaja literatura*, Nr. 11, 1988, S. 3.
4 *Mir Genricha Bellja* (Die Welt von Heinrich Böll), in: *Voprosy literatury*, Nr. 10, 1966.
5 Peter Demetz: *Allzuoft nur Himmel und Hölle. Heinrich Bölls »Schriften zur Zeit«*, zitiert nach: *Heinrich Böll in der Sowjetunion. 1952–1979*, Berlin 1980, S. 57.
6 *Ves'ma dorogaja noga* (Mein teures Bein), in: *V zaščitu mira*, Nr. 10, 1952, S. 48–50.
7 *Novyj mir*, Nr. 2–6, 1973. Übersetzung: L. Černaja.
8 Irina Mlečina, in: *Voprosy literatury*, Nr. 11, 1973, S. 76, 79/80.
9 *Trud*, 31.5.1997.
10 E. Jewgenija Kaceva: *Moj ličnyj voennyj trofej* (Meine persönliche Kriegsbeute), in: *Znamja*, Nr. 3, 2002.
11 Alexej Birger: *Poslednij raz v SSSR* (Das letzte Mal in der UdSSR), in: *Nezavisimaja gazeta*, 21.1.2000.
12 Raisa Orlova, Lev Kopelev, s. Anm. 1, S. 174.
13 Andrej D. Sacharov: *Moi vspominanija* (Meine Erinnerungen), New York, Izdatel'stvo im. Čechova, S. 571/572.

# DIE SICHTBAR UNSICHTBARE SCHRIFT DES SAMISDAT

SABINE HÄNSGEN, GEORG WITTE

Der Samisdat ist die inoffizielle, nicht in staatlichen Verlagen erschienene Literatur in der Sowjetunion. »Samisdat« heißt im Russischen »Selbst-Herausgabe« oder »Selbstverlag« und klingt in russischen Ohren wie ein sprachlicher Doppelgänger des »Gosisdat« (»Staatsverlag«). Der Samisdat hat seine eigene Distribution: In wenigen Abschriften oder Durchschlägen zirkulieren Schriften politischen, wissenschaftlichen, religiösen und literarisch-künstlerischen Charakters. Das Spektrum dieser Gegenöffentlichkeit reicht von Texten russisch-nationalistischer Dissidenten bis zu Übersetzungen amerikanischer Soziologen, vom russisch-orthodoxen bis zum buddhistischen Schrifttum, von GULAG-Memoiren bis zu pornographischen Romanen.[1]

Ursache für das Entstehen des Samisdat sind eine repressive Kulturpolitik und konkret eine extrem restriktive Zensurpraxis, die die anfänglichen Hoffnungen auf eine Liberalisierung der Öffentlichkeit im Jahrzehnt nach Stalins Tod zunichte machte. Die in der Zeit des so genannten Tauwetters eröffneten kulturellen Freiräume wurden bald wieder empfindlich eingeschränkt. Signifikante Ereignisse waren der Boykott der Nobelpreisverleihung an Boris Pasternak im Jahre 1958, das Verbot einer Ausstellung nichtrealistischer Kunst im zentralen Ausstellungssaal der Manege (1962) sowie eine Reihe von Prozessen gegen unliebsame Schriftsteller. 1964 wurde in Leningrad Joseph Brodsky wegen »parasitärer Arbeitsscheu« verurteilt. 1966 wurden die Moskauer Autoren Andrej Sinjawski und Juli Daniel, die unter Pseudonymen ihre Satiren im Westen veröffentlicht hatten, zu mehrjähriger Lagerhaft verurteilt. Nicht zuletzt in der verbotenen Dokumentation solcher Ereignisse profilierte sich der Samisdat als politische und literarische Gegenöffentlichkeit. So war es nicht zufällig Alexander Ginsburg, der Begründer des ersten literarischen Samisdat-Almanachs (*Syntaxis*), der das *Weißbuch* über den Prozess gegen Sinjawski und Daniel zusammenstellte. Ginsburg selbst wurde wenige Zeit später verhaftet und gemeinsam mit den Herausgebern eines weiteren Samisdat-Almanachs (*Phönix 66*) vor Gericht gestellt und verurteilt. Im Vorfeld dieses Prozesses kam es im Dezember 1965 zu einer der ersten Manifestationen der sowjetischen Bürgerrechtsbewegung, einer öffentlichen Protestkundgebung auf dem Puschkin-Platz. Eine besonders wichtige Rolle spielte in der folgenden Entwicklungsphase des Samisdat die seit April 1968 alle zwei Monate erscheinende, von der Lyrikerin Natalja Gorbanewskaja begründete *Chronik der laufenden Ereignisse* (*Chronika tekuščich sobytij*). Jede Nummer der Chronik informierte auf dreißig bis fünfzig Seiten über Verhaftungen,

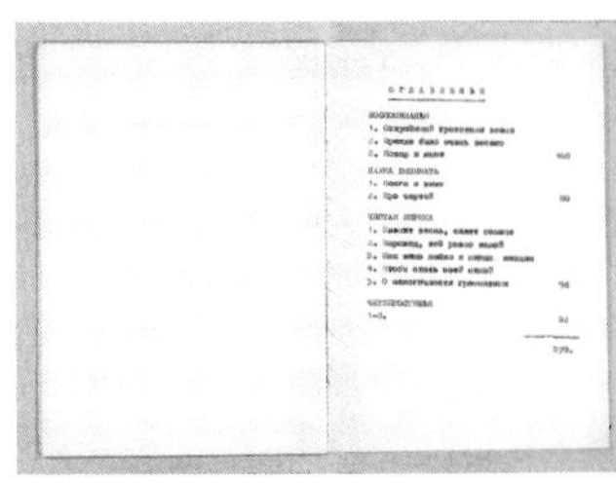

Nikolai Glaskow, *Vierzehntes Buch*, 196

Hausdurchsuchungen, Manuskriptbeschlagnahmungen, Verhöre, Prozesse, Zwangseinweisungen in psychiatrische Anstalten, über Repressalien gegen Religionsgemeinschaften oder nichtrussische Nationalitäten, über Justizwillkür und Übergriffe des KGB. Die Chronik enthielt Nachrichten aus Straflagern und Gefängnissen. Sie beschränkte sich auf eine möglichst exakte, objektive Berichterstattung, ohne jeglichen politischen Kommentar. Dabei ging es um mehr als um die konkrete einzelne Nachricht. In diesen billigen, auf Zigarettenpapier getippten Heften nahm ein fundamental anderes Verständnis der Autorität des geschriebenen Worts materielle Gestalt an. Der ideologischen Wahrheit trat eine faktographische Wahrheit entgegen.

### VERBOT UND PHANTASMA DER SCHRIFT

Der Samisdat wurde bisher hauptsächlich unter dem Aspekt inhaltlicher oder formaler Abweichung betrachtet, als weltanschauliche Dissidenz oder als künstlerischer Nonkonformismus. Unberücksichtigt blieb dabei eine scheinbar banale Prämisse: nämlich eine sehr spezifische mediale Eigenschaft des Samisdat als einer gewaltsam archaisierten Schrift. Das heißt, einer Schrift, der der Zugang zu den Printmedien versperrt war, einer Schrift, die sich in primitiven Formen der Zirkulation von Manuskripten und Typoskripten verbreitete. Um diesen aufgezwungenen medialen Anachronismus ironisch zu pointieren, sprachen einige Autoren des Samisdat von der Rückkehr ins vorgutenbergische Zeitalter. Die Identität des Samisdat, seine Mythologie ebenso wie seine physische und faktische Realität, ist von dieser medialen Voraussetzung, von dieser Doppelexistenz als *Störschrift* und *gestörte Schrift* nicht zu trennen.

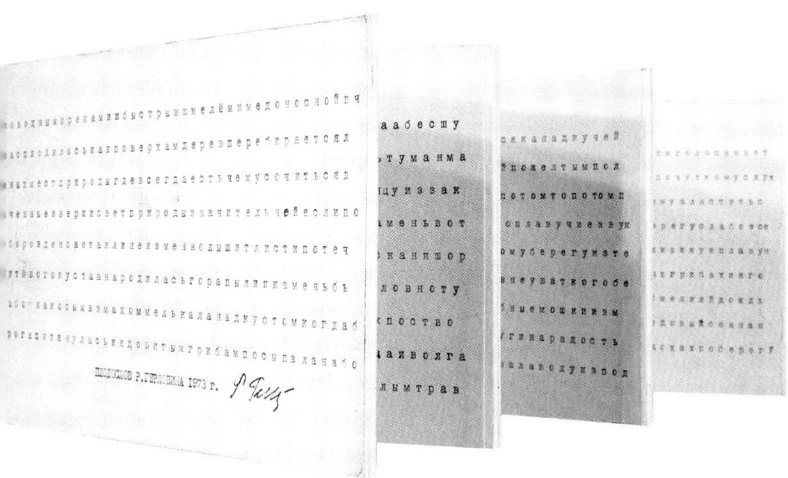

imma Gerlowina, *Wortzeuger,* 1973

Der Grundmechanismus funktioniert wie eine Spirale. Das Verbot der Schrift produziert Phantasmen der Schrift, und diese wiederum machen die Schrift noch gefährlicher, sei sie real oder virtuell. Es ist vielleicht gerade dieses Wechselspiel von realer und virtueller Schrift, die das Spannungsverhältnis von offizieller und inoffizieller Kultur besser verstehen lässt. Es geht um Wirkungen, um performative Gewalt von Schrift, etwa als Erfassungs- und Disziplinierungstechnik. Die bürokratische und propagandistische Schrift-Macht des Staates wird – als reale wie als imaginäre – körperlich wirksam, determiniert die von ihr erfassten menschlichen Körper, vom realen Denunziationsschreiben bis hin zu der grauen, unterschwelligen Omnipräsenz der Erfassungsschrift, die, gerade aufgrund ihrer Unsichtbarkeit, Phantomqualitäten gewinnt. Die »unsichtbare Akte« in den Archiven der Überwachung ist die vielleicht intensivste Existenz- und Wirkform der staatlichen Schrift.

In einer ähnlich real-imaginären Doppelung schwebt die Gegensphäre der verbotenen Schrift. Der Samisdat wird zum Anlass ausschweifender Leibesphantasien. Andrej Sinjawski fasst die Szene des Dokumentenschmuggels ins Bild des intravaginal versteckten Manuskripts.

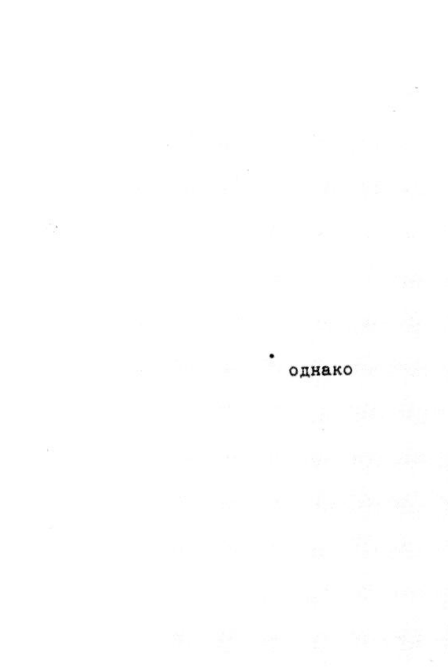


Wsewolod Nekrassow, *˙jedoch,* aus: *100 Gedichte,* 1987

»Der neue Aufschwung der russischen Literatur ist am besten beim Zoll zu beobachten. Was wird am meisten gesucht? – Manuskripte. Kein Gold, keine Brillanten und nicht einmal der Plan einer sowjetischen Fabrik, sondern – Manuskripte! Und was wird am häufigsten und sorgfältigsten bei der Ankunft in Russland gesucht? – Bücher. Bücher in russischer Sprache. Also ist die russische Literatur, die hin und her reist, etwas wert. ... Als man bei einer meiner Bekannten, die von hier nach da reiste, im Koffer ein Exemplar des Romans ›Doktor Shiwago‹ entdeckte, setzte man sie unverzüglich auf den gynäkologischen Stuhl und unterzog sie einer medizinischen Untersuchung – ob sie nicht vielleicht noch einen verbotenen Roman schmuggele.

Das ist gut. Das ist nützlich. Das bedeutet, dass das Buch etwas wert ist, dass man es sucht, danach jagt. Das Buch flieht, versteckt sich, vergräbt sich in der Erde, gewinnt an Kraft und Gewicht. Nicht Dollars, sondern – Manuskripte stehen jetzt hoch im Kurs.«[2]

Der »unsichtbaren Akte« – eine Hybride aus Phantom und Realie – entspricht das »unsichtbare« (weil inkorporierte) Samisdatdokument. Der letalen Wirkung des einen scheint dialektisch die regenerative und symbiotische Potenz des anderen zu entsprechen. Vielleicht aber ist es eher ein parasitäres Verhältnis, in dem eine »Ermüdung« der offiziellen Schrift, ein Abstumpfen der propagandistischen Wirkmacht, ein Leerlaufen der Zitationen, eine Inflation der Formulare zum Anlass und zur Bedingung einer Gegenschrift wird.[3]

Die Phantasmen eines durchschrifteten Raums sind unterlegt von einem literaturzentristischen Bewusstsein. Bis in die sowjetische Ära hinein kam dem literarischen Wort (und seinem Autor) in Russland ein besonders exklusiver und autoritativer Status zu. Autoren waren Gegenstand kultischer Verehrung, literarische Kanonwerke galten als Wahrheitsinstanzen. In dieser Situation wird die Trennung der Literatur in zwei Sphären, eine offizielle und eine inoffizielle, »aufgeladen« mit einer Vielzahl zusätzlicher dichotomer Bedeutungen. Dem falschen widerspricht das wahre Wort, dem toten das lebendige. Mehr noch: Dieses kultische Verhältnis zur Literatur ist zu einem guten Teil eigentlich erst die Ursache für die rigide

Trennung zwischen verbotenem und erlaubtem Wort. Das Verbotene muss tabuisiert werden (das ließe sich an den grotesk anmutenden sowjetischen Zensurpraktiken anschaulich demonstrieren), und andererseits bekommt das Verbotene ein besonderes Charisma des Häretischen. Nicht nur die radikale kulturelle Ausgrenzung des Samisdat seitens der offiziellen Kultur ist also von einem solchen dualistischen Denken geprägt. Auch im Samisdat selbst kann man, in spiegelverkehrter Optik, eine ähnliche Tendenz beobachten. Das gilt insbesondere für die dissidentische Literatur, die einen Rigorismus der »Wahrheit« fordert, den sie überhaupt nur unter den Bedingungen des verbotenen Worts gewährleistet sieht (so etwa Alexander Solschenizyn).[4] Als autoritativ, lesenswert, »wahr« gilt vielen russischen Intellektuellen eo ipso nur das, was nicht gedruckt ist. Als prophetisch gelten nun Ossip Mandelstams Worte von 1930: »Sämtliche Werke der Weltliteratur teile ich ein in genehmigte und solche, die ohne Genehmigung geschrieben wurden. Die ersten sind schmutziges Zeug, die letzteren – abgestohlene Luft.«[5] Auch der Samisdat schafft sich also seine eigene Mythologie, eine Mythologie des verbotenen Worts und seines heroischen Autors. Für die historische Rekonstruktion einer Ästhetik des Samisdat sind darum jene Phänomene von besonderem Interesse, die ein selbstreflexives Spiel von Samisdat-Autoren mit den eigenen Mythologien zeigen.

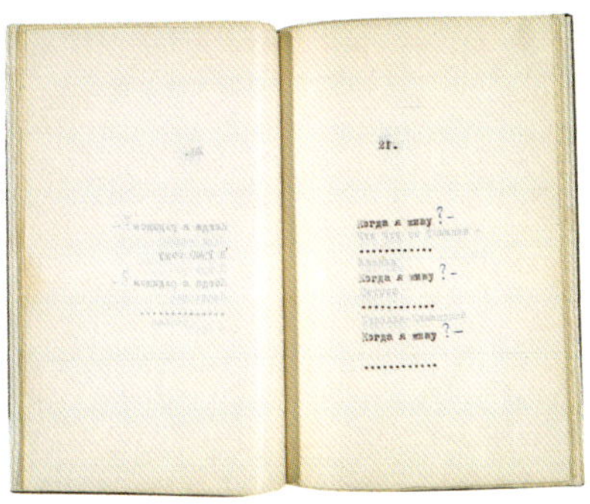

Alexej Chwostenko, *Der Verdächtige*, 1965

### SCHRIFTRUINEN

Der Samisdat ist eine Schrift, die sich verbirgt. Und er ist zugleich eine Schrift, die sich als verborgene exklusiv macht. Selbstverbergung und Selbstausstellung – in solcher Janusköpfigkeit schillern die Strategien eines literarischen Samisdat, der seine eigene »unmögliche« Schrift inszeniert. Von daher erklärt sich das Ineinander von Pathos und selbstreflexivem Spiel bei vielen Autoren des Samisdat. Einige wenige Beispiele mögen im Folgenden einen Eindruck dieses Spiels der Sichtbarkeiten und Unsichtbarkeiten vermitteln, soweit es sich in den realen Fakturen und Texturen der Samisdatschriften niederschlägt.[6]

Als Erfinder des Begriffs Samisdat gilt der Dichter Nikolai Glaskow. Er versah schon seit 1944 die Titelseiten seiner selbst getippten Hefte mit dem Verlagssignet Sam-Sebja-Isdat (Sich-Selbst-Verlag). Glaskow imitiert in verfremdender Weise typische Signalelemente der Buchgestaltung wie Umschlagdesign und Autorenporträt. Ein typisches Verfahren ist sein leicht dysfunktionales Verwenden von Inhaltsverzeichnissen. Anstelle der Seitenzahlen trägt er die Zwischen- und Endsummen der jeweils akkumulierten Versmenge ein und stellt damit seine »Publikationsbedingungen« im Zerrspiegel dar: Denn offiziell gedruckte Gedichtbände wurden je nach der Zeilenmenge von den sowjetischen Verlagen honoriert. Vor allem aber eröffnet Nikolai Glaskow mit der umfassenden chronologischen Systematik, in der er seine Bücher anlegt, einen Raum für die Sammlung eines Œuvres und damit einen Raum für Autorschaft.

In den späten fünfziger und frühen sechziger Jahren wurde die Gruppe Lianosowo zu einer Keimzelle des Moskauer Samisdat. Dichter wie Jewgeni Kropiwnizki, Jan Satunowski, Igor Cholin, Genrich Sapgir und Wsewolod Nekrassow prägten das »primitivistische« Image dieses Kreises. Sie verfassten eine lakonische Dichtung, die sich sehr stark der alltäglichen, niedrigen Redewirklichkeit bediente und darum als »Barackenpoesie« bezeichnet wurde. Zugleich entwickelte diese Dichtung eine hohe Sensibilität für fremde wie eigene Schriftlichkeit. Ein Beispiel sei angeführt, es stammt von Jewgeni Kropiwnizki:

> »Hier liegt begraben (doch zur Zeit
> Wird dieser Friedhof liquidiert) ...
> Im besten Alter ... vor der Zeit ...
> (Hier wurde offenbar datiert,
> Und dann, in Großschrift) – OW. –
> (Wahrscheinlich Iwanow).«

Es handelt sich um ein Epitaph, und damit ist eine Gattungstradition aufgerufen, die auch in der russischen Gedächtnisliteratur ihre markanten Spuren hinterlassen hat. Das irritierende Moment vor dem Hintergrund dieser Tradition besteht in dem schlichten Befund, dass es sich hier um ein *unleserliches* Epitaph handelt, um ein Epitaph, das buchstäblich vom sinnkohärenten Text oder vom identitätsspendenden Namen auf die Ebene der leeren Signifikanten zusammengeschrumpft ist: »OW«, das russische Namens-Suffix, sind zwei Buchstaben, die allenfalls den Allerweltsnamen Iwanow »imaginieren« lassen. Wir haben es hier im ganz wörtlichen Sinne mit einer Ruinenschrift bzw. einer Schriftruine zu tun. Wir *sehen* lesend die Spur eines Namens, wir sehen, dass wir ihn nicht sehen, wir sehen – statt einer Vergegenwärtigung, einer Re-Evokation des Toten – den Index einer Vernichtung. Und noch im poetischen

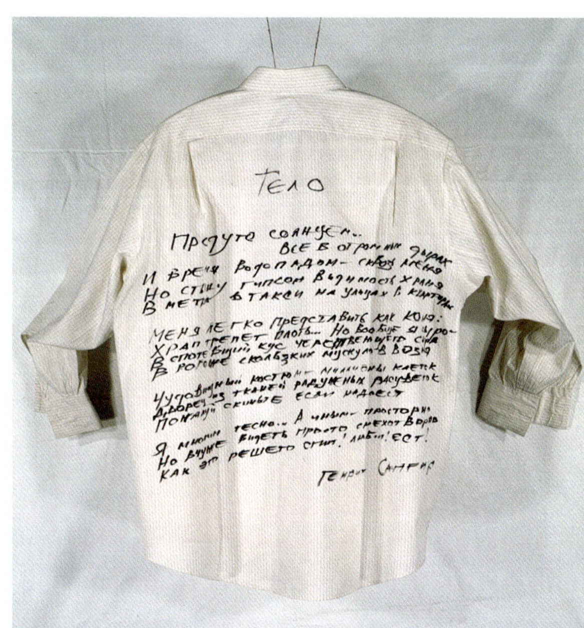

Genrich Sapgir, *Sonett auf Hemd*, o.J.

Wiederschreiben des Zeichens einer vernichteten Individualität scheint sich die Vernichtung zu wiederholen. Hier wird ein Gedicht zu einem blinden Fleck in der Geschichte einer auf Gültigkeiten und Evidenzen, auf die Inschrift und ihren festen Ort angelegten Gattung. Es ist ein Dokument der Ortlosigkeit, der Herkunftslosigkeit einer im tiefsten Sinne subversiven Schrift. Einer Schrift, die ihren Stein verloren hat.

### WEISSE FLÄCHEN

Nicht zufällig entwickeln sich gerade im Samisdat eigene Spielarten der konkreten und visuellen Poesie. Denn zwar ist die inoffizielle Literatur »zu Hause« im unmittelbaren und transparenten Raum mündlicher Kommunikation, in den sie mangels Zugangs zu den zerdehnteren Kommunikationsräumen des Buchdrucks gedrängt wird. Andererseits aber wird gerade hier viel stärker als unter den Bedingungen eines rein instrumentellen Verhältnisses zum Publikationsmedium die Differenz der Schrift erfahren. Die Auftragsfläche der Schrift – also das Blatt Papier –, die Textur und Faktur der Schriftzüge gewinnen eine eigene Dimension, die das Gedicht aus der Imitation gesprochener Rede im linearen Verlauf des Texts befreit. Der Blick des Lesers wird in gewisser Weise aufgehalten, er tastet über die Oberfläche des Schriftbildes. Wsewolod Nekrassow begründet das Visuelle der Poesie folgendermaßen: »Wo beginnt das Visuelle als Prinzip? Offensichtlich dort, wo die Fläche des Blattes nicht mehr bloß ein gewöhnliches Mittel zur Entfaltung des Texts als Linie ist, sondern eben eine Fläche mit all ihren Möglichkeiten. Wo der Text sich verzweigt, unter einer Last hervorquillt, Triebe bekommt. ... Wo die Idee entsteht, die überkommene zeitliche Abfolge, den Zwang zur Anordnung in der Reihe zu überwinden – die Idee der Gleichzeitigkeit des Texts, der Vielfalt und Pluralität.«[7]

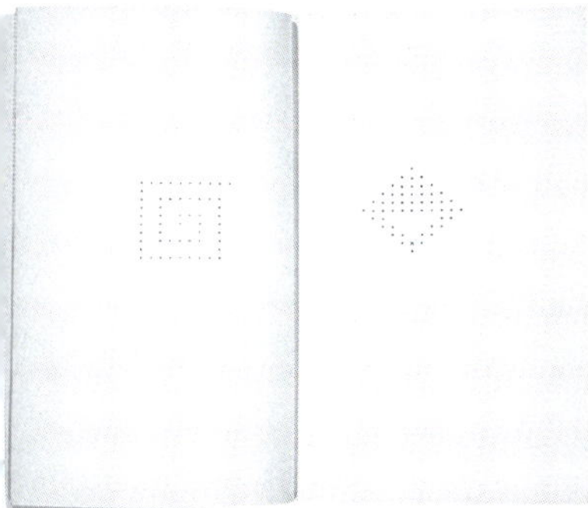

Anna Altschuk, *Durchstiche*, 1988

In Nekrassows visueller Poesie zeigt sich diese Verräumlichung des Texts vor allem als ein Prinzip der radikalen Reduktion. Nekrassow beschränkt sich auf die »Moleküle« (wie er es nennt). Das können, auf lexikalischer Ebene, Partikel und Hilfswörter sein, oder das kann die Reduktion auf den Buchstaben und das bloße Interpunktionszeichen sein. Der Effekt besteht vor allem in einer Emanzipation der weißen Fläche des Blattes von ihrer bloßen Funktion als neutralem Schriftuntergrund. Sie wird eigenwertig – als Wahrnehmungsfläche wie als Bedeutungshorizont. Sie wird zum Modus eines Erscheinens der Leere.

Das steht in engem Zusammenhang mit der langen Geschichte einer Metaphysik der Leere in Russland. Hier müssen einige Stichworte genügen. Einerseits ist auf die Tradition der Apophatik zu verweisen, eine negative Theologie, die im Kern eine negative Semiotik ist, indem sie die aller Zeichengebung vorgängige Nicht-Bezeichungsfähigkeit des Wort- oder Bildzeichens für das unnennbare Göttliche postuliert. Besonders in der Ikonentheologie ist diese Tradition bis auf den heutigen Tag aktuell. Andererseits ist hier eine Metaphysik des Weißen, der weißen Leere, der weißen Gegenstandslosigkeit in der russischen Avantgarde zu betonen, wie sie besonders durch den Suprematismus Kasimir Malewitschs etabliert wurde. Das ironisch-ernste Doppelspiel zeitgenössischer Autoren und Künstler zwischen dem Aufrufen und dem Unterlaufen dieser Metaphysik, etwa in den »weißen Bildern« Ilya Kabakovs, wäre Thema einer eigenen Studie. Lichtloch und Schriftgitter, das Flirren übersinnlicher Leere und die Bürokratie allen Papiers fallen hier zusammen.

### BLINDENSCHRIFT

Besondere Aufmerksamkeit widmen einige Autoren der Faktur der Schreibmaschinenschrift. Die Schreibmaschinenschrift ist ja zugleich die Produktions- und die Editionsschrift des Samisdat. Rimma Gerlowina arbeitet mit der unterschiedlichen Farbe der Durchschläge, mit Fakturkontrasten zwischen Erstschrift und Durchschlägen, mit grafischen Kontrasten zwischen Schreibmaschinenzeilen und handgezogenen Linien. Alexej Chwostenko akzentuiert die Schmutzränder und Zeilenirritationen der Buchstaben, er kontrastiert getippte Zeilen und handschriftliche Interpunktion. Anna Altschuk konzentriert sich auf die Relief- und Perforationseffekte von Blättern, die mit einer Schreibmaschine ohne Farbband beschrieben wurden. Hier wird die Schrift blind im doppelten Sinn des Worts. Sie selbst ist blind, sie signifiziert nichts, sie »sieht« nichts jenseits ihrer eigenen physischen Präsenz, und sie wird nicht gesehen, ist Braille, abzutasten mit den Fingerkuppen.

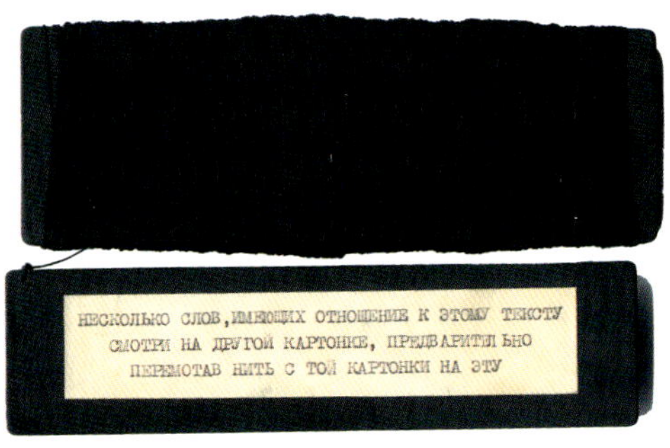


Andrej Monastyrski, *Spule*, 1. Zustand bei Beginn, 1984

Andrej Monastyrski, *Spule*, 2. Zustand nach Beendigung, 1984

Damit ist ein für die Frage nach Sichtbarkeit und Unsichtbarkeit der Schrift entscheidendes Problem angesprochen: das Verhältnis von Taktilität und Visualität. Taktilität ist hier nicht gemeint im Sinn einer körperlich unmittelbaren, verleiblichten Lektüre, sozusagen als eine Rückversammlung aller Wahrnehmungssinne in den performativ verarmten und sensuell restringierten Akt der Lektüre. Taktilität steht hier eher als Ausdruck einer konstitutiven Blindheit der Schrift, als Verlust der souveränen Distanz eines lesenden Blicks, der Seite für Seite des Buchs als eines gut versicherten Raums der Bezeichnungen überfliegt. Unter diesem Aspekt werden skulpturale Textobjekte und taktile Bücher des Samisdat interessant. Rimma Gerlowina stellt eine Serie von Gedichtwürfeln her, Dmitri Prigow beschreibt leere Konservendosen,

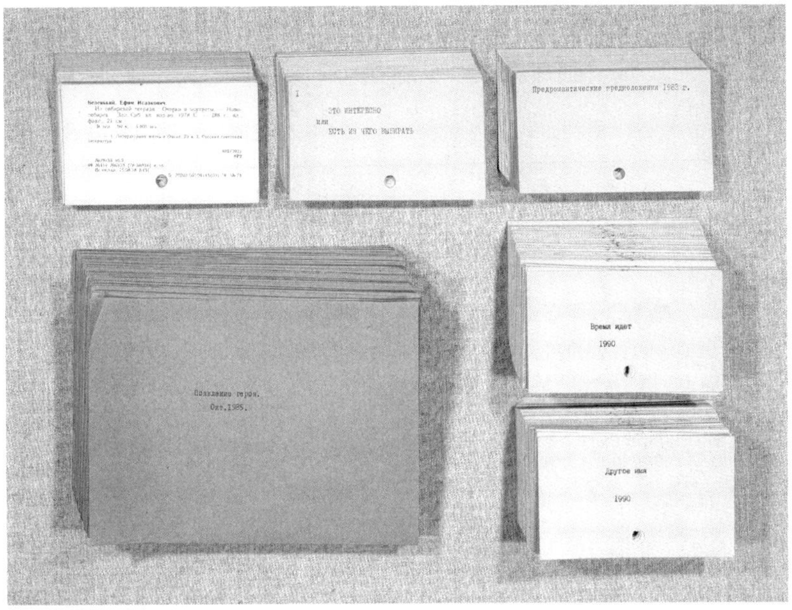

Lew Rubinstein, *Ereignis*, 1980

Genrich Sapgir schreibt Sonette auf Hemden. All das sind Grenzformen, die den poetischen Text einerseits in die situative Dichte der körperlichen Aktion stellen – sie entstehen nicht zufällig im Kontext von Aktionskunst und Performance. Andererseits aber stehen solche haptisch-performativen Elemente im Zeichen der sichtbaren Unsichtbarkeit. Andrej Monastyrski baut eine *Spule* (*Motalka*, 1981), bestehend aus zwei schwarzen, mit Texten beklebten Kartons, deren Lektüre auf ein Wechselspiel von Verbergung und Enthüllung hinausläuft. Einer der beiden Kartons ist mit schwarzem Faden umwickelt, und es ist erst das Abspulen dieses Fadens, das den darunter befindlichen Text sichtbar macht – aber um den Preis der Verbergung des anderen Texts, auf den dieser Faden nun aufgewickelt wird. Dieser Text enthält nichts anderes als die Aufforderung zu diesem Akt des Spulens, eines lesenden Spulens oder spulenden Lesens.

Blinde Schrift beinhalten auch einige taktile Bücher jüngerer Konzeptualisten, die schon in der postsowjetischen Ära entstanden. Yuri Albert produzierte ein gewaltiges Buch mit dem Titel *Selbstporträt mit geschlossenen Augen* (1995). Es enthält Briefe Vincent van Goghs über seine eigenen Bilder, aber sie sind transponiert in Blindenschrift. Die Schrift wird hier zu einer mehrfach potenzierten Technik der Unsichtbarmachung. Die erste Übertragung von Bildern in Schrift (durch van Gogh selbst) wird ein weiteres Mal devisualisiert, indem nun auch das sichtbare Schriftzeichen zu einem taktilen wird. Die vielfachen Blindheiten der Schrift werden hier bis zum physischen Schließen der Augen getrieben.

### UNLESBARKEITEN, ABWESENHEITEN

Im Moskauer Konzeptualismus der siebziger und achtziger Jahre führt die Auseinandersetzung mit der Institution des Buchs zur Etablierung einiger Genres, die fast zu Markenzeichen dieser Richtung geworden sind. Es sind Genres, die die Idee des Buchs als Kodex, als Korpus, als Chronik, als Verzeichnis, als Katalog – also als Organisationsraum von Ordnungen, von ordnenden Texten – in übertriebener Form realisieren.

Ilya Kabakov und Viktor Piwowarow erfinden das Genre des Albums und entfalten darin die Spannung zwischen den »sammelnden« Eigenschaften des Gedächtnisbuchs (als Erinnerungsalbum, Fotoalbum, Poesiealbum, Dossier) und dem offenen, provisorischen Charakter seiner Anordnung und szenischen Aufführung. Lew Rubinstein wird zum Dichter des Katalogs. Er platziert Textfragmente auf Karteikarten aus Bibliothekskatalogen, nummeriert sie und stellt sie zu Kartenserien zusammen. Die Kartenstapel lenken die Aufmerksamkeit auf das materielle Artefakt der Texte, das sich von den Lesebedingungen eines Buchs unterscheidet. Es ist eine offene Folge von Schriftstücken, mit Löchern und Pausen dazwischen, welche die Erwartung von Geschlossenheit enttäuschen. Im Verlauf der von Rubinstein selbst veranstalteten Leseperformances entsteht eine eigenartige Spannung zwischen situativer Präsenz und poetischer Magie des Augenblicks einerseits und einer Serie von Absenzen andererseits. Jede neue Karte ist eine Verweisung in das eben vergangene und das noch bevorstehende Schriftstück. Vielleicht sind es gerade darum die Karteikarten aus Bibliothekskatalogen, die Rubinstein als Auftragflächen seiner Texte bevorzugt: Sie sind der Körper des Katalogs. Sie sind das materielle Substrat einer bloßen Verweisungsinstanz: Verweis auf andere Texte, auf Texte, die im Moment der Lektüre dieses Textes definitiv nicht vorhanden sind. Kataloglektüre ist Abwesenheitslektüre.

Auf wieder andere Weise setzt sich Dmitri Prigow mit der Institution des Buchs auseinander. Zu einem seiner Hauptwerke wurden die *Alphabete* (*Asbuki*), eine nicht abgeschlossene, bislang über neunzig Stücke umfassende Folge von Texten in der Konstruktionsweise der Abecedarien. Das »ABC« lässt die Vorstellung eines elementaren Lehrbuchs, einer Sammlung von Grundwissen entstehen. Es ist vielleicht noch mehr – Metapher für die sinn- und ordnungsspendende Kraft von Texten. Damit kommen wir zurück zum eingangs erwähnten Schriftkult in der russischen Kultur. Schon die ersten kirchenslawischen Verstexte waren die aus Byzanz übernommenen alphabetischen Gebete. Sie versinnbildlichten die ursprüngliche Ordnung und Harmonie des göttlichen Texts und waren zugleich der anschauliche Beweis für die Sakralität der neu erfundenen kyrillischen Schriftzeichen. Die russische Literatur hat in verschiedenen Epochen dieses Genre verwendet: sei es in satirischer und parodistischer Absicht wie in den derben ABC-Gedichten des 17. und 18. Jahrhunderts; sei es in moralpädagogischer Absicht wie im berühmten *Alphabet*

(*Asbuka*) Lew Tolstois, sei es in agitatorisch-propagandistischer Absicht wie in Wladimir Majakowskis *Sowjetischem Alphabet* (*Sowjetskaja asbuka*). Bei Prigow ist davon nur ein leeres Formgerüst für die Simulation wahrheitsbesitzender Texte geblieben. Sie erschöpfen sich im Gestus, im konstituierenden Akt der »Ernennung« (des »nasnatschenije«). Einige dieser Alphabete sind visuell-poetische Objekte. Prigow führt in ihnen das Kohärenzprinzip des Texts, das sich im Buch und seiner Seitenfolge symbolisch verkörpert, ad absurdum. Zum Beispiel wiederholt er ein- und denselben Text in den aufeinanderfolgenden Generationen von Schreibmaschinendurchschlägen, bis hin zur kompletten Unleserlichkeit. Das »Buch« des Samisdat wird hier zur Maschine des Verschwindens der Schrift. Letzte Konsequenz sind die an allen vier Seiten zugehefteten *Textgräber* (*Grobiki*), die aus zerstörten (verbrannten, zerknickten, in Wasser aufgeweichten) Typoskriptblättern bestehen.

Eine prominente Rolle kommt der Schrift in der Performance und Aktionskunst zu. In den siebziger Jahren entstand eine Reihe von Performance-Gruppen.[8] Der Text als offene Struktur, sein Rahmen, seine Grenzen geraten hier ins Zentrum der Aufmerksamkeit. Das sei

Gruppe Kollektive Aktionen, *Losung* (für Georgi Kisewalter), Teil der Aktion *Reisen aus der Stadt* nahe der Stadt Mirny, 13. April 1980

beispielhaft an der Gruppe Kollektive Aktionen verdeutlicht. Gemeinsames Sujet ihrer seit 1976 stattfindenden Aktionen unter dem Titel *Reisen aus der Stadt* (*Pojesdki sa gorod*) war die gemeinsame Fahrt einer Gruppe von Teilnehmern in die ländliche Umgebung Moskaus, meist auf ein leeres, weites, schneebedecktes Feld, also in einen metaphorisch leeren, weißen Raum. Dieser leere Raum, man könnte ihn auch als Schriftfläche verstehen, wird zur Bühne für minimale Handlungen. In diesen leeren Raum werden auch die aus der Stadt mittransportierten Texte bzw. Schriftstücke entrückt. Programmatisch ist eine Aktion, in der ein Losungstransparent (also ein Element der »ideologischen« Schrift des öffentlichen städtischen Raums) zwischen Bäumen aufgespannt wird. Die Aufschrift auf dem Transparent ist jedoch verhüllt, und sie wird (mittels einer Schnurkonstruktion) erst dann enthüllt, als die Schrift aus der Entfernung nicht mehr zu entziffern ist. Wieder haben wir hier, wie auch im Falle des Blindenbuchs, ein potenziertes Spiel mit der Unsichtbarkeit. Der sakrale Charakter der Schrift in der mittelalterlichen russischen Kultur begründete sich ja gerade darin, dass die Schrift – im Unterschied zum Bild – einen ontologisch höheren Wert hatte. Sie stand dem unsichtbaren Göttlichen näher als die zu sehr in der Materie des Irdischen und Körperlichen verhafteten Bilder. Und bis in die stalinistische Epoche hinein finden sich solche Vorstellungen einer besonderen Sakralität der Schrift. Hier nun, in der beschriebenen Aktion, wird die Schrift selbst in radikaler Weise verdinglicht und zugleich selbst unsichtbar gemacht.

Dmitri Prigow, *24. Alphabet. Alphabet der Fetzen,* 1985

1 Vgl. Ljudmila Alekseeva: *Istorija inakomyslija v SSSR. Novejšij period*, Vermont 1984 (Neuauflage Vilnius/Moskau 1992); Dietrich Beyrau: *Intelligenz und Dissens. Die russischen Bildungsschichten in der Sowjetunion 1917 bis 1985*, Göttingen 1993; *Samizdat – Alternative Kultur in Zentral- und Osteuropa. Die 60er bis 80er Jahre*, Hg.: Wolfgang Eichwede, Bremen 2000; Heddy Pross-Weerth: *Samizdat in Russland. Der Zensur zum Trotz. Das gefesselte Wort und die Freiheit in Europa*, Weinheim 1991 (Ausst.-Kat. der Herzog August Bibliothek Wolfenbüttel), S. 231–235; *Samizdat veka*, Hg.: Anatolij Streljanyj, Genrich Sapgir, Vladimir Bachtin, Nikita Ordynskij, Minsk/Moskau 1997.

2 Andrej Sinjawski: *Literatur als Prozess*, in: *Kontinent* (dt. Ausgabe), Nr. 1 (1974), S. 132f.

3 Vgl. Johanne Villeneuve: *Dissidenz, Geschichte, Ermüdung der Schrift*, in: *Schrift*, Hg.: Hans Ulrich Gumbrecht, K. Ludwig Pfeiffer, München 1993, S. 137–147, hier S. 139. Die Analogien zu Vorstellungen des russischen Sprachphilosophen Michail Bachtin liegen auf der Hand. Bachtin unterschied das »abgestorbene« offizielle vom »lebendigen« inoffiziellen Wort, das zur »Reliquie« erstarrte autoritäre Wort vom innerlich überzeugenden Wort.

4 Vgl. besonders die im Jahr 1967 begonnenen Memoiren *Die Eiche und das Kalb* (*Bodalsja telenok s dubom*, Paris 1975) – als minutiöses Protokoll einer wachsenden Enttäuschung bezüglich der Wahrheitspotenzen der offiziell verlegten Tauwetterliteratur, sowie die Programmschrift *Lebt nicht mit der Lüge* (*Žit' ne po lži*), Paris 1974, im selben Jahr auch Deutsch in Darmstadt/Neuwied.

5 Ossip Mandelstam: *Vierte Prosa*, in: *Das Rauschen der Zeit. Gesammelte »autobiografische« Prosa der 20er Jahre*, aus dem Russischen übertragen und herausgegeben von Ralph Dutli, Frankfurt/M 1989, S. 257.

6 Vgl. ausführlicher: *Präprintium. Moskauer Bücher aus dem Samizdat*, Hg.: Günter Hirt, Sascha Wonders, Bremen 1998.

7 Wsewolod Nekrassov, *Erklärende Notiz*, in: Hirt/Wonders, *Präprintium*, S. 59.

8 »Bewegung«/»Dviženie«, eine Gruppe um Lew Nussberg, aus der auch Francisco Infante-Arana hervorgeht; die Gruppe »Nest«/»Gnezdo«; Rimma und Waleri Gerlowin; Natalja Abalakowa und Anatoli Shigalow; die Gruppe »Kollektive Aktionen«/»Kollektivnyje dejstvija« u. a.

# WOHIN STÜRMST DU, RUSSLAND?

CHRISTIANE BAUERMEISTER

Moskau 1977. Im Spätherbst kann Moskau noch trostloser sein als in schlimmsten Albträumen. Ein paar Mohrrüben schrumpeln in den Auslagen des »Gastronom«, und die wenigen Weißkohlköpfe sehen aus, als wollten sie dort überwintern. Keine Eleganz, kein Café, keine Bar – aber überfüllte Busse, muffige Geschäfte, Wanzen im Studentenheim der Moskauer Universität, Dunkelheit, Schneetreiben auf den riesigen, schier unüberquerbaren Straßen und Boulevards. Als ich in den siebziger Jahren zum ersten Mal für längere Zeit in die Sowjetunion reiste, erwartete ich, etwas von dem »märchenhaften geheimnisvollen« Russland der »prophetischen Träumer« wiederzufinden, das Rilke ein knappes Jahrhundert vor mir bereist hatte. Ich wollte aber auch herausfinden, was in diesem Riesenreich von der revolutionären Aufbruchstimmung übrig geblieben war. Gab es noch Spuren oder hatten sie der Terror, der Stillstand ausgetilgt?

Wassili Katanjan, Christiane Bauermeister und Lilja Brik, Moskau 1979

Wenn ich heute an die vielen später folgenden Besuche, Reisen, Exkursionen und Aufenthalte denke, dann kommen mir ungezählte Begegnungen und Erlebnisse in den Sinn, die zueinander nicht passen wollen. Ein zerrissenes Land, das nach einer Mitte sucht. Zurück bleibt die Erinnerung an ein Wechselbad der Gefühle und Eindrücke. Von der Aufbruchsstimmung der zwanziger Jahre mit ihren futuristischen Weltveränderungsphantasien und ihrem blasphemischen *Sieg über die Sonne* bis zu den ersten Ansätzen, sich dem Schrecken der Vergangenheit zu stellen, und Alexander Solschenizyns *Ein Tag aus dem Leben des Iwan Denissowitsch*. Und schließlich zur zynischen Haltung des »anything goes« der *Generation P* wie Pepsi von Viktor Pelewin.

Die siebziger Jahre der Breschnew-Ära waren eine Zeit der Stagnation, der Lähmung. Das gesellschaftliche Leben spielte sich in den Wohnungen ab, hinter Vorhängen. Der Eiserne Vorhang war damals noch so gut wie undurchlässig. Das russische Imperium jener Jahre dümpelte vor sich hin, einer verordneten lichten Zukunft entgegen.

Ein Lichtblick während meines winterlichen Forschungsaufenthalts: die Freundschaft mit Lilja Brik. Ihre Wohnung neben dem Geschäft für sanitäre Anlagen, in dem Waschbecken meist vergriffen waren, lag am Kutusow-Prospekt. Lilja Brik, die Frau, der Wladimir Majakowski sein ganzes Werk gewidmet hat, hielt in ihrer Moskauer Wohnung den Geist der Avantgarde wach. Nicht nur der Avantgarde aus den zwanziger und dreißiger Jahren, als die LEF, die Linke Front der Künste, das Bewusstsein der Massen mit Agitprop umformen wollte, sondern auch der zeitgenössischen, die gegen die kulturelle und gesellschaftliche Erstarrung jener Jahre und die Unterdrückung neuer Ideen aufbegehrte.

Gemeinsam mit ihrem dritten Ehemann, dem Schriftsteller Wassili Katanjan, empfing sie nicht nur die Weggefährten der zwanziger Jahre, Viktor Schklowski etwa oder den Meyerhold-Schüler Valentin Plutschek, es trafen sich auch junge Dichter, Theatermacher, Musiker in ihrem Salon. Sie ermutigte die Dichter trotz Publikationsverbot zum Weiterschreiben, und einige Gedichte des Lyrikers Viktor Sosnora wären wohl ohne sie nicht entstanden. Ihrem Einfluss und ihren Kontakten zum Westen ist es zu verdanken, dass dem Filmregisseur Sergej Paradshanow aus Eriwan ein Jahr seiner fünfjährigen Haft wegen »Tunejadstwo« (parasitären Verhaltens) erlassen wurde.

Sie schätzte den Komponisten Alfred Schnittke, der damals für das Kulttheater an der Taganka (heute despektierlich »Sowjetische Antike« genannt) unter seinem Regisseur Juri Ljubimow arbeitete. Häufig stand ich vor seiner Haustür in der Uliza Wawilowa. Sie war von innen mit vielen Schlössern verriegelt. Es dauerte eine Weile, bis Alfred sie umständlich geöffnet hatte, und lange haben wir nicht verstanden, warum er sich so verschanzte. Auch wurde das Radio angestellt, wenn wir über Politik oder Zukunftspläne sprachen. Der sowjetische Komponistenverband versuchte in jenen Jahren immer wieder, die Aufführung seiner Werke in Russland zu unterbinden, was einem Aufführungsverbot gleichkam. Zu Premieren seiner Werke im Westen durften er und seine Frau Irina nicht reisen. Warum fühlte sich dieses System von seiner Musik so bedroht? Lag es daran, dass er einen universalen, grenzüberschreitenden Raum mit ihr geschaffen hatte, dass seine Musik – auch damals schon – trotz der Repressalien viele Zuhörer sowohl in Russland als auch im Westen begeisterte?

»Alles ist gut, was gut beginnt.«
»Und endet?«
»Ein Ende gibt es nicht.« Alexej Krutschonych, 1913

Kasimir Malewitsch, Prospektentwurf für *Sieg über die Sonne*, 1. Akt, 3. Bild, 1913

Berlin 1983. Im Rahmen der 23. Berliner Festwochen konzipierten wir einen Schwerpunkt *Symbolismus-Futurismus – Sieg über die Sonne*. Stichworte waren Skrjabin und die Synästhesie, Alexander Blok und seine symbolistischen Dramen, Majakowski und Chlebnikow. Das Thema Futurismus/Russische Avantgarde war offiziell noch ein Tabu in der Sowjetunion. Aber an den Museen und in den Forschungsinstituten arbeiteten Spezialisten, denen wir begegnen durften. Sogar der Komponistenverband und sein Vorsitzender, Tichon Chrennikow, haben an der Rekonstruktion der Oper *Sieg über die Sonne* mitgewirkt.[1] Chrennikow hat uns den Zugang zu einem geheimen Archiv im Leningrader Puschkin-Haus ermöglicht. Tichon Nikolajewitsch, schon unter Stalin Vorsitzender des mächtigen sowjetischen Komponistenverbandes, hatte selbst einen Propusk (Passierschein) unterzeichnet, wohl in der Annahme, es handle sich um irgendeine romantische Opernmusik. Uns aber ging es um Fragmente der futuristischen Komposition mit Vierteltönen, eine in jenen Jahren verfemte Musik, und besonders Chrennikow hatte sich ja bisher gegen all den »neumodischen Kram« ausgesprochen. Es gelang uns, einige Notenfragmente von Michail Matjuschins Partitur von der Aufführung 1913 zu kopieren. Der Preis dafür war ein extra ins Programm der Festwochen aufgenommener Chrennikow-Abend unter dem Dirigenten Waleri Gergijew und mit dem Wunderkind Wadim Repin als Solisten.

gestanden, auf denen ein paar trockene Kringel lagen. Der Tee wurde aus Apfelschalen gebraut, in den Zimmern herrschte eine solche Kälte, dass man auf pritschenähnlichen Betten im Pelzmantel schlief. Druskin berichtete von einem Besuch in der Ermitage vor leeren Bilderrahmen: Die Bilder hatte die Museumsleitung vorsorglich auslagern lassen. Zum Schutz vor Denunzianten hatte man in den fünfziger Jahren eine Art Geheimsprache erfunden: »Wie hasse ich Sofia Wlassowa«. Sofia Wlassowa stand für Sowjetskaja Wlast – Sowjetmacht. Eines seiner Lieblingskürzel war: NR (Nur Ruhe).

> »Bis zu diesem Zeitpunkt habe ich alles studiert, was der Westen mir geben konnte. Im Grunde hat aber mein Land alles hervorgebracht, was nun dorthin wieder hinfließt. Nun schüttele ich den Staub von meinen Füßen und lasse den Westen hinter mir.«
> Natalja Gontscharowa, 1913

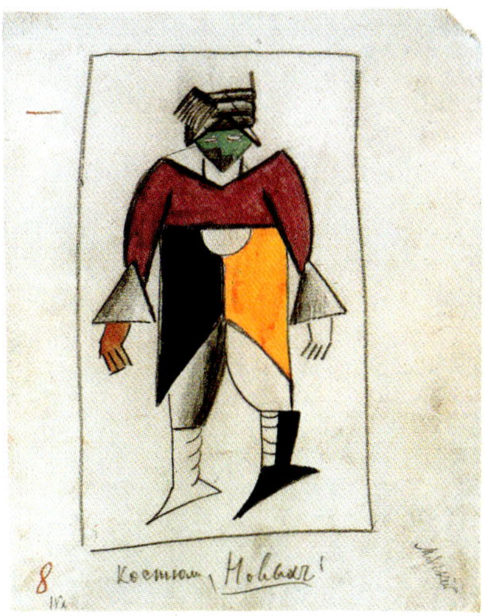

Kasimir Malewitsch, Kostümentwurf *Der Neue* für *Sieg über die Sonne*, 1913

Kasimir Malewitsch, Kostümentwurf *Der Feind* für *Sieg über die Sonne*, 1913

Unter den Russen, die der *Sieg über die Sonne* nach Berlin zog, war auch Michail Druskin, emeritierter Professor des Leningrader Konservatoriums. In den dreißiger Jahren war er im Haus des Rundfunks in der Masurenallee als Pianist gemeinsam mit Igor Strawinsky aufgetreten. In Leningrad bin ich ihm das erste Mal begegnet. Über einen Hinterhof, der aussah, als hätte sich seit Dostojewskis Zeit nichts geändert, gelangte ich in seine ärmliche Wohnung. Wenig Bücher für einen Gelehrten, er hatte viele während der Leningrader Blockade verheizen müssen.

Unvergesslich, wenn er in seinem kargen Musikzimmer, in dem ein Porträt Johann Sebastian Bachs hing, von den zwanziger Jahren erzählte, als er achtzehnjährig an der legendären Tatlinschen Inszenierung von Chlebnikows *Sangesi* in Petrograd 1923 als Komponist einer Chormusik beteiligt war. Sie soll sich seiner Erinnerung nach wie das Zischen von Raubvögeln angehört haben.

Über die Stalinzeit berichtete Druskin mit leiser Stimme: Während der Blockade hatte man ihn gemeinsam mit seinem Freund Schostakowitsch im Hotel Astoria einquartiert. In der Halle des ehemaligen Luxushotels hatten mit Wachstuch überspannte Tische

Moskau 1992. Mitten im majestätischen Weißen Saal des Puschkin-Museums steht ein merkwürdiges Gerüst, es sieht aus wie eine verunglückte Lissitzky-Imitation. Eine Beuys-Premiere für Russland. Keine Installation – wer hätte damals eine solche nach Russland ausgeliehen –, sondern Zeichnungen, auf denen Tataren, Schamanen, Aktricen und Dschingis Khan zu sehen sind. Nur mit Mühe ist die Kuratorin des Museums von der Idee abzubringen, die Zeichnungen dieses in Russland doch noch recht unbekannten Künstlers nicht an die Wände zu hängen, sondern auf dieses Ungetüm, das ihrer Vorstellung von »Avantgarde« wohl eher entsprach. Zur Eröffnung hingen die Zeichnungen an den Wänden des Weißen Saales. Die »Eurasischen Utopien« von Beuys wurden von jungen russischen Künstlern spontan aufgegriffen. In der Ausstellung kam es zu einer Aktion, einer Performance: auf Stoffteilen aus Filz sitzend, legen sich junge Künstler gegenseitig Bluttransfusionen an.

Wir veranstalteten ein Beuys-Seminar im neu gegründeten Zentrum für zeitgenössische Kunst, eine der ersten Moskauer Institutionen, die dem sowjetischen Publikum bisher unbekannte russische und internationale zeitgenössische Kunst vermitteln will. »Für uns ist Joseph Beuys so wichtig, weil er diese Mythen, diese Weltsicht persönlich auffasste, weil er das alles selbst erlebt, durchlebt hat. Ich begreife Beuys als Großvater einer konzeptualistischen Mentalität, Beuys ist der Schöpfer eines persönlichen Mythos – und damit ein Künstler-Typus, den es auch in der russischen Kunstgeschichte gibt: der Künstler, der die künstlerische Ästhetik um soziale und religiöse Momente erweitert hat« – so fasste der Dichter Dmitri Prigow unsere Beuys-Expedition in einem Gespräch zusammen.

> »Entweder Du hast Angst oder Du lebst in Russland ...«
> Wladimir Sorokin, 2002

Moskau, Herbst 2002. Moskau leuchtet. Der Kreml, die Zuckerbäckerhochhäuser, die Geschäftstürme, die Spielcasinos, Nepprestaurants, Nobelherbergen, über Nacht errichtete Wohnhäuser mit Türmchen für die so genannten Neuen Russen. Die üblichen Verdächtigungen: Mafia, Korruption, aufkommender Nationalismus. Gelacht wird heute nicht so sehr über die Neuen Russen, sondern vielmehr über die »new generation« der jungen Beamten, die ohne Gängelung und ohne Ideologie aufwuchs.

Am Spätnachmittag vom Kreml um das Bolschoi-Theater – eine Stunde im Stau. Die sechsspurigen Ausfahrtsstraßen sind chronisch verstopft. Zu Fuß gelangen wir in die Soologitscheskaja. Dort wird das Kunstzentrum gebaut, von dem Leonid Bashanow, ehemals Künstler mit Undergroundvergangenheit, in den letzten zwanzig Jahren geträumt hat. Laut hat er geträumt: russisch übertrieben und zu groß. Wir haben an die Realisierung nicht glauben wollen, an schwebende Ausstellungshallen, Büros, Gästezimmer, Restaurant. Der Entwurf ist gigantisch. Ein Tatlin-Turm mit Stacheln. Architekt: Michail Chasanow, schon Ende der siebziger Jahre einer der »Papierarchitekten«, die mit kühnen Entwürfen gegen die »erstarrte Architektur der Breschnew-Ära« protestieren wollten. Das Zentrum – eines von drei Neugründungen in Moskau – hat sich zum Ziel gesetzt, nun endlich ein Russisches Museum für Zeitgenössische Kunst aufzubauen, um die russische Kunst aus ihrer Lage an der Peripherie herauszuholen und nun die Kunst der sechziger und siebziger Jahre neu zu bewerten. Es soll an die legendären WCHUTEMAS der zwanziger Jahre, freie Werkstätten für Kunst und Design, an denen alle berühmten Künstler der russischen Avantgarde lehrten, angeknüpft werden. Allerdings abzüglich von deren utopischen Entwürfen, deren Ziel es war, das gesamte gesellschaftliche Leben in der Sowjetunion einem künstlerischen Plan zu unterwerfen. Eine geschickte Werbestrategie? Wer kann es wissen?

> »Wohin stürmst Du, Russland?«
> Nikolai Gogol, 1842

1 Die Rekonstruktion der Uraufführung der futuristischen Oper *Sieg über die Sonne* von Alexej Krutschonych (Text), Welimir Chlebnikow (Prolog), Michail Matjuschin (Musik), Kasimir Malewitsch (Kostüme, Bühne) vom 3. und 5.12.1913 wurde durch das California Institute of the Arts, Los Angeles, 1980 geleistet. Darauf folgten mehrere Aufführungen in den USA und vom 1. bis 4. April 1983 schließlich in der Akademie der Künste, Berlin.

## DIE LANGZEITWIRKUNG DES OSTENS
### ERST NACH IHREM VERSCHWINDEN WURDE DIE DDR-LITERATUR LEBENDIG

HELMUT BÖTTIGER

In den siebziger Jahren konnte man sich in der alten Bundesrepublik vor lauter DDR-Literatur kaum noch retten. Das Thema des schreibenden Arbeiters grassierte endlich auch hier, der »Bitterfelder Weg« wurde in unübersehbaren, holprigen Seminarstunden tapfer beschritten, und die Frage nach der »Parteilichkeit« der Literatur erregte die Gemüter. Erst im Rückblick stellt sich heraus, dass das alles viel mehr mit der Bundesrepublik selbst als mit der DDR zu tun hatte. Vorher, bis Ende der sechziger Jahre, existierte die DDR in der Literaturszene und vor allem an den Universitäten kaum. Als Harry Buckwitz in den fünfziger Jahren am Frankfurter Theater Brecht inszenierte, war das noch ein gehöriger Skandal. Vereinzelt traten ein paar Anthologisten hervor, die auf ostdeutsche Literatur aufmerksam zu machen versuchten[1], doch das hatte noch keinerlei Breitenwirkung. Erst als die Frage nach der politischen Dimension von Literatur ins Zentrum rückte, wurden Namen selbstverständlich, die vorher noch exotisch klangen: Heiner Müller, Volker Braun, Christa Wolf – und Ulrich Plenzdorfs *Die neuen Leiden des jungen W.* erwies sich als ein pädagogisch und soziologisch äußerst verwertbares Exempel.

Zur Debatte stand dabei weniger das Literarische. Es ging vor allem um die gesellschaftliche Aussagekraft der Texte. Es muss etwa Mitte der siebziger Jahre gewesen sein, als der als herausragender DDR-Dramatiker reisende Heiner Müller auch an der beschaulichen Universität Freiburg las. Im Gespräch danach, in kleiner Runde mit Dozent und Studenten, ergaben sich zunächst gewisse Differenzen zwischen dem badischen Weingenuss und der von Müller vertretenen »Schnapskultur«. Das änderte sich, als der Dozent mit durchaus brennendem stofflichem Interesse eine Frage stellte, nämlich, welchen DDR-Schriftsteller Müller denn zu lesen empfehle. Darauf nannte dieser zwei Namen, und welche subversive Pointe das bereithielt, konnte damals wirklich nur Müller selbst einschätzen: Er riet zu den beiden proletarischen Feder-Kumpeln Paule Gratzick und Erich Köhler. Prompt avancierten sie im nächsten Semester zu Hauptseminarthemen.

Kurz danach war allerdings alles vergessen. Schon Ende der siebziger Jahre widmeten sich die auffassungsschnellsten Germanistikdozenten nicht mehr der »Literatur der Arbeitswelt der DDR«, sondern schwenkten geistesgegenwärtig um auf »das Drängen des Buchstabens bei Jacques Lacan«. Und wer sich ein paar Jahre lang eifrig mit aufbauender DDR-Lyrik und deren »Volkstümlichkeit« auseinander gesetzt hatte, setzte spätestens um 1980 doch wieder auf Paul Celan.

Die große Ausnahme blieb Christa Wolf. Diese Autorin verband zwei Tendenzen, die in der Bundesrepublik der siebziger Jahre nebeneinander existierten und eine große Sogkraft entwickelten: linke Gesellschaftsvorstellungen auf der einen Seite, den Feminismus auf der anderen Seite. *Nachdenken über Christa T.* wurde in der Bundesrepublik genauso als Schlüsseltext gelesen wie in der DDR, charakteristischerweise betonte man aber einen Akzent besonders: Man sah in diesem Roman vor allem einen linken Gegenentwurf zur verkrusteten DDR-Situation, das »Prinzip Hoffnung« im Sinne Ernst Blochs, das die reale DDR zu einem sozialistischen Staat transzendierte, der ein ungeahntes utopisches Potenzial bereithielt. Mit *Kassandra* wurde Christa Wolf schließlich zu einer Klassikerin der feministischen Literaturtheorie, und die *Frankfurter Vorlesungen* der Autorin im Wintersemester 1980/81 entwickelten sich zu Pilgerstätten ungeahnten Ausmaßes. Schon hier trat etwas deutlich zutage, was bei Christa Wolf in den neunziger Jahren vollends zur Geltung kam: Ihre Lesungen waren Selbstvergewisserungen, rituelle Handlungen, es traf sich eine Gemeinde. Christa Wolf hielt bis 1989 auch in der Bundesrepublik die Hoffnung auf eine andere DDR wach; gleichzeitig stand sie für eine spezifisch weibliche Literatur und setzte vielfältige Identifikationsprozesse in Gang.

Das Gesicht Heiner Müllers ist unbewegt in diesen Jahren, es ist umringt von Schweigen und Schwärze: das schüttere Haar, das Brillengestell, der Pullover, das Jackett. Heiner Müller sagt wenig, aber er sagt das ziemlich oft; er ist präsent in allen Medien, überall ist dieses Gesicht voller Schwärze, diese Brille, aus der die Augen in müden Schattierungen herausschauen – im Fernsehen, in Zeitungen, in Illustrierten. Heiner Müller gibt viele Interviews und alle sind durch sein Schwarz geprägt. Auch sein Tonfall ist schwarz, die Geste, die die Zigarre wieder zum Mund führt, das Sich-Räuspern, wenn einer dieser kleinen, schwarzen Sätze nachfolgt: Feststellungen, keine langen Ausführungen. Wo man auch hingeht in dieser Zeit des Übergangs in Berlin, ist Heiner Müller schon da. Er sitzt auf dem Podium, er sitzt in der Diskussionsrunde, in der Talkshow und hat sein Gesicht. Er braucht nicht viel zu sagen. Ruhig, abgeklärt schaut er vor sich hin, saugt an seiner Zigarre, schaut schwarz aus seiner Brille hervor. Manchmal räuspert er sich, und dann kommt mit dieser leisen Stimme

Christa Wolf, Frankfurter Poetikvorlesung, Mai 1982 (F: Barbara Klemm)

Die »DDR-Literatur« als solche spielte in der Bundesrepublik schon lange vor 1989 keine Rolle mehr. Auch das Wenige, was abseits der besonderen Beziehungen zwischen diesen beiden Staaten ästhetisch überdauerte, entzog sich dem Blick: die beiden phantastischen Romane von Fritz Rudolf Fries etwa, *Der Weg nach Oobliadooh* (1966) sowie *Alexanders neue Welten* (1983) oder auch die große Lyrik Johannes Bobrowskis. Doch plötzlich, mit dem Fall der Mauer, war etwas zu spüren, das aus dem Osten kam und eine viel akutere Zeitgenossenschaft fasste als das, wozu der müde gewordene Westen fähig war. In der DDR hatte etwas überwintert, wovon man keinen Begriff mehr hatte.

Zunächst gab es davon nur ein Bild. Es war der Gesichtsausdruck Heiner Müllers.

ein knapper Satz, aus dem jede Emotionalität getilgt ist, ein schillernder Satz, der vieles offen lässt und alles sagt.

Geschrieben hat er in diesen Jahren fast nichts mehr. Er ist durch und durch Theater geworden, ist mit seiner Maske verwachsen, hat die schwarze Brille zur Ikone der Kunst gemacht. In einer beiläufigen Nachdenklichkeit, in einer Lässigkeit, die fast schon wie eine Nachlässigkeit aussieht, fallen die Merksätze dieser Zwischenepoche. Und es sind weniger die Worte selbst, es ist der Gestus, mit dem sie ausgesprochen werden: Nichts geht mehr und nichts gilt mehr, aber dies intensiv. Dass das durch etwas Rauschhaftes hindurchgegangen ist, ist unverkennbar. Etwas Abgründiges, Gelebtes macht diese Gelassenheit, diese Maske aus Erkenntnis und Witz erst möglich.

1

2

3

4

1 Lesung Dieter Schulze, Ost-Berlin, 1981 (F: Helga Paris)

2 Heiner Müller und Sascha Anderson bei einer Lesung in einer Privatwohnung, Magdeburg, 1983 (F: Harald Hauswald)

3 Punkkonzert, Immanuelkirchstraße, Ost-Berlin, 1985 (F: Harald Hauswald)

4 Punks, West-Berlin, 1982 (F: Wolfgang Krolow)

Heiner Müller war mit dem Jahr 1989 der erste gesamtdeutsche Schriftsteller. In seinem Bild fand sich die hoch entwickelte und sich in diversen selbstreferenziellen Zitaten verständigende Medien-Kunst des Westens genauso wieder wie die existenzielle Verlorenheit des Ostens. Die Jahre bis 1994, als Heiner Müller starb, standen unter seinem Zeichen. Müllers Weiterleben der DDR zeigte, dass das Neue, das jetzt anfing, viel mehr mit dem Osten zu tun hatte, als es dem Westen klar war.

Die DDR-Literatur entließ ihre Kinder. Die literarische Diskussion nach 1990 war plötzlich von Autoren geprägt, die aus dem Osten kamen – die herausragenden Namen dabei sind Wolfgang Hilbig, Reinhard Jirgl, Durs Grünbein und Ingo Schulze. Diese Autoren hatten im Westen kein Pendant.

In der alten Bundesrepublik war soeben die »Geschichte« für beendet erklärt worden. Man hatte sich in der akademischen Diskussion darauf verständigt, im Zeitalter der »Posthistoire« zu leben. Ein Autor wie Wolfgang Hilbig wäre im Westen nicht denkbar gewesen. Wolfgang Hilbig ist vermutlich, im ursprünglichen Schillerschen Sinne, der letzte große deutsche Dichter: Er ist ein Naiver. Unangetastet vom Literaturbetrieb, abgeschottet von den literarischen Diskussionen um ihn herum schrieb er an seinen ungeheuren Manuskripten – er griff nicht in die krude Tagespolitik ein, er war nicht festzulegen auf »kritische Solidarität« mit der DDR oder Dissidenz oder Affirmation; er saß, als Arbeiter, im sächsischen Tagebaugebiet und entwarf seine glühenden Bilder. Prosastücke wie *Die Weiber* (1987) oder *Alte Abdeckerei* (1991) sind expressive, apokalyptische Visionen vom Leben in der DDR, vom Verrotteten und abgründig Zerstörten, aber sie gehen weit darüber hinaus.

Dies ist eine Literatur, die mit dem Sterben dieses Staates wuchs: Die Sprache wurde immer übermächtiger, je mehr das Leben aus dem zu Beschreibenden wich. Der Alltag besteht nur noch aus Resten, sämtliche Gegenstände und Lebewesen sind grau und zerschlissen, und in ihnen lauern die Zeichen, die sich zu furiosen Endzeitgemälden zusammensetzen. Die Bilder kommen zwar aus dem Arsenal des verrottenden Sozialismus, sie stehen aber für weit mehr. Der Zerfall der DDR setzte eine Literatur frei, die über die DDR hinausweist und akute Zeitgenossenschaft fasst. Je länger die DDR zurückliegt, desto deutlicher wird das Visionäre der Hilbigschen Sprache; eine Wahrheit, die so nur die Literatur zu fassen vermag.

Hilbig hat des öfteren beschrieben, wie er von früh an nur durch die Literatur existierte, wie er praktisch von Beginn an eine Kunstfigur war – er las, abseits jeglicher Öffentlichkeit, in seinem sächsischen Braunkohleort, schaufelte die gesamte Moderne in sich ein. Das Sich-Vergraben in Literatur, das Aufsaugen von Lektüre war ein DDR-spezifischer Vorgang: Völlig abgetrennt von einem wie auch immer gearteten Literaturbetrieb werden Textmassen bewegt und produziert, ohne öffentlichen Diskurs. Das Schreiben ist ein exzessiver Vorgang, in dem die unsicher gewordene Subjektivität sich ständig selbst vergewissern muss und sich in den Buchstabenströmen auflöst.

Ein irritierendes Pendant zu Hilbig ist Reinhard Jirgl. Auch für Jirgl wird die DDR zu einer großen schwarzen Phantasie, ein apokalyptisches Szenario mit flammenden Bildern des Untergangs und der Auslöschung des Individuellen. Auch bei Jirgl ist die Atmosphäre durchdrungen von den Schwermetallen und den verrosteten Utopien des Ostens, von vergifteten Landschaften. Im Unterschied zu Hilbig ist Jirgl bis 1989 unerkannt in der DDR geblieben, er häufte sechs Romanmanuskripte in seinen Schubladen an, ein besessener Schreiber, der sich seinen eigenen Kosmos und seine eigene Grammatikstruktur und Orthographie schuf. Und im Unterschied zu Hilbig arbeitet sich Jirgl am bürgerlich-kleinbürgerlichen Milieu ab.

Die Textmaschine holt, mit dem *Mutter-Vater-Roman* (1990) am Anfang, immer weiter aus. *Abschied von den Feinden* (1995) und *Hundsnächte* (1997) sind die Höhepunkte. Jirgl hat in die deutsche Sprache einige eigene Pflöcke eingetrieben, sodass sie zu einer Kunstsprache wird, zu etwas Stilisiertem und fremdartig Rhythmisiertem. Diese Genauigkeit, diese Ausdifferenzierung des sprachlichen Materials ist das Resultat dessen, dass alle Sicherheiten schwinden, nichts Vorgegebenes mehr trägt. Das exakte Zeichensystem entspricht dem Vagen, dem Verschwimmenden dessen, was erzählt wird. Jirgls Satzzeichen sind Zeichen der Auflösung.

Heiner Müller auf der Baustelle Friedrichstraße/Unter den Linden, Berlin, 1993 (F: Martin Westphal)

Hilbig und Jirgl sind Autoren einer mittleren Generation, die noch voll und ganz von der DDR geprägt wurden, von einer Erfahrungswelt abseits bürgerlicher Normen und differenzierter sozialer Kodierungen, einer Auseinandersetzung mit einer rigiden staatlichen Organisation und Ideologie. Was ihre Einzigartigkeit ausmacht, ist, dass sie sich unabhängig davon eine eigene Ästhetik erarbeitet haben.

Bei den Jüngeren setzte die DDR dann ganz andere Energien frei. Eine Schlüsselfigur für die veränderte literarische Landschaft wurde Anfang der neunziger Jahre der 1962 geborene Durs Grünbein. Er steht dafür, dass Deutschland etwas Neues brauchte, unangetastet von den politischen Verwerfungen zuvor – am besten etwas Junges aus dem Osten, das westlich orientiert schien. Durs Grünbein, listig und beweglich, geriet in die deutschsprachige Literaturlandschaft wie der junge Hans Magnus Enzensberger. Er brachte sprachliche Virtuosität mit gesellschaftlicher Reflexion zusammen, war medienkompatibel und sprach und entzog sich immer im richtigen Moment. Grünbein konnte mühelos zum Symbol für eine neue deutsche Literatur aufgebaut werden.

Berühmt wurde er schon 1991 mit dem Gedichtband *Schädelbasislektion*. Das Ich entsteht hier immer wieder neu: keine Einheit mehr, die in technologisch determinierter Welt das auf sie Einstürmende noch bündeln könnte. Doch entgegen dem modischen Verhackstücken in linguistische Kleinsteinheiten, dem sprachmusikalischen Slapstick, wie es auf dem Prenzlauer Berg und bei anderen Performancelyrikern zum Mainstream junger Lyrik wird, entwirft Grünbein ein Programm. »Was du bist steht am Rand / Anatomischer Tafeln«, heißt eine zentrale Fügung in *Schädelbasislektion*. Er entwickelt eine Poesie abseits des lyrischen Ich, die manchmal aufregend flackernde, neue Bilderwelten hervorbringt.

Grünbein schlägt Funken aus dem Zerfall der fest gefügten Ordnungen. Das Chaotische, das Auseinanderstieben der Subjektivität ist bei ihm von einer anarchischen Lust. Die Wahrnehmungen einer schon längst durchgetexteten Umwelt setzen sich neu zusammen. Ähnlich wie bei Benn, nur mit einem gänzlich neuen Instrumentarium und dem Blick des Nachgeborenen, wird der Wissenschaftsduktus zu Poesie.

Die frühen Bilder vom Dresdner Stadtrand hinterließen bei Grünbein eine »Affinität zu den Russen«, wie er sagt, eine »innere Raumvorstellung«, die vom Bewusstsein bestimmt war: »Hier beginnt schon Sibirien!« Von diesen Wurzeln her erklärt er die innere Verwandtschaft, die er zu Dichtern wie Ossip Mandelstam oder Joseph Brodsky fühlt: die Sehnsucht nach Kultiviertheit, nach westlicher Kultur, die sich nur philologisch konkretisieren lässt. Die DDR war in besonderem Maße eine Schnittfläche zwischen der Sowjetisierung und dem bürgerlichen Ich, eine spezifische »Mischung aus Manfred von Ardenne und Ulbricht«, wie Grünbein in seiner typischen improvisierenden Weise sagt. Und hier liegt auch der Grund für eine, bei ihm maßgebende, Art von »Notwehr im Osten«: die »Stabilisierung durch Wissenschaft«.

Aus dem Osten also tauchte unvermutet noch einmal etwas auf, was man im postmodernen, ichzerfaserten Westen so gar nicht mehr richtig kannte: Geschichte, Biographien, Identitäten. Sogar ein kabarettistisches Stück wie Thomas Brussigs *Helden wie wir* (1995) konnte vor diesem Hintergrund ein Überraschungserfolg werden: mit satirischen Überspitzungen, zum Beispiel der Rolle von Christa Wolf, mit kauzigen Stasi-Geschichten. Aber auch DDR-Identifikationsautoren wie Volker Braun schienen mit ihrem Laborieren an der DDR, an verloren gegangenen Utopien, eine neue Bedeutung zu erlangen.

Was bei Durs Grünbein letztlich doch auf eine speziellere Rezeption beschränkt blieb, wirkte sich bei seinem Dresdner Alters- und Erfahrungsgenossen Ingo Schulze dann in viel größerem Ausmaß aus. *Simple Storys* (1998) besteht aus 29 Momentaufnahmen. Sie tragen in sich nicht unbedingt einen Handlungskern, sie leben von einer Dynamik, die zunächst unmerklich ist – doch der Erfolg war ein ungeheurer.

Altenburg, wo diese Geschichten spielen, ist karg, deutsch und simpel. Hier führen zwischen 1989 und der Mitte der neunziger Jahre Danny, Lydia, Patrick, Frau Dr. Holitzschek oder die Familie Meurer ihr unspektakuläres Leben, sie haben nichts miteinander zu tun, obwohl sie in einem recht kleinen Raum zwangsläufig aufeinander stoßen müssen. Das, was ihre Situation historisch aufladen könnte – die ungesicherte Existenz nach dem Zerfall ihres Staates und der anarchische Zustand am Beginn des neuen – es wird nie direkt zur Sprache gebracht. Wir sehen diese Figuren in ihrem schnöden Alltag, in Großaufnahme, in meist zufälligen Konstellationen. Das ist alles. Es gibt keine Psychologie, keine fortlaufende Handlung, es gibt immer nur schlagartig ein paar Personen in ihrem jeweiligen konkreten Umfeld. Das ist der Blickwinkel des aktuellen Bewusstseins, das ist der Blickwinkel von Robert Altmans Film *Short Cuts* – ohne etwas Erzählerisches, Identifikatorisches im Sinn zu haben, ergibt sich ein zeitgenössisches Panorama, ein Kaleidoskop aus Bruchstücken, an dem sich der Zustand der Gesellschaft und ihrer diversen Individuen assoziativ ablesen lässt.

Das Perfide an der Art, wie Ingo Schulze Robert Altman und vor allem dessen Drehbuchschreiber Raymond Carver covert, ist: Er tut so, als seien Los Angeles und Altenburg miteinander kompatibel. Alles Redundante, Stehengebliebene, vermeintlich Unangetastete der ostdeutschen Provinz wird ausgeklammert. Wir sehen die Figuren handeln und fühlen, als befänden sie sich am Ende des 20. Jahrhunderts. Und ob sie wollen oder nicht: genau da sind sie auch. Merkwürdig, dass das in Altenburg suggestiver scheint als in Paderborn oder Iserlohn – dass Altenburg schon weiter ist.

Es gab seit den siebziger Jahren heftige Debatten darüber, wie man »DDR-Literatur« genau definieren könne. Für die DDR selbst, solange sie existierte, war das kein Problem. In der Bundesrepublik diffundierten die Ränder, da konnte man Uwe Johnson und Peter Huchel genauso dazuzählen wie Hans-Joachim Schädlich oder Thomas Brasch – Autoren, die in der offiziellen DDR-Geschichtsschreibung nicht existierten, aber auf jeweils äußerst individuelle Weise doch mit ihr zu tun hatten. Aber die Phasen der mühsamen Begriffsbestimmungen sollten mittlerweile vorbei sein, und auch die eindeutigen Grenzziehungen in Ort und Zeit.

Was die DDR ästhetisch überleben konnte, war zu ihrer Zeit kaum zu ahnen. Mittlerweile scheint sich herauszukristallisieren, dass es etwas durchaus Subjektives ist, etwas Fragmentarisches, Zerfallendes. Etwas, das sich offiziellen Kategorien von vornherein entzog, aber sich auf unverwechselbare Weise an diesen Kategorien rieb und immer noch reibt. Deswegen gibt es ein Nachleben der DDR-Literatur, das gravierender ist als jenes Leben selbst.

1 Marcel Reich-Ranicki: *Auch dort erzählt Deutschland. Prosa von »drüben«*, München 1960; *Nachrichten aus Deutschland. Eine Anthologie der neuen DDR-Literatur*, Hg.: Hildegard Brenner, Reinbek bei Hamburg 1967; *Fahrt mit der S-Bahn. Erzähler der DDR*, Hg.: Lutz-Werner Wolff, München 1971.

# UNSER TREFFEN STEHT NOCH BEVOR

DMITRI PRIGOW

Was dem Russen bekommt, bringt den Deutschen um! Was dem Deutschen bekommt, bringt den Russen um! Na ja, fast. Und was schließlich dem Deutschen und dem Russen bekommt, bringt jeden anderen und alle sonstigen um!

Im Sinne dieser bekannten russischen Redewendung und in den verschiedenen Lesarten ihrer Realisierung haben sich die russisch-deutschen Beziehungen im Laufe der letzten fast hundert Jahre gestaltet. Freilich jeweils unter unumgänglichen Verbesserungen angesichts natürlicher Interessenunterschiede zwischen Staat und Volk, beziehungsweise dem Volk und einzelnen Individuen, oder auch bei einem einzelnen Individuum in den verschiedenen Phasen seines Lebens. Und unter Berücksichtigung der Diskrepanz zwischen den publik gemachten Absichten und den vorhandenen Möglichkeiten zu ihrer realen Umsetzung.

Zum ersten Mal bin ich nach Berlin gekommen, als die berühmte Mauer noch scheinbar unumstößlich stand und fast in den Himmel reichte. Zumindest in den ideologischen Himmel. (Welche Himmel hätte es denn sonst in jener angespannten und säkularen Welt geben können?!) Es war *die* Mauer. Aber *eine* Mauer war sie auch.

Hier muss man sagen, dass ich nach West-Berlin aus dem sich damals stürmisch ändernden und umgestaltenden Russland der Perestroika oder, genauer gesagt, aus der UdSSR kam, die sich katastrophal ins neueste Russland transformierte. Ich kam also aus unserer damaligen Gegenwart in die geplante, ersehnte nahe Zukunft in Form der westlichen Lebensweise. Doch zur selben Zeit gelangte ich durch das infernalische Jenseits von Unerbittlichkeit und steriler Steifheit am Grenzübergang Friedrichstraße umgekehrt in meine nächste, noch durchaus lebendige und greifbare Vergangenheit, nach Ost-Berlin. Meine Zeitreise war recht bizarr: Aus der Gegenwart in die Zukunft, dann aus der Zukunft in die Vergangenheit, dann wieder aus der Vergangenheit in die Zukunft und wieder zurück, zurück in die Gegenwart, nach Moskau. Und dabei spiegelte die perfekte topographische und geographische Realität des geteilten Berlins das soziokulturelle Modell unseres bisher geteilten Moskauer Lebens mit dessen offiziellen, ideologisch steifen Konstruktionen und der virtuell getrennten Existenz des Underground wider. In der Friedrichstraße durchlief ich alle Initiationsprozeduren des Übergangsritus. Das schizophrene Modell der impliziten Trennung innerhalb des sowjetischen Underground-Bewusstseins lag nun gut sichtbar in all seiner Deutlichkeit vor mir und ließ sich in dieser topographischen Manifestation um so einfacher und unmittelbarer erfassen.

Wenn ich heute Berlin besuche, verfolge ich nicht nur das Entstehen eines neuen, nie da gewesenen Berlins auf der ehemals aus dem Leben der Stadt herausgerissenen, fast nicht existenten Fläche – auf der sich zwischen zwei realen Betonwänden einer eigentlich symbolischen Mauer allein die wohlerzogenen, ideologisch abgerichteten, sozialistischen Hunde und zahlreiche von keiner Ideologie abzuschaffende oder zu unterjochende Kaninchen behaupteten. Vielmehr fällt mir auf, dass hier genauso spürbar wie in Moskau eine Stadt ihren Status ändert. Berlin, das bisher eine doppelte Hauptstadt war – die Hauptstadt der westlichen Gegenwehr gegen den Osten und die Hauptstadt der DDR –, gewinnt nun das Aussehen und den Status der Hauptstadt von Deutschland, ganz einfach.

Und aus Moskau, der Hauptstadt einer riesigen imperialen Macht, der Hauptstadt der internationalen Revolutions-, Befreiungs- sowie Arbeiterbewegung, der Hauptstadt des gesamten sozialistischen Blocks, wird einfach die Hauptstadt eines Landes. Aus dem Image, Status und Lebensstil der beiden Städte ist der sozial-ideologisch abgehobene, geradezu mystische Zusatz verschwunden, der in den früheren Zeiten eigentlich ihre vorherrschende Komponente war. Die Erinnerung daran überdeckt im Bewusstsein vieler ihrer Zeitgenossen, Anhänger, Verehrer und Adepten das Sperrige und Ambitionierte der beiden heutigen Städte.

Die aktuellen Ambitionen dieser Städte sind durchaus verständlich – sie wollen einfach Megalopolen werden. Im Grunde ist die gesamte überschaubare Welt nicht mehr in Länder und Nationen aufgeteilt, sondern in Megalopolen mit den dazu gehörenden nahen und entfernteren Umgebungen. New York ist nicht Amerika. Paris ist nicht Frankreich. Moskau ist nicht Russland usw. Die Struktur der Megalopolen, die Anhäufung der Institutionen, die multinationale und multikulturelle Lebensweise ihrer Einwohner lassen sie einander viel ähnlicher sein als dem jeweiligen sie speisenden Umland. Stürmisch ändern Berlin (quantitativ) und Moskau (qualitativ) ihr Image und ihren Status entsprechend der Entwicklung der modernen Welt in Richtung auf die Megalopolen.

Zu den typischen Merkmalen und Trends dieser Entwicklungsrichtung gehört insbesondere der Wandel des Jahres- und Tageszyklus im Leben der Einwohner der großen Städte. Oder die Aufhebung des Raumes, seiner körperlich erlebbaren Ausdehnung, die heutzutage als ein bloßer Verlauf diffuser Zeit wahrgenommen wird, die wiederum in einem abgeschlossenen Kasten gleich welchen öffentlichen oder privaten Verkehrsmittels – im Auto, in der U-Bahn, im Zug, im Flugzeug – verbracht wird. Mitteilungen aus fernen, gar unbekannten, trotz all ihrer tatsächlichen Realexistenz nicht zu erschließenden, weiten Gegenden erreichen uns geradezu augenblicklich, also zweifellos schneller, als es dauern würde, wenn man, sagen wir, den nächsten Nachbarn aufsuchte, um zu erfahren, was in der eigenen Straße los ist.

Es ist durchaus möglich, dass diese übergreifenden Vorräte an anthropologischen, existenziellen und sonstigen Kommunikationstransformationen in den Megalopolen ihrerseits den Boden für eine »Welt nach den Megalopolen« bereiten und wir diese Megalopolen-Welt in der Schlussphase ihrer imperialen Größe erleben und betrachten. Das bedeutet, Moskau und Berlin springen auf das Trittbrett der letzten Straßenbahn in Richtung Zukunft, wo sie auch noch abgeschafft werden. Womöglich.

Ich weiß noch, wie ich zum ersten Mal aus der russisch-sowjetischen Welt in die westdeutsche kam und auf einige Absonderlichkeiten traf, die auf keinen Fall im Voraus einkalkuliert werden konnten. Zum Beispiel musste ich unentwegt, auf eine irre komische,

1

2

3

4

1 Volkspark Prenzlauer Berg, Ost-Berlin, 1978 (F: Sibylle Bergemann)

2 S-Bahnhof Plänterwald, Blick von Ost-Berlin aus zum Märkischen Viertel, West-Berlin, 1978 (F: Evelyn Richter)

3 Bushaltestelle, Moskau, 1982 (F: Boris Saweljew)

4 Ohne Titel, Moskau, 1980er Jahre (F: Alexander Sljussarew)

aber auch eine irre schmerzhafte Weise, fast jedes Mal bis zum blutigen Ende, mit meiner Nase stoßen, ja regelrecht schlagen gegen die verschwindend durchsichtigen riesigen Glasvitrinen verschiedenster Geschäfte. Sie waren dermaßen ungewohnt durchsichtig, dass mein Unterscheidungsinstinkt und meine Unterscheidungstechnik sie einfach nicht orten konnten. Das heißt, ich konnte die Grenze zwischen dem Realen und dem Künstlichen nicht erfassen, war sie doch für meine alltägliche Lebenserfahrung auf ungewohnte Art gezogen und gestaltet. In Moskau war das Künstliche durch eine völlig distinktive, zwar etwas getrübte, abweisende, meinetwegen einfach schlecht geputzte, aber auf jeden Fall noch durchschaubare Grenze getrennt. Im Westen aber fielen die Illusion und die Realität fast zusammen. Fast. Zumindest aus meiner in ihrer Unterscheidung noch nicht geübten Sicht. Was war das aber für eine Freude, als ich für wenige Tage aus West-Berlin nach Sofia musste und dort bereits im Flughafen riesige Glasfenster mit den ungewaschenen Rändern entdeckte, die die Innenräume vom Außen trennten. Mir blieb vor Rührung das Herz fast stehen, den Tränen nahe sah ich am Kaffeeautomaten im Flughafenbistro ein riesiges Plakat, das fast alles dahinter liegende verdeckte: No Kaffee! Das kennen wir ja. Zumindest damals erschien mir das nett und vertraut.

Mit nostalgischer Manie suchte ich Ost-Berlins halb zerstörte und verwahrloste Häuser auf, seine Baulücken und Hinterhöfe, mit ungeahnten Arten verschiedener Wildkräuter bewachsen. Ich sah Plakate und Losungen, die nichts mitteilten und nur etwas in den virtuell ideologischen Weiten des ewig Gegenwärtigen beziehungsweise der fast vollendeten, aber noch nicht ganz fassbaren Zukunft oder in den Tiefen deiner eigenen kristallklar geläuterten Seele versprachen. Die konnte ich auf den ersten Blick begreifen, da brachte ich nichts durcheinander. In Anlehnung an eine bekannte literarische Anekdote könnte man sagen: Ich verstand jedes deutsche Wort, wusste bloß nicht, was es auf Russisch heißt.

Nun gut, Differenzen hin oder her, aber innerhalb der einzigen uns gebliebenen – anthropologischen – Utopie kann schon alles, was von einem Menschen gesagt wird, im Endeffekt von einem anderen verstanden werden. Bereits auf den ersten Blick, ohne all die Abgründe und unübersehbaren Nuancen zu bemühen, kann man in jedem Volk mindestens drei Typen ausmachen: den Volkstümlichen, den Verbeamteten und den Intellektuellen. Ohne einem von ihnen irgendwelche Vorzüge in irgendeinem Bereich zuzuschreiben, wollen wir hier lediglich darauf hinweisen, dass sie in unterschiedlichem Maße imstande sind, den Prinzipien nationaler Identität zu entsprechen, fremde Kulturen aufzunehmen und sich anzueignen. So zum Beispiel ist es schon seit langem bekannt, dass die Ähnlichkeit zwischen den russischen und deutschen Intellektuellen größer ist als die zwischen den Intellektuellen und Volkstümlichen oder Verbeamteten innerhalb der jeweiligen Nation. Daher rühren auch die Komplexe und das regelmäßig aufflammende Verlangen, zu den nationalen volkstümlichen Wurzeln und Ursprüngen zurückzukehren. Übrigens, es ist nur den Bemühungen deutscher Slawisten zu verdanken, dass die Autoren der Moskauer literarischen Avantgarde in der westlichen Welt präsent sind. Nur im Kontext der modernen deutschen Nachkriegskultur, die gegenüber den Trends und Phänomenen anderer Kulturen besonders sensibilisiert und offen ist, konnten diese denkbar radikalen Proben der Soz-Art, der »pseudosowjetischen« und der postkulturellen russischen Schreibweise erscheinen, die in anderen europäischen Ländern nicht so mühelos wahrgenommen wurden.

Überhaupt war Deutschland seit Mitte des 19. Jahrhunderts bis zur jüngsten Zeit, als siegreich und triumphierend die Kultur amerikanischen Schlages in Russland – und nicht nur in Russland – einzog, die wichtigste Brücke zwischen Russland und dem Westen und sein wichtigster westeuropäischer Partner im kulturellen und intellektuellen Dialog.

Sicherlich fanden die Beeinflussungen nicht nur in eine Richtung – aus dem Westen nach Russland – statt, wie es im ersten Moment erscheinen mag. Man denke nur an das Entstehen eines sozialistischen Staates auf deutschem Boden, was noch frisch in Erinnerung ist. Und in der neuesten Zeit erzählten mir junge deutsche Autoren, dass sie von der besagten Literatur der Moskauer Konzeptualisten und ihren Manipulationen mit den ideologischen und soziokulturellen Klischees ganz wesentlich beeinflusst worden seien. Ich habe ihnen gern geglaubt. Gleichzeitig muss aber auch gesagt werden, dass russische Künstler und Literaten ein derart dreistes Spiel mit totalitären und sonstigen Ideologemen geliefert haben, wie es sich kein einziger kulturdemokratischer Deutscher bei der Aufarbeitung der ideologischen und sozialpolitischen Vergangenheit bis heute leisten kann. Kein Wunder.

Als ich zum ersten Mal nach West-Berlin kam, traf ich nicht einfach auf die gesamte westliche Welt, sondern auf den gesamten Rest der Welt. Die Stadt wimmelte rastlos von internationalen Bohemiens, Künstlern und Freigeistern aus aller Herren Länder. Die chinesische, türkische, italienische, portugiesische, mexikanische, argentinische oder indische Küche bot eben die ganze übrige Welt dar. Ähnlich trat Moskau mit seinen kaukasischen, mittelasiatischen, tatarischen und koreanischen Bewohnern für den anderen Teil der Welt auf. Und natürlich enthielten die Struktur, der Stil, der Alltag einer Großstadt wie Moskau durchaus Züge der westlichen Kultur. Ganz zu schweigen von solchen Vorboten der Konvergenz wie tschechisches oder gar deutsches Bier in den Moskauer Bierstuben, Restaurants und Läden.

Auch Berlin selbst, das im Gegensatz zu Süddeutschland in einem riesigen, Russland durchaus ähnlichen Flachland liegt, machte es möglich, mit dem Zug wie ein Wanderer langsam dem Zielbahnhof immer näher zu kommen. Und dieses Erlebnis glich genau dem jedem Russen vertrauten langsamen Fortkommen auf einer weiten verschneiten ebenen Fläche in Richtung unbekanntes Zuhause. (Mir fällt es natürlich schwer, über die Gefühle der in entgegengesetzter Richtung reisenden Deutschen zu urteilen.)

Aber andererseits gibt es auch einen Unterschied. Ich meine, Moskau mit seinen zwanzig Millionen Einwohnern, abgesehen von den täglichen drei Millionen Anreisenden aus allen Ecken der gewaltig aus den Nähten platzenden Welt, mit seinen zusätzlichen zehn Millionen unabhängigen Frauen, mit etwa sechs Millionen Männern und ungefähr derselben ergänzenden Zahl älterer Leute und Kinder kann nur Moskau sein.

Nicht uninteressant ist, dass im vorigen, vorgeschichtlichen Leben vor der Perestroika auf jeden Moskauer etwa 300 Kakerlaken und fünf Polizisten kamen, was ein Gesamtergebnis von 600–700 Millionen Insekten und zehn Millionen Polizisten ergab. In den letzten Jahren jedoch ging die Zahl der Kakerlaken aus unbekannten und bis jetzt keinesfalls überzeugend dargelegten Gründen erheblich zurück und erreichte die Quote von fünf bis sechs auf jeden erwachsenen Moskauer. Die Zahl der Polizisten dagegen ging nicht zurück, sondern stieg sogar etwas an. Wir nehmen uns die Freiheit und nennen die Zahl von 15 bis 17 Millionen. Ja, das stimmt. Soweit also die Statistik zwecks höherer wissenschaftlicher Glaubwürdigkeit und Evidenz des Textes.

Alles oben Genannte sind die Merkmale einer Großstadt, ja einer Großen Stadt. Wenn man aber ernsthaft von den Unterschieden sprechen will, so gibt es sie natürlich en masse. Ich rede hier nicht von solchen krassen und katastrophalen Kontaktaufnahmen und Beziehungsformen wie Kriege, gegenseitige Meuchelei und Vernichtungen, auch wenn hier eine gewisse Wesensverwandtschaft besteht. Ich erwähne auch nicht die ureigene Einbettung deutscher Territorien in die althergebrachten westeuropäischen Kalamitäten und Krawalle. Und einen ebenso althergebrachten Anschluss Russlands an die buddhistische und die moslemische Welt, einen direkten, einen viel zu direkten Anschluss bis hin zu deren partiellem Einschluss. Ich erwähne auch nicht solche Kleinigkeiten wie die Sprache, die unterschiedliche sozialpolitische Erfahrung und die Alltagskultur. Oder zum Beispiel eine solche Eigenart der russischen Kultur wie das Zurückbleiben der professionellen Philosophie, was allerdings durch das Institut der so genannten Denker ausgeglichen wird, die alles klar sehen, genau spüren und verstehen, auch ohne sich mit der wenig aufregenden Tätigkeit der Klassifizierung und Differenzierung zu übernehmen. Als Beweis dafür dient übrigens der vorliegende Text und sein Initiator.

Ich denke, Berlin hat noch alles vor sich. Ich denke sogar, von einem gewissen speziellen geschichtsformenden Standpunkt aus hatten alle Veränderungen in Deutschland zum Ziel, Berlin als Metropole unter den Megalopolen der Welt zu behaupten. Und dafür sollen die Berliner Gorbatschow in alle Ewigkeit dankbar sein. (Ausgenommen diejenigen, die mit den Ereignissen nicht einverstanden, Gorbatschow eben nicht dankbar sind und ihn überhaupt auf dem Kieker haben. Solche gibt es übrigens mehr als genug auch in Russland.)

Und wenn Moskau endlich die Züge eines stabilen Soziums annimmt und Berlin endlich aufhört, Deutschland zu sein, dann wird ihr neues Zusammentreffen stattfinden, möglicherweise eines auf immer. Also, unser Treffen steht noch bevor.

*Übersetzung: Irena Akopjan, Alexej Khairetdinow*

# CHRONIK 1949–2002

von Nike Bätzner und Andrej Sorin

in Zusammenarbeit mit Boris Belenkin, Waleri Bossenko, Silke Denecke, Julia Gerlach, Joris Heyder, Peter Jammerthal, Igor Kasus, Swetlana Ljaschtschenko, Sergej Muratow, Katharina Nawarotzky, Alexandra Obuchowa, Caroline Philipp, Tatjana Rexroth, Anna Saizewa, Grigori Schestakow, Christoph Tannert, Sinaida Udalzowa, Denis Ustinow

## ABKÜRZUNGSVERZEICHNIS

A Architekt
AN SSSR Akademija nauk SSSR/Akademie der Wissenschaften der UdSSR
APO Außerparlamentarische Opposition
ARD Arbeitsgemeinschaft der Rundfunkanstalten Deutschlands
Argo Awtorskaja rabotschaja gruppa/Autoren-Arbeitsgruppe (Moskau)
ASSR Awtonomnaja sozialistitscheskaja sowjetskaja respublika/Autonome Sozialistische Sowjetrepublik
BAM Baikal-Amur-Magistrale
bat Berliner Arbeiter und Studenten Theater
BB Bühnenbild
BDA Bund Deutscher Architekten
BRD Bundesrepublik Deutschland
BSE Bovine Spongiforme Enzephalopathie
BVfS Bezirksverwaltung für Staatssicherheit (DDR)
CDU Christlich Demokratische Union (BRD)
COMECON/RGW Council for Mutual Economic Assistance bzw. Communist Economies/Osteuropäische Organisation des Rats für gegenseitige Wirtschaftshilfe
ČSFR Česká a Slovenská Federativní Republika/Tschechische und Slowakische Föderative Republik
ČSSR Československá Socialistická Republika/Tschechoslowakische Sozialistische Republik
CSU Christlich Soziale Union (BRD)
D Darsteller
DA Demokratischer Aufbruch (DDR)
DAAD Deutscher Akademischer Austauschdienst
DDR Deutsche Demokratische Republik
DEFA Deutsche Film-AG (DDR)
DFF Deutscher Fernsehfunk (DDR)
DFFB Deutsche Film- und Fernsehakademie Berlin
DGB Deutscher Gewerkschaftsbund (BRD)
Dir Dirigent
DKP Deutsche Kommunistische Partei (BRD)
DP Deutsche Partei (BRD)
dpa Deutsche Presseagentur
DSU Deutsche Soziale Union (DDR)
DSV Deutscher Schriftstellerverband (DDR)
EG Europäische Gemeinschaft
EGKS Europäische Gemeinschaft für Kohle und Stahl
EA Erstaufführung
EU Europäische Union
EVG Europäische Verteidigungsgemeinschaft
FAZ Frankfurter Allgemeine Zeitung
FDGO Freiheitlich Demokratische Grundordnung (BRD)
FDP Freie Demokratische Partei (BRD)
FIAF Fédération Internationale des Archives du Film/Internationale Vereinigung der Filmarchive
F/M Frankfurt am Main
FNL Front National de Libération du Viêtnam Sud/Nationale Befreiungsfront Süd-Vietnams
F/O Frankfurt an der Oder
GASP Gemeinsame Außen- und Sicherheitspolitik der Europäischen Gemeinschaft
G.E.I.E. Groupement Européen d'Intérêt Économique/Europäische wirtschaftliche Interessenvereinigung
GKTschP Gossudarstwenny komitet po tschreswytschainomu polosheniju/Staatskomitee für den Ausnahmezustand
Gosfilmofond Wsessojusny gossudarstwenny fond kinofilmow/Staatlicher Fonds der UdSSR für Kinofilme
Gosstroi Gossudarstwenny komitet po stroitelstwu Sowjeta Ministrow SSSR/Staatliches Komitee für Bauwesen des Ministerrates der UdSSR
GPU Gossudarstwennoje polititscheskoje uprawlenije/Staatliche Politische Verwaltung der UdSSR
GRU Glawnoje radiouprawlenije Ministerstwa swjasi SSSR/Nachrichtendienstliche Hauptverwaltung des Ministeriums für Post- und Fernmeldewesen der UdSSR
Gulag Gossudarstwennoje uprawlenije isprawitelno-trudowych lagerej/Staatliche Verwaltung der Besserungs- und Arbeitslager
GUS Gemeinschaft Unabhängiger Staaten
HdK Hochschule der Künste (West-Berlin)
HfbK Hochschule für bildende Künste
IBA Internationale Bauausstellung (West-Berlin)
IDZ Internationales Design Zentrum (Berlin)
IM Inoffizieller Mitarbeiter
ISS International Space Station
IWF Internationaler Währungsfonds
K Kamera
KGB Komitet gossudarstwennoi besopasnosti pri Sowjete Ministrow SSSR/Komitee für Staatssicherheit beim Ministerrat der UdSSR
KPD Kommunistische Partei Deutschlands (BRD)
KPdSU Kommunistische Partei der Sowjetunion
KPRF Kommunistitscheskaja partija Rossiskoi Federazii/Kommunistische Partei der Russischen Föderation
KSZE Konferenz über Sicherheit und Zusammenarbeit in Europa
KZ Konzentrationslager
LDPR Liberalno-Demokratitscheskaja Partija Rossii/Liberal-Demokratische Partei Russlands
LPD Liberal Demokratische Partei (DDR)
LPG Landwirtschaftliche Produktionsgenossenschaft
M Musik
MAK Museum für angewandte Kunst (Wien)
MANI Moskowski archiw nowowo iskusstwa/Moskauer Archiv für neue Kunst
MarchI Moskowski architekturny institut/Moskauer Institut für Architektur
MChAT Moskowski chudoshestwenny akademitscheski teatr SSSR imeni M. Gorkowo/Moskauer Akademisches Künstlertheater der UdSSR Maxim Gorki
MfS Ministerium für Staatssicherheit der (DDR)
MGB Ministerstwo gossudarstwennoi besopasnosti/Ministerium für Staatssicherheit der UdSSR
MGU Moskowski gossudarstwenny universitet imeni M. W. Lomonossowa/Moskauer Staatliche Lomonossow-Universität
MoMA Museum of Modern Art (New York)
MOSCh Moskowskaja gorodskaja organisazija Sojusa chudoshnikow RSFSR/Moskauer Organisation des Künstlerverbands der RSFSR
Mossowjet Moskowski gorodskoi sowjet deputatow trudjaschtschichsja/Moskauer Stadtsowjet der Volksdeputierten
MWD Ministerstwo wnutrennich del/Ministerium für Innere Angelegenheiten (Geheimdienst der UdSSR)
NATO North Atlantic Treaty Organization/Nordatlantische Vertragsorganisation
NBK Neuer Berliner Kunstverein (Berlin)
NDPD Nationaldemokratische Partei Deutschlands (DDR)
NGBK Neue Gesellschaft für Bildende Kunst (Berlin)
NKGB Narodny komissariat gossudarstwennoi besopasnosti/Volkskommissariat für Staatssicherheit
NKWD Narodny komissariat wnutrennich del/Volkskommissariat für Innere Angelegenheiten (sowjetische Geheimpolizei)
NÖSPL Neues ökonomisches System der Planung und Leitung
NPD Nationaldemokratische Partei Deutschlands (BRD)
NS Nationalsozialismus
NSDAP Nationalsozialistische Deutsche Arbeiterpartei
NVA Nationale Volksarmee (DDR)
NWDR Nordwestdeutscher Rundfunk
Ö Österreich
OPEC Organization of Petroleum Exporting Countries/Organisation Erdöl exportierender Länder
ORT Obschtschestwennoje rossiskoje telewidenije/Staatliches Russisches Fernsehen
OSZE Organisation für Sicherheit und Zusammenarbeit in Europa
PEN Poets, Essayists, Novellists (internationale Schriftstellervereinigung)
PLO Palestine Liberation Organization/Palästinensische Befreiungsorganisation
PDS Partei des Demokratischen Sozialismus
R Regie
RAF Rote Armee Fraktion
RF Russische Föderation
RSFSR Russische Sozialistische Föderative Sowjetrepublik
SALT Strategic Arms Limitation Talks/Gespräche über die Begrenzung strategischer Rüstung
SBZ Sowjetische Besatzungszone
SDS Sozialistischer Deutscher Studentenbund (BRD)
SED Sozialistische Einheitspartei Deutschlands (DDR)
SFB Sender Freies Berlin
SFOR Stabilization Force-Mission der UNO
SI Sozialistische Internationale
SMAD Sowjetische Militäradministration in Deutschland
S.M.A.K. Stedelijk Museum voor Actuele Kunst (Gent)
SKK Sowjetische Kontrollkommission
SPD Sozialdemokratische Partei Deutschlands (BRD)
SPK Stiftung Preußischer Kulturbesitz (Berlin)
SRP Sozialistische Reichspartei (BRD)
START Strategic Arms Reduction Talks/Gespräche über die Reduzierung strategischer Nuklearwaffen
T Text
TAF Teatr architekturnoi formy/Theater der architektonischen Form
taz die tageszeitung
TASS Telegrafnoje agentstwo Sowjetskowo Sojusa/Nachrichtenagentur der Sowjetunion
TEII Towarischtschestwo experimentalnowo isobrasitelnowo iskusstwa/Genossenschaft für experimentelle bildende Kunst
TiP Theater im Palast (Ost-Berlin)
UdK Universität der Künste (Berlin)
UdSSR Union der Sozialistischen Sowjetrepubliken/SSSR Sojus Sowjetskich Sozialistitscheskich Respublik
UFA Universum-Film AG
UNIMA Union internationale de la marionette
UNO United Nations Organisation
UA Uraufführung
VBKD Verband Bildender Künstler Deutschlands (DDR)
VBK-DDR Verband der Bildenden Künstler der DDR
VDS Vereinigte Deutsche Studentenschaft (BRD)
VEG Volkseigenes Gut (DDR-Staateigentum)
WDNCh Wystawka dostisheni narodnowo chosjaistwa SSSR/Ausstellung der Errungenschaften der Volkswirtschaft der UdSSR
WLKSM Wsessojusny Leninski Kommunistitscheski Sojus Molodjoshi/Leninscher Kommunistischer Jugendverband der Sowjetunion
WTschK-OGPU Wserossiskaja tschreswytschainaja komissija po borbe s kontrrevoljuzijej, sabotashem i spekuljazijej/Allunionssonderkommission für den Kampf gegen Konterrevolution, Sabotage und Spekulation – Objedinjonnoje gossudarstwennoje polititscheskoje uprawlenije Sowjeta narodnych komissarow SSSR dlja borby s polititscheskoi i ekonomitscheskoi kontrrevoljuzijej, schpionashem i banditismom/Vereinigte Staatliche Politische Verwaltung des Sowjets der Volkskommissare der UdSSR für den Kampf gegen die politische und wirtschaftliche Konterrevolution, Spionage und Banditentum
WSChW Wsessojusnaja selskochosjaistwennaja wystawka/Allunionslandwirtschaftsausstellung
ZDCh Zentralny dom chudoshnika/Zentrales Haus des Künstlers
ZDRI Zentralny dom rabotnikow iskusstwa/Zentralhaus der Kunstschaffenden
ZK Zentralkomitee
ZPKiO Zentralny park kultury i otdycha imeni Gorkowo/Zentraler Gorki-Park für Kultur und Erholung

Für einige Ereignisse oder Ausstellungen ließen sich die genauen Daten nicht mehr ermitteln. Entscheidend für die Einordnung der Fakten unter ein bestimmtes Datum war ihr erstes öffentliches In-Erscheinung-Treten (d.h. für Film, Theater und Musik die Premiere, für Architektur und Denkmal das Einweihungsdatum). Manche Ereignisse und Debatten, die sich über mehrere Jahre erstreckten, sind unter einem Datum zusammengefasst. Schriftsteller sind unter dem Land aufgelistet, in dem sie lebten, auch wenn sie in einem anderen publizierten. Die Erscheinungsorte der Veröffentlichungen stehen in Klammern.

## POLITIK ¬ ZEITGESCHEHEN

### Moskau ¬ UdSSR

**25.1.** Mit Gründung der Comecon, als ein auf sowjetische Interessen ausgerichtetes Gegenstück zum Marshallplan, schließt sich der Ostblock unter Beteiligung der UdSSR, Bulgariens, Ungarns, Polens, der Tschechoslowakei und Rumäniens wirtschaftlich zusammen. Im Februar Beitritt Albaniens, am 29.9.1950 der DDR.
**15.2.** Aus dem ZK der KPdSU (B) werden der Erste Sekretär des Leningrader Bezirkskomitees, Alexander Kusnezow, der Vorsitzende des Ministerrats der RSFSR, Michail Rodionow, und andere ausgeschlossen und ihrer Ämter enthoben. 20 Tage später wird der Stellvertretende Vorsitzende des Ministerrates der UdSSR, Nikolai Wosnessenski, seines führenden Postens enthoben und aus dem ZK ausgeschlossen. Am 13.8. werden alle inhaftiert. Es beginnt der so genannte Leningrader Fall.
**31.3.** Protestnote der UdSSR gegen die Pläne zur Schaffung des Nordatlantischen Paktes (NATO).
**25./26.8.** 1. Allunionskonferenz der Friedensanhänger. Gründung des Sowjetischen Komitees zum Schutz des Friedens.
**29.8.** Erster Atombombenversuch in der UdSSR (Bekanntgabe durch die sowjetische Nachrichtenagentur TASS am 25.9.).
**28.9.** Abbruch der Beziehungen zwischen der UdSSR und Jugoslawien wegen Josip Bros Titos Unabhängigkeitsbestrebungen. Normalisierung der Beziehungen durch die Unterzeichnung einer sowjetisch-jugoslawischen Erklärung am 2.6.1955.
**1.10.** Die UdSSR protestiert gegen die Errichtung der Bundesrepublik Deutschland.
**1.10.** Aufnahme diplomatischer Beziehungen zwischen der UdSSR und der Volksdemokratischen Republik Korea.

Erste Allunionskonferenz der Friedensanhänger in der UdSSR

Konstituierende Sitzung der Provisorischen Volkskammer der DDR

**15.10.** Aufnahme diplomatischer Beziehungen zur DDR.
**21.12.** Im ganzen Land laufen Feierlichkeiten zu Ehren des 70. Geburtstags von Iossif Stalin: Höhepunkt des Personenkultes um den sowjetischen Führer.

### Berlin ¬ DDR

**28.1.** Die 1. Parteikonferenz der SED beschließt die Umwandlung in eine »Partei neuen Typs« nach dem Vorbild der KPdSU. Damit werden die am 21./22.4.1946 auf dem Einigungsparteitag von SPD und KPD verabschiedeten Prinzipien des Parteiaufbaus aufgegeben, die Prinzipien des »demokratischen Zentralismus« systematisch durchgesetzt sowie der Klassenkampf verschärft.
**15./16.5.** Wahlen zum 3. Volkskongress auf Einheitslisten, die der SED die absolute Mehrheit sichern; Wahlbeteiligung 95,2 %, davon 66,1 % für die Kandidaten.
**29.5.–3.6.** Der Deutsche Volkskongress in der Sowjetzone billigt die vom 1. Deutschen Volksrat am 19.3. gutgeheißene Verfassung für eine »deutsche demokratische Republik«.
**7.10.** Gründung der Deutschen Demokratischen Republik. Der 2. Deutsche Volksrat konstituiert sich als provisorische Volkskammer, in der die SED die stärkste Fraktion bildet. Die Wahlen zur Volkskammer sollen nach Einheitslisten der »Nationalen Front« stattfinden.
**10.10.** Die SMAD (Sowjetische Militäradministration Deutschlands) überträgt die Verwaltungsfunktionen an die provisorische Regierung der DDR; daraufhin Umwandlung der SMAD in die Sowjetische Kontrollkommission (SKK).
**11.10.** Wilhelm Pieck wird durch die jeweils provisorische Volks- und Länderkammer zum ersten Präsidenten der DDR gewählt. Otto Grotewohl wird Ministerpräsident.
**7.11.** Austausch von Botschaftern zwischen der DDR und den Ostblockstaaten.

### West-Berlin ¬ Bundesrepublik Deutschland

**3.1.** Oberbürgermeister Ernst Reuter verlangt die Einbeziehung West-Berlins in den zukünftigen Bundesstaat.
**17.1.** Einrichtung des Militärischen Sicherheitsamtes der Westalliierten zur Überwachung der Entmilitarisierung in Westdeutschland.
**12.5.** Aufhebung der Berlin-Blockade. Am 30.9. stellen die Alliierten nach mehr als 277.000 Hilfsflügen die Luftbrücke nach West-Berlin ein.
**10.5.** Der parlamentarische Rat bestimmt Bonn zur provisorischen Bundeshauptstadt.
**12.5.** Die Militärgouverneure genehmigen das Grundgesetz, das am 23.5. offiziell verkündet wird.
**1.7.** Die westalliierte Stadtkommandantur übermittelt Oberbürgermeister Ernst Reuter das Verbot der Teilnahme Berlins an den allgemeinen Wahlen zum Ersten Deutschen Bundestag. 14.8. Wahlen zum ersten Bundestag. In den konstituierenden Sitzungen von Bundestag und Bundesrat im September werden Theodor Heuss (FDP) zum ersten Bundespräsidenten und Konrad Adenauer (CDU) zum ersten Bundeskanzler gewählt. CDU/CSU, FDP und DP bilden eine Regierungskoalition.
**23.9.** Durch das Inkrafttreten des Besatzungsstatus' werden die Militärregierungen aufgelöst.
**8.10.** Das Frankfurter Abkommen als Grundlage des Interzonenhandels auch für die folgenden Jahre ist die erste innerdeutsche Vereinbarung seit dem Ende der Berlin-Blockade.
**21.10.** In seiner Regierungserklärung begründet Bundeskanzler Adenauer den im Grundgesetz verankerten Alleinvertretungsanspruch der Bundesrepublik für Deutschland.
**26.11.** Bundespräsident Heuss ruft die emigrierten Juden zur Rückkehr nach Deutschland auf und nimmt Stellung zu den Judenverfolgungen während des Nationalsozialismus. Er fordert von den Deutschen eine »Kollektivscham« (im Gegensatz zum späteren Begriff der »Kollektivschuld«).
**15.12.** Der US-Hohe Kommissar und der Bundeskanzler unterzeichnen ein Abkommen über wirtschaftliche Zusammenarbeit (Marshallplan).

### andere

**4.4.** Gründung der North Atlantic Treaty Organization (NATO) in Washington.
**5.5.** Gründung des Europarates durch zehn Staaten als Kernstück der politischen Einheit Europas in London.
**23.5.–20.6.** Letzte Konferenz des Rats der Außenminister in Paris: Die Sowjetunion befürwortet, den Alliierten Kontrollrat wieder zu beleben, einen Friedensvertrag abzuschließen und einen paritätisch besetzten gesamtdeutschen Staatsrat zu bilden. Die Westmächte schlagen vor, dass die Länder der SBZ dem soeben verabschiedeten Grundgesetz beitreten. Die Konferenz bestätigt das Ende der Berlin-Blockade und die Freizügigkeit des Verkehrs in Deutschland. Insgesamt scheitert sie jedoch am unüberbrückbaren Dissens zwischen der Sowjetunion und den Westmächten in der Deutschlandfrage.
**13.7.** Papst Pius XII. droht Mitgliedern und Sympathisanten der kommunistischen Parteien aller Länder mit Exkommunikation.
**6.–8.4.** Die Außenminister der drei Westmächte England, Frankreich und USA einigen sich in Washington über den endgültigen Inhalt des Besatzungsstatuts und beschließen die Errichtung einer Alliierten Hohen Kommission als höchster Kontrollbehörde in der künftigen Bundesrepublik sowie die Bildung der Trizone durch Erweiterung der Bizone um das französische Besatzungsgebiet.

Konrad Adenauer unterzeichnet das Grundgesetz der Bundesrepublik Deutschland

Infolge des Bürgerkriegs in China zwischen Kommunisten und Nationalarmee müssen sich Chiang Kai-shek und zahlreiche Mitglieder der Nationalregierung nach Taiwan zurückziehen.
**1.10.** Mao Tse-tung, gerade zum Ersten Vorsitzenden der Zentralen Volksregierung und somit neuen chinesischen Staatsoberhaupt gewählt, ruft in Peking die Volksrepublik China aus.
Unter Senator Joseph McCarthy beginnt in den USA die Verfolgung von Kommunisten und des Kommunismus Verdächtigter (bis 1954).

## BILDENDE KUNST

### Moskau ¬ UdSSR

**Jan.** Präsentation von Zeichnungen einiger Klassiker der russischen Kunst von 1770 bis 1917 in der Akademie der Künste, Moskau, darunter Anton Lossenko, Alexander Iwanow, Orest Kiprenski, Karl Brüllow, Fjodor Bruni, Iwan Kramskoi, Wassili Surikow, Valentin Serow. Die Kritik hebt die Bedeutung der akademischen Zeichnung für die moderne künstlerische Ausbildung hervor, da dadurch die Entwicklung einer wahren realistischen Kunst gefördert werde.

**6.11.** Eröffnung der *Allunions-Kunstausstellung 1949*, Tretjakow-Galerie, Moskau. Gezeigt werden Bilder zu historisch-revolutionären Themen, z. B.: *I. V. Stalin v Turuchanskoj ssylke* (I. W. Stalin in der Turuchan-Verbannung) von P. Sokolow-Skalja und *Dlja sčast'ja naroda, Zasedanie Politbjuro CK VKP (b)* (Für des Volkes Glück, Tagung des Politbüros des ZK der Kommunistischen Partei (der Bolschewiki)) von Dmitri Nalbandjan. Besonderen Erfolg hat das Bild *Peredovye ljudi Moskvy v Kremle* (Die Bestarbeiter Moskaus im Kreml) einer von Wassili Jefanow geleiteten Brigade junger Künstler.

**21.12.** Eröffnung von *Stalin in der bildenden Kunst*, Tretjakow-Galerie, Moskau, eine der umfangreichsten Demonstrationen des sozialistischen Realismus der 50er Jahre. Zu sehen sind Porträts des »Volksführers« sowie Historien- und Genreszenen.

**BILDENDE KUNST ¬** Die einseitige Kulturpolitik in der SBZ zielt auf eine »leicht verständliche«, gegenständliche und ikonographisch orientierte Kunst. Die Künstler sollen zur Produktion entsprechender Werke einer »gesunden Volkskunst« angehalten werden. Orientierungspunkt ist der auf der 1. Allunionskonferenz der Sowjetschriftsteller 1934 als »Hauptmethode der sowjetischen Literatur und Kritik« definierte sozialistische Realismus, der insbesondere von Schriftstellern und bildenden Künstlern fordert, die Werktätigen im Geiste des Sozialismus umzuerziehen. Dem entspricht eine altmeisterliche Nationalkunst mit Genreeinteilung (Porträts der politischen Führer, Historienbilder, Szenen des sozialistischen Aufbaus, aus dem Produktionsprozess und der Arbeitswelt). Das Interesse des Fachpublikums in der SBZ/DDR daran ist gering. Das Ausstellungswesen wird überwacht, sämtliche Ausstellungen sind genehmigungspflichtig.

### Berlin ¬ DDR

**31.5.–30.6.** *mensch und arbeit*, Ausstellung des Kulturfonds beim Kulturbund zur demokratischen Erneuerung Deutschlands, Stadtkontor Berlin. Mit gezielter Öffentlichkeitsarbeit soll ein Publikum insbesondere für osteuropäische und sowjetische Kunst gewonnen werden.

**18.6.** Wiedereröffnung der 1945 stark beschädigten Nationalgalerie unter dem Direktor Ludwig Justi mit der Ausstellung *Deutsche Kunst von der Goethe-Zeit bis zur Schwelle der Gegenwart*.

**Sommer** *Ausstellung sowjetischer Malerei*, Haus der Kultur der Sowjetunion, Berlin, eine als »vorbildlich« bezeichnete Ausstellung.

**10.9.–30.10.** *2. Deutsche Kunstausstellung*, Dresden. Die SED kritisiert die gemeinsame Beteiligung von Ost- und West-Künstlern sowie das Fehlen von Darstellungen des »neuen Menschen«, d.h. des »positiven Helden«, der den Fortschritt des Sozialismus verkörpert und als Identifikationsfigur dienen soll.

### West-Berlin ¬ Bundesrepublik Deutschland

Die spontan gestische Malerei des Informel gibt den Ton in der Kunstdiskussion dieser Jahre an. Sie wird zu einem akademischen Stil, denn die gestische Farbbewegung hat sich von der existenzialistischen Haltung, die ursprünglich dahinter stand, entfernt. Die abstrakte Kunst etabliert sich im Westen als »Weltsprache« (Laszlo Glozer, 1981).

**19.7.** Gründung der Gruppe der Gegenstandslosen, später Künstlervereinigung *Zen 49*, anlässlich der Ausstellungseröffnung von Rolf Cavael, Galerie Otto Stangl, München. Neben Cavael beteiligen sich u. a. Fritz Winter, Gerhard Fietz, Willy Hempel, Rupprecht Geiger.

Ernst Wilhelm Nay, *Prometheus I*, 1948, Öl auf Leinwand

**12.3.** *Malerei der letzten 100 Jahre*, Kunsthalle, Hamburg, mit Werken des französischen und deutschen Impressionismus, der Deutschrömer (Hans von Marées, Anselm Feuerbach u. a.) sowie Edvard Munch, Vincent van Gogh, Ferdinand Hodler.

**14.5.–3.7.** *Deutsche Malerei und Plastik der Gegenwart*, Staatenhaus, Messegelände Köln, als Abschluss der Werkbund-Ausstellung.

**9.6.–19.7.** *Kunstschaffen in Deutschland*, eine Ausstellung der US-Militärregierung, Neue Galerie, München.

### andere

**5.–11.2.** Lucio Fontana, *Ambiente nero*, Galleria dell'Naviglio, Mailand. Durch schwarz ausgeschlagene Räume ziehen sich amorphe Formen aus Pappmaché in fluoreszierenden Farben, beleuchtet von ultraviolettem Licht. Das Raum-Objekt-Ensemble mit seinen fließenden Konturen gilt als Prototyp des Environment.

**30.4.–29.5.** *Kunst in Deutschland 1930–1949*, Kunsthaus Zürich.

**3.–28.11.** Erste Cobra-Ausstellung im Stedelijk Mueum Amsterdam mit Karel Appel, Corneille, Constant, Asger Jorn und dem deutschen Maler Karl Otto Götz. Kurator: Willem Sandberg. Die provokativ inszenierte *Erste internationale Ausstellung der experimentellen Kunst* führt zum Eklat und Austritt verschiedener Mitglieder. Die letzte Cobra-Ausstellung findet 1951 in Lüttich statt. Cobra ebnete den Weg für eine expressive Variante des Informel und bildet den Ausgangspunkt für die Münchener Gruppe SPUR.

## ARCHITEKTUR ¬ DENKMAL

### Moskau ¬ UdSSR

**Feb.** Beschluss des ZK der KPdSU und des Ministerrats für einen neuen Generalplan zur Rekonstruktion Moskaus innerhalb von 20 bis 25 Jahren.

Staatliches Komitee für Wissenschaft und Technik der UdSSR, Gorkistraße 11 (heute Twerskaja-Straße), A: Viktor Andrejew, begonnen 1948. Es grenzt an das Wohnhaus Nr. 9, A: Anatoli Shukow, 1947. Beide Bauten sind mit finnischem Granit verkleidet, den Hitler für das geplante und nicht realisierte Siegesdenkmal der Wehrmacht verwenden wollte, das anstelle Moskaus entstehen sollte, welches er zu zerstören und zu überschwemmen beabsichtigte.

### Berlin ¬ DDR

**15.7.** Der Ost-Berliner Oberbürgermeister Friedrich Ebert stellt den »Generalaufbauplan« der Öffentlichkeit vor. Dieser orientiert sich an Hans Scharouns »Kollektivplan« von 1946 und sieht eine bandartige, von Autoschnellstraßen zusammengehaltene Struktur vor. Der Plan scheitert Anfang 1950 aufgrund der sich andersartig entwickelnden Repräsentationsansprüche der Regierung.

**21.12.** Die Frankfurter Allee wird zum 70. Geburtstag Stalins in Stalinallee umbenannt.

Sowjetisches Ehrenmal, Treptower Park, Berlin-Treptow, eingeweiht am 8.5., dem »Tag der Befreiung«. A: Jewgeni Belopolski, Bildhauer: Jewgeni Wutschetitsch, Ingenieurin: Sarra Walerius, Maler: Anatoli Gorpenko, 1946–49. Die Anlage wurde als Ehrenmal für die im Kampf um Berlin gefallenen sowjetischen Soldaten errichtet und ist zugleich, wie das Ehrenmal an der Straße des 17. Juni von 1945, Friedhof für über 5000 Soldaten. Das groß angelegte Ensemble kulminiert in einer pompös über einem Mausoleum aufragenden, ca. 12 m hohen Bronzefigur eines Sowjetsoldaten. Ein Zeugnis stalinistischer Kunst in Berlin.

### West-Berlin ¬ Bundesrepublik Deutschland

**14.5.–3.7.** Der Deutsche Werkbund präsentiert in Köln die Ausstellung *Neues Wohnen. Deutsche Architektur seit 1945*.

Bundeshaus, Sitz des Bundestags, Bonn, A: Hans Schwippert (beg. 1948). Mit der Ergänzung vorhandener Bausubstanz wird der provisorische Charakter des Hauses herausgestellt, da ein Umzug der Regierung nach Berlin offen gehalten werden soll.

Otto Bartning entwirft mit Otto Dörzbach die Luther-Notkirche, Köln. Bartning entwickelt seit Kriegsende im Auftrag des Hilfswerks der evangelischen Kirchen in Deutschland vier Kirchentypen in schnell zu montierender Bauweise.

Tatjana Jablonskaja, *Brot*, 1949, Öl auf Leinwand

## FILM

### Moskau ¬ UdSSR

**9.5.** *Stalingradskaja bitva* (*Die Stalingrader Schlacht*, 2 Teile, EA 9.9.1949, 3.3.1950), R: Wladimir Petrow.

### Berlin ¬ DDR

**16.9.** *Rotation* (EA BRD 30.4.1954), R/B: Wolfgang Staudte, ist die realistisch-kritische Analyse eines unpolitischen, kleinbürgerlichen Opportunisten und Mitläufers im Nationalsozialismus.

**9.11.** *Unser täglich Brot* (EA BRD 21.3.1972 WDR III), R/B: Slatan Dudow, M: Hanns Eisler. Der Film über die Schwierigkeiten einer großen Familie in den ersten Nachkriegsmonaten und den gemeinsamen Aufbau einer Fabrik zum volkseigenen Betrieb gilt als erster sozialistischer DEFA-Film. Bereits am 17.5.1946 wurde die Deutsche Film-AG gegründet. Die wichtigsten Aufgaben der Filmproduktion, die in der Sowjetzone von Anbeginn zentralisiert ist, sind: der »Kampf für den demokratischen Aufbau Deutschlands« und die »Erziehung des deutschen Volkes, insbesondere der Jugend«. Es entstehen aufklärerische Filme über Faschismus und Krieg zur Förderung eines sozialistisch geprägten Geschichtsbildes.

**West-Berlin ¬ Bundesrepublik Deutschland**

**3.3.–29.4.** Das Hamburger Landgericht erhebt Anklage gegen den Regisseur Veit Harlan wegen »Verbrechens gegen die Menschlichkeit« aufgrund seines nach Kriegsende von den alliierten Militärbehörden verbotenen Films *Jud Süß* (1940). Entlastungszeugen u. a.: Gustaf Gründgens, Wolfgang Liebeneiner. Harlan wird freigesprochen.

**21.10.** *Nachtwache*, R/B: Harald Braun, D: Dieter Borsche, Hans Nielsen. Ein Film über Gewissenskonflikte, der heftige Diskussionen über Exhibitionismus und Religiosität auslöst.

**andere**

**19.9.** *The third man* (GB, UA Cannes, *Der dritte Mann*, EA 6.1. 1950, Berlin), R: Carol Reed, B: Graham Greene, D: Orson Welles in der Hauptrolle. Das Kanalsystem der in der Nachkriegszeit in drei Sektoren aufgeteilten Stadt Wien wird zum symbolischen Schauplatz einer Geschichte im Milieu der Schwarzhändler.

Vittorio de Sica erhält für seinen Film *Ladri di biciclette* (I, UA Paris 26.8.1948, *Fahrraddiebe* EA BRD 24.8.1951, DDR 30.9.1953) in Los Angeles den Ehren-Oscar. De Sicas Meisterwerk des Neorealismo beeinflusst das internationale Kino der 50er Jahre.

*Der dritte Mann* (GB), Filmstill

## MEDIEN

**Moskau ¬ UdSSR**

**4.4.** Beschluss des Ministerrates der UdSSR zur Empfangsfilterung ausländischer, »antisowjetischer« Radiostationen.

Das Moskauer Fernsehzentrum (MTZ) nimmt nach der Rekonstruktion die Arbeit auf.

Erste Massenproduktion eines Fernsehgeräts mit der Bezeichnung KWN-49 und einem Bildschirm von der Größe einer Postkarte.

Einrichtung mobiler Fernsehstationen. Die erste Sendung, die nicht aus einem Studio kommt, berichtet am 29.6. über ein Fußballspiel im Dynamo-Stadion.

**Berlin ¬ DDR**

Die Grundstruktur der DDR-Presse ist nach Ende des Zweiten Weltkrieges von der sowjetischen Besatzungsmacht bestimmt. Die Lizenzen für Zeitungen gehen an Massenorganisationen und Parteien. Wenige überparteiliche Zeitungen stellen bald ihr Erscheinen ein.

Gründung des Deutschlandsenders.

**West-Berlin ¬ Bundesrepublik Deutschland**

**18.8.** Zusammenschluss der Nachrichtenagenturen der drei westdeutschen Besatzungszonen zur Deutschen Presseagentur (dpa).

**andere**

**Mai** Inbetriebnahme der ersten speicherprogrammierbaren Röhrenrechner durch Maurice V. Wilkes an der Universität von Manchester.

## THEATER ¬ MUSIK

**Moskau ¬ UdSSR**

**1.4.–10.6.** Theaterfestival. Fast alle Theater zeigen landesweit dasselbe Repertoire von Theaterstücken im Kanon des abgesegneten sozialistischen Realismus. Von 1003 Stücken in 343 Theatern wird 109-mal *Moskovskij charakter* (*Der Moskauer Charakter*) von Anatoli Sofronow gezeigt, 52-mal *Zagovor obrečënnych* (*Die Verschwörung der Verdammten*) von Nikolai Wirta, 48-mal *Sčast'e* (*Das Glück*) von Pjotr Pawlenko, 43-mal *Zakon Česti* (*Das Gesetz der Ehre*) von Alexander Stein, 26-mal *V odnom gorode* (*In einer Stadt*) von Anatoli Sofronow.

**25.6.** Die Zeitung *Sovetskoe iskusstvo* teilt mit, dass Alexander Tairow von seinen Verpflichtungen als künstlerischer Leiter des Moskauer Kammertheaters, das er 1913 gegründet hatte, entbunden worden sei.

**28.6.** Auf Anweisung des Komitees für die Angelegenheiten der Künste beim Ministerrat der UdSSR wird Tairow Regisseur im Wachtangow-Theater.

**Dez.** Anlässlich des 70. Geburtstages des sowjetischen Führers wird im Leningrader Theatermuseum die Ausstellung *Iossif Wissarionowitsch Stalin und das Theater* eröffnet.

**Berlin ¬ DDR**

**7.11.** Zur Feier der russischen Oktoberrevolution erklingt zum ersten Mal die Nationalhymne der DDR *Auferstanden aus Ruinen*, T: Johannes R. Becher, M: Hanns Eisler.

**West-Berlin ¬ Bundesrepublik Deutschland**

**15.1.** Jean-Paul Sartres *Die schmutzigen Hände* am Renaissance-Theater (R: O.E. Hasse) zeigt kolportagehaft Konflikte in einer osteuropäischen kommunistischen Partei und löst im Ostteil der Stadt scharfen Protest aus. Höhepunkt im »Kalten Krieg auf dem Theater« (Friedrich Luft), den beide Seiten führen.

**12.2.** Mit Hermine Körner in der Hauptrolle inszeniert Karl Heinz Stroux am Hebbel-Theater *Die Irre von Chaillot* von Giraudoux. Moderne Stücke aus dem westlichen Ausland bestimmen neben repräsentativem Klassikertheater die Spielpläne in der Bundesrepublik.

**andere**

**5.7.** Der *Erste Kongress zur 12-Ton-Musik* in Mailand führt namhafte Komponisten und Wissenschaftler zusammen.

Gustaf Gründgens, als Leiter des Berliner Staatstheaters führender Theatermann des »Dritten Reiches«, seit 1947/48 Generalintendant in Düsseldorf, zeigt als Repräsentant westdeutscher Schauspielkunst seine Interpretation von Goethes *Faust* beim Edinburgh-Festival.

## LITERATUR ¬ THEORIE

**Berlin ¬ DDR**

Anna Seghers' Erzählung *Die Hochzeit von Haiti* sowie ihr Gesellschaftsroman *Die Toten bleiben jung* (1968 von Joachim Kunert nach einem Drehbuch von Christa Wolf verfilmt) erscheinen beim Aufbau-Verlag, Berlin.

Kurt Barthels (Pseudonym: Kuba) *Kantate auf Stalin* ist zum 70. Geburtstag des »Vaters der Völker« verfasst und wird zum Inbegriff einer parteikonformen Kampflyrik.

**West-Berlin ¬ Bundesrepublik Deutschland**

Gottfried Benn gerät mit seinen neuen Publikationen *Der Ptolemäer*, *Ausdruckswelt*, *Trunkene Flut* (alle: Wiesbaden), *Statische Gedichte* (Zürich 1948, als Lizenz: Wiesbaden 1949) wieder in das Bewusstsein der Öffentlichkeit und beeinflusst mit seinem Spätwerk die deutsche Nachkriegslyrik maßgeblich.

Ernst Jüngers Tagebücher (6 Bd., entst. 1939–1948) unter dem Titel *Strahlungen* (Bd. 1 Berlin 1942, Bd. 5–6 Tübingen 1949, Bd. 6 Stuttgart 1958) sind eine Reflexion des 2. Weltkriegs. Sie wecken Kritik wegen der distanzierten Schilderung des Geschehens, das die Ereignisse nahezu wertfrei deutet.

Thomas Mann erhält während seines Besuchs in Deutschland am 25.7. den Goethe-Preis in der Paulskirche, Frankfurt/M, und reist trotz zahlreicher Proteste am 30.7. weiter nach Weimar, um im Nationaltheater zum Goethejahr zu sprechen. Er wird dort am 1.8. mit der Ehrenbürgerschaft und dem Goethe-Preis der Stadt ausgezeich net.

Heinrich Mann wird erster Nationalpreisträger der DDR und zum Präsidenten der Deutschen Akademie der Künste ernannt. Er stirbt jedoch während der Vorbereitungen zu seiner Rückkehr nach Deutschland, welche auf Einladung der DDR 1950 erfolgen sollte, in Santa Monica, Kalifornien.

Hans Werner Richter, *Die Geschlagenen* (München), ein Roman über Macht und Ohnmacht von antinationalsozialistischer Gesinnung im Krieg. Als *spiritus rector* der bereits 1947 gegründeten Gruppe 47 – einer Gruppierung von Schriftstellern und Publizisten – wirbt Richter für eine neue, junge Literatur, die sich ihrer politischen und gesellschaftlichen Verantwortung bewusst ist.

**andere**

George Orwell, *Nineteen Eighty-Four* (London, *1984*, Stuttgart 1950, 1956 von Michael Anderson verfilmt).

Simone de Beauvoir, *Le Deuxième Sexe* (Paris, *Das andere Geschlecht*, Hamburg 1951).

**THEORIE ¬ KUNST ¬ THEATER ¬** Die Akademie der Wissenschaften in Leningrad ruft auf ihrer Tagung am 5.1. zum Kampf gegen die »Unterwürfigkeit gegenüber dem Westen« und zur Stärkung der russischen Prioritäten in der Wissenschaft auf. Der Artikel *Über eine antipatriotische Gruppe von Theaterkritikern* vom 28.1. in der Prawda signalisiert den Beginn einer lautstarken Kampagne gegen den Kosmopolitismus, deren Hauptmotive antisemitisch und antiwestlich geprägt sind. Es kommt zu Verhaftungen, Massenentlassungen und Einschränkungen bei der Einstellung von Personen jüdischer Nationalität sowie bei deren Immatrikulierung an den Hochschulen. Auch im Bereich der bildenden Kunst gibt es eine entsprechende Kampagne gegen die »Servilität gegenüber dem Ausland«, den Formalismus und Naturalismus. Zum Hauptobjekt der Kritik werden der Impressionismus und seine »Verteidiger« Nikolai Punin, O. Beskin sowie andere sowjetische Kunstwissenschaftler. Wladimir Faworski, Wladimir Konaschewitsch, Juri Wasnezow und Wladimir Lebedew werden wegen ihres Formalismus in der Buchillustration angefeindet. Unter der Devise »Bekämpfung des bürgerlichen Nationalismus« werden die Museumspolitik der baltischen Republiken und die Tätigkeit der regionalen Kunstschulen der Ukraine, Armeniens und Georgiens verurteilt. Im März verschärft sich die Kampagne nochmals. Die Leningrader Literaturwissenschaftler Mark Asadowski, Grigori Gukowski, Viktor Shirmunski und Boris Eichenbaum werden einer ideologischen Kritik unterworfen und mit Veröffentlichungsverbot belegt. Gukowski wird im Sommer desselben Jahres inhaftiert und kommt im Gefängnis um.

# 1950

## POLITIK ¬ ZEITGESCHEHEN

### Moskau ¬ UdSSR

**12.1.** Einführung der Todesstrafe für Vaterlandsverrat, Spionage und konterrevolutionäre Angriffe gegen die Staatsmacht.
**14.2.** Abschluss des Vertrages über Freundschaft, Bündnis und gegenseitigen Beistand zwischen der UdSSR und der KVR (Koreanischen Volksrepublik).
**21.8.** Beschluss des Ministerrats der UdSSR zum Bau des Kuibyschewer Wasserkraftwerkes (erstes Wasserkraftwerk an der Wolga, Inbetriebnahme am 9.8.1959). Im gleichen Jahr beginnt der Bau des Irkutsker Wasserkraftwerkes an der Angara.

Unterzeichnung des Freundschaftsvertrags zwischen der UdSSR und der VR China

### Berlin ¬ DDR

**8.2.** Die DDR beschließt die Bildung des Ministeriums für Staatssicherheit (MfS).
**25.3.** Der UdSSR gelingt es auf der gemeinsam mit den Westmächten abgehaltenen Berliner Konferenz nicht, ihr politisches Ziel eines neutralen Gesamtdeutschlands durchzusetzen. Daraufhin verleiht sie der DDR die Souveränität.
**1.5.** Das Gesetz der Arbeit tritt in Kraft, das u.a. festlegt, dass Frauen im Arbeitsprozess Männern gleichgestellt werden sollen.
**27.–30.5.** Deutschlandtreffen der FDJ mit 70.000 Teilnehmern in Ost-Berlin.
**20.–24.7.** Der 3. Parteitag der SED in Ost-Berlin beschließt die Neufassung des Parteistatuts: Der Parteivorstand wird nach Vorbild der KPdSU in ein Zentralkomitee (ZK) umgewandelt. Parteivorsitzende sind der Präsident der DDR, Wilhelm Pieck, und Ministerpräsident Otto Grotewohl. Am 25.7. wird Walter Ulbricht Erster Generalsekretär der SED.
**17.8.** Die Regierung verabschiedet den 1. Fünfjahresplan, der eine zentrale staatliche Planwirtschaft zur Verdoppelung der Industrieproduktion und Steigerung der Arbeitsproduktivität vorsieht.
**24.8.** Die SED-Führung enthebt eine Reihe von Funktionären wegen angeblicher Verbindungen zu Agenten der USA und Hilfe für Klassenfeinde ihrer Ämter. Die Opfer dieser ersten SED-Säuberungsaktion werden 1956 teilweise rehabilitiert.
**25./26.8.** I. Kongress der *Nationalen Front* in Ost-Berlin. Staatspräsident Wilhelm Pieck verkündet ein 12-Punkte-Programm des Nationalen Widerstandes gegen die Besatzungsmächte in der Bundesrepublik Deutschland.
**15.10.** Volkskammerwahlen, 99,3% der Stimmen für die Einheitslisten.

Baustelle des Kuibyschewer Wasserkraftwerks an der Wolga

### West-Berlin ¬ Bundesrepublik Deutschland

**1.3.** Die britische Regierung ordnet die Demontage von deutschen Industrieanlagen, z. B. der Salzgitterwerke, an, wogegen die USA protestieren. Am 17.8. Auflösung des mit dem Nationalsozialismus verflochtenen IG-Farben-Konzerns durch die Alliierten.
**22.3.** Die Bundesregierung veröffentlicht eine Erklärung zur Wiederherstellung der deutschen Einheit unter der Voraussetzung, dass gesamtdeutsche Wahlen unter internationaler Kontrolle durchgeführt werden.
**Mai** Ende der Ausgabe von Lebensmittelkarten.
**1.6.** Inkrafttreten des Gesetzes der Alliierten Hohen Kommission vom 30.3.1950 zur Verhinderung einer deutschen Wiederaufrüstung. Dennoch formuliert die Bundesregierung unter Kanzler Konrad Adenauer am 18.8. den Wunsch nach Verteidigungstruppen als Gegengewicht zur Kasernierten Volkspolizei der DDR. Am 9.10. Rücktritt von Bundesinnenminister Gustav Heinemann, der eine Aufrüstung und Wiederbewaffnung der Bundesrepublik ablehnt.
**8.7.** Die Bundesrepublik tritt dem Europarat als assoziiertes Mitglied bei.
**19.7.** Gründung des Zentralrats der Juden in Deutschland, Frankfurt/M.
Der zunehmende Konjunkturaufschwung der in Westdeutschland wird von der Londoner Tageszeitung *Times* als »deutsches Wirtschaftswunder« bezeichnet.

### andere

**31.1.** US-Präsident Harry Truman kündigt den Bau einer Wasserstoffbombe an.
**11.–13.5.** Londoner Konferenz der drei Westmächte über die Deutschlandfrage.
Koreakrieg (1950–53): Kampfhandlungen zwischen den Streitkräften der Demokratischen Volksrepublik Korea (Nord-Korea) und Truppen der Republik Korea (Süd-Korea), ausgelöst durch den nordkoreanischen Vorstoß (25.6.1950) über die Demarkationslinie am 38. Breitengrad. Die Bedrohung des Status quo führt zum Eingreifen einer UN-Streitmacht (Beschluss im Sicherheitsrat vom 27.6.1950, bei Abwesenheit der UdSSR). Die USA stellen das größte Kontingent, Beteiligung von 15 weiteren Staaten. Nach mehreren wechselseitigen Offensiven, wobei die Nord-Koreaner von China und der UdSSR unterstützt werden, stabilisiert sich im Frühjahr 1951 die Front um den 38. Breitengrad, der im Waffenstillstand von Panmunjom (27.7.1953 zwischen Nordkorea und den Vereinten Nationen) wieder Teilungslinie wird. Der Versuch eines Friedensschlusses scheitert 1954.
**1.11.** Der tibetische Dalai Lama bittet im Nachbarland Indien um Asyl, nachdem Truppen der Volksrepublik China mit der Besetzung seines Landes begonnen haben.

## BILDENDE KUNST

### Moskau ¬ UdSSR

Gemäß dem ideologischen Auftrag laufen in den Moskauer Museen und Ausstellungssälen Ausstellungen mit Werken von Klassikern der russischen Kunst. Am 28.1. Eröffnung einer Präsentation von Karl Brüllow, Tretjakow-Galerie. Ab dem 7.4. wird Apollinari Wasnezow im Ausstellungssaal des Verbands der sowjetischen Künstler der UdSSR gezeigt. Ab dem 6.6. ist Iwan Aiwasowski anlässlich seines 50. Todestages im Ausstellungssaal des Organisationskomitees des Verbands der sowjetischen Künstler zu sehen; Ende Okt. Ilja Repin im ZDRI.
**23.2.–Ende März** Die Akademie der Künste der UdSSR zeigt das Grekow-Studio mit herausragenden Werken von Kriegsmalern, darunter Jewgeni Wutschetitsch, Anatoli Kokorin, Ilja Lukomski, Boris Nemenski, Nikolai Orynba. In einem Extrasaal hängt das Panorama *Stalingradskaja bitva* (*Die Stalingrader Schlacht*, von Anatoli Gorpenko, Georgi Martschenko, Nikolai Andrijaka u. a.).
**März–April** An einer der sowjetischen Frau gewidmeten Ausstellung im Moskauer Haus des Künstlers nehmen teil: Jekaterina Sernowa, Lidija Brodskaja, Marina Wolkowa, Tatjana Radimowa, Fanja Kaplan, Julia Rasumowskaja, Jelena Bebutowa, Vera Muchina, Sara Lebedewa u. a.
**1.10.** Bildende Kunst der Chinesischen Volksrepublik, anlässlich des 1. Jahrestages der VR China, Tretjakow-Galerie.
**20.12.** Allunions-Kunstausstellung, Tretjakow-Galerie. Die 1. Abteilung zur Darstellung der Geschichte der bolschewistischen Partei und des sowjetischen Staates zeigt monumentale, mittels der »Brigademethode« entstandene Gemälde, z. B. das mit dem Stalinpreis ausgezeichnete Bild *Vystuplenie Lenina na III s"ezde komsomola* (Die Rede Lenins auf dem III. Komsomolkongress) Leiter der Brigade: Boris Joganson. In der Abteilung für Genremalerei sind die Bilder von Fjodor Reschetnikow (*Za mir!*; Für den Frieden!) und von Sergej Grigorjew (*Obsuždenie dvojki*; Erörterung der Vier) besonders bemerkenswert.

### Berlin ¬ DDR

**10.6.–16.7.** Mit *Käthe Kollwitz – ein Leben für uns* eröffnet die Landesgalerie Sachsen-Anhalt in Halle.
**17./18.6.** Gründungskongress des Verbands Bildender Künstler Deutschlands (VBKD), Vorsitzender: Otto Nagel.

### West-Berlin ¬ Bundesrepublik Deutschland

**4.–28.4.** *ZEN 49*, Central Art Collecting Point, München; Ausstellung abstrakter Malerei und Skulptur mit dem Anliegen, die durch das »Dritte Reich« unterbrochene Tradition der Moderne wieder ins Bewusstsein der Öffentlichkeit zu holen; Eröffnungsvortrag: Werner Haftmann.
**20.10.** *Kunst der NS-Zeit*, Haus der Kunst, München. Der Deutsche Künstlerbund unter seinem Vorsitzenden Karl Hofer protestiert gegen die Unterstützung der Ausstellung durch den bayerischen Staat.
Otl Aicher und Inge Scholl gründen in Ulm die mit US-amerikanischen Geldern finanzierte Hochschule für Gestaltung. Architekt des Neubaus und Leiter der Schule ist der Schweizer Max Bill, einer der bedeutendsten Vertreter der konkreten Kunst. Der 1953 aufgenommene Unterricht ist nach dem Vorbild des Bauhauses strukturiert. Die Hochschule wird 1968 geschlossen.

## ARCHITEKTUR ¬ DENKMAL

### Moskau ¬ UdSSR

Mit dem Bau des Stadtbezirkes Jugo-Sapadnyi, des Südwestens von Moskau, wird begonnen (Werkstatt von Alexander Wlassow, Entwurf 1948). Vorgesehen sind eine Erweiterung der Wohnviertel, eine gleichmäßige Verteilung des Kultur- und Dienstleistungsnetzes sowie die Schaffung von freien, begrünten Räumen.
Umbau des Puschkin-Platzes, A: Michail Minkus, Abram Saslawski. Anstelle des in den 30er Jahren abgetragenen Strastny-Klosters entsteht eine Grünanlage, in die das Puschkin-Denkmal vom Twerskoi-Boulevard versetzt wird.
Durch die Wohnhäuser am Kalushskaja-Sastawa-ploschtschad (heute Gagarin-Platz, A: Jewgeni Lewinson, Igor Fomin, Arkadi Arkin) entsteht eine neue Paradezufahrt zur Stadt.
Das Wachtangow-Theater am Arbat, das während des Krieges von den deutsch-faschistischen Luftstreitkräften zerstört worden war, wird umfassend rekonstruiert, A: Pawel Abrossimow.

### Berlin ¬ DDR

**12.4.–27.5.** Eine Delegation deutscher Architekten und Baufunktionäre reist nach Moskau und in andere Städte der UdSSR, um sich mit den dortigen Erfahrungen beim Aufbau vertraut zu machen. Daraus resultieren die am 27.7. vom Ministerrat der DDR beschlossenen *Sechzehn Grundsätze des Städtebaues* und das am 6.9. von der Volkskammer verabschiedete Aufbaugesetz mit den Leitlinien des künftigen Bauens (Städtebau und Architektur sollen erzieherisch wirken; ein neues Bodenrecht und die Möglichkeit zur Enteignung werden wirksam).
**22.7.** Walter Ulbricht verkündet auf dem 3. SED-Parteitag den Abriss des Stadtschlosses der Hohenzollern, Schlossplatz, Berlin-Mitte. Am 6.9. beginnen trotz weltweiter Proteste die Abrissarbeiten. Bis zum 31.1.1951

werden aus den Trümmern Fassadenteile geborgen, die in andere Gebäude, so z. B. das Staatsratsgebäude, eingebaut werden sollen.

Sprengung des Berliner Stadtschlosses am 7. September

**West-Berlin ¬ Bundesrepublik Deutschland**
Wohn- und Geschäftshaus am Innsbrucker Platz, A: Paul und Jürgen Emmerich, der erste Bau des Berliner Wohnungsprogramms und das erste Hochhaus nach dem Krieg.

## FILM

**Moskau ¬ UdSSR**
**19.1.** *Padenie Berlina* (Der Fall Berlins), R: Michail Tschiaureli. In der Rolle Stalins ist Michail Gelowani zu sehen.
**27.2.** *Kubanskie kazaki* (Kubankosaken) mit Sergej Lukjanow und Marina Ladynina in den Hauptrollen. Eine der berühmtesten Komödien des sozialistischen Realismus über ein aufblühendes Kolchosdorf.

**Berlin ¬ DDR**
**12.5.** *Der Rat der Götter*, R: Kurt Maetzig, M: Hanns Eisler. Anhand der Protokolle der Nürnberger Prozesse werden die Firmengeschichte der IG Farben und deren Allianz mit Hitler aufgezeigt.
**8.9.** *Familie Benthien*, R: Kollektiv unter der Leitung von Slatan Dudow nach dem Buch von Johannes R. Becher. Eine Familie und ein Betrieb werden durch Ost-West-Konflikte auseinander gerissen.

**West-Berlin ¬ Bundesrepublik Deutschland**
**7.9.** *Schwarzwaldmädel*, R: Hans Deppe, nach der Operette von August Neidhardt und Leon Jessel. Einer der ersten dt. Farbfilme nach dem Krieg macht Sonja Ziemann zum Star und löst eine Welle von Heimatfilmen aus.
**1.10.** *Symphonie einer Weltstadt* (1941, auch: *Berlin wie es war*), R/B: Leo de Laforgue. Die verspätete UA des überarbeiteten Dokumentarfilms mit Aufnahmen der noch unzerstörten Stadt eröffnet die Industrie-Ausstellung in West-Berlin.

**andere**
**11.8.** *Sunset Boulevard* (USA, *Boulevard der Dämmerung*, EA BRD 7.4.1951, DDR 26.8.1990 DFF1), R/B: Billy Wilder.
**10.9.** *Rashomon* (J, *Rashomon – das Lustwäldchen*, EA BRD 4.8.1952, DDR 25.12.1965), R/B: Akiro Kurosawa, D: Toshiro Mifune. Der Film um »Wahrheit« und Verbrechen gewinnt 1951 in Venedig den Goldenen Löwen.

sich zu einem international bedeutenden Forum der Fotografie entwickelt.
**10.6.** Bildung der Arbeitsgemeinschaft der Rundfunkanstalten Deutschlands (ARD).

## THEATER ¬ MUSIK

**Moskau ¬ UdSSR**
**12.3.** Premiere von *Svad'ba s pridannym* (Hochzeit mit Mitgift, in einer Übersetzung aus der Sprache der Komi) von Nikolai Djakonow in der Inszenierung des jungen Regisseurs Boris Rawenski, Moskauer Theater der Satire. Die einfache lyrische Komödie, frei von aufdringlicher ideologischer Rhetorik, wird zum »Zugstück der Saison«. Die Lieder (Komponisten Nikolai Budaschkin und Boris Mokroussow), gesungen von Vitali Doronin und Vera Wassiljewa, bleiben noch lange populär.
Wadim Kosin, Sänger, Interpret von Romanzen, wird aus der Haft entlassen.

**Berlin ¬ DDR**
**4.4.** Das DDR-Ministerium für Volksbildung verbietet das Abspielen von anglo-amerikanischer Tanzmusik in der Öffentlichkeit.
**15.4.** Anhand der Sturm-und-Drang-Tragikomödie *Der Hofmeister* (R: Bertolt Brecht, BB: Caspar Neher) von Jakob Michael Reinhold Lenz will das Berliner Ensemble zeigen, wie aus klassischen Stücken sozialgeschichtliche Erkenntnisse zu gewinnen sind.
**Dez.–Jan. 1951** Der sowjetische Puppenspieler Sergej Obraszow gastiert in Berlin und anderen Städten der DDR.
Mit der Deutschen Bach-Feier mit Musikern aus Ost- und Westdeutschland wird in Leipzig eine Reihe international ausgerichteter Bachfeste begründet (1966, 1970, 1975). Die russische Pianistin Tatjana Nikolajewa wird am 26.6. Siegerin des Bach-Wettbewerbs. Am 20.11.1950 wird das Bach-Archiv initiiert.

nieorchesters mit UA von Karl A. Hartmann und Giselher Klebe. Die Programmverantwortlichkeit liegt bis 1970 bei Heinrich Strobel.

## LITERATUR ¬ THEORIE

**Moskau ¬ UdSSR**
**9.5.** Die Prawda eröffnet mit dem Beitrag von Arnold Tschikobawa *O nekotorych voprosach sovetskogo jazykoznanija* (Zu einigen Fragen der sowjetischen Sprachwissenschaft) eine Diskussion, mit der »der Stillstand bei der Entwicklung der sowjetischen Sprachwissenschaft überwunden werden soll«. Der Artikel enthält eine Kritik an den Grundlagen der Theorie des Akademiemitglieds Naum Marr, der bis zu diesem Zeitpunkt die sowjetische Linguistik dominierte. An der Diskussion, die sich auf den Seiten der *Prawda* entfaltet, nimmt auch Iossif Stalin mit seinem Beitrag *Otnositel'no marksizma v jazykoznanii* (Zum Marxismus in der Sprachwissenschaft) teil.

**Berlin ¬ DDR**
**24.3.** Im ehemaligen Admiralspalast am Bahnhof Friedrichstraße wird die Deutsche Akademie der Künste gegründet. Mitglieder u. a.: Hanns Eisler, Johannes R. Becher, Bertolt Brecht, Helene Weigel. Der Schriftsteller Arnold Zweig wird zum ersten Präsidenten gewählt. In seiner Eröffnungsrede spricht Ministerpräsident Otto Grotewohl vom Formalismus als »Todfeind jeder wahren, tiefen Kunst, deren Form vom Inhalt bedingt wird«.
**4.–6.7.** Während des II. Schriftstellerkongresses in Ost-Berlin wird innerhalb des Kulturbundes der Deutsche Schriftstellerverband (Präsident: Bodo Uhse) gegründet. Alexander Abusch fordert im *Neuen Deutschland* alle Schreibenden in der DDR auf, sich im Rahmen des *DSV* zu den Prinzipien des sozialistischen Realismus zu bekennen.
Der Schriftsteller Johannes R. Becher erhält für den Text der Nationalhymne den Nationalpreis der DDR.

Helmut Lortz, Teilnehmer des *Darmstädter Gesprächs*

**BILDENDE KUNST ¬** *1. Darmstädter Gespräch* zum Thema *Das Menschenbild in unserer Zeit*, Teilnehmer des Podiums sind u. a. der Kunsthistoriker Hans Sedlmayr; der Philosoph Theodor W. Adorno, die Künstler Willi Baumeister und Johannes Itten, im Publikum u. a. Alexander Mitscherlich und Alfred Weber. Gestritten wird um den Stellenwert der Abstraktion, die »Krankengeschichte der Moderne« (Sedlmayr in Anlehnung an sein Buch *Verlust der Mitte*) und um die Frage, ob ein naturalistisches Menschenbild nach Impressionismus und klassischer Moderne noch Gültigkeit haben könne. Sedlmayr wirft Baumeister seine ungegenständliche Malweise vor, sie stehen sich als Antipoden gegenüber. Initiiert vom Bildhauer Wilhelm Loth und der Neuen Darmstädter Sezession finden im westdeutschen Darmstadt bis 1975 elf solcher Kolloquien statt. In bewusster Absetzung von akademischen Fachdiskussionen und parteipolitischen Auseinandersetzungen sollen in interdisziplinären Gesprächen Gegenwartsfragen, die ganz Deutschland betreffen, erörtert werden.

## MEDIEN

**Moskau ¬ UdSSR**
Der 55. Jahrestag der Erfindung des Radios wird gefeiert. Im Land gibt es über 120 Radiostationen und mehr als 17. 000 Funkleitstellen. Der zentrale Rundfunk des Landes ist auf drei Programmen zu hören und sendet insgesamt 43 Stunden pro Tag.

**West-Berlin ¬ Bundesrepublik Deutschland**
**6.–14.5.** Auf Initiative des Präsidenten des Fotoverbandes, Bruno Uhl, findet in Köln die erste *Fotokina* statt, die

**West-Berlin ¬ Bundesrepublik Deutschland**
**31.5.** Arthur Millers *Der Tod eines Handlungsreisenden* ist in der Regie Helmut Käutners am Hebbel-Theater, Berlin, zu sehen. Hauptrolle: Fritz Kortner.
**3.12.** Fritz Kortners aggressive Inszenierung von Schillers *Don Carlos*, die das Stück als aktuelle Kritik an totalitären Systemen auslegt, provoziert am Hebbel-Theater heftige Zuschauerproteste.
**9./10.10.** *Donaueschinger Musiktage für zeitgenössische Tonkunst*. Ab diesem Jahr findet das 1921 initiierte Musikfest wieder regelmäßig statt. Unter Leitung seines Chefdirigenten Hans Rosbaud erster Auftritt des SWF-Sympho-

**West-Berlin ¬ Bundesrepublik Deutschland**
**17.6.** Der Rowohlt-Verlag startet im Juni seine Taschenbuchreihe im preiswerten, am amerikanischen Vorbild orientierten »Paperback« (rororo: Rowohlt-Rotations-Roman) und revolutioniert damit den dt. Büchermarkt (erste Bücher: Ernest Hemingway, *In einem anderen Land*, Kurt Tucholsky, *Schloß Gripsholm*, Hans Fallada, *Kleiner Mann – was nun?*).
Im zweiten Teil seiner Autobiographie *Doppelleben. Zwei Selbstdarstellungen* (Wiesbaden), rechtfertigt Gottfried Benn sein opportunistisches Verhalten während des Nationalsozialismus.

# 1951

## POLITIK ¬ ZEITGESCHEHEN

### Moskau ¬ UdSSR

**12.3.** Der Oberste Sowjet der UdSSR verabschiedet das Gesetz zum Schutz des Friedens und fordert die fünf Staaten, die ständige Mitglieder des UNO-Sicherheitsrates sind, dazu auf, einen entsprechenden Pakt zu unterzeichnen.

Aufruf zur Unterzeichnung des Friedenspaktes im Pamir-Gebirge

**9.10.** Erlass des Präsidiums des Obersten Sowjets der UdSSR über die lebenslange Verbannung von Sondersiedlern; dieser Erlass betraf Deutsche, Tschetschenen, Kalmücken, Inguschen, Balkaren, Karatschajewer, Griechen und Krimtataren.

### Berlin ¬ DDR

**1.9.** Erhebung einer Transitgebühr für alle Fahrten zwischen der Bundesrepublik und West-Berlin.

### West-Berlin ¬ Bundesrepublik Deutschland

**26.1.** Der Bundestag der BRD stimmt der Ratifizierung des Marshallplan-Abkommens mit den USA zu.
**18.4.** Unterzeichnung des Vertrags über die Montanunion zur Koordinierung der Stahlproduktion und Kohleförderung durch Belgien, die Bundesrepublik, Frankreich, Italien, Luxemburg und die Niederlande.
**Mai** Demonstrationen in der BRD gegen die Remilitarisierungspläne der Regierung in Bonn.
**30.6.** Gründung der Sozialistischen Internationale (SI) in Frankfurt/M.
**9., 13.7.** Die westlichen Besatzungsmächte Großbritannien und Frankreich beenden den Kriegszustand mit Deutschland, die USA folgen am 19.10. Aufgrund des geteilten Deutschlands kommt kein Friedensvertrag zustande.
**20.9.** Der Interzonenhandel mit der DDR wird in einem Abkommen geregelt.
**16.11.** Die Bundesregierung beantragt das Verbot von KPD und SRP.

Gruppe Kukryniksy, *Einseitige Wirtschaft*, 1951, Gouache auf Papier

### andere

**1.11.** Erstes Nuklearwaffenmanöver in der Wüste von Nevada, USA.

## BILDENDE KUNST

### Moskau ¬ UdSSR

**1.6.** Ausstellung politischer und Alltagssatire, Ausstellungssaal der Moskauer Künstlergenossenschaft. Unter den Künstlerin sind: die Kukryniksy, Boris Prorokow, Boris Jefimow, Vitali Gorjajew u. a.
**Juni–Juli** *Chudožniki knigi Detgiza* (Künstler des Detgis-Buches, des Staatl. Kinderbuchverlags), Ausstellungssaal des Verbands der sowjetischen Künstler. Teilnehmer u. a.: Dementi Schmarinow, Arkadi Plastow, Sergej Gerassimow, Wladimir Lebedew, Wladimir Faworski, Orest Werejski, Tatjana Mawrina, Juri Neprinzew.
**20.12.** Allunions-Kunstausstellung in der Tretjakow-Galerie, dem Ausstellungssaal der Moskauer Künstlergenossenschaft und dem Kulturhaus des Stalinwerkes. Es wird die zweite, unter Berücksichtigung der ideologischen Kritik geänderte Variante des Bildes *Velikaja kljatva* (Der Große Schwur) von der Künstlerbrigade unter Alexander Gerassimow gezeigt, welches 1951 auch mit dem Stalinpreis ausgezeichnet wird; zudem ist das Gemälde *Zasedanie prezidiuma Akademii nauk SSSR* (Die Sitzung des Präsidiums der Akademie der Wissenschaften der UdSSR) zu sehen, geschaffen von einer Künstlerbrigade unter der Leitung von Wassili Jefanow; des weiteren Werke von Arkadi Plastow, Juri Neprinzew, Georgi Nisski u. a.

### Berlin ¬ DDR

**16.–19.5.** *Erste gesamtdeutsche Kulturkonferenz* in Leipzig unter der Überschrift *Kampf gegen den »amerikanischen Kosmopolitismus«*, Referent: Johannes R. Becher.
**5.–19.8.** *Die bildende Kunst der Sowjetunion*, Ausstellung während der *III. Weltfestspiele der Jugend und Studenten* in der Deutschen Akademie der Künste, Berlin.
**1.12.–31.1.52** *Künstler schaffen für den Frieden*, im Museumsbau am Kupfergraben, Berlin-Mitte, hier soll die »vorwärtsschreitende Entwicklung (der) bildenden Kunst zum Realismus« präsentiert werden.

### West-Berlin ¬ Bundesrepublik Deutschland

**12.–29.7.** *subjektive fotografie*, Staatl. Schule für Kunst und Handwerk, Saarbrücken, Leitung: Otto Steinert; umfangreiche und für die Auffassung von Fotografie folgenreiche Präsentation zeitgenössischer, weniger dokumentarischer als »formal und inhaltlich gestalteter«, experimenteller Fotografie.
**20.9.–24.10.** *Amerikanische Malerei – Werden und Gegenwart*, große Retrospektive US-amerikanischer Kunst im Rahmen der *Ersten Berliner Festwochen*, Rathaus Schöneberg und Schloss Charlottenburg, Berlin. Neben Gemälden des 18./19. Jhs. sind Werke von William Baziotes, Robert Motherwell, Georgia O'Keefe, Jackson Pollock, Mark Tobey u. a. zu sehen. Zuvor gab es eine Ausstellung Berliner Künstler in verschiedenen amerikanischen Städten als Zeichen des gegenseitigen Kulturaustausches.

### andere

Auf der ersten Biennale von São Paulo werden die Westdeutschen Willi Baumeister und Hans Uhlmann mit Preisen ausgezeichnet.

## ARCHITEKTUR ¬ DENKMAL

### Moskau ¬ UdSSR

Ein neuer Generalplan für Moskau, unter der Leitung von Dmitri Tschetschulin erstellt, soll für die nächsten zehn Jahre gelten. Dafür werden 1951–52 die Architekturwerkstätten für Magistralen organisiert, die es im Vorkriegsmoskau bereits einmal gegeben hat und die nun für die Projektierung der Simonowsker Uferstraße (Werkstatt von Michail Sinjawski), der Leningrader Chaussee (Werkstatt von Karo Alabjan), des Stadtbezirks im Südwesten (Werkstatt von Alexander Wlassow) und der Krasnaja Presnja (Werkstatt von Michail Possochin) zuständig sind. Es entstehen die Vorzeigeprojekte zur Bebauung der Moshaiskoje Chaussee, der Ljussinowsker Straße, der Frunsenskaja Uferstraße.
Zur Entlastung der Hauptstadt vom Transitlastenverkehr beginnt man mit dem Bau der Ringchaussee mit einem Radius von 50 km (später wird sie MKAD genannt – Moskauer Ringautobahn).
Die ersten Plattenbauten mit Stahlbetonskelett entstehen, zunächst mit 4, später mit 5–9 Geschossen, auf der Choroschewsker Chaussee, A: Michail Possochin, Aschot Mndojanz.
Auf dem Platz des Belorussischen Bahnhofs wird das Denkmal für Maxim Gorki eingeweiht, Bildhauer: Iwan Schadr, Vera Muchina, Nina Selenskaja, A: Sinowi Rosenfeld.

### Berlin ¬ DDR

**25.4.–31.7.** Auslobung eines städtebaulichen Ideenwettbewerbs durch den Magistrat von Groß-Berlin für die Gestaltung der Stalinallee zwischen Strausberger Platz und Frankfurter Tor. Die ersten sechs Preisträger (Egon Hartmann, Richard Paulick, Hanns Hopp, Heinz Auspurg und Karl Souradny, Kurt W. Leucht,) sollen ein gemeinsames Bebauungskonzept erarbeiten. Bei der Präsentation der Ergebnisse vor der SED-Führung am 16.11. tritt Hermann Henselmann durch einen neuen Entwurf für die Bebauung des Strausberger Platzes hervor. Darauf wird die Ausführungsplanung auf sechs Architektenkollektive verteilt.
**9.–11.12.** Der Architektenkongress in Ost-Berlin leitet die historisierende Phase der DDR-Architektur ein.

**BILDENDE KUNST ¬** Beginn der 2. Etappe der Formalismus-Diskussion durch den Artikel *Wege und Irrwege der modernen Kunst* von N. Orlow (Pseudonym von Wladimir Semjonow, 1946–54 politischer Berater der SMAD, der sich in diesem Fall den Artikel von Kurt Magritz schreiben lässt) am 20./21.1. in der *Täglichen Rundschau*, dem Organ der SMAD. Namentlich angegriffen werden Carl Crodel, Horst Strempel, Arno Mohr und Herbert Behrens-Hangeler. In dem von der SED initiierten Streit wird zum Bildersturm auf die »entartete« und »volksfeindliche« Kunst des vermeintlichen Bürgertums aufgerufen. Vom 15.–17.3. behandelt das ZK der SED auf seiner 5. Tagung künstlerische und kulturelle Fragen und definiert die Begriffe »Formalismus«, »Realismus« und »klassisches Erbe«. Jegliche »formalistische«, d.h. abstrakte oder unpolitische Kunst wird verworfen, dagegen eine Orientierung an dem in der Sowjetunion entwickelten sozialistischen Realismus verlangt. Anlässlich der Ausstellungen von *Käthe Kollwitz* (8.3.–29.4.) und *Ernst Barlach* (12.12.51–Feb. 1952) in der Deutschen Akademie der Künste, Berlin-Mitte, wird eine Grundsatzdiskussion begonnen, in der Barlach von Magritz u. a. »Außenseiterthematik« und antidemokratische Tendenzen vorgeworfen werden. Werke der klassischen Moderne ebenso wie zeitgenössische Kunst werden kritisiert. Auch das Wandbild von Horst Strempel in der Schalterhalle des Bahnhofs Berlin-Friedrichstraße wird auf Parteibefehl wegen seines »dekadenten« Formalismus übertüncht und Strempel aus der Hochschule entlassen. Jedes Werk, in dem die Art und Weise der Ausführung gegenüber dem Gehalt »überbewertet« scheint, trifft der Vorwurf des »Formalismus«, der in der DDR bis in die 60er Jahre benutzt wird, um eine »spätbürgerliche« kulturelle Tradition oder subjektive Gestaltungsweisen herabzusetzen.

**West-Berlin ¬ Bundesrepublik Deutschland**

**3.7.–12.8.** *Constructa*, Hannover, erste Bauausstellung nach dem Krieg. U.a. wird der Entwurf für einen Generalbebauungsplan Berlin (West) präsentiert.

**10.7.** Enthüllung des Luftbrückendenkmals, Platz der Luftbrücke, vor dem Flughafen Tempelhof, durch den Regierenden Bürgermeister Ernst Reuter. Die Betonskulptur von Eduard Ludwig erinnert an die drei Luftkorridore, über die West-Berlin während der sowjetischen Blockade 1948/49 von den drei West-Alliierten versorgt wurde.

nthüllung des Luftbrückendenkmals in West-Berlin

Eine Spende der Henry Ford Foundation ermöglicht einen Wettbewerb für die Bauten der Freien Universität, die 1948 infolge des Auszugs von Professoren und Studenten aus der Humboldt-Universität gegründet wurde.

*2. Darmstädter Gespräch* zum Thema *Mensch und Raum*. Teilnehmer der von Philosophen und Architekten bestimmten Diskussion sind u. a. Paul Bonatz, Hans Scharoun, Richard Riemerschmid, José Ortega y Gasset und Martin Heidegger. Die begleitende Ausstellung ist unterteilt in die Sektionen »Baukunst 1901–1951«, »Kunsthandwerk« und »Meisterbauten Darmstadt 1951« mit Entwürfen und Modellen von Max Taut, Hans Scharoun, Hans Schwippert u. a.

## FILM

**Moskau ¬ UdSSR**

**21.4.** In Paris wird mit einer Filmreihe der Regisseur Wsewolod Pudowkin vorgestellt.

**9.7.** In *Kavaler Zolotoj Zvezdy* (*Ritter des Goldenen Sterns*, EA DDR 6.8.) von Juli Raisman, nach dem bekannten Roman des sozialistischen Realismus von Semjon Babajewski, spielt Sergej Bondartschuk eine seiner ersten großen Rollen.

**Berlin ¬ DDR**

**1.3.** *Die Sonnenbrucks* (UA: Ost-Berlin/Warschau), R/B: Georg C. Klaren, zeigt die Wandlung eines während der NS-Zeit apolitischen Göttinger Professors zum aktiven Friedenskämpfer, der in die DDR übersiedelt.

**31.8.** *Der Untertan* (BRD), R/B: Wolfgang Staudte nach dem Roman von Heinrich Mann, D: Werner Peters, Paul Esser, Sabine Thalbach. Für die westdt. Kinos wird der Film, der die preußischen Reaktionäre karikiert und Arbeiter und Sozialdemokraten idealisiert, erst verspätet gekürzt freigegeben (EA BRD 8.3.1957).

**West-Berlin ¬ Bundesrepublik Deutschland**

**18.1.** *Die Sünderin*, R: Willi Forst, D: Hildegard Knef, Gustav Fröhlich. Der Film wird als Plädoyer für Sterbehilfe und straffreie Prostitution aufgefasst und führt zu Debatten über alte und neue Moralvorstellungen und über die Freiheit der Kunst.

**6.–18.6.** Die *1. Internationalen Filmfestspiele* in West-Berlin werden mit *Rebecca* von Alfred Hitchcock eröffnet. *Goldene Bären* u. a. für *Four in a Jeep* (CH 1951, *Die 4 im Jeep*) von Leopold Lindtberg und *Cinderella* (USA 1950) aus den Disney-Studios.

**andere**

*A Streetcar named desire* (USA, *Endstation Sehnsucht*, EA BRD 1.12.), R: Elia Kazan, D: Vivien Leigh, Marlon Brando. Die Verfilmung des gleichnamigen Dramas von Tennessee Williams sorgt in den USA wegen seiner offenen Sexualität für Furore.

## MEDIEN

**Moskau ¬ UdSSR**

Das Leningrader Fernsehzentrum eröffnet als das zweite im Land. In Moskau gibt es bereits über 100. 000 Fernsehzuschauer.

Mit der Ausstrahlung des ersten Telejournals *Junyj pioner* (Junger Pionier) wird das Jahrzehnt einer neuen Medienform eingeleitet – das der Fernsehjournale.

Das Zentralstudio legt den Grundstein für ein neues TV-Genre verfilmter Bühnenstücke mit *Pravda chorošo, a sčast'e lučše* (Wahrheit – gut und schön, aber Glück ist besser) nach einem Stück von Alexander Ostrowski in einer Aufführung des Moskauer Maly-Theaters.

**Berlin ¬ DDR**

Auflösung des SNB. Das 1945 von der SMAD gegründete sowjet. Nachrichtenbüro hatte die Aufgabe, die Presse in der DDR zu informieren und zu kontrollieren.

**West-Berlin ¬ Bundesrepublik Deutschland**

Das erste *Mickey-Maus*-Heft in deutscher Sprache kommt in den Kioskverkauf.

**18.11.** Um die Verbindung mit den Menschen in ganz Berlin, in West- und Ostdeutschland nicht abreißen zu lassen, beginnt der Regierende Bürgermeister Ernst Reuter im RIAS mit der Sendereihe *Wo uns der Schuh drückt*.

## THEATER ¬ MUSIK

**Moskau ¬ UdSSR**

**15.–25.6.** In Moskau läuft die Dekade der ukrainischen Kunst und Literatur, an der ca. 2000 Künstler, Musiker, Maler und Schriftsteller teilnehmen; die Theaterkunst ist mit den fünf besten Theatern der Republik vertreten: dem Kiewer Schewtschenko-Theater für Oper und Ballett, dem Franko-Schauspielhaus, dem Charkower Schewtschenko-Theater, dem Kiewer Ukrainski-Theater für russisches Drama und dem Lwower Sankowezki-Schauspielhaus.

*Die Sünderin* (BRD), Filmplakat

**Berlin ¬ DDR**

**12.10.** UA von Paul Dessaus Oper *Die Verurteilung des Lukullus* auf den Friedenstext von Bertolt Brecht, Deutsche Staatsoper Unter den Linden, unter der Leitung des »unpolitischen Sozialisten« und Dirigenten Hermann Scherchen. Das Werk musste nach der Probeaufführung (17.3.) wegen des Vorwurfs, »volksfremd und formalistisch« zu sein, umgearbeitet werden. Die Oper wird in West-Berlin positiv rezensiert. Nach der Absetzung in Ost-Berlin 1952 in Frankfurt/M. aufgeführt.

**27.10.** Wolfgang Langhoff, Intendant des Deutschen Theaters, inszeniert Goethes *Egmont* als optimistische Tragödie, die den Sieg des Volkes verspricht. Die Aufführung gilt später als Musterbeispiel der Realisierung des »Sozialistischen Realismus« auf der Bühne.

**West-Berlin ¬ Bundesrepublik Deutschland**

**6.10.** Pierre Boulez, *Polyphonie X*, wird als eine der ersten seriellen Kompositionen bei den *Donaueschinger Musiktagen für zeitgenössische Tonkunst* uraufgeführt. Außerdem erstmals vertreten: Olivier Messiaen (*Harawi*) und Hans Werner Henze (*3. Symphonie*).

**18.10.** In Köln wird das erste Studio für Elektronische Musik am WDR eingerichtet. Gründer und künstlerischer Leiter bis 1962 ist Herbert Eimert, danach Karlheinz Stockhausen 1962–1980.

**20.9.** Mit Shakespeares *König Lear* beginnt die Intendanz von Gustav Rudolf Sellner am Landestheater Darmstadt. Er gilt als »Modernist« und Gegenpol zum »Klassizisten« Gründgens in Düsseldorf, v.a. durch die abstrahierenden Raum-Bühnen von Franz Mertz und Willi Baumeister.

**29.7.** Eröffnung der ersten Richard-Wagner-Festspiele nach dem Krieg in Bayreuth unter dem Dirigenten Wilhelm Furtwängler. Die Wagner-Enkel Wieland und Wolfgang Wagner übernehmen die Gesamtleitung.

UA von *Der Tanz um das goldene Kalb* aus der Oper *Moses und Aaron* von Arnold Schönberg während der *Internationalen Ferienkurse für Neue Musik* Darmstadt (jährliche Treffen mit starkem Einfluss auf kompositorische Entwicklungen und theoretische Diskurse; begründet 1946 durch Wolfgang Steinecke). Theodor W. Adorno übernimmt nach Schönbergs Tod am 13.7. dessen Kompositionsseminar.

## LITERATUR ¬ THEORIE

**Moskau ¬ UdSSR**

**5.1.** In Moskau stirbt Andrej Platonow (geb. 1898), einer der größten russischen Schriftsteller des 20. Jahrhunderts, der seit den 30er Jahren ständig der Unterdrückung durch die Machtorgane ausgesetzt war. Die letzten Jahre arbeitete er als Hausmeister im Literaturinstitut.

Die zweite, gemäß der Parteikritik korrigierte Fassung des Romans *Molodaja gvardija* (*Die Junge Garde*) von Alexander Fadejew erscheint (1. Fassung von 1947).

**Berlin ¬ DDR**

**8.11.** Der Schriftsteller Horst Bienek wird festgenommen, dem sowjet. Militärgericht übergeben und wegen angeblicher Spionage zu 25 Jahren Zwangsarbeit in Workuta verurteilt.

**21.12.** Das Institut für Gesellschaftswissenschaften beim ZK der SED wird eröffnet.

Nationalpreis der DDR an Bertolt Brecht. Im Westen erhält er in diesem Jahr den Büchner-Preis.

**West-Berlin ¬ Bundesrepublik Deutschland**

Heinrich Böll, *Wo warst du, Adam?* (Opladen), eine Komposition von neun Kurzgeschichten, die um das Thema der Sinnlosigkeit des Krieges kreisen.

Ernst von Salomon, *Der Fragebogen* (Hamburg), dokumentiert in autobiografischer Form die 131 Fragen der Entnazifizierungsbehörden in ihrer Absurdität.

Theodor W. Adorno, *Minima Moralia. Reflexionen aus dem beschädigten Leben*, erscheint eineinhalb Jahre nach der Remigration Adornos in Frankfurt/M.

Siegfried Lenz, *Es waren Habichte in der Luft* (Hamburg), der Romanerstling macht den Autor in der literarischen Öffentlichkeit bekannt.

**andere**

Albert Camus, *L'homme révolté* (Paris, *Der Mensch in der Revolte*, Reinbek 1953).

Jerome D. Salinger, *The Catcher in the Rye* (Boston, *Der Fänger im Roggen*, Zürich 1954, 1958 Bearbeitung der Übersetzung von Heirich Böll; Ost-Berlin 1965).

## POLITIK ¬ ZEITGESCHEHEN

### Moskau ¬ UdSSR

**25.3.** Der Ministerrat der UdSSR ordnet an, die Kulaken mit ihren Familien aus dem westlichen Belorussland für immer auszusiedeln.

**27.7.** Feierliche Eröffnung des Wolga-Don-Kanals W. I. Lenin (Länge 101 km), ab 1948 von Gefangenen gebaut. Er ist das letzte der »großen Bauwerke des Kommunismus«, das zu Lebzeiten Stalins vollendet wurde.

Iossif Stalin auf dem XIX. Parteitag der KPdSU(B)

**12.8.** Gemäß dem Urteil des Obersten Gerichts der UdSSR werden in Moskau 13 Menschen erschossen, die wegen ihrer Aktivitäten innerhalb des Jüdischen Antifaschistischen Komitees verurteilt wurden. Darunter die Staatsmänner Solomon Losowski und Iossif Jusefowitsch, die Schriftsteller Perez Markisch, Izik Fefer, Lew Kwitko, David Bergelson und David Gofstein sowie der Schauspieler Weniamin Suskin (post mortem am 22.11.1955 rehabilitiert).

**5.–14.10.** XIX. Parteitag der Kommunistischen Partei (Bolschewiki), der letzte, an dem Stalin teilnimmt. Umbenennung der Partei in KPdSU.

### Berlin ¬ DDR

**10.5.** Die Sowjets verweigern US-Patrouillen das Befahren der Transitstrecke nach West-Berlin. Am 27.5. Einrichtung von Sperrzonen und Schutzstreifen entlang der Demarkationslinie der DDR zur Bundesrepublik und Aufhebung des kleinen Grenzverkehrs.

**9.–12.7.** Auf der 3. Parteikonferenz der SED propagiert Ulbricht den »planmäßigen Aufbau des Sozialismus sowie die Notwendigkeit einer Verschärfung des Klassenkampfes«. Beginn der Kollektivierung der Landwirtschaft, Schaffung der LPGs (1960 abgeschlossen).

**13.7.** Ankündigung des Aufbaus einer Volkarmee.

**3.12.** Die Volkspolizei beschlagnahmt in Ost-Berlin alle Fahrzeuge mit westlichen Kennzeichen.

### West-Berlin ¬ Bundesrepublik Deutschland

**8.2.** Zustimmung des Bundestags zu einem deutschen Verteidigungsbeitrag.

**10.3.** Die Regierung der UdSSR bietet den Westmächten an, über einen Friedensvertrag mit Deutschland zu verhandeln. In der so genannten *Stalin-Note* wird ein neutrales und vereinigtes Deutschland vorgeschlagen und damit versucht, die bereits vorbereitete Unterzeichnung eines »allgemeinen Vertrages« zwischen der Bundesrepublik und den Westalliierten über die Normalisierung der Beziehungen zu verhindern. Bundeskanzler Konrad Adenauer lehnt ab, da er durch den Vorschlag seine Westpolitik gefährdet sieht.

**6.5.** Bundespräsident Theodor Heuss erklärt die 3. Strophe des Deutschlandliedes zur Nationalhymne.

**26.5.** Die Bonner Konvention, der Vertrag über die Beziehungen zwischen der BRD und den drei Westmächten und das Ende ihrer Besatzung, wird unterzeichnet. UdSSR und DDR reagieren mit verschärften Kontrollen der innerdeutschen Grenze.

**2.8.** Die Bundesregierung tritt dem Internationalen Währungsfonds bei und am 14.8. der Weltbank.

**10.9.** Die Bundesrepublik schließt mit Israel einen Wiedergutmachungsvertrag, der beim Treffen von Bundeskanzler Adenauer und dem israelischen Außenminister Moshe Sharett in Luxemburg unterzeichnet wird. Es ist das erste Treffen führender deutscher und israelischer Politiker nach dem 2. Weltkrieg. Innerhalb der nächsten 12 Jahre gehen Warenlieferungen im Wert von 3 Mrd. DM an Israel.

### andere

**14.2.** Beginn der Olympischen Winterspiele in Oslo, erstmals seit dem Krieg wieder mit deutscher Beteiligung und einer gesamtdeutschen Mannschaft.

**27.5.** Vertrag über die Europäische Verteidigungsgemeinschaft (EVG) durch die Außenminister Belgiens, der Bundesrepublik Deutschland, Frankreichs, Italiens, Luxemburgs und der Niederlande in Paris unterzeichnet.

**19.7.–3.8.** Sowjetische Sportler nehmen erstmals an den Olympischen Sommerspielen in Helsinki teil. An den Winterspielen beteiligt sich eine Mannschaft der UdSSR erstmals 1956 in Cortina-d'Ampezzo.

**1.11.** Die USA zünden die erste Wasserstoffbombe auf dem Eniwetok-Atoll im Pazifik.

## BILDENDE KUNST

### Moskau ¬ UdSSR

**April** Die sowjetische Öffentlichkeit begeht mit umfangreichen Feierlichkeiten den 500. Geburtstag von Leonardo da Vinci. Leiter des Komitees ist Boris Joganson. Jubiläumssitzungen, wissenschaftliche Tagungen und Konferenzen sowie Ausstellungen finden landesweit in Künstlerverbänden, Museen, Lehr- und wissenschaftlichen Einrichtungen statt.

**28.5.** Im Ausstellungssaal der Moskauer Künstlergenossenschaft wird die erste Frühjahrausstellung Moskauer Künstler nach dem Krieg eröffnet. Sie findet in den Folgejahren regelmäßig statt und spiegelt die jeweils aktuelle Vorstellung von offizieller Kunst wider.

Ministerium für Auswärtige Angelegenheiten, Moskau

**30.12.** In der Tretjakow-Galerie wird die Allunions-Kunstausstellung des Jahres 1952 eröffnet. Zu sehen sind das Bild *Naš mudryj vožd', učitel' dorogoj* (*Unser weiser Führer, unser teurer Lehrer*) der Künstlerbrigade unter der Leitung von Boris Joganson; das *Portret Mao Czeduna* (*Porträt von Mao Tse-tung*) von Dmitri Nalbandjan, neue Bilder von Arkadi Plastow sowie die berühmten Alltagsszenen von Fjodor Reschetnikow *Opjat' dvojka!* (*Wieder eine Vier!*) und Alexander Laktionow *V novuju kvartiru* (*In die neue Wohnung*).

### Berlin ¬ DDR

**17.3.** Anordnung zur Schaffung von Kulturhäusern oder Kulturräumen in den Gemeinden.

**7.6.** Gründung der *Gesellschaft für kulturelle Verbindungen mit dem Ausland*, kulturpolitische Vereinigung zur Pflege des Kulturaustauschs mit sozialistischen Staaten.

**5.7.** Eröffnung des Museums für Deutsche Geschichte im Zeughaus, Berlin-Mitte.

**25.–27.9.** Erste Konferenz der *Staatlichen Kommission für Kunstangelegenheiten* in der Dresdner Hochschule der Bildenden Künste. Wichtigste Themen: die Bedeutung der deutschen Renaissance und der russischen Realisten für die aktuelle Kunst.

### West-Berlin ¬ Bundesrepublik Deutschland

**13.6.–13.8.** Ruhrfestspiele unter dem Thema *Mensch und Form unserer Zeit* in der Städtischen Kunsthalle Recklinghausen mit Werken von Henry Moore, Ewald Mataré, Hans Uhlmann, Max Beckmann, Oskar Schlemmer u. a.

**10.–24.8.** *Juryfreie Kunstausstellung Malerei, Grafik, Plastik*, Ausstellungshallen am Funkturm, Berlin. An der erstmals seit 25 Jahren wieder stattfindenden, institutionell unabhängigen Ausstellung beteiligen sich 648 Maler und Bildhauer.

**11.12.–Feb. 53** Die Ausstellung der *Neuexpressionisten* der Gruppe *Quadriga* in der Zimmergalerie Klaus Franck in Frankfurt/M gilt als die erste des Tachismus in Deutschland. Zu sehen sind Arbeiten von K.O. Götz, Otto Greis, Heinz Kreutz, Bernard Schultze. Francks Privatwohnung verwandelt sich 1949–54 abends zu einer öffentlichen Galerie oder einem literarischen Salon.

### andere

Auf der *Biennale di Venezia* zeigt der Generaldirektor der Bayerischen Staatsgalerie Eberhard Hanfstaengl, bereits 1950 für den ersten deutschen Beitrag nach dem Krieg zuständig, im deutschen Pavillon neben Arbeiten von Willi Bauermeister, Xaver Fuhr, Max Unold, Theodor Werner und Gerhard Marcks vor allem Werke der Brücke und erklärt damit die unter den Nationalsozialisten »entartete Kunst« zur Staatskunst.

Josef Albers (ehem. Lehrer am Bauhaus Weimar, 1933 in die USA emigriert) gründet in North Carolina das Black Mountain College.

## ARCHITEKTUR ¬ DENKMAL

### Moskau ¬ UdSSR

Der Bau der ersten Hochhäuser Moskaus ist abgeschlossen: das Ministerium für Auswärtige Angelegenheiten auf dem Smolenskaja Platz, A: Wladimir Gelfreich, Michail Minkus, und das Wohnhaus an der Kotelnitscheskaja Uferstraße, A: Dmitri Tschetschulin, Andrej Rostkowski.

Fertigstellung der Wohnviertel mit 7–10-geschossigen Wohnhäusern im Bezirk Pestschanyje ulizy (1949–52), A: Sinowi Rosenfeld, Nikolai Schwez u. a. In den Erdgeschossen sind Dienstleistungseinrichtungen zu finden, Schulen und Kindergärten erhalten eigene Gebäude.

Die Moskauer Metro-Station Komsomolskaja-Kolzewaja wird gebaut, A: Alexej Schtschussew, Viktor Kokorin und Alissa Sabolotnaja; für die Mosaikdecken wird der Künstler Pawel Korin mit dem Stalinpreis des Jahres 1951 ausgezeichnet. Außerdem erhält G. Opryschko diesen Preis für die Marmormosaiken der Metro-Station Belorusskaja-Kolzewaja.

### Berlin ¬ DDR

Botschaftsgebäude der UdSSR, Unter den Linden 7, Berlin-Mitte. Der Entwurf des entsprechend dem damaligen Monumentalstil errichteten Baus stammt vom Kollektiv um A. J. Strishewski (Baubeginn 1950).

**1. Mai** Fertigstellung des Hochhauses an der Weberwiese von Hermann Henselmann als erstem klassizistischen Punkthochhaus an der Stalinallee, Berlin-Friedrichshain, heute Marchlewskistraße 25. Es wird in seinem Rückgriff auf Karl Friedrich Schinkel stilbildend für die im Sinne der »Architektur der nationalen Tradition« gebaute Stalinallee.

Hochhaus an der Weberwiese, Berlin-Friedrichshain

**West-Berlin ¬ Bundesrepublik Deutschland**
Gedenkstätte Plötzensee, Hüttigpfad, Berlin-Charlottenburg, erste Berliner Gedenkstätte für die Opfer des Nationalsozialismus aus dem In- und Ausland im ehemaligen Hinrichtungsschuppen des Staatsgefängnisses. Beteiligte Künstler u. a. Bernd Grimmek (Muschelkalkwand), Karl Wenke und Joachim Ihe (Urne mit Erde aus deutschen Konzentrationslagern).

## FILM

**Moskau ¬ UdSSR**
**10.–16.1.** Das erste Filmfestival der DDR findet in Moskau, Leningrad und den Hauptstädten der Unionsrepubliken statt.
**3.5.** *Nezabyvaemyj 1919 god* (1951, *Das unvergessliche Jahr 1919*, EA DDR 27.3.1953), R: Michail Tschiaureli, D: Boris Smirnow, Lew Durassow. Die vollständige Version des Films wird nicht gezeigt, vermutlich wegen seiner übermäßigen Anbiederung an Stalin, die selbst in jenen Jahren als übertrieben angesehen wird.
**1.10.** *Kompozitor Glinka* (Lied der Heimat), R: Grigori Alexandrow. Es ist eines der letzten, zur Stalin-Zeit sehr beliebten Werke des historisch-biographischen Genres.

**Berlin ¬ DDR**
**15.2.** *Das verurteilte Dorf*, R/B: Martin Hellberg. Die Darstellung des Widerstands der Bewohner eines westdeutschen Dorfes gegen amerikanische Besatzer folgt im »Kampf um den Frieden« den Zielsetzungen des DDR-Films. Bis zum Mauerbau 1961 stellt der andere Teil Deutschlands ein Schwerpunktthema der DEFA-Filme dar.
**17./18.9.** Auf der Konferenz der Filmschaffenden gibt das Zentralkomitee der SED die Richtlinien für den DDR-Film vor: Er soll »optimistisch und zukunftsfroh« sein.

**West-Berlin ¬ Bundesrepublik Deutschland**
**29.8.** Deutsche Premiere von *Casablanca* (USA 1942), R: Michael Curtiz, nach dem Theaterstück *Everybody comes to Rick's* von Murray Burnett u. Joan Alison, D: Ingrid Bergman, Humphrey Bogart. Die deutsche Zensur eliminiert die NS-Thematik. Der Film wird zum Kultfilm für mehrere Generationen.
**28.11.** *Die Spur führt nach Berlin*, R: František Cap, D: Irina Garden, Gordon Howard. Politthriller mit einer Verfolgungsjagd durch das zerstörte Berlin und den abgeholzten Tiergarten.

**andere**
**10.4.** *Singin' in the Rain* (USA, *Du sollst mein Glücksstern sein*, EA BRD 30.3.1953, DDR 11.3.1971), R: Gene Kelly, Stanley Donen. Behandelt werden die Folgen der Einführung des Tonfilms für die Schauspieler in Hollywood im Jahr 1928. Der Film markiert einen Höhepunkt des Musical-Genres.

## MEDIEN

**Moskau ¬ UdSSR**
Eröffnung des Fernsehzentrums in Kiew.
Nina Kondratowa ist die erste Fernsehsprecherin im sowjetischen Fernsehen.

**Berlin ¬ DDR**
**1.3.** Die *Junge Welt* erscheint als Tageszeitung. Im Okt. 1989 erreicht sie mit 1,6 Mio. ihren Auflagenhöchststand.
**1.9.** Gründung des Staatl. Rundfunkkomitees als oberster Lenkungsinstanz unter Aufsicht des Ministerrats der DDR. Der Rundfunk wird in Berlin zentralisiert, die Länderprogramme werden eingestellt.
**1.12.** Die erste Ausstrahlung des DDR-Fernsehens ist die Nachrichtensendung *Aktuelle Kamera*. *Das Fernsehkarussell* folgt als erstes Magazin.

**West-Berlin ¬ Bundesrepublik Deutschland**
**3.6.** Berliner Polizei und englisches Militär besetzen den sowjetisch verwalteten Deutschlandsender im Westsektor der Stadt.
**24.6.** Die erste Ausgabe der *Bild*-Zeitung erscheint.

FAHNDUNG · GROSSE DREI · FUNKER · BANDITEN

30000-DM-Bild-Wettbewerb

Grenze bei Helmstedt wird gesichert!

10 Pfg Bild Zeitung

Dienstag, 24. Juni 1952 · Hamburg · Nr. 1

Titelblatt der ersten *Bild*-Zeitung

**25.12.** Die Fernsehanstalt des NWDR, als britischer Besatzungssender gegründet und nun die größte Rundfunkanstalt Deutschlands, nimmt in Hamburg, Köln und Berlin regelmäßigen Sendebetrieb auf. Am 26.12. Ausstrahlung der ersten *Tagesschau*, die ab Okt. 1954 täglich zu sehen ist.

**andere**
**23.4.** Die Atombombentests in der Wüste von Nevada werden live im US-Fernsehen übertragen.

## THEATER ¬ MUSIK

**Moskau ¬ UdSSR**
**23.5.** *Wassa Železnova* von Maxim Gorki im Maly-Theater. Die Rolle der Wassa, einer starken, ganzheitlich begabten Natur, gespielt von Vera Paschennaja, ist eine der Meisterleistungen der Schule des Maly-Theaters.

**Berlin ¬ DDR**
**30.10.** Eröffnung des Maxim Gorki Theaters, geleitet von Maxim Vallentin, der den offiziell geforderten Kurs der dogmatischen Anwendung der Stanislawski-Methode vertritt. Das Haus soll sowjetische Bühnenkunst als Vorbild vermitteln.
Hanns Eisler veröffentlicht sein Opernlibretto *Johann Faustus*. Eislers kritische Sicht auf die Faust-Figur provoziert eine Verurteilung des Librettos durch einflussreiche Kulturpolitiker, die seine Aufführung verhindern. Im Dezember-Heft von *Sinn und Form* feiert Ernst Fischers Essay *Doktor Faustus und der deutsche Bauernkrieg* jedoch Eislers Text als »eindrucksvolles Bekenntnis zu jenem revolutionären Humanismus, … den die Arbeiterklasse unbeirrbar dem weltgeschichtlichen Sieg entgegenträgt«.

**West-Berlin ¬ Bundesrepublik Deutschland**
**27.9.** Am Schiller-Theater zeigt Jürgen Fehling, der mit seinem Theater eruptiver Expressivität als einer der genialsten Regisseure der ersten Jahrhunderthälfte gilt, seine letzte Regiearbeit: Schillers *Maria Stuart*.
**Sommer** *Wunderkonzert* mit serieller Musik: Karlheinz Stockhausens *Kreuzspiel*, Bruno Madernas *Musica su due dimensioni* und Luigi Nonos *Epitaffio per F. García Lorca Nr. 1*. Pierre Boulez' *Deuxième Sonate pour Piano* bei den siebten Internationalen Ferienkursen für Neue Musik in Darmstadt.
**Okt.** Gustaf Gründgens formuliert im *Düsseldorfer Manifest* die Forderung nach »unverfälschter Wiedergabe der Dichtung« auf der Bühne und seine Ablehnung »ungerechtfertigter Experimente«. Führende Theaterleute der Bundesrepublik unterzeichnen seinen Aufruf.
Hanz Werner Henze, *Boulevard Solitude*, Lyrisches Drama in sieben Bildern, Text von Grete Weil und Walter Jockisch, UA in Hannover.
Der Jazztrompeter Louis Armstrong startet in Düsseldorf seine erste Deutschlandtournee.

**andere**
**29.8.** John Cage, *4'33*. Bei der Aufführung des Stücks in der Maverick Concert Hall, Woodstock, sitzt der Pianist David Tudor viereinhalb Minuten still vor dem Klavier, den Beginn und das Ende der einzelnen Sätze des Stücks nur durch das Auf- bzw. Zuklappen des Klavierdeckels anzeigend. Die Aufmerksamkeit der Zuhörer wird auf die nicht intentionalen Geräusche im Konzertsaal gelenkt.

## LITERATUR ¬ THEORIE

**Moskau ¬ UdSSR**
**März** Im ganzen Land wird mit beispiellosem Aufwand der 100. Todestag von Nikolai Gogol begangen. Am 2.3. wird in Moskau auf dem Arbatskaja Platz das Gogol-Denkmal von Nikolai Tomski eingeweiht, welches das »pessimistische« Denkmal des Bildhauers Nikolai Andrejew ersetzt, das 1909 zum 100. Geburtstag des Schriftstellers eingeweiht worden war. Zugleich werden in Leningrad (im Staatlichen Russischen Museum) und Moskau (u. a. im Literaturmuseum, der Lenin-Bibliothek und beim Verband der sowjetischen Künstler) dem Schriftsteller gewidmete Ausstellungen eröffnet. An 74 Theatern des Landes läuft die Gogolsche Komödie *Revizor* (*Der Revisor*).
Wassili Grossmans Roman *Za pravoe delo* (Für die gerechte Sache, Neufassung 1954; dt. *Wende an der Wolga*, Berlin 1958) über die Stalingrader Schlacht erscheint. Der Autor ist nach der heftigen Kritik durch die Parteipresse gezwungen, den Roman umzuschreiben.
*Rajonnych budnej* (Alltag im Rayon) von Valentin Owetschkin unternimmt erstmals den vorsichtigen Versuch, die Schwierigkeiten und Probleme des Lebens in einem Kolchosdorf aufzuzeigen.

**Berlin ¬ DDR**
**22.–24.5.** Der III. Deutsche Schriftstellerkongress wählt Anna Seghers zur Präsidentin des *DSV*. Dieser entwickelt sich zu einem Instrument, mit dessen Hilfe DDR-Autoren in Übereinstimmung mit der Parteilinie der SED zu staatstreuer Arbeit angehalten werden. Die Zeitschrift *Neue Deutsche Literatur* (*NDL*) formiert sich als »öffentliche Stimme« des *DSV*.

**West-Berlin ¬ Bundesrepublik Deutschland**
**Sept.** Ernest Hemingways Roman *Der alte Mann und das Meer* (New York; Hamburg) ist auf der Frankfurter Buchmesse das am meisten beachtete Buch.
Paul Celans Lyriksammlung *Mohn und Gedächtnis* (Stuttgart) enthält die *Todesfuge*, ein Gedicht, das die Judenvernichtung während der NS-Zeit thematisiert.

# 1953

## POLITIK ¬ ZEITGESCHEHEN

### Moskau ¬ UdSSR

**13.1.** »Ärzte-Affäre«: Beschuldigt, Attentate auf führende Funktionäre der Kommunistischen Partei vorbereitet zu haben, werden mehrere bekannte, großteils jüdische Ärzte inhaftiert. Nach Meinung vieler Historiker sollte der Prozess gegen die Ärzte das Startsignal für eine Massendeportation von Juden in den Fernen Osten sein. Am 6.4. Veröffentlichung einer Mitteilung über die Beendigung der nun als manipuliert aufgedeckten »Angelegenheit«.

**5.3.** Tod von Iossif Stalin. Bei der Beerdigung Stalins am 9.3. in Moskau kommen Hunderte von Menschen im Gedränge ums Leben.

**6.3.** Vorsitzender des Ministerrats wird Georgi Malenkow. Seine ersten Stellvertreter sind Wjatscheslaw Molotow, Lawrenti Berija, Nikolai Bulganin und Lasar Kaganowitsch. Kliment Woroschilow wird Vorsitzender des Präsidiums des Obersten Sowjets der UdSSR. Das Ministerium für Staatssicherheit wird dem Innenministerium unter Berija eingegliedert, der jedoch bereits am 26.6. all seiner Ämter enthoben und wegen angeblicher Spionage inhaftiert wird. Am 23.12. werden Berija und andere ehem. Führungskräfte des Innenministeriums erschossen.

**14.3.** Das Plenum des ZK der KPdSU wählt das Sekretariat des ZK, mit der Leitung des Sekretariats wird formal Nikita Chruschtschow betraut. Am 13.9. Wahl Chruschtschows zum Ersten Sekretär des ZK.

**27.3.** Anlässlich des Todes von Stalin: »Woroschilower Amnestie« durch den Obersten Sowjet, die über 1 Mio.

Kältemasken aus dem Gulag (Workuta)

Menschen, jedoch keinem politischen Gefangenen, die Freiheit gewährt. Darauf folgt eine Welle von Lageraufständen und Streiks. Die größten Massenproteste organisieren die Gefangenen in Norilsk (Mai–Aug. 1953), Kengir (Mai–Juni 1954) und Workuta (1954).

**8.8.** Auf der Tagung des Obersten Sowjets kündigt Georgi Malenkow Reformen in der Landwirtschaft und eine vorrangige Entwicklung der Leichtindustrie an. Zudem wird die Politik der friedlichen Koexistenz verkündet.

**12.8.** Erster Test einer Wasserstoffbombe in der UdSSR (Regierungserklärung dazu am 20.8.).

**22.8.** Als Ergebnis der Verhandlungen mit Führungskräften der DDR in Moskau erlässt die UdSSR der DDR die noch ausstehenden Reparationszahlungen.

**29.8.** Abschaffung der nächtlichen Arbeitsstunden in staatlichen Einrichtungen, die im Zusammenhang mit dem Tagesablauf Stalins standen.

**26.11.** Abschaffung des Verbots der Ehe mit Ausländern.

### Berlin ¬ DDR

**17.5.** Das ZK der SED beschließt eine Erhöhung der Arbeitsnormen (ohne Lohnsteigerung) um durchschnittlich 10 %; Unruhen unter der Bevölkerung sind die Folge.

**28.5.** Die UdSSR löst die Sowjetische Kontrollkommission auf und ernennt Wladimir Semjonow zum Hohen Kommissar der Sowjetunion in Deutschland.

**24.–26.7.** Auf seiner 15. Tagung wählt das ZK Walter Ulbricht zu seinem Ersten Sekretär. Säuberungen der Partei von den »Fraktionsmachern«, Ausschluss von Funktionären. Die Zahl der DDR-Flüchtlinge in den Westen steigt.

POLITIK ¬ Bauarbeiter aus der Stalinallee in Ost-Berlin treten am 16.6. aus Protest gegen die Erhöhung der Arbeitsnormen in den Streik. Walter Ulbricht schlägt eine Milderung des bisherigen Kurses vor. Am 17.6. weiten sich die Streiks in Berlin zu Massenstreiks in Halle, Erfurt und Magdeburg aus, in Berlin finden Demonstrationen statt. Der sowjetische Oberbefehlshaber übernimmt die Regierungsgewalt und setzt sowjetische Truppen zur Niederschlagung des Aufstandes ein. Es kommt zu Straßenschlachten, die auf beiden Seiten Todesopfer fordern.
Am 21.6. schraubt die SED die Normerhöhungen auf den Stand vor dem 1.4.1953 zurück. Justizminister Max Fechner setzt sich am 29.6. für ein Streikrecht ein, wird am 15.7. entlassen und verhaftet. Am 3.7. erklärt die Bundesrepublik anlässlich des Arbeiteraufstandes in der DDR den 17.6. zum *Tag der Deutschen Einheit.*

### West-Berlin ¬ Bundesrepublik Deutschland

**27.2.** Das Londoner Schuldenabkommen regelt die Vorkriegsschulden des Deutschen Reiches sowie die Nachkriegsschulden der Bundesrepublik und schafft damit die Voraussetzung für die Wiedereingliederung der BRD in den internationalen Wirtschafts- und Zahlungsverkehr.

**4.3.** Aufgrund des Neuordnungsgesetzes der Alliierten zur Entflechtung der deutschen Konzerne werden Krupp Gutehoffnungshütte, Hoesch und IG Farben neu strukturiert.

**6.4.** Erster USA-Besuch von Bundeskanzler Adenauer.

**3.6.** Freundschaftsabkommen zwischen den USA und der Bundesrepublik.

**6.9.** Bei der Bundestagswahl erhält die CDU/CSU die Mehrheit, Adenauer bildet daraufhin sein zweites Kabinett.

**20.10.** Hans Globke wird von Adenauer zum Staatssekretär für Inneres im Bundeskanzleramt ernannt. Bereits 1950 war Globke zum Personalchef des Kanzleramtes berufen worden und ist nun einer der wichtigsten Berater Adenauers. Er ist wegen seiner Tätigkeit während des Nationalsozialismus umstritten: 1932–45 war er Ministerialrat im Reichsinnenministerium und an der Kommentierung der Nürnberger Rassengesetze beteiligt.

### andere

**10.12.** Der amerikanische Außenminister George C. Marshall erhält den Friedensnobelpreis.

**4.6.** Der Vorsitzende der amerikanischen Atomenergie-Kommission gibt die Entdeckung eines neuen Kernspaltungsverfahrens bekannt, das die Voraussetzungen für Atomkraftwerke (»Schnelle Brüter«) schafft.

## BILDENDE KUNST

### Moskau ¬ UdSSR

**März** Im Moskauer Haus des Künstlers werden Werke ausgestellt, die bei Auftragsreisen zu den »großen Baustellen« an der Wolga und dem Don, zur Hochseefischerei-Flotte im Fernen Osten und zu den Kolchosen des Altais entstanden sind.

**Okt.** Ausstellung der Diplomarbeiten von Absolventen der sowjetischen Kunsthochschulen in Moskau. Auffällig ist eine Verschiebung der Aufmerksamkeit vom Paradenpathos des klassischen sozialistischen Realismus hin zu eher schmalzigen Genreszenen.

**Dez.** Das Puschkin-Museum zeigt *Werke der modernen progressiven Künstler aus den bürgerlichen Staaten und den Ländern der Volksdemokratien.* Zum ersten Mal sind Gemälde der Impressionisten, von Auguste Renoir, Claude Monet und Edgar Degas zu sehen.

### Berlin ¬ DDR

**Jan.** Gründung der *Halleschen Malerbrigade* mit Kurt Bunge, Fritz Freitag, Karl Erich Müller, Willi Sitte, dem Kunsthistoriker Peter H. Feist. Erklärtes Ziel: die Nähe zum Arbeiterleben.

**1.3.–25.5.** *III. Deutsche Kunstausstellung*, Albertinum, Dresden, letztmals mit Werken von Künstlern aus ganz Deutschland. Der Sozialistische Realismus ist nun die bestimmende Doktrin. Eine umfassende, staatlich organisierte »Besucherzuführung« bringt Werktätige, Studenten und Volkspolizisten in die Ausstellung.

**29./30.4.** *Gesamtdeutscher Künstlerkongress* in Dresden. Er bestätigt eine »Willenserklärung zum Kampf um die Einheit Deutschlands«.

**Juni** Die Deutsche Akademie der Künste fordert nach kontroversen Diskussionen über das Verhältnis von Staat und Kunst ein Ende der staatlichen Bevormundung, die Revision der Kulturpolitik sowie eine Rückkehr zum Stilpluralismus. Doch das ZK der SED erklärt am 27.7. erneut, der Sozialistische Realismus sei »das erstrebenswerte Ziel einer nationalen Kunst«.

**27.7.** Eröffnung der großen Ausstellung *Sowjetische und vorrevolutionäre russische Kunst* (Berlin, Dresden, Halle) mit 94 Werken. Im Mittelpunkt steht das Monumentalbild *Sitzung des Präsidiums der Akademie der Wissenschaften der UdSSR* vom Maler-Kollektiv um Wassili Jefanow. In den Rezensionen wird die Kunst der russischen Peredwishniki um Repin unverändert als vorbildlich für die DDR-Malerei empfohlen.

Im Juni 1953 werden in Ost-Berlin die ersten »Kampfgruppen« gebildet. Oben: Waffenausgabe an die Kampfgruppe des Bremser- und Vergaserwerks, Berlin, 1958

### West-Berlin ¬ Bundesrepublik Deutschland

Gründung der Düsseldorfer Gruppe 53, welche sich der Dominanz der französischen Abstrakten entgegenstellen will. Beteiligt sind: Peter Brüning, Gerhard Hoehme, Karl Fred Dahmen, Bernard Schultze, Emil Schumacher; kurzzeitig Heinz Mack, Otto Piene und Konrad Klapheck.

**22.3.–5.5.** *Gegenständliche Kunst*, Mathildenhöhe Darmstadt, der Deutsche Künstlerbund protestiert massiv gegen die Ausstellung.
**April** Ausstellung internationaler Plastik im neuen Alsterpark, Hamburg, mit Werken von Alexander Calder, Henry Moore, Max Bill u. a.

### andere

**8.12.** Auf der *Biennale von São Paulo* wird die deutsche Kunst vertreten von Karl Hofer, Paul Klee, Joseph Faßbender, Otto Pankok, Heinz Trökes, Bernhard Heiliger, Werner Heldt u. a.

## ARCHITEKTUR ¬ DENKMAL

### Moskau ¬ UdSSR

**1.9.** Offizielle Eröffnung der Staatlichen Lomonossow-Universität auf den Leninbergen (heute Worobjewy gory, Sperlingsberge) in Moskau, A: Lew Rudnew, Sergej Tschernyschow, Pawel Abrossimow, A. Chrjakow (1949–53). Die Universität wird zum Wahrzeichen sowjetischer Architektur und zu einer Visitenkarte Moskaus. Das Hochhaus bricht die tradierte radiale Ringstruktur der Stadt auf und schafft im Südwesten eine Achse von der Universität (MGU) über das Lushniki-Stadion zum Zentrum.
Bau von zwei weiteren Hochhäusern in Moskau: das Wohnhaus auf dem Platz des Aufstands (Ploschtschadj Wosstanija), A: Michail Possochin, Aschot Mndojanz, sowie das Verwaltungsgebäude auf dem Platz der Roten Tore (Ploschtschadj Krasnych worot), A: Alexander Duschkin, Boris Mesenzew.

### Berlin ¬ DDR

Fertigstellung der den Strausberger Platz akzentuierenden Hochhäuser (Haus Berlin, Haus des Kindes) von Hermann Henselmann, Rolf Göpfert, Emil Leibold.
**24.7.** Nach einem Beschluss des Magistrats von Berlin wird Hermann Henselmann zum »Chefarchitekten von Berlin« ernannt.

### West-Berlin ¬ Bundesrepublik Deutschland

Der Artikel *Bilde Künstler, rede nicht!* von Rudolf Schwarz (in der Zeitschrift *Baukunst und Werkform*) löst die *Bauhaus-Debatte* aus. Schwarz kritisiert Walter Gropius und bezweifelt die alleinige Gültigkeit der Bauhaus-Moderne für den Wiederaufbau. Er deutet die bisherigen Ergebnisse des traditionsverneinenden Städtebaus als Identitätsverlust und wendet sich zugleich gegen die Weiterbeschäftigung von im »Dritten Reich« tätigen Architekten in den westdeutschen Bauverwaltungen. Der Streit stellt nur kurzzeitig die Prämissen des Wiederaufbaus in Frage.
**20.7.** Einweihung der *Gedenkstätte Deutscher Widerstand*, Stauffenbergstraße 13/14, Berlin-Tiergarten. Im Ehrenhof des ehemaligen Oberkommandos des Heeres (»Bendlerblock«), dem Ort, wo Claus Schenk Graf von Stauffenberg, Friedrich Olbricht, Albrecht Ritter Mertz von Quirnheim und Werner Haeften nach ihrem misslungenen Attentat auf Hitler erschossen wurden, steht die Bronzefigur eines gefesselten jungen Mannes von Richard Scheibe.

### andere

Das israelische Parlament beschließt im August das Yad Vashem-Gesetz, um mit einer Gedenkstätte, mit Museum, Archiv, einer Bibliothek und verschiedenen Bildungs- und Forschungseinrichtungen an die von den Nationalsozialisten ermordeten Juden zu erinnern. Für die *Hall of Names* werden seit 1955 die Namen der Holocaust-Opfer zusammengetragen.

## FILM

### Moskau ¬ UdSSR

**21.3.** *Vozvraščenie Vasilija Bortnikova* (*Drei Menschen*, EA DDR 2.10.), R: Wsewolod Pudowkin, D: Sergej Lukjanow, Natalja Medwedewa, Nikolai Timofejew, der letzte Film des anerkannten Klassikers der sowjetischen Kinematographie.
**23.4.** *Admiral Uschakow* (*Segel im Sturm*, EA DDR 27.11.), R: Michail Romm, D: Iwan Perewersew, Boris Liwanow, einer der letzten historisch-biographischen Filme der sowjetischen Filmkunst der Stalinzeit. Am 5.10. läuft Romms Film *Korabli šturmujut bastiony* (*Schiffe stürmen Bastionen*, EA DDR 26.3.1954) an, nach dem der Regisseur seine Ästhetik radikal erneuert: Weg vom sozialistischen Realismus hin zur lyrischen Schilderung von individuellen Schicksalen.
**21.9.** *Swesda* (Der Stern), R: Alexander Iwanow. 1949 gedreht (damals aber nicht gezeigt), nach der gleichnamigen Erzählung von Emmanuil Kasakewitsch.

### Berlin ¬ DDR

**3.12.** Gründung des Clubs der Filmschaffenden in Ost-Berlin mit dem Ziel, die Verbindung der Künstler untereinander zu stärken, politische Auseinandersetzung zu fördern und Kontakte ins östliche und westliche Ausland zu intensivieren.
**23.12.** *Die Geschichte vom kleinen Muck*, R/B: Wolfgang Staudte.

### West-Berlin ¬ Bundesrepublik Deutschland

**3.12.** Deutsche Premiere der amerikanischen Filmlegende *Gone with the Wind* (*Vom Winde verweht*, USA 1939) in West-Berlin, R: Victor Fleming, D: Clarke Gable, Vivien Leigh.
**5.12.** EA des ersten Cinemascope-Farbfilms, der biblischen Ballade *The Robe* (*Das Gewand*, USA 1953), R: Henry Koster, D: Richard Burton.

### andere

*Gentlemen Prefer Blondes* (USA, *Blondinen bevorzugt*, EA BRD 7.4.1954), R: Howard Hawks, mit Marilyn Monroe und dem unvergesslichen Song *Diamonds are a Girl's Best Friend*.

Heinz Rühmann (re) in *Warten auf Godot*, München

### West-Berlin ¬ Bundesrepublik Deutschland

**12.5.** UA von Franz Kafkas *Das Schloß* (dramatisiert von Max Brod) durch Rudolf Noelte, Schloßpark-Theater, Berlin.
**Nach dem 17. Juni** Aufruf zum »Brecht-Boykott« anlässlich einer verkürzt in der Ost-Presse wiedergegebenen Solidaritätsadresse Bertolt Brechts an die SED. In der »Frontstadt« West-Berlin werden bis 1958 keine Brecht-Stücke gezeigt.
**8.9.** EA von Samuel Becketts *Warten auf Godot*, Schloßpark-Theater, R: Karl Heinz Stroux. Das »rätselhafte Avantgarde-Stück« (Joachim Kaiser) ruft in Berlin, kurz nach seiner UA in Paris, Faszination wie Empörung hervor, auch als Fritz Kortner es im Jahr darauf mit Heinz Rühmann und Ernst Schröder an den Münchener Kammerspielen inszeniert. In den 50ern sind Becketts Stücke äußerst erfolgreich.
Gründung des elektronischen Studios der Technischen Universität Berlin. Leiter des Studios und des Fachgebiets »Kommunikationswissenschaftliche Grundlagen von Sprache und Musik« ist bis 1975 der Akustiker Prof. Fritz Winckel, als »Hauskomponist« im elektronischen Studio fungiert ab 1960 Boris Blacher. Der Komponist ist zusammen mit seiner Frau, der Pianistin Gerty Herzog, am Wiederaufbau des musikalischen Lebens in Berlin maßgeblich beteiligt. 1953 findet die musikalische UA seiner *Abstrakten Oper Nr. 1* am 28.6. im Hessischen Rundfunk, Frankfurt/M, statt; die szenische UA der durch Symmetrie strukturierten »konzertanten Musikoper« am 10.10. im Nationaltheater, Mannheim. Berliner EA am 30.9.1957 im Rahmen der Berliner Festwochen.

## THEATER ¬ MUSIK

### Moskau ¬ UdSSR

**5.3.** Tod von Sergej Prokofjew, dem bedeutenden Komponisten und Pianisten. Weil sein Ableben mit der offiziellen Bekanntgabe des Todes von Stalin zusammenfällt, wird die Nachricht erst mit großer Verspätung veröffentlicht.
**10.7.** *Groza* (*Das Gewitter*) von Alexander Ostrowski im Moskauer Dramen-Theater (ab 1954 Majakowski-Theater). Die Inszenierung führt zu erbitterten Auseinandersetzungen wegen der Versuche des Regisseurs Nikolai Ochlopkow und des Künstlers Jewgeni Tschemodurow, mit dem schulmäßigen Inszenierungs-Kanon zu brechen.
**5.12.** Im Moskauer Satire-Theater bringen die drei Regisseure Nikolai Petrow, Valentin Plutschek und Sergej Jutkewitsch das Stück *Banja* (*Das Schwitzbad*) von Wladimir Majakowski wieder auf die Bühne und greifen dabei auf verurteilte und vergessene Methoden der Bühnenkunst der 20er Jahre zurück.
Lidija Ruslanowa, Sängerin und Interpretin von Volksliedern, nimmt nach ihrer Rückkehr aus den Lagern die Bühnentätigkeit wieder auf.

### Berlin ¬ DDR

**13.3.** Scharfe Kritik löst Bertolt Brechts und Egon Monks Inszenierung von Goethes *Urfaust* am Berliner Ensemble aus, die Faust als zweifelnden deutschen Intellektuellen vorstellt. Walter Ulbricht selbst spricht von »formalistischer Verunstaltung«.
**17.4.–19.4.** Auf der *Stanislawski-Konferenz* erklärt Wolfgang Langhoff, Intendant des Deutschen Theaters, die Schauspielmethode Stanislawskis sei die einzige Möglichkeit, »die Wahrheit auf der Bühne darzustellen« (Theater der Zeit, 5/53), und nicht etwa Brechts *Kleines Organon für das Theater*.
Der Liedermacher und Poet Wolf Biermann siedelt aus Hamburg in die DDR über.

## LITERATUR ¬ THEORIE

### Moskau ¬ UdSSR

**Okt.–Dez.** *Russkij les* (*Der russische Wald*) von Leonid Leonow erscheint in der Zeitschrift *Snamja*, Nr. 10–12. In dem Roman verbindet sich der ästhetische und ideologische Kanon des sozialistischen Realismus mit einer verschleierten Kritik an den Exzessen des Stalinismus und dem Versuch einer naturphilosophischen Reflexion.
**Okt.–Dez.** Ilja Ehrenburgs Artikel *Über die Arbeit des Schriftstellers* in *Snamja*, Nr. 10, und Wladimir Pomeranzews Artikel *Über die Wahrhaftigkeit in der Literatur* in *Novyj mir*, Nr. 12, erscheinen. Darin wird der zaghafte Versuch unternommen, das Recht des Schriftstellers auf Eigenständigkeit zu behaupten. Die Veröffentlichungen rufen einen Literaturskandal hervor, und 1954 wird Alexander Twardowski aus der Leitung der *Novyj mir* entfernt. Sein Nachfolger wird Konstantin Simonow.
**8.11.** Tod des Literatur-Nobelpreisträgers (1933) Iwan Bunin in Paris, der 1920 aus Russland emigriert war.

### Berlin ¬ DDR

Johannes R. Becher wird Präsident der Akademie der Künste.

### West-Berlin ¬ Bundesrepublik Deutschland

Heinrich Bölls *Und sagte kein einziges Wort* (Köln, Bonn) wird einer der meistgelesenen Romane des Jahres und Bölls erster großer literarischer Erfolg.
Der Friedenspreis des Deutschen Buchhandels geht an den jüdischen Philosophen, Theologen und Bibelübersetzer Martin Buber.

### andere

**10.12.** Sir Winston Churchill (GB) erhält den Literaturnobelpreis für seine vom Humanismus geprägten historischen und biographischen Bücher.

1

2

3

4

5

6

1 Trauernde in Gori (F: Waleri Schachowski)

2 An der Lokomotive mit Porträt Stalins (F: anonym)

3 Stalin im Sarg, Moskau (F: Dmitri Baltermanz)

4 Bulganin, Chruschtschow, Kaganowitsch und Mikojan bei der Ehrenwache, Moskau (F: Fjodor Kislow)

5 Stalins Sarg vor dem Eingang zum Mausoleum, Moskau (F: anonym)

6 Beisetzung Stalins. Schlange vor dem Gewerkschaftshaus, Moskau (F: Emmanuil Jewserichin)

2

1

3

4

5

1 Demonstranten am Brandenburger Tor (F: anonym)

2 Junge Männer bewerfen in der Leipziger Straße sowjetische Panzer mit Pflastersteinen (F: anonym)

3 Die Volkspolizei schießt scharf am Potsdamer Platz (F: anonym)

4 Vom britischen Sektor aus beobachten Berliner die im sowjetischen Sektor aufgefahrenen Panzer (F: Benno Wundshammer)

5 Sturm auf die Unterkunft der Volkspolizei in der Mauerstraße (F: anonym)

# 1954

## POLITIK ¬ ZEITGESCHEHEN

### Moskau ¬ UdSSR

**19.2.** Erlass des Präsidiums des Obersten Sowjets der UdSSR zur Übergabe des Krimgebietes durch die RSFSR an die Ukrainische SSR. Zu Ehren des 300. Jubiläums der Wiedervereinigung der Ukraine und Russlands wird im Mai auf dem Platz des Kiewer Bahnhofs ein Gedenkstein errichtet.
**2.3.** Gemäß der Rede von Nikita Chruschtschow fasst das Plenum des ZK der KPdSU den Beschluss *Über die weitere Steigerung der Getreideproduktion und die Erschließung von Neu- und Brachland.*

*Du gibst dem Land Getreide*

**13.3.** Aus dem Innenministerium der UdSSR wird das Komitee für Staatssicherheit (KGB) ausgegliedert.
**30.4.** Einführung der Todesstrafe für vorsätzlichen Mord.
**27.6.** Inbetriebnahme des ersten Atomkraftwerkes der UdSSR in Obninsk.
**18.7.** Einführung des gemeinsamen Schulunterrichts für Mädchen und Jungen.
**5.8.** Die strafrechtliche Verfolgung von Frauen wegen Abtreibung wird abgeschafft.
**14.9.** Erste Militärmanöver in der UdSSR, bei denen unter dem Kommando von Marschall Shukow auf dem Tozker Versuchsgelände eine Atomexplosion durchgeführt wird.

### Berlin ¬ DDR

**25.3.** Anerkennung der Souveränität der DDR durch die UdSSR, der eine entsprechende Verlautbarung der DDR-Regierung folgt. Die Überwachung der staatlichen Organe durch die sowjetische Besatzungsmacht wird eingestellt, die DDR erlangt dadurch Entscheidungskraft über ihre inneren und äußeren Angelegenheiten. Bundesregierung und Bundestag reagieren am 7.4. mit der Feststellung des deutschen Alleinvertretungsanspruchs der Bundesrepublik.
**17.10.** Volkskammerwahlen; 99,46 % der Stimmen für die Einheitslisten.

### West-Berlin ¬ Bundesrepublik Deutschland

**26.2.** Der Bundestag billigt eine Ergänzung des Grundgesetzes, das die Wehrhoheit der BRD begründet.
**Mai** Aufhebung des Visumszwangs für Bürger der Bundesrepublik in 13 Staaten.
**25.5.** Verhaftung von kommunistischen Politikern in der Bundesrepublik, darunter befindet sich auch der KPD-Bundestagsabgeordnete Friedrich Rische.
**28.9.–3.10.** Die Londoner Neunmächtekonferenz beschließt die Souveränität der Bundesrepublik, befürwortet ihren Beitritt zur NATO und zum Brüsseler Pakt.
**23.10.** Neufassung des Generalvertrags vom 26.5.1952: Die BRD und die drei Westmächte beschließen die Beendigung des Besatzungsregimes, die Aufhebung des Besatzungsstatuts und die Auflösung der Alliierten Hohen Kommission. Bund und Länder der BRD erhalten die Vollmacht, die von den Besatzungsmächten erlassenen Gesetze zu ändern oder aufzuheben.
Die Deutsche Lufthansa nimmt ihren Flugdienst wieder auf.

### andere

**12.1.** US-Außenminister John Foster Dulles propagiert die Strategie der »massiven Vergeltung« für jeden Angriff auf einen Staat des Nordatlantischen Verteidigungsbündnisses.

## BILDENDE KUNST

### Moskau ¬ UdSSR

**1953/54** In der Presse wird die »Theorie der Konfliktlosigkeit« einer Kritik unterworfen; sie wird von der Partei als »negative Erscheinungen der sowjetischen Realität ignorierend« verurteilt. Gemäß dem neuen offiziellen Standpunkt habe diese Theorie »die Entwicklung einer Paradekunst unterstützt, die nur die Festtagsseite des Lebens darstellt«, und so zu »Klischees« geführt.
**April** Im Ausstellungssaal der MOSCh wird eine Ausstellung von Stepan Ersja eröffnet. Das Publikum ist fasziniert von den ungewöhnlichen Formen, die nichts gemein haben mit den für einen Bildhauer des sozialistischen Realismus so typischen Produktionen. Der Erfolg der Ausstellung wird von der Presse als »ungesunder Rummel« gewertet, was eine neue Kampagne im Kampf gegen Ästhetentum und »Formalismus« einleitet, »der Waffe der militanten ideologischen Reaktion«. Im Herbst organisiert die MOSCh eine Diskussion zum Thema *Die schöpferischen Aufgaben der sowjetischen Künstler im Kampf gegen formalistische und naturalistische Tendenzen in der bildenden Kunst.*
**Frühjahr** Im Moskauer Haus des Künstlers findet die Ausstellung *Kniga v GDR* (*Das Buch in der DDR*) statt, organisiert von der Gesellschaft für Deutsch-Sowjetische Freundschaft und dem Literatur- und Verlagswesen der DDR.
**Dez.** In der Tretjakow-Galerie, in den Ausstellungsräumen des Verbands der sowjetischen Künstler der UdSSR und des MOSCh wird die Allunions-Kunstausstellung der Jahre 1953/54 eröffnet. Ein Publikumserfolg sind die Kriegsbilder der jungen Künstler Geli Korshew *V dni vojny (In den Tagen des Krieges)* und der Brüder Tkatschow *V pole. Samolëty letjat (Auf dem Feld. Flugzeuge fliegen).* Für heiße Diskussionen in der Presse sorgt das Bild *Vesna (Frühling)* von Arkadi Plastow, das für seinen »Ästhetitizsmus« kritisiert wird.

Arkadi Plastow, *Frühling*, 1954, Öl auf Leinwand

### Berlin ¬ DDR

**7.1.** Auflösung der Staatlichen Kommission für Kunstangelegenheiten und Gründung des Ministeriums für Kultur. Der Schriftsteller Johannes R. Becher wird erster Kulturminister der DDR. Die Programmerklärung des Ministeriums lautet »Zur Verteidigung der Einheit der deutschen Kultur«.
**19.5.** Gründung der Verkaufsgenossenschaft bildender Künstler in Karl-Marx-Stadt, später auch in Ost-Berlin, Dresden, Leipzig, Erfurt, Weimar. Daraus gehen die finanziell selbständigen Galerien Kunst der Zeit, Leipzig, und Arkade, Berlin, hervor, die in den Achtzigern auch inoffizielle Kunst zeigen.
**3.–16.6.** Erste zentrale Laienkunstausstellung der Gewerkschaften in der Deutschen Akademie der Künste, Berlin-Mitte.

### West-Berlin ¬ Bundesrepublik Deutschland

**28.4.** Mit der Konstituierung des Vereins *Abendländische Kunst des XX. Jahrhunderts e.V.* zum Zweck der »Vorbereitung und Durchführung insbesondere der ›Ausstellung Kunst des 20. Jahrhunderts‹ anlässlich der Bundesgartenschau 1955 in Kassel« ist der Grundstein für die *documenta* gelegt.
**18.6.–30.7.** *Zeugnisse Europäischer Gemeinsamkeit, Meisterwerke der Malerei und Plastik aus europäischen Museen und Privatsammlungen* im Rahmen der Ruhrfestspiele in der Städtischen Kunsthalle Recklinghausen, Kurator: Thomas Grochowiak. Ausstellungsgruppen: Das Menschenbild (Dürer, Picasso, Hodler, Kirchner u. a.), Kreuzigung Christi (Rembrandt, Rubens, Rouault u. a.), Nachleben der Antike (Raffael, Poussin, de Chirico, Braque u. a.), Europäische Landschaft (Elsheimer, Monet, Klee, Hofer u. a.), Stilleben (Breughel, Beckmann, Leger u. a.).
**3.8.–11.9.** *Internationale Sezession 1954*, Museum Schloss Morsbroich, Leverkusen mit Werken von Pierre Soulages, Willi Baumeister, Le Corbusier, Ernst Wilhelm Nay, Serge Poliakoff, Hans Hartung, Victor Vasarely, Karel Apel, Robert Motherwell u. a.
Werner Haftmanns Buch *Malerei im 20. Jahrhundert* (München) bietet die bis dahin kompetenteste Gesamtdarstellung moderner Malerei.

## ARCHITEKTUR ¬ DENKMAL

### Moskau ¬ UdSSR

**1.8.** Eröffnung der rekonstruierten WSChW (Allunionslandwirtschaftsausstellung) der UdSSR, die 1959 in die WDNCh (Ausstellung der Errungenschaften der Volkswirtschaft) umbenannt wird. Auf der Grundlage der WSChW von 1939 werden über 70 Pavillons rekonstruiert und neu gebaut. Der Grundrissplan stammt von einem Kollektiv unter der Führung von Anatoli Shukow und Rudolf Klix, der Hauptpavillon vom Architekten Leonid Poljakow und dem Bildhauer Georgi Motowilow, der Brunnen der Völkerfreundschaft von den Architekten Genrich Konstantinowski und Konstantin Topuridse.
Umbau des Lenin-Mausoleums, nachdem Iossif Wissarionowitsch Stalin dort bestattet wurde. Das Grabmal erhält jetzt den Namen: Mawsolej W. I. Lenina i I. W. Stalina (Lenin- und Stalin-Mausoleum).

### Berlin ¬ DDR

Fertigstellung des Experimentalbaus in Großplattenbauweise nach einem Entwurf von Richard Paulick und K.H. Schulz in der Engelhardstraße, Berlin-Köpenick.

### West-Berlin ¬ Bundesrepublik Deutschland

**21.5.** Aufstellung des Mahnmals der *Trauernden Eltern* nach Entwürfen von Käthe Kollwitz in der Ruine der kriegszerstörten Kirche St. Alban, Köln, als Gedenkstätte für die Opfer der beiden Weltkriege.
**17.9.** Eröffnung der Amerika-Gedenkbibliothek, Blücherplatz 1, Berlin-Kreuzberg, A: Gerhard Jobst, Willy Kreuer, Hartmut Wille und Fritz Bornemann. Die AGB ist der erste große Bibliotheksbau in Deutschland seit der Fertigstellung der Staatsbibliothek Unter den Linden und der Deutschen Bücherei Leipzig Anfang des 20. Jhs. Sie wird mit Hilfe einer Spende des amerikanischen Volkes in Höhe von 5,4 Mio. DM errichtet.
Fertigstellung des Henry-Ford-Baus der Freien Universität, A: Franz Heinrich Sobotka und Gustav Müller, Garystraße 35/39, Berlin-Dahlem, mit dem Auditorium Maximum, umhüllt von einer sachlich vereinfachten Tempelarchitektur aus Beton und Glas.

## FILM

### Moskau ¬ UdSSR

**20.4.** *Vernye druz'ja* (*Reise mit Hindernissen*, EA DDR 19.11.), R: Michail Kalatosow, D: Wassili Merkurjew, Boris Tschirkow. Er ist einer der ersten Vorboten des »Tauwetters« im sowjetischen Film.
**28.10.** Öffentliche Premiere von *Bol'šaja sem'ja* (*Eine große Familie*, EA DDR 6.5.1955), R: Iossif Cheifiz, im Moskauer Haus des Films, mit dem Debüt des Schauspielers Alexej Batalow, der zu einem der Stars seiner Epoche wird.

### Berlin ¬ DDR

**9.3.** *Ernst Thälmann – Sohn seiner Klasse* (UA: Friedrichstadtpalast, Berlin, EA BRD 18.8.1994 ORB), R: Kurt Maetzig, D: Günther Simon, Hans-Peter Minetti. Den DDR-Bürgern wird der Besuch dieses Films als Pflicht auferlegt.
**27.8.** *Alarm im Zirkus*, R: Gerhard Klein, D: Erwin Geschonneck, Uwe-Jens Pape. Auf der Grundlage einer authentischen Geschichte erzählt der Film von einem in Ost-Berlin enteigneten Zirkusbesitzer, der mit Hilfe einer West-Berliner Jungenbande versucht, sich der Pferde aus seinem ehemaligen Besitz zu bemächtigen und thematisiert damit die Situation des gespaltenen Berlins.

### West-Berlin ¬ Bundesrepublik Deutschland

**11.2.** UA von Leni Riefenstahls 1940/54 gedrehtem Film *Tiefland*, für den sie 60 Sinti und Roma aus dem Internierungslager Maxglan »ausgeliehen« hatte, in Stuttgart. Viele dieser Komparsen wurden in Auschwitz umgebracht. Riefenstahl leugnet diese Zusammenhänge bis heute. Der Film wird kein Erfolg.
**30.9.** *08/15*, R: Paul May, B: Ernst von Salomon, nach dem Roman von Hans Helmut Kirst, D: Hans Joachim Fuchsberger, Paul Bösinger. Vor dem Hintergrund der Diskussion um die Rolle des Militärs im »Dritten Reich« und die Gründung einer Bundeswehr für die BRD erregte der Film hinsichtlich der Darstellung des Militärs die Gemüter und löst zugleich eine Welle von Kriegsfilmen aus.
**5.2.** EA von Fred Zinneman, *Verdammt in alle Ewigkeit* (*From Here to Eternity*, USA 1953), in Deutschland. Burt Lancaster, Montgomery Clift und Frank Sinatra in einem trotz aller Zensierung düsteren Militärfilm, der die Diskussion um die Militarisierung Deutschlands belebt.

*a Strada* (I), Filmstill

### andere

**14.3.** *Du Rififi chez les Hommes* (F, *Rififi*, EA BRD 30.9.1955), R: Jules Dassin. Deutsche Landtage fordern ein Verbot des Films, da er ein »Lehrfilm des Verbrechens« sei. Ihm folgt eine Reihe von Einbrecherkomödien.
**4.8.** *Rear Window* (USA, *Fenster zum Hof*, EA BRD 8.4.1955, DDR 2.11.1988), R: Alfred Hitchcock, D: James Stewart, Grace Kelly.
**6.9.** *La Strada* (I, *La Strada – Das Lied der Straße*, EA BRD 28.8.1956, DDR 1961), R: Federico Fellini, D: Anthony Quinn, Giulietta Masina. Der Film über zwei Schausteller verhilft Fellini zu Weltruhm.

## MEDIEN

### Moskau ¬ UdSSR

Erster Fernsehauftritt von Irakli Andronikow, dem bekannten Schriftsteller und Autor der *ustnych rasskazov* (*mündlichen Erzählungen*) mit *Zagadka NFI* (*Rätsel NFI*), das den unbekannten Fakten der Biographie von Michail Lermontow gewidmet ist. Entgegen der verbreiteten Überzeugung, eine Rede im Fernsehen dürfe nicht länger als fünf Minuten dauern, spricht Andronikow fünfzig. Der Erfolg der Sendung ist phänomenal.

### Berlin ¬ DDR

**Jan.** Die Illustrierte *Freie Welt* erscheint als Wochenschrift der Gesellschaft für Deutsch-Sowjetische Freundschaft.

### West-Berlin ¬ Bundesrepublik Deutschland

**1.6.** Der Sender Freies Berlin nimmt seinen Betrieb mit zwei Programmen auf.
**15.9.** Die erste langfristige Familienserie des dt. Fernsehens *Unsere Nachbarn heute: Familie Schölermann* beginnt, sie wird bis 1960 gesendet.

Helene Weigel als Mutter Courage, Berlin

## THEATER ¬ MUSIK

### Moskau ¬ UdSSR

**7.–18.4.** In Moskau, danach in Leningrad, gastiert die Comédie Française (im Repertoire sind *Tartuffe* und *Der Bürger als Edelmann* von Molière, *Querelle du Cid* von Pierre Corneille). Das erste Gastspiel eines westeuropäischen Theaters in der UdSSR stößt auf eine gewaltige gesellschaftliche Resonanz. Alle Zeitungen veröffentlichen Informationen über das Gastspiel, Fotos von den Schauspielern auf den Straßen der Stadt, Szenenbilder aus den Stücken. Die Begeisterung wird in erster Linie dadurch ausgelöst, dass die junge Generation mit einer Kultur konfrontiert wird, von deren Existenz sie bisher nichts wusste.
**2.5.** *Gosti* (*Gäste*) von Leonid Sorin im Jermolowa-Theater in der Inszenierung von Andrei Lobanow ist einer der ersten Versuche, die staatliche Bürokratie kritisch darzustellen. Das Theaterstück wird nach der Premiere verboten und in der Presse heftig kritisiert.
**6.12.** *Gamlet* (*Hamlet*) von William Shakespeare im Majakowski-Theater, Inszenierung: Nikolai Ochlopkow. Der Bühnenbildner Wadim Ryndin gibt das Umfeld Hamlets als monumentales Gefängnis wieder. Nach langer Pause kehrt das politisch brisante und aktuelle Stück wieder auf die Bühne zurück.
**30.12.** *V dobry Čas* (*Zu einer guten Stunde*) von Viktor Rosow im Zentralen Kindertheater. Anatoli Efros' erste Inszenierung eines Stücks von einem der populärsten Bühnenschriftsteller aus der Zeit des »Tauwetters«. Oleg Jefremow spielt hier eine seiner ersten Rollen. Er ist der spätere Begründer des Theaters Sowremennik und künstlerischer Leiter des MChAT.

### Berlin ¬ DDR

**19.3.** Eröffnung der neuen Spielstätte des Berliner Ensembles im Theater am Schiffbauerdamm, Berlin-Mitte, mit Brechts Bearbeitung von Molières *Don Juan*, R: Benno Besson. Am 7.10. wird dort Brechts *Der kaukasische Kreidekreis* erstmals in Deutschland aufgeführt. Das Stück, das bereits 1949 in der Zeitschrift *Sinn und Form* erschien, ist von Anfang an heftig umstritten; es gilt als Schulbeispiel für das epische Theater Brechts und seine Verfremdungstechniken.
**Dez.** Zweitägige Schönberg-Ehrung in der Akademie der Künste. Hanns Eislers Vortrag, 1955 abgedruckt in *Sinn und Form*, löst in der DDR Diskussionen um Modernität und Verständlichkeit der Musik Schönbergs aus – auch vor dem Hintergrund seiner erklärt antikommunistischen Haltung.

### West-Berlin ¬ Bundesrepublik Deutschland

**12.3.** Arnold Schönberg, *Moses und Aron*, postume UA der Zwölfton-Oper in Hamburg. Bei der Aufführung in Berlin 1959 kommt es wegen der neuartigen Musiksprache zu Tumulten im Publikum.
**19.10.** Karlheinz Stockhausen, *Elektronische Studie I*, UA im ersten Konzert des Studios für Elektronische Musik des WDR, Köln. Des weiteren werden Stücke von Herbert Eimert, Karel Goeyvaerts, Henri Pousseur und Paul Gredinger vorgestellt.
**16./17.10.** *Donaueschinger Musiktage für zeitgenössische Tonkunst:* John Cage und David Tudor treten erstmals in Europa auf und präsentieren auch Christian Wolff und Earle Brown. Tudors Aufführung der *Music of Changes* löst 1956 bei den *Internationalen Ferienkursen* in Darmstadt eine Kontroverse zur Aleatorik aus, Cages dortige Vorträge 1958 hinterlassen »Folgen eines mittleren Erdbebens«.

### andere

**Juni–Juli** Gastspiel des Berliner Ensembles mit Brechts *Mutter Courage* in Paris. Zusammen mit dem späteren London-Gastspiel (1956) werden so Ruhm und Wirksamkeit des Berliner Ensembles im westlichen Ausland begründet.

## LITERATUR ¬ THEORIE

### Moskau ¬ UdSSR

Die Erzählung *Ottepel'* (*Tauwetter*) von Ilja Ehrenburg, die der politischen Epoche ihren symbolischen Namen gibt, erscheint in der Zeitschrift *Znamja*.
**15.–25.12.** Zweiter Allunions-Schriftstellerkongress (der erste fand 1934 statt).

### Berlin ¬ DDR

Der erste Band von Ernst Blochs *Das Prinzip Hoffnung* (entst. 1938–47 in den USA) erscheint in Ost-Berlin (Bd. 2 1955, Berlin/DDR; Bd. 3 1959, Berlin/DDR; alle drei Bände 1959, F/M). In seinem philosophischen Hauptwerk setzt sich Bloch mit dem Thema Utopie auseinander und definiert in diesem Zusammenhang die Hoffnung als einen der Grundtriebe des Menschen. Bloch, der 1955 den Nationalpreis der DDR erhält, wird 1957 wegen Differenzen mit der SED zwangsemeritiert.
Der Aufbau-Verlag, Berlin, publiziert die Reihe Deutsche Volksbibliothek. 1945 gegründet und 1964 mit dem Volksverlag Weimar und dem Arion Verlag, Weimar, zusammengelegt, wird der Aufbau-Verlag der größte belletristische Verlag der DDR.

### West-Berlin ¬ Bundesrepublik Deutschland

**September** Auf der 6. Internationalen Frankfurter Buchmesse erregt der erste Teil von Thomas Manns unvollendetem und Schelmenroman *Bekenntnisse des Hochstaplers Felix Krull* (F/M) Aufmerksamkeit.
Wolfgang Koeppens *Der Tod in Rom* (Stuttgart) reflektiert anhand von Rollenmodellen mit dem Nationalsozialismus verflochtene Nachkriegsbiographien.

### andere

Ernest Hemingway (USA) erhält den Literaturnobelpreis insbesondere für sein Buch *The Old Man and the Sea* (New York 1952, *Der alte Mann und das Meer*, Reinbek 1952).

# 1955

## POLITIK ¬ ZEITGESCHEHEN

### Moskau ¬ UdSSR

**25.1.** Erlass des Präsidiums des Obersten Sowjets der UdSSR *Über die Beendigung des Kriegszustands zwischen der Sowjetunion und Deutschland.*

**8.2.** Absetzung Georgi Malenkows als Vorsitzendem des Ministerrates der UdSSR. Zum neuen Vorsitzenden wird Michail Bulganin ernannt, zum Verteidigungsminister Georgi Shukow, in den Nachkriegsjahren in Ungnade gefallener und nun hoch gelobter Feldherr des Großen Vaterländischen Krieges.

**21.2.** Beschluss des Ministerrates der UdSSR über die Schaffung des Kosmodroms Baikonur.

**9.–13.9.** Bundeskanzler Konrad Adenauer erwirkt bei Verhandlungen mit der sowjetischen Führung in Moskau die Aufnahme der diplomatischen Beziehungen, eine Erweiterung des Handels und die Freilassung der letzten deutschen Kriegsgefangenen.

Staatsempfang für Bundeskanzler Konrad Adenauer in Moskau

**17.9.** *Über die Amnestie von Personen, die mit den Okkupanten zusammengearbeitet haben*, Erlass des Präsidiums des Obersten Sowjets, die so genannte Adenauer-Amnestie. Alexander Solschenizyn spricht von der »größten aller politischen Amnestien nach dem Oktober« 1917.

**28.10.** In der Sewastopoler Bucht sinkt nach einer Explosion (vermutlich aufgrund einer deutschen Mine aus dem 2. Weltkrieg) das Schlachtschiff »Noworossisk«. Es sterben 600 Menschen.

**13.12.** Erlass des Präsidiums des Obersten Sowjets, infolgedessen die Einschränkungen der Rechte der in den Sondersiedlungen Kasachstans lebenden Deutschen aufgehoben werden. Ähnliche Erlasse gibt es im Laufe des Jahres 1956 auch in Bezug auf die Kalmücken (17.3.), die Griechen, Bulgaren und Armenier (27.3.), die Krimtataren, Balkaren und Türken (Meschetiner Türken), Kurden und Chemilen (28.4.), Tschetschenen, Inguschen und Karatschajewer (16.7).

Kolchosbauernversammlung

**31.12.** Bildung einer Kommission zur Untersuchung der Massenrepressalien von 1935 bis in die 40er Jahre.

Beginn einer neuen Etappe der Zusammenlegung kleiner Kolchosen, Liquidierung »perspektivloser« Dörfer, Umbildung von Kolchosen in Sowchosen.

### Berlin ¬ DDR

**27.3.** Erste Jugendweihe in Ost-Berlin als Alternative zu kirchlicher Kommunion und Konfirmation.

**20.9.** Bestätigung der vollen Souveränität der DDR. Das Amt des sowjetischen Hochkommissars wird aufgehoben und ein Beistandspakt abgeschlossen.

### West-Berlin ¬ Bundesrepublik Deutschland

**5.5.** Proklamation der vollen Souveränität der Bundesrepublik Deutschland sowie endgültige Auflösung der Alliierten Hohen Kommission, nachdem die Pariser Verträge durch Ratifizierung von Bundestag und Bundesrat in Kraft gesetzt worden sind.

**22.9.** Die Bundesregierung formuliert mit der Hallstein-Doktrin den Alleinvertretungsanspruch für beide deutsche Staaten mit dem Ziel der völkerrechtlichen Isolierung der DDR.

### andere

**14.5.** In Warschau wird der Vertrag über Freundschaft, Zusammenarbeit und gegenseitigen Beistand zwischen Albanien, Bulgarien, Ungarn, der DDR, Polen, Rumänien, der UdSSR und der Tschechoslowakei abgeschlossen (Warschauer Pakt). Schaffung eines Verteidigungsblocks mit einem vereinten Kommando über die verbündeten Streitkräfte.

## BILDENDE KUNST

### Moskau ¬ UdSSR

**10.2.** Im Moskauer Kulturhaus des Stalin-Autowerks werden Werke von Künstlern gezeigt, die 1954 auf Reisen in die Neu- und Brachlandgebiete entstanden sind. Unter den Teilnehmern: Wassili Bassow, Stepan Dudnik, Dmitri Motschalski, Wassili Netschitailo, Tair Salachow, Wladimir Stosharow, Viktor Zigal.

**Frühjahr** Der Ministerrat fasst den Beschluss, der Regierung der DDR Bilder aus der Dresdener Gemäldegalerie zu übergeben, »die von den sowjetischen Truppen gerettet« und in die UdSSR verbracht worden waren. Am 2.5. wird im Puschkin-Museum, Moskau, eine Ausstellung von Meisterwerken der Dresdener Gemäldegalerie eröffnet, die für die Entsendung in die DDR vorgesehen sind. Anschließend wird die Ausstellung in der Nationalgalerie, Ost-Berlin, gezeigt. Im Aug. 1958 laufen in Moskau und Leningrad Ausstellungen mit Kunstwerken aus den Museen der DDR, »die auf Beschluss der sowjetischen Regierung dem deutschen Volk zu übergeben sind«. Das Protokoll zur Übergabe der Kunstschätze wird am 8.9. unterzeichnet.

### Berlin ¬ DDR

**7.1.** Eröffnung der Ausstellung *China, erlebt von deutschen Künstlern. Ein Reisebericht in Studienarbeiten von Fritz Cremer, Bernhard Kretzschmar, Bert Heller, Werner Klemke*, Deutsche Akademie der Künste, Berlin.

### West-Berlin ¬ Bundesrepublik Deutschland

Der Kunsthistoriker Will Grohmann, mit seinen Schriften Wegbereiter und Verteidiger der abstrakten Kunst, greift Karl Hofer (beide Hochschule der Künste, Berlin) wegen seiner gegenständlichen Malerei an.

**15.7.–18.9.** *documenta. kunst des XX. jahrhunderts. internationale ausstellung im fridericianum in kassel* unter der Leitung von Arnold Bode (zudem für die Inszenierung zuständig), kunsthistorisches Konzept: Werner Haftmann. Ort der im Rahmen der 2. Bundesgartenschau stattfindenden Ausstellung ist die Ruine des Fridericianums im stark kriegszerstörten Kassel. Anliegen der Ausstellung sind die Rehabilitierung der im »Dritten Reich« 1937 in München als *Entartete Kunst* präsentierten klassischen Moderne, die Nobilitierung der abstrakten Gegenwartskunst und ein Wiederanknüpfen an die großen Avantgarde-Ausstellungen vor 1933. Die deutsche Kunst wird in die internationalen Entwicklungen eingebettet.

Die erste *documenta*, mit Wilhelm Lehmbruck, *Kniende*, 1911

**17.9.–16.10.** *Ostdeutsche Kunst der Gegenwart*, Schloss Charlottenburg, im Rahmen der Berliner Festwochen, u. a. mit Alexander Kanoldt, George Grosz, Alfred Kubin, Oskar Moll, Ludwig Meidner, Orlowsky, Bernhard Heiliger, Käthe Kollwitz, Kurt Schwerdtfeger.

### andere

**Jan.** *Wir alle – The Family of Man*, MoMA, New York. Die von Edward Steichen zusammengestellte Foto-Ausstellung zeigt 503 Bilder aus 68 Ländern. Noch 1955 ist sie in der Hochschule der Künste, Berlin-Charlottenburg, zu sehen.

## ARCHITEKTUR ¬ DENKMAL

### Moskau ¬ UdSSR

Errichtung der Kolonnade des Haupteingangs zum Zentralen Gorki-Park für Kultur und Erholung, A: Juri Schtschuko.

### Berlin ¬ DDR

Wiederaufbau der Deutschen Staatsoper, Unter den Linden, Berlin-Mitte (1952 begonnen), durch Richard Paulick (mit Kurt Hemmerling und Karl von Appen) in freier Interpretation des ursprünglichen Baus Georg Wenzeslaus von Knobelsdorffs; Eröffnung mit Richard Wagners *Die Meistersinger von Nürnberg*. Das Architektenkollektiv unter Richard Paulick erhält 1956 für den Wiederaufbau den Nationalpreis der DDR.

### West-Berlin ¬ Bundesrepublik Deutschland

Planung des Ernst-Reuter-Platzes, Berlin-Charlottenburg, Bebauungsplan von Bernhard Hermkes. Die Auffassung des Platzes als offenem städtischem Raum mit autofreundlichem Kreisverkehr und locker darum angeordneten Gebäuden steht in bewusstem Gegensatz zum Ost-Berliner Strausberger Platz mit seiner geschlossenen Umbauung (1951–53 von Henselmann, Göpfert, Leibold).

Errichtung der Verkehrskanzel am Joachimstaler Platz, Berlin-Charlottenburg, von Werner Klenke und Werner Düttmann. Das Ensemble ist das einzig original erhaltene seiner Art in Deutschland und zeugt von der prägenden Wirkung der Verkehrsplanung für die Stadtentwicklung.

### andere

Notre-Dame-du-Haut, Wallfahrtskapelle Ronchamp, A: Le Corbusier, André Maisonnier (F, beg. 1950); die skulpturale Architektur ist eine Synthese aus Masse, Licht und Bewegung.

## FILM

### Moskau ¬ UdSSR

**29.4.** *Trevožnaja molodost'* (*Bewegte Jugend*, EA DDR 27.1.1956), R: Alexander Alow, Wladimir Naumow, D: Ljonja Zypljakow, Alexander Susnin. Eine neue Generation von Regisseuren erobert den sowjetischen Film.

**Dez.** Woche des französischen Films in Moskau, Leningrad, Kiew; unter den Gästen der Schauspieler Gérard Philippe.

### Berlin ¬ DDR

**11.–17.9.** *1. Kultur- und Dokumentarwoche* in Leipzig. Als gesamtdeutsche Veranstaltung angelegt, entwickelt sie sich ab 1960 zum wichtigsten internationalen Filmfestival der DDR.

### West-Berlin ¬ Bundesrepublik Deutschland

**23.2.** *Des Teufels General*, R: Helmut Käutner, B: Georg Hurdalek und Käutner nach dem Roman von Carl Zuckmayer. Curd Jürgens spielt den in Gewissenskonflikte verstrickten deutschen General Harras im 2. Weltkrieg.

**19.6.** *Es geschah am 20. Juli*, R: Georg Wilhelm Pabst, D: Bernhard Wicki, Karl Ludwig Diehl; ein dokumentarischer Film über das Attentat auf Hitler. Zum gleichen Thema dreht Falk Harnack *Der 20. Juli* (UA 21.6.), D: Wolfgang Preiss, Werner Hinz, Annemarie Düringer. Im Unterschied zu Pabsts genauer Schilderung des Tagesablaufs bezieht Harnack das weitere Umfeld des antinationalsozialistischen Widerstands ein.

**27.6.** *Nicht mehr fliehen*, R: Herbert Vesely. Der in Deutschland weitgehend unbekannt gebliebene Film experimentiert mit surrealistischer Bildmontage und greift die existenzialistische Philosophie auf. Für die französischen Regisseure der Nouvelle Vague war er prägend.

andere

**27.10.** *Rebel without a Cause* (USA, ... *denn sie wissen nicht was sie tun*, EA BRD 30.3.1956, DDR 5.3.1988 DFF1), R: Nicholas Ray. James Dean als Jim wird, neben Marlon Brando in *Der Wilde* (1953), zum Helden der Jugend-Protestbewegung in den 50ern.
*The Night of the Hunter* (USA, *Die Nacht des Jägers*, EA BRD 16.1.1956), R: Charles Laughton, nach dem gleichnam. Roman von Davis Grubb. Psychothriller mit Robert Mitchum als teuflischem Prediger und mit vom deutschen Expressionismus beeinflussten, phantastischen Verfremdungseffekten.
*Sissi* (Ö, EA BRD 22.12.), R/B: Ernst Marischka nach dem gleichnam. Roman von Marie Blank-Eisman. Erster Film einer Trilogie (mit *Sissi, die junge Kaiserin*, 1956; *Schicksalsjahre einer Kaiserin*, 1957) melodramatischer Kostümfilme mit Anklang an den Heimatfilm. Sie begründen die Karriere von Romy Schneider.

## MEDIEN

### Moskau ¬ UdSSR

Das Fernseh-Zentralstudio geht dazu über, täglich zu senden.
Die Fernsehzentren in Riga, Swerdlowsk, Charkow, Omsk, Tomsk, Tallinn, Minsk, Wladiwostok und Baku nehmen den Betrieb auf.

**ARCHITEKTUR ¬** Das ZK der KPdSU und der Ministerrat der UdSSR beschließen *Maßnahmen zur weiteren Industrialisierung, zur Qualitätssteigerung und zur Kostensenkung im Bauwesen* und *die Beseitigung von Überflüssigem bei der Projektierung und beim Bau*. Der letzte Beschluss richtet sich gegen »Fassadentum«, Prunk und Monumentalismus. Darin heißt es: »Die sowjetische Architektur muss sich durch Einfachheit, Formstrenge und wirtschaftliche Lösungen auszeichnen. Das ansprechende Äußere eines Gebäudes oder Bauwerks soll nicht durch die Verwendung von erdachter, teurer Dekoration entstehen, sondern durch die organische Verbindung von architektonischen Formen und dem Zweck der Bauwerke, durch ihre guten Proportionen sowie durch eine richtige Verwendung der Materialien, Konstruktionen und Bauteile und eine hohe Arbeitsqualität.« Denjenigen, die für die prunkvollsten Häuser verantwortlich zeichnen, werden die Stalinpreise aberkannt. 1956 wird der Entwurf einer ersten Serie von fünfgeschossigen Typenbauten (»Chruschtschob«) genehmigt und deren Bau in großem Maßstab begonnen. Im Stadtbezirk Jugo-Sapadny, Moskau, startet man mit der Arbeit an dem experimentellen Wohnviertel Nowyje Tscherjomuschki mit zahlreichen Varianten von kleinen Wohnungen in Backsteinhäusern.

*Es wachsen die Häuser*

Auf der 1. Baukonferenz der DDR wird vom 3.–6.4., in Reaktion auf die *Allunionskonferenz der Bauschaffenden* in Moskau, 1954, und Chruschtschows Architekturkritik, unter dem Motto *Schneller, besser und billiger bauen* die Industrialisierung des Bauwesens zur vordringlichen Aufgabe erklärt. Bau- und Projektierungsbetriebe werden mit der Einführung von Großblock- und Großplattenbauweisen beauftragt.

### Berlin ¬ DDR

Der Rundfunk der DDR wird in den Berliner Rundfunk (für Hörer in Ost- und West-Berlin), Radio DDR (für die Bevölkerung der DDR) sowie den Deutschlandsender aufgegliedert. Radio Berlin International strahlt Auslandssendungen aus.

## THEATER ¬ MUSIK

### Moskau ¬ UdSSR

**15.1.** EA des Vokalzyklus *Iz evrejskoj narodnoj poėzii* (*Aus der jüdischen Volkspoesie*) von Dmitri Schostakowitsch, Zyklus für Sopran, Mezzosopran, Tenor und Klavier (entst. 1948) in der Leningrader Philharmonie.
**25.11.** Die *Optimističeskaja tragedija* (*Optimistische Tragödie*) von Wsewolod Wischnewski im Leningrader Puschkin-Theater, Inszenierung Georgi Towstonogow, trifft auf einmütiges Lob. Das Theaterstück wird 1958 mit dem Leninpreis ausgezeichnet und während eines Gastspiels des Theaters im Juni 1959 in Paris gezeigt.
**26.11.** Das Militärkollegium des Obersten Gerichts der UdSSR rehabilitiert Wsewolod Meyerhold, der 1940 erschossen wurde.
**Dez.–Jan. 1956** Gastspiel der englischen Gruppe Tennent mit *Hamlet* von Shakespeare in Moskau, R: Peter Brook, in der Hauptrolle Paul Scofield.
Edita Pjecha, später eine der beliebtesten Unterhaltungssängerinnen, wird Solistin von Lenkonzert, Leningrad, und vom Ensemble Drushba (Freundschaft).
Die *Romans* (*Romanze*) von Dmitri Schostakowitsch zum Kinofilm *Ovod* (*Bremse*) von Alexander Feinzimmer ist ein Beispiel für die in der UdSSR äußerst erfolgreiche Spielart populärer klassischer Musik.

### Berlin ¬ DDR

**16.3.** Der Dirigent Erich Kleiber kündigt in einem offenen Brief seinen Weggang von der Deutschen Staatsoper an, da er dort eine »unbeeinflusste Kunstausübung« bedroht sieht. Die Oper *Wozzeck* von Alban Berg dirigiert so Ende des Jahres Johannes Schüler. 30 Jahre zuvor hatte Kleiber die legendäre UA an der Staatsoper dirigiert.
Der Schriftsteller Peter Hacks siedelt von München nach Ost-Berlin über, wo er bald als Autor am Deutschen Theater arbeitet. In seinen Dramen verarbeitet er Stoffe der DDR-Gegenwart und der Geschichte auf der Basis einer sozialistischen Zielsetzung.

### West-Berlin ¬ Bundesrepublik Deutschland

*5. Darmstädter Gespräch* zum Thema *Theater* unter der Leitung des Regisseurs und Intendanten des Darmstädter Theaters Gustav Rudolf Sellner. Besprochen werden mögliche aktuelle Formen des Theaters und Theaterbaus. Teilnehmer sind u. a. Walter F. Otto, Theodor W. Adorno, Otto Bartning, Willi Baumeister, Friedrich Dürrenmatt, Will Quadflieg, Hans Schweikart.
Der Auftritt von Maria Callas und dem Ensemble der Mailänder Scala unter der Leitung von Herbert von Karajan bei den Berliner Festwochen löst »orkanartige« Begeisterungsstürme aus.

andere

Tadeusz Kantor gründet in Krakau die Experimentalbühne *Crocot 2* zur Weiterentwicklung eines autonomen, nicht textbestimmten Theaters, das Techniken der abstrakten Malerei, später auch des Happenings mit einbezieht.

## LITERATUR ¬ THEORIE

### Moskau ¬ UdSSR

Neue Zeitschriften erscheinen, darunter *Junost'*, die sich der Jugendthematik widmet und zum Sprachrohr der neuen Schriftstellergeneration wird, und *Inostrannaja literatura*, die den sowjetischen Leser systematisch an die Literatur des Auslands heranführen will.

### Berlin ¬ DDR

In beiden Teilen Deutschlands buhlt man um Thomas Mann, der in Weimar (DDR) und in Stuttgart (Bundesrepublik) zum Schiller-Jahr spricht und von der Friedrich-Schiller-Universität Jena die Ehrendoktorwürde erhält. Am 12.8. stirbt Mann in seiner Exilheimat Zürich. Die *Gesammelten Werke* Thomas Manns erscheinen beim Aufbau-Verlag, Ost-Berlin (und zugleich in Frankfurt/M).
**18.9.** Eröffnung des Deutschen Literaturinstituts *Johannes R. Becher* in Leipzig für zunächst 27 Schüler und zukünftige Schriftsteller. Die Leitung übernimmt Alfred Kurella.
Adolf Endler siedelt von der BRD in die DDR über, nachdem gegen ihn Anklage wegen »Staatsgefährdung« erhoben wird. Endler hatte für die in diesem Jahr stattfindenden *Weltfestspiele der Jugend* in Warschau geworben, wo ost- und westdeutsche Jugendliche gemeinsam gegen die Teilung Deutschlands protestiert hatten.

### West-Berlin ¬ Bundesrepublik Deutschland

**Jan.** Arno Schmidts Prosaskizze *Seelandschaft mit Pocahontas* (Berlin/Darmstadt) erscheint in der ersten Ausgabe von *Texte und Zeichen*. Schmidt wird aufgrund einzelner Passagen des Buches wegen Gotteslästerung und Pornographie angezeigt.
**1.10.** Alfred Andersch engagiert Hans Magnus Enzensberger als Redaktionsassistenten für seine Sendereihen beim SDR. Für den Stuttgarter Sender entstehen Enzensbergers früheste essayistische Arbeiten wie *Das schwarze Gelächter. Der Aufstand der Humoristen von Swift bis Michaux*.
**12.3.** Theodor Plievier, Vertreter einer sozialistischen neuen Sachlichkeit, stirbt. Die Romantrilogie *Stalingrad* (1943/44), *Moskau* (1952), *Berlin* (1954) über Hitlers Russlandfeldzug zählt zu seinen bekanntesten Werken. Gestützt auf deutsches und sowjetisches dokumentarisches Material, gelang ihm eine realistische Chronik des deutschen Zusammenbruchs.
Theodor W. Adorno und F. Podszus geben die *Schriften* von Walter Benjamin (F/M) heraus.
Mit seinen Erzählungen *So zärtlich war Suleyken, Masurische Geschichten* (Hamburg) schuf Siegfried Lenz eine Liebeserklärung an seine Heimat Masuren.
Der Georg-Büchner-Preis geht an die Dichterin Marie-Luise Kaschnitz.
Günter Eichs Gedichtsammlung *Botschaften des Regens* (F/M) erscheint.

andere

Vladimir Nabokov, *Lolita* (Paris; Heidelberg 1959, erstm. russ. USA 1967, Moskau 1989).
Herbert Marcuse, *Eros and Civilisation. A Philosophical Inquiry into Freud* (Boston; als *Eros und Kultur. Ein philosophischer Beitrag zu Sigmund Freud*, Stuttgart 1957, als *Triebstruktur und Gesellschaft*, F/M 1965), eine kulturphilosophisch-psychoanalytische Untersuchung.

## POLITIK ¬ ZEITGESCHEHEN

### Moskau ¬ UdSSR

**14.–25.2.** XX. Parteitag der KPdSU in Moskau. Auf der geschlossenen Sitzung am 25.2. hält Nikita Chruschtschow seine Rede *Über den Personenkult und seine Folgen*, der im März/April auf Versammlungen im ganzen Land verlesen wird. Publiziert wird er in der UdSSR erst 1988. Am 30.6. Beschluss des ZK der KPdSU *Über die Überwindung des Personenkults und seiner Folgen*.

**4.–10.3.** Unruhen in Grusinien. Massendemonstrationen in Tbilissi. Zunächst sind es Trauermärsche zum Gedenken an Stalins Tod. Nach der Verbreitung von Gerüchten über den geschlossenen Brief des ZK der KPdSU *Über den Personenkult* nehmen die Aktionen Protestcharakter an. Sie werden mit Hilfe von Truppen und Panzern gewaltsam aufgelöst.

**24.3.** Das Präsidium des Obersten Sowjets veranlasst die Bildung einer mit weitgehenden Vollmachten ausgestatteten Kommission zur Überprüfung der Begründungen für politisch motivierte Verhaftungen. In der Folge kommt es zu Massenentlassungen von politischen Häftlingen aus den Lagern und Rehabilitationen.

**März–Okt.** Verabschiedung des Gesetzes über die staatlichen Renten und verschiedener Arbeitserlasse, darunter *Über die Heranführung von Zigeunern, die Landstreicherei betreiben, an die Arbeit*.

### Berlin ¬ DDR

**18.1.** Die Volkskammer beschließt die Gründung der Nationalen Volksarmee.

**24.10.** An der Ost-Berliner Humboldt-Universität brechen während des Ungarn-Aufstandes Studentenunruhen aus, die sich gegen den stalinistischen Kurs Ulbrichts wenden. Sie werden von der Polizei unterdrückt.

**29.11.** Verhaftung verschiedener Parteifunktionäre (Bernhard Steinberger, Manfred Hertwig). Wolfgang Harich, Chefredakteur der *Deutschen Zeitschrift für Philosophie*, wird wegen angeblicher Zusammenarbeit mit dem Ostbüro der SPD und Verbindungen zum oppositionellen ungarischen Petőfi-Club verhaftet und 1957 zu zehn Jahren Haft verurteilt (1964 amnestiert). Ulbricht begründet, er wolle keine Opposition dulden, solange sich die DDR als Staat noch nicht konsolidiert habe. In der SED besteht nach dem XX. Parteitag der KPdSU im Februar, auf dem der Stalinismus kritisiert und ein Abbau des Personenkults propagiert wurde, Unklarheit über den weiteren Kurs.

### West-Berlin ¬ Bundesrepublik Deutschland

**21.7.** Erlass des Wehrpflichtgesetzes.

**17.8.** Verbot der Kommunistischen Partei Deutschlands durch das Bundesverfassungsgericht, Karlsruhe.

Sturz des Stalin-Denkmals, Budapest

### andere

**29.10.–Dez.** Nach dem Sinai-Feldzug Israels setzen die UN, gestützt von den USA und der UdSSR, einen Rückzug der israelischen Truppen aus den eroberten Gebieten und die Stationierung einer UN-Friedenstruppe am Golf von Akaba durch.

**22./23.10.** Beginn der antikommunistischen Revolution in Ungarn. In Budapest wird das Stalin-Denkmal umgestürzt. Am 4.11. marschieren sowjetische Truppen in Budapest ein und schlagen den Volksaufstand nieder. György Lukács, Kultusminister, und Imre Nagy, seit kurzem Ministerpräsident Ungarns, werden mit anderen als intellektuelle Führer des Aufstandes (»Petőfi-Kreis«) verhaftet. Nagy hatte freie Wahlen angekündigt, wollte Ungarns Neutralität und dessen Mitgliedschaft im Warschauer Pakt aufkündigen. Lukács' Lehrstuhl für Ästhetik und Kulturphilosophie wird aufgelöst, er selbst aus der Akademie ausgeschlossen. Seine Werke werden künftig nur noch im Westen verlegt, wo sie großen Einfluss auf die neue Linke ausüben. Nagy wird am 15.6.1958 zum Tode verurteilt und einen Tag später hingerichtet. Am 16.6.1989 wird er in einem Staatsakt rehabilitiert.

## BILDENDE KUNST

### Moskau ¬ UdSSR

**Jan.** In der MOSCh findet die Diskussion *Über Tradition und Neuerertum im künstlerischen Schaffen* statt. Die Teilnehmer rehabilitieren in ihren Vorträgen »die plastischen Werte", die früher als eines der Hauptmerkmale des »Formalismus« galten.

**Mai** Im Puschkin-Museum wird eine Ausstellung französischer Kunst mit Werken von David bis Cézanne aus der Sammlung des Louvre und anderer Museen Frankreichs gezeigt, die von über 200.000 Menschen besucht wird. Im Herbst läuft am selben Ort eine Picasso-Ausstellung, und in der Ermitage sind Gemälde von Paul Cézanne zusehen.

### Berlin ¬ DDR

*Jahresausstellung Malerei – Plastik*, Deutsche Akademie der Künste, mit Kurt Weinhold, Christian Schad, Franz Radziwill, August Peukert, Willi Geiger, Otto Dix u. a. Die Akademie präsentiert zu dieser Zeit hauptsächlich Werke ihrer Mitglieder.

### West-Berlin ¬ Bundesrepublik Deutschland

**6.5.–5.6.** *Junge amerikanische Kunst* Kunstmuseum, Düsseldorf.

### andere

**Aug.** *This is Tomorrow*, Whitechapel Gallery, London. 40 Künstler, Architekten und Designer wollen durch gemeinschaftlich entwickelte Arbeiten unterschiedlicher Medien einen Einblick in die Kunst der Zukunft geben und Phänomene der Massenkultur vorstellen. Richard Hamiltons Installation (zus. mit John McHale und John Voelcker) gilt als eine der ersten Manifestationen der Pop-Art.

## ARCHITEKTUR ¬ DENKMAL

### Moskau ¬ UdSSR

An der Moskwa in Lushniki wird der Bau des zentralen Lenin-Stadions abgeschlossen (A: Alexander Wlassow, Igor Roshin, Nikolai Ullas, Alexander Chrjakow). Die Außenansicht der großen Sportarena für 100.000 Zuschauer ist bestimmt vom strengen Rhythmus der Pylone, die die tragende Konstruktion bilden.

### Berlin ¬ DDR

Hochschule für Bildende Künste, Bühringstraße 20, Berlin-Weißensee, fertig gestellt nach Plänen Selman Selmanagics und Peter Flierls als Erweiterung eines ehem. Verwaltungstrakts mit Seminargebäude, Aula und Mensa. An der Eingangsfassade Reliefs mit allegorischen Szenen des Kunsthandwerks.

Die Neue Wache, Unter den Linden, Berlin-Mitte. Die von Karl Friedrich Schinkel für die Berliner Garnisonsbehörden erbaute Wache wurde, funktionslos geworden, 1931 von Friedrich Tessenow zur Gedächtnisstätte für die Gefallenen des Ersten Weltkriegs umgestaltet. Diese von den Sozialdemokraten eingerichtete Gedenkstätte verwandelten die Nationalsozialisten zum Reichsehrenmal. Ab 1956 lässt die DDR-Regierung im Zuge der »Ausgestaltung zur Gedächtnisstätte für die Opfer des Faschismus« das Gebäudeäußere denkmalpflegerisch rekonstruieren und den Innenraum mit antikisierenden Elementen verändern (vgl.1969, 1993).

### West-Berlin ¬ Bundesrepublik Deutschland

**26.11.** Eröffnung eines 2 km langen Teilstücks der Stadtautobahn zwischen Halensee und Hohenzollerndamm, das in einem Tunnel den neugeschaffenen Rathenauplatz unterquert. Es ist die erste Stadtautobahn Europas nach US-amerikanischem Vorbild.

Liederhalle, Stuttgart, A: Adolf Abel, Rolf Gutbrod, begonnen 1949, mit drei asymmetrischen Konzertsälen, in denen die verschiedenen Raumzonen, musikalischen Prinzipien folgend, ineinander fließen. Mit der ungewöhnlichen Form und Materialwahl geht eine überwältigende Akustik einher.

Fernsehturm, Stuttgart-Degerloch, A: Fritz Leonhardt, Erwin Heinerle. Dieser schlanke, in Stahlbeton ausgeführte Sendemast mit Aussichtsrestaurant ist als erster dieser Größenordnung ein Prototyp, der weltweit Nachfolger findet.

**BILDENDE KUNST ¬** Entscheidendes Jahr für die Formierung der »inoffiziellen« sowjetischen Kunst: Die jungen Moskauer Künstler aktivieren für sich die Stilrichtungen des Modernismus des 20. Jahrhunderts, vor allem die abstrakte Malerei. Wladimir Slepjan z.B. orientiert sich am »action painting«. Juri Slotnikow entwickelt ab 1956 die Theorie einer »signalhaften Malerei«. 1956 beginnen die Vorreiter der »anderen Kunst«, Juri Sobolew-Nolew und Ülo Sooster, gemeinsam zu arbeiten. Zudem formiert sich die Gruppe von Lianosowo, eine der bedeutendsten inoffiziellen Vereinigungen von Künstlern und Dichtern. Die bei Moskau gelegene Siedlung Dolgoprudny, in der der Maler, Dichter und Musiker Jewgeni Kropiwnizki, seine Frau Olga Potapowa, seine Tochter Valentina und sein Sohn Lew leben, wird zu einem Wallfahrtsort für junge Künstler und Literaten. Den Kern der Gruppe bilden der Mann von Valentina Kropiwnizkaja, Oskar Rabin, die Maler Nikolai Wetschtomow, Wladimir Nemuchin und Lidija Masterkowa, die Dichter Genrich Sapgir, Igor Cholin, Wsewolod Nekrassow und Jan Satunowski. Ihren Namen erhält die Gruppe im Frühjahr 1958, als die Wochenendtreffen, auf denen Arbeiten präsentiert und Gedichte gelesen werden, zur Station Lianosowo verlegt werden, wo Oskar Rabin und Valentina Kropiwnizkaja in einer Baracke lebten. Gäste in Lianosowo sind Vertreter der Moskauer Intelligenzija, westliche Diplomaten und Sammler.

## FILM

### Moskau ¬ UdSSR

**15.10.** *Sorok pervyj* (*Der letzte Schuß*, EA DDR 14.6.1957; *Der Einundvierzigste*, BRD 29.8.1958), R: Grigori Tschuchrai, B: Grigori Koltunow, nach der Erzählung von Boris Lawrenjow, D: Isolda Iswizkaja, Oleg Strishenow. Die Ereignisse des Bürgerkriegs werden mit einem Hauch bitterer Romantik gezeigt.
**26.11.** *Vesna na zarečnoj ulice* (Frühling in der Saretschnaja-Straße), ein Debüt der Regisseure Felix Mironer und Marlen Chuzijew – eine lyrische Erzählung über das alltägliche Leben.
**29.12.** Die Musikalische Komödie *Karnaval'naja no'* (*Nun schlägt's 13!*, Alternativtitel DDR: *Karnevalsnacht*, EA DDR 11.7.1957, BRD 31.12.1991 3sat) ist der erste Film von Eldar Rjasanow, der ein grandioser Erfolg wird und die Hauptdarstellerin Ljudmila Gurtschenko auf Jahrzehnte zur beliebtesten sowjetischen Schauspielerin macht.

### Berlin ¬ DDR

**7.12.** *Der Hauptmann von Köln*, R: Slatan Dudow, nach dem Stück von Carl Zuckmayer, D: Rolf Ludwig, Erwin Geschonneck. Der erste DEFA-Film von Dudow, dem Regisseur des sozialistischen Filmklassikers *Kuhle Wampe* (1932), nach der Rückkehr aus dem Exil. Die Geschichte um einen arbeitslosen Kellner und einen heimgekehrten Kriegsverbrecher bezieht sich auf die Remilitarisierung Westdeutschlands und die Rehabilitierung ehemaliger Stützen des NS-Regimes.

### West-Berlin ¬ Bundesrepublik Deutschland

**16.8.** *Der Hauptmann von Köpenick*, R: Helmut Käutner, neben dem DEFA-Film desselben Jahres die zweite Interpretation des Stücks von Carl Zuckmayer, mit Heinz Rühmann in der Hauptrolle. Käutners Tragikomödie über Amtsanmaßung und die Macht der Uniform in wilhelminischer Zeit wird der erfolgreichste Film des Jahres.
**27.9.** *Die Halbstarken* (EA DDR 15.3.1957), R: Georg Tressler. Eine dt. Filmversion über die aufbegehrende Jugend, in der Karin Baal als Rockerbraut Aufsehen erregt und Horst Buchholz als »James Dean aus Berlin« seine Karriere startet.
**Dez.** Gegen den Willen des Auswärtigen Amtes gibt es bei den Berliner Festspielen eine Sondervorführung von Alain Resnais' Dokumentarfilm über die deutschen Konzentrationslager *Nuit et Brouillard* (F, dt. Fass. *Nacht und Nebel*: Paul Celan, M: Hanns Eisler). Beim Festival in Cannes war der Film nach dem Einspruch des dt. Botschafters aus dem offiziellen Programm genommen worden.

*Die Halbstarken* (BRD), Filmplakat

## MEDIEN

### Moskau ¬ UdSSR

**1.5.** Die Paraden auf dem Roten Platz werden erstmals im Fernsehen übertragen.
Start der Rundfunkreihe *V poiskach geroev Brestskoj kreposti* (Auf der Suche nach den Helden der Festung Brest), bei der es um die vergessenen Teilnehmer am Großen Vaterländischen Krieg geht. Autor und Moderator der Sendung ist der Schriftsteller, Dichter und Frontsoldat Sergej Smirnow. Nach der Sendung erhält der Rundfunk über 5000 Briefe.

### Berlin ¬ DDR

Beginn des offiziellen Programms des Deutschen Fernsehfunks. Das Programm überträgt eine Mischung von Information und Unterhaltung, die sich an ein breites Publikum richtet.

### West-Berlin ¬ Bundesrepublik Deutschland

IBM baut den ersten Computer mit Magnetplattenspeicher.
Gründung der Jugendzeitschrift *Bravo*.

## THEATER ¬ MUSIK

### Moskau ¬ UdSSR

**15.4.** Eine Gruppe von Absolventen der Studio-Schule des MChAT zeigt das Stück *Večno živye* (*Die ewig Lebenden*) von Viktor Rosow, R: Oleg Jefremow. Auf der Basis dessen entsteht 1957 das Studiotheater Sowremennik unter der Leitung von Oleg Jefremow, die erste Eigeninitiative einer Truppe seit 30 Jahren. Programmatisch orientiert sich die Gruppe an der realistischen Tradition des Stanislawski-Theaters.
**13.–27.9.** In Moskau (2.–7.10. in Leningrad) gastiert das Pariser Nationaltheater mit *Don Juan* von Jean Baptiste Molière, *Maria Tudor* von Victor Hugo und *Das Spiel von Liebe und Zufall* von Pierre Carlet de Marivaux. Die ungewöhnlichen Bühnenbilder beeindrucken das Publikum.
**Okt.** Premiere des vokal-symphonischen *Poėma pamjati Sergeja Esenina* (*Gedenkpoem für Sergej Jessenin*) von Georgi Swiridow, komponiert zu einem Gedicht des äußerst beliebten russischen Dichters, dessen Werke in der Stalinzeit verboten waren.
**29.12.** Im Leningrader Kirow-Theater für Oper und Ballett findet die Premiere des Balletts *Spartak* (*Spartakus*) von Aram Chatschaturjan statt (entst. 1950–1954). Es ist das erste moderne sowjetische Ballett, das Weltruhm erlangt.

### Berlin ¬ DDR

**14.8.** Bertolt Brecht stirbt. Die Inszenierung seines Stücks *Leben des Galilei* wird von Erich Engel fortgeführt und hat am 15.1.1957 im Berliner Ensemble Premiere.
**1.12.** UA *Die Schlacht bei Lobositz* von Peter Hacks am Deutschen Theater. Das Stück dramatisiert Kriegsgeschichte unter Friedrich d. Gr. nach Brechtschen Prinzipien. Intendant Wolfgang Langhoff, der auch Regie führt, lockert damit seine starre Theaterkonzeption.

### West-Berlin ¬ Bundesrepublik Deutschland

**15.6.** Die Ruhrfestspiele in Recklinghausen zeigen Goethes *Iphigenie auf Tauris* als großes Klassikertheater, inszeniert von Gustav Rudolf Sellner, Titelrolle: Maria Wimmer.
**24.10.** UA von Luigi Nonos Orchester- und Chorkantate *Il canto sospeso* nach Abschiedsbriefen zum Tode verurteilter Widerstandskämpfer in Köln.

### andere

Giorgio Strehler inszeniert Brechts *Dreigroschenoper* am Piccolo Teatro in Mailand. Das bereits 1947 von den engagierten Sozialisten Strehler und Paolo Grassi gegründete Theater will »Volkstheater mit Weltniveau« zeigen und verbindet sozialkritische Stückinterpretation mit artistischer Brillanz.
In Polen findet zum ersten Mal das Internationale Festival Neuer Musik *Warschauer Herbst* statt. U.a. sind dort vertreten: mit Vorträgen Theodor W. Adorno, Hans Heinz Stuckenschmidt, als Komponisten Olivier Messiaen, Bohuslav Martinů, Witold Lutosławski. Der *Warschauer Herbst* entwickelte sich zu einem wichtigen internationalen Forum, bei dem auch Komponisten der DDR während der Zeit des Kalten Krieges mit Werken der West-Avantgarde in Berührung kommen.

## LITERATUR ¬ THEORIE

### Moskau ¬ UdSSR

**13.5.** Alexander Fadejew, Sekretär (bis 1954 Generalsekretär) des Schriftstellerverbandes der UdSSR, Vertreter der offiziellen sowjetischen Literatur, begeht Selbstmord. Sein vor dem Tod geschriebener Brief an das ZK der KPdSU mit der Erklärung seiner Motive für den Selbstmord wird erst im Jahr 1990 veröffentlicht.
**Sept.** In vielen Städten der UdSSR wird der Allunionstag der Poesie durchgeführt. In Moskau versammelt sich vor dem Polytechnischen Museum, in dessen Saal eine Lesung stattfindet, eine dreißigtausendköpfige Menge. In den folgenden Jahren treten in diesem stets überfüllten Saal regelmäßig junge Dichter auf, die sich im Folgenden die Schestidesjatyje (Sechziger) nennen. Dazu gehören Bella Achmadulina, Andrej Wosnessenski, Jewgeni Jewtuschenko, Bulat Okudshawa, Robert Roshdestwenski u. a.

Jewgeni Jewtuschenko, 1962

**Aug.** In der Zeitschrift *Novyj mir* (Nr. 8) beginnt die Veröffentlichung des gegen die Bürokratie gerichteten Romans *Ne chlebom edinym* (*Der Mensch lebt nicht vom Brot allein*, Hamburg 1957) von Wladimir Dudinzew. Er wird in der Parteipresse heftig kritisiert.
**31.12.–2.1.1957** Die Erzählung *Sud'ba Čeloveka* (*Ein Menschenschicksal*, Berlin 1958) von Michail Scholochow wird in der *Prawda* veröffentlicht. Sie vereint sentimentales Mitgefühl für den einfachen Menschen mit ideologischem Pathos und wird zum Hauptwerk des sozialistisch-realistischen Kanons.
Der Almanach *Literaturnaja Moskva* vereint junge Autoren mit führenden und mitunter »halbverbotenen« Schriftstellern der älteren Generation. Autoren der ersten Ausgabe: Konstantin Fedin, Samuil Marschak, Alexander Twardowski, Anna Achmatowa, Boris Sluzki, Viktor Schklowski, Wladimir Tendrjakow, Kornej Tschukowski, Boris Pasternak u. a. Eine Sensation wird die zweite Ausgabe: Sie enthält u. a. Gedichte von Marina Zwetajewa, Nikolai Sabolozki und die Erzählung *Ryčagi (Hebel)* von Alexander Jaschin, in der die verdummende Wirkung der offiziellen Rhetorik auf den normalen Menschen entlarvt wird. Das Erscheinen der folgenden Nummern wird verboten.

### Berlin ¬ DDR

**17.3.** An den Universitäten beginnen antistalinistische Diskussionen. Ernst Bloch und Robert Havemann werden zu Leitbildern einer »Opposition des dritten Weges« zwischen stalinistischem Kommunismus und Kapitalismus. Auf der *Konferenz der Literaturwissenschaftler* im Mai spricht sich Hans Mayer gegen Stalins Vorstellung vom Schriftsteller als dem »Ingenieur der menschlichen Seele« aus.
**28.6.** Auflösung des Amts für Literatur- und Verlagswesen, das via Lizenzvergabe eine Zensur ausübt und u. a. von Stephan Hermlin attackiert wird. Am 1.7. werden die ehem. Aufgaben des Amts für Literatur- und Verlagswesen durch die Hauptverwaltung Verlage und Buchhandel im Ministerium für Kultur übernommen. Sie entscheidet nun über Lizenzen, Auflagenhöhe sowie über die Art und Weise der Vermarktung.
Heinrich Manns Roman *Empfang bei der Welt* erscheint postum (Berlin/DDR).

### West-Berlin ¬ Bundesrepublik Deutschland

Der Friedenspreis des Deutschen Buchhandels geht an Reinhold Schneider, einer ehemals zentralen Figur des katholischen Widerstands gegen den Nationalsozialismus, dessen Werke von einer christlich-humanistischen Tradition geprägt sind.

# 1957

## POLITIK ¬ ZEITGESCHEHEN

**Moskau ¬ UdSSR**

**11.2.** Der Oberste Sowjet der UdSSR verabschiedet das Gesetz *zur Wiederherstellung der nationalen Autonomie der Balkaren, Tschetschenen, Inguschen, Kalmücken und Karatschajewer.*

**22.5.** Nikita Chruschtschow formuliert das Ziel, »die USA bei der Pro-Kopf-Produktion von Fleisch, Butter und Milch einzuholen«.

**18./19.6.** Die Mehrheit des Präsidiums des ZK stimmt für eine Absetzung Nikita Chruschtschows. Dieser unterwirft sich dem Beschluss nicht und fordert die Einberufung eines Plenums des ZK. Auf diesem (22.–29.6.) kulminiert der Kampf um die Macht: Sieben von zehn Mitgliedern des Präsidiums des ZK, darunter Kliment Woroschilow, formales Staatsoberhaupt, Nikolai Bulganin, formaler Regierungschef, sowie Stalins engste Mitstreiter Georgi Malenkow, Lasar Kaganowitsch und Wjatscheslaw Molotow werden zu »Verschwörern« und »Mitgliedern einer parteifeindlichen Gruppe« erklärt. Es beginnt die sieben Jahre dauernde Periode der Alleinherrschaft Chruschtschows.

**Aug.** In Moskau werden Teilnehmer der Untergrundgruppe *Sojuz patriotov Rossii* (Bund der Patrioten Russlands, auch Krasnopewzew-Zirkel genannt) verhaftet. Zu den Mitgliedern zählen in erster Linie Lehrer und Absolventen der historischen Fakultät der Moskauer Universität.

**Aug.** Erfolgreicher Test der ersten interkontinentalen (ballistischen) Rakete, die unter der Leitung von Sergej Koroljow gebaut wurde.

**29.9.** Explosion in den Reinigungsanlagen eines atomaren Komplexes in Kyschtym (südl. Ural); ein großes Territorium wird radioaktiv verseucht.

**4.10.** Die UdSSR bringt als erstes Land einen künstlichen Satelliten, den Sputnik, in eine Erdumlaufbahn. Beginn der »kosmischen Ära«. Am 3.11. wird der zweite Sputnik mit dem Hund Laika an Bord gestartet.

Sputnik, Brüssel, 1958

**26.10.** Auf dem Plenum des ZK der KPdSU wird der Verteidigungsminister Georgi Shukow auf Initiative von Chruschtschow all seiner Ämter enthoben.

**16.–19.11.** Konferenz der Führer von 65 kommunistischen Parteien in Moskau. Beginn der Meinungsverschiedenheiten mit der Führung der KP der Koreanischen Volksrepublik.

**Berlin ¬ DDR**

**30.1.–1.2.** Walter Ulbricht legt die neue Deutschland-Konzeption der SED dar, welche darauf abzielt, eine Konföderation beider deutscher Staaten (BRD und DDR) mit paritätisch besetztem Rat zu bilden.

**West-Berlin ¬ Bundesrepublik Deutschland**

**12.4.** Die Elite der deutschen Atomphysiker, darunter Friedrich von Weizsäcker, Werner Heisenberg und Otto Hahn, spricht sich in der *Göttinger Erklärung* gegen die atomare Bewaffnung der Bundeswehr aus, die insbesondere von Bundesverteidigungsminister Franz Josef Strauß (CSU) gefordert wird. Die Diskussion um die Wiederbewaffnung verschärft sich.

**20.5.** Die Bundesregierung lehnt den Plan der sowjetischen Regierung ab, die deutsche Einheit durch Verhandlungen mit der DDR und durch Bildung einer Konföderation herzustellen.

Plakat des Komitees gegen Atomrüstung

**15.9.** Bundestagswahl: Die CDU befindet sich auf dem Höhepunkt ihrer politischen Macht, Konrad Adenauer bildet erneut die Regierung.

**19.10.** Wegen der Aufnahme diplomat. Beziehungen Jugoslawiens mit der DDR bricht die Bundesrepublik ihrerseits die Beziehungen zu Jugoslawien ab. Sie folgt so der Hallsteindoktrin (vgl. 22.9.1955), die den Alleinvertretungsanspruch für Deutschland formuliert. Die Bundesrepublik unterhält aufgrund dessen mit keinem Staat (mit Ausnahme der UdSSR) diplomatische Beziehungen, der seinerseits die DDR völkerrechtlich anerkennt.

## BILDENDE KUNST

**Moskau ¬ UdSSR**

**21.4.–20.5.** In Moskau läuft die 3. Ausstellung von Werken junger Moskauer Künstler; Teilnehmer sind unter anderem Dmitri Shilinski, Geli Korshew, Tair Sachalow, Igor Obrossow und auch jene, die den Kern der nichtoffiziellen Kunst bilden: Erik Bulatov, Wladimir Wejsberg, Anatoli Zverev, Ernst Neiswestny, Oskar Rabin u. a.

**7.11.–16.3.1958** In der Manege, in sieben weiteren Ausstellungssälen und in acht Kulturpalästen Moskaus wird die Allunions-Kunstausstellung des Jahres 1957 eröffnet, die dem 40. Jahrestag der Oktoberrevolution gewidmet ist.

Erste »Wohnungsausstellungen« finden statt. Ende der 50er bis in die 60er Jahre werden in den Wohnungen von Georgi Costakis, Andrej Wolkonski, Swjatoslaw Richter, Nina Stephens, Ilja Zirlin u. a. Werke »inoffizieller« Künstler wie Anatoli Zverev, Jewgeni und Lew Kropiwnizki, Dmitri Plawinski, Wladimir Jakowlew, Oleg Prokofjew, Michail Kulakow, Wladimir Nemuchin, Wassili Sitnikow u. a. gezeigt.

**Berlin ¬ DDR**

**29.6.–4.8.** *Erste Gastausstellung* in der Deutschen Akademie der Künste, Berlin, mit Werken von Bernhard Kretzschmar, Waldemar Grzimek, Gottfried Richter u. a. Die Ausstellungen, für die externe Künstler in die Akademie eingeladen werden, finden fortan jährlich statt.

*Plastik Ausstellung* von der zentralen Sektionsleitung Bildhauer des Verbandes Bildender Künstler, Deutschland, Deutsche Akademie der Künste, Berlin. U.a. mit Fritz Cremer, Gustav Seitz, Hans Steger, Walter Arnold.

**West-Berlin ¬ Bundesrepublik Deutschland**

**25.7.** Die Stiftung Preußischer Kulturbesitz, betraut mit der Bewahrung und Verwaltung der Kulturgüter des durch den Alliierten Kontrollrat 1947 aufgelösten preußischen Staates, wird in Berlin gegründet.

*8 amerikanische Künstler. Malerei und Plastik,* Amerikahaus, Berlin-Charlottenburg. Eine Ausstellung des Seattle Art Museum für den U.S. Informations-Dienst mit Werken von Guy Anderson, Mark Tobey, Morris Graves, David Hare u. a.

*7. Ausstellung* des Deutschen Künstlerbundes (gegr. 1950) zum Thema Kunst am Bau, parallel zur IBA in der HfbK, Berlin. An der Ausstellung beteiligen sich u. a. Hann Trier, HAP Grieshaber, Karl Hartung, Georg Meistermann, Brigitte Matschinski-Denninghoff.

**andere**

**28.7.** Gründung der Situationistischen Internationalen in Cosio d'Arroscia, Norditalien, durch Asger Jorn, Guy Debord, Raoul Vaneigem, Giuseppe Pinot-Gallizio. Die S.I. vereinigt politisch und künstlerisch engagierte Initiativen aus Paris, London und Italien. Ziel ist, Kunst und Technologie auf dem aktuellen Stand der Industriegesellschaften aneinander zu koppeln. Die Arbeit ist jeweils kontextbezogen und trachtet, mit subversiven Aktionen eine revolutionäre Veränderung der Gesellschaft zu erreichen. Die S.I. ist in sämtlichen Kunstsparten aktiv und gibt mit der Situationistischen Internationalen (bis 1969) eine eigene Zeitschrift heraus. Ab 1960 treten aus der S.I. die bildenden Künstler aus; sie widmet sich unter Debord bis zur Auflösung der Gruppe 1972 vor allem der Auseinandersetzung mit der antistalinistischen Linken und der Konzipierung von nichthierarchischen Lebensformen.

**ZEITGESCHEHEN ¬ KUNST ¬** In Moskau finden vom 28.7. bis 11.8. die Weltfestspiele der Jugend und Studenten statt. Die Veranstaltung bedeutet einen Spalt im Eisernen Vorhang und gestattet den Moskauern den Kontakt mit einer Vielzahl von Ausländern. 15 Tage werden die Weltfestspiele landesweit im Rundfunk und auf zwei Fernsehkanälen übertragen. In der Akademie der Künste der UdSSR läuft eine Ausstellung mit Gemälden von über 600 jungen Künstlern der UdSSR. Eine Internationale Ausstellung mit ca. 4500 Werken von Künstlern aus 52 Ländern ist im Zentralen Gorki-Park für Kultur und Erholung zu sehen. Preise der Jury erhalten Künstler aus Belgien, der DDR (Gerhard Kettner), aus der VR China, der UdSSR (Fjodor Fiwejski) und England. Im Moskauer Haus des Architekten findet eine Diskussion über Realismus und Abstraktion statt. Das Musikprogramm der Weltfestspiele dreht sich um Jazz und Rock 'n' Roll.

## ARCHITEKTUR ¬ DENKMAL

**Moskau ¬ UdSSR**

Der Bau des landesweit größten Kinderkaufhauses, Detskij mir (Kinderland) auf dem Dsershinski-Platz (heute Lubjanka-Platz) ist abgeschlossen, A: Alexander Duschkin. Es erstreckt sich über ein ganzes Wohnviertel. Seine Fassade wird von Fensterbögen bestimmt, die über vier bis fünf Etagen reichen.

**West-Berlin ¬ Bundesrepublik Deutschland**

*INTERBAU* Kernstück der *Internationalen Bauausstellung* 1957 ist der Wiederaufbau des stark kriegszerstörten Hansaviertels, Berlin-Tiergarten. 53 Architekten aus 13 Ländern und zehn Gartengestalter entwarfen auf der von Willy Kreuer und Gerhard Jobst entwickelten städtebaulichen Grundlage von 1953, welche eine freie Gruppierung von Wohnhausbauten in einem Grüngelände vorsieht, 45 Bauten, von denen 36 ausgeführt wurden, darunter Wohngebäude, zwei Kirchen, eine Ladenzone mit Kino, Kindergarten, Stadtbücherei, Schule. Architekten u. a.: Alvar Aalto, Paul Baumgarten, Werner Düttmann, Egon Eiermann, Walter Gropius, Arne Jacobsen, Oscar Niemeyer, Max Taut, Pierre Vago, Otto Senn, Sep Ruf.

Fertigstellung der Kongresshalle, John-Foster-Dulles-Allee, Berlin-Tiergarten, A: Hugh Stubbins, Franz Mocken, Werner Düttmann (Baubeginn 1956), ein amerikanischer Beitrag zur INTERBAU als Zeugnis der deutsch-amerikanischen Freundschaft. Die ausschwingende, freitragende Dachkonstruktion über dem Auditorium stürzt 1980 wegen Korrosionsschäden ein. Nach dem Wiederaufbau 1987 ist der Bau seit 1988 Sitz des Hauses der Kulturen der Welt.

Kongresshalle, West-Berlin

Fertigstellung des Zentrums am Zoo, Budapester Straße 38/50, Hardenbergstraße 2–4, 29–29d, Berlin-Charlottenburg, A: Paul Schwebes und Hans Schoszberger (Baubeginn 1955). Das Ensemble aus Hochhäusern und Querriegeln ist mit 28.000 qm Büro- und Ausstellungsfläche Sitz der Damenoberbekleidungsindustrie. Neben einem Wohnhochhaus liegt zurückgesetzt der Zoo-Palast, Uraufführungskino der Berliner Filmfestspiele.

## FILM

**Moskau ¬ UdSSR**

**28.1.** *Pavel Korčagin* (*Wie der Stahl gehärtet wurde*, EA DDR 20.9.) R: Alexander Alow, Wladimir Naumow, D: Wassili Lanowoi, Elsa Leshdej, löst in der Presse eine Diskussion über den historisch-revolutionären Film aus.

**12.10.** *Letjat žuravli* (*Wenn die Kraniche ziehen*, EA DDR 6.6.1958, BRD 22.7.1958), R: Michail Kalatosow, nach dem Stück *Večno živye* (*Die ewig Lebenden*) von Viktor Rosow. Das lyrische Drama behandelt auf neue Weise die Themen Krieg, Liebe und Treue und ist einer der ersten Filme der »Tauwetterperiode«.

**Berlin ¬ DDR**

**30.8.** *Berlin – Ecke Schönhauser* (1956/57), R: Gerhard Klein. Der erste zahlreicher Berlin-Filme der DEFA über das Leben in der geteilten Stadt widmet sich dem »Problem der Halbstarken«. Als Ursachen für deren Verhalten werden mangelndes Verständnis, gestörte Familienverhältnisse sowie schädliche Einflüsse aus dem westlichen Teil Berlins genannt.

**13.9.** *Spielbankaffäre* (DDR/S, *Parkplatz zur großen Sehnsucht*, EA BRD 1958), R/B: Artur Pohl, D: Gertrud Kückelmann, Jan Hendriks. Ein Klischeefilm über den kapitalistischen Westen, der in der DDR dennoch als Beispiel für Revisionismus und bürgerliche Infiltration kritisiert, in der BRD aber als antiwestliche Propaganda aufgefasst wird.

**West-Berlin ¬ Bundesrepublik Deutschland**

**10.10.** *Jonas*, R/B: Ottomar Domnick, M: Duke Ellington, D: Robert Graf. Der experimentelle Spielfilm über Lebensangst und Kommunikationsunfähigkeit zeigt einen Arbeiter, der in der modernen Großstadt zwischen Betonwänden und Menschenmassen umherirrt. 1950 war Domnick durch seinen Kurzfilm *Neue Kunst – Neues Sehen* aufgefallen, der Laien an die abstrakte Kunst heranführen sollte und nach Zuschauerprotesten vom Spielplan genommen wurde.

**andere**

**16.2.** *Det sjunde inseglet* (S, UA Cannes, *Das siebente Siegel*, EA BRD 14.2.1962), R/B: Ingmar Bergman, D: Gunnar Björnstrand, Max von Sydow, Bibi Anderson. Der Regisseur wird durch den Preis in Cannes international bekannt. Ein Jahr später erhält sein Film *Smultronstället* (S, *Wilde Erdbeeren*) auf der Berlinale den Goldenen Bären.

## MEDIEN

**Moskau ¬ UdSSR**

**8.10.** Um 00.14 Uhr überträgt das Erste Programm des Allunionsrundfunks die Signale des ersten Sputniks.

*Večer vesëlych voprosov* (Abend lustiger Fragen), die erste TV-Spielshow, an der das Saalpublikum teilnimmt, erfreut sich großer Beliebtheit.

**Berlin ¬ DDR**

Der erste Auslandskorrespondent des DDR-Fernsehens nimmt seine Arbeit in Moskau auf. Es folgen Kooperationen der *Aktuellen Kamera* mit Fernsehstudios in Moskau, Prag und Warschau.

**West-Berlin ¬ Bundesrepublik Deutschland**

Der NDR beginnt mit der Ausstrahlung des ersten deutschen politischen Fernsehmagazins *Panorama*. Ab 1.7.1972 wird *Panaroma* im Wechsel mit *Report* bzw. *Anno* gesendet. Das kritische Magazin trägt zur Politisierung des Mediums Fernsehen bei.

## THEATER ¬ MUSIK

**Moskau ¬ UdSSR**

**23.3.** *Maria Stuart* von Friedrich Schiller am MChAT; erste Inszenierung eines Stücks von einem deutschen Dramatiker seit der Existenz des Künstlertheaters. Für die Rolle der Elisabeth wird Angelina Stepanowa mit dem Leninpreis ausgezeichnet.

**26.3.** Erstmalig wird auf einer sowjetischen Bühne – im Stalingrader Dramatischen Theater – das 1928 entstandene Stück *Beg* (*Die Flucht*) von Michail Bulgakow aufgeführt.

**8.–22.5.** Erste Gastspielreise des Berliner Ensembles mit Helene Weigel und Ernst Busch durch die UdSSR – in Moskau am 27.5., in Leningrad am 2.6. Im Repertoire u. a. Bertolt Brechts Stücke *Mutter Courage*, *Das Leben des Galilei*, *Der kaukasische Kreidekreis*. Die Aufführungen (in Moskau von über 15.000 Zuschauern besucht) wecken das Interesse an Brecht und an seiner schöpferischen Methode.

**31.12.** *Idiot* (*Der Idiot*) nach Fjodor Dostojewski im Großen Dramatischen Theater. Georgi Towstonogow wendet sich hier nach dem Stück *Unižennye i oskorblënnye* (*Erniedrigte und Beleidigte*) im Leningrader Theater des Leninschen Komsomol (1956) zum zweiten Mal dem Schaffen Dostojewskis zu, der Jahrzehnte inoffiziell verboten war.

Erste Auftritte des Liedermachers Bulat Okudshawa.

**Berlin ¬ DDR**

**8.–31.5.** Das Moskauer Wachtangow-Theater gastiert in Berlin, Dresden und Leipzig. Sein traditionell illusionistischer Stil ist unter deutschen Theaterleuten umstritten.

**4.12.** Wolfgang Langhoff greift am Deutschen Theater mit Wladimir Bill-Bjelozerkowskis *Sturm* auf ein Revolutionsstück aus den zwanziger Jahren zurück. Ernst Busch in der Hauptrolle singt von Hanns Eisler eigens komponierte Kampflieder.

**West-Berlin ¬ Bundesrepublik Deutschland**

**9.4.** *Der Besuch der alten Dame*, Friedrich Dürrenmatts Parabelspiel über Schuld und Korrumpierbarkeit, ist in der Regie von Hans Lietzau und mit Käthe Dorsch in der Titelrolle am Schiller Theater zu sehen.

**5.5.** Theaterskandal anlässlich Eugène Ionescos *Opfer der Pflicht*, einem Stück des Absurden Theaters, am Landestheater Darmstadt, R: Gustav Rudolf Sellner.

Empörung unter den Zuschauern lösen auch die UA von Hans Werner Henzes Ballett *Maratona di Danzan* und Igor Strawinskys *Sacre du Printemps* (Choreografie: Mary Wigman) bei den Berliner Festwochen aus.

## LITERATUR ¬ THEORIE

**Moskau ¬ UdSSR**

**9.3.** Der Versuch der Zeitschrift *Voprosy istorii* (Fragen der Geschichte), Stalins Geschichtsauffassung kritisch zu beleuchten, wird vom ZK der KPdSU verurteilt.

**19.5.** In der Regierungsdatscha nahe Moskau findet ein Treffen der Führungsspitze der KPdSU mit Vertretern der sowjetischen schöpferischen Intelligenz statt, das erste seiner Art, dem etliche andere folgen. Chruschtschow kritisiert die Verfasser des Almanachs *Literaturnaja Moskva* und bezeichnet sie als Zersetzer der Ideologie.

**Berlin ¬ DDR**

**30.1.** 30. Plenum des Zentralkomitees, in dem der so genannte Revisionismus von György Lukács kritisiert wird. Die Debatte wird im *Neuen Deutschland* fortgesetzt und markiert das Ende der »Tauwetter«-Periode.

**26.7.** Urteile gegen »Revisionisten«, u. a. gegen Walter Janka, den Leiter des Aufbau-Verlags. Es werden Haftstrafen von zweieinhalb bis fünf Jahren verhängt. Nachfolger Jankas im Aufbau-Verlag wird Klaus Gysi. Außerdem wird Erich Loest aus der Partei ausgeschlossen und wegen Hetze und Bildung einer so genannten feindlichen Gruppe verhaftet. 1958 wird der Schriftsteller zu sieben Jahren Zuchthaus verurteilt.

**7.9.** Der Slawist Ralf Schröder (Karl-Marx-Universität Leipzig) wird verhaftet und zu zehn Jahren Zuchthaus wegen Staatsverrats verurteilt, da er sich für die Rehabilitierung der unter Stalin verfolgten und umgebrachten Schriftsteller einsetzt. 1964 wird er amnestiert und 1966 verantwortlicher Lektor für sowjetische Literatur beim Verlag Volk und Welt.

**West-Berlin ¬ Bundesrepublik Deutschland**

**25.6.** Der Buchhändler Gerhard Ludwig richtet im Kölner Hauptbahnhof den ersten Taschenbuchladen Deutschlands ein.

**5.10.** Auf der Frankfurter Buchmesse findet der soeben erschienene Roman *Homo faber* (F/M) von Max Frisch besondere Beachtung. 1991 wird der Roman von Volker Schlöndorff verfilmt.

Luise Rinsers Briefroman *Abenteuer der Tugend* (F/M) bildet die unmittelbare Fortsetzung von *Mitte des Lebens* (F/M). In beiden Büchern setzt sich die Autorin mit der Emanzipation der Frauen auseinander.

Alfred Döblins letzter, zwischen 1945 und 1946 entstandener Roman *Hamlet oder Die lange Nacht nimmt kein Ende* (München) ist eine Geschichte über Kriegskatastrophe und Heilung, in der sich Erlösungsmomente und mythische Erfahrungen spiegeln.

**andere**

Boris Pasternaks *Doktor Živago* erscheint in Mailand (*Il dottor Zivago*, 1957; Doktor Schiwago, F/M 1958; russ. 1958).

Jack Kerouac, *On the Road* (New York, *Unterwegs*, Leipzig 1978, Hamburg 1959) wird zum Kultbuch der US-amerikanischen Beatnik-Generation.

Roland Barthes, *Mythologies* (Paris, *Mythen des Alltags*, F/M 1964).

1

2

3

4

1 Afrikanische Ehrenbezeugung für die Moskauer (F: Lew Porter)

2 Eröffnung der Weltfestspiele (F: Anatoli Batanow, Valentin Mastjukow)

3 Jugendtreffen (F: Igor Koschelkow)

4 Ankunft der ausländischen Delegationen (F: Wadim Kowrigin)

1

2

3

4

5

1 Das Innere des Pavillons der UdSSR (F: Gerhard Gronefeld)

2 Pavillon der Bundesrepublik Deutschland, Verbindungssteg (F: Eberhard Troeger)

3 Philips-Pavillon (F: anonym)

4 Atomium (F: Will McBride)

5 Links der Pavillon der UdSSR, rechts der der USA (F: anonym)

# 1958

## POLITIK ¬ ZEITGESCHEHEN

### Moskau ¬ UdSSR

**27.3.** Nikolai Bulganin wird seines Amtes als Vorsitzender des Ministerrates enthoben und von Nikita Chruschtschow abgelöst, der aber weiterhin auch Erster Sekretär des ZK der KPdSU bleibt.
**26.–28.8.** Massenunruhen in Grosny, hervorgerufen durch ethnische Konflikte zwischen Russen und Tschetschenen. Die Unruhen sind anfangs antitschetschenisch, wenden sich jedoch bald zu einem Aufstand gegen die russischen Machthaber.
**22.–25.12.** Tagung des Obersten Sowjets der UdSSR. Verabschiedung des Gesetzes über die obligatorische Achtklassen-Schulbildung und Schaffung liberalerer Grundlagen für die Strafgesetzgebung (unter anderem wird der Begriff »Feind des Volkes« abgeschafft).
**1958–64** Neue antireligiöse Kampagne. In sieben Jahren hat sich die Zahl der für religiöse Zwecke genutzten Kathedralen in der UdSSR auf fast die Hälfte reduziert (von 13.414 auf 7523), die der Klöster auf ein Drittel, und die Zahl der registrierten Geistlichen ist auf 4759 gesunken. 1959 demonstrieren Gläubige gegen die Schließung von Klöstern und Kirchen.

### Berlin ¬ DDR

**5./6.5.** ZK-Sekretär Kurt Hager erklärt, die Wiedervereinigung Deutschlands könne nur das Ergebnis einer Volksbewegung gegen die Nato-Politik Westdeutschlands sein. Damit verdeutlicht er, dass für die SED die Veränderung der Gesellschaftsordnung in der Bundesrepublik die Voraussetzung für eine Wiedervereinigung sei. Der 5. Parteitag der SED im Juli erklärt die DDR zum rechtmäßigen souveränen deutschen Staat und fordert die Beendigung der »Frontstadtpolitik« West-Berlins. Des Weiteren beschließt er die Beseitigung der Abhängigkeit der DDR von der westdeutschen Industrie. Am 27.10. erklärt Ulbricht ganz Berlin zum Hoheitsbereich der DDR gehörig.
**8.12.** Auflösung der Länderkammer der DDR. Die Volkskammer wählt Otto Grotewohl erneut zum Ministerpräsidenten der DDR.

### West-Berlin ¬ Bundesrepublik Deutschland

**25.4.** Unterzeichnung eines deutsch-sowjetischen Handelsabkommens.
**27.11.** Sowjetische Note an die Regierungen der USA, Englands und Frankreichs. Die UdSSR fordert eine »Freie Stadt West-Berlin« und den Abzug der Truppen der Westmächte innerhalb von sechs Monaten – Beginn der 2. Berlin-Krise.

## BILDENDE KUNST

### Moskau ¬ UdSSR

**18.10.–29.11.** In der Manege läuft die Allunions-Kunstausstellung *40 Jahre WLKSM* mit Arbeiten von Klassikern der sowjetischen Kunst wie Mitrofan Grekow, Semjon Tschuikow, Nikolai Andrejew, Iwan Schadr, Arkadi Plastow, Dementi Schmarinow, Boris Joganson. Unter den jungen Teilnehmern sind Nikolai Andronow, Erik Bulatov, Oleg Wassiljew, Wladimir Wejsberg, Ernst Neiswestny, Alexej und Sergej Tkatschow, Viktor Popkow, Tair Salachow sowie Nikolai Silis, Wladimir Lemport und Wadim Sidur mit gemeinsamen Arbeiten.
**15.12.** Eröffnung der *I. Internationalen Kunstausstellung sozialistischer Länder* in der Manege mit Beteiligung der DDR. Scharf kritisiert wird die polnische Abteilung wegen der abstrakten Werke von Tadeusz Rudziński, Galina Chrostowskaja, Adam Marczyński u. a. Die *II. Internationale Kunstausstellung* wird für 1963 angesetzt, findet aber nicht statt.

### Berlin ¬ DDR

**17.5.** Alfred Kurella veröffentlicht im *Neuen Deutschland* den Artikel *Die sowjetische Kunst wegweisend*.
Nachdem im Feb. eine Kulturrevolution zur Überwindung von Formalismus und Revisionismus angekündigt worden war, wird am 16.7. von der SED die »sozialistische Kulturrevolution« proklamiert, die den Künstlern den Kontakt mit den Werktätigen und die Beschäftigung mit Fragen des steigenden Produktionsethos nahe legt. Am 11.10. wird Alexander Abusch neuer Kulturminister.

Jackson Pollock, *Number 32*, 1950, Lackfarbe auf Leinwand

### West-Berlin ¬ Bundesrepublik Deutschland

**3.9.–1.10.** *Jackson Pollock 1912–1956*, Hochschule für bildende Künste, Berlin, veranstaltet vom MoMA, New York. Gezeigt werden 29 Bilder und 29 Papierarbeiten des Vertreters des action painting. Parallel dazu ist in der HfbK *Die neue amerikanische Malerei* zu sehen, veranstaltet vom MoMA und dem Senator für Volksbildung, mit Werken u. a. von Sam Francis, Arshile Gorky, Adolph Gottlieb, Robert Motherwell, Willem de Kooning, Mark Rothko, Clifford Still, Jackson Pollock.
**April/Okt.** *ZERO 1*, Otto Piene und Heinz Mack veranstalten *Das rote Bild* (mit Günther Uecker) und *Vibration* (mit Holweck, Mavignier, Zillmann) im Atelier von Piene, Düsseldorf. Gleichzeitig geben sie die Magazine ZERO 1 und 2 heraus (3 folgt 1961).
**Sommer** Ausstellung der Gruppe SPUR im Schwabinger Kunstzelt, München. Im Nov. *Manifest* der Gruppe als Flugblatt. SPUR ist die skandalträchtige deutsche Sektion der Situationistischen Internationalen und vertreibt ihre eigene Zeitschrift.
**5.9.–19.10.** *Dada – Dokumente einer Bewegung*, Kunstverein für die Rheinlande und Westfalen, Düsseldorf, mit Werken von Hans Arp, Hugo Ball, Max Ernst, Marcel Duchamp, Richard Huelsenbeck, Man Ray, Francis Picabia, Kurt Schwitters u. a. Die Wiederentdeckung von Dada inspiriert eine Reihe von Künstlern.

### andere

**Feb.** Lawrence Alloway spricht in seinem Artikel, *The Arts and the Mass Media*, in der Zeitschrift *Architectural Design*, London, erstmals von der Pop-Art.
**28.4.** Yves Klein, *Le Vide*, Galerie Iris Clert, Paris: Inszenierung der mit »Sensibilität« aufgeladenen Leere in einer weiß gestrichenen Galerie. Beginn der »pneumatischen Periode« Kleins. Die Ausstellung ist ein wichtiger Schritt für die konzeptuelle Kunst.

## ARCHITEKTUR ¬ DENKMAL

### Moskau ¬ UdSSR

Beginn des Baus der Moskauer Trabantenstadt Selenograd als Wohnviertel, zudem werden eine Reihe von Industriebetrieben dorthin verlegt (Leiter des Kollektivs ist 1958–1964 der Architekt Igor Roshin).
Errichtung des Majakowski-Denkmals auf dem Triumfalnaja-Platz, der in Majakowski-Platz umbenannt wird (Bildhauer: Alexander Kibalnikow). Der Platz wird zu einem Jugendtreffpunkt, wo auch regelmäßig Dichter auftreten.
Auf einer Verkehrsinsel inmitten des Dsershinski-Platzes (heute Lubjanka-Platz) wird Felix Dsershinski, dem Vorsitzenden der WTschK-OGPU (Allunionssonderkommission für den Kampf gegen Konterrevolution und Sabotage) ein Denkmal errichtet (Bildhauer: Jewgeni Wutschetitsch).

### Berlin ¬ DDR

**10.–16.7.** Auf dem 5. Parteitag der SED wird der Wieder- und Neuaufbau der wichtigsten Stadtzentren der DDR bis 1965 beschlossen (u. a. Dresden, Rostock, Magdeburg, Leipzig), wobei man sich nach den Erfordernissen der neuen Bautechnologie zu richten habe. In Berlin konzentriert sich die Planung auf die Straße Unter den Linden, die Gestaltung des Marx-Engels-Platzes und die Erweiterung der Stalinallee.
**7.10.** *Ideenwettbewerb zur sozialistischen Umgestaltung des Zentrums der Hauptstadt der Deutschen Demokratischen Republik* als Reaktion auf den Wettbewerb *Hauptstadt Berlin*, der von der Bundesregierung und dem West-Berliner Senat am 30.3.1957 ausgeschrieben wurde. Im Gegensatz zu diesem ist der *Ideenwettbewerb* auf das Ost-Berliner Gebiet beschränkt.

**ZEITGESCHEHEN ¬ ARCHITEKTUR ¬** Die 1. Weltausstellung nach dem Krieg in Brüssel beginnt am 17. April Sie stellt unter dem Motto *Bilanz für eine friedliche Welt* die Leistungen der ideologisch und wirtschaftlich konkurrierenden Systeme vor und schreibt mit diesem Wettstreit den Kalten Krieg auf technisch-kultureller Ebene weiter. Egon Eiermann und Sep Ruf errichten den Pavillon der Bundesrepublik. Sie entwerfen eine Baugruppe aus acht quadratischen, vollständig verglasten Stahlskelett-Räumen, die aufgrund ihrer Transparenz im Ausland als Ausdruck eines geläuterten, demokratischen Deutschlands bewertet werden. Die UdSSR präsentiert zwischen monumentalen Plastiken und Großmaschinen auch Modelle der beiden Raumfähren, mit denen sie 1957 den »Sputnik-Schock« ausgelöst hatte. Architektonisch-künstlerisches Highlight der Weltausstellung ist das *Poème électronique* von Le Corbusier, Edgar Varèse und Iannis Xenakis. Die Architekten und Komponisten entwickelten für den Elektronik-Konzern Philips eine stromlinienförmige Pavillon-Skulptur, die eine Varèses Musik begleitende Bild-Collage von Le Corbusier beherbergt. Das Atomium, als Bild einer friedlich nutzbaren Atomenergie voll Fortschrittsbegeisterung, überragt alle anderen Bauten.

Modell des Spreebogenareals mit Parlament und Regierungsbauten, Entwurf: Eggeling, Pempelfort, Spengelin

**West-Berlin ¬ Bundesrepublik Deutschland**

**18.6.** Die Arbeitsgemeinschaft Friedrich Spengelin, Fritz Eggeling, Gerd Pempelfort aus Hamburg/Hannover gewinnt den 1. Preis im internationalen Wettbewerb *Hauptstadt Berlin*. Der Siegerentwurf sieht, wie die Vorschläge der meisten Teilnehmer, keine Rekonstruktion der historischen Stadtstrukturen vor. Die staatlichen Repräsentationsbauten sollen im Spreebogen konzentriert, das wissen-

enkmal für Wladimir Majakowski, Moskau

schaftlich-künstlerische Zentrum mit den Akademien um den Schlossplatz gruppiert werden. Der Wettbewerb führt zu politischen Spannungen, da die potenziellen Bauplätze Innenstadtbereiche in Ost und West umfassen. Infolgedessen hat der Wettbewerb trotz seines hohen Anspruchs kaum konkrete Auswirkungen.
Wohneinheit Typ Berlin, Flatowallee 16, Berlin-Charlottenburg, A: Le Corbusier (beg. 1956/57), die 3. Unité d'habitation nach den Wohnhochhäusern in Marseille und Nantes. Diesen Gebäuden liegt die Idee zugrunde, verschiedene soziale Funktionen wie Wohnen, Lebensmittelversorgung, Kinderbetreuung oder Freizeitgestaltung unter einem Dach zu versammeln.

**andere**

Haus der Kultur, Helsinki, A: Alvar Aalto (beg. 1955), im Auftrag der Kommunistischen Partei Finnlands. Der Kongress- und Konzertsaal entwickelt sich aus der Muschelform des Zuschauerraums, die Außenwand des Saales folgt der Krümmung der Sitzreihen.
Seagram Building, New York, A: Ludwig Mies van der Rohe, Philip Johnson (beg. 1954), wegweisendes Hochhaus in Stahlskelettkonstruktion, dessen Vertikalität durch die vorgelagerte Plaza gesteigert wird.

## FILM

**Moskau ¬ UdSSR**

**5.1.** UA von *Kommunist* im Zentralen Filmhaus in Moskau (*Ein Kommunist*, EA DDR 1.8.), R: Juli Raisman. Die romantische Figur des Helden, gespielt von Jewgeni Urbanski, ist von der für die Epoche so typischen Sehnsucht nach dem ganzheitlichen Menschen erfüllt.
**Dez.** Woche mit Filmen von Sergej Eisenstein in Paris. Gezeigt wird auch der zweite Teil von *Ivan Groznyj* (*Iwan der Schreckliche*, EA des 2.Teils BRD 22.1.1960). Die Internationale Sektion für Filmgeschichte in Brüssel ermittelt in einer Umfrage bei führenden Filmwissenschaftlern Eisensteins *Bronenosec Potëmkin* (*Panzerkreuzer Potemkin*, 1925) als besten Film »aller Zeiten und Völker«.

**Berlin ¬ DDR**

**5.12.** *Tilman Riemenschneider*, R: Helmut Spieß. Am Schicksal des Bildschnitzers Riemenschneider (1460–1531), der sich während der Bauernkriege zu den Unterdrückten bekannte, demonstriert der Film die Parteilichkeit des Künstlers.

**West-Berlin ¬ Bundesrepublik Deutschland**

**14.8.** Das Auswärtige Amt erhebt in Venedig vergeblich Einspruch gegen die Vorführung des westdt. Beitrags *Das Mädchen Rosemarie* (R: Rolf Thiele, D: Nadja Tiller, Gert Fröbe). Der Film, dem der authentische Fall einer ermordeten Prostituierten zugrunde liegt, wecke »völlig falsche Vorstellungen von den gesellschaftlich-moralischen Verhältnissen in der BRD«. Bonn hatte daher auf die Entsendung einer offiziellen Delegation verzichtet.

**andere**

**28.5.** *Vertigo* (USA, *Vertigo – Aus dem Reich der Toten*, EA BRD 3.2.1959), R: Alfred Hitchcock, D: James Stewart, Kim Novak.

## MEDIEN

**West-Berlin ¬ Bundesrepublik Deutschland**

**28.1.** Der West-Berliner Verleger Axel Springer versucht, Nikita Chruschtschow in Moskau seine Ansichten über die deutsche Frage und die Situation Berlins vorzulegen. Gewährt wird ein Interview, das in der *Welt* publiziert wird.
**26.10.** Bei einem Konzert des amerikanischen Rocksängern Bill Haley in Berlin kommt es zu Tumulten unter dem jugendlichen Publikum.

## THEATER ¬ MUSIK

**Moskau ¬ UdSSR**

**6.5.** Mit dem Schauspiel *Takaja ljubov'* (*Solch eine Liebe*) von Pawel Kogout in der Inszenierung von Rolan Bykow wird das Studententheater der MGU eröffnet. Das Stück hat einen überwältigenden Erfolg und legt den Grundstein für die schauspielerische Karriere von Ija Sawwina und Alla Demidowa.
**28.5.** Beschluss des ZK der KPdSU *Über die Berichtigung der im Beschluss des ZK vom 10.2.1948 gemachten Fehler bei der Bewertung der Opern »Velikaja družba« (Große Freundschaft)*, »*Bogdan Chmel'nickij*« und »*Ot vsego serdca*« *(Von ganzem Herzen)*. Der Beschluss von 1948 habe zwar »eine berechtigte Kritik an fehlerhaften, formalistischen Tendenzen in der Musik« enthalten, jedoch eine »ungerechtfertigt heftige Bewertung« talentierter sowjetischer Komponisten zugelassen.
**Juni** Beim ersten Tschaikowski-Wettbewerb in Moskau wird der amerikanische Pianist Harvey Van Cliburn mit dem ersten Preis ausgezeichnet und darauf folgend in Russland zur Kultfigur.

Van Cliburn beim Tschaikowski-Wettbewerb, Moskau

**Berlin ¬ DDR**

**2.9.** Heiner Müllers Stücke *Der Lohndrücker* (UA 23.3. in Leipzig) und *Die Korrektur* (gemeinsam mit Inge Müller), die Probleme in der Industrieproduktion thematisieren, werden am Maxim Gorki Theater, Berlin, gezeigt. Textänderungen und eine abschwächende Regie von Hans Dieter Mäde waren dafür allerdings die Bedingung.
Die deutsche EA der *11. Symphonie* von Dmitri Schostakowitsch mit dem RundfunkSymphonieorchester Leipzig unter der Leitung von Herbert Kegel hinterlässt nachhaltigen Eindruck beim Publikum.

**West-Berlin ¬ Bundesrepublik Deutschland**

**9.5.** Nach der Neuinszenierung des ersten Teils von Goethes *Faust* im Vorjahr, zeigt Gustaf Gründgens am Deutschen Schauspielhaus Hamburg nun den zweiten Teil (BB: Teo Otto). Als scheiternder Mephisto gelingt Gründgens eine seiner bewegendsten Darstellungen. Im Dez. 1959 gastiert Gründgens mit *Faust I* am Bolschoi-Theater, Moskau, und in Leningrad.
**19.9.** Europäische EA von John Cages Klavierkonzert mit David Tudor und Mitgliedern des Kölner Rundfunk-Symphonie-Orchesters in Köln.

Gustaf Gründgens als Faust, Hamburg

## LITERATUR ¬ THEORIE

**Moskau ¬ UdSSR**

**Okt.** Die Verleihung des Nobelpreises für Literatur an Boris Pasternak für seinen Roman *Doktor Živago* (Mailand, 1957) ist in der UdSSR Auslöser für eine Hetzkampagne gegen den Dichter. Am 31.10. wird Pasternak aus dem sowjetischen Schriftstellerverband ausgeschlossen und gezwungen, den Preis abzulehnen.
Der Roman *Brat'ja i sëstry* (*Brüder und Schwestern*, Berlin 1976) von Fjodor Abramow legt den Grundstein zur so genannten Dorfprosa in der sowjetischen Literatur.
Chefredakteur der Zeitschrift *Novyj mir* wird erneut Alexander Twardowski. Nach seiner Rückkehr wird die Zeitschrift führend in der russischen Literatur und zum Zentrum für die literarische Opposition.

**Berlin ¬ DDR**

Der Slawist Norbert Randow muss für drei Jahre ins Gefängnis, weil er die deutsche Übersetzung von Boris Pasternaks *Doktor Schiwago* verliehen hatte.
Bruno Apitz, *Nackt unter Wölfen* (Halle/Saale); Apitz verarbeitet in dem Roman seine Erlebnisse im Konzentrationslager Buchenwald. 1963 wird das Buch von Frank Beyer verfilmt.

**West-Berlin ¬ Bundesrepublik Deutschland**

Theodor W. Adornos *Noten zur Literatur* erscheinen in vier Bänden (F/M 1958–1974).

**andere**

**6.12.** Die Wiener Gruppe tritt mit ihrem *1. Literarischen Cabaret* in Wien auf. Zu diesem Schriftstellerzirkel gehören Friedrich Achleitner, H.C. Artmann, Gerhard Rühm, Konrad Bayer, F. Kusz, Oswald Wiener, deren experimentelle, oft groteske Werke z.T. im Teamwork entstehen.

## POLITIK ¬ ZEITGESCHEHEN

### Moskau ¬ UdSSR

**1.–3.8.** Arbeiterunruhen in Temir-Tau (Gebiet Karaganda, Kasachische SSR), die mit Hilfe von Truppen des Innenministeriums niedergeschlagen werden.

**15.–27.9.** Erstmals in der Geschichte stattet die Führungsspitze der UdSSR den USA einen Besuch ab. Nikita Chruschtschow trifft u. a. Präsident Dwight Eisenhower und hält eine Rede auf der Generalversammlung der UNO. Beeindruckt von den großen Farmen in Iowa, ordnet Chruschtschow nach seiner Rückkehr an, noch mehr landwirtschaftliche Flächen für den Anbau von Mais zu nutzen. Die 1957 begonnene »Mais-Kampagne« läuft bis zur Absetzung Chruschtschows und bringt ihm den Spitznamen »Nikita-Kukuruznik« ein (von kukuruza – Mais).

Nikita Chruschtschow mit Roswell Garst beim Besuch der Maisfarmen in Iowa

Stapellauf des Eisbrechers *Lenin*, des ersten Zivilschiffs mit atomarem Antrieb.

### Berlin ¬ DDR

**3.6.** Die Volkskammer beschließt ein *Gesetz über die Einrichtung von Landwirtschaftlichen Produktionsgenossenschaften*, womit die seit Jahren laufende Kampagne für eine umfassende Kollektivierung der Landwirtschaft ihren Höhepunkt erreicht.

Die Volkskammer fasst den Beschluss über die neue Staatsflagge: Hammer, Zirkel und Ährenkranz inmitten der Farben Schwarz-Rot-Gold.

### West-Berlin ¬ Bundesrepublik Deutschland

**1.7.** Heinrich Lübke wird zum Bundespräsidenten gewählt.

**26./27.8.** Als erster US-Präsident besucht Dwight Eisenhower die Bundesrepublik. Dabei bekräftigt er die Schutzgarantie der westlichen Verbündeten für West-Berlin.

**26.9.** In der Fasanenstraße, Berlin-Charlottenburg, wird an der Stelle der 1938 zerstörten Synagoge das von Dieter Knobloch und Heinz Heise neu errichtete Jüdische Gemeindezentrum im Beisein von Heinz Galinski, dem Vorsitzenden der Jüdischen Gemeinde Berlins, Bundespräsident Theodor Heuss und dem israelischen Außenminister Shimon Peres eingeweiht.

**13.–15.11.** Auf dem Parteitag der SPD wird das *Godesberger Programm* verabschiedet, mit dem die SPD einen programmatischen Wandel zur Volkspartei vollzieht und sich vom Marxismus distanziert. Wesentliche Inhalte sind das Bekenntnis zur Landesverteidigung, die Bejahung der freien Marktwirtschaft bei öffentlicher Kontrolle wirtschaftlicher Machtkonzentration, die Einführung einer staatl. Mindestrente und die Gleichstellung der Frau.

**6.12.** Trotz Protesten seitens der Bundesregierung beschließt die Vollversammlung des für die Bundesrepublik Deutschland zuständigen Nationalen Olympischen Komitees, dass die gesamtdeutsche Mannschaft bei den Spielen 1960 unter einer schwarz-rot-goldenen Fahne mit den fünf olympischen Ringen im roten Feld antreten soll.

### andere

**13.2.** Revolutionsführer Fidel Castro übernimmt das Amt des Ministerpräsidenten in Kuba. Seit 1953 hatte er mit seinen Guerilleros gegen das Terrorregime des Diktators Batista gekämpft. Anfang 1959 flieht Batista, durch Korruptionsaffären und den Zerfall der Armee geschwächt, ins Exil.

**11.5.–20.6.** Deutschlandkonferenz der Außenminister der Vier Mächte in Genf. Die Bundesrepublik und die DDR entsenden Beobachterdelegationen. Am 19.6. übermittelt DDR-Außenminister Lothar Bolz den Entwurf eines deutsch-deutschen Nichtangriffspakts an Bundesaußenminister Heinrich von Brentano und die anderen Delegationen. Die Konferenz wird vertagt und dann am 5.8. erfolglos beendet.

## BILDENDE KUNST

### Moskau ¬ UdSSR

**24.1.** In der Akademie der Künste, Moskau, wird eine dem XXI. Parteitag der KPdSU gewidmete Ausstellung mit Werken von Akademiemitgliedern eröffnet, mit Matwej Maniser, Jewgeni Wutschetitsch, Nikolai Tomski, Sergej Konenkow, Wassili Jefanow u. a.

**Mai-Juni** Im Moskauer Haus des Künstlers und im Gorki-Park läuft die 5. Ausstellung junger Moskauer Künstler. Auf das größte Interesse bei Kritikern und Zuschauern stößt die Arbeit *Vljublënnye* (*Die Verliebten*) von Geli Korshew.

**6.–13.6.** *Woche der bildenden Kunst* in Moskau. Im Gorki-Park werden Agitationsplakate und Grafiken gezeigt, im ZDRI die Ausstellung *Die Künstler dem Volk*. Die Kombinate des Kunstfonds organisieren einen Verkauf ihrer Produktion.

**25.6.–4.9.** Auf der Nationalen Ausstellung der USA im Sokolniki-Park werden erstmals in Moskau Arbeiten von Edward Hopper, Joseph Stella, George Grosz, Georgia O'Keeffe, Ben Shan, Mark Tobey, Jackson Pollock, Mark Rothko, Alexander Calder, Arshile Gorky, Willem de Kooning, Robert Motherwell und Yves Tanguy gezeigt. Zwei Wochen zuvor hält der Direktor des New Yorker MoMA, Alfred Barr, im Haus der Völkerfreundschaft den Vortrag *Amerikanische bildende Kunst*.

**12.10.** Eröffnung einer Ausstellung deutscher Kunst des 17.–20. Jhs. in der Ermitage, Leningrad, anlässlich des 10. Jahrestags der Gründung der DDR. Darunter Arbeiten von Otto Nagel, Heinrich Ehmsen, Heinrich Vogeler, Hans und Lea Grundig, Adolph Menzel, von Max Liebermann und Käthe Kollwitz. Parallel dazu wird in Moskau und anderen Städten ein Festival mit Filmen aus der DDR veranstaltet.

### Berlin ¬ DDR

**1.–5.12.** Der *IV. Kongreß des VBKD* in Leipzig bestätigt die sowjetische Kunst als »beispielgebend«.

Die DDR erhält den von der Sowjetunion 1945 beschlagnahmten Pergamonaltar zurück. Er wird im wieder aufgebauten und zum 10. Jahrestag der Gründung der DDR eröffneten Pergamonmuseum auf der Museumsinsel, Berlin-Mitte, ausgestellt.

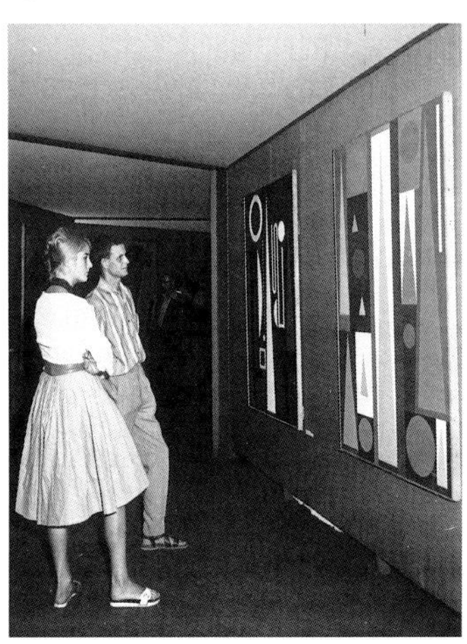

*II. documenta*. Besucher vor Werken von Auguste Herbin

### West-Berlin ¬ Bundesrepublik Deutschland

**11.7.–11.10.** *II. documenta*, Kassel, unter der Leitung von Arnold Bode und Werner Haftmann, zuständig für Skulptur ist Eduard Trier, für Grafik Hein Stünke. Die *II. documenta* begreift sich als retrospektive Ausstellung über die Kunst der ersten Hälfte des 20. Jahrhunderts, legt aber auch einen Schwerpunkt auf die abstrakte Kunst der Nachkriegszeit.

### andere

**März** *Vision in Motion*, im Herrenhuis, Antwerpen, ist die erste umfassende und internationale Ausstellung kinetischer Kunst, organisiert von den Künstlern Pol Bury, Paul van Hoeydonk und Daniel Spoerri. Für *dynamo*, drei Monate später in der Wiesbadener Galerie Boukes, wird der Kreis der Künstler nochmals erweitert.

**4., 6.–10.10.** Allan Kaprow, *18 happenings in six parts*, Reuben Gallery, New York. Die Reuben Gallery ist in diesen Jahren der zentrale Ort für Performances und Aktionen in New York, so für Jim Dine, Claes Oldenburg, Robert Morris, Robert Whitman u. a. Die Bezeichnung *Happening* für die neue, partizipative Kunstform geht auf Allan Kaprow zurück.

## ARCHITEKTUR ¬ DENKMAL

### Moskau ¬ UdSSR

**5.2.** Gemäß dem Siebenjahrplan zur Entwicklung der Volkswirtschaft (1959–65) werden für den Bau von 650–660 Mio. $m^2$ Wohnraum ein Fünftel aller staatl. Kapitalinvestitionen bereitgestellt; davon sollen allein in Moskau 600–620.000 Wohnungen errichtet werden.

Schwimmbad *Moskwa*

Wettbewerb zum Dvorec Sovetov (Palast der Sowjets) auf den Leninbergen, Moskau (1958–59). Obwohl ein erster Preis nicht vergeben wird, gilt Alexander Wlassow als Sieger. Er leitet die kurze Zeit später abgebrochene Projektierung des gewaltigen Komplexes. Ab dem 20.12. sind in der Manege die Entwürfe für den Palast der Sowjets sowie für das Lenin-Denkmal und für das Monument pobedy (Monument des Sieges) zu sehen. Unter den Teilnehmern ist der Bildhauer Ernst Neiswestny. Parallel dazu erfolgt die Demontage der Subkonstruktion des Palasts der Sowjets auf dem früheren Bauplatz an der Stelle der 1934 gesprengten Christ-Erlöser-Kathedrale. An dieser Stelle wird 1960 das beheizte Freibad Moskwa, A: Dmitri Tschetschulin, mit einem Durchmesser von 129,5 m eröffnet.

### Berlin ¬ DDR

Das Kollektiv um Hermann Henselmann, den »Chefarchitekten« von Berlin, reicht außer Konkurrenz einen Entwurf zum Zentrum-Wettbewerb (ausgeschrieben 1958) ein. Er konzipiert die verlangte, sozialistische Höhendominante nicht mehr als Haus, sondern symbolisch mit einem 320 m hohen Turm der Signale. Dieser dominiert ein bandartiges Forum der Nationen mit einer auf Stützen aufgebockten Marx-Engels-Ehrenhalle. Der provokante Vorschlag stößt auf Ablehnung, liefert aber die Grundidee für den späteren Fernsehturm.

**6.10.** Wiederaufstellung der Quadriga auf dem Brandenburger Tor zum zehnjährigen Bestehen der DDR. Der preußische Adler und das Eiserne Kreuz, die 1814 hinzugefügt worden waren, sind entfernt.

### West-Berlin ¬ Bundesrepublik Deutschland

Oswald Mathias Ungers eigenes Wohnhaus in Köln ist ein konsequentes Beispiel des so genannten Brutalismus in Deutschland. Es setzt sich aus über- und ineinander geschobenen Ziegelkuben zusammen.

### andere

**21.10.** Das von Frank Lloyd Wright entworfene Solomon R. Guggenheim Museum in New York wird eröffnet.

## FILM

### Moskau ¬ UdSSR

**3.–17.8.** *I. Internationales Filmfestival* in Moskau. Den 1. Preis erhält der Film *Sud'ba Čeloveka* (*Ein Menschenschicksal*, EA DDR 6.11.) von Sergei Bondartschuk nach einer Erzählung von Michail Scholochow. Bondartschuk selbst spielt die Hauptrolle. Mit der Goldenen Medaille ausgezeichnet wird die satirische Politkomödie *Wir Wunderkinder* (BRD 1958, R: Kurt Hoffmann).

**1.12.** *Ballada o soldate* (*Die Ballade vom Soldaten*, EA DDR 10.6.1960, BRD 11.8.1960), R: Grigori Tschuchrai, wird zusammen mit *Letjat žuravli* (*Wenn die Kraniche ziehen*, 1957) zu einem Sinnbild für die Periode des »Tauwetters«.

### Berlin ¬ DDR

**13.11.** *Verwirrung der Liebe*, R/B: Slatan Dudow. Das Lustspiel über zwei junge Paare, die wechselseitig ihre Partner tauschen, ist beim Publikum ein Erfolg, wird aber von offizieller Seite abgelehnt, da es die Möglichkeit einer Beziehung zwischen Arbeiter und Studenten problematisiert. Angelica Domröse hat hier ihr Filmdebüt.

### West-Berlin ¬ Bundesrepublik Deutschland

**7.4.** *Hunde, wollt ihr ewig leben!*, R/B: Frank Wisbar, D: Joachim Hansen, Wilhelm Borchert. Der mit dem Deutschen Filmpreis ausgezeichnete Kriegsfilm behandelt die Schlacht um Stalingrad 1942/43.

**24.9.** *Rosen für den Staatsanwalt*, R: Wolfgang Staudte, D: Walter Giller, Martin Held, Inge Meysel. Eine kritische Aufarbeitung des Nationalsozialismus im Nachkriegsdeutschland.

**22.10.** *Die Brücke*, R: Bernhard Wicki, D: Volker Bohnet, Fritz Wepper. Ein aufrüttelnder Antikriegsfilm, in dem sieben Sechzehnjährige am Ende des Krieges zur sinnlosen Verteidigung einer Brücke gegen amerikanische Panzer eingesetzt werden.

### andere

**1.1.** *Some Like it Hot* (USA, *Manche mögen's heiß*, EA BRD 17.9.), R/B: Billy Wilder, D: Marilyn Monroe, Tony Curtis, Jack Lemmon.

Die Nouvelle Vague macht von sich reden, mit Filmen von Alain Resnais, *Hiroshima mon amour/Nijushi – Jikan ni Joji* (F/J, EA BRD 12.4.1960, DDR 11.7.1969); François Truffaut, *Les Quatre cents coup* (F 1958/59, *Sie küßten und sie schlugen ihn*, EA BRD 20.10.1959, DDR 28.11.1969); Claude Chabrol, *Les Cousins* (F, *Schrei wenn du kannst*, EA BRD 9.10.1959).

## MEDIEN

### Moskau ¬ UdSSR

Neuer Chefredakteur der Zeitung *Izvestija* (Nachrichten) wird Chruschtschows Schwiegersohn Alexej Adshubej. Bis zu seiner Absetzung 1964 wird die Zeitung zum Symbol für das »Tauwetter«.

### Berlin ¬ DDR

**22.11.** Erstausstrahlung des Sandmännchens, DFF. Die ARD zieht am 30.11. nach. Ab 1991 ersetzt das DDR-Sandmännchen aufgrund des starken Engagements der Zuschauer gegen seine Abwicklung das westliche Pendant.

Das DDR-Sandmännchen

### West-Berlin ¬ Bundesrepublik Deutschland

**5.10.** Die Erstausstrahlung der Krimiserie *Der Andere* von Francis Durbridge wird in der Bundesrepublik zu einem erfolgreichen »Straßenfeger«, denn während der sechs Folgen sind die bundesdeutschen Straßen fast menschenleer. Große Aufregung ruft eine Zeitungsannonce des Kabarettisten Wolfgang Neuss hervor, die vor der letzten Folge den Mörder nennt.

1959–72 werden 168 Romane des brit. Autors Edgar Wallace für das Fernsehen verfilmt. Unter den Darstellern sind Klaus Kinski, Joachim Fuchsberger, Uschi Glas.

## THEATER ¬ MUSIK

### Moskau ¬ UdSSR

**29.1.** *Barabanščica* (*Die Trommlerin*) von Afanassi Salynski im Zentraltheater der Sowjetarmee behandelt die Themen »Held und Heldentum« neu. In diesem Jahr wird das Stück an 176 Theatern 5000-mal gespielt.

**6.3.** *Pjat' večerov* (*Fünf Abende*) von Alexander Wolodin im Großen Dramatischen Theater in Leningrad, R: Georgi Towstonogow, mit Sinaida Scharko und Jefim Kopeljan in den Hauptrollen. Das Stück beschreibt Schicksale von Menschen in kommunalen Wohnungen.

**26.12.** *Irkutskaja istorija* (*Irkutsker Geschichte*) von Alexej Arbusow im Wachtangow-Theater, R: Jewgeni Simonow, mit Julia Borissowa, Juri Ljubimow und Michail Uljanow. Das Stück konzentriert sich auf die Beziehungsprobleme der Haupthelden, der jungen Erbauer der sibirischen Wasserkraftwerke, und wird zum damals meistgespielten Stück.

### Berlin ¬ DDR

**23.3.** Manfred Wekwerth und Peter Palitzsch inszenieren am Berliner Ensemble Brechts *Der aufhaltsame Aufsteig des Arturo Ui* als buntes, böses Clownsspiel. In der Titelrolle Ekkehard Schall.

Festkonzert der Akademie der Künste zum 10. Jahrestag der DDR mit UA von Paul Dessaus *Hymne auf den Beginn einer neuen Geschichte der Menschheit* und Ernst Hermann Meyers *Das Tor von Buchenwald*.

Die Fernseh-Oper *Fetzers Flucht* von Kurt Schwaen und Günter Kunert, Inszenierung Günter Stahnke, thematisiert die Flucht aus der DDR und die Rückkehr.

### West-Berlin ¬ Bundesrepublik Deutschland

**28.9.** Erste stereophone Sendung im deutschen Rundfunk aus dem Großen Sendesaal des SFB mit Zoltán Kodálys *Psalmus hungarius* und Wolfgang Amadeus Mozarts *c-Moll-Messe* mit dem Radio-Symphonie-Orchester unter der Leitung des Chefdirigenten Ferenc Friscay.

**31.10.** Intendant Karl Heinz Stroux bringt am Schauspielhaus Düsseldorf Eugène Ionescos *Die Nashörner* als UA heraus. Dies ist der Höhepunkt einer Welle des »Absurden Theaters« mit steigender Akzeptanz beim Publikum.

**11.12.** UA der Oper *Ödipus der Tyrann* von Carl Orff im Württemberger Staatstheater Stuttgart.

**16.12.** Erstes Konzert der vom SFB veranstalteten Reihe *Musik der Gegenwart*.

Bei der EA von Olivier Messiaens *Réveil des oiseaux* durch Herbert von Karajan bei den Berliner Festwochen kommt es überraschend zu Publikumsprotesten.

Erstes Jazz-Festival innerhalb der Berliner Festwochen mit Duke Ellington und Kid Ory. Aus diesem Festival werden später die Berliner Jazztage.

### andere

Der italienische Autor und Schauspieler Dario Fo gründet mit seiner Frau Franca Rame eine eigene Truppe und entwickelt ein volkstümliches Theater politisch-satirischer Farcen.

Der polnische Regisseur Jerzy Grotowski baut in Opole (ab 1965 in Wrocław) sein Laboratorium für experimentelles Theater auf. Er verknüpft in seiner Schauspielerarbeit Techniken von Stanislawski und Meyerhold mit asiatischen Darstellungsformen.

## LITERATUR ¬ THEORIE

### Moskau ¬ UdSSR

Alexander Ginsburg, Student des Instituts für Geschichts- und Archivwissenschaft, späterer Dissident und Bürgerrechtler, gründet mit der Zeitschrift *Sintaksis* eine der ersten Publikationen des literarischen Samizdat. Nach dem Erscheinen von drei Ausgaben wird Ginsburg 1960 verhaftet.

Grigori Baklanows Erzählung *Pjad' zemli* (*Ein Fußbreit Erde*, Stuttgart 1960) sorgt neben *Batal'ony prosjat ognja* (1957, *Die Bataillone bitten um Feuer*, Berlin 1989) von Juri Bondarew für polemische Kritik, denn die Texte widersprechen der »Schützengrabenwahrheit« der offiziellen Darstellung des Krieges.

### Berlin ¬ DDR

In ihrer Erzählung *Das Signal auf Fahrt* (Berlin/Weimar) beschreibt Irmtraud Morgner die Doppelbelastung der berufstätigen Frau als ein wesentliches Hindernis bei der Entfaltung ihrer Persönlichkeit.

### West-Berlin ¬ Bundesrepublik Deutschland

**7.–12.10.** Auf der Frankfurter Buchmesse erregt die Auszeichnung von Uwe Johnsons *Mutmassungen über Jakob* mit dem französischen *Prix du meilleur livre étranger* internationales Aufsehen. Johnson setzt sich in dem Roman mit der deutschen Teilung auseinander. Das Buch kann in der DDR nicht erscheinen und kommt zeitgleich mit Johnsons »Umzug« nach West-Berlin in Frankfurt/M heraus.

Franz Mons erster Gedichtband *Artikulationen* (Pfullingen) erscheint. Neben Helmut Heissenbüttel und Eugen Gomringer gilt Mon als einer der Hauptvertreter der konkreten Poesie.

In Frankfurt/M wird das Haus der *Deutschen Bibliothek* eingeweiht, die bis zur Wiedervereinigung Deutschlands die Aufgabe einer Nationalbibliothek erfüllen soll.

Heinrich Böll, *Billard um halbzehn* (Köln) ist als Epochen- bzw. Familienroman konzipiert und setzt sich erneut mit dem Thema des Krieges und dem Zusammenbruch der bürgerlichen Gesellschaft auseinander.

Günter Grass wird, erst 30-jährig, durch *Die Blechtrommel* (Neuwied, Berlin) mit einem Schlag berühmt. Ins Groteske verfremdet, skizziert Grass die Situation des deutschen Kleinbürgertums sowie die kollektive Verdrängung von Schuld und Erinnerung nach 1945. 1979 wird der Roman von Volker Schlöndorff verfilmt.

**LITERATUR ¬** 1. Bitterfelder Kulturkonferenz (*Bitterfelder Weg*) vom 23. bis 25.5. Die SED versucht unter dem Motto: *Greif zur Feder Kumpel! Die sozialistische Nationalkultur braucht Dich!* die Arbeiter anzuregen, sich literarisch zu betätigen. Autoren des Mitteldeutschen Verlags Halle/Saale treffen sich dazu im Kulturpalast des Elektrochemischen Kombinats mit 150 Schriftstellern, 300 schreibenden Arbeitern, Lektoren und Funktionären. Ulbricht formuliert als Ziel der Konferenz, die Trennung von Kunst und Leben, d.h. von Schriftstellern und Arbeitswelt, zu überwinden. Daher sollen auch Schriftsteller in die Produktion gehen und diejenigen, die sich der »literarischen Gestaltung von Problemen der sozialistischen Umwälzung in der DDR« widmen, gefördert werden. Auf diese Weise soll eine von Johannes R. Becher definierte »Literaturgesellschaft« etabliert werden.

# 1960

## POLITIK ¬ ZEITGESCHEHEN

### Moskau ¬ UdSSR

**1.5.** Über dem Territorium der UdSSR wird ein US-Aufklärungsflugzeug abgeschossen. Der Pilot Francis Gary Powers, der sich mit dem Fallschirm retten konnte, wird inhaftiert. Die Gipfelkonferenz der vier Siegermächte des Zweiten Weltkrieges zu Fragen der europäischen Sicherheit und zur Berlin-Frage vom 14. bis 19.5. in Paris scheitert aufgrund dieses Zwischenfalls. 1962 wird der Pilot gegen Rudolf Abel, einen sowjetischen Residenten in den USA, ausgetauscht.

**7.5.** Leonid Breschnew löst Kliment Woroschilow als Vorsitzenden des Präsidiums des Obersten Sowjets der UdSSR ab.

**19.–21.8.** Ein Raumschiff mit den Hunden Belka und Strelka an Bord wir ins All geschickt.

**23.9.** Skandal in der UNO. Während der Erörterung der kongolesischen Frage klopft Chruschtschow mit seinem Schuh auf den Tisch.

**10.–30.11.** Moskauer Konferenz der Vertreter von 81 kommunistischen Parteien. Die Vertreter aus China sprechen sich gegen die Beschlüsse des XX. Parteitags der KPdSU und gegen Verhandlungen mit den USA und Jugoslawien aus und beharren auf dem Stalinschen Kurs.

### Berlin ¬ DDR

**10.2.** Die Volkskammer beschließt das Gesetz über die Bildung des Nationalen Verteidigungsrats, dessen Vorsitzender wird Walter Ulbricht.

Warteschlangen an den Grenzübergängen nach Ost-Berlin zu Ostern

**29.8.** Die DDR erlässt Beschränkungen im Reiseverkehr zwischen West- und Ost-Berlin, d.h. Bundesbürger sollen generell nur noch mit einer Aufenthaltsgenehmigung nach Ost-Berlin einreisen dürfen. Darauf kündigt die Bundesrepublik das Zonenabkommen.

**12.9.** Das Amt des Präsidenten wird nach dem Tod vom Wilhelm Pieck abgeschafft und ein Staatsrat mit 24 Mitgliedern gebildet, Vorsitzender wird Walter Ulbricht. Aufgrund der fortschreitenden Kollektivierung der Landwirtschaft und wachsender politischer Zwänge fliehen immer mehr Menschen aus der DDR in den Westen (in diesem Jahr ca. 200.000).

### West-Berlin ¬ Bundesrepublik Deutschland

**8.1.** Zehntausende von Jugendlichen protestieren in West-Berlin gegen Antisemitismus und Neonazismus aufgrund von rechtsradikalen, antisemitischen Ausschreitungen zum Jahreswechsel.

**12.–24.3.** Bei seinem USA-Besuch trifft Bundeskanzler Konrad Adenauer am 14.3. erstmals den israelischen Ministerpräsidenten David Ben Gurion.

### andere

**Mai** Der ehem. SS-Obersturmbannführer Adolf Eichmann wird in Argentinien festgenommen und nach Israel gebracht. Nach einem international Aufsehen erregenden Prozess wird er 1962 hingerichtet.

## BILDENDE KUNST

### Moskau ¬ UdSSR

**15.4.** Bei der Ausstellung *Sowjet-Russland* in der Manege stehen die Oktoberrevolution, der Große Vaterländische Krieg und andere Ereignisse der UdSSR-Geschichte im Vordergrund. Präsentiert werden Werke von Alexander Dejneka, Geli Korshew und von Alexej und Sergej Tkatschow. An der Ausstellung beteiligen sich auch junge Künstler wie Pawel Nikonow, Anatoli Nikitsch, Nikolai Andronow, Viktor Popkow, Pjotr und Alexander Smolin, Pjotr Ossowski, Igor Obrossow.

**Sept.** Anlässlich des 600. Geburtstags von Andrej Rubljow werden in der Tretjakow-Galerie und in der Mariä-Verkündigungs-Kathedrale des Kreml Ikonenausstellungen veranstaltet. Am 21.9. wird im ehemaligen Andronikow-Kloster das Rubljow-Museum für altrussische Kunst eröffnet.

Portalkran zur Errichtung der Wohnblöcke, Hoyerswerda

**Okt.** Im Majakowski-Museum sind Werke von El Lissitzky zu sehen. Die Ausstellungen russischer Avantgarde werden organisiert von Nikolai Chardshijew und Gennadi Ajgi. 1961 zeigen sie Michail Matjuschin, Pawel Filonow und Gustav Klucis, 1962 Wladimir Tatlin und Kasimir Malewitsch.

### Berlin ¬ DDR

**Juni–Aug.** Ausstellung der Deutschen Akademie der Künste anlässlich ihres zehnjährigen Bestehens mit Pablo Picasso, Otto Dix, Renato Guttuso, Otto Pankok, Fritz Cremer, John Heartfield u. a.

**Okt.** Gabriele Mucchi spricht sich in der Zeitschrift *Bildende Kunst* für die Gültigkeit der expressionistischen deutschen Tradition und für Picasso aus.

### West-Berlin ¬ Bundesrepublik Deutschland

**20.2.–15.3.** Eröffnung der Galerie Diogenes in der Bleibtreustr., Berlin-Charlottenburg, mit einem Programm elementarer Abstraktion. Otto Piene zeigt u. a. Rauchzeichnungen und sein mechanisches Lichtballett, Heinz Mack die erste *Hommage à Georges de la Tour* mit Phosphorbildern und Feuerskulpturen. Außerdem sind Arbeiten von Günther Uecker, Piero Manzoni, Rafael Soto u. a. zu sehen.

**18.9.–6.11.** *Berlin – Ort der Freiheit für die Kunst*, veranstaltet von der Nationalgalerie und der HfbK, Berlin, eine Überblicksausstellung Berliner Kunst seit der Jahrhundertwende, die zuvor auch in Recklinghausen und Wien gezeigt wurde. Die zeitgenössischen Positionen werden ausschließlich durch HfbK-Professoren vertreten: Hann Trier, Emil Schumacher, Hans Kuhn, Hans Uhlmann, Karl Hofer, Karl Schmidt-Rottluff u. a.

### andere

**17.3.** Jean Tinguely, *Hommage to New York: a self-constructing and self-destroying work of art*, Vorführung im Museum of Modern Art, New York.

**April** Gruppe Gutai, *International Sky Festival*, auf dem Dach des Takashimaya Department Store, Osaka, Japan.
Gründung der Nouveaux Réalistes in Paris durch den Kunstkritiker Pierre Restany. Der kleinste gemeinsame Nenner dieser heterogenen Künstlergruppe sind die Integration von Alltagsmaterialien in ihre Arbeit und die Erweiterung der Malerei in den Raum hinein.

## ARCHITEKTUR ¬ DENKMAL

### Moskau ¬ UdSSR

**9.5.** In Leningrad wird der Piskarjowskoje Gedenkfriedhof eröffnet, auf dem Hunderttausende Opfer der Blockade und bei der Verteidigung Leningrads Gefallene (1941–44) beerdigt sind.
Erlass des Präsidiums des Obersten Sowjets über die Festlegung der neuen Grenzen des stetig wachsenden Moskaus. Zur Stadt gehören jetzt alle Territorien innerhalb der Ringautobahn. Außerdem wird die Bildung eines Waldparkschutzgürtels um Moskau beschlossen.

### Berlin ¬ DDR

Das Frankfurter Tor mit seinen beiden Rundtürmen von Hermann Henselmann vollendet den südöstlichen Zugang zur Stalinallee, Berlin-Friedrichshain. Die Türme orientieren sich an Carl von Gontards Turmbauten (von 1786) für die beiden Kirchen am Gendarmenmarkt, Berlin-Mitte.
In Hoyerswerda, der »zweiten sozialistischen Stadt der DDR« (nach Eisenhüttenstadt, 1953–72, vgl. 1972), wird im Sommer der erste in Großplattenbauweise errichtete Wohnkomplex eingeweiht. Die Grundsteinlegung für Hoyerswerda war am 1.8.1955. Für die Experimente mit der Großplattenbauweise wurde im Sommer 1957 das erste Großplattenbauwerk der DDR in Betrieb genommen. 1959 lieferte das Braunkohlewerk Schwarze Pumpe, für dessen Arbeiter die Stadt errichtet wird, erstmals Elektrizität. Erst 1968 eröffnet das Warenhaus CENTRUM, die Stadthalle wird 1984 fertig. 2003 stehen bei Hoyerswerda das modernste Braunkohlekraftwerk Europas und eine große Müllverbrennungsanlage.

### West-Berlin ¬ Bundesrepublik Deutschland

**18.6.** Einweihung der Akademie der Künste, Hansaviertel, Berlin-Tiergarten, A: Werner Düttmann, mit Ausstellungsgebäude, Vortragssaal, Ateliers und Verwaltungstrakt.

**25.8.** Sprengung des Anhalter Bahnhofs (1876–80, A: Franz Schwechtens), Berlin-Kreuzberg. Ein Teil der Eingangsfassade bleibt als Mahnmal stehen.
Telefunken-Hochhaus, Ernst-Reuter-Platz, Berlin-Charlottenburg. Paul Schwebes und Hans Schoszberger errichten einen Stahlbetonbau mit an der Fassade sichtbarer Stützkonstruktion.
Thyssenhaus (Dreischeibenhochhaus), Düsseldorf (beg. 1955), A: HPP (Helmut Hentrich, Hubert Petschnigg). Die geometrisch kantige, klare Struktur des Bürohochhauses schließt an Entwicklungen in den USA an und erscheint als Verkörperung des deutschen Wirtschaftswunders.

### andere

**21.4.** Einweihung von Brasília, der neu konzipierten Hauptstadt Brasiliens. Der futuristische Generalplan (1957) stammt von Lucio Costa, Oscar Niemeyer plante die Regierungsbauten am Platz der Drei Gewalten: den

Kongressgebäude und Verwaltungshochhaus, Brasília

Obersten Gerichtshof, den Präsidentenpalast, das Kongressgebäude und das Nationaltheater. Eine klare, monumentale Formensprache und kühne Konstruktionen sollen den Symbolgehalt der Bauwerke repräsentieren.

## FILM

### Moskau ¬ UdSSR

**28.1.** Am Vorabend des 100. Geburtstags von Anton Tschechow findet in Moskau die Premiere von *Dama s sobačkoj* statt (*Die Dame mit dem Hündchen*, EA DDR 10.3.1961, BRD 25.6.1965), R/B: Iossif Chejfiz, nach der Novelle von Anton Tschechow, D: Ija Sawwina, Alexej Batalow – eine der besten Tschechow-Verfilmungen.
**27.6.** *Neotpravlennoe pis'mo* (*Ein Brief, der nie ankam*, EA BRD 1.12.1961; *Der Brief, der nicht abging*, DDR 16.12.1960), R: Michail Kalatosow, D: Innokenti Smoktunowski, Tatjana Samoilowa, Wassili Liwanow, Jewgeni Urbanski. Der Film ist durch die experimentelle Kameraführung von Sergej Urussewski (*Letjat žuravli/Wenn die Kraniche ziehen*) geprägt.
**23.11.** *Mir vchodjaščemu* (Friede dem Eintretenden), R: Alexander Alow, Wladimir Naumow, wird in Moskau präsentiert. Offiziell gilt der Film über die letzten Kriegstage als pazifistisch und wird daher des Weiteren nur in einer zensierten Variante gezeigt. 1961 erhält er auf dem Filmfestival in Venedig den Goldenen Löwen.

### Berlin ¬ DDR

**26.2.** *Der schweigende Stern/Milcząca gwiazda* (DDR/VR Polen, *Raumschiff Venus antwortete nicht*, EA BRD 9.9.), R: Kurt Maetzig, nach einem Roman von Stanisław Lem, D: Günther Simon, Yoko Tani. Im Jahr 1970 startet ein international besetztes Raumschiff zur Venus, wobei die Sowjetunion die organisatorische Führung übernimmt. Ein Film mit aufwendiger Tricktechnik aus den Babelsberger Studios.

### West-Berlin ¬ Bundesrepublik Deutschland

**14.9.** *Die 1000 Augen des Dr. Mabuse*, R: Fritz Lang, D: Dawn Addams, Wolfgang Preiss, Gert Fröbe. In Langs sarkastischem, letztem Film treibt der wahnsinnige Mabuse über die Monitorzentrale eines Berliner Luxushotels sein verbrecherisches Spiel mit den Hotelgästen.

### andere

**21.1.** *La dolce vita*, (I/F 1959, *Das süße Leben*, EA BRD 22.6.1960, DDR 17.1.1976 DFF2), R: Federico Fellini, D: Marcello Mastroianni, Anita Ekberg. Der Film zeigt anhand des unsteten Klatschreporters Marcello das ziellose Leben der römischen High Society.
**16.3.** *À bout de souffle* (F 1959, *Außer Atem*, EA BRD 5.7.1960), R: Jean-Luc Godard, B: François Truffaut, D: Jean-Paul Belmondo, Jean Seberg. Godard erhält für seinen Erstling auf den 10. Internationalen Filmfestspielen in Berlin den Regiepreis. Schnappschussästhetik, Originalton und das Interesse an der amerikanischen Popkultur kennzeichnen den Nouvelle-Vague-Film.
**17.5.** *L'avventura* (I/F, *Das Abenteuer*, EA BRD 7.2.1961; *Die mit der Liebe spielen*, DDR 10.7.1976), R/B: Michelangelo Antonioni; D: Monica Vitti spielt in der Hauptrolle eine unabhängige Frau – ein Novum im italienischen Film.

## MEDIEN

### Moskau ¬ UdSSR

Die ersten auf einen Moderator zugeschnittenen Fernsehsendungen sind: *Zdorov'e* (Gesundheit), durch die Alla Melik-Paschajewa führt, und der *Televizionnyj klub kinoputešestvij* (Fernsehklub der Filmreisen) mit Wladimir Schneiderow.
Erste Testübertragungen von Farbsendungen.
Die Zeitschrift *Novyj mir* veröffentlicht einen über das Fernsehen reflektierenden Text des Theaterkritikers Wladimir Sappak. 1963 erscheint sein Buch *Televidenie i my* (Das Fernsehen und wir), die erste theoretische Untersuchung des Mediums Fernsehen.

### Berlin ¬ DDR

**21.3.** Premiere des *Schwarzen Kanals*, einer Fernsehsendung von 1519 Folgen von und mit Karl-Eduard von Schnitzler. Gezeigt werden Ausschnitte aus dem Westfernsehen, begleitet von meist höhnischen Kommentaren, die eine Anleitung zur Interpretation des Fernsehprogramms des Klassenfeindes liefern sollen. Die Sendung wird allerdings vor allem im Westen gesehen. Als Pendant zum *Schwarzen Kanal* sendet der bundesrepublikanische NDR *Die rote Optik*, moderiert von Thilo Koch.

*Ein Brief, der nie ankam* (UdSSR), Filmstill

## THEATER ¬ MUSIK

### Moskau ¬ UdSSR

**31.1.** *Ivanov* (*Iwanow*) im Maly-Theater. Das erste Tschechow-Stück auf der Bühne des ältesten Theaters Russlands wird von Boris Babotschkin inszeniert, der auch die Hauptrolle spielt. Berühmt geworden ist er als Revolutionsheld Tschapajew in dem gleichnamigen Film der Brüder Wassiljew (1934).
**27.7.** *Mutter Courage und ihre Kinder* von Bertolt Brecht im Majakowski-Theater. Regisseur Maxim Strauch und Hauptdarstellerin Judith Gliser präsentieren dem Zuschauer einen »russischen Brecht« in der Tradition Stanislawskis.

### Berlin ¬ DDR

**22.–24.1.** Auf der Leipziger Schauspieltheater-Konferenz wird für die Bühnen der DDR das »sozialistische Nationaltheater« als Ziel vorgegeben. Klassische Werke seien vor »subjektivistischer Ausdeutung« und »unzulässiger Aktualisierung« zu schützen (Theater der Zeit, 4/60).
**30.3.** Wolfgang Langhoffs Inszenierung von Lessings *Minna von Barnhelm* (Titelrolle: Käthe Reichel) knüpft mit einer gestischen Spielweise, welche die historisch-gesellschaftlichen Zwänge der Figuren verdeutlicht, an Brechts Theaterpraxis an.

### West-Berlin ¬ Bundesrepublik Deutschland

**10.1.** Rudolf Noelte deckt in seiner Inszenierung von Sternheims Spießerkomödie *Die Kassette* für die Freie Volksbühne im Theater am Kurfürstendamm tragische Tiefen auf. Theo Lingen und Elisabeth Markus spielen die Hauptrollen.
**3.–5.5.** Die in den USA lebende Schauspielerin und Sängerin Marlene Dietrich tritt im Titania-Palast erstmals seit 1931 wieder in ihrer Heimatstadt Berlin auf.
**18.8.** Die brit. Popgruppe The Beatles tritt erstmals außerhalb von England in einem Hamburger Nachtklub auf.
Die UA von Krzysztof Pendereckis *Anaklasis* bei den Donaueschinger Musiktagen macht den Komponisten im Westen bekannt und lässt ihn neben György Ligeti (*Atmosphères* und *Apparitions*) als Protagonisten einer neuen Komponistengeneration erscheinen, die den Serialismus ablösen.
**10.–19.6.** 34. *Weltmusikfest* der Internationalen Gesellschaft für Neue Musik (IGNM) im Funkhaus Köln, mit 16 UA, z. B. von Isang Yun, Luciano Berio, Pierre Boulez, Wolfgang Fortner, Luigi Nono. Von der Presse besonders beachtet werden Karlheinz Stockhausens *Kontakte*, Mauricio Kagels *Anagrama* und György Ligetis *Apparitions*. Parallel dazu (17.–19.6.) findet das *Contre-Festival* im Atelier von Mary Bauermeister in Köln statt. Dabei sind John Cage, Morton Feldman, Christian Wolff, David Tudor, Sylvano Busotti und Nam June Paik. Paiks *Hommage à John Cage* kommentiert Heinz-Klaus Metzger in der Zeitschrift *magnum* als »das Äußerste an Schockwirkung, was Musik gegenwärtig zustande bringt, Dadaismus und Expressionismus werden ins Ungekannte miteinander multipliziert«.

## LITERATUR ¬ THEORIE

### Moskau ¬ UdSSR

**30.5.** Boris Pasternak stirbt. Die Beisetzung des bei der Partei in Ungnade gefallenen Dichters gerät zu einer stillen Äußerung gesellschaftlicher Unzufriedenheit. Die Pianisten Swjatoslaw Richter, Heinrich Neuhaus und Maria Judina spielen ganztägig im Wechsel die Trauermusik.
In der Zeitschrift *Junost'* erscheint die Erzählung *Kollegi* (Kollegen) von Wassili Axjonow, ein Versuch, die Jugend der »Tauwetterperiode« darzustellen.
Die ersten Sammelbände von Andrej Wosnessenski *Paraboly* (*Bahn der Parabel*, F/M 1963) und *Mozaika* (Mosaik) werden veröffentlicht. Aufgrund der Experimente mit neuen Formen werden die Texte zu einer literarischen Sensation.
Alexander Twardowskis *Vers-Epos Za dal'ju dal'* (Die Ferne jenseits der Ferne) behandelt das Nachkriegsleben in der UdSSR. Für die poetische Erzählung erhält er 1961 den Leninpreis.

### Berlin ¬ DDR

**8.6.** *1. Konferenz schreibender Arbeiter und Bauern* in Karl-Marx-Stadt im Rahmen des »Bitterfelder Weges«.
Ingeborg Bachmann, Hans Magnus Enzensberger und Walter Jens lesen auf Einladung des Literaturwissenschaftlers Hans Mayer an der Universität Leipzig.
Der erste Band des zweibändigen Romans *Die Abenteuer des Werner Holt* (Ost-Berlin) von Dieter Noll erscheint. Nach dem Muster des bürgerlichen Entwicklungsromans durchlebt der Held einen Prozess der Persönlichkeitsreifung. Noll gehört zu den Auflagenmillionären der DDR-Literatur.

### West-Berlin ¬ Bundesrepublik Deutschland

Johannes Mario Simmel, *Es muß nicht immer Kaviar sein* (Zürich). Simmel, zuvor Redakteur bei der *Welt am Abend*, Wien, und Kulturredakteur bei der Münchener Illustrierten *Quick*, wird mit seinen Geschichten aus der Welt der Geheimdienste, der Politik und des »großen Geldes« erfolgreichster deutschsprachiger Autor der Gegenwart. Seine Romane werden in 25 Sprachen übersetzt und erreichen eine Weltauflage von ca. 70 Mio., viele werden verfilmt.
Wolfgang Weyrauch gibt die Anthologie *Ich lebe in der Bundesrepublik. Fünfzehn Deutsche über Deutschland* (München) heraus. Darin reflektieren Hans Magnus Enzensberger, Wolfgang Koeppen, Kasimir Edschmid, Walter Jens, Martin Walser, Hans Werner Richter u. a. die persönlichen Folgen der Teilung Deutschlands.
Arno Schmidt, *Kaff auch Mare Crisium* (Karlsruhe). Schmidt richtet seine Erzählung auf eine Figur aus, siedelt sie aber auf zwei Ebenen und in zwei Zeiten an: 1959 in dem »Kaff« Giddendorf und 1980 auf dem Mond.
Martin Walser, *Halbzeit* (F/M); diesem ersten Teil der *Anselm-Kristlein-Trilogie* folgen *Das Einhorn* (1966) und *Der Sturz* (1973).
Gabriele Wohmann, *Ein ganz uraltes Vorhaben* (München). Wohmanns frühe Prosa ist durch Verfremdung, lyrische und groteske Elemente gekennzeichnet.

### andere

Elias Canetti, *Masse und Macht* (Hamburg). Canetti, in Bulgarien geborener Kosmopolit, der als Schriftsteller die deutsche Sprache wählte, behandelt hier »Massentrieb« und »Persönlichkeitstrieb«, die miteinander in Widerstreit liegen, und will damit zur Klärung der politischen, sozialen und kulturellen Verhältnisse in Europa beitragen.

## POLITIK ¬ ZEITGESCHEHEN

### Moskau ¬ UdSSR

**1.1.** Beginn der Währungsreform. Die Preise verändern sich im Maßstab 10:1. Die Reform (Änderung des Goldäquivalents des Rubels) kommt einer Abwertung des Geldes gleich.

Juri Gagarin und Gina Lollobrigida

**12.4.** Um 10:02 Uhr informiert das sowjetische Radio über den Start des ersten bemannten Raumflugs, der Geschichte. An Bord ist der Kosmonaut Juri Gagarin.

**4.5.** Erlass des Präsidiums des Obersten Sowjets *Über die Verstärkung des Kampfes gegen Personen, die sich vor der gesellschaftlich nützlichen Arbeit drücken und eine gegen die Gesellschaft gerichtete, parasitäre Lebensweise pflegen.* Der Erlass wird mehrfach gegen Andersdenkende eingesetzt, Zehntausende werden wegen »Parasitentums« verbannt. Im Zuge einer Verschärfung des Strafsystems wird am 5.5. die Todesstrafe für Wirtschaftsverbrechen, am 1.7. für Valutavergehen eingeführt. Aufgrund dessen werden die »Walutschiki« (Valutaverbrecher) Jan Rokotow und Wladislaw Faibischenko erschossen.

Fest zu Ehren Gagarins auf dem Roten Platz, Moskau, am 14. April

**6./7.8.** German Titow fliegt mit dem Raumschiff *Wostok 2* in den Kosmos.

**7.9.** Generalmajor Pjotr Grigorenko, Leiter eines Lehrstuhls an der Frunse-Militärakademie, fordert auf einer Parteikonferenz, die KPdSU solle sich um die Vermeidung eines neuen Personenkults bemühen, und schlägt eine Demokratisierung der Parteistruktur vor. Grigorenko erhält dafür einen Verweis und wird in den Fernen Osten versetzt.

**7.10.** Der KGB inhaftiert Eduard Kusnezow und Wladimir Ossipow, aktive Teilnehmer an den Versammlungen auf dem Majakowski-Platz in Moskau (vgl. 1958). Im Feb. 1962 werden sie zusammen mit dem bekanntesten Redner des Platzes, Ilja Bokstein, wegen »antisowjetischer Propaganda« verurteilt. Den Lesungen am Majakowski-Denkmal wird damit ein Ende bereitet.

**17.–31.10.** XXII. Parteitag der KPdSU. Nikita Chruschtschow gibt neue Enthüllungen um Stalin bekannt. In der Nacht vom 30. zum 31.10. wird Stalins Leichnam auf Beschluss des Parteitags aus dem Mausoleum entfernt und an der Kremlmauer beigesetzt.

**10.11.** Umbenennung von Stalingrad in Wolgograd.

### Berlin ¬ DDR

**16.–19.3.** Das ZK sucht auf seiner 12. Tagung nach Auswegen aus den mittlerweile offensichtlichen wirtschaftlichen Problemen der DDR. Im Juli werden diese Schwierigkeiten vom ZK-Sekretär Erich Apel mit Störaktionen aus dem Westen erklärt. Anfang August steigt die Zahl der Flüchtlinge aus der DDR auf täglich 2000.

**13.8.** Beginn des Mauerbaus entlang der Demarkationslinie zwischen dem sowjetisch besetzten Ost- und dem durch die drei westlichen Alliierten kontrollierten Westsektor Berlins, zuerst mit einer Absperrung der Straßen durch Stacheldraht und der Unterbrechung der S- und U-Bahnverbindung zwischen Ost- und West-Berlin. Hinzu tritt die Sperrung der durch die DDR führenden Zugangswege nach West-Berlin. Die Berliner Mauer und die Anlagen an der Interzonengrenze zur Bundesrepublik werden in den folgenden Jahren aufwendig zu einer hermetisch schließenden Absperrung mit »Todesstreifen« ausgebaut.

### West-Berlin ¬ Bundesrepublik Deutschland

**17.9.** Bei der Bundestagswahl verliert die CDU/CSU zwar die absolute Mehrheit, doch wird Konrad Adenauer zum vierten Mal zum Bundeskanzler gewählt.

**20./21.11.** Staatsbesuch Adenauers in den USA. Besprechungen mit Präsident John F. Kennedy bezüglich der Deutschlandpolitik und der Berlin-Frage. Wachsende Differenzen zwischen der deutschen und der US-Regierung.

Das erste AKW der Bundesrepublik, der Siedewasserreaktor Kahl, wird als Versuchsatomkraftwerk in Betrieb genommen (1985 stillgelegt).

Anwerbeabkommen der Bundesrepublik mit der türkischen Regierung, in dessen Folge zahlreiche türkische Arbeitskräfte nach Deutschland kommen. Berlin wird zu einer der größten türkischen Gemeinden außerhalb der Türkei.

### andere

**25.5.** Mit seiner vor dem amerikanischen Kongress gehaltenen Rede zur Zukunft der bemannten Raumfahrt, in der er verspricht, bis Ende der sechziger Jahre den ersten Menschen auf den Mond zu bringen, läutet Präsident John F. Kennedy den internationalen Wettlauf zum Mond ein.

## BILDENDE KUNST

### Moskau ¬ UdSSR

**27.4.** *Kunst in den Alltag* präsentiert in der Manege ca. 3000 Erzeugnisse der sowjetischen Kulturindustrie, von Möbeln über Glas- und Metallwaren bis zu Dekostoffen und Souvenirs. Sowjetische Designer empfehlen, neue Wohnungen mit Grafik zu verschönern, da diese besser zum Interieur der 60er Jahre passe als Ölbilder.

**Sommer** Nationalausstellung Frankreichs im Ausstellungskomplex in Sokolniki. Gezeigt werden Arbeiten von Chaim Soutine, Pablo Picasso, Pierre Soulages, Jean Dubuffet u. a.

Die Moskauer Cafés Molodjoshnoje (Jugendcafé), Aelita und Sinjaja ptiza (Blauer Vogel) werden eröffnet: Orte für eintägige Ausstellungen, Jazzabende und Dichterlesungen.

### Berlin ¬ DDR

**15.9.** Eröffnung der von Fritz Cremer angeregten Ausstellung *Junge Künstler/Malerei* in der Deutschen Akademie der Künste, Berlin, mit Peter Makolies, Ralf Winkler, Peter Herrmann, Peter Graf, Willi Sitte u. a. Die Ausstellung ist mehrfach von Schließung bedroht, die jedoch von Cremer, Hanns Eisler und Anna Seghers verhindert werden kann.

### West-Berlin ¬ Bundesrepublik Deutschland

**Juni** Wolf Vostell, Nam June Paik, Stefan Wewerka, *Simultan*, eine »spontane Aufführung« in der Galerie Lauhaus, Köln.

**10.–30.11.** Eugen Schönebeck und Georg Baselitz, beide aus der DDR übergesiedelt, fordern im *I. Pandämonium* eine neue Kunst, die sich, gestützt auf Antonin Artaud, dem Hässlichen und Qualvollen öffnet. Das Manifest erscheint zur gemeinsamen Ausstellung in der Schaperstraße 22, Berlin-Wilmersdorf, wo sie ein Jahr später das *II. Pandämonium* vorlegen.

### andere

**13.3.** Eröffnung von *Bewogen – Beweging*, Stedelijk Museum Amsterdam, eine von Daniel Spoerri kuratierte Überblicksausstellung kinetischer Kunst (anschließend in Stockholm).

**23.4.–29.5.** *Iwan Puni*, Kunsthaus Zürich. 1961–63 finden mehrere große Puni-Ausstellungen statt, u. a. im Stedelijk Museum, Amsterdam, und der Galleria Civica d'Arte Moderna, Turin.

**1.12.** Eröffnung von Claes Oldenburgs *The Store*, 107 E, 2nd St., New York. Oldenburg präsentiert verschiedene, aus Gips, Draht und Lackfarbe gefertigte Waren in seinem Ladenstudio inmitten eines slumartigen Viertels von Manhattan und ironisiert damit den auf Konsum gegründeten *American way of life*.

**DENKMAL ¬** Einweihung der *Gedenkstätte Sachsenhausen*, Straße der Nationen 22, Oranienburg, auf dem Gelände der Häftlingsbaracken des KZ Sachsenhausen am 23.4. Wegen seiner Nähe zur Gestapozentrale in Berlin diente das Lager als Ausbildungsort für KZ-Kommandanten und Bewachungspersonal im ganzen NS-Bereich. Im August 1945 übernahm die sowjetische Geheimpolizei NKWD das Lager als *Speziallager Nr. 7*. Es wurde bis zu seiner Auflösung 1950 zum größten Internierungslager der SBZ. 1961 Einrichtung als dritte *Nationale Mahn- und Gedenkstätte* (nach Buchenwald 1958 und Ravensbrück 1959) der DDR. Entwurf: Gestaltungskollektiv unter Ludwig Deiters, Gartenarchitekt: Hugo Namslauer, zentrales Mahnmal von René Graetz, Skulpturengruppe von Waldemar Grzimek. Neugestaltung des Lagermuseums in der ehem. Häftlingsküche 1974. Neubau für ein *Museum des antifaschistischen Freiheitskampfes der europäischen Länder* im ehem. Kommandanturbereich, die Ausstellung wird gestaltet von den kommunistischen Parteien und Verfolgtenorganisationen der jeweiligen Länder. Nach 1989 Offenlegung der Funktion Sachsenhausens als *Speziallager*, 1990–93 Neukonzeption der Gedenkstätte mit Dokumentation des *Speziallagers*. Einen 1993 ausgeschriebenen städtebaulichen Wettbewerb gewinnt der Wiener Architekt Hermann Czech, der Wohnhäuser und Geschäfte auf dem Gelände errichten will. Dieses Vorhaben wird jedoch nicht realisiert.

## ARCHITEKTUR ¬ DENKMAL

### Moskau ¬ UdSSR

**7.10.** Eine Regierungskommission nimmt den Kongresspalast im Kreml ab, A: Michail Possochin, Aschot Mndojanz, Jewgeni Stamo, Pawel Steller, Nikolai Schtschepetilnikow. Der Palast ist Tagungsort für die KPdSU und Spielstätte für das Bolschoi-Theater (bis 1989). Die strenge, moderne Fassade ist ein Fremdkörper im historischen Bauensemble des Kreml.

**Okt.** In Gegenwart von Delegierten des XXII. Parteitags der KPdSU und ausländischer Gäste wird das Karl-Marx-Denkmal des Bildhauers Lew Kerbel auf dem Swerdlow-

Platz eingeweiht. Bereits 1920 war im Beisein Lenins der Grundstein dafür gelegt worden.
Das Filmtheater Rossija auf dem Puschkin-Platz wird gebaut, A: Juri Schewerdjajew, Dmitri Solopow, Elmira Gadshinskaja. Eine ausladende Paradetreppe führt ins Hauptfoyer in Höhe des zweiten Geschosses.

**Berlin ¬ DDR**
**19./20.4.** Beschluss der Stadtverordnetenversammlung »über den Aufbau des Zentrums der Hauptstadt der DDR«. Der Plan sieht die Errichtung von Gebäuden für die Volkskammer und das Außenministerium am Marx-Engels-Platz, Berlin-Mitte, vor. Die Bauakademie von Schinkel wird aufgrund dieser neuen Zentrumsplanung abgebrochen, trotz fast vollständiger Rekonstruktion durch Richard Paulick.
**Ab 14.11.** werden in der DDR in Reaktion auf den Parteitagsbeschluss der KPdSU, Stalins Leichnam aus dem Mausoleum am Roten Platz zu entfernen, die Stalin-Denkmäler abgebaut und Straßen und Plätze umbenannt.

**West-Berlin ¬ Bundesrepublik Deutschland**
**24.9.** Einweihung der Deutschen Oper, Berlin-Charlottenburg, ein kubischer Bau nach Plänen von Fritz Bornemann (Wettbewerb 1955), vor dessen fensterloser Waschbetonfassade eine Stahlskulptur von Hans Uhlmann einen Akzent setzt.

Kaiser-Wilhelm-Gedächtniskirche, West-Berlin

**17.12.** Weihe des Neubaus der Kaiser-Wilhelm-Gedächtniskirche, Breitscheidplatz, Berlin-Charlottenburg, A: Egon Eiermann. Nachdem Bürgerproteste den ursprünglich geplanten Abriss der im Zweiten Weltkrieg stark beschädigten Kirche verhinderten, setzt Eiermann neben die Turmruine einen achteckigen Hauptbau mit Sakristei, eine Kapelle und einen neuen Turm aus blau verglasten Betonwaben (Wettbewerb 1956, Baubeginn 1957). Die Kirche wird zum Wahrzeichen West-Berlins.

## FILM

**Moskau ¬ UdSSR**
**20.5.** *Čistoe nebo* (1960, *Klarer Himmel*, EA BRD 20.4. 1962, DDR Mai 1962), R: Grigori Tschuchrai, D: Nina Drobyschewa, Jewgeni Urbanski. Der Film handelt von den Folgen des Stalinkults im Leben eines einfachen sowjetischen Menschen. Am 23.7. wird er mit dem Großen Preis des 2. Internationalen Filmfestivals in Moskau ausgezeichnet

**Berlin ¬ DDR**
**24.8.** *Der Fall Gleiwitz*, R: Gerhard Klein. Elf Tage nach dem Mauerbau findet die filmische Rekonstruktion der SS-Inszenierung eines Überfalls auf den schlesischen Rundfunksender am 31.8.1939, der Hitler als Vorwand für den Krieg gegen Polen diente, wenig Interesse. Der Film knüpft an den Stil Eisensteins an.

**West-Berlin ¬ Bundesrepublik Deutschland**
**8.2.** *Brutalität in Stein*, R: Peter Schamoni, Alexander Kluge. Der Kurzfilm aus Bild- und Textdokumenten über die Verbindung von NS-Architektur und Ideologie verweist motivisch auf seine späteren Spielfilme mit geschichtskritischen Fragestellungen.
**24.5.** Das Verbringungsverbotsgesetz ordnet die Vorlage aller in den Ostblockstaaten gedrehten Filme beim Bundesamt für gewerbliche Wirtschaft in Frankfurt/M an. Es soll geprüft werden, ob die Inhalte »dazu geeignet sind, als Propagandamittel gegen die freiheitlich-demokratische Grundordnung oder gegen den Gedanken der Völkerverständigung zu wirken«.

**andere**
**1.1.** *One, Two, Three* (USA, *Eins, Zwei, Drei*, EA BRD 18.12.), R/B: Billy Wilder. Die noch vor Mauerbau gedrehte Komödie nimmt anhand der Liebesgeschichte zwischen einem Proletarier (Horst Buchholz) und der Coca-Cola-Erbin (Pamela Tiffin) die »imperialistische« und »bolschewistische« Ideologie aufs Korn, welche die beiden Hälften Berlins auseinander dividiert.
**17.5.** *Viridiana* (E/Mexiko, EA BRD 27.4.1962), R/B: Luis Buñuel, Julio Alejandro. Mit dem sozial- und religionskritischen Film kehrt Buñuel aus Mexiko ins Franco-Spanien zurück. Dort wird der Film wegen »Blasphemie« verboten. Für die dt. Kinofassung werden »religiös verletzende« Einstellungen gekürzt. In Cannes erhält *Viridiana* 1961 die Goldene Palme.

## MEDIEN

**Moskau ¬ UdSSR**
**14.4.** Die erste sowjetische Fernsehsendung wird nach Europa übertragen. Zu sehen ist die feierliche Begrüßung des Kosmonauten Juri Gagarin.
**Nov.** Start der in kurzer Zeit sehr populären TV-Spielshow *KVN* (*Klub vesëlych i nachodčivych*, Klub der Lustigen und Schlagfertigen). Bis 1970 wird die Sendung direkt übertragen.
**Dez.** *Ėstafeta novostej* (Stafette der Neuigkeiten) von Juri Fokin gewinnt schnell an Popularität. Neu ist, dass die Moderation einem Journalisten anvertraut wird, der zugleich für die Sendung verantwortlich zeichnet.

**Berlin ¬ DDR**
Eröffnung eines Korrespondentenbüros des DDR-Fernsehens in Moskau.

## THEATER ¬ MUSIK

**Moskau ¬ UdSSR**
**10.12.** *Medea* von Euripides, R: Nikolai Ochlopkow. Das monumentale Stück des Majakowski-Theaters mit Jewgenija Kosyrewa in der Hauptrolle wird unter Beteiligung des akademischen Chores und Orchesters im Tschaikowski-Saal aufgeführt.

**Berlin ¬ DDR**
**30.9.** Heiner Müller, *Die Umsiedlerin oder Das Leben auf dem Lande*, UA durch Studenten der Hochschule für Ökonomie, Berlin-Karlshorst. Das Stück nach einer Erzählung von Anna Seghers zeigt ohne Idealisierung die Entwicklung eines Dorfes unter der seit Kriegsende widersprüchlichen Agrarpolitik und wird sofort verboten. Müller wird aus dem Schriftstellerverband, der Regisseur B. K. Tragelehn aus der SED ausgeschlossen und »zur Bewährung« in den Braunkohlebergbau geschickt.

**West-Berlin ¬ Bundesrepublik Deutschland**
**27.10.** In Ulm macht Peter Zadek mit seiner Inszenierung von Brendan Behans Nordirland-Stück *Die Geisel*, die aktuell-politischen Kommentar mit derben Songs und poetischer Figurenzeichnung verbindet, auf sich aufmerksam. Mit jungen Talenten wie Zadek und dem Bühnenbilder Winfried Minks beginnt Intendant Kurt Hübner im folgenden Jahr seine viel beachtete Arbeit in Bremen.
**26.10.** UA des musikalischen Theaters *Originale* von Karlheinz Stockhausen in Köln mit David Tudor, Christoph Caskel, Nam June Paik, Hans G. Helms, Mary Bauermeister und Edith Sommer, R: Carlheinz Caspari.
György Ligetis *Atmosphères* werden in Donaueschingen aufgeführt. 1962 komponiert Ligeti das *Poème symphonique* für 100 Metronome.

**andere**
**17.6.** Während eines Gastspiels des Leningrader Kirow-Theaters in Paris bittet der Tänzer Rudolf Nurejew um politisches Asyl. Er ist der erste Tänzer, der nicht in die UdSSR zurückkehrt.

**24.11.** Yoko Ono, *Works by Yoko Ono: A Grapefruit in the World of Park, A Piece for Strawberries and Violine*, Carnegie Recital Hall, New York.

## LITERATUR ¬ THEORIE

**Moskau ¬ UdSSR**
**Juli** In der Zeitschrift *Novyj mir* Nr. 7 erscheint die Erzählung *Bol'šaja ruda* (Das große Erz) von Georgi Wladimow, die das Arbeiterleben auf realistische Weise darstellt.

Billy Wilder bei den Dreharbeiten zu *Eins, zwei, drei* (USA), Berlin

**19.9.** In der *Literaturnaja gazeta* erscheint das Gedicht *Babij Jar* von Jewgeni Jewtuschenko. Es behandelt die Vernichtung der Juden durch die Faschisten und verurteilt jeglichen Antisemitismus.
Konstantin Paustowski und Nikolai Otten bringen in Kaluga den Almanach *Tarusskie stranicy* (Seiten von Tarussa) heraus. Er ist eine Sensation, da er überwiegend Texte von Schriftstellern wie Bulat Okudshawa, Juri Kasakow, Boris Sluzki und David Samoilow enthält sowie die seit Jahren nicht mehr veröffentlichten Gedichte von Nikolai Sabolozki und Marina Zwetajewa.

**Berlin ¬ DDR**
**13.8.** Nach dem Bau der Mauer wird das Programm zur Schaffung einer »sozialistischen Nationalliteratur« vom ZK der SED verabschiedet.
Franz Fühmann, Stephan Hermlin und Erwin Strittmatter begrüßen den Bau der Mauer.
Christa Wolfs erste Prosaveröffentlichung, die *Moskauer Novelle* (Halle/Saale), ist die Liebesgeschichte zwischen einer Deutschen und einem Russen, die – im Spannungsfeld zwischen Krieg und Nachkrieg, Faschismus und Kommunismus, subjektiver Neigung und sozialistischer Moral – keine Chance hat.

**West-Berlin ¬ Bundesrepublik Deutschland**
**17.6.** Gründung der Gruppe 61 in Dortmund, hervorgegangen aus der »Bergarbeiterdichtung«. Ziel der bis 1972 bestehenden Gruppe ist die »künstlerische Auseinandersetzung mit der industriellen Arbeitswelt«. Als Formen des »sozialen (aber nicht sozialistischen) Realismus« dienen die Reportage, der dokumentarische Roman, Erzählung, Film, Lyrik und Theaterstück. Mitglieder sind u. a. Günter Wallraff, Erika Runge, Max von der Grün, Friedrich Christian Delius.
**16.8.** Unter dem Motto »Wer schweigt, macht sich schuldig!« fordern westdeutsche Schriftsteller wie Günter Grass und Wolfdietrich Schnurre ihre ostdeutschen Kollegen auf, sich zu den politischen Entscheidungen ihrer Regierung zu äußern.
**18.–23.10.** Auf der Frankfurter Buchmesse erregt Uwe Johnsons Roman *Das dritte Buch über Achim* (F/M), in dem Johnson »die Grenze: den Unterschied: die Entfernung« zwischen Ost- und Westdeutschland beschreibt, großes Interesse ausländischer Verleger.
Ernst Bloch wird während einer Vortragsreihe in der Bundesrepublik vom Mauerbau überrascht und beschließt mit seiner Frau, nicht in die DDR zurückzukehren. Bloch nimmt eine Professur für Philosophie in Tübingen an.
Soziologentag in Tübingen: Die Auseinandersetzung zwischen Karl Popper und Theodor W. Adorno über Methodenprobleme der Sozialwissenschaften wird als »Positivismusstreit« bekannt.

**andere**
Michel Foucault, *Histoire de la folie* (Paris, *Wahnsinn und Gesellschaft*, F/M 1968).

1

2

3

4

5

6

1 13. August 1961, Friedrich-Ebert-Straße, zwischen Berlin-Mitte und Tiergarten (F: anonym)

2 14. August 1961, NVA-Soldaten vor dem Brandenburger Tor (F: anonym)

3 14. August 1961, Blick vom Brandenburger Tor in den Westen (F: anonym)

4 14. August 1961 (F: anonym)

5 14. August 1961, Am Brandenburger Tor (F: anonym)

6 18. August 1961, Bau der Mauer an der Lindenstraße, zwischen Berlin-Mitte und Kreuzberg (F: anonym)

7

8

9

## FAKTEN ZUR MAUER

Höhe: ca. 3,60 m
Gesamtlänge des Rings um und durch Berlin: 155 km
davon zwischen West-Berlin und Ost-Berlin: 43,1 km
und zwischen West-Berlin und DDR: 111,9 km
Betonplattenwand mit Rohrauflage: 106 km (direkt entlang dem Grenzverlauf; parallel dazu verläuft nach einem »Todesstreifen« meist eine zweite Mauer)
elektrischer Kontakt- bzw. Signalzaun: 127,5 km
Metallgitterzaun: 66,5 km
Kraftfahrzeug-Sperrgräben: 105,5 km
302 Beobachtungstürme
20 Bunker
259 Hundelaufanlagen

Todesopfer und Fluchtversuche vom 13.8.1961 bis zum 9.11.1989:
5057 geglückte Fluchtversuche
davon 574 Angehörige bewaffneter Verbände
239 Todesopfer

Quelle: Mauermuseum Haus am Checkpoint Charlie

10

11

12

7 23. August 1961 (F: anonym)
8 Blick über die Mauer, Bernauer-Straße zwischen Berlin-Mitte und Wedding (F: Klaus Lehnartz)
9 August 1961, Flüchtlinge in der Bernauer Straße, zwischen Berlin-Mitte und Wedding (F: Horst Siegmann)
10 17. August 1962, Bergung des erschossenen Peter Fechter (F: Wolfgang Bera)
11 Die Mauer in der Heidelberger Straße zwischen Berlin-Neukölln und Treptow (F: anonym)
12 Die ausgebauten Grenzanlagen, Berlin-Spandau, 1981 (F: Günter Schneider)

## POLITIK ¬ ZEITGESCHEHEN

### Moskau ¬ UdSSR

**1.6.** Der Beschluss des Ministerrats zur Erhöhung der Einzelhandelspreise für Fleisch und Fleischprodukte um 30–40 % und für Butter um 25 % löst überall im Land Proteste aus. Im Nowotscherkassker Budjonny-Werk für den Bau von Elektrolokomotiven kommt es zu einem Aufstand. Die Arbeiter rufen zusammen mit den Bewohnern der benachbarten Dörfer einen Streik aus, besetzen das Betriebsgelände und blockieren den Verkehr auf der Nordkaukasischen Eisenbahnlinie. Die anreisenden Mitglieder des Politbüros des ZK der KPdSU ordnen am 2.6. an, Unruhen unter Einsatz von Schusswaffen und Panzern zu beenden. Dutzende Menschen werden getötet, 250 verwundet. Ungefähr 100 Personen werden noch im selben Jahr für die Teilnahme an den »Massenunruhen« in Nowotscherkassk verurteilt.

### Berlin ¬ DDR

**24.1.** Die DDR führt die allgemeine Wehrpflicht ein.
**22.8.** Die Sowjetunion löst ihre Kommandantur in Ost-Berlin auf.
**8.9.** In einer Rede in Leipzig bezeichnet der Staatsratsvorsitzende Walter Ulbricht die Berliner Mauer als »antifaschistischen Schutzwall«.
**17.9.** Der Vier-Mächte-Status Berlins wird von der UdSSR einseitig als nicht mehr existent bezeichnet.

### West-Berlin ¬ Bundesrepublik Deutschland

**7.2.** Beginn sowjetischer Störaktionen gegen den West-Berliner Flugverkehr.
**17.8.** Bei einem Fluchtversuch über die Berliner Mauer wird der Ost-Berliner Peter Fechter von DDR-Volkspolizisten angeschossen. Er verblutet im Niemandsland zwischen Stacheldraht und Panzersperren, ohne dass ihm DDR-Soldaten oder amerikanisches Militär helfen. Daraufhin kommt es in West-Berlin zu Demonstrationen. Nur mit Polizeigewalt kann ein Sturm auf die Mauer verhindert werden.
**26./27.10.** Beginn der »Spiegelaffäre« mit einer polizeilichen Untersuchung der Redaktionsräume des Hamburger Nachrichtenmagazins. Bundesverteidigungsminister Franz Josef Strauß lässt den Redakteur Conrad Ahlers wegen angeblichen Landesverrats aufgrund seines kritischen Artikels *Bedingt abwehrbereit* über die Bundeswehr verhaften. Spiegel-Herausgeber Rudolf Augstein geht für 103 Tage in Haft. Die Affäre führt zu Kabinettsumbildungen.

Aufgrund der überhitzten Konjunktur und Überbeschäftigung wächst der Bedarf an ausländischen Arbeitskräften in der Bundesrepublik.

### andere

**14.3.** Eröffnung der Internationalen Abrüstungskonferenz in Genf, an der neben den USA und der UdSSR, Großbritannien, Italien, Kanada, Polen, die Tschechoslowakei, Rumänien, Bulgarien sowie Vertreter acht blockfreier Staaten teilnehmen. Ziel der Konferenz ist u. a. die Einstellung von Kernwaffenversuchen.
**22.–28.10.** Ausgelöst durch die Erklärung von US-Präsident Kennedy, die auf Kuba im Bau befindlichen sowjetischen Raketenstützpunkte müssten demontiert werden, beginnt die Kuba-Krise. Die Sowjetunion erklärt sich nach einem Ultimatum und der amerikanischen Blockade Kubas zur Räumung der Raketenstellungen bereit. Durch ein gemeinsames Schreiben von Kennedy und Chruschtschow an den UN-Generalsekretär wird der Konflikt beigelegt.

## BILDENDE KUNST

### Moskau ¬ UdSSR

**4.4.** Ausstellung des Kunst-Studios unter der Leitung von Elij Beljutin beim Stadtkomitee für Buch-, Grafik- und Plakatkünstler im Haus des Films auf der Worowski-Str. 33. Die nächste eintägige Ausstellung des Studios findet am 26.11. in einem Seitenflügel des Hauses des Lehrers auf der Bolschaja Kommunistitscheskaja Straße 9 statt und zeigt Werke der Studiomitglieder Ljuzian Gribkow, Dmitri Groman, Boris Shutowski, Gajana Kashdan, Leonid Rabitschew, Marlen Spindler, aber auch Arbeiten von Ernst Neiswestny, Juri Sobolew, Ülo Sooster und Wladimir Jankilewski. Vertreter vom ideologischen Dienst der Partei schlagen den Beljutin-Leuten vor, ihre Arbeiten in der Manege Vertretern von Partei und Regierung zu präsentieren. Sie wollen damit bewusst einen Skandal provozieren, der mit dem Verbot »verdächtiger« Kunst enden soll. Bei der Ausstellung zum 30. Jubiläum der MOSCh vom 4.11. bis 1.12. in der Manege werden daraufhin in dem für die Öffentlichkeit geschlossenen 2. Geschoss Werke von Avantgarde-Malern ausgestellt, die zuvor z.T. auch im Haus des Lehrers zu sehen waren. Zur Eröffnung kommt die Führungsspitze der Regierung. Nikita Chruschtschow kritisiert nicht nur die »aufrührerische« Ausstellung im 2. Geschoss, sondern auch die in der Hauptausstellung vertretenen Künstler der älteren Generation wie Robert Falk, Andrej Drewin, David Sterenberg und Wladimir Tatlin u. a. Nach der Rüge Chruschtschows beginnt in der Presse eine Kampagne gegen »Formalisten«, »Abstrakte« und »Pseudoneuerer«.

**BILDENDE KUNST ¬** Entscheidendes Jahr für Fluxus in der Bundesrepublik (1961 in New York geprägter Begriff von George Maciunas, US-Amerikaner litauischer Herkunft und Konzentrationsfigur der Bewegung). Fluxus umfasst experimentelle Grenzüberschreitungen zwischen bildender Kunst und Musik. Erste öffentliche Manifestationen in Deutschland: 9.6. *Kleines Sommerfest, après John Cage*, Galerie Parnass, Wuppertal, Ausstellung abstrakter Malerei mit manifestartiger Fluxus-Aktion von George Maciunas und Aktionsmusik von Benjamin Patterson. 16.6. *Neo-Dada in der Musik*, Kammerspiele Düsseldorf, Fluxus-Performances, insbesondere von Nam June Paik und Maciunas. 1.–23.9. *Fluxus. Internationale Festspiele Neuester Musik*, Hörsaal des Städtischen Museums, Wiesbaden, Musik- und Fluxusveranstaltungen, live und vom Tonband, Experimentalfilme, mit Nam June Paik, Benjamin Patterson, George Maciunas, Yoko Ono, Alison Knowles, Emmett Williams, Wolf Vostell, Dick Higgins u. a. Die Bewegung strahlt aus nach ganz Europa, in die USA und nach Japan.

### Berlin ¬ DDR

**Feb.** Erneute Verschärfung der Formalismus-Debatte: *Vom »Modernismus« gibt es nichts zu lernen* (aus der Veröffentlichung des VBKD in *Neues Deutschland*, 22.2.). Vorbereitet wird damit die *V. Deutsche Kunstausstellung*, 22.9.62–6.3.63 im Albertinum und Johanneum, Dresden. U.a. sind zu sehen: Werner Tübkes *Reiterbildnis des Viehzüchters Bodlenko* sowie Walter Womackas *Paar am Strand*. Offizielle Kritik an Willi Sitte, der daraufhin in seiner Selbstkritik beteuert: »Meine ganze Kraft [gehört] dem sozialistischen Realismus«.
**4.10.** Karl-Heinz Hagen, Kulturredakteur des *Neuen Deutschland*, löst die so genannte *Röhrenvasen-Diskussion* aus und überträgt damit die ideologische Formdiskussion auf das Kunsthandwerk.

### andere

**4.6.** Otto Muehl, Hermann Nitsch, Adolf Frohner, *Die Blutorgel*, dreitägige Einmauerung sowie Aktionen in der Perinetgasse 1, Wien: Beginn des *Wiener Aktionismus*.
**9.–25.3.** *Tentoonstelling nul*, Stedelijk Museum, Amsterdam, Kurator: Henk Peeters. Die Gruppe Nul wurde von den Niederländern Henk Peeters und J. J. Schoonhoven zusammen mit Armando und Jan Henderikse in enger Beziehung zu ZERO gegründet. Für die Ausstellung entwickeln Heinz Mack, Otto Piene und Günther Uecker ihr gemeinsames Konzept eines *salon de lumière*, eines Lichtraumes.

*Fluxus. Internationale Festspiele Neuester Musik,* Wiesbaden

**Sept.** *Dylaby, ein dynamisches Labyrinth*, Stedelijk Museum Amsterdam, Kurator: Willem Sandberg. Mehrräumiges Environment aus Alltagsmaterialien von Daniel Spoerri, Per Olof Ultvedt, Martial Raysse, Niki de Saint Phalle, Robert Rauschenberg und Jean Tinguely. Die Besucher sind zur Teilnahme und Veränderung der Ausstellungsgegenstände aufgefordert.

## ARCHITEKTUR ¬ DENKMAL

### Moskau ¬ UdSSR

Zum 150. Jahrestag der Schlacht bei Borodino wird das Panorama-Museum Borodinskaja bitva (Die Schlacht von Borodino) auf dem Kutusow-Prospekt 38 fertig gestellt, A: Alexander Korabelnikow, Sergej Kutschanow, Alexander Kusmin.

### Berlin ¬ DDR

Im 2. Bauabschnitt der Karl-Marx-Allee, Berlin-Mitte, (Gesamtplanung Klaus Deutschmann) entstehen mehrere Pavillonbauten für Restaurants und Geschäfte (durch die Kollektive Josef Kaiser und Horst Bauer), darunter das Café Moskau.

### West-Berlin ¬ Bundesrepublik Deutschland

IBM-Haus, Ernst-Reuter-Platz, Berlin-Charlottenburg, A: Rolf Gutbrod, Helmut Bätzner, Hans Holch, Horst Schwaderer, ein auf Stützen stehendes Bürohochhaus (beg. 1960).
Freie Volksbühne, Schaperstraße 24, Berlin-Wilmersdorf, A: Fritz Bornemann, ein kubischer Bau mit in Glas aufgelösten Wänden.

Baubeginn der Großsiedlung Gropiusstadt, Britz-Buckow-Rudow, Gesamtleitung: Wils Ebert, Wolfgang Dommer, Klaus H. Ernst, Rolf Gutbrod, Hans Bandel. Die Siedlung ist für 50.000 Einwohner geplant. Erschlossen wird sie durch eine neue U-Bahn-Trasse mit Einkaufs- und Gemeindezentren an den Bahnhöfen.

## FILM

### Moskau ¬ UdSSR

**5.3.** *Devjat' dnej odnogo goda* (*Neun Tage eines Jahres*, EA BRD 15.2.1963, DDR 8.11.1963), R: Michail Romm, D: Alexej Batalow, Tatjana Lawrowa, Innokenti Smoktunowski). Der von Kernphysikern handelnde Film gilt als Musterbeispiel für den sowjetischen intellektuellen Film.

**19.3.** *A esli ėto ljubov'?* (*Sie wollen nicht, dass wir uns lieben*, EA BRD 1963; *Und wenn das Liebe ist?*, DDR 12.7.1963), R: Juli Raisman, der hier seine Zweifel an der Moral des Spätstalinismus kundtut und damit eine heftige Diskussion in der Presse auslöst.

**6.4.** *Ivanovo detstvo* (*Iwans Kindheit*, EA DDR 26.4.1963, BRD 24.10.1963), R: Andrej Tarkowski, D: Kolja Burljajew, Valentin Subkow, nach Motiven der Antikriegserzählung *Iwan* (*Leuchtspur über dem Strom*) von Wladimir Bogomolow. Beim diesjährigen Filmfestival in Venedig erhält der Film den Goldenen Löwen.

**7.9.** Zum 150. Jahrestag des Vaterländischen Krieges 1812 entsteht die musikalische Komödie *Gusarskaja ballada* (*Husarenballade*, EA DDR 26.3.1963), R: Eldar Rjasanow, D: Larissa Golubkina und Juri Jakowlew. Der exzentrische Umgang mit dem patriotischen Thema macht den Film berühmt.

### Berlin ¬ DDR

**20.4.** *Wenn ich erst zur Schule geh'...*, der DEFA-Dokumentarfilm von Winfried Junge über Kinder in Golzow/Oderbruch steht am Anfang einer Langzeitbeobachtung über 40 Jahre.

**13.8.** *Schaut auf diese Stadt*, R: Karl Gass, Kommentar: Karl-Eduard von Schnitzler, ein Dokumentarfilm unter Verwendung von Archivmaterial über die Entwicklung der beiden Stadthälften Berlins zwischen Krieg und Mauerbau. Der Film demonstriert die Sicht der DDR-Führung und rechtfertigt den Mauerbau. Engl., frz. und span. Fassungen werden in den DDR-Auslandsvertretungen und bei westlichen kommunistischen Parteien gezeigt.

### West-Berlin ¬ Bundesrepublik Deutschland

**28.2.** Auf den *7. Internationalen Kurzfilmtagen* in Oberhausen unterzeichnen 26 junge Filmemacher, u. a. Alexander Kluge, Hansjürgen Pohland, Edgar Reitz, Peter Schamoni, Hans Rolf Strobel das *Oberhausener Manifest*, ein Gründungsakt des »neuen deutschen Films«. Inspiriert von der frz. Nouvelle Vague, wollen die Unterzeichner Wege fern von geistiger und kommerzieller Beeinflussung gehen. Kurz nach dem Mauerbau bleiben nicht nur die DDR, sondern auch viele osteuropäische Länder dem Festival fern. Kluge, Reitz und Detten Schleiermacher sind mit der Gründung des Instituts für Filmgestaltung in Ulm (1.10) künftig auch als Dozenten tätig.

afé Moskau, Karl-Marx-Allee, Berlin-itte

**18.5.** *Das Brot der frühen Jahre*, R/B: Herbert Vesely, nach dem Roman von Heinrich Böll, D: Christian Doermer, Karen Blanguernon, Vera Tschechowa. Die erste Böll-Verfilmung gilt als Vorläufer des jungen deutschen Films.

## MEDIEN

### Moskau ¬ UdSSR

**21.12.** Start der Fernsehsendung *Kinopanorama*, die dem sowjetischen Zuschauer eine beschränkte Vorstellung von der Entwicklung des internationalen Films vermittelt. Moderator ist der bekannte Filmdramatiker Alexej Kapler.

*Neun Tage eines Jahres* (UdSSR), Filmstill

### Berlin ¬ DDR

**12.4.** Der Ministerrat erlässt eine Verordnung über die Lizenzpflicht aller periodisch erscheinenden Presseerzeugnisse.

### West-Berlin ¬ Bundesrepublik Deutschland

Die Antibaby-Pille (seit 1960 in den USA eingeführt) kommt auf den Markt.

## THEATER ¬ MUSIK

### Moskau ¬ UdSSR

**6.5.** *Maskarad* (*Der Maskenball*) von Michail Lermontow im Maly-Theater, R: Leonid Warpachowski, ehem. Assistent von Wsewolod Meyerhold, der ungefähr zwanzig Jahre in der Verbannung verbracht hat.

**21.9.–11.10.** Gastspiel von Igor Strawinsky in der UdSSR.

**20.10.** *Gore ot uma* (Verstand schafft Leiden) von Alexander Gribojedow im Großen Dramatischen Theater, Leningrad. Georgi Towstonogow inszeniert die Komödie aus dem Schullesebuch als zeitgenössisches intellektuelles Drama. Sergej Jurski, der den Tschazki spielt, wird zum lyrischen Helden seiner Zeit.

**18.12.** Premiere der 13. Symphonie *Babi Jar* für Bass, Chor und Orchester von Dmitri Schostakowitsch nach Jewgeni Jewtuschenko. Es spielt die Moskauer Philharmonie unter der Leitung von Kirill Kondraschin.

In Nishni Nowgorod läuft das erste Festival *Sovremennaja muzyka* (Zeitgenössischer Musik), initiiert und organisiert von Mstislaw Rostropowitsch und Israil Gusman.

### Berlin ¬ DDR

**2.10.** Peter Hacks' *Die Sorgen und die Macht* (3. Fassung) wird von Wolfgang Langhoff am Deutschen Theater inszeniert. Das Stück zeigt Probleme der Industrieproduktion, die kommunistischen Idealen widersprechen, und stößt trotz positivem Ausgang auf offizielle Ablehnung. Langhoff tritt im Jahr darauf als Intendant zurück.

**10.10.** UA von Paul Dessaus Oratorium *Appell an die Arbeiterklasse*. Das Libretto besteht aus engagierten Textfragmenten zum »Kampf um Frieden«. Die Musiksprache ist pluralistisch, einfache Strukturen werden mit rhythmisch komplexen, teilweise seriellen Passagen kontrastiert.

### West-Berlin ¬ Bundesrepublik Deutschland

**23.3.** Am Schiller-Theater inszeniert Fritz Kortner *Andorra*, Max Frischs Modell-Spiel über die tödlichen Folgen von Vorurteilen (UA im Vorjahr am Zürcher Schauspielhaus, R: Kurt Hirschfeld).

**4.9.–10.10.** Bei den Berliner Festwochen wird eine Funkbrücke eingerichtet, um den Ost-Berlinern die Teilnahme an den Festwochenkonzerten per Radio zu ermöglichen.

**7.10.** Erwin Piscator wird neuer Intendant an der Freien Volksbühne und beginnt mit Gerhart Hauptmanns *Atriden-Tetralogie*, die er als Kritik an Nationalsozialismus und Krieg auffasst.

**8.10.** Friedrich Dürrenmatt zeigt in *Die Physiker* die Welt als Irrenhaus und die Gefährdung der Welt durch die Kernphysik. Hans Lietzau inszeniert die Berliner EA am Schloßpark-Theater (UA im Februar in Zürich, R: Kurt Horwitz).

**20.11.** In Hamburg inszeniert Gustaf Gründgens Schillers *Don Carlos* und spielt König Philipp II. als vereinsamten Herrscher. Es ist Gründgens' letzte Bühnenrolle.

**19.11.** Erste Veranstaltung der von Hans Heinz Stuckenschmidt moderierten Reihe von Komponistenporträts *Musik im technischen Zeitalter* in der Berliner Kongresshalle: Boris Blacher wird mit seinen im TU-Studio produzierten elektronischen Kompositionen vorgestellt. Die Reihe wird vom SFB im Fernsehen ausgestrahlt. Weitere internationale Gäste: Iannis Xenakis, Pierre Schaeffer, John Cage, Karlheinz Stockhausen, Luigi Nono.

## LITERATUR ¬ THEORIE

### Moskau ¬ UdSSR

Alexander Tschakowski wird Chefredakteur der *Literaturnaja gazeta*, die sich nach und nach zu einer Art alternativem halbamtlichem Presseorgan entwickelt, dem eine gewisse journalistische Freiheit zugestanden wird.

**Nov.** Die Zeitschrift *Novyj mir*, Nr. 11, veröffentlicht die Erzählung *Odin den' Ivana Denisoviča* (*Ein Tag im Leben des Iwan Denissowitsch*) von Alexander Solschenizyn. Sie führt in die russische Literatur das so genannte Lagerthema ein. Der Ausgang der Erzählung, von Chruschtschow persönlich sanktioniert, hat eine nachhaltige Wirkung auf oppositionelle Strömungen in der russischen Literatur und auf das gesellschaftliche Bewusstsein. Die Erzählung wird zur Auszeichnung mit dem Leninpreis vorgeschlagen, eine Änderung des offiziellen politischen Kurses verhindert dies jedoch.

In der Akademie der Wissenschaften der UdSSR findet ein von Wladimir Toporow und Wjatscheslaw Iwanow organisiertes *Symposium zum Strukturstudium der Zeichensysteme* statt, der Beginn des sowjetischen Strukturalismus. Auf dem Symposium hält der Künstler Wladimir Wejsberg den Vortrag *Klassifikacija osnovnych vidov kolorističeskogo vosprijatija* (Klassifizierung der Hauptarten der Rezeption von Farbe) und legt seine Theorie des »Weiß auf Weiß« dar.

### Berlin ¬ DDR

**27.6.** Peter Huchel muss als Chefredakteur der Literaturzeitschrift *Sinn und Form* zurücktreten, da seine Bemühungen, die Zeitschrift zum Forum einer internationalen und undogmatischen marxistischen Literaturdebatte zu machen, ihn in Konflikt mit der Parteilinie bringen.

**11.12.** Stephan Hermlin veranstaltet in der AdK einen Leseabend *Junge Lyrik*, u. a. mit Volker Braun, Bernd Jentzsch, Helmut Baierl sowie Sarah und Rainer Kirsch. Wolf Biermann, der hier erstmals öffentlich auftritt, provoziert mit der Aussage, dass die Lyrik, die das *Neue Deutschland* veröffentlicht, »einen nur zum Erbrechen bringen« kann.

### West-Berlin ¬ Bundesrepublik Deutschland

**26.9.** Anna Seghers folgt der Einladung der Frankfurter Studentenzeitschrift *konkret* zu einer Lesung im Rahmen der Buchmesse. Sie liest aus der Novelle *Der Ausflug der toten Mädchen* (New York, 1946). Die Zeitschrift will damit demonstrieren, dass ungeachtet der Teilung Deutschlands Schriftsteller aus der DDR in die Bundesrepublik kommen können.

Günter de Bruyn zeichnet in *Der Hohlweg* (Halle/Saale) die jeweilige Entscheidung der Menschen nach dem Krieg für die sozialistische oder kapitalistische Lebensform nach.

### andere

Claude Lévi-Strauss, *La pensée sauvage* (Paris, *Das wilde Denken*, F/M 1968; Moskau 1994).

Umberto Eco, *Opera aperta* (Mailand, *Das offene Kunstwerk*, F/M 1973).

# 1963

## POLITIK ¬ ZEITGESCHEHEN

### Moskau ¬ UdSSR

**27.4.–3.6.** Besuch des kubanischen Revolutionsführers Fidel Castro in Moskau.

Nikita Chruschtschow und Fidel Castro in Sawidowo

**7.–11.5.** Oleg Penkowski (ehem. Offizier der Reserve der GRU und hoher Beamter eines Komitees des Ministerrats der UdSSR) und der britische Staatsbürger G. M. Winn stehen in einem spektakulären Spionage-Prozess vor Gericht. Penkowski wird zum Tode verurteilt, Winn zu acht Jahren Haft (nach einem Jahr wird er gegen einen sowjetischen Agenten ausgetauscht).

**16.–19.6.** *Wostok 6* ist das erste Raumschiff weltweit mit einer Kosmonautin an Bord: Valentina Tereschkowa.

**Juni–Juli** Die KP Chinas und die KPdSU tauschen beleidigende Botschaften mit jeweils 25 Punkten aus. Dies markiert den endgültigen ideologischen Bruch zwischen den beiden kommunistischen Staaten.

**5.8.** In Moskau unterzeichnen die UdSSR, die USA und Großbritannien den Vertrag über das Verbot von Nukleartests im Weltraum, in der Atmosphäre und unter Wasser.

**26.10.** Chruschtschow räumt während einer Rede in Krasnodar vor Arbeitern aus der Landwirtschaft ein, dass die UdSSR wegen Missernten gezwungen sei, Getreide zu importieren. Im Zusammenhang damit werden am 6.6. Beschlüsse gefasst, die die individuelle Viehhaltung einschränken. Beginn permanenter Probleme mit der Lebensmittelversorgung.

### Berlin ¬ DDR

**15.7.** Der Staatsrat bestätigt das »Neue ökonomische System der Planung und Leitung« (NÖSPL). Dieses ordnet die Preise neu und trägt den »persönlichen materiellen Interessen« der Werktätigen Rechnung. Die Produktivität soll durch materielle Anreize gesteigert werden. So werden flexible Leistungsnormen in den Betrieben eingeführt und eine Annäherung an das Niveau moderner Industriegesellschaften angestrebt. Die DDR will im Rahmen des sozialistischen Wirtschaftssystems den Konsumbedürfnissen der Bevölkerung gerecht werden.

*Brot!*

**14.11.** Die Volkskammer wählt Walter Ulbricht erneut zum Staatsratsvorsitzenden und Otto Grotewohl zum Vorsitzenden des Ministerrates. Ulbricht betont nun eine gewisse Eigenständigkeit der DDR gegenüber der UdSSR und versucht, im Westen die diplomatische Anerkennung der DDR durchzusetzen.

### West-Berlin ¬ Bundesrepublik Deutschland

**15.7.** In seiner Tutzinger Rede vor der Evangelischen Akademie legt der Berliner Senatsdirektor Egon Bahr die Politik des »Wandels durch Annäherung« an den Osten dar. Die künftige deutsche Ostpolitik erhält dadurch entscheidende Impulse, denn man will nun die Politik des »Drucks und Gegendrucks« überwinden und auch die Interessen der Gegenseite bedenken.

**Juni** US-Präsident Kennedy besucht Berlin und spricht vor dem Schöneberger Rathaus in Hinblick auf die symbolische Rolle Berlins bei der Konfrontation von Kommunismus und westlicher Welt die legendären Worte: »Alle freien Menschen, wo immer sie leben mögen, sind Bürger dieser Stadt West-Berlin, und deshalb bin ich als freier Mann stolz darauf, sagen zu können: Ich bin ein Berliner!«

**15.10.** Konrad Adenauer gibt seinen Rücktritt als Bundeskanzler bekannt, Ludwig Erhard wird am 16.10. sein Nachfolger.

**17.12.** Inkrafttreten des ersten Passierscheinabkommens zur Regelung der Verwandten-Besuche von West- nach Ost-Berlin während der Weihnachtstage.

### andere

**28.8.** Martin Luther King, zentrale Figur der christlich orientierten Bürgerrechtler der *Southern Christian Leadership Conference*, hält beim »Marsch auf Washington« am Lincoln Memorial vor ca. 200.000 Demonstranten seine Rede für die Bürgerrechte der Schwarzen.

**22.11.** US-Präsident Kennedy wird in Dallas, Texas, von einem Attentäter erschossen.

## BILDENDE KUNST

### Moskau ¬ UdSSR

**25.3.–3.4.** Im Klub der schöpferischen Jugend beim ZDRI läuft die erste Ausstellung kinetischer Arbeiten der Gruppe Dwishenije (Bewegung), 1962 als »Kollektiv freier Künstler« von Lew Nussberg gegründet. Teilnehmer der ersten Stunde sind u. a.: Wladimir Akulinin, Rimma Sanewskaja-Sapgir, Francisco Infante-Arana, Anatoli Kriwtischikow, Viktor Stepanow.

### Berlin ¬ DDR

**5.8.** Verhaftung von Roger Loewig nach Auflösung seiner privaten Ausstellung, auf der er systemkritische Bilder zeigte. Er erhält ein Jahr Haft im Stasi-Gefängnis, Berlin-Pankow.

**Dez.** Günter Feist veröffentlicht in der *Bildenden Kunst* den 1. Teil seines Artikels *Wir müssen es uns schwerer machen*, in dem er eine auf die 20er Jahre gestützte Realismusauffassung propagiert. Der 2. Teil bleibt bis 1990 unveröffentlicht.

**21.12.** Verhaftung von Sieghard Pohl wegen »staatsfeindlicher« Reiseskizzen (Urteil: zwei Jahre Gefängnis, 1965 Ausweisung in die Bundesrepublik).

Nov.–Dez., Ausstellung im Halfmannshof, Gelsenkirchen, anlässlich der Städtebautagung des BDA (vgl. 1958). Die Schönheit der Technik, die Kinetik und die Energie des Lichts stehen anstelle der subjektiven Künstlergeste.

**2./3.2.** *Festum Fluxorum Fluxus, Musik und Antimusik – Das Instrumentale Theater*, Staatl. Kunstakademie Düsseldorf, Teilnehmer: Joseph Beuys und die Kerngruppe der Bewegung: Patterson, Higgins, Williams, Schmit, Mac Low, Watts, Maciunas, Brecht, Köpcke, Vostell, Hansen, La Monte Young, Knowles, Paik, Spoerri, Trowbridge (im Jahr zuvor gab es vergleichbare Festivals in Kopenhagen und Paris).

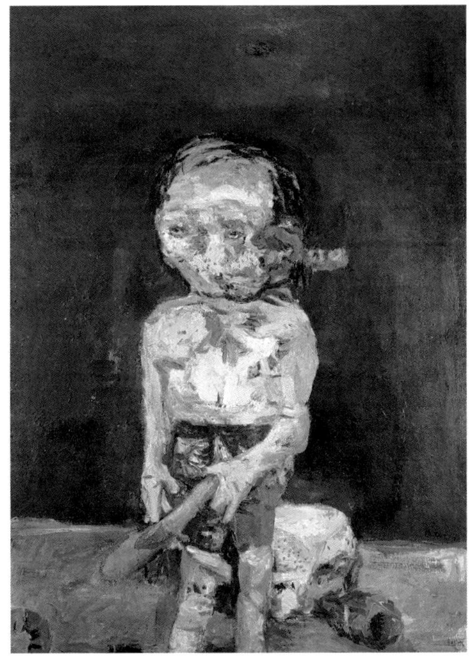

Georg Baselitz, *Die große Nacht im Eimer,* 1962/63, Öl auf Leinwand

**BILDENDE KUNST ¬** Auf dem 3. Treffen von Vertretern aus Partei und Regierung mit der Intelligenzija am 7./8.3. im Kreml (erste Treffen im Dez. 1962 und Jan. 1963) übt Nikita Chruschtschow heftige Kritik an dem Bildhauer Ernst Neiswestny, den Schriftstellern Ilja Ehrenburg und Viktor Nekrassow, den Dichtern Andrej Wosnessenski und Jewgeni Jewtuschenko, dem Filmregisseur Marlen Chuzijew und der Jazzmusik insgesamt.
Bei der Beratung des Politbüros des ZK der SED und des Präsidiums des Ministerrates der DDR mit Schriftstellern und Künstlern vom 25./26.3. in Berlin hält Kurt Hager das Referat *Parteilichkeit und Volksverbundenheit unserer Literatur und Kunst*. In Bezugnahme auf das Moskauer Treffen ist dies die erste der beiden großen Abkanzelungen der DDR-Kunst in den 60er Jahren.
Auch das Plenum des ZK der KPdSU, 18.–21.6. in Moskau, zu ideologischen Fragen argumentiert mit dem Vokabular der »Leninschen Prinzipien« Parteilichkeit und Volksverbundenheit. Es schätzt die Errungenschaften der sowjetischen Kunst hoch ein und verurteilt scharf jedwede Abweichung von den Prinzipien des sozialistischen Realismus. Es erscheint ein Sammelband mit den Reden Chruschtschows: *Vysokoe prizvanie literatury i iskusstva* (Die hohe Mission von Literatur und Kunst).

### West-Berlin ¬ Bundesrepublik Deutschland

**Jan.** Erste Ausstellung von ZERO in einem deutschen Museum, im Haus Lange, Krefeld. 1963 bringt den Durchbruch für ZERO: 30.3.–30.4. *ZERO Berlin*, Galerie Diogenes, Berlin, mit 45 Künstlern, darunter Otto Piene, Heinz Mack, Günther Uecker, Yves Klein, Lucio Fontana, Piero Manzoni, Adolf Luther, Hermann Goepfert, Jean Tinguely;

*Georg Baselitz* in der Galerie Werner & Katz, Berlin-Charlottenburg: Die Bilder *Die große Nacht im Eimer* und *Der nackte Mann* werden wegen des Vorwurfs der Pornographie von der Staatsanwaltschaft beschlagnahmt. Im folgenden Prozess wird jedoch 1965 zugunsten Baselitz' entschieden.

**11.–20.3.** *Nam June Paik, Exposition of Music – Electronic Television*, Galerie Parnass, Wuppertal. Paiks erste große Einzelausstellung. Sein Eingriff mit elektronischen Bil-

dern in das laufende Fernsehprogramm wird als Geburtsstunde der Videokunst angesehen.
*Leben mit Pop – eine Demonstration für den kapitalistischen Realismus*, Möbelhaus Berges, Düsseldorf. Die Selbstausstellung von Konrad Lueg und Gerhard Richter zwischen Alltagsgegenständen und Kunst sowie die Deklarierung des gesamten Möbelhauses als Kunst steht unter der Überschrift »Leben gleich Konsum gleich Kunst« und ist die deutsche, ironische Variante der Pop-Art.

## ARCHITEKTUR ¬ DENKMAL

### Moskau ¬ UdSSR

Nach einem Wettbewerbsentwurf von 1958 wird der Komplex des Pionier- und Schülerpalastes auf den Leninbergen (heute Sperlingsbergen) 1/11 gebaut, A: Viktor Jegerew, Wladimir Kubassow, Felix Nowikow, Boris Palui, Igor Pokrowski, Michail Chashakjan. Da er weniger repräsentativ als luftig und intim ist, wirkt er beispielgebend (Staatspreis 1967).
Das Staatliche Komitee für Bauwesen leitet nach einem Internationalen Wettbewerb die detaillierte Planung und Bebauung eines experimentellen Wohnbezirkes im Südwesten Moskaus ein.

### Berlin ¬ DDR

Wiederaufbau der St.-Hedwigs-Kathedrale in Berlin-Mitte durch Hans Schwippert aus Düsseldorf. Die west-ost-deutsche Zusammenarbeit ist durch die noch nicht vollzogene Teilung der Landeskirchen möglich.
Fertigstellung des kriegszerstörten Prinzessinnenpalais, Unter den Linden, Berlin-Mitte, durch das Kollektiv Richard Paulick. Äußerlich originalgetreu aufgebaut, beherbergt es das Operncafé.

### West-Berlin ¬ Bundesrepublik Deutschland

Eröffnung der Philharmonie, Kemperplatz, Matthäikirchstraße 1, Berlin-Tiergarten, A: Hans Scharoun. Der skulpturale Bau mit der markanten zeltartigen Dachsilhouette erhebt sich auf unregelmäßigem Grundriss. Die Zuschauerränge sind auf das zentral liegende Orchesterpodium ausgerichtet, eine Raumlösung, die weltweit Aufsehen erregt.
Museum Haus am Checkpoint Charlie, Friedrichstraße 44, am Grenzübergang Checkpoint Charlie, Berlin-Kreuzberg. Nach einer ersten Ausstellung bald nach dem Mauerbau in einer Privatwohnung an der Bernauer Straße wird das Museum nach seiner Eröffnung durch Rainer Hildebrandt am 14.6. zum Treffpunkt für Fluchthelfer und Geflüchtete. Die Dokumentation der Geschichte der Mauer wurde seitdem ständig erweitert. 1961–90 war der Checkpoint in der Friedrichstraße die Grenzübergangsstelle für Alliierte, Ausländer und Diplomaten.

## FILM

### Moskau ¬ UdSSR

**8.6.** In *Ja, babuška, Iliko i Illarion* (Ich, Großmutter, Iliko und Illarion), R: Tengis Abuladse, nach der gleichnamigen Erzählung von Nodar Dumbadse, ist die Ästhetik des georgischen Films mit seiner lyrisch-ironischen Note bereits deutlich spürbar.
**7.–22.7.** Das dritte *Internationale Filmfestival* in Moskau endet entgegen dem inoffiziellen Parteiverdikt mit der Verleihung des Großen Preises an *Otto e mezzo* (I 1962, *Achteinhalb*) von Federico Fellini, D: Marcello Mastroianni, Claudia Cardinale. Grigori Tschuchrai, Vorsitzender der Festivaljury, wird daher zukünftig nicht mehr für dieses Amt nominiert.

### Berlin ¬ DDR

**27.2** *Borcy* (UdSSR 1936, *Kämpfer*, EA BRD Feb. 1983). Im sowjet. Exil drehte Gustav von Wangenheim überwiegend mit dt. Exilanten seinen antifaschistischen, von der Arbeitertheater-Bewegung beeinflussten Film über eine kommunistische Familie vor dem Hintergrund des Reichstagsbrandprozesses.

### West-Berlin ¬ Bundesrepublik Deutschland

**Febr.** *Machorka-Muff*, R: Jean-Marie Straub, nach der Erzählung *Hauptstädtisches Journal* von Heinrich Böll, D: Erich Kuby. Straubs erster Film ist ein satirischer Kommentar zur Remilitarisierung der BRD.

### andere

**20.12.** *Le Mépris/Il Disprezzo* (F/I, UA Paris, *Die Verachtung*, EA BRD 22.1.1965), R/B: Jean-Luc Godard, nach dem Roman von Alberto Moravia, D: Brigitte Bardot, Michel Piccoli. Ein die Mechanismen der Filmproduktion und die Sprache der Bilder reflektierendes Werk von Godard.

## MEDIEN

### Moskau ¬ UdSSR

Einführung des 5. Programms des Landesrundfunks für sowjetische Bürger, die sich im Ausland befinden.
**23.11.** Die Beisetzung von US-Präsident John F. Kennedy wird im sowjetischen Fernsehen gezeigt – die erste Direktübertragung aus Washington.

### Berlin ¬ DDR

**21.3.** Start der innenpolitischen Magazinreihe *Prisma*, die sich an *Panorama* orientiert. Die Informationen werden sachlich vermittelt. Die Zuschauer können Themen vorschlagen.
*Wer bin ich?* ist eine Spielsendung mit Publikumsbeteilung, Prominenten und Gästen aus der Sowjetunion, jedoch ohne die »amerikanische Erfindung« des Gewinnanreizes.

### West-Berlin ¬ Bundesrepublik Deutschland

**1.4.** Erstausstrahlung des ZDF mit der Nachrichtensendung *heute* um 19.30 Uhr.

## THEATER ¬ MUSIK

### Moskau ¬ UdSSR

**Jan.** Erstes Gastspiel des griechischen Theaters aus Piräus mit der Darstellerin Aspasia Papathanassiou (*Elektra* von Sophokles, und *Medea* von Euripides). Aufgrund des großen Erfolgs wird das Ensemble auch im folgenden Jahr eingeladen.
**10.2.** Im Bolschoi-Theater wird erstmals auf einer russischen Bühne die Ballett-Suite *Podporučik Kiže* (*Leutnant Kijé*) von Sergej Prokofjew nach einer Erzählung von Juri Tynjanow inszeniert.
**22.2.** *Naznačenie* (*Die Ernennung*) von Alexander Wolodin im Sovremennik mit Oleg Jefremow in der Rolle des Ljamin. Das Stück handelt von einem Menschen, der sich plötzlich in Opposition zu den Verhältnissen sieht, und von der Verantwortung sich selbst gegenüber. Es wird zum Manifest der Schestidesjatyje (Sechziger) im Bereich Theater.

### Berlin ¬ DDR

*VII. Berliner Festtage* mit der UA von Dmitri Schostakowitschs Liederzyklus op. 79 *Aus jüdischer Volkspoesie* in der Orchesterfassung unter Kurt Sanderling mit Maria Croonen, Anneliese Burmeister und Peter Schreier.
Wolf Biermanns Stück *Brautgang* über den Mauerbau für das Berliner Arbeiter- und Studententheater bat wird von der Zensurbehörde nicht zur Aufführung freigegeben. Das bat wird noch in diesem Jahr geschlossen. Nach einer zweijährigen Zeit als Kandidat wird Biermanns Aufnahme in die SED abgelehnt.

### West-Berlin ¬ Bundesrepublik Deutschland

**20.2.** UA von Rolf Hochhuths *Der Stellvertreter* an der Freien Volksbühne, R: Erwin Piscator. Das sich auf Dokumente stützende Stück löst erregte Diskussionen über die Mitschuld von Papst Pius XII. an der Ermordung der europäischen Juden in der NS-Zeit aus.
**13.10.** Boleslaw Barlog inszeniert am Schlosspark-Theater die deutsche EA von Edward Albees Ehekampfstück *Wer hat Angst vor Virginia Woolf ...?* mit Maria Becker und Erich Schellow in den Hauptrollen.

### andere

**28.4.** *An Evening of Dance*, Judson Memorial Church, Judson Dance Theatre, mit Yvonne Rainer, Trisha Brown, Judith Dunn, Steve Paxton, Philip Corner, Alex Hay, Al Hansen, Robert Rauschenberg, Lucinda Childs – ein wegweisender Abend modernen Tanzes.

## LITERATUR ¬ THEORIE

### Moskau ¬ UdSSR

**18.8.** Mit einer Sondergenehmigung von Chruschtschow veröffentlicht die Zeitung *Izvestija* das Anti-Stalin-Gedicht *Tërkin na tom svete* (*Tjorkin im Jenseits*, Ost-Berlin 1966) von Alexander Twardowski.
*Sel'skie žiteli* (Dorfbewohner) ist der erste Sammelband mit Erzählungen von Wassili Schukschin, einem der bedeutendsten Autoren der so genannten Dorfprosa.
Im Verlag Sovetskij pisatel' erscheint die überarbeitete Fassung von *Problemy poėtiki Dostoevskogo* (1929, *Probleme der Poetik von Dostojewski*, München 1971) von Michail Bachtin. Der schon nahezu vergessene Wissenschaftler und Philosoph wird durch den Erfolg des Buches weltweit bekannt. Seine Arbeiten haben großen Einfluss auf die Kultur der 2. Hälfte des 20. Jhs.

### Berlin ¬ DDR

**13.6.** Kulturminister Hans Bentzien erlässt eine »Anordnung über die Erteilung von Sondergenehmigungen zum Empfang der Literatur aus Westdeutschland, Westberlin und dem kapitalistischen Ausland«.
Diskussion um *Der geteilte Himmel* (Halle/Saale; russ. Moskau 1964) von Christa Wolf und *Ole Bienkopp* (Ost-Berlin) von Erwin Strittmatter. Strittmatters Roman hat die sozialistische Bodenreform von 1945 und ihre konkreten Folgen zum Thema und avanciert zum Klassiker des »sozialistischen Dorfromans«. *Der geteilte Himmel* gilt als Paradebeispiel des *Bitterfelder Weges* (1959) und wird von Konrad Wolf verfilmt (UA Ost-Berlin 3.9.1964, EA BRD 13.9.1965). Gemäß dem Aufruf »Schriftsteller an die Basis« war Christa Wolf in einem Eisenbahnwaggonwerk in Halle tätig. Ihre dortigen Erfahrungen finden direkten Niederschlag in der Handlung. Erstmals wird die Massenflucht von Ost nach West vor dem Mauerbau thematisiert.

### West-Berlin ¬ Bundesrepublik Deutschland

8. Darmstädter Gespräch: *Angst und Hoffnung in unserer Zeit*, Teilnehmer u.a. Ernst Bloch; auf der begleitenden Ausstellung *Zeugnisse der Angst in der modernen Kunst* ist u.a. Ossip Zadkines Skulptur *Die Zerstörte Stadt – ein Mahnmal für Rotterdam* zu sehen.
Heinrich Bölls Roman *Ansichten eines Clowns* (Köln; russ. in: *Inostrannaja literatura*, Nr. 3, Moskau 1964) ist wegen antiklerikaler Tendenzen umstritten. Ähnlich wie Grass, Martin Walser oder Andersch stellt Böll die Geschichte der bundesdeutschen Gesellschaft aus der Sicht eines Außenseiters dar.

Rolf Hochhuth, *Der Stellvertreter*, West-Berlin

Günter Grass, *Hundejahre* (Neuwied) ist der letzte Teil der *Danziger Trilogie* (*Die Blechtrommel*, 1959 und *Katz und Maus*, 1961), deren verbindendes Element die westpreußische Stadt ist.
Walter Benjamin, *Das Kunstwerk im Zeitalter seiner technischen Reproduzierbarkeit* (erstm. in: *Zeitschrift für Sozialforschung*, 1936; 1955 und 1963 in F/M neu verlegt; russ. Moskau 1996) erlangt für die Diskussion über die Massenmedien und das Verhältnis von Kunst und politischer Praxis im In- und Ausland zentrale Bedeutung.

### andere

Hannah Arendt, *Eichmann in Jerusalem. Ein Bericht von der Banalität des Bösen* (München).

## POLITIK ¬ ZEITGESCHEHEN

**Moskau ¬ UdSSR**

**17.4.** Nikita Chruschtschow wird anlässlich seines 70. Geburtstags zum vierten Mal mit dem Goldenen Stern des Helden der Sozialistischen Arbeit ausgezeichnet.
**2.8.** Rehabilitierung der Wolga-Deutschen: »Freispruch« vom Vorwurf der Nazi-Kollaboration, jedoch keine Autonomie als Volksgruppe.
**14.10.** Das auf Initiative des Präsidiums des ZK der KPdSU einberufene Plenum stimmt einstimmig dafür, Chruschtschow aller Ämter zu entheben. Zum Ersten Sekretär des ZK wird Leonid Breschnew gewählt, zum Vorsitzenden des Ministerrats Alexej Kossygin. Am nächsten Tag teilt die Nachrichtenagentur TASS mit, dass Chruschtschow »aus gesundheitlichen Gründen« in den Ruhestand getreten sei.
**15.10.** Inbetriebnahme der Erdölleitung Drushba (Freundschaft) in einer Länge von 5000 km. Sie verläuft von Almetjewsk über Kuibyschew und Brjansk bis nach Mosyr, dann teilt sie sich in zwei Abschnitte (der nördliche führt durch Weißrussland, Polen und die DDR, der südliche durch die Ukraine, die Tschechoslowakei und Ungarn).

Erdölleitung *Drushba*

**Berlin ¬ DDR**

**12.6.** Die Sowjetunion garantiert in einem Freundschafts- und Beistandsabkommen die Unantastbarkeit der Staatsgrenzen der DDR. In dem Vertrag wird von zwei souveränen deutschen Staaten ausgegangen und West-Berlin als selbständige politische Einheit betrachtet. Die Westmächte und die Bundesrepublik lehnen diese Dreistaatentheorie ab.
**21.9.** Tod Otto Grotewohls. Willi Stoph wird am 24.9. Vorsitzender des Ministerrats und stellvertretender Vorsitzender des Staatsrates.
**2.11.** Erstmals seit dem Mauerbau öffnet sich die innerdeutsche Grenze für Bürger der DDR. Nach dem Gesetz vom 9.9. dürfen Rentner mit einer Besuchserlaubnis ausreisen.

**West-Berlin ¬ Bundesrepublik Deutschland**

**11.1.** Nominierung der letzten gesamtdeutschen Mannschaft für die Olympischen Spiele in Innsbruck und Tokio.
**30.3.** An den Ostermärschen der Atomwaffengegner nehmen ca. 100.000 Menschen teil.
**28.11.** Gründung der rechtsradikalen NPD. 1966 wird sie in sieben Landtage einziehen.

**andere**

**2.7.** Unterzeichnung des Civil Rights Act (Bürgerrechtsgesetz) in den USA, womit offiziell die Rassentrennung in Schulen aufgehoben und die gleichwertige Zulassung von Schwarzen in öffentlichen Einrichtungen und auf dem Arbeitsmarkt festgeschrieben wird. Martin Luther King, leitende Figur der Bürgerrechtsbewegung, erhält in diesem Jahr den Friedensnobelpreis.
Nelson Mandela wird in Südafrika wegen seiner führenden Rolle in der Antiapartheid-Bewegung zu lebenslanger Haft verurteilt.

**POLITIK ¬** Die angebliche Beschießung von zwei US-amerikanischen Zerstörern durch nordvietnamesische Torpedoboote im Golf von Tongking liefert Anfang Aug. den Anlass für amerikanische Truppenverstärkungen und militärische Einsätze in der Region. Die seit 1961 bestehende militärische Präsenz der US-Amerikaner steigert sich nun zu systematischen Bombardements wirtschaftlicher und militärischer Ziele in Nordvietnam und den von der Nationalen Befreiungsfront kontrollierten Gebieten im Süden. Nordvietnam wird militärisch und finanziell unterstützt von der UdSSR und China. Ab Februar 1965 fliegt das US-Militär verstärkt Einsätze mit Napalm und Herbiziden, die den FNL-Guerillas die Lebensgrundlage entziehen sollen. Die US-Amerikaner zerstören die Infrastruktur in Nordvietnam, im Süden gelingt es ihnen allenfalls, einen Gesamtsieg der von Nordvietnam unterstützten Vietcong zu verhindern. Im März 1968 verübt US-amerikanisches Militär ein Massaker an den Bewohnern des südvietnamesischen Dorfes My Lai. Die internationale Kritik an den USA steigt. Die Einstellung der amerikanischen Bombardements ermöglicht ab Mai 1968 Friedensverhandlungen in Paris. Es beginnt die »Vietnamisierung« des Krieges. Um die in den Süden vorgedrungenen Nordvietnamesen zum Rückzug zu zwingen, bombardieren die USA noch im Dez. 1972, kurz vor Abschluss der Verhandlungen, das Gebiet Hanoi-Haiphong und richten verheerende Zerstörungen an. Nach dem Waffenstillstandsabkommen vom 28.1.1973 Abzug des gesamten Militärs der USA. Der Bürgerkrieg zwischen den auch finanziell nicht mehr von den USA unterstützten südvietnamesischen und den kommunistischen nordvietnamesischen Truppen geht weiter. Am 2.7.1976 Wiederherstellung eines gesamtvietnamesischen Staates unter kommunistischer Führung.

## BILDENDE KUNST

**Moskau ¬ UdSSR**

**Nov.–Dez.** In der Manege zeigt die Ausstellung *Moskau – Hauptstadt meiner Heimat* Werke von Mariam Aslamasjan, Wassili Jefanow, Dmitri Shilinski, Juri Kugatsch, Alexander Laktionow, Anatoli Nikitsch und Nikolai Romadin u. a.
**25.11.** In der Akademie der Künste, Moskau, werden Werke von Mitgliedern der Deutschen Akademie der Künste (DDR) präsentiert, darunter von Walter Arnold, Rudolf Bergander, Lea Grundig, Heinrich Drake, Werner Klemke, Fritz Cremer, Otto Nagel, Gerhard Richter, John Heartfield.
**Dez.** Im Jugendklub des Dsershinski-Stadtbezirkskomitees des Komsomol auf der Bolschaja Marjinskaja 23 sind unter dem Titel *Na puti k sintezu iskusstv* (Auf dem Weg zu einer Synthese der Künste) kinetische Arbeiten und architektonische Entwürfe zu sehen, u. a. von der Gruppe Dwishenije (Bewegung); außerdem eine Ausstellung mit Arbeiten von Michail Roginski, Michail Tschernyschow, Alexander Panin und Grigori Pertschenkow, die von den Behörden anderthalb Tage nach Eröffnung geschlossen wird.

**Berlin ¬ DDR**

**24.–26.3.** *V. Kongreß des VBKD* in Berlin: Hermann Raum, Bernhard Heisig und Fritz Cremer kritisieren in ihren Reden die offizielle Kulturpolitik. Cremer tritt für eine Entstalinisierung des Kunstbetriebs und für individuelles Schöpfertum ein.
**24./25.4.** Die *2. Bitterfelder Konferenz für Kultur und Politik* räumt ein, dass die an das Kulturprogramm von 1959 gestellten Erwartungen nicht erfüllt worden seien.

**West-Berlin ¬ Bundesrepublik Deutschland**

**Mai** Gründung der *Galerie Großgörschen 35* durch Malereistudenten in einer Fabriketage, Berlin-Schöneberg, dem Prototyp künftiger Selbsthilfegalerien. Erste Ausstellung ab 16.6. *Karl Horst Hödicke*, danach weitere Einzelausstellungen von Markus Lüpertz, Wolfgang Petrick, Hans-Jürgen Diehl u. a.
**27.6.–5.10.** Die *documenta III* in Kassel unter der Leitung von Arnold Bode und Werner Haftmann steht wieder unter dem Zeichen der Retrospektive. Außerdem werden aktuelle Malerei und Skulptur, insbesondere kinetische Kunst vorgestellt.
**20.7.** Fluxus-Veranstaltung an der Technischen Hochschule, Aachen: Während der simultanen Handlungen von Bazon Brock, Robert Filliou, Arthur Köpcke und Emmett Williams auf der Bühne des Auditorium Maximum, die zu tumultartigen Reaktionen im Publikum führen, schlägt ein Student Joseph Beuys, der an der Bühnenkante eine Aktion vorführt, mit der Faust ins Gesicht. Beuys begegnet der Aggression mit einer beschwörenden Geste. Die Veranstaltung muss schließlich abgebrochen werden.

*Kukei, akopee-Nein!...* Joseph Beuys am 20. Juli in Aachen

Beuys bemerkt, man solle die Berliner Mauer der Proportion wegen um 5 cm erhöhen: »Die Betrachtung der Berliner Mauer, aus einem Gesichtswinkel, der allein die Proportion dieses Bauwerks berücksichtigt, dürfte doch wohl erlaubt sein, entschärft sofort die Mauer. Durch inneres Lachen. Vernichtet die Mauer. Man bleibt nicht mehr an der physischen Mauer hängen. Es wird auf die geistige Mauer hingelenkt, und diese zu überwinden, darauf kommt es ja wohl an ... Reden Sie nicht zu viel von der Mauer! Begründen Sie durch Selbsterziehung eine bessere Moral im Menschengeschlecht, und alle Mauern verschwinden.« (Entnommen dem Aktenvermerk des Innenministeriums vom 7.8.1964.)
**15.9.** Eröffnung der Galerie René Block mit *Neodada/Pop/Décollage/Kapitalistischer Realismus* in der Frobenstr., Berlin-Schöneberg. Die Galerie Block wird zum deutschen Zentrum von Fluxus-Kunst und experimenteller Musik. Joseph Beuys präsentiert dort am 1.12. seinen »Fluxus-Gesang« *Der Chef*.
**20.11.–15.1.65** *Neue Realisten und Pop Art*, Akademie der Künste, Berlin, Kurator: Wim A. Beeren, u. a. mit Antes, Appel, Christo, Duchamp, Fahlström, Guttuso, Kitaj, Lichtenstein, Pistoletto, Rauschenberg, Segal,

Spoerri, Tinguely, Warhol. Dabei wird die zuvor nur durch Reproduktionen in Deutschland bekannte US-amerikanische Pop-Art umfassend gezeigt. Da zudem Robert Rauschenberg 1964 auf der Biennale Venedig mit dem großen Preis ausgezeichnet wird, bestimmt die Pop-Art nun auch in Europa, als Gegenposition zur »Weltsprache« der abstrakten Kunst, die Diskussion über Kunst.

### andere

Parallel zu Pop-Art und Nouveau Realisme beginnt sich die Minimal Art (Begriff von Richard Wollheim, 1965) zu etablieren, mit ihren Hauptvertretern Robert Morris (Green Gallery, New York 1964), Donald Judd (»specific objects«, 1965), Carl Andre, Sol LeWitt und Dan Flavin.

Staatsratsgebäude der DDR, Berlin-Mitte

## ARCHITEKTUR ¬ DENKMAL

### Moskau ¬ UdSSR

Fertigstellung des futuristischen Entwurfs *Kinetičeskij gorod* (Die kinetische Stadt) der »Papierarchitekten« Andrej Ikonnikow, Konstantin Ptscholnikow, S. Gretschannikow, Maler: Alexander Panin. Er wird auf der Weltausstellung 1970 präsentiert.

**4.11.** In Moskau wird nahe der WDNCh zu Ehren des ersten künstlichen Erdsatelliten der 107 m hohe Obelisk *Pokroviteljam kosmosa* (Den Eroberern des Kosmos) eingeweiht, A: Michail Barschtsch, Alexander Koltschin, Anatoli Klimotschkin, Bildhauer: Andrej Faidysch-Krandijewski. Das Monument besteht aus dem »kosmischen« Metall Titan. Dazu gehört ein Denkmal für den Begründer der Kosmologie, Konstantin Ziolkowski. Drei Jahre später wird neben dem Obelisken die Allee der Helden des Kosmos eingerichtet.

### Berlin ¬ DDR

Haus der Lehrers und Kongreßhalle, Alexanderplatz 4, Berlin-Mitte, Kollektiv um Hermann Henselmann, Bildfries von Walter Womacka u. a. (beg. 1961). Die 13-geschossige Hochhausscheibe ist als Stahlskelettbau ausgeführt, die vorgehängte Glasfassade ist der erste Curtainwall der DDR.

Staatsratsgebäude, A: Roland Korn, Hans-Erich Bogatzky und Kollektiv (beg. 1962). In die Fassade ist das vom Stadtschloss erhaltene Eosanderportal integriert, von dessen Balkon Karl Liebknecht 1918 die »Freie sozialistische Republik« ausrief.

### West-Berlin ¬ Bundesrepublik Deutschland

Wettbewerb zur städtebaulichen Gestaltung des *Kulturforums*, Kemperplatz und Matthäikirchplatz, sowie für den Neubau der Staatsbibliothek in Berlin-Tiergarten. Den 1. Preis gewinnt Hans Scharoun.

Eröffnung der Stadthalle, Bremen, A: Roland Rainer (Planung 1955–59). Mit einer aus dem Brückenbau übernommenen Stahlbetonkonstruktion wird die große Halle stützenlos überspannt. Am Außenbau wird die Konstruktion durch enorme Pylone und Spannbetonbinder sichtbar.

### andere

In der Zeitschrift *Archigram*, London, veröffentlicht die gleichnamige Architektengruppe *Walking City* ein utopisches High-Tech-Projekt über spinnengleich über den Globus wandelnde Großstadteinheiten.

## FILM

### Moskau ¬ UdSSR

**21.2.** *Živye i mërtvye* (*Die Lebenden und die Toten*, EA DDR 6.11., BRD 20.11.), R/B: Alexander Stolper, nach dem Roman von Konstantin Simonow. Der Film über das erste Kriegsjahr setzt auf eine prosaische Ästhetik. Die DEFA-Synchronisation verschärft die patriotischen Züge der Originalfassung noch.

**Sept.** Der erste Band der *Izbrannych proizvedenij* (Ausgewählten Werke) von Sergej Eisenstein (Moskau, 1964–71) erscheint, die erste Sammlung von theoretischen Schriften eines sowjetischen Filmklassikers.

**26.11.** *Predsedatel'* (Der Vorsitzende), R: Alexej Saltykow, erzählt von tragischen Einzelschicksalen in einem Kolchosdorf. Seinen Ruhm verdankt der Film dem Hauptdarsteller Michail Uljanow.

### West-Berlin ¬ Bundesrepublik Deutschland

**19.3.** Heftige Auseinandersetzungen, sogar im Bundestag, über *Tystnaden* (S 1963, *Das Schweigen*, EA BRD 24.1, unzensiert am 25.5.1971), R/B: Ingmar Bergmann, wegen der provozierenden Darstellungen von weiblicher Sexualität.

### andere

**29.1.** *Dr. Strangelove or: How I Learned to Stop Worrying and Love the Bomb* (GB, *Dr. Seltsam oder Wie ich lernte, die Bombe zu lieben*, EA BRD 10.4.), R: Stanley Kubrick, nach dem Roman *Red Alert* von Peter George, D: Peter Sellers. Eine Satire über einen Atomkrieg zwischen den USA und der UdSSR.

**7.9.** *Il deserto rosso* (I/F, *Rote Wüste*, EA BRD 4.12.), R: Michelangelo Antonioni, D: Monica Vitti, Richard Harris, über die Realität des italienischen Wirtschaftswunders.

## MEDIEN

### Moskau ¬ UdSSR

**1.9.** *Spokojnoj noči, malyši* (Gute Nacht, ihr Kleinen) läuft an. Der pädagogische Abendgruß wird bis heute ausgestrahlt.

### West-Berlin ¬ Bundesrepublik Deutschland

**15.1.** Die ARD präsentiert eine von Sebastian Haffner zusammengestellte Sendung über die Schriftsteller der Gruppe 47, die 4 Mio. Zuschauer verfolgen.

## THEATER ¬ MUSIK

### Moskau ¬ UdSSR

**19.4.** *V den' svad'by* (*Am Tag der Hochzeit*) von Viktor Rosow, die erste Arbeit von Anatoli Efros als Chefregisseur am Lenin-Theater des Komsomol.

**23.4.** Juri Ljubimow inszeniert Bertolt Brechts *Der gute Mensch von Sezuan* im Theater an der Taganka.

**5.–28.9.** Erstes Gastspiel der Mailänder Scala in Moskau. Im Repertoire: Giacomo Puccini, *Turandot* und *La Bohème*, Gaetano Donizetti, *Lucia di Lammermoor*, Gioacchino Rossini, *Der Barbier von Sevilla*, Giuseppe Verdi, *Der Troubadour* (R: Franco Zeffirelli, Dirigent: Herbert von Karajan).

### Berlin ¬ DDR

**25.9.** UA von Shakespeares *Coriolan* in Brechts Bearbeitung durch Manfred Wekwerth und Joachim Tenschert am Berliner Ensemble. Titelrolle: Ekkehard Schall. Die aufwendigen Kampfszenen choreographiert Ruth Berghaus.

**20.–22.9.** Das Ministerium für Kultur und der Verband Deutscher Komponisten und Musikwissenschaftler veranstalten den Großen Musikkongress in Berlin, auf dem eine Öffnung hin zu vielfältigen Kompositionsmethoden kontrovers diskutiert wird.

### West-Berlin ¬ Bundesrepublik Deutschland

**29.4.** UA von Peter Weiss, *Die Verfolgung und Ermordung Jean Paul Marats, dargestellt durch die Schauspielgruppe des Hospizes zu Charenton unter Anleitung des Herrn de Sade*, Schiller-Theater. R: Peter Weiss, Konrad Swinarski, BB: Gunilla Palmstierna-Weiss.

**13.9.–4.10.** Die Berliner Festwochen stehen unter dem Thema *schwarz–weiß/Afrika–Europa*. Neuer Intendant (bis 1967) ist der aus Russland stammende Komponist Nicolas Nabokov.

**11.10.** *In Sachen J. Robert Oppenheimer*, Heinar Kipphardts aus Verhörprotokollen montiertes Stück über die Verantwortung des Wissenschaftlers, wird an der Freien Volksbühne (R: Erwin Piscator) und zeitgleich an den Münchener Kammerspielen uraufgeführt.

Nach Wolf Biermanns Auftritt im Ost-Berliner Kabarett Die Distel beginnt seine erste Gastspielreise durch die Bundesrepublik auf Einladung des SDS.

Miles Davis tritt bei den Berliner Jazztagen auf.

## LITERATUR ¬ THEORIE

### Moskau ¬ UdSSR

**Juli–Aug.** In der Zeitschrift *Novyj mir* wird der Roman *Chranitel' drevnostej* (*Der Hüter der Altertümer*, Hildesheim 1997) von Juri Dombrowski über das Los eines einsamen Intellektuellen der 30er Jahre veröffentlicht. Seine Fortsetzung *Fakul'tet nenužnych veščej* (*Die Fakultät unnützer Dinge*, F/M 1990) wird 1978 in Paris veröffentlicht, in der UdSSR erst 1988.

*Dr. Seltsam oder Wie ich lernte, die Bombe zu lieben* (GB), Filmstill

**24.1.–18.2.** In Leningrad steht Iossif Brodski (Joseph Brodsky) vor Gericht. Des »Parasitentums« angeklagt, wird er zu fünf Jahren Zwangsarbeit in das Archangelsker Gebiet verurteilt. Das nach den Prozessunterlagen von Frida Wigdorowa zusammengestellte *Belaja kniga* (Das Weißbuch) wird 1965 in New York veröffentlicht und begründet den Weltruhm Brodskys. Dank der Fürsprache führender Vertreter der sowjetischen und internationalen Kulturszene wird er nach anderthalb Jahren aus der Haft freigelassen.

**Dez.** Anna Achmatowa reist nach Italien, wo ihr der Ätna-Taormina-Preis verliehen wird. Am 5.6.1965 erhält sie als »größte der zeitgenössischen russischen Dichter« die Ehrendoktorwürde der Universität Oxford.

### Berlin ¬ DDR

**12./13.3.** Robert Havemann wird wegen kritischer Äußerungen zur politischen Situation in seinen philosophischen Vorlesungen aus der Humboldt-Universität, Berlin, entlassen und zwei Jahre später aus der Akademie der Wissenschaften ausgeschlossen.

Hermann Kant, *Die Aula* (Berlin), gilt für die offizielle DDR-Literatur als epochemachend, da Kant versucht, moderne Erzählformen, die vormals unter dem Verdacht standen, »formalistisch« zu sein, mit den Ansprüchen des »sozialistischen Realismus« zu vereinen.

Peter Huchel erhält für seinen Gedichtband *Chausseen, Chausseen* (F/M, 1963) den West-Berliner Fontanepreis. Der Aufforderung Alfred Kurellas und Kurt Hagers, den Preis aus politischen Gründen abzulehnen, kommt Huchel nicht nach. Von der Stasi überwacht, lebt er daraufhin nahezu isoliert in seinem Haus bei Potsdam.

### West-Berlin ¬ Bundesrepublik Deutschland

Theodor W. Adorno, *Jargon der Eigentlichkeit – zur deutschen Ideologie* (F/M).

### andere

**15.6.** Jacques Lacan gründet in Paris die École française de psychoanalyse.

Jean Paul Sartre schlägt den Literaturnobelpreis als Ausdruck einer bürgerlichen Kultur, die er als Fürsprecher des Sozialismus ablehne, aus.

Herbert Marcuse, *One-Dimensional Man* (Boston, *Der eindimensionale Mensch*, F/M 1967; russ. Moskau 2002).

## POLITIK ¬ ZEITGESCHEHEN

### Moskau ¬ UdSSR

**18.3.** Erstmals schwebt ein Mensch im freien Weltraum: Der Kosmonaut Alexej Leonow verlässt *Woschod 2*. Im Fernsehen verfolgen Millionen von Zuschauern das Ereignis.

**März/Sept.** Das Plenum des ZK der KPdSU verabschiedet nach den Reden von Leonid Breschnew und Alexej Kossygin ein Reformprogramm für die Landwirtschaft: Einführung der wirtschaftlichen Rechnungsführung, Erhöhung der Einkaufspreise für landwirtschaftliche Produkte, Verminderung des Drucks auf private Nebenwirtschaften, Erhöhung der wirtschaftlichen Selbständigkeit der Betriebe und deren ökonomische Stimulierung.

**9.12.** Nikolai Podgorny löst Anastas Mikojan als Vorsitzenden des Präsidiums des Obersten Sowjets der UdSSR ab.

### Berlin ¬ DDR

**27.–29.11.** Besuch des sowjetischen Parteichefs Leonid Breschnew in der DDR.

**3.12.** Erich Apel, Vorsitzender der Staatl. Plankommission der DDR, erschießt sich in seinem Dienstzimmer. Apel widersetzte sich dem Abschluss eines Handelsvertrags, der die DDR in noch größere Abhängigkeit von der UdSSR bringen sollte. Der Vertrag wird am selben Tag von Alfred Neumann, dem Vorsitzenden des Volkswirtschaftsrates der DDR, unterzeichnet.

**31.12.** Ulbricht unterbreitet einen Siebenpunkteplan zur Verständigung der beiden deutschen Staaten, der u. a. einen Rüstungsstopp, den Verzicht auf Atomrüstung und die Herstellung normaler Beziehungen vorsieht.

### West-Berlin ¬ Bundesrepublik Deutschland

**13.5.** Die Bundesregierung nimmt diplomatische Beziehungen zu Israel auf, woraufhin ein Großteil der arabischen Staaten ihre Beziehungen zur Bundesrepublik abbrechen.

**7.4.** Gegen die 5. Plenarsitzung des Bundestages, diesmal in Berlin, protestieren die DDR und die UdSSR durch Sperrung des Interzonenverkehrs und mit Störflügen über der Stadt. Nach der Bundestagswahl am 19.9. bildet Bundeskanzler Ludwig Erhard eine Koalitionsregierung von CDU/CSU und FDP. In der Koalition bestehen konträre Vorstellungen hinsichtlich der Außenpolitik: Bundesaußenminister Gerhard Schröder fordert eine starke Anlehnung an die USA, Vizekanzler Erich Mende eine flexible Ostpolitik und Franz Josef Strauß eine Annäherung an Frankreich.

Georgi Shukow und Iwan Bagramjan in der Manege, Moskau

### andere

**21.2.** Der amerikanische Bürgerrechtler Malcolm X wird in New York ermordet.

**27.6.** *End Your Silence*, ein ganzseitiger, antiimperialistischer Protestbrief wird in der *New York Times* veröffentlicht. Er richtet sich gegen das Vorgehen der USA in Vietnam und der Dominikanischen Republik und ist unterschrieben von mehreren hundert Künstlern und Intellektuellen.

**POLITIK ¬** Beginn der Bürgerrechtsbewegung der UdSSR mit einer Demonstration auf dem Puschkin-Platz am 5.12. Die Protestierenden knüpfen an den Tag der Verfassung der UdSSR an und fordern die Einhaltung des durch die Verfassung garantierten Rechts auf eine öffentliche Gerichtsverhandlung für Andrej Sinjawski und Juli Daniel. Diese waren im Sept. wegen ihrer im Westen unter einem Pseudonym veröffentlichten Werke verhaftet worden. Am 14.2.1966 werden Sinjawski und Daniel wegen »antisowjetischer Propaganda und Agitation« zu sieben und fünf Jahren Lagerhaft verurteilt. 63 bekannte sowjetische und 33 Schriftsteller aus Frankreich, Italien, den USA, Großbritannien und der Bundesrepublik, unter ihnen Günter Grass, Hans Magnus Enzensberger und Martin Walser, appellieren an die Regierung der Sowjetunion, die inhaftierten Schriftsteller freizulassen.

## BILDENDE KUNST

### Moskau ¬ UdSSR

**6.2.** In der Manege wird die 2. Republiksausstellung *Sowjet-Russland* eröffnet. Hauptereignis ist das schockierende Triptychon *Opalennye ognem vojny* (Vom Feuer des Krieges Versengte) von Geli Korshew. Die Kritik hebt auch neue Arbeiten von Dmitri Shilinski hervor: *Sem'ja* (Die Familie) und *Gimnasty* (Gymnasten) greifen vom Stil her auf die italienische Renaissance zurück.

**12./13.11.** Im Wladimir-Majakowski-Museum werden in der Ausstellung *Porträtmaler und Illustratoren Welimir Chlebnikows* Zeichnungen von Wladimir Majakowski, Pjotr Mituritsch, Pawel Filonow, Natalja Gontscharowa, Michail Larionow, Olga Rosanowa, Kasimir Malewitsch, David Burljuk, Wladimir Tatlin, Marc Chagall u. a. gezeigt.

Ralf Winkler (A. R. Penck), Ausstellungsplakat

### Berlin ¬ DDR

**21.2.** Eröffnung der Ausstellung *150 Jahre russische Grafik* im Dresdener Kupferstichkabinett mit Blättern aus der Sammlung Lothar Bolz, Berlin. Das bisher in der DDR verbreitete einseitige Bild von der Entwicklung der russisch-sowjetischen Kunst wird insbesondere durch die Präsentation von Werken der klassischen Moderne korrigiert.

**März–April** Peter Herrmann, Ralf Winkler, Peter Makolies, Peter Graf und Winfried Dierske stellen im Dresdner Puschkinhaus, dem Klubhaus der Gesellschaft für Deutsch-Sowjetische Freundschaft, aus. Die Ausstellung wird vorzeitig geschlossen.

**25.12.** In der *Leipziger Volkszeitung* wird scharfe Kritik an Werken von Werner Tübke (*Lebenserinnerungen des Dr. jur. Schulze*) und Hartwig Ebersbach (*Selbstbildnis mit Freunden*) geäußert, die zuvor in der 7. Leipziger Bezirkskunstausstellung zu sehen waren. Kritisiert wird »unzureichende Widerspiegelung sozialistischen Lebensgefühls«.

### West-Berlin ¬ Bundesrepublik Deutschland

**5.6.** *24-Stunden Happening*, Galerie Parnass, Wuppertal, Fluxus-Veranstaltung mit Bazon Brock, Joseph Beuys, Tomas Schmit, Charlotte Moorman, Nam June Paik und Ute Klophaus als Fotografin der Aktion.

**14.6.** Nam June Paik, *Robot Opera*, Gedächtniskirche, Kurfürstendamm, und Galerie René Block, Berlin-Schöneberg.

**24.9.–24.10.** *Ein Jahr Großgörschen 35*, Präsentation aller bisherigen Künstler der im Jahr zuvor gegründeten Selbsthilfegalerie mit dem Anliegen, die junge, figurative Malerei gegen die tachistische Kunst durchzusetzen.

**2.7.–1.8.** *Juryfreie Kunstausstellung*, Ausstellungshallen am Funkturm, Berlin. Seit 1952 besteht dieses Forum für von Galerieinteressen unabhängige, aktuelle Kunst. Den Schwerpunkt bilden Arbeiten der HfbK-Künstler, die die Reihe *Hommage à Juryfreie* einreichen, dabei Markus Lüpertz mit *Der Tod des Donald Duck*. Timm Ulrichs präsentiert sich in einer *Selbstausstellung als lebendes Kunstwerk*.

### andere

**3.2.–15.3.** *Marcel Duchamp: Schilderijen, tekeningen, ready-mades, documenten*, Gemeentemuseum, Den Haag. Erste größere Duchamp-Ausstellung in Europa, der zahlreiche andere folgen. Duchamps Werk wird in den 60ern verstärkt diskutiert, zahlreiche Künstler beziehen sich auf ihn. Wegweisend ist die Ausstellung *The Almost Complete Work of Marcel Duchamp*, 1966 in der Tate Gallery, London, bei der der Künstler und Kurator Richard Hamilton u. a. die Rekonstruktion des *Großen Glases* vorstellt.

**30.8.–1.9.** *First World Congress: Happenings*, St. Mary's of the harbor, New York, mit Al Hanson, Eric Andersen, George Brecht, Christo, Robert Filliou, Dick Higgins, Ray Johnson, Alison Knowles, Jackson MacLow, Yoko Ono, Nam June Paik, Benjamin Patterson, Wolf Vostell, Thomas Schmit, La Monte Young. Vostell führt in diesem Jahr u. a. in Berlin sein Happening *Phänomene* durch.

## ARCHITEKTUR ¬ DENKMAL

### Moskau ¬ UdSSR

Der Verband der Architekten veranstaltet erstmals eine Leistungsschau mit Diplomarbeiten aus mehr als 50 Architekturhochschulen der UdSSR. Sie findet künftig alljährlich statt.

### Berlin ¬ DDR

Beginn des Abrisses der kriegszerstörten Bebauung der Fischerinsel zwischen Spree, Friedrichsgracht und Gertraudenstraße. Damit verschwinden die letzten Reste der mittelalterlichen Altstadt sowie die barocken und gründerzeitlichen Häuser. 1967–70 wird das Gebiet mit Punkthochhäusern und verschiedenen Flachbauten, die mittlerweile z.T. wieder abgerissen sind, neu bebaut.

### West-Berlin ¬ Bundesrepublik Deutschland

Europa-Center, Breitscheidplatz, Berlin-Charlottenburg, A: Helmut Hentrich, Hubert Petschnigg, Berater: Egon Eiermann, Werner Düttmann. Eine Hochhausscheibe erhebt sich über einem Ensemble aus Einkaufszentrum, Kino und Bürokomplex. Der Wiederaufbau der westlichen City rund um den Zoo, zu deren Wahrzeichen der sich auf dem Dach des Centers drehende Mercedes-Stern wird, findet hiermit seinen Abschluss.

## FILM

### Moskau ¬ UdSSR

**13.5.** *Otec soldata* (*Der Vater des Soldaten*, EA DDR 5.11. 1965, BRD 25.3.1966), R: Reso Tschcheidse, eine Tragikomödie mit dem herausragenden georgischen Schauspieler Sergo Sakariadse. Am 28.10. werden mit diesem Film die *Tage der sowjetischen Kultur in der DDR* in Berlin eröffnet.

**20.7.** Der Große Preis des 4. Internationalen Filmfestivals in Moskau wird *Vojna i mir* (1965/67, *Krieg und Frieden*, EA BRD 1967, DDR 1968), R: Sergej Bondartschuk sowie dem ungarischen Film *Húsz Óra* (*Zwanzig Stunden*, EA

BRD 7.2.1966 ZDF, DDR 22.9.1978 DFF2), R: Zoltán Fábri verliehen.
**18.10.** *Teni zabytych predkov* (*Schatten vergessener Ahnen*, EA DDR 29.4.1966; *Feuerpferde*, BRD 5.8.1966), R: Sergej Paradshanow, D: Iwan Mikolaitschuk, Larissa Kadotschnikowa, nach einer Erzählung von Michail Kozjubinski, begründet die poetische ukrainische Filmästhetik.
**18.12.** Der zweiteilige dokumentarische Spielfilm *Obyknovennyj fašizm* (*Der gewöhnliche Faschismus*, EA DDR 25.3.1966, BRD 1.8.1968 ARD), R: Michail Romm, B: Romm, Maja Turowskaja, Juri Chanjutin, entstanden aus faschistischem Originalfilmmaterial, erregt auch wegen seiner antitotalitaristischen Haltung Aufsehen.

olf Vostell, *Phänomene*, Happening auf einem Autofriedhof, est-Berlin

### Berlin ¬ DDR
**16.–18.12.** Das 11. ZK-Plenum der SED bezichtigt den DEFA-Film, »schädliche ideologische Erscheinungen des Skeptizismus und der Entfremdung zu fördern«. So werden *Das Kaninchen bin ich* (R: Kurt Maetzig), *Denk bloß nicht, ich heule* (R: Frank Vogel), *Karla* (R: Herrmann Zschoche), *Wenn Du groß bist, lieber Adam* (R: Egon Günther), *Berlin um die Ecke* (R: Gerhard Klein), *Jahrgang 45* (R: Jürgen Böttcher) und *Der Frühling braucht Zeit* (R: Günter Stahnke) verboten. Erst 1990 können sie öffentlich gezeigt werden. Kulturpolitiker und DEFA-Mitarbeiter werden entlassen, gegen Regisseure, Dramaturgen und Filmwissenschaftler werden Disziplinarverfahren eingeleitet.

### West-Berlin ¬ Bundesrepublik Deutschland
Krise der Filmindustrie in den 60ern auch aufgrund der wachsenden Popularität des Fernsehens. Die jungen Autorenfilmer gründen am 1.2. das *Kuratorium junger deutscher Film e.V.*, das Filme wie *Abschied von gestern* (Alexander Kluge, 1966) und *Katz und Maus* (Hansjürgen Pohland, 1967) mit finanzieller Unterstützung vom Bund fördert.

DDR-Film-Woche, Moskau

**25.6.–6.7.** Berlinale: UA von *Nicht versöhnt*, R/B: Jean-Marie Straub. Die Verfilmung von Heinrich Bölls Roman *Billard um halbzehn* behandelt am Beispiel einer Kölner Architektenfamilie gleichnishaft die deutsche Geschichte. Die internationale Jury unter dem Vorsitz von Alexander Kluge und John Gillet verleiht den Goldenen Bären an *Une étrange aventure de Lemmy Caution* (F/I, *Lemmy Caution gegen Alpha 60/Alphaville*) von Jean-Luc Godard.

### andere
**22.12.** *Doctor Zhivago* (USA, *Doktor Schiwago*, EA BRD 5.6.1966), R: David Lean, nach dem Roman von Boris Pasternak. Die Popularität des Films gründet sich auf die Schauspieler Omar Sharif, Geraldine Chaplin, Julie Christie sowie die Erkennungsmelodie der Lara von Maurice Jarre.
Der atmosphärische Psycho-Thriller *Repulsion* (GB, *Ekel*, EA BRD 7.7.), D: Cathérine Deneuve, Ian Hendry, und der subtile Horrorfilm *Rosemary's Baby* (USA, 1967, EA BRD 17.10.1968), D: Mia Farrow, John Cassavetes, machen den polnischen Regisseur Roman Polanski international bekannt.

## MEDIEN

### Moskau ¬ UdSSR
**13.1.** Das Rundfunkprogramm *Majak* (Leuchtturm) überträgt die erste Sendung *Najti Čeloveka* (Einen Menschen finden), die der Suche von Verwandten gewidmet ist, die durch den Krieg getrennt wurden. Moderatorin ist die Dichterin Agnija Barto.

### Berlin ¬ DDR
**25.2.** Der DFF beginnt mit der Ausstrahlung des außenpolitischen Magazins *Objektiv*.

### West-Berlin ¬ Bundesrepublik Deutschland
Camillo Felgen moderiert 1965–73 das internationale, für das Fernsehen aufgezeichnete *Spiel ohne Grenzen* mit deutscher Beteiligung.
Einführung des Super 8-Films als neuem Amateurfilm-Format.

### andere
Sony, New York, bringt die ersten Portapaks auf den Markt. Der Künstler Nam June Paik ist einer der ersten Käufer dieser tragbaren Video-Kamera, bei der das Aufgenommene während der Aufzeichnung wiedergegeben werden kann.

## THEATER ¬ MUSIK

### Moskau ¬ UdSSR
**2.4.** *10 dnej, kotorye potrjasli mir* (10 Tage, die die Welt erschütterten) nach dem Roman von John Reed im Theater an der Taganka. Das von Juri Ljubimow inszenierte Stück ist erfüllt von revolutionärer Romantik.
**28.6.** Im Bolschoi-Theater wird Igor Strawinskys Ballett *Vesna svjaščennaja* (*Le Sacre du Printemps*) von Natalja Kassatkina und Wladimir Wassiljew erstmals auf eine russische Bühne gebracht.
**Sept.** Das Gastspiel des Nationaltheaters Großbritanniens macht vor allem dadurch von sich reden, dass Laurence Olivier den Othello unerwarteter Weise nicht empfindsam darstellt, sondern als einen »Wilden« und Fremdkörper in der zivilisierten Welt Venedigs.
**4.11.** *Pavšie i živye* (Die Gefallenen und die Lebenden) im Theater an der Taganka. Juri Ljubimow stellt Gedichte von im Krieg gefallenen Dichtern, Auszüge aus Kurzgeschichten, Erzählungen und Erinnerungen zu einer neuen Form von »poetischem Theater« zusammen.

### Berlin ¬ DDR
**20.3.** Der US-amerikanische Jazzmusiker Louis Armstrong gastiert als erster großer US-Showstar in der DDR.
**21.3.** Benno Besson inszeniert am Deutschen Theater das gegen jegliche Diktatur gerichtete Märchenspiel *Der Drache* von Jewgeni Schwarz (BB: Horst Sagert). Rolf Ludwig spielt den Drachen, Eberhard Esche den Drachentöter in der Pose eines Westernhelden.
**5.10.** UA von Peter Hacks' *Moritz Tassow* an der Volksbühne, R: Benno Besson. Das 11. ZK-Plenum der SED kritisiert das Stück, da es den anarchistischen Titelhelden im Konflikt mit einem engstirnigen Parteifunktionär zeigt. Aufgrund von ZK-Kritik werden noch vor der Premiere Heiner Müllers *Der Bau* (UA Volksbühne, Berlin 1980) und Volker Brauns *Kipper Paul Bauch* (UA Leipzig 1972) abgesetzt.
Nachdem in der Bundesrepublik Wolf Biermanns Gedichtband *Die Drahtharfe* und seine erste Langspielplatte *Wolf Biermann (Ost) zu Gast bei Wolfgang Neuss (West)* erscheinen, wird Biermann mit Berufs- und Ausreiseverbot belegt. Man wirft ihm »Klassenverrat« und »Obszönität« vor.

### West-Berlin ¬ Bundesrepublik Deutschland
**April** UA der Oper *Der junge Lord* von Hans Werner Henze, Libretto: Ingeborg Bachmann. Henze und Bachmann sind 1963–65 Gäste des DAAD. Die Aufführungen des gesamten sinfonischen Werks von Henze 1964 in der von Hans Scharoun erbauten Berliner Philharmonie werden im *Tagesspiegel* als die ersten Konzerte bezeichnet, die »der Idee des Baus wahrhaftig und konsequent genug tun«.
**19.10.** Peter Weiss verdichtet Zeugenaussagen des Frankfurter Auschwitz-Prozesses zu seinem Dokumentarstück *Die Ermittlung. Oratorium in 11 Gesängen*, das an der Freien Volksbühne durch Erwin Piscator uraufgeführt wird (Bühnenmusik: Luigi Nono); zugleich an 14 weiteren Orten, auch in Rostock (R: Hanns Anselm Perten) und London sowie als Lesung in Ost-Berlin.

### andere
Das New Yorker *Living Theatre*, von Julian Beck und Judith Malina Ende der 40er Jahre gegründet, flieht vor US-Steuerbehörden nach Europa, wo dieses Theater des Happenings, der Gruppenekstase, politischer und »spiritueller« Aktionen Nachahmer findet, auch in der Protestkultur der Studentenbewegung.

## LITERATUR ¬ THEORIE

### Moskau ¬ UdSSR
**Jan.** SMOG (Samoje molodoje obschtschestwo genijew – Die jüngste Gesellschaft von Genies oder Smelost, mysl, obras, glubina – Mut, Gedanke, Form, Tiefe) ist die in Moskau damals einzige inoffizielle Gruppe von Dichtern mit fester Mitgliedschaft und Manifest. Dazu gehören Leonid Gubanow, Juri Kublanowski, Wadim Delone u. a.
**15.10.** Michail Scholochow wird für den Roman *Tichij Don* (4 Bde. 1928–40, *Der Stille Don*, Berlin 1929–34; 1962) der Nobelpreis für Literatur verliehen.
Veröffentlichung der Memoiren von Ilja Ehrenburg *Ljudi. Gody. Žizn'* (*Menschen. Jahre. Leben*, München 1962, Ost-Berlin 1978).

### Berlin ¬ DDR
**4.11.** Das Treffen der Mitglieder beider deutscher PEN-Zentren in Ost-Berlin gilt als Annäherungsversuch zwischen Ost und West. Ein Jahr später beschließt man gemeinsame literarische Veranstaltungen. Den Auftakt bilden im Okt. 1966 Lesungen von Anna Seghers in der Bundesrepublik und von Erich Kästner in der DDR.

### West-Berlin ¬ Bundesrepublik Deutschland
**Juni** Die erste Nummer des *Kursbuches* erscheint in Berlin, Hg.: Hans Magnus Enzensberger, Karl Markus Michel. Es entwickelt sich zu einer einflussreichen und auflagenstarken Zeitschrift für Intellektuelle.
**14.10.** Zur Frankfurter Buchmesse präsentiert die ARD ein gesamtdeutsches Autorengespräch mit Stefan Heym, Walter Jens, Heinar Kipphardt und Peter Härtling.
Alexander Mitscherlich, *Die Unwirtlichkeit unserer Städte. Anstiftung zum Unfrieden* (F/M).

# 1966

## POLITIK ¬ ZEITGESCHEHEN

**Moskau ¬ UdSSR**

**31.1.** Die Raumsonde *Luna 9* wird gestartet. Am 3.2. gelingt die weiche Landung auf dem Mond und am 4.2. werden von Luna 9 die ersten Bilder der Mondoberfläche zur Erde gesendet. Am 1.3. nähert sich die Raumstation *Venera 3* der Venus.

**29.3.–8.4.** XXIII. Parteitag der KPdSU in Moskau. Das Präsidium des ZK wird zum Politbüro des ZK der KPdSU umformiert und Breschnew zu dessen Generalsekretär gewählt; aus dem Parteistatut wird die unter Chruschtschow beschlossene Bestimmung gestrichen, welche die Amtszeit von führenden Parteifunktionen begrenzt. 130.000 Krimtataren überreichen auf dem Parteitag ein Gesuch mit der Forderung nach Rehabilitation und Rückkehr auf die Krim, hinsichtlich der Unterschriften das umfangreichste Dokument des Samisdat. Am 5.9. 1967 verabschiedet das Präsidium des Obersten Sowjets einen Erlass, nach dem die Krimtataren nicht mehr länger der Kollaboration während des Großen Vaterländischen Krieges bezichtigt werden. In ihre Heimat dürfen sie jedoch nicht zurückzukehren.

**27.4.** Ein verheerendes Erdbeben in Taschkent fordert zahlreiche Todesopfer. Eine große Hilfsaktion wird eingeleitet.

Charles de Gaulle in Wolgograd

**20.6.–1.7.** Der Präsident Frankreichs, Charles de Gaulle, besucht die UdSSR. Erstmals wird einem westlichen Staatsoberhaupt ein triumphaler Empfang bereitet.

**1.7.** Einführung eines monatlichen Gehalts in den Kolchosen.

**16.9.** Das Präsidium des Obersten Sowjets nimmt in die Strafgesetzgebung folgende Artikel auf: 1901 (»Verbreitung von wissentlich falschem Gedankengut, welches die sowjetische Staats- und Gesellschaftsordnung in Misskredit bringt«), 1902 (»Verhöhnung von Wappen und Flagge«), 1903 (»Organisation oder aktive Teilnahme an Gruppenhandlungen, die die öffentliche Ordnung stören«). Bis in die 80er Jahre werden diese Artikel massiv gegen Andersdenkende angewandt.

Entdeckung der Erdöl- und Erdgasvorkommen von Urengoi in Westsibirien.

**Berlin ¬ DDR**

**9.5.** Die DDR nimmt ihr erstes Atomkraftwerk, mit Hilfe der Sowjetunion gebaut, in Rheinsberg in Betrieb. 1990 wird dessen Stilllegung beschlossen, seit 1995 läuft der Rückbau.

**POLITIK ¬** Beginn der öffentlichen Proteste gegen den Krieg der USA in Vietnam in der Bundesrepublik, die eine Politisierung der Studenten zur Folge haben. In *Das Argument*, Nr. 1, 1966, erscheint ein Aufruf deutscher Schriftsteller, Professoren und Universitätsassistenten gegen den Vietnam-Krieg. Am 5.2. wird während einer Vietnam-Demonstration in West-Berlin das Amerikahaus mit Eiern beworfen, was Diskussionen über einen neuen Antiamerikanismus nach sich zieht. An der Universität in Frankfurt/M spricht am 22.5. Herbert Marcuse auf dem Kongress *Vietnam – Analyse eines Exempels*. Daran anschließend formiert sich eine große Vietnamdemonstration. Zum Abschluss der »Vietnam-Wochen« in West-Berlin ruft der SDS durch Rudi Dutschke am 10.12. in Reaktion auf die Große Koalition aus CDU/CSU und SPD, die ohne wirkungsvolle parlamentarische Opposition regiert, zur Bildung der Außerparlamentarischen Opposition auf. Die APO entwickelt sich zu einer antiautoritären Bewegung, die provokant und z.T. auch gewaltsam gesellschaftliche Veränderungen erreichen will.

**West-Berlin ¬ Bundesrepublik Deutschland**

**22./23.6.** Erstes Sit-in in Deutschland: Der Sitzstreik an der FU in Berlin-Dahlem wendet sich gegen das Raumverbot für politische Veranstaltungen.

**Sept.** Baldur von Schirach (ehem. Reichsjugendführer der NSDAP) und Albert Speer (Architekt und ehem. Rüstungsminister im »Dritten Reich«) werden nach Verbüßung ihrer 20-jährigen Haftstrafe aus dem Alliierten Kriegsverbrechergefängnis in Berlin-Spandau entlassen.

**Nov.–Dez.** Regierungskrise: Rücktritt des Bundeskanzlers Ludwig Erhard vor allem wegen Uneinigkeit hinsichtlich der Ost-Politik. Die rechtsradikale NPD profitiert von der Krise und gewinnt bei Landtagswahlen Mandate. 1.12. Bildung einer großen Koalition von CDU/CSU und SPD; der Bundestag wählt Kurt Georg Kiesinger (CDU) zum Bundeskanzler, Willy Brandt (SPD) wird Außenminister und Vizekanzler.

**andere**

**6.6.** Mao Tse-Tung erklärt das »Ende des Revisionismus« in China. Am 1.8. verkündet das ZK der KP Chinas offiziell die Große Proletarische Kulturrevolution. Das *Rote Buch* (*Worte des Vorsitzenden Mao Tse-Tung*), die so genannte Mao-Bibel, erfährt eine millionenstarke Auflage und wird in 22 Sprachen übersetzt.

**6.10.** Gründung der *Black Party for Self-Defense* (später *Black Panthers*), einer Bürgerrechtsbewegung der Schwarzen in den USA. In den Ghettos von Cleveland, Chicago, Omaha und San Francisco kommt es zu schweren Rassenunruhen.

## BILDENDE KUNST

**Moskau ¬ UdSSR**

**Nov.** Im Moskauer Institut für Arbeitshygiene der Akademie der Wissenschaften werden Werke nichtoffizieller Künstler ausgestellt: Michail Grobman, Anatoli Swerew, Jewgeni und Lew Kropiwnizki, Valentina Kropiwnizkaja, Olga Potapowa, Wassili Sitnikow, Alexej Tjapuschkin u. a.

**Berlin ¬ DDR**

**März** Erwin Pracht und Werner Neubert erklären in ihrem Artikel *Zu aktuellen Grundfragen des sozialistischen Realismus in der DDR* (in: *Neue Deutsche Literatur* 5/1966) »die Parteilichkeit« zur »zentralen ästhetischen Kategorie des sozialistischen Realismus«. Diverse folgende Artikel greifen das Thema auf.

**West-Berlin ¬ Bundesrepublik Deutschland**

**5.6.–10.7.** *Junge Generation. Maler und Bildhauer in Deutschland*, Akademie der Künste, Berlin-Tiergarten, mit einem Begleitprogramm zu Musik, Literatur, Baukunst, Darstellender Kunst, Kurator: Will Grohmann. Die Ausstellung zeigt Werke von Georg Baselitz, KP Brehmer, Konrad Lueg, Sigmar Polke, Gerhard Richter, Wolf Vostell, Rolf Szymanski, Johannes Geccelli, Karl Horst Hödicke, Rainer Küchenmeister u. a.

**andere**

**27.4.–12.6.** *Primary Structures: Younger American and British Sculptures*, The Jewish Museum, New York, Kurator: Kynaston McShine; u. a. mit Carl Andre, Richard Artschwager, Dan Flavin, Donald Judd, Ellsworth Kelly, Sol LeWitt, Robert Morris, Andy Warhol, die minimalistische und protokonzeptualistische Arbeiten präsentieren.

## ARCHITEKTUR ¬ DENKMAL

**Moskau ¬ UdSSR**

Gründungskongress der freiwilligen Allunionsgesellschaft für den Schutz von Geschichts- und Kulturdenkmälern (WOOPIK). Die Gesellschaft bestimmt künftig die Diskussion um die Erhaltung von nationalen Kulturdenkmälern.

**7.5.** Wettbewerb zur *Struktur des hauptstädtischen Zentrums*. Erstmals wird der Wiederaufbau des Iwerskije-Tors, der Kasaner Kathedrale auf dem Roten Platz und der Kitaigorodskaja Mauer vorgeschlagen, die in den 30er Jahren zerstört worden waren.

**Berlin ¬ DDR**

Ministerium für Auswärtige Angelegenheiten der DDR, A: Josef Kaiser, Heinz Aust, Walter Herzog, Lothar Kwasnitza und Kollektiv. Das Gebäude flankiert die West-Seite des für Aufmärsche geeigneten Marx-Engels-Platzes, heute Schlossplatz, Berlin-Mitte. 1995 wurde es wegen eines fehlenden Raumnutzungskonzepts und der Idee, Schinkels Bauakademie wieder aufzubauen, abgerissen.

Stadtbibliothek-Ost, Breite Straße, Berlin-Mitte, A: Heinz Mehlan und Kollektiv. Der moderne Glas-Stahl-Bau soll ein Gegengewicht zur Amerika-Gedenkbibliothek in West-Berlin bilden.

**West-Berlin ¬ Bundesrepublik Deutschland**

Springer-Hochhaus, Kochstraße 50, Berlin-Kreuzberg, A: Franz Heinrich Sobotka, Gustav Müller, Melchiorre Bega, Gino Franzi. Das Scheibenhochhaus des Springer-Verlags wurde bewusst in das im Krieg fast vollkommen zerstörte und nun durch die Mauer durchtrennte ehemalige Presseviertel gesetzt. Mit seiner durch eloxierte Aluminiumplatten verkleideten Fassade ist es weit in den Osten hinein sichtbar.

**andere**

Zwei gegen den funktionalistischen »International Style« gerichtete Publikationen prägen die Architekturdiskussion dieser Jahre: Aldo Rossi, *L'architettura della città* (Mailand, *Architektur der Stadt. Skizze zu einer grundlegenden Theorie des Urbanen*, Düsseldorf 1973) hält die Besinnung auf die historische Substanz der Städte verbunden mit einer kapitalismuskritischen Haltung für entscheidend. Robert Venturi, *Complexity and Contradiction in Architecture* (New York, *Komplexität und Widerspruch in der Architektur*, Düsseldorf 1978) stellt die Pop-Art und die von Reklametafeln überwucherten amerikanischen Städte als positiv dar.

## FILM

### Moskau ¬ UdSSR

**18.3.** In Moskau wird auf der Kotelnitscheskaja Uferstraße ein Filmtheater des Gosfilm-Fonds eröffnet, das Kino Illusion. Sein Repertoire besteht ausschließlich aus Archivfilmen. Es ist von der offiziellen Verleihpolitik ausgenommen und gilt lange als das freieste sowjetische Filmtheater.

**25.5.** *Beregis' avtomobilja* (*Autoaffären*, EA DDR 3.2. 1967; *Vorsicht, Autodieb!*, BRD 14.7.1967), R: Eldar Rjasanow, D: Innokenti Smoktunowski, Oleg Jefremow, Andrej Mironow, Anatoli Papanow. Zuschauer und Kritik feiern den Film. Er avanciert zum Prototyp der sowjetischen »intellektuellen Komödie«.

**27.7.** *Strasti po Andreju* (*Andrej Rubljow*, EA BRD 13.8. 1973 ZDF, DDR 12.10.1973), R: Andrej Tarkowski, in der Rolle des Ikonenmalers Anatoli Solonizyn, wird nach seiner UA im Filmstudio Mosfilm nicht zum Verleih freigegeben, sondern nur auf halblegalen Klubveranstaltungen gezeigt. Auf dem Filmfestival in Cannes wird ihm der Preis der Internationalen Filmpresse verliehen. In der UdSSR ist er erst ab 1971 zu sehen.

**5.9.** *Nikto ne chotel umirat'* (*Niemand wollte sterben*, EA DDR 4.11.), R: Vytautas Žalakjavicius. Beeinflusst von der polnischen Schule, machte der Film sowohl das Litauische Filmstudio als auch den Schauspieler Donatas Banionis populär.

*Andrej Rubljow* (UdSSR), Filmstill

### Berlin ¬ DDR

**15.6.** *Spur der Steine* (UA: Potsdam), R: Frank Beyer, nach dem Roman von Erik Neutsch, D: Manfred Krug. Der Film über einen Parteisekretär, der sich wegen unmoralischen Verhaltens und politisch-ideologischen Versagens vor der Parteiführung verantworten muss, wird auf Druck des ZK nach der Premiere aus dem Programm genommen. Erst 1989 kann der »Regalfilm« gezeigt werden.

### West-Berlin ¬ Bundesrepublik Deutschland

**5.9.** *Abschied von gestern*, R/B: Alexander Kluge, K: Edgar Reitz, D: Alexandra Kluge, Hans Korte, erzählt die Lebensgeschichte der Anita G., die aus Leipzig in den Westen flieht und straffällig wird. Der Film gewinnt den Silbernen Löwen in Venedig und ist neben Volker Schlöndorffs *Der junge Törleß* (im Mai UA bei den Filmfestspielen Cannes) einer der großen Erfolge des Jungen Deutschen Films.

**17.9.** Die Deutsche Film- und Fernsehakademie Berlin (DFFB) wird vom Regierenden Bürgermeister Willy Brandt eröffnet. Hartmut Bitomsky, Haroun Farocki, Holger Meins (späterer RAF-Terrorist) und Helke Sander zählen zu den ersten Studierenden. Im darauf folgenden Jahr Gründung der Hochschule für Fernsehen und Film (HFF) in München, dort beginnt Wim Wenders sein Studium.

**26.11.** Der Schriftsteller, Sozialphilosoph und Filmtheoretiker Siegfried Kracauer stirbt in New York. *From Caligari to Hitler* (Princeton 1947, *Von Caligari zu Hitler*, gekürzt 1958, vollständig F/M 1979; russ. Moskau 1977), eine Analyse der Nazi-Filmpropaganda, und seine *Theory of Film* (1960, *Theorie des Films*, F/M 1964; russ. gekürzt Moskau 1974) beeinflussen die Filmkritik maßgeblich. Vor seiner Emigration 1941 war Kracauer 1921–33 Berliner Kulturredakteur der *Frankfurter Zeitung*.

### andere

**18.12.** *Blow Up* (GB, *Blow Up*, EA BRD 11.5.67), R/B: Michelangelo Antonioni, D: David Hemming, Vanessa Redgrave. Das Porträt der Beat-Generation entsteht zu Beginn der politischen Jugendrevolte und wird zum Trailer der Pop-Kultur.

Andy Warhol, *The Chelsea Girls*, definiert die Möglichkeiten des Films neu: Mittels einer Doppelprojektion wird die sonst übliche Einzelbildfokussierung im dunklen Kinosaal aufgebrochen. Auf dem Filmfestival in Cannes ist der Film ein Publikumserfolg.

## MEDIEN

### Moskau ¬ UdSSR

Die Technik der Videoaufzeichnung ermöglicht der Zensur mehr Einfluss zu nehmen: Immer häufiger werden Direktübertragungen von aufgezeichneten Fernsehsendungen verdrängt.

## THEATER ¬ MUSIK

### Moskau ¬ UdSSR

**25.4.** Premiere der Tragödie *Smert' Ivana Groznogo* (*Der Tod Iwans des Schrecklichen*) von Alexej Tolstoi im Zentralen Theater der Sowjetarmee. Andrej Popow spielt die Hauptrolle, die wegen der hineininterpretierten Parallelen zur Stalin-Epoche bisher nicht aufgeführt werden durfte. Die Inszenierung von Leonid Cheifez hält sich zwanzig Jahre im Repertoire des Theaters.

**25.12.** *Meščane* (*Die Kleinbürger*) von Maxim Gorki im Großen Dramatischen Theater. Georgi Towstonogow gibt dem Stück eine neue Tendenz, indem er den ursprünglich positiv angelegten Helden, den Arbeiter Nil (gespielt von Kirill Lawrow) als Vorgänger des selbstzufriedenen und geradlinigen Funktionärs der Sowjetzeiten anlegt.

Premiere von Edison Denissows *Pjatj' istorij o gospodine Koinere* (*Fünf Geschichten vom Herrn Keuner*) nach Bertolt Brecht für Tenor und acht Instrumente.

### Berlin ¬ DDR

**13.10.** Friedo Solter inszeniert am Deutschen Theater Lessings *Nathan der Weise*. Wolfgang Heinz, 1963–69 auch Intendant des Hauses, spielt den Nathan als lebensklugen Kaufmann.

Siegfried Matthus' *Galilei* für Singstimme, fünf Instrumente und Tonband ist eines der frühesten Beispiele elektronischer Musik der DDR. Ebenfalls 1966 ensteht *Manifest* nach Marx und Engels. 1967 begründet Matthus als dramaturgischer Berater an der Komischen Oper die Reihe *Kammermusik im Gespräch*. Matthus gilt als der im In- und Ausland meistgespielte Komponist der DDR.

### West-Berlin ¬ Bundesrepublik Deutschland

**14.1.** UA der *Jüdischen Chronik* in Köln. Die Initiative zu diesem deutsch-deutschen Projekt ging 1960 von Paul Dessau aus, der sich über einen neu aufkommenden Antisemitismus empörte. Das Stück ist im Stil einer Kantate aus Elementen von mehreren Komponisten aus Ost und West zusammengesetzt. Dessau gewann Hans Werner Henze; Karl Amadeus Hartmann, Boris Blacher und Rudolf Wagner-Régeny kamen hinzu. Die Texte schrieb der aus Hamburg in die DDR übergesiedelte Dichter Jens Gerlach. Kernthema ist der Aufstand im Warschauer Ghetto 1943. Noch Anfang 1966 wird die *Jüdische Chronik* in Leipzig aufgeführt, 1967 dann bei der *1. Musik-Biennale* in Ost-Berlin.

**5.2.** Vor einer Pop-Art-Kulisse nach Roy Lichtenstein zeigen Peter Zadek und Wilfried Minks in Bremen Schillers *Die Räuber* als bewusst trivialisierten Comic-Strip.

**8.7.** Bei der *Experimenta* in Frankfurt/M spielt das Theater am Turm erstmals Peter Handkes Anti-Theater-Stück *Publikumsbeschimpfung* (R: Claus Peymann).

**25.9.–11.10.** 16. Berliner Festwochen: Mstislaw Rostropowitsch spielt die UA eines Celloconcerts von Lukas Foss und die EA des 2. Cellokonzerts von Dmitri Schostakowitsch.

Peter Zadeks Inszenierung der *Räuber*, Bremen

## LITERATUR ¬ THEORIE

### Moskau ¬ UdSSR

**Nov.** Veröffentlichung des Romans *Master i Margarita* (entstanden 1928–40, *Der Meister und Margarita*, Ost-Berlin 1968, Berlin/Neuwied 1968) von Michail Bulgakow in der Zeitschrift *Moskva* (Nr. 11, 1966, Nr. 1, 1967) mit zahlreichen von der Zensur diktierten Streichungen. Der Roman wird zum wichtigsten Literaturereignis des Jahrzehnts. Das Zitat »Manuskripte brennen nicht«, auch auf das Schicksal des Buches projiziert, das fast drei Jahrzehnte zurückgehalten worden war, wird zu einer Devise der oppositionellen sowjetischen Intelligenzija.

Die Erzählung *Privyčnoe delo* (Wie gewöhnlich) von Wassili Below überrascht den Leser mit ihrer nostalgischen Darstellung der im Schwinden begriffenen dörflichen Lebensweise in Russland.

Die Erzählung *Proščaj Gjul'sary* (*Wirf die Fesseln ab, Gulsary*, Köln/Düsseldorf 1967, *Abschied von Gülsary*, Ost-Berlin 1968) von Tschingis Aitmatow ist eines der letzten Anti-Stalin-Werke, welches legal und zensiert erscheint.

### Berlin ¬ DDR

**April–Aug.** Lyrik-Debatte in der FDJ-Zeitschrift *Forum*, initiiert vom stellvertretenden Chefredakteur Rudolf Bahro, der die Auffassung vertritt, statt »Scheltreden« gegen Schriftsteller zu verfassen, solle der Dialog mit diesen über den Zusammenhang inhaltlicher und struktureller Komponenten der Lyrik mit der Stellung des Menschen in der sozialistischen Gesellschaft aufgenommen werden.

### West-Berlin ¬ Bundesrepublik Deutschland

**26.–30.10.** Die Internationale Buchhandlung in Hamburg veranstaltet eine Verkaufsausstellung *Tausend Bücher aus der DDR* mit einer Auswahl aus dem Programm von 57 DDR-Verlagen.

Frantz Fanon, *Die Verdammten dieser Erde* (F/M, *Les damnés de la terre*, Paris 1961), das »Kommunistische Manifest der antikolonialen Revolution«, liefert Zündstoff für die außerparlamentarische Oppositionsbewegung.

Erich Fried führt in seinem stark rezipierten Gedichtband *und Vietnam und* (Berlin) die Lyrik mit der Tagespolitik zusammen.

Theodor W. Adorno, *Negative Dialektik* (F/M; russ. Moskau 2003).

## POLITIK ¬ ZEITGESCHEHEN

### Moskau ¬ UdSSR

**Jan.** Die Spannungen in den sowjetisch-chinesischen Beziehungen verschärfen sich. Belagerung der Botschaft der UdSSR in Peking durch die maoistische Militärorganisation der Hunweibiner und Versuch einer Hunweibiner-Demonstration auf dem Roten Platz in Moskau.

**22.1.** Kundgebung von Bürgerrechtlern am Puschkin-Denkmal, Moskau, organisiert von Wladimir Bukowski. Junge Leute protestieren gegen politisch motivierte Inhaftierungen und fordern die Abschaffung des »Antiverfassungs«-Artikels im Strafgesetzbuch der RSFSR. Drei der Organisatoren und Teilnehmer der Kundgebung werden nach Artikel 1903 verurteilt (vgl. 1966).

**27.1.** Unterzeichnung des Vertrags zwischen der UdSSR, den USA und Großbritannien über die friedliche Nutzung des Weltraums.

**6.3.** Stalins Tochter Swetlana Allilujewa, die zur Beerdigung ihres Mannes nach Indien geflogen war, bittet in der US-Botschaft in Delhi um politisches Asyl.

**24.4.** Der Kosmonaut Wladimir Komarow verunglückt mit *Sojus 1* tödlich, da sich bei der Landung die Fallschirme nicht öffnen.

**18.5.** Wladimir Semitschastny wird seines Amtes als Vorsitzender des KGB enthoben, stattdessen wird Juri Andropow, Sekretär des ZK, berufen.

### Berlin ¬ DDR

**20.2.** Eine DDR-eigene Staatsbürgerschaft wird gesetzlich verankert.

**13.7.** Die am 2.7. gewählte Volkskammer bestätigt Walter Ulbricht erneut als Vorsitzenden des Staatsrates, einen Tag darauf Willi Stoph als Vorsitzenden des Ministerrates.

Beginn der Zusammenlegung von VEB-Betrieben zu Kombinaten und der Umwandlung von halbstaatlichen Unternehmen zu Volkseigenen Betrieben.

### West-Berlin ¬ Bundesrepublik Deutschland

**12.4.** Bundeskanzler Kurt Georg Kiesinger schlägt der DDR-Führung ein geregeltes Nebeneinander und engere Verbindungen in Wirtschaft, Technik und Verkehr vor.

Demonstration am 27. November: Uschi Jenner, Gaston Salvatore und Rudi Dutschke durchbrechen die Absperrung

**27.5.–4.6.** Während des Staatsbesuchs des persischen Schahs Resa Pahlevi brechen in zahlreichen Städten Unruhen aus. In Berlin wird am 2.6. der Student Benno Ohnesorg während einer Demonstration vor der Deutschen Oper von dem Polizisten Heinz Kurras erschossen. Infolgedessen finden mehrere Demonstrationen gegen die Verantwortlichen des West-Berliner Senats statt. Der regierende Bürgermeister Heinrich Albertz tritt wegen der innenpolitischen Auseinandersetzungen zurück. Sein Nachfolger wird Klaus Schütz (SPD).

**5.6.** Hochschulkongress in Hannover: Kontroverse zwischen Jürgen Habermas, der vor der Herausforderung der »Gewalt der Institutionen« und einem »linken Faschismus« warnt, und Rudi Dutschke, der handlungsorientierten Widerstand fordert. Der Bruch der antiautoritären Studentenbewegung mit der *Frankfurter Schule* kündigt sich an.

### andere

**21.4.** Militärputsch in Griechenland unter dem politisch rechtsstehenden Obristen Georgios Papadopoulos, die parlamentarischen Institutionen werden aufgelöst

**5.–10.6.** Sechstagekrieg zwischen Arabern und Israelis. Israel besetzt den Gazastreifen, die Halbinsel Sinai, Westjordanien und die Golanhöhen (Syrien). In der Folge Verschärfung des Nahostkonfliktes. Die UdSSR bricht ihre diplomatischen Beziehungen zu Israel ab.

**9.10.** Ernesto Che Guevara, einst Mitstreiter Fidel Castros bei der kubanischen Revolution, nun als Guerillero gegen die Militärregierung in Bolivien aktiv, wird von bolivianischen Truppen gefangen genommen und erschossen.

**21.10.** Über 250.000 Menschen demonstrieren vor dem Pentagon in Washington gegen den Vietnam-Krieg.

**POLITIK ¬** Gründung der Kommune I (Fritz Teufel, Rainer Langhans, Dieter Kunzelmann u. a.), Kaiser-Friedrich-Straße, West-Berlin, am 1.1. Die Wohngemeinschaft zur Förderung antiautoritärer Lebensformen will eine »Revolutionierung des bürgerlichen Individuums und die freie Entfaltung sexueller Bedürfnisse« erproben. Bei den Demonstrationen gegen den Besuch des US-Vizepräsidenten Hubert Humphrey vor dem Hintergrund des Vietnam-Krieges werden am 5.4. elf Kommunarden unter dem Verdacht verhaftet, ein Attentat auf Humphrey geplant zu haben. Sie werden freigelassen, da die Geschosse aus Pudding sind.

## BILDENDE KUNST

### Moskau ¬ UdSSR

**22.1.** Im Moskauer Klub Drushba wird eine von Alexander Gleser organisierte Ausstellung eröffnet. Unter den Teilnehmern sind Nikolai Wetschtomow, Anatoli Swerew, Valentina Kropiwnizkaja, Jewgeni und Lew Kropiwnizki, Oskar Rabin und Eduard Stejnberg. Die Ausstellung wird von den Machtorganen als »ideologische Zersetzung« gewertet und zwei Stunden nach der Eröffnung geschlossen. Am 24.1. findet in der Wohnung von Gleser eine Pressekonferenz für ausländische Journalisten statt. Noch am selben Tag äußern Jewgeni Wutschetitsch und Nikolai Tomski auf dem Plenum des Künstlerverbands ihre Kritik an der Ausstellung.

**Nov.** In Leningrad vollendet die Gruppe Dwishenije (Bewegung) die festliche Gestaltung der Stadt zum fünfzigsten Jahrestag der Oktoberrevolution.

### Berlin ¬ DDR

**1.10.–4.2.68** *VI. Deutsche Kunstausstellung*, Albertinum, Dresden und in anderen Städten mit Arbeiten von 689 Künstlern. Die Werke entsprechen im Großen und Ganzen der strengen Parteilinie der späten Ulbricht-Ära.

### West-Berlin ¬ Bundesrepublik Deutschland

**6.–19.2.** *Neuer Realismus*, Haus am Waldsee, Kurator: Heinz Ohff, mit Hans Jürgen Diehl, Karl Horst Hödicke, Konrad Lueg, Wolfgang Petrick, Sigmar Polke, Gerhard Richter, Peter Sorge u. a. In Zusammenhang mit der Ausstellung steht die Prägung der Begriffe »Berliner Realisten« und »Kritischer Realismus«.

**22.6.** Joseph Beuys gründet in Düsseldorf in Zusammenhang mit der Forderung nach einer Reform der künstlerischen Ausbildung die pazifistische *Deutsche Studentenpartei*, bald darauf umbenannt in *Fluxus Zone West*.

**22.10.–18.11.** *Hommage à Lidice*, Galerie René Block, Schaperstaße 11, Berlin-Wilmersdorf, im Juli 1968 dann in Prag. Die Ausstellung erinnert an das tschechische Dorf Lidice, das am 10.6.1942 durch SS-Einheiten vollständig vernichtet und dessen Bewohner ermordet wurden. Beteiligte Künstler u. a. Joseph Beuys, KP Brehmer, Gotthard Graubner, Jörg Immendorff, Blinky Palermo, Gerhard Richter, Dieter Roth, Stefan Wewerka. Rekonstruktion der Ausstellung, ergänzt durch neuere Werke der Künstler, im März 1997, Haus der Schwarzen Mutter Gottes, Prag.

Peter Weibel, *Action Lecture*, im Kontext des experimentellen Filmevents *Xscreen*, Köln. Das Publikum steuert durch seine Lautstärke die Lichtintensität der Projektion: Expanded Cinema.

### andere

**17./18.7.** *Le Mural de la Havanne*, ein Wandbild in Erinnerung an die kubanische Revolution. Auf Einladung von Wilfredo Lam lassen fast 100 Künstler, Intellektuelle, Kunstkritiker und kubanische Revolutionskämpfer, u. a. Eduardo Arroyo, César, Jean Messagier, Corneille, Michel Leiris und Peter Weiss, in Havanna ein kollektives Wandbild entstehen.

*New Documents*, Museum of Modern Art, New York. Der Kurator John Szarkowski zeigt Fotografien von Garry Winogrand, Diane Arbus, Lee Friedländer, denen ein neuartiger, subjektiv-dokumentarischer Blick eigen ist.

## ARCHITEKTUR ¬ DENKMAL

### Moskau ¬ UdSSR

Der Bau des 27-geschossigen Instituts Gidroprojekt (Forschungsinstitut für Wasserbau S. Shukow) an der Gabelung Leningrader/Wolokolamsker Chaussee ist abgeschlossen, A: Georgi Jakowlew und Nina Dshewanschirowa. Es ist das erste der in den 60er Jahren gebauten Hochhäuser. Bald darauf wird auf dem Prospekt des Friedens (Prospekt mira) ein 25-geschossiges Wohnhaus aus Rüttelwalzplatten vollendet, A: Viktor Andrejew und Trifon Saikin.

**8.5.** Am Vorabend des Tages des Sieges wird das Grabmal für den Unbekannten Soldaten an der Kremlmauer im Alexandrowski-Garten eingeweiht, A: Dmitri Burdin, Wladimir Klimow, Juri Rabajew, Bildhauer: Nikolai Tomski.

Leonid Breschnew am Grabmal für den Unbekannten Soldaten, Moskau

**15.10.** In Wolgograd wird auf dem Mamajew-Hügel die Gedenkstätte für die Helden der Stalingrader Schlacht mit der gigantischen Skulptur der *Mat'-Rodina* (Mutter Heimat) eingeweiht, Bildhauer: Jewgeni Wutschetitsch, A: Jakow Belopolski, Weniamin Demin, Fjodor Lyssow.
Inbetriebnahme des Kalinin-Prospekts (heute Nowy Arbat), A: Michail Possochin als Leiter, Aschot Mndojanz, Gleb Makarewitsch, Boris Tchor, Schagen Airapetow, Igor Pokrowski u. a. Der Prospekt wurde durch den historischen Stadtteil geführt und verbindet den Kreml mit dem Kutusow-Prospekt. Die Südseite des Bebauungsprojekts bilden vier 26-geschossige Verwaltungsgebäude, die durch ein 850 m langes Stilobat miteinander verbunden sind. An der Nordseite stehen u. a. fünf 25-geschossige Wohngebäude. Der Komplex galt als Musterbeispiel für die weitere Umgestaltung Moskaus.

### Berlin ¬ DDR

Museum Berlin-Karlshorst, ehemals Museum der bedingungslosen Kapitulation des faschistischen Deutschland im Großen Vaterländischen Krieg 1941–1945, Zwieseler Straße, Berlin-Lichtenberg. Im Nov., am 50. Jahrestag der Oktoberrevolution, als Gedenkstätte und Museum eingerichtet. Am 10.10.1949 erhielt hier die erste DDR-Regierung um Wilhelm Pieck vom Chef der Sowjetischen Militäradministration in Deutschland ihre Vollmachten. 1991 erweitert durch die Dauerausstellung über die deutsch-sowjetischen Beziehungen 1917–91 im ehemaligen Offizierskasino der Pionierschule I der Deutschen Wehrmacht, im April 1945 das Hauptquartier der sowjetischen 5. Stoßarmee.

### West-Berlin ¬ Bundesrepublik Deutschland

**15.5.** Das Brücke-Museum, A: Werner Düttmann, mit seiner Sammlung deutscher expressionistischer Kunst wird in Berlin-Dahlem eröffnet. Ermöglicht wird der Bau, der Gestaltungsprinzipien der Bauhaus-Moderne aufgreift, durch eine Stiftung des Ehepaars Schmidt-Rottluff.
Deutscher Pavillon auf der Weltausstellung Montreal, A: Frei Otto und Rolf Gutbrod. Zwischen Masten verspannte netzartige Stahlseilkonstruktionen ergeben eine asymmetrische Dachlandschaft – ein Vorläufer der des Münchener Olympia-Geländes. Frei Otto ist Begründer des Instituts für leichte Flächentragwerke, TH Stuttgart.

### andere

Habitat 67, Weltausstellung Montreal (1966–67), A: Moshe Safdie. 354 vorgefertigte Einzelcontainer sind variantenreich gestapelt und ineinander verschachtelt, wodurch sich eine lebendige Wohnburg ergibt.

## FILM

### Moskau ¬ UdSSR

**1.4.** Die exzentrische Komödie *Kavkazskaja plennica* (*Entführung im Kaukasus*, EA DDR 15.9.), R: Leonid Gaidai, wird ein Kassenschlager.
**Aug.** *Ijul'skij dožd'* (Juliregen), R: Marlen Chuzijew, beschreibt die »innere Emigration« der jungen sowjetischen Elite. Der Film wird von der offiziellen Kritik negativ beurteilt.

### West-Berlin ¬ Bundesrepublik Deutschland

**7.2.** *Katz und Maus*, R: Hansjürgen Pohland nach der Erzählung von Günter Grass, D: Lars und Peter Brandt, Wolfgang Neuss, Claudia Bremer – ein Film gegen den deutschen Militarismus.
**28.5.** In Hof (Franken) finden zum ersten Mal die *Internationalen Hofer Filmtage* statt, die sich in den folgenden Jahren zu einem der wichtigsten Festivals des jungen westdeutschen Films entwickeln.

### andere

**23.5.** *Belle de Jour* (F/I, dt. *Belle de jour – Schöne des Tages*, EA BRD 15.9.) R: Luis Buñuel, B: Buñuel, Jean-Claude Carrière, nach einem Roman von Joseph Kessel, D: Catherine Deneuve, Jean Sorel, Michel Piccoli.

## MEDIEN

### Moskau ¬ UdSSR

**21.4.** Beginn der Ausstrahlung des 50-teiligen, dem 50. Jahrestag der Oktoberrevolution gewidmeten Fernsehdokumentarfilms *Letopis' poluveka* (Chronik eines halben Jahrhunderts), der eine neue, offizielle Version der sowjetischen Geschichte bietet.
**4.11.** Feierliche Eröffnung des neuen Fernsehzentrums Ostankino im höchsten Fernsehturm der Welt (537 m). Nun wird über den Satelliten Molnija, der in das Weltraumsystem Orbita integriert ist, landesweiter Empfang möglich. Am 1.10. beginnt die regelmäßige Ausstrahlung von Farbsendungen.

### West-Berlin ¬ Bundesrepublik Deutschland

Anlässlich der Großen Deutschen Funkausstellung auf dem Messegelände, Berlin, starten ARD und ZDF Farbfernsehausstrahlungen.

Parade auf dem Roten Platz, Moskau, zum 50. Jahrestag der Oktoberrevolution

## THEATER ¬ MUSIK

### Moskau ¬ UdSSR

**30.1.** *Varšavskaja melodija* (Warschauer Melodie) von Leonid Sorin im Wachtangow-Theater mit Julia Borissowa und Michail Uljanow als letzte Inszenierung von Ruben Simonow. Das Stück über die Liebe eines sowjetischen Jugendlichen zu einem polnischen Mädchen, die am Verbot der Eheschließung mit Ausländern scheitert, wird in den meisten sowjetischen Theatern aufgeführt.
**29.4.** *Dochodnoe mesto* (*Eine einträgliche Stelle*) im Moskauer Theater der Satire in der Inszenierung von Mark Sacharow. Das Stück wird wegen seiner Auslegung von Alexander Ostrowskis klassischer Komödie als Gleichnis über Opportunismus und sittlichen Persönlichkeitsverfall verboten.
**20.6.** Erste Inszenierung des Balletts *Karmen-sjuita* (*Carmen-Suite*) von Rodion Schtschedrin mit Maja Plissezkaja, einer freien Bearbeitung der musikalischen Vorlage von Georges Bizet, im Bolschoi-Theater.
**25.11.** *Tri sëstry* (*Drei Schwestern*) von Anton Tschechow im Dramatischen Theater in der Malaja Bronnaja, die erste Inszenierung von Anatoli Efros im neuen Domizil. Im März war er als Leiter des Theaters des Leninschen Komsomol entlassen worden. Der unkonventionelle Umgang mit Tschechow ruft bei den Traditionalisten Empörung hervor.
Zum 50. Jahrestag der Oktoberrevolution wird im Sowremennik eine Trilogie über die Etappen der russischen Revolutionsbewegung inszeniert: *Dekabristy* (Die Dekabristen) von Leonid Sorin (23.8.), *Narodovol'cy* (Narodowolzy) von Alexander Swobodin (26.9.) und *Bol'ševiki* (Bolschewiken) von Michail Schatrow (7.11.). Dieses »Jubiläumsgeschenk« betrachten die Vertreter der offiziellen Instanzen wegen des Themas der revolutionären Gewalt allerdings mit Skepsis.

### Berlin ¬ DDR

**31.1.** Benno Besson inszeniert am Deutschen Theater *Ödipus Tyrann* nach Sophokles und Hölderlin (bearbeitet von Heiner Müller). Der archaische Charakter der Aufführung wird durch Vollmasken des Bühnenbildners Horst Sagert unterstützt.
**4.–12.3.** Erste *Musik-Biennale* in Berlin. Wegen des 50. Jahrestags der Oktoberrevolution liegt ein Schwerpunkt auf dem Musikschaffen der UdSSR, auch Günter Kochans *Aurora* bezieht sich explizit auf die Oktoberrevolution. Neben Kompositionen aus der DDR werden Stücke aus dem westlichen Ausland aufgeführt. Benjamin Brittens *War-Requiem* und das *2. Cellokonzert* von Dmitri Schostakowitsch gelten als die musikalischen Höhepunkte. Die Musik-Biennale wird bis nach 2000 weitergeführt.

### West-Berlin ¬ Bundesrepublik Deutschland

**26.9.** Samuel Beckett inszeniert sein Stück *Endspiel* an der Werkstatt des Berliner Schiller-Theaters.
**24./25.1.** Mit *Heinrich VI.* und *Eduard IV.* nach Shakespeare zeigt Peter Palitzsch in Stuttgart die ersten beiden Teile von Shakespeares Zyklus *Der Krieg der Rosen* (BB: Wilfried Minks). Das politisch aktuelle Interesse an dem Stoff ist von Jan Kotts Studie *Shakespeare unser Zeitgenosse* (Warschau 1965, div. Übersetzungen) beeinflusst, so auch bei den etwa zeitgleichen Rosenkrieg-Projekten von Peter Brook und Peter Hall (Royal Shakespeare Company, London), Giorgio Strehler (Piccolo Teatro, Mailand) und Jean-Louis Barrault (Odéon, Paris).
**16.9.** Peter Zadek löst in Bremen Shakespeares *Maß für Maß* in Einzelszenen mit übersteigerter Körpersprache auf und demonstriert dabei rigide Machtspiele. Wilfried Minks BB rückt dies auf einer fast leeren Bühne in grelles Licht.
**24.9.–11.10.** Berliner Festwochen: Die Gruppe Neue Musik spielt Werke von Edison Denissow, Valentin Silwestrow und anderen russischen Komponisten sowie UA von Erhard Grosskopf, Gerald Humel, Wilhelm Dieter Siebert und Karl Heinz Wahren.
**19.4.** UA des Cellokonzerts von György Ligeti mit dem Radio-Symphonie-Orchester in der Reihe *Musik der Gegenwart*.

## LITERATUR ¬ THEORIE

### Moskau ¬ UdSSR

Nach dem Erscheinen seines Gedichtbands *Zvezda polej* (Stern der Felder) wird Nikolai Rubzow zum führenden Lyriker traditionalistischer Ausrichtung erkoren.

### West-Berlin ¬ Bundesrepublik Deutschland

**2.6.** Vortrag an der FU von Bahman Nirumand, dem Autor von *Persien, Modell eines Entwicklungslandes oder Die Diktatur der Freien Welt* (veröffentlicht im März 1967 als rororo-Paperback mit einem Nachwort von Hans Magnus Enzensberger). Buch und Rede beeinflussen die Demonstrationen gegen den an diesem Tag beginnenden Besuch des Schahs von Persien in Berlin.
**10.–13.6.** Viertägige Diskussion mit Herbert Marcuse an der FU, Berlin, zu den Themen *Das Ende der Utopie*, *Das Problem der Gewalt in der Opposition*, *Moral und Politik in der Überflußgesellschaft*, *Vietnam – Die Dritte Welt* und die *Opposition in den Metropolen*.
Letzte Tagung der Gruppe 47.
Die Kommune I gibt als Raubdruck Wilhelm Reichs *Die Funktion des Orgasmus* (erstm. Wien 1927) heraus, in dem sexuelle Normen als Instrumente der Unterwerfung bezeichnet werden.
Der *Extra-Dienst* erscheint als publizistisches Forum der APO.
Alexander und Margarete Mitscherlich, *Die Unfähigkeit zu trauern: Grundlagen kollektiven Verhaltens*, München 1967.

### andere

Wichtige Werke der französischen Theorie bestimmen die gesellschaftspolitische Diskussion der Zeit: Guy Debord, *La Societé du Spectacle* (Paris, *Die Gesellschaft des Spektakels*, Düsseldorf 1971; russ. Moskau 2000). Debord analysiert in seiner einflussreichen Schrift die Funktionen von Macht und Herrschaft in der bürgerlichen Gesellschaft. Jacques Derrida, *L' écriture et la différence* (Paris, *Die Schrift und die Differenz*, F/M 1972; russ. St. Petersburg 2000) dekonstruiert die zentralen Begriffe der Philosophie. Außerdem: Michel Foucault, *Les Mots et les Choses* (Paris 1966, *Die Ordnung der Dinge. Eine Archäologie der Humanwissenschaften*, F/M 1971; russ. Moskau 1977).

# 1968

## POLITIK ¬ ZEITGESCHEHEN

### Moskau ¬ UdSSR

**8.–12.1.** Den Dissidenten Juri Galanskow, Alexander Ginsburg, Alexej Dobrowolski und Vera Laschkowa wird der Prozess gemacht. Sie werden beschuldigt, Samisdat-Schriften über den Fall Daniel/Sinjawski verbreitet zu haben.
**27.3.** Der erste Kosmonaut, Juri Gagarin, und der Flieger Wladimir Serjogin kommen während eines Testflugs ums Leben.
**30.4.** Die erste Ausgabe der *Chronika tekuščhich sobytij* (Chronik der laufenden Ereignisse) erscheint – eine Samisdat-Schrift über die Menschenrechte in der UdSSR. Erste Redakteurin der Chronik ist Natalja Gorbanewskaja. Im Juni werden über den Samisdat die *Razmyšlenija o progresse, sosuščestvovanii i intellektual'noj svobode* (Gedanken über Fortschritt, friedliche Koexistenz und geistige Freiheit) des Akademiemitglieds Andrej Sacharow verbreitet. Damit beginnt Andrej Sacharows aktive gesellschaftliche Tätigkeit.
**27.6.** Ein neues Gesetz über die Familie wird verabschiedet, das u. a. unehelich geborene Kinder den ehelichen gleichstellt.
**1.7.** Die UdSSR, die USA und Großbritannien unterzeichnen den Internationalen Vertrag über die Nichtverbreitung von Kernwaffen.
**25.8.** Protestdemonstration einer Gruppe von Dissidenten auf dem Roten Platz in Moskau gegen den Einmarsch sowjetischer Truppen in die Tschechoslowakei. Alle Teilnehmer der Demonstration werden festgenommen und zu unterschiedlich langen Haftstrafen bzw. Verbannung verurteilt.

### Berlin ¬ DDR

**12.1.** Die Volkskammer verabschiedet ein neues Gesetzbuch, das Strafverschärfungen für politische Delikte enthält.
**6.4.** Die neue Verfassung der DDR wird durch ein Referendum angenommen. Sie bestimmt die DDR als »sozialistischen Staat deutscher Nation« und als »politische Organisation der Werktätigen in Stadt und Land«.
**10./11.6.** Einführung des Pass- und Visa-Zwangs im Reise- und Transitverkehr mit der Bundesrepublik und West-Berlin.

### West-Berlin ¬ Bundesrepublik Deutschland

**17./18.2.** *Internationaler Vietnam-Kongress*, organisiert vom SDS in der TU, Berlin-Charlottenburg, mit ca. 5000 Teilnehmern. Rudi Dutschke ruft zum »antiimperialistischen Kampf in den Metropolen« auf. Mitglieder des Berliner Senats und des DGB versammeln sich vor dem Berliner Rathaus zu einer Gegendemonstration.
**2./3.4.** Nächtliche Brandanschläge auf zwei Frankfurter Kaufhäuser durch Gudrun Ensslin, Andreas Baader, Horst Söhnlein und Astrid Poll, die kurz darauf verhaftet werden. Mit dem Anschlag wollten sie gegen die »Gleichgültigkeit der Gesellschaft gegenüber den Morden in Vietnam« protestieren. Beim Prozess am 31.10. trifft Ulrike Meinhof, Journalistin der Zeitschrift *konkret*, erstmals Baader und Ensslin.
**11.4.** Attentat auf Rudi Dutschke vor dem Berliner SDS-Zentrum am Kurfürstendamm. Er wird durch Schüsse von Josef Bachmann schwer verletzt (am 24.12.1979 stirbt Dutschke an den Spätfolgen). Auf das Attentat folgen Demonstrationen und Aktionen von SDS und APO, vor allem gegen den Springerkonzern wegen der aufhetzenden Berichterstattung in dessen Zeitungen.
**29.5.** Als Reaktion auf die bundesweite Protestbewegung billigt der Bundestag die Notstandsverfassung, durch die zeitweise bestimmte Artikel des Grundgesetzes außer Kraft gesetzt werden können (wie z. B. die Aufhebung des Post- und Fernmeldegeheimnisses).
**25.9.** Konstituierung der Deutschen Kommunistischen Partei (DKP) als Nachfolgerin der 1956 verbotenen KPD. Bildung feministischer Gruppen: *Aktionsrat zur Befreiung der Frau*, Berlin, und *Weiberrat*, Frankfurt/M.

**POLITIK ¬** Beginn des Liberalisierungsprozesses in der Tschechoslowakei. Nachdem Alexander Dubček am 5.1. Erster Sekretär der KPČ und Ludvík Svoboda am 30.3. Staatspräsident wird, beginnt der Prager Frühling: Durch Demokratisierung und Reformen sollen ein »Sozialismus mit menschlichem Antlitz« geschaffen und das Machtmonopol der KPČ aufgelöst werden. Der Reformkurs in der ČSSR wird am 20./21.8. durch Truppen des Warschauer Pakts, die das Land besetzen, beendet. Die nach Moskau gebrachte tschechoslowakische Parteiführung erklärt sich nach tagelangen Verhandlungen zur Rücknahme der Reformen und Wiedereinführung der Zensur bereit und stimmt der Stationierung sowjetischer Truppen zu. Im April 1969 wird Dubček als Parteisekretär abgesetzt, es folgen weitere Parteisäuberungen.

### andere

**5.4.** Martin Luther King wird bei einem Attentat getötet. Daraufhin kommt es zu Unruhen und einer Radikalisierung der Bürgerrechtsbewegung. Die radikalen Kräfte schließen sich in der Black-Power-Bewegung zusammen.
**Mai** Unruhen in Paris: 3.5. Studetenproteste gegen Fakultätsschließungen in Paris. 6.5. erste Barrikaden und Straßenschlachten zwischen Polizei und Studenten. 7.5. Demonstrationszug von 50.000 Menschen über die Champs-Elysées zum Arc de Triomphe. Teilweise solidarisieren sich Gewerkschaften und Arbeiter mit den Studenten. 10.5. Schlacht zwischen der Polizei und Demonstranten. Die Polizei geht massiv gegen Journalisten, Fotografen und Hausbewohner vor, die flüchtende Demonstranten schützen wollen. Die Gewerkschaften rufen am 13.5. aus Protest gegen dieses Vorgehen zu einem 24-stündigen Generalstreik auf. Es bildet sich ein Demonstrationszug aus ca. 1 Mio. Studenten und Arbeitern. Auch in der Provinz kommt es zu Solidaritätsbekundungen. Massenstreiks und Fabrikbesetzungen folgen. Am 15.5. Besetzung des Théâtre de l'Odéon, Paris, durch Vertreter aller Kultursparten. Das Theater wird zum Diskussionsforum. 19.5. Generalstreik in ganz Frankreich, dem ca. 10 Mio. Franzosen folgen. Wegen nur teilweiser Erfüllung der Forderungen (Lohnerhöhung, Verbesserung der Rechtslage) werden die Streiks bis in den Juni hinein ausgedehnt. Am 29.5. löst Präsident Charles de Gaulle die Nationalversammlung auf und kündigt eine Regierungsumbildung an. Am 12.6. werden ein allgemeines Demonstrationsverbot erlassen und zehn marxistische Organisationen verboten.
**10.5.** Beginn der Geheimverhandlungen über die Beendigung des Vietnamkrieges zwischen den USA und Nordvietnam in Paris (vgl. 1964).
**Okt.** Die Olympischen Spiele in Mexiko werden von den in den Wochen zuvor durch die Polizei blutig niedergeschlagenen Studentenunruhen überschattet. U.a. rufen Jean-Paul Sartre und Bertrand Russell zum Boykott der Spiele auf. Die Siegerehrung für die 200-Meter-Läufer wird von den beiden Gewinnern Tommy Smith und John Carlos zu einer Demonstration für die Black-Power-Bewegung genutzt. Sie werden anschließend aus der Olympia-Mannschaft der USA ausgeschlossen.
**21.12.** Die Amerikaner schicken *Apollo 8* mit drei Astronauten zum Mond, sie umkreisen den Erdtrabanten zehnmal.

## BILDENDE KUNST

### Moskau ¬ UdSSR

**9.–17.2.** Im Kulturhaus des Kurtschatow-Instituts für Atomenergie läuft eine Ausstellung mit Werken Pawel Filonows.
**9./10.4.** Das Plenum des ZK der KPdSU beschließt, »einen Angriffskampf gegen die bourgeoise Ideologie zu führen und aktiv dagegen anzugehen, dass in einzelne Literatur- und Kunstwerke Ansichten eingeschleust werden, die der sozialistischen Ideologie der sowjetischen Gesellschaft fremd sind«.
**1967–69** Im Moskauer Café Sinjaja ptiza (Blauer Vogel) laufen eine Reihe von Ausstellungen Moskauer Künstler (Erik Bulatov, Ilya Kabakov, Wagritsch Bachtschanjan, Oleg Wassiljew, Eduard Selenin, Anatoli Brussilowski, Pjotr Belenok).

### Berlin ¬ DDR

**Nov.–Jan.** *Vor 50 Jahren. Erster Weltkrieg, Novemberrevolution. Nachkriegszeit. Druckgrafik und Zeichnungen deutscher Künstler 1941–1924*. Eine Ausstellung aus den Beständen des Kupferstichkabinetts auf der Museumsinsel.

### West-Berlin ¬ Bundesrepublik Deutschland

**27.3.** *Politische Bilder*, Ben-Wargin-Galerie, Berlin, mit Arbeiten von Manfred Bluth, Arwed Gorella, Wolfgang Petrick, Peter Sorge u. a.
**27.6.–6.10.** Die *4. documenta* in Kassel, unter der Leitung von Arnold Bode und einem Rat von 23 Mitgliedern, widmet sich erstmals gänzlich der aktuellen Kunstproduktion, darunter Pop-Art und Minimal Art, Environment unter Einbezug von Multiples. Das demokratische Procedere des documenta-Rats bei der Auswahl der Künstler führt zu Kontroversen. Störaktionen im Rahmen der '68er Studentenproteste verhindern die offizielle Eröffnung. Bazon Brock richtet eine *Besucherschule* ein, um den Besuchern die Rezeption der gezeigten Kunstwerke zu erleichtern.

KP Brehmer, *Alle Künstler lügen*, 1968, Grafik

**20.–29.9.** *Prospect 68 – Internationale Vorschau auf die Kunst in den Galerien der Avantgarde*, Kunsthalle Düsseldorf, eine messeähnliche Großausstellung mit aktueller internationaler Kunst auf Initiative der Kunsthändler Konrad Fischer und Hans Strelow. Umfangreich präsentiert werden insbesondere Concept Art, Land Art und Minimal Art.
**28.10.** Eduard Trier, der Rektor der Düsseldorfer Kunstakademie, wird von mehreren Professoren aufgefordert, das »Vertrauensverhältnis zum Kollegen Joseph Beuys zu überprüfen«, der ihnen u. a. wegen seines »anmaßenden politischen Dilettantismus« die Existenz der Kunstakademie zu bedrohen scheint.
**29.11.** *Kunst als Ware der Bewußtseinsindustrie*, der Artikel der Berliner SDS-Gruppe *Kultur und Revolution* in der Wochenzeitung *Die Zeit* setzt sich mit dem Verhältnis von Kunst und Kapitalismus auseinander.

andere

**22.6.–20.10.** Die 34. Biennale in Venedig ist von Protesten gegen die marktorientierte Kunst der »Padroni« und Störaktionen geprägt. Einzelne Künstler schließen aus Protest wegen der Polizeiaktionen gegen die Studenten ihre Räume oder fordern das Publikum zur Mitarbeit auf (so Michelangelo Pistoletto). Die Eröffnung der Biennale findet unter Polizeischutz statt.

**Sommer** Michael Heizer und Walter De Maria, der im Sept.–Okt. in der Münchener Galerie Heiner Friedrich mit *50 m³ (1600 Cubic Feet) Level Dirt* seinen ersten Erdraum installiert, verwirklichen in der Mojave-Wüste nahe Las Vegas ihre großen Land Art-Projekte: ephemere Grabungen und Bodenzeichnungen, die über Fotos in Kunstzeitschriften bekannt werden. In den folgenden Jahren verlassen viele Künstler (so in den USA: Robert Smithson, James Turell, Nancy Holt, Robert Morris, Dennis Oppenheim, Charles Ross, in GB: Richard Long) die Ateliers, um in der Landschaft oder in Industriebrachen ein neues Areal für ihre Kunst zu erschließen.
Gründung der Künstlergruppe Art & Language durch Terry Atkinson, David Bainbridge, Michael Baldwin, Harold Hurrell in Coventry (GB). Die konzeptuell arbeitende Gruppe orientiert sich an analytischer Sprachphilosophie und der heuristischen Methodik Thomas S. Kuhns.
Christo verhüllt erstmals ein öffentliches Gebäude: die Kunsthalle Bern (CH), damaliger Direktor: Harald Szeemann.

**Nov.–Dez.** *Minimal Art*, Gemeentmuseum, Den Haag, Kurator: Enno Develing, daraufhin 17.1.–23.2.1969 in der Städtischen Kunsthalle, Düsseldorf. Erste europäische Übersicht über die US-amerikanische Kunstrichtung.
Erste Beispiele von *Copyart* durch technische Manipulation und manuelle Weiterbehandlung von Fotokopien. Nachdem 1960 das moderne Kopierverfahren (Elektrografie bzw. Xerografie) entwickelt worden war, folgt 1968 die Erfindung der Farbkopie.

## ARCHITEKTUR ¬ DENKMAL

### Moskau ¬ UdSSR

Im 10. Wohnviertel von Nowyje Tscherjomuschki wird der landesweit erste Experimentalkomplex für eine neue kollektive Lebensweise fertig gestellt – ein Wohnkomplex mit 812 Wohnungen (für Singles und Kleinfamilien) und öffentlichen Dienstleistungs- und Betreuungseinrichtungen, A: Natan Osterman, Alexandra Petruschkowa, Irina Kanajewa, Genrich Konstantinowski.
Auf dem Fundament des nicht realisierten Hauses der Regierung der UdSSR im Moskauer Stadtbezirk Sarjadje wird das 12-geschossige Hotel Rossija gebaut, mit 6000 Betten Europas größtes Hotel, zu dem auch der Staatliche Zentrale Konzertsaal gehört, leitender A: Dmitri Tschetschulin. Charakteristisch für den monumentalen Komplex sind eine reiche Fassadengestaltung sowie die Verwendung von traditionellen russischen Motiven und klassizistischen Elementen bei der Aufteilung und Gestaltung des Innenraumes.

Bau des Hotels Rossija, Moskau

Auf dem Kutusow-Prospekt (Ploschtschad Pobedy/Platz des Sieges) wird am Poklonnaja-Berg der Triumphbogen zu Ehren des Sieges Russlands im Vaterländischen Krieg 1812 wiedererrichtet, A: Ossip Bowe, 1827–34. Ursprünglich am Twerskije worota erbaut, wurde er 1936 demontiert.

### Berlin ¬ DDR

**14.2.** Bildung der zentralen Arbeitsgruppe *Architektur und bildende Kunst* des BDA und des VBKD unter dem Vorsitz von Joachim Nähter (später Bruno Flierl) und Walter Womacka. Diese Gründung hängt zusammen mit dem nun beginnenden, verstärkten Wiederaufbau der Stadtzentren der DDR.

Neue Nationalgalerie, West-Berlin

### West-Berlin ¬ Bundesrepublik Deutschland

Fertigstellung der Neuen Nationalgalerie, Potsdamer Straße 50, Berlin-Tiergarten, A: Mies van der Rohe (1962 Direktauftrag des Berliner Senats, begonnen 1965). Dies ist der einzige Bau, den Mies nach seiner Emigration 1938 in Deutschland realisiert. Die Ausstellungsräume liegen, von der Eingangsfront aus nicht ersichtlich, im Sockelgeschoss unter einer Plattform. Zur Rückseite öffnen sich diese zu einem Skulpturenhof. Die rundum verglaste obere Halle wird von einer quadratischen, stählernen Dachplatte abgeschlossen.
Architekturfakultät der Technischen Universität, Straße des 17. Juni, Berlin-Charlottenburg, A: Bernhard Hermkes (Planungsbeginn 1963). Das Hochhaus vervollständigt das Ensemble um den Ernst-Reuter-Platz, dessen städtebauliche Konzeption er 1955 entwickelte. An das Hochhaus schließt ein aus locker um einen Hof verteilten Baukörpern bestehender Flachbau von Hans Scharoun an.
Wallfahrtskirche Maria Königin des Friedens, Neviges, Ruhrgebiet, A: Gottfried Böhm (Wettbewerb 1963). Der Weg hin zur kristallin sich auftürmenden Kathedrale wird begleitet von einem wellenförmigen Trakt mit Pilgerzentrum und Kindergarten: eine expressionistische Architektur aus Beton.

## FILM

### Moskau ¬ UdSSR

**29.4.** *Tri topolja na Pljuščiche* (1967, *Begegnung mit der Zärtlichkeit*, EA DDR 23.5.1969), R: Tatjana Liosnowa. Der Film mit den Darstellern Tatjana Doronina und Oleg Jefremow wird zum bekanntesten und beliebtesten Melodram der 60er Jahre.

**30.5.** *Šestoe ijulja* (*Der 6. Juli*, EA DDR 1.11.), R: Juli Karasik, nach Michail Schatrows gleichnamigem Bühnenstück über die Ereignisse des 6.7.1918, dem Aufstand antibolschewistischer Sozialrevolutionäre, liefert eine menschliche Darstellung der Person Lenins durch Juri Kajurow.

**24.6.** *Listopad* (1967, *Die Weinernte*, EA BRD 27.2.1972 ARD), R: Otar Iosseliani. Der humorvolle Film macht Iosselani zu einem der führenden Regisseure der georgischen Filmschule.

**29.7.** Das Verbot von Alexander Askoldows Film *Komissar* (*Die Kommissarin*, EA DDR 27.10.1988), mit Nonna Mordjukowa und Rolan Bykow in den Hauptrollen, kommt einer Tabuisierung des jüdischen Themas in der sowjetischen Kunst gleich.

**12.10.** *Doživëm do ponedel'nika* (*Warten wir den Montag ab*, EA DDR 15.9.1972), R: Stanislaw Rostozki, beinhaltet eine zaghafte Kritik an den veralteten Methoden des Schulunterrichts und wird äußerst populär, wozu auch die von Wjatscheslaw Tichonow gespielte Rolle des positiven Lehrers beiträgt.

**20.12.** *Mërtvyj sezon* (*Tote Saison*, EA DDR 23.3.1969), R: Sawwa Kulisch, ist ein Film über die Tätigkeit sowjetischer Agenten in der Nachkriegszeit, D: Donatas Banionis, Rolan Bykow.

### Berlin ¬ DDR

**1.2.** *Ich war neunzehn* (1967, EA BRD 5.8.71 ARD), R: Konrad Wolf, D: Jaecki Schwarz. Der Film, in dem Wolf seine Zeit als junger Rotarmist und die Rückkehr nach Deutschland verarbeitet, steht am Anfang einer produktiven Zusammenarbeit mit Wolfgang Kohlhaase (B).

**12.7.** *Spur des Falken* (UA: Freilichtbühne in Ost-Berlin; *Brennende Zelte in den Schwarzen Bergen* EA BRD 25.6. 1969), R: Gottfried Kolditz, D: Gojko Mitic, Hannjo Hasse, Rolf Hoppe; der 4. Indianerfilm der DEFA in Zusammenarbeit mit dem Grusia-Studio in Tbilissi. 1966 wurde der erste Indianerfilm der DDR von dem tschechischen Regisseur Josef Mach in Jugoslawien inszeniert.

Wallfahrtskirche Maria Königin des Friedens, Velbert-Neviges

**10.10.** *Abschied*, R: Egon Günther, nach dem Roman von Johannes R. Becher. D: Rolf Ludwig, Katharina Lind. Die politische Bewusstwerdung eines jungen Mannes im wilhelminischen Vorkriegsdeutschland stellt Bezüge zum aktuellen Jugendprotest her.

### West-Berlin ¬ Bundesrepublik Deutschland

**4.1.** Mit der Schwabinger Milieu-Komödie *Zur Sache, Schätzchen* (1967) von der 26-jährigen Regisseurin May Spil, mit Uschi Glas und Werner Enke, erlangt der Junge Deutsche Film beim breiten Publikum Anerkennung.

**24.3.** Erste Veranstaltung der von Birgit und Wilhelm Hein gegründeten Initiative *X-Screen – Kölner Studio für unabhängigen Film*.

**Frühjahr** Gründung der *Hamburger Filmmacher-Cooperative* durch Hellmuth Costard, Theo Gallehr, Werner Grassmann, Helmut Herbst, Thomas Struck, Werner Nekes, Klaus Wildenhahn, Ursula und Franz Winzentsen und Klaus Wyborny. Bereits im Okt. '67 hatten sie das 56-stündige *Film-In* in einem Ladenlokal in der Brüderstraße, der Produktionstätte von Werner Grassmann, veranstaltet. Sie initiieren die *Hamburger Filmschau*, die zum ersten Mal vom 16. bis 18.2.1969 in den Kammerlichtspielen stattfindet, sowie einen eigenen Verleih. Wesentlicher Impulsgeber dafür war das erste Treffen von Vertretern des New American Cinema und der europäischen Avantgarde im belgischen Seebad Knokke zu Silvester '67, zu dem neben Filmemachern aus Wien und London auch die Hamburger Gruppe anreiste.

1

2

3

4

5

1 Demonstration in West-Berlin gegen das militärische Engagement der USA in Vietnam im Februar (F: anonym)
2 Protestaktion nach dem Attentat auf Rudi Dutschke gegen den Axel Springer Verlag, West-Berlin, 11. April (F: Joachim G. Jung)
3 Barrikaden auf dem Boulevard Saint-Michel, Paris im Mai (F: anonym)
4 Prager Frühling (F: anonym, sowjetisch)
5 Einmarsch der Truppen des Warschauer Pakts in die Tschechoslowakei am 21. August (F: anonym)

**25.6** Werner Herzog gewinnt auf der Berlinale mit seinem Film *Lebenszeichen*, nach einer Erzählung von Achim von Arnim (D: Peter Brogle und Wolfgang Reichmann), einen Silbernen Bären. Der Film erzählt vom scheiternden Aufbegehren eines Soldaten auf einer griechischen Insel Ende des 2. Weltkriegs, was gleichnishaft auf den Protest der jungen Generation verweist.
**Sommer** Protestaktionen von Filmstudenten, darunter Christian Ziewer und Holger Meins (späterer RAF-Terrorist), auf der Berlinale und in der DFFB, Berlin. Im Nov. werden 18 Studenten von der Filmhochschule verwiesen, und der Co-Direktor Erwin Leiser muss abtreten. Die Protestbewegung wirkt sich auch auf andere Filmfestivals (so auf Cannes und Oberhausen) aus.
**30.8.** *Artisten in der Zirkuskuppel: Ratlos* (UA: Venedig), R/B: Alexander Kluge, D: Hannelore Hoger, Siegfried Graue. Kluge gewinnt mit dem Film, der die aktuelle politische Situation der Bundesrepublik reflektiert, bei den Filmfestspielen in Venedig den Goldenen Löwen.

### andere
**6.4.** *2001: A Space Odyssey* (GB 1965–68, *2001: Odyssee im Weltraum*, EA BRD 11.9.), R/B: Stanley Kubrick nach einer Kurzgeschichte von Arthur C. Clarke, D: Keir Dullea, Gary Lockwood, William Sylvester. Das im 70-mm-Super-Panvision-Format gedrehte Epos experimentiert mit neuen Spezialeffekten und ist für das Genre de Science-Fiction bis heute prägend.
**Mai–Juni** Mit ihren anonymen Kurzfilmen *Cinétracts* (Flugblattfilmen) beteiligen sich Filmemacher, darunter Jean-Luc Godard und Alain Resnais, an den politischen Auseinandersetzungen in Paris.
**4.9.** *Teorema* (I, *Teorema – Geometrie der Liebe*, EA BRD 27.11.), R/B: Pier Paolo Pasolini, D: Terence Stamp, Silvana Mangano – ein parabelhafter Film über ideologische und sexuelle Abhängigkeiten des Menschen.
**1.1.** *if...* (GB, *If...*, EA BRD 12.9.1969), R: Lindsay Anderson, B: David Sherwin, D: Malcolm McDowell, Richard Warwick. Ein Hauptwerk des britischen Kinos der 60er Jahre, das den gesellschaftlichen Wandel einfordert und die Drohung einer Revolution ausspricht.

## MEDIEN

### Moskau ¬ UdSSR
**1.12.** Beginn der täglichen Ausstrahlung der Informationssendung *Vremja* (Die Zeit) um 21 Uhr, die in der offiziellen Propaganda einen zentralen Platz einnimmt. Anstelle eines Moderators kehrt die Person des Sprechers zurück.

Szene aus dem Ballett *Spartakus* im Bolschoi-Theater, Moskau

## THEATER ¬ MUSIK

### Moskau ¬ UdSSR
**11.4.** Premiere des neu bearbeiteten Balletts *Spartak* (*Spartakus*) von Aram Chatschaturjan im Bolschoi-Theater in der Inszenierung von Juri Grigorowitsch mit Maris Lijepa, Wladimir Wassiljew und Jekaterina Maximowa.
**Aug.** 2. Gastspiel des Berliner Ensembles – im Repertoire: *Mat'* (*Die Mutter*) nach Maxim Gorki, *Coriolan* von William Shakespeare, *Mann ist Mann* und *Der aufhaltsame Aufstieg des Arturo Ui* von Bertolt Brecht. Das BE befindet sich zu der Zeit auf dem Höhepunkt seines Weltruhms.
**Dez.** Verbot des Stücks *Živoj. Žizn' Fëdora Kuz'kina* (Lebendig. Das Leben des Fjodor Kuskin) von Juri Ljubimow im Theater an der Taganka durch die Kultusministerin Jekaterina Furzewa persönlich. Das Stück nach einer Erzählung von Boris Moshajew spielt in einem sowjetischen Dorf und behandelt das Überleben eines talentierten Menschen unter den Bedingungen eines absterbenden Regimes.

### Berlin ¬ DDR
**12.12.** Am Deutschen Theater löst die Inszenierung von *Faust I* durch Adolf Dresen und Wolfgang Heinz scharfe Kritik bis in die Staatsführung aus. Die komödiantische Aufführung zeigt Faust (Fred Düren) als zerrissenes Individuum und nicht – nach sozialistischer Lesart – als Vorbild ewig strebender Menschheit. In der Folge tritt Heinz als Intendant des Deutschen Theaters zurück.
UA des *Meißener Tedeum* von Wolfgang Hufschmidt, einer Auftragskomposition anlässlich des tausendjährigen Bestehens des Meißener Domes; Text: Günter Grass und Martin Luther.

### West-Berlin ¬ Bundesrepublik Deutschland
**11.5.** UA von Peter Handkes *Kaspar* im Theater am Turm, Frankfurt/M (R: Claus Peymann) und den Städtischen Bühnen, Oberhausen. Es ist Handkes erstes umfangreiches Schauspiel nach eher abstrakten Stücken wie *Publikumsbeschimpfung* (1966). Handke abstrahiert aus der Geschichte Kaspar Hausers ein Modell, »wie jemand durch Sprechen zum Sprechen gebracht werden kann« und wie diese gesellschaftliche Zurichtung in »Sprechfolterung« endet (Handke im Vorwort).
**7.7.** Peter Stein und Wolfgang Schwiedrzik zeigen *Viet Nam Diskurs* von Peter Weiss agitatorisch zugespitzt an den Münchner Kammerspielen. Nach Konflikten mit Intendant August Everding, der eine Geldsammlung für den Vietcong im Theater untersagt, verlässt Stein die Kammerspiele.
**7.–12.10.** *Internationale Woche für experimentelle Musik* in der Akademie der Künste, u. a. mit Vorträgen von Carl Dahlhaus (ab 1970 Ordinarius des Fachgebiets Musikgeschichte an der TU, Berlin, in Nachfolge von Hans Heinz Stuckenschmidt) zu elektronischer Musik und der Musik des Komponisten György Ligeti.
**9.11.** Peter Palitzsch inszeniert in Stuttgart die UA von Tankred Dorsts *Toller*. Das Stück thematisiert die blutigen Folgen naiv-idealistischen Revoluzzertums in der Münchener Räterepublik von 1919 und löst bei links- wie rechtsextremen Gruppen Proteste aus.
**9.12.** In Hamburg soll Hans Werner Henzes Oratorium *Das Floß der Medusa* uraufgeführt werden. Besucher schmücken das Dirigentenpult Henzes mit einem Porträt Che Guevaras und hängen eine rote Fahne auf. Es kommt zum Eklat, als die Sänger des RIAS-Kammerchores sich auf der Bühne gegen »Musik unter der roten Fahne« aussprechen und anstelle der Aufführung eine hitzige Diskussion entbrennt. Die Polizei greift übertrieben und gegen den Willen Henzes ein, sechs Personen, darunter der Librettist Ernst Schnabel, werden verhaftet.

## LITERATUR ¬ THEORIE

### Moskau ¬ UdSSR
**7.–9.3.** Zum ersten *Festival des Bardenliedes* in Akademgorodok bei Nowosibirsk strömen Besucher aus dem ganzen Land. Teilnehmer sind unter anderem Alexander Dolski und Juri Kukin, besonders großen Erfolg hat jedoch Alexander Galitsch; sein erstes Buch *Pesni* (*Lieder*) erscheint 1969 in Frankfurt/M. Am 28./29.9. findet bei Kuibyschew das so genannte Gruschinsker Festival der Laienbarden statt. Im November beginnt in der offiziellen Presse ein Feldzug gegen das so genannte avtorskaja pesnja (ein Lied, das vom Interpreten selbst geschrieben wurde), das auf Tonkassetten verbreitet zu einer der populärsten Formen des Samisdat wird.
Im Verlag Molodaja gwardija (Die junge Garde) erscheint der historische Roman *Gluchaja pora listopada* (Die stille Zeit des fallenden Laubs) von Juri Dawydow, der die sich verbreitende Tendenz markiert, das Erbe des revolutionären Kampfes nicht länger romantisch zu verklären.

### Berlin ¬ DDR
**1.2.** Der Ost-Berliner Lyriker Karl Mickel weist ein *Stipendium für literarische Nachwuchskräfte* der Stadt Hamburg zurück. Grund dafür ist seine »entschiedene Ablehnung der in der BRD herrschenden Machtgruppen«, die er in seinem Gedichtband *Vita nova mea- Mein neues Leben* (Berlin/Weimar 1966) formuliert hat.
**Aug.** Offizielle Erklärung des Vorstandes des DDR-Schriftstellerverbandes zur Niederschlagung des Prager Frühlings durch Warschauer-Pakt-Truppen, in welcher der Verband die Linie der Regierung unterstützt. Christa Wolf und Anna Seghers unterschreiben nicht. Thomas Brasch wird am 21.10. wegen staatsfeindlicher Hetze zu zwei Jahren Haft verurteilt, weil er Flugblätter gegen die Niederschlagung des Prager Frühlings verteilt hatte.
Günter de Bruyn, *Buridans Esel* (Halle/Saale). Der Skeptiker de Bruyn schildert in seiner Erzählung das Leben eines Bibliothekars, dessen politische und private Ansprüche im Alltag verloren gehen.
Christa Wolfs *Nachdenken über Christa T.* (Halle/Saale; russ. Moskau 1979). Die Erzählung behandelt das Leben von Christa T., einer jung verstorbenen Dichterin. Der darin formulierte Anspruch auf individuelle Entfaltung stößt bei den Kulturpolitikern auf Kritik. Das Buch erscheint daher in einer von der Zensur gering gehaltenen Erstauflage. 1985 verfilmt Konrad Wolf die Erzählung.

### West-Berlin ¬ Bundesrepublik Deutschland
**Feb.** Hans Magnus Enzensberger gibt seine Gastdozentur an der amerikanischen Wesleyan University in Middletown auf, um »nach Kuba zu gehen und dort für längere Zeit zu arbeiten«. Sein Entschluss sorgt in den USA für Aufsehen. Uwe Johnson verfolgt die Berichterstattung und zitiert sie in den *Jahrestagen. Aus dem Leben der Gesine Crespahl*, die 1970 erscheinen (F/M).
**20.3.** Der Bundesgerichtshof entscheidet, dass Klaus Manns Roman *Mephisto* (Amsterdam 1936; lettisch: Riga 1961; russ. Moskau 1970) in der Bundesrepublik nicht verkauft werden darf. Verwandte von Gustaf Gründgens hatten geklagt, da hinter dem Protagonisten »Hendrik Höfgen« erkennbar Gründgens und seine Karriere unter dem nationalsozialistischen Regime stünden.
**2.6.** Der Soziologe und Philosoph Jürgen Habermas, bisher als Mentor der Studentenbewegung geltend, kritisiert auf dem Pfingstkongress der VDS in Frankfurt/M vor dem Hintergrund der Rektoratsbesetzung der dortigen Universität den realitätsfernen studentischen Traum von der Revolution, die Verwechslung von symbolischer Handlung und faktischer Machtergreifung. Er wird daraufhin vom allgemeinen Studentenausschuss des Verrats bezichtigt.
**4.10.** Bei der Eröffnung einer neuen U-Bahn-Strecke in Frankfurt/M wird auf 70 drehbaren Litfaßsäulen moderne Literatur erstveröffentlicht.
In Deutschland erscheinen die ersten *Cut-up*-Texte des US-amerikanischen Schriftstellers William S. Burroughs in der Übersetzung von Carl Weissner, die großen Einfluss auf die Beatnik-Generation ausüben.
Siegfried Lenz schildert in seinem Roman *Deutschstunde* (Hamburg; russ. Moskau 1971) den Konflikt zwischen Kunst und Macht, Prinzipientreue und Rebellion, in dem der Insasse einer Jugendstrafanstalt steckt. Dessen Aufzeichnungen sind eine fiktionale Vergangenheitsbewältigung, geknüpft an das einem norddeutschen Maler gegenüber ausgesprochene Malverbot im »Dritten Reich«. Der Roman ist Lenz' größter, auch internationaler Erfolg.
Hubert Fichte, *Die Palette* (Reinbek bei Hamburg); der Roman erzählt skizzen- und bruchstückhaft vom Alltag in einem Hamburger »Gammlerlokal«.

# 1969

## POLITIK ¬ ZEITGESCHEHEN

### Moskau ¬ UdSSR

**Jan.–Juni** Nach bewaffneten Zusammenstößen an der Grenze zu China (insbesondere 2.–15.3. auf der Damanski-Insel) zwischen chinesischen und sowjetischen Soldaten Verstärkung der sowjetischen Truppen im Grenzgebiet. Ab 19.10. diesbezügliche Verhandlungen in Peking.

Sowjetische Grenzsoldaten auf der Damanski-Insel

**29.5.** In Moskau gründen Dissidenten eine »Initiativgruppe zur Verteidigung der Menschenrechte in der UdSSR«.
**5.–17.6.** Tagung der kommunistischen Parteien in Moskau mit führenden Vertretern aus 75 Parteien. Verabschiedet wird der *Aufruf zum Frieden*, welcher die USA, Israel und die Bundesrepublik verurteilt, sowie ein Dokument, in dem Kritik an der Führung der KP Chinas geübt wird.
**15.11.** Die UdSSR nimmt den Vorschlag von Bundeskanzler Willy Brandt an, über einen »Gewaltverzicht« zu verhandeln.
**Dez.** Das Plenum des ZK der KPdSU beschließt eine Einschränkung der Wirtschaftsreformen.
Beginn einer neuen Emigrationswelle: Die sowjetischen Behörden erteilen in beschränktem Umfang Ausreisegenehmigungen für Israel.

### Berlin ¬ DDR

**18.12.** Der Staatsratsvorsitzende Walter Ulbricht schickt einen Brief an Bundespräsident Heinemann mit dem Entwurf eines Vertrags über die Aufnahme gleichberechtigter Beziehungen auf der Basis der »friedlichen Koexistenz« zwischen der DDR und der Bundesrepublik.

### West-Berlin ¬ Bundesrepublik Deutschland

**5.3.** Gustav Heinemann (SPD) wird zum neuen Bundespräsidenten gewählt.
**29.9.** Bundestagswahl, danach Koalition von SPD und FDP. Die sozialliberale Regierung unter Bundeskanzler Willy Brandt (SPD) und Außenminister Walter Scheel (FDP) strebt eine Intensivierung der Ostpolitik an und verfolgt die Integrationspolitik Europas.
**28.10.** Bundeskanzler Brandt erklärt die Bereitschaft der Bundesregierung, die DDR als zweiten Staat in Deutschland anzuerkennen.
**28.11.** Die Bundesrepublik tritt dem von den USA und der UdSSR ratifizierten Atomwaffensperrvertrag bei.

### andere

**16.1.** Der Student Jan Palach verbrennt sich auf dem Wenzelsplatz in Prag aus Protest gegen die Besetzung der ČSSR durch Truppen des Warschauer Pakts. Daraufhin kommt es erneut zu großen Demonstrationen gegen die Besatzer.
**20.7.** Mit *Apollo 11* gelingt den Amerikanern die Landung auf dem Mond. Neil Armstrong und Edwin Aldrin betreten als erste Menschen den Boden des Erdtrabanten, Michael Collins bleibt im Kommandomodul. Ihnen folgen in den darauf folgenden *Apollo*-Missionen bis 1972 noch zehn weitere Astronauten. Die USA werden zur führenden Weltraumnation.

## BILDENDE KUNST

### Moskau ¬ UdSSR

**4.4.–16.6.** Ausstellung mit Werken von Henri Matisse im Puschkin-Museum, Moskau.
**Herbst** Auf Beschluss des Moskauer Stadtkomitees der KPdSU wird die obligatorische Zensur für alle in Moskau laufenden Ausstellungen eingeführt. Verantwortlich dafür ist die Hauptkulturverwaltung des Mossowjets.
Im Staatl. Russischen Museum in Leningrad läuft die Ausstellung *Russisches und sowjetisches Stilleben* mit 230 Bildern aus verschiedenen Sammlungen. Erstmalig gezeigt werden Arbeiten von Nadeshda Udalzowa, Alexandra Exter, Natan Altman, Ilja Maschkow, Robert Falk und Alexander Schewtschenko.

### Berlin ¬ DDR

**1.5.–30.6.** *Bezirksausstellung Leipzig*, organisiert vom VBKD und BDA im Messehaus am Markt. Die Malerei der jüngeren Generation, die in den 70er Jahren die »Leipziger Schule« prägen wird, stößt wegen ihrer »Formlosigkeit« und dem Zug ins »Morbide« auf Kritik (insbesondere die Bilder von Bernhard Heisig).
**Nov.** *Sowjetische Agitations- und Massenkunst aus den ersten Jahren nach der Oktoberrevolution*, Neue Berliner Galerie, Berlin.

### West-Berlin ¬ Bundesrepublik Deutschland

**15.4.** 22.40 Uhr, Die *Fernsehgalerie Gerry Schum – Land Art*, SFB 1, stellt acht Künstler vor: Marinus Boezem, Walter de Maria, Jan Dibbets, Barry Flanagan, Michael Heizer, Richard Long, Dennis Oppenheim, Robert Smithson. Schum situiert das Fernsehen als Ort der Präsentation von Kunst und kritisiert damit die Beschränkung musealer oder kunstmarktorientierter Ausstellungspraxis.
**27.2.–31.10.** *Blockade '69*, Galerie René Block, Berlin-Tiergarten, eine Ausstellungsserie von Künstlerräumen von Joseph Beuys, Henning Christiansen, Panamarenko, Imi Giese, Karl Horst Hödicke, Imi Knoebel, Bernd Lohaus, Blinki Palermo, Sigmar Polke, Reiner Ruthenbeck.
Die von Jörg Immendorff u. a. veranstaltete *Lidl-Woche* führt zur zeitweiligen Schließung der Düsseldorfer Kunstakademie durch den Kultusminister Johannes Rau. Immendorff veranstaltet seine Lidl-Aktionen 1968–70, zuerst in Karlsruhe, dann in Düsseldorf. Die Lidl-Akademie sollte ohne Professoren, auch ohne Beuys auskommen.
Immendorff persifliert mit Lidl, einem lallenden Wort aus der Babysprache, den Aktionismus Ende der 60er Jahre.

Fernsehturm, Berlin-Mitte

### andere

**15.3.–27.4.** *Op Losse Schroeven situaties en cryptostructuren*, Stedelijk Museum Amsterdam. Der Kurator Wim A. L. Beeren zeigt Arte povera, Land Art und Concept Art.
**22.3.–27.4.** *Life in your head. When attitudes become form. Works – Concepts – Processes – Situations – Information*, Kunsthalle Bern; anschließend Museum Haus Lange, Krefeld und ICA, Institute of Contemporary Arts, London; Kurator: Harald Szeemann. Das Prozessuale und Konzeptuelle stehen bei den vorgestellten Positionen der Land Art, Arte povera, Minimal Art und Anti Form im Vordergrund. In diesem Jahr gründet Szeemann auch seine *Agentur für geistige Gastarbeit* im Dienste der möglichen Visualisierung eines Museums der Obsessionen.
*Poetry must be made by all! Transform the world!*, Moderna Museet Stockholm, danach in München und Düsseldorf. Der Kurator Pontus Hultén untermauert seine Forderung nach »radikaler Kunst und revolutionärer Politik« u. a. mit russischer Kunst der 20er Jahre und Graffiti der Pariser Mairevolte 1968.
Joseph Kosuth, der 1967 das Museum of Normal Art, New York, gründete, veröffentlicht *Art after philosophy* in drei Ausgaben der Zeitschrift *Studio International*.
Germano Celants Buch *Arte povera* (Ausgaben in ital., engl., dt.) sowie verschiedene gleichnamige Ausstellungen seit 1967, sichern der unter diesem Label auftretenden italienischen multimedialen Kunst ihren Platz auf dem internationalen Kunstmarkt. Dazu trägt auch die Ausstellung von 12 Pferden durch Jannis Kounellis in der Galleria L'Attico, Rom, bei.

## ARCHITEKTUR ¬ DENKMAL

### Moskau ¬ UdSSR

Fertigstellung der Akademischen Fachschule für Choreographie in der 2. Frunsenskaja-Straße, A: Wladimir Lebedew, Alexander Larin, Sergej Kutschanow, eines der eindrücklichsten Bauten des Neokonstruktivismus der 60er Jahre. Der große Komplex ist plastisch durchgestaltet und in strahlendem Weiß gehalten.

### Berlin ¬ DDR

**2.10.–31.1.1970** *Architektur und bildende Kunst*, Altes Museum und Nationalgalerie, Berlin; die zentrale Leistungsschau wird veranstaltet von den Ministerien für Kultur und für Bauwesen, vom VBKD, BDA, FDGB, der deutschen Bauakademie und der AdK. Präsentiert werden auch Denkmalentwürfe von Nikolai Tomski und Lew Kerbel.
**7.10.** Einweihung der nach einem Entwurf von Lothar Kwasnitza neu gestalteten Neuen Wache Unter den Linden, Berlin-Mitte, als *Mahnmal für die Opfer von Faschismus und Militarismus* anlässlich des 20. Jahrestages der Gründung der DDR. In die Rückwand des Raumes wird das DDR-Staatswappen eingemeißelt, zentral steht ein geschliffener Plexiglasquader mit ewiger Flamme, flankiert von den Urnengräbern eines unbekannten Widerstandskämpfers und eines unbekannten Soldaten.
Fertigstellung des Fernsehturms, Alexanderplatz, Berlin-Mitte. 1965–69 von Fritz Dieter, Günter Franke und Kollektiv sowie Werner Ahrendt errichtet (basierend auf einer Idee Hermann Henselmanns zum Wettbewerb für das Zentrum der Hauptstadt der DDR 1959); Umbauung mit Pavillons unter Faltwerk-Dächern von Walter Herzog, Herbert Aust und Kollektiv 1969–72. Mit 365 m ist der Fernsehturm das höchste Bauwerk Berlins und in Ost wie West weithin sichtbar. In 250 m Höhe sitzt ein siebengeschossiger, kugelförmiger Turmkopf mit Sendetechnik und einem sich drehenden Restaurant.

### West-Berlin ¬ Bundesrepublik Deutschland

John-F.-Kennedy-Schule, A: Harald Deilmann, Teltower Damm, Berlin-Zehlendorf. Die deutsch-amerikanische Schule ist in locker gruppierten, z.T. mehrstöckigen Baukörpern in Sichtbeton untergebracht, zwischen denen diverse Höfe liegen.

## FILM

### Moskau ¬ UdSSR

**10.1.** *Brat'ja Karamazovy* (1968, *Die Brüder Karamasow*, EA BRD 17.10., DDR 7.11.), dieser letzte Film von Iwan Pyrjew nach dem gleichnamigen Roman von Fjodor

Dostojewski wird von den Hauptdarstellern Michail Uljanow und Kirill Lawrow fertig gestellt
**8.4.** Die Komödie *Brilliantovaja ruka* (*Der Brillantenarm*, EA DDR 29.8.), R: Leonid Gaidai, parodiert die Klischees von Spionagekrimis, herausstechend ist der Hauptdarsteller Juri Nikulin.

Innenraum der Neuen Wache, Mahnmal für die Opfer des Faschismus und Militarismus, Ost-Berlin

**15.4.** *Vojna i mir* (1965-67, *Krieg und Frieden*, EA BRD in 3 Teilen 23.12.1967, 7.3.1968, 26.4.1968, DDR 1968), R. Sergej Bondartschuk erhält für seine achtstündige, monumentale Verfilmung des Romans von Lew Tolstoi den Oscar für den besten ausländischen Film.

### Berlin ¬ DDR

**4.12.** *Weite Straßen – Stille Liebe*, R: Herrmann Zschoche, D: Manfred Krug, Jutta Hoffmann; ein Roadmovie über einen Fernfahrer, seinen jungen Beifahrer und eine Tramperin mit Kind.

### West-Berlin ¬ Bundesrepublik Deutschland

**26.6.** Rainer Werner Fassbinder (R/B) zeigt seinen ersten Langspielfilm *Liebe ist kälter als der Tod* (D: Ulli Lommel, Hanna Schygulla, Fassbinder) im Wettbewerb bei den Berliner Filmfestspielen.
**18.12.** *Hurra, die Schule brennt*, R: Werner Jacobs, mit Peter Alexander, Gerlinde Locker, Theo Lingen, Ruth Stephan. Einer der vielen Schlagerfilme über Lausbubengeschichten, die Franz Seitz in den 60ern und 70ern produziert.

### andere

**14.7.** *Easy Rider* (USA, *Easy Rider*, EA BRD 19.12.), R: Dennis Hopper, B/D: Peter Fonda, Dennis Hopper, wird in Europa zum Kultfilm.
*Il Conformista/Le conformiste* (I/FR/BRD, *Der große Irrtum*, EA BRD 16.4.1971, DDR 27.3.1975 DFF1), R/B: Bernardo Bertolucci, nach dem Roman von Alberto Moravia, D: Jean-Louis Trintignant, Stefania Sandrelli. Bertolucci wird damit international berühmt.

## MEDIEN

### Berlin ¬ DDR

**Okt.** Einführung eines 2. Fernsehprogramms in Farbe. Es wird mittels des frz. *SECAM-Systems* ausgestrahlt, welches den Empfang von westdt. Programmen im *PAL-System* beeinträchtigt. Erst später können PAL-taugliche Geräte in der DDR erworben werden.

### West-Berlin ¬ Bundesrepublik Deutschland

Start der Fernsehserie *Der Kommissar* im ZDF (bis 1976 ausgestrahlt). Sie bereitet den Weg für weitere Krimi-Serien wie *Derrick* und *Tatort*.

### andere

Andy Warhol gründet die monatlich in New York erscheinende Klatschzeitschrift *Interview*.
Das *Arpanet*, der Vorläufer des Internets, wird eingerichtet. Es verbindet zunächst vier US-amerikanische Universitäten.

## THEATER ¬ MUSIK

### Moskau ¬ UdSSR

**28.6.** *Peterburgskie snovidenija* (Petersburger Traumgesichte) nach Dostojewskis Roman *Prestuplenie i nakazanie* (*Schuld und Sühne*) im Mossowjet-Theater. Am Schluss der Inszenierung von Juri Sawadski steht ein riesiges, Hoffnung und Rettung symbolisierendes Kruzifix. So etwas hatte es bis dahin im sowjetischen Theater noch nie gegeben.
**29.9.** In Leningrad (am 6.10. in Moskau) UA der 14. Symphonie von Dmitri Schostakowitsch (für Sopran, Bass, Streichorchester und Schlaginstrumente, nach Versen von Federico García Lorca, Guillaume Apollinaire, Wilhelm Küchelbecker und Rainer Maria Rilke).
Premiere von *Lenin v serdce narodnom* (Lenin lebt im Herzen des Volkes) in Leningrad, einem Oratorium nach volkstümlichen Texten zum 100. Geburtstag Lenins.
Gründung der Underground-Rock-Gruppe Maschina wremeni (Zeitmaschine) von Andrej Makarewitsch und der offiziellen, belorussischen Folk-Rock-Gruppe Pesnjary.

### Berlin ¬ DDR

**9.5.** Das Landestheater Halle zeigt die politische Revue *Anregung* aus Szenen zum Thema »revolutionäres Verhalten heute«, die mit unterschiedlichen theatralischen Mitteln Anregungen aus Publikumsdiskussionen durchspielen, R: Horst Schönemann.
**12.12.** An der Volksbühne, die seit dem Sommer von Benno Besson geleitet wird, zeigen Manfred Karge und Matthias Langhoff Alexander Ostrowskis Künstlerdrama *Der Wald* in einer sich auf Wsewolod Meyerhold berufenden Inszenierung.

### West-Berlin ¬ Bundesrepublik Deutschland

**30.3.** In Peter Steins kritisch-analytischer Inszenierung von Goethes *Torquato Tasso* in Bremen wird die gesellschaftliche Zurichtung des Künstlers deutlich gemacht; in der Titelrolle: Bruno Ganz.
**11.12.** UA von Bernd Alois Zimmermanns *Requiem für einen jungen Dichter* in den Rheinhallen, Düsseldorf. Das »Lingual« ist im pluralistischen Stil komponiert, mit Einspielungen von Originaldokumenten, großem Chor und Orchester sowie einem Sprecher.
Antonin Artaud, *Das Theater und sein Double* (*Le Théâtre et son Double*, Paris 1938) erscheint in F/M und leitet die umfassende Rezeption seines »Theaters der Grausamkeit« ein.
In der BRD erscheint Wolf Biermanns Langspielplatte *Chausseestraße 131*. Er erhält dafür den Fontane-Preis und stiftet das Preisgeld Horst Mahler, dem Anwalt der APO.
Das Musical *Hair* von James Rado und Gerome Ragni wird nach New York (1967), London (1968), München (1968) und Wien (1969) auch am Kurfürstendamm, Berlin, gespielt.

### andere

Robert Wilson gründet in New York die Gruppe *Byrd Hoffman School of Byrds*. Gemeinsam mit der Tänzerin Lucinda Childs, dem autistischen Darsteller Christopher Knowles und dem Komponisten Philip Glass entwickelt er sein streng choreographiertes Bildertheater.
*Woodstock-Festival*, Bethel, New York, mit Janis Joplin, Joan Baez, Joe Cocker, Santana, Jimi Hendrix u. a. Das 400.000 Besucher anziehende Musikfestival wird zum Symbol der »Blumenkinder«. Der Film *Woodstock – Three Days of Love & Music* (USA 1970, R: Michael Wadleigh) trägt die Hippiekultur in die Welt.

## LITERATUR ¬ THEORIE

### Moskau ¬ UdSSR

**Mai** Veröffentlichung der Kurzgeschichte *Letnim dnëm* (*An einem Sommertag*) von Fasil Iskander in *Novyj mir* (Nr. 5), in der am Beispiel der Gestapo geschildert wird, wie Intellektuelle durch Geheimdienste angeworben werden. Die Bearbeitung des Themas wird vielfach als Kritik am sowjetischen System gelesen.
**Dez.** Veröffentlichung der Erzählung *Obmen* (*Der Tausch*) von Juri Trifonow in *Novyj mir* (Nr. 12) als erster Teil einer Trilogie über die sowjetische Intelligenzija und den Verlust ihrer Ideale der 60er Jahre. Es folgen die Erzählungen *Predvaritel'nye itogi* (1970, *Zwischenbilanz*) und *Dolgoe proščanie* (1976, *Langer Abschied*).
Sergej Wikulow, neuer Chefredakteur der Zeitschrift *Naš sovremennik* (Unser Zeitgenosse), macht diese zum Organ der russisch-nationalistischen Strömung.
Der in Moskau erscheinende Roman *Igra v biser* (*Das Glasperlenspiel*) von Hermann Hesse (Übersetzung: Solomon Apt) hat gewaltigen Einfluss auf die sich von der Politik immer stärker lösende Intelligenzija.

### Berlin ¬ DDR

**28.–30.5.** VI. Deutscher Schriftstellerkongress über die Funktion der Literatur im entwickelten gesellschaftlichen System des Sozialismus. Kritik an Christa Wolfs Erzählung *Nachdenken über Christa T.* (Halle/Saale 1968) und Sarah Kirschs Gedicht *Schwarze Bohnen* (in *Die Vögel singen im Regen*, Berlin 1968), wegen ihrer »Innerlichkeitsproblematik«.
Jurek Becker, *Jakob der Lügner* (Berlin/Weimar; Moskau 2001; 1974 verfilmt von Frank Beyer), Geschichte um Jakob, der im polnischen Ghetto mit einer erfundenen Radiomeldung über den Einmarsch der Russen seinen Leidensgenossen Hoffnung macht.

### West-Berlin ¬ Bundesrepublik Deutschland

**März** Die Anthologie *Acid* (Hg. Rolf Dieter Brinkmann, Ralf-Rainer Rygulla, Darmstadt) mit Pop- bzw. Beat-Literatur aus den USA erscheint. Der Buchkonzeption basiert auf der Medientheorie Marshall McLuhans.

### andere

Herbert Marcuse, *An Essay on Liberation* (New York, *Versuch über die Befreiung*, F/M 1969). Mit seinen Schriften liefert der Sozialphilosoph und Vertreter der kritischen Theorie die theoretische Basis der Studentenbewegung.
Max Horkheimer, Theodor W. Adorno, *Dialektik der Aufklärung. Philosophische Fragmente* (F/M; erstm. Amsterdam 1947; Moskau/St. Petersburg 1997); die im amerikanischen Exil entstandene Untersuchung über die Entstehung von Totalitarismus wird in der Studentenbewegung und dem SDS stark rezipiert und kursiert in Raubkopien.

**MUSIK ¬** Alfred Schnittke, *Pianissimo* für Orchester, UA am 19.10. bei den *Donaueschinger Musiktagen für zeitgenössische Tonkunst*. Schnittke gilt als der bedeutendste russische Komponist der 2. Hälfte des 20. Jhs. Sein Œuvre ist äußerst vielfältig, es umfasst vier Opern, fünf Ballette, neun Symphonien, Vokalwerke, Instrumentalkonzerte, Kammermusik und zahlreiche Theater- und Filmmusiken. Ein Grundmerkmal seiner Kompositionen ist das Paradoxe: Disparates, z.T. an musikalische Traditionen erinnerndes Material wird zusammengefügt, wofür er 1971 den Begriff »Polystilistik« prägt. Auf die folgende Komponistengeneration in der UdSSR übt Schnittke, zusammen mit Edison Denissow, Arvo Pärt und Sofia Gubaidulina, großen Einfluss aus. In den 80er und 90er Jahren ist er der meistaufgeführte russische Komponist im Westen.

# 1970

## POLITIK ¬ ZEITGESCHEHEN

### Moskau ¬ UdSSR

**Jan.** Beim Besuch des ägyptischen Staatspräsidenten Gamal Abd el-Nasser in Moskau wird eine Vereinbarung über die Schaffung eines Raketenschilds in Ägypten durch die UdSSR getroffen.

**17.4.** Tod von Alexij I., seit 1945 Heiliger Patriarch von Moskau und ganz Russland. Am 2.6.1971 wird der Metropolit Pimen (Sergej Iswekow) zum neuen Patriarchen gewählt.

**22.4.** Der 100. Geburtstag von Wladimir Iljitsch Lenin wird, wie schon 1967 der 50. Jahrestag der Oktoberrevolution, als ein großes Volksfest inszeniert. Die »historischen Jahrestage« bilden in den 70ern Höhepunkte offizieller Rituale.

**25.6.** Die Aufstellung einer Büste Stalins auf seinem Grabmal an der Kremlmauer wird als Relativierung der Kritik am Personenkult gewertet.

**12.8.** Unterzeichnung des *Moskauer Vertrags* zwischen der BRD und der UdSSR über Gewaltverzicht, Anerkennung der in Europa bestehenden Grenzen und Normalisierung der Beziehungen. Egon Bahr führte in Moskau mit Außenminister Andrej Gromyko seit Ende Januar die Gespräche.

**Aug.** Im Autowerk in Togliatti beginnt die Produktion des auf der Basis des Fiats entwickelten PKW vom Typ Shiguli (im Ausland als Lada bekannt). Er wird zum Statussymbol der sowjetischen Mittelschicht.

*Lunochod 1*

**4.11.** Gründung des Menschenrechtskomitees, zu dem Andrej Sacharow, Waleri Tschalidse und Andrej Twerdochlebow gehören.

**17.11.** Als Antwort auf die amerikanische Mondlandung wird das von der Erde aus zu steuernde mobile Labor *Lunochod 1* auf dem Mond eingesetzt.

### Berlin ¬ DDR

**19.3.** Erstes Treffen von Bundeskanzler Willy Brandt mit dem Vorsitzenden des Ministerrates der DDR, Willi Stoph, in Erfurt, dem ein zweites am 21.5. in Kassel folgt. Das deutsch-deutsche Verhältnis beginnt sich langsam zu wandeln.

### West-Berlin ¬ Bundesrepublik Deutschland

**1.2.** Abschluss eines deutsch-sowjetischen Vertrags über die Lieferung von Erdgas gegen Großröhren. Es ist das bislang größte Ost-West-Geschäft.

**21.3.** Der bundesdeutsche SDS löst sich offiziell auf. Die antiautoritäre Bewegung und die studentische »neue Linke« zerfallen in eine Vielzahl von kleineren, teils radikal agierenden Gruppierungen.

**26.3.** Beginn der Viermächte-Verhandlungen über den politischen Status Berlins im Gebäude des ehemaligen Alliierten Kontrollrats.

**7.12.** Unterzeichnung des Warschauer Vertrags zur Normalisierung gegenseitiger Beziehungen zwischen der Bundesrepublik und Polen. Zu einem Symbol für die Ostpolitik der SPD und die Bereitschaft der Deutschen zur Vergangenheitsbewältigung wird der Kniefall Willy Brandts vor dem Ehrenmal des Warschauer Ghettos. Brandts »Politik der kleinen Schritte« zeigt erste Erfolge.

### andere

**1.5.** Invasion von US-Streitkräften in Kambodscha, um dem Vietcong die Versorgungswege abzuschneiden.

## BILDENDE KUNST

### Moskau ¬ UdSSR

**Jan.** Landesweit werden Veranstaltungen zum 100. Geburtstag Lenins organisiert. Im April findet die Allunions-Kunstausstellung in der Manege statt, unter den Teilnehmern: Nikolai Andrejew, Jewgeni Wutschetitsch, Sergej Konenkow, Alexander Samochwalow, Pjotr Ossowski, Jewsej Moissejenko, Tair Salachow, Viktor Popkow u. a.

**Feb.** Ausstellung von aus Privatsammlungen stammenden Werken Michail Larionows und Natalja Gontscharowas im Kulturhaus des Kurtschatow-Instituts für Atomenergie.

**Sommer** Zeitgenössische Grafik der DDR im Puschkin-Museum. Teilnehmer sind Werner Klemke, Fritz Cremer, Herbert Tucholski, Josef Hegenbarth, Lea und Hans Grundig, Otto Nagel und Armin Münch.

**22.7.** In Moskau organisiert der Sammler Leonid Talotschkin im Hof der Villa des amerikanischen Journalisten Edmund Stevens in der Rylejew-Straße 11 die Ausstellung *Unter freiem Himmel*; beteiligt sind Nikolai Wetschtomow, Wjatscheslaw Kalinin, Lidija Masterskowa, Wladimir Nemuchin, Dmitri Plawinski u. a.

Francisco Infante-Arana gründet die Gruppe Argo. Außer Infante gehören die Malerin Nonna Gorjunowa und der Ingenieur Waleri Ossipow zu deren Kern. Argo beschäftigt sich mit kinetischen Projekten, ihr erstes Projekt ist die Schaffung des künstlichen Mediums »Licht und Ton« auf der Internationalen Ausstellung *Chemie-70* in Sokolniki.

### Berlin ¬ DDR

**April** *Im Geiste Lenins – mit der Sowjetunion in Freundschaft unlösbar verbunden*, Altes Museum, Berlin. In der Ausstellung vertreten sind u. a. Willi Sittes *Hommage W. I. Lenin* und Bernhard Heisigs *Lenin und der ungläubige Timofej*.

**23.4.** Eröffnung der ebenfalls dem 100. Geburtstag Lenins gewidmeten Gemeinschaftsausstellung der Deutschen Akademie der Künste und der Akademie der Künste der UdSSR unter dem Titel *Ein neuer Mensch – Herr einer neuen Welt* in Berlin und ab 6.10. in Moskau, Vorsitzende der Vorbereitungskommission: Wladimir Kemenow und Peter H. Feist.

### West-Berlin ¬ Bundesrepublik Deutschland

**6.11.–6.1.71** *happening & fluxus*, Kölnischer Kunstverein, Kurator: Harald Szeemann, weitere Stationen der retrospektiv angelegten und von einem dokumentarischen Buch begleiteten Ausstellung: Württembergischer Kunstverein, Stuttgart; Stedelijk Museum, Amsterdam; NGBK, Berlin.

**Nov.** Allan Kaprow, *A Sweet Wall*, Berlin-Tiergarten, nahe Potsdamer Platz. Eine mit Weißbrot und Marmelade verfugte Mauer wird erbaut und anschließend zum Einsturz gebracht. Kaprow thematisiert mit diesem Happening die aktionistische und mentale Überwindung der unverrückbar scheinenden Berliner Mauer.

Allan Kaprow, *A Sweet Wall*, Happening an der Berliner Mauer, West-Berlin

### andere

**2.7.–20.9.** *Information*, Museum of Modern Art, New York, Kurator: Kynaston McShine; Überblicksausstellung über junge europäische, nord- und südamerikanische Kunst mit einem Schwerpunkt auf installativer und konzeptueller Kunst sowie Fotografie und Künstlerfilmen. Den europäischen, in den USA noch wenig bekannten Künstlern wie Bernd und Hilla Becher, George Brecht, Joseph Beuys, Hanne Darboven, Hans Haacke, Giulio Paolini, Yvonne Rainer u. a. wird hier ein Forum gegeben.

## ARCHITEKTUR ¬ DENKMAL

### Moskau ¬ UdSSR

**16.4.** Fertigstellung des riesigen Lenin-Memorial-Komplexes zum 100. Geburtstag Lenins in dessen Geburtsstadt Uljanowsk, A: Boris Mesenzew, Michail Konstantinow. Lenins Idee der monumentalen Propaganda wird in einer Synthese aus Architektur, Skulptur und Malerei umgesetzt.

Bau des Zentralen Puppentheaters auf der Sadowaja-Samotetschnaja-Str., wobei der Rohbau eines nicht fertig gestellten Gebäudes genutzt wird, A: Juri Schewerdjajew, Valentin Utkin, A. Melichow). Die Idee für das Gebäude wurde von den Architekten in Zusammenarbeit mit dem

POLITIK ¬ Andreas Baader, 1968 wegen politisch motivierter Kaufhausbrandstiftung verurteilt, wird am 14.5. während eines Haftausgangs im Lesesaal des Deutschen Zentralinstituts für Soziale Fragen, West-Berlin, auf Veranlassung von Ulrike Meinhof und Gudrun Ensslin gewaltsam von Genossen befreit. Ein Angestellter des Instituts wird angeschossen und stirbt bald darauf. Die Aktion markiert den Anfang der Baader-Meinhof-Gruppe, zu der neben Baader, Ensslin und Meinhof noch Holger Meins gezählt wird. Im Juni flieht die Gruppe nach Jordanien, um sich in einem palästinensischen Guerillalager für den »bewaffneten Kampf« ausbilden zu lassen. Nach der Rückkehr in die Bundesrepublik leben sie im Untergrund und begehen mehrere Banküberfälle, um den Ausbau der Infrastruktur der RAF zu finanzieren. Ziel der RAF ist es, durch Terroranschläge eine Veränderung des etablierten »imperialistischen Herrschaftssystems« der Bundesrepublik herbeizuführen. Im Juni 1972 werden Gudrun Ensslin in Hamburg, Andreas Baader, Holger Meins und Jan-Carl Raspe in Frankfurt/M und Ulrike Meinhof in Hannover verhaftet. Damit ist die Baader-Meinhof-Gruppe, die erste Generation der RAF, zerschlagen, der Linksterrorismus jedoch nicht beendet. Offiziell gibt die RAF erst am 24.4.1998 mit einem Schreiben an die Nachrichtenagentur Reuters ihre Selbstauflösung bekannt.

künstlerischen Leiters, des Theaters Sergej Obraszow, entwickelt. Am Eingang befindet sich eine großen »Wunder-Uhr« mit beweglichen Figuren.

### Berlin ¬ DDR

**19.4.** Enthüllung des monumentalen Lenin-Denkmals von Nikolai Tomski auf dem fertig gestellten Leninplatz, heute Platz der Vereinten Nationen, Berlin-Friedrichshain. Die Umbauung mit Plattenbauten, einem gestaffelten Wohnhochhaus und zwei elfgeschossigen Wohnschlangen, stammt von Hermann Henselmann (Entwurf) und Heinz Mehlan und Kollektiv (Ausführungsplanung). Um die Jahreswende 1991/92 wird das Lenin-Denkmal trotz der Proteste von Anwohnern und Fachleuten abgebaut.
Eröffnung des Hotels Stadt Berlin (später Park Inn) und des größten Kaufhauses der DDR, des Centrum-Warenhauses (später Kaufhof) am Alexanderplatz.

Briefmarke zur Einweihung des Lenin-Denkmals in Ost-Berlin

### West-Berlin ¬ Bundesrepublik Deutschland

**Herbst** Der Senat setzt die durch einen Wettbewerb ermittelte Gruppe für die *Planung und Errichtung von Mittelstufenzentren in Serienbauweise* ein. Verschiedene Architektengruppen sollen 25 standardisierte Bildungszentren planen (Koordination: Klaus-Rüdiger Pankrath, Joachim Wiese). Bis Mitte der 70er Jahre werden 13 dieser Zentren errichtet.

## FILM

### Moskau ¬ UdSSR

**30.3.** *Beloe solnce pustyni* (*Weiße Sonne der Wüste*, EA DDR 12.3.1971, BRD 1971), R: Wladimir Motyl, setzt erstmals die historisch-revolutionäre Thematik mit den Mitteln des Westerns um, D: Anatoli Kusnezow, Pawel Luspekajew u. a.

**12.10.** *Načalo* (*Hauptrolle für eine Unbekannte*, EA DDR 14.5.1971), R: Gleb Panfilow mit Inna Tschurikowa in der Hauptrolle. Der in der Gegenwart spielenden Geschichte um eine Textilarbeiterin sind historische Fragmente aus dem Leben der Jeanne d'Arc parallel gesetzt.

### Berlin ¬ DDR

**24.8.** *Meine Stunde Null*, R: Joachim Hassler, D: Manfred Krug, Anatoli Kusnezow. Die erste heitere Verarbeitung des Themas Krieg ruft Diskussionen hervor. Für die Dreharbeiten stellt die sowjet. Einheit aus Potsdam ihr Übungsgelände zur Verfügung.

**16.4.** *Unterwegs zu Lenin*, R: Günther Reisch, nach einem Buch von Alfred Kurella, eine Koproduktion der DDR mit der UdSSR über das Jahr 1917.

### West-Berlin ¬ Bundesrepublik Deutschland

**30.6.** Abbruch der Berlinale nach heftigen Debatten um *O.K.*, R/B: Michael Verhoeven. Der realistische Film hat die Vergewaltigung einer Vietnamesin durch amerikanische Soldaten zum Thema.

**15.10.** *Deadlock*, R/B: Roland Klick, M: The Can, D: Mario Adorf, Anthony Dawson, Marquard Bohm. Der Film transponiert die Muster des klassischen Western- und Gangsterfilms in eine psychedelische Ästhetik.

### andere

**9.2.** *Zabriskie Point* (USA 1969, EA BRD 3.9.), R: Michelangelo Antonioni, M: Pink Floyd, D: Mark Frechette, Daria Halprin. Der in den USA vor dem Hintergrund des Vietnamkrieges und der Studentenrevolte des Anti-Amerikanismus beschuldigte, dynamische Film hat in Europa großen Erfolg.
*Performance – der Film*, R/B: Donald Cammell, Nicolas Roeg, mit Mick Jagger, der als zentrale Figur des »Performers« mit wechselnden Identitäten spielt. Der Film spiegelt auch die damalige Aktualität der Performance Art.
Der amerikanische Filmkritiker Gene Youngblood veröffentlicht *Expanded Cinema* (New York), ein Plädoyer für den erweiterten, alle Sinne einschließenden Film. Das Buch wird zum Standardwerk.

## THEATER ¬ MUSIK

### Moskau ¬ UdSSR

**22.1.** *Romeo i Džul'etta* (*Romeo und Julia*) von William Shakespeare im Theater in der Malaja Bronnaja. Der Regisseur Anatoli Efros stellt die beiden Liebenden, gespielt von Olga Jakowlewa und Andrej Gratschow, in eine Welt aus Feindschaft und Neid.

**10.2.** *Beregite vaši liza* (Hütet eure Gesichter) von Andrej Wosnessenski im Theater an der Taganka, R: Juri Ljubimow. Nach drei Vorstellungen wird das Stück verboten.
Ernennung von Oleg Jefremow, dem künstlerischen Leiter des Theaters Sowremennik, zum Chefregisseur des Moskauer Künstlertheaters, dem wichtigsten offiziellen Theater der UdSSR.
Die Rockgruppe Zwety (Blumen), unter ihrem Leiter Stas Namin, und Trubny sow (Trompetenruf), die erste christliche Underground-Rock-Gruppe der UdSSR, werden gegründet. W. Barinow, Leiter von Trubny sow, wird 1984 zu drei Jahren Lagerhaft verurteilt.

### Berlin ¬ DDR

**17.4.** Benno Besson inszeniert an der Volksbühne Brechts *Der gute Mensch von Sezuan*. Aufsehen erregt Achim Freyers Ausstattung mit Obstkartons, Plastikfolie und verfremdenden Strumpfmasken.

### West-Berlin ¬ Bundesrepublik Deutschland

**Jan.** Das *Living Theatre* aus New York gastiert mit *Antigone* von Sophokles in der Akademie der Künste, Berlin.

**18.1.** Mit *Kriegsanleitung für Jedermann* und *PIGasUS* (17.11.) zeigt Johann Kresnik, 1968–78 Leiter des Bremer Tanztheaters, erste wichtige Arbeiten seines politisch-kämpferischen, Gewalt, Faschismus und Sex thematisierenden »Choreographischen Theaters«.

**29.6.** Am Deutschen Schauspielhaus in Hamburg bringt Claus Peymann *Ein Fest für Boris* zur UA, das erste der klagegewaltig-pessimistischen Stücke von Thomas Bernhard.

**8.10.** Mit Brechts Revolutionsstück *Die Mutter* eröffnet das neue Ensemble der Schaubühne am Halleschen Ufer um den Regisseur Peter Stein seine erste Spielzeit; mit dabei sind die Schauspieler Edith Clever, Jutta Lampe und Bruno Ganz, die schon in Bremen mit Stein arbeiteten.

### andere

**15.3.–15.10.** Der Deutsche Pavillon bei der Weltausstellung in Osaka wird nach Raum-Musik-Entwürfen von Karlheinz Stockhausen gebaut. Die Realisation der technischen Entwicklung und Ausstattung obliegt dem elektronischen Studio der TU Berlin. Das mit einer Vielzahl von Lautsprechern ausgestattete Kugelauditorium ermöglicht eine einzigartige akustische Rauminszenierung. Stockhausen ist über den gesamten Zeitraum mit einer bis zu 19-köpfigen Musikergruppe anwesend. Seine Werke und die anderer zeitgenössischer Komponisten, aber auch Klassiker wie Bach oder Beethoven, werden multiphon aufgeführt.
In Paris gründen Peter Brook und Micheline Rozan das Centre International de Recherches Théâtrales zur Erkundung sprachunabhängigen Zeichengebrauchs und erarbeiten mit einer international besetzten Gruppe nach Studienreisen erste Inszenierungen.
Das Théâtre du Soleil Ariane Mnouchkines, ein 1964 gegründetes Pariser Theater-Kollektiv, erregt international Aufsehen mit seinem bilderreichen, an Volkstheater-Traditionen anknüpfenden Revolutionsspektakel *1789*, das in Mailand erstmals gezeigt wird.

## LITERATUR ¬ THEORIE

### Moskau ¬ UdSSR

**Feb.** Nach einer Hetzkampagne gegen die Zeitschrift *Novyj mir* werden Igor Winogradow, A. Kondratowitsch, Wladimir Lakschin und Igor Saz aus der Redaktion ausgeschlossen. Alexander Twardowski ist gezwungen, sein Amt als Chefredakteur niederzulegen.

**6.3.** Das Poem *Moskva-Petuški* (*Moskau-Petuschki* bzw. *Die Reise nach Petuschki*, München, Zürich 1978) von Wenedikt Jerofejew verdeutlicht anhand der Geschichte eines alkoholabhängigen Intellektuellen die Absurdität der sowjetischen Wirklichkeit. Das Buch findet über den Samisdat in kürzester Zeit weite Verbreitung und wird zur Kultlektüre. Die erste Veröffentlichung im Ausland erfolgt 1973 (in Israel), in der UdSSR erscheint das Poem erst 1988/89 in der Zeitschrift *Tresvost' i kul'tura* (Nüchternheit und Kultur).

**8.10.** Alexander Solschenizyn wird mit dem Nobelpreis für Literatur ausgezeichnet. Wie im Fall Pasternaks im Jahr 1958 wird dieses Ereignis von der »sowjetischen Öffentlichkeit« als »politisch feindlich gesinnt« verurteilt. Solschenizyn nahm den Preis mit Dank an, reiste jedoch nicht persönlich nach Stockholm, da er befürchtete, er könne danach nicht mehr in seine Heimat zurückzukehren.

Der Literaturwissenschaftler Juri Lotman

In Moskau erscheint Juri Lotmans Buch *Struktura chudožestvennogo teksta* (*Die Struktur des künstlerischen Textes*, F/M 1973), das einflussreiche theoretische Manifest des russischen Strukturalismus.

### Berlin ¬ DDR

Fünf Jahre nach seinem Tod erscheint Johannes Bobrowskis *Im Windgesträuch. Gedichte aus dem Nachlaß* (Berlin/DDR); die Gedichte spiegeln seine Lebensstationen, die von Tilsit über Königsberg nach Berlin führten.

### West-Berlin ¬ Bundesrepublik Deutschland

**20.11.** Erster Kongress des Verbandes Deutscher Schriftsteller, an dem auch Bundeskanzler Willy Brandt teilnimmt. Er referiert über die Frage, ob die Politik den Schriftsteller brauche: »Der Umgang mit Schriftstellern schreckt mich nicht«, beginnt er seine Rede, indirekt Bezug nehmend auf seinen Vorgänger Ludwig Erhard (CDU), der die Schriftsteller einst als »Pinscher« beschimpft hatte.
Peter Handke, *Die Angst des Tormanns beim Elfmeter* (F/M). Die Erzählung wird 1971 von Wim Wenders verfilmt.
Arno Schmidts Roman *Zettels Traum* (Stuttgart) erscheint. Das monumentale Konvolut verschiedener Textformen wird als die Summe seines bisherigen Werks bezeichnet.
Theodor W. Adornos *Ästhetische Theorie* wird aus dem Nachlass herausgegeben (F/M; Moskau 2001).

### andere

Roland Barthes, *L'empire des signes* (Genf, *Das Reich der Zeichen*, F/M 1981).
Henri Lefèbvre, *La révolution urbaine* (Paris, *Die Revolution der Städte*, München 1972) ist eine soziologische Abhandlung über die Verstädterung der Gesellschaft und die Kulmination der gesellschaftlichen und politischen Konflikte in den Ballungsräumen.

# 1971

## POLITIK ¬ ZEITGESCHEHEN

### Moskau ¬ UdSSR

**15.1.** Vollendung des Assuan-Staudamms in Ägypten, der mit wirtschaftlicher und technischer Hilfe der UdSSR gebaut wurde.

**30.3.–9.4.** XXIV. Parteitag der KPdSU. Leonid Breschnew verkündet den Aufbau des »entwickelten Sozialismus« aufgrund dessen, dass »sich eine neue historische Gemeinschaft von Menschen herausgebildet hat – das sowjetische Volk«. Der Parteitag markiert den Beginn der »Epoche des Stillstands« in der UdSSR, die sich bis 1985 hinzieht.

*Der Sozialismus hat gesiegt*

**1.7.** Die Kosmonauten Georgi Dobrowolski, Viktor Wolkow und Wladislaw Pazajew werden nach der Landung auf der Erde tot aus *Sojus 11* geborgen.

**11.9.** Nikita Chruschtschow stirbt. Die Behörden treffen Vorkehrungen, damit die Beisetzung auf dem Nowodewitschje Friedhof nicht in eine regierungsfeindliche Demonstration umschlägt. Das Grabmonument für Chruschtschow fertigt der Bildhauer Ernst Neiswestny.

**14.9.** In Nabereshnyje Tschelny in der Tatarischen ASSR wird mit dem Bau des Kamsker Autowerkes (KAMAS), Europas größtem LKW-Produzenten, begonnen.

**Sept.** Das Akademiemitglied Andrej Sacharow wendet sich mit einem Schreiben an die Mitglieder des Präsidiums des Obersten Sowjets der UdSSR und fordert darin, frei das Land verlassen und wieder zurückkehren zu dürfen.

### Berlin ¬ DDR

**31.1.** Die Telefonverbindung zwischen Ost- und West-Berlin wird wieder hergestellt.

**3.5.** 16. Tagung des ZK der SED: Walter Ulbricht bittet aus Altersgründen um Entbindung von seiner leitenden Funktion. Neuer 1. Sekretär des ZK wird Erich Honecker. Am 26.11. wählt die nach den Wahlen neu konstituierte Volkskammer Walter Ulbricht zum Staatsratsvorsitzenden, Willi Stoph zum Ministerratsvorsitzenden und Erich Honecker zum Vorsitzenden des Nationalen Verteidigungsrates.

**Dez.** Ein neues Abkommen über den Transitverkehr zwischen der BRD und der DDR sowie Vereinbarungen über den Besucherverkehr und einen Gebietsaustausch zwischen der DDR und dem West-Berliner Senat werden unterzeichnet.

### West-Berlin ¬ Bundesrepublik Deutschland

**6.6.** Alice Schwarzer organisiert eine Kampagne zur Abschaffung des Abtreibungsparagraphen 218 nach dem Vorbild der französischen Aktion der *Mouvement de la libération des femmes* (MLF) von 1970, an der sich auch Simone de Beauvoir beteiligte. In einem Artikel der Zeitschrift *stern* bekennen 374 Frauen »Ich habe abgetrieben«. In der Folge wird der § 218 reformiert, durch die »Fristenregelung« sind Frauen jedoch weiterhin abhängig von Ärzten und Institutionen und können nicht selbständig über ihren Körper entscheiden.

**3.9.** Unterzeichnung des Viermächteabkommens: Die Bindungen zwischen West-Berlin und der Bundesrepublik werden bestätigt und die UdSSR gewährleistet den freien Zugang nach West-Berlin.

**10.12.** Bundeskanzler Willy Brandt erhält für seine Ostpolitik den Friedensnobelpreis.

## BILDENDE KUNST

### Moskau ¬ UdSSR

**9.3.** Ausstellung *Die schöpferischen Organisationen Moskaus dem XXIV. Parteitag der KPdSU* in der Manege. Unter den Teilnehmern sind Geli Korshew, Dmitri Shilinski, Juri Kugatsch, Arkadi Plastow, Boris Prorokow u. a.

**15.4.** Eröffnung der Aufsehen erregenden Ausstellung von Gemälden Vincent van Goghs aus dem Kröller-Müller Museum, Otterloo (NL), im Puschkin-Museum.

**Juli–Aug.** *Körperkultur und Sport in der bildenden Kunst*, Ausstellung zur 5. Spartakiade der Völker der UdSSR. Teilnehmer sind Alexander Dejneka, Alexander Samochwalow, Dmitri Shilinski, Igor Obrossow, Boris Talberg u. a.

**Okt.** *Neue Werke der Malerei und Grafik von Künstlern der DDR* mit Werken von Willi Sitte, Bernhard Heisig, Paul Michaelis, Lea Grundig und Karl-Erich Müller.

### Berlin ¬ DDR

**21.3.** Gründung der Gruppe *Erste Integration junger Zeitgenossen* durch Peter Herrmann, Peter Graf, Ralf Winkler (A. R. Penck); Winklers Atelier wird zu einer Untergrundgalerie umfunktioniert. Es folgen Ausstellungen der *Lücke Frequentor* mit Eberhard Busch, Harald Gallasch, Frank Maasdorf, Steffen Kuhnert, Wolfgang Opitz, Ralf Kerbach, Ralf Winkler u. a.

### West-Berlin ¬ Bundesrepublik Deutschland

**Jan.** *Funktionen Bildender Kunst in unserer Gesellschaft*, programmatische Ausstellung der sich politisch verstehenden NGBK, welche neben dem NBK aus der Aufspaltung des bisherigen Berliner Kunstvereins (Deutsche Gesellschaft für Bildende Kunst) hervorgegangen ist.

**22.4.–6.6.** *Métamorphose de l'objet: Art et anti-art/ Metamorphose des Dinges: Kunst und Antikunst 1910–1970*, Palais de Beaux-Arts, Brüssel, in Zusammenarbeit mit Berliner Institutionen, 15.9.–7.11. in der Nationalgalerie Berlin, danach in Rotterdam, Mailand, Basel, Paris. Ein internationales Kuratorenkomitee stellt Werke der italienischen Futuristen, der Surrealisten, Kubisten und Dadaisten vor.

### andere

**11.9.–1.11.** *Nuove correnti a Mosca – Rassegna di 58 artisti della giovane avanguardia*, Museo di Belle Arti, Lugano, zeigt inoffizielle russische Kunst, u. a. vom Kollektiv *Dwishenije*.

**1.4.** Hans Haacke deckt im Rahmen seines Werkzyklus *Realzeit Sozialsystem* für eine Einzelausstellung im Guggenheim Museum, New York, illegale Praktiken von Immobilien-Holdings in Manhattan auf, worauf das Museum die Ausstellung absagt und den Kurator Edward Fry zur Kündigung zwingt. Anhand dieses bekanntesten Falls der Zensur durch eine Kunstinstitution wird die Kontrolle des Museums durch geldgebende Gremien offensichtlich.

Kampagne gegen den § 218, Cover der Zeitschrift *stern*

## ARCHITEKTUR ¬ DENKMAL

### Moskau ¬ UdSSR

**28.1.** Symposium von Künstlern und Architekten der DDR und der UdSSR in Moskau unter dem Thema *Sozialistischer Städtebau und die Synthese der Künste*. Referenten sind u. a. Juri Koroljow und Ullrich Kuhirt.

**März** Fertigstellung des weltweit größten stationären Zirkusgebäudes für 3400 Zuschauer auf dem Wernadski-Prospekt, A: Jakow Belopolski, Jefim Wulych, Sergej Feoktistow, Wladimir Chawin. Der Zirkus ist bedeckt von einer zeltähnlich in sich gefalteten Stahlbetonkuppel. Darunter lassen sich spezielle Bühneneffekte erzeugen. Innerhalb der nächsten Jahre werden in mehreren Städten des Landes Zirkusmanegen gebaut.

Das Zirkusgebäude auf dem Wernadski-Prospekt, Moskau

**10.6.** Veröffentlichung des Beschlusses des ZK der KPdSU und des Ministerrats über den neuen Generalentwicklungsplan Moskaus für den Zeitraum 1985–90, leitender Architekt Michail Possochin. Der Plan sieht vor, Moskau in acht Planungszonen aufzuteilen, jede mit 600.000 bis 1 Mio. Einwohnern. Der Beschluss verstärkt die privilegierte Stellung Moskaus unter allen Städten der UdSSR.

In Moskau werden (gemäß dem 1968–70 ausgearbeiteten Typenprojekt, A: Oleg Welikorezki) die ersten Universam-Geschäfte (Selbstbedienungslebensmittelgeschäfte) gebaut, die für die Abfertigung von 10.000–12.000 Menschen pro Tag ausgelegt sind.

### Berlin ¬ DDR

**9.10.** Enthüllung des Karl-Marx-Denkmals von Lew Kerbel in Karl-Marx-Stadt, eines monumentalen Bronzekopfes auf einem Granitsockel. Damit findet der Wiederaufbau der Innenstadt des einstigen Chemnitz seinen feierlichen Abschluss.

Haus der Reisens, Alexanderplatz, Berlin-Mitte, A: Roland Korn, Johannes Brieske, Roland Steiger und Kollektiv. Auffällig an dem Hochhaus ist ein auskragender Betonsims über den Sockelgeschossen. Es steht westlicher Hochhausarchitektur der 60er Jahre nahe und bildet den Abschluss der Neubebauung des Alexanderplatzes.

### West-Berlin ¬ Bundesrepublik Deutschland

Für die 2. Kölner Bundesgartenschau werden die Domumgebung und der Rheinpark gestaltet. Frei Otto entwickelt für eine Open-Air-Bühne sechs große Faltschirme.

## FILM

### Moskau ¬ UdSSR

**5.5.** *Belorusskij vokzal* (1970, *Belorussischer Bahnhof*, EA DDR 10.3.1972), R: Andrej Smirnow, zeichnet das Schicksal ehemaliger Frontsoldaten in Friedenszeiten nach.

**Dez.** *Dolgie provody* (*Lange Abschiede*, EA BRD 15.10.1989 West 3), R: Kira Muratowa, nach einem Drehbuch von

Natalja Rjasanzewa, D: Sinaida Scharko, Oleg Wladimirski, läuft trotz der offiziellen Genehmigung nicht an. Das Familiendrama vermittelte das Gefühl, die moderne Gesellschaft sei total gescheitert.

### Berlin ¬ DDR

**16.9.** *Goya* (DDR/UdSSR 1969/70, EA BRD 14.9.73), R: Konrad Wolf. Die Arbeit an der Verfilmung des Romans von Lion Feuchtwanger über das Leben des spanischen Malers dauerte 10 Jahre. Die Hauptrolle übernahm mangels westlicher Produktionspartner nicht wie vorgesehen Marlon Brando oder Anthony Quinn, sondern Donatas Banionis. Wolf plädiert in seinem Film für die Freiheit der Kunst.

### West-Berlin ¬ Bundesrepublik Deutschland

**4.7.** *Nicht der Homosexuelle ist pervers, sondern die Situation in der er lebt,* R/B: Rosa von Praunheim, D: Bernd Feuerhelm, u. a. Der Film beschreibt Stationen eines jungen Schwulen in West-Berlin. Er ist der deutsche Beitrag beim neu eingerichteten *Internationalen Forum des jungen Films* auf der Berlinale. Im Berliner Arsenal-Kino gründet sich im Anschluss an die Aufführung die erste deutsche politische Schwulengruppe.

### andere

**20.12.** *Clockwork Orange* (GB, *Uhrwerk Orange,* EA BRD 23.3.1971), R/B: Stanley Kubrick nach einem Roman von Anthony Burgess, D: Malcolm McDowell, Paul Farrell. In den 70ern werden dem Film amoralische und gewaltverherrlichende Tendenzen unterstellt. Es handelt sich um eine Reflexion über die Ästhetisierung von Gewalt, über Konsumkultur und die Wirkung visueller Medien.

*Harold and Maude* (USA, *Harold und Maude,* EA BRD 19.4.1974), R: Hal Ashby, nach dem Roman von Colins Higgins, M: Cat Stevens, D: Michelle Trachtenberg, Rosie O' Donnell. Die Liebesgeschichte zwischen einem jungen Mann und einer Greisin ist ein Plädoyer für die freie Wahl der Liebe.

*Morte a Venezia/Death in Venice* (I/GB 1970/71, *Tod in Venedig,* EA BRD 4.6., DDR 12.4.1974), R: Luchino Visconti, nach der Novelle *Der Tod in Venedig* von Thomas Mann (1912), D: Dirk Bogarde, Björn Andresen, Silvana Mangano. Geschildert wird eine verhalten homoerotische Liebesgeschichte in der morbiden Atmosphäre Venedigs. Visconti erhält für den Film und sein Lebenswerk den Sonderpreis der Filmfestspiele in Cannes.

## MEDIEN

### Moskau ¬ UdSSR

Start der TV-Krimiserie *Sledstvie vedut znatoki* (Die Ermittlungen leiten Fachleute). Die Haupthelden Georgi Martynjuk, Leonid Kanewski und Elsa Leshdej, die als Snamenski, Tomin und Kibrit ermitteln, erobern die Herzen der Zuschauer.

Auf Beschluss des neuen Vorsitzenden des Staatskomitees für Funk und Fernsehen, Sergej Lapin, werden für mehrere Monate einige der direkt ausgestrahlten Programme abgesetzt, darunter die beliebte Sendung *KVN* (vgl. 1961).

### Berlin ¬ DDR

**15.11.** Der bisherige Deutschlandsender und die Deutsche Welle werden zur Stimme der DDR zusammengefasst.

**27.6.** Der erste *Polizeiruf 110* geht auf Sendung. Produzierender Sender ist bis Folge 154 der DFF, darauf die ARD.

## THEATER ¬ MUSIK

### Moskau ¬ UdSSR

**6.1.** *A zori zdes' tichie* (*Im Morgengrauen ist es noch still*) von Boris Wassiljew im Theater an der Taganka in der Inszenierung von Juri Ljubimow. Das Stück über den Tod von fünf jungen Mädchen während des Krieges ist in der Geschichte des Theaters nahezu das einzige, das allgemein begeistert aufgenommen wird – sowohl von den offiziellen Instanzen als auch von der Theateröffentlichkeit.

**27.6.** *Poslednie* (*Die Letzten*) vom Maxim Gorki am Künstlertheater. Mit diesem Stück eines offiziellen Klassikers äußert sich Oleg Jefremow, der erst vor kurzem an das Theater gekommen ist, zur Gegenwart und dem System, das die Menschen vergewaltigt.

**4.–29.11.** *Gamlet* (*Hamlet*) von William Shakespeare im Theater an der Taganka, R: Juri Ljubimow. Hamlet erscheint im schwarzen Pullover, mit Gitarre, und wird gespielt von dem Schauspieler und Barden Wladimir Wyssozki. Das modern interpretierte Stück wird auch durch die originelle Bühnengestaltung von David Borowski so erfolgreich: Ein Wollvorhang symbolisiert das Schicksalhafte, das das Leben der Helden bestimmt.

**29.5.** Premiere des Balletts *Ikar* (*Ikarus*) von Sergej Slonimski, aufgeführt von den Tänzern des Moskauer Bolschoi-Theaters. Es ist das erste Ballett, das speziell für die riesige Bühne des Kreml-Palasts mit all ihren technischen Möglichkeiten aufbereitet wurde. Die Handlung läuft gleichzeitig auf mehreren Bühnenebenen und auf beweglichen Plattformen.

Gastspiel des Orchesters von Duke Ellington in der UdSSR, der mit sowjetischen Musikern Jam Sessions veranstaltet.

### Berlin ¬ DDR

**28.1.** Ruth Berghaus inszeniert am Berliner Ensemble äußerst kühl Bertolt Brechts *Im Dickicht der Städte*. Sie wird nach dem Tod Helene Weigels im selben Jahr Intendantin des BE.

**10.2.** Das Regie-Duo Manfred Karge und Matthias Langhoff zeigt an der Volksbühne Friedrich Schillers *Die Räuber* als untauglichen Revolutionsversuch und als Zerrbild der westlichen 68er Revolte (BB: Pieter Hein).

Georg Katzers Orchesterkomposition *Baukasten* wir in Berlin aufgeführt. Aus einer begrenzten Anzahl von Elementen werden durch Neugruppierung immer neue Formen produziert. Katzer gilt als einer der kompromisslosesten Komponisten der DDR und ist einer der wenigen, der Elektronik und multimediale Elemente in sein Werk integriert.

### West-Berlin ¬ Bundesrepublik Deutschland

**13./14.5.** Der Regisseur Peter Stein und die Schaubühne am Halleschen Ufer erkunden Bürgersehnsüchte des 19. Jahrhunderts in einer opulenten Aufführung von Henrik Ibsens *Peer Gynt*. Die Bühnenlandschaft baut Karl-Ernst Herrmann.

**10.12.** *Der Todestanz* nennt Rudolf Noelte seine Strindberg-Inszenierung von stiller Intensität am Schlosspark-Theater mit Bernhard Minetti und Elfriede Rückert in den Rollen des in endloser Qual verbundenen Ehepaares.

**2.5.** Mit *Heimarbeit* und *Hartnäckig* werden zwei Stücke von Franz Xaver Kroetz über die soziale Misere kleiner Leute an den Münchner Kammerspielen uraufgeführt (R: Horst Siede).

**10.12.** Rainer Werner Fassbinder inszeniert in Bremen seine blutige Amokläufer-Moritat *Bremer Freiheit*.

UA von Mauricio Kagels *Staatstheater* in Hamburg. Die Operntravestie ist heftig umstritten, Folgeaufführungen finden wegen antisemitischer Drohungen unter Polizeischutz statt.

## LITERATUR ¬ THEORIE

### Moskau ¬ UdSSR

Im Samisdat erscheint das maschinengeschriebene »russische patriotische Journal« *Veče* (d.i. Altslawische Volksversammlung), Redakteur: Wladimir Ossipow.

**Aug.** Veröffentlichung der Erzählung *Pastuch i pastuška* (*Schäfer und Schäferin*, Ost-Berlin 1975) von Viktor Astafjew über die Liebe im Krieg.

**18.12.** Alexander Twardowski stirbt. Die Beisetzung des Poeten, den man ein Jahr zuvor gezwungen hatte, das Amt des Chefredakteurs von *Novyi mir* niederzulegen, gerät zu einer politischen Manifestation.

### Berlin ¬ DDR

**19.–21.1.** Deutsch-sowjetisches Treffen von Literaturkritikern in Berlin.

Auf dem 4. Plenum des ZK der SED spricht sich Honecker für eine »Literatur ohne Tabus« aus.

Peter Huchel kann nach jahrelanger Isolation endlich die DDR verlassen.

### West-Berlin ¬ Bundesrepublik Deutschland

**29.7.** Heinrich Bölls *Gruppenbild mit Dame* erscheint als Vorabdruck in der *Frankfurter Allgemeinen Zeitung*. Im Sept. wird Böll der erste deutsche Präsident des internationalen PEN-Clubs (bis 1974).

Herbert Achternbusch, *Die Alexanderschlacht* (F/M), ein surrealistisch-bärbeißiger Roman mit bayerischem Lokalkolorit des Schriftstellers und Filmemachers.

Walter Kempowski, *Tadellöser und Wolff* (München), dieser 1. Band seiner deutschen Chronik, geplant als Rekonstruktion der familiären Lebenswelt, umfasst die Jahre 1939–45.

### andere

Ingeborg Bachmanns Roman *Malina* (F/M; russ. Moskau 1998) erscheint. Zusammen mit den nur als Fragmenten vorliegenden Werken *Der Fall Franza* (1976) und *Requiem für Fanny Goldmann* (1979) bildet *Malina* den Auftakt einer Romantrilogie mit dem Titel *Todesarten*. 1991 kommt *Malina* in einer Verfilmung von Werner Schroeter in die bundesdeutschen Kinos, B: Elfriede Jelinek, D: Isabelle Huppert, Matthieu Carrière.

**BILDENDE KUNST ¬** Joseph Beuys, Professor an der Kunstakademie Düsseldorf, gründet am 1.6. die *Organisation für direkte Demokratie durch Volksabstimmung (freie Volksinitiative e.V.)* als Folgeinstitution seiner *Studentenpartei* (vgl. 1967). Am 15.10. besetzt Beuys das Sekretariat der Akademie, um das Recht auf gleiche Ausbildungschancen durchzusetzen. Die folgende Auseinandersetzung mit dem Wissenschaftsministerium veranlasst ihn, am 1.11. das *Komitee für eine freie Hochschule* zu gründen. Nach einer weiteren Sekretariatsbesetzung mit Studienbewerbern und Studenten am 10.10.1972 wird er vom damaligen Wissenschaftsminister Johannes Rau, heute Bundespräsident, fristlos entlassen. Beuys gründet nun am 27.4.1973 zusammen mit Klaus Staeck, Georg Meistermann und Willi Bongard den *Verein zur Förderung einer Freien Internationalen Hochschule für Kreativität und Interdisziplinäre Forschung*. Im Feb. 1974 versucht er mit Heinrich Böll, eine *Freie Hochschule* in Düsseldorf installieren. 1977 richtet Beuys auf der *documenta 6* in Kassel für 100 Tage die *Freie Internationale Hochschule für Kreativität und Interdisziplinäre Forschung/Free International University* ein. In der Folgezeit arbeiten mehrere Initiativen im Sinne der FIU.

# 1972

## POLITIK ¬ ZEITGESCHEHEN

### Moskau ¬ UdSSR

**5.1.** Der Bürgerrechtler Wladimir Bukowski wird wegen »antisowjetischer Agitation und Propaganda« zu sieben Jahren Haft und fünf Jahren Verbannung verurteilt. Im Laufe des Jahres kommt es zu einigen Verhaftungswellen, die Andersdenkende in Moskau, in der Ukraine und in Litauen treffen.
**Jan.** Der Generalsekretär des ZK der KPdSU, Leonid Breschnew, erhält ein von 17.000 litauischen Katholiken unterzeichnetes Memorandum. Darin werden Verletzungen der Rechte von Gläubigen aufgeführt und Gewissensfreiheit gefordert. Im Feb. werden Kopien des Memorandums an den Papst und die UNO übergeben. Am 14.5. verbrennt sich in Kaunas der junge Arbeiter R. Kalanta aus Protest gegen die Verfolgung der litauischen Katholischen Kirche.
**10.4.** In Moskau, Washington und London wird die Konvention über das Verbot bakteriologischer Waffen unterzeichnet.
**20.5.** Pjotr Schelest wird seines Amtes als Erster Sekretär der Kommunistischen Partei der Ukraine enthoben. Neuer Erster Sekretär wird Wladimir Schtscherbizki. Grund für diesen Wechsel sind die zunehmenden nationalistischen und separatistischen Bestrebungen in der Ukraine. Im Aug./Sept. stehen in Kiew, Lwow und Iwano-Frankowsk Dissidenten vor Gericht, die Anfang des Jahres im Zuge der »zweiten Verhaftungswelle« festgenommen worden waren. Zu langen Haftstrafen werden u. a. die Dichter Wassil Stus und Igor Kalynez sowie der bereits früher inhaftierte Iwan Gel verurteilt.

Wasserkraftwerk in Krasnojarsk

**22.–30.5.** Während des Besuchs des amerikanischen Präsidenten Richard Nixon in Moskau wird das SALT-I-Abkommen unterzeichnet.
**31.7.** In Krasnojarsk wird am Jenissej das größte Wasserkraftwerk der Welt in Betrieb genommen.
**31.8.** Der Beschluss Nr. 605 des Ministerrats der UdSSR verbietet die Nutzung des Telefonnetzes »zu Zwecken, die im Widerspruch zu den Staatsinteressen und der öffentlichen Ordnung stehen«. Er bildet die rechtliche Grundlage für die Unterbindung telefonischer Kontakte von Regimegegnern mit dem Ausland.

### Berlin ¬ DDR

**6.1.** Erich Honecker nennt die Bundesrepublik Deutschland zum ersten Mal »Ausland«.
**7.–28.12.** Die DDR nimmt zu zwanzig neutralen und westlich orientierten Staaten (u. a. Iran, Schweiz, Schweden) diplomatische Beziehungen auf. Gleichzeitig wird sie Mitglied der UN-Wirtschaftskommission für Europa.
**21.12.** Unterzeichnung des deutsch-deutschen Grundlagenvertrages in Ost-Berlin durch die Unterhändler Michael Kohl (DDR) und Egon Bahr (Bundesrepublik). Er beinhaltet einen Verkehrsvertrag, die Anerkennung des Vier-Mächte-Abkommens, Unverletzlichkeit der Grenzen, Beschränkung der Hoheitsgewalt auf das jeweilige Staatsgebiet, Austausch »ständiger Vertreter«, Beibehaltung des innerdeutschen Handels, den Antrag beider Staaten auf Aufnahme in die UNO – jedoch keine völkerrechtliche Anerkennung der DDR.

### West-Berlin ¬ Bundesrepublik Deutschland

**28.2.** Auf dem Höhepunkt der RAF-Fahndung verabschieden die Ministerpräsidenten der Länder den Radikalenerlass: Angehörige des öffentlichen Dienstes müssen auf dem Boden der FDGO stehen, d.h. polit. Extremisten von links und rechts soll die Arbeit im öffentlichen Dienst verwehrt sein. Das hat Auswirkungen z. B. auf die Einstellung von Lehrern. Von linken Kritikern wird der Erlass als »Berufsverbot« bezeichnet.
**27.4.** Die CDU/CSU-Opposition versucht durch ein konstruktives Misstrauensvotum vor der Abstimmung über die Ostverträge die Regierung Brandt/Scheel zu stürzen, was scheitert. Am 17.5. dann Ratifizierung der »Ost-Verträge« mit der UdSSR und der VR Polen im Bundestag.
**5.9.** Geiselnahme bei den XX. Olympischen Sommerspielen in München: Acht arabische Terroristen, die sich als Mitglieder der Organisation »Schwarzer September« bezeichnen, dringen in die Unterkunft der israelischen Olympiamannschaft ein und töten zwei Israelis. Neun weitere Sportler und Funktionäre halten sie als Geiseln fest. Bundesinnenminister Hans-Dietrich Genscher verhandelt und gewährt freies Geleit. Bei einem Feuergefecht zwischen den Terroristen und der polizeilichen Sondereinheit auf dem Militärflugplatz Fürstenfeldbruck kommen alle israelischen Geiseln, fünf Terroristen und ein Polizeibeamter ums Leben. Drei der arabischen Terroristen werden verhaftet.

Arabischer Terroranschlag während der Olympischen Spiele, München

**20.9.** Bundeskanzler Willy Brandt stellt wegen der insbesondere durch seine Ostpolitik motivierten Angriffe gegen ihn im Bundestag die Vertrauensfrage und verliert. Bundespräsident Heinemann löst den Bundestag auf. Nach den Bundestagswahlen am 19.11. bildet Brandt (SPD) erneut eine Koalitionsregierung mit der FDP.

## BILDENDE KUNST

### Moskau ¬ UdSSR

Bei der MOSCh wird der Klub der Bildhauer initiiert, der Gesprächsrunden und eintägige Ausstellungen von Boris Orlow, Dmitri Prigow, Alexander Kossolapow, Leonid Sokov und Igor Schelkowski veranstaltet. Der Klub existiert bis 1986.
**März** Zyklus von Ausstellungen, die dem 100. Jubiläum der Genossenschaft der Peredníshniki (Wanderaussteller) gewidmet ist, also dem offiziellen Kanon des russischen Realismus. In der Akademie der Künste werden Zeichnungen und Aquarelle gezeigt, in der Tretjakow-Galerie ihre Porträtmalerei, im Leningrader Russischen Museum die Genremalerei.
**Juni** Im Haus des Künstlers auf der Kusnezki-Brücke formiert sich während der 9. Ausstellung junger Moskauer Künstler die »linke MOSCh«. Charakteristisch für ihre Arbeiten sind die Verwendung freier Metaphorik, mystischer Motive und formale Experimente im Rahmen des offiziell erlaubten Kanons. Teilnehmer sind Natalja Nesterowa, Oleg Filattschow, Jelena Romanowa, Tatjana Nassipowa u. a. Zum Hauptereignis der Ausstellung wird das Bild *Kazn' narodovol'cev* (Die Hinrichtung der Narodowolzy) von Tatjana Nasarenko.

### Berlin ¬ DDR

**6./7.7.** Auf der 6. Tagung des ZK der SED bekräftigt Kurt Hager Erich Honeckers Kulturpolitik der »Weite und Vielfalt«, jedoch unter Beibehaltung der Kritik am »bürgerlichen Modernismus«.

### West-Berlin ¬ Bundesrepublik Deutschland

**1.5.** Joseph Beuys, *Ausfegen*, Karl-Marx-Platz, Berlin-Neukölln, organisiert von René Block.
**30.6.–8.10.** *documenta 5* in Kassel unter der Leitung von Harald Szeemann, Mitarbeit und Besucherschule: Bazon Brock. Unter dem Motto *Befragung der Realität – Bildwelten heute* werden aktuelle künstlerische Bewegungen wie Concept Art, Fotorealismus und »Individuelle Mythologien« (Szeemann prägte den Begriff in Zusammenhang mit der Ausstellung des französischen Plastikers Étienne Martin, Kunsthalle Bern, 1963) sowie Kitsch, politische Propaganda, Werbung und die »Bildnerei der Geisteskranken« zusammengefasst. Beuys richtet im Fridericianum das Büro seiner *Organisation für direkte Demokratie durch Volksabstimmung* ein und diskutiert 100 Tage mit dem Publikum. Das Vorhaben, die Kunst des Sozialistischen Realismus aus allen kommunistischen Ländern innerhalb der Sektion *parallele Bildwelten* vorzustellen, scheitert am Einspruch der Botschafter der DDR und UdSSR. Ebenso schlägt der Versuch fehl, Werke sowjetischer Dissidenten zu zeigen.

**16.5.–9.7.** Marcel Broodthaers, *Musée d'Art Moderne, Département des Aigles: Section des Figures (Der Adler vom Oligozän bis heute)*, Kunsthalle Düsseldorf. Im Nebeneinander von archivarischer Enzyklopädie, experimenteller Neuordnung und Fiktion formuliert sich die Kritik des Künstlers an der Institution Museum.
*Amerikanischer Fotorealismus*, Württembergischer Kunstverein, Stuttgart, stellt die seit Mitte der 60er Jahre in den USA ausgebildete Verfahrensweise der Übertragung einer fotografischen Vorlage in Malerei, Grafik oder Plastik vor.

### andere

**21.4.** Unter dem Titel *La Rivoluzione siamo noi* diskutieren im Centro d'Informazione Alternative, Rom, Joseph Beuys und Renato Guttuso mit dem Publikum.

## ARCHITEKTUR ¬ DENKMAL

### Moskau ¬ UdSSR

Das Projekt für ein Centr tvorčeskoj aktivnosti (Zentrum schöpferischer Tätigkeit) des Architekten Wladislaw Kirpitschow erhält den ersten Preis der UNESCO. Es folgt dem Rekonstruktivismus (ein von Kirpitschow geprägter Begriff, der dem späteren Terminus Dekonstruktivismus nahe kommt).

**BILDENDE KUNST ¬** Entscheidendes Jahr für die Formierung der Moskauer Schule des Konzeptualismus. Ilya Kabakov arbeitet zu der Zeit an seinem Album *Desjat' personažej* (*10 handelnde Personen*, 1970–75). Erik Bulatov malt sein berühmtes Bild *Gorizont* (*Horizont*). Die ersten gemeinsamen Bücher von Rimma Gerlowina und Waleri Gerlowin erscheinen sowie Viktor Piwowarows Arbeiten »reiner Malerei«, z. B. *Razmyšlenija u okna I* (*Nachdenken am Fenster I*) und *Metafizičeskaja kompozicija* (*Metaphysische Komposition*). Vitaly Komars und Alexander Melamids beginnen ihre Zusammenarbeit und erfinden den Begriff Soz-Art. Im Sommer 1973 zeigen sie unter dem Titel *Raj* (*Das Paradies*) die erste Installation der UdSSR.

**Berlin ¬ DDR**

Zeissturm, Jena (beg. 1968), A: Hermann Henselmann. Zunächst für den VEB Carl Zeiss geplant, wurde das zylindrische Hochhaus bis 1996 von der Universität genutzt. Später wird es Sitz der Stadtverwaltung.

Eisenhüttenstadt, Blick auf die Leninallee (heute Lindenallee)

Eisenhüttenstadt (1953–61 Stalinstadt), die »erste sozialistische Stadt der DDR«, seit 1950 parallel zum Eisenhüttenkombinat Ost als Wohnstadt für die Beschäftigten errichtet, ist fertig gestellt. Nach den Wettbewerben 1953 (realisiert: Rathaus und Theater) und 1958 (Ausbau der Leninalle zur Hauptgeschäftsstraße, ein Kaufhaus, das Hotel Lunik, ein Autosalon und Punkthochhäuser) wird in den 60er Jahren der Eingang zum Eisenhüttenkombinat so verlegt, dass die Magistrale und die Stadt auf das Werk ausgerichtet sind. Die folgenden Wohnkomplexe werden als Plattenbauten ausgeführt.

**West-Berlin ¬ Bundesrepublik Deutschland**

Abschluss des Wiederaufbaus des Reichstagsgebäudes (beg. 1961) durch Paul Baumgarten mit starken Eingriffen in die historische Substanz des Baus von Paul Wallot. Der monumentalen wilhelminischen Fassade wird eine sachliche und transparente Innenarchitektur gegenübergestellt.

Olympiazelt, München (beg. 1968), A: Günter Behnisch und Partner, Frei Otto, Leonhardt und Andrä. Nach dem temporären Pavillon von Rolf Gutbrod und Frei Otto auf der Weltausstellung in Montreal 1967 entwickelt die Architektengemeinschaft für die Olympiade eine Dachlandschaft aus Zelten, welche zwischen sie überragende Masten gespannt sind. Die Zeltdächer sind mit transparenten Plexiglasscheiben gedeckt.

Geisteswissenschaftliche Institute der FU, genannt »Rostlaube«, Berlin-Dahlem (Wettbewerb 1963), A: George Candilis, Alexis Josic, Shadrach Woods, Manfred Schiedhelm – eine niedrige »Teppichbebauung« mit schachbrettartiger Grundrissanlage um begrünte Höfe – einer der wichtigsten Bauten des »Strukturalismus« in Europa.

**andere**

Robert Venturi mit Denise Scott Brown und Steven Izenour, *Learning from Las Vegas* (*Lernen von Las Vegas*, Braunschweig 1978). Venturi setzt sich kritisch mit der Geschichte der Architektur auseinander und präsentiert sich als Pionier der Postmoderne.

Die Supermarkt-Umbauten von SITE (Sculpture in the Environment) für BEST Products in den USA (Richmond 1972, Houston 1975, Sacramento 1977, Miami 1979) verbinden ironische und destruktive Elemente zu einer »de-architecture«: Die vermeintlich bröckelnden oder rudimentären Fassaden fungieren als Eyecatcher für BEST.

## FILM

**Moskau ¬ UdSSR**

**11.7.** *Žil pevčij drozd/Igo schaschwi mgalobeli* (1970, *Es war einmal eine Singdrossel*, EA BRD 28.3.1975 ZDF; *Die Singdrossel*, DDR 10.10.1975), R: Otar Iosseliani, ein Meisterwerk der georgischen Filmkunst, das die verborgene Tragik des alltäglichen Lebens aufzeigt.

**Berlin ¬ DDR**

**16.3.** *Der Dritte*, R/B: Egon Günther, nach einer Erzählung von Eberhard Panitz, D: Armin Mueller-Stahl, Jutta Hoffmann. Ironisch gebrochen feiert der Film die Frauenemanzipation in der DDR, den »Anspruch der berufstätigen Frau im Sozialismus auf privates Glück«.

**West-Berlin ¬ Bundesrepublik Deutschland**

**29.12.** *Aguirre – der Zorn Gottes*, R/B: Werner Herzog, D: Klaus Kinski, Helena Rojo. Die Verfilmung der Geschichte eines spanischen Eroberers im Amazonasgebiet ist die erste Zusammenarbeit von Werner Herzog und Klaus Kinski.

**andere**

**11.3.** *The Godfather* (USA 1971, *Der Pate*, EA BRD 24.8.), R: Francis Ford Coppola, D: Marlon Brando, Al Pacino, Robert Duvall. Die Mafia-Saga ist der bis dahin finanziell erfolgreichste Film und der erste einer Trilogie, die zum Mythos geworden ist.

**15.9.** *Le Charme discret de la bourgoisie* (F, *Der diskrete Charme der Bourgeoisie*, EA BRD 20.4.1973), R: Luis Buñuel, D: Fernando Rey, Delphine Seyrig, Stéphane Audran. Buñuel greift hier surrealistische Elemente früherer Filme wieder auf.

## MEDIEN

**Berlin ¬ DDR**

**29.1.** Start der populären Fernsehunterhaltungsshow *Ein Kessel Buntes*.

**West-Berlin ¬ Bundesrepublik Deutschland**

Die Mitarbeiter des Nachrichtenmagazins *Der Spiegel* begehren gegen den Herausgeber Rudolf Augstein auf und erhalten als Mitarbeiter-KG 50 % Beteiligung am Verlag, ein einmaliges Modell im deutschen Pressewesen.

## THEATER ¬ MUSIK

**Berlin ¬ DDR**

**16.5.** UA von Ulrich Plenzdorfs *Die neuen Leiden des jungen W.* in Halle/S. (R: Horst Hawemann). Die Titelfigur des jugendlichen »Gammlers« trifft die Gefühlslage junger Zuschauer auch im Westen. Der Text wird zugleich in der Zeitschrift *Sinn und Form* abgedruckt. Bei den Parteifunktionären stößt er auf Kritik, so äußert der Staranwalt Friedrich Karl Kaul sein Unverständnis darüber, dass ein verhaltensgestörter Jugendlicher zum positiven Helden der sozialistischen Literatur aufgebaut würde.

**West-Berlin ¬ Bundesrepublik Deutschland**

**18.4.** Mit Peter Steins Inszenierung von Wsewolod Wischnewskis *Optimistischer Tragödie* setzt die Schaubühne ihre Erkundung der Revolutionsgeschichte fort. Das scheinbar ungebrochene politische Einverständnis mit dem Text löst bei der Presse Irritationen aus.

**9.9.** Peter Zadek startet als Bochumer Intendant mit der Revue *Kleiner Mann, was nun?* (B: Zadek und Tankred Dorst nach dem Roman von Hans Fallada). Die Verwendung populärer Formen entspricht der »Volkstheater«-Konzeption unter Zadeks Leitung, der Bewusstseinsbildung ohne ideologischen Zeigefinger leisten will. Am 30.12. zeigt Zadek mit *Der Kaufmann von Venedig* die erste seiner zwischen Groteske und Ernst changierenden Shakespeare-Inszenierungen.

**10.–28.1.** John Cage kommt erstmals nach Berlin. In der Galerie Kleber ist in Kooperation mit dem DAAD und dem Cage-Interpreten und Flötisten Eberhard Blum eine Präsentation des Cageschen Oeuvres zu hören, darunter auch *4'33* (vgl. 1952). Im Juli EA von Cages *hpschd* bei der *Woche der avantgardistischen Musik Spiel – Klang – Elektronik*.

*Ostdeutsche Avantgarde* (u. a. Paul Dessau, *Streichquartett* von Paul-Heinz Dittrich) bei den *Wittener Tagen für neue Kammermusik*.

## LITERATUR ¬ THEORIE

**Moskau ¬ UdSSR**

**18.1.** Mit der Oper *Ne tol'ko ljubov'* (*Nicht nur Liebe*) von Rodion Schtschedrin wird das Moskauer Musikalische Kammertheater unter der Leitung von Boris Pokrowski eröffnet. Es widmet sich insbesondere der zeitgenössischen sowjetischen Oper.

**17.7.** Der Dramatiker Alexander Wampilow ertrinkt im Baikalsee. Wampilows beste Bühnenstücke *Utinaja ochota* (*Die Entenjagd*) und *Provincial'nye anekdoty* (*Provinzanekdoten*) werden erst nach seinem Tod inszeniert.

**26.12.** *Stalevary* (*Stahlwerker*) von Gennadi Bokarew im Moskauer Künstlertheater in der Inszenierung von Oleg Jefremow. Der Regisseur nutzt die ihm aufgezwungene Form eines »Produktions-Theaterstücks«, um mit dem Publikum einen Dialog über die unlösbaren Probleme der sozialistischen Wirtschaft zu führen.

Gründung der Rock-Gruppe Aquarium. Boris Grebenschtschikow wird zur Kultfigur und die Leningrader Gruppe zum Klassiker des russischen intellektuellen Rocks.

Die Rockgruppe Aquarium, Leningrad

**4.6.** Erzwungene Ausreise Iossif Brodskis (als Joseph Brodsky in den USA) aus der UdSSR. Im Samisdat wird sein Brief an Leonid Breschnew verbreitet, in dem er darum bittet, wenigstens mit seinen Werken in der Heimat anwesend sein zu dürfen.

**Juli** In der Zeitschrift *Avrora* (Nr. 7) werden die Erzählungen *Rasskazčica* (Die Erzählerin) und *Istorija Klarissy* (Klarissas Geschichte) von Ljudmila Petruschewskaja veröffentlicht. Sie stehen für einen neuen Realismus, der den Menschen und sein Schicksal erbarmungslos unter die Lupe nimmt.

**Berlin ¬ DDR**

Drei Bücher von Stefan Heym (*Die Schmähschrift oder Königin gegen Defoe*, *Lassalle*, *Der König David Bericht*), die zuvor nur in der Bundesrepublik und der Schweiz verlegt werden konnten, erscheinen in der DDR (*Der König David Bericht*, russ. in: *Inostrannaja literatura*, Nr. 4, Moskau 1990).

**West-Berlin ¬ Bundesrepublik Deutschland**

**10.9.–10.10.** Michael Degen trägt bei den Berliner Festwochen DDR-Literatur vor, u. a. Texte von Wolf Biermann, Franz Fühmann, Hermann Kant, Günter Kunert, Reiner Kunze.

**Juni** 14 deutsche Schriftsteller solidarisieren sich mit Heinrich Böll, der sich im Januar gegen eine Vorverurteilung der Baader-Meinhof-Gruppe in der Presse ausgesprochen hatte und daraufhin selbst ins Kreuzfeuer der Kritik geriet. Böll erhält in diesem Jahr den Literaturnobelpreis.

**andere**

Gilles Deleuze, Felix Guattari, *L'Anti-oedipe. Capitalisme et schizophrénie* (Paris, *Anti-Ödipus. Kapitalismus und Schizophrenie*, F/M 1977; russ. Moskau 1990).

# 1973

## POLITIK ¬ ZEITGESCHEHEN

### Moskau ¬ UdSSR

Masseneinkäufe von Getreide und Lebensmitteln im Ausland.

**10.4.** In Moskau wird der erste langfristige Plan zur kulturellen und wissenschaftlichen Zusammenarbeit zwischen der UdSSR und der DDR unterzeichnet. Am 22.5. besucht Leonid Breschnew die Bundesrepublik und unterzeichnet dort einen Vertrag über die technische und wirtschaftliche Zusammenarbeit.

**18.–25.6.** Leonid Breschnew zu Gast in den USA. Man einigt sich über die Grundprinzipien der Verhandlungen bezügl. einer weiteren Begrenzung der strategischen Angriffswaffen, zudem wird ein Abkommen zur Vermeidung eines Kernwaffenkrieges unterzeichnet.

*Getreideverladung*

**Aug.** Prozess gegen die Dissidenten Pjotr Jakir und Viktor Krassin. Beide Angeklagten halten eine reuevolle Rede, werden aber dennoch zu je drei Jahren Lagerhaft und drei Jahren Verbannung verurteilt. Im Berufungsverfahren wird ihre Haftstrafe auf den Zeitraum verkürzt, den sie bereits inhaftiert waren. Sie können nach Moskau zurückkehren.

### Berlin ¬ DDR

**9.2.** Die NATO-Staaten Großbritannien und Frankreich nehmen zur DDR diplomatische Beziehungen auf.

**30.5.** Die DDR teilt der Bundesrepublik mit, dass vom geplanten »Kleinen Grenzverkehr« zahlreiche Ortschaften ganz oder teilweise ausgeschlossen bleiben. Von den 694 Grenzgemeinden werden nur 105 uneingeschränkt zugänglich sein, 315 bleiben für westliche Besucher ganz gesperrt.

**1.8.** Tod Walter Ulbrichts.

**28.7.–5.8.** Die *X. Weltfestspiele der Jugend* in Berlin geben vielen Jugendlichen eine Kostprobe möglicher Freiheiten. Rockmusiker werden zu Identifikationsfiguren. Die Stasi observiert und entwickelt einen »Identifikationsschlüssel« für »charakteristische Gewohnheiten und Verhaltensweisen dekadenter negativer Tramper«.

**18.9.** Aufnahme der DDR in die Vereinten Nationen.

**3.10.** Die Volkskammer wählt Willi Stoph zum Staatsratsvorsitzenden und Horst Sindermann zum Vorsitzenden des Ministerrates.

**17.12.** Inbetriebnahme des 1. Blocks des Kernkraftwerks Greifswald/Lubmim, das in Zusammenarbeit mit der Sowjetunion erbaut wird. In Spitzenzeiten sind bis zu 10.000 Bau- und Montagearbeiter beschäftigt. 1990 wird die Stilllegung beschlossen, der Rückbau soll bis 2009 abgeschlossen sein.

### West-Berlin ¬ Bundesrepublik Deutschland

**21.6.** Nach heftigen Kontroversen im Bundestag tritt der Grundlagenvertrag mit der DDR in Kraft. Die Wiedervereinigung Deutschlands ist darin rechtlich offen gelassen.

**18.9.** Aufnahme der Bundesrepublik in die Vereinten Nationen.

Als Folge des Öl-Boykotts der arabischen Förderstaaten und dem damit einhergehenden Preisanstieg wird der Arbeitsmarkt instabil und der Gastarbeiterzustrom gebremst. Zugleich geben die Erfahrung der Abhängigkeit von den OPEC-Ländern und das Wissen um die nicht unerschöpflichen Ressourcen den Anstoß zu einem ökologischen Bewusstseinswandel. Die SPD-Regierung ordnet im Spätherbst autofreie Sonntage an.

**17.12.** Aufnahme diplomatischer Beziehungen der Bundesrepublik mit der ČSSR, kurz darauf auch mit Ungarn und Bulgarien. Die Bundesrepublik unterhält nun in allen osteuropäischen Staaten (mit Ausnahme Albaniens) diplomatische Vertretungen.

### andere

**3.7.** In Helsinki wird die Konferenz für Sicherheit und Zusammenarbeit in Europa (KSZE) eröffnet. Versuche des Westens, und vor allem der USA, eine Diskussion zur Frage der Menschenrechte in der UdSSR zu beginnen, werden von der sowjetischen Delegation zurückgewiesen, da dies eine Einmischung in die inneren Angelegenheiten ihres Landes sei.

**11.9.** Salvador Allende, der sozialistische Präsident Chiles, wird durch einen von der CIA unterstützten Militärputsch gestürzt und getötet. General Augusto Pinochet übernimmt die Macht, die Junta geht mit großer Brutalität gegen ihre Gegner vor, Tausende verschwinden im Gefängnis und werden ermordet.

Sportkomplex in Krylatskoje

## BILDENDE KUNST

### Moskau ¬ UdSSR

**Jan.** Ausstellung mit Werken von Nikolai Andronow, Wladimir Wejsberg, Natalja Jegorschina, Michail Iwanow, K. Mordowin und Pawel Nikonow im Ausstellungssaal der MOSCh in der Wawilow-Str. Nach drei Tagen wird die Ausstellung von der Administration geschlossen.

Die von dem nonkonformistischen Künstler Juri Sharkich organisierte Genossenschaft für experimentelle Ausstellungen beginnt in Leningrad ihre Tätigkeit, sie existiert bis 1975.

### Berlin ¬ DDR

**5.4.** Eröffnung der dem Kreiskulturhaus Berlin-Prenzlauer Berg zugeordneten Galerie am Prater, die sich die Aufgabe stellt, Werke des »sozialistisch-realistischen Kunstschaffens« zu fördern.

**12.11.** Eröffnung der Galerie Arkade durch die Genossenschaft Bildender Künstler am Strausberger Platz, Berlin, Leiter: Klaus Werner. Hier werden vor allem Künstler vorgestellt, die nicht in den offiziellen Rahmen der DDR-Kunst passen.

### West-Berlin ¬ Bundesrepublik Deutschland

**24.1.** Gründung der *Schule der neuen Prächtigkeit* im Berliner Atelier von Johannes Grützke durch die Maler Grützke, Manfred Bluth, Matthias Koeppel, Karl-Heinz Ziegler. Erste Gemeinschaftsausstellung 1974 in der Kunstbibliothek, Berlin, organisiert vom NBK.

**9.9.–3.10.** *ADA – Aktionen der Avantgarde*, Environments, Happenings, Prozesse, Aktionen, Video. NBK in Zusammenarbeit mit dem DAAD und den Berliner Festspielen. Initiativgruppe: Wolf Kahlen, Jörn Merkert, Ursula Prinz, Wolf Vostell, Christian Wagner. Mit Robert Filliou, Taka Iimura, Wolf Kahlen, Mario Merz, Allan Kaprow und Wolf Vostell.

*Internationales Colloquium*, Werkstatt Berlin für experimentelle Kunst, Veranstalter: DAAD, mit Joseph Beuys, Achille Bonito Oliva, KP Brehmer, Marcel Broodthaers, Daniel Buren, James Lee Byars, Germano Celant, Christos M. Joachimides, George Maciunas, Lawrence Weiner u. a.

Die Kunstzeitschrift *kunstforum* erscheint erstmalig.

### andere

**30.11.–28.2.74** *Contemporanea*, Tiefgarage der Villa Borghese, Rom, Kurator: Achille Bonito Oliva. Internationale und interdisziplinäre Ausstellung von Kunst, Architektur, Film, Theater, Fotografie, Kunstbuch, Tanz, Musik und deren Entwicklung 1955–73.

*Impressionist and Post-Impressionist Paintings from the USSR lent by the Hermitage Museum, Leningrad and The Pushkin Museum, Moskow*, Kuratoren: John Richardson, Alice Jackson Myers; National Gallery of Art, Washington; M. Knoedler and Co., Inc., New York; Los Angeles County Museum of Art, Los Angeles; The Art Institute of Chicago, Chicago; Kimbell Art Museum, Fort Worth; ein Beispiel offiziellen Kulturaustauschs während des Kalten Krieges.

## ARCHITEKTUR ¬ DENKMAL

### Moskau ¬ UdSSR

Mit standardisierten Plattenelementen wird im Wohnviertel Matwejewskoje das so genannte runde Haus gebaut, A: Jewgeni Stamo u. a.

Der Rohbau des zu Beginn der 30er Jahre nicht fertig gestellten Theatergebäudes, A: Georgi Krutikow u. a., wird als neues Gebäude des MChAT auf dem Twerski Boulevard vollendet, A: Wladimir Kubassow, Wladimir Uljaschew.

Errichtung des Grebnoj Kanals (Ruderkanals) im Stadtbezirk Krylatskoje, A: Wsewolod Kusmin, Viktor Kolesnik, Igor Roshin, Albert Jastrebow. Zusammen mit dem einige Jahre später fertig gestellten Velodrom, A: N. Woronina, A. Ospennikow, bildet es einen originellen olympischen Sportkomplex.

### Berlin ¬ DDR

Gesellschaftliches Zentrum Fischerinsel, Gertrauden-/Roßstraße, Berlin-Mitte (beg. 1971, abgerissen 2001), A: Helmut Stingl, Gerhard Lehmann, Rüdiger Plaethe. Hervorstechend an dem Bauensemble ist Ulrich Müthers Betonschalenkonstruktion des Dachs der Selbstbedienungsgaststätte mit hyperbolischen Paraboloiden, weshalb der Bau den Namen »Ahornblatt« erhält. Vergleichbare Bauten stehen in Potsdam (Gartencafé Seerose) und Warnemünde (Panoramacafé Teepott).

Mehrzweckgaststätte auf der Fischerinsel, Ost-Berlin

### West-Berlin ¬ Bundesrepublik Deutschland

Umlauftank UT 2 der Versuchsanstalt für Wasserbau und Schiffbau der TU, Straße des 17. Juni, Berlin-Tiergarten, A: Ludwig Leo und Ingenieurbüro Christian Boes. Die Form des Baus ist von den technischen Notwendigkeiten bestimmt und durch starke Farben akzentuiert.

### andere

Opernhaus, im Hafen von Sydney, Australien, A: Jørn Utzon. Bereits 1956 erhielt der dänische Architekt bei einem internationalen Wettbewerb den 1. Preis. Der markante Bau versammelt Säle und Foyers unter mehreren Schalen, die sich über einer Plattform auffächern.

## FILM

### Moskau ¬ UdSSR

**5.2.** *Soljaris* (1972, *Solaris* EA DDR 20.9.1974, BRD 1977), R: Andrej Tarkowski. Der Regisseur gibt dem gleichnamigen Science-Fiction-Roman von Stanisław Lem eine religiöse und philosophische Dimension, D: Natalja Bondartschuk, Donatas Banionis, Nikolai Grinko.

**Berlin ¬ DDR**

**29.4.** *Die Legende von Paul und Paula* (EA BRD 11.10. 1975), R: Heiner Carow, M: Peter Gotthard. Die tragische wie träumerische Liebesgeschichte zwischen der unbekümmerten HO-Verkäuferin Paula (Angelica Domröse) und dem verheirateten, bis dahin karriereorientierten Funktionär Paul (Winfried Glatzeder), die für Individualität und die Verwirklichung ihrer Träume kämpfen, ist sofort ein Erfolg. Auch für Die Puhdys, die die Filmmusik schufen.

**West-Berlin ¬ Bundesrepublik Deutschland**

**7.12.** *Gelegenheitsarbeit einer Sklavin*, R/B: Alexander Kluge. Der Film über das gesellschaftspolitische Engagement der Roswitha Bronski (Alexandra Kluge), Hausfrau und Mutter von drei Kindern, die eine Abtreibungspraxis unterhält, wird u. a. aufgrund der provokativen Darstellung einer Abtreibung von Seiten des Bundesinnenministeriums heftig angegriffen.

**andere**

*Don't Look Now* (GB, *Wenn die Gondeln Trauer tragen*, EA BRD 29.8.1974, DDR 7.10.1988 DFF1), R: Nicolas Roeg, nach einer Geschichte von Daphne du Maurier, D: Julie Christie, Donald Sutherland. Unheimliche, atmosphärisch dichte Familiengeschichte vor der Kulisse Venedigs.

## MEDIEN

**Moskau ¬ UdSSR**

**11.8.** Beginn der Fernsehausstrahlung des zwölfteiligen Films *Semnadcat' mgnovenij vesny* (Siebzehn Augenblicke des Frühlings) von Tatjana Liosnowa nach einem Roman von Julian Semjonow. Die Serie über die Tätigkeit eines sowjetischen Kundschafters, der sich in den letzten Kriegsjahren in die SS einschleuste, ist mit den besten sowjetischen Schauspielern besetzt (Wjatscheslaw Tichonow, Leonid Bronewoi, Oleg Tabakow, Rostislaw Pljatt, Jewgeni Jewstignejew u. a.) und hat enormen Erfolg. Der fußt zum Teil auf der Ästhetisierung der Gestapo, in deren schmucken Uniformen die Zuschauer ihre Lieblingsschauspieler erleben. Junge russische Rechtsradikale ahmen die Helden des Films offen nach.

*iebzehn Augenblicke des Frühlings* JdSSR), Filmstill

**Berlin ¬ DDR**

**7.3.** Die DDR akkreditiert Korrespondenten der beiden Fernsehanstalten ARD und ZDF sowie von Presseorganen der Bundesrepublik.

**West-Berlin ¬ Bundesrepublik Deutschland**

**Jan.** *Ein Herz und eine Seele*, eine sozialkritische, politische Diskussionen implizierende Satire mit der Hauptfigur Alfred Ekel (Alfred Tetzlaff) läuft im WDR an. Gedreht wird bis 1976, Wiederholungen laufen bis heute.

## THEATER ¬ MUSIK

**Moskau ¬ UdSSR**

**14.6.** Premiere von Molières *Don Juan* im Theater auf der Malaja Bronnaja. Anatoli Efros inszeniert das Stück des moralischen Verfalls eines Menschen als vergeblichen Versuch, zum Glauben zu finden.

**18.10.** *Balalajkin i Ko* (*Balalaikin und Co.*) nach *Sovremennaja idillija* (*Moderne Idylle*) von Michail Saltykow-Schtschedrin im Sowremennik, R: Georgi Towstonogow. Dieses Bühnenstück ist Regierungsstellen wegen der offensichtlichen Vergleiche zwischen dem zaristischen und sowjetischen Russland zwar suspekt, aber der offiziöse Status des Regisseurs verhilft dem Klassiker zu einer offiziellen Genehmigung.

**13.12.** *Solo dlja časov s boem* (*Solo für eine Uhr mit Schlagwerk*) von Oswald Sagradnik im MChAT. In der Inszenierung von Anatoli Wassiljew glänzen Veteranen des Künstlertheaters, die ihre Karriere noch bei Stanislawski und Nemirowitsch-Dantschenko begonnen hatten: Olga Androwskaja, Michail Janschin, Alexej Gribow, Mark Prudkin und Viktor Stanizyn.

**Berlin ¬ DDR**

**25.9.** UA des *Concerto für Violoncello und Orchester* von Edison Denissow in Leipzig, Cello: Wolfgang Weber, Dir: Herbert Kegel.

**West-Berlin ¬ Bundesrepublik Deutschland**

**30.11.** Luc Bondy inszeniert am Münchner Staatsschauspiel eindringlich-realistisch und magisch-atmosphärisch Edward Bonds *Die See*.

**22.12.** Martin Held und Bernhard Minetti sind als komisch sich beharkendes altes Komödiantenduo in der EA von Neil Simons *Sonny Boys* am Schlosspark-Theater, Berlin, zu sehen.

## LITERATUR ¬ THEORIE

**Moskau ¬ UdSSR**

In der Buchreihe *Biblioteka poėta* (Bibliothek des Dichters) erscheinen nach jahrelangen Verzögerungen die Gedichte von Ossip Mandelstam, jedoch aufgrund der Zensur unvollständig und mit einem ideologisch-orthodoxen Vorwort von Alexander Dymschitz.

**Feb.–Juni** Die Übersetzung von Heinrich Bölls Roman *Gruppenbild mit Dame* (*Gruppovoj portret c damoj*) wird in der Zeitschrift *Novyj mir* (Nr. 2–6) veröffentlicht.

**Sept.** Alexander Solschenizyn ruft in einem offenen Brief *Pis'mo Voždjam Sovetskogo Sojuza* (*Brief an die Führer der Sowjetunion*) dazu auf, der kommunistischen Ideologie zu entsagen. Seine außerdem in dem Brief geäußerten nationalistisch-traditionalistischen Ideen fordern Andrej Sacharows Widerspruch heraus; er kritisiert Solschenizyn aus einer liberalen westlichen Position heraus. Die Auseinandersetzung von Solschenizyn und Sacharow ist eine der ersten offenen Diskussionen innerhalb der oppositionellen Bewegung der UdSSR und hat große Bedeutung für die Entwicklung des gesellschaftlichen Denkens.

**Berlin ¬ DDR**

**März** Max Walter Schulz, Direktor des Literaturinstituts Johannes R. Becher, spricht sich für eine Intensivierung der kulturellen Beziehungen zwischen der DDR und der Bundesrepublik aus. Er schlägt den Austausch bekannter Theaterensembles, gegenseitige Gastspielverpflichtungen und einen verstärkten Ost-West-Bezug der Literatur vor.

**14.–16.11.** VII. Schriftstellerkongress. Der Schriftstellerverband der DDR verfolgt nun in Übereinstimmung mit der Partei eine Liberalisierung der Kulturpolitik und den Abschied vom *Bitterfelder Weg*, d.h. eine Vielfalt der ästhetischen Positionen wird zumindest offiziell begrüßt.

Rainer Kirschs Komödie *Heinrich Schlaghands Höllenfahrt*, worin der Autor die Parteimoral kritisiert, wird in der Zeitschrift *Theater der Zeit* abgedruckt. Das Stück darf daraufhin an keinem Theater der DDR gespielt werden. Kirsch wird aus der Partei ausgeschlossen.

Sarah Kirsch veröffentlicht *Die Pantherfrau: fünf unfrisierte Erzählungen aus dem Kassetten-Recorder* (Berlin), in denen fünf DDR-Frauen aus unterschiedlichen sozialen Schichten aus ihrem Leben berichten.

Franz Fühmann, *Zweiundzwanzig Tage oder Die Hälfte des Lebens* (F/M); einen dreiwöchigen Aufenthalt in Budapest nimmt der 50-jährige zum Anlass einer Selbstbefragung und Standortbestimmung.

Jurek Becker, *Irreführung der Behörden* (F/M). In seinem zweiten Roman beschreibt Becker das Leben eines jungen Schriftstellers in der DDR. Er erhält dafür den Bremer Literaturpreis.

**West-Berlin ¬ Bundesrepublik Deutschland**

**10.–16.10.** Auf der Frankfurter Buchmesse erregt Joachim C. Fests Biographie *Hitler* (Berlin) Aufsehen, die in fünf Sprachen auf den Markt kommt. Das Buch enthält einen Bildteil mit bisher unveröffentlichten Aufnahmen und dem kurz zuvor aufgefundenen Skizzenbuch Hitlers aus den frühen zwanziger Jahren.

Karin Strucks Erstlingswerk *Klassenliebe* (F/M) erscheint. Das Buch, in dessen Mittelpunkt die Selbstfindung seiner Protagonistin steht, ist ein Beispiel der »neuen Subjektivität«.

Peter Schneider, *Lenz* (Berlin). Schneider, aufgrund des Radikalenerlasses als Lehrer arbeitslos, zieht in seinem ersten Buch Parallelen zwischen den Biographien eines 68ers und der des Lenz in Georg Büchners Erzählung.

*Maß für Maß*, R: Peter Zadek, Bremen 1967

**THEATER ¬** Die Volksbühne, Ost-Berlin, veranstaltet im Mai ihr erstes *Spektakel*. Das Theaterfest mit parallelen Aufführungen und Gesprächen, Bewirtung und Tanz gehört zu Benno Bessons Konzeption des »Volkstheaters«. Unter diesem Schlagwort versucht man Anfang der 70er Jahre an vielen Bühnen in beiden deutschen Staaten das Verhältnis von subventionierter Theaterkultur und Publikum neu zu definieren. Dies ist zum einen Ausdruck eines gesellschaftlich engagierten Kunstbegriffs einer neuen Generation von Theaterleitern, zum anderen eine Reaktion auf den Schwund bildungsbürgerlicher Publikumsschichten sowie den Aufstieg des Fernsehens zum führenden Unterhaltungsmedium. Die Theater wollen nicht mehr »Musentempel«, sondern gesellschaftliche Foren sein. Die aktualisierten Volkstheater-Konzepte beziehen populäre Formen ein und reflektieren die konkrete Lebenswirklichkeit des Publikums. Benno Besson arbeitete seit den 60er Jahren am Deutschen Theater in Ost-Berlin mit »plebejischen« Formen. Bemerkenswert sind Versuche der Publikumsbeteiligung in Halle (Intendanz: Gerhard Wolfram, Horst Schönemann), oder die Theaterfeste *Erkundungen* von Christoph Schroth ab 1975 in Schwerin. In der Bundesrepublik stehen v. a. Peter Zadeks revueartige Aufführungen in Bochum im Zeichen des Volkstheaters.

# 1974

## POLITIK ¬ ZEITGESCHEHEN

### Moskau ¬ UdSSR

**11.2.** Demonstrationen von Sowjet-Deutschen in Moskau und Tallinn. Sie fordern die Genehmigung zur Ausreise in die Bundesrepublik.
**3.7.** Während des Besuchs des amerikanischen Präsidenten Richard Nixon wird der sowjetisch-amerikanische Vertrag über die Begrenzung unterirdischer Kernwaffentests unterschrieben. Am 23./24.11. vereinbaren Leonid Breschnew und der neue amerikanische Präsident Gerald Rudolph Ford bei einem Treffen in Wladiwostok eine Reduzierung strategischer Kernwaffen.
**8.7.** Das ZK der KPdSU und der Ministerrats der UdSSR beschließen den Bau der Baikal-Amur-Bahnlinie, das größte Bauvorhaben der Breschnew-Ära. Die am 27.10.1984 fertig gestellte BAM ist gegenwärtig kaum mehr in Betrieb.

An der Baikal-Amur-Magistrale

**28.8.** Beschluss über die Ausgabe von Pässen an Kolchosbauern, was einer zweiten Abschaffung der Leibeigenschaft nach der von 1861 auf dem Land gleichkommt. Von diesem Moment an ist die Massenmigration aus den Dörfern in die Städte nicht mehr aufzuhalten.
**28.–31.10.** Besuch von Bundeskanzler Helmut Schmidt in der UdSSR. Der Vertrag über die Lieferung von sowjetischem Erdgas in die BRD wird unterzeichnet.
**30.10.** Hungerstreik der politischen Häftlinge in den Lagern der Mordwinischen ASSR. 1991 wird dieses Datum zum Gedenktag für die Opfer politischer Repressalien erklärt.

### Berlin ¬ DDR

**2.5.** Günter Gaus, zuvor Chefredakteur des Magazins *Der Spiegel*, ist der erste »Ständige Vertreter der BRD« in Ost-Berlin (bis 1980).
**4.9.** Die USA nehmen Beziehungen zur DDR auf, deren allgemeine internationale Anerkennung damit erreicht ist. Am 1.11. wird in der Neustädtischen Kirchstraße 4–5, Berlin-Mitte, die Amerikanische Botschaft geöffnet.
Die Volkskammer beschließt, die Begriffe »deutsche Nation« und »Deutschland« aus der Verfassung zu streichen. Die revidierte Verfassung tritt am 7.10. in Kraft.

### West-Berlin ¬ Bundesrepublik Deutschland

**6.5.** Bundeskanzler Willy Brandt tritt nach Bekanntwerden der Spionagetätigkeit seines Referenten Günter Guillaume für die DDR zurück. Nach den Rücktritten von Brandt und US-Präsident Nixon, den Gesprächspartnern Breschnews, gerät die Entspannungspolitik zwischen Ost und West in eine Krise.
**15./16.5.** Walter Scheel (FDP) wird zum Bundespräsidenten und Helmut Schmidt (SPD) zum Bundeskanzler gewählt. Zusammen mit Vizekanzler und Außenminister Hans-Dietrich Genscher (FDP) bilden sie erneut eine sozial-liberale Regierung.
**13.9.** Die in verschiedenen Gefängnissen inhaftierten RAF-Mitglieder treten zeitgleich in Hungerstreik, trotz scharfer Bewachung, die eine Verständigung der Terroristen untereinander verhindern soll. Am 9.11. stirbt Holger Meins infolge des Hungerstreiks. Einen Tag später erschießt die *Bewegung 2. Juni* Günter von Drenkmann, den Präsidenten des Kammergerichts in Berlin.
**26.11.** Der Berliner Senat erlässt für die Bezirke Kreuzberg, Wedding und Tiergarten eine Zuzugssperre für Ausländer, womit eine »Überfremdung« der Bezirke und dadurch angeblich entstehende soziale Spannungen verhindert werden sollen.

### andere

**8.8.** Rücktritt von US-Präsident Richard Nixon infolge der Watergate-Affäre. Diese gründet auf einem Einbruch des Komitees für die Wiederwahl des republikanischen Präsidenten 1972 in das Wahlkampfhauptquartier des demokratischen Gegenkandidaten, um Abhörgeräte anzubringen. Reporter der *Washington Post* decken dies auf.
**26.–30.10.** Die PLO wird auf der Gipfelkonferenz der Arab. Liga in Rabat von allen arab. Staaten als die einzige rechtmäßige Vertretung des palästinensischen Volkes anerkannt. PLO-Führer Jasir Arafat spricht im Nov. vor der UNO.
**29.12.** Der Kongress der USA verabschiedet das Jackson-Vanik-Amendment, welches den Handel zwischen den USA und der UdSSR an eine liberale Ausreisepolitik für Juden aus der UdSSR knüpft.

## BILDENDE KUNST

### Moskau ¬ UdSSR

**14.6.–8.7.** In Moskau wird im Puschkin-Museum die *Džokonda* (*Mona Lisa*) von Leonardo da Vinci aus der Sammlung des Louvre ausgestellt und erregt großes Aufsehen.
**15.9.** *Bulldozer-Ausstellung* – die erste Herbstpräsentation von Bildern nonkonformistischer Künstler unter freiem Himmel im Stadtbezirk Jugo-Sapadny, Moskau. Die von den Machtorganen nicht sanktionierte Schau wird in Gegenwart von Besuchern und ausländischen Journalisten mit Hilfe von als Bauarbeitern verkleideten Mitarbeitern des KGB aufgelöst. Die Bulldozer vernichten Arbeiten von Komar & Melamid, Oskar Rabin, Jewgeni Ruchin, Juri Sharkich. Die gewaltige Resonanz auf diese Aktion zwingt die Machtorgane, zwei Wochen später für eine vergleichbare Ausstellung die Genehmigung zu erteilen. Diese zweite Herbstpräsentation von Bildern unter freiem Himmel läuft am 29.9. im Waldpark Ismailowa mit siebzig Künstlern. Innerhalb von vier Stunden wird die Ausstellung von 30.000 Menschen besucht. Im Okt. dann läuft im Leningrader Kulturhaus I. I. Gas eine viertägige Ausstellung, an der sich über fünfzig Leningrader Künstler beteiligen. Die Ausstellung ist zwar offiziell genehmigt, unterliegt aber der Zensur.

### Berlin ¬ DDR

**Jan.** Erste Veranstaltung in der Wohnung von Jürgen Schweinebraden in der Dunckerstraße 17, Berlin-Prenzlauer Berg, mit frühen Werken von Ralf Winkler. Schweinebraden war der einzige, der in einem privaten Galerieraum bis 1980 osteuropäische Avantgarde, nonkonformistische Kunst jenseits der offiziellen Staatslinie und experimentelle Kunst aus dem Westen ausstellte, ständig observiert von der Stasi.
**16.5.** Der Ministerrat der DDR beschließt die Schaffung eines staatl. Kunsthandels.
**20.9.–10.11.** *25 Jahre Grafik in der DDR 1949–1974*, Altes Museum. Eine Ausstellung der Arbeitsgruppe des Ministeriums für Kultur und des Verbands Bildender Künstler der DDR. Parallel dazu werden im Dresdener Albertinum *Zeichnungen in der Kunst der DDR* gezeigt, auf der auch in Berlin fehlende Arbeiten von Hermann Glöckner, Willy Wolff, Carlfriedrich Claus zu sehen sind. Weder Berlin noch Dresden präsentiert Werke von Gerhard Altenbourg.

### West-Berlin ¬ Bundesrepublik Deutschland

**29.3.–12.5.** *Identität. Versuche bildhafter Selbstdefinitionen*, Haus am Waldsee, Berlin-Zehlendorf; anschließend Frankfurter Kunstverein, Kurator: Georg Bussmann, mit Christian Boltanski, Anna Oppermann, Martin Rosz, Roger Welch, Bernhard Praesent sowie 42 Schülern der Klassen 5a,b,c des Gymnasiums Köln-Höhenhausen. Die Ausstellung nimmt Bezug auf die vorangegange *documenta*.
**12.10.–10.2.75** *Progressive Strömungen in Moskau 1957–1970*, Museum Bochum, Kuratoren: Peter Spielmann, Arsén Pohribny, Helmut Zumbro, Sigrid Hagenau, Monika Schmies. Die Ausstellung stellt Strömungen inoffizieller Moskauer Kunst anhand eingeschmuggelter Arbeiten vor, u. a. von Erik Bulatov, der Gruppe Dwishenije (Bewegung), Michail Grobman, Wladimir Jankilewski, Ilya Kabakov, Dmitri Krasnopewzew, Valentina Kropiwnizkaja, Wladimir Nemuchin, Oskar Rabin, Ülo Sooster. Gleichzeitig ist im Museum Haus Lange, Krefeld, eine Ausstellung der Gruppe Bewegung zu sehen.
*Sigmar Polke, Mitarbeit von Achim Duchow, Original + Fälschung*, Städtisches Kunstmuseum, Bonn. Im Teamwork erstellte Rastergemälde nach Interpol-Steckbriefen von gestohlenen Bildern befragen das Verhältnis von originalem Kunstwerk und Kopie.
Das RealimusStudio der NGBK gründet sich, um zeitgenössische künstlerische Arbeiten zu aktuellen gesellschaftlichen Auseinandersetzungen zu zeigen. Erste Ausstellung mit Uliane Borchert, Gerhard Faulhaber, Reinhard Pods, Peter Schunter, Monika Sieveking.

### andere

**30.10.–24.11.** *Art into Society. Society into Art. Seven German Artists*, Institute of Contemporary Arts, Nash House, London, mit Albrecht D., Joseph Beuys, KP Brehmer, Hans Haacke, Dieter Hacker, Gustav Metzger, Klaus Staeck.

## ARCHITEKTUR ¬ DENKMAL

### West-Berlin ¬ Bundesrepublik Deutschland

**23.10.** Eröffnung des Flughafens Berlin-Tegel, Kurt-Schumacher-Damm, Berlin-Tegel, A: Meinhard von Gerkan, Volkwin Marg, Klaus Nickels (1960 wurde der ehem. französ. Militärflughafen als zweiter internationaler Flughafen Berlins neben Tempelhof installiert; 1965/66 Wettbewerb für den Ausbau, Baubeginn 1969). Erstmals verwirklicht ist hier ein Drive-in-Flughafen. Die aufgrund kurzer Wege benutzerfreundliche Struktur wird beispielgebend für andere Flughäfen.
Fertigstellung des Märkischen Viertels unter der Gesamtplanung von Werner Düttmann, Georg Heinrichs und Hans Christian Müller an der Ausführung waren 35 Architekten beteiligt (Wettbewerb 1962, Baubeginn 1963). Die damals als zukunftsweisend geltende Großsiedlung für 40.000 Menschen steht unter dem Motto *Urbanität durch Dichte*. Die Hochhausformationen variieren zwischen vier und 16 Geschossen, dazwischen liegen großzügige Grünflächen. Im zentralen Bereich des Ensembles befinden sich Gemeinschaftseinrichtungen wie Schulen, Kindertagesstätten, Kaufhäuser, Gemeindezentren, ein Kulturhaus und ein Schwimmbad.

### andere

Sears Tower, Chicago, USA, Entwurf: SOM (Skidmore, Owings & Merrill), Fazlur Kahn und Bruce Graham (begonnen 1969). Das technisch und formal innovative Wohn- und Geschäftshaus in Stahlbetonkonstruktion, eine Bündelung aus neun quadratischen Türmen unterschiedlicher Höhe, ist mit 450 m Höhe für lange Zeit das höchste Gebäude der Welt.

## FILM

### Moskau ¬ UdSSR

**25.3.** *Kalina krasnaja* (*Kalina krasnaja – Roter Holunder*, EA DDR 26.9.1975, BRD 19.12.1975), R/B/D: Wassili Schukschin. Der für die sowjetische Filmkunst thematisch ungewöhnliche Streifen handelt von einem ehemaligen Dieb, der nach seiner Haftentlassung versucht, sich in das normale Leben zu integrieren. Der Film stößt bei Zuschauern und Presse auf reges Interesse.
**19.9.** Andrej Smirnows Film *Osen'* (Herbst) wird offiziell für seine Liebesszenen und den ersten vorsichtigen Versuch, Bettszenen auf die Leinwand zu bringen, gerügt, D: Natalja Rudnaja, Leonid Kulagin.

### Berlin ¬ DDR

**22.12.** *Jakob der Lügner* (Fernseh-Co-Prod., EA DDR 17.4.1975, BRD 31.10.1975), R: Frank Beyer, D: Vlastimil Brodsky, Erwin Geschonneck, Henry Hübchen u. a. Der Film nach dem gleichnamigen Roman von Jurek Becker

*Jakob der Lügner* (DDR), Filmstill

(vgl. 1969) ist der einzige DDR-Film, der je für einen Oscar nominiert wurde. Vlastimil Brodsky erhält für seine Darstellung des Jakob 1975 bei der Berlinale einen Silbernen Bären.

### West-Berlin ¬ Bundesrepublik Deutschland

**3.3.** *Alice in den Städten*, R/B: Wim Wenders, D: Rüdiger Vogler, Yella Rottländer, Lisa Kreuzer. Der Film schildert die Begegnung eines deutschen Journalisten mit einem neunjährigen Mädchen und ihre gemeinsamen Fahrten durch das Ruhrgebiet auf der Suche nach dem Haus der Großmutter.
**5.3.** *Angst essen Seele auf*, R/B: Rainer Werner Fassbinder, D: Brigitte Mira, El Hedi Ben Salem. Eine Witwe und ein zwanzig Jahre jüngerer marokkanischer Gastarbeiter haben mit Vorurteilen zu kämpfen, besonders als sie beschließen, zu heiraten.

### andere

*Salò o Le 120 giornate di Sodomia/Salo ou le 120 Journées de sodome* (I/F, *Die 120 Tage von Sodom*, EA BRD 30.1.1976), R: Pier Paolo Pasolini, nach dem Roman des Marquis de Sade, D: Sonia Saviange, Umberto Paolo Quintavalle. Der Film über die Terror- und Gewaltaktionen in der Republik Salo, der letzten Zuflucht der Faschisten kurz vor dem Herrschaftsende Mussolinis, kommentiert auch kritisch die Konsumgesellschaft. Er wird in vielen Ländern zensiert.

## MEDIEN

### Berlin ¬ DDR

**Okt.** Einrichtung eines Korrespondentenbüros des DDR-Fernsehens in Bonn.

### West-Berlin ¬ Bundesrepublik Deutschland

**20.10.** Erstausstrahlung der ZDF-Krimiserie *Derrick*. Die Serie wird in 100 Länder, darunter auch die Sowjetunion (ab 1987) exportiert, mit Ausnahme der USA. Bis zum 16.10.1998 werden 281 Folgen produziert, in der Hauptrolle des Inspektors: Horst Tappert.

## THEATER ¬ MUSIK

### Moskau ¬ UdSSR

**7.4.** Im Bolschoi-Theater wird erstmals auf einer sowjetischen Bühne die Oper *Igrok* (*Der Spieler*) von Sergej Prokofjew (nach Fjodor Dostojewski) inszeniert.
**6.5.** Premiere des ersten sowjetischen Musicals *Til'* (Till) von Grigori Gorin nach Motiven des Romans *La légende d'Ulenspiegel* von Charles de Coster im Theater des Leninschen Komsomol, R: Mark Sacharow, M: Gennadi Gladkow, gespielt von der Hardrock-Gruppe Arax, in der Hauptrolle Nikolai Karatschenzew.
**12.9.** Premiere der Oper *Nos* (*Die Nase*) von Dmitri Schostakowitsch im Musikalischen Kammertheater, R: Gennadi Roshdestwenski.
Der Cellist Mstislaw Rostropowitsch und die Sopranistin Galina Wischnewskaja werden gezwungen, die UdSSR zu verlassen. 1977 wird ihnen die sowjetische Staatsbürgerschaft aberkannt.

### Berlin ¬ DDR

Nina Hagen wird der Sonderpreis als beste Nachwuchssängerin des Interpretenwettbewerbs in Karl-Marx-Stadt verliehen.
Dem Liedermacher Gerulf Pannach wird von den Behörden die Spielerlaubnis als »Songinterpret« entzogen.

### West-Berlin ¬ Bundesrepublik Deutschland

**6./7.2.** Die Schaubühne zeigt in den Messehallen, Berlin, das *Antiken-Projekt*: nach einem Abend der *Übungen für Schauspieler* (R: Peter Stein) folgt *Die Bakchen* von Euripides, von Klaus Michael Grüber im neon-kahlen Raum assoziationsreich und ritualhaft inszeniert.

*Sommergäste*, West-Berlin

**22.12.** Peter Stein inszeniert an der Schaubühne, Berlin, Maxim Gorkis *Sommergäste*, in loser Szenenfolge subtil bearbeitet von Botho Strauß. BB mit Birkenwäldchen: Karl-Ernst Herrmann, D: Edith Clever, Jutta Lampe, Bruno Ganz, Otto Sander.
**27.9.–2.10.** *Metamusik Festival* (ausgerichtet vom DAAD und den Berliner Festspielen) in der Nationalgalerie mit Werken von Terry Riley, Mario Bertoncini, Christian Wolff u. a. Einen Höhepunkt bilden Mönche des von Zentraltibet nach Nordindien emigrierten Gyotoklosters mit ihrer differenzierten, schamanistischen Gesangstechnik. Neben der Öffnung zu außereuropäischer Musik werden neue Aufführungspraktiken erprobt, die eine meditativ-unprätentiöse Rezeptionshaltung fördern.

## LITERATUR ¬ THEORIE

### Moskau ¬ UdSSR

**Jan.** Wladimir Woinowitsch und Lidija Tschukowskaja werden aus dem Schriftstellerverband ausgeschlossen.
Viktor Nekrassow, Alexander Galitsch und Wladimir Maximow emigrieren aus der UdSSR. Maximow beginnt in Paris mit der Herausgabe der Zeitschrift der Emigranten der »dritten Welle«, *Kontinent*.

### Berlin ¬ DDR

Stefan Heyms Reflexionen *Der Tag X* über den Arbeiteraufstand des 17.6.1953 können in der DDR nicht erscheinen, obwohl Heym darin das Vorgehen der Regierung und den Einsatz der sowjetischen Panzer rechtfertigt. Unter dem Titel *5 Tage im Juni* werden sie in München herausgebracht. Das Manuskript wurde bereits 1965 von Erich Honecker, damals Mitglied des SED-Politbüros, kritisiert.
Brigitte Reimanns *Franziska Linkerhand* (Berlin) und Gerti Tetzners *Karen W.* (Halle/Saale) sind zwei in ihrer Thematik vergleichbare Romane über die Selbstverwirklichung ihrer Protagonistinnen.

### West-Berlin ¬ Bundesrepublik Deutschland

Heinrich Böll, *Die verlorene Ehre der Katharina Blum oder: Wie Gewalt entsteht und wohin sie führen kann* (Köln; russ. in *Oktjabr'* Nr. 3, Moskau 1986). Böll kritisiert vor dem Hintergrund des Terrorismus in der Bundesrepublik die rücksichtslose Sensationspresse. 1975 wird die Erzählung von Volker Schlöndorff und Margarethe von Trotta verfilmt.
Gabriele Wohmann, *Paunlinchen war allein zu Haus* (Darmstadt), eine satirisch-scharfe Geschichte über ein Waisenkind und seine Adoptiveltern.

**LITERATUR ¬** Im Jan. beginnt die KPdSU eine Kampagne gegen Alexander Solschenizyn in Zusammenhang mit der 1973 in Paris erfolgten Veröffentlichung des ersten Bandes seines Buches *Archipelag GULAG: 1918–1956. Opyt chudžestvennogo issledovania* (*Archipel GULAG: 1918–1956. Versuch einer künstlerischen Bewältigung*; Bern/München 1974, insg. erscheinen 3 Bde.), einer Chronik des sowjetischen Haft- und Lagersystems. Am 12.2. wird der Schriftsteller verhaftet. Des Staatsverrats angeklagt, wird ihm die sowjetische Staatsbürgerschaft entzogen. Am 13.2. wird er des Landes verwiesen und reist in die Bundesrepublik aus. Er lebt zunächst in der Schweiz, ab 1976 in den USA. Der Konflikt zwischen Solschenizyn und der kommunistischen Führung der UdSSR bahnte sich schon in den 60ern an und verschärfte sich 1967, als er in einem offenen Brief an den 4. Schriftstellerkongress der UdSSR vorschlug, offen über Zensur und die Pflichten des Schriftstellerverbands zur Verteidigung seiner Mitglieder gegenüber den Machtorganen zu sprechen. Der Brief wurde auf dem Kongress nicht verlesen, jedoch in der Öffentlichkeit diskutiert und im Ausland veröffentlicht. Nach der Veröffentlichung von *V kruge pervom* (*Der erste Kreis der Hölle*) sowie *Rakovyj korpus* (*Krebsstation*, beide: London, Paris, Berlin 1968) wurde Solschenizyn aus dem Schriftstellerverband ausgeschlossen. 1974 erscheint in Paris der Sammelband *Iz-pod glyb* (*Stimmen aus dem Untergrund*; Darmstadt 1974), das Manifest des christlich-nationalen Flügels der russischen oppositionellen Bewegung. Am 16.8.1990 erhält Solschenizyn seine sowjetische Staatsbürgerschaft wieder, darauf kehrt er 1994 nach Russland zurück.

Solschenizyn vor dem Haus von Matrena Sacharowa im Dorf Miltsowo, 1994

# 1975

## POLITIK ¬ ZEITGESCHEHEN

### Moskau ¬ UdSSR

**15.7.** Das Treffen der der Raumschiffe *Sojus 19* (UdSSR) und *Apollo 18* (USA) im Weltraum markiert einen Höhepunkt der Entspannungspolitik.

Die Kosmonauten Alexej Leonow und Thomas Stafford

**9.10.** Dem Physiker und Bürgerrechtler Andrej Sacharow wird der Friedensnobelpreis und dem sowjetischen Ökonomen Leonid Kantorowitsch der Nobelpreis für Wirtschaft verliehen. Der Beschluss des Nobelkomitees entfesselt in der Presse erneut eine heftige Kampagne gegen Andrej Sacharow.

**8./9.11.** Aufstand auf der Storoshewoi, einem U-Boot-Zerstörer der Baltischen Flotte. Der Politstellvertreter 3. Ranges Waleri Sablin erklärt das Schiff zum »freien Territorium« und lädt die Führung des Landes, welche die Ideale der Oktoberrevolution verraten habe, zu Verhandlungen an Bord ein. Der Oberste Sowjet der UdSSR verurteilt Sablin zum Tode durch Erschießen (vollzogen am 3.8.1976). 1997 wird er rehabilitiert.

**10.–15.11.** Als erster Bundespräsident besucht Walter Scheel die Sowjetunion.

**9.–12.12.** Prozess gegen den Bürgerrechtler Sergej Kowaljow, dem späteren Bevollmächtigten Präsidenten der Russischen Föderation für Menschenrechte, in Vilnius. Er wird zu sieben Jahren Lagerhaft und drei Jahren Verbannung verurteilt.

### Berlin ¬ DDR

**25.3.** Österreich erkennt als erstes westliches Land in einem in Ost-Berlin unterzeichneten Konsularvertrag die Existenz einer eigenen DDR-Staatsbürgerschaft an.

**6.5.** Die DDR erteilt westlichen Banken die Genehmigung, in Ost-Berlin Filialen zu eröffnen.

**7.10.** Der 26. Gründungstag der DDR wird erstmals als Nationalfeiertag begangen. Zwischen der DDR und der Sowjetunion wird ein Vertrag über Freundschaft, Zusammenarbeit und gegenseitigen Beistand mit einer Laufzeit von 25 Jahren geschlossen. Er enthält im Gegensatz zu früheren Abmachungen keinen Hinweis auf eine Wiedervereinigung Deutschlands.

### West-Berlin ¬ Bundesrepublik Deutschland

Zunahme von terroristischen Aktionen der RAF: Am 27.2. wird Peter Lorenz, Berliner Landesvorsitzender der CDU, von Mitgliedern der terroristischen *Bewegung 2. Juni* entführt. Er wird freigelassen, nachdem der Krisenstab unter Bundeskanzler Helmut Schmidt auf die Forderungen der Entführer, mehrere inhaftierte »Genossen« in die Volksrepublik Jemen auszufliegen, eingeht. Lorenz wird freigelassen, die Terroristen werden noch im selben Jahr festgenommen. Am 24.4. besetzen sechs deutsche Terroristen die Botschaft der Bundesrepublik in Stockholm, um Gefangene der Baader-Meinhof-Gruppe freizupressen, erschießen zwei Geiseln und sprengen die Botschaft. Sie werden überwältigt und in die Bundesrepublik abgeschoben. Am 21.5. beginnt der Prozess gegen Andreas Baader, Ulrike Meinhof, Gudrun Ensslin, Jan-Carl Raspe in Stuttgart-Stammheim.

**15.4.** Das Kernkraftwerk Biblis am Rhein, die weltweit größte Anlage dieser Art, nimmt den Betrieb auf.

### andere

**30.7.** In Helsinki wird die Schlussakte der KSZE von 32 europäischen Staaten, der UdSSR, den USA und Kanada unterzeichnet. Am Rande der KSZE finden Gespräche zwischen Bundeskanzler Helmut Schmidt und DDR-Staats- und Parteichef Erich Honecker statt. Die Einhaltung der Verpflichtungen im Bereich der Menschenrechte wird zur Hauptforderung der Bürgerrechtsbewegung in Osteuropa.

**20.11.** Tod des spanischen Diktators General Franco. Prinz Juan Carlos wird darauf am 22.11. zum spanischen König ausgerufen.

## BILDENDE KUNST

### Moskau ¬ UdSSR

**19.–22.2.** Ausstellung von 20 nonkonformen Künstlern, den besten des hauptstädtischen »Untergrunds«, im Pavillon für Bienenzucht auf der WDNCh. Unter den Teilnehmern sind Pjotr Belenok, Anatoli Swerew, Dmitri Krasnopewzew, Lidija Masterkowa, Dmitri Plawinski, Oskar Rabin, Igor Snegur, Alexander Charitonow, Oleg Zelkow, Eduard Stejnberg, Alexander Julikow und Wladimir Jankilewski. Ilya Kabakov lehnte eine Teilnahme an der Ausstellung ab, eine Arbeit von Vitaly Komar und Alexander Melamid wird vom Ausstellungskomitee nicht zur Präsentation zugelassen. Um die vormals verbotenen Bilder der Avantgardisten ansehen zu können, nehmen die Besucher etliche Stunden Wartezeit bei Eiseskälte in Kauf. Vom 20. bis 30.9. folgt im Pavillon des Kulturhauses der WDNCh die *Ausstellung nonkonformer Künstler*, an der 145 Künstler mit über 500 Arbeiten teilnehmen. Auch Laienkünstler, Vertreter der Moskauer Hippie-Bewegung, sind beteiligt.

**29.3.–5.4.** und **23.–27.4.** Öffentliche Präsentationen von nahezu 1500 Gemälden in zehn Wohnungen nonkonformer Künstler, die von den Veranstaltern als Vorbereitung auf die Allunionsausstellung unabhängiger Künstler deklariert werden.

**27.6.** Eröffnung der Internationalen Ausstellung *30 siegreiche Jahre (Meždunarodna achudožestvennaja Izložba 30 pobedná godiny)* in der Manege, Moskau, anlässlich des 30. Jahrestages des Sieges über Hitlerdeutschland mit 1800 Werken von 800 Künstlern aus zehn sozialistischen Ländern. Die durch die Hauptstädte der teilnehmenden Staaten tourende Ausstellung ist vom 30.9. bis 31.12. im Alten Museum, Berlin, zu sehen.

**20.9.** Die Gruppe Gnesdo (Nest) nimmt ihre Tätigkeit mit einer Ausstellung im Kulturhaus, Moskau, auf. Die Künstler Viktor Skersis, Michail Fjodorow-Roschal und Gennadi Donskoi bauen ein großes Nest und beginnen die Aktion *Vysiživajte jajca* (Brütet Eier aus). Einige von den Werken der Gruppe, so z. B. die *Skulptury dlja slepych* (Skulpturen für Blinde), ein Reliefporträt von Andrej Sacharow (aus Zucker, sacher=Zucker) und eines von Alexander Solschenizyn (aus Salz, sol'=Salz), werden in der Wohnung von Fjodorow-Roschal Anfang der 80er Jahre während einer Hausdurchsuchung konfisziert.

### Berlin ¬ DDR

**15.10.** Eröffnung der Ausstellung *Deutsche bildende Künstlerinnen von der Goethezeit bis zur Gegenwart*, National-Galerie, Berlin, anlässlich des *Jahres der Frau* mit Werken von 60 Künstlerinnen, von Angelica Kauffmann bis Lea Grundig.

### West-Berlin ¬ Bundesrepublik Deutschland

Im März nimmt die Künstlerhaus Bethanien GmbH im ehem. Krankenhaus Bethanien, Berlin-Kreuzberg, ihre öffentliche Tätigkeit mit Ausstellungen, Lesungen, Konzerten, Theateraufführungen und Workshops auf. Die 1973 gegründete GmbH widmet sich der Förderung zeitgenössischer Kunst und verfügt im Künstlerhaus über Ateliers, Druckwerkstatt sowie Ausstellungs- und Veranstaltungsräume.

### andere

*Junggesellenmaschinen – Les Machines Célibataires Museum der Obsessionen*, Kunsthalle Bern, Kurator: Harald Szeemann, anschließend bis Feb. 78: Düsseldorf, Biennale di Venezia, Brüssel, Paris, Amsterdam, Malmö, Wien. »Junggesellenmaschine« ist der Bezeichnung für den unteren Teil des *Großen Glases* von Marcel Duchamp entlehnt, »in dem die vielfache Tragödie unserer Zeit sichtbar wird und der gordische Knoten der Interferenzen zwischen Maschinismus, Terror, Erotismus, Religion, Atheismus« (Michel Carrouges).

François Pluchard, *Manifeste de l'art corporel* (1974), das erste Manifest der Body Art, erscheint im Katalog *L'art corporel* der Galerie Stadler, Paris. Der Körper wird zum künstlerischen Material z. B. für Gina Pane, Carolee Schneemann, aber auch für Bruce Nauman, Vito Acconci oder Chris Burden.

*MAGNA. Feminismus: Kunst und Kreativität*, Galerie nächst St. Stephan, Wien, Kuratorin dieser ersten Ausstellung von Kunst des »unsichtbaren – weiblichen – Geschlechts«: Valie EXPORT.

## ARCHITEKTUR ¬ DENKMAL

### Moskau ¬ UdSSR

Fertigstellung des Neubaus des Verlags Izvestija am Puschkin-Platz, A: Juri Schewerdjajew, Wladimir Kilpe, Alexander Maslow, Valentin Utkin. Dafür wurde das modernistische Gebäude der ehem. Druckerei und des Verlags der Zeitung *Trud*, A: Adolf Erichson, 1903–07, entlang der Gorki-Str. (heute Twerskaja Str.) verschoben. Das Haus ist mit dem Altbau der Izvestija, A: Grigori Barchin, 1927, verbunden.

Errichtung des Gebäudes der Apotheke Nr. 375 im Schipilowski projesd (Stadtbezirk Orechowo-Borissowo), A: Jewgeni Ass, Alexander Larin, mit einem im Avantgarde-Stil vergrößerten emblemartigen Kreuz, das an den Suprematismus von Malewitsch erinnert.

### Berlin ¬ DDR

**25.2.** Beschluss des Politbüros des ZK der SED, die Großsiedlung Marzahn als neuen Stadtbezirk für 100.000 Bewohner zu bauen. Vier Architektenkollektive aus Berlin, Erfurt, Rostock und Leipzig werden zu einem internen Ideenwettbewerb eingeladen.

ARCHITEKTUR ¬ *Europäisches Jahr des Denkmalschutzes*: Im Zuge dessen wird die Planung des Gebiets um den Mariannenplatz, Berlin-Kreuzberg, überdacht. Ursprünglich sollten hier für den Bau der Stadtautobahn Flächenabrisse durchgeführt werden. Nun werden Teile der heruntergekommenen Blockrandbebauung durch Bauten ersetzt, die sich in Proportion und Fassadengliederung an der historischen Bausubstanz orientieren. Im Charlottenburger Sanierungsgebiet um den Klausener Platz geht man von der groß angelegten Block- zur Objektsanierung über. Die erste Berliner Mieterinitiative (gegr. 1973) bewirkt, dass die Bedürfnisse der Bewohner berücksichtigt werden. Ein Symposium befragt *Alt- und Neu-Berlin – Integration von moderner Architektur in Altbaustruktur* (6.9.–1.10. im Rahmen der Berliner Festwochen im IDZ, Leitung: Heinrich Klotz).

**West-Berlin ¬ Bundesrepublik Deutschland**
Fertigstellung des Stadtquartiers am Mehringplatz, Berlin-Kreuzberg: Auf der Basis des Bebauungsplans von Hans Scharoun (1966) legt Werner Düttmann, die Form des kriegszerstörten, barocken Rondells erhaltend, zwei Ringe mit zwei- bis sechsgeschossiger Bebauung um den Mehringplatz. Dazwischen liegt eine Fußgängerzone mit Geschäften. Mehrere Hochhausscheiben schotten das kleinteilige Ensemble gegen die ursprünglich im Nordosten geplante Autobahntangente ab.

Mehrzweckhalle, Mannheim

Mehrzweckhalle für die Bundesgartenschau Mannheim, A: Carlfried Mutschler, Joachim Langner. Die ausschließlich aus einem Dach über einem amorphen Grundriss bestehende Halle passt sich der umgebenden Hügellandschaft an und wird wegen der verwegenen Konstruktion aus Holzgitterschalen (Frei Otto und Ewald Buber) zur Entstehungszeit das »Wunder von Mannheim« genannt.

## FILM

**Moskau ¬ UdSSR**
**7.3.** Der Film *Zerkalo* (*Der Spiegel*, EA BRD 13.11.1978 ARD, DDR 17.11.1989), R: Andrej Tarkowski, wird nur in drei Filmtheatern Moskaus zur Vorführung zugelassen, an denen die Menschen kilometerweit Schlange stehen. Trotz seines schwierigen, bildhaften Aufbaus hat der Films einen sensationellen Erfolg.
**27.5.** Erteilung der Drehgenehmigung für *Agonija* (1974–82, *Agonia*, auch als *Rasputin, Gott und Satan* EA BRD 8.4.1983; *Agonie* DDR 14.1.1983), R: Elem Klimow. Der Film über die letzten Tage der zaristischen Macht in Russland mit Alexej Petrenko in der Rolle des Rasputin wird erst 1982 gezeigt, da die Parteifunktionäre in ihm eine Anspielung auf den Niedergang des sowjetischen Regimes sehen.
**10.11.** *Zvezda plenitel'nogo sčast'ja* (*Traum vom fernen Glück*, EA DDR 5.11.1976), R: Wladimir Motyl, wurde zum 150. Jahrestag des Dekabristenaufstands gedreht. Der Film sollte ein Hohelied auf die sowjetischen Revolutionäre singen, stößt aber wegen seiner Parallele zwischen Dekabristen und Dissidenten auf Kritik bei der Zensur.
**1.12.** *Sto dnej posle detstva* (*Hundert Tage nach der Kindheit*, EA DDR 4.6.1976), R: Sergej Solowjow, porträtiert Jugendliche der siebziger Jahre; D: Boris Tokarew, Tatjana Drubitsch, Irina Malyschewa.
Mit 65 Mio. Zuschauern bricht der Film *Ljubov' zemnaja* (*Unvergängliche Leidenschaft*, EA DDR 15.2.1976 DFF2), R: Jewgeni Matwejew, alle Rekorde. Das in der Zeit des Ausbruchs des 2. Weltkrieges spielende Ehedrama wurde im Stil des sozialistischen Realismus nach Pjotr Proskurin gedreht.

**Berlin ¬ DDR**
**22.5.** *Till Eulenspiegel*, R/B: Rainer Simon, nach der Erzählung von Christa und Gerhard Wolf, D: Winfried Glatzeder, Cox Habbema. Eine historische Komödie über die sich keiner Macht unterwerfende Figur des Till Eulenspiegel.

**West-Berlin ¬ Bundesrepublik Deutschland**
**27.6.–8.7.** Die DDR nimmt erstmals an den West-Berliner Filmfestspielen teil.

**andere**
*One Flew over the Cuckoo's Nest* (USA, *Einer flog übers Kuckucksnest*, EA BRD 18.3.1976), R: Miloš Forman. Der zweite Spielfilm des ČSSR-Emigranten Forman zeigt, wie der in eine psychiatrische Klinik eingewiesene McMurphy (Jack Nicholson) das gesamte System der Klinik ins Wanken bringt.
*Taxi Driver* (USA, EA BRD 7.10.1976), R: Martin Scorsese, D: Jodie Foster und Robert de Niro als Amok laufendem Vietnam-Veteran.

## MEDIEN

**Berlin ¬ DDR**
**16.12.** Nach einem Bericht des Magazins *Spiegel* über die Zwangsadoption von Kindern, deren Eltern in den Westen geflüchtet sind oder wegen eines Fluchtversuchs festgenommen wurden, muss Jörg Mettke, *Spiegel*-Korrespondent in Ost-Berlin, wegen »grober Verleumdung« die DDR verlassen.

## THEATER ¬ MUSIK

**Moskau ¬ UdSSR**
**14.3.** *Ženit'ba* (*Die Heirat*) von Nikolai Gogol im Theater auf der Malaja Bronnaja mit Olga Jakowlewa, Nikolai Wolkow in den Hauptrollen. Der Regisseur Anatoli Efros selbst hält dies für seine beste Inszenierung.
**23.11.** *Višnëvyj sad* (*Der Kirschgarten*) von Anton Tschechow im Theater an der Taganka. Die psychologische Umsetzung durch Anatoli Efros ist auf der Bühne der »Brechtschen« Taganka unerwartet erfolgreich, D: Wladimir Wyssozki in der Rolle des Lopachin und Alla Demidowa als Ranewskaja.
**27.11.** Premiere von *Istorija lošadi* (Geschichte eines Pferdes), ein tragisches Musical von Mark Rosowski nach *Cholstomer* (*Der Leinwandmesser*) von Lew Tolstoi im Großen Dramatischen Theater in Leningrad, R: Georgi Towstonogow. Jewgeni Lebedew in der Rolle des Pferdes verschafft dem Stück große Anerkennung. Im Juli 1979 wird es auf dem Festival in Avignon gezeigt.

Die sowjetische Pop-Sängerin Alla Pugatschowa

Alla Pugatschowa gewinnt mit *Arlekino* (*Harlekin*) den Grand Prix auf dem Festival des Unterhaltungsliedes Goldener Orpheus und beginnt damit ihre phänomenale Karriere.

**Berlin ¬ DDR**
**3.3.** B. K. Tragelehn und Einar Schleef inszenieren am Berliner Ensemble Strindbergs *Fräulein Julie* in traumhaften, exaltierten Einzelbildern. In den Hauptrollen: Jutta Hoffmann und Jürgen Holtz. Beide Regisseure dürfen daraufhin in der DDR nicht mehr arbeiten.
**13.8.** Manfred Wekwerth rügt im SED-Zentralorgan *Neues Deutschland* die Preisgabe weltanschaulicher Verbindlichkeit im DDR-Theater. 1977 löst er die umstrittene Ruth Berghaus in der Leitung des Berliner Ensembles ab.
**28.10.** UA von Heiner Müllers *Die Schlacht* an der Volksbühne, Berlin, R: Manfred Karge, Matthias Langhoff. Müllers drastisches Stück über das verrohte Verhalten Deutscher im Nationalsozialismus ist kurz darauf auch am Deutschen Schauspielhaus Hamburg zu sehen, R: Ernst Wendt.
Anlässlich des 225. Todestags von Johann Sebastian Bach findet im Rahmen des *III. Internationalen Bachfests* ein Kongress statt, der die Aktualität des Komponisten in der DDR sowie *Bach und das Zeitalter der Aufklärung* thematisiert. In Konzerten wagt man verhalten die Gegenüberstellung mit zeitgenössischen Kompositionen. Die UA von Ruth Zechlins *1. Orgelkonzert* (Auftragswerk) wird zwiespältig aufgenommen.

**West-Berlin ¬ Bundesrepublik Deutschland**
**12.11.** In Stuttgart inszeniert Claus Peymann, seit 1974 hier als Schauspieldirektor prägender Kern einer eng verbundenen Truppe, zirkushaft bunt Heinrich von Kleists romantisches Ritterspektakel *Das Käthchen von Heilbronn* (BB: Achim Freyer).
Mauricio Kagel, *Mare Nostrum*, UA bei den gleichnamigen Berliner Festwochen (in Kooperation mit dem Festival d'Automne Paris und dem Festival in Avignon).

**andere**
*Die tote Klasse*, der Beginn seiner Auseinandersetzung mit einem »Theater des Todes«, bringt dem polnischen Regisseur Tadeusz Kantor in zahlreichen Gastspielen internationale Anerkennung.

## LITERATUR ¬ THEORIE

**Moskau ¬ UdSSR**
Mehrere Schlüsselwerke der oppositionellen Literatur der 70er Jahre werden nur im Westen veröffentlicht: *Vernyj Ruslan* (*Die Geschichte vom treuen Hund Ruslan*, Bern/München) von Georgi Wladimow; die Satire *Žizn' i neobyčajnye priključenija soldata Ivana Čonkina* (Paris; *Die denkwürdigen Abenteuer des Soldaten Iwan Tschonkin*, Darmstadt) von Wladimir Woinowitsch.
Für die junge Generation wird der Roman *Škola dlja durakov* (Ann Arbor, USA; *Die Schule der Dummen*, F/M 1977) von Alexander Sokolow zur Kultlektüre.
Lew Kopelew veröffentlicht unter dem Titel *Chranit' večno* (Ann Arbor, USA; *Aufbewahren für alle Zeit*, Hamburg) seine Memoiren.

**Berlin ¬ DDR**
In *Sinn und Form* erscheint Volker Brauns *Unvollendete Geschichte* (Berlin). Die Verbreitung des Texts als Buch wird von der SED-Führung untersagt, da er individuelle Erfahrung und Bewusstseinsbildung gegen »Funktionärsenge« und staatliche Gängelung setzt.

**West-Berlin ¬ Bundesrepublik Deutschland**
**3.11.** Eröffnung des ersten Frauenbuchladens der BRD in München. Zur Eröffnung liest Verena Stefan aus ihrem Roman *Häutungen* (München).
11. Darmstädter Gespräch: *Realismus und Realität*. Nach dieser Veranstaltung werden die Gespräche ausgesetzt, da die Organisatoren aufgrund schwindender Besucherzahlen meinen, dass Fernsehen und Rundfunk eine unmittelbarere Reaktion auf brennende Themen der Zeit erlaubten.
Peter Weiss, *Die Ästhetik des Widerstands* (F/M; in Ost-Berlin 1983), diesem ersten Band folgen zwei weitere (1978 und 1981). Der nach Schweden emigrierte Weiss entwirft hier eine »Wunschbiographie«, in welcher der Ich-Erzähler seine politische und ästhetische Emanzipation im antifaschistischen Widerstand schildert.
Rolf Dieter Brinkmann, *Westwärts 1&2* (Reinbek), der letzte Gedichtband des Beat-Literaten, der am 23.4. infolge eines Verkehrsunfalls stirbt.

**andere**
Michel Foucault, *Surveiller et punir. La naissance de la Prison* (Paris, *Überwachen und Strafen. Die Geburt des Gefängnisses*, F/M 1976; russ. Moskau 1998).

# 1976

## POLITIK ¬ ZEITGESCHEHEN

### Moskau ¬ UdSSR

**16.2.** Der erste Lastwagen KAMas verlässt das Fließband des Kamsker Autowerkes in Nabereshnyje Tschelny. Das Fernsehen überträgt das Ereignis landesweit. Nach dieser vorzeitigen Inbetriebnahme wird die Produktion nur sporadisch weitergeführt.
**24.2.–5.3.** XXV. Parteitag der KPdSU in Moskau. Leonid Breschnew wird erneut zum Generalsekretär gewählt.
**12.5.** In Moskau tritt eine Gruppe an die Öffentlichkeit, die sich die Aufgabe gestellt hat, zu prüfen, inwieweit die UdSSR ihren Verpflichtungen zur Wahrung der Menschenrechte gemäß dem Abkommen von Helsinki nachkommt. Dazu gehören Ljudmila Alexejewa, Jelena Bonner, Alexander Ginsburg, Pjotr Grigorenko, Andrej Martschenko, Anatoli Schtscharanski und Juri Orlow als Leiter. Vergleichbare Gruppen gründen sich auch in der Ukraine und in Litauen.

Luis Corvalán

Wladimir Bukowski

**18.12.** Austausch des in Moskau einsitzenden, politischen Gefangenen Wladimir Bukowski gegen den unter Pinochet inhaftierten Führer der Chilenischen Kommunistischen Partei, Luis Corvalán.
**19.12.** Feierlichkeiten anlässlich des 70. Geburtstags von Leonid Breschnew. Zu seinem Jubiläum erhält Breschnew alle höchsten Auszeichnungen der UdSSR und der sozialistischen Staaten, einschließlich des militärischen Rangs eines Marschalls der Sowjetunion.

### Berlin ¬ DDR

**18.–22.5.** Auf dem 9. Parteitag der SED wird Erich Honecker zum Generalsekretär gewählt.
**29.10.** Die Volkskammer wählt Willi Stoph zum neuen Vorsitzenden des Ministerrates, Erich Honecker zum Vorsitzenden des Nationalen Verteidigungsrates. Anstelle von Stoph wird Honecker Vorsitzender des Staatsrates, er hat nun die drei wichtigsten Ämter von Staat und Partei inne.
Die Internationale Konferenz Kommunistischer Parteien in Ost-Berlin erkennt das Recht auf verschiedene Wege zur Erreichung des Kommunismus an.

### West-Berlin ¬ Bundesrepublik Deutschland

**9.5.** Ulrike Meinhof wird erhängt in ihrer Gefängniszelle in Stammheim aufgefunden. Es gibt Zweifel an der Verlautbarung der Gefängnisleitung, dass es sich um Selbstmord gehandelt habe.
**3.10.** Bundestagswahl, Helmut Schmidt (SPD) bildet erneut mit der FDP eine Koalitionsregierung.
**13.11.** Schwere Zusammenstöße zwischen Atomkraftgegnern und Polizei am Bauplatz des geplanten Kernkraftwerks bei Brokdorf.
**Nov.** Eröffnung des ersten Frauenhauses als Zufluchtstätte für misshandelte Frauen in Berlin.

### andere

Kambodscha, seit 5.1. Demokratischer Staat Kampuchea, wird nun gänzlich von den kommunistischen Roten Khmer kontrolliert. Der neue Ministerpräsident Pol Pot (ab 4.4.) errichtet ein Schreckensregime mit Massenhinrichtungen. 1979 durch vietnamesische Truppen gestürzt, führen die von China unterstützten Roten Khmer über viele Jahre vom thailändisch-kambodschanischen Grenzgebiet aus einen Bürgerkrieg gegen das Regime und die im Land stationierten vietnamesischen Truppen. Erst 1997 geben große Teile der Roten Khmer den Kampf auf.
**8.9.** Mao Tse-tung stirbt. Seine Nachfolge tritt Hua Kuo Feng an.

## BILDENDE KUNST

### Moskau ¬ UdSSR

**13.3.** Erstmals tritt die Gruppe Kollektive Aktionen (Kollektivnye dejstvija, KA) in Erscheinung. Zu ihr gehören Andrej Monastyrski, Georgi Kisewalter, Nikita Alexejew und Nikolai Panitkow, 1979 kommen Sergej Romaschko, Jelena Jelagina und Igor Makarewitsch und 1985 Sabine Hänsgen dazu. KA erarbeitet die ästhetischen Programme und theoretischen Grundlagen des »Moskauer romantischen Konzeptualismus«. 1976/77 laufen Aktionen wie *Liblich* (vom dt. Wort lieblich), *Palatka* (Zelt o. Marktbude), *Lozung* (Losung), *Tretij variant* (Die dritte Variante), *Šar* (Kugel o. Ball) u. a.

Ulay, *Irritation – Da ist eine kriminelle Berührung in der Kunst*, Neue Nationalgalerie, West-Berlin

**Mai** Beim Moskauer Vereinigten Komitee der Grafiker wird die Sektion Malerei eingerichtet – eine Art Reservat für nichtoffizielle Künstler. Sie erhält Ausstellungsräume auf der Malaja Grusinskaja Str. 28, die über 15 Jahre ein alternativer, stark frequentierter Ausstellungsort bleiben.
**Mai** »Frühjahrs-Wohnungsausstellungen" in Moskau – Vor-Ausstellung zur im August stattfindenden Gruppen-Experimentalausstellung von Werken Moskauer Künstler in der MOSCh auf der Begowaja Str. Zum Organisationskomitee gehören: Alexej Tjapuschkin, Boris Orlow, Dmitri Prigow, Michail Odnoralow u. a.
Francisco Infante-Arana verwirklicht seine ersten »Performances mit Installation in der Natur«. Infante stellt ein »Artefakt« – in der Regel ein geometrisches Spiegelobjekt – in die Landschaft und fotografiert es.

### Berlin ¬ DDR

**12./13.6.** Lutz Fleischer und Ralf Kerbach organisieren in einem Bauernhaus in Wahnsdorf bei Dresden die erste unabhängige Ausstellung neuer neo-expressiver Werke; ein Impuls, der die 80er Jahre der DDR-Kunst wesentlich bestimmen wird (mit Hubertus Giebe, Helge Leiberg, Rainer Hempel, Petra Zerche, Ullrich Panndorf, Matthias Strietzel, Eva Krüger, Wolfgang Smy). Die Ausstellung wird von der Volkspolizei geschlossen.
**Juli** Die Künstler Lutz Dammbeck, Hans Hendrik Grimmling, Frieder Heinze, Günther Huniat, Gregor Torsten Kozik starten das intermediale Projekt *Tangente*. Der Versuch, einen Ausstellungsraum ohne Bindung an Partei und Künstlerverband frei zu mieten, scheitert.
**Juli–Aug.** Erste Land-Art-Konzepte von Eberhard Göschel und Peter Herrmann in Sachsen.

### West-Berlin ¬ Bundesrepublik Deutschland

**1.10.–9.1.77** *Russische Malerei 1890–1917*, Städelsches Kulturinstitut und Städtische Galerie, Frankfurt, Kurator: Klaus Gallwitz. Mit Leihgaben aus Museen der UdSSR, u. a. aus der Tretjakow-Galerie, Moskau, dem Staatlichen Russischen Museum, Leningrad, aus Kiew und Minsk.
**5.9.–17.10.** *New York – Downtown Manhattan: SoHo*, Akademie der Künste, Berlin-Tiergarten, Kurator: René Block, im Rahmen der Berliner Festwochen, anlässl. der 200-Jahr-Feier der USA unter dem Motto *Berlin – New York*. Die umfangreiche Schau aktueller, experimenteller Kunst aus New York stellt vor: New York Fluxus, alternative Ausstellungsräume, kooperativ arbeitende Künstler, Performances, Video, eine Slide-Tape-Show *Graffiti der Lower East Side*, Environments, Filme, ergänzt durch Konzerte, Theater- und Tanzaufführungen. In anderen Institutionen werden präsentiert: Zeichnungen von Andy Warhol (Haus am Waldsee), New Yorker Literatur mit Susan Sontag, Allan Ginsberg, William Burroughs u. a. (im Literarischen Colloquium), *KAHV Kaprow-Activity-Happening-Vostell – Amerikanisch-Deutsche Aktionskunst* (NBK).
**12.12.** Ulay stiehlt Carl Spitzwegs *Armen Poeten* aus der Neuen Nationalgalerie, Berlin, und hängt das Gemälde bei einer türkischen Familie in Kreuzberg übers Sofa. Darauf informieren Ulay und Marina Abramovic den Direktor der Neuen Nationalgalerie, Dieter Honisch, per Telefon. Die beiden Künstler erhalten wegen ihrer Aktion *Irritation* lebenslanges Hausverbot in allen Museen der SPK, stellen jedoch später in der Neuen Nationalgalerie aus (z. B. bei *Kunst in der Bundesrepublik Deutschland*, 1985).

### andere

**7.2.** In New York wird in der Galerie von Ronald Feldman eine Ausstellung mit Werken von Komar & Melamid eröffnet. Am Tag der Vernissage erklingt in mehreren Städten der Welt gleichzeitig die vertonte Text des sowjetischen Passes, die »Passmusik« der Begründer der Soz-Art. In der Galerie Feldman spielt Charlotte Moorman auf dem Cello, in Moskau Natalja Julikowa.

## ARCHITEKTUR ¬ DENKMAL

### Moskau ¬ UdSSR

Fertigstellung des TASS-Gebäudes am Platz des Nikitskie vorota, A: Viktor Jegerew, Anatoli Schaichet, Soja Abramowa, Gennadi Sirota. Der Bau öffnet sich in allegorischen »Fenstern zur Welt« und vermittelt damit das Bild einer »Informationsarchitektur«.

TASS-Gebäude, Moskau

### Berlin ¬ DDR

Palast der Republik (beg. 1973), Marx-Engels-Platz, heute wieder Schlossplatz, Berlin-Mitte, auf dem Gelände des 1950/51 abgerissenen Stadtschlosses der Hohenzollern, A: Kollektiv um Heinz Graffunder und Karl-Ernst Swora. 1991 wird der einstige Tagungsort der DDR-Volkskammer und Ort kultureller Veranstaltungen wegen Asbestbelastung geschlossen. Über die weitere Nutzung oder den Abriss ist noch nicht entschieden. Allerdings befürwortet der Deutsche Bundestag am 5.7.2002 den Wiederaufbau des Stadtschlosses.
Das im Krieg stark zerstörte Bauhaus in Dessau (Walter Gropius, 1925/26) wird rekonstruiert wiedereröffnet.

### West-Berlin ¬ Bundesrepublik Deutschland

EGKS-Versuchshaus, Schleswiger Ufer 6–8, Berlin-Tiergarten, A: Jochen Brandi und Partner. Das von der Europäischen Gemeinschaft für Kohle und Stahl in Auftrag gegebene Terrassenwohnhaus erhält beim internationalen Wettbewerb der Europäischen Montanunion den 1. Preis. Es ist ein Versuchsbau aus Stahl im Baukastensystem.
Wohnhaus, Nithackstraße, Ecke Stallstraße, Berlin-Charlottenburg, A: Hinrich und Inken Baller. Das dynamische Wohngebäude stellt für den sozialen Wohnungsbau nicht nur aufgrund seines spielerischen Umgangs mit Formen eine Neuerung dar, sondern auch durch die offenen Grundrisse der Wohnungen. Baller & Baller realisieren noch viele dieser sehr populären Wohnhäuser in Berlin.

## FILM

### Moskau ¬ UdSSR

**1.1.** Neujahr wird erstmals die lyrische Komödie *Ironija sud'by, ili S lëgkim parom!* (1975, *Ironie des Schicksals*, EA DDR 31.10. DFF), R: Eldar Rjasanow mit Andrej Mjagkow und Barbara Brylska im Fernsehen ausgestrahlt. Der Film über die unerwartete Begegnung zweier Menschen, die sich in der Neujahrsnacht ineinander verlieben, wird zum »Neujahrsmärchen« des sowjetischen Volkes und bis heute an den Feiertagen im Fernsehen gezeigt.
**1.4.** *Dersu Uzala* (1973–75, *Dersu Usala*, EA DDR 29.10.; *Uzala der Kirgise*, BRD 12.11.). Der Film des japanischen Regisseurs Akiro Kurosawa über das Aufeinanderprallen zweier Kulturen in den Weiten der sibirischen Landschaft erhält den Oscar für die beste ausländische Produktion.

### Berlin ¬ DDR

**14.10.** *Beethoven – Tage aus einem Leben*, R: Horst Seemann, D: Donatas Banionis, ist kein traditioneller Künstlerfilm, sondern ein Diskussionsbeitrag zum Thema Freiheit der Kunst.

### West-Berlin ¬ Bundesrepublik Deutschland

**4.3.** *Im Lauf der Zeit*, R/B: Wim Wenders, D: Rüdiger Vogler, Hanns Zischler, Lisa Kreuzer. Der Film beschreibt den Weg zweier Männer entlang der deutsch-deutschen Grenze und das Entstehen ihrer Freundschaft.
**17.5.** *La Marquise d'O* (F/D 1975, UA Cannes, *Die Marquise von O*, EA BRD 28.5., DDR 19.5.1978), R: Eric Rohmer, nach der Erzählung von Heinrich von Kleist, D: Edith Clever, Bruno Ganz, Eddas Seippel, Otto Sander. Die Koproduktion mit deutscher Besetzung wird in Cannes mit dem Spezialpreis der Internationalen Jury prämiert.
**21.10.** *Das Andechser Gefühl* (1974), R/B: Herbert Achternbusch, D: Achternbusch, Margarethe von Trotta, Barbara Gass, Walter Sedlmayr. Es ist der erste Film des bayerischen Satirikers.

## MEDIEN

### Moskau ¬ UdSSR

Die literarischen Fernsehabende *Vstreči v Koncertnoj studii Ostankino* (Begegnungen im Konzertstudio Ostankino) mit Publikum werden ausgestrahlt.

### Berlin ¬ DDR

**22.12.** Der DDR-Korrespondent der ARD, Lothar Loewe, wird aus der DDR aufgrund eines Berichts ausgewiesen, in dem er bemerkte, an der deutsch-deutschen Grenze werde seitens der DDR auf »Menschen wie auf Hasen« geschossen.

### andere

JVC (The Victor Co. of Japan) bringt das VHS-System heraus, eine preiswerte Ausführung des schon Anfang der 60er entwickelten Videorecorders mit Magnetbandkassette. In Deutschland wird der Videorecorder erstmals 1977 auf der Internationalen Funkausstellung in Berlin präsentiert.

## THEATER ¬ MUSIK

### Moskau ¬ UdSSR

**30.4.** Premiere des Balletts *Angara* von Andrej Eschpai über die Erbauer des Bratsker Wasserkraftwerkes im Bolschoi-Theater.
**23.5.** Premiere des Musicals *Zvezda i smert' Choakina Mur'etty* (*Der Stern und der Tod des Joaquín Murieta*) von Pawel Gruschko nach Motiven der Tragödie Pablo Nerudas mit Musik von Alexej Rybnikow im Theater des Leninschen Komsomol. Das von Mark Sacharow inszenierte Stück wurde bis heute über 1000-mal gespielt.
**1.–5.6.** 12. Kongress der internationalen Puppentheaterorganisation (UNIMA) und Festival der Puppen in Moskau. In diesem Zusammenhang führt das Puppentheater von Sergej Obraszow das Stück *Don Žuan* (Don Juan) auf.
**26.12.** *Ivanov* (*Iwanow*) von Anton Tschechow im Künstlertheater mit Innokenti Smoktunowski in der Hauptrolle.

### Berlin ¬ DDR

**30.5.** Unter dem Titel *Die Bauern* kann nun Heiner Müllers 1965 verbotenes Stück *Die Umsiedlerin* am Berliner Ensemble gezeigt werden, R: Fritz Marquardt.
**30.12.** UA von Udo Zimmermanns Oper *Schuhu und die fliegende Prinzessin* in Dresden, Inszenierung: Harry Kupfer. Seit 1970 wirkte Zimmermann in Dresden als Dramaturg, wo er 1974 das *Studio Neue Musik* gründete, aus dem 1986 das bis heute tätige *Dresdener Zentrum für zeitgenössische Musik* hervorging.
**Dez.** Der Komponist Hans Werner Henze dirigiert seine Lieder in der Komischen Oper, Ost-Berlin.
UA von Jörg Herchets *Komposition für Flöte und Orchester* in der Dresdener Philharmonie. Sie macht den jungen Komponisten, einen Schüler Paul Dessaus, schlagartig bekannt. Allerdings wird ihm aufgrund der Modernität seiner Komposition bis in die 80er Jahre jegliche staatliche Unterstützung entzogen.

### West-Berlin ¬ Bundesrepublik Deutschland

**1.–8.5.** Erstmals *Theatertage* in Mülheim a. d. Ruhr, bei denen seither jährlich eine Auswahl neuer deutschsprachiger Stücke vorgestellt wird. Ausgezeichnet wird *Das Nest* von Franz Xaver Kroetz.
**7.5.** Am Deutschen Schauspielhaus in Hamburg hat Peter Zadeks Inszenierung von Shakespeares *Othello* eine umkämpfte Premiere. Ulrich Wildgruber in der Titelrolle führt einen wüsten Klischee-Wilden vor.
**27.9.** In Frankfurt/M inszeniert Hans Neuenfels eine feministisch forcierte *Medea* (nach Euripides) mit Elisabeth Trissenaar in der Hauptrolle.
**Okt.** Im Rahmen der Berliner Festwochen: *Amerikanisches Fluxuskonzert, SoHo Performances* mit Lucinda Childs, Trisha Brown, Joan Jonas, Laurie Anderson u. a. Außerdem Gastspiele aus Osteuropa: Die Moskauer Kammeroper zeigt *Die Nase* von Dmitri Schostakowitsch, eine Aufsehen erregende Aufführung, musikalisch geleitet von Gennadi Roshdestwenski. Weiter stehen ein Liederabend mit Ljudmila Zykina (Moskau), Konzerte des Wilanów Quartetts (Warschau) der Filmharmonia Pomorska (Bygdosz) und des Eder Quartetts (Budapest) auf dem Programm.
Für den Theologen, Pädagogen, Komponisten und Musiktheoretiker Dieter Schnebel wird an der Hochschule der Künste, Berlin, eine Professur für experimentelle Musik und Musikwissenschaften eingerichtet, die er bis zu seiner Emeritierung 1995 behält. Schnebels prozesshafte Musik mit einer ungewöhlichen Behandlung der Instrumente steht Fluxus nahe. 1978–92 leitet Schnebel das in Deutschland einzigartige Stimm-Ensemble Die Maulwerker aus Studierenden der HdK, das sich experimenteller Vokalmusik und dem Musiktheater widmet.

### andere

Gastspiele mit der minimalistischen Philip-Glass-Oper *Einstein on the Beach* machen die Theaterarbeit des US-Amerikaners Robert Wilson in Europa berühmt.

## LITERATUR ¬ THEORIE

### Moskau ¬ UdSSR

In Paris erscheint *Pečal'no ulybnut'sja* (Traurig lächeln), der erste und einzige zu seinen Lebzeiten veröffentlichte Gedichtband von Jewgeni Kropiwnizki, dem Begründer der Schule von Lianosowo.
**April–Nov.** In der neokonservativen Zeitschrift *Sovremennik* werden die Parabel *Car' ryba* (Zar-Ryba) von Viktor Astafjew (Nr. 4–6) und die Erzählungen *Proščanie s Matëroj* (*Abschied von Matjora*, München 1977) von Valentin Rasputin (Nr. 10–11) veröffentlicht. Diese Werke über die Zerstörung der traditionellen Welt des russischen Dorfes durch den Bau von Wasserkraftwerken und Staudämmen machen ihre Autoren zu den bedeutendsten sowjetischen Prosaschriftstellern der 70er Jahre.
In Leningrad erscheint erstmals die Samisdat-Zeitschrift *Časy* (Uhr, bis 1990), Redakteur und Herausgeber ist Boris Iwanow. Ab 1978 vergibt die Zeitschrift den inoffiziellen Andrej-Bely-Literaturpreis.

### Berlin ¬ DDR

Reiner Kunze veröffentlicht *Die wunderbaren Jahre. Prosa* (F/M), eine Reihe von Texten, in denen er die bedrückende Situation von DDR-Jugendlichen beschreibt. Kunze wird daraufhin am 3.11. aus dem Schriftstellerverband der DDR ausgeschlossen.

### West-Berlin ¬ Bundesrepublik Deutschland

Peter Härtlings *Hölderlin* (Darmstadt) steht für die wachsende Zahl von Biographien in den 70er Jahren, in denen die gesellschaftliche Rolle des Schriftstellers reflektiert wird.
Elisabeth Plessens erster Roman *Mitteilung an den Adel* (Zürich/Köln) ist eine Abrechnung mit diesem Stand und macht die aus Adelskreisen stammende Autorin schlagartig bekannt.

Pressekonferenz von Wolf Biermann nach seiner Ausbürgerung (v.l.n.r. Biermann, Heinrich Böll, Günter Wallraff), Köln, 19. November

**MUSIK ¬** Nach elf Jahren Berufsverbot tritt der Liedermacher Wolf Biermann im Sept. erstmals in der Prenzlauer Nikolaikirche wieder auf. Am 16.11., Biermann befindet sich zu diesem Zeitpunkt auf einer Konzerttournee durch die Bundesrepublik, erfolgt seine Ausbürgerung aus der DDR. Das Politbüro der SED begründet diese Entscheidung damit, dass sich das Programm des Liedermachers gegen die DDR und den Sozialismus richte. Am 17.11. protestieren 13 führende Intellektuelle und Künstler der DDR in einer Petition gegen die Ausbürgerung. Einige, wie Nina Hagen, werden selbst zur Ausreise gezwungen oder kehren in den folgenden Jahren mit Arbeitsvisa der DDR den Rücken. Jurek Becker wird aus der Partei ausgeschlossen und verlässt 1977 die DDR. Allein bis 1981 wird ca. 50 Intellektuellen die DDR-Staatsbürgerschaft aberkannt. Der Wissenschaftler und Regimekritiker Robert Havemann erhält nach seinem Protest gegen die Ausbürgerung Biermanns Hausarrest (bis Mai 1978).

# 1977

## POLITIK ¬ ZEITGESCHEHEN

### Moskau ¬ UdSSR

**5.1.** In Moskau gründet sich eine Bürgerrechtsvereinigung, die den Missbrauch der Psychiatrie untersucht. Ihre Tätigkeit endet im Februar 1981, als ihr letztes Mitglied verhaftet wird. Der Weltkongress der Psychiater in Honolulu (28.8.–1.9., Hawaii, USA) verurteilt den Einsatz der Psychiatrie für politische Ziele in der UdSSR, darauf verlässt die sowjet. Delegation den Kongress. Am 9.2.1983 wird die UdSSR aus der Internationalen Vereinigung der Psychiater (WPA) ausgeschlossen.

**8.1.** Explosionen in Moskau (in der Metro und in zwei Geschäften im Stadtzentrum) fordern mehrere Menschenleben. Im Herbst werden der armenische Nationalist Stepan Satikjan und zwei seiner Gleichgesinnten der Organisation dieser Anschläge beschuldigt, verhaftet und im Jan. 1979 zum Tod durch Erschießen verurteilt.

Sportschau des DTSB der DDR, Leipzig

**14.1.** Eröffnung des Weltforums der Friedenskräfte in Moskau mit 500 Delegierten aus 115 Ländern – eine propagandistische Aktion der sowjetischen Führung.

**4.6.** Die neue (»Breschnewer«) Verfassung der UdSSR wird im Entwurf veröffentlicht und führt vor allem im Samisdat zu einer lebhaften Diskussion insbesondere des Artikels 6, in dem die Allmacht der KPdSU gesetzlich verankert wird. Am 7.10. wird die Verfassung vom Obersten Sowjet verabschiedet.

**16.6.** Rücktritt Nikolai Podgornys von seinem Amt als Vorsitzender des Präsidiums des Obersten Sowjets der UdSSR, sein Nachfolger wird Leonid Breschnew, der zugleich sein Amt als Generalsekretär des ZK der KPdSU behält.

### Berlin ¬ DDR

**Aug.** Der SED-Funktionär Rudolf Bahro veröffentlicht in der Bundesrepublik unter dem Titel *Die Alternative* eine umfassende Grundsatzkritik an der ökonomisch-sozialen Praxis regierender kommunistischer Parteien. Kurz darauf wird er verhaftet und 1978 zu acht Jahren Freiheitsentzug verurteilt. Im Okt. 1979 wird er in die Bundesrepublik abgeschoben.

### andere

**7.1.** Veröffentlichung der *Charta 77* in internationalen Zeitungen, in der die 242 Unterzeichner von der tschechoslowakischen Regierung die Einhaltung der in der Schlussakte von Helsinki verabschiedeten internationalen Verträge, vor allem hinsichtlich der Menschen- und Grundrechte, fordern. Die Prager Regierung antwortet mit einer Hetzkampagne gegen die Regimekritiker und nötigt viele Künstler, eine »Anticharta« zu unterschreiben. Im Ausland wird die *Charta* u. a. von Heinrich Böll, Friedrich Dürrenmatt, Arthur Miller und Graham Greene unterstützt.

## BILDENDE KUNST

### Moskau ¬ UdSSR

**Sept.–Nov.** In der Manege und der Tretjakow-Galerie laufen die Ausstellungen *60 Jahre Großer Oktober* und *Porträts von Persönlichkeiten der Großen Sozialistischen Oktoberrevolution* unter Beteiligung von Alexej Grizai, Wassili Netschitailo, Pjotr Ossowski, Natan Altman, Nikolai Andrejew, Igor Grabar, Alexander Gerassimow, Jewgeni Kazman, Wladimir Serow, Iwan Schadr u. a. sowjetischer Künstler.

**20.12.–12.2.78** Die Ausstellung *Amerikanische Malerei der zweiten Hälfte des 19. und des 20. Jahrhunderts aus den Sammlungen der USA* im Puschkin-Museum für Bildende Künste präsentiert Arbeiten von William Merritt, Albert Bierstadt, Edward Hopper u. a.

### Berlin ¬ DDR

**30.5.** Eröffnung der Galerie Clara Mosch in Karl-Marx-Stadt, der ersten Produzentengalerie der DDR. Betreiber ist die gleichnamige Künstlergruppe mit Michael Morgner, Carlfriedrich Claus, Thomas Ranft, Dagmar Ranft-Schinke, Gregor-Torsten Schade.

**Sept.** Autonomes Pleinair in Leussow: Hier geht es weniger um traditionelle Freilichtmalerei als um Diskussion, Aktion und Performance. Entstehung der Auflage des Kunstkoffers *Leussow Recycling*. Diese Veranstaltung wird 1983 auf dem IX. Kongress des VBK zum Anlass der Auseinandersetzung über Kunstfragen in der DDR.

**10.11.–26.12.** Gemeinschaftsausstellung *Wege des Kampfes* der Akademien der Künste der DDR und der UdSSR (anlässl. des 60. Jahrestages der Oktoberrevolution) im Berliner Marstall, anschließend in der Akademie der Künste der UdSSR, Moskau.

### West-Berlin ¬ Bundesrepublik Deutschland

**4.3.–10.5.** *Sieben sowjetische Maler*: Tatjana Jablonskaja, Oleg Loschakow, Jewsej Moissejenko, Anatoli Nikitsch, Viktor Popkow, Igor Popow, Indulis Sarin. Eine Ausstellung des Künstlerverbands der UdSSR in der Majakowski Galerie, Berlin-Charlottenburg.

**20.2.–31.3.** *Kunst aus der Revolution. Kunst in die Produktion. Sowjetische Kunst während der Phase der Kollektivierung und Industrialisierung 1927–1933*, eine Ausstellung der NGBK in der Akademie der Künste, Berlin-Tiergarten, in Zusammenarbeit mit der Tretjakow-Galerie, Moskau, Planungsgruppe: Christian Borngräber (Architektur), Christiane Bauermeister-Paetzel, Sylvia Wetzel (Frauenfragen), Hubertus Gaßner, Eckhard Gillen (Malerei/Grafik), Oskar Wehling (Malerei), Irmingard Emanuel (Theater).

**26.6.–2.10.** *documenta 6* in Kassel, Leitung: Manfred Schneckenburger, Mitarbeit: Klaus Honnef, Wieland Schmied, Evelyn Weiss. Der Schwerpunkt liegt auf den neuen Medien; zentral im Fridericianum: Joseph Beuys' *Honigpumpe*. Durch spektakuläre Installationen erweitert sich die Ausstellung in den Stadtraum. Der Einbezug von DDR-Kunst stößt auf Kritik und sorgt bereits im Vorfeld für Divergenzen. So werden Arbeiten des damals noch in Dresden lebenden A. R. Penck auf Geheiß der DDR-Funktionäre und mit Billigung der damaligen SPD-Regierung in Hessen ausjuriert, damit die Maler Heisig, Mattheuer, Sitte, Tübke und die Bildhauer Cremer und Jastram ungebrochen die offizielle Kunstpolitik der DDR vertreten können.

**3.7.–13.11.** *Skulptur. Ausstellung in Münster 1977.* Klaus Bußmann und Kasper König lassen Carl Andre, Michael Asher, Joseph Beuys, Donald Judd, Richard Long, Bruce Nauman, Claes Oldenburg, Ulrich Rückriem und Richard Serra ortspezifische Skulpturen und Projekte im Stadtraum verwirklichen. Diese für eine bundesrepublikanische Kleinstadt neuartige Intervention stößt anfänglich auf starken Widerstand in der Bevölkerung, wird dann aber aufgrund des großen Erfolges im Zehnjahresrhythmus weitergeführt.

**14.8.–16.10.** *Tendenzen der Zwanziger Jahre*: *Vom Konstruktivismus zur konkreten Kunst*, Neue Nationalgalerie. *Dada in Europa – Werke und Dokumente*, Akademie der Künste. *Von der futuristischen Stadt. Planen und Bauen in Europa 1913–1933*, Abt. Baukunst der Akademie. *Die neue Wirklichkeit – Surrealismus und neue Sachlichkeit*, Große Orangerie des Schlosses Charlottenburg, Berlin.

**16.9.–31.10.** *Werke aus der Sammlung Costakis, Russische Avantgarde 1910–1930*, Kunstmuseum und Kunstverein für die Rheinlande und Westfalen, Düsseldorf. 1981 werden Teile der Sammlung des ehem. in Moskau ansässigen griechischen Botschafters Costakis im Guggenheim Museum, New York, gezeigt, 1984 in der Kestner-Gesellschaft Hannover und im Helsingfors Stads Konstmuseum, Helsinki.

*Künstlerinnen International: 1877–1977*, NGBK im Schloss Charlottenburg, Berlin, mit Werken von Marina Abramović, Diane Arbus, Maria Lassnig, Dorothea Tanning, Ljubow Popowa, Natalja Gontscharowa, Valie EXPORT, Nan Hoover, Bridget Riley u. a.

### andere

*Pictures*, Artists Space, New York, Kurator: Douglas Crimp, stellt das postmoderne künstlerische Verfahren des Zitierens und Aneignens, die Appropriation Art, vor (Sherry Levine, Robert Longo, Jack Goldstein u. a.).

**Sommer** *La nuova arte sovietica. Una prospettiva non ufficiale* im Rahmen der Biennale von Venedig, organisiert

**POLITIK ¬** »Deutschland im Herbst«: Terroristen der Roten Armee Fraktion (RAF) ermorden am 7.4. Generalbundesanwalt Siegfried Buback im westdeutschen Karlsruhe auf offener Straße. Im Stammheimer Terroristenprozess werden die Angeklagten Andreas Baader, Jan-Carl Raspe und Gudrun Ensslin am 28.4. zu lebenslangen Freiheitsstrafen verurteilt. Am 30.7. wird der Bankier Jürgen Ponto, Vorstandsmitglied der Deutschen Bank, von RAF-Terroristen in Oberursel/Taunus durch Schüsse tödlich verletzt. Am 5.9. entführt die RAF den Industriemanager und Präsidenten der Bundesvereinigung der Deutschen Arbeitgeberverbände, Hanns-Martin Schleyer, in Köln. Die Terroristen fordern die Freilassung von elf Gesinnungsgenossen. Als die Regierung nicht auf die Forderung eingeht, kapern palästinensische Terroristen am 13.10. eine Lufthansamaschine, um RAF-Mitglieder freizupressen. Auf dem Flughafen von Mogadischu in Somalia gelingt der deutschen Grenzschutzgruppe 9 die Befreiung der Geiseln. Baader, Raspe und Ensslin begehen in Stammheim Selbstmord, dessen Umstände jedoch bis heute nicht vollständig geklärt sind. Schleyer wird von seinen Entführern ermordet.

Der von der RAF entführte Hanns-Martin Schleyer am 28. September

von Enrico Crispolti und Gabriella Moncada als Alternative zur Ausstellung im sowjetischen Pavillon. Es ist die erste umfassende Präsentation nichtoffizieller sowjetischer Kunst, die alle Tendenzen des Moskauer und Leningrader Undergrounds von Ende der 50er bis Mitte der 70er Jahre zeigt. Beteiligt sind die Lianosowo-Gruppe, die Gruppe Dwishenije (Bewegung), die metaphysischen Maler, die Expressionisten, die Surrealisten, der Kreis des Sretenski Boulevard, die Vertreter der geometrischen und lyrischen Abstraktion, der Soz-Art und der Moskauer konzeptuellen Schule.

## ARCHITEKTUR ¬ DENKMAL

### Moskau ¬ UdSSR

Das Theater der musikalischen Komödie in Charbarowsk, A: Jewgeni Rosanow, Michail Schejnfejn, Juri Korostyljow, Ada Semjonowa) ist ein Beispiel für den symbolischen Modernismus der 70er Jahre. Der bildhauerisch modellierte Zuschauersaal besitzt einen blütenblättrigen Grundriss.

### Berlin ¬ DDR

Wohn- und Geschäftskomplex Leipziger Straße, Berlin-Mitte, städtebauliche Konzeption: Joachim Näther, Peter Schweizer, Dorothea Tscheschner, Dieter Schulze, Werner Straßenmeier und Kollektiv (Bebauungsplan 1969, Ergänzungen am Spittelmarkt 1978–81). Um eine Vereinheitlichung des Stadtbildes zu schaffen, werden historische Block- und Platzstrukturen negiert und Hochhausriegel, an der Nordseite längs, an der Südseite quer zur Straße platziert.

### West-Berlin ¬ Bundesrepublik Deutschland

Wohnen am Kleistpark, Potsdamer Straße/Pallasstraße, Berlin-Schöneberg (beg. 1974), A: Jürgen Sawade, Dieter Frohwein, Dietmar Grötzebach, Günter Plessow. Den anstelle des alten Sportpalasts errichteten sozialen Wohnungsbau kennzeichnet vor allem ein die Pallasstraße übergreifender zehngeschossiger Hochhausriegel. Seine Südseite liegt über einem alten Hochbunker, der nördliche Teil über Parkdecks.

### andere

Centre Pompidou, Paris (beg. 1971), A: Renzo Piano, Richard Rogers. Der technoide Bau des Museums und Kulturzentrums zeigt außen seine Tragkonstruktion, an die zur Platzseite eine Rolltreppenröhre angehängt ist. Die Debatte um diesen städtebaulichen Fremdkörper, für den Teile eines Altstadtviertels weichen mussten, schlägt hohe Wellen.
Charles Jencks, *The Language of Post-Modern Architecture* (London; *Die Sprache der postmodernen Architektur. Die Entstehung einer alternativen Tradition*, Stuttgart 1978) behauptet den »Tod der Moderne«, welcher er einen »radikalen Eklektizismus« gegenüberstellt. Jencks' Definition der postmodernen Architektur liefert die Basis für eine internationale Architekturdebatte.

## FILM

### Moskau ¬ UdSSR

**2.4.** *Voschoždenie* (1976, *Aufstieg*, EA DDR 28.10.; *Die Erhöhung*, BRD 18.7.1978 ZDF), R: Larissa Schepitko, nach der Erzählung *Sotnikov* von Wassil Bykow. Erstmals im sowjet. Film werden Gestalten aus dem Evangelium mit Episoden über den Vaterländischen Krieg verknüpft.
**10.5.** *Dvadcat' dnej bez vojny* (1976, *Zwanzig Tage ohne Krieg*, EA DDR 24.4.1980 DFF2; BRD 5.12.1997 ORB), R: Alexej German, nach Motiven von Konstantin Simonow. Der psychologisch und historisch glaubwürdige Film über das Leben im Hinterland während des Großen Vaterländischen Krieges ist die einzige Arbeit der Regisseurs zu Sowjetzeiten, die unzensiert in den Verleih kommt.
**5.9.** *Neokončennaja p'esa dlja mechaničeskogo pianino* (*Unvollendetes Stück für ein mechanisches Klavier*, EA DDR 11.1.1980; *Unvollendete Partitur für ein mechanisches Klavier*, BRD 25.6.1991 BR), R: Nikita Michalkow nach Motiven

*Unvollendetes Stück für ein mechanisches Klavier* (UdSSR), Filmstill

von Anton Tschechow. Komödienhafte Exzentrik und psychologische Nuancierung bestimmen besonders das Spiel des Hauptdarstellers Alexander Kaljagin.

### Berlin ¬ DDR

**24.2.** *Mama, ich lebe*, R: Konrad Wolf. Der Film ist eine Koproduktion mit den sowjetischen Studios Sovinfilm und Lenfilm und behandelt den innerlichen Frontenwechsel vier deutscher Kriegsgefangener in der Sowjetunion.
**11.3.** *Die unverbesserliche Barbara*, R/B: Lothar Warneke, D: Cox Habbema, Peter Aust, Hertha Thiele. Das Psychodrama über eine ehemalige Leistungssportlerin gibt Einblick in die Karriereschmieden des DDR-Sports.

### West-Berlin ¬ Bundesrepublik Deutschland

**26.5.** *Der Amerikanische Freund*, R/B: Wim Wenders, nach einem Roman von Patricia Highsmith, D: Bruno Ganz, Dennis Hopper. Auf den Film hin wird Wenders nach Hollywood eingeladen. 1981 zieht er in *Der Stand der Dinge* eine erste Zwischenbilanz.
**30.6.** *Aus einem deutschen Leben*, R/B: Theodor Kotulla nach dem Roman *La mort est mon métier* von Robert Merle, D: Götz George, Elisabeth Schwarz. Der Film rekonstruiert die Biografie von Rudolf Höß, des KZ-Kommandanten von Auschwitz.
**21./22.9.** *Hitler. Ein Film aus Deutschland*, R/B: Hans Jürgen Syberberg, D: Heinz Schubert, Hellmut Lange. Die Resonanz auf den Film ist im Ausland größer als in der Bundesrepublik. Bereits am 29.6. fand die UA des Dokumentarfilms *Hitler – eine Karriere* (R/B: Joachim C. Fest) statt.
**30.10.** *Die linkshändige Frau*, R/B: Peter Handke, D: Edith Clever, Bruno Ganz, Angela Winkler. Ein spröder Film über die Identitätskrise einer 30-Jährigen.

### andere

**25.5.** *Star Wars – A New Hope* (USA 1975–77, *Star Wars – Krieg der Sterne*, EA BRD 9.2.1978), R/B: George Lucas, D: Mark Hamill, Harrison Ford, Alec Guinness.
*Annie Hall* (USA, *Der Stadtneurotiker*, EA BRD 9.6.1977), R/B: Woody Allen, D: Allan, Diane Keaton.

## MEDIEN

### West-Berlin ¬ Bundesrepublik Deutschland

*EMMA*, eine bis heute bundesweit erscheinende, autonome, feministische Zeitschrift, erscheint erstmals (Mitbegründerin und Herausgeberin: Alice Schwarzer).

## THEATER ¬ MUSIK

### Moskau ¬ UdSSR

**8.2.** *Gamlet* (*Hamlet*) im Theater des Leninschen Komsomol in der Inszenierung von Andrej Tarkowski. Die langerwartete Theaterarbeit des berühmten Filmregisseurs ist weder beim Publikum noch bei den Kritikern erfolgreich.
**7.6.** Premiere der Oper *Mërtvye duši* (*Die toten Seelen*) von Rodion Schtschedrin nach dem Roman von Nikolai Gogol. Die Oper intoniert die Gogolsche Prosa in russischen Volksweisen.
Der Sänger und Schauspieler Nikolai Slitschenko wird Chefregisseur des Zigeunertheaters Romen.

### Berlin ¬ DDR

**20.1.** Adolf Dresen dramatisiert und inszeniert am Deutschen Theater Heinrich von Kleists *Michael Kohlhaas*. Den Staatsbürger, der sein Recht verlangt, spielt Kurt Böwe.
**7.10.** Rockkonzert anlässlich des Republikgeburtstags auf dem Alexanderplatz. Als Abdeckgitter einbrechen, greift die Bereitschaftspolizei ein. Infolgedessen kommt es zu einer spontanen Demonstration von ca. 20.000 Jugendlichen und zu Straßenkämpfen.
**Herbst** Die *Berliner Festtage* widmen sich vor allem Luigi Nono mit Konzerten und Gesprächen im TiP, Palast der Republik.

### West-Berlin ¬ Bundesrepublik Deutschland

**11.11.** In Stuttgart zeigt Claus Peymann Goethes *Iphigenie auf Tauris* als aktuelle Geschichte über die Notwendigkeit der Überwindung von Gewalt und Terror mit Kirsten Dene als skeptischer Titelheldin.
**Dez.** Klaus Michael Grüber und die Schaubühne zeigen im kalten, nächtlichen Olympiastadion *Die Winterreise*, szenische Aktionen mit Texten von Hölderlin.
**18.6.** Im Rahmen des *Musikalischen Wochenendes* wird *Water Music Berlin* des Klangkünstlers und DAAD-Gasts Max Neuhaus im Prinzenbad, Berlin-Kreuzberg, aufgeführt. Die Zuhörer können hier schwimmend Schallerzeugnisse erkunden.

## LITERATUR ¬ THEORIE

### Moskau ¬ UdSSR

**2.7.** Vladimir Nabokov stirbt in der Schweiz. Ab 1974 werden seine Romane der 20er und 30er Jahre auf Russisch in Ann Arbor, USA, herausgegeben. Sie finden ihren Weg nach Russland und beeinflussen dort die Literatur der 70er und 80er Jahre entscheidend.
Joseph Brodskys Sammelbände *Konec prekrasnoj ėpochi* (Das Ende einer schönen Epoche) und *Čast' reči* (Redeteil) erscheinen (Ann Arbor, USA).

### Berlin ¬ DDR

Hermann Kant, *Der Aufenthalt* (Ost-Berlin; Neuwied/Darmstadt; russ. in *Novyj mir*, Nr. 9, 12, 1979), thematisiert die historische Verantwortung für die nationalsozialistischen Verbrechen.
Thomas Brasch siedelt in die Bundesrepublik über, wo er *Vor den Vätern sterben die Söhne* (Berlin) veröffentlicht. In der Erzählung verarbeitet der Sohn des früheren stellvertretenden Ministers für Kultur seine Frustration unter dem DDR-Sozialismus.
Sarah Kirsch wird aus der SED ausgeschlossen und siedelt in die Bundesrepublik über, wo sie die Lyrik-Bände *Drachensteige* (Ebenhausen 1979) und *Katzenleben* (Stuttgart 1984) veröffentlicht.
Maxie Wander, *Guten Morgen du Schöne – Frauen in der DDR. Tonbandprotokolle* (Berlin, in einer gekürzten Version, Darmstadt 1978).

### West-Berlin ¬ Bundesrepublik Deutschland

Günter Grass verbindet in seinem märchenhaften, epischen Roman *Der Butt* (Stuttgart) autobiographische Elemente mit einer Rekapitulation der Geschichte der Menschheit von den Anfängen bis in die Gegenwart.
Thomas Manns *Tagebücher* erscheinen (F/M).
Günter Wallraff, Heinrich Böll, *Berichte zur Gesinnungslage der Nation/Berichte zur Gesinnungslage des Staatsschutzes* (Reinbek).

### andere

Luce Irigaray, *Ce sexe qui n'en est pas un* (Paris, *Das Geschlecht, das nicht eins ist*, Berlin 1979).
Paul Virilio, *Vitesse et Politique* (Paris, *Geschwindigkeit und Politik*, Berlin 1980).

# 1978

## POLITIK ¬ ZEITGESCHEHEN

### Moskau ¬ UdSSR

**Feb.–Nov.** In der Zeitschrift *Novyj mir* und in einer Buchedition (Moskau) erscheinen Leonid Breschnews Memoiren. *Malaja zemlja* (Das kleine Land), *Vozroždenie* (Wiedergeburt) und *Celina* (Das Neuland) sind den Kriegsjahren, dem Aufbau des Landes nach dem Krieg und den Jahren der Neulanderschließung gewidmet. Die von Kremljournalisten geschriebenen Abrisse werden in das Schul- und Hochschulprogramm aufgenommen und zu Meisterwerken der Literatur erklärt. Am 31.3.1979 wird Leonid Breschnew der Leninpreis für Literatur verliehen.

**6.4.** Arkadi Schewtschenko, Stellvertretender UNO-Generalsekretär und Außerordentlich Bevollmächtigter Botschafter der UdSSR in der UNO, bittet in den USA um politisches Asyl.

**14.7.** Anatoli Schtscharanski, Mitglied der Moskauer Helsinki-Gruppe und aktiver Mitstreiter der Jüdischen Emigrationsbewegung, wird wegen Spionage zu 13 Jahren Haft verurteilt. 1977/78 werden die Mitglieder der Moskauer und der ukrainischen Helsinki-Gruppe Juri Orlow, Alexander Ginsburg, Mikola Rudenko und A. Tichi ebenfalls zu langen Haftstrafen verurteilt.

**26.8.** Start des Raumschiffes *Sojus 31* mit den Kosmonauten Waleri Bykowski und Siegmund Jähn aus der DDR an Bord.

Sigmund Jähn signiert das *Kommunistische Manifest* im Weltraum

**18.10.** Sieg des sowjetischen Meisters Anatoli Karpow im Kampf um den Weltmeistertitel im Schach über seinen Herausforderer Viktor Kortschnoi, der nach einem Turnier in Amsterdam 1976 nicht in die UdSSR zurückkehrte. Die sowjetische Propaganda macht das Spiel zu einem Politikum.

**27.11.** Auf dem Plenum des ZK der KPdSU wird Michail Gorbatschow zum Sekretär des ZK für Landwirtschaft gewählt. Am 21.10.1980 wird er Mitglied des Politbüros des ZK der KPdSU.

**5.12.** Der sowjetisch-afghanische Vertrag über Freundschaft und Zusammenarbeit wird unterzeichnet. Er wird die rechtliche Grundlage für den Einmarsch sowjetischer Truppen in Afghanistan bilden.

**18.12.** Inbetriebnahme des ersten Produktionskomplexes des Giganten unter den sowjetischen Ausrüstern für Atomkraftwerke: des Atommasch in Wolgodonsk.

**28.12.** In Moskau wird die erste unabhängige Gewerkschaft gegründet, die Freie Berufsunabhängige Vereinigung von Werktätigen (SMOT).

### Berlin ¬ DDR

**30.3.** Der österreichische Bundeskanzler Bruno Kreisky besucht als erster westlicher Regierungschef seit der internationalen Anerkennung der DDR Ost-Berlin.

**7.6.** Staats- und Parteichef Erich Honecker empfängt Jasir Arafat mit einer Delegation der PLO in Ost-Berlin.

**29.11.** Verkehrsabkommen mit der BRD: Autobahnbau und Verbesserung der Wasserwege nach West-Berlin.

### West-Berlin ¬ Bundesrepublik Deutschland

**17.2.** Annahme des 2. Anti-Terrorismusgesetzes durch den Bundestag, das insbesondere das Verhältnis zwischen Verteidiger und Terrorist sowie Fahndungsmodalitäten regelt.

**11.4.** In einem umstrittenen Urteil befindet der baden-württembergische Verwaltungsgerichtshof, es sei nicht erwiesen, dass die rechtsextreme NPD verfassungsfeindliche Ziele verfolge.

**4.–7.5.** Besuch von Leonid Breschnew in der Bundesrepublik. Beide Staaten unterzeichnen ein langfristiges Abkommen über die enge Zusammenarbeit bei Großprojekten der Energieentwicklung, im Transportwesen und im Maschinenbau.

**29.11.** Vertreter der Bundesrepublik Deutschland und der DDR unterzeichnen im Kanzleramt in Bonn ein Regierungsprotokoll, in dem der Verlauf der innerdeutschen Grenze vertraglich geregelt wird. Ausgeklammert bleibt der strittige Verlauf der Elbgrenze.

### andere

Der italienische Ministerpräsident Aldo Moro wird von Mitgliedern der Roten Brigaden entführt und getötet.

**5.–17.9.** Friedensverhandlungen zwischen dem ägyptischen Staatspräsidenten Muhammad Anwar As-Sadat und dem israelischen Ministerpräsidenten Menachem Begin in Camp David, USA. Am 10.12. erhalten die beiden Staatsmänner für ihre Bemühungen um die Beilegung des Nahostkonfliktes den Friedensnobelpreis. Am 26.3.79 Unterzeichnung des Friedensvertrags in Washington.

**BILDENDE KUNST ¬** *Ein Jahr Galerie am Moritzplatz*, West-Berlin, mit Arbeiten von Rolf von Bergemann, Ep. Hebeisen, Rainer Fetting, Anne Jud, Helmut Middendorf, Thomas Müller, Salomé, Berthold Schepers, Bernd Zimmer. Die Galerie etabliert sich als Ort der Malerei der Neuen Wilden, die sich wie die italienische Transavanguardia mit dem Rückzug auf die individuelle Schöpferkraft gegen eine analytische, selbstreflexive oder aufklärerische Kunstauffassung positioniert. In Berlin orientiert sich diese »Heftige Malerei« vor allem am deutschen Expressionismus und dessen Vermittlung durch Karl Horst Hödicke und Bernd Koberling. Die Musik von Punk und New Wave spielt für den jungen Malerzirkel eine wichtige Rolle. Eine andere Orientierung wählen Werner Büttner, Albert Oehlen, Markus Oehlen und Martin Kippenberger, die ironisch und provokativ bürgerliche Bildvorstellungen und Verhaltensweisen aufs Korn nehmen. Die Mitglieder der Mülheimer Freiheit in Köln (Hans Peter Adamski, Peter Bömmels, Walter Dahn, Georg Jirí Dokupil, Gerard Kever, Gerhard Naschberger) ziehen den schönen Schein der Malerei zum Teil ins Ironische. Während in den 80er Jahren die Heftige Malerei begeistert gefeiert wird, wird sie in den 90ern wegen ihres konventionellen Kunstverständnisses zur »Salonmalerei« zurückgestuft.

## BILDENDE KUNST

### Moskau ¬ UdSSR

**6.–20.3.** Das Stadtkomitee der Grafiker zeigt in den Räumen an der Malaja Grusinskaja die erste Ausstellung der Gruppe Dwadzatka (Zwanziger). Sie nimmt einen Platz zwischen dem Underground und der halboffiziellen sowjetischen Kunst ein und tendiert stilistisch zur figurativen surrealistischen Malerei mit Elementen der christlichen Mystifizierung und der Erotik.

**24.3.** Gründung der Gruppe Muchomor (Fliegenpilz) mit Sven Gundlach, Konstantin Swesdotschotow, Sergej und Wladimir Mironenko und Alexej Kamenski. Sie schaffen gemeinsam das Bild *Ochota indejca na orla* (Die Adlerjagd des Indianers) und erklären den 24.3. zum »Allunionstag der Arbeiter des Happening«. Nach der im Frühjahr 1979 während eines regulären kulturhistorischen Seminars in der Wohnung des Moskauer Arztes Alexander Tschatschko durchgeführten *Aktion Večer pamjati poručika Rževskogo* (Gedenkabend für Oberleutnant Rshewski) nehmen die Moskauer Konzeptualisten Muchomor in ihren Kreis auf. Muchomor arbeitet mit den Medien Malerei, Performance, Album-Grafik, inszenierte Fotografie, Film, Rockmusik und Literatur.

In der inoffiziellen Kunst Moskaus wird die »Kunst in Aktion« (»iskusstwa dejstwija«) entwickelt. 1975–78 verwirklichen Michail Tschernyschow, Rimma Gerlowina und Waleri Gerlowin ihre Performances, ab 1975 der Dichter Lew Rubinstein seine Rede-Performances. Auch die Gruppe Gnesdo (Nest) realisiert Aktionen, u. a. 1976 *Stanem na metr blishe* (Stellen wir uns einen Meter dichter heran) unter Beteiligung von A. Ritter (BRD) und N. Matlock (USA).

**Juli** In der Manege werden Werke von Ilja Glasunow präsentiert, darunter die dem Bau des Nurek-Wasserkraftwerks und der BAM gewidmete Gemäldeserie *Večnaja Rossija* (*Ewiges Russland*), Porträts von Politikern und Kulturschaffenden u. a. Die Ausstellung ist sehr erfolgreich und wird im Herbst 1979 in Leningrad gezeigt.

Die Ilja-Glasunow-Ausstellung in der Manege, Moskau

**12.7.** *Deutsche Malerei 1890–1918* im Puschkin-Museum stellt Werke von Max Beckmann, Otto Dix, George Grosz, Paul Klee, von Mitgliedern der Brücke und des Blauen Reiters vor.

### Berlin ¬ DDR

**28./29.3.** 3. Jahrestagung der Sektion Kunstwissenschaft des VBK in Binz: In der Debatte wird begonnen, zwischen »sozialistischer Kunst« und »sozialistischem Realismus« zu unterscheiden, wobei letzterer die »führende Kunstrichtung« bleibt. Damit eröffnen sich Möglichkeiten der Auseinandersetzung mit abstrakten Tendenzen und deren langsamer Integration.

**5.5.** Eröffnung von *Junge Künstler der DDR 1978*, Galerie Junge Kunst, Frankfurt/O. Die Kritik an der Kunst der Jungen gleicht auffallend der Kritik an der von Fritz Cremer 1961 protegierten Ausstellung *Junger Künstler*. Stilprobleme des sozialistischen Realismus überlagern sich mit Fragen der Ideologie und des Generationenumbruchs.

**West-Berlin ¬ Bundesrepublik Deutschland**
**Juni–Juli** *Kasimir Malewitsch zum 100. Geburtstag*, Galerie Gmurzynska, Köln. Die Galerie widmet sich seit 1965 insbesondere der russischen Avantgarde.
**12.7.–6.11.** *Paris – Berlin 1900–1933: Übereinstimmungen und Gegensätze Frankreich – Deutschland, Kunst, Architektur, Grafik, Literatur, Industriedesign, Film, Theater, Musik*, im Centre National d'Art et de Culture Georges Pompidou, Paris.
**24.9.–12.11.** *Räume*, eine kollektive Manifestation raumbezogener Arbeiten von Gisbert Huelsheger, Wolfgang Koethe, Jan Kotik, Raimund Kummer, Wolf Pause, Hermann Pitz, Rudolph Valenta mit den Gästen Mario Bertoncini und Michelangelo Pistoletto in einer leer stehenden Fabriketage in der Lützowstraße 2, Berlin-Tiergarten, eine Ausstellung, die schließlich 1980 zur Gründung von Büro Berlin führt.

## ARCHITEKTUR ¬ DENKMAL

**Moskau ¬ UdSSR**
Fertigstellung des Wohnkomplexes auf der Begowaja-Straße, A: Andrej Mejerson, Jelena Podolskaja, Galina Klimenko u. a. Er steht auf Pylonen, die Bezug nehmen auf die Unité d'Habitation von Le Corbusier in Marseille. Vor dem Eingang zur WDNCh wird der sowjet. Pavillon der EXPO 67 in Montreal rekonstruiert, A: Michail Possochin (Leiter), Aschot Mndojanz, Boris Tchor. Der Glaspavillon mit dynamisch aufsteigendem Dach wird für Ausstellungen genutzt.

**Berlin ¬ DDR**
Internationales Handelszentrum, Friedrichstraße 95, Berlin-Mitte, ein japanisches Projekt unter der Gesamtleitung von Ehrhardt Gißke. Nur das insbesondere nachts durch die weiße Rahmung der Glas-Aluminium-Vorhangfassade weit in den Westen hinein sichtbare Hochhaus ist erhalten.

**West-Berlin ¬ Bundesrepublik Deutschland**
Staatsbibliothek, Potsdamer Straße 33, Berlin-Tiergarten, A: Hans Scharoun (Wettbewerb 1963, Baubeginn 1967, nach dem Tod von Scharoun am 22.11.72 übernimmt Edgar Wisniewski die Ausführungsplanung). Das Innere des Lesebereichs besteht aus einem Gesamtraum mit mehreren, zueinander geöffneten Ebenen, an dessen Rändern sich Nischen und kleinere Kabinette für Spezialisten ausbilden. Fußboden im Foyer von Erich F. Reuter, Glasfenster von Alexander Camaro. Wie die in Sichtweite stehende Philharmonie Scharouns ist die Bibliothek außen mit goldeloxiertem Aluminium verkleidet.

**andere**
Wohnhaus Gehry, Santa Monica, USA, A: Frank O. Gehry, die Pioniertat des Dekonstruktivismus.

## FILM

**Berlin ¬ DDR**
**6.11.** *Das Versteck* (1976/77, EA BRD 27.10.1980), R: Frank Beyer, D: Jutta Hoffmann, Manfred Krug. Eine Beziehungsgeschichte vor dem Hintergrund der gesellschaftlichen Verhältnisse der DDR. Wegen Krugs Ausreise in die Bundesrepublik wurde der Film erst verboten und dann mit nur wenigen Kopien gestartet.

**West-Berlin ¬ Bundesrepublik Deutschland**
**9.2.** *Die allseitig reduzierte Persönlichkeit – Redupers* (UA: Rotterdam, EA West-Berlin 25.2.), B/R: Helke Sander. Der Film über die Pressefotografin Edda ist zugleich ein Porträt des geteilten Berlins. 1981 folgt Sanders Spiel- und Dokumentarfilm über die Frauenbewegung in Berlin *Der subjektive Faktor*.
**3.3.** *Deutschland in Herbst*, R: Alf Brustellin, Bernhard Sinkel, Rainer Werner Fassbinder, Alexander Kluge, Beate Mainka-Jellinghaus, Maximiliane Mainka, Peter Schubert, Edgar Reitz, Katja Rupé, Hans Peter Cloos, Volker Schlöndorff, Text: Heinrich Böll u. a., D: Wolf Biermann u. a. Die elf Regisseure reflektieren den Herbst '77, die Stimmung und die politische Situation in der Bundesrepublik angesichts der Aktionen der RAF. Zur Terrorismus-Thematik dreht im gleichen Jahr Reinhard Hauff seinen Film *Messer im Kopf* (nach Peter Schneiders Buch, D: Bruno Ganz, Angela Winkler).

**andere**
*The Deer Hunter* (USA, *Die durch die Hölle gehen*, EA BRD 8.3.1979), R: Michael Cimino, D: Robert De Niro, John Savage, Christopher Walken. Drei befreundete Stahlarbeiter aus einer kleinen russisch-orthodoxen Gemeinde in Pennsylvania werden nach Vietnam eingezogen. Auf der Berlinale 1979 führt der Film zu einem Eklat. Alle Ostblock-Staaten boykottieren das Festival, mehrere Jurymitglieder treten zurück mit der Begründung, man verstoße mit dem Film gegen die »Völkerverständigung«.

Nina Hagens erstes Album, Plattencover

## MEDIEN

**Moskau ¬ UdSSR**
Erste Sendung des Internationalen Dienstes des Moskauer Rundfunks auf Englisch.

**Berlin ¬ DDR**
**10.1.** Als Reaktion auf die Veröffentlichung eines Manifests einer DDR-Oppositionsgruppe im *Spiegel* wird das Büro der Wochenzeitschrift in Ost-Berlin geschlossen.

**West-Berlin ¬ Bundesrepublik Deutschland**
Die Illustrierte *Stern* startet mit *Wir Kinder vom Bahnhof Zoo* eine Serie über die Drogenszene in West-Berlin. Der Serie folgen ein Buch (Christiane F. mit Kai Hermann, Horst Rieck 1978) und ein erfolgreicher Film (1984, R: Uli Edel).

## THEATER ¬ MUSIK

**Moskau ¬ UdSSR**
**11.3.** In der *Prawda* protestiert der Dirigent Algis Žuraitis gegen die Inszenierung von Peter Tschaikowskis *Pikovaja dama* (*Pique Dame*) in der musikalischen Fassung von Alfred Schnittke in der Grand Opéra, Paris, Dir: Gennadi Roshdestwenski, BB: David Borowski, R: Juri Ljubimow.
Gründung der Rockgruppe Nautilus Pompilius mit ihren Sänger Wjatscheslaw Butussow. Sie ist während der Perestroika äußerst populär.

**Berlin ¬ DDR**
**5.9.** Jürgen Goschs Inszenierung von Büchners *Leonce und Lena* an der Volksbühne arbeitet Langeweile und Verweigerung als Haltung junger Menschen in verzweifelter Lage heraus. Gosch wechselt wenig später in den Westen.
**1., 3.10.** Bei den *Berliner Festtagen* gastieren das Sowreminnik-Theater Moskau (mit Alla Sokolowas Tragikomödie *Farjatjews/Phantasien*, R: Lilija Tolmatschowa) sowie Oleg P. Tabakow, der in einem Werkstattabend Szenen verschiedener Stücke zeigt.
Die avantgardistische Leipziger *Gruppe Neue Musik »Hanns Eisler«* (gegründet 1970) präsentiert elektronische Musik in Leipzig, dabei Stücke von Lejaren Hiller, Paul-Heinz Dittrich, Luigi Nono. Hiller (USA) gibt außerdem an der dortigen Musikhochschule ein Computermusik-Seminar.

**West-Berlin ¬ Bundesrepublik Deutschland**
**21.3.** Botho Strauß überträgt mit seiner *Trilogie des Wiedersehens*, die an der Schaubühne von Peter Stein uraufgeführt wird, die Handlung von Gorkis *Sommergäste* auf die bundesdeutsche Gegenwart und zeigt Innenansichten der intellektuellen Gesellschaftsschicht. Schauplatz der Trilogie ist ein Kunstverein, in dem bei der Vorbesichtigung einer Malereiausstellung *Kapitalistischer Realismus* 16 Personen aufeinander treffen.
**20.4.** UA von Heiner Müllers *Germania Tod in Berlin* in den Kammerspielen München, R: Ernst Wendt. Müllers Montage deutscher Geschichtsmythen thematisiert Faschismus, Stalinismus und den Aufstand vom 17. Juni 1953.
**3.–31.10.** Das *Metamusik-Festival 3*, veranstaltet von den Berliner Festspielen und dem DAAD, steht unter dem Motto *Musik & Aktion*. Neben mehreren UA von DAAD-Gästen spielt Terry Riley ein Sitar-Konzert mit Imrat Khan.
Eröffnung des *S.O. 36* in Kreuzberg als Konzerthalle durch Andreas Rohe und den Maler Martin Kippenberger. Es wird zu einem Zentrum anarchistischer Kulturproduktion vor dem Hintergrund der Hausbesetzer- und Punkszene.
Die aus der DDR übergesiedelte Nina Hagen bringt ihr erstes Album heraus, *Nina Hagen Band*, 1979 folgt *Unbehagen*. In ihrer Mischung aus Pop, Punk, Schlager mit opernhaften Koloraturen werden die Alben ein Riesenerfolg.
Die Merce Cunningham Dance Company (New York) gastiert in der AdK mit *Retrospektive 1958–78* und *Zwei Events*.
Die Komponisten Maki Ishii, Paul Gutama Soegijo und Erhard Grosskopf gründen in Berlin die Konzertreihe *Inselmusik*, mit »Besinnung auf das Geistige in der Kunst und auf ihre Autonomie«.
Bei den Internationalen Ferienkursen in Darmstadt tritt eine neue Generation in Erscheinung: Wolfgang von Schweinitz, Wolfgang Rihm und Hans-Jürgen von Bose. Die Diskussion um die neoromantische Schule und eine Neue Einfachheit beginnt.

## LITERATUR ¬ THEORIE

**Moskau ¬ UdSSR**
Erste Einzelausgabe der *Kolymskie rasskazy* (London, *Geschichten aus Kolyma*, F/M. 1983) von Warlam Schalamow, einem Zyklus über das Lagerleben, an dem der Autor, selbst langjähriger Häftling des Gulag, von 1954 bis 1973 arbeitete.
Andrej Bitows *Puškinskij dom* (Ann Arbor, USA, *Das Puschkinhaus*, Darmstadt 1983) ist ein Roman über die Intelligenzija der 70er Jahre.

**Berlin ¬ DDR**
Erich Loests Roman *Es geht seinen Gang oder Mühen in unserer Ebene* (Halle) ist kurz nach dem Erscheinen sofort vergriffen. Wenig später wird dem Mitteldeutschen Verlag verboten, die bereits zugesagte Zweitauflage zu drucken. 1984 dokumentiert Loest in seinem Bericht *Die vierte Zensur* (Köln) dieses »Entstehen und Sterben eines Romans in der DDR«.
Sascha Anderson gibt die Reihe *Poe sie all bum* (Dresden, später Berlin, bis 1984 erscheinen zehn Hefte) mit Texten als Typoskript und graphisch gestalteten Umschlägen heraus.

**West-Berlin ¬ Bundesrepublik Deutschland**
Jurek Becker, *Schlaflose Tage* (F/M). Held des Romans ist der Lehrer Simroch, der versucht, sich gegen die sozialistische Staatsordnung aufzulehnen.
Hans Magnus Enzensberger, *Der Untergang der Titanic* (F/M). In dem Versepos wird die Schiffskatastrophe zur Metapher unserer Zeit.
Peter Härtlings *Hubert oder die Rückkehr nach Casablanca* (Darmstadt) erzählt von einem Vater, der seinen Sohn zu einem Helden erziehen will.
Martin Walsers Novelle *Ein fliehendes Pferd* (F/M) ist ein Buch über die männliche Midlife-Crisis.

# 1979

## POLITIK ¬ ZEITGESCHEHEN

**Moskau ¬ UdSSR**

**28.3.** Aufbruch des Stoßtrupps »25. Jahrestag der Neulandgewinnung« mit 50.000 Komsomolzen des Landes zu Baustellen Westsibiriens.

**12.7.** Beschluss des ZK der KPdSU *Über die Verbesserung der Planung und die Verstärkung der Wirkung des ökonomischen Hebels auf die Erhöhung der Effektivität der Produktion*, der auf eine stärkere Zentralisierung der Wirtschaft zielt. Er trägt zur Krise der sowjetischen Wirtschaft in den 80er Jahren bei.

**Berlin ¬ DDR**

**28.6.** Änderung des Wahlgesetzes der DDR: Die Ost-Berliner Abgeordneten der Volkskammer sollen künftig direkt gewählt werden, dagegen protestieren die Westmächte und die Bundesregierung, da sie darin einen Verstoß gegen das Viermächteabkommen sehen.

**West-Berlin ¬ Bundesrepublik Deutschland**

**März** Unter dem Motto »Gorleben soll leben!« demonstrieren 100.000 Menschen in Hannover gegen Atomkraft. Anlass ist das seit 1977 geplante atomare Endlager Gorleben, für das nun die Bohrungsarbeiten beginnen. Statt einer Wiederaufbereitungsanlage soll schließlich ein Zwischenlager entstehen. Im Mai 1980 besetzen rund

Räumung der *Republik freies Wendland*, Gorleben
(F: Günter Zint)

5000 Atomkraftgegner das Gelände der Tiefbohrstelle für ein Atom-Zwischenlager 3 und errichten das Hüttendorf »Freie Republik Wendland«, das am 4.6. von Polizei und Bundesgrenzschutz geräumt wird.

**23.5.** Carl Carstens wird zum Bundespräsidenten gewählt.

Erste Instandbesetzungen von oft aus Spekulationsgründen leer stehenden Häusern insbesondere in Berlin-Kreuzberg. Im Juni wird das UFA-Gelände, Viktoriastraße, Berlin-Tempelhof, besetzt. Im Dez. erwerben Selbsthilfegruppen den Mehringhof, Kreuzberg, und richten das Fabrikgebäude für alternative Kulturprojekte her.

**andere**

**Feb.** Im Iran gründet der aus dem Pariser Exil zurückgekehrte Schiitenführer Ayatollah Khomeini eine islamische Republik. Durch die Besetzung der US-Botschaft in Teheran am 4.11. soll die Auslieferung des geflohenen Schahs und seiner Familie erzwungen werden.

**17.7.** In Nicaragua erreichen die Sandinisten den Rücktritt des Diktators Somoza. Die »Junta des Nationalen Wiederaufbaus« übernimmt die Regierung.

**12.12.** NATO-Doppelbeschluss: In Reaktion auf die vermehrte Stationierung sowjetischer SS-20-Raketen beschließt die NATO in Brüssel die Aufstellung von 572 nuklearen US-Gefechtsköpfen in Westeuropa. Zugleich mit

Sowjetische SS-20-Raketen

dieser »Wiederherstellung des Gleichgewichts« bietet die NATO dem Warschauer Pakt Verhandlungen über die Begrenzung des Raketenpotenzials an.

## BILDENDE KUNST

**Moskau ¬ UdSSR**

**17.–28.2.** Ausstellung *Cvet – forma – prostranstvo* (Farbe – Form – Raum) beim Stadtkomitee der Grafiker, eine der wenigen offiziellen Präsentationen der Klassiker der inoffiziellen Kunst, die im Stadtkomitee eine »Arbeitserlaubnis« erhalten hatten. Dabei sind Eduard Gorochowski, Boris Shutowski, Francisco Infante-Arana, Ilya Kabakov, Wladimir Nemuchin, Viktor Piwowarow, Dmitri Plawinski, Michail Tschernyschow, Ivan Chuikov, Eduard Stejnberg und Wladimir Jankilewski.

**19.5.** Aktion *Prodaža duš* (Verkauf der Seelen) von Vitaly-Komar und Alexander Melamid mit der Gruppe Gnesdo (Nest) in Moskau und New York, laut den Akteuren der »Versuch, das erste zollfreie Handelsunternehmen in Moskau zu schaffen«.

Die der inoffiziellen sowjetischen Kunst gewidmete Zeitschrift *A–Ja* (A–Z) erscheint in Frankreich. Ihre Redakteure sind Alexej Alexejew (Pseudonym von Alexander Sidorow) und Igor Schelkowski. *A–Ja* ist die erste Publikation, die sich mit der Geschichte und Theorie der inoffiziellen Kunst beschäftigt und Informationen über aktuelle Ereignisse des Moskauer Undergrounds liefert. Sieben Nummern werden gedruckt, 1985 erscheint *Literaturnyj A–JA* (Literarisches A–Ja). Im Frühjahr 1980 werden Gespräche mit Beteiligten im KGB und in der MOSCh geführt .

**Berlin ¬ DDR**

**6.7.** Gregor-Torsten Schade eröffnet seine Ausstellung in der Galerie Arkade, Berlin, mit einer Performance: *Das schwarze Frühstück*.

**27.10.** Legendäre Ausstellung *Dezennien*, Leonhardi-Museum, Dresden. Teil 1 mit der wegen der Fülle von Installationen und Objekten so genannten *Türen-Ausstellung* mit Michael Freudenberg, Ralf Kerbach, Helge Leiberg, Thomas Wetzel, Volker Henze, Reinhard Sandner, Cornelia Schleime, Sascha Anderson.

**West-Berlin ¬ Bundesrepublik Deutschland**

**25.3.–6.5.** *Monte Verità – Berg der Wahrheit*, Akademie der Künste, Berlin. Der Kurator Harald Szeemann entwickelt eine »lokale Anthropologie als Beitrag zur Wiederentdeckung einer neuzeitlichen sakralen Topographie«.

**15.9.** Die Galerie René Block schließt nach 15 Jahren. Letzte Aktion am 21.8.: Joseph Beuys *Ja, jetzt brechen wir hier den Scheiß ab*.

**andere**

**31.5.–5.11.** *Paris – Moscou. 1900–1930*, Centre National d'Art et de Culture Georges Pompidou, Paris; 3.6.–4.10.81 *Moskwa – Paris. 1900–1930*, Puschkin Museum, Moskau, Kurator: Pontus Hultén mit einem Kuratoren-Team. Die bahnbrechende Ausstellung umfasst die Sparten Skulptur, angewandte Kunst und Gebrauchsobjekt, Architektur-Urbanismus, Propaganda, Plakat, Theater-Ballett, Literatur, Musik, Kino, Fotografie.

Gründung der Gruppe Group Material in New York. Sie liefert entscheidende Impulse für politisch engagierte KulturproduzentInnen in Europa, für partizipatorische Projekte und Kunst im öffentlichen Raum.

## ARCHITEKTUR ¬ DENKMAL

**Moskau ¬ UdSSR**

Sechs historische Moskauer Stadtteile bzw. -straßen sollen rekonstruiert werden: die Stoleschnikow-Gasse, der Alte Arbat, Samoskworetschje (ein Stadtteil südlich der Moskwa), Kadaschi, die Kusnezki-Brücke und Pokrowka. Entwürfe: Michail Possochin, Alexej Gutnow, Alexander Skokan, Wladimir Judinzew, Soja Charitonowa u. a.

Bau des weltweit ersten Kinder- und Jugendtheaters für Oper und Ballett, von Natalja Saz 1964 gegründet, auf dem Wernadski-Prospekt, A: Alexander Welikanow, Wladilen Krassilnikow, Bildhauer: Wjatscheslaw Klykow. Das von zwei Zylinderformen durchdrungene, rechtwinklige Gebäude ist innen farbenfroh ausgestattet.

Im Rahmen der Vorbereitungen der Olympischen Spiele 1980 wird auf dem Prospekt mira (Prospekt des Friedens) nach einem Entwurf sowjetischer und französischer Architekten der Hotelkomplex Kosmos (3600 Betten) auf einem halbkreisförmigen Grundriss gebaut.

**West-Berlin ¬ Bundesrepublik Deutschland**

Bauhausarchiv, Klingelhöferstraße 13–14, Berlin-Tiergarten, A: Walter Gropius (Entwurf unter Mitarbeit von Louis McMillan, The Architects Collaborative 1964–69, ursprüngl. für die Rosenhöhe in Darmstadt; Modifizierung für Berlin 1970–72 durch Alexander Cvijanovič). Am 1.12. eröffnet das Bauhausarchiv als West-Repräsentanz des Bauhauses mit entsprechender Ausstellungstätigkeit (1960 wurde das Archiv, 1961 das Museum in Darmstadt gegründet), da die historischen Orte der Bauhauses, Dessau und Weimar, in der DDR liegen.

**POLITIK ¬** Am 16.9. Militärputsch in Afghanistan: Sturz des prosowjetischen Führers Nur Muhammad Taraki, Machtübernahme durch Hafizullah Amin. Bei der sowjetischen Militärinvasion in Afghanistan (27.–28.12.) stürmen Spezialtruppen (Eliteeinheiten des KGB) den Palast von Amin in Kabul und ermorden ihn. Die Macht übernimmt der sowjetische Protegé Babrak Karmal. Beginn des Afghanistankrieges. US-Präsident Jimmy Carter verhängt am 4.1.80 ein Embargo für Lieferungen von Getreide und moderner Technologie in die UdSSR und ruft zum Boykott der Olympischen Spiele in Moskau auf. Außerdem verschieben die USA die Ratifizierung des am 18.6.79 in Wien unterschriebenen SALT-II-Abkommens über die Begrenzung strategischer Angriffswaffen auf unbestimmte Zeit. Die UNO-Generalversammlung fordert am 14.1.80 den Abzug der Truppen aus Afghanistan.

Internationales Congress Centrum (ICC), Messedamm, Berlin-Westend, A: Ralf Schüler, Ursulina Schüler-Witte (Wettbewerb 1965, Baubeginn 1973), ein multifunktionales Hightech-Gebäude an der Stadtautobahn.

## FILM

### Moskau ¬ UdSSR

**4.6.** *Pjat' večerov* (1978, *Fünf Abende*, EA DDR 12.9.1980, BRD 30.8.1993 arte), R: Nikita Michalkow nach dem gleichnamigen Bühnenstück von Alexander Wolodin. Die Erzählung vom Wiedersehen zweier Liebender nach langer Trennung beeindruckt vor allem durch die schauspielerische Leistung von Ludmila Gurtschenko und Stanislaw Ljubschin und wegen der indirekt thematisierten Lagervergangenheit des Helden.

**8.9.** Für den Film *Tema* (*Das Thema*, EA DDR 28.10.1988, BRD 29.10.1992 arte), R: Gleb Panfilow, mit Inna Tschurikowa und Michail Uljanow, wird zwar die Genehmigung erteilt, dennoch geht er erst im Okt. 1986 in den Verleih. Grund dafür ist die Figur eines opportunistischen Schriftstellers und das anklingende Thema der politischen Emigration aus der UdSSR.

**28.12.** Premiere der Komödie *Osennij marafon* (*Marathon im Herbst*, EA DDR 31.10.1980, BRD 10.12.1986 S3), R: Georgi Danelija, D: Oleg Bassilaschwili, Marina Nejolowa, Natalja Gundarewa. Anhand einer Dreiecksgeschichte erzählt der Film von der Unfähigkeit eines sowjetischer Intellektueller der 70er Jahre, eine bewusste Lebensentscheidung zu treffen.

*Skazka skazok* (Das Märchen der Märchen) von Juri Norstejn nach einem Drehbuch von Ljudmila Petruschewskaja ist ein Meisterwerk des Zeichentrickfilms.

### Berlin ¬ DDR

**14.12.** *Blauvogel* (EA BRD 1980), R/B: Ulrich Weiß nach einem Roman von Anna Jürgen, D: Robin Jaeger, Kurt Böwe, Jutta Hoffmann. Werkgetreue Verfilmung des Kinderbuchklassikers über einen Siedlerjungen in Nordamerika zwischen englischer und indianischer Lebenskultur.

### West-Berlin ¬ Bundesrepublik Deutschland

**20.2.** *Die Ehe der Maria Braun*, R: Rainer Werner Fassbinder, D: Hanna Schygulla, Klaus Löwitsch. Der Film verbindet die Emanzipation einer Frau mit der Entwicklung einer zunehmend egoistisch handelnden Gesellschaft in der frühen Bundesrepublik. Einer der erfolgreichsten Filme Fassbinders, der Schygulla den Silbernen Bären bringt.

**27.10.** *Bildnis einer Trinkerin*, R/B/K: Ulrike Ottinger, M: Peer Raben, D: Tabea Blumenschein, Lutze. Blumenschein spielt eine exzentrische, reiche Trinkerin, die mit einer Obdachlosen durch das West-Berliner Nachtleben zieht. Ottingers frühe provokative Spielfilme zeichnen sich durch expressive Kostüme, innovative Kompositionen und ungewöhnliche Schauplätze aus. Sie arbeitet mit Stars wie mit Amateuren und realisiert zahlreiche Reise-Dokumentarfilme.

### andere

**19.5.** *Apocalypse Now* (USA 1976–79, UA: Cannes, *Apocalypse Now*, EA BRD 4.10.), R: Francis Ford Coppola. Von Wagner-Musik untermalter Vietnam-Film um einen psychisch gestörten Kommandanten.

*Alien* (GB, *Alien – das unheimliche Wesen aus einer fremden Welt*, EA BRD 25.10., DDR 10.8.1990), R: Ridley Scott, D: Tom Skerritt, Sigourney Weaver. Erster Film der Alien-Serie und wichtiger Vorläufer für spätere Science-Fiction-Filme.

## MEDIEN

### West-Berlin ¬ Bundesrepublik Deutschland

Gründung der *taz* (*die tageszeitung*) als Forum einer Gegenöffentlichkeit zu der als politisch uniform wahrgenommenen Presselandschaft und als Genossenschaft im Besitz der Leser und Mitarbeiter.

## THEATER ¬ MUSIK

### Moskau ¬ UdSSR

**15.5.** *Vzroslaja doč' molodogo Čeloveka* (Die erwachsene Tochter eines jungen Mannes) von Viktor Slawkin ist nach *Pervyj variant »Vassy Železnovoj«* (Erste Variante von »Wassa Shelesnowja«) von Maxim Gorki die zweite Inszenierung von Anatoli Wassiljew und macht das Stanislawski-Schauspielhaus zu einem der wichtigsten Theater Moskaus.

### Berlin ¬ DDR

**24.4.** Am Berliner Ensemble bringen Manfred Wekwerth und Joachim Tenschert *Großer Frieden* von Volker Braun zur UA. Das Stück verlegt die Probleme des Aufbaus einer sozialistischen Gesellschaft in ein asiatisches Reich der Vorzeit.

**5.10.** In Schwerin präsentiert Intendant Christoph Schroth im Rahmen des Theaterfests *DDR-Entdeckungen* eine turbulente Inszenierung beider Teile von Goethes *Faust*. Lore Tappe als weiblicher Mephisto hat es gleich mit vier Faustdarstellern zu tun.

Robert Wilson, *Death, Destruction & Detroit*, Berlin

### West-Berlin ¬ Bundesrepublik Deutschland

**12.2.** Robert Wilson zeigt mit *Death, Destruction & Detroit* an der Schaubühne am Halleschen Ufer, Berlin, ein Beispiel seines formal streng arrangierten, assoziativen Bildertheaters.

**20.3.** In den leeren Räumen des ehemaligen Luxushotels Esplanade an der Berliner Mauer zeigt die Schaubühne ein simultan stattfindendes Programm mit Filmprojektionen, Environments, Spielszenen und Lesungen.

**23.–25.3.** *Begegnung mit der Sowjetunion*, im Rahmen der Reihe *Musik der Zeit* in Köln (WDR) werden sowjetische Komponisten mit 40 Werken vorgestellt. Schwerpunkte liegen auf der historischen Avantgarde der 10er und 20er Jahre und der aktuellen Komponistenszene. Sofia Gubaidulina (mit ihrem Schlüsselwerk *Fünf Etuden*), Jelena Firsowa, Dmitri Smirnov, Arvo Pärt (UA von *Fratres*, *Arbos*, *Missa* und *Cantate domino canticum novum*) waren zuvor nahezu unbekannt. Edison Denissow erhält als einziger die Einreisegenehmigung zur UA seines *Doppelkonzerts*; außerdem EA u. a. von Alexander Knaifel, Valentin Silwestrow, Alfred Schnittke.

**29.6.** Als letzte Stuttgarter Arbeit zeigen Claus Peymann und sein Ensemble die UA von Thomas Bernhards böser Komödie *Vor dem Ruhestand*, in der ein bundesdeutscher Gerichtspräsident zu Heinrich Himmlers Geburtstag seine alte SS-Uniform anlegt.

**6.10.** Jürgen Flimm inszeniert als neuer Intendant in Köln Heinrich von Kleists *Das Käthchen von Heilbronn* mit Katharina Thalbach als heutiges, an ihren Träumen festhaltendes Käthchen.

### andere

*4. Quadrinale für Bühnenbild und Theaterarchitektur*, Prag, unter den teilnehmenden Ländern: DDR und UdSSR. Auf dieser seit 1967 stattfindenden und weltweit in ihrer Thematik einzigartigen Ausstellung werden z. B. Arbeiten von Tadeusz Kantor gezeigt. Die Schau wird von DDR-Künstlern wegen ihrer experimentellen, gegen die herkömmliche Guckkastenbühne gerichteten Konzepte begeistert rezipiert.

## LITERATUR ¬ THEORIE

### Moskau ¬ UdSSR

**20.1.** Der Schriftstellerverband kritisiert den Samisdat-Literaturalmanach *Metropol'*; darauf wird er in den USA (Faksimile-Ausgabe, Ann Arbor) veröffentlicht. Er enthält Werke von anerkannten Schriftstellern wie Semjon Lipkin, Wassili Axjonow, Andrej Wosnessenski, Andrej Bitow, Inna Lisnjanskaja, Fasil Iskander sowie noch nicht offiziell sanktionierter Autoren wie Friedrich Gorenstein, Juri Karabtschijewski, Viktor Jerofejew, Jewgeni Popow u. a. Einige der Schriftsteller werden aus dem Verband ausgeschlossen, andere fallen unter die Zensur.

**April–Juli** In der Zeitschrift *Naš sovremennik* (Nr. 4–7) wird der Roman *U poslednej čerty* (An der letzten Linie) von Valentin Pikul veröffentlicht. Er handelt vom letzten Jahr des russischen Reiches und verbindet skandalöse Einzelheiten aus dem Privatleben der Zarenfamilie mit antisemitischen Stimmungen. Zu jener Zeit ist Pikul bereits als Autor der historischen Romane *Perom i špagoj* (Mit Feder und Degen) und *Bitva železnych kanzlerov* (Schlacht der eisernen Kanzler) bekannt.

In New York erscheint der skandalöse autobiographische Roman von Eduard Limonow *Ėto ja – Ėdička* (Ich bin's, Editschka; *Fuck, off, Amerika*, Bern 1982; in Russland 1992).

### Berlin ¬ DDR

**Mai** Brief an Erich Honecker mit einer Kritik an den repressiven Zuständen im Literaturbetrieb, unterschrieben von Kurt Bartsch, Jurek Becker, Adolf Endler, Erich Loest, Klaus Poche, Klaus Schlesinger, Dieter Schubert, Martin Stade. Daraufhin werden diese Autoren. aus dem DDR-Schriftstellerverband ausgeschlossen. Der linientreue Dieter Noll nennt seine Kollegen Stefan Heym, Joachim Seyppel und Rolf Schneider im *Neuen Deutschland* »kaputte Typen«, die »emsig mit dem Klassenfeind kooperieren, um sich eine billige Geltung zu verschaffen«.

Gegen immer mehr Schriftsteller gehen die DDR-Behörden wegen »Devisenvergehen« aufgrund ihrer Publikationen in der Bundesrepublik vor, für die sie keine Erlaubnis beim Büro für Urheberrechte eingeholt hatten. So werden Stefan Heym und Robert Havemann zu einer Geldstrafe verurteilt, Heym wird aus dem Schriftstellerverband ausgeschlossen. Wolfgang Hilbig wird wegen seiner ersten Veröffentlichung in der Bundesrepublik, dem Gedichtband *Abwesenheit* (F/M), von der Stasi verhaftet.

Christa Wolfs Erzählung *Kein Ort nirgends* (erscheint parallel in Berlin/Weimar und Darmstadt; russ. Moskau 1988) spiegelt die Depression der DDR-Intellektuellen nach der Biermann-Ausbürgerung.

Stephan Hermlins Autobiographie erscheint unter dem Titel *Abendlicht* (parallel in Leipzig und in West-Berlin; russ. Moskau 1983).

Thomas Böhme und Thomas Rosenlöcher geben *Der Laternenmann* heraus, eine mit der Schreibmaschine vervielfältigte Literaturzeitschrift.

### West-Berlin ¬ Bundesrepublik Deutschland

Peter Handkes Erzählung *Langsame Heimkehr* (F/M) ist der erste Band einer Tetralogie, zu der *Die Lehre der Saint-Victoire*, die *Kindergeschichte* sowie die dramatische Dichtung *Über die Dörfer* gehören.

Heinrich Böll, *Fürsorgliche Belagerung* (Köln; russ. in *Inostrannaja literatura*, Nr. 11, Moskau 1988) behandelt das Verhältnis von Sicherheit und Totalitarismus im Staat.

Günter Grass' Erzählung *Das Treffen in Telgte* (Darmstadt; russ. Auszüge in *Literaturnaja gaseta*, Nr. 7, Moskau 1982, vollständig Moskau 1985) ist eine geistreiche Travestie auf die Gruppe 47.

### andere

Jean-François Lyotard, *La Condition postmoderne* (Paris, *Das postmoderne Wissen*, Wien 1982; russ. St. Petersburg 1998) spricht von der Preisgabe der fortschrittsorientierten Ideologien und der verbindlich auftretenden Wertsysteme, an deren Stelle die »Vielfalt und Unübersetzbarkeit der ineinander verschachtelten Sprachspiele« trete.

# 1980

## POLITIK ¬ ZEITGESCHEHEN

### Moskau ¬ UdSSR

**22.1.** Als Reaktion auf seinen offenen Brief gegen den Einmarsch der sowjetischen Truppen in Afghanistan werden Andrej Sacharow alle Titel und Auszeichnungen aberkannt. Er wird nach Gorki verbannt und unter KGB- und Milizaufsicht gestellt.
**20.7.** Im Zusammenhang mit den Massenstreiks der Arbeiter in Polen werden Sendungen westlicher Rundfunkstationen in der UdSSR unterbunden. Das Politbüro erwägt ein bewaffnetes Eingreifen in Polen, was erst nach der in Gdańsk getroffenen Vereinbarung zwischen der polnischen Parteiführung und der Gewerkschaft Solidarność am 31.8. für überflüssig erachtet wird.

Abschlussveranstaltung der Olympischen Spiele, Moskau

**POLITIK ¬** Olympische Spiele vom 19.7. bis 3.8. in Moskau: Wegen des Einmarschs sowjetischer Truppen in Afghanistan werden die Spiele von den USA, England, der Bundesrepublik, Japan und einer Reihe anderer Länder boykottiert. Moskau bleibt während der zwei Wochen für Fremde gesperrt. Dank des Olympischen Fernseh- und Rundfunkkomplexes können die Spiele ununterbrochen übertragen werden. Zum Olympischen Komplex auf dem Prospekt mira (Prospekt des Friedens), A: Michail Possochin, Boris Tchor, L. Kotowa u. a., gehören Europas größtes überdachtes Stadion mit 45.000 Plätzen und ein Hallenschwimmbad mit Tribünen für 12.000 Zuschauer. Zudem wurden das Olympische Dorf auf dem Mitschurinski-Prospekt sowie eine Reihe von Hotels gebaut. In der Manege wird am 14.7. die Allunions-Kunstausstellung *Sport – posol mira* (Sport als Botschafter des Friedens) mit 1100 Werken von über 600 Künstlern eröffnet.

**Aug.–Okt.** In Moskau und Kiew werden die Bürgerrechtlerin Tatjana Welikanowa, der Priester Gleb Jakunin, die Mitglieder der Redaktion der Samisdat-Zeitschrift *Poiski* (Die Suche) W. Sokirko, Waleri Abramkin und Ju. Grimm sowie der Dichter Wassil Stus zu unterschiedlich langen Haftstrafen verurteilt.
**23.10.** Rücktritt des Vorsitzenden des Ministerrates der UdSSR Alexej Kossygin. Seinen Platz nimmt Nikolai Tichonow ein.

### Berlin ¬ DDR

**9.10.** Die DDR erhöht den Mindestumtauschsatz für Besucher aus nichtsozialistischen Staaten von fünf auf 25 DM pro Tag.
**13.10.** Erich Honecker verlangt in einer Grundsatzrede in Gera von der Bundesrepublik die Anerkennung der Existenz zweier souveräner, voneinander unabhängiger deutscher Staaten.

### West-Berlin ¬ Bundesrepublik Deutschland

**5.10.** Die Bundestagswahlen führen zur Fortsetzung der Koalitionsregierung von Schmidt (SPD) und Genscher (FDP). Erstmals nimmt die ökologische Bürgerbewegung *Die Grünen* als Partei an den Wahlen teil.

### andere

**24.10.** In Polen wird die unabhängige Gewerkschaft Solidarność (Solidarität) offiziell registriert, ihr Sprecher ist Lech Wałęsa.
»Züri brennt«: Eskalation der Hausbesetzer- und Jugendbewegung in Zürich.

## BILDENDE KUNST

### Moskau ¬ UdSSR

**27.3.** Im Haus der Völkerfreundschaft wird die Ausstellung *Sovremennaja grafika FRG* (Zeitgenössische Grafik aus der Bundesrepublik Deutschland) aus der Sammlung der Lufthansa eröffnet.
**6.9.** Ausstellung in der Tretjakow-Galerie zum 600. Jahrestag der Schlacht auf dem Kulikowo pole (Schnepfenfeld) gegen die Tartaren. Gezeigt werden Werke von Karl Brüllow, Orest Kiprenski, Viktor Wasnezow, Valentin Serow, Nikolai Roerich, Pawel Korin, Wladimir Faworski, Michail Nesterow, Arkadi Plastow, Juri Rakscha, Pjotr Ossowksi, Ilja Glasunow u. a.

### Berlin ¬ DDR

*Achtung Aufnahme*, Galerie Schweinebraden, Ost-Berlin, Video- und Musikperformance von Wolf Kahlen (West) und A.R. Penck (Ost) mit geschmuggeltem Equipment und Ankündigung per Flüsterpropaganda. Erstmals wird in der DDR der künstlerische Einsatz von Video demonstriert, findet jedoch wenig Echo.
**3.8.** A.R. Penck siedelt in die Bundesrepublik Deutschland über. Zahlreiche junge Künstler folgen ihm in den achtziger Jahren.
**Sept.** *Mehl-Art* (*Künstler backen Kunst*), Aktion in Glauchau (Sachsen) mit einer Reihe junger Künstler, darunter Hans Hendrik Grimmling, Klaus Werner und Gunar Barthel.

### West-Berlin ¬ Bundesrepublik Deutschland

**20.1.–2.3.** *Für Augen und Ohren – Von der Spieluhr zum akustischen Environment*, Akademie der Künste, Berlin-Tiergarten, Kuratoren: René Block und Nele Härtling, präsentiert Grenzüberschreitungen zwischen Musik und bildender Kunst, für die als Stammväter Marcel Duchamp, Edgar Varèse, Henry Cowell und Charles Ives angeführt werden.
**3.3.** Gründung von Büro Berlin durch Raimund Kummer, Hermann Pitz und Fritz Rahmann. In den Ausstellungen der vorangegangenen 2 Jahre, in denen sie mit ihren Arbeiten auf konkrete Raumsituationen reagierten, bildeten die Künstler einen spezifischen Produktionsbegriff heraus. Sie definieren nun als bestimmenden Teil ihres künstlerischen Tuns die Arbeit an den Produktionsbedingungen, die Organisation von Ausstellungen mit mehreren Beteiligten und das Erproben vielfältiger Arbeitsfelder im Stadtraum, d. h. sowohl in kunstfremden als auch in kunstkodierten Räumen.
**29.2.–20.4.** *Kasimir Malewitsch (1878–1935). Werke aus sowjetischen Sammlungen*, Städtische Kunsthalle, Düsseldorf, Kurator: Jürgen Harten. Die Ausstellung beschränkt sich auf 60 Leihgaben aus der Sowjetunion, die zuvor noch nie präsentiert worden waren. Die geplante Ausstellungstournee kann nicht stattfinden, da die Werke von den sowjet. Museen vorzeitig zurückgefordert werden.
**28.3.–6.5.** *Russische Kunst aus den Sammlungen Wladimir S. Semjonow*, Museum Ludwig Köln, Kuratorin: Evelyn Weiss. 9.6.–15.7. dann in der Galerie Villa Merkel, Esslingen.
**30.5.–6.7.** *Mensch und Umwelt. Malerei, Grafik, Plastik aus der DDR*, Künstlerhaus Bethanien in Verbindung mit der Majakowski-Galerie, Gesellschaft für Deutsch-Sowjetische Freundschaft, VBK-DDR, Zentrum für Kunstausstellungen der DDR; mit Arbeiten von Gudrun Brüne, Wolfram Ebersbach, Ulrich Hachulla, Harald Hakenbeck, Wolfgang Peuker, Arno Rink, Manfred Butzmann u. a.

### andere

Die 40. Biennale in Venedig integriert erstmals die Sonderschau *aperto 80* als aktuellen Überblick, Organisator: Harald Szeemann. Die Arbeiten von Georg Baselitz *Modell für eine Skulptur* und Anselm Kiefer *verbrennen, verholzen, versenken, versanden* im deutschen Pavillon lösen wegen ihrer Bezugnahme auf den Nationalsozialismus eine kontroverse Diskussion über die Möglichkeiten des künstlerischen Umgangs mit Geschichte aus und stellen beide Künstler ins internationale Rampenlicht.

## ARCHITEKTUR ¬ DENKMAL

### Moskau ¬ UdSSR

Das Zentrale Haus des Künstlers und die Staatliche Tretjakow-Galerie (später Staatliche Tretjakow-Gemäldegalerie der UdSSR) auf dem Krymski wal 10 werden fertig gestellt, A: Juri Schewerdjajew, Nikolai Sukojan. Die monumentale, vom Grundriss her rechteckige Tretjakow-Galerie im modernistischen Stil weist Elemente des venezianischen Dogenpalasts auf und ist mit 25.000 $m^2$ Ausstellungsfläche eines der größten Museumsgebäude der Welt.
Eine Gruppe von Architekten, Designern und Künstlern gründet unter der Leitung des Architekten Alexander Jermolajew die Experimentalwerkstatt Teatr architekturnoj formy (TAF, Theater der architektonischen Form). Nach den Worten der Begründer »strebt der TAF-Designer danach, sein Interesse an Ruhe, Zurückhaltung und Minimalismus, mit der Liebe zur kranken Welt, zum kranken Land, seinen Problemen, seinem Hinterhofmilieu und Chaos zu verbinden«. TAF geht von El Lissitzkys Verständnis der »Einheit des Bildes der wahrnehmbaren Welt« aus. Daher interessieren sie sich für die Bereiche Design, Architektur, bildende Kunst, Film, Theater, Ingenieurbau, Politik und Sport. Ab 1998 gibt TAF die Zeitschrift *Vešč* (Dinge) heraus, welche sich auf die internationale, in Berlin 1922 erschienene Zeitschrift *Vešč* von El Lissitzky und Ilja Ehrenburg bezieht.

### Berlin ¬ DDR

Diskussion um den Wiederaufbau des 1936 abgebrochenen und in West-Berlin eingelagerten Ephraim-Palais nahe dem ursprünglichen Standort am Mühlendamm, Berlin-Mitte. Gleichzeitig wird in West-Berlin überlegt, das Palais in der Lindenstraße, nahe dem Berlin-Museum, als jüdisches Museum zu rekonstruieren. 1985/86 wird das von Friedrich Wilhelm Dieterichs 1762–66 errichtete Palais anlässlich der 750-Jahr-Feier Berlins unter Verwendung der im Westen gelagerten Originalteile am Mühlendamm wieder aufgebaut.

### West-Berlin ¬ Bundesrepublik Deutschland

Steglitzer Kreisel, A: Sigrid Kressemann-Zschach, ist das höchste Gebäude West-Berlins für Hotels, Verwaltungseinrichtungen und Geschäfte in Berlin-Steglitz. Während der 10-jährigen Bauzeit sorgt einer der größten Bau- und Finanzierungsskandale West-Berlins für Aufsehen, in dessen Zuge Finanzminister Heinz Striek 1975 zurücktreten und der Rohbau zur Deckung der Kosten versteigert werden musste.

### andere

In Venedig findet unter dem Titel *La presenza del passato* die erste Architektur-Biennale statt (Leitung: Paolo Portoghesi).

## FILM

### Moskau ¬ UdSSR

**10.–25.1.** *Sibiriada*, R: Andrej Michalkow-Kontschalowski, ein Film über Sibirien in 4 Teilen. Die Handlung des sozialpsychologischen Epos erstreckt sich nahezu über ein Jahrhundert.
**11.2.** *Moskva slëzam ne verit* (1979, *Moskau glaubt den Tränen nicht*, EA DDR 26.9., BRD 17.9.1982), R: Wladimir Menschow, D: Vera Alentowa, Alexej Batalow, Irina Murawjowa. Das Melodram vom sowjetischen Aschenputtel, das Werkdirektorin wird und sein persönliches Glück findet, wird einer der größten Kassenschlager der sowjetischen Filmgeschichte und von der amerikanischen Filmakademie mit dem Oscar für den besten ausländischen Film ausgezeichnet.
**19.5.** *Stalker*, R: Andrej Tarkowski, nach der Science-Fiction-Erzählung *Piknik na obočine* (*Picknick am Wegesrand*) von Arkadi und Boris Strugazki (1978/79, EA BRD 16.2.1981, DDR 1.5.1981). Nachdem eine erste Version von Kameramann Georgi Rerberg, mit dem Tarkowski früher arbeitete, vom Regisseur verworfen wurde, geht eine zweite, von Kameramann Alexander Knjashinski gedrehte Version des Films in den Verleih. D: Alissa Frejndlich, Alexander Kaidanowski, Anatoli Solonizyn, Nikolai Grinko.
**19.5.** *Ėkipaž* (*Flug durchs Feuer*, EA DDR 8.1. 1981 DFF 2), R: Alexander Mitta. Der erste sowjetische Katastrophenfilm über ein Flugzeugdrama hat einen durchschlagenden Erfolg.

### Berlin ¬ DDR

**17.1.** *Solo Sunny*, R: Konrad Wolf, M: Günther Fischer, D: Renate Krößner. Der Film über eine emanzipierte Schlagersängerin aus dem Berliner Stadtteil Prenzlauer Berg, die mit ihrer Band durch die Provinz reist, findet in der DDR ein großes Publikum.

### West-Berlin ¬ Bundesrepublik Deutschland

**14.4.** *Die Blechtrommel* (UA 3.5.1979: Berlin/Wiesbaden) wird als erster deutscher Spielfilm mit dem Oscar ausgezeichnet, nachdem er am 24.5.79 bereits die Goldene Palme in Cannes erhalten hatte. R: Volker Schlöndorff, nach dem gleichnamigen Roman von Günter Grass, D: David Bennent, Mario Adorf, Angela Winkler, Katharina Thalbach.

*Die Blechtrommel* (BRD), Filmstill

**29.8.–8.9.** *Berlin Alexanderplatz*, R/B: Rainer Werner Fassbinder nach dem Roman von Alfred Döblin, D: Hanna Schygulla, Barbara Sukowa. Die monumentale Verfilmung löst bei der UA in Venedig begeisterte Kritiken aus, als Fernsehfassung mit 13 Folgen wird hingegen der Film in der Bundesrepublik kontrovers diskutiert.

### andere

**14.11.** *Raging Bull* (USA, *Wie ein wilder Stier*, EA BRD 12.3.1981), R: Martin Scorsese, D: Robert De Niro. Die psychologische Studie über einen Box-Champion wird später von amerikanischen Kritikern zum besten Film der 80er gewählt.

## MEDIEN

### West-Berlin ¬ Bundesrepublik Deutschland

**12.6.** *Scheibenwischer*, eine politische Kabarettsendung von und mit Dieter Hildebrandt zusammen mit Bruno Jonas, Mathias Richling und Georg Schramm, wird erstmals von der ARD ausgestrahlt. 2003 wird die Sendung eingestellt.

### andere

Britische Ingenieure bringen den ersten Homecomputer (Sinclair ZX-80) für 95,95 £ (498 DM) auf den Markt.

## THEATER ¬ MUSIK

### Moskau ¬ UdSSR

**8.3.** Rockfestival *Tbilissi-80*, das größte Festival dieser Art in der UdSSR. Sieger wird Maschina wremeni (Zeitmaschine) von Andrej Makarewitsch. Beginn einer zaghaften Anerkennung der Rockmusik durch die offiziellen Instanzen.
**Juni** *Dom* (*Das Haus*), ein Bühnenstück nach dem Roman von Fjodor Abramow im Kleinen Dramatischen Theater in Leningrad, R: Lew Dodin. Das psychologische Drama über die Bewohner eines Nachkriegsdorfes hält sich 20 Jahre auf der Bühne.
**25.7.** Der Barde und Schauspieler Wladimir Wyssozki stirbt. Seit Stalins Tod hat Moskau nicht mehr einen solchen Menschenauflauf wie zu seiner Beisetzung gesehen.

Der Barde Wladimir Wyssozki

**Dez.** Auf Swjatoslaw Richters Initiative beginnen die jährlichen Festivals für Kammermusik *Dekabr'skie večera* (Dezemberabende) im Moskauer Puschkin-Museum.

### Berlin ¬ DDR

**12.4.** Mit einer auf entfesselte Leidenschaft setzenden Inszenierung von Shakespeares *Ein Sommernachtstraum* am Deutschen Theater macht Alexander Lang als Regisseur auf sich aufmerksam.
**3.9.** Fritz Marquardt bringt an der Volksbühne Heiner Müllers 1965 nicht zur Aufführung zugelassenes Stück *Der Bau* (nach Erik Neutschs Roman *Spur der Steine*) zur UA.
**3.10.** Erste Regiearbeit von Heiner Müller: Er inszeniert mit Ginka Tscholakowa sein Stück *Der Auftrag* auf der Probebühne der Volksbühne.
**1980/81** Friedrich Schenker komponiert im Auftrag des DDR-Rundfunks: *Fanal Spanien 1936*, *Ballade für großes Orchester* (zugleich *Hommage à Paul Dessau*), gedacht als Appell zur Wachsamkeit, »um kommunistische Ideale neu zu mobilisieren«. Er integriert Revolutionslieder Paul Dessaus.

### West-Berlin ¬ Bundesrepublik Deutschland

**2.2.** UA von *Lieber Georg* von Thomas Brasch, des »Eiskunstläufer-Dramas aus dem Vorkrieg« über den Lyriker Georg Heym in Bochum. Brasch wechselte, wie auch das Regieduo Manfred Karge und Matthias Langhoff, aus der DDR zu Peymanns Bochumer Ensemble.
**3.5.** Beim Berliner Theatertreffen wird erstmals eine Tanztheaterproduktion als eine der »bemerkenswertesten« Aufführungen des letzten Jahres gezeigt: *Arien* von Pina Bausch. Bausch leitet seit 1973 das Wuppertaler Tanztheater. Ihre Choreographien sind Collagen aus körpersprachlicher Improvisation, Text und Gesang, die gesellschaftliche und individuelle Ängste, Wünsche und Zwänge erfahrbar machen.
**18.10.** Die Berliner Schaubühne zeigt Peter Steins mehrstündige, kulturhistorisch fundierte Inszenierung *Die Orestie des Aischylos*, ein skeptisches Plädoyer für die Aufklärung.
**2.6.** Luigi Nono, *Fragmente – Stille, An Diotima*, UA beim Bonner Beethoven-Fest durch das LaSalle-Quartett.
Die Neue Deutsche Welle und Punk fassen in Berlin Fuß. Für Punk war das Album *Anarchy in the UK* (1977) der englischen Gruppe Sex Pistols die Initialzündung. Die NDW orientierte sich am US-amerikanischen New Wave (Talking Heads, Blondie). Um 1980 werden in Berlin u. a. die Punk-Gruppe Die Ärzte und die NDW-Bands Ideal, Wirtschaftswunder, Spliff (zuvor die Band Nina Hagens), Einstürzende Neubauten (Industrial-Rock), Die Tödliche Doris (Elektronikgruppe, die auch Filme, Performances und Kunstausstellungen realisiert) gegründet, in Düsseldorf Die Toten Hosen (Punk-Rock), in Hagen Extrabreit (Punk), im Raum Oldenburg/Bremerhaven die dadaistische Band Trio.

### andere

*Sieg über die Sonne*, Rekonstruktion der UA der futuristischen Oper von Alexej Krutschonych (Text), Welimir Chlebnikow (Prolog), Michail Matjuschin (Musik), Kasimir Malewitsch (Kostüme, Bühne) vom 3. und 5.12.1913 durch das California Institute of the Arts, Los Angeles; mehrere Aufführungen in den USA; 1.–4.9.83 schließlich in der Akademie der Künste, Berlin.

Kasimir Malewitsch, Umschlagentwurf und Bühnenprospekt für *Sieg über die Sonne*, 1913

## LITERATUR ¬ THEORIE

### Moskau ¬ UdSSR

Lew Kopelew, Wassili Axjonow und Wladimir Woinowitsch verlassen die UdSSR. Der Germanist und Schriftsteller Kopelew, seit 1977 mit Publikationsverbot belegt, reist am 13.11. mit seiner Frau Raissa Orlowa in die Bundesrepublik aus, wo er bis zu seinem Tod 1997 lebt. Anfang 1981 verfügt die UdSSR die Ausbürgerung.
Wassili Axjonows Roman *Ožog* (Ann Arbor, USA, *Gebrannt*, West-Berlin 1983), über eine Kindheit im Lager, eine Jugend in der Tauwetterperiode und ein Erwachsenendasein als Emigrant, erscheint.

### Berlin ¬ DDR

Kurzzeitige Verhaftung von Frank-Wolf Matthies und Lutz Rathenow aufgrund der Veröffentlichung ihrer Bücher in der Bundesrepublik.

### West-Berlin ¬ Bundesrepublik Deutschland

Der Schriftsteller Michael Ende wird für seinen Roman *Die unendliche Geschichte* (Stuttgart 1979) mit dem *Buxtehuder Bullen*, dem höchstdotierten Jugendbuchpreis der Bundesrepublik, ausgezeichnet. Der Märchen-Roman avanciert zum Kultbuch und wird 1984 aufwendig für den internationalen Markt verfilmt, R: Wolfgang Petersen.

### andere

**21.2.** Der letzte Roman von Alfred Andersch *Der Vater eines Mörders* (Zürich), in dem der Autor anhand des Beispiels Heinrich Himmlers der Frage nachgeht, welche Erziehungsfaktoren den Menschen prägen, erscheint postum.
György Konrád, *Der Komplize* (F/M) beschreibt ein Intellektuellenschicksal im Sozialismus. In Budapest kursierte der Roman zuvor nur in Typoskripten. 1997–2003 ist Konrád Präsident der Akademie der Künste, Berlin.
Umberto Eco, *Il nome della rosa* (Mailand, *Der Name der Rose*, München/Wien 1982; russ. in: *Inostrannaja literatura*, Nr. 8–10, 1988); 1980 als internationale Großproduktion (BRD/I/F) von Jean-Jacques Annaud verfilmt.
Roland Barthes, *La chambre claire. Note sur la Fotografie* (Paris, *Die helle Kammer. Bemerkungen zur Fotografie*, F/M 1985; russ. Moskau 1997).
Gilles Deleuze, Félix Guattari, *Mille plateaux* (Paris, *Tausend Plateaus, Kapitalismus und Schizophrenie*, Berlin 1992), ist die Fortsetzung des *Anti-Ödipus* (frz. 1972, dt. 1977).
Paul Virilio, *Esthétique de la disparition* (Paris, *Ästhetik des Verschwindens*, Berlin 1986)

# 1981

## POLITIK ¬ ZEITGESCHEHEN

### Moskau ¬ UdSSR

**28.2.–3.3.** XXVI. Parteitag der KPdSU. Wegen des schlechten Gesundheitszustands von Leonid Breschnew wird der Rechenschaftsbericht des Generalsekretärs zum ersten Mal seit Jahren nicht im Fernsehen übertragen.
**3.5.** Fertigstellung der Gasleitung Urengoi-Moskau. Am 20.11. wird mit der Bundesrepublik der Vertrag über die Lieferung von sibirischem Erdgas unterzeichnet.
**19.12.** Feierlichkeiten zum 75. Geburtstag von Leonid Breschnew, der anlässlich dieses Jubiläums zum vierten Mal als Held der Sowjetunion ausgezeichnet wird.

### Berlin ¬ DDR

**3.7.** Innerdeutsche Gespräche zur Rüstungskontrolle in Ost-Berlin.
**13.8.** Der 20. Jahrestag des Mauerbaus wird von der SED-Regierung mit einer Parade begangen.
**11.–13.12.** Bundeskanzler Helmut Schmidt und der DDR-Staatsratsvorsitzende Erich Honecker treffen sich am Werbellinsee zu dreitägigen innerdeutschen Gesprächen.

### West-Berlin ¬ Bundesrepublik Deutschland

**15.1.** Rücktritt des Regierenden Bürgermeisters von Berlin, Dietrich Stobbe (SPD), und des gesamten Senats wegen Kredit- und Subventionsbetrug in Zusammenhang mit der Firma Bautechnik KG des Berliner Architekten Dietrich Garski. Nach Neuwahlen wird am 11.6. Richard von Weizsäcker (CDU) neuer Bürgermeister.
**1.10.** Freilassung des DDR-Spions Günter Guillaume im Rahmen eines Agenten-Austauschs zwischen der Bundesrepublik und der DDR.
**10.10.** Friedensdemonstration gegen die Rüstungspolitik der NATO in Bonn mit ca. 300.000 Teilnehmern.
**14.11.** Die seit 1980 stattfindenden Proteste gegen den Neubau der Startbahn West des Frankfurter Großflughafens kulminieren in Demonstrationen von Umweltschützern in Wiesbaden (mit 150.000 Teilnehmern) und am 15.11. auf dem Frankfurter Flughafen. Die Polizei drängt die Demonstranten hier auf die benachbarte Autobahn ab, wo sie Barrikaden errichten und den Verkehr lahm legen. Darauf eskaliert die Auseinandersetzung.

Button der Friedensdemonstration, Bonn

### andere

**25.1.** Verhängung von langen Haftstrafen und Todesurteilen gegen die »konterrevolutionäre Viererbande« um die Witwe Mao Tse-tungs in der VR China, die sich gegen die eher gemäßigte Politik der Nachfolger Maos gewendet hatten.
**April/Aug.** Schwere Rassenunruhen in Großbritannien, insbesondere in London und Liverpool.
**8.8.** US-Präsident Ronald Reagan entscheidet sich für die Produktion von Neutronenwaffen.
**30.11.** Beginn der sowjetisch-amerikanischen Verhandlungen über den Abbau der atomaren Mittelstreckenraketen in Genf.
**12.12.** Der neue Ministerpräsident Polens, Wojciech Jaruzelski, verhängt den Kriegszustand über Polen und lässt zahlreiche Solidarność-Mitglieder verhaften. Der Präsident der USA Ronald Reagan stoppt am 29.12. deswegen die Verhandlungen mit der UdSSR über die Wiederaufnahme der Getreidelieferungen und verhängt ein Embargo für die Lieferung von Material für die transsibirische Gasleitung sowie ein Verbot für Aeroflot-Flüge in die USA. Die USA verlassen zudem die Verhandlungen in Genf. Die Verbündeten der USA schließen sich dem Embargo nicht an.

## BILDENDE KUNST

### Moskau ¬ UdSSR

**Jan.** Allunionsausstellung junger Künstler in Taschkent im neuen Ausstellungssaal des Künstlerverbands der Usbekischen SSR. Einen zentralen Platz in der Austellung nehmen die Werke der sowjetischen »Fotorealisten« ein. Dazu gehören u. a. der Erewaner Sergej Owsepjan, die estnischen Maler Heiti Polli und Rein Tammik, Sergej Basilew und Sergej Geta aus Moskau sowie Michail Ombysch-Kusnezow aus Nowosibirsk.
**13.2.** Zum XXVI. Parteitag der KPdSU wird in der Manege und im Zentralen Haus des Künstlers die Ausstellung *My stroim kommunizm* (Wir bauen den Kommunismus auf) eröffnet, mit einer großen, der Geschichte der Partei gewidmeten Abteilung.
**Feb.** Fertigstellung der ersten Mappe des MANI (Moskauer Archiv für neue Kunst). Zum MANI-Kreis gehören Vertreter der Moskauer konzeptuellen Schule: die Künstler Ilya Kabakov, Erik Bulatov, Viktor Piwowarow, Eduard Gorochowski, Iwan Tschuikow, Oleg Wassiljew, die Philosophen Boris Groys und Iossif Bakstejn, die Dichter Wsewolod Nekrassow, Dmitri Prigow und Lew Rubinstein, die Mitglieder der Gruppen Kollektive Aktionen, TOTART, Muchomor und SZ, die jungen Künstler Yuri Albert, Michail Roschal, Gennadi Donskoi, Nikolai Koslow, Maria Konstantinowa, Irina Nachowa, der Schriftsteller Wladimir Sorokin u. a. Jede MANI-Mappe enthält Fotografien, Texte, Dokumentationen von Wohnungsausstellungen, Performances und eigenständige Kunstwerke.
**Juni** Erstes Performance-Festival im Dorf Pogorelowo (Gebiet Kalinin), an dem die Gruppe TOTART (Natalja Abalakowa, Anatoli Shigalow), Andrej Monastyrski und Sven Gundlach teilnehmen.
**Juli** *Dorogami družby* (Auf den Wegen der Freundschaft), Kunstausstellung der DDR im Zentralen Haus des Künstlers.
**27.10.** In der Tretjakow-Galerie wird eine Ausstellung mit Werken von Dmitri Nalbandjan eröffnet. Im Mittelpunkt stehen Porträts Breschnews.

### Berlin ¬ DDR

**25./26.2.** Tagung des ZV des VBK-DDR zum Thema *Junge Künstler – Ergebnisse und Tendenzen ihrer Entwicklung*. Die Jungen werden zum Problemfall: Bernhard Heisig und Peter Pachnicke fordern mehr Verständnis für die nachfolgende Generation.

### West-Berlin ¬ Bundesrepublik Deutschland

**13.4.** Olaf Metzel, *Türkenwohnung Abstand 12000 DM VB*, Annonce in der *Süddeutschen* und der *Berliner Zeitung*. Angeboten wird eine Wohnung in Berlin-Wedding, in der zuvor eine türkische, vom Besitzer gekündigte Familie wohnte. Die Ablösesumme bezieht sich nicht wie üblich auf das Mobiliar, sondern auf ein von Metzel gefertigtes Wandrelief mit einem großen Hakenkreuz (noch im selben Jahr zerstört). Anlass für diese Arbeit war ein Ausspruch von Innensenator Heinrich Lummer, dass man Türken drei Meter gegen den Wind riechen könne.
**29.5.–16.8.** *Westkunst – Zeitgenössische Kunst seit 1939*, Gesamtleitung: Karl Ruhrberg, Ausstellungskommissar: Kasper König, Veranstaltung der Museen der Stadt Köln in den Rheinhallen. Die Ausstellung fragt nach Kontinuität und Widerspruch in der Entwicklung der Kunst und gibt eine Standortbestimmung der aktuellen Kunst vor diesem Hintergrund. Die Ausstellung und das von Laszlo Glozer erarbeitete begleitende Handbuch werden grundlegend für die Diskussion über moderne Kunst.
**14.6.–1.7.** *Bildwechsel – Neue Malerei aus Deutschland*, Akademie der Künste, Berlin-Tiergarten, veranstaltet von der Interessengemeinschaft Berliner Kunsthändler, Kurator: Ernst Busche, gibt einen Überblick über die Malerei der *Jungen Wilden*.

Performance der Gruppe Kollektiwnye dejstwije (Kollektive Aktionen) in der Nähe von Moskau

### andere

**15.1.–18.3.** *A New Spirit in Painting*, Royal Academy of Arts, London, Kuratoren: Christos M. Joachimides, Norman Rosenthal, initiiert eine neue Diskussion über die Malerei, beteiligte Künstler u. a.: Francis Bacon, Balthus, Georg Baselitz, Gotthard Graubner, David Hockney,

Besetztes Haus, Berlin-Kreuzberg

**POLITIK ¬** Bei einer Demonstrationen nach der Räumung eines besetzten Hauses in West-Berlin wird Klaus-Jürgen Rattay auf der Flucht vor Polizisten von einem Bus überfahren und getötet. Darauf folgen heftige Auseinandersetzungen der linken Szene mit der Polizei. Im Juni sind 165 Hausbesetzungen in Berlin registriert. Gemäß der »Linie der Vernunft« sollen Häuser erst dann geräumt werden, wenn Nutzungskonzepte seitens der Besitzer vorliegen und im Zusammenhang damit Strafantrag gestellt wird. Am 25.8. findet *TUWAT*, eine Demonstration zum Schutz der besetzten Häuser statt, zu der Sympathisanten aus ganz Europa anreisen. 1983 wird in Moabit erstmals ein Kaufvertrag zwischen Besetzern und einem Hausbesitzer abgeschlossen. Besonders in Frankfurt/M und Hamburg werden ebenfalls unbewohnte Häuser besetzt.

Anselm Kiefer, Bernd Koberling, Markus Lüpertz, A. R. Penck, Pablo Picasso, Sigmar Polke, Gerhard Richter.
**17.1.–8.3.** *Art allemagne aujourd'hui*, ARC/Musée d'Art Moderne de la Ville de Paris, Kurator: René Block, mit u. a. Georg Baselitz, Joseph Beuys, Hanne Darboven, Isa Genzken, Hans Haacke, Imi Knoebel, Wolfgang Laib, Blinki Palermo, Reiner Ruthenbeck.
**4.12.–28.2.1982** *Russian New Wave*, organisiert von dem amerikanischen Sammler Norton Dodge und der Kuratorin Margarita Tupizyna, im Contemporary Russian Art Center of America (Soho International Art Center), New York.

## ARCHITEKTUR ¬ DENKMAL

### Moskau ¬ UdSSR

Auf dem höher gelegenen Teil der Krasnopresnenskaja-Uferstraße wird aus weißem Marmor das mit der Fassade zur Moskwa gewandte Gebäude des Ministerrates der RSFSR (heute: Haus der Regierung der Russischen Föderation, das »Weiße Haus«) errichtet, Leitender A: Dmitri Tschetschulin. Es ähnelt mit seiner klassizistischen Ästhetik früheren Bauten des Architekten.
Ebenfalls an der Krasnopresnenskaja-Uferstraße wird nach einem deutsch-amerikanischen Entwurf das multifunktionale Zentrum für Internationalen Handel und wissenschaftlich-technische Auslandsbeziehungen, das so genannte Hammer-Zentrum gebaut. Von sowjetischer Seite sind die Architekten Michail Possochin, Pjotr Skokan und German Tschernow beteiligt.

### West-Berlin ¬ Bundesrepublik Deutschland

Schaubühne am Lehniner Platz, Kurfürstendamm 153, Berlin-Wilmersdorf (beg. 1975), A: Jürgen Sawade. Für die Umnutzung des Universum-Kinos von Erich Mendelsohn (1926–31) zum Theater wurde der Außenbau originalgetreu rekonstruiert und das Innere entsprechend der Bedürfnisse eines modernen Theaterbetriebs ausgebaut.

## FILM

### Berlin ¬ DDR

**Nov.** *Jadup und Boel*, R: Rainer Simon, D: Kurt Böwe, Katrin Knappe, Gudrun Ritter. Der Film gibt einen kritischen Rückblick auf Hoffnungen und Realität in der DDR. Er wird trotz Überarbeitung kurz vor der Premiere verboten und erst am 12.5.1988 in Karl-Marx-Stadt uraufgeführt.

### West-Berlin ¬ Bundesrepublik Deutschland

**9.–11.1.** 1. Experimental-Workshop in Osnabrück: Das Festival entwickelt sich zum wichtigsten Treffpunkt avantgardistischer Filmemacher.
**19.5.** *Mephisto*, R/B: István Szabó, nach dem Roman von Klaus Mann. Klaus Maria Brandauer brilliert in der Rolle des Schauspielers, dessen Geschichte dem Leben Gustaf Gründgens im »Dritten Reich« nachempfunden ist. *Mephisto* wird in Los Angeles mit dem Oscar als bester fremdsprachiger Film ausgezeichnet.
**4.9.** Margarethe von Trotta, *Die bleierne Zeit*. Trotta orientiert sich an der Lebensgeschichte der ungleichen Ensslin-Schwestern (D: Barbara Sukowa, Jutta Lampe), von denen die eine bei einer Frauenzeitschrift arbeitet, die andere als Mitglied der RAF im »bewaffneten Kampf« politische Ziele durchsetzen will.
**17.9.** *Das Boot*, R/B: Wolfgang Petersen nach dem Buch von Lothar-Günther Buchheim, D: Herbert Grönemeyer, Jürgen Prochnow, Otto Sander. Der Film mit seiner detailgenauen Schilderung des U-Boot Krieges wird in der Kinoversion kontrovers diskutiert, in der TV-Fassung jedoch ein Welterfolg.

## MEDIEN

### Moskau ¬ UdSSR

Juri Lewitan feiert sein 50. Jubiläum als Sprecher des Landesrundfunks. Bekannt wurde er durch die Verlesung der Kriegsberichte im Sowjetischen Informationsbüro während des Großen Vaterländischen Krieges.

### West-Berlin ¬ Bundesrepublik Deutschland

**1.8.** Der Musiksender MTV Pop geht in Deutschland auf Sendung.

## THEATER ¬ MUSIK

### Moskau ¬ UdSSR

**3.4.** *Krotkaja* (*Die Sanfte*) nach einer Erzählung von Fjodor Dostojewski im Großen Dramatischen Theater in Leningrad in der Inszenierung von Lew Dodin. Oleg Borissow erschüttert in diesem Ein-Mann-Stück die Zuschauer durch seine tragische Darstellung. Als der Schauspieler zum Moskauer Künstlertheater wechselt, spielt er das Stück dort.
**25.7.** *Vladimir Vysockij* (*Wladimir Wyssozki*) im Theater an der Taganka, R: Juri Ljubimow. Das poetische Stück zum Gedenken an den Barden und Künstler läuft einmal und wird dann verboten. Im gleichen Jahr erscheint Wyssozkis Sammelband *Nerv*, der 130 von dem Dichter Robert Roshdestwenski zusammengestellte Gedichte mit zensurbedingten Kürzungen enthält.
**20.10.** *Junona i Avos'* (Juno und Avos) im Theater des Leninschen Komsomol, die erste Rockoper auf einer sowjetischen Bühne zu Versen von Andrej Wosnessenski, M: Alexej Rybnikow, R: Mark Sacharow. Die Hauptrolle spielt Nikolai Karatschenzow.

Jelena Schanina und Alexander Abdulow in *Juno und Avos*, Leningrad

**19.12.** *Tak pobedim!* (So siegen wir!) von Michail Schatrow im Künstlertheater, R: Oleg Jefremow, mit Alexander Kaljagin in der Rolle des Lenin. Das Stück über die tragischen letzten Tage im Leben des Revolutionsführers wird von Leonid Breschnew persönlich genehmigt und offiziell für gut befunden. Einen Schatten auf die Premiere wirft das Erscheinen des schwerkranken Generalsekretärs.
Der Leningrader Rockclub wird ins Leben gerufen und entwickelt sich schnell zum wichtigsten Zentrum der sowjetischen Rockmusik. Am erfolgreichsten ist die Gruppe Kino, Sänger: Viktor Zoi. Bald darauf erhält die Leningrader Gruppe DDT, eine der politischsten Gruppen im russischen Rock, einen neuen Leiter: Juri Schewtschuk.

### Berlin ¬ DDR

**24.4.** Alexander Langs Inszenierung von Büchners *Dantons Tod* am Deutschen Theater, Berlin, ist geprägt von einer skeptischen Sicht auf eine nachrevolutionäre Machtelite. Christian Grashof spielt sowohl Danton als auch Robespierre.
**6.10.** In einem Laden in Berlin-Prenzlauer Berg eröffnet die Theatergruppe Zinnober, die erste »freie Gruppe« der DDR, ihre Spielstätte.

### West-Berlin ¬ Bundesrepublik Deutschland

**31.5.** Zugleich komödiantisch und ernst fasst Claus Peymann (R) Lessings Toleranzdrama *Nathan der Weise* auf, das in Bochum zu sehen ist. Als vom Pogrom bedrohter weiser Jude wandelt Traugott Buhre unter einer Plastikpalme (BB: Karl-Ernst Herrmann).
**10.10.** Jürgen Flimms Kölner Inszenierung von Büchners romantisch-skeptischer Liebeskomödie *Leonce und Lena* setzt sich für die Glücks-Utopie des jungen Paares ein.
**Dez.** Die *gelbe Musik*, eine Galerie für Künstlerschallplatten und Partituren, eröffnet in der Schaperstraße, Berlin-Wilmersdorf, unter der Leitung von Ursula Block.
Der estnische Komponist Arvo Pärt, der 1980 nach Wien emigrierte, ist Gast des DAAD in Berlin und präsentiert sein Werk in verschiedenen Konzerten.
UA des *Konzerts für Posaune* des DDR-Komponisten Friedrich Goldmann bei den *Wittener Tagen für neue Kammermusik*, interpretiert von Friedrich Schenker und der 1970 in Leipzig gegründeten Gruppe Neue Musik »Hanns Eisler«, die erstmals ausreisen darf.

### andere

**15.3.** UA von Karlheinz Stockhausens *DONNERSTAG aus LICHT*, Teil eines opulenten Gesamtkunstwerk-Zyklus' in der Mailänder Scala. 1984 wird an gleichem Ort *SAMSTAG aus LICHT* präsentiert.
Die US-amerikanische Performancekünstlerin Laurie Anderson gelangt mit *Oh Superman* erfolgreich in die britischen Music-Charts.

## LITERATUR ¬ THEORIE

### Moskau ¬ UdSSR

Als Einzelausgabe erscheint der Roman *I dol'še veka dlitsja den'* (*Ein Tag länger als ein Leben*, München 1981; *Der Tag zieht den Jahrhundertweg*, Ost-Berlin 1982) von Tschingis Aitmatow, eine philosophisch-phantastische Parabel über die moderne Zivilisation.

### Berlin ¬ DDR

**13./14.12.** Auf Einladung des DDR-Schriftstellers Stephan Hermlin nehmen an der *1. Berliner Begegnung zur Friedensförderung* in Ost-Berlin knapp 90 Künstler und Wissenschaftler aus Ost und West teil.
Uwe Kolbe, Bernd Wagner, Lothar Trolle geben im Eigenverlag die Zeitschrift *Der Kaiser ist nackt* heraus.
Erich Loest, *Durch die Erde ein Riß. Ein Lebenslauf* (Hamburg). Loest erhält ein Dreijahresvisum für die Bundesrepublik und kehrt nicht in die DDR zurück.
Viele Publikationen können aufgrund von Restriktionen nur in der Bundesrepublik erscheinen, so Stefan Heyms *Ahasver* (München; Moskau 1994), Monikas Marons *Flugasche* (F/M), Frank-Wolf Matthies' *Für Patricia im Winter* (Reinbek), Reiner Kunzes *auf eigene hoffnung* (F/M), Gerald Zschorschs *Glaubt bloß nicht, dass ich traurig bin* (F/M) und Gert Neumanns *Elf Uhr* (F/M).

### West-Berlin ¬ Bundesrepublik Deutschland

**Jan.** Rechtsstreit zwischen dem Axel-Springer-Verlag und dem Schriftsteller Günter Wallraff wegen seiner in *Der Aufmacher: der Mann, der bei Bild Hans Esser war* (Köln) veröffentlichten Anschuldigungen gegen die Praktiken der Bild-Zeitung, für die er under cover recherchiert hatte. Der Bundesgerichtshof entscheidet zugunsten Wallraffs.
**20.8.** In einem gemeinsamen Appell von 150 europäischen Autoren, u. a. Heinrich Böll, Lew Kopelew und Anna Seghers, werden ein Ende des Wettrüstens und der Baustopp für die Neutronenbombe gefordert.
Friederike Roths Stück *Ritt auf die Wartburg* (F/M) beobachtet vier bundesrepublikanische Frauen bei einer Reise in die DDR und erfährt mehrere Hörspiel- und Theaterfassungen.
Wolfdietrich Schnurre beschreibt in seinem Roman *Ein Unglücksfall* (München) das Leben eines Rabbiners im wieder aufgebauten Berlin.
Jürgen Habermas, *Theorie des kommunikativen Handelns* (F/M). In diesem umfangreichen Hauptwerk weist Habermas nach, dass die normativen Grundlagen gesellschaftlicher Prozesse in der Sprache liegen.
Die Lyrik ist in den 80ern sehr erfolgreich, insbesondere Gedichtbände von Erich Fried, Rose Ausländer und Ulla Hahn.

# 1982

## POLITIK ¬ ZEITGESCHEHEN

### Moskau ¬ UdSSR

**23.1.** Unterzeichnung des Vertrags zwischen der UdSSR und Frankreich über die Lieferung von sibirischem Erdgas. Damit ist die Embargopolitik der USA gescheitert. Am 13.7. wird eine Vereinbarung mit einem westdeutschen Bankenkonsortium für die Finanzierung der Gasleitung aus der UdSSR nach Westeuropa getroffen. Am 14.11. hebt US-Präsident Ronald Reagan die Sanktionen auf.
**25.1.** Tod des langjährigen Parteiideologen Michail Suslow, eines der einflussreichsten Mitglieder des Politbüros der Breschnew-Ära. Das Amt des Sekretärs für Ideologie – der zweitwichtigste Posten in der Partei – wird dem ehemaligen KGB-Vorsitzenden Juri Andropow übertragen.
**20.4.** Erste Neonazi-Demonstration in der UdSSR zu Ehren von Hitlers Geburtstag in Moskau.
**24.5.** Das Plenum des ZK der KPdSU verabschiedet das Lebensmittelprogramm für den Zeitraum bis 1990. Damit wird deutlich, dass die UdSSR Probleme mit der Nahrungsmittelversorgung hat.
**6.9.** Die Moskauer Helsinki-Gruppe gibt ihre Auflösung bekannt: Fast alle Mitglieder sind zu diesem Zeitpunkt entweder verhaftet, verurteilt oder sehen sich zur Emigration gezwungen. Am 30.6. wird mit der Nr. 64 die Herausgabe des Moskauer Bürgerrechtsbulletins *Chronika tekuščich sobytij* (Chronik der laufenden Ereignisse) unterbunden. Die Dissidentenbewegung in der UdSSR ist zerschlagen.

Leonid Breschnew

**10.11.** Leonid Breschnew, der Generalsekretär des ZK der KPdSU, stirbt. Auf einem außerordentlichen Plenum des ZK der KPdSU wird am 12.11. Juri Andropow zu seinem Nachfolger gewählt.
**17.12.** Der Innenminister der UdSSR, Nikolai Schtschelokow, der seinen Posten seit 1966 inne hat und als einer der engsten Vertrauten von Leonid Breschnew galt, wird seines Amtes enthoben. Sein Nachfolger wird der ehemalige KGB-Chef Witali Fedortschuk, Chef des KGB wird Viktor Tschebrikow.

### Berlin ¬ DDR

**25.1.** Pfarrer Rainer Eppelmann und Robert Havemann veröffentlichen den Berliner Appell »Frieden schaffen ohne Waffen«.
**13.2.** In Dresden fordern Jugendliche beim ersten *Friedensforum* in der DDR die Einführung eines zivilen Ersatzdienstes. Am 25.3. beschließt die Volkskammer ein neues Wehrdienst- und Grenzgesetz, das keinen Ersatzdienst vorsieht.
**15.7.** Die sowjetische Armee beginnt mit der Stationierung von mobilen SS-21-Kurzstreckenraketen in der DDR.

### West-Berlin ¬ Bundesrepublik Deutschland

**10.6.** Bei Anti-Reagan-Demonstrationen in West-Berlin kommt es zu gewalttätigen Auseinandersetzungen mit der Polizei.
**Sept.** Die sozial-liberale Koalition unter Helmut Schmidt bricht nach einem vom Koalitionspartner FDP und der CDU/CSU forcierten Misstrauensvotum auseinander. Am 1.10. wird der CDU-Vorsitzende Helmut Kohl zum Bundeskanzler gewählt. Nach der Vertrauensfrage erwirkt Kohl die Auflösung des Parlaments und die Festlegung von Neuwahlen.
**Nov.** Christian Klar, Brigitte Mohnhaupt und Adelheit Schulz, zentrale Figuren der RAF, werden festgenommen.

## BILDENDE KUNST

### Moskau ¬ UdSSR

**Jan.** *Ausstellung der 23* mit Werken Moskauer Künstler im ZDCh, ein Meilenstein für die Generation der 70er Jahre. Es nehmen teil: Olga Bulgakowa, Alexander Sitnikow, Tatjana Nassipowa, Xenia Netschitailo, Natalja Nesterowa und Irina Starshenezkaja. Eine heftige Polemik ruft das Bild *Pugačëv* (Pugatschow) von Tatjana Nasarenko hervor, auf dem der Heerführer Alexander Suworow, Held der Militärgeschichte Russlands, in der Rolle des Henkers auftritt. Einen Skandal provoziert die Plastik von Leonid Baranow, die Puschkin mit seiner nackten Frau zeigt.
**11.–21.2.** Erste Ausstellung der Gruppe 21 ± ? im Ausstellungssaal des Stadtkomitees der Grafiker mit Boris Bitsch, Sergej Bordatschow und Nikolai Wetschtomow. Nach dem Beitritt von Alexander Julikow, Wladimir Kasarin und Bella Lewikowa verstärkt sich die Hinwendung zu abstrakter Malerei. An den folgenden Ausstellungen der Gruppe 21 ± ? nehmen u. a. Marina Gerzowskaja, Anatoli Swerew, Semjon Faibissowitsch teil.
**29.6.** Anlässlich des 50. Jubliäums der MOSCh wird in der Manege eine Ausstellung Moskauer Kunst von 1932 bis 1957 gezeigt. In den Sälen des ZDCh sind Werke der Künstler des Strengen Stils (surovyj stil') und von Vertretern der Generation der 70er Jahre zu sehen.
**20.9.** Erste Ausstellung der Galerie APTART in der Einzimmerwohnung von Nikita Alexejew in der Dm.-Uljanowastr., Moskau. Über zwei Jahre werden hier regelmäßig Ausstellungen und Aktionen von jungen Künstlern durchgeführt. Unter den Teilnehmern sind Natalja Abalakowa und Anatoli Shigalow, Vadim Zakharov und Viktor Skersis, Georgi Kisewalter, Andrej Monastyrski, die Gruppe Muchomor, Nikolai Panitkow und Michail Roschal.
**Okt.** Auf der Ausstellung der Genossenschaft für experimentelle bildende Kunst (TEII) im Leningrader Kirow-Kulturhaus werden Arbeiten von Iwan Sotnikow, Kirill Chasanowitsch und Timur Nowikows *Nol'-ob"ekt* (Null-Objekt) präsentiert. Zu der von ihnen gegründeten Gruppe Nowyje chudoshniki (Neue Künstler) gehören Oleg Kotelnikow, Jewgeni Koslow und später Sergej Bugajew (Afrika), Wadim Owtschinnikow, Jewgeni Jufit, Inal Sawtschenkow, Andrej Krissanow, Viktor Zoi u. a. Die Nowyje chudoshniki, wie auch die Galerie APTART verstehen sich sowohl als Gegenpol zur offiziellen Kunst als auch zur Avantgarde der 60er und 70er Jahre. Die alternativen Ausstellungsorte der »Neuen« sind Straßen und Parks; die Künstler führen ihre Aktionen im Freien durch, arbeiten aktiv mit dem Leningrader Rockklub zusammen und drehen Filme.

### Berlin ¬ DDR

**April** Die Zeitschrift *Bildende Kunst* beginnt eine programmatische Debatte um Aktionskunst. Gegen den Kunstwissenschaftler und Beuys-Kenner Eugen Blume gehen vier führende Kulturpolitiker in Stellung.
**2.10.–2.4.83** *IX. Kunstausstellung der DDR*, eine Ausstellung des Ministeriums für Kultur mit 3000 Werken im Albertinum Dresden, Ausstellungszentrum Fučikplatz, Pretiosensaal, Dresdener Schloss. Die offizielle Kunst scheint etwas zurückgedrängt, es gibt weniger Arbeiterbildnisse, dafür einen neuen »Intimismus«. Intermediale Projekte und so genannte Grenzüberschreitungen wurden aber bewusst ausgeschlossen.
**Okt.** Parallel zur offiziellen Kunstausstellung zeigt das Leonhardi-Museum, Dresden, die Ausstellung *Frühstück im Freien* mit Werken von Willi Wolff, Eberhard Göschel, Peter Graf, Jürgen Strawalde, Peter Makolies, Hans Scheib, Helge Leiberg, Christine Schlegel u. a. Danach wird die Galerie »wegen Renovierung« für drei Jahre geschlossen.
**27.11.** Auflösung der Künstlergruppe Clara Mosch, Karl-Marx-Stadt, nachdem die Einflussnahme durch den Kulturbund zu stark wird.

### West-Berlin ¬ Bundesrepublik Deutschland

**Juni–Sept.** *Aspekte sowjetischer Kunst der Gegenwart, Gemälde*, Kölnisches Stadtmuseum, *Grafik und Plastik*, Neue Galerie – Sammlung Ludwig, Aachen, Kuratoren: Wolfgang Becker, Gerhard Kolberg; 1983 gezeigt in Wien, Regensburg, Lübeck, Hovikodden, Tilburg, Saarbrücken, Mainz.
**19.6.–28.9.** *documenta 7* in Kassel, Leiter: Rudi Fuchs, künstlerischer Beirat: Coosje van Bruggen, Germano Celant, Johannes Gachnang, Gerhard Storck. Kein Werk ist älter als 5 Jahre, ein Schwerpunkt liegt auf der Malerei, insbesondere der der *Neuen Wilden*. Joseph Beuys realisiert sein Projekt *7000 Eichen* mit Baumpflanzungen und dem Aufstellen von Basaltsteinen im Stadtraum.
**16.10.–16.1.83** *Zeitgeist. Internationale Kunstausstellung Berlin 1982*, Martin-Gropius-Bau, Berlin, Kuratoren: Christos M. Joachimides, Norman Rosenthal. Positionen der Malerei und Installation zeigen ein ironisch gebrochenes oder historisch reflektierendes Verhältnis zur Wirklichkeit. Die Installation *Hirschdenkmäler* von Joseph Beuys im Lichthof bildet das optische und geistige Zentrum der Ausstellung.
**6.6.–18.7.** *Video-Kunst in Deutschland 1963–1982*, Kölnischer Kunstverein, Hamburger Kunsthalle, Badischer Kunstverein, Karlsruhe, Kurator: Wulf Herzogenrath, beteiligte Künstler: Jochen Gerz, Frederike Pezold, Katharina Sieverding, Marina Abramović, Franz-Erhard Walther, Marcel Odenbach, Rebecca Horn u. a.

Das Panorama-Museum *Die Stalingrader Schlacht*, Wolgograd

## ARCHITEKTUR ¬ DENKMAL

### Moskau ¬ UdSSR

Nach dem Muster des *Borodinskaja panorama* (Panorama-Museum der Schlacht von Borodino) in Moskau wird das Panorama-Museum *Stalingradskaja bitva* (Stalingrader Schlacht) in Wolgograd geschaffen, A: Wadim Masljajew, Dina Jerschowa u. a. Neben dem Rotationshyperboloid des Panorama-Gebäudes gehören dazu ein bajonettartiger Obelisk und ein Museumsanbau.

**Berlin ¬ DDR**
Chirurgisches Zentrum der Charité, Schumannstraße, Berlin-Mitte (beg. 1976 im Rahmen der Rekonstruktion bzw. Neubebauung des Charité-Geländes), A: Karl-Ernst Swora, Ehrhardt Gißke. Als Reminiszenz an die historischen Krankenhausgebäude wird das blockhafte Hochhaus des Chirurgischen Zentrums mit roten Klinkerflächen gegliedert. Es verfügt über 26 Operationssäle und eine Kapazität von 1000 Betten.
**29./30.5.** Das Politbüro und der Ministerrat veröffentlichen im *Neuen Deutschland* die *Grundsätze für die sozialistische Entwicklung von Städtebau und Architektur in der DDR*, die aber nicht wie die *Grundsätze* von 1950 versuchen, eine Idee der gesellschaftlich relevanten Architekturkonzeption zu entwickeln, sondern die realen Gegebenheiten großteils ignorieren.

**West-Berlin ¬ Bundesrepublik Deutschland**
Autobahnüberbauung, Schlangenbader Straße 12–36, Berlin-Wilmersdorf, A: Georg Heinrichs. Durch die Überbauung von Straßen soll Baugrund gewonnen werden, der in der Insel-Stadt West-Berlin knapp ist. Das als Pilotprojekt gedachte Wohnhaus überdacht die längs darunter durchführende Autobahn mit Terrassen.
Wohnanlage Ritterstraße, Berlin-Kreuzberg, A: Rob Krier, IBA-Projekt. 1977 liefert Krier das erste Gesamtkonzept für das Areal und sieht eine Rekonstruktion des barocken Stadtgrundrisses vor. Nach dem Wettbewerb 1978 werden Krier und weitere 6 Architektengruppen beauftragt. Bauausführung in 2 Abschnitten 1982–83, 1986–88. Mit formaler Vielfalt und kleinteiliger Bebauung der Blockränder wird versucht, historische Substanz und Neubau harmonisch zu verbinden.
Städtisches Museum Abteiberg, Mönchengladbach (beg. 1972), A: Hans Hollein. Der Bau beansprucht eine künstlerische Eigenständigkeit, will nicht bloß der ausgestellten Kunst dienen. Das am Hang liegende Museum teilt sich auf in unterschiedlich gestaltete Baukörper, wodurch es sich in die kleinteilige Altstadt einfügt.

**andere**
**13.11.** Einweihung des Vietnam Veteran's Memorial, Washington, DC; Hauptbestandteil ist die *Wall of Names* von Maya Ying Lin, eine ca. 75 m lange, ansteigende Mauer aus Granit, auf der die Namen der in Vietnam gefallenen Soldaten verzeichnet sind. Umstritten wegen der puristischen Ästhetik, wurde der Mauer ein figürliches Ensemble dreier Soldaten (von Frederick Hart) beigesellt; 1993 Ergänzung durch das *Vietnam Women's Memorial* (weibliche Figurengruppe von Glenna Goodacre).
AT&T Building, New York, A: Philip Johnson/Burgee Architects. Der durch einen zylindrischen Einschub aufgesprengte Giebel wird zum Markenzeichen der Telefongesellschaft und zum häufig wiederholten, formalen Versatzstück der Postmoderne.

## FILM

**Moskau ¬ UdSSR**
**3.8.** *Ostanovilsja poezd* (*Der Schuldige*, EA DDR 25.5. 1984), R: Wadim Abdraschitow, beschreibt die unabhängige journalistische Untersuchung einer Eisenbahnkatastrophe.

**Berlin ¬ DDR**
**21.4.** *Märkische Forschungen*, R/B: Roland Gräf, nach dem Roman von Günter de Bruyn. Ein Professor und ein Landlehrer forschen über einen als progressiv angesehenen märkischen Dichter, der sich als reaktionärer Zensor der preußischen Regierung herausstellt. Eine Analyse von intellektuellem Opportunismus, das Publikum sieht in dem Film eine Parabel auf das herrschende System.
**14.5.** *Dein unbekannter Bruder*, R/B: Ulrich Weiß nach Motiven des Romans von Willi Bredel, D: Uwe Kockisch. Die Geschichte eines jungen Mannes, der aus dem KZ entlassen und im antifaschistischen Widerstand mit der Angst vor Verrat und Misstrauen kämpfen muss, wird wegen der unkonventionellen Behandlung der Thematik schnell aus dem Programm genommen und für den Export gesperrt.

**West-Berlin ¬ Bundesrepublik Deutschland**
**4.3.** *Fitzcarraldo*, R/B: Werner Herzog, D: Klaus Kinski, Claudia Cardinale. Herzog erhält für die Geschichte des Fitzcarraldo, der von der Idee besessenen ist, eine Oper mitten im unwegsamen Amazonasgebiet zu bauen, den Regiepreis in Cannes.

*Fitzcarraldo* (BRD), Filmstill

**10.6.** Der Tod Rainer Werner Fassbinders markiert das Ende des Neuen Deutschen Films. Sein letzter Film mit internationalen Stars ist *Querelle – Ein Pakt mit dem Teufel* (F/BRD), D: Jeanne Moreau, Brad Davis.
*Love Stinks – Bilder des täglichen Wahnsinns*, R/B/D: Birgit und Wilhelm Hein, M: The Lounge Lizards. In dem Film über ihren einjährigen Aufenthalt in New York erforschen die beiden Hauptvertreter des Kölner formal orientierten Experimentalfilms die Grenzen des Strukturellen Films. Als Leiter des Film-Clubs *X-Screen* in Köln zeigten sie u. a. Warhols Filme und trugen in den 70ern wesentlich zum Dialog zwischen Kunst und Experimentalfilm bei.

**andere**
**25.6.** *Blade Runner* (USA, EA BRD 14.10.), R: Ridley Scott, D: Harrison Ford, Rutger Hauer. Der Film avanciert zum Kultfilm und prägt maßgeblich spätere Produktionen des Science-Fiction-Genres und des Film Noir.

## THEATER ¬ MUSIK

**Moskau ¬ UdSSR**
**21.4.** *Vagončik* (Wohnwagen), R: Kama Ginkas, nach einem Stück von Natalja Pawlowa an der kurz zuvor eröffneten Kleinen Bühne des Künstlertheaters. Es ist eines der ersten Stücke über das sinnentleerte Leben sich selbst überlassener, zu Grausamkeiten neigender Jugendlicher.
**Dez.** *Boris Godunov* (*Boris Godunow*) von Alexander Puschkin im Theater an der Taganka, R: Juri Ljubimow, mit Nikolai Gubenko in der Hauptrolle. Das Stück wird wegen seiner zaghaften politischen Anspielungen vom Spielplan gestrichen.

**Berlin ¬ DDR**
**8.9.** Heiner Müller inszeniert (zusammen mit Ginka Tscholakowa) seine Bearbeitung von Shakespeares *Macbeth* an der Volksbühne, Berlin. Der offiziellen Kritik an einer »fatalistischen Weltsicht« (schon nach der UA 1972 in Brandenburg) steht ein großes Zuschauerinteresse gegenüber.
Georg Katzer gründet das Studio für Elektroakustische Musik an der Akademie der Künste. Der Komponist Katzer beschäftigt sich u. a. auch mit Computermusik. 1990 wird er zum Präsidenten des Musikrats der DDR gewählt und gehört in der Folgezeit zum Präsidium des Deutschen Musikrates.

**West-Berlin ¬ Bundesrepublik Deutschland**
**10.11.** Claus Peymann und das Bochumer Ensemble entdecken mit ironischem Zugriff Kleists nationalchauvinistische *Hermannsschlacht* neu. Gert Voss spielt einen schlitzohrigen Guerilla-Chef Hermann im komischen Ehekrieg mit Kerstin Denes' Thusnelda.
**10.3.–2.4.** Erste *Inventionen*, ein bis heute stattfindendes Festival für experimentelle Musik in Kooperation des Elektronischen Studios der TU Berlin mit dem DAAD in der TU und der Akademie der Künste. Diesmal insbesondere Aufführungen schwedischer Elektronikkomponisten und des Südkoreaners Sukhi Kang.

## LITERATUR ¬ THEORIE

**Moskau ¬ UdSSR**
Lidija Ginsburgs Sammelband *O starom i novom* (Von Neuem und Altem) erscheint zu ihrem 80. Geburtstag (Leningrad). Darin finden sich neben bekannten theoretischen Arbeiten erstmals auch die *Zapiski blokadnogo čeloveka* (*Aufzeichnungen eines Blockademenschen*, F/M 1997) und Fragmente aus den *Zapisnye knižki* (Notizbüchern).
Der Gedichtband *Portret* (Das Porträt) von Iwan Shdanow ist die erste Veröffentlichung eines Dichters der so genannten metaphorischen Schule.

**Berlin ¬ DDR**
Wolf Biermann erhält im März eine einmalige Einreiseerlaubnis nach Ost-Berlin und besucht seinen schwerkranken Freund, den Philosophen, Naturwissenschaftler und Regimekritiker Robert Havemann, der am 9.4. stirbt.
Christoph Hein wird mit seiner Novelle *Der fremde Freund* (Berlin/DDR; zugleich unter dem Titel *Drachenblut*, F/M), in der er Formen der Entfremdung in der DDR beschreibt, bekannt.
In seinem Essay über Georg Trakl mit dem Titel *Vor Feuerschlünden. Erfahrungen mit Georg Trakls Gedicht* (Rostock; zugleich als *Der Sturz des Engels. Erfahrungen mit Dichtung*, Hamburg) reflektiert Franz Fühmann eigene Lese- und Lebenserfahrungen und stellt seinen lebenslangen Konflikt zwischen Doktrin und Dichtung dar.

**West-Berlin ¬ Bundesrepublik Deutschland**
Jurek Becker beschreibt in *Aller Welt Freund* (F/M) seine Erfahrungen nach der Übersiedlung in die Bundesrepublik, wo er seit 1977 mit einem Dauervisum lebt. Ein Jahr später wird der Band in der DDR veröffentlicht.
Joachim Seyppel, *Ich bin ein kaputter Typ. Bericht über Autoren in der DDR* (Wiesbaden) hat die Kulturpolitik der DDR zum Thema und ist eine Replik auf Dieter Nolls Schmähartikel im *Neuen Deutschland* (vgl. 1979). Nachdem Seyppel bereits mit einem Dreijahresvisum im Westen lebt, wird er jetzt aus der DDR ausgebürgert.
Karin Reschkes *Verfolgte des Glücks. Findebuch der Henriette Vogel* (Berlin) rückt eine literaturhistorische Randfigur ins Zentrum ihres Romans. Ähnlich wie Brigitta Arens' *Katzengold* (München) oder Anne Dudens Prosatexte *Übergang* (Berlin 1983) und *Das Judasschaf* (Berlin 1985) ist dies ein autobiographisch motiviertes Werk, bei dem es der Autorin um die individuelle Lebensgeschichte, verknüpft mit zeitgeschichtlichen Elementen geht. Diese Bücher erfahren insbesondere eine feministische Rezeption.
In seinem Essay *Politische Brosamen* (Reinickendorf) reflektiert Hans Magnus Enzensberger die Desillusionierungsprozesse der intellektuellen Linken im Laufe der 70er Jahre.

## POLITIK ¬ ZEITGESCHEHEN

### Moskau ¬ UdSSR

**7.1.** Beratung im ZK der KPdSU zu Fragen der Arbeitsdisziplin. Beginn einer Kampagne gegen Arbeitsbummelei und Zuspätkommen.

**März** In der Zeitschrift *Kommunist* (Nr. 3) wird Juri Andropows Artikel *Učenie Karla Marksa i nekotorye voprosy stroitel'stva socializma v SSSR* (Die Lehre von Karl Marx und einige Fragen des Aufbaus des Sozialismus in der UdSSR) veröffentlicht, in dem der Generalsekretär der KPdSU vorschlägt, vom Aufbau des Kommunismus in absehbarer Zeit Abstand zu nehmen und sich dafür auf die »Vervollkommnung des entwickelten Sozialismus« zu konzentrieren.

**17.6., 26.7.** Verabschiedung der Gesetze *Über die Arbeitskollektive und die Stärkung ihrer Rolle bei der Leitung der Betriebe* und *Über zusätzliche Maßnahmen zur Erweiterung der Vollmachten der industriellen Produktionsvereinigung im Bereich der Planung und Wirtschaftstätigkeit und zur Erhöhung ihrer Verantwortlichkeit für das Endresultat der Arbeit*. Einzelnen Betrieben wird größere Selbständigkeit eingeräumt. Es beginnt das so genannte Experiment in großem Maßstab.

**4.–7.7.** Besuch von Bundeskanzler Helmut Kohl und Außenminister Hans-Dietrich Genscher in Moskau. Zur Diskussion steht die Frage der Stationierung amerikanischer Mittelstreckenraketen in Europa.

**25.8.** Zwischen der UdSSR und den USA wird ein Vertrag über die Wiederaufnahme des Imports von amerikanischem Getreide unterzeichnet.

In der Nacht zum 1.9. schießt ein sowjetisches Jagdflugzeug über dem Gebiet der Insel Sachalin eine südkoreanische Passagiermaschine vom Typ Boing 747 mit 269 Passagieren an Bord ab. Die UdSSR beschuldigt die USA, das Flugzeug sei für Spionageaufgaben vom Kurs abgewichen. Die Beziehungen zwischen der UdSSR und den USA verschlechtern sich daraufhin.

Juri Andropow

**31.10.** Tod (Gerüchten zufolge Selbstmord) des Ersten Sekretärs des ZK der KP Usbekistans Scharaf Raschidow im Laufe von Ermittlungen wegen Korruption.

**24.11.** Juri Andropow erklärt aufgrund der ersten Stationierungen von Pershing-II-Raketen in Westeuropa die Teilnahme der UdSSR an den Genfer Verhandlungen für beendet. Die UdSSR beschleunigt ihrerseits die Stationierung von taktischen Raketen in der DDR und der Tschechoslowakei.

**25.11.** Der ehemalige Direktor des Gastronom Nr. 1 (Jelissejew Feinkostgeschäft), Juri Sokolow, wird wegen Wirtschaftsverbrechen zum Tode bei Konfiszierung seines Eigentums verurteilt (Mitteilung über die Erschießung im Juli 1984) – eines der aufsehenerregendsten Ereignisse der Andropow-Periode.

### Berlin ¬ DDR

**9.6.** Die DDR und die UdSSR unterzeichnen neue Abkommen zur wirtschaftlichen und wissenschaftlich-technischen Zusammenarbeit.

**1.7.** Kredit westdeutscher Banken in Höhe von 1 Mrd. DM für die DDR. Im Gegenzug Zugeständnisse der DDR bei Mindestumtausch und Ausreise; außerdem Abbau von Selbstschussanlagen an der innerdeutschen Grenze, mit dem am 28.9. begonnen wird.

**15.9.** Der Regierende Bürgermeister von Berlin Richard von Weizsäcker und der Staatsratsvorsitzende Erich Honecker treffen sich im Schloss Niederschönhausen zu Gesprächen über Berlin-Probleme.

### West-Berlin ¬ Bundesrepublik Deutschland

**6.3.** Nach den Bundestagswahlen bilden CDU/CSU und FDP die neue Koalition. Die Grünen erhalten erstmals Bundestagsmandate. Helmut Kohl wird am 29.3. Bundeskanzler.

**19.5.** Zur Klärung der Flick-Spendenaffäre wird auf Antrag der SPD ein Untersuchungsausschuss des Bundestags eingesetzt. Am 29.11. erhebt die Bonner Staatsanwaltschaft die ersten Anklagen. Wegen des Vorwurfs der Bestechung bzw. Bestechlichkeit müssen sich u. a. Bundeswirtschaftsminister Otto Graf Lambsdorff und der frühere Flick-Manager Eberhard von Brauchitsch verantworten.

### andere

**8.3.** US-Präsident Ronald Reagan bezeichnet auf der Versammlung der Nationalen Vereinigung der Evangelisten die UdSSR als »Imperium des Bösen«.

Lech Wałęsa, der Führer der polnischen Solidarność, erhält den Friedensnobelpreis.

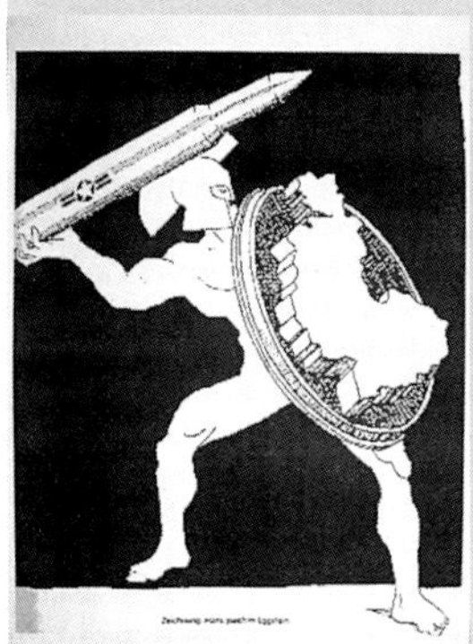

*Schutzschild* (DDR-Plakat: Hans Joachim Eggstein)

**POLITIK ¬** Friedensbewegung in Ost und West: In Dresden demonstrieren am 14.2. etwa 100.000 Menschen für den Frieden. Am 12.5. entrollen fünf Bundestagsabgeordnete der Grünen auf dem Alexanderplatz, Ost-Berlin, Transparente mit den Aufschriften »Schwerter zu Pflugscharen« und »Abrüstung in Ost und West – jetzt damit beginnen«. Roland Jahn, ein Mitglied der Jenaer Friedensgruppe, wird am 8.6., wie zuvor bereits andere Mitglieder der inoffiziellen Friedensbewegung der DDR, in die Bundesrepublik abgeschoben. Im Dez. werden die Berliner Friedensaktivisten Bärbel Bohley und Ulrike Poppe verhaftet.

Ein Hirtenbrief der westdeutschen katholischen Bischöfe vom 3.1. beklagt die zunehmende Militarisierung. Eine Blockade des US-Militärdepots in Mutlangen durch Rüstungsgegner bildet im Sept./Okt. den Auftakt zu Protesten gegen die Stationierung der Pershing-II-Raketen in der Bundesrepublik. Die bundesweiten Friedensdemonstrationen finden ihren Höhepunkt in den Aktionswochen im Okt. Am 22.10. findet u. a. eine Großkundgebung in Bonn statt, und Rüstungsgegner bilden eine 108 km lange Menschenkette zwischen Neu-Ulm und Stuttgart. Dennoch stimmt am 18./22.11. der Bundestag der Stationierung neuer US-Mittelstreckenraketen in der Bundesrepublik gemäß dem NATO-Doppelbeschluss zu (gegen die Stimmen von SPD und Grünen). Am 26.11. treffen *Pershing-II*-Raketen in der Bundesrepublik ein und werden in das Depot Mutlangen gebracht.

## BILDENDE KUNST

### Moskau ¬ UdSSR

**Jan.** Allunions-Kunstausstellung *Die Künstler dem Volk* im ZDCh zum 60. Jahrestag der Gründung der UdSSR mit 2500 Künstlern. Die Ausstellung ist eine Art Rechenschaftsbericht der sowjetischen Künstler über ihre Arbeit von 1977 bis 1982.

**März** Eröffnung einer Ausstellung der Gruppe SZ in der Galerie APTART. Die Ausstellung wird von KGB-Mitarbeitern aufgelöst und die Wohnung von Nikita Alexejew durchsucht. Am 29.5. und 25.9. führt die Galerie Aktionen durch: *APTART v nature* (APTART in der Natur) im Wald nahe des Dorfes Kalistowo und *APTART za zaborom* (APTART hinter dem Zaun) im Hof der Datscha von Wladimir und Sergej Mironenko im Dorf Tarassowka, jeweils bei Moskau. Am 10./11.9 findet in der Galerie die Ausstellung *Sieg über die Sonne* nichtoffizieller Künstlern statt. Im Laufe des Jahres werden auch die wichtigsten Aktionen der Gruppe Kollektive Aktionen realisiert.

**Juli–Sept.** Die Ausstellung *Zeit. Raum. Mensch.* auf dem Gelände der WDNCh ist der Eroberung des Kosmos gewidmet. In der Abteilung Malerei werden neben Arbeiten professioneller Künstler auch Bilder von den Kosmonauten Alexej Leonow und Wladimir Dshanibekow ausgestellt.

**21.9.** Eröffnung der internationalen Ausstellung *Die Satire im Kampf für den Frieden* in der Akademie der Künste der UdSSR, Moskau. Goldmedaillen erhalten die Zeitschriften *Krokodil* (UdSSR) und *Eulenspiegel* (DDR).

*Mensch und Landschaft in der Malerei und Grafik der BRD*, Tretjakow-Galerie, angeregt von Wilhelm Christians, Deutsche Bank, Düsseldorf, zeigt zeitgenössische westdeutsche Kunst.

### Berlin ¬ DDR

**Sommer** Land-Art-Projekte in Tabarz (Thüringer Wald) mit Michael Morgner, Olaf Wegewitz, Thomas Ranft, Wolfgang Biedermann, Michael Kunert, Steffen Volmer, Wolfgang Henne. Auf dem IX. Kongress des VBK-DDR am 15.–17.11. im Palast der Republik, Berlin, werden Land Art, Aktionskunst und prozessuale Formen zu heftig umstrittenen Themen.

In der ständigen Vertretung der Bundesrepublik in Ost-Berlin werden Arbeiten der Neuen Wilden Peter Bömmels, Rainer Fetting, Franz Hitzler und Isolde Wawrin gezeigt.

### West-Berlin ¬ Bundesrepublik Deutschland

**11.11.83–6.1.84** *Kosmische Bilder in der Kunst des 20. Jahrhunderts*, Staatliche Kunsthalle Baden-Baden, Kurator: Sigmar Holsten; 1984 geht die Ausstellung nach Tel Aviv.

### andere

**11.2.–30.4.** *Der Hang zum Gesamtkunstwerk. Europäische Utopie seit 1800*, Kunsthaus Zürich, Kurator: Harald Szeemann. Danach: Städtische Kunsthalle und Kunstverein für die Rheinlande und Westfalen, Düsseldorf; Museum moderner Kunst, Museum des 20. Jahrhunderts, Wien.

## ARCHITEKTUR ¬ DENKMAL

### Moskau ¬ UdSSR

Die »Papierarchitekten« protestieren mit ihren utopischen Projekten gegen die utilitaristische Auffassung von Architektur in der UdSSR und die Unmöglichkeit, unkonventionelle Ideen zu realisieren. Die sowjetische »Papierarchitektur« hat international Erfolg: Auf einem der ersten Wettbewerbe der Zeitschrift *The Japan Architect* gewinnt der Entwurf zu einem *Museum des 20. Jahrhunderts* von Michail Below und Michail Charitonow den ersten Preis. Auch bei Folgewettbewerben dieser Zeitschrift erhalten Projekte der Papierarchitekten Preise. Die erste Ausstellung der Papierarchitektur in der UdSSR findet 1984 in der Redaktion der Zeitschrift *Junost'* in Moskau statt.

**Berlin ¬ DDR**

Randbebauung Platz der Akademie, heute Gendarmenmarkt, Berlin-Mitte, Gesamtplanung: Manfred Prasser, Einzelgebäude: Günter Boy, Ernst Wallis, Matthias Bormann (beg. 1979). Als Rahmen für Schinkels Schauspielhaus sowie den Französischen und den Deutschen Dom wählte man eine historisierende Platzrandbebauung aus Betonfertigteilen. 1983 wird das barockisierende Internatsgebäude der Akademie der Wissenschaften fertig gestellt. Die bis 1990 weitergeführte Bebauung ist ein Höhepunkt der Postmoderne in Ost-Berlin.

Alexander Brodski, Ilja Utkin, *Brücke über eine Schlucht*, 1987, Radierung

**West-Berlin ¬ Bundesrepublik Deutschland**

Wohnhaus, Schlesische Straße 7, Berlin-Kreuzberg, A: Alvaro Siza (im Rahmen der IBA). Mit seiner einfachen Lochfensterfassade setzt sich das Haus des portugiesischen Architekten bewusst von postmoderner Architektur ab. Lebendigkeit erhält das Haus dadurch, dass Grundriss und Fassade leicht ausschwingen.

Klinikum der Rheinisch-Westfälischen Technischen Hochschule, Aachen, A: Jürgen Kunz, Paul Tröger, Wolfgang Weber (beg. 1968). Das monumentale High-Tech-Klinikum wird noch vor der Eröffnung als Bild ungebrochener Technikgläubigkeit scharf kritisiert.

## FILM

**Moskau ¬ UdSSR**

**17.1.** *Polëty vo sne i najavu* (*Tagträumer*, EA DDR 5.10. 1984), R: Roman Balajan, eine Tragikomödie über den »überflüssigen Menschen« in der sowjetischen Gesellschaft mit Oleg Jankowski in der Hauptrolle.

**21.2.** *Proščanie* (1979/83; *Abschied von Matjora*, EA BRD 12.3.1987, DDR 6.11.1987), R: Elem Klimow nach einer Erzählung von Valentin Rasputin. Begonnen wurde der Film von Klimows Frau Larissa Schepitko, die am Anfang der Dreharbeiten ums Leben kam. In der DDR wird die Geschichte über ein Dorf, das einem Wasserkraftwerk geopfert werden soll, zum Kultfilm.

**7.11.** *Voennopolevoj roman* (*Frontromanze*, EA DDR 26.10.1984) von Pjotr Todorowski über die Liebe im Krieg und zu Friedenszeiten mit Nikolai Burljajew, Inna Tschurikowa und Natalja Andrejtschenko.

**Berlin ¬ DDR**

**20.1.** *Der Aufenthalt*, R: Frank Beyer, nach dem Roman von Hermann Kant, D: Sylvester Groth, Fred Düren, Klaus Piontek. Der Film über einen deutschen Soldaten, der 1945 in Polen fälschlicherweise als Mörder verdächtigt wird, sorgt für Verstimmungen zwischen den Nachbarstaaten.

**24.11.** *Olle Henry*, R/B: Ulrich Weiß, D: Michael Gwisdek, Anikó Sáfár. Die Liebesgeschichte zwischen einem Profiboxer und einem Animiermädchen im Berlin nach 1947 ist eine Parabel über Gewalt und Moral.

**24.11.** Der westdt. Dokumentarfilm *Aufstehn und Widersetzen* über das Konzert der Initiative *Künstler für den Frieden* in der Berliner Waldbühne (R: Klaus Volkenborn, Johann Feindt) gewinnt bei der Internationalen Dokumentarfilmwoche in Leipzig die *Goldene Taube*.

**West-Berlin ¬ Bundesrepublik Deutschland**

**11.2.** *Krieg und Frieden*, R/B: Alexander Kluge, Volker Schlöndorff, Stefan Aust, Axel Engstfeld, Heinrich Böll. Das zweite große Projekt einer Gemeinschaftsproduktion westdt. Regisseure hat die Stationierung amerikanischer Mittelstreckenraketen zum Anlass.

**andere**

**Sept.** *Zelig* (USA, EA BRD 30.9.), R: Woody Allen. Die Verbindung von dokumentarischem Material mit fiktiven Figuren verweist bereits auf die in späteren Filmen perfektionierten Möglichkeiten der Filmtechnik.

*Prénom Carmen* (F, *Vorname Carmen*, EA BRD 13.7.1984), R: Jean-Luc Godard, M: Ludwig van Beethoven, Tom Waits, D: Maruschka Detmers, Jacques Bonnaffé. Mit Bild-, Ton- und Musik-Experimenten untersucht Godard über das konventionelle Erzählkino hinaus mediale Möglichkeiten.

## MEDIEN

**West-Berlin ¬ Bundesrepublik Deutschland**

**25.4.** Gerd Heinemann präsentiert auf einer Pressekonferenz der Wochenzeitschrift *Stern* den sensationellen Fund der Hitlertagebücher. Die Entdeckung, dass sie eine Fälschung von Konrad Kujau sind, löst einen der größten Medienskandale der Bundesrepublik aus.

## THEATER ¬ MUSIK

**Moskau ¬ UdSSR**

**Feb.** Ungeachtet erneuter Verbote und Verhaftungen verbreitet sich die Rockmusik in der UdSSR weiter. Zu den neuen Gruppen zählen Alissa, Krematorium, Bravo, Brigida S, Korrosija metalla.

**Berlin ¬ DDR**

**30.9.** Alexander Lang inszeniert am Deutschen Theater Bertolt Brechts *Die Rundköpfe und die Spitzköpfe* als tragikomisches Clownsspiel über Machtausübung mittels Ideologie. Volker Pfüller baut dafür eine hölzerne Manege.

Der westdeutsche Rocksänger Udo Lindenberg tritt im Rahmen einer Tournee im Palast der Republik auf. Der Musikabend, der sich gegen den NATO-Nachrüstungsbeschluss richtet, wird von der FDJ veranstaltet und live übertragen.

Die Oper *Lear* des West-Berliner Komponisten Aribert Reimann wird von Harry Kupfer an der Komischen Oper, Berlin, inszeniert (UA Bayerische Staatsoper, München 1978).

10 Jahre *Ferienkurs für zeitgenössische Musik* in Gera. Dort versammeln sich jedes Jahr die renommierten Komponisten der DDR. Lothar Voigtländer leitet 1983–89 die Klasse für elektronische Musik bei den Geraer Ferienkursen.

Die Konzertreihe *Das Neue Werk*, angeregt von Friedrich Schenker, startet im Gewandhaus Leipzig mit elektronischer Musik.

**West-Berlin ¬ Bundesrepublik Deutschland**

**1.9.–2.10.** Die Berliner Festwochen stehen im Zeichen des Ost-West-Dialogs: Aufführung der futuristischen Oper *Sieg über die Sonne* (vgl. 1980) mit einer begleitenden Ausstellung in der Akademie der Künste: *Sieg über die Sonne. Aspekte russischer Kunst* (Konzept: Christiane Bauermeister). Außerdem u. a.: Mussorgski/Kandinsky, *Bilder einer Ausstellung*, Rekonstruktion der Aufführung von 1928 mit Markus Creed und Martin Rupprecht; Alexander Blok, *Die Unbekannte* und *Die Schaubude* (Moskauer Kammeroper); Zyklus von Orchesterwerken und Klaviermusik von Alexander Skrjabin (mit Ingo Metzmacher, Josef Bulva); Daniil Charms, *Elizaveta Bam* (R: Helfried Foron, M: Bertoncini, mit Helen Vita, Heinz Schubert u. a.).

## LITERATUR ¬ THEORIE

**Moskau ¬ UdSSR**

Im ZDRI versammelt sich der Klub der jungen Kritiker, um über *die Metaphoriker und Konzeptualisten* zu streiten. Am Disput beteiligen sich die poety-metaforisty (Dichter-Metaphoristen) Alexej Parschtschikow, Iwan Shdanow, Alexander Jeremenko und der Ideologe der Bewegung Michail Epstein sowie die Konzeptualisten Lew Rubinstein, Dmitri Prigow, Wsewolod Nekrassow und Wladimir Sorokin.

**Berlin ¬ DDR**

**Juni** Nachdem Anfang der 80er Jahre eine Reihe von Autoren aus der DDR abgewandert oder aus dem Schriftstellerverband ausgetreten waren, ist man auf dem IX. Schriftstellerkongress auf Ausgleich bedacht. Hermann Kant spricht von »schmerzlichen Verlusten«, die den Verband getroffen hätten.

Christa Wolf, *Kassandra* (Darmstadt; Leipzig 1984; russ. in: *Inostrannaja literatura*, Nr. 1, Moskau 1986). Wolfs gleichnishafte Erzählung über Kassandra, die griechische Prophetin des Untergangs, die von niemandem gehört werden wollte, wird zum Kultbuch der westdeutschen Frauen- und Friedensbewegung. Ergänzend geht Wolf in den Frankfurter Poetik-Vorlesungen *Voraussetzungen einer Erzählung: Kassandra* der Frage einer »weiblichen« Ästhetik nach. Kurz nach dem Erscheinen polemisiert Wilhelm Girnus in der Zeitschrift *Sinn und Form* gegen das Werk.

Der erste Band von Erwin Strittmatters autobiographischem Roman *Der Laden* (Berlin/Weimar, Bd. 2 1987; Bd. 3 1992) erscheint. Es ist Strittmatters letztes großes Werk und wird 1998 von Jo Baier verfilmt.

*Arbeitsalltag*

**West-Berlin ¬ Bundesrepublik Deutschland**

Peter Sloterdijks umfassende Philosophiekritik *Kritik der zynischen Vernunft* (F/M; russ. Ekaterinenburg 2001) wird gleich nach Erscheinen zum Kultbuch.

Rainald Goetz' erster Roman *Irre* (F/M) ist in Geschwindigkeit und Simultaneität an Pop-Musik orientiert.

Sten Nadolny lässt in *Die Entdeckung der Langsamkeit* (München) seinen reaktionsverlangsamten Helden bei einer Schiffsexpedition seine Bestimmung finden.

Bodo Morshäuser, *Berliner Simulation* (F/M), Gedichte, fragmentarische Lebensgeschichten und Reflexionen ergeben ein Bild vom alternativ-intellektuellen Alltag im West-Berlin der 80er Jahre.

Jürgen Habermas, *Moralbewusstsein und kommunikatives Handeln* (F/M 1983; St. Petersburg 2000).

**andere**

Uwe Johnson, der seit 1974 in Großbritannien lebt, beendet seinen vierbändigen Roman *Jahrestage. Aus dem Leben der Gesine Cresspahl* (F/M, 1. Band 1970). Seine detailgenaue Beschreibung der 365 Tage aus dem Leben seiner Protagonistin und die mehrfach wechselnde Erzählperspektive haben großen Einfluss auf die folgende Schriftstellergeneration.

# 1984

## POLITIK ¬ ZEITGESCHEHEN

### Moskau ¬ UdSSR

**13.2.** Nach dem Tod von Juri Andropow wird Konstantin Tschernenko zum Generalsekretär des ZK der KPdSU und am 11.4. zum Vorsitzenden des Präsidiums des Obersten Sowjets der UdSSR gewählt.
**2.5.** Andrej Sacharow tritt in Hungerstreik, um zu erreichen, dass seine Frau Jelena Bonner zur ärztlichen Behandlung ins Ausland fahren kann. Am 17.8. wird sie wegen »verleumderischer Lügenmärchen über den Staat« zu 5 Jahren Verbannung in Gorki verurteilt.
**8.5.** Das Olympische Komitee der UdSSR erklärt, dass die sowjetischen Sportler nicht an den diesjährigen Spielen in Los Angeles teilnehmen werden (dem Beispiel der UdSSR folgen andere Staaten des Warschauer Pakts, darunter die DDR). Am 18.8. werden in Moskau die »Spiele des Guten Willens« als sozialistische Alternative zu den Olympischen Spielen eröffnet.
**5.6.** Auf Initiative von Konstantin Tschernenko wird der 94-jährige Wjatscheslaw Molotow, einer der engsten Mitstreiter Stalins, wieder in die KPdSU aufgenommen, aus der er 1962 ausgeschlossen worden war.

Montage des »goldenen Kettenglieds« der BAM

**30.9.** Verbindung des östlichen und des westlichen Abschnitts der Baikal-Amur-Magistrale (BAM).
**23.11.** Vereinbarung über die Wiederaufnahme der Abrüstungsverhandlungen zwischen der UdSSR und den USA.
**15.–21.12.** Michail Gorbatschow, Sekretär des ZK der KPdSU, besucht Großbritannien. Die erfolgreichen Verhandlungen mit Margaret Thatcher bezügl. der Waffenreduzierung bringen ihm im Westen und in der UdSSR den Ruf eines Reformers ein.

### Berlin ¬ DDR

Die Zahl der Ausreisewilligen steigt: u. a. beantragen sechs DDR-Bürger in der Ost-Berliner US-Botschaft politisches Asyl, 12 flüchten in die ständige Vertretung der Bundesrepublik; alle dürfen nach West-Berlin ausreisen. Nachdem 55 DDR-Bürger ebendort die Ausreise erzwingen wollen, wird die Ständige Vertretung vom 26.6. bis 31.7. wegen »Überlastung« geschlossen.
Der französische Außenminister Claude Cheysson eröffnet das erste Kulturzentrum eines westlichen Landes in der DDR, nachdem 1983 ein Kulturzentrum der DDR in Paris eröffnet worden war.

### West-Berlin ¬ Bundesrepublik Deutschland

**1.7.** Richard von Weizsäcker wird deutscher Bundespräsident.
**25.7.** Die Bundesregierung billigt einen neuen Kredit westdeutscher Banken an die DDR in einer Höhe von 950 Mio. DM.
**22.9.** Bundeskanzler Helmut Kohl und der französische Staatspräsident François Mitterrand gedenken in Verdun der Toten beider Weltkriege. Während die Nationalhymnen erklingen, stehen sie, ihre Verbundenheit demonstrierend, Hand in Hand. Aufsehen erregt die Teilnahme des aufgrund seiner Kriegstagebücher umstrittenen Schriftstellers Ernst Jünger an der Ehrung.

François Mitterrand und Helmut Kohl in Verdun

### andere

**4.10.** Die Botschaft der Bundesrepublik Deutschland in Prag, in der sich über 150 ausreisewillige DDR-Bürger aufhalten, wird wegen Überfüllung vorübergehend geschlossen. Auch in Bukarest, Warschau und Budapest haben DDR-Bürger in den diplomatischen Vertretungen Schutz gesucht. Nach der Zusage, straffrei Ausreiseanträge stellen zu dürfen, kehren sie im Jan. 1985 in die DDR zurück.
**5./6.6.** In Punjab lässt Indiens Ministerpräsidentin Indira Gandhi das Hauptheiligtum der Sikhs, den Goldenen Tempel in Amritsar stürmen, in dem sich aufrührerische Sikhs und ihr Führer Jarnail Singh Bhindranwale verschanzt haben. 700 Menschen sterben. Indira Gandhi wird am 31.10. von Sikhs ihrer Leibgarde getötet. Es folgen wiederum Racheakte von Hindus an Sikhs.
Die KP der VR China beschließt eine Wirtschaftsreform, die kapitalistische Elemente einbezieht.

## BILDENDE KUNST

### Moskau ¬ UdSSR

**Jan.–Feb.** *Schlacht um Leningrad* im Leningrader Zentralen Ausstellungssaal zum 40. Jahrestag der Aufhebung der Blockade der Stadt. Im Staatlichen Russischen Museum läuft die Ausstellung *In der Stunde der Tapferkeit* mit Werken, die von Leningrader Künstlern während der Belagerung geschaffen wurden.
**Mai** Sven Gundlach, Wladimir Mironenko und Konstantin Swesdotschotow, vormals für wehrdienstuntauglich erklärt, werden jetzt zum Militärdienst eingezogen. Die Gruppe Muchomor (Fliegenpilz) ist damit zerschlagen.
**25.5.** Letzte Ausstellung der Galerie APTART. An *Moskva-Odessa* nehmen teil: Sergej Anufrijew, Juri Lejderman, die Gruppe Perzy, Leonid Woizechow, Konstantin Swesdotschotow und Larissa Resun.
**Aug.** Im Kulturhaus der Stadt Ust-Narwa stellen 15 Leningrader Künstler ihre Werke aus, darunter Olga Florenskaja und Alexander Florenski, Wladimir und Dmitri Schagin und Wladimir Schinkarjow. Bald darauf gründen die Ausstellungsteilnehmer die neoprimitive Gruppe Mitki.
**17.12.** *Künstler dem Volk* ist mit Bühnenbildern und Kulissen die 1. Ausstellung in der Staatlichen Gemäldegalerie der UdSSR (GKG), einer Filiale der Tretjakow-Galerie, an der Krymskaja-Uferstraße neben dem ZDCh.

### Berlin ¬ DDR

**15.11.** Eröffnung des *1. Leipziger Herbstsalons*, Messehaus am Markt, die erste selbst organisierte und selbst finanzierte Ausstellung in einem repräsentativen Gebäude der DDR. Beteiligte Maler an der Aufsehen erregenden, aktionistischen Ausstellung: Hans-Hendrik Grimmling, Frieder Heinze, Günther Huniat, Olaf Wegewitz, Lutz Dammbeck, Günter Firit.

### West-Berlin ¬ Bundesrepublik Deutschland

**7.6.–12.8.** *Durchblick*, Ludwig Institut für Kunst der DDR, Oberhausen, Städtische Galerie, Schloss Oberhausen; 26.8.–7.10. Staatliche Kunsthalle, Berlin; mit der offiziellen Garde der DDR-Malerei, darunter Bernhard Heisig, Willi Sitte, Werner Tübke, Walter Womacka, Volker Stelzmann, Wolfgang Mattheuer.
**29.9.–2.12.** *Von hier aus. Zwei Monate neue deutsche Kunst in Düsseldorf*, Messegelände Halle 13, Düsseldorf, Kurator: Kasper König.
**7.12.–27.1.85** *Tradition und Gegenwart. Russische und Sowjetische Kunst aus sechs Jahrhunderten*, Generalkommissar: Pawel Choroschilow, Kunstverein für die Rheinlande und Westfalen und Kunsthalle Düsseldorf, anschließend: Staatsgalerie Stuttgart; Kunstverein Hannover.

### andere

**4.–28.1.** *Russian Mosk-Heroic Style*, Galerie Semaphore, New York, u. a. mit Erik Bulatov, Komar & Melamid, Alexander Kossolapow und Leonid Sokow. Gezeigt wird die Moskauer und New Yorker Soz-Art.
**28.3.–11.5.** *Terrae Motus*, Fondazione Amelio, Neapel, anschließend Grand Palais, Paris, Kuratoren: Michele Bonuomo, Diego Cortez. Die geladenen Künstler beschäftigen sich mit dem Thema Erdbeben, darunter Anselm Kiefer, Richard Long, Gerhard Richter, A. R. Penck, Cy Twombly.
*L'Art et le temps. Regards sur la quatrième dimension*, Societé des Expositions du Palais des Beaux Arts, Brüssel, Kurator: Michel Baudson; 1985 als *Zeit. Die vierte Dimension in der Kunst*, Kunsthalle Mannheim; Museum moderner Kunst, Wien.

## ARCHITEKTUR ¬ DENKMAL

### Moskau ¬ UdSSR

Der Wettbewerb für das Siegesdenkmal auf dem Poklonnaja-Berg in Moskau bleibt ohne abschließendes Ergebnis.
Inbetriebnahme des 1. Teils eines Internationalen Ausstellungskomplexes (später: Expozentrum) im Krasnopresnenski-Park, A: Michail Possochin, Boris Tchor u. a. In den Pavillons werden Architektur-, Design- und Technikausstellungen gezeigt (fertig gestellt 1995).

### Berlin ¬ DDR

Friedrichstadtpalast, Friedrichstraße 104, Berlin-Mitte, A: Walter Schwarz, Manfred Prasser, Dieter Bankert. Der eklektizistische Nachfolgebau des berühmten *Großen Schauspielhauses* von Hans Poelzig (1918–19, 1984 abgerissen) präsentiert sich nach außen mit plastisch geformten, repetierten Sichtbetonelementen, in die bunte Glasprismen eingelassen sind.

### West-Berlin ¬ Bundesrepublik Deutschland

Wegen Verschiebung der *Internationalen Bauausstellung Berlin* auf 1987, wird das Jahr 1984 zu einer Zwischenbilanz der Stadtentwicklungspolitik für Sanierungsgebiete in West-Berlin genutzt. Die 1978 durch einen Senatsbeschluss etablierte IBA will die »Innenstadt als Wohnort« wiedergewinnen und wird zur entscheidenden Triebkraft der städtebaulichen Entwicklung West-Berlins für die 80er Jahre. Josef Paul Kleihues entwickelt im Sinne seiner »kritischen Rekonstruktion« einen Masterplan für die IBA-Neubaugebiete Südl. Friedrichstadt und Südl. Tiergarten, wobei seine Vorschläge prospektiv auf das gesamte Berlin, West wie Ost, ausgerichtet sind. Ausgangspunkt für alle Planungen ist die historische Bebauung, für die einzelnen Projekte gelten einheitliche Richtlinien wie Blockrandbebauung und Einhaltung der »Berliner Traufhöhe«. Unter der Leitung von Hardt-Waltherr Hämer wird in Kreuzberg eine »behutsame Stadterneuerung« verfolgt, welche die Anwohner aktiv in die Planung der Sanierung einbezieht. Im Martin-Gropius-Bau ist die Ausstellung *Idee Prozeß Ergebnis. Die Reparatur und Rekonstruktion der Stadt*, Leitung: Johannes Gachnang, zu sehen.
Stadtvillen an der Rauchstraße, Berlin-Tiergarten, Gesamtplanung: Rob Krier (IBA-Wettbewerb 1980), einzelne Villen: Rob Krier, Francy Valentin, Hubert Hermann, Aldo Rossi, Henry Nielebock & Partner, Klaus-Theo Brenner, Benedict Tonon, Giorgio Grassi, Hans Hollein. Mit den »Villen« im ehem. Diplomatenviertel, in die je Etage 5 Wohnungen integriert sind, wird versucht, das historische Stadtmuster mit moderner Architektur zu interpretieren.
Erweiterung der Staatsgalerie Stuttgart, A: James Stirling (beg. 1977). Dieses beispielhafte Gebäude der Postmoderne in Deutschland spielt mit Ableitungen von überliefertem Formenvokabular und verbindet Tradition mit Pop.

An städtebaulich schwieriger Stelle erreicht Stirling mit seiner offenen, getreppten Anlage eine Verbindung zweier durch eine Stadtautobahn zerschnittener Bereiche der Innenstadt von Stuttgart.

Erweiterungsbau der Staatsgalerie Stuttgart

Museum für Kunsthandwerk, Frankfurt/M, A: Richard Meier (Wettbewerb 1979). Die kubischen, in ein Quadrat eingestellten Baukörper wirken mit viel Glas und weiß gestrichenem Beton äußerst leicht. Das New Yorker Büro Meier plante auch den Innenausbau bis ins Detail spezifisch für die Sammlung des Museums.

**15.6.** Eröffnung des Deutschen Architekturmuseums, Frankfurt/M, A: Oswald Mathias Ungers (beg. 1981, gegr. 1979) mit der Ausstellung *Revision der Moderne*, die einen Überblick über die Architektur der Postmoderne in Europa und den USA seit 1960 gibt. Kurator ist der Gründungsdirektor des DAM Heinrich Klotz.

## FILM

### Moskau ¬ UdSSR

**5.6.** *Moj drug Ivan Lapšin* (*Mein Freund Iwan Lapschin*, EA DDR 9.10.1987, BRD 2.8.1989 N 3), R: Alexej German, nach Motiven von Werken Juri Germans, beeindruckt vor allem durch die Authentizität, mit der die Atmosphäre der 30er Jahre beschworen wird.

**10.7.** Nach Fertigstellung seines Films *Nostalghia* in Italien weigert sich Andrej Tarkowski, in die UdSSR zurückzukehren.

**14.9.** *Čučelo* (1983, *Vogelscheuche*, EA DDR 25.9.1987, BRD 16.11.1988 ZDF), R: Rolan Bykow. Der Film erzählt von den grausamen Ritualen Jugendlicher, ihrer Intoleranz und dem Widerstand des Einzelnen gegenüber dem Druck des Kollektivs. Kristina Orbakaite, die Tochter der populären Unterhaltungssängerin Alla Pugatschowa, spielt ein individualistisches Mädchen.

### Berlin ¬ DDR

**19.1.** *Ärztinnen* (1983), R/B: Horst Seemann, nach einem Stück von Rolf Hochhuth, D: Judy Winter, Inge Keller, Rolf Hoppe. Der DEFA-Film, der letzte, der sich der Bundesrepublik widmet, behandelt Profitgier und Moralverlust unter Ärzten und in der pharmazeutischen Industrie als Beispiele »kapitalistischer Dekadenz«.

**30.11.** *Rangierer*, R: Jürgen Böttcher. Ein Dokumentarfilm ohne Kommentar über Eisenbahner bei ihrer Arbeit.

### West-Berlin ¬ Bundesrepublik Deutschland

**19.5.** *Paris, Texas* (BRD/F/GB, UA: Cannes, EA BRD 10.1. 1985), R: Wim Wenders, D: Harry Dean Stanton, Aurore Clément, Nastassja Kinski. Wenders erhält für seine in den USA spielende allegorische Liebesgeschichte den Grand Prix in Cannes.

### andere

**1.12.** *Brazil* (GB, *Brazil*, EA BRD 26.4.1985), R/B: Terry Gilliam, D: Jonathan Pryce, Robert De Niro. Surrealistisch inszenierter Science-Fiction über einen Überwachungsstaat.

*Stranger than paradise* (USA/BRD, EA BRD 25.7.), R/B: Jim Jarmusch, D: Eszter Bálint, John Lurie. Die Geschichte über das Treffen der Ungarin Éva mit ihrem amerikanischen Vetter erzählt von Heimatlosigkeit und wird in West-Berlin zum Kultfilm.

## MEDIEN

### West-Berlin ¬ Bundesrepublik Deutschland

**1.1.** Einführung des privaten Hörfunks und Fernsehens in der Bundesrepublik.

### andere

Kit Galloway und Sherrie Rabinowitz richten zu den Olympischen Spielen in Los Angeles das *Electronic Café* ein, eine Closed-Circuit-Installation im öffentlichen Raum, die L.A. und New York miteinander verbindet. Dieses von der Bevölkerung emphatisch genutzte realzeitliche Dialogfeld ist der Vorläufer der »offenen« Fernsehkanäle und partizipatorischen Netzwebsites.

## THEATER ¬ MUSIK

### Moskau ¬ UdSSR

**März** Juri Ljubimow, der 1983 *Prestuplenie i nakazanie* (*Schuld und Sühne*) am Londoner Lyric Theatre Hammersmith inszeniert hatte, wird von seinem Amt als künstlerischer Leiter des Theaters an der Taganka entbunden. Am 11.7. wird ihm die sowjetische Staatsbürgerschaft entzogen. Am 20.3. übernimmt Anatoli Efros die Leitung des Theaters an der Taganka. Efros' erste Premiere, *Na dne* (*Nachtasyl*) von Maxim Gorki, erntet das uneingeschränkte Lob von J. Surkow in der *Prawda*. Solch eine Zustimmung gibt es in der Geschichte des Theaters und in der Karriere des Regisseurs zum ersten Mal.

**17.4.** *Gospoda Golovlëvy* (*Die Herren Golowljow*) nach dem Roman von Michail Saltykow-Schtschedrin im Künstlertheater. In der Inszenierung von Lew Dodin überraschen die Kühnheit, mit der eine im Niedergang begriffene Lebensweise analysiert wird, und die Unerschrockenheit, mit der Innokenti Smoktunowski die Tiefen der Seele von Juduschka Golowljow auslotet.

### Berlin ¬ DDR

**Jan.** Die Kölner Pop-Gruppe BAP sagt ihre DDR-Tournee ab, da sie ihre Texte nicht durch die Künstler-Agentur der DDR zensieren lassen will.

**27./28.3.** In Dresden ist Wolfgang Engels viel beachtete Inszenierung von Friedrich Hebbels *Nibelungen* im kühlen Bühnenraum nach einer Atommeiler-Katastrophe zu sehen (BB: Jochen Finke, Jutta Harnisch).

Paul-Heinz Dittrichs mehr der französischen als der deutschen Musiktradition verpflichtete »Szenische Kammermusik« *Die Verwandlung* (nach Franz Kafka) wird während der DDR-Musiktage in Berlin aufgeführt (UA Metz 1983).

Die Stasi registriert als »negativ-dekadente Jugendliche« Punks und deren Bands wie Schleim-Keim, Die Saukerle, Antitrott, Die Zucht, Wutanfall, L'attentat und Neu-Rot.

### West-Berlin ¬ Bundesrepublik Deutschland

**7.7.** Auf dem Platz der Republik, Berlin-Tiergarten, veranstaltet André Heller das *Berliner Feuertheater mit Klangwolke*. Das Feuerwerk sehen ca. 500.000 Zuschauer, davon 3.000 jenseits der Mauer.

**12.7.** Peter Zadeks Inszenierung von Joshua Sobols eindringlichem Holocaust-Stück *Ghetto* an der Freien Volksbühne als musikalische Revue löst kontroverse Diskussionen aus (M: Peer Raben, Klarinette: Giora Feidman).

**25.9.** UA von Aribert Reimanns (seit 1983 Professor für zeitgenössisches Lied an der HdK) Oper *Die Gespenstersonate* (nach August Strindberg) in der Deutschen Oper, Berlin.

**4.9.–2.10.** Bei den Berliner Festwochen tritt das georgische Rustaweli-Theater, Tbilissi, mit Shakespeares *Richard III.* und Brechts *Der kaukasische Kreidekreis* auf, Leitung: Robert Sturua.

**14.–16.12.** *Rosenfest*, Szenen nach Heinrich von Kleist im Hebbel-Theater und in der DAAD-Galerie, Berlin, initiiert im Sinne eines Gesamtkunstwerks von Carlo Quartucci und Carla Tatò, mit Giancarlo Schiaffini, Daniel Buren, Per Kirkeby, Henning Christiansen, Lawrence Weiner, Robert Ashley, Jannis Kounellis, Giovanna Marini, Roberto Lerici, Giulio Paolini.

Nenas Popsong *99 Luftballons* klettert weltweit auf die Spitzenplätze der Charts.

## LITERATUR ¬ THEORIE

### Berlin ¬ DDR

Leonhard Lorek und Flanzendörfer (Frank Lanzendörfer) begründen in Berlin den *Schaden*, eine von rund 30 nicht genehmigten literarischen und politischen Zeitungen der DDR, deren Auflagenhöhe häufig unter 50 Exemplaren liegt (weitere: *Anschlag*, Leipzig; *und*, Dresden; *Mikado*, Berlin).

### West-Berlin ¬ Bundesrepublik Deutschland

Erich Loests grotesk-komischer Rückblick auf 150 Jahre deutsche und sächsische Geschichte erscheint unter dem Titel *Völkerschlachtdenkmal* (Leipzig).

Patrick Süskinds Roman *Das Parfum* (Gütersloh; russ. Moskau 1992) wird der erfolgreichste westdeutsche Roman der 80er Jahre.

Jürgen Fuchs, *Fassonschnitt* (Reinbek). Das Buch des nach Verbüßung einer Haftstrafe 1977 zwangsweise in die BRD übergesiedelten Fuchs, setzt sich mit dem in der DDR tabuisierten Thema Militär auseinander.

### andere

Milan Kundera, *Nesnesitelná Lehkost Bytí* (Paris, *Die unerträgliche Leichtigkeit des Seins*, München/Wien 1984; tschech. 1985 in Toronto; russ. auszugsweise in: *Literaturnaja gazeta*, Nr. 6; *Inostrannaja literatura*, Nr. 5–6, Moskau 1992).

**BILDENDE KUNST ¬** Offizieller Kulturaustausch: Im Sept./Okt. *Tage der Kultur der DDR in der UdSSR* anlässlich des 35. Jubiläums der DDR. Im Haus der Völkerfreundschaft läuft *DDR. Eine Ausstellung von Arbeiten sowjetischer Künstler* mit Werken von Künstlern, die zu Arbeitsaufenthalten in der DDR zu Gast waren. *Das Plakat der DDR* im ZDCh präsentiert Arbeiten von Gerhard Voigt, Walter Womacka, Willi Sitte u. a. Außerdem ist eine Kinderbuchausstellung der DDR in der Akademie der Künste der UdSSR zu sehen. Im Feb. wurde bereits die Abschlussausstellung des *1. Wettbewerbs Junger Künstler der DDR und der UdSSR* im Alten Museum, Berlin, präsentiert. Der Wettbewerb hatte zwei Jahre zuvor mit längeren Besuchen junger DDR-Künstler im Gästehaus des Künstlerverbandes der UdSSR begonnen; der Hauptpreis geht an den Ukrainer Sergej Jakutowitsch.

## POLITIK ¬ ZEITGESCHEHEN

### Moskau ¬ UdSSR

**11.3.** Michail Gorbatschow wird nach dem Tod des Generalsekretärs des ZK der KPdSU, Konstantin Tschernenko, zum neuen Generalsekretär gewählt. Am 23.4. hält Gorbatschow auf dem Plenum des ZK eine programmatische Rede, in der er einen Kurswechsel verkündet, der soziale und wirtschaftliche Reformen einschließt. Es folgt ein umfangreicher Kaderwechsel in höchsten Führungskreisen: Viktor Tschebrikow, KGB-Chef, Jegor Ligatschow, verantwortlicher Sekretär des ZK für Ideologie und Kaderpolitik, sowie Nikolai Ryshkow, Sekretär des ZK für Wirtschaftsfragen, werden Mitglieder des Politbüros. Am 21.7. wird Andrej Gromyko zum Vorsitzenden des Präsidiums des Obersten Sowjets gewählt; Eduard Schewardnadse wird Mitglied des Politbüros und Außenminister, Boris Jelzin Sekretär des ZK und am 24.12. Erster Sekretär des Moskauer Stadtkomitees der KPdSU. Nikolai Ryshkow löst am 27.9. Nikolai Tichonow in seinem Amt als Vorsitzender des Ministerrats der UdSSR ab.

Michail Gorbatschow

**17.5.** Beginn der Anti-Alkohol-Kampagne mit dem Erlass des Präsidiums des Obersten Sowjets der UdSSR *Über die Verstärkung des Kampfes gegen die Trunksucht.*
**19.–21.11.** Treffen von Michail Gorbatschow und Ronald Reagan in Genf.

### Berlin ¬ DDR

**23./24.4.** Staatsbesuch des Staats- und Parteichefs der DDR, Erich Honecker, in Italien. Es ist der erste Aufenthalt Honeckers in einem NATO-Land. Honecker wird in Rom auch von Papst Johannes Paul II. empfangen.

### West-Berlin ¬ Bundesrepublik Deutschland

**1.–6.5.** Staatsbesuch von US-Präsident Ronald Reagan in der Bundesrepublik. Am vorletzten Tag seines Aufenthaltes legt Reagan gemeinsam mit Bundeskanzler Helmut Kohl Kränze an der Gedenkstätte Bergen-Belsen und auf dem Soldatenfriedhof Bitburg nieder. Letzteres wird in der Öffentlichkeit stark kritisiert, da in Bitburg auch Angehörige der ehemaligen Waffen-SS beerdigt sind.
**11.6.** Auf der Glienicker Brücke in Berlin findet der größte Agentenaustausch seit 1945 statt. 25 West-Agenten werden gegen vier Ost-Agenten ausgetauscht.
**12.10.** Mehrere 10.000 Atomkraftgegner demonstrieren in München gegen die geplante Wiederaufbereitungsanlage für Brennelemente im bayerischen Wackersdorf.

## BILDENDE KUNST

### Moskau ¬ UdSSR

**März–Mai** Zum 40. Jahrestag des Sieges finden mehrere Ausstellungen statt, darunter *Den Frieden haben wir verteidigt, den Frieden werden wir bewahren* in der Manege, *40 Jahre des Sieges über den Faschismus* in der Staatlichen Gemäldegalerie. Zu Leitbildern werden *Oblaka 1945 goda* (Wolken des Jahres 1945) von Geli Korshew und die plastische Komposition *Perekuem meči na orala* (Schmieden wir Schwerter zu Pflugscharen) von Jewgeni Wutschetitsch.
**Sommer** Formierung der Gruppe Detski sad (Kindergarten) mit German Winogradow, Andrej Roiter und Nikolai Filatow in Moskau. Im Raum des Kindergartens, in dem Roiter als Wächter arbeitet, finden bis zum 23.10.86 Ausstellungen und Aktionen Moskauer und Leningrader Künstler statt (Igor Kopystianski, Sergej Schutow, Nikita Alexejew u.a.), Konzerte von Rockgruppen und Vorführungen von Filmen des Parallelen Kinos sowie das Festival der Leningrader Avantgarde.
**27.12.** *Alles Gute zum Neuen Jahr!*, Ausstellung von neuer Malerei und dekorativer Kunst im Leningrader Haus der Volkskunst. Unter den Teilnehmern sind Sergej Bugajew (Afrika), Oleg Kotelnikow, Timur Nowikow, Iwan Sotnikow und Jewgeni Jufit. Zur Eröffnung läuft eine gemeinsame Aktion von Leningrader und Moskauer Künstlern sowie ein Rockkonzert mit den Gruppen Aquarium, Kino, Zoopark. Außerdem debütiert das Orchester Pop-Mechanika unter der Leitung von Sergej Kujochin, das Performance mit Instrumentalmusik verbindet.

Die Gruppe Pop-Mechanika, Leningrad

### Berlin ¬ DDR

**8.1.** Eröffnung der Ausstellung *Standorte, erste Ergebnisse des 2. Wettbewerbs junger Künstler der DDR und der UdSSR*, Zentrales Haus der Deutsch-Sowjetischen Freundschaft, Berlin. Von den Teilnehmern werden 16 deutsche Künstler ausgewählt, die an einem gemeinsamen Pleinair mit sowjetischen Künstlern teilnehmen sollen.
**19.1.** Aufführung des *Herakles-Projekts* von Lutz Dammbeck im Bauhaus Dessau, eine Collage aus Spontanmalerei, Film, Diaprojektion, Tanz mit Musik.
**1./2.6.** *Intermedia I*, Festival in Coswig bei Dresden. Michael Kapinos und Christoph Tannert präsentieren junge Künstler, Musiker aus der Punk-Szene, Super-8-Filmer, Performer und eine Off-Modenschau.
**27.6.** Stifterfest zum Zweck der Gründung der Selbsthilfe-Galerie Eigen + Art, Leipzig, die durch ihren Initiator Judy Lybke zu einem wichtigen Forum der jungen DDR-Kunst wird. Eröffnung der Galerie mit der *Stifterausstellung* am 25.10.
Unter dem Titel *Langsam Nässen* treten Else Gabriel, Micha Brendel, Rainer Görsz und Via Lewandowsky erstmals gemeinsam in der Kunsthochschule Dresden auf. Sie bezeichnen ihre Performance programmatisch als *Autoperforationsartistik*, eine Befragung des Selbst sowie des kulturellen und gesellschaftlichen Überbaus unter starkem Körpereinsatz.

### West-Berlin ¬ Bundesrepublik Deutschland

**6.7.–22.9.** *Vom Klang der Bilder. Die Musik in der Kunst des 20. Jahrhunderts*, Staatsgalerie Stuttgart, Kuratorin: Karin v. Maur.
**12.12.–12.6.86** *Leipziger Allerlei*, Ausstellungsreihe in der Hotel-Pension Nürnberger Eck, Berlin-Charlottenburg, mit Karl-Heinz Eckert, Nils Krüger, Frieder Butzmann, Michael Glasmeier, Thomas Kapielski. Seit dem 2.7.1994 befindet sich in Zimmer 7 eine ständige Installation von Christian Boltanski: *Gute Nacht.*
**27.9.–21.1.86** *Kunst in der Bundesrepublik Deutschland 1945–1985*, Nationalgalerie, Berlin-Tiergarten, Kuratoren: Lucius Griesebach, Jürgen Schweinebraden u.a. Die groß angelegte Überblicksschau fragt nach dem spezifisch Deutschen in der Kunst. Dieser Frage geht auch *German Art in the 20th Century. Painting and Sculpture 1905–1985* nach, vom 11.10.–22.12. in der Royal Academy of Arts, London, Kuratoren: Christos M. Joachimides, Norman Rosenthal, Wieland Schmied; anschließend: Staatsgalerie, Stuttgart.

### andere

*The European Iceberg. Creativity in Germany and Italy Today*, Art Gallery of Ontario, Toronto, Kurator: Germano Celant.
Gründung der Guerilla Girls in New York, einer anonym agierenden Gruppe von Künstlerinnen verschiedener Disziplinen, die mit humorvollen Aktionen gegen die männliche Dominierung des Kunstbetriebs antreten.

## ARCHITEKTUR ¬ DENKMAL

### Moskau ¬ UdSSR

**5.11.** In Moskau wird auf dem Oktjabrskaja-Platz das Lenin-Denkmal des Bildhauers Lew Kerbel eingeweiht. In den 90er Jahren wird der Platz zum Zentrum kommunistischer Meetings.
Die Rekonstruktion des Arbat als Fußgängerzone orientiert sich am konventionellen Stil des 19. Jahrhunderts, A: Michail Possochin, Alexej Gutnow, Soja Charitonowa u.a. In der Zeitschrift *Architektura SSSR* bezeichnen der Dichter Bulat Okudshawa sowie die Historiker Sergej Awerinzew und Georgi Knabe das Projekt als Kitsch.
Bau und Innenausstattung des neuen Theaters an der Taganka sind abgeschlossen, A: Alexander Anissimow, Juri Gnedowski, Boris Taranzew. Es ist nun möglich, das gesamte Gebäude (inklusive Café, Vestibül und Dach) in einen potentiellen Bühnenraum zu verwandeln.

### Berlin ¬ DDR

**28.1.** Die direkt an der Mauer stehende Versöhnungskirche (A: Gotthilf Ludwig Möckel, 1892–94) in der Bernauer Straße, Berlin-Mitte, wird gesprengt.

Sprengung der Versöhnungskirche, Bernauer Straße, Ost-Berlin

**13.2.** Die wiederaufgebaute Semper-Oper, Dresden, wird in Anwesenheit von Staats- und Parteichef Erich Honecker und Altbundeskanzler Helmut Schmidt eröffnet.
Mahnmal Große Hamburger Straße, Große Hamburger Straße, Berlin-Mitte, am Ort des von den Nationalsozialisten zerstörten alten jüdischen Friedhofs und der von Moses Mendelssohn gegründeten Knabenschule der jüdischen Gemeinde mit Lehrerseminar sowie des Altersheims, das 1942 von der Gestapo zum »Judenlager« umfunktioniert wurde. Parkanlage mit Gedenktafel und nachgebildetem Grab Mendelssohns mit Figurenensemble nach einem Entwurf von Will Lammert (1957 als unvollendete Gruppe für Ravensbrück hinterlassen), 1985 in Bronze gegossen und aufgestellt nach einer Gestaltungsidee von John Heartfield.

**West-Berlin ¬ Bundesrepublik Deutschland**
Eröffnung des Kunstgewerbemuseums, Kemperplatz, Berlin-Tiergarten. Nach dem Wettbewerb für den Neubau der Museen der Stiftung Preußischer Kulturbesitz von 1966 erhielt Rolf Gutbrod 1967 den Auftrag zur weiteren Differenzierung seines Baukonzepts. Erst 1978 konnte aufgrund von Finanzproblemen mit der Umsetzung der nun auf das Kunstgewerbemuseum reduzierten Planung begonnen werden. Das mittlerweile veraltete Konzept wird nur leicht modifiziert ausgeführt.
Phosphat-Eliminationsanlage, Berlin-Reinickendorf (IBA-Wettbewerb 1980), A: Gustav Peichl, Abwasserreinigungsanlage für den Tegeler See. Das Betriebsgebäude ist ein schiffsähnlicher Körper mit Kommandobrücke, davor liegen die drei Klärbecken.

Phosphat-Eliminationsanlage, West-Berlin

## FILM

**Moskau ¬ UdSSR**
**23.8.** *Pastoral'/Pastorale* (1975/76, *Ein Sommer auf dem Dorf*, EA BRD 5.9.1986 ZDF), R: Otar Iosseliani, kommt landesweit in die Kinos. Der poetische Film über das Zusammentreffen von Musikern aus der Stadt mit den Bewohnern eines georgischen Dorfes war zunächst nur zur Vorführung in Georgien zugelassen worden.
**14.10.** *Idi i smotri* (*Geh und sieh*, EA DDR 9.5.1986; *Komm und sieh*, BRD 7.5.1987), R: Elem Klimow nach Motiven aus Werken von Ales Adamowitsch. Für den pazifistischen Film wurde weitgehend dokumentarisches Material verwendet.

**Berlin ¬ DDR**
**31.1.** *Die Frau und der Fremde* (UA: Berlin), R/B: Rainer Simon, nach der Erzählung *Karl und Anna* von Leonhard Frank, ist der erste DEFA-Film, der auf der Berlinale einen Goldenen Bären gewinnt. Wegen rechtlicher Probleme kommt er jedoch nicht in westliche Kinos.

**West-Berlin ¬ Bundesrepublik Deutschland**
**25.10.** *Männer*, R/B: Doris Dörrie, D: Heiner Lauterbach, Uwe Ochsenknecht, Ulrike Kriener. Dörries humorvolle Beziehungsgeschichte wird ein unerwarteter Kinoerfolg in Deutschland.

**andere**
**12.4.** *Huang Tudi* (VR China, *Gelbes Land*, EA BRD 21.4.1987), R: Chen Kaige. Der Erfolg des formal ungewöhnlichen Films beim *Hong Kong International Film Festival* beschert ihm auch internationale Aufmerksamkeit.
*Blue Velvet* (USA, EA BRD 12.12.1987), R/B: David Lynch, D: Dennis Hopper, Isabella Rossellini. Der Film über sadomasochistische Beziehungen macht Isabella Rossellini zum umstrittenen Star.

## MEDIEN

**Moskau ¬ UdSSR**
Jegor Jakowlew wird Chefredakteur der Zeitung *Moskovskie novosti*, eines offiziellen, in kleiner Auflage erscheinenden Blatts. Es gewinnt schnell an Popularität und wird zum Beispiel einer Glasnost, welche die gerade noch zulässigen Grenzen der Berichterstattung auslotet.

**West-Berlin ¬ Bundesrepublik Deutschland**
**8.12.** Die erste Folge der neuartigen, multikulturellen Familien-Fernsehserie *Lindenstraße*, die durch kurze Drehzeiten aktuelle Bezüge zum Tagesgeschehen in die Handlung integriert, wird in der ARD ausgestrahlt. Bis heute sind mehrere 100 Folgen gedreht worden.

**andere**
**13.7.** Im Wembley-Stadion, London, und im John-F.-Kennedy-Stadion, Philadelphia, findet zeitgleich das von Bob Geldof zugunsten der Afrikahilfe veranstaltete »Live-Aid-Concert« statt. Die bisher größte Show in der Geschichte der Pop-Musik wird von einem Millionenpublikum in 50 Ländern 16 Stunden lang am Bildschirm verfolgt.

## THEATER ¬ MUSIK

**Moskau ¬ UdSSR**
**10.3.** *Brat'ja i sëstry* (Brüder und Schwestern) nach der Trilogie *Prjasliny* (*Die Prjaslins*) von Fjodor Abramow im Kleinen Dramatischen Theater in Leningrad, R: Lew Dodin. Das sich über zwei Abende erstreckende Stück schildert das Leben in einem sowjetischen Dorf nach dem Krieg als erhabene Tragödie.
**18.3.** Mit Ljudmila Petruschewskajas *Tri devuški v golubom* (*Drei Mädchen in Blau*) im Theater des Leninschen Komsomol und *Kvartira Kolumbiny* (*Die Wohnung der Columbina*) im Theater Sowremennik kommen Stücke einer führenden Dramatikerin der jungen Generation auf die offiziellen Bühnen. Petruschewskajas Stücke, die vormals nur von Klubkollektiven inszeniert wurden, zeichnen sich durch eine fast grotesk realistische Darstellung des Alltagslebens aus.
**21.9.** Premiere des Stücks *Serso* (Cerceau) von Viktor Slawkin in der Inszenierung von Anatoli Wassiljew. Die Proben dauerten mehrere Jahre. Nach der Aufführung wird das Drama zur »Theaterlegende« und mit einer Reihe von internationalen Preisen ausgezeichnet. Das Theater an der Taganka hatte dem durch die Lande ziehenden Regisseur mit seinen Schauspielern eine Bleibe geboten.

**Berlin ¬ DDR**
**16.2.** Am Theater Anklam zeigt Oberspielleiter Frank Castorf seine radikale Zerlegung von Ibsens *Nora* als »sozialpsychologische Studie über zwischenmenschliche Verhaltensweisen« (Martin Linzer, *Theater der Zeit* 7/85). In den Hauptrollen: Silvia Rieger und Henry Hübchen.
Der Komponist, Pianist und Organisator Steffen Schleiermacher feiert in der Konzertreihe *Das Neue Werk* im Gewandhaus Leipzig mit *Entgegnung* für sieben Schlagzeuger seinen ersten großen Erfolg.
Erster Auftritt der AG Geige, eines Multi-Media-Projekts mit expressionistischen Filmcollagen, surrealistischen deutschsprachigen Texten, Keyboard-Samples und E-Gitarren-Riffs. Die Bandmitglieder Frank Bretschneider, Ina Kummer, Jan Kummer und Dieter Wuschanski sind auch als bildende Künstler tätig. 1988 treten sie bei den *Tagen der Jugend* im Palast der Republik auf.
UA von Siegfried Matthus' *Die Weise von Liebe und Tod des Cornets Christoph Rilke*, einer zur Wiedereröffnung der Dresdener Semperoper komponierten Oper nach der Prosadichtung Rainer Maria Rilkes. Dem Werk ist ein A-cappella-Chor vorangestellt, der an die Zerstörung des Hauses 1945 erinnert.

**West-Berlin ¬ Bundesrepublik Deutschland**
**22.2.** Eröffnung der Stadtgalerie Saarbrücken (Leitung: Bernd Schulz) unter dem Motto *Marktzeichen*. Ab 1988 wird die Galerie zu einem Präsentationsort der Klangkunst.
**17.10.** Jürgen Goschs (bereits in Köln entwickelte) Inszenierung von Sophokles' *Oedipus* (in der Übersetzung von Hölderlin) ist am Hamburger Thalia Theater ein erster Höhepunkt der neuen Intendanz unter Jürgen Flimm. Axel Manthey steuert zu dieser bildmächtigen Produktion kindliche halbplastische Vollmasken, Kostüme und das Bühnenbild bei.
**4.11.** Rainer Werner Fassbinders Stück *Der Müll, die Stadt und der Tod* wird nach der nur für die Presse freigegebenen Generalprobe im Frankfurter Schauspielhaus vom Theaterintendant Günther Rühle abgesetzt. Schon 1976 hatte der Suhrkamp-Verlag die Veröffentlichung des Textes zurückgezogen. Aufgrund der typisierten Hauptfigur des »reichen Juden«, eines Immobilienspekulanten, werden gegen Stück und Autor in einer polemischen Debatte der Vorwurf des »Linksfaschismus« und »linken Antisemitismus« erhoben.

**andere**
Beim Festival in Avignon wird Peter Brooks international besetzte und körpersprachlich reiche Inszenierung des indischen Epos *Mahabharata* erstmals gezeigt.

## LITERATUR ¬ THEORIE

**Moskau ¬ UdSSR**
Unter dem Titel *Remeslo* erscheint ein neuer Band mit Kurzgeschichten von Sergej Dowlatow, den viele Kritiker für einen der besten Erzähler in der Geschichte der russischen Literatur halten. Von ihm erschienen außerdem: *Kompromiss* (1981), *Zona* (1982), *Naši* (1983; *Die Unsren*, F/M 1990) und *Čemodan* (1986, Koffer, alle: Ann Arbor).
**Juli** In der Zeitschrift *Naš sovremennik* erscheint die Erzählung *Požar* (*Der Brand*, Berlin/DDR 1987) von Valentin Rasputin. Zusammen mit dem Romanen *Pečal'nyj detektiv* (*Der traurige Detektiv*, Berlin/DDR 1988) von Viktor Astafjew und *Vsë vperedi* (Alles liegt noch vor uns) von Wassili Below (1986) markiert sie den Umschwung der so genannten Dorfprosaisten von einer nostalgischen Widerspiegelung der im Niedergang begriffenen dörflichen Lebensweise zur erbitterten Kritik an der Urbanisierung und dem sittlichen Zustand der modernen Gesellschaft.

**Berlin ¬ DDR**
Volker Brauns *Hinze-und-Kunze-Roman* (F/M) führt wegen der gesellschaftspolitischen Brisanz der Geschichte und der Ignoranz gegenüber ästhetischen Normen des sozialistischen Realismus zu Auseinandersetzungen.
In *Horns Ende* (Berlin/DDR; Darmstadt/BRD) schreibt Christoph Hein in aller Offenheit von den Folgen des Stalinismus in der DDR der 50er Jahre. Das Buch erscheint in der DDR ohne Genehmigung der Zensurbehörde.
Vier Erzählungen von Rainer Kirsch werden unter dem Titel *Sauna oder Die fernherwirkende Trübung* (Rostock) veröffentlicht.

Ulrich Wildgruber als *Oedipus*, Hamburg

**West-Berlin ¬ Bundesrepublik Deutschland**
**16.7.** Heinrich Böll stirbt in Langenbroich/Eifel. Sein Roman *Frauen vor Flußlandschaft: Roman in Dialogen und Selbstgesprächen* (Gütersloh; russ. in: *Novyj mir*, Nr. 11–12, Moskau 1987) erscheint postum.
Um Peter Handke und Botho Strauß bricht der so genannte neudeutsche Literaturstreit zwischen linken Literaturkritikern aus. Den beiden Schriftstellern wird vor allem Neokonservatismus vorgeworfen.
Günter Wallraffs Reportage *Ganz unten* (Stuttgart) beschreibt die Demütigung und Ausbeutung ausländischer Arbeiter in der Bundesrepublik.

## POLITIK ¬ ZEITGESCHEHEN

### Moskau ¬ UdSSR

**25.2.–6.3.** XXVII. Parteitag der KPdSU in Moskau. Generalsekretär Michail Gorbatschow bekräftigt sein Vorhaben einer politischen und wirtschaftlichen Kursänderung.

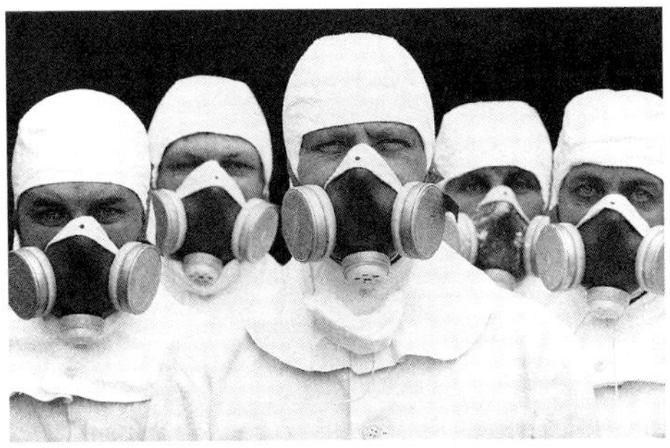

Arbeiter im Kernkraftwerk Tschernobyl

**26.4.** Havarie im Kernkraftwerk von Tschernobyl bei Kiew. In den ersten Tagen versuchen die Behörden, das Ausmaß der Katastrophe zu vertuschen. Am 1.5. findet in Kiew – ungeachtet der radioaktiven Gefahr – die Maidemonstration statt. Erst am 14.5. gibt Michail Gorbatschow im Fernsehen eine Erklärung zu dem Vorfall ab.
**28.8.** Beschluss des Ministerrates der UdSSR, der die private Ein- und Ausreise in die bzw. aus der UdSSR vereinfacht.
**5.10.** Der Bürgerrechtler Juri Orlow wird im Austausch für einen in den USA inhaftierten sowjetischen Agenten in die USA ausgeflogen.
**19.11.** Eine Gesetzesänderung ermöglicht, das uneingeschränkte Monopol des Staates in allen Wirtschaftsbereichen ansatzweise abzubauen. In Bereichen der Warenproduktion und der Dienstleistungsbranche wird die Schaffung von privaten Betrieben und Kooperativen genehmigt.

Andrej Sacharow auf dem Jaroslawler-Bahnhof, Moskau

**8.12.** Im Gefängnis der Stadt Tschistopol stirbt der Bürgerrechtler, Publizist und Schriftsteller Anatoli Martschenko nach einem Hungerstreik. Die internationale Reaktion auf seinen Tod beschleunigt die Freilassung politischer Häftlinge in der UdSSR. Andrej Sacharow kehrt am 23.12. nach einem Anruf Michail Gorbatschows aus seiner fast siebenjährigen Verbannung aus Gorki nach Moskau zurück.
**17.–19.12.** Nachdem anstelle des Kasachen Dinmuchamed Kunajew der Russe Gennadi Kolbin zum Ersten Sekretär der Kasachischen KP ernannt wird, kommt es in Alma-Ata zu Massenunruhen nationalistischen Charakters.

### Berlin ¬ DDR

Wiedereröffnung des Friedhofes der jüdisch-orthodoxen Adass-Jisroel-Gemeinde in Berlin-Weißensee.

### West-Berlin ¬ Bundesrepublik Deutschland

**6.6.** Die Bundesregierung richtet ein Ministerium für Umwelt und Reaktorsicherheit ein.
**Mai–Juli** Kernkraftgegner demonstrieren nach dem Reaktorunglück in Tschernobyl verstärkt gegen das KKW Brokdorf und die Wiederaufbereitungsanlage Wackersdorf, u. a. mit spontanen Aktionen und einem großen Musikfestival (26./27.7. Wackersdorf). Trotz der anhaltenden Proteste erfolgt im Okt. die Inbetriebnahme des KKW Brokdorf.

### andere

**27.3.** Unterzeichnung des von den USA initiierten SDI (Strategic Defense Initiative)-Abkommens zur Entwicklung strategischer Verteidigungssysteme durch die Bundesrepublik, die USA und Großbritannien.
**11.–12.10.** Treffen von Generalsekretär Michail Gorbatschow und US-Präsident Ronald Reagan in Reykjavik. Obwohl es zu keiner offiziellenVereinbarung kommt, werden gemeinsame Vorschläge zur Rüstungsbeschränkung erarbeitet, die ab 1987 in die Tat umgesetzt werden.
**1.–21.11.** Ein Großbrand im Baseler Chemiekonzern Sandoz führt zu einer extremen Verseuchung des Rheins.

## BILDENDE KUNST

### Moskau ¬ UdSSR

**20.2.** Eröffnung von *Etappen eines großen Weges*, einer der ersten umfangreichen Ausstellungen der sowjetischen Kunst von 1917 bis zu den 30er Jahren in der Staatlichen Gemäldegalerie.
**Frühjahr** In einem ehemaligen Wohnhaus in der Furmanny-Gasse werden Werkstatträume an Farid Bogdalow, der als Hauswart in diesem Bezirk arbeitete, Sergej Mironenko, Vadim Zakharov und Yuri Albert vergeben. Bald beherbergt dieses Haus eine Kolonie Moskauer Künstler, die verschiedenen Gruppierungen der »jungen« Kunst angehören. Die »Furmanny« wird zum Zentrum des Moskauer Kunstlebens.
**13.6.** *Deutsche Skulptur und Grafik des 20. Jahrhunderts aus den Sammlungen der Museen der DDR* im Puschkin-Museum für Bildende Künste. Zu sehen sind u. a. Plastiken von Georg Kolbe, Wilhelm Lehmbruck und Ernst Barlach sowie Grafiken von Käthe Kollwitz, Gerhard Marcks, Hermann Blumenthal und Entwürfe Fritz Cremers, Will Lammerts und Waldemar Grzimeks für KZ-Mahnmale.
**Herbst** Gründung der Gruppe Tschempiony mira (Weltmeister) mit Konstantin Swesdotschotow, Gija Abramischwili, Boris Matrossow, Andrej Jachnin und Konstantin Latyschew. Die Gruppe, die bis 1988 existiert, betätigt sich vornehmlich auf den Feldern künstlerischer Aktion sowie postkonzeptueller und simulativer Malerei.
**Nov.–Dez.** In den Ausstellungssälen der MOSCh auf der Kusnezki-Brücke findet die *17. Ausstellung junger Moskauer Künstler* statt. Die Ausstellung wird im Rahmen der soziologischen Untersuchung »Erhöhung der Effektivität von Kunstausstellungen« vom Verband der Künstler der UdSSR, der MOSCh und dem Moskauer Stadtkomitee des WLKSM organisiert. Konzipiert und gestaltet wird die »Experimental«-Ausstellung von Daniil Dondurej, William Mayland, Georgi Nikitsch, Iwan Lubennikow, Ekaterina Degot, Alexandra Kornewa, Inna Krymowa, Jelena Kurljandzewa, Wladimir Lewaschow, Natalja Tamrutschi u. a. In der Ausstellung wird erstmals die inoffizielle Kunst legal gezeigt. Den Künstlern, die nicht zur Teilnahme zugelassen wurden, gestattet man, ihre Arbeiten im Dienstraum des Ausstellungshauses für einen Tag zu präsentieren. Während der 3 Wochen wird die Ausstellung von ca. 70.000 Menschen besucht.
**Dez.** Im Kulturhaus des Kurtschatow-Instituts findet der erste Auftritt der Gruppe Srednerusskaja woswyschennost (Mittelrussisches Hügelland) mit ihrem Vokalisten Sven Gundlach statt. Die Gruppe besteht vorrangig aus Konzeptualisten und ist beim Publikums äußerst beliebt. Jeder Auftritt von SRW ist ein Spektakel aus Musik, Performance und Modenschauen.

### Berlin ¬ DDR

Während der Faschingsveranstaltung an der HfBK Dresden findet die zweite gemeinsame Aktion der Autoperforationsartisten statt: *Spitze des Fleischbergs* mit karikierend überspitzten Rollenspielen zum Ziel der psychischen und physischen Grenzerweiterung. Im folgenden Jahr provozieren sie ihre Akademieprofessoren mit der Performance *Herz Horn Haut Schrein*.
**Juni** *Wort und Werk – Grafik und Lyrik junger DDR-Künstler* in der Samariterkirche, Berlin-Friedrichshain, eine Veranstaltungsreihe und Ausstellung von Aktionsdokumenten, Buchobjekten und Tonbandkassetten der alternativen Kunstszene.
**Juni** Subszene-Veranstaltung *Das Chaos in meinem Chaos ...*, Sprachenkonvikt der Evangelischen Kirche

Else Gabriel, *Spitze des Fleischbergs*, Aktion in Dresden

Berlin-Brandenburg, Borsigstraße, Berlin-Mitte, organisiert von Sascha Anderson, Camillo Krüger, Christoph Tannert, mit Performance von Hans Scheuerecker, Mediencollage von Lutz Dammbeck und Lesung von Sascha Anderson.
**31.10.–30.11.** *Positionen – Malerei aus der Bundesrepublik Deutschland*, Neue Berliner Galerie im Alten Museum, Berlin-Mitte, darauf in Dresden und Hannover, Kurator: Lothar Romain; mit Horst Antes, Willi Baumeister, Raimund Girke, Gotthard Graubner, Anselm Kiefer, Konrad Klapheck, Ernst Wilhelm Nay, Sigmar Polke, Gerhard Richter, Emil Schumacher, Günther Uecker.

### West-Berlin ¬ Bundesrepublik Deutschland

**11.6.** *Büro Berlin – Ein Produktionsbegriff*, Dokumentation der Geschichte der Künstlergruppe von Raimund Kummer, Hermann Pitz, Fritz Rahmann, in einer einmaligen Abendausstellung und Inszenierung im Künstlerhaus Bethanien, Berlin-Kreuzberg.
**13.6.–27.7.** *Malstrom: Bilder und Figuren, 1982–86*, Haus am Waldsee, Berlin-Zehlendorf, mit den Ost-Berliner Künstlern Ralf Kerbach, Helge Leiberg, Hans Scheib, Cornelia Schleime und Reinhard Stangl, anschließend Mannheimer Kunsthalle.

### andere

**21.6.–21.9.** *Chambres D'Amis*, ausgehend vom Museum van Hedendaagse Kunst, Gent, Kurator: Jan Hoet. Für drei Monate stellen 50 Bewohner Gents ihre Häuser und Wohnungen für die Umgestaltungen und Installationen ebenso vieler Künstler zur Verfügung, darunter Günter Förg, Luciano Fabro, Mario Merz, Maria Nordman, Joseph Kosuth, Bruce Nauman, Sol LeWitt.
**3.7.–13.10.** *Qu'est que la sculpture moderne?*, Centre Georges Pompidou, Musée National d'Art Moderne, Paris, Generalkommissar: Dominique Bozo, Kuratorin: Margit Rowell.

## ARCHITEKTUR ¬ DENKMAL

### Berlin ¬ DDR

**4.4.** Einweihung des Marx-Engels-Forums, in der Grünanlage an der Spandauer Straße, Berlin-Mitte. Planung: Ludwig Engelhardt. Im Zentrum des Denkmals stehen die Bronzestatuen von Karl Marx und Friedrich Engels. Hinterfangen werden sie von einer Reliefwand Werner Stötzers, die Menschengruppen in der frühkapitalistischen Welt zeigt. Dem gegenüber veranschaulichen die Bronzereliefs von Margret Midell das Leben in einer »befreiten« Gesellschaft.
Auf dem XI. Parteitag der SED im Palast der Republik verkündet Erich Honecker den Ausbau Berlins als sozialistische Metropole, da der Sozialismus »die Zukunft der Menschheit« sei.

### West-Berlin ¬ Bundesrepublik Deutschland

Topographie des Terrors, Internationales Dokumentations- und Begegnungszentrum, Stresemannstraße 110, Berlin-Kreuzberg, auf dem Gelände der ehem. Gestapo-Zentrale. Seit 1986 Dokumentation in einer provisorischen Halle, die in Zusammenhang mit der 750-Jahr-Feier Berlins errichtet wurde. Wettbewerb 1993 für eine neue Ausstellungshalle mit Dokumentations- und internationalem Begegnungszentrum. Der 1995 begonnene Neubau nach einem Entwurf von Peter Zumthor ist wegen Finanzierungsunstimmigkeiten noch nicht abgeschlossen.
Wohn- und Geschäftshaus Kochstraße 62–63, Berlin-Kreuzberg, A: Peter Eisenman, Jaqueline Robertson (IBA-Wettbewerb 1980/81). Durch die Verkantung zweier Baukörper und ein dynamisierendes Spiel mit Block und Raster entsteht ein »sprechender« Bau nahe den Grenzanlagen des Checkpoint Charlie.

### andere

**6.6.–17.9.** *Vision der Moderne – Das Prinzip Konstruktion*, DAM, Frankfurt/M, Kurator: Heinrich Klotz. Die Ausstellung zeigt (im Gegensatz zu *Revision der Moderne* von 1984) das Weiterwirken der Tradition der Moderne, das Utopische und Visionäre in der Architektur des 20. Jhs.
*Zentrale von Lloyd's*, London, A: Richard Rogers & Partner (beg. 1979), eine technoide Gebäudemaschine, zugeschnitten auf die Bedürfnisse eines international agierenden Versicherungskonzerns.
Hauptverwaltung für die Hongkong and Shanghai Banking Corporation, Hongkong, A: Norman Foster (beg. 1979), ein an acht gigantische Masten gehängtes Hochhaus mit einem 52 m hohen Atrium, das durch ein Spiegelsystem Tageslicht erhält.

## FILM

### Moskau ¬ UdSSR

**April** *Proverka na dorogach* (1971; *Sraßenkontrolle*, EA DDR 11.11.1988, BRD Juni 1989), R: Alexej German, mit Rolan Bykow in der Rolle eines Partisanenkommandeurs. Der Film, bereits 1971 mit dem Titel *Operacija »S Novym godom«* nach Motiven aus Werken Juri Germans gedreht, wurde wegen seiner »Entheroisierung« des Krieges verboten.
**13.–15.5.** Der 5. Kongress des Verbands der Filmschaffenden der UdSSR fordert Veränderungen in der Filmpolitik. Zum Vorsitzenden des Verbands wird der einst in Ungnade gefallene Regisseur Elem Klimow gewählt. Am 12.9. laufen 10 Filme an, die zuvor verboten waren. Es sind die ersten von insgesamt 250 so genannten Regalfilmen, die in den Jahren der Perestroika erstmals gezeigt werden können.

### West-Berlin ¬ Bundesrepublik Deutschland

**30.1.** *Stammheim*, R: Reinhard Hauff, D: Ulrich Pleitgen, Ulrich Tukur, Sabine Wegner. Szenische Rekonstruktion des Prozesses gegen Andreas Baader, Ulrike Meinhof, Gudrun Ensslin und Jan-Carl Raspe. Die in Hamburg geplante UA wird durch Randalierer verhindert. Auf der Berlinale kommt es bei der Preisverleihung am 25.2. zu Auseinandersetzungen.
**10.5.** *40 qm Deutschland* (UA: Cannes), R/B: Tevfik Baser, D: Ötay Fecht, Yaman Okay. Der erste türkische Film über die Probleme von in der Bundesrepublik lebenden Ausländern zeigt eine Türkin, die von ihrem Mann in einer Hamburger Wohnung gefangen gehalten wird.

### andere

*Down by Law* (USA, *Down by Law*, EA BRD 23.10), B/R: Jim Jarmusch, D: John Lurie, Tom Waits, Roberto Benigni. Ein DJ, ein Zuhälter und ein italienischer Tourist, die durch Missgeschick, Dummheit oder Zufall im Gefängnis sitzen, sind gemeinsam auf der Flucht durch die Sümpfe von Louisiana.

*Linie 1*, Gripstheater, West-Berlin

*Caravaggio* (GB, EA BRD 22.1.1987), R/B: Derek Jarman, D: Nigel Terry, Dexter Fletcher. Ohne Anspruch auf biographische oder historische Richtigkeit schildert der Film das Leben des italienischen Renaissancemalers.
**19.5.** *She's Gotta Have it* (USA, *She's Gotta Have it*, EA BRD 26.2.1987), R: Spike Lee. Der Schauspieler, Autor und Regisseur Spike Lee wird mit seinem ersten Spielfilm – in Cannes als bester »junger Film« gefeiert – zur dominierenden Figur des Black Films der 80er und 90er.

## MEDIEN

### Moskau ¬ UdSSR

Die amerikanisch-sowjetische Fernsehbrücke Leningrad–Seattle ermöglicht die mediale Begegnung von Bürgern beider Länder. Die Moderatoren Wladimir Posner und Phil Donahue gewinnen eine enorme Popularität.
Beginn der Jugendsendung *12 Ėtaž* (12. Etage) mit politisch offenen Gesprächen unter Jugendlichen auf einer Treppe in einem Moskauer Kulturhaus.

## THEATER ¬ MUSIK

### Moskau ¬ UdSSR

**23.1.** *Govori* … (Sprich …) von Alexander Burawski im Jermolowa-Theater handelt von den typischen Problemen eines sowjetischen Dorfes nach dem Krieg. Waleri Fokin, gerade erst zum Chefregisseur des Theaters ernannt, inszeniert das typische Perestroika-Stück nach *Rayonnye budni* (Alltag im Rayon) von Valentin Owetschkin.
**2.12.** *Sportivnye sceny 1981 goda* (*Sportszenen aus dem Jahr 1981*) von Edward Radsinski im Jermolowa-Theater, ein schockierendes Sittenbild der sowjetischen Nomenklatur. An Waleri Fokins Inszenierung wirkten Tatjana Doronina, Tatjana Dogilewa, Wiktor Pawlow und der damals noch am Anfang seiner Laufbahen stehende Oleg Menschikow mit.
Premiere von *Anjuta* von Waleri Gawrilin nach der Erzählung *Anna na šee* (*Anjuta*) von Anton Tschechow. Bei der Inszenierung Wladimir Wassiljews mit Jekaterina Maximowa handelt es sich um eines der ersten modernen Ballettaufführungen am Bolschoi-Theater.

### Berlin ¬ DDR

**11.1., 17.5.** *Trilogie der Leidenschaft* nennt Alexander Lang sein virtuos gespieltes Projekt des Geschlechterkampfs am Deutschen Theater, Berlin; gespielt werden *Medea* von Euripides und *Stella* von Goethe (an einem Abend), sowie Strindbergs *Totentanz*. Es ist Langs letzte Arbeit in der DDR.

**März** Der DJ Lutz Schramm startet auf dem DDR-Jugendsender DT 64 seine Sendung *Parocktikum*. Er spielt eine Mischung aus internationalem Independent und Produktionen aus dem DDR-Underground. Später stimuliert er Rundfunksessions so genannter anderer Bands. Die Sendung läuft bis 1993.

### West-Berlin ¬ Bundesrepublik Deutschland

Das Gripstheater, seit den 70er Jahren von Volker Ludwig als aufklärerisches Theater für junge Menschen geleitet, zeigt zum ersten Mal sein Erfolgs-Musical *Linie 1*: Die U-Bahn als Mikrokosmos einer pluralistischen Gesellschaft. 1987 von Reinhard Hauff verfilmt.
**1.9.–28.9.** Die Berliner Festwochen zum Thema *Kunst der Begegnung – Begegnung der Künste* nehmen die Moskauer Kunstszene in den Fokus. In der Sparte Musik u. a. mit Juri Baschmet, Gennadi Roshdestwenski, Iwan Monighetti, Michail Muntjan, Waleri Gergijew, Wadim Repin, dem Pekarski-Ensemble, Gnessin-Quartett, Borodin-Quartett; Theater mit der Studiobühne des Mossowjet-Theaters, dem Majakowski-Theater und dem Obraszow-Puppentheater; Lesungen u. a. mit Jewgeni Jewtuschenko (Übersetzer: Heiner Müller), Andrej Bitow und Andrej Wosnessenski; *Kunst aus Moskau* im Künstlerhaus Bethanien, *Russische Naive* in der Festspielgalerie; außerdem laufen die Filmreihen *Leonid Trauberg* und *Moskau im Film*.

### andere

UA der Oper *Pena dnej* (*Der Schaum der Tage*) von Edison Denissow nach dem Roman *L' écume des jours* von Boris Vian in Paris.

## LITERATUR ¬ THEORIE

### Moskau ¬ UdSSR

**April** In der Zeitschrift *Ogonëk*, deren Chefredakteur Witali Korotitsch wird, erscheint zum 100. Geburtstag von Nikolai Gumiljow erstm. seit 1924 eine Auswahl seiner Gedichte. Diese Veröffentlichung von Korotitsch, der 1921 von den Bolschewiken erschossen worden war, löst eine Welle von Publikationen und Forschungen zum Schaffen vergessener Autoren des »Silbernen Zeitalters« aus.

### Berlin ¬ DDR

Christine Lambrechts *Männerbekanntschaften. Freimütige Protokolle* (Halle) und Christine Müllers *Männerprotokolle* (Berlin) erscheinen. Sie stehen in der Tradition der seit Mitte der 70er Jahre auch in der DDR populären dokumentarischen Literatur, die in Form von Erlebnisberichten, Reportagen und Protokollen die DDR-Gesellschaft zu erforschen sucht.

### West-Berlin ¬ Bundesrepublik Deutschland

Günter Grass, *Die Rättin* (Darmstadt/Neuwied) entwickelt ein Untergangsszenario, in dem sich verschiedene Handlungsstränge verbinden, und fragt nach den Selbstvernichtungsmöglichkeiten der Menschheit.
Brigitte Kronauers hoch gelobter Bildungsroman *Berittener Bogenschütze* (Stuttgart) erscheint. Er ist das Mittelstück ihrer Trilogie zum Thema Emanzipation, mit *Rita Münster* (Stuttgart 1983) und *Die Frau in den Kissen* (Stuttgart 1990).
Hans Joachim Schädlichs Roman über einen Polizeispitzel namens *Tallhover* (Reinbek) erscheint. Schädlich war 1977 aus der DDR in die BRD übergesiedelt.
Beginn des Historikerstreits: Ernst Nolte bezeichnet im Juni in einem *FAZ*-Artikel Bolschewismus und Nationalsozialismus als vergleichbare Ideologien mit vergleichbaren Verbrechen. Bereits zuvor hatte sich Martin Broszat für eine Historisierung des Nationalsozialismus ausgesprochen (in: *Merkur*, Mai 1985). Jürgen Habermas (*Die Zeit*, 11.7.) wendet sich scharf gegen diese neokonservativen, die Verbrechen der NS-Herrschaft nivellierenden und die Schuldfrage zurückweisenden Tendenzen.

### andere

Jean Baudrillard, *Amérique* (Paris; *Amerika*, München 1987; russ. St. Petersburg 2000).

# 1987

## POLITIK ¬ ZEITGESCHEHEN

### Moskau ¬ UdSSR

**16.1.** Ankündigung der Überprüfung von Urteilen, die »wegen antisowjetischer Tätigkeit« ausgesprochen wurden. Bis März erfolgt die Begnadigung Hunderter politischer Häftlinge und Verbannter. Am 18.6. veranlasst das Präsidium des Obersten Sowjets eine *Amnestie im Zusammenhang mit dem 70. Jahrestag der Großen Sozialistischen Oktoberrevolution*, die zum Teil auch für Gefangene gilt, die wegen politischer und religiöser Motive inhaftiert wurden.

**5.–13.2.** Der Ministerrat fasst Beschlüsse zur Schaffung von Kooperativen im Bereich der Konsumgüterproduktion, des Kantinen- und Gaststättenwesens und im Dienstleistungssektor sowie zur Genehmigung von Gemeinschaftsunternehmen mit ausländischem Kapital. Dies führt zu einer verstärkten Entwicklung des Kleingewerbes, ist aber zugleich Auslöser eines beginnenden Inflationsprozesses.

**16.–18.3.** Erfolgreicher Protest gegen den Abriss des Hotels Angleterre in St. Petersburg – eine erste Erfahrung von der Wirksamkeit öffentlichen Protests, hier mit dem Anliegen des Denkmalschutzes.

**6.5.** Nationalistische und antisemitische Losungen bestimmen die erste Demonstration der nationalistischen Gesellschaft Pamjat (Erinnerung) in Moskau.

**28.5.** Der deutsche Sportpilot Mathias Rust, gestartet von Helsinki aus, landet am Tag des Grenzsoldaten mit einer Cessna 172 auf der Wassiljewski-Böschung am Roten Platz, Moskau. Die unbemerkte Verletzung des sowjetischen Luftraumes durch den Deutschen führt zur Absetzung des Verteidigungsministers und des Luftabwehrchefs. Am 4.9. verurteilt der Oberste Gerichtshof der UdSSR Rust zu vier Jahren Arbeitslager (begnadigt Aug. 1988).

**14.6.** Zum Jahrestag der Massendeportationen aus Lettland nach Sibirien (1941) findet auf dem Rigaer Bastionsberg am Freiheitsdenkmal ein inoffizielles Massenmeeting statt (rund 5000 Teilnehmer), das erstmals nicht von den Machtorganen unterbunden wird. Am 23.8., dem Jahrestag der Unterzeichnung des deutsch-sowjetischen Nichtangriffspakts, kommt es in Riga, Tallinn und Vilnius zu Massendemonstrationen.

**30.6.** Ein neues Wirtschaftsgesetz tritt in Kraft. Es sieht für Staatsbetriebe Wahlen zum Werkdirektor vor, die Einführung eines Systems zur wirtschaftlichen Rechnungsführung und für mehr Eigenverantwortlichkeit; möglich ist infolgedessen künftig auch der Bankrott eines Betriebs. Es werden Räte für Arbeitskollektive geschaffen.

**23.–30.7.** Demonstrationen von einigen 100 Krimtataren im Zentrum Moskaus, die eine legale Rückkehr in ihre Heimat fordern.

**11.8.** Der Mossowjet bestätigt die »Vorläufigen Regeln« zur Durchführung von Demonstrationen, Versammlungen, Meetings »und anderer Veranstaltungen« in Moskau. Damit existiert in der UdSSR erstmals eine rechtliche Grundlage für nicht von offiziellen Stellen initiierte Manifestationen.

**21.10.** Auf dem Plenum des ZK der KPdSU äußert Boris Jelzin Kritik am zu langsamen Voranschreiten der Perestroika. Nach einer Gegenkritik von Gorbatschow, Jegor Ligatschow u. a. erklärt Jelzin seinen Rücktritt von allen Ämtern. Am 11.11. wird er seines Amtes als Erster Sekretär des Moskauer Stadtkomitees der KPdSU enthoben und zum stellvertretenden Vorsitzenden des Gosstroi der UdSSR ernannt.

**2.11.** In seiner dem 70. Jahrestag der Oktoberrevolution gewidmeten Rede behauptet Gorbatschow, dass der Sozialismus in der Lage sei, seine wirtschaftliche Effektivität zu beweisen.

**Nov.** Erste öffentliche Aktionen der Gruppe Memorial (Unterschriftensammlungen für einen Aufruf zum Gedenken an die Opfer politischer Repressalien). Bald wird aus dieser Gruppe die größte und aktivste Massenorganisation der Perestroika.

### Berlin ¬ DDR

**5.9.** In Ost-Berlin kommt es zu Friedensdemonstrationen gegen die atomare Rüstung in Ost und West, vermutlich wegen der bevorstehenden Reise von Erich Honecker in die Bundesrepublik schreiten die Sicherheitsorgane nicht ein.

**17.7.** Aus Anlass des 38. Jahrestages ihrer Gründung beschließt die DDR-Regierung die Abschaffung der Todesstrafe.

### West-Berlin ¬ Bundesrepublik Deutschland

**25.1.** Die Bundestagswahlen bestätigen die bisherige Koalition aus CDU/CSU und FDP. Helmut Kohl wird am 11.3. erneut zum Bundeskanzler gewählt.

**13.6.** Mehr als 100.000 Menschen aus der ganzen Bundesrepublik demonstrieren im Bonner Hofgarten für Frieden und Abrüstung und fordern von der Bundesregierung die »Nullösung«, die uneingeschränkte Zustimmung zum Abbau sämtlicher Mittelstreckenraketen in Europa.

**7.–11.9.** Erstmals in der Geschichte der beiden deutschen Staaten besucht mit Erich Honecker ein Staatschef der DDR die Bundesrepublik. Es werden Abkommen zum Umwelt- und Strahlenschutz sowie zur Zusammenarbeit in Wissenschaft und Technik unterzeichnet.

**2.10.** Barschel-Affäre: Der schleswig-holsteinische Ministerpräsident Uwe Barschel (CDU) tritt wegen unlauterer Praktiken im Wahlkampf gegenüber seinem Wahlgegner Björn Engholm (SPD) zurück. Kurz darauf wird er in einem Genfer Hotel mit einer Medikamentenvergiftung tot aufgefunden.

POLITIK ¬ Michail Gorbatschow skizziert in einer programmatischen Rede auf dem Plenum des ZK am 27./28.1. seine Konzeption der Perestroika und fordert Reformen des Wahlmodus. Nach seinem Amtsantritt als Generalsekretär der KPdSU 1985 leitete Gorbatschow politische und wirtschaftliche Neuerungen ein, die unter dem Begriff Perestroika (Umbau, Umgestaltung) gefasst werden. Innerhalb der marxistisch-leninistischen Struktur von Staat und Gesellschaft soll eine größere Effektivität, Produktivität und Eigenverantwortlichkeit erreicht werden, insbesondere um Misswirtschaft und Korruption in der Verwaltung zu beheben. Die Wirtschaftsreformen sollen eine »regulierte Marktwirtschaft« ermöglichen. Die Modernisierung und Demokratisierung von Staat und Gesellschaft wird unterstützt durch Glasnost (Öffentlichkeit), die insbesondere durch die Medien vermittelte Transparenz des politischen Geschehens. Damit einhergehen soll eine öffentliche Diskussion aller wichtigen gesellschaftlichen Fragen, verbunden mit einer umfassenden und kritischen Aufarbeitung der Geschichte. Die Perestroika scheitert Ende der 80er Jahre im polarisierten Feld von Radikalreformern und orthodoxen Kommunisten, zwischen denen Gorbatschow nicht vermitteln kann. Wirtschaftsprobleme und Machtkämpfe, Nationalitätenkonflikte und Unabhängigkeitsbestrebungen führen schließlich zum Zerfall der UdSSR und der Gründung der GUS am 8.12.1991.

## BILDENDE KUNST

### Moskau ¬ UdSSR

**Feb.** *Za mir i socializm* (Für Frieden und Sozialismus), eine Ausstellung junger Künstler aus der UdSSR und der DDR im ZDCh. Unter den Teilnehmern sind Daza Lijela, Jerbolat Tolepbajew, Sergej Geta, Clemens Gröszer, Otto Sander, Walter Eisler und Jürgen Wenzel.

**März** Erste Ausstellung des Klubs der Avantgardisten (KLAVA) im Ausstellungssaal des Stadtbezirks Proletarski in der Pereswetowy-Gasse. Der Klub ist die erste legale Organisation der inoffiziellen Moskauer Künstler. Zu ihren Mitgliedern gehören Sergej Anufrijew, Iossif Bakstejn, Sven Gundlach, Tatjana Didenko, Jelena Jelagina, Boris Matrossow, Andrej Monastyrski, Dmitri Prigow u. a.

**7.5.** Bei der Mitgliederausstellung der Akademie der Künste der UdSSR in der Tretjakow-Galerie am Krymski wal steht das Triptychon *1937 god* (Das Jahr 1937) von Dmitri Shilinski im Mittelpunkt (»Ich widme es denen, die durch Repressalien und Willkür schuldlos umgekommen sind«).

**22.9.–1.11.** *Retrospektive, 1957–1987* im Ausstellungssaal Beljajewo und im Kulturzentrum Na petrowskich linijach (Auf den Petrowski-Linien), organisiert von der Vereinigung Ermitage, präsentiert das gesamte Spektrum der inoffiziellen Kunst einschließlich der der Emigranten. Am 6.10. findet in Beljajewo der Abend der Lianosowo-Gruppe statt, den KGB-Leute und Mitarbeiter

Detail des Bauernkriegspanoramas von Werner Tübke in Bad Frankenhausen

Wolf Vostell, *Zwei Beton-Cadillacs in Form der nackten Maja,* West-Berlin

der Moskauer Hauptkulturverwaltung zu sprengen versuchen. Im Sept./Okt. werden die Künstler in einigen Zeitungen heftig angegriffen – eine letzte Kampagne der sowjetischen Ideologen gegen die inoffizielle Kunst.

**1.11.–1.5.88** Der Klub der Avantgardisten veranstaltet im Waldpark nahe der Metrostation Kaschirskaja die Aktion *Vystavka v adu* (Ausstellung in der Hölle). Indem sie ihre Arbeiten in der Erde vergraben, dekonstruieren die Künstler auf ironische Weise die Idee des Undergrounds und ihren eigenen Status innerhalb der inoffiziellen Kultur. Am letzten Tag werden die Werke ausgegraben und als Dokumente aufbewahrt. Unter den Teilnehmern sind Yuri Albert, Vadim Zakharov, die Gruppe Tschempiony mira (Weltmeister), Nikolai Koslow und Nikola Owtschinnikow.

**Dez.** Gründung der Gruppe Inspekzija »Mediziniskaja germenewtika« (Inspektion »Medizinische Hermeneutik«) mit Sergej Anufrijew, Juri Lejderman, Pawel Pepperstein und Wladimir Fjodorow. Die Gruppe setzt die Tradition der Moskauer konzeptuellen Schule fort und entwickelt neue diskursive Praktiken.

### Berlin ¬ DDR

**Jan.** Ausstellung *ODE TERRAZZO* in der HfBK, Dresden, mit Foto-Installationen, Objekten, Installationen und Aktionen von Michael Brendel, Else Gabriel, Rainer Görsz, Via Lewandowsky. Die Subszene organisiert sich via Akademie.

**3.10.–3.4.88** *X. Kunstausstellung* der DDR in Dresden mit 2850 Werken, im Albertinum (Malerei, Grafik, Plastik), in der Galerie Rähnitzgasse (Bühnenbild) und im Ausstellungszentrum Fučikplatz (alle übrigen Gattungen). Leitung der Arbeitsgruppe für die Auswahl der Werke: Willi Sitte, Dietmar Keller. Es werden Arbeiten der üblichen offiziellen Künstler präsentiert, jedoch üben Kunstwissenschaftler diesmal starke Kritik, da die konservative Ausrichtung der Ausstellung in Widerspruch zu der aktuellen, eher multimedial ausgerichteten Kunstpraxis gesehen wird.

**16.10.** Nach 10-jähriger Arbeit vollendet Werner Tübke das gigantische Wandbild *Die frühbürgerliche Revolution in Deutschland 1525* in Bad Frankenhausen. Die Einweihung des *Bauernkriegspanoramas* ist für das Müntzer-Jahr 1989 vorgesehen und findet am 14.9.1989 in Anwesenheit der Parteiprominenz in einem Festakt statt.

### West-Berlin ¬ Bundesrepublik Deutschland

**12.6.–20.9.** *documenta 8* in Kassel, Leiter: Manfred Schneckenburger, künstlerischer Beirat: Vittorio Fagone, Edward Fry, Wulf Herzogenrath, Lothar Romain, Armin Zweite. Betont wird die historische und gesellschaftliche Dimension der Kunst, Schwerpunkte liegen auf Klang, Video, Performance, Architektur und Design.

**14.6.–4.10.** *Skulptur. Projekte in Münster*, Westfälisches Landesmuseum für Kunst und Kulturgeschichte sowie Stadtgebiet Münster. Die Kuratoren Klaus Bußmann und Kasper König laden 64 internationale Künstler ein, im Stadtgebiet von Münster ortsspezifische Projekte zu verwirklichen.

**11.10.–12.12.** *Die Axt hat geblüht ... Europäische Konflikte der 30er Jahre in Erinnerung an die frühe Avantgarde*, Städtische Kunsthalle, Düsseldorf, Kuratoren: Jürgen Harten, Hans-Werner Schmidt, Marie Luise Syring. Die Ausstellung setzt sich mit den Konflikten der europäischen Kultur vor dem 2. Weltkrieg und deren Konsequenzen für die Folgezeit auseinander.

**27.4.** *Skulpturenboulevard*, Kurfürstendamm und Tauentzienstraße, Berlin-Charlottenburg, organisiert im Rahmen der 750-Jahr-Feier Berlins durch den NBK, Kuratoren: Lucie Schauer, Thomas Kempas, Jörn Merkert, Berater: Eberhard Roters; Skandal um Olaf Metzels Skulptur *13.4.1981* aus vergrößerten Polizeiabsperrgittern und einem Einkaufswagen. Errichtet an der Kreuzung Kurfürstendamm, Joachimstaler Straße, dem zentralen Ort des Konsums, erinnert sie an eine von Ausschreitungen begleitete Demonstration (2001 am Spreeufer nahe der Oberbaumbrücke wieder aufgestellt). Auch Wolf Vostells *zwei Beton-Cadillacs in Form der nackten Maja* erregen die Gemüter. Weitere Künstler: Frank Dornseif, Josef Erben, Brigitte und Martin Matschinsky-Denninghoff, George Rickey, Rolf Szymanski.

Weitere Ausstellungen zur 750-Jahr-Feier Berlins sind die Überblicksausstellung *Momentaufnahme*, 25.4.–12.6. Staatliche Kunsthalle, Berlin-Tiergarten, Kurator: Eberhard Roters und *Mythos Berlin – Zur Wahrnehmungsgeschichte einer industriellen Metropole. Eine szenische Ausstellung*, 13.6.–20.9. auf dem Gelände des Anhalter Bahnhofs in Zusammenarbeit mit der NGBK, Kurator: Eberhard Ködler-Bunte. Im ehem. Hotel Esplanade wird vom 23.5. bis 5.7. die Ausstellung *Film...Stadt...Kino...Berlin...* der Deutschen Kinemathek gezeigt. Kuratoren: Uta Berg-Ganschow, Wolfgang Jacobsen.

## ARCHITEKTUR ¬ DENKMAL

### Moskau ¬ UdSSR

Wettbewerb des Architektenverbandes der UdSSR für einen Wohnkomplex in der Stadt Magnitogorsk. Den ersten Preis erhalten die Moskauer Architekten Yuri Avvakumov und Juri Kusin. Ihr Entwurf orientiert sich an Ideen für die sozialistische Stadt Magnitogorsk von Iwan Leonidow (1930).

Moskauer Neubauten

### Berlin ¬ DDR

**18.–31.5.** *Bauen zum Wohle des Volkes. Bauausstellung der DDR – anlässlich des 750-jährigen Bestehens von Berlin*, veranstaltet vom Büro für Städtebau unter Leitung von Roland Korn, Chefarchitekt von Berlin.

Ebenfalls anlässlich der 750-Jahr-Feier entschied man sich, den ältesten Siedlungskern in Berlins Mitte wieder aufzubauen, das Nikolaiviertel, A: Günther Stahn, Wolfgang Woigk, Reiner Reuter (Wettbewerb 1979). Das bedeutet einen Wendepunkt in der Städtebaupolitik der DDR. Im Zuge dessen werden die Nikolaikirche rekonstruiert, das Ephraimpalais wieder aufgebaut (vgl. 1980) und eine Kopie der spätgotischen Gerichtslaube zwischen »Altbauten« und Blockrandbebauung aus Betonfertigteilen integriert.

In Berlin-Marzahn wird Ende des Jahres die 1977 begonnene Plattenbausiedlung mit einem von Wolf-Rüdiger Eisentraut und Kollektiv geplanten Ensemble aus Hauptpost, Warenhäusern, Gaststätten und Dienstleistungszentrum sowie dem »Kulturkomplex« mit Theater, Bibliothek und Sportanlagen fertig gestellt. Im Jahr zuvor war das Wohngebietszentrum mit Rathaus, Kaufhaus, Schwimmhalle und Sparkasse am Helene-Weigel-Platz vollendet worden, Konzeption: Heinz Graffunder, Wolf-Rüdiger Eisentraut, Michael Kny und Kollektiv. Marzahn ist mit 59.646 Wohnungen die größte zusammenhängende Großsiedlung Europas.

Hysolar-Forschungsinstitut der Universität Stuttgart

### West-Berlin ¬ Bundesrepublik Deutschland

*Internationale Bauausstellung Berlin*, Planungsberater für die Altbausanierung: Hardt-Waltherr Hämer (»behutsame Stadterneuerung« in der Luisenstadt und Kreuzberg SO 36), für den Neubaubereich: Josef Paul Kleihues (»kritische Rekonstruktion« in der südlichen Friedrichstadt, am Tegeler Hafen, in Tiergarten und ansatzweise am Prager Platz, vgl. 1984); beteiligte Architekten u. a.: Hinrich und Inken Baller, Peter Eisenman, Giorgio Grassi, John Hejduk, Hans Hollein, Rob Krier, Charles Moore mit John Ruble und Buzz Yudell, OMA, Frei Otto, Aldo Rossi. Ausstellung im Rahmen der IBA: *Die Innenstadt als Wohnort*, Nationalgalerie, Berlin-Tiergarten.

Wohnbebauung am Luisenplatz, Berlin-Charlottenburg (Wettbewerb 1982), von den durch verschiedene Architekten entworfenen Bauten sind vor allem die beiden Zeilen von Hans Kollhoff hervorzuheben, die mit besonderem Materialgespür und Eleganz eine Neuinterpretation der Moderne liefern.

Hysolar-Forschungsinstitut der Universität Stuttgart, A: Günter Behnisch & Partner, F. Stepper, A. Ehrhardt. Die Architektur des Forschungsinstituts für neue Energieformen spiegelt den experimentellen, innovativen Geist der Arbeit, die es beherbergt: eine collagehafte, improvisatorische Versuchsanordnung.

Platzregen während der Demonstration zum 1. Mai, Alexanderplatz, Ost-Berlin (F: Harald Hauswald)

## FILM

### Moskau ¬ UdSSR

**Jan.** Mit *Pokajanie/Monaieba* (1984, *Die Reue*, EA BRD 13.10.1987 ZDF), R: Tengis Abuladse, wird in Moskau die Woche des georgischen Films eröffnet. Der Film fordert, die politischen Verbrechen der vergangenen Jahre zu erinnern und wird damit zu einem Leitbild der Perestroika.

**Jan.** Vorführung des nur in einer Kopie existierenden Dokumentarfilms *Vai vegli but jaunam?* (1986, *Ist es leicht, jung zu sein?*, EA BRD 12.5.1988) des lettischen Regisseurs Juris Podnieks in Moskau. Der Film, in dem die ältere Generation für den sittlichen Zustand der Jugend verantwortlich gemacht wird, stößt auf gewaltige Resonanz.

**Nov.** *Assa* (EA BRD 12.7.1990), R: Sergej Solowjow, ein Film über die Jugend, den Soundtrack lieferten die sowjetischen Rockgruppen Kino, Aquarium u. a.

### Berlin ¬ DDR

**Jan.** Filmfest *Filma Morgana* in der HfBK, Dresden. Nach zwei gescheiterten Versuchen der unabhängigen Super-8-Filmer, in Karl-Marx-Stadt und Rosenwinkel ein Filmfestival zu veranstalten, wird das halboffizielle Filmfest nun toleriert. Im Mai 1988 folgt *Filma Secunda*.

**3.12.** *Die Russen kommen* (1968), R/B: Heiner Carow, D: Gerd Krause, Viktor Perewalow. Der Film über die Erlebnisse eines 15-Jährigen im Jahr 1945 durfte 1968, dem Jahr des sowjetischen Einmarschs in Prag, wegen seines Titels, des Vorwurfs der »Psychologisierung des Faschismus« und der Verwendung von Anglizismen nicht aufgeführt werden.

### West-Berlin ¬ Bundesrepublik Deutschland

Leni Riefenstahl veröffentlicht ihre Memoiren (München). Sie behauptet darin, ihre Zusammenarbeit mit dem NS-Regime für Propagandafilme wäre rein künstlerisch motiviert gewesen. Die Kritik verreißt das Buch, dennoch wird es in neun Sprachen übersetzt und im Ausland ein großer Erfolg.

**17.5.** *Der Himmel über Berlin*, R: Wim Wenders. Zwei Engel (Bruno Ganz und Otto Sander) durchstreifen die geteilte Stadt Berlin. Wenders erhält dafür in Cannes den Preis für die beste Regie und 1988 den erstmals verliehenen Europäischen Filmpreis Felix.

### andere

*Krótki film o zabijaniu* (Polen, *Ein kurzer Film über das Töten*, EA BRD 26.1.1989, DDR 28.12.1990), R/B: Krzysztof Kieślowski, D: Mirosław Baka, Krzysztof Globisz. Der Film wird in Cannes preisgekrönt und bringt Kieślowski den internationalen Durchbruch.

*Hong Gaoliang/Red Sorghum* (China, *Rotes Kornfeld*, EA BRD 8.6.1989, DDR 10.11.1989), R: Zhang Yimou, nach Kurzgeschichten von Mu Yan, D: Gong Li, Jiang Wen. Der Film erzählt vom Widerstand der ländlichen Bevölkerung im China der 20er und 30er Jahre gegen den Terror der japanischen Invasoren.

*Mujeres al borde de un ataque de nervios* (E, *Frauen am Rande des Nervenzusammenbruchs*, EA BRD 23.2.1989), R/B: Pedro Almodóvar, D: Carmen Maura, Antonio Banderas.

## MEDIEN

### Moskau ¬ UdSSR

**8.3.** Beginn der von Wladimir Moltschanow moderierten Informations- und Musik-Fernsehsendung *Do i posle polunoči* (Vor und nach Mitternacht). Ihr großer Erfolg führt zur Gründung der Jugendsendung *Vzgljad* (Standpunkt), erstmals am 2.10. mit den Moderatoren Wladislaw Listjew, Alexander Ljubimow u. a. ausgestrahlt. Sie bringen sowjetische Rockmusik und diskutieren aktuelle Fragen des Landes. 1991 wird *Vzgljad* aus Zensurgründen abgesetzt.

**23.5.** Der Empfang von *Golos Ameriki* (*Stimme Amerikas*) wird nicht länger gestört. Kurz darauf können auch andere ausländische Rundfunkstationen wieder empfangen werden.

Sergej Solowjow im Atelier von Arkadi Petrow während der Vorbereitungen zum Film *Assa*

**Dez.** Beginn der Ausstrahlung von Alexander Newsorows Sendung *600 sekund* (600 Sekunden) im Leningrader Fernsehen, womit das Genre der Kriminaljournalistik eingeführt wird.

### Berlin ¬ DDR

**1.12.** Struktur- und Programmreform des Hörfunks der DDR: *Radio DDR* wird weltweit in Deutsch und in zehn Fremdsprachen ausgestrahlt, um von den »Fortschritten bei der Entwicklung des Sozialismus« zu berichten.

## THEATER ¬ MUSIK

### Moskau ¬ UdSSR

**8.4.** Durch die Teilung der Truppe des Moskauer Künstlertheaters entstehen zwei gleichberechtigte selbständige Bühnen: das konservativ-nationalistische Künstlertheater Maxim Gorki auf dem Twerskoi Boulevard unter der Leitung von Tatjana Doronina und das reformatorische Künstlertheater unter der Leitung von Oleg Jefremow, das bald darauf den Namen Anton Tschechows erhält.

**3.5.** Premiere von *Cholopy* (Leibeigene) von P. Gneditsch im Maly-Theater in der Inszenierung von Boris Lwow-Anochin. Seinen unerwarteten Erfolg verdankt das zuvor vergessene Kostüm-Drama des 19. Jahrhunderts dem vollendeten Spiel der 90-jährigen Jelena Gogolewa.

**25.5.** *Sobač'e serdce* (*Hundeherz*) nach der gleichnamigen Erzählung von Michail Bulgakow im Theater des Jungen Zuschauers, die erste Inszenierung von Genrietta Janowskaja und Kama Ginkas. Die Rezension zu diesem Stück in der Zeitschrift *Teatr* ist die erste Veröffentlichung Andrej Sacharows nach seiner Rückkehr aus der Verbannung.

### Berlin ¬ DDR

**7.3.** Wolfgang Engel inszeniert in Dresden die erste Aufführung von Samuel Becketts *Warten auf Godot* in der DDR.

Luigi Nono und das westdeutsche Experimentalstudio Freiburg gastieren mit *Risonanze erranti* (1985) im Theater im Palast der Republik (TiP).

**1.11.** Erstes Konzert des neu konzipierten Podiums *Jazz in der Kammer* (eine Reihe mit internationalem Spektrum, gegr. 1965 in den Berliner Kammerspielen); zu hören sind u. a. Alexander von Schlippenbach (Bundesrepublik), Han Bennink (NL), Leo Wright (USA), das Art Ensemble of Chicago mit einem legendären Auftritt und Free-Jazz-Sessions.

### West-Berlin ¬ Bundesrepublik Deutschland

**6.3.** Am Deutschen Schauspielhaus in Hamburg inszeniert der dortige Intendant Peter Zadek (1985–89) das sozialkritische Rock-Musical *Andy* mit Uwe Bohm in der Titelrolle und der Band Einstürzende Neubauten.

**30.3.** UA von Wolfgang Rihms erster Oper *Hamletmaschine* (Text: Heiner Müller, 1977) im Mannheimer Nationaltheater.

**6.–8.6.** Open-Air-Konzerte von David Bowie, Eurythmics und Genesis vor dem Reichstag in West-Berlin. In Ost-Berlin kommt es besonders am 8.6. zu schweren Zusammenstößen zwischen Volkspolizei und Jugendlichen, die dem Rockkonzert in West-Berlin zuhören wollen.

**14.–16.9.** Der Berliner Komponist und Exil-Amerikaner Stefan Wolpe wird erstmalig nach dem 2. Weltkrieg im WDR Köln umfassend mit sechs Konzerten vorgestellt und damit in Deutschland wieder entdeckt. 17.–21.1.1990 wird das kompositorische Werk Wolpes in der Reihe *Schauplatz Museum* im Bauhaus-Archiv, Berlin, der amerikanischen Avantgarde (u. a. Cage, Feldman) und jüngeren deutschen Komponisten gegenübergestellt (Konzeption: Eberhard Blum).

### andere

**6.5.** UA von George Taboris abgründiger Hitler-Farce *Mein Kampf* im Akademietheater Wien.

## LITERATUR ¬ THEORIE

### Moskau ¬ UdSSR

**1987–88** Zum Literaturereignis wird die Veröffentlichung der so genannten Heimkehrer-Literatur. Dazu zählen Boris Pasternaks Roman *Doktor Živago* (*Doktor Schiwago*, erstm. ital., 1957, dt. und russ. 1958), Andrej Platonows *Kotlovan* (*Die Baugrube*, F/M 1971) und *Čevengur* (*Unterwegs nach Tschewengur*, Darmstadt 1972), Wassili Grossmans *Žizn' i sud'ba* (*Leben und Schicksal*, München 1984), Vladimir Nabokovs *Dar* (*The gift/Die Gabe*, New York/London 1963), Jewgeni Samjatins *My* (*Wir*, Köln 1958) u. a. Die Auflagen der Zeitschriften *Novyj mir*, *Znamja*, *Družba narodov* u. a., in denen diese Werke veröffentlicht werden, erreichen Millionenhöhe.

**April** Beginn der Veröffentlichung des Romans *Deti Arbata* (*Die Kinder vom Arbat*, u. a. Köln 1988) von Anatoli Rybakow in der Zeitschrift *Družba narodov*. Der hochbrisante Roman über die stalinistischen Repressalien, auf dessen Erscheinen man 20 Jahre warten musste, hat enormen Erfolg (die Auflage der Zeitschrift steigt von 150.000 auf 1.200.000 Exemplare). Er wird in 52 Sprachen übersetzt.

### Berlin ¬ DDR

**Dez.** Auf dem X. Schriftstellerkongress kritisieren Christoph Hein und Günter de Bruyn die Zensur. Eine Initiative, die 1979 aus dem Verband ausgeschlossenen Schriftsteller wieder aufzunehmen, scheitert.

In ihrem Roman *Störfall. Nachrichten eines Tages* (Berlin/Weimar; russ. *Inostrannaja literatura*, Nr. 12, Moskau 1988) reflektiert Christa Wolf eindringlich die persönlichen Folgen der atomaren Katastrophe in Tschernobyl.

### West-Berlin ¬ Bundesrepublik Deutschland

**17.10.** In seiner Dankesrede zur Verleihung des Georg-Büchner-Preises in Darmstadt sagt der Lyriker Erich Fried, Büchner hätte sich »in unserer Zeit zur ersten Generation der Baader-Meinhof-Gruppe geschlagen« und provoziert damit Proteste in der Öffentlichkeit.

### andere

Teresa de Lauretis, *Technologies of Gender. Essays on Theory, Film and Fiction* (Bloomington/Indianapolis) führt die Kategorie des Gender (des sozialen Geschlechts) ein, um der Dualität der »naturgegebenen« sexuellen Differenz von Frau und Mann zu entgehen.

Joseph Brodsky (USA, 1972 aus der UdSSR ausgewiesen) erhält den Literaturnobelpreis.

# 1988

## POLITIK ¬ ZEITGESCHEHEN

### Moskau ¬ UdSSR

**8.2.** Auf einem Meeting in Stepanakert, der Hauptstadt von Nagorny Karabach, fordern Tausende Armenier, das Autonome Gebiet Nagorny Karabach (NKAO) von der Aserbaidshanischen an die Armenische SSR zu übergeben. Die Forderung wird vom Obersten Sowjet der NKAO und auf Versammlungen in Armenien unterstützt. Am 28./29.2. kommt es in Sumgait (Aserbaidshanische SSR) zu einem Pogrom, bei dem über 30 Armenier getötet werden. Das Präsidium des Obersten Sowjets der UdSSR lehnt am 23.3. die Bitte der Armenischen SSR um eine Angliederung von Nagorny Karabach ab. Der Konflikt bedeutet den Beginn der Krise der Nationalstaatenordnung der UdSSR.

Politische Demonstration in Armenien

**13.3.** In der Zeitung *Sovetskaja Rossija* wird der Artikel *Ne mogu postupit'sja principami* (Ich kann meine Prinzipien nicht aufgeben) von Nina Andrejewa veröffentlicht, in dem sie die Folgen des Reformkurses von Gorbatschow kritisiert. Der Artikel, von ZK-Sekretär Jegor Ligatschow unterstützt, löst die Befürchtung aus, es gäbe Bestrebungen, die Perestroika zu beenden. Am 5.4. bezeichnet das Politbüromitglied Alexander Jakowlew in der *Prawda* Andrejewas Text als »Manifest der gegen die Perestroika gerichteten Kräfte«.
**7.–9.5.** Gründung des Demokratischen Bunds, der ersten oppositionellen Partei in der UdSSR, mit Walerija Nowodworskaja an der Spitze.
**29.5.–2.6.** Michail Gorbatschow und US-Präsident Ronald Reagan treffen sich in Moskau zu Gesprächen über die Begrenzung des strategischen Waffenarsenals und die Wahrung der Menschenrechte.
**6.–11.6.** Feierlichkeiten zum 1000-jährigen Jubiläum der Christianisierung Russlands. Das Konzil der russisch-orthodoxen Kirche versammelt sich im Kreml. Beginn der offiziellen Aussöhnung von Staat und orthodoxer Kirche.

Taufe in Russland

**13.6.** Der Oberste Gerichtshof der UdSSR rehabilitiert Führer der innerparteilichen Opposition, die in den 30er Jahren verurteilt und erschossen worden waren.
**28.6.–1.7.** Auf der 19. Landesparteikonferenz in Moskau mit 5000 Delegierten wird erstmals seit Jahren öffentlich über politische und wirtschaftliche Reformen sowie Korruption in höchsten Parteikreisen diskutiert. Ein Höhepunkt ist die Auseinandersetzung zwischen Boris Jelzin und Jegor Ligatschow.
**24.8.** In Moskau wird die erste kommerzielle Bank registriert.
**29.8.** Die Volksfront Estlands wird gegründet. Parallel dazu entsteht in Litauen die Bewegung Sajudis. In den baltischen Republiken beginnt eine Massenbewegung für die Loslösung von der UdSSR.
**1./2.10.** Auf einer außerordentlichen Tagung des Obersten Sowjets wird anstelle Andrej Gromykos Michail Gorbatschow zum Vorsitzenden des Präsidiums gewählt.
**6.–8.12.** Michail Gorbatschow verkündet während einer Rede vor der UNO in New York die Reduzierung der sowjetischen Streitkräfte sowie den Abzug von Truppen und Militärtechnik aus Mitteleuropa und der Mongolei.
**7.12.** Erdbeben in Armenien. Einige Städte werden vollständig zerstört, 24.000 Menschen kommen ums Leben, über 500.000 Menschen werden obdachlos. Das Politbüros des ZK der KPdSU ruft eine Hilfskommission ins Leben, an deren Spitze das Politbüromitglied und der Vorsitzende des Ministerrats der UdSSR Nikolai Ryshkow steht.

### Berlin ¬ DDR

**17.1.** Am Rand der offiziellen Kundgebung zum 69. Todestag von Rosa Luxemburg und Karl Liebknecht werden ca. 120 unter eigenen Losungen demonstrierende Angehörige von Friedens-, Umwelt- und Menschenrechtsgruppen verhaftet und ausgewiesen.
**25.2.** Die sowjetischen Streitkräfte in der DDR beginnen mit dem Abtransport von Mittelstreckenraketen.
**1./2.12.** Honecker spricht auf der 7. Tagung des ZK der SED von der grundlegenden Übereinstimmung mit der KPdSU hinsichtlich der Ziele und Aufgaben, beansprucht für die DDR jedoch einen eigenen Weg zum Sozialismus ohne Reformen.
**14.12.** Eine neue Reiseverordnung enthält eine erweiterte Liste familiärer Anlässe, aufgrund derer DDR-Bürger zu Besuchen in den Westen reisen dürfen. Es handelt sich hierbei jedoch nur um Kann-Bestimmungen.

### West-Berlin ¬ Bundesrepublik Deutschland

**Mai** Etwa 100 Personen besetzen das Lenné-Dreieck in einem Mauerwinkel am Potsdamer Platz, um den Bau einer Autostraße zu verhindern. Die West-Berliner Polizei, die den zu Ost-Berlin gehörenden Grenzstreifen nicht besetzen darf, geht mit Tränengas gegen die Demonstranten vor. In Folge eines Geländeaustauschs fällt das Lenné-Dreieck am 1.7. an West-Berlin.
**Sept.** Anlässlich der Jahrestagung von IWF und Weltbank in West-Berlin demonstrieren 80.000 Menschen gegen die Politik dieser Organisationen in den Ländern der Dritten Welt, dabei kommt es zu gewalttätigen Auseinandersetzungen.
**11.11.** Bundestagspräsident Philipp Jenninger hält zum 50. Jahrestag der »Reichskristallnacht« eine missverständliche Rede. Aufgrund von Vorwürfen, er rechtfertige teilweise die NS-Herrschaft, tritt er zurück.

## BILDENDE KUNST

### Moskau ¬ UdSSR

**März–April** Ausstellung *Schrecken und Hoffnung. Künstler sehen Krieg und Frieden* in der Tretjakow-Galerie, Moskau, und der Ermitage, Leningrad, organisiert vom Kulturministerium der UdSSR und der Deutschen Bank, Kurator: Werner Hofmann. Die Ausstellung umfasst Werke russischer und deutscher Kunst vom 15. bis zum 20. Jahrhundert. In der Abteilung für moderne Kunst sind Otto Dix, Käthe Kollwitz, Ernst Barlach, Anselm Kiefer, Rainer Fetting, Wadim Sidur, Maxim Kantor u. a. vertreten. Zuvor wurde die Ausstellung in der Hamburger Kunsthalle und dem Münchener Stadtmuseum gezeigt.
**29.4.** In der Tretjakow-Galerie am Krymski wal, Moskau, wird die ständige Abteilung *Sovetskoe iskusstvo 1917–1930 godov* (Sowjetische Kunst von 1917–1930) eröffnet.
**7.7.** Im Hammer-Zentrum, Moskau, führt Sotheby's eine Auktion russischer und sowjetischer Kunst durch. Sie ist ein erster Höhepunkt des kommerziellen Erfolgs sowjetischer Kunst im Westen. Auf der Auktion werden Arbeiten von Grischa Bruskin, Eduard Stejnberg, Nikolai Filatow, Irina Nachowa u. a. ehemaliger inoffizieller Künstler verkauft. Am selben Tag veranstaltet die Gruppe Tschempiony mira (Weltmeister) die Performance *Anti-Sotheby's*.
**Okt.–Jan.89** Ausstellung von Werken Pawel Filonows und Kasimir Malewitschs in der Tretjakow-Galerie, Moskau, und dem Staatlichen Russischen Museum in Leningrad.

### Berlin ¬ DDR

**15.1.–6.3.** *Beuys vor Beuys – Frühe Arbeiten aus der Sammlung van der Grinten*, Akademie-Galerie Marstall, Berlin-Mitte. Erste und einzige offizielle Präsentation von Beuys-Werken mit Zeichnungen, Aquarellen, Ölstudien, Collagen in der DDR; zuvor im Ministerium für Bundesangelegenheiten des Landes NRW, Bonn, im Anschluss in der Akademie der Künste, West-Berlin. Kuratoren: Alfons W. Biermann, Hans Christian Hoffmann.
**20.–27.3.** Werkstatt *Junge Kunst 2* veranstaltet von der Akademie der Künste der DDR im Marstall, Berlin-Mitte. Auch die Autoperforationsartisten aus Dresden sind eingeladen.
**13.2.–15.5.** Die Ausstellung *Figur = Zeichen*, Kunstsammlungen Cottbus, Kurator: Jörg Sperling, gibt einen Überblick über die expressive und experimentelle Kunstszene der DDR, u. a. mit Hubertus Giebe, Thomas Florschütz, Anton Paul Kammerer, Trak Wendisch.

DDR-Grenzsoldaten beobachten den Tränengaseinsatz der West-Berliner Polizei am Lenné-Dreieck

**Sommer** Heftige Kritik junger Künstler an den Formulierungen für ein neues Statut des VBK-DDR wegen dessen Beharren auf der Formel *Sozialistischer Realismus*. Auf der 15. Tagung des VBK am 10.11. in Berlin wird dem Begriff des *Sozialistischen Realismus* die Formel *Kunst im Sozialismus* übergeordnet. Beim X. Kongress des VBK, 22.–24.11. im Palast der Republik, Berlin-Mitte, kommt es zu einer regen Diskussion um das am 19.11. erfolgte Verbot der sowjetischen, die Perestroika propagierenden Zeitschrift *SPUTNIK*, einem Organ der Auslandspresseagentur *Nowosti*, und um die Frage der Reisefreiheit.
**3.8.–4.11.** *Erik Bulatov, Wladimir Jankilewski, Ilya Kabakov, Oleg Wassiljew*, Kupferstichkabinett, Dresden.
**21.11.** Eröffnung der Ausstellung *Out of Order* in der Selbsthilfegalerie Rot-Grün, Sredzkistr., Berlin-Prenzlauer Berg. Parallel zum Kongress des VBK zeigt Klaus Werner eine Auswahl von DDR-Avantgarde der 60er und 70er Jahre: K.H. Schäfer, Achim Freyer, A. R. Penck, Horst Bartnig, Ingo Kirchner, Robert Rehfeld, Hans Brosch, Dieter Tucholke.

### West-Berlin ¬ Bundesrepublik Deutschland

**15.1.–6.3.** *Übrigens sterben immer die anderen. Marcel Duchamp und die Avantgarde seit 1950*, Museum Ludwig Köln, Kuratoren: Alfred M. Fischer, Dieter Daniels.
**11.9.–20.11.** *Zeitvergleich '88 – 13 Maler aus der DDR*, Neues Kunstquartier des Technologie- und Innovationsparks, Ackerstraße, Berlin-Wedding; mit Heisig, Mattheuer, Metzkes, Tübke, Uhlig, Händler, Ebersbach, Peuker, Libuda, Wenzel, Liebmann, Giebe, Hampel. Organisiert von den Berliner Festspielen und der Galerie Brusberg.

**24.9.–27.11.** *BiNationale. Deutsche Kunst der späten 80er Jahre*; 10.12.–22.1.89 *The BiNational. American Art of the Late 80's*, Städtische Kunsthalle, Kunstsammlung Nordrhein-Westfalen, Kunstverein für die Rheinlande und Westfalen, Düsseldorf, Kuratoren: Rainer Crone, Jürgen Harten, Ulrich Luckhardt, David A. Ross, Jiří Svestka u. a.; 1989 der deutsche Teil in Boston und Houston, der amerikanische in Bremen und Stuttgart.
**25.9.–8.1.89** *Stationen der Moderne. Die bedeutendsten Kunstausstellungen des 20. Jahrhunderts in Deutschland*, Berlinische Galerie im Martin-Gropius-Bau, Berlin-Kreuzberg, Kuratoren: Eberhard Roters, Bernhard Schulz.
*IsKunstvo – Moskva-Berlin/Berlin-Moskau*, ein Künstlerprojekt in Zusammenarbeit mit der Karl-Hofer-Gesellschaft im Künstlerbahnhof Westend, u. a. mit Sergej Anufrijew, Dmitri Prigow, Vadim Zakharov, Lisa Schmitz, Andrea Sunder-Plassmann; danach zu sehen in Moskau und Stockholm.

andere
**11.6.–14.8.** *Živu – vižu. Ich lebe – ich sehe. Künstler der 80er Jahre in Moskau*, Kunstmuseum Bern, Kuratoren: Hans Christoph von Tavel, Markus Landert.

## ARCHITEKTUR ¬ DENKMAL

Moskau ¬ UdSSR
Am Dsershinski-Platz (heute Lubjanka-Platz) wird das neue Majakowski-Museum eröffnet, ein Gebäude im Stil des Neokonstruktivismus, A: Andrej Bokow, Jewgeni Budin, Boris Tschernow, Boris Kowalkow und Juri Telizin.
Eröffnung des Restaurants Atrium auf dem Lenin-Prospekt, der Innenraum ist der erste verwirklichte Entwurf der »Papier«-Architekten Alexander Brodsky, Ilja Utkin und Je. Monachow und als theatralisches Spiel mit klassischen Formen gestaltet.

**West-Berlin ¬** Bundesrepublik Deutschland
Wissenschaftszentrum, Reichpietschufer 48–58, Berlin-Tiergarten, A: James Stirling, Michael Wilford (IBA-Wettbewerb 1979/80, beg. 1980). Unter Einbezug des Altbaus des Reichsversicherungsamtes sind mehrere Einzelbauten um einen Hof gruppiert. Mit blau-rosa gestreifter Fassade und historischen Zitaten ist der Bau ein Hauptbeispiel der Postmoderne in Berlin.
Wohnbebauung mit Atelierturm, Charlottenstraße 96–98, Berlin-Kreuzberg, A: John Hejduk, Moritz Müller, Diethard Engel (IBA-Wettbewerb 1983), einer der wenigen verwirklichten Bauten des New Yorker Architekten und Theoretikers Hejduk.
**Sept.** Einweihung des Aalto-Theaters in Essen. Bereits 1959 hatte der finnische Architekt Alvar Aalto den Wettbewerb für das Theater gewonnen, der Baubeginn verzögerte sich bis nach seinem Tod 1976. Die Realisation des gekurvten Baus, der einen asymmetrischen Saal mit geschwungenen Rängen beherbergt, besorgte ab 1981 Harald Deilmann.

andere
**Juli** *De-Constructivist Architecture*, Museum of Modern Art, New York. Die von Philip Johnson organisierte Ausstellung forciert die Diskussion um dekonstruktivistische Architektur, indem sie Arbeiten von Frank O. Gehry (USA), Coop Himmelb(l)au (Ö), Zaha Hadid (GB), Daniel Libeskind (USA), Bernard Tschumi (CH), Rem Koolhaas (NL) und Peter Eisenman (USA) vorstellt. In Absetzung von der Postmoderne streben diese Architekten eine Zertrümmerung überlieferter Formen und Sehgewohnheiten an und orientieren sich an fraktaler Geometrie.

## FILM

**Moskau ¬** UdSSR
**10.3.** *Malen'kaja Vera* (*Kleine Vera*, EA BRD 17.4.1989 ARD, DDR 4.5.1990), R: Wassili Pitschul, D: Natalja Negoda, Andrej Sokolow, Juri Nasarow. 56 Mio. Zuschauer strömen in die Kinos, fasziniert von der wahrheitsgetreuen Schilderung des Lebens von Heranwachsenden, sowie von der – im sowjetischen Film ersten – Darstellung eines Geschlechtsakts.
**29.10.** *Vlast' soloveckaja* (*Die Macht von Solovki*, EA BRD 21.9.1989), R: Marina Goldowskaja, ein dokumentarischer Spielfilm über die Anfänge des sowjetischen Gulag.

**Berlin ¬** DDR
**14.5.** Eklat beim *5. Nationalen Spielfilmfestival* der DDR in Karl-Marx-Stadt, da der Hauptpreis trotz des Einspruchs der Funktionäre an Roland Gräfs *Fallada – letztes Kapitel* verliehen wird, der ein Künstlerleben in einem autoritären System porträtiert.

**West-Berlin ¬** Bundesrepublik Deutschland
**9.3.** *Ödipussi*, R/B: Loriot (d.i. Vicco von Bülow), D: Loriot, Evelyn Hamann. Die UA findet gleichzeitig in Ost- und West-Berlin statt. Der Cartoonist und Komiker Loriot, berühmt durch seine Filme und Fernsehsketche über westdt. Alltagsgewohnheiten und Klischees, spielt die Rolle eines Muttersöhnchens.
**5.5.** *Yasemin*, R/B: Hark Bohm, D: Ayşe Romey, Uwe Bohm. Der Film behandelt anhand der Liebesgeschichte eines dt. Studenten und einer 17-jährigen Türkin die Probleme in Deutschland aufgewachsener türkischer Kinder.

Pink Floyd, *The Wall*, Plakat

andere
*Drowning by Numbers* (GB, *Verschwörung der Frauen*, EA BRD 17.11.), R/B: Peter Greenaway, D: Joan Plowright, Juliet Stevenson. Surreal-makabre Spiele verweben Mikro- und Makrostruktur des durch eine Fülle von Anspielungen auf die Geschichte der Malerei angereicherten Films.

## MEDIEN

**Moskau ¬** UdSSR
Das Leningrader Programm *Pjatoe koleso* (Das fünfte Rad) wird landesweit ausgestrahlt. Bella Kurkowa moderiert diese radikalste aller politischen Fernsehsendungen der Perestroika-Zeit.

**West-Berlin ¬** Bundesrepublik Deutschland
**25.3.** Das ZDF strahlt die 1. Folge des *Literarischen Quartetts* aus, eine Sendung, in der unter der Leitung von Marcel Reich-Ranicki ausschließlich über Bücher gesprochen wird. Das *Quartett* wird zu einer äußerst einflussreichen Institution des literarischen Lebens und bis zum 14.12.2001 gesendet.

## THEATER ¬ MUSIK

**Moskau ¬** UdSSR
**17.9.** Mit *Služanki* (*Les bonnes*, *Dienstmädchen*) von Jean Genet in der Inszenierung von Roman Wiktjuk im Theater Satirikon wird erstmals auf einer russischen Bühne die Problematik der homosexuellen Liebe aufgegriffen.
Phänomenaler Erfolg der sentimentalen Musik des Unterhaltungsensembles Laskowy mai (Zärtlicher Mai), dessen Mitglieder Zöglinge aus Kinderheimen sind.

**Berlin ¬** DDR
**17.1.** Nach der Luxemburg-Liebknecht-Demonstration werden u. a. der Liedermacher Stefan Krawczyk und seine Frau, die Regisseurin Freya Klier, festgenommen. Unter Druck stimmen sie der Ausreise in die Bundesrepublik zu. Sie werden zu Symbolfiguren der kritisch denkenden DDR-Jugend.
**30.3.** Volker Brauns Stück *Die Übergangsgesellschaft*, das Tschechows *Drei Schwestern* auf die gesellschaftliche Situation der späten DDR überträgt, ist erstmals am Maxim Gorki Theater, Berlin, zu sehen (R: Thomas Langhoff; UA 1987 in Bremen).

**West-Berlin ¬** Bundesrepublik Deutschland
t am Deutschen Schauspielhaus in Hamburg Frank Wedekinds Tragödie *Lulu* mit Susanne Lothar als eine von den Männern zugrunde gerichtete, naiv liebessehnsüchtige Titelheldin.
**19.6.** In einem Open-Air-Konzert vor dem Berliner Reichstag tritt der US-Rockstar Michael Jackson auf. Drei Tage zuvor hatte die Rockgruppe Pink Floyd am selben Ort ein Konzert gegeben. Zu beiden Veranstaltungen versammeln sich Jugendliche in Ost-Berlin nahe der Mauer. Die Volkspolizei treibt die Menge auseinander.
UA von Adriana Hölzkys Fassbinder-Oper *Bremer Freiheit* und von Detlev Glanerts *Leyla und Medjun* bei der *1. Münchner Musik-Biennale*, die von dem Komponisten Hans Werner Henze konzipiert ist.

andere
**4.11.** Die UA von *Heldenplatz*, Thomas Bernhards Abrechnung mit anhaltend brauner und antisemitischer Gesinnung in Österreich, entfacht am Wiener Burgtheater heftige Kontroversen. R: Claus Peymann, der hier seit 1986 als Direktor seine provokationsfreudige Theaterarbeit fortsetzt.

## LITERATUR ¬ THEORIE

**Moskau ¬** UdSSR
**2.–4.3.** Treffen sowjetischer und emigrierter Schriftsteller in Louisiana (Dänemark). Teilnehmer sind u. a. Grigori Baklanow, Galina Belaja, Juri Afanasjew aus der Sowjetunion und die Emigranten Wassili Axjonow, Andrej Sinjawski, Jefim Etkind. Erstmals wird in der sowjetischen Presse die These vertreten, dass es unabhängig von Wohnort und politischer Anschauung des Schriftstellers eine einheitliche russische Literatur gebe.

**Berlin ¬** DDR
Die Aufhebung des staatlichen Druckgenehmigungsverfahrens wird angekündigt.
Gerhard Wolf gibt beim Aufbau Verlag in Ost-Berlin die Reihe *Außer der Reihe*, ein Forum für junge, unangepasste Literatur heraus.
Stefan Heym publiziert unter dem Titel *Nachruf* (Gütersloh) seine Memoiren.

**West-Berlin ¬** Bundesrepublik Deutschland
Sarah Kirsch, *Allerlei-Rauh. Eine Chronik* (Stuttgart), eine Erinnerung an die Orte der Kindheit.
Bodo Morshäuser, *Revolver* (F/M), Erzählungen über Rockkultur und die Inszenierung Berlins als Kulturmetropole.

andere
**14.2.** Nach der Veröffentlichung von Salman Rushdies Buch *Satanische Verse* (London/New York; russ. in: *Novyj mir*, Nr. 19, Moskau 1993) ruft der iranische Staatsführer Ayatollah Khomeini (Feb. 1989) zum Mord an dem in England lebenden Schriftsteller auf.
Umberto Eco, *Il pendolo di Foucault* (Mailand, *Das Foucaultsche Pendel*, Stuttgart; russ. in: *Inostrannaja literatura*, Nr. 7–9, Moskau 1995) vertritt eine Kritik am Irrationalismus der Gegenwart.

## POLITIK ¬ ZEITGESCHEHEN

### Moskau ¬ UdSSR

**12.–19.1.** Bei der letzten Volkszählung in der UdSSR wird die Einwohnerzahl von 286.717.000 ermittelt.

**31.1.** Auf dem Moskauer Puschkin-Platz eröffnet die erste McDonald's-Filiale der UdSSR. In den ersten Monaten stehen Millionen Menschen Schlange.

**15.2.** Der am 15.5.1988 begonnene Abzug sowjetischer Truppen aus Afghanistan ist beendet.

**16.3.** Das Plenum des ZK der KPdSU richtet eine Kommission zur Untersuchung der Aktivitäten Boris Jelzins ein, u. a. wegen seiner Äußerungen über die Notwendigkeit eines Mehrparteiensystems. Am 19.3. treffen sich in Moskau auf einem nicht genehmigten Meeting zu Jelzins Unterstützung ca. 20.000 Menschen. Jelzin wird endgültig zum Führer der Opposition.

**26.3.–9.4.** Die Wahl der 2.250 Volksdeputierten der UdSSR wird gemäß dem neuen Wahlgesetz vom 1.12.88 durchgeführt, nach dem auf allen Ebenen mehrere Kandidaten zur Wahl stehen müssen. Ein Großteil der Anhänger der Parteiführung kann in den Kongress einziehen, doch ist durch den Erfolg demokratischer Kandidaten in größeren Städten die Formierung einer starken Opposition möglich. In Moskau erhält Jelzin ca. 90 % der Stimmen. Von der Akademie der Künste wird Andrej Sacharow gewählt. Bereits am ersten Sitzungstag des Kongresses (25.5.–9.6.) meldet sich die politische Opposition u. a. mit Sacharow, dem Historiker Juri Afanasjew und dem Wirtschaftswissenschaftler Gawriil Popow zu Wort. Am letzten Tag versucht die prokommunistische Mehrheit, Sacharow daran zu hindern, sich Gehör zu verschaffen. Mit einer großer Stimmenmehrheit wird Michail Gorbatschow von den Volksdeputierten zum Vorsitzenden des Obersten Sowjets gewählt. Er kann die Verabschiedung der Mehrzahl der geplanten Beschlüsse durchsetzen. Die scharfe Auseinandersetzung der Kontrahenten des Kongresses, dessen Sitzungen direkt im Fernsehen übertragen werden, befördern jedoch die Destabilisierung des Landes.

**9.4.** Nicht genehmigte Demonstration in Tbilissi für die staatliche Unabhängigkeit Georgiens, bei deren Auflösung durch die Armee etwa 20 Menschen getötet werden. Die Nationalitätenkonflikte in der UdSSR nehmen zu. Am 3.6. beginnen die Pogrome gegen die Meschetiner Türken im Fergana-Tal (Usbekische SSR), über 100 Menschen kommen um. Am 15.7. beginnen die georgisch-abchasischen Zusammenstöße in der Abchasischen ASSR. Nach zahlreichen Demonstrationen erklärt der Oberste Sowjet der Moldauischen SSR am 31.8. das Moldauische zur Staatssprache, was wiederum zu Konflikten mit der überwiegend russischsprachigen Bevölkerung des Gebiets Pridnjestrowje (heute Transnistrien) führt.

**11.5.** Gorbatschow verkündet den einseitigen Abtransport von 500 atomaren Sprengköpfen aus Osteuropa.

**Juli–Aug.** Streiks der Bergleute im Donbass, in Workuta und im Kusbass für die Durchsetzung wirtschaftlicher und politischer Forderungen.

**29.–30.7.** Erste Gesamtkonferenz der Mitglieder der Überregionalen Deputiertengruppe (MDG). Zu ihren Anführern gehören Juri Afanasjew, Boris Jelzin, Andrej Sacharow, Gawriil Popow. Ziel dieser »konstruktiven Opposition« ist eine Beschleunigung des Reformkurses.

**23.8.** Massenaktionen in den Baltischen Republiken am 50. Jahrestag des deutsch-sowjetischen Nichtangriffs-Pakts. Von Tallinn bis Vilnius reicht eine 560 km lange Menschenkette zum Zeichen des Protests gegen diesen Pakt, der die Länder einst ihrer Unabhängigkeit beraubte. Diesem Jahrestag ist auch die Ausstellung *Freundschaft, die mit Blut besiegelt wurde* gewidmet, die von der Menschenrechtsgesellschaft Memorial vorbereitet und im Haus der Kultur Russakow in Moskau eröffnet wird.

**14.11.** Erklärung des Obersten Sowjets der UdSSR *Zur Anerkennung der repressiven Akte gegen die gewaltsam umgesiedelten Völker.*

**4.12.** Tagung der Staatsoberhäupter des Warschauer Pakts in Moskau. Die Teilnehmer sprechen sich für eine Erhaltung der bestehenden Grenzen und Bündnisse aus. Der Einmarsch der Truppen in die Tschechoslowakei 1968 wird als Fehler bezeichnet.

**14.12.** Tod von Andrej Sacharow; in das Zentrale Haus der Jugend auf dem Komsomol-Prospekt kommen über 100.000 Menschen, um von Sacharow Abschied zu nehmen. Die Beisetzung entwickelt sich zu einer Demonstration der Anhänger demokratischer Reformen.

**20.12.** Die Kommunistische Partei Litauens erklärt ihre Unabhängigkeit von der KPdSU.

Gregor Gysi, Bärbel Bohley, Heiner Müller, Ost-Berlin, 4. November

### Berlin ¬ DDR

**2.5.** Ungarn öffnet an der Grenze zu Österreich den Eisernen Vorhang. Im Sommer reisen täglich ca. 150 DDR-Bürger nach Ungarn, Hunderte flüchten in die Botschaften der Bundesrepublik in Prag, Warschau und Budapest, um in den Westen auszureisen.

**7.5.** Bei den Kommunalwahlen in der DDR fälscht die SED-Führung die Resultate zugunsten der Kandidaten der Nationalen Front; Protest in der Bevölkerung.

**6.7.** In einer Ansprache vor dem Europarat in Straßburg lehnt Michail Gorbatschow es ab, sowjetische Soldaten zur inneren Repression u. a. in der DDR einzusetzen. Das SED-Regime verliert seine Existenzgarantie.

Ende Juli beginnt die Massenflucht von DDR-Bürgern über die ungarisch-österreichische Grenze – zwischen Jan. und Nov. Ausreise und Flucht von ca. 225.000 DDR-Bürgern in die Bundesrepublik.

**13.8.** Anlässlich des 28. Jahrestages des Mauerbaus betont die SED-Führung, dass die DDR nicht reformbedürftig sei.

**4.9.** Montagsdemonstration in Leipzig: Nach einem Friedensgebet in der Nikolai-Kirche fordern rund 1.000 Demonstranten Reise-, Presse- und Versammlungsfreiheit. In der Folgezeit finden regelmäßig Montagsdemonstrationen in Leipzig statt, an denen sich bis zum Okt. 1989 mehrere 10.000 Bürger beteiligen. Auf Transparenten wird die Wiedervereinigung Deutschlands gefordert.

**11.9.** Als erste von mehreren Bürgerbewegungen gründet sich das Neue Forum. Es folgen: Demokratie jetzt (12.9.), die Sozialdemokratische Partei in der DDR (7.10.) und der Demokratische Aufbruch (19.10.).

**5.–7.10.** Anlässlich der Feierlichkeiten zum 40. Gründungstag der DDR in Ost-Berlin empfiehlt Michail Gorbatschow der DDR-Führung politische Reformen. Im Rahmen der Feierlichkeiten findet eine Vielzahl illegaler Demonstrationen statt.

**9.10.** Auf einer Demonstration in Leipzig fordern SED-Bezirkssekretäre, Pfarrer und der Leiter des Gewandhausorchesters, Kurt Masur, die Regierung vor ca. 70.000 Teilnehmern zu einem offenen Dialog auf.

**18.10.** Rücktritt Erich Honeckers zusammen mit Günter Mittag (zuständig für Wirtschaftsfragen) und Joachim Herrmann (Agitation und Propaganda). Egon Krenz wird vom ZK der SED zum Generalsekretär gewählt.

**4.11.** Rund 1 Mio. Menschen demonstrieren auf dem Berliner Alexanderplatz gegen das SED-Regime und für Presse-, Meinungs- und Versammlungsfreiheit. Unter den Rednern befinden sich Schriftsteller wie Christa Wolf, Stefan Heym, Christoph Hein und Heiner Müller, aber auch Vertreter der Partei.

**7./8.11.** Die Regierung Stoph und das ZK der SED treten zurück.

**8.11.** Die Schriftstellerin Christa Wolf verliest im DDR-Fernsehen eine Erklärung von Künstlern und Vertretern von Bürgerinitiativen mit dem Titel *Fassen Sie Vertrauen*. Darin werden die Bürger der DDR, die bereits in Scharen das Land verlassen, zum Bleiben aufgerufen: »Die jetzt noch weggehen, mindern unsere Hoffnung.«

**13.11.** Hans Modrow, Chef des SED-Parteibezirks Dresden, wird von der Volkskammer zum Ministerpräsidenten der DDR gewählt.

**15.11.** Michail Gorbatschow nennt die »Wiedervereinigung Deutschlands eine interne Angelegenheit der Deutschen«.

**26.11.** Aufruf *Für unser Land* von Volker Braun, Stefan Heym, Christa Wolf u. a., in dem sich die Schriftsteller für die Weiterführung einer sozialistischen Alternative in der DDR aussprechen. Auch die Regisseure Frank Beyer und Konrad Weiß sowie der Maler Sighard Gille unterzeichnen. Als sich Egon Krenz und andere SED-Größen anschließen, ist die Wirkungsmöglichkeit des Aufrufs zunichte gemacht.

**6.12.** Egon Krenz tritt zurück, sein Nachfolger wird Manfred Gerlach.

**7.12.** Erstes Zusammentreffen des »Runden Tischs« in Ost-Berlin als Institution der öffentlichen Kontrolle, bestehend aus Vertretern der Parteien und der Bürgerbewegungen der DDR.

**POLITIK ¬** Der ZK-Sekretär Günter Schabowski gibt am 9.11. im Rahmen einer live in Fernsehen und Rundfunk übertragenen Pressekonferenz über den Verlauf der 10. Tagung des ZK der SED bekannt, dass Privatreisen ins Ausland mit sofortiger Wirkung »ohne Vorliegen von Voraussetzungen, Reiseanlässen und Verwandtschaftsverhältnissen« bei jeder Polizeistelle beantragt werden können. Noch in der Nacht wollen Zehntausende Bürger der DDR diese uneingeschränkte Reisefreiheit erproben, die verunsicherten Grenzschützer lassen sie passieren. Das bedeutet die Öffnung der Mauer in Berlin und die der Grenze der DDR zur Bundesrepublik.

Am Brandenburger Tor, Berlin, 10. November

1

2

4

5

1 Erster Kongress der Volksdeputierten. Rede von Andrej Sacharow, Moskau, 9. Juni 1989 (F: Boris Kawaschkin)

2 Michail Gorbatschow am 40. Jahrestag der DDR in Ost-Berlin, Oktober 1989 (F: Barbara Klemm)

3 Das erste Jahr der Perestroika. Zeltlager auf dem Roten Platz, Moskau 1986 (F: Sergej Kusnezow)

4 Afghanistan, Letzte Fahrt, 10. Februar 1989 (F: Oleg Smirnow)

5 Afghanistan. Zurückgelassene Technik, 10.–15. Februar 1989 (F: Oleg Smirnow)

**9.12.** Gregor Gysi wird Vorsitzender der SED, die sich am 17.12. den Namenszusatz PDS (Partei des Demokratischen Sozialismus) gibt.
**22.12.** Bundeskanzler Helmut Kohl und Volkskammerpräsident Hans Modrow öffnen die Grenze am Brandenburger Tor.

### West-Berlin ¬ Bundesrepublik Deutschland

**12.–15.7.** Der Sowjetische Staats- und Parteichef Michail Gorbatschow besucht die Bundesrepublik und wird von der Bevölkerung gefeiert.
**30.9.** Bundesaußenminister Hans-Dietrich Genscher verkündet vom Balkon der Prager Botschaft der Bundesrepublik die mit der DDR-Führung ausgehandelte Ausreisegenehmigung für die sich dort aufhaltenden DDR-Bürger. Nachdem am 10.9. Ungarn das Abkommen mit der DDR gelöst hatte, das DDR-Bürgern das Übertreten der Grenze zu Österreich verbot, reagierte Ost-Berlin mit Visumsverweigerung für Ungarn. Darauf war die Botschaft zum Zufluchtsort für Ausreisewillige geworden.
**28.11.** Bundeskanzler Helmut Kohl bietet in seinem »Zehn-Punkte-Plan zur Überwindung der Teilung Deutschlands und Europas« der DDR-Regierung wirtschaftliche Hilfe unter der Bedingung freier Wahlen sowie der Einführung eines rechtsstaatlichen Systems an und schlägt als Nahziel »konföderative Strukturen zwischen beiden Staaten in Deutschland« vor. Die vier Siegermächte und die EG-Mitgliedstaaten reagieren auf eine mögliche Wiedervereinigung Deutschlands mit Skepsis.
**30.11.** Der Vorstandssprecher der Deutschen Bank AG, Alfred Herrhausen, wird durch ein Bombenattentat in Bad Homburg getötet. Das Attentat wird der RAF angelastet, ist bis heute jedoch nicht aufgeklärt.

### andere

**Mai** Bei Massendemonstrationen in Peking und anderen Großstädten Chinas fordern Millionen »Freiheit und Demokratie«. Die Hardliner in der Partei setzten sich durch: über Peking wird das Kriegsrecht verhängt, am 4./5. Juni wird der Protest auf dem Platz des Himmlischen Friedens durch die Armee blutig niedergeschlagen. In den folgenden Monaten werden zahlreiche Todesurteile gegen »Aufrührer« vollstreckt. Das westliche Ausland reagiert mit Sanktionen gegen China.
**Nov.–Dez.** In der ČSSR tritt nach Massenprotesten der KP-Chef Miloš Jakeš zurück. Der Schriftsteller und ehem. Dissident Václav Havel wird Staatspräsident, Alexander Dubček, Symbolfigur des »Prager Frühlings«, Parlamentspräsident.
Der rumänische Staats- und Parteichef Nicolae Ceauşescu und seine Frau werden bei ihrem Versuch, vor den aufständischen Massen zu fliehen, festgenommen, von einem Schnellgericht verurteilt und am 25.12. hingerichtet. Ion Iliescu wird zum neuen Präsidenten ausgerufen.
**10.12.** Die Verleihung des Friedensnobelpreises an den Dalai Lama, das geistliche Oberhaupt Tibets, wird von der VR China als Einmischung in innere Angelegenheiten kritisiert.

## BILDENDE KUNST

### Moskau ¬ UdSSR

**2.2.** Ausstellung von Werken des amerikanischen Pop-Art-Künstlers Robert Rauschenberg im ZDCh. Im Mai wird in der Ersten Galerie (von den Künstlern Aidan Salachowa, Alexander Jakut und Jewgeni Mitta im April 1989 eröffnet) *Rauschenberg für uns – wir für Rauschenberg* mit Arbeiten junger Moskauer Künstler präsentiert.
**28.4.** Präsentation von Werken Wassily Kandinskys in der Tretjakow-Galerie am Krymski wal.
**7.–25.6.** *Perspektivy konceptualizma* (Perspektiven des Konzeptualismus), organisiert vom Klub der Avantgardisten im Ausstellungssaal des Stadtbezirks Proletarski. Unter den Teilnehmern sind die Gruppe Inspektion »Medizinische Hermeneutik«, Nikolai Koslow, Georgi Kisewalter u. a. 1990–93 wird die erweiterte Ausstellung in den USA gezeigt und anschließend dem Museum of Modern Art der Duke University geschenkt.
**7.7.–4.8.** *Die Sammlung von Lenz Schönberg* im ZDCh. Erstmals wird in Moskau eine repräsentive Sammlung westlicher Kunst der 60er und 70er Jahre gezeigt, darunter die Gruppe ZERO, die französischen Nouveaux Réalistes zusammen mit Werken der russischen Künstler Francisco Infante-Arana und Eduard Stejnberg.

### Berlin ¬ DDR

**29.5.** *Permanente Kunstkonferenz* in der Galerie Weisser Elefant, Berlin-Mitte, einem im Juli 1987 eingerichteten Ausstellungsort speziell für junge Künstler. Erste offizielle Veranstaltung mit Performances in der DDR, an der u. a. die Autoperforationsartisten teilnehmen, Programm: Eugen Blume, Christoph Tannert. Parallel dazu treten im privaten Schauraum r/g, Berlin-Prenzlauer Berg, unter dem Titel *Welt-Sprache Aktion 1989* West-Berliner und westdeutsche Künstler auf: Andreas Techler, Georg Dietzler, Käthe Be und Kain Karawan, Wolfgang Müller mit Käthe Kruse und Mark Brandenburg, Johannes Stüttgen, Fritz Vogel sowie die Free University.
**19.11.** Manfred Butzmann, Nuria Quevedo u. a. beginnen am Potsdamer Platz die Berliner Mauer auf ihrer Ostseite zu bemalen. Am 22.11. ordnet das Kommando der NVA die Übertünchung der Malereien an, was Proteste auslöst.
**19.11.** Vor der Semper-Oper in Dresden findet eine Großdemonstration der Künstlerverbände statt, auf der Hubertus Giebe mit der DDR-Kunstpolitik abrechnet.

### West-Berlin ¬ Bundesrepublik Deutschland

**18.2.–12.3.** *Broken Music. Artist's Recordworks*, daadgalerie Berlin, Kuratoren: Ursula Block, Michael Glasmeier, danach: Gemeentemuseum Den Haag, Magasin Grenoble.
**8.4.–28.6.** *Bilderstreit. Widerspruch, Einheit und Fragment in der Kunst seit 1960*, Museum Ludwig, Rheinhallen, Köln, Kuratoren: Siegfried Gohr, Johannes Gachnang.
**18.6.–30.7.** *Ressource Kunst – Die Elemente neu gesehen*, Akademie der Künste und Künstlerhaus Bethanien, Berlin, anschließend in Saarbrücken, München, Budapest; Kuratoren: Michael Haerdter, Per Hovdenakk, Elisabeth und Georg Jappe, Florian Müller, Bernd Schulz; mit Arbeiten von Abramović/Ulay, Joseph Beuys, Marcel Broodthaers, Fischli & Weiss, Jochen Gerz, Rolf Julius, Anselm Kiefer, Nikolaus Lang, Boris Nieslony, Gina Pane, Giuseppe Penone, Hermann Pitz, Ulrike Rosenbach, Roman Signer, Timm Ulrichs, Bill Viola u. a.
**27.8.–24.9.** *25 Jahre Video-Skulptur – Installationen und Tapes*, Ausstellung der Berliner Festspiele im Haus der Kulturen der Welt gemeinsam mit dem Video-Forum des NBK, Kuratoren: Wulf Herzogenrath, Edith Decker.
**14.10.–26.11.** *D&S Ausstellung*, Hamburger Kunstverein in Zusammenarbeit mit dem Künstlerhaus Bethanien, Berlin, Konzept: Frank Barth, Thomas Wulffen mit Jürgen Schweinebraden. Im Kunstverein und Stadtraum von Hamburg wird Kunst präsentiert, die ihre ökonomischen Bedingungen thematisiert und sich Strategien der Werbung bedient. Mit Michael Asher, Dellbrügge & de Moll, Jenny Holzer, Carsten Höller, Jeff Koons, Sigmar Polke, Bertrand Lavier, Andreas Slominski, Elaine Sturtevant, Julian Opie u. a.
**20.10.–10.12.** *Zwischenspiele – Junge Künstler und Künstlerinnen der DDR*, Elefanten Press Galerie, Kunstamt Kreuzberg, eine Ausstellung des VBK-DDR und der NGBK, Berlin. Vorgestellt werden Malerei und Papierarbeiten, Installationen und Objekte, Fotografie und Plastik von Via Lewandowsky, Gundula Schulze, Neo Rauch, Jörg Knöfel u. a.

### andere

**18.5.–14.8.** *Les Magiciens de la Terre*, Centre Georges Pompidou, La Grande Halle de la Villette, Paris. Der Kurator Jean-Hubert Martin will einen postkolonialen Blick auf die künstlerische Produktion der Dritten Welt werfen. Die Kritik wirft den Organisatoren jedoch ihre ethnozentrischen, westlichen Kriterien vor. *Les Magiciens* gibt den Anstoß zu vielen weiteren Ausstellung mit diesem Fokus und zur kritischen Hinterfragung ideologischer Grundlagen.
**25.6.–10.9.** *Von der Revolution zur Perestroika. Sowjetische Kunst aus der Sammlung Ludwig*, Kunstmuseum Luzern, Kurator: Martin Kunz; anschließend in Barcelona, Luxemburg, Saint Étienne, Stockholm, Wien.
**April–Juni** *Open Mind: gesloten circuits (Closed Circuits)*, Museum van Hedendaagse Kunst, S.M.A.K., Gent. Der Kurator Jan Hoet lotet die Beziehungen zwischen bildender Kunst und Geisteskrankheit aus.

## ARCHITEKTUR ¬ DENKMAL

### Moskau ¬ UdSSR

In Moskau wird Ostoshenka, eines der ersten privaten Architekturbüros, gegründet (Leiter: Alexander Skokan). Es erarbeitet das »Programm zur komplexen Rekonstruktion des Wohnviertels Nr. 17« nahe dem Arbat, das zu einem der exklusivsten Wohnbezirke Moskaus wird.
Beim Internationalen Wettbewerb der William van Alen Association, USA, für ein Friedenszentrum (158 Teilnehmer), erhält der Student des MarchI Alexej Ginsburg den 1. Preis. Er präsentiert einen umgekehrten Tatlin-Turm.

### Berlin ¬ DDR

**Dez.** *Gegen den Untergang unserer Städte – für eine neue Baupolitik*, Tagung der Akademie der Künste der DDR, Berlin. Die Versammelten fordern einen sofortigen Abrissstopp für alte Bausubstanz.

### West-Berlin ¬ Bundesrepublik Deutschland

**4.3.–14.5.** *Papierarchitektur, Neue Projekte aus der Sowjetunion*, DAM, Frankfurt/M, Kurator: Heinrich Klotz, anschließend in Zürich und den USA.
Bebauung am Tegeler Hafen, Berlin-Reinickendorf, städtebauliche Gesamtplanung: Charles Moore, John Ruble, Buzz Yudell. Einzelprojekte: Regina Poly, Karl-Heinz D. Steinebach, Friedrich Weber, Dietrich Bangert, Bernd Jansen, Stefan Scholz, Axel Schultes (BJSS), Stanley Tigerman, Robert Stern, Paolo Portoghesi, Antoine Grumbach, John Hejduk (IBA-Wettbewerb 1980). Wohnbebauung mit Zeilen und Villen mit z.T. üppigem postmodernem Dekor entlang des stillgelegten Hafenbeckens.
In Weil am Rhein, nahe der Schweizer Grenze, versammelt ein Möbelfabrikant die internationale Architektur-Avantgarde auf seinem Firmengelände: Das Vitra-Design-Museum, A: Frank O. Gehry, für die Design-Sammlung des Vitra-Konzerns, erscheint von außen als ein Baukörper, der aus heterogenen Formen besteht, da die Außenhaut die funktional unterschiedlichen Innenräume widerspiegelt. Daneben steht das ebenfalls von dem US-Amerikaner Gehry entworfene Fabrikgebäude. Tadao Ando verwirklicht 1992/93 in Weil am Rhein sein erstes Gebäude außerhalb Japans: ein Konferenz- und Tagungsgebäude mit Bibliothek. Er konzipiert einen asketischen Pavillon, der sich von Gehrys ereignishafter, dekonstruktivistischer Formensprache durch eine lange Mauer abgrenzt. Zaha Hadid, die in London lebende Dekonstruktivistin irakischer Herkunft, realisiert eben-

Feuerwehrhaus, Weil am Rhein

falls 1992/93 ein an die Raumutopien von Futurismus und russischem Konstruktivismus anknüpfendes Feuerwehrhaus, das wie ein in der Bewegung eingefrorenes Konglomerat von zerschnittenen Räumen und fliegenden Dächern wirkt. Bereits 1981 hatten Nicholas Grimshaw & Partners für Vitra ein Produktions- und Verwaltungsgebäude als zweischalige Konstruktion aus Stahlblechkassetten gebaut.

'itra Design Museum, Weil am Rhein

Renovierung und Neubau des Saarbrückener Schlosses (begonnen 1982), A: Gottfried Böhm. Böhm, ein Virtuose im Zusammenfügen von alter und neuer Bausubstanz, setzt in die Mitte der barocken Flügelanlage eine Stahl-Glas-Konstruktion, deren oberen Festsaal er mit einer abstrakten, illusionistischen Deckenmalerei ausstattet.

### andere

Umbau des Louvre, Paris, A: I. M. Pei (beg. 1983). Die gläserne Pyramide im Hof des Louvre markiert den Zugang zu der neuen, groß angelegten unterirdischen Erschließung des Museumskomplexes.

## FILM

### Berlin ¬ DDR

**9.11.** *Coming out*, R: Heiner Carow, D: Mathias Freiho, Michael Gwisdek. Ein Ost-Berliner Lehrer entdeckt seine Homosexualität, ein Tabuthema in der DDR. Am Abend der Premiere wird die Mauer geöffnet.

**24.–30.11.** Aufbruchsstimmung beim 32. Dokumentarfilmfestival in Leipzig, dem ersten nach der Maueröffnung. Zu sehen sind u. a. *Leipzig im Herbst*, R: Andreas Voigt, Gerd Kroske, K: Sebastian Richter, über die Ereignisse in Leipzig im Okt./Nov. 1989 und *Wer fürchtet sich vorm schwarzen Mann*, R: Helke Misselwitz.

**13.12.** Wiederaufführung von *Das Kaninchen bin ich*, R: Kurt Maetzig, B: Manfred Bieler nach seinem Roman *Maria Morzeck*, D: Angelika Waller, Ilse Voigt. Der Film stand 1965 auf der Liste der verbotenen DEFA-Filme und war Namensgeber für die so genannten Kaninchenfilme.

### West-Berlin ¬ Bundesrepublik Deutschland

**9.5.** *Das Spinnennetz*, R: Bernhard Wicki, nach dem Roman von Joseph Roth, D: Ulrich Mühe, Klaus Maria Brandauer. Thema ist der Präfaschismus in der Weimarer Republik.

### andere

**23.5.** Goldene Palme in Cannes für *Sex, Lies, and Videotapes* (USA, *Sex, Lügen und Video*, EA BRD 2.11.), R/B: Steven Soderbergh, D: James Spader, Andie McDowell. Der Film gilt als Höhepunkt der aufstrebenden US-Independents und erhält zahlreiche Auszeichnungen.

*Dom za vesanje* (Jugoslawien, *Time of the Gypsies*, EA BRD 15.8.1991), R/B: Emir Kusturica, D: Davor Dujmovič, Bora Todorovič. Es folgen erfolgreiche Filme Kusturicas wie: *Arizona Dream* (1992), *Underground* (1995), *Schwarze Katze, weißer Kater* (1997).

## MEDIEN

### Moskau ¬ UdSSR

Das von Eduard Sagalajew und Alexander Tichomirow moderierte gesellschaftsanalytische Programm *Sem' dnej* (Sieben Tage) wird nach vier Monaten Laufzeit aus Zensurgründen abgesetzt.

Erste Ausstrahlung von *Televizionnaja služba novostej* (Nachrichten-Fernsehdienst), eine Alternative zum offiziellen Nachrichtenprogramm *Vremja* (Die Zeit).

Die privatwirtschaftliche Fernsehgesellschaft 2x2 beginnt zu senden und zeigt auch Werbung.

### Berlin ¬ DDR

**11.9.** Die Fernsehsendung *Elf 99* startet und versucht, mit z.T. systemkritischen Beiträgen vor allem Jugendliche zu erreichen. Sie wird zu einer der Antriebsfedern der politischen Wende.

**Dez.** Die Bürgerrechtsbewegungen fordern die Freiheit der Medien und eine neue Medienpolitik.

### West-Berlin ¬ Bundesrepublik Deutschland

**2.5.** Die Gameshow *Der Preis ist heiß* läuft an.

## THEATER ¬ MUSIK

### Moskau ¬ UdSSR

**13./14.1.** Die West-Berliner Schaubühne gastiert erstmals am Künstlertheater, Moskau, und zeigt im Rahmen der Theatertage der Bundesrepublik Deutschland Anton Tschechows *Drei Schwestern* in der stimmungsvollen Regie von Peter Stein. Weitere Aufführungen 26.6.–6.7.1990.

**15.2.** *Krutoj maršrut* (Gratwanderung) im Sowremennik nach den Erinnerungen von Jewgenija Ginsburg an ihr Leben im Lager, R: Galina Woltschek. Das 1997 am Broadway in New York gezeigte Stück wird mit dem Drama Desk Award ausgezeichnet.

Aufführung von *Po pročtenii muzykal'nych nabroskov M. P. Musorgskogo* (Nach dem Durchlesen der musikalischen Skizzen M. P. Mussorgskis) von Wladimir Tarnopolski im Moskauer Musikalischen Kammertheater.

Das *10. Festival für Moderne Musik* in Nishni Nowgorod ist dem Werk des Komponisten Alfred Schnittke gewidmet.

### Berlin ¬ DDR

**20.1.** Fritz Marquardt inszeniert am Berliner Ensemble die erste DDR-Aufführung von *Germania Tod in Berlin*, Heiner Müllers mythischen Szenen deutscher Geschichte (UA 1978 in München).

**12.4.** Die UA von Christoph Heins *Die Ritter der Tafelrunde* am Staatsschauspiel Dresden zeigt vergreiste Führungskader am Ende ihrer vergeblichen Suche nach dem »Gral« des Sozialismus (R: Klaus-Dieter Kirst).

**2.10.** Wolf Biermann tritt erstmals wieder in Ost-Berlin, im überfüllten Marx-Engels-Auditorium der Humboldt-Universität, auf. Im Dez. gibt er in Leipzig sein erstes Konzert in der DDR nach 25 Jahren. Er wird enthusiastisch empfangen und als »Mensch gewordener Mythos« bezeichnet.

### West-Berlin ¬ Bundesrepublik Deutschland

**14.1.** Mit seinem langjährigen Protagonisten Hans Christian Rudolph in der Titelrolle und facettenreichem Ensemblespiel inszeniert Jürgen Flimm am Hamburger Thalia Theater Anton Tschechows *Platonow*.

**15.6.** Premiere von Peter Steins poetischer, heiterer Inszenierung von Tschechows *Der Kirschgarten* an der Schaubühne am Lehniner Platz, Berlin-Charlottenburg.

**1.7.** Die erste *Loveparade* wird mit 1 Wagen und 150 Teilnehmern auf dem Kurfürstendamm veranstaltet. Sie ist als Demonstration unter dem Motto *Friede, Freude, Eierkuchen (Für Abrüstung, Völkerverständigung und die gerechte Verteilung von Nahrungsmitteln)* angemeldet. 1992 nehmen an der *Loveparade* bereits 15.000 Menschen teil. Es kommt in den Folgejahren zu vielen Clubgründungen und zur Aktivierung der Musikszene um House und Techno. 1999 erreicht die *Loveparade* ihre Rekordteilnehmerzahl von 1,5 Mio.

**Sept.** Gastspiel des Taganka-Theaters aus Moskau bei den Berliner Festspielen mit einem Porträt von Juri Ljubimow, der am 25.5. die Staatsbürgerschaft der UdSSR zurück erhielt (mit *Wladimir Wyssozki* und *Boris Godunow*). Das Leningrader Ballett ist mit Askold Makarows *Choreographischen Miniaturen* zu Gast.

**Nov.** Mstislaw Rostropowitsch reist in den Tagen nach der Maueröffnung aus Paris an, um am Checkpoint Charlie eine von Bachs Cello-Suiten zu spielen.

**21.11.** *Orlando*, Schaubühne am Lehniner Platz, Berlin-Charlottenburg. Unter der Regie von Robert Wilson spielt Jutta Lampe die durch die Jahrhunderte reisende, ihre Identität und das Geschlecht wechselnde englische Romanfigur von Virginia Woolf.

## LITERATUR ¬ THEORIE

### Moskau ¬ UdSSR

Anna Achmatowa

Die UNESCO erklärt das Jahr 1989 zum Anna-Achmatowa-Jahr aus Anlass ihres 100. Geburtstags.

**Juli–Nov.** In der Zeitschrift *Novyj mir* werden von Alexander Solschenizyn ausgewählte Kapitel des *Archipel GULAG* gedruckt. Ihr Erscheinen markiert das Ende der Pressezensur in Russland.

In Moskau wird der Literaturalmanach *Vest'*, das erste unabhängige Druckerzeugnis der UdSSR, von der gleichnamigen Redaktions- und Verlagsgruppe herausgegeben. Im Zentrum des Almanachs steht die erste autorisierte Ausgabe des Kurzromans *Moskva-Petuški* (*Die Reise nach Petuschki*) von Wenedikt Jerofejew.

### Berlin ¬ DDR

**28.10.** *Wider den Schlaf der Vernunft* – eine Aktion mit Auftritten von Christa Wolf, Christoph Hein, Stefan Heym, Heiner Müller und Günter de Bruyn in der Ost-Berliner Erlöserkirche.

Klaus Höpcke, stellvertretender Minister für Kultur, kündigt die Veröffentlichung bisher von der Zensur zurückgehaltener Bücher an.

Markus Wolf, *Die Troika* (Reinbek). Der langjährige Leiter der »Hauptverwaltung Aufklärung« im Ministerium für Staatssicherheit, der einst Günter Guillaume auf Willy Brandt ansetzte, schreibt hier über die Söhne dreier Emigrantenfamilien, die später verschiedene politische Wege gehen. 1990 flüchtet Wolf über Österreich in die UdSSR, da in der Bundesrepublik ein Haftbefehl gegen ihn vorliegt. 1997 veröffentlicht er, mittlerweile in die Bundesrepublik zurückgekehrt, seine Memoiren *Spionagechef im geheimen Krieg. Erinnerungen* (München).

Gert Neumann, *Die Klandestinität der Kesselreiniger. Ein Versuch des Sprechens* (F/M) berichtet von der polizeistaatlichen Realität der DDR.

### West-Berlin ¬ Bundesrepublik Deutschland

**15.10.** Der Schriftsteller Václav Havel erhält den Friedenspreis des Deutschen Buchhandels. Er kann den Preis in Frankfurt/M nicht persönlich entgegennehmen, da die tschechoslowakische Regierung ihm keine Ausreisegenehmigung erteilt.

Wilhelm Genazino, *Der Fleck, die Jacke, die Zimmer, der Schmerz* (Reinbek). Genazino, 1977 durch seine *Abschaffel-Trilogie* über die Leidenswelt eines Angestellten bekannt geworden, erzählt nun in verknappter Prosa von den Überlebenstechniken der Menschen.

Irene Dische, *Fromme Lügen* (F/M); die Erzählungen machen die in Berlin lebende Amerikanerin deutscher Abstammung bekannt.

# 1990

## POLITIK ¬ ZEITGESCHEHEN

### Moskau ¬ UdSSR

**8.1.** Der politische Gefangene Sergej Kusnezow, Mitglied der offiziell nicht registrierten Partei Demokratische Union, wird entlassen.
**18.1.** Antisemitische Aktion einer Gruppe von Mitgliedern der nationalistischen Vereinigung Pamjat im Zentralen Haus der Literaten auf einer Versammlung von Aprel (April), einer Bewegung der Schriftsteller zur Unterstützung der Perestroika. Ihr Organisator, Konstantin Smirnow-Ostaschwili, wird am 12.10. aufgrunddessen zu zwei Jahren Haft verurteilt.

Demonstration in Baku

**13.–20.1.** Erneute anti-armenische Pogrome in Baku (vgl. 1988). In der Stadt marschieren Truppen auf, und der Kriegszustand wird verhängt. 120 Menschen kommen ums Leben.
**20.1.** In Vorbereitung der Wahlen zum Kongress der Volksdeputierten der RSFSR und zu den Gebietsparlamenten gründet sich der Block Demokratisches Russland.
**24./25.2.** Auf Demonstrationen in Moskau mit jeweils über 200.000 Teilnehmern fordern die Anhänger demokratischer Reformen und Mitglieder des Blocks Demokratisches Russland die Abschaffung des Artikels 6 der sowjetischen Verfassung, der die »führende Rolle« der KPdSU festschreibt.
**10.2.** Nationalistische Ausschreitungen in Duschanbe (Tadschikistan) fordern zahlreiche Todesopfer.
**26./27.2.** Besuch des neuen Präsidenten der ČSSR, Václav Havel, in Moskau. Unterzeichnung des Vertrages über den Abzug der sowjetischen Truppen aus der Tschechoslowakei.
**4.3.** Wahlen zu den Regierungen der Gebiete und Republiken, u. a. auch Wahl der Volksdeputierten der RSFSR. Die Verfechter radikaler Reformen gewinnen in den großen Städten und erhalten mehr als die Hälfte der Sitze im Kongress der Volksdeputierten.
**6.3.** Verabschiedung des Gesetzes *Über das Eigentum*, das staatliches, kooperatives und privates Eigentum in der UdSSR juristisch gleichstellt. Zusammen mit dem am 4.6. verabschiedeten Gesetz *Über die Betriebe* beschleunigt es den Zusammenbruch der sozialistischen Planwirtschaft in der UdSSR.
**11.3.** Das Parlament Litauens beschließt »die Wiederherstellung der Unabhängigkeit des Litauischen Staates«, damit gilt die Verfassung der UdSSR für Litauen nicht mehr. Am 30.3. und 4.5. werden von den Obersten Sowjets Estlands und Lettlands ähnlich lautende, wenn auch etwas vorsichtiger formulierte Beschlüsse gefasst. Am 17.4. verhängt der Ministerrat der UdSSR über Litauen eine Wirtschaftsblockade.
**12.–15.3.** 3. Außerordentlicher Kongress der Volksdeputierten. Der Artikel 6 der Verfassung der UdSSR wird abgeschafft. Beginn des Mehrparteiensystems in der UdSSR. Michail Gorbatschow wird zum Präsidenten der UdSSR gewählt.

Alexij II., der Patriarch Russlands

**16.4., 23.5.** In den beiden größten Städten der UdSSR kommen Reformpolitiker an die Macht. Gawriil Popow wird zum Vorsitzenden des Moskauer und Anatoli Sobtschak zum Vorsitzenden des Leningrader Stadtsowjets gewählt (später werden sie Bürgermeister der Städte).
**16.–22.6.** 1. Kongress der Volksdeputierten der RSFSR. Nach einer zweiwöchigen Auseinandersetzung zwischen verschiedenen Lagern der Deputierten wird Boris Jelzin am 30.5. zum Vorsitzenden des Obersten Sowjets der RSFSR gewählt. Am 12.6. beschließt der Kongress die Souveränität der Russischen Föderation, was bis auf wenige Ausnahmen (Verteidigung, Außenpolitik u.ä.) den Vorrang der Gesetze Russlands vor denen der Union bedeutet. Dem folgt eine Lawine von Souveränitätserklärungen: Im Laufe weniger Monate werden von fast allen anderen Republiken der UdSSR ähnlich lautende Beschlüsse gefasst.
**7.6.** Nach dem Tod des Patriarchen Pimen am 3.5. wählt das Landeskonzil der Russischen Orthodoxen Kirche Alexij II. (A.M. Ridiger) zum Patriarch von Moskau und ganz Russland.
**15.6.** Zum Vorsitzenden des Ministerrats der RSFSR wird Iwan Silajew gewählt. Der zu seinem Stellvertreter ernannte Ökonom Grigori Jawlinski schlägt unter dem Titel *500 Tage* ein Programm radikaler Reformen vor.
**2.–13.7.** XXVIII. und letzter Parteitag der KPdSU. Trotz der erbitterten Kritik sowohl von Reformern als auch von Orthodoxen wird Michail Gorbatschow zum Generalsekretär der KPdSU gewählt. Ein neues Statut der KPdSU wird verabschiedet, das die Schaffung von Plattformen innerhalb der Partei zulässt. Boris Jelzin, Gawriil Popow und Anatoli Sobtschak erklären daraufhin ihren Austritt aus der KPdSU, im Land folgen Millionen diesem Beispiel.
**13.8.** Erlass des Präsidenten der UdSSR *Über die Wiederherstellung der Rechte aller Opfer politischer Repressalien in den Jahren von 1920 bis 1950.*
**20.8., 2.9.** In Moldawien werden die Gagausische und Transnistrische Republik ausgerufen. Der Oberste Sowjet Moldawiens erklärt diese Beschlüsse für verfassungswidrig.
**9.9.** Ermordung des orthodoxen Priesters Vater Alexander Men, eines Theologen, der zu ökumenischen Ideen tendierte und bei der Intelligenzija äußerst beliebt war.
**16.9.** Michail Gorbatschow wird der Friedensnobelpreis verliehen. Wegen der schwierigen Situation im Land ist er gezwungen, die Reise zur Übergabe des Nobelpreises abzusagen. Seine Dankes-Rede in Oslo hält er im Juni 1991.
**25.9.** Michail Gorbatschow erhält außerordentliche Vollmachten für den Übergang zur Marktwirtschaft. Unter dem Druck des konservativen Flügels in der Unionsregierung und der Führung der KPdSU lehnt Gorbatschow Grigori Jawlinskis *500-Tage*-Programm ab. Jawlinski erklärt seinen Rücktritt.
Nov./Dez. Deutschland und andere westliche Staaten gewähren der UdSSR humanitäre Hilfe in Form von Lebensmittelsendungen.
**12.–14.12.** Konflikt um den Status des autonomen südossetischen Gebiets in Georgien. Im Jan. 1991 kommt es zu bewaffneten Auseinandersetzungen.
**17.–27.12.** 4. Kongress der Volksdeputierten. Verschärfung der Gegensätze zwischen der Führung der UdSSR und der RSFSR. Michail Gorbatschow erklärt, es sei notwendig, die Ordnung im Land wiederherzustellen. Außenminister Eduard Schewardnadse erklärt aus Protest gegen die »aufziehende Diktatur« seinen Rücktritt. Dem Präsidenten der UdSSR werden zusätzliche Vollmachten eingeräumt.

### Berlin ¬ DDR

**15.1.** Die Bürgerbewegung Neues Forum ruft zu einer Demonstration gegen die Stasi vor deren Hauptquartier in der Normannenstraße, Berlin-Lichtenberg, auf. Zehntausende beteiligen sich.
**4.2.** Die SED-PDS gibt den Namensbestandteil SED auf.
**5.2.** Politiker des Runden Tischs, der bisherigen Opposition, treten der Regierung Modrow bei.
**12.3.** An der letzten Leipziger Montagsdemonstration nehmen ca. 40.000 Menschen teil. Die Forderung nach Einheit ist ein wichtiges Thema. Der Runde Tisch verabschiedet auf seiner letzten Sitzung einen Verfassungsentwurf für die DDR.
**18.3.** Die Allianz für Deutschland (aus CDU, Demokratischem Aufbruch/DA und Deutscher Sozialer Union/DSU) gewinnt die Wahlen zur Volkskammer; Sabine Bergmann-Pohl (CDU) wird Volkskammerpräsidentin.
**12.4.** Lothar de Maizière (CDU) wird von der Volkskammer zum Ministerpräsidenten gewählt und bildet eine große Koalition aus CDU, SPD, Liberalen, DSU und DA.

**POLITIK ¬** In Bonn tagt am 5.5. die 2+4-Konferenz der Außenminister der vier Siegermächte des Zweiten Weltkrieges und der beiden deutschen Staaten zu den außenpolitischen Aspekten der deutschen Einheit. Die UdSSR besteht darauf, dass ein vereintes Deutschland nicht zur NATO gehören dürfe. Bundeskanzler Helmut Kohl erhält jedoch dann bei seinem Besuch in der UdSSR vom 14. bis 16.7. von Michail Gorbatschow die Zusage der vollen Souveränität Deutschlands nach der Vereinigung. Zum Abschluss der 2+4-Verhandlungen wird am 12.9. in Moskau der *Vertrag über die abschließende Regelung in Bezug auf Deutschland* unterzeichnet, der u. a. die Westbindung eines vereinigten Deutschlands, seine Grenzen sowie seinen Verzicht auf atomare, biologische und chemische Waffen festlegt. Die UdSSR verpflichtet sich, ihre Truppen vom Territorium der noch existierenden DDR abzuziehen.

1

2

3

4

1 Erster Runder Tisch, Berlin, Wolfgang Berghofer, Gregor Gysi, Wolfgang Schnur (v.l.n.r.), 7. Dezember 1989 (F. Maurice Weiss)

2 Egon Krenz und die SED-Führung, Lustgarten, Berlin, 10. November 1989 (F: Barbara Klemm)

3 Der ehemalige ZK-Sekretär Günter Schabowski an der Berliner Mauer, Januar 1990 (F: Ute Mahler)

4 Tag der deutschen Vereinigung, Berlin, 3. Oktober 1990 (F: Barbara Klemm)

**18.5.** In Bonn unterzeichnen die Finanzminister Theo Waigel und Walter Romberg einen Staatsvertrag zur Währungs-, Wirtschafts- und Sozialunion der BRD und der DDR, infolgedessen die D-Mark und die soziale Marktwirtschaft am 1.7. in der DDR eingeführt werden. Löhne, Gehälter, Renten und Pensionen werden zu einem Umtauschkurs von 1 : 1 umgestellt.
**Juni** In Berlin wird mit dem Abriss der Mauer begonnen.
**Juni** Die RAF-Mitglieder Susanne Albrecht, Inge Viett, Werner Lotze u. a., die in der DDR Unterschlupf gefunden und falsche Papiere erhalten hatten, werden festgenommen.
**21.7.** Billigung des Staatsvertrages durch Bundestag und Volkskammer.
**23.8.** Die Volkskammer votiert für den Beitritt der DDR zur Bundesrepublik.
**31.8.** Unterzeichnung des *Vertrages zwischen der Bundesrepublik Deutschland und der Deutschen Demokratischen Republik über die Herstellung der staatlichen Einheit Deutschlands* (Einigungsvertrag) in Ost-Berlin.
**25.9.** Die Mitgliedschaft der DDR im Warschauer Pakt ist beendet.

### West-Berlin ¬ Bundesrepublik Deutschland

**16.5.** Die Bundesregierung und die Bundesländer beschließen, einen Fonds Deutsche Einheit einzurichten, aus dem die Aufbauhilfe für das Gebiet der DDR finanziert werden soll.
**13.9.** Die Bundesrepublik und die UdSSR schließen einen Vertrag über politische und wirtschaftliche Zusammenarbeit sowie einen Nichtangriffspakt. Deutschland zahlt für den Abzug der Sowjetischen Armee bis 1994 13 Mrd. DM.
**2.10.** In West-Berlin endet mit der Verabschiedung der westalliierten Stadtkommandanten der Besatzungsstatus.
**3.10.** Die Deutsche Demokratische Republik tritt der Bundesrepublik Deutschland nach Artikel 23 des Grundgesetzes bei.
**5.10.** Verabschiedung eines neuen Wahlgesetzes mit einer Fünfprozentklausel für Ost- und Westdeutschland im Bundestag.
**14.10.** Auf dem Gebiet der ehemaligen DDR finden erstmals freie Landtagswahlen in den neuen Bundesländern Brandenburg, Mecklenburg-Vorpommern, Sachsen, Sachsen-Anhalt und Thüringen statt.
**14.11.** Deutschland und Polen schreiben die Oder-Neiße-Linie in einem Vertrag als völkerrechtlich verbindliche Grenze zwischen beiden Staaten fest.
**30.11.** Das Amtsgericht Berlin-Tiergarten erlässt Haftbefehl gegen den früheren DDR-Staats- und Parteichef Erich Honecker wegen »dringenden Tatverdachts des gemeinschaftlich begangenen Totschlags in mehreren Fällen«. Der Haftbefehl kann nicht vollstreckt werden, da sich Honecker seit April 1990 in einem Hospital der Sowjetarmee in Beelitz aufhält.
**2.12.** Bei den ersten gesamtdeutschen Bundestagswahlen erhält die CDU mit 43,8 % die Mehrheit.

### andere

**11.2.** Nelson Mandela, Führer des African National Congress in Südafrika, wird nach 27 Jahren aus der Haft entlassen.

## BILDENDE KUNST

### Moskau ¬ UdSSR

**17.1.** Ausstellung *Tranzit* (Transit) im Russischen Museum in Leningrad. Es werden Arbeiten von über 100 Künstlern vorgestellt, die in den 70er und 80er Jahren emigriert sind, darunter Ernst Neiswestny, Michail Schemjakin, Oskar Rabin und Oleg Zelkow.
**18.4.–13.5.** Im Ausstellungssaal des Stadtbezirks Krasnogwardejski, Moskau, wird *Hin zum Objekt* eröffnet, eine erste Präsentation der von dem Kurator Andrej Jerofejew zusammengestellten Sammlung moderner Kunst des Staatlichen Museums Zarizyno. Gezeigt werden Arbeiten von nicht systemkonformen Moskauer Künstlern verschiedener Generationen. Vom 22.9. bis 14.11. wird die Ausstellung unter dem Titel *In de USSR en erbuiten. 28 Kustenaars 1970–1990* im Stedelijk-Museum, Amsterdam, gezeigt.
**1.–30.11.** *Traditionen der russischen Malerei* im Museum für Geschichte, Moskau. Unter den Teilnehmern sind Nikolai Andronow, Erik Bulatov, Dmitri Gutow, Francisco Infante-Arana, Lew Kropiwnizki, Oleg Kulik, Georgy Litichevsky, Lidija Masterkowa, Boris Orlow, Oskar Rabin, Natalja Turnowa, Semjon Faibissowitsch, Olga Chernysheva.
**28.12.–16.4.91** *Die andere Kunst. Moskau von 1956 bis 1976*, Tretjakow-Galerie am Krymski wal, eine umfangreiche Retrospektive der Geschichte der nichtoffiziellen sowjetischen Kunst.
Die Galerie Regina nimmt in Moskau ihre Arbeit auf. Dank der Ausstellungspolitik ihres Inhabers Wladimir Owtscharenko und den provokativen Ausstellungsgestaltungen des Künstlers und Art-Direktors Oleg Kulik erhält sie schnell Zulauf.

### West-Berlin ¬ Bundesrepublik Deutschland

**27.5.–8.7.** *um 1968. konkrete utopien in kunst und gesellschaft*, Städtische Kunsthalle Düsseldorf, Kuratorin: Marie Luise Syring. Zu einem Zeitpunkt, an dem die Welle der pc (political correctness) auch die deutsche Kunst erfasst (siehe Gruppen wie Botschaft e.V., Berlin, Büro-Bert, Düsseldorf, AG Park Fiction, Hamburg u. a.), fragt die Ausstellung nach den Ursprüngen und Beweggründen der Verbindung von Politik und Kunst.
**1.9.–7.10.** *Die Endlichkeit der Freiheit Berlin 1990. Ein Ausstellungsprojekt in Ost und West.* Kuratoren: Wulf Herzogenrath, Joachim Sartorius, Christoph Tannert. Teilnehmende Künstler: Giovanni Anselmo, Barbara Bloom, Christian Boltanski, Hans Haacke, Rebecca Horn, Ilya Kabakov, Jannis Kounellis, Via Lewandowsky, Mario Merz, Raffael Rheinsberg, Krzysztof Wodiczko. Erstmals platzieren Künstler Arbeiten in ausgesuchten Gebäuden sowie im Stadtraum Ost- und West-Berlins und gehen mit diesen auf die aktuelle Situation der Stadt nach der Maueröffnung ein.
**7.10.–12.12.** *Ausgebürgert. Künstler aus der DDR und aus dem Sowjetischen Sektor Berlins 1949–1989*, Staatliche Kunstsammlungen Albertinum, Dresden, Kurator: Werner Schmidt u. a., danach Südl. Deichtorhalle, Hamburg. Die Ausstellung macht erstmals auch die große Zahl der aus der DDR ausgebürgerten Künstler deutlich.
**15.9.–11.11.** *Pawel Filonow und seine Schule*, Städtische Kunsthalle, Düsseldorf, Kuratoren: Jürgen Harten, Jewgenija Petrowa.
Gründung des alternativen Kunsthauses Tacheles in der Ruine eines ehemaligen Kaufhauses in der Oranienburger Straße, Berlin-Mitte.

### andere

**19.1.** Eröffnung der Schau *Das andere Deutschland* im Pariser La Villette mit Werken von 200 jungen DDR-Künstlern der Subszene aus den Bereichen Malerei, Film, Performance, Fotografie, Theater, Rockmusik, Literatur, Mode und Comic-Zeichnung; Kurator: Christoph Tannert.
**11.4.–3.6.** *The Biennale of Sydney. The Readymade Boomerang. Certain Relations in 20th Century Art*, Art Gallery of New South Wales, Sydney, Kurator: René Block.

Denkmal für die Opfer politischer Unterdrückung, Lubjanka-Platz, Moskau

**27.5.–30.9.** *Ambiente Berlin*, Sonderausstellung auf der 44. Biennale di Venezia, Kuratoren: Jörn Merkert, Ursula Prinz, Idee: Werner Schmalenbach. Mit Werken von Dieter Appelt, Frank Badur, Frank Dornseif, Raimund Girke, Bernd Koberling, Matschinsky-Denninghoff, Edward und Nancy Kienholz, Emilio Vedova, Rolf Szymanski u. a.
**18.9.–13.1.91** *Passages de L'image*, Centre Georges Pompidou, Musée National d'Art Moderne, Paris, Kuratorin: Christine van Assche, anschließend Columbus, USA, und Barcelona. Thema der Ausstellung sind »unsichtbare« und mechanisch bewegte Bilder, d.h. der aktuelle Status des Bildes nach der Erfindung von Film, Foto und Video.

## ARCHITEKTUR ¬ DENKMAL

### Moskau ¬ UdSSR

**30.10.** Das Denkmal für die Opfer politischer Unterdrückung, der *Soloveckij kamen'* (Stein von den Soloweski-Inseln), wird eingeweiht. Seine Aufstellung wurde initiiert von der Gesellschaft Memorial, er befindet sich gegenüber dem KGB-Gebäude auf dem Lubjanka-Platz in Moskau.
*Der Architekt Konstantin Melnikow*, eine Ausstellung im Italienischen Hof des Puschkin-Museums für Bildende Künste im Rahmen des Festivals zum 100. Geburtstag des Architekten.
Der erste große Wettbewerb für eine Gedenkkathedrale zu Ehren des 1000-jährigen Jubiläums der Christianisierung Russlands verläuft ergebnislos, da verträumt kitschige Lösungen überwiegen. Gewinner der nächsten Wettbewerbsrunde im Jahr 1993 ist Anatoli Poljanski, der eine traditionelle monumentale Kathedrale vorstellt.

### West-Berlin ¬ Bundesrepublik Deutschland

*The Missing House*, Große Hamburger Straße, Berlin-Mitte, realisiert von Christian Boltanski im Rahmen der Ausstellung *Die Endlichkeit der Freiheit* in einer Baulücke gegenüber dem Mahnmal Große Hamburger Straße. Tafeln mit Namen, Beruf und Wohndaten, angebracht an den beiden Brandmauern der vormals angrenzenden Gebäude, erinnern an die ehemaligen Bewohner des kriegszerstörten Hauses. Viele von ihnen waren 1945 bei einem Bombenangriff ums Leben gekommen oder obdachlos geworden. Die Daten auf den Tafeln mit jüdisch klingenden Namen von Bewohnern, die das Haus zwischen 1942 und 1944 verlassen hatten, verweisen auf die Deportation der jüdischen Bevölkerung in die Vernichtungslager. Eine Dokumentensammlung zu diesem Denkmal, das auf Initiative heutiger Bewohner erhalten blieb, befindet sich im Heimatmuseum Mitte.
Pressehaus für Gruner + Jahr, Elbuferpromenade, Hamburg, A: Otto Steidle, Uwe Kiesler. Die Formensprache der »Zeitungsstadt«, die in einen mehrzeiligen, mit Titan-Zinkblech verkleideten Komplex aufgelöst ist, erinnert an Schiffsbau.

## FILM

### Moskau ¬ UdSSR

**10.11.** Eröffnung des Festivals *Ausbruch einer »neuen Welle«* im Moskauer Haus des Mediziners. Vorführung von Filmen von Jean-Luc Godard, Louis Malle, Claude Zidi, der Nouvelle Vague. Das Festival wird begleitet von den skandalösen Aktionen der Gruppe Dwishenije E.T.I. (Bewegung Expropriation des Territoriums der Kunst) mit Anatoli Osmolowski, Dmitri Pimenow, Grigori Gussarow.

### West-Berlin ¬ Bundesrepublik Deutschland

**10.2.** *Leben – BRD*, R: Haroun Farocki. Eine Inszenierung von realen Lebenssituationen in Schulen, Behörden, Kliniken mit Rollenspielen als Training für eine geregeltes Leben. Der Dokumentarfilmer Farocki wird vor allem durch seine medienreflexiven Arbeiten auch im Kunstkontext stark rezipiert.
**5.10.** *Die Mauer*, R: Jürgen Böttcher, DEFA-Dokumentarfilm über die Zeit vom Nov. 1989 bis Jan. 1990; insbesondere Beobachtungen am Brandenburger Tor, Potsdamer Platz und Reichstag.

**2.–4.11.** Die westdeutschen Saarbrückener Filmtage finden in diesem Jahr in der ostdeutschen Partnerstadt Cottbus statt. Sie sind ein Vorläufer des Festivals des Jungen Osteuropäischen Films.
**29.11.** *Das deutsche Kettensägenmassaker*, R/B: Christoph Schlingensief, D: Karina Fallenstein, Susanne Bredehöft, Volker Spengler. Eine Metzgerfamilie massakriert Bürger aus der ehemaligen DDR in einem Hotel mittels Kettensäge. Schlingensief, berühmt durch seine politisch-provokativen Filme und Aktionen, gibt seinen gewollt geschmacklosen filmischen Kommentar zur Wende: die Wiedervereinigung als kannibalische Einverleibung des Ostens durch den Westen.

Christian Boltanski, *The Missing House*, Berlin-Mitte

DEFA-Filme wie *Denk bloß nicht, ich heule* (Frank Vogel), *Karla* (Herrmann Zschoche), *Berlin um die Ecke* (Gerhard Klein), die in der DDR verboten waren, werden nun aufgeführt.

### andere

*Riff-Raff* (GB, *Riff-Raff*, EA BRD 2.1.1992), R: Ken Loach, D: Robert Carlyle, Emer McCourt. Die Komödie aus dem Milieu der britischen Arbeiterklasse steht am Anfang einer Reihe von Filmen ähnlicher Thematik und wird als bester europäischer Film des Jahres ausgezeichnet.
*Europa* (DK/S/BRD/F, EA BRD 27.6.1991), R/B: Lars von Trier, D: Jean-Marc Barr, Barbara Sukowa, Udo Kier. Nach dem Krieg kommt ein Amerikaner deutscher Abstammung nach Deutschland, um sich am Wiederaufbau des Landes zu beteiligen. Dabei trifft er auf eine Gruppe mit deutschnationaler, antiamerikanischer Haltung, die ihn am Ende zu einer Verzweiflungstat treibt.

## MEDIEN

### Moskau ¬ UdSSR

**1.8.** Das neue Gesetz über Massenmedien schafft die Zensur in der UdSSR ab. 1990/91 erscheinen zahlreiche neue Druckerzeugnisse, darunter das Handelsblatt *Kommersant* und die Intellektuellenzeitung *Nezavisimaja gazeta*.
Neue TV-Vereinigungen nehmen ihre Arbeit auf: ViD (*Vzgljad i drugie*, Blick und andere) und ATV (*Avtorskoe televidenie*, Autorenfernsehen, das dem Zuschauer eine Reihe neuer politischer Sendungen bietet).

### Berlin ¬ DDR

**26.1.** Die Erlaubnis zur Einfuhr von westdeutschen Zeitungen und Zeitschriften wird erteilt. Bis auf die *Bild* haben diese wenig Erfolg. Dennoch müssen viele DDR-Zeitschriften nach dem Aufkommen der Konkurrenz ihre Produktion einstellen oder mit westdeutschen Verlagen fusionieren.
**12.2.** Die linksalternative Berliner *taz* gibt als erste westdeutsche Zeitung eine eigene DDR-Ausgabe heraus.
**31.8.** Paragraph 36 des unterzeichneten Einigungsvertrags bestimmt, dass der *Rundfunk der DDR* und der *Deutsche Fernsehfunk* als gemeinschaftliche, staatsunabhängige Einrichtung der neuen Bundesländer bis zum 31.12. 1991 weitergeführt werden.

### West-Berlin ¬ Bundesrepublik Deutschland

**15.10.** Die *Kunsthochschule für Medien*, Köln, nimmt mit den Schwerpunkten Fernsehen/Film, Medienkunst und Mediengestaltung die Lehre auf.

## THEATER ¬ MUSIK

### Moskau ¬ UdSSR

**12.1.** Im Großen Saal des Konservatoriums wird der Komponistin Sofia Gubaidulina ein ganzer Abend gewidmet, es ist die Anerkennung einer der führenden Köpfe der musikalischen Avantgarde.
**10.4.** Mit der Oper *Mavra* von Igor Strawinsky wird die Helikon-Oper in Moskau mit Dmitri Bertman an der Spitze eröffnet. Es ist das erste Theater für nichtklassische Opern in der UdSSR.
**12.7.** Premiere der Rockoper *Jesus Christ Superstar* von Andrew Lloyd Webber und Tim Rice im Mossowjet-Theater.

### Berlin ¬ DDR

**24.3.** Heiner Müller inszeniert am Deutschen Theater, Berlin, *Hamlet/Hamletmaschine*, Shakespeares Stück um den zu sühnenden Thronraub und seinen eigenen monologischen Text der Selbstbefragung des Künstlers. Bühnenräume mit Video-Einsatz von Erich Wonder.
**31.3.** Das Hamburger Thalia Theater zeigt das Musical *The Black Rider*, entwickelt von Robert Wilson (R), Tom Waits (M) und William S. Burroughs (B) nach Motiven von Carl Maria von Webers Oper *Der Freischütz*.
**Aug.** John-Cage-Festival in der Akademie der Künste, Ost-Berlin, mit Lesung.
**22.9.** *Räuber von Schiller* nennt Frank Castorf seine Inszenierung an der Volksbühne, ein »grelles Psychogramm des deutschen Ostens im Übergangszustand« (Franz Wille im *Theater heute Jahrbuch* 1999).
**2.10.** *Allerletztes aus der DaDaEr* heißt ein Kabarettprogramm von Steffen Mensching und Hans-Eckhardt Wenzel am Maxim Gorki Theater, Berlin.
In Weimar macht Leander Haußmann mit einer Hysterie und Gewalt betonenden Inszenierung von Henrik Ibsens *Nora* als junger Regisseur auf sich aufmerksam.
Erstes Nachtkonzert im tip mit Lutz Glandiens *Ruhestörung* und Jacob Ullmanns stiller Performance *meeting John Cage under the tropic of the late eighties oder wir überholen die moderne* – eine von Armin Köhler angeregte Konzertfassung einer ursprünglich verbotenen Textzusammenstellung, die Anfang 1989 in der Zeitschrift *Positionen* erschienen war.

Ulrich Mühe in *Hamlet/Hamletmaschine*, Berlin

### West-Berlin ¬ Bundesrepublik Deutschland

**24.5.** UA von Arvo Pärts *Berliner Messe*, einer schlichten, archaischen Vertonung des liturgischen Texts für gemischten Chor, Solisten und Orgel im Auftrag des Berliner Katholikentags.
Das Internationale Oleg-Kagan-Musikfest in Kreuth präsentiert 1990 erstmals Kammermusik und junge Talente. Künstlerische Leiterin ist die Witwe des berühmten Violinisten Oleg Kagan, die Cellistin Natalja Gutman.
Alfred Schnittke siedelt nach Hamburg über.

### andere

Jeremy Weller erarbeitet in Edinburgh mit Obdachlosen das Stück *Glad*; es ist das erste Beispiel einer Reihe von Laientheater-Projekten Wellers mit sozialen Außenseitern (später auch an der Berliner Volksbühne). Dieses »Reality-Theater« konfrontiert den Zuschauer mit echten Gefühls- und Gewaltausbrüchen der Darsteller, die Grenzen zwischen Spiel und Ernst sind fließend.

## LITERATUR ¬ THEORIE

### Moskau ¬ UdSSR

Die gesammelten Werke vieler führender Autoren des poetischen Untergrunds der 70er und 80er Jahre erscheinen: *Slëzy geral'dičeskoj duši* (Tränen einer heraldischen Seele) von Dmitri Prigow, *Nerazmennoe nebo* (Der nicht wechselbare Himmel) von Iwan Shdanow, *Dobavlenie k sopromatu* (Ergänzung zur Festigkeitslehre) von Alexander Jeremenko (Moskau), *Obraščenie* (Anrede) von Viktor Kriwulin, *Stichi* (Gedichte) von Jelena Schwarz (Leningrad).

### Berlin ¬ DDR

**4., 5.8.** Auf der ersten Seite des *Neuen Deutschland* wird ohne Titel das Gedicht *Das Eigentum* von Volker Braun abgedruckt. Später unter dem Titel *Nachruf* erschienen, ist es ein literarischer »Abgesang« auf die DDR.
**Juni** Christa Wolf veröffentlicht ihre bereits 1979 geschriebene Erzählung *Was bleibt* (Berlin/DDR), eine minutiöse Darstellung des totalitären Überwachungs- und Spitzelsystems der DDR. Der Text löst eine Debatte um ihre Person bzw. um Anpassung und Widerstand der DDR-Intellektuellen aus, die als *deutsch-deutscher Literaturstreit* die Seiten der (westdeutschen) Feuilletons füllt.
Reiner Kunze, *Deckname »Lyrik«* (F/M), eine Dokumentation mit Auszügen aus der Orginal-Stasi-Akte zu Kunzes Person.
Die Urteile gegen Walter Janka, Gustav Just u. a. von 1956 werden aufgehoben.
Zahlreiche Verlagsneugründungen im Lauf des Jahres.
Selbstauflösung des DDR-Schriftstellerverbandes nach Ende der staatlichen Subventionierung.

### West-Berlin ¬ Bundesrepublik Deutschland

Thomas Strittmatter, *Raabe Baikal* (Zürich), ein grotesk fabulierender Roman über Lebensstationen eines Süddeutschen.

### andere

Judith Butler, *Gender Trouble. Feminism and the Subversion of Identity* (New York/London, *Das Unbehagen der Geschlechter*, F/M 1991).

## POLITIK ¬ ZEITGESCHEHEN

### Moskau ¬ UDSSR

**11.–20.1.** Versuch eines Staatsstreichs in Litauen: Die Schaffung eines Moskau-konformen Komitees der nationalen Rettung wird verkündet. Der Sturm sowjetischer Truppen auf das Fernsehzentrum in Vilnius und auf das Innenministerium in Riga am 20.1. fordert Opfer unter der Zivilbevölkerung. 13.1. Boris Jelzin unterzeichnet in Tallinn einen Vertrag zwischen der RSFSR und Estland. Er ruft die Soldaten der Sowjetarmee dazu auf, sich nicht an Gewaltausübungen gegen die Zivilbevölkerung zu beteiligen.

**14.1.** Der ehemalige Finanzminister Valentin Pawlow wird anstelle von Nikolai Ryshkow zum Premierminister der UdSSR ernannt. Pawlow leitet am 23.1. eine Geldreform mit dem Ziel ein, die Schattenwirtschaft zu bekämpfen. Der Beginn des Umtauschs von 50- und 100-Rubel-Scheinen führt zu panischem Gedränge an den Wechselstellen. Wegen der Frist von nur 3 Tagen und der geringen Umtauschquote verliert die Bevölkerung Milliarden von Rubeln.

**9.2., 3.3.** Referenden in Litauen, Lettland und Estland: jeweils 90, 73 und 79% stimmen für die Unabhängigkeit von der UdSSR.

**19.2.** Während einer Rede im Zentralen Fernsehen äußert sich Boris Jelzin zu den Ereignissen im Baltikum und fordert den unverzüglichen Rücktritt von Michail Gorbatschow.

**1.3.** Beginn der zwei Monate anhaltenden Massenstreiks der Bergleute, der 160 der 650 Gruben des Landes erfasst.

**10.3.** Auf dem bisher größten Meeting der Perestroika erklären sich die 300.000 Teilnehmer solidarisch mit Boris Jelzin sowie den streikenden Bergleuten und fordern die Souveränität Russlands.

**17.3.** Landesweites Referendum *Zur Erhaltung der UdSSR*. Von Armenien, Georgien, Moldawien, Lettland, Litauen und Estland wird es boykottiert, in den anderen Republiken spricht sich die Mehrheit für ein weiteres Bestehen der UdSSR aus. Gleichzeitig läuft in der RSFSR das Referendum *Zur Einführung des Amtes des Präsidenten der RSFSR* (70% sind dafür). Das Gesetz über die Einführung dieses Amtes wird auf dem 4. Kongress der Volksdeputierten der RSFSR vom 21. bis 26.5. verabschiedet.

**28.3.–5.4.3.** Kongress der Volksdeputierten der RSFSR, einberufen auf Initiative der KPdSU-Anhänger im Präsidium des Obersten Sowjets der RSFSR. Gefordert wird der Rücktritt Boris Jelzins von seinem Amt als Vorsitzender des Obersten Sowjets (mit dem so genannten Brief der Sechs). Ungeachtet des offiziellen Verbots und der Truppenzusammenziehung in Moskau demonstrieren am 28.3. auf dem Majakowski-Platz viele Tausende für Jelzin. Unter dem Druck der Öffentlichkeit bestätigen die Deputierten nicht nur Jelzins Vollmachten, sondern räumen ihm noch zusätzliche ein.

**23.4.** In Nowo-Ogarewo bei Moskau wird der Vertrag zwischen der Landesführung und den Vertretern von neun Unionsrepubliken (auch von Russland) geschlossen. Michail Gorbatschow verkündet die Bereitschaft des Zentrums, den Republiken im Bereich der Wirtschaft eine Reihe von Vollmachten zu erteilen. Der Vertrag von Nowo-Ogarewo lässt die Welle von Streiks und Straßenprotesten vorübergehend abflauen.

**12.6.** Präsidentschaftswahlen der RSFSR. Gewählt wird Boris Jelzin (57% der Stimmen), Vizepräsident wird Alexander Ruzkoi. Der kaum bekannte Wladimir Shirinowski erhält überraschend 8% und kommt somit auf Platz 3. Am selben Tag wird Gawriil Popow zum Bürgermeister von Moskau gewählt, Alexander Sobtschak zum Bürgermeister von Leningrad. Ein Referendum ergibt, dass sich die Mehrheit der Leningrader Bürger dafür ausspricht, dass ihre Stadt den Namen Sankt Petersburg zurückerhält. Der offizielle Beschluss zur Umbenennung folgt am 6.9.

**17.6.** Letztes Treffen der Führungskräfte der neun Republiken mit Michail Gorbatschow in Nowo-Ogarewo. Man einigt sich auf einen Entwurf zum neuen Unionsvertrag, der von den Präsidenten unterzeichnet und von den Republiksparlamenten ratifiziert werden soll. Der Wirtschaftswissenschaftler Grigori Jawlinski stellt den Teilnehmern an diesen Verhandlungen seinen Plan für Wirtschaftsreformen vor.

Jelzin hält eine Rede am Haus der Regierung

Die Verteidiger des Hauses der Regierung, in der Mitte Mstislaw Rostropowitsch

Panzer in der Kamergerski-Gasse

Die Flagge des neuen Russland

**20.7.** Der Erlass Jelzins *Über die Beendigung der Tätigkeit politischer Parteien und gesellschaftlicher Massenbewegungen in den staatlichen Organen, Behörden und Organisationen der RSFSR*, ist darauf ausgerichtet, die KPdSU von der Führung des Landes auszuschließen.
**22.8.** Rückkehr von Michail Gorbatschow und seiner Familie nach Moskau. Inhaftierung der Mitglieder des GKTschP. Boris Pugo begeht Selbstmord. Nach einem überwältigenden Meeting vor den Gebäuden des ZK der KPdSU und des KGB wird das Dsershinski-Denkmal auf dem Dsershinski-Platz (heute Lubjanka-Platz) demontiert.
**23.–25.8.** Außerordentliche Tagung des Obersten Sowjets der RSFSR, an der Michail Gorbatschow teilnimmt. Erfolgloser Versuch, das »sozialistische Modell« zu verteidigen. Gorbatschow legt alle Vollmachten als Generalsekretär des ZK der KPdSU nieder und ruft das ZK auf, sich selbst aufzulösen. Es folgen Erlasse von Jelzin über den Stopp der Tätigkeit der KPdSU, die Übergabe der Archive der KPdSU und des KGB in staatliche Hände und die Nationalisierung des Eigentums der KPdSU und der KP der RSFSR auf dem Gebiet der RSFSR.
**24.8.** Beisetzung derer, die während des Putsches ums Leben gekommen sind. Massendemonstration auf dem Manege-Platz, Moskau.
**25.8.–1.9.** Die Ukraine, Moldawien, Usbekistan und Kirgisien verkünden ihre Unabhängigkeit.
**4.9.** In der Tschetschenisch-Inguschischen Autonomen Republik ergreift General Dshochar Dudajew die Macht und tritt für die Ablösung Tschetscheniens von Russland ein. Am 27.10. wird Dudajew zum Präsidenten der Republik gewählt. Die Regierung der RSFSR erkennt die Wahlergebnisse nicht an.

Markthalle, Moskau, 1991

**5.–6.9.** Auf dem 5. außerordentlichen Kongress der Volksdeputierten der UdSSR wird ein Staatsrat aus den Präsidenten der Unionsrepubliken mit Michail Gorbatschow an der Spitze gebildet. Faktisch löst sich der Kongress damit selbst auf und übergibt die gesamte Macht dem Staatsrat. Dieser erkennt die Unabhängigkeit Lettlands, Litauens und Estlands an.
**18.10.** Gesetz der RSFSR *Über die Rehabilitierung der Opfer politischer Repressalien*, das alle gerichtlichen und außergerichtlichen Entscheidungen aufhebt, die auf dem Gebiet der RSFSR ab dem 25.10.1917 in politischen Verfahren gefällt worden sind.
**23.10.** Auf Beschluss des Staatsrats der UdSSR wird der KGB der UdSSR formal abgeschafft (umbenannt in den republiksübergreifenden Sicherheitsdienst MSB).
**28.10.–6.11.** Der 5. Kongress der Volksdeputierten der RSFSR verabschiedet ein von Boris Jelzin vorgeschlagenes Programm wirtschaftlicher Reformen. Zum Vorsitzenden des Obersten Sowjets der RSFSR wird Ruslan Chasbulatow gewählt. Boris Jelzin, der übergangsweise die Regierungsgeschäfte übernimmt, erhält für den Zeitraum bis zum 1.12.1992 außerordentliche Vollmachten im Bereich der wirtschaftlichen Umgestaltung, für die Reorganisation der Exekutive und in Personalangelegenheiten.
**6.–14.11.** Boris Jelzin unternimmt die Neubildung der Regierung. Zu seinem ersten Stellvertreter wird Gennadi Burbulis ernannt, zum Vize-Premier und Minister für Wirtschaft und Finanzen Jegor Gaidar, zum Vorsitzenden des Staatlichen Komitees der RSFSR für Staatseigentum (das für die Privatisierung verantwortlich ist) Anatoli Tschubais.
**1.12.** Auf einem Referendum in der Ukraine stimmt die Mehrheit der Wähler für die Unabhängigkeit. Am 3.12. erkennt Russland die Unabhängigkeit der Ukraine an.
**8.12.** Die Präsidenten Russlands, der Ukraine und Weißrusslands, Boris Jelzin, Leonid Krawtschuk und Stanislaw Schuschkewitsch, unterzeichnen in Beloweshskaja puschtscha (Weißrussland) den Beschluss über die Auflösung der UdSSR und die Schaffung der Gemeinschaft Unabhängiger Staaten (GUS). Am 12.12. ratifiziert der Oberste Sowjet Russlands dieses Abkommen; am 21.12. unterzeichnen die Oberhäupter von elf weiteren Republiken auf einem Treffen in Alma-Ata die Erklärung über die Gründung der GUS.
**25.12.** Rücktritt Michail Gorbatschows von seinem Amt als Präsident der UdSSR, Umbenennung der RSFSR in Russische Föderation. Die dreifarbige russische Flagge wird über dem Kreml gehisst. Die UdSSR existiert nicht mehr.

POLITIK ¬ Erfolgloser Versuch eines Staatsstreichs. Michail Gorbatschow wird am 18.8. in seiner Residenz in Foros auf der Krim von der Außenwelt isoliert. Am 19.8. wird im Land der Ausnahmezustand verhängt. Es wird mitgeteilt, dass Gorbatschow »aus gesundheitlichen Gründen« seiner Macht enthoben wurde und das Staatskomitee für den Ausnahmezustand (GKTschP) geschaffen worden sei. In ihm sind die höchsten Führungskräfte des Landes vertreten, darunter KGB-Chef Wladimir Krjutschkow, Verteidigungsminister Dmitri Jasow, Innenminister Boris Pugo und Vizepräsident Gennadi Janajew. In den großen Städten fahren Panzer auf. Das Zentrale Fernsehen sendet den ganzen Tag Peter Tschaikowskis Ballett *Schwanensee*. Zum Zentrum des Widerstands gegen den Staatsstreich wird das Weiße Haus, das Gebäude der russischen Regierung. Innerhalb von drei Tagen ist es von den Moskauern völlig eingeschlossen. Sie rufen die Soldaten und Panzerfahrer auf, die Waffen nicht gegen das eigene Volk zu richten. Boris Jelzin erklärt das GKTschP für ungesetzlich und übernimmt am 20.8. den Oberbefehl. Nachdem Teile des KGB und der Armee in der Nacht zum 21.8. den Befehl des GKTschP zum Sturm des Weißen Hauses missachten, gestehen die Verschwörer ihre Niederlage ein, was den faktischen Zusammenbruch des kommunistischen Regimes bedeutet.

**Berlin ¬ Bundesrepublik Deutschland**
**6.1.** Diskussion über die Rolle der Bundeswehr nach Verlegung von deutschen Jagdbombern an die türkisch-irakische Grenze im Rahmen der Alliierten Mobilen Einsatztruppe der NATO. Friedensdemonstrationen in Hinblick auf einen drohenden Krieg am Golf.
**17.1.** Helmut Kohl wird erneut zum Bundeskanzler einer CDU/CSU-FDP-Koalition gewählt.
**13.3.** Erich Honecker wird heimlich aus dem Hospital in Beelitz nach Moskau gebracht. Nach einem Ausweisungsbeschluss der russischen Regierung flieht er in die chilenische Botschaft.
**1.4.** Ermordung von Detlev Rohwedder, dem Präsidenten der Treuhandanstalt, in Düsseldorf. Unklarheiten über den Ablauf und die Motive des Anschlags provozieren eine Diskussion um die »dritte Generation der RAF« und darüber, ob diese, wie offiziell verlautbart, für den Anschlag verantwortlich zu machen ist. Birgit Breuel wird die neue Chefin der Treuhand.
**23.4.** Das Bundesverfassungsgericht erklärt die im deutsch-deutschen Einigungsvertrag festgehaltene Anerkennung der Bodenreform in der damaligen SBZ für verfassungsgemäß. Opfer der Enteignungen haben damit keinen Anspruch auf Rückgabe ihres ehemaligen Besitzes.

Endmontage des Trabant im VEB Automobilwerk Sachsenring, Zwickau, 1960er Jahre

**30.4.** Nach fast 35 Jahren läuft in Zwickau der letzte Trabant vom Band. Insgesamt wurden 3 Mio. Personenwagen dieses Typs gebaut.
**14.5.** In seiner ersten Arbeitssitzung im Berliner Reichstagsgebäude beschließt der Deutsche Bundestag Steuererhöhungen zum 1. Juli und die Einführung eines Solidaritätszuschlags für den Aufbau der neuen Bundesländer.
**21.5.** Der ehem. Ministerpräsident der DDR, Willi Stoph, und der frühere Verteidigungsminister, Heinz Keßler, werden wegen ihrer Mitverantwortung für den Schießbefehl an der vormaligen innerdeutschen Grenze verhaftet. Das Verfahren gegen Stoph wird am 17.8.93 aus gesundheitlichen Gründen eingestellt. Heinz Keßler wird am 16.9.1993 zu einer langjährigen Haftstrafe verurteilt.
**20.6.** Der Bundestag beschließt, den Sitz von Bundesregierung und Bundestag von Bonn nach Berlin zu verlegen. Am 30.10. bestimmt der Ältestenrat des Deutschen Bundestags das Reichstagsgebäude zum Sitz des Parlaments.
**2.9.** In Berlin beginnt der erste so genannte Mauerschützen-Prozess gegen vier DDR-Grenzsoldaten.
**20.9.** Schwere Ausschreitungen von Rechtsradikalen gegen Ausländer und Asylbewerber in Hoyerswerda, wobei unter dem Beifall vieler Schaulustiger ein Asylbewerberwohnheim angegriffen wird. In der Folge kommt es im gesamten Bundesgebiet zu Anschlägen gegen Asylbewerberunterkünfte.

**andere**
**Jan.–Feb.** Golfkrieg: Mit der Operation Wüstensturm eröffnet eine alliierte Koalition unter Führung der USA und mit UN-Auftrag massive Luftangriffe auf den Irak. Damit soll der Rückzug irakischer Truppen aus Kuwait erzwungen werden. Am 28.2. erklärt US-Präsident George Bush die Einstellung der alliierten Kampfhandlungen, da der irakische Diktator Saddam Hussein den Abzug seiner Truppen befohlen hat. In Kuwait sind 60 % der petrochemischen Anlagen und Raffinerien zerstört.
**25.6.** Unabhängigkeitserklärung Sloweniens und Kroatiens gegenüber Jugoslawien. Die serbisch dominierte Bundesarmee geht gewaltsam gegen die früheren Teilrepubliken vor. Beginn des Krieges in Jugoslawien.
**28.6.** In Budapest wird der RGW offiziell aufgelöst. Am 1.7. unterzeichnen in Prag Vertreter der UdSSR das Protokoll, das den Warschauer Pakt außer Kraft setzt.

## BILDENDE KUNST

### Moskau ¬ UdSSR

Eine Reihe von Aktionen der Gruppe Dwishenije E.T.I. (Bewegung Expropriation des Territoriums der Kunst) mit Anatoli Osmolowski an der Spitze markiert die Formierung des Moskauer Aktionismus, einer radikalen Strömung in der russischen Kunst der 90er Jahre. Als Protest gegen den Golfkrieg führt die Gruppe am 15.1. an der Botschaft der USA die Aktion *Ukazatel'nyj palec* (Zeigefinger) durch. Am 18.4. realisieren ihre Mitglieder unter Beteiligung von Punkern und Anarcho-Syndikalisten die Performance *E.T.I.-Text*, bei der sie mit ihren Körpern auf dem Roten Platz vor dem Lenin-Mausoleum ein obszönes Wort bilden. Gegen die Künstler wird Anklage erhoben, die aber sofort nach den Ereignissen im Aug. fallen gelassen wird. Im Nov. führt E.T.I. auf dem Majakowski-Platz die Aktion *Perepolzanie* (Hinüberkriechen) durch.

**Feb.** Ausstellung *Oblava* (Treibjagd) in der Galerie TschP (Tschistyje prudy) in den Künstlerwohngemeinschaften auf dem Tschistoprudny Boulevard. Dorthin sind die Bewohner des Hauses in der Furmanny-Gasse – die Stars der russischen Kunst der 80er Jahre – umgezogen.

**30.8.** Im Gebäude auf der Malaja Jakimanka 2/6 werden die Räume des Zentrums für moderne Kunst eröffnet (Direktor Leonid Bashanow), im Dez. wird das Institut für moderne Kunst gegründet (Direktor Iossif Bakstejn). Ausstellung *Neoakademismus* im Marmorpalast (Lenin-Museum) in Sankt Petersburg mit Timur Nowikow, Denis Jegelski, Sergej Bugajew-Afrika, Georgi Gurjanow und Konstantin Gontscharow, der die Petersburger Kunst der 90er Jahre besonders prägt.

### Berlin ¬ Bundesrepublik Deutschland

**20.4.–21.7.** *Metropolis*, Martin-Gropius-Bau, Berlin, künstlerische Leitung: Christos M. Joachimides, Norman Rosenthal. Überblick über die Kunst in der Umbruchsituation Anfang der 90er Jahre mit Schwerpunkten auf Fotografie und Installation sowie auf Objekten und Environments, die in Auseinandersetzung mit Pop-Art und den Werken Marcel Duchamps entstanden sind.

**29.6.–22.9.** *Ostkunst–Westkunst*, Eröffnungsausstellung des Ludwig-Forums für internationale Kunst, Aachen.

**25.1.–17.3.** *BiNATIONALE Israel/UdSSR. Israelische Kunst um 1990*, Kuratorin: Doreet LeVitté Harten, 12.4.–2.6. *BiNATIONALE Israel/UdSSR. Sowjetische Kunst um 1990*, Kurator: Jürgen Harten. Städtische Kunsthalle, Düsseldorf, mit Werken von Sergej Bugajew-Afrika, der Gruppe Inspektion »Medizinische Hermeneutik«, Andrej Filippow, Timur Nowikow, Jewgeni Jufit, Ilya Kabakov u. a.; weitere Stationen: Israel Museum, Weisbord Pavilion, Jerusalem 1991; Zentrales Haus des Künstlers, Moskau, 1992.

## ARCHITEKTUR ¬ DENKMAL

### Moskau ¬ UdSSR

**Aug.** Nach dem Dsershinski-Denkmal auf dem Lubjanka-Platz in Moskau werden die Denkmäler für Jakow Swerdlow, Michail Kalinin und andere Persönlichkeiten der Sowjet-Periode demontiert. Alle werden in den Skulpturenpark auf dem Grundstück des Zentralen Hauses des Künstlers am Krimski wal gebracht.

### Berlin ¬ Bundesrepublik Deutschland

**26.1.–23.4.** *Berlin morgen: Ideen für das Herz einer Großstadt*, DAM, Frankfurt/M, anschließend Berlinische Galerie. Internationale Architekten stellen im Hinblick auf die Diskussion um Berlin als Hauptstadt ihre Vorschläge für die neue Gestaltung der Stadt vor.

**12.4.** Erste Sitzung des *Stadtforums* auf Initiative des neuen Stadtentwicklungssenators Volker Hassemer in Berlin, ein auch weiterhin existierendes Diskussionsforum für Politiker, Fachleute und Bürger zu Fragen der Stadtentwicklung, der Erhaltung und Umnutzung von Altbauten, zu Neuplanungen und Wettbewerbsausschreibungen, vor allem aber auch städtebaulichen Modellen.

**Juli** Nach der Restaurierung wird die *Quadriga* (bei der Silvesterfeier im Taumel der Maueröffnung 1989/90 beschädigt), ergänzt durch das während DDR-Zeiten

Ballett *Schwanensee* von Peter Tschaikowski

Das Ende der *Prawda*-Epoche

Die tragischen Tage des Putsches

Michail Gorbatschow kehrt aus Foros zurück

entfernte Eiserne Kreuz, wieder auf dem Brandenburger Tor aufgestellt.
Diskussion um das Lenin-Denkmal von Nikolai Tomski, Platz der Vereinten Nationen (ehem. Leninplatz), Berlin-Friedrichshain. Im Nov. wird trotz der Proteste von Anwohnern und Fachleuten mit dem Abbau begonnen.

Sturz des Dsershinski-Denkmals während des Putsches, Moskau

Museum für Moderne Kunst, Frankfurt/M (Wettbewerb 1983), A: Hans Hollein. Für das spitzwinklige Grundstück entwarf Hollein ein »Tortenstück« mit einer skulpturalen Spitze. Der Innenraum wird von einer Treppenflucht bestimmt, die diagonal alle Stockwerke durchläuft.
Der Lenin-Kopf im Hof der Russischen Botschaft Unter den Linden, Berlin, wird durch eine Holzverschalung den Blicken entzogen.

### andere

Eröffnung des Erweiterungsbaus der National Gallery, London, des *Sainsbury Wing* (beg. 1985), A: Robert Venturi. Mit seiner postklassizistischen Natursteinfassade passt sich der Bau gut in die Umgebung ein.

## FILM

### Moskau ¬ UdSSR

**Sept.** Auf dem Filmfestival in Venedig erhält *Urga* (F/UdSSR; EA BRD 12.12.), R: Nikita Michalkow, den Goldenen Löwen; 1993 wird der in der inneren Mongolei spielende Film für den Oscar nominiert, D: Badema, Bayertu, Wladimir Gostjuchin.

### Berlin ¬ Bundesrepublik Deutschland

**11.–14.4.** Erstes *FilmKunstFest* in Schwerin mit dem Schwerpunkt auf deutschsprachigen Filmen.
**23.7.** *Ostkreuz*, R: Michael Klier, D: Laura Tonke, Miroslaw Baka, eine Berliner Sozialstudie über ein 16-jähriges Mädchen und einen Jungen.
**9.5.** *Busters Bedroom* (BRD/Kan/P 1990), R: Rebecca Horn, D: Donald Sutherland, Geraldine Chaplin. In diesem Spielfilm erzählt die bildende Künstlerin Rebecca Horn von einer Filmstudentin, die auf den Spuren Buster Keatons in einem kalifornischen Sanatorium auf das kranke Abbild der Welt im Kleinen trifft.

### andere

**21.7.** *Boyz'N the Hood* (USA, EA BRD 30.1.1992), R/B: John Singleton, D: Duba Gooding jr., Ice Cube, verhilft zusammen mit Straight Out of Brooklyn dem unabhängigen Black-Film in den USA zum Durchbruch.
*Allemagne neuf zero* (F, *Deutschland Neu(n) Null*, EA BRD 21.3.1992, West 3), R: Jean-Luc Godard, D: Eddie Constantin, Hans Zischler, Alain Delon. Godard nimmt in seinem Kommentar zur deutschen Einheit Lemmy Caution, die Hauptfigur seines 60er-Jahre-Films *Alphaville*, wieder auf.
*Barton Fink* (USA, EA BRD 10.10.), R/B: Joel und Ethan Coel, D: John Turturro (Barton Fink), John Goodman (Charlie Meadows), eine surrealistische Geschichte über einen in Hollywood scheiternden Drehbuchschreiber.

## MEDIEN

### Moskau ¬ UdSSR

**13.1.** Die TSN-Moderatorin Tatjana Mitkowa lehnt es ab, die offizielle Nachrichtenversion vom Angriff sowjetischer Truppen auf den Fernsehturm in Vilnius zu verlesen und übergibt das Wort demonstrativ an den Sprecher. Kurz darauf stellt TSN seine Arbeit ein. Viele Mitarbeiter setzen ihre Arbeit ab dem 13.5. beim Informationsprogramm des Russischen Fernsehens (RTR) fort, das nun der Regierung der RSFSR unterstellt ist.
Auf dem ersten Kanal erobert die von Wladislaw Listjew moderierte TV-Spielshow Pole čudes (Feld der Wunder) die Herzen der Zuschauer. Sie ist eine der ersten zahlreichen TV-Spielshows des russischen Fernsehens nach westlichem Muster. Später von Leonid Jakubowitsch moderiert, wird sie zur populärsten Fernsehsendung in Russland.
Irena Lesnewskaja und Dmitri Lesnewski gründen die erste private Fernsehproduktionsgesellschaft REN TV.

### Berlin ¬ Bundesrepublik Deutschland

**31.8.** ARD und ZDF verpflichten sich mit der Unterzeichnung des Rundfunkstaatsvertrag, der Grundsatzregelung für öffentlich-rechtlichen und kommerziellen Rundfunk, zum Finanzausgleich (für DDR-Rundfunk und TV) und zur Gestaltung eines gemeinsamen Ersten Deutschen Fernsehens.

### andere

Das World Wide Web, entwickelt ab 1989 am Europäischen Institut für Teilchenphysik, Genf, wird frei gegeben.

## THEATER ¬ MUSIK

### Moskau ¬ UdSSR

**24.9.** Mit der Konzertdarbietung der Oper *Maddalena* von Sergej Prokofjew und seiner Kantate *Aleksandr Nevskij* wird die Neue Oper, Moskau, unter der Leitung des Dirigenten Jewgeni Kolobow eröffnet.
**30.10.** *Priključenie* (Das Abenteuer) von Marina Zwetajewa in der Inszenierung des jungen mazedonischen Regisseurs Iwan Popowski mit seinen Kommilitonen, den Studenten des 3. Studienjahres der Theaterhochschule, wird zum Theaterereignis des Jahres.
Gastspiel des Kleinen Dramatischen Theaters am 9., 10. und 11.11. in Braunschweig und am 21.12 in St. Petersburg mit *Besy* (*Die Dämonen*) von Fjodor Dostojewski, in der Inszenierung von Lew Dodin.
Gründung des Meyerhold-Zentrums mit dem Ziel, eine Brücke zwischen den historisch-theoretischen Forschungen und der experimentellen Theaterpraxis zu schaffen. Das Zentrum arbeitet mit dem Theater Tribüne in Stuttgart zusammen. Einen eigenen Theaterraum eröffnet das Zentrum am 12.2.2001 auf der Nowoslobodskaja Str., Moskau.
In Kasan finden die Internationalen Wagner-Festspiele statt.

### Berlin ¬ Bundesrepublik Deutschland

**2.2.–13.2.** *Inventionen*, Berlin, Musikfestival mit Schwerpunkt auf dem Werk des 1990 verstorbenen Luigi Nono.
**30.6.–7.7.** Auf dem Festival *Theater der Welt* in Essen zeigen Ariane Mnouchkine und ihr Pariser Théâtre du Soleil *Les Atrides*, ihre mit asiatischen Theaterformen und Masken erarbeitete, artistische Version der Atriden-Tragödien von Aischylos und Euripides.
**25.11.** UA von Werner Schwabs sprachwütiger Radikalkomödie *Volksvernichtung oder Meine Leber ist sinnlos* an den Münchener Kammerspielen (R: Christian Stückl).

### andere

**22.6.** UA von George Taboris Backstage-Comedy *Goldberg-Variationen* am Wiener Akademietheater mit Gert Voss als titanischem Theaterleiter und Ignaz Kirchner als dessen drangsalierten Assistenten Goldberg.

## LITERATUR ¬ THEORIE

### Moskau ¬ UdSSR

Der in Moskau erscheinende poetische Sammelband Ličnoe delo Nr. (Personalakte Nr.) bilanziert das Schaffen der Dichtergruppe des am Ende der 80er Jahre so beliebten Almanachs. Zur Gruppe gehörten Michail Aisenberg, Sergej Gandlewski, Timur Kibirow, Viktor Kowal, Denis Nowikow, Dmitri Prigow, Lew Rubinstein und der Sänger Andrej Lipski.

### Berlin ¬ Bundesrepublik Deutschland

Enttarnung informeller Mitarbeiter des Ministeriums für Staatssicherheit der DDR: Wolf Biermann entlarvt in seiner Dankesrede *Der Lichtblick im grässlichen Fatalismus der Geschichte* anlässlich der Verleihung des Georg-Büchner-Preises am 20.10. seinen »Weggefährten« Sascha Anderson, der 1986 in den Westen gegangen war, als langjährigen Spitzel für die Staatssicherheit der DDR – unter Berufung auf die Recherchen seines Freundes Jürgen Fuchs. Biermann attackiert außerdem die Oppositionsgruppen der DDR als von »Stasi-Metastasen zerfressen«. Der Essayist, Lyriker und »Vordenker« der Berliner Alternativszene, Reiner Schedlinski, wird im Dez. als *IM Gerhard* demaskiert. In einem autobiographisch angelegten Artikel *Dem Druck, immer mehr sagen zu sollen, hielt ich nicht stand* (*FAZ* 14.1.1992) schildert er die seit 1974 laufende Nötigung und Erpressung durch die Stasi. Ab 1984/85 war er der Hauptinformant aus der Prenzlauer-Berg-Szene. Hermann Kant rechtfertigt in *Abspann. Erinnerung an meine Gegenwart* (Berlin/Weimar) seine Rolle als DDR-Funktionär. Kant ist mitt-

Abbau des Lenin-Denkmals, Berlin-Friedrichshain

lerweile als hochrangiger IM mit dem Decknamen *IM Martin* enttarnt. Enthüllungen über zahlreiche weitere DDR-Autoren folgen.
Vergangenheitsbewältigung: Monika Maron, *Stille Zeile sechs* (F/M), setzt sich in Erinnerungsdiskursen mit der DDR-Vergangenheit und den Verwerfungen des politischen Systems auseinander. Werner Heiduczek, *Im gewöhnlichen Stalinismus. Meine unerlaubten Tagebücher – Briefe – Essays* (Leipzig/Weimar).
Franz Christian Delius' Erzählung *Die Birnen von Ribbeck* (Reinbek b. Hamburg) kommentiert die Ereignisse der Wiedervereinigung aus der Sicht eines Ostdeutschen.
Durs Grünbein beschwört in seinem Gedicht *12/11/1989* (in: *Schädelbasislektion*, F/M) die Ereignisse des Herbsts 1989 herauf, die alle festen Strukturen aufzulösen schienen. Der Text thematisiert zudem die Frage, wie ein Autor angemessen mit jener historischen Zäsur umgehen könne.

# 1992

## POLITIK ¬ ZEITGESCHEHEN

### Moskau ¬ Russland

**2.1.** Liberalisierung der Preise, der die Genehmigung zum freien Handel, die Einführung der inländischen Konvertierbarkeit des Rubels und die Erlaubnis des freien Valutaan- und -verkaufs folgen. Es werden Vorbereitungen für die Umsetzung der so genannten Gaidar-Reform getroffen, welche den Warenmangel beseitigen und eine Hungersnot abwenden. Die Maßnahmen führen jedoch auch zu einem sprunghaften Preisanstieg und einer Abwertung des Rubels und damit der Spareinlagen.
**1.2.** Während ihres Treffens in Paris erklären die Präsidenten Russlands und der USA die Beendigung des Kalten Krieges.
**23.2.** Massenmeetings in vielen Städten, organisiert von der Opposition gegen Jelzin.
**31.3.** Vertreter aller Republiken, Gebiete und Bezirke der RF – mit Ausnahme von Tatarstan und Tschetschenien – unterschreiben den Föderationsvertrag.
**6.4.** Konflikt zwischen dem Vorsitzenden des Obersten Sowjets der RF, Ruslan Chasbulatow, und der Regierung beim 6. Kongress der Volksdeputierten der RF. Präsident Jelzin wird vom Kabinett Burbulis-Gaidar der Rücktritt nahegelegt, den dieser jedoch ablehnt.
**26.5.** Beginn des öffentlichen Prozesses am Verfassungsgerichts aufgrund des von Jelzin erlassenen Dekrets zur Auflösung der KPdSU und der KP der RSFSR und zur Beantwortung der Frage, inwieweit die Parteien selbst verfassungswidrig sind. Das Verfassungsgericht bestätigt am 30.11. das Verbot der höchsten Organisationsebenen der KPdSU, erlaubt aber die Tätigkeit der Grundorganisationen der KP. Dieses Kompromissurteil legt den Grundstein für die Wiedergeburt der KPRF.
**19.6.** Beginn des Konflikts (Erstürmung der Stadt Bendery durch bewaffnete Kräfte der Republik Moldawien) zwischen der Transnistrischen Republik, die sich selbst ausgerufen hat, und der Republik Moldawien. Dank General Lebed, Kommandierender der in der Transnistrischen Republik stationierten 14. russischen Armee, kann eine Eskalation des Konflikts verhindert werden.
**14.8.** Erlass des russischen Präsidenten *Über die Einführung eines Systems von Privatisierungsschecks in der RF*. Am 1.10. Beginn der Ausgabe von Privatisierungsschecks (»Voucher«). Innerhalb weniger Jahre befindet sich mehr als die Hälfte des Eigentums in Russland in privaten Händen.

Der Stellvertretende Vorsitzende der Regierung Russlands, Anatoli Tschubais, auf der Pressekonferenz zur Privatisierung

**22.10.** Bewaffnete Zusammenstöße zwischen Osseten und Inguschen in den Grenzregionen Nordossetiens.
**1.–15.12.** 7. Kongress der Volksdeputierten der RF. Die Deputierten mit Ruslan Chasbulatow und Vizepräsident Alexander Ruzkoi an der Spitze kritisieren die Regierung. Nach konfliktreichen Diskussionen wählt der Kongress Viktor Tschernomyrdin zum Premierminister.

### Berlin ¬ Bundesrepublik Deutschland

**1.1.** Das Stasi-Unterlagengesetz, nach dem Opfer des DDR-Staatssicherheitsdienstes die über sie geführten Akten einsehen können, tritt in Kraft. Sonderbeauftragter der Bundesregierung für die Stasi-Akten wird Joachim Gauck.
**12.3.** Der Bundestag setzt eine Enquete-Kommission zur Erforschung der Geschichte der SED unter Leitung des ehemaligen DDR-Bürgerrechtlers Rainer Eppelmann (CDU) ein.
**17.5.** Bundesaußenminister Hans-Dietrich Genscher legt sein Amt nach 18-jähriger Amtszeit nieder.
**22.7.–25.8.** Ausschreitungen in Rostock; Zunahme von rechtsextrem motivierten Gewalttaten (von Jan. bis Nov. 17 Tote und 452 Verletzte); 23.11. Brandanschlag auf ein von Türken bewohntes Haus in Mölln. Im Nov./Dez. finden in Bonn, Berlin und München große Demonstrationen gegen die zunehmende Ausländerfeindlichkeit statt.

*Humanitäre Hilfe. Päckchen für Deutschland*, Berlin

**12.11.** Eröffnung des Prozesses vor dem Berliner Landesgericht u. a. wegen Totschlags, versuchten Totschlags und Amtsmissbrauchs gegen den am 29.7.92 unter Zwang nach Deutschland zurückgekehrten Erich Honecker. Der Prozess wird jedoch am 12.1.93 wegen Honeckers Krebserkrankung eingestellt.

### andere

**30.1.** Die KSZE nimmt während ihrer zweiten Außenministerkonferenz in Prag zehn neue Mitglieder auf. Die Organisation umfasst nun insgesamt 48 Länder, darunter auch alle in der GUS zusammengeschlossenen ehemaligen Sowjetrepubliken – bis auf Georgien.
**7.2.** Die Außen- und Finanzminister der EG-Mitgliedsstaaten unterzeichnen den 1991 vereinbarten Vertrag von Maastricht über den Ausbau der Gemeinschaft zur Europäischen Union (EU) mit einheitlicher Währung sowie gemeinsamer Außen- und Sicherheitspolitik (GASP).
**3.9.** Die Genfer Abrüstungskonferenz verabschiedet nach 24-jährigen Verhandlungen einen Vertrag über die weltweite Vernichtung aller chemischen Waffen, d.h. ein Verbot ihrer Entwicklung, Herstellung, Lagerung und ihres Einsatzes. Vom 13. bis 15.1.1993 wird der Vertrag in Paris von 130 Staaten unterzeichnet.

## BILDENDE KUNST

### Moskau ¬ Russland

**Feb.–März** Ausstellung der Moskauer Konzeptualisten im weiterhin als Gefängnis genutzten Butyrka, organisiert vom Institut für zeitgenössische Kunst. In den Gefängniskorridoren werden Arbeiten von Erik Bulatov, Komar & Melamid, Vadim Zakharov, Irina Nachowa, Ilya Kabakov u. a. aufgehängt.
**5.3.** Eröffnung des Festivals *Animalistische Projekte* in der Galerie Regina mit Installationen von Anatoli Osmolowski, Igor Tschazkin, Wadim Fischkin und Juri Lejderman. Bei der Aktion *Pjatačok delaet podarki* (Der Schweinerüssel macht Geschenke) von Oleg Kulik und der Gruppe Nikolai wird in der Galerie ein Ferkel geschlachtet, und jeder Besucher erhält ein Stück frisches Schweinefleisch.
**28.5.** Im Lenin-Museum, Moskau, wird die Ausstellung *Soz-Art*, organisiert von den Mitarbeitern der Abteilung für neue Tendenzen des Museums Zarizyno, eröffnet.
**5.8.** Eröffnung der Ausstellung mit Werken von Joseph Beuys im Puschkin-Museum für Bildende Künste. Am 6./7.8. werden im Zentrum für zeitgenössische Kunst seine Videofilme gezeigt.
**9.12.** Präsentation des Projekts *Humanitäre Hilfe. Päckchen aus Deutschland* im ZDCh. Werke Moskauer Künstler werden in Kisten verpackt durch das Technische Hilfswerk, das normalerweise humanitäre Hilfe von Deutschland nach Russland bringt, nach Deutschland geschickt. Die Arbeiten werden im Jan. 1993 im Tränenpalast, Berlin, gezeigt.

### Berlin ¬ Bundesrepublik Deutschland

**13.6.–20.9.** *DOCUMENTA IX* in Kassel, Leiter: Jan Hoet, Mitglieder des Teams: Bart de Baere, Pier Luigi Tazzi, Denys Zacharopoulos. Hoet setzt auf Spektakel, Motto: »Kunst bietet keine klaren Antworten, nur Fragen«. Im Beiprogramm Jazzkonzerte, Baseball und Boxen. Als Bezugsrahmen dient eine Sektion zum »kulturellen Gedächtnis«.
Um der Unterpräsentation von Frauen auf der *DOCUMENTA IX* etwas entgegenzusetzen, richten Ute Meta Bauer u. a. im Künstlerhaus Stuttgart den *Informationsdienst* ein, ein Dokumentationsarchiv für zeitgenössische Kunst von Frauen.
**Juni** *37 Räume*, Berlin-Mitte. In unbewohnten Häusern des heruntergekommenen Scheunenviertels und in einer alten Margarinefabrik in der Auguststraße, zu dem Zeitpunkt bereits Sitz der Kunst-Werke Berlin, zeigen verschiedene Kuratoren junge Kunst. Die Ausstellung zieht 30.000 Besucher an und bereitet den Weg für die Entwicklung der Gegend zu einem Galerienviertel.
**30.4.–12.5.** Katharina Sieverding, *Deutschland wird deutscher*, Plakataktion vor dem Hintergrund der aktuellen ausländerfeindlichen Ausschreitungen im Stadtgebiet Berlins; in Kooperation mit der HdK und den KW.

Katharina Sieverding, *Deutschland wird deutscher XLI/92*, Leipziger Straße, Berlin

**1.3.–10.5.** *Die Große Utopie. Russische Avantgarde 1915–1932*, Schirn Kunsthalle, Frankfurt/M, anschließend: Stedelijk Museum, Amsterdam; Solomon R. Guggenheim Museum, New York; 1993 Tretjakow-Galerie, Moskau; Russisches Museum, St. Petersburg. Leitung für Frankfurt: Christoph Vitali mit einem internationalen Team. Die neue politische Konstellation in Russland macht erstmals eine umfassende Bestandsaufnahme dieser Kunstepoche möglich.

## ARCHITEKTUR ¬ DENKMAL

### Moskau ¬ Russland

Die Moskauer Architekten Dmitri Busch und S. Tschuklow gewinnen den von der Mosaikschule im italienischen Spilimbergo ausgeschriebenen internationalen Wettbewerb *Mosaik als Sprache der Architektur*. Den ersten Preis teilen sie sich mit dem sizilianischen Architekten F. Raimondo.
**April–Mai** In Moskau findet ein deutsch-russisches, von Ausstellungen begleitetes Architekturseminar statt. Im Zentralen Haus des Architekten präsentiert sich die Vereinigung junger Moskauer Architekten (mit S. Anikejew, I. Raitman, A. Rejner, I. Danilow, A. Sossimow u. a.). Das Seminar erarbeitet Vorschläge für eine Rekonstruktion des Parks im Moskauer Stadtbezirk Perowski.

### Berlin ¬ Bundesrepublik Deutschland

**20.1.** Einweihung der Gedenk- und Bildungsstätte Haus der Wannseekonferenz, Am großen Wannsee 56–58, Berlin-Zehlendorf, einer Gedenkstätte in der Villa, in der am 20.1.1942 die Vernichtung der Juden beschlossen wurde.

Deutscher Bundestag, Bonn, A: Günter Behnisch & Partner (Planung ab 1972, beg. 1987). Die zögerliche Umsetzung des Baus lag am nach wie vor provisorischen Status der Bundeshauptstadt Bonn. Erst mit der Anerkennung der Zweistaatlichkeit Deutschlands konnte in den 80ern mit dem Neubau des Plenarbereichs begonnen werden. Behnischs Bau ist gekennzeichnet durch Transparenz, der kreisrunde Plenarsaal steht symbolisch für demokratische Gesprächskultur. Direkt nach Fertigstellung des Gebäudes wurde hier über die Verlegung der Hauptstadt und des Bundestags nach Berlin debattiert.

Kunstmuseum Bonn, A: Axel Schultes (Wettbewerb 1985 für das Kunstmuseum und die Bundeskunsthalle Bonn, nur für das Kunstmuseum erfolgte der Auftrag). Der Bau auf quadratischem Grundriss wird diagonal erschlossen. Im Inneren bietet er, mit Tageslicht durchflutet, ideale Ausstellungsbedingungen. Die Eingangsfront wirkt, überragt von einem ausschwingenden Dach auf filigranen Säulen, einladend transparent.

Kunst- und Ausstellungshalle der Bundesrepublik Deutschland, Bonn, gegenüber dem Kunstmuseum, A: Gustav Peichl (Wettbewerb Ende 1985). Nach außen sich verschlossen gebend wie eine Karawanserei, ist das Museum durch einen hohen, in die Fassade eingeschnittenen Eintrittsspalt zu betreten. Auf dem Dach zwischen spitzen Kegeln, die als Oberlichter dienen, befindet sich der Skulpturengarten. Entlang der Friedrich-Ebert-Allee stehen 16 Metallsäulen, welche die 16 Bundesländer als »Säulen deutscher Kultur« symbolisieren.

*Der Kirschgarten,* Berlin

## FILM

### Moskau ¬ Russland

**23.5.** Der Dokumentarfilm *Rossija, kotoruju my poterjali* (Das Russland, das wir verloren haben), R/B: Stanislaw Goworuchin, stellt ein idealisiertes Porträt des vorrevolutionären Russlands vor.

**Dez.** Aktion *Planeta Sergeja Paradžanova* (Planet des Sergej Paradshanow) mit einer Vorführung von Filmen des Regisseurs und einer Ausstellung seiner Gemälde im Sankt Petersburger Haus des Films.

### Berlin ¬ Bundesrepublik Deutschland

**18.1.** Golden Globe für Agnieszka Hollands *Hitlerjunge Salomon* in Los Angeles. In Deutschland stößt der Film bei Kritik und Publikum auf wenig Interesse.

**11.3.** *Schtonk*, R/B: Helmut Dietl, D: Uwe Ochsenknecht, Götz George, Christiane Hörbiger. Eine Komödie über die gefälschten Hitlertagebücher (vgl. 1983).

**Sept.** UA der TV-Serie *Die Zweite Heimat* von Edgar Reitz parallel in Venedig und München. D: Henry Arnold, Salome Kammer, Anke Sevenich. Ein junger Musiker kommt in den 60ern aus einem Dorf im Hunsrück zum Studium nach München und erlebt die dortige Aufbruchstimmung. Die Serie setzt die Film-Chronik *Heimat* (1984) fort, in der die deutsche Geschichte 1919–82 aus der Sicht der Provinz geschildert wird.

**2.12.** Das 75-jährige Bestehen der UFA wird mit einer aufwendigen Ausstellung im Deutschen Historischen Museum begangen.

### andere

**24.4.** *The Player* (USA, EA BRD 2.7.), R: Robert Altman, D: Tim Robbins, Whoopi Goldberg. Eine Satire auf die amerikanische Filmindustrie der 80er.

*The Piano* (Australien/F, *Das Piano*, EA BRD 12.8.1993), R/B: Jane Campion, D: Holly Hunter, Harvey Keitel. Eine leidenschaftliche Liebesgeschichte im Neuseeland des 19. Jh. führt zur Selbstfindung der Protagonistin.

## MEDIEN

### Moskau ¬ Russland

Vom Fernsehen erneut ausgestrahlt wird die wöchentliche, von Jewgeni Kisseljow moderierte Informationssendung *Itogi* (Bilanz), die bald zu einer der populärsten politischen Sendungen wird.

Die beiden ausländischen Serien Bogatye tože plačut (Reiche weinen auch, Mexiko) und Santa Barbara (USA) werden gestartet und erreichen sofort ein Millionenpublikum.

### Berlin ¬ Bundesrepublik Deutschland

Als erste Reality-TV-Serien erscheinen *Polizeireport Deutschland* (ab 12.1.) auf Tele 5 und *Notruf* (ab 6.2.) auf RTL.

**11.5.** RTL startet die erste private deutsche Daily Soap *Gute Zeiten Schlechte Zeiten*. Das Format orientiert sich an australischen Serien und präsentiert die Welt der 15–25-jährigen. Die öffentlich-rechtlichen Sender schließen sich mit *Marienhof*, *Verbotene Liebe* (ARD) und *Jede Menge Leben* (ZDF) an.

**30.5.** Sendestart von *arte*, einer TV-Kooperation von Frankreich und Deutschland mit dem Schwerpunkt auf Kultur- und Dokumentationssendungen sowie Spielfilmen im Rahmen von Themenabenden.

### andere

Die University of Nevada startet die erste Internet-Suchmaschine Veronica.

## THEATER ¬ MUSIK

### Moskau ¬ Russland

**22.5.** Das Stück *Volki i ovcy* (*Wölfe und Schafe*) von Alexander Ostrowski gespielt von Studenten aus der Klasse von Pjotr Fomenko von der Russischen Akademie der Theaterkunst, wird zum »Renner« der Saison und erhält zahlreiche internationale Preise.

**5., 6.10.** Mit Anton Tschechows *Der Kirschgarten* in Peter Steins Inszenierung von 1989 gastiert die Schaubühne während des 1. Internationalen Tschechow-Theaterfestivals im Künstlertheater, Moskau.

Die Komponisten Sofia Gubaidulina und Rodion Schtschedrin sowie die Tänzerin und Choreografin Maja Plissezkaja siedeln nach Deutschland über.

### Berlin ¬ Bundesrepublik Deutschland

**31.1.** *Schlußchor* von Botho Strauß in Luc Bondys Regie an der Schaubühne, Berlin, zeigt mythendurchwirkte Szenen der Welt der bundesdeutschen Intellektuellen zur Zeit des Mauerfalls (UA im Vorjahr durch Dieter Dorn, Münchner Kammerspiele).

**17.4.** Das Deutsche Theater zeigt *Karate-Billi kehrt zurück*, Klaus Pohls in der Nachwendezeit spielende Stasi- und DDR-Provinz-Groteske, mit Jörg Gudzuhn in der Titelrolle (R: Alexander Lang).

**16.6.** Marlene Dietrich, 90-jährig in Paris verstorben, wird auf dem Friedhof an der Stubenrauchstraße, Berlin-Friedenau, beigesetzt. Vereinzelte Rufe wie »Vaterlandsverräterin« werden von der großen Menge ihrer Fans übertönt.

**Herbst** An drei Berliner Theatern beginnt die Spielzeit mit einer neuen Leitung: Frank Castorf wird Intendant der Volksbühne am Rosa-Luxemburg-Platz, Andrea Breth künstlerische Leiterin der Schaubühne. Am Berliner Ensemble bilden Heiner Müller, Peter Zadek, Fritz Marquardt, Matthias Langhoff und Peter Palitzsch für kurze Zeit gemeinsam eine Direktion.

Frank Zappa, *The Yellow Shark*, UA bei den *Frankfurter Festen* (weitere Schwerpunkte: Stockhausen, Cage) in der Alten Oper durch das 1980 gegründete Ensemble Modern, das sowohl Werke der klassischen Moderne (z. B. Anton von Webern) als auch experimentelle Kompositionen aufführt.

UA von Aribert Reimanns komplizierter, aus Clusterflächen zusammengesetzter Oper *Das Schloss* nach Franz Kafka in der Deutschen Oper Berlin.

### andere

**13.4.** Sensationelle Premiere der Oper *Žizn' s idiotom* (*Leben mit einem Idioten*) von Alfred Schnittke zu einem Libretto von Viktor Jerofejew (R: Juri Ljubimow, Dir: Mstislaw Rostropowitsch) in der Niederländischen Oper, Amsterdam.

## LITERATUR ¬ THEORIE

### Moskau ¬ Russland

**Feb.** In der Zeitschrift *Novyj mir* erscheint Ljudmila Petruschewskajas Roman *Vremja Noč'* (*Meine Zeit ist die Nacht*, Berlin 1991), ihre erste große Prosaarbeit, in der das für die Autorin so charakteristische Thema der Widrigkeiten des alltäglichen Lebens einen mystischen Unterton bekommt.

**Nov.–Dez.** Der Roman *Linija sud'by, ili sundučok Miloševiča* (Schicksalslinie oder das Köfferchen von Milaschewitsch) von Mark Charitonow erhält den vom renommierten britischen Booker-Komitee gestifteten Booker-Preis für russische Literatur.

Der Literat Mark Frejdkin eröffnet in Moskau den Buchladen 19. Oktober, den ersten alternativen Buchsalon.

Die erste private Zeitschrift *Novoe literaturnoe obozrenie* (Neue Literarische Rundschau) erscheint, Chefredakteurin ist Irina Prochorowa.

### Berlin ¬ Bundesrepublik Deutschland

Günter de Bruyns erster Band seiner Autobiographie *Zwischenbilanz. Eine Jugend in Berlin* beschreibt die Zeit bis 1949. 1996 folgt *Vierzig Jahre*, womit Bruyn eine Innenansicht der DDR bis zu ihrem Ende vorlegt (beide F/M).

Auch Heiner Müller bringt seine Autobiographie heraus: *Krieg ohne Schlacht. Leben in zwei Diktaturen* (Köln). Der Dramatiker Müller schreibt seit Mitte der 80er Jahre bis zu seinem Tod 1995 neben Theaterstücken vordringlich autobiographische Texte und Gedichte wie *Selbstkritik* (1989) oder *Mommsens Block* (1993).

Kurt Drawert, *Spiegelland. Ein deutscher Monolog* (F/M) ist eine wütende Abrechung mit der DDR und dem »Spiegelland« Bundesrepublik.

## POLITIK ¬ ZEITGESCHEHEN

### Moskau ¬ Russland

**3.1.** In Moskau unterzeichnen US-Präsident George Bush und Boris Jelzin den START-II-Vertrag über die Reduzierung strategischer Angriffswaffen um 60 % bis 2003.

**13./14.2.** Kongress zur Neubildung der KPRF, Parteiführer wird Gennadi Sjuganow.

**März** Erneute Zuspitzung der Situation zwischen dem Präsidenten und dem Obersten Sowjet: Auf einem außerordentlichen Kongress der Volksdeputierten der RF (28.–29.3.) scheitert der Versuch, gegen Boris Jelzin ein Amtsenthebungsverfahren einzuleiten. Durch ein Referendum am 26.4., bei dem Präsident und Regierung die Vertrauensfrage stellen, erhält Jelzin die Unterstützung der Mehrheit, jedoch gibt es keine Entscheidung für vorgezogene Parlamentswahlen.

**Juni** Die letzten russischen Soldaten verlassen Kuba.

**16.7.** Verabschiedung des Gesetzes über das Geschworenengericht, das jedoch erst 10 Jahre später überall eingeführt wird.

**9.10.** Das System der Sowjets (Rätesystem) wird in Russland abgeschafft.

**Okt.** Während der Wahlkampagne für die neue Föderale Versammlung entstehen u. a. die politischen Vereinigungen Wybor Rossii (Russlands Wahl) mit Jegor Gaidar an der Spitze, Jabloko (Apfel) mit Grigori Jawlinski und Shenschtschiny Rossii (Frauen Russlands).

**30.11.** Präsident Boris Jelzin bestätigt den zweiköpfigen Adler als Staatswappen Russlands.

**12.12.** Wahlen zur 5. Staatsduma und zum Föderationsrat. Referendum zum Entwurf einer neuen Verfassung, für deren Annahme stimmen 58 % der Wähler. Bei den Wahlen zur Staatsduma erringt die ultranationalistische liberaldemokratische Partei unter Wladimir Schirinowski einen sensationellen Sieg. Auf dem zweiten Platz stehen Wybor Rossii, auf dem dritten die Kommunisten.

### Berlin ¬ Bundesrepublik Deutschland

**13.1.** Das Berliner Landesgericht stellt das Verfahren gegen Erich Honecker aus Krankheitsgründen ein. Honecker übersiedelt nach Chile.

**5.2.** In Bonn wird das Deutsch-Russische Forum als privater, unabhängiger und überparteilicher Verein gegründet. Mitglieder sind Persönlichkeiten aus Politik, Wirtschaft, Medien und Kultur, die sich für eine intensive Zusammenarbeit mit Russland mit dem Ziel der Völkerverständigung einsetzen.

**13.3.** Die Bundesregierung, die oppositionelle SPD und die Ministerpräsidenten der Bundesländer einigen sich auf einen Solidarpakt zur Finanzierung der Folgen der deutschen Einheit. Durch die Neuordnung des Länder-Finanzausgleichs und des Umsatzsteueraufkommens wird der Bund zum Hauptlastenträger des wirtschaftlichen Aufbaus in Ostdeutschland.

**2.4.** Die Bundesregierung beschließt die Teilnahme von Bundeswehreinheiten an Aufklärungsflügen der NATO über Bosnien.

**4.5.** Die fünf führenden Wirtschaftsinstitute bezeichnen den Konjunkturabschwung in Deutschland als »tiefe Rezession«.

**26.5.** Der Bundestag stimmt mit großer Mehrheit einer Einschränkung des Asylrechts zu.

**29.5.** Ausländerfeindlicher Brandanschlag auf ein von Türken bewohntes Haus in Solingen.

**27.6.** Wolfgang Grams, mutmaßliches Mitglied der RAF, und ein Beamter der Bundesgrenzschutztruppe GSG-9 werden bei einer misslungenen Verhaftungsaktion des Bundesgrenzschutzes im mecklenburgischen Bad Kleinen erschossen. Die ungeklärten Umstände des Einsatzes lösen eine politische Krise aus.

**29.12.** Die Bundesregierung verweigert dem ultranationalistischen russischen Politiker Wladimir Schirinowski die Einreise in die Bundesrepublik.

### andere

**26.2.** Bombenanschlag auf das World Trade Center in New York durch ägyptische moslemische Fundamentalisten: 6 Menschen sterben, ca. 100 Verletzte.

**POLITIK ¬** Boris Jelzin verkündet am 21.9. das Vorhaben einer Verfassungsreform und die Auflösung des Obersten Sowjets der RF. Der am 23.9. unter dem Vorsitz von Parlamentspräsident Ruslan Chasbulatow tagende 10. Außerordentliche Kongress der Volksdeputierten erklärt Jelzins Handeln für verfassungswidrig und gibt seine Absetzung bekannt. Vizepräsident General Alexander Ruzkoi wird als neuer Präsident vereidigt: Im Land beginnt eine Doppelherrschaft, die national-kommunistischen Kräfte sammeln sich zu einem Putschversuch. Das Weiße Haus wird am 22.9. von Mitgliedern illegaler militärischer Formationen und Personen, die mit dem Kurs Jelzins nicht einverstanden sind, besetzt. Ruzkoi und Chasbulatow rufen bewaffnete Einheiten auf, das Moskauer Bürgermeisteramt und das Fernsehzentrum Ostankino zu stürmen. Die Schießereien fordern Todesopfer. Bis auf RTR, der aus dem Studio auf der Schabolowka sendet, stellen alle Fernsehsender ihre Arbeit ein. Am Morgen des 4.10. umstellen jelzintreue Truppen das Weiße Haus und nehmen es unter Beschuss. Ihnen gelingt es, den Aufstand niederzuschlagen.

## BILDENDE KUNST

### Moskau ¬ Russland

**Sept.** Russisch-holländisches Festival von Straßenperformances und Installationen *Obmen/Exchange* in Moskau unter Beteiligung von jeweils 15 Künstlern aus den Niederlanden und Russland, darunter Paul Wendel, Michael Fut, Dmitri Wrubel, Georgy Litichevsky, Wladimir Dubossarski und die Gruppe Fenso.

**Nov.** *Arbeit und Kapital* im ZDCh, eine Ausstellung, die dem Petersburger Neoakademismus den Moskauer Radikalismus gegenüberstellt.

### Berlin ¬ Bundesrepublik Deutschland

**11.9.–21.11.** *Tatlin*, Städtische Kunsthalle, Düsseldorf, anschließend Kunsthalle Baden-Baden; Tretjakow-Galerie, Moskau; Russisches Museum, St. Petersburg. Für die Ausstellung erstellt eine Gruppe von Fachleuten 1986–92 an der Kunstschule Sawizki in Pensa, an der Tatlin 1905–10 studierte, eine originalgetreue Rekonstruktion von dessen *Denkmal der III. Internationale* (entw. 1919/20, Präsentation des ersten Modells 1920 in Petrograd sowie des zweiten 1925 auf der *Exposition Internationale des Arts Décoratifs et Industriels*, Paris). Zuvor waren verschiedentlich ungenaue Rekonstruktionen des durch einen Brand zerstörten Turms auf Ausstellungen zu sehen.

**6.11.–29.12.** *Knochengeld-Experiment*, Galerie o zwei sowie 29 Geschäfte und Restaurants, Berlin-Prenzlauer Berg. Initiiert von Bert Papenfuß, gestalten 54 Künstler eine alternative Parallelwährung mit begrenzter Gültigkeit von 6 Wochen. Die Galerie dient als Dezentralbank, begleitet wird die Freigeldzirkulation von einer Veranstaltungsreihe zum Thema »Schwundgeld«.

**16.10.–2.1.94** *Von Malewitsch bis Kabakov. Russische Avantgarde im 20. Jahrhundert. Die Sammlung Ludwig*, Josef-Haubrich-Kunsthalle, Köln.

### andere

*Biennale di Venezia* mit der Ausstellung *Passage in den Osten* unter Beteiligung von russischen Künstlern. Der Russische Pavillon beherbergt Ilya Kabakovs Installation *Krasnyj pavil'on* (*Roter Pavillon*). Hans Haacke bricht für seine Installation *Germania* den Travertin-Boden des 1938 gemäß der NS-Ästhetik umgebauten deutschen Pavillons auf.

Hans Haacke, *Germania*, Biennale Venedig

*Iterations: The New Image*, International Center of Fotography, New York, Kurator: Timothy Druckrey. Die Ausstellung stellt die seit Anfang der 90er Jahre immer bedeutender werdende digitale Fotografie vor, mit der Künstler wie Anthony Aziz & Sammy Cucher, Victor Burgin oder Jeff Wall arbeiten.

## ARCHITEKTUR ¬ DENKMAL

### Moskau ¬ Russland

**März** *Stilsuche*, Schtschussew-Architekturmuseum, Moskau, eine dem 100. Geburtstag des konstruktivistischen Architekten Moissej Ginsburg gewidmete Ausstellung mit begleitender Konferenz.

**Sept.–Okt.** Die Ausstellung *Naum Gabo und der Wettbewerb für den Palast der Sowjets, Moskau. 1931–1933*, organisiert vom Schtschussew-Architekturmuseum und der Berlinischen Galerie, im Lenin-Museum, Moskau, ist die letzte vor der Schließung des Museums.

**4.11.** Die rekonstruierte Kasaner Mutter-Gottes-Kathedrale auf dem Roten Platz, Moskau, A: Oleg Shurin, wird als erstes der zu Sowjetzeiten abgerissenen Kirchengebäude, eröffnet. 1996 wird außerdem das Woskressenskije Tor mit der Iwerskaja Kapelle am Roten Platz wieder errichtet.

Baubeginn für das Moskauer Internationalen Geschäftszentrum Moscow-City (A: Boris Tchor).

### Berlin ¬ Bundesrepublik Deutschland

**30.6.** Auf Initiative des Fördervereins Berliner Stadtschloss unter Leitung von Wilhelm von Boddien wird für 100 Tage eine Fassadenattrappe des Berliner Stadtschlosses auf dem Schlossplatz aufgestellt, um die Diskussion über dessen Wiederaufbau anzustoßen.

**Juni** Einweihung von *Orte des Erinnerns im Bayerischen Viertel*, Berlin-Schöneberg (Wettbewerb der Senatsverwaltung für Bau- und Wohnungswesen 1991/92). Die Künstler Renata Stih und Frieder Schnock montierten 80 Bild-Text-Schilder an Straßenbeleuchtungsmasten, welche die »Ausgrenzung und Entrechtung, Vertreibung, Deportation und Ermordung von Berliner Juden in den Jahren 1933–1945« thematisieren. Harmlos erscheinende Bildmotive werden mit Verordnungstexten der Nationalsozialisten kontrastiert.
Diskussion um Die Neue Wache, nun: *Zentrale Gedenkstätte der Bundesrepublik Deutschland für die Opfer von Krieg und Gewaltherrschaft*, Unter den Linden, Berlin-Mitte. 1993 erfolgt die Umwidmung von der *Gedächtnisstätte für die Opfer des Faschismus* (vgl. 1956, 1969) zur zentralen Gedenkstätte der Bundesrepublik nach einer Idee von Bundeskanzler Helmut Kohl. Der von Heinrich Tessenow 1931 gestaltete Innenraum wird wiederhergestellt, doch anstelle des zentralen Granitquaders stellt man eine vergrößerte Replik der *Mutter mit totem Sohn* von Käthe Kollwitz auf (nach der *Pietà* von 1937). Die heftige Kritik an dieser Gestaltung betreffen die eigenmächtige Entscheidung des Kanzlers; die Fragwürdigkeit des »Aufblasens« einer ursprünglich klein konzipierten Figur, besonders aber die pauschalisierende Widmung der Gedenkstätte, in die Opfer und Täter der NS-Herrschaft eingeschlossen sind. Abhilfe soll bei der Einweihung am 14.11. durch eine Tafel geschaffen werden, auf der die Opfergruppen angeführt sind. Die *Neue Wache* ist der offizielle Ort, an dem Staatsgäste nach protokollarischem Ritus einen Kranz niederlegen.
Jochen Gerz vollendet gemeinsam mit Kunststudenten der Saarbrückener Akademie *2146 Steine – Mahnmal gegen Rassismus*, bei dem in die Unterseite der Pflastersteine des Platzes vor dem dortigen Schloss die Namen aller vor dem 2. Weltkrieg in Deutschland existierenden jüdischen Friedhöfe eingefräst wurden. Die seit 1986 allmählich vollzogene Versenkung der Stele seines *Hamburger Mahnmahls gegen Faschismus*, Hamburg-Harburg, auf der Passanten ihre Kommentare hinterlassen konnten, ist abgeschlossen.

### andere

Islamisches Kulturzentrum mit Moschee, Rom (beg. 1975), A: Paolo Portoghesi, eine Synthese der Formensprache des barocken Rom und der islamischen Baukunst.

## FILM

### Berlin ¬ Bundesrepublik Deutschland

**21.1.** *Stalingrad*, R: Joseph Vilsmaier, D: Dominique Horwitz, Thomas Kretschmann. Film über die letzten Tage der Schlacht.

Woskressenskije worota, Roter Platz, Moskau

**17.2.** *Wir können auch anders*, R/B: Detlev Buck, D: Joachim Król, Horst Krause. Eine Roadmovie über zwei einfältige Brüder auf dem Weg von West nach Ost. Unterwegs gesellt sich ein russischer Deserteur mit einer Kalaschnikow zu ihnen.
**18.2.** *Abgeschminkt*, R/B: Katja von Garnier, D: Katja Riemann, Nina Kronjäger. Die Komödie über die Liebesnöte zweier junger Frauen ist der überraschende Kinoerfolg des Jahres.
**29.10.** *Kasper Hauser*, R/B: Peter Sehr, D: André Eisermann. Sehr stellt den historischen Kriminalfall um das Findelkind Kaspar Hauser ins Zentrum, während Werner Herzog in seiner früheren Verfilmung des Stoffes *Jeder für sich und Gott gegen alle* (1974 mit dem Laiendarsteller Bruno S.) das psychologische Drama der gesellschaftlichen Zurichtung eines Außenseiters beschreibt.

### andere

*Short Cuts* (USA, EA BRD 6.1.1994), R/B: Robert Altman, nach Kurzgeschichten von Raymond Craver. Mit einer raffinierten Verflechtung verschiedener Episoden des Lebens mehrerer Paare und Familien in Kalifornien zeigt Altman ein satirisches, teilweise pessimistisches Gesellschaftsporträt.
*Pulp Fiction* (USA, EA BRD 3.11.1994), R/B: Quentin Tarantino, D: John Travolta, Uma Thurman. Der Film bedient sich bekannter Elemente von B-Movies und Trivialkultur und avanciert trotz seiner übersteigerten Gewaltdarstellungen zum Kultfilm der 90er – ebenso wie sein Soundtrack.
China und Tibet sind 1993 ein großes Thema: u. a. vollenden Clemens Kuty seinen Dokumentarfilm *Living Buddha* (BRD, EA BRD 14.4.1994) über die Suche buddhistischer Mönche nach der kindlichen Reinkarnation ihres Meisters, und Bernardo Bertolucci sein Epos *Little Buddha* (F/GB, EA BRD 17.2.1994) zum selben Thema. Bereits 1986 hatte Bertolucci, der mit so unterschiedlichen Filmen wie *Novecento* (1975/1976, BRD/I/F, *1900*, EA BRD Teil 1 21.10.1976; Teil 2 16.12.1976; DDR 10.2.1978, 3.3.1978) und *Der letzte Tango in Paris* (I/F 1972, EA BRD 29.3.1973) berühmt wurde, seinen opulenten Film *The Last Emperor* (GB 1986/87, *Der letzte Kaiser*, EA BRD 29.10.1987, DDR 21.4.1988) über den als Dreijährigen zum Kaiser gekrönten Pu Yi gedreht. David Cronenbergs Liebesdrama *Madame Butterfly* (USA, EA BRD 9.12.) spielt 1964 während der Kulturrevolution in Peking. Internationalen Erfolg hat auch *Bawang Bieji/Farewell my Concubine* (Hongkong/VR China/Taiwan, *Lebewohl meine Konkubine* EA BRD 2.12.1993), R: Chen Kaige, D: Leslie Cheung, Zhang Fengyi, Gong Li, eine subtile Geschichte mit opulenten Bildern im Milieu der Pekingoper vor den wechselnden politischen Verhältnissen in China 1924–77.

## MEDIEN

### Moskau ¬ Russland

Auf Sendung gehen die unabhängigen Fernsehkanäle TV-6 und NTV, geleitet von den ehem. Chefs von Ostankino, Igor Malaschenko und Boris Dobrodejew, sowie der privatwirtschaftliche Musiksender K10, später in MUS TV umbenannt. Damit beginnt der Videoclip-Boom.

### Berlin ¬ Bundesrepublik Deutschland

**1.12.** Viva, der erste deutsche Musiksender, der sich besonders für Nachwuchsmusiker engagiert, strahlt erstmals sein Programm aus.

## THEATER ¬ MUSIK

### Moskau ¬ Russland

**24.6.** *Bez viny vinovatye* (Die schuldlos Schuldigen) von Alexander Ostrowski im Wachtangow-Theater. Pjotr Fomenko spielt die Hauptrolle in diesem Melodram aus dem Leben eines Schauspielers am Theaterbuffet. Die Aufführung wird gefeiert, auch wegen der berühmten Schauspieler Julia Borissowa, Ljudmila Maxakowa, Michail Uljanow und Juri Jakowlew.
**15.9.** Konzert von Michael Jackson im Lushniki-Stadion, Moskau.
**Sept.** Pina Bausch und ihr Wuppertaler Tanztheater gastieren mit *Café Müller* und *Le Sacre du printemps* in Moskau.
Debüt des Pantomimen Wjatscheslaw Polunin, der vor allem durch *Nežnoe šou* (Zärtliche Show) weltberühmt wird.

Wjatscheslaw Polunin

### Berlin ¬ Bundesrepublik Deutschland

**14.1.** Leander Haußmann gelingt am Münchener Residenztheater eine witzig-turbulente und poetisch reiche Inszenierung von Shakespeares *Romeo und Julia*.
**16.1.** Christoph Marthaler inszeniert an der Volksbühne *Murx den Europäer! Murx ihn! Murx ihn! Murx ihn ab!*, einen »patriotischen Abend« mit deutschem Liedgut und groteskgymnastischen Zwangshandlungen in einem öden VEB-Kantinensaal (BB: Anna Viebrock).
**10.2.** Rolf Hochhuts Nachwendestück *Wessis in Weimar* erlebt am Berliner Ensemble eine umstrittene UA. Regisseur Einar Schleef brutalisiert den Bruderkampf mit einem stampfenden Chor nackter, äxteschwingender Männer in Wehrmachtsmänteln.
**23.4.** Christoph Schlingensief veranstaltet an der Volksbühne mit *100 Jahre CDU – Spiel ohne Grenzen* erstmals im Theater eines seiner Polit-Klamauk-Spektakel.
**27.6.** Im Schiller-Theater versammeln sich führenden Theaterleute zu einer vergeblichen Protestkundgebung gegen die Schließung der Staatlichen Schauspielbühne West-Berlins.
**Sommer** *10 Jahre Freunde Guter Musik*, eine Feier mit Konzerten von Earle Brown, Rhys Chatham (100 E-Gitarren), Glenn Branca (UA seiner *9. Symphonie*), Gordon Monahan (*KBZ 14-Stunden-Event* im exotischen Ambiente im Klub Eimer), Christian Marclay (*Berlin Mix*, Simultankonzert für 100 Musiker) und einer Klanginstallation mit 36 CD-Playern von John Cage. Die Programme der *Freunde guter Musik* sind richtungsweisend. Die *Urbanen Aboriginale* (seit 1992) präsentieren Musik und Performance zwischen Rock, Jazz, »ethnischer« und »neuer« Musik und interdisziplinäre Projekte. Bei *Musikwerke Bildender Künstler* werden Kompositionen von Künstlern wie Hanne Darboven, Hermann Nitsch und Yves Klein vorgestellt (in Kooperation mit dem Museum für Gegenwart im Hamburger Bahnhof).
Gründung der Gruppe Rammstein mit Musikern aus den ehem. Ost-Gruppen Feeling B, Die Firma und The Inchtabokatables. Mit ihrem Teutonen-Rock sind sie weltweit erfolgreich.

## LITERATUR ¬ THEORIE

### Berlin ¬ Bundesrepublik Deutschland

Christa Wolf offenbart, 1952–62 als *IM Margarete* gearbeitet zu haben, und löst damit eine heftige Diskussion um die Verantwortlichkeit des Künstlers aus. Wolf tritt im selben Jahr aus der Akademie der Künste aus.
Wolfgang Hilbig, *»Ich«* (F/M), ist die Geschichte eines Spitzels und eine überspitzte Inszenierung der Geheimdienstwelt als Imagination.
Volker Braun, *Das Nichtgelebte* (Leipzig). In der Erzählung erinnert sich die zentrale Figur Georg an die mannigfaltigen Möglichkeiten von 1989, in die Geschichte einzugreifen, und erkennt zerronnene Konzepte und verlorene Lebensentwürfe.
Christoph Heins Roman *Das Napoleon-Spiel* (Berlin) liefert mit der Selbstanalyse eines Spielers auch ein aktuelles Gesellschaftsbild.
Irene Dische, *Ein fremdes Gefühl oder Veränderungen über einen Deutschen* (Berlin, Originaltitel *A Violent Chord*). Im Roman, in dem Dische Lebensläufe aus verschiedenen Gesellschaftsschichten verknüpft, wird die Krankheit des Protagonisten zur Metapher für die Entwurzelung des Bürgertums.

# 1994

## POLITIK ¬ ZEITGESCHEHEN

### Moskau ¬ Russland

**27.1.** In Moskau unterzeichnen Vertreter der RF und der NATO das Programm zur militärischen Zusammenarbeit, am 22.6. das Programm zur »Partnerschaft für den Frieden«.
**23.2.** Die Staatsduma erlässt eine Amnestie für die Putschisten von 1991 und 1993.
**Juli** Die Regierung unterbindet die Tätigkeit der MMM AG, einer der größten Firmen Russlands, die mit dem Schneeballsystem Geld erwirtschaftet. Kurz darauf werden andere solcher Firmen aufgedeckt. Tausende von betrogenen Einzahlern haben durch sie ihre Einlagen verloren.
**11.10.** »Schwarzer Dienstag«: starker Kursverfall des Rubels.
**18.10.** Ermordung Dmitri Cholodows, eines 27-jährigen Journalisten der Zeitung *Moskovskij komsomolec*, der Material über die Korruption in der Russischen Armee gesammelt hatte.

Russische Soldaten an der Einfahrt nach Grosny

**26.11.** Nach dem gescheiterten Versuch militärischer Teile der tschetschenischen Opposition sowie der russischen Spezialdienste und des Verteidigungsministeriums der RF, Präsident Dshochar Dudajew zu stürzen, beschließt Russland militärische Handlungen gegen die rebellische Republik. Am 11.12. marschieren die ersten russischen Truppen in Tschetschenien ein. Am 17.12. beginnt per Erlass des Präsidenten *Über die Wiedereinsetzung der föderalen Organe der Exekutive auf dem Territorium der Tschetschenischen Republik* offiziell der Tschetschenienkrieg, der bis zum Aug. 1996 andauert. In der Neujahrsnacht werden beim Sturm auf Grosny zahlreiche Zivilisten und russische Militärangehörige getötet.

### Berlin ¬ Bundesrepublik Deutschland

**15.4.** Die Jürgen Schneider AG, ein Unternehmen, das vor allem in Großprojekte in den neuen Bundesländern investiert hatte, meldet mit über 5 Mrd. DM Schulden Konkurs an. Hauptgläubiger ist die Deutsche Bank, die ohne hinreichende Sicherheit Großkredite gewährt hatte. Schneider flieht ins Ausland, wird 1996 von den USA ausgeliefert und unter Anklage gestellt.
**23.5.** Die Bundesversammlung wählt den Präsidenten des Bundesverfassungsgerichts, Roman Herzog (CDU), zum Bundespräsidenten.
**29.5.** Erich Honecker stirbt in Santiago de Chile.
**14.6.** Bundeskanzler Helmut Kohl eröffnet in Bonn das *Haus der Geschichte der Bundesrepublik Deutschland*. Der Europarat zeichnet das Museum für Zeitgeschichte 1995 mit seinem Museumspreis aus.
**18.6.** Auf der Straße des 17. Juni in Berlin findet die letzte gemeinsame Parade von Truppen der westlichen Alliierten statt. Mit einer Abschiedsfeier in Beisein von Bundeskanzler Kohl, dem französischen Staatspräsidenten François Mitterrand, dem britischen Premier John Major und US-Außenminister Warren Christopher endet am 8.9. offiziell die seit 1945 währende Präsenz der Westalliierten USA, Großbritannien und Frankreich in Berlin.
**12.7.** Das Bundesverfassungsgericht erklärt die Beteiligung deutscher Soldaten an UN-Kampfeinsätzen für verfassungsgemäß.
**31.8.** Bundespräsident Roman Herzog, Bundeskanzler Helmut Kohl und der russische Präsident Boris Jelzin verabschieden in Berlin die letzten der ehemals sowjetischen Soldaten und Zivilisten aus Deutschland.
**16.10.** Bei den Bundestagswahlen wird die CDU/CSU-FDP-Koalition knapp bestätigt und Kohl bleibt weiterhin Bundeskanzler. Die SED-Nachfolgepartei PDS schafft den Einzug in den Bundestag.
**10.11.** Der neue Bundestag konstituiert sich im Reichstagsgebäude. Als Alterspräsident eröffnet Stefan Heym die Sitzung. Heym ließ sich für die Bundestagswahl von der PDS als Kandidat des Wahlkreises Berlin Mitte/Prenzlauer Berg aufstellen (ohne der Partei beizutreten) und gewinnt das Direktmandat gegen den SPD-Politiker Wolfgang Thierse. Neben Heym ziehen zwei weitere Schriftsteller, Gerhard Zwerenz und Heinrich Graf von Einsiedel, für die PDS in den Bundestag ein.
**18.11.** Jutta Limbach (SPD) wird als erste Frau Präsidentin des Bundesverfassungsgerichts.
**31.12.** Die Treuhandanstalt, die das verstaatlichte Industrievermögen der DDR privatisieren und sanieren sollte, beendet nach viereinhalb Jahren ihre Tätigkeit und hinterläßt 275 Mrd. DM Schulden, die nicht durch Privatisierungserlöse ausgeglichen werden können.

### andere

**28.2.** Erster militärischer Einsatz der NATO seit ihrer Gründung 1949: Abschuss serbischer Kampfflugzeuge in der Flugverbotszone über Bosnien-Herzegowina.

## BILDENDE KUNST

### Moskau ¬ Russland

**Jan.** Die Zeitschrift *Radek* erscheint. Sie ist das Organ des »revolutionären konkurrierenden Programms« Nezesjudik, zu dem Anatoli Osmolowski, Alexander Brener, Oleg Mawromatti, Dmitri Pimenow, Alexej Subarshuk, Alexander Rewisorow u. a. gehören.
1994/95 führt Alexander Brener in Moskau eine Reihe von Aktionen durch, die sowohl gegen die moderne russische Gesellschaft gerichtet sind als auch gegen die Vertreter der Moskauer Kunstwelt, u. a.: *Plagiat* (mit Bogdan Mamonow und Anton Litwin) im Puschkin-Museum für Bildende Künste vor einem Bild Vincent van Goghs, *Poslednee tabu, ochranjaemoe odinokim cerberom* (Das letzte Tabu, das von einem einsamen Zerberus bewacht wird, mit Oleg Kulik) in der Galerie Marat Guelman, Pervaja perčatka (Der erste Handschuh), bei der der Künstler Präsident Boris Jelzin zu einem Boxkampf auf dem Roten Platz herausfordert.

Aktion von Alexander Brener im Puschkin-Museum, Moskau

**18.5.–19.6.** Internationale Performance-Ausstellung *Pryžok v pustotu. Chudožnik vmesto proizvedenija* (Sprung in die Leere. Künstler anstatt Kunstwerk) im ZDCh mit Werken von Marina Abramović, Joseph Beuys, Christian Boltanski, Daniel Buren, Gilbert & George, der Gruppe General Idea, Michelangelo Pistoletto, Richard Prince u. a. Als russische Künstler nehmen u. a. teil: Gruppe Gnesdo (Nest), Kollektiwnyje dejstwija (Kollektive Aktionen), Muchomor (Fliegenpilz), Tschempiony mira (Weltmeister), Fenso, Dwishenije E.T.I. (Bewegung E.T.I.), Yuri Albert, Rimma Gerlowina, Waleri Gerlowin, Awdej Ter-Oganjan, Alexander Julikow. Auf der Vernissage tritt der nicht eingeladene Alexander Brener mit der Aktion *Počemu menja ne vzjali na ėtu vystavku* (Warum man mich nicht für diese Ausstellung genommen hat) auf.
**Aug.** *Die Wahl des Volkes*, Galerie Marat Guelman, Moskau. Komar & Melamid zeigen Arbeiten, die auf Vorlieben der Besucher basieren, die durch Umfragen ermittelt wurden.
**Sept.** *Herbst der Fotografie* im ZDCh mit der Abteilung »Aspekte der deutschen Fotografie der Gegenwart«. Im Marmorpalast in Sankt Petersburg läuft die der Geschichte der Fotografie des 20. Jhs. gewidmete Ausstellung *Renaissance und Résistance*, organisiert von der Neuen Akademie und der Abteilung für neue Tendenzen des Russischen Museums, Kuratoren: Timur Nowikow, Jekaterina Andrejewa. Erstmals werden in Russland Werke von Thierry Mugler, Robert Mapplethorpe u. a. präsentiert. Man beginnt sich für Fotografie zu begeistern.
**Nov.–Dez.** *NewMediaTopia*, eine Ausstellung des Zentrums für zeitgenössische Kunst von Soros im ZDCh präsentiert umfangreich die Moskauer Video-Szene und die mit neuen Technologien arbeitende Kunst.
**Dez.–Jan.95** *Es dreht sich und dreht sich*, die kinetische Kunst verschiedener Generationen ist hierzu im Filmmuseum vereint. Teilnehmer sind Wjatscheslaw Kolejtschuk, Alexander Sokolow, Boris Stutschebrjukow, Leonid Borissow, German Winogradow u. a.

### Berlin ¬ Bundesrepublik Deutschland

**Frühjahr** Anlässlich der *Neuen Hängung der deutsch-deutschen Kunstszene* in der Neuen Nationalgalerie, Berlin, mit Bildern der DDR-Künstler Bernhard Heisig, Wolfgang Mattheuer und Werner Tübke kommt es zu einer öffentlich ausgetragenen Kontroverse um den Propaganda-Gehalt dieser Werke und ihren Stellenwert in der Kunstgeschichte.
**19.11.–15.1.95** *Selbstidentifikation. Positionen St. Petersburger Kunst von 1970 bis heute*, Stadtgalerie im Sophienhof, Kiel, Kuratorinnen: Kathrin Becker, Barbara Straka; danach bis Ende 95: ifa-Galerie und Haus am Waldsee, Berlin, dann in Oslo (N), Sopot (PL) und 1996 im Russischen Museum St. Petersburg. Gezeigt werden Werke von Sergej Bugajew-Afrika, Jewgeni Ruchin, Igor Sacharow-Ross, Michail Schemjakin, Timur Nowikow und Wladislaw Mamyschew-Monroe.
**26.11.–30.1.94** *Agitation zum Glück. Sowjetische Kunst aus der Stalin-Zeit*, Kassel, Kurator: Hubertus Gaßner, documenta-Halle, Kassel, anschließend Russisches Museum, Sankt Petersburg.
Die *Ambient Art*, eine Kunstform, bei der die atmosphärische Gestaltung des Umraums das autarke Werk ersetzt und oft dienstleistende Interaktion an die Stelle einseitiger Rezeption tritt, setzt sich durch (Künstler u. a. Rikrit Tiravanija, Angela Bulloch, Jorge Pardo, Christine Hill). Galerien verwandeln sich in Clubräume. *Der Stand der Dinge*, Kölnischer Kunstverein, *Lost Paradise*, Kunst-Raum, Wien, *This Is the Show and the Show Is Many Things*, Museum van Hedendaagse Kunst, Gent, machen zudem die Ausstellung selbst zum Thema.

### andere

**26.5.–25.7.** *Der zerbrochene Spiegel – Positionen zur Malerei*, Kuratoren: Kasper König, Hans-Ulrich Obrist, Messepalast und Kunsthalle Wien, 15.10.–2.1.94 Deichtorhallen Hamburg.
**9.9.–23.1.95** *Hors Limites, l'art et la vie 1952–1994*, Centre Georges Pompidou, Musée national d'art moderne, Paris, Kurator: Jean de Loisy. Die Ausstellung spürt der Utopie und den Möglichkeiten der Verbindung von Kunst und Leben nach.

## ARCHITEKTUR ¬ DENKMAL

### Moskau ¬ Russland

Der »rote Aufgang« zum Facettenpalast des Moskauer Kreml wird wieder aufgebaut. Er war in den 30er Jahren im Zusammenhang mit dem Bau der Kreml-Kantine abgerissen worden.
Die Rekonstruktion des ersten Abschnitts der Staatlichen Gemäldegalerie mit dem Hauptgebäude ist abgeschlossen, A: Igor Winogradski. Neu hinzu kamen ein Depot sowie ein Gebäude mit Ausstellungs-, Vorlesungs- und Konferenzsälen, ein Kinderstudio für bildende Künste und ein Rechenzentrum.
In der Lawruschinski-Gasse wird eine Fußgängerzone geschaffen.
Bau des ersten exklusiven Wohnhauses auf der Weressajew-Str. mit bewachtem Hof und Tiefgaragen.

### Berlin ¬ Bundesrepublik Deutschland

**20.5.** Einweihung der *Bibliothek. Mahnmal zum Gedenken an die Bücherverbrennung vom 10.5.1933*, Bebelplatz, Berlin-Mitte, Wettbewerb 1993, 1. Preis und Realisierung durch den israelischen Künstler Micha Ullman. In der Mitte des Platzes liegt ein unterirdischer, katakombenartiger Raum mit weiß verputzten Betonwänden, an denen sich leere Regale befinden, die Platz für ca. 20.000 Bücher böten.
*Von Berlin nach Teutonia* (*arch+*, Nr. 122, Juni '94) versucht nach dem Erscheinen verschiedener Artikel in Tagespresse und Zeitschriften eine erste Zusammenfassung des *Berliner Architekturstreits*. Die Vertreter der »kritischen Rekonstruktion« (der Direktor des DAM in Frankfurt/M, Vittorio Magnago Lampugnani und Senatsbaudirektor Hans Stimmann, Berlin) plädieren für eine Blockrandbebauung auf historischem Stadtgrundriss und werden von ihren Gegnern (Dieter Hoffmann-Axthelm, Daniel Libeskind, Heinrich Klotz u. a.) als konservativ-reaktionäres Kartell bezeichnet. Tatsächlich bestimmen dessen Richtlinien (u. a. festgelegte Traufhöhe, steinverkleidete Fassaden) einen Großteil der Neubauten in Berlin, denn am 18.5.1999 werden die Gestaltungsvorschriften als verbindliche Leitplanung vom Berliner Senat verabschiedet. Unvereinbare Auffassungen von Urbanität stehen sich im Streit gegenüber.
Sächsischer Landtag, Dresden (beg. 1991), A: Peter Kulka, der erste Parlamentsneubau in den neuen Bundesländern. Ein leichter, zurückhaltender Bau ergänzt Altbauten. Der kreisrunde Plenarsaal erinnert an Günter Behnischs Parlamentsneubau für Bonn (1992).

Micha Ullman, *Bibliothek*, Berlin

### andere

**6.4.–17.7.** *Tyrannei des Schönen. Architektur der Stalin-Zeit*, MAK Österreichisches Museum für angewandte Kunst, Wien, Kuratoren: Peter Noever, Vladimir Rezvin, Hanna Egger, in Zusammenarbeit mit dem Schtschussew-Architekturmuseum, Moskau.
Fondation Cartier, Paris, A: Jean Nouvel, (beg. 1991), drei dem zentralen Baukörper vorgelagerte, gestaffelte Glaswände scheinen den Bau zu entmaterialisieren.

## FILM

### Berlin ¬ Bundesrepublik Deutschland

**1.3.** Im Frankfurter Schauspielhaus findet die dt. Premiere von Steven Spielbergs Film *Schindlers Liste* mit Liam Neeson unter Anwesenheit des Bundespräsidenten Richard von Weizsäcker, des Vorsitzenden des Zentralrats der Juden in Deutschland, Ignatz Bubis, des israelischen Botschafters Avi Primor und des Produzenten Artur Brauner statt. Zwei Wochen später erhält der Film in Los Angeles 7 Oscars.
**6.10.** *Der bewegte Mann*, R/B: Sönke Wortmann, nach den Comics von Ralf König. D: Till Schweiger, Katja Riemann, Joachim Król. Eine erfolgreiche Filmkomödie über Beziehungsprobleme.

### andere

*Smoke* (USA, EA BRD 19.10.1995) R: Wayne Wang/Paul Auster, D: Harvey Keitel, William Hurt. Der Film setzt sich aus kurzen Geschichten rund um einen New Yorker Tabakkiosk zusammen (vgl. auch *Blue in the Face*, 1994).
*Chongqing senlin* (Hongkong, *Chunking Express*, EA BRD 28.3.), R/B: Wong Kar-wai, D: Brigitte Ching-Xia Lin, Takeshi Kaneshiro. Der erste Film des in den 90ern zum Star aufsteigenden Kar-wai in deutschen Kinos. Mit *Duoluo Tianshi* (*Fallen Angels*, 1995), einer rasant geschnittenen Geschichte um eine Killerin und einen jungen Mann im nächtlichen Hongkong, gelingt ihm der endgültige Durchbruch.
*Léon* (F, *Léon – der Profi*, EA BRD 19.1. 1995), R/B: Luc Besson, D: Jean Reno in der Rolle eines Berufskillers, der ein 12-jähriges Waisenmädchen in seine Obhut nimmt.

## MEDIEN

### Moskau ¬ Russland

**Nov.** Der Staatliche Rundfunk und das Fernsehen Ostankino werden in die Aktiengesellschaft ORT umgewandelt. 49% der Aktien sind in den Händen eines Bankenkonsortiums.
**Dez.** Erste Kriegsreportagen aus Tschetschenien auf NTV. Die konträre Darstellung der Ereignisse auf den staatstreuen Kanälen und auf NTV wird zur ersten »TV-Schlacht« im russischen Fernsehen.

## THEATER ¬ MUSIK

### Moskau ¬ Russland

Pjotr Fomenko erhält den nationalen Theaterpreis »Goldene Maske« für seine Inszenierung von Fernand Crommelyncks *Velikolušnyj rogonosec* (*Le cocu magnifique, Der Hahnrei*) im Theater Satirikon; *Numer v gostinice goroda NN* (*Ein Zimmer im Hotel der Stadt NN*) nach Nikolai Gogols *Mërtvye duši* (*Die toten Seelen*) in der Inszenierung von Waleri Fokin im Meyerhold-Zentrum erhält den Preis »für das beste Stück«.
**29.1.** Peter Stein inszeniert die *Orestie* nach Aischylos am Akademischen Theater der Russischen Armee mit Jekaterina Wassiljewa als Klytämnestra und Jewgeni Mironow als Orest. Die Wahl des Stücks, das Parallelen zu aktuellen Demokratisierungsbemühungen nahe legt, und die stilisierende Darstellungsweise stoßen nicht nur auf Zustimmung.

### Berlin ¬ Bundesrepublik Deutschland

**3.2.** An der Schaubühne ist *Die Stunde, da wir nichts von einander wußten*, Peter Handkes wortlose Folge flüchtiger Passanten-Begegnungen, in einer heiter-poetischen Inszenierung von Luc Bondy zu sehen (BB: Gilles Aillauds).
**26.3.** Kurt Böwe spielt am Deutschen Theaters die Titelrolle des sympathisch-beharrlichen Fortschrittsverweigerers in Tankred Dorsts *Herr Paul* (R: Michael Gruner).
**21.4.** An der Volksbühne verlegt Frank Castorf die wilhelminische Posse *Pension Schöller* (von Laufs/Jakoby) in die NS-Zeit und vermengt sie mit Heiner Müllers *Die Schlacht* zu einem grotesk-komischen Kleinbürger-Albtraum.
**9.–18.9.** Festival *Pfeifen im Walde* im Podewil (Klosterstraße), Idee und Konzeption: Nicholas Collins; Konzerte mit alter und neuer Musik zum Thema des Pfeifens und Pfeifsprachen verschiedener Länder.
Der Kanadier Gordon Monahan (Pianist, Komponist, Performer) realisiert bei den Inventionen *Sound and the Machines that make them*. In den 90ern tritt er in Bars, Clubs und Institutionen Berlins auf. So 1993 mit *Exotic Trilogie* im Kellerraum des *Eimers* mit dem Koch Gordon W. und geladenen Musikern des experimentellen Spektrums, die 14 Stunden lang die drei Evergreens *Taboo*, *Caravan* und *Quiet Village* in individuellen Fassungen spielen. Mit Hammondorgel und Schräg-Musik-Ästhetik erfüllt er 1996–2000 regelmäßig den Klub *Schmalzwald* auf dem Gelände des Praters, einer experimentellen Außenstelle der Volksbühne.

### andere

*Gubaidulina-Festival* in Salzburg. Die seit 1993 nahe Hamburg lebende Komponistin Sofia Gubaidulina wird in diesen Jahren verstärkt rezipiert. 1995 UA ihrer Symphonie *Figury vremeni* (*Zeitgestalten*) durch das Birmingham Symphony Orchestra unter Leitung von Simon Rattle.
UA der Oper *Lolita* von Rodion Schtschedrin nach dem Roman von Vladimir Nabokov an der Schwedischen Königlichen Oper, Stockholm, Dir: Mstislaw Rostropowitsch.

## LITERATUR ¬ THEORIE

### Moskau ¬ Russland

**März–April** *Deutsche in Russland – Russen in Deutschland. Zeitalter der Aufklärung*, »Wuppertaler Projekt« der Bergischen Universität zur Erforschung der Geschichte deutsch-russischer Fremdenbilder, Ausstellung am Goethe-Institut Moskau, im Okt./Nov. 1996 in der Stadtsparkasse Wuppertal. Die von Lew Kopelew geleitete Forschungsgruppe stellt die Epoche der Aufklärung vor, in der der deutsch-russische Kulturaustausch besonders stark war.
**27.5.** Nach zwanzigjähriger Verbannung kehrt Alexander Solschenizyn nach Russland zurück. Am 28.10. hält er in der Staatsduma eine Rede.
In der Zeitschrift *Znamja* (Nr. 4/5) erscheint der Roman *General i ego armija* (*Der General und seine Armee*, Berlin 1997) von Georgi Wladimow, der den Verrat des mit Hitlers Armee kollaborierenden Generals Andrej Wlassow neu interpretiert. In der Zeitschrift *Novyj mir* (Nr. 10–12) erscheint der 2. Teil des Romans *Prokljaty i ubity* (Verflucht und ermordet) von Viktor Astafjew (1. Teil 1992), in dem der Schriftsteller und Frontkämpfer der Kriegserfahrung seiner Generation jeden Sinn abspricht.

### Berlin ¬ Bundesrepublik Deutschland

**21.11.** In einem offenen Brief im *Neuen Deutschland* polemisiert der Künstler Alfred Hrdlicka gegen Wolf Biermann.
Mit Brigitte Burmeisters *Unter dem Namen der Norma* (Stuttgart) und Fritz Rudolf Fries' *Die Nonnen von Bratislava* (München) erscheinen zwei Romane, die das Ende der DDR zum Thema haben.

# 1995

## POLITIK ¬ ZEITGESCHEHEN

### Moskau ¬ Russland

**24.1.** Erlass von Boris Jelzin *Über die Wiederherstellung der gesetzlichen Rechte von russischen Bürgern – ehemaligen sowjetischen Kriegsgefangenen und Zivilpersonen –, die während des Großen Vaterländischen Krieges und in der Nachkriegszeit repatriiert worden sind.*

**1.3.** Der Generaldirektor von ORT, Wladislaw Listjew, wird an der Eingangstür zu seinem Haus erschossen.

**14.–20.6.** Tschetschenische Kämpfer, angeführt von Schamil Bassajew, erobern in der Stadt Budjonnowsk (Region Stawropol) ein Krankenhaus und eine Geburtsklinik und nehmen eine große Zahl von Patienten als Geiseln. Nach Verhandlungen von Premierminister Viktor Tschernomyrdin mit dem Kämpfern werden die Geiseln freigelassen und ein Waffenstillstand für Tschetschenien vereinbart. Weitere Verhandlungen zu einer friedlichen Lösung des Konflikts werden am 6.10. nach dem Attentat auf den Befehlshaber der föderalen Truppen, General Anatoli Romanow, abgebrochen.

**15.–17.6.** Präsident Jelzin nimmt erstmals an einem G-7-Treffen in Halifax (Kanada) teil.

**5.7.** Einführung eines »Valutakorridors«, mit dem sich der Staat verpflichtet, den Kursverlauf des Rubels im Verhältnis zum Dollar zu kontrollieren. Bis Aug. 1998 stabilisiert sich der Rubel.

**1.8.** Iwan Kiwelidi, einer der größten Bankchefs und Präsident des »Runden Business-Tischs Russlands«, wird vergiftet. Ein Beispiel einer ganzen Reihe von Morden an großen Unternehmern, die die Verstrickung des Kampfs um ökonomische Macht mit kriminellen Methoden verdeutlichen.

**17.12.** Wahlen zur Staatsduma. Einen überlegenen Sieg trägt die KPRF mit Gennadi Sjuganow an der Spitze davon. Die regierungsfreundliche Partei Nasch dom – Rossija (Unser Haus – Russland) mit Viktor Tschernomyrdin an der Spitze kommt nur auf den dritten Platz, nach der von Wladimir Schirinowski geführten LDPR.

**Nov.–Dez.** Bei »Pfandauktionen« werden die größten Ölfirmen und die der metallverarbeitenden Industrie privatisiert. Es entstehen so genannte Oligarchien, die einen bedeutenden Teil der russischen Wirtschaft beherrschen.

**Juli** Egon Krenz (letzter Staatsratsvorsitzender der DDR) und andere Politbüromitglieder der SED werden des mehrfachen gemeinschaftlich versuchten Totschlags, d.h. der Mitverantwortung für die Toten an der DDR-Grenze, angeklagt und 1997 zu einer mehrjährigen Gefängnisstrafe verurteilt.

**1.8.** Erich Mielke (verantwortlich u. a. für den Aufbau des Staatssicherheitsdienstes in der DDR) wird aus gesundheitlichen Gründen aus dem Gefängnis entlassen, nachdem er im Okt. 1993 wegen der 1931 begangenen Morde an zwei Polizisten zu sechs Jahren Haft verurteilt und 1994 wegen Totschlags zusammen mit anderen Politbüromitgliedern angeklagt worden war (dieses Verfahren gegen Mielke wurde wegen Verhandlungsunfähigkeit eingestellt).

**6.12.** Der Bundestag stimmt der Stationierung von 4000 deutschen Soldaten in Kroatien zu.

### andere

**21.3.** Auf der OSZE-Konferenz in Paris werden ein Europäischer Stabilitätspakt und damit die »Epoche der Aussöhnung, des Dialogs und des Vertrauens in Europa« proklamiert.

**11.8.** US-Präsident Bill Clinton gibt die Einstellung aller US-amerikanischen Atomwaffentests bekannt.

**4.11.** Der israelische Ministerpräsident Yitzhak Rabin wird in Tel Aviv bei einer Friedenskundgebung erschossen. Der Attentäter ist ein der Siedlerbewegung nahestehender israelischer Student.

**14.12.** Unterzeichnung des in Dayton/Ohio ausgehandelten Friedensabkommens zwischen Serbien, Kroatien und Bosnien-Herzegowina (tritt am 20.3.96 in Kraft).

## BILDENDE KUNST

### Moskau ¬ Russland

Oleg Kulik vervollständigt sein 1994 begonnenes Projekt *Zoofrenija*, Erforschungen, wie man ein Tier wird: Er schafft Installationen und Objekte, führt Fotosessions und Aufsehen erregende Aktionen durch, darunter *Reservoir Dog* in Zürich (bei der er sich wie ein Hund vor dem Kunsthaus anketten lässt und die Besucher mit Knurren und Beißen daran zu hindern versucht, das Museum zu betreten), *S vami ja zver'* (Mit Ihnen bin ich eine Bestie) im Polytechnischen Museum, *Opyty zoocentrizma* (Erfahrungen des Zoozentrismus) im Moskauer Zoo und *Missioner* (Missionar) auf der Peschtschanaja-Straße in Moskau.

**Feb.** In der Ausstellung *Die Kunst zu sterben* in der Manege, organisiert von der Jakut-Galerie, werden Werke von Klassikern der russischen symbolistischen Kunst wie Alexander Benois, Konstantin Somow, Michail Wrubel sowie Arbeiten der zeitgenössischen Künstler Waleri Koschljakow, Nikolai Koslow, Dmitri Topolski, Inna Topolskaja und der Gruppe Četvërtaja vysota (Vierte Höhe) präsentiert.

**BILDENDE KUNST ¬** *Berlin–Moskau/Moskau–Berlin 1900–1950*, 3.9.–7.1.96 in der Berlinischen Galerie im Martin-Gropius-Bau, Berlin; 5.3.–30.6.96 im Staatlichen Puschkin-Museum für Bildende Künste, Moskau; Projektleitung: Irina Antonowa, Jörn Merkert. Die interdisziplinäre Ausstellung präsentiert die durch zwei Weltkriege, die Diktatoren Hitler und Stalin und eine künstlerisch von Avantgarde, faschistischem Klassizismus und Eklektizismus geprägte Zeit. Zur Eröffnung spricht im Kammermusiksaal Lew Kopelew. Ein umfangreiches Rahmenprogramm in sämtlichen Kunstsparten ergänzt die Ausstellung.

Ausstellung *Berlin–Moskau/Moskau–Berlin 1900–1950*, Martin-Gropius-Bau, Berlin

### Berlin ¬ Bundesrepublik Deutschland

**13.2.** Deutsche, britische und US-amerikanische Politiker und Militärs gedenken in Dresden gemeinsam der Zerstörung der Stadt durch britische Bomberverbände im Jahr 1945.

**Nov.** Ausstellung *Meilensteine* in der Galerie Beljajewo, gewidmet dem 20. Jubiläum der Ausstellung unabhängiger Künstler auf der WDNCh. Von den 145 damaligen Beteiligten werden nur dreißig gezeigt.

**20.12.–28.1.96** Retrospektive von Wladimir Jankilewski in der Tretjakow-Galerie am Krymski wal.

### Berlin ¬ Bundesrepublik Deutschland

**23.6.–7.7.** Christo & Jeanne-Claude, *Wrapped Reichstag*, Reichstag, Berlin-Tiergarten. Die Planung der Verhüllung des Reichstags geht zurück bis ins Jahr 1971. Nahezu 25 Jahre waren nötig, um die verantwortlichen Politiker von dem Vorhaben zu überzeugen, diesem symbolischen Bau

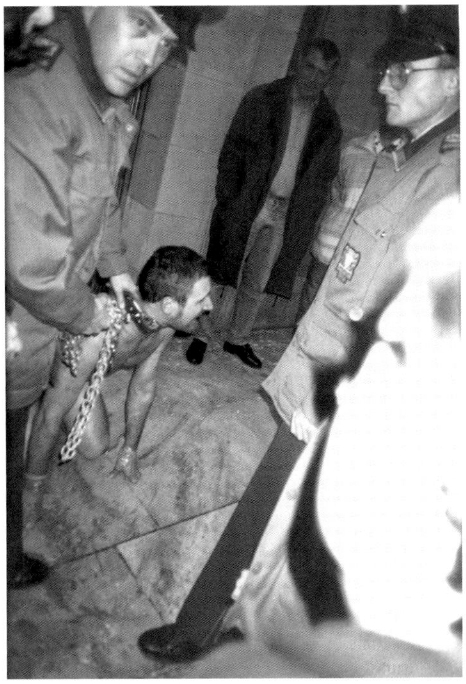

Oleg Kulik, *Reservoir dog*, Zürich

direkt an der Mauer temporär ein andersartiges Erscheinungsbild zu geben. Erst im Feb. 1994 – nachdem sich Bundestagspräsidentin Rita Süssmuth für das Projekt eingesetzt hatte – fiel im deutschen Bundestag die knappe Entscheidung für dessen Durchführung. Die konkrete Vorbereitung erforderte nochmals fast zwei Jahre. 100.000 m² Polypropylen-Gewebe mit aluminisierter Oberfläche und 15.600 m blaues Polypropylen-Seil mussten produziert und eine spezielle Stahlkonstruktion für die Türme des Reichstags gebaut werden. Das Projekt wurde – wie immer bei Christo und Jeanne-Claude – von den Künstlern über den Verkauf von Studien, Modellen und Grafiken selbst finanziert. Ca. 5 Mio. Besucher kommen, um den Reichstag in seiner silbernen Verpackung zu sehen.

*Flug – Entfernung – Verschwinden. Konzeptuelle Moskauer Kunst*. Galerie Hlavniho Města Prahy, Prag; Haus am Waldsee, Berlin; Stadtgalerie im Sophienhof, Kiel, im Rahmen von Ars Baltica; Kuratorinnen: Milena Slavická, Kathrin Becker, Dorothee Bienert, Olga Lopoukhová.

**30.9.–3.12.** *Siqueiros/Pollock. Pollock/Siqueiros*, Städtische Kunsthalle, Düsseldorf, Kurator: Jürgen Harten. Eine Gegenüberstellung des im Osten hoch angesehenen und im Westen als Propagandamaler geschmähten mexikanischen Muralisten und des amerikanischen Allover-Malers Jackson Pollock, der bei José Siqueiros in den 30er Jahren in New York einen »experimentellen Workshop zur Erprobung neuer Materialien und Techniken« besucht hatte.

### andere

**Dez.** *Filme des 20. Jahrhunderts*, Kunsthaus Zürich, Kurator: Harald Szeemann. Filme und bildende Kunst werden nach Begriffen wie Propaganda, Sex, Tanz, Gewalt, Helden, Humor u. a. zu einer kaleidoskopischen Geschichte des Menschen geordnet.

**11.6.–15.10.** *Identity and Alterity. Figures of the Body 1895/1995*, La Biennale di Venezia, Venedig, Kurator: Jean Clair.

## ARCHITEKTUR ¬ DENKMAL

### Moskau ¬ Russland

**9.5.** Einweihung des Memorialkomplexes zu Ehren des Sieges im Großen Vaterländischen Krieg 1941–45 auf dem Poklonnaja-Berg, Moskau (Wettbewerb 1990). Leitender Architekt der Arbeitsgruppe wird Anatoli Poljanski, monumentale bildhauerische Arbeiten ab 1993 von Surab Zereteli. Hauptgebäude mit Schlachtendioramen, »Halle des Ruhms«, »Gedächtnishalle« mit einem Museum, davor ein gigantischer Obelisk; neben einer dem hl. Georg geweihten orthodoxen Kirche befinden sich in dem »Siegespark« eine Moschee und eine katholische Kirche. Später kommt eine Synagoge hinzu. Außerdem ist an mehreren Stellen des Parks Kriegsgerät ausgestellt.

**Juni** Im Schtschussew-Architektur-Museum wird die Ausstellung *Zwei Häuser* gezeigt, in der das Moskauer Eigenheim des Architekten Konstantin Melnikow (1927–29) und Le Corbusiers für den Künstler René Guiette 1925/26 in Antwerpen gebaute Villa einander gegenübergestellt werden.

Die Internationale Moskauer Bank an der Pretschistenskaja Uferstraße, gegenüber dem Zentralen Haus des Künstlers, wird fertig gestellt, A: Alexander Skokan, Rais Baischow, Waleri Kanjaschin (Russland), Entwurfsplanung: Pallasmaa, Davidson & Linberg (Finnland). 1997 wird die Bank als eines der gelungensten Gebäude Moskaus der letzten Jahre bezeichnet, da hier die Integration eines Neubaus in sein historisches Umfeld versucht wurde.

Fertigstellung der Außenhandelsbank, A: Alexander Charitonow, Juri Ossin, Jewgeni Pestow, M. Filjuschkin, und der Bank Garantija, A: Jewgeni Pestow, Alexander Charitonow, in Nishni Nowgorod. Beide fügen sich gut in ihre Umgebung ein. Die Dezentralisierung des Verwaltungssystems fördert das Entstehen von regionalen Architekturschulen, die meist den Traditionen des Eklektizismus des 19. Jahrhunderts und dem Jugendstil folgen. Ein herausragendes Beispiel für die Belebung einer regionalen Architektur ist Nishni Nowgorod, wo Alexander Charitonow, der Chefarchitekt der Stadt, insbesondere historische Bezirke um- und bebaut.

### Berlin ¬ Bundesrepublik Deutschland

Abriss des DDR-Außenministeriums in Berlin-Mitte.

*Baustelle Moskau. Aktuelle Tendenzen Moskauer Architektur*, eine Ausstellung in der Akademie der Künste, Berlin.

*Heinz-Galinski-Grundschule*, Waldschulallee 73–75, Berlin-Charlottenburg, A: Zvi Hecker; der erste Neubau einer jüdischen Schule in Berlin seit der Zeit des Nationalsozialismus (Bauherr: Jüdische Gemeinde Berlin und Berliner Senat, Baubeginn 1993). Das dekonstruktivistische Ensemble besteht aus strudelartig zueinander gedrehten Pavillonelementen.

*Kant-Dreieck*, Büro- und Geschäftshaus, Kantstraße, Berlin-Charlottenburg (begonnen 1992), A: Josef Paul Kleihues. Das Gebäude wird dominiert von einem Turm aus zwei aufeinander gestellten Kuben mit unterschiedlicher Fassadengestaltung, auf dessen Dach sich ein großes metallenes Segel mit dem Wind dreht.

12. Darmstädter Gespräch: *Die prozessuale Stadt*. Mit Bezugnahme auf das 2. Darmstädter Gespräch *Mensch und Raum* (1951) werden in einer Arbeitskonferenz neue Strukturen des Städtischen, dessen Planbarkeit und evolutionäre Eigendynamik diskutiert. Teilnehmer sind u. a. Jacques Blumer, Medardo Chiapponi, Massimiliano Fuksas, Hermann Glaser, Joseph Huber, Daniel Libeskind, Günther Uhlig.

*Stiftung Neue Synagoge Berlin – Centrum Judaicum*, Oranienburger Straße 28–30, Berlin-Mitte. In der Pogromnacht 1938 wurde die Synagoge dank des mutigen Einschreitens eines Polizisten nur leicht beschädigt, jedoch 1943 durch Bomben stark zerstört. Eröffnung am 7.5. als Dokumentationszentrum mit Wechsel- und Dauerausstellungsräumen, Bibliothek der Jüdischen Gemeinde und Archiv mit dem Ziel, die Geschichte der Juden in Berlin und Umgebung aufzuarbeiten.

### andere

Rem Koolhaas, Bruce Mau, *S, M, L, XL*, New York. Die Publikation von OMA (Office for Metropolitan Architecture, Rotterdam) mit einem Glossar und assoziativen Bildketten behandelt verschiedene Architekturformate und ist ein Ausdruck der Begeisterung für »bigness«, z. B. für die groß angelegten Stadtentwürfe, wie sie zu dieser Zeit aus dem Nichts in Asien entstehen.

Martin Wuttke als *Arturo Ui*, Berlin

## FILM

### Moskau ¬ Russland

**27.3.** *Utomlënnye solncem/Soleil trompeur* (R/F 1994, *Die Sonne, die uns täuscht*, EA BRD 28.12.1995), R: Nikita Michalkow, eine tragische Farce über das Schicksal des kommunistischen Russlands in den 30er Jahren und den Beginn der stalinistischen Säuberungen. Der Film wird 1994 in Cannes ausgezeichnet.

**7.7.** *Musul'manin* (*Der Muselmane*, EA BRD 1.3.2001 arte), R: Wladimir Chotinenko, erzählt das tragische Schicksal eines Soldaten des Afghanistan-Krieges, der in Kriegsgefangenschaft zum Islam konvertiert und bei der Rückkehr in sein Dorf mit den dortigen orthodoxen Bräuchen kollidiert. In den Hauptrollen Jewgeni Mironow und Nina Ussatowa.

### Berlin ¬ Bundesrepublik Deutschland

**5.10.** *Schlafes Bruder*, R: Joseph Vilsmaier, D: Dana Vávrová, André Eisermann. Eine opulente Verfilmung des Romans von Robert Schneider über ein musikalisches Genie in einem Alpendorf.

**23.11.** *Der Totmacher*, R: Romuald Karmaker, D: Götz George, Jürgen Hentsch. Ein kammerspielartiges Psychogramm des Massenmörders Fritz Haarmann aus den 20ern nach Protokollen der gerichtspsychiatrischen Untersuchung.

### andere

**19.7.** *Trainspotting* (GB, *Trainspotting – Neue Helden*, EA BRD 15.8.1996), R: Danny Boyle, D: Ewan McGregor, Ewan Bremner, M: Iggy Pop, Brian Eno, Lou Reed, Blur u. a. Einfühlsames und schockierendes Porträt einer Clique von Heroin-Junkies nach einem Roman von Irvin Welsh.

*Seven* (USA, 1994/95, *Sieben*, EA BRD 23.11.1996), R: David Fincher, D: Brad Pitt, Morgan Freeman. Zwei Polizisten jagen einen Psychopathen, der eine an den sieben Todsünden orientierte Mordserie begeht.

*Ghost in the Shell/Koukaku Kidouta* (J, EA BRD 15.11.1996), R: Mamoru Oshii. Das populärste Beispiel des Trickfilmgenres, das die erfolgreichen Manga-Comics aufgreift.

## THEATER ¬ MUSIK

### Moskau ¬ Russland

**7.3.** *Poslednie* (*Die Letzten*) von Maxim Gorki im Theater-Studio von Oleg Tabakow. Inszenierung von Adolf Schapiro, der aus dem Rigaer Theater des jungen Zuschauers vertrieben wurde. Olga Jakowlewa in der Rolle der Sofia und Oleg Tabakow in der Rolle des Iwan Kolomizew.

**10.3.** Ein Teil der Truppe des Bolschoi-Theaters streikt, um gegen die Entlassung des künstlerischen Leiters des Theaters, Juri Grigorowitsch, zu demonstrieren. Dennoch tritt Wladimir Wassiljew an dessen Stelle.

**25.3.** *Prevraščenie* (*Die Verwandlung*) nach Franz Kafka, R: Waleri Fokin, eine gemeinsame Inszenierung des Meyerhold-Zentrums und des Theaters Satirikon. Das Stück, das Konstantin Raikin auf den Leib geschrieben ist, erhält auf dem Festival *BITEF-98* in Belgrad den ersten Preis.

**März, Mai, Okt.** Trilogie von Sergej Schenowatsch nach Fjodor Dostojewskis Roman *Idiot* (*Der Idiot*) im Theater auf der Malaja Bronnaja. Um den gesamten Roman auf die Bühne zu bringen, teilt der Regisseur ihn in drei Stücke auf: *Besstyžaja* (Die Schamlose), *Rycar' bednyj* (Der arme Ritter) und *Russkij svet* (Russische Welt).

### Berlin ¬ Bundesrepublik Deutschland

**3.6.** Heiner Müller inszeniert am Berliner Ensemble Brechts Hitler-Farce *Der aufhaltsame Aufstieg des Arturo Ui* mit Martin Wuttke in der Titelrolle und dem greisen Bernhard Minetti (später Marianne Hoppe) in der Rolle des Schauspiellehrers des Diktators. Müller stirbt im Dezember. Das Ensemble tourt mit dem Stück in den folgenden Jahren um die Welt und gastiert vom 17. bis 19.5. 1996 in Moskau.

**22.6.** UA von Alfred Schnittkes Oper *Historia von D. Johann Fausten* an der Hamburgischen Staatsoper, Libretto: Jörg Morgener, nach dem Volksbuch von Johann Spies aus dem 16. Jh. Bereits am 26.5. war Schnittkes Oper *Gesualdo* an der Staatsoper Wien uraufgeführt worden; Libretto der im 16. Jh. im Königreich Neapel spielenden Liebesgeschichte: Richard Bletschacher.

**Sommer** *Fête de la musique*, erstmals in Berlin: An verschiedenen Orten spielen kostenfrei Musiker aller Stilrichtungen. Seit 1982 findet in Paris ein entsprechendes Festival statt.

**31.10.** Am Düsseldorfer Schauspielhaus inszeniert Karin Beier Shakespeares *Sommernachtstraum* mehrsprachig und multikulturell.

## LITERATUR ¬ THEORIE

### Moskau ¬ Russland

In der Zeitschrift *Družba narodov* erscheint der autobiographische Roman von Andrej Sergejew *Al'bom dlja marok* (Briefmarkenalbum) über das Leben der Nachkriegsgeneration, eines der herausragendsten literarischen Ereignisse der 90er Jahre im Bereich Non-Fiction, das eine breite Popularität gewinnt.

### Berlin ¬ Bundesrepublik Deutschland

Christa Wolf greift in ihrem Roman *Medea. Stimmen* (Hamburg/Zürich; russ. in: *Inostrannaja literatura*, Nr. 1, Moskau 1997) nach *Kassandra* (1983; russ. in: *Inostrannaja literatura*, Nr. 1, Moskau 1996) ein zweites Mal auf eine Frauengestalt der griechischen Mythologie zurück.

Schauplatz von Erich Loests Familiengeschichte *Nikolai-Kirche* (Leipzig), die vom »Endspiel« der DDR handelt, ist die Leipziger Kirche, von der die Montagsdemonstrationen der oppositionellen Bürgerbewegung ausgingen.

Jens Sparschuh schickt in *Der Zimmerspringbrunnen. Ein satirischer Heimatroman* (Köln) seine Protagonisten als Zimmerspringbrunnenvertreter in die deutschen Wohnzimmer der Nachwendezeit.

Katja Lange-Müller, *Verfrühte Tierliebe* (Köln), zwei Erzählungen über Machtstrukturen im Alltag der DDR.

Thomas Hettche, *NOX* (F/M), ein Roman über den November 1989.

Bernhard Schlink, *Der Vorleser* (Zürich; in: *Almanach der deutschen Literatur*, Moskau 1997), reflektiert mit der Geschichte eines ungleichen Paares Schuldverstrickungen im Nationalsozialismus.

Christian Kracht, *Faserland* (München), schickt seinen vergnügungssüchtigen Helden im Banne des Konsums quer durch Deutschland. Die Kritik findet für Krachts Debüt den Terminus »Popliteratur«.

## POLITIK ¬ ZEITGESCHEHEN

### Moskau ¬ Russland

**Jan.** Der Gouverneur des Gebietes Nishni Nowgorod, Boris Nemzow, sammelt 1 Mio. Unterschriften gegen den Krieg in Tschetschenien.
**9.–18.1.** Tschetschenische Kämpfer, geführt von Salman Radujew, fallen in die Stadt Kisljar (Dagestan) ein und erobern das städtische Krankenhaus. Sie ziehen sich mit 100 Geiseln in das Dorf Perwomaiskoje zurück, wo sie von Soldaten der Föderation umstellt werden, die das Dorf nach einigen Tagen stürmen. Radujew kann mit einem Teil seiner Leute nach Tschetschenien entkommen.
**9.1.** Zum Außenminister der RF wird anstelle von Andrej Kosyrew Jewgeni Primakow ernannt, ehemaliger Chef des Auslandsnachrichtendienstes. Dieser Wechsel signalisiert eine Abkehr vom westlich orientierten Kurs der Politik zu Beginn der 1990er Jahre.
**23.1.** Zum Zeichen des Protests gegen die Kriegshandlungen in Tschetschenien scheidet der bekannte Bürgerrechtler und Deputierte der Staatsduma, Sergej Kowaljow, aus dem Präsidentenrat aus und tritt von seinem Amt als Leiter der dem Präsidenten unterstellten Kommission für Menschenrechte zurück.
**15.2.** Boris Jelzin verkündet seine Entscheidung, für das Amt des Präsidenten der RF zu kandidieren. Da Jelzin in der Bevölkerung wenig Rückhalt hat und der kommunistische Kandidat Gennadi Sjuganow sich großer

Boris Jelzin im Wahlkampf, Rostow, 10. Juni

Beliebtheit erfreut, setzen sich viele von Jelzins engsten Mitarbeitern für eine Verschiebung der Wahlen ein. Dennoch kann eine aufwendige Wahlkampagne, die von allen zentralen Massenmedien unterstützt wird, den Teil der Wähler mobilisieren, der eine kommunistische Revanche fürchtet. Führende Schlager- und Rockmusiker begleiten Jelzin mit der Losung »Gib deine Stimme ab, sonst wirst du verlieren« auf seinen Reisen durchs Land. Am 16.6. liegt Jelzin im ersten Wahldurchgang mit einer knappen Mehrheit vor Sjuganow. Am 18.6. wird General Alexander Lebed, der auf dem dritten Platz folgt, zum Sekretär des Sicherheitsrates ernannt. Am 25.6. hat Jelzin einen Herzinfarkt, der vor der Öffentlichkeit geheim gehalten wird. Im 2. Wahlgang wird Jelzin am 3.7. mit großer Mehrheit zum Präsidenten gewählt.
**28.2.** Aufnahme Russlands in den Europarat.
**21.4.** Dshochar Dudajew, der Präsident Tschetscheniens, stirbt. Vizepräsident Selimchan Jandarbijew wird sein Nachfolger.
**6.8.** In Grosny marschieren tschetschenische bewaffnete Formationen ein. In Chassawjurt unterzeichnen am 30.8. der Sekretär des Sicherheitsrates, Alexander Lebed, und der Stabschef der tschetschenischen Formationen, Aslan Maschadow, eine Erklärung über die Weiterführung der Verhandlungen und einigen sich darauf, die endgültige Regelung der Tschetschenienfrage um fünf Jahre zu vertagen. Ende des Jahres werden die russischen Truppen aus Tschetschenien abgezogen. Der erste Tschetschenienkrieg endet de facto mit der Unabhängigkeit Tschetscheniens.
**17.10.** Alexander Lebed wird per Dekret entlassen.
**10.11.** Auf dem Kotljakowskoje-Friedhof in Moskau wird ein Terroranschlag auf das Grabmal des ermordeten Vorsitzenden der Russischen Stiftung für Veteranen des Afghanistankrieges verübt. Bei der Explosion kommen 13 Menschen ums Leben, die sich zu einer Gedenkveranstaltung dort versammelt hatten (darunter der Leiter der Organisation für Afghanistan-Veteranen), Dutzende werden verwundet.

Surab Zereteli, Denkmal für Peter I., Moskau

### Berlin ¬ Bundesrepublik Deutschland

**16.1.** Israels Präsident Ezer Weizman spricht als erstes israelisches Staatsoberhaupt vor dem deutschen Bundestag. Er erwähnt die »Freundschaft und Zusammenarbeit« beider Staaten, warnt aber zugleich vor den Gefahren des Rassismus und Neonazismus.
**18.4.** Das Bundesverfassungsgericht entscheidet, dass die in der Sowjetischen Besatzungszone 1945–49 vorgenommenen Enteignungen von Großgrundbesitz nicht rückgängig zu machen sind und bestätigt damit eine Regelung des Einigungsvertrages von 1990.
**13.12.** Der Bundestag billigt den auf 18 Monate befristeten Einsatz von 3000 deutschen Soldaten in Bosnien im Rahmen der SFOR-Mission der UNO. Die Bundeswehr beteiligt sich damit erstmals an der internationalen militärischen Absicherung eines Friedensabkommens. Am 18.6.1998 wird der Einsatz der Friedenstruppe verlängert.
**20.12.** Bundesaußenminister Klaus Kinkel und sein tschechischer Amtskollege Josef Zieleniec besiegeln in Prag die deutsch-tschechische Erklärung, in der beide Seiten das im Zusammenhang mit dem 2. Weltkrieg begangene Unrecht bedauern, sowohl die Verbrechen während der deutschen Besatzung als auch die der Vertreibung von 2,5 Millionen Sudetendeutschen. Am 21.1.1997 unterzeichnen Bundeskanzler Helmut Kohl und der tschechische Ministerpräsident Václav Klaus eine gemeinsame Deklaration zur deutsch-tschechischen Aussöhnung.

### andere

**27.9.** Radikal-islamische Taliban-Milizen erobern Kabul und rufen in Afghanistan einen islamischen Staat aus. Der ehemalige Präsident Najibullah wird öffentlich hingerichtet. Gegner der Taliban schließen sich im Norden des Landes zu einer Allianz zusammen.

## BILDENDE KUNST

### Moskau ¬ Russland

**23.2.–23.3.** Die Ausstellung *Fluxus: gestern, heute morgen. Geschichte ohne Grenzen* im ZDCh wird begleitet von Konzerten und Performances von Vertretern der Fluxus-Bewegung. Gezeigt werden auch Werke der Moskauer Konzeptualisten aus der Sammlung des Museums MANI.
**5.3.–30.6.** Parallel zur Ausstellung *Moskau–Berlin. 1900–1950* im Staatlichen Puschkin-Museum für Bildende Künste, Moskau, läuft im Zentrum für zeitgenössische Kunst und in der TV-Galerie die Ausstellung *Bilanz: Moskauer Stipendiaten der Akademie der Künste Berlin*. Beim Festival *Berlin in Moskau. Welt ohne Grenzen*, 17.5.–2.6., können die Besucher die Arbeit junger Moskauer und Berliner Künstler kennen lernen. Im Mossowjet-Theater wird die Architekturausstellung *Berlin im Aufbau* gezeigt.
**12.4.–12.5.** In verschiedenen Institutionen Moskaus läuft der *1. Moskauer Monat der Fotografie*, organisiert vom Moskauer Haus der Fotografie unter der Leitung von Olga Swiblowa. Die Moskauer Foto-Biennale wird eine ständige Einrichtung.
**31.5.–6.6.** Im ZDCh läuft der 1. Moskauer Kunstmarkt *ART MOSKWA*, organisiert von der Firma Expo-Park.
**3.6.–10.7.** *Nonkonformisten: die zweite russische Avantgarde 1955–1988*, die Sammlung Bar-Gera aus Köln wird präsentiert im Russischen Museum, St. Petersburg; anschließend: Tretjakow-Galerie, Moskau; Städelsches Kunstinstitut und Städt. Galerie, Frankfurt/M; 1997 in Leverkusen und Bottrop. Die Ausstellung zeigt Werke von Wagritsch Bachtschanjan, Erik Bulatov, den Künstlern der Lianosowo-Gruppe, Ilya Kabakov, Dmitri Krasnopewzew, Ernst Neiswestny, Wladimir Pjatnizki, Boris Sweschnikow, Wadim Sidur, Ülo Sooster u. a.
**14.6.–20.8.** Die Ausstellung *Along the Frontier* im Staatlichen Russischen Museum, St. Petersburg, präsentiert amerikanische Video-Art mit Arbeiten von Ann Hamilton, Bruce Nauman, Bill Viola und Francesco Torres.

### andere

**22.9.–26.10.** *Inklusion: Exklusion, Kunst im Zeitalter von Postkolonialismus und globaler Migration*, steirischer herbst 96 im Reininghaus, Graz, Kurator: Peter Weibel.

## ARCHITEKTUR ¬ DENKMAL

### Moskau ¬ Russland

Auf einer Landzunge zwischen der Moskwa und einem Kanal errichtet der Bildhauer Surab Zereteli – ungeachtet zahlreicher Proteste – das 70 m hohe Denkmal für Zar Peter I. Fertigstellung des 23-geschossigen Hochhauses der Akademie der Volkswirtschaft, A: L. Perlini, Italien, Jakow Belopolski u. a. Mit seiner Fassade aus hellblauem Spiegelglas gleicht das Gebäude einem großen Kristall.
Bau des High-Tech-Gebäudekomplexes der Sberbank der RF am Wawilowa Prospekt 19, A: Leonid Wawakin, Wladimir Stejskal, Nikolai Ljutomski (Russland), H. Hoos, D. Wonderlich-Buis (Deutschland). Banken werden zu Hauptauftraggebern für Architekten. Gebaut werden eine Außenstelle der Sberbank im Stadtbezirk Wolgogradski, Leitender A: Michail Chasanow, die Konversbank auf der Kotelnitscheskaja Uferstraße, A: Michail Leonow, Tatjana Sinjawskaja und Valentina Bugrowa, die Unikombank in der Dajew-Gasse, Leitender A: Dmitri Solopow.

### Berlin ¬ Bundesrepublik Deutschland

**12.9.** Eröffnung des CentrO, Oberhausen, A: RKW (Helmut Rhode, Friedel Kellermann, Hans Günter Wawrowsky; beg. 1994). Auf dem Gelände eines ehem. Stahlwerkes ließ eine englische Investorengruppe von den amerikanischen Architekten ein gigantisches Shoppingcenter mit »erlebnisorientierter« Gastronomie entlang einer mit architektonischen Zitaten aufgelockerten Promenade errichten. Daran schließt ein riesiger Freizeitpark an. In das Zentrum integriert ist der Gasometer, in dem seit 1994 publikumswirksame Ausstellungen gezeigt werden. Hier realisieren z. B. 1999 Christo & Jeanne-Claude *The Wall*, eine den Innenraum des Gasometers teilende Mauer aus 13.000 Ölfässern.

**1.11.** Eröffnung des Hamburger Bahnhofs, Museum für Gegenwart, Invalidenstraße 50–51, Berlin-Tiergarten, A: Josef Paul Kleihues. Einer der ältesten erhaltenen Bahnhofsbauten Deutschlands erfuhr einen zurückhaltenden Umbau.
Fertigstellung der Friedrichstadtpassagen, entlang der vor dem Krieg für ihren Glamour berühmten Friedrichstraße, Berlin-Mitte, A: Oswald Mathias Ungers (Quartier 205), Henry Cobb, I.M. Pei, Freed & Partners (Quartier 206), Jean Nouvel (Galeries Lafayette, Quartier 207). Die drei sehr unterschiedlichen Baukörper mit Geschäften und Büros werden von einer unterirdischen Einkaufspassage verbunden.
Messebauten, Leipzig, A: Meinhard von Gerkan, Volkwin Marg und Partner, ein gigantisches Projekt mit fünf Hallen, einem Kongresszentrum und der Messeverwaltung im Norden der Stadt. Zentral steht eine riesige Glashalle mit einer filigranen, nach außen verlagerten Tragwerkskonstruktion.
Fertigstellung des Erweiterungsbaus der Kunsthalle Hamburg (begonnen 1986), A: Oswald Mathias Ungers. 23.2.1997 Eröffnung der Galerie der Gegenwart. Von außen ist der Bau ein imposanter Quader auf einem schräg ansteigenden Sockel.

### andere

**9.10.** Die polnische Regierung sieht von den umstrittenen Plänen ab, auf dem Gelände des früheren KZ Auschwitz einen Supermarkt zu errichten. Stattdessen soll dort ein Studien- und Kongresszentrum entstehen.

## FILM

### Moskau ¬ Russland

**8.8.** Sergej Bodrows pazifistisches Drama *Kavkazskij plennik* (R/Kas, *Gefangen im Kaukasus*, EA BRD 29.5.1997) knüpft an die gleichnamige Erzählung von Lew Tolstoi an. In den Rollen der russischen Soldaten in tschetschenischer Kriegsgefangenschaft: Sergej Bodrow jr. und Oleg Menschikow.

### Berlin ¬ Bundesrepublik Deutschland

**19.12.** *Jenseits der Stille*, R: Caroline Link, D: Sylvie Testud, Tatjana Trieb, Howie Seago. Der Spielfilm schildert das Zusammenleben von Hörenden und Gehörlosen in einer Familie. Der Debütfilm der Absolventin der Münchner Filmhochschule erhält in Los Angeles den Oscar für den besten ausländischen Film.

Das neue Gebäude der Sberbank Russlands, Moskau

### andere

**21.2.** *Lost Highway* (USA, EA BRD 10.4.1997), R/B: David Lynch, D: Bill Pullman, Patricia Arquette, ein verrätseltes Eifersuchtsdrama, formal und inhaltlich komplex und surreal.
**28.2.** *Breaking the Waves* (DK, EA BRD 3.10.), R/B: Lars von Trier, D: Emily Watson, Stellan Skarsgard; die bedrückende Geschichte einer selbstzerstörerischen Liebe.
*Toy Story* (USA 1995, EA BRD 21.3.); die Geschichte um die Rivalität zweier Spielzeugfiguren ist der erste komplett am Computer animierte Spielfilm.

## MEDIEN

### Moskau ¬ Russland

Auf RTR beginnt die Talk-Show *Meine Familie* von Waleri Komissarow, in der Familienkonflikte im Beisein von Zuschauern geklärt werden sollen.

### Berlin ¬ Bundesrepublik Deutschland

**26.4.** Der am 25.3. in Hamburg entführte Multimillionär Jan Philipp Reemtsma wird gegen ein Lösegeld von 30 Mio. DM freigelassen. Die Zusammenarbeit von Presse und Polizei in diesem Fall ist einzigartig: Mit täglichen Kleinanzeigen in der *Hamburger Morgenpost* hielt die Polizei mit den Kidnappern Kontakt. Die Medien veröffentlichen ihre Informationen nicht, um Reemtsmas Leben nicht zu gefährden. Ende Mai werden drei mutmaßliche Entführer festgenommen, 1999–2002 die anderen Täter. Das Lösegeld taucht nur z.T. wieder auf.
Die Pop-Zeitschrift *Spex* verkündet den Höhepunkt der »Retro-Ästhetik«. Insbesondere die trashige Mode und Musik der 60er und 70er-Jahre werden in Clubs mit Flokati und Lavalamps reaktiviert.

## THEATER ¬ MUSIK

### Moskau ¬ Russland

**10.2.** *Plač Ieremii* (*Das Klagelied des Jeremiah*) zu einem biblischen Text mit Musik von Wladimir Martynow in der Schule der dramatischen Kunst ist ein in Szene gesetztes Gebet zum Thema des »einsamen und verschmähten Jeremiah«. Bühnenbild und Inszenierung von Anatoli Wassiljew.
**März–Juli** Im Rahmen des 2. Internationalen Tschechow-Theaterfestivals wird die von Peter Stein inszenierte *Orestie* von Aischylos gezeigt.
**27.6.** Die Berliner Tanztheaterproduktion *Travelouge I* von Sasha Waltz ist am Mossowjet-Theater zu Gast.

### Berlin ¬ Bundesrepublik Deutschland

**17.2.** Bertolt Brechts *Herr Puntila und sein Knecht Matti* am Berliner Ensemble, R: Einar Schleef, der selbst als Puntila einen Chor teils nackter Knechte drangsaliert. Einige Theaterkritiker werfen Schleef eine »faschistoide« Ästhetik vor.
**26.9.** UA von Sasha Waltz' Produktion *Allee der Kosmonauten* in den Sophiensälen, Berlin-Mitte, dem neuen Standort von Sasha Waltz & Guests. 1993 gründeten Waltz und Jochen Sandig die Kompanie, die zu einem der erfolgreichsten Tanztheater der Gegenwart avanciert.
**17.10.** Frank Castorfs ironische Inszenierung von Zuckmayers Drama *Des Teufels General* an der Volksbühne, Berlin-Mitte, legt Triebstrukturen frei. Corinna Harfouch spielt im ersten Teil den Fliegergeneral als Macho und Salonlöwe.
**5.12.** Mit Nicky Silvers kannibalischer Boulevard-Groteske *Fette Männer im Rock* zeigt Thomas Ostermeier seine erste Regiearbeit als neuer Leiter der *Baracke* des Deutschen Theaters. Die Spielstätte in Berlin-Mitte widmet sich vor allem junger internationaler Dramatik.

**19.12.** Am Deutschen Schauspielhaus in Hamburg inszeniert Christoph Marthaler traurig-schön und kunstvoll Ödön von Horváths *Kasimir und Karoline* mit Joseph Bierbichler in der Hauptrolle.

## LITERATUR ¬ THEORIE

### Moskau ¬ Russland

In der Zeitschrift *Znamja* (Nr. 4/5) wird Viktor Pelewins Roman *Čapaev i Pustota* (*Buddhas kleiner Finger*, Berlin 1999) veröffentlicht. Mit dieser psychedelischen Prosa, die unter dem starken Einfluss östlicher Kulte entstanden ist, kommt der Prosaschriftsteller, dessen Romane *Žizn' nasekomych* (*Das Leben der Insekten*, Leipzig 1997) und *Omon Ra* (1992, *Omon hinterm Mond*, Leipzig 1994) zuvor als Beispiele jugendlicher Oppositionskultur galten, im literarischen Mainstream an.

### Berlin ¬ Bundesrepublik Deutschland

**4.9.** Der US-amerikanische Politologe Daniel Jonah Goldhagen diskutiert in Deutschland öffentlich über seine in dem Buch *Hitlers willige Vollstrecker. Ganz gewöhnliche Deutsche und der Holocaust* (Berlin, *Hitler's Willing Executioners*, New York 1996) veröffentlichten Thesen. Goldhagen vertritt die Auffassung, der Massenmord während des Nationalsozialismus sei von Durchschnittsdeutschen begangen worden, die sich bereitwillig in den Dienst der Mordmaschinerie gestellt hätten.
In der *Süddeutschen Zeitung* erscheint Peter Handkes Reisebericht über Serbien *Eine winterliche Reise zu den Flüssen Donau, Save, Morawa und Drina oder Gerechtigkeit für Serbien* als Vorabdruck. Handke wird wegen seiner proserbischen Stellungnahme im Bosnien-Krieg heftig kritisiert.
In seinem Gedichtband *morsch* (F/M) spielt Thomas Kling, wie schon in vorhergehenden Bänden (*brennstabm*, F/M 1991; *nacht.sicht.gerät*, F/M 1993) mit dem Materialcharakter der Sprache, indem er deren Sinnzusammenhänge zerstört und ihre elementaren Bestandteile zum Vorschein kommen lässt.
Thomas Brussig, *Helden wie wir* (Berlin), ein satirischer Roman über einen kleinen Spießer im real existierenden Sozialismus, dem die Geschichte eigentlich die Öffnung der Berliner Mauer zu verdanken hat.
Michael Roes, *Leeres Viertel, Rub' Al-Khali* (F/M). Der Abenteuer- und Reiseroman erzählt in Parallelgeschichten über zwei völkerkundliche Expeditionen nach Südarabien, von denen eine Ende des 18. Jhs., die andere in heutiger Zeit stattfindet.

**MUSIK ¬** *sonambiente. festival für hören und sehen,* internationale Klangkunst im Rahmen der 300-Jahrfeier der Akademie der Künste vom 9.8. bis 8.9., Berlin; Kuratoren: Christian Kneisel, Matthias Osterwold, Georg Weckwerth. Für dieses einmalige Festival von Klanginstallationen, Performances u. ä. werden neue Räume im Ostteil der Stadt als temporäre Ausstellungsorte erobert (z. B. das Postfuhramt, die Sophiensäle, das Staatsratsgebäude). Festivalzentrale ist das zum Teil zerstörte Gebäude der Akademie der Künste am Pariser Platz. Beteiligte Künstler: Laurie Anderson, Christian Marclay, Max Neuhaus, Alvin Lucier, Brian Eno, Nam June Paik, Akio Suzuki, die in Berlin ansässigen Christina Kubisch, Rolf Julius, Hans-Peter Kuhn u. a. Berlin etabliert sich damit endgültig als eines der Weltzentren für Klangkunst.

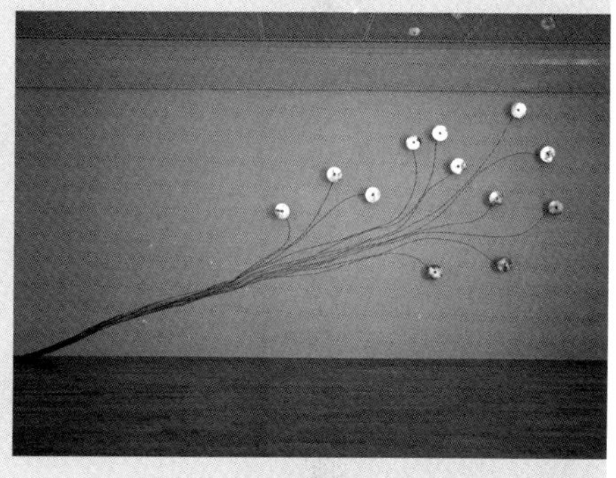

Christina Kubisch, *The True & the False*, 1996

# 1997

## POLITIK ¬ ZEITGESCHEHEN

### Moskau ¬ Russland

**27.1.** Präsidentenwahl in Tschetschenien, aus der Aslam Maschadow siegreich hervorgeht.
**März** Boris Jelzin nimmt Umbesetzungen in der Regierung vor. Erste Stellvertretende Ministerpräsidenten werden der Gouverneur des Bezirks Nishni Nowgorod, Boris Nemzow, und Anatoli Tschubais, ehemaliger Leiter des Komitees für Staatseigentum und Leiter des Wahlstabs von Jelzin. Es wird die so genannte Regierung der Jungreformatoren geschaffen. Schon ab Herbst erweist sie sich jedoch als handlungsunfähig, da Bankchefs und TV-Magnaten wie Boris Beresowski und Wladimir Gussinski, gestützt von einer Kampagne aller großen Massenmedien, gegen die Regierung arbeiten.
**2.4.** In Moskau unterzeichnen Boris Jelzin und der Präsident von Weißrussland, Alexander Lukaschenko, den Unionsvertrag zwischen Russland und Weißrussland. Am 8.12.1999 wird der Vertrag über die Schaffung eines Unionsstaates abgeschlossen. Ungeachtet der Vielzahl unterschriebener Dokumente geht der Vereinigungsprozess der beiden Länder kaum voran.
**Mai** Während eines Besuchs des russischen Premierministers Viktor Tschernomyrdin in der Ukraine wird eine Kompromisslösung für den Standort der Schwarzmeerflotte und ihre Stützpunkte in Sewastopol ausgearbeitet.
**1.9.** Als Höhepunkt seines fünftägigen Staatsbesuchs spricht Bundespräsident Roman Herzog als erstes deutsches Staatsoberhaupt im russischen Fernsehen. Der Bundespräsident wirbt für eine enge Kooperation mit Deutschland.

850. Jubiläum von Moskau, vorne: Denkmal des Stadtgründers Juri Dolgoruki

**POLITIK** ¬ An den Feierlichkeiten zum 850. Jahrestag der Gründung Moskaus vom 5. bis 7.9. beteiligen sich alle bekannten russischen Pop-Stars. Auf dem Roten Platz finden eine Theaterinszenierung von Andrej Michalkow-Kontschalowski und eine musikalisch untermalte Lasershow des Franzosen Jean Michel Jarre statt. Auf dem Manege-Platz wird ein Geschäfts- und Unterhaltungszentrum eröffnet (Werkstatt des Architekten D. Lukajew), zu dem auch vier unterirdische Etagen gehören mit Atrien, Restaurants, Wasserspielen hin zum Alexander-Garten, einem archäologischen Museum im Bereich der Woskressenski-Brücke und einer Reihe von Kinderskulpturen des Bildhauers Surab Zereteli. Der Moskauer Bürgermeister Juri Lushkow bringt mit diesen Feierlichkeiten seine Ambitionen in Bezug auf das Präsidentenamt zum Ausdruck.

### Berlin ¬ Bundesrepublik Deutschland

**24.2.** In München versuchen Neonazis die Eröffnung der umstrittenen Ausstellung *Vernichtungskrieg. Verbrechen der Wehrmacht 1941 bis 1944* zu verhindern. Die Ausstellung wurde zuvor bereits von 120.000 Menschen an 15 Orten in Deutschland und Österreich besucht.
**25.2.** Aus Protest gegen den bevorstehenden Atommüll-Transport ins niedersächsische Zwischenlager Gorleben werfen Atomkraftgegner Hakenkrallen auf Bahn-Oberleitungen und legen so sechs Zugstrecken lahm – eine Praxis, die sie künftig häufiger verfolgen.
**10.4.** Im »Mykonos-Prozess« verurteilt das Berliner Kammergericht vier der Angeklagten wegen der Ermordung von vier iranisch-kurdischen Oppositionspolitikern am 17.9.1992 in Berlin zu hohen Freiheitsstrafen. Die Richter verorten die Drahtzieher des Anschlags in der iranischen Staatsführung. Daraufhin ruft die Bundesregierung ihren Botschafter aus Teheran zurück. Alle Mitglieder der EU folgen dem deutschen Beispiel. Im Gegenzug zieht die iranische Regierung ihren Botschafter aus der Bundesrepublik ab. Im Nov. kehren die Botschafter der EU-Mitgliedstaaten nach Teheran zurück.
**16.4.** Der russische Präsident Boris Jelzin trifft zu einem zweitägigen Deutschland-Besuch ein.

### andere

**23.2.** Britische Genforscher stellen mit Dolly das erste geklonte Schaf der Öffentlichkeit vor.
**27.5.** Russland und die NATO vereinbaren in Paris eine europäische Sicherheitspartnerschaft.
**21./22.6.** Beim 23. Weltwirtschaftsgipfel in Denver, USA, dem »Gipfel der 8«, werden Deutschland, Frankreich und Italien zu Strukturreformen für mehr Beschäftigung und zur langfristigen Konsolidierung ihrer Haushalte aufgefordert. Russland ist erstmals während des ganzen Gipfels anwesend, dennoch wird ein Großteil der finanzpolitischen Fragen ohne Boris Jelzin erörtert. Die G-7-Länder beschließen, Russland in die Gruppe der Gläubigerländer, den so genannten Pariser Club, aufzunehmen.
**1.7.** Um Mitternacht geht Hongkong, das 156 Jahre britische Kronkolonie war, an die Volksrepublik China über und erhält für 50 Jahre den Status einer Sonderverwaltungszone.

## BILDENDE KUNST

### Moskau ¬ Russland

**18.2.–20.3.** *Frauen Russlands* in der Galerie Marat Guelman, Moskau, unter Mitwirkung von Tatjana Antoschina, Tatjana Liberman und Alena Martynowa.
**März–April** Am Moskauer Institut für zeitgenössische Kunst und in der Galerie RedArt werden Ausstellungen von Ilya Kabakovs *AlbumGrafik 1970–1974* und *Tabu* eröffnet.
**22.5.–20.6.** *Wodka* in der Galerie Marat Guelman mit der Gruppe Mitki, mit Wladimir Archipow, Awdej Ter-Oganjan u. a.
**5.9.–12.10.** Die Ausstellung *Kunst unserer Zeit. Zeitgenössische Berliner Kunst aus privaten Sammlungen* im Moskauer Staatlichen Ausstellungssaal Neue Manege präsentiert Arbeiten von Georg Baselitz, Rainer Fetting, Markus Lüpertz, Günther Förg, A. R. Penck u. a.

### Berlin ¬ Bundesrepublik Deutschland

**7.5.–27.7.** *Die Epoche der Moderne. Kunst im 20. Jahrhundert*, Martin-Gropius-Bau, Berlin. Die Kuratoren Christos M. Joachimides und Norman Rosenthal stellen die Umbrüche und Innovationen in der Kunst des 20. Jhs. anhand der Leitbegriffe »Realität und Deformation«, »Sprache und Material«, »Abstraktion und Spiritualität«, »Traum und Mythos« vor. Gleichzeitig zeigt das Haus der Kulturen der Welt *Die andere Moderne*, zeitgenössische Kunst aus Afrika, Asien und Lateinamerika.
**13.5.** In Bremen taucht ein Kunstwerk aus dem legendären, verschollenen Bernsteinzimmer des Zarenpalastes in Zarskoje Selo auf.
**21.6.–28.9.** *documenta X* in Kassel, Leiterin: Catherine David, General Assistant: Hortensia Völckers, Berater: Jean-François Chevrier. Eine durch theoretischen und politischen Diskurs aufgeladene Ausstellung aktueller und retrospektiv gesehener Kunst. Kernbegriffe sind: Urbanismus, Territorien, Peripherie, Mondialisierung, Identität. Erstmals ist auch Netzkunst vertreten. Die Ausstellung wird zum größten Erfolg seit Bestehen der *documenta*.
**22.6.–28.9.** *Skulptur. Projekte in Münster 1997.* Bei der zum dritten Mal im Westfälischen Landesmuseum und dem Stadtgebiet von Münster stattfindenden Ausstellung stellen die Kuratoren Klaus Bußmann und Kasper König wiederum aktuelle und internationale Positionen von Kunst im öffentlichen Raum vor. Unter den beteiligten Künstlern z. B. Hermann Pitz, Janet Cardiff, Michael Asher (der sein Wohnwagenprojekt von 1977 und 1987 fortsetzt), Andrea Zittel, Ilya Kabakov, Dan Graham, Roman Signer oder Peter Fischli und David Weiss.
**7.9.–11.1.98** *deutschlandbilder. Kunst aus einem geteilten Land*, Martin-Gropius-Bau, Berlin, Kurator: Eckhard Gillen, mit Rudolf Zwirner. Zentrale Frage der Ausstellung ist die Auseinandersetzung mit der spezifisch deutschen Geschichte. Hans Haacke lässt den Boden des Lichthofes mit einer vierspurigen Autobahn zubetonieren und verweist damit auf diese »Errungenschaft« des Nationalsozialismus sowie auf die aktuelle Verkehrspolitik und Städteplanung.
**Okt.** Eröffnung des *ZKM, Zentrum für Kunst und Medien*, in Karlsruhe. Weltweit einzigartig ist die Kombination aus Forschungsinstitut und Ausstellungshaus, aus Produktion, Dokumentation und Vermittlung.

Roman Signer, *Fontana di Piaggio*, Münster

### andere

**17.9.–28.12.** *Sensation*, Royal Academy, London, führt durch geschicktes Agieren des Sammlers Saatchi zum endgültigen Durchbruch der YBA (Young British Art) auf dem internationalen Kunstmarkt. Markus Harveys aus Abdrücken von Kinderhänden zusammengesetztes Porträt der Kindesmörderin Myra Hindley provoziert einen Skandal. Damian Hirst zeigt zersägte Tiere, die Chapman-Brüder amputierte Schaufensterpuppen in Posen nach Goyas *Desastres de la Guerra*. 30.9.98–17.1.99 wird die Ausstellung der 42 Künstler ohne jeglichen Skandal im Hamburger Bahnhof in Berlin gezeigt. 2.10.99–9.1.00 geht sie ins Brooklyn Museum, New York. Bürgermeister

Rudolf Giuliani will die Ausstellung verhindern, indem er dem Museum die städtische Subvention entzieht. Grund ist der Vorwurf der Blasphemie gegen ein Gemälde von Chris Ofili, das ein naives Abbild der Jungfrau Maria mit Elefantendung kombiniert.
Alexander Brener sorgt mit seiner letzten Aktion im Stedelijk Museum in Amsterdam noch einmal für Furore: Er sprüht mit grüner Farbe ein Dollarzeichen auf Kasimir Malewitschs Bild *Das weiße Quadrat*. Der Performancekünstler wird zu einer Haftstrafe verurteilt.

## ARCHITEKTUR ¬ DENKMAL

**Moskau ¬** Russland
**Aug.** Eröffnung des Gedenkbrunnens *Prinzessin Turandot* auf dem Moskauer Arbat neben dem Wachtangow-Theater, A: Michail Possochin, Leiter, Soja Charitonowa, Michail Charitonow, Bildhauer: Alexander Burganow.

Die Christ-Erlöser-Kirche im Bau, Moskau

**Sept.** Anlässlich der 850-Jahr-Feier Moskaus wird der Rohbau der Christ-Erlöser-Kathedrale eingeweiht, A: Konstantin Tchor, ursprünglich eingeweiht 1883, gesprengt 1931, Chefarchitekt der Rekonstruktion: Michail Possochin. Nach heftigen Diskussionen war der Wiederaufbau auf dem Fundament des nicht gebauten Palasts der Sowjets beschlossen worden. Der Innenausbau mit Wandmalereien (Leitung: Surab Zereteli) wird 2000 fertig gestellt.
Die Restaurierung des für die Architekturgeschichte des 20. Jahrhunderts bedeutsamen Atelierhauses des Architekten Konstantin Melnikow (erbaut 1927–29) in der Kriwoarbatski-Gasse 10, Moskau, ist abgeschlossen.

**Berlin ¬** Bundesrepublik Deutschland
*Quartier Schützenstraße*, Berlin-Mitte, A: Aldo Rossi, Götz Bellmann & Walter Böhm (Planung ab 1992). Der Komplex zwischen vier Straßen nahe dem ehemaligen Mauerstreifen soll durch seine unterschiedlichen Fassaden (in die z. B. auch eine Kopie der Hoffassade des Palazzo Farnese in Rom integriert ist) wie ein gewachsenes Stadtquartier erscheinen.

andere
*Guggenheim Museum*, Bilbao (E), A: Frank O. Gehry (1991–97). Der plastische, durch seine Titan-Zink-Verkleidung leuchtende Bau belebt ein Sanierungsgebiet am Nervión-Fluss. Erneut flammt anhand dieses expressiven Konglomerats aus verschiedenartigen Baukörpern die Diskussion um die Rolle des Museums als eine der Kunst dienenden Struktur oder als die eines eigenständigen Kunstwerks auf.

## FILM

**Moskau ¬** Russland
**27.–31.1.** Erstes Archivfilm-Festival, organisiert vom Gosfilmfond Russlands in Belyje Stolby, Gebiet Moskau.

**Berlin ¬** Bundesrepublik Deutschland
**20.3.** *Das Leben ist eine Baustelle*, R: Wolfgang Becker, D: Jürgen Vogel, Christiane Paul, Meret Becker. Eine Komödie über Alltags- und Beziehungsprobleme in Berlin.
**24.6.** Die ARD zeigt den Fernsehfilms *Todesspiel* von Heinrich Breloer über die Entführung und Ermordung des Arbeitgeberpräsidenten Hanns Martin Schleyer durch die RAF im Herbst 1977.
**3.7.** *Bandits*, R: Katja von Garnier, D: Katja Riemann, Jasmin Tabatabai. Vier zu langjährigen Haftstrafen verurteilte Frauen, die sich im Rahmen eines Rehabilitationsprogramms zu einer Rockband zusammenschließen, werden mit ihrer Musik unerwartet populär.
**25.12.** *Comedian Harmonists*, R: Joseph Vilsmaier, D: Ben Becker, Heino Ferch, Kai Wiesinger. Der Film zeigt Aufstieg und Auseinanderbrechen des berühmten Berliner Vokal-Ensembles der 20er/30er Jahre.

andere
*Festen* (DK, *Das Fest*, EA BRD 7.1.1999), R/B: Thomas Vinterberg. Eine Familienfeier gerät zur Tragödie, nachdem die Kinder des Jubilars aufdecken, dass er sie früher missbrauchte. Die schonungslose Inszenierung dicht an den Schauspielern und die grobkörnige unscharfe Ästhetik aufgrund der ausschließlichen Verwendung einer Handkamera weist *Das Fest* als einen Film des *Dogma '95*-Programms aus. Lars von Trier (*Idioterne*, DK 1998, *Idioten*, EA BRD 22.4.1999) und Vinterberg hatten im Mai 1995 in Paris ihr Dogma-Konzept vorgestellt, mit dem sie eine Reinigung des Films von überflüssigem technischem Aufwand propagieren.
**26.9.** *The Ice Storm* (USA, *Der Eissturm*, EA BRD 18.12.) R: Ang Lee, D: Sigourney Weaver, Kevin Kline, Christina Ricci. Ein atmosphärischer Film über die Nöte von Erwachsenen und Jugendlichen in den USA der frühen 70er Jahre.

## MEDIEN

**Moskau ¬** Russland
**11.5.** Garri Kasparow, der weltbeste Schachspieler, verliert in sechs Partien das Duell mit dem IBM-Schachcomputer *Deep Blue* in New York.
Der Fernsehkanal NTV bringt eine Reihe neuer populärer Sendungen, darunter die historische Serie *Namedni 1961–1991* (Kürzlich 1961–1991) von Leonid Parfjonow, die satirische Sendung *Itogo* (summa summarum) von Viktor Schenderowitsch sowie die erotischen Talk-Shows *Pro ėto* (Darüber) und *Imperija strasti* (Imperium der Leidenschaft). Von den intellektuellen Zuschauern wird das nächtliche Fernseh-Interview *Antropologija* (Anthropologie) von Dmitri Dibrow sehr geschätzt.
Der 5. Kanal des nationalen Fernsehens wird per offiziellem Erlass als Kulturkanal deklariert.

## THEATER ¬ MUSIK

**Moskau ¬** Russland
**25.2.** *Tri sëstry* (*Drei Schwestern*) von Anton Tschechow im Künstlertheater ist Oleg Jefremows letzte Inszenierung. Der populäre Schauspieler und Regisseur stirbt im Mai 2000 nach langer Krankheit.
**21.–23.6.** Regisseure aus der ganzen Welt beteiligen sich am *Slawischen Basar* in Moskau, einem Symposium anlässlich des 100. Jubiläums der für die Gründung des Künstlertheaters entscheidenden Begegnung zwischen Konstantin Stanislawski und Wladimir Nemirowitsch-Dantschenko.
**4.6., 16.9.** Premiere von *P'esa bez nazvanija* (*Platonow. »Stück ohne Titel«*) von Anton Tschechow, inszeniert von Lew Dodin im Kleinen Dramatischen Theater Sankt Petersburg und in Weimar mit Unterstützung des Weimarer Kunstfestivals und der Kirischinefteorgsintes GmbH.
**8.6.** Premiere von Peter Tschaikowskis Oper *Pikovaja dama* (*Pique Dame*) in der Inszenierung von Juri Ljubimow, einem Gemeinschaftsprojekt der Bonner Oper und der Neuen Oper, auf der Bühne des Moskauer Tschechow-Künstlertheaters.
**21.12.** Erstmals wird in Russland die Oper *Ledi Makbet Mcenskogo uezda* (*Lady Macbeth des Mzensker Kreises*) von Dmitri Schostakowitsch nach Nikolai Leskow in der von ihm autorisierten Fassung inszeniert; eine gemeinsame Produktion des Nowosibirsker Theaters für Oper und Ballett und des Badischen Staatstheaters Karlsruhe.
Nach dem Tod von Swjatoslaw Richter (3.11.) erhält das jährliche Festival der Kammermusik *Dezemberabende* (Moskau) seinen Namen; künstlerischer Leiter des Festivals wird der Altist Juri Baschmet.
Die erste Platte von Mumi Troll, der populärsten kommerziellen russischen Rockgruppe, erscheint.

**Berlin ¬** Bundesrepublik Deutschland
**Mai** Anatoli Wassiljews Moskauer Produktion *Das Klagelied des Jeremiah* wird am Berliner Hebbel-Theater gezeigt.
15 Jahre *Gelbe Musik* wird begangen mit einem Auftritt des Fluxus-Künstlers Emmett Williams. Der Laden in der Schaperstraße, Berlin-Wilmersdorf, bietet eine besondere Musikauswahl und ist darüber hinaus eine Galerie für Künstler im Zwischenbereich von bildender Kunst und Musik.
**19.–22.6.** *Komische Musik*, zusammengestellt von dem Musik-Performer Frieder Butzmann und Matthias Osterwold im Podewil, Berlin, mit Kompositionen von Wolfgang Amadeus Mozart, Eric Satie und verschiedenen Vorträgen.

## LITERATUR ¬ THEORIE

**Moskau ¬** Russland
Der 1978 von der Leningrader Samisdat-Zeitschrift *Časy* gestiftete Andrej-Bely-Literaturpreis wird wieder regelmäßig verliehen. Er war in der jüngeren Geschichte Russlands die erste nichtstaatliche Auszeichnung im Bereich Kultur. Er bildet als Preis für experimentelle und intellektuelle Literatur ein Gegengewicht zu den traditionalistisch orientierten Literaturpreisen.

Melnikow-Haus, Moskau

**Berlin ¬** Bundesrepublik Deutschland
**19.10.** Anlässlich der Verleihung des Friedenspreises des Deutschen Buchhandels an den türkischen Schriftsteller Yaşar Kemal kritisiert Günter Grass nicht nur die Regierung der Türkei wegen ihrer Kurdenpolitik, sondern attackiert auch die Bundesregierung. Diese liefere Waffen an die Türkei, mit denen Ankara die Kurden unterdrücke, und verweigere zugleich den Kurden das Recht auf Asyl.
Reinhard Jirgl, *Hundsnächte* (München). In seinem sprachgewaltigen Roman entwirft Jirgl ein apokalyptisches Bild von Berlin Mitte der 90er Jahre.
Julia Francks *Der neue Koch* (Zürich) ist eine präzise beobachtete und einfach geschriebene Geschichte. Es folgen weitere erfolgreiche Werke wie *Liebediener* (Köln, 1999) und *Bauchlandung* (Köln, 2000). Die eher lapidaren Texte junger Autorinnen (so u. a. von Alissa Walser, Elke Naters, Silvia Szymanski, Birgit Vanderbeke) bestimmen die derzeitige literarische Diskussion.

# 1998

## POLITIK ¬ ZEITGESCHEHEN

### Moskau ¬ Russland

**1.1.** Als Zeichen der Stabilisierung nach der Inflation seit Mitte der 80er Jahre wird eine Kurskorrektur des Rubels von 1000 zu 1 vorgenommen.

**23.3.** Um die stockenden Reformen erneut anzukurbeln, schickt Boris Jelzin den Regierungschef der RF, Viktor Tschernomyrdin, in den Ruhestand und ernennt den 35-jährigen Sergej Kirienko zu seinem Nachfolger. Nach erbittertem Widerstand bestätigt die Staatsduma im 3. Anlauf am 26.4. die Kandidatur. Die neuen Regierungsprojekte scheitern jedoch aufgrund des Blockadeverhaltens der Duma, des weltweit fallenden Ölpreises, des Widerstands der »Oligarchen« und der Bergarbeiterstreiks. Russland verkündet am 17.8. den Zahlungsverzug bei der Inlandsverschuldung, Moratorien für die Zahlung der Auslandsschulden und die Abschaffung des »Valutakorridors«. Der Rubelkurs fällt um ein Vierfaches. Sergej Kirienko reicht am 23.8. seinen Rücktritt ein. Am 11.9. wird Außenminister Jewgeni Primakow zum Ministerpräsidenten Russlands ernannt.

**3.7.** General Lew Rochlin, Abgeordneter der Staatsduma, sowie am 22.11. die Abgeordnete Galina Starowoitowa werden ermordet.

Die Ikone gekrönter Märtyrer: Zar Nikolaus II. mit Familie

**17.7.** Feierliche Beisetzung der sterblichen Überreste des letzten russischen Zaren Nikolaus II., der Mitglieder seiner Familie und seiner Vertrauten in der Peter-und-Paul-Kathedrale in Sankt Petersburg. Sie waren am 17.7. 1918 in Jekaterinburg erschossen worden. Das erzpriesterliche Konzil der russischen orthodoxen Kirche spricht am 20.8.2000 Nikolaus II. und seine Familie heilig.

**26.7.** Wladimir Putin wird zum Direktor des Föderalen Sicherheits dienstes ernannt.

### Berlin ¬ Bundesrepublik Deutschland

**13.5.** Anlässlich der Feiern zum 50. Jahrestag der Berliner Luftbrücke empfängt Bundeskanzler Helmut Kohl US-Präsident Bill Clinton zu einem Deutschlandbesuch.

**20.5.** Das Bundesumweltministerium stoppt die Transporte abgebrannter Brennelemente, nachdem bekannt wird, dass die CASTOR-Behälter, in denen der Nuklearmüll zu den Wiederaufarbeitungsanlagen befördert wurde, verstrahlt waren. Atomkraftgegner hatten seit langem gegen diese Transporte protestiert.

**3.6.** Bei Eschede entgleist ein aus München kommender ICE und zerschellt an einer Brücke. 101 Menschen kommen ums Leben.

**27.9.** Bei den Bundestagswahlen erreichen SPD und Bündnis 90/Grüne zusammen die absolute Mehrheit der Parlamentsmandate, damit wird erstmals in der Geschichte der Bundesrepublik eine amtierende Regierung faktisch abgelöst. Am 27.10. wird Gerhard Schröder (SPD) Bundeskanzler, Joschka Fischer (Grüne) Außenminister.

### andere

**7.8.** Bei Terroranschlägen vor den amerikanischen Botschaften in den Hauptstädten Kenias und Tansanias werden 224 Menschen getötet und mehr als 5500 verletzt. Als Drahtzieher der Attentate wird der islamische Extremist Osama Bin Laden verdächtigt.

**20.11.** Das erste Bauteil für eine ständig bemannte Raumstation wird in den Weltraum geschossen. Die Planungen für das Projekt stammen aus der Zeit der Präsidentschaft Ronald Reagans und des Kalten Krieges. Nun ist die ISS eine Gemeinschaftsproduktion: Das erste Bauteil wurde von russischen Technikern gebaut und von den USA finanziert.

## BILDENDE KUNST

### Moskau ¬ Russland

**März** In der Tretjakow-Galerie am Krymski wal wird die Ausstellung *Lianosowo Gruppe: Quellen und Schicksale* gezeigt.

**Mai** In der Abteilung für Privatsammlungen des Puschkin-Museums für Bildende Künste wird ein Gedenksaal für Dmitri Krasnopewzew eröffnet.

Vera Muchina, *Arbeiter und Kolchosbäuerin,* 1937, Aktion

**Frühjahr** *Evroremont* (im Sinne von: akkurate Renovierung) mit Anton Smirnski, Iwan Tschuikow, Aidan Salachowa, Michail Roginski u. a. im kulturhistorischen Komplex Slawischer Basar.

**28.11.** Mit *Geteroporträt (Heteroporträt)* wird in Moskau das Swerew-Zentrum für zeitgenössische Kunst eröffnet. Die Ausstellung mit Werken von Konstantin Swesdotschotow, Andrej Filippow, Wassili Florenski u. a. ist dem Schaffen des Maître der Nonkonformisten Anatoli Swerew gewidmet.

**4.12.** Auf der Eröffnung des Internationalen Kunstmarktes *Art-Manege 98* in der Manege führt die Gruppe Juny besboshnik (Junger Ketzer) unter der Leitung von Awdej Ter-Oganjan die Aktion *Pop-Art* durch. Die Künstler bieten den Besuchern an, im Sofrinskaja lawka (einem Geschäft für religiöse Utensilien) erworbene Ikonen zu kaufen, allerdings in entweihter Form: zerhackt, mit angemalten Bärten u.ä. Gegen den Leiter der Gruppe wird wegen Schürung von Rassenhass und Blasphemie Anklage erhoben. Awdej Ter-Oganjan ist gezwungen, Russland zu verlassen. 2002 erhält er in Tschetschenien den Status eines politischen Flüchtlings.

**Dez.** In der Tretjakow-Galerie am Krymski wal wird der erste Teil der ständigen Ausstellung der Kunst des 20. Jahrhunderts eröffnet (1900 bis 1950er Jahre).
In Moskau laufen zwei Ausstellungen zum Gender-Thema. *Der zweite Punkt* im Ausstellungssaal Phönix untersucht Aspekte »weiblicher« Kunst. Eine Antwort darauf versucht die Ausstellung *Mannhaftigkeit* im Institut für zeitgenössische Kunst, welche die Merkmale »männlicher« Kunst erforscht.

### Berlin ¬ Bundesrepublik Deutschland

**30.9.–3.1.99** *berlin biennale*, Kurator: Klaus Biesenbach, zusammen mit Nancy Spector und Hans Ulrich Obrist, in den Kunst-Werken, dem ehem. Postfuhramt und der Ruine der Akademie der Künste am Pariser Platz. Gezeigt wird bei dieser ersten Berliner Biennale die Produktion von siebzig vornehmlich jungen Künstlern, viele von ihnen experimentieren im Dienstleistungssektor und im Rahmen der Klubkultur oder schließen sich zu Arbeitskollektiven zusammen. Die Kunst bewegt sich gattungsübergreifend hin zu Design, Mode, Theater, Architektur.

### andere

**8.2.–10.5.** *out of actions BETWEEN PERFORMANCE AND THE OBJECT, 1949–1979*, The Museum of Contemporary Art, Los Angeles, Kurator: Paul Schimmel, anschließend MAK, Wien; Museu d'Art Contemporani, Barcelona; Museum of Contemporary Art, Tokyo. Eine retrospektive Betrachtung der Performance-Art.

## ARCHITEKTUR ¬ DENKMAL

### Moskau ¬ Russland

**April** Die vor dem Gesamtrussischen Ausstellungszentrum (früher WDNCh der SSSR) stehende 24 Meter hohe Skulptur *Rabočij i kolchoznica* (*Arbeiter und Kolchosbäuerin*) von Vera Muchina, die den sowjetischen Pavillon auf der Weltausstellung 1937 in Paris gekrönt hatte, wird in Stoff gehüllt: die Figur der Kolchosbäuerin in eine rote sowjetische und die Figur des Arbeiters in eine dreifarbige russische Flagge. Der Beamte, der seine Aktion damit begründet, dass er die einzigartige Skulptur schützen wolle und eine Restaurierung fordere, wird entlassen.
Abriss des ersten fünfgeschossigen Typenbaus (»Chruschtschob«, vgl. 1955) in Moskau.
Der erste Bauabschnitt der Infobank auf dem Wernadski-Prospekt ist abgeschlossen, A: Alexej Bawykin. Er versucht, den Geist des Rationalismus der 20er Jahre wiedererstehen zu lassen, und ist vom Schaffen Nikolai Ladowskis und Wladimir Krinskis inspiriert.

### Berlin ¬ Bundesrepublik Deutschland

**Juni** Eröffnung der Gemäldegalerie am Kulturforum, Berlin-Tiergarten, A: Heinz Hilmer & Christoph Sattler (Wettbewerb 1986). Der Entwurf integriert Altbestand und erweitert die umstrittenen Planungen von Rolf Gutbrod zum Kulturforum (siehe: Kunstgewerbemuseum 1985). Über eine ansteigende Piazzetta (Entwurf: Heinz Mack) erreicht man das Foyer des Museumskomplexes. Die klassisch organisierten Oberlichtsäle der Gemäldegalerie sind um eine zentrale Wandelhalle (mit einer Skulptur von Walter de Maria) gruppiert. Die Sammlung, zuvor auf die Gemäldegalerie in Dahlem (West-Berlin) und das Bodemuseum (Ost-Berlin) verteilt, ist hier nun zusammengeführt.

**13.8.** Einweihung der Gedenkstätte Berliner Mauer und der Kapelle der Versöhnung, Bernauer Straße, am ehemaligen Mauerverlauf zwischen Berlin-Mitte und Berlin-Wedding, A: Kohlhoff & Kohlhoff. Erweitert wird das Ensemble durch das am 9.11.99, zum 10. Jahrestag des Mauerfalls, eröffnete Dokumentationszentrum Berliner Mauer in der Bernauer Straße 111.

**29.8.–11.10.** *AG Baustop. randstadt,-. Aggressives nichtakkumulatives städtisches Handeln*, NGBK, Berlin. Ein Kollektiv von Künstlern, Journalisten und politisch Aktiven präsentiert verschiedene Praktiken und Theorien der Urbanismuskritik.

Potsdamer Platz, Berlin-Tiergarten

**2.10.** Bundespräsident Roman Herzog eröffnet den Potsdamer Platz, die neue kommerzielle Mitte Berlins (Städtebaulicher Wettbewerb 1991, mit der Maßgabe einer Orientierung an der Vorstellung einer »europäischen Stadt« mit der vielfältigen Mischung von Funktionen und Baustrukturen, 1. Preis: Heinz Hilmer, Christoph Sattler). Das Ensemble aus Geschäften, Büros, Hotels, Kinos, Restaurants, einem Theater und einer Spielbank entstand nach einem Masterplan von Renzo Piano auf dem Gelände, das vor 1989 zum Mauerstreifen gehörte und Niemandsland war. Vor dem Krieg war der Potsdamer Platz einer der verkehrsreichsten Plätze Berlins. Beteiligte Architekten: Arata Isozaki, Hans Kollhoff, Ulrike Lauber, Wolfram Wöhr, José Rafael Moneo, Richard Rogers.
Krematorium, Berlin-Treptow, A: Axel Schultes, Charlotte Frank (beg. 1992). In dem blockhaften Sichtbeton-Bau ist die ungewöhnlich großzügige Kondolenzhalle integriert, in die unregelmäßig Säulen eingestellt sind, auf deren Lichtkapitellen die Decke zu schweben scheint.
Bundespräsidialamt, Spreeweg 1, Berlin-Tiergarten (Wettbewerb 1994), A: Martin Gruber, Helmut Kleine-Kraneburg, ein elliptischer, mit schwarzem Granit verkleideter Verwaltungsbau im Park neben dem klassizistischen Schloss Bellevue (erbaut 1785), dem Amtssitz des Bundespräsidenten.

### andere
Cesar Pelli, Petronas Twin Towers, Kuala Lumpur. Die eleganten, sich gen Himmel gotisch filigran zuspitzenden Türme der nationalen Ölgesellschaft sind für kurze Zeit die höchsten der Welt.

## FILM

### Moskau ¬ Russland
**Mai** Auf dem 51. Internationalen Filmfestival in Cannes wird erstmals der Film *Chrustalëv, mašinu* (R/F 1997, *Khroustaliov, mein Wagen*, EA BRD 2.2.2001 arte), R: Alexej German, gezeigt. Entgegen dem Urteil vieler Kritiker, die den Film als Meisterwerk einstufen, hat er weder beim Publikum noch bei der Festival-Jury Erfolg.

### Berlin ¬ Bundesrepublik Deutschland
**18.2.** *Lola and Bilidikid* (R/B: Kutlug Ataman, D: Baki Davrakm, Erdal Yildiz), *Aprilkinder* (R: Yüksel Yavuz, D: Erdal Yildiz, Inga Busch) und *Geschwister* (1997, R/B: Thomas Arslan, D: Saras Yurderi, Tamer Yigit); Filme über die dritte Generation der in Deutschland lebenden Türken.
**3.6.** *Herr Zwilling und Frau Zuckermann*, R: Volker Koepp. Der Film zeichnet die Erinnerungen zweier deutschstämmiger Juden in Czernowitz, in der westukrainischen Bukowina, auf, die den Holocaust überlebten.
**20.8.** *Lola rennt*, R/B: Tom Tykwer, D: Franka Potente, Moritz Bleibtreu. Der internationale Erfolg des Films machen Tykwer und Potente zu den neuen Stars des deutschen Kinos. Ausgehend von einer Grundkonstellation wird die Geschichte in drei unterschiedliche Richtungen vorangetrieben, in einem musikalisch unterstützten stakkatohaften Rhythmus.

### andere
**5.6.** *The Truman Show* (USA, *Die Truman Show*, EA 12.11), R: Peter Weir. Jim Carrey in der Rolle des Versicherungsagenten Truman Burbank lebt, ohne dies zu wissen, als Protagonist einer Reality-TV-Serie in einer Fernsehkulissenstadt. Eine Satire auf Medienmanipulation, Konformismus und Kommerzialisierung.
*La vita e bella* (I, *Das Leben ist schön*, EA BRD 12.11.), R: Roberto Benigni, D: Benigni, Nicoletta Braschi, Horst Buchholz. Auf humoristische und damit unorthodoxe Weise bearbeitet Benigni das Thema des Überlebens im Konzentrationslager. Der Film erhält in Los Angeles drei Oscar-Auszeichnungen und wird in Cannes mit dem Großen Preis prämiert.

## MEDIEN

### Moskau ¬ Russland
Der Musiksender MTV beginnt in Russland zu senden.
Start der Krimiserie *Ulicy razbitych fonarej* (Die Straßen der zerschlagenen Laternen), der eine Reihe ähnlicher Krimiserien folgen.
Im Land gibt es nun über 500 Fernsehzentren (1991: 75).

## THEATER ¬ MUSIK

### Moskau ¬ Russland
**26.3.–9.6.** 3. Internationales Tschechow-Theaterfestival anlässlich des 100. Geburtstags des Moskauer Künstlertheaters. Am 26.10. wird im Zusammenhang damit in der Kamergerski-Gasse das Tschechow-Denkmal von Michail Anikuschin aufgestellt, das erste Denkmal für den Schriftsteller in Moskau.
**8.9.** Der Verband der europäischen Theater verleiht dem Petersburger Kleinen Dramatischen Theater als einem der weltweit führenden Theater den Status eine Europatheaters. Bislang trugen diesen Titel nur das französische Odéon und das italienische Piccolo-Theater.

### Berlin ¬ Bundesrepublik Deutschland
**17.1.** *Shoppen und Ficken* sind die Lebensperspektiven junger Großstädter in Mark Ravenhills greller Sozialstudie zwischen Utopieverlust und Glücksverlangen, die Thomas Ostermeier an der Baracke des Deutschen Theaters zur deutschen EA bringt.
**11.11.** Premiere von *Na Zemle* (Auf der Erde) in den Berliner Sophiensaelen. Die Koproduktion der Tanztheater-Truppe um Sasha Waltz und Mitgliedern der Moskauer Schule der Dramatischen Kunst hat das Verhältnis des Menschen zur Natur und seinen Kampf mit ihr zum Thema.
**12.12.** Deutsche EA von Sarah Kanes umstrittenem, Grausamkeiten aneinander reihendem Stück *Gesäubert* an den Hamburger Kammerspielen (R: Peter Zadek).

### andere
**23.1.** Elfriede Jelineks Erforschung des Sprachbestands und Einar Schleefs chorische Drill-Regie verbinden sich zu *Ein Sportstück*, das am Wiener Burgtheater als 8-stündiger Theatermarathon uraufgeführt wird.

## LITERATUR ¬ THEORIE

### Moskau ¬ Russland
In der Zeitschrift *Znamja* (Nr. 1–4) erscheint Wladimir Makanins Roman *Andergraund* (*Underground*, Neuwied 2003), eine monumentale Erzählung über die Intelligenzija in der spätsowjetischen Periode. In diesem Jahr gewinnt das Krimigenre große Popularität. Im September erhält der Krimiautor Alexander Marinin auf dem Moskauer Internationalen Buchmarkt den Titel »Schriftsteller des Jahres«. Bis 2000 erreichen seine Bücher eine Gesamtauflage von 26 Mio., und eine Krimiserie wird verfilmt. Im selben Jahr werden die »intellektuellen« historischen Krimis von Boris Akunin mit seinem Protagonisten, dem Ermittler *Azazel'* (*Fandorin*, Berlin 2001, es folgen weitere) veröffentlicht. 1999 wird bekannt, dass sich hinter dem Pseudonym Boris Akunin der Übersetzer und Japanologe Georgi Tschchartischwili verbirgt.

### Berlin ¬ Bundesrepublik Deutschland
**15.5.** Nach einem Votum der ostdeutschen Schriftstellervereinigung fusionieren das westdeutsche und das ostdeutsche PEN-Zentrum. Westliche Autoren hatten eine Vereinigung bisher abgelehnt, da zu viele »Stasi-Spitzel« im ostdeutschen PEN vertreten seien. Christoph Hein wird zum 1. Präsidenten gewählt.
**10.10.** Martin Walser hält anlässlich der Verleihung des Friedenspreises des Deutschen Buchhandels eine umstrittene Rede in der Paulskirche, Frankfurt/M. Er spricht davon, dass mit der andauernden Thematisierung der Ermordung der Juden im »Dritten Reich« heute eine »Instrumentalisierung unserer Schande zu gegenwärtigen Zwecken« stattfinde. Der Vorsitzende des Zentralrats der Juden, Ignatz Bubis, bezeichnet Walser als einen »geistigen Brandstifter«. Walser kontert mit dem Begriff »Einschüchterungsroutine«, welche sich in Deutschland selbst im Sprachgebrauch zeige.

Franka Potente in *Lola rennt* (BRD), Filmstill

Die 1995 erschienene, bereits in zwölf Sprachen übersetzte Autobiographie *Bruchstücke. Aus einer Kindheit 1939–1948* (F/M), in der Binjamin Wilkomirski die Geschichte seiner Kindheit in verschiedenen Konzentrationslagern erzählt, stellt sich als Fälschung heraus. Hinter dem Namen Wilkomirski verbirgt sich der Schweizer Schriftsteller Bruno Dössekker, der keinen Tag in einem Konzentrationslager zubringen musste.
Kathrin Schmidts Romandebüt *Die Gunnar-Lennefsen-Expedition* (Köln) behandelt ein Jahrhundert Familiengeschichte mit ostpreußischem Ausgangspunkt.
Benjamin von Stuckrad-Barre (*Soloalbum*, Köln) und Benjamin Leberts (*Crazy*, Köln 1999) werden als die »jungen Wilden der Erzählkunst«, die es ablehnen, das »Gewissen der Nation« zu sein, ausgerufen. Mit Christian Kracht u. a. werden sie später der »Generation Golf« der 1965–75 Geborenen zugeordnet, apolitisch träge, satt, behütet und konsumorientiert (siehe: Florian Illies, *Generation Golf. Eine Inspektion*, Berlin 2000). Stuckrad-Barre inszeniert sich in den folgenden Jahren in multimedial unterstützten Leseshows.
Das Buch *Relax* (Hamburg) der Jungmoderatorin und Autorin Alexa Henning von Lange komplettiert mit authentischem Jugend-Slang die »Pop-Literatur« und das »Fräuleinwunder« der neuen deutschen Literatur.
Ingo Schulze, *Simple Storys – ein Roman aus der ostdeutschen Provinz* (Berlin), knüpft an die Tradition der amerikanischen Short Storys an und erzählt anhand kleiner Alltagsgeschichten der Bewohner der inmitten von Uran- und Kohleabbau gelegenen ostthüringischen Provinzstadt Altenburg vom Zusammenbruch der DDR.

## POLITIK ¬ ZEITGESCHEHEN

### Moskau ¬ Russland

**12.5.** Am Vorabend der von der Fraktion der Kommunisten initiierten Abstimmung in der Staatsduma zur Einleitung eines Amtsenthebungsverfahrens gegen den Präsidenten schickt Boris Jelzin Ministerpräsident Jewgeni Primakow in den Ruhestand. Nachdem der Impeachment-Versuch scheitert, wird am 19.5. der von Jelzin vorgeschlagene Sergej Stepaschin neuer Ministerpräsident.
**Aug.** Ein Großangriff tschetschenischer Kämpfer auf Dagestan, geführt von Schamil Bassajew, wird von russischen Truppen zurückgeschlagen.
**9.8.** In einer Fernsehansprache teilt Boris Jelzin den Rücktritt von Sergej Stepaschin mit, schlägt Wladimir Putin für dessen Amt vor und erklärt ihn zu seinem Nachfolger im Präsidentenamt. Am 16.8. bestätigt die Duma Putins Kandidatur.
**Sept.–Nov.** Wahlkampf: Gründung von Otetschestwo – Wsja Rossija (Das Vaterland ist das gesamte Russland, mit dem ehem. Ministerpräsidenten Jewgeni Primakow und dem Moskauer Bürgermeister Juri Lushkow an der Spitze) und der Bewegung Jedinstwo (Einheit), die Wladimir Putin unterstützt.
**5., 9., 13., 16.9.** Wohnhausexplosionen in Buinaksk, Moskau und Wolgodonsk fordern Hunderte von Toten.
**Okt.** Beginn des zweiten militärischen Feldzugs in Tschetschenien unter der Bezeichnung »Operation zur Bekämpfung des Terrors«.
**19.12.** Wahlen zur Staatsduma. Der Erfolg der regierungsfreundlichen Bewegung Jedinstwo nimmt das Ergebnis der für das Jahr 2000 bevorstehenden Präsidentschaftswahlen vorweg und zeugt von der Popularität Wladimir Putins.
**31.12.** In einer Fernsehansprache erklärt Präsident Boris Jelzin seinen Rücktritt und ernennt Ministerpräsident Wladimir Putin zum amtierenden Präsidenten.

Boris Jelzin übergibt sein Büro im Kreml an Wladimir Putin

### Berlin ¬ Bundesrepublik Deutschland

**7.5.** Der Bundestag verabschiedet das neue Staatsbürgerschaftsrecht: In der Bundesrepublik geborene Kinder ausländischer Eltern erhalten die doppelte Staatsangehörigkeit, wenn ein Elternteil seit acht Jahren rechtmäßig in Deutschland lebt. Bis zum 23. Lebensjahr müssen sie sich für eine der beiden Staatsangehörigkeiten entscheiden.
**11.6.** Der Bundestag stimmt dem Einsatz der Bundeswehr in der internationalen Friedenstruppe im Kosovo zu.
**18.6.** In Köln findet der Weltwirtschaftsgipfel der G-7-Staaten statt. Die Staats- und Regierungschefs kündigen an, den ärmsten Staaten mehr als die Hälfte der Auslandsschulden zu erlassen.
**Herbst** Umzug von Bundestag und Bundeskabinett von Bonn nach Berlin.
**Nov.** Eine Spendenaffäre erschüttert die Parteispitze der CDU; sie führt 2000 zur größten Krise in der Geschichte der Partei. Im Dez. setzt der Bundestag einen Untersuchungsausschuss »Parteispenden und Waffenhandel« ein. Der ehem. Bundeskanzler Helmut Kohl muss Parteispenden in Millionenhöhe eingestehen, will aber die Namen der anonymen Spender nicht nennen. Gegen ihn wird ein Ermittlungsverfahren eingeleitet, das jedoch im März 2001 eingestellt wird.

### andere

**12.3.** Polen, Ungarn und Tschechien werden im Zuge der NATO-Osterweiterung in das Militärbündnis aufgenommen.

## BILDENDE KUNST

### Moskau ¬ Russland

**27.1.** *Total Recall. Gewidmet Philip K. Dick*, dem amerikanischen Science-Fiction-Autor, in der TV-Galerie. Russische und französische Künstler bieten ihre »Memoiren zur Implantation« an, darunter die Gruppe Fabrika naidennych odeshd (Fabrik der gefundenen Kleidungsstücke), Gor Tschachal, Adrien Sin und Andrej Monastyrski.
**Herbst** Im Swerew-Zentrum für zeitgenössische Kunst wird *Heimat oder Tod*, eine vom Klub der Avantgardisten organisierte Ausstellung, gezeigt; mit Nikita Alexejew, Farid Bogdalow, Irina Waldron, Konstantin Swesdotschotow, Boris Matrossow, der Gruppe Perzy, Andrej und Daniil Filippow u. a.
**10.11.–7.12.** Im Moskauer Zentrum der Künste auf der Neglinnaja-Straße läuft *R-1: Inspiration zur Leichtigkeit*, das erste Werbe-Ausstellungsprojekt, realisiert im Auftrag der Tabakfirma Reemtsma. Unter den Teilnehmern sind Yuri Avvakumov, Dmitri Gutow, Nikolai Owtschinnikow und Sergej Schutow.

### Berlin ¬ Bundesrepublik Deutschland

**9.5.–1.8.** *I Aufstieg und Fall der Moderne*, Schlossmuseum; *II Die Kunst dem Volke – erworben: Adolf Hitler*; *III Offiziell/Inoffiziell – Die Kunst der DDR*, Mehrzweckhalle (ehem. Halle des Volkes, NS-Gauforum), alle in Weimar (in diesem Jahr Kulturhauptstadt Europas), Kuratoren: Rolf Bothe (I), Thomas Föhrl (I, II), Achim Preiß (II, III). Die undifferenzierte »Zusammenschau von NS-Kunst und sozialistischer Kunst« sowie die dicht gedrängte, respektlose Präsentation der DDR-Kunst auf grauen Plastikplanen werden stark kritisiert.
Anlässlich des Jahrtausendwechsels bieten diverse Ausstellungen einen Rückblick auf das 20. Jahrhundert, z.B.: 4.9.–9.1.2000 *Das XX. Jahrhundert. Ein Jahrhundert Kunst in Deutschland*, Neue Nationalgalerie, Berlin, ergänzt durch *Die Gewalt der Kunst in Geist und Materie. Collage-Montage*; *Die Lesbarkeit der Kunst. Bücher – Manifeste – Dokumente*; *Form ohne Ornament? Angewandte Kunst zwischen Zweckform und Objekt*; *Gesichter der Zeit. Ein Panorama aus Physiognomien in Zeichnung und Grafik*; *Architektur in Berlin* in sämtlichen Museen der Stiftung Preußischer Kulturbesitz, Berlin.
**23.9.–27.2.2000** *net_condition*, ZKM, Karlsruhe. Die Kuratoren Peter Weibel und Timothy Druckrey zeigen netzbasierte Installationen, um – nach videobasierter Skulptur der 80er Jahre und computerbasierten interaktiven Installationen der 90er Jahre – die durch das Internet neu geschaffenen Bedingungen für Kommunikation, Wirtschaft und Kunst vorzustellen.
**12.11.–9.1.2000** *Neues Moskau. Kunst aus Moskau und St. Petersburg*, Ifa-Galerie, Berlin, Kuratorinnen: Kathrin Becker, Barbara Basch; unter Beteiligung der Gruppe Inspektion »Medizinische Hermeneutik« sowie Andrej Chlobystin, Wladislaw Mamyschew-Monroe, Timur Nowikow und Jewgeni Jufit. 2000 wird die Ausstellung auch in Stuttgart und Bonn gezeigt.

### andere

**16.10.–16.1.2000** *After the Wall: Kunst und Kultur im postkommunistischen Europa*, Kuratorin: Bojana Pejić, Moderna Museet Stockholm, anschließend im Hamburger Bahnhof, Berlin, und im Ludwig Museum of Contemporary Art, Budapest.
**19.12.–5.3.2000** *Global Conceptualism: Points of Origin, 1950s–1980s*, Queens Museum, New York, Kuratoren: Jane Farver, Luis Camnitzer, Rachel Weiss.

## ARCHITEKTUR ¬ DENKMAL

### Moskau ¬ Russland

**20.7.** Die Regierung Moskaus billigt den Entwurf eines Generalentwicklungsplans für die Kapitale bis 2020.

### Berlin ¬ Bundesrepublik Deutschland

*Jüdisches Museum*, Lindenstraße 14, Berlin-Kreuzberg, A: Daniel Libeskind, Wettbewerb 1988, Baubeginn 1992, der Bau wird im Rohzustand im Februar 1999 der Öffentlichkeit zugänglich gemacht und Libeskind erhält in diesem Jahr dafür den Deutschen Architekturpreis. Eröffnung als

Jüdisches Museum, Berlin-Kreuzberg

Museum 2001. Wie ein Blitzstrahl liegt der mit Zinkblech verkleidete Bau auf dem Gelände neben dem vormaligen Berlinmuseum im barocken Palais des ehem. Kammergerichts. Den mehrfach abgeknickten Baukörper durchdringen »voids«, eine Raumachse mit leeren, unbetretbaren Räumen. Der Holocaust-Turm und der Exil-Garten ergänzen den Ausdruck des Fragmentarischen, des »Zivilisationsbruchs Auschwitz«.
**Mai** Anlässlich der Wahl des neuen Bundespräsidenten Eröffnung des umgebauten *Reichstags*, Platz der Republik. Bei dem Realisierungswettbewerb 1992/93 wurden drei 1. Preise vergeben (Lord Norman Foster, Santiago Calatrava, Pi de Bruijn). Nach der Überarbeitungsrunde fiel die Entscheidung auf Lord Norman Foster, der nun eine Glaskuppel für den Wallot-Bau von 1894 vorschlug (Baubeginn 1995). Die begehbare Kuppel, die mittels Spiegeln Licht in den Plenarsaal leitet und von der aus man auf die tagenden Politiker blicken kann, wird zum Symbol der »Berliner Republik« und künftig täglich von Besucherströmen bestiegen.

## FILM

### Moskau ¬ Russland

**12.–23.5.** Bei den Filmfestspielen in Cannes erhält Juri Arabow, Drehbuchautor von Alexander Sokurows Film *Moloch* über Hitler, den Preis für das beste Drehbuch. Den Filmzyklus über Diktatoren setzt Sokurow 2001 mit dem Lenin-Film *Telec* (*Taurus*) fort.

### Berlin ¬ Bundesrepublik Deutschland

**4.3.** *Die Siebtelbauern*, R/B: Stefan Ruzowitzky, D: Simon Schwarz, Lars Rudolph, Sophie Rois. Die Geschichte von sieben Knechten, die nach dem Tod des Großbauern den Hof kollektiv weiterführen, versucht das Genre des Heimatfilms neu zu interpretieren.
**4.6.** *Buena Vista Social Club* (D/USA/Kuba, UA: New York), R/B: Wim Wenders, ein Dokumentarfilm über die Zusammenarbeit des US-amerikanischen Jazzmusikers Ry Cooder mit dem traditionsreichen, titelgebenden kubanischen Musikerensemble.
**12.8.** *Nachtgestalten*, R/B: Andreas Dresen, D: Meriam Abba, Dominique Horwitz. Der Film erzählt parallel die Geschichten eines Stadtstreicher-Paares, eines Bauern, einer Angestellten und eines afrikanischen Jungen während einer Nacht in Berlin.

**7.10.** *Sonnenallee*, R: Leander Haußmann, nach dem Roman von Thomas Brussig, D: Detlev Buck, Henry Hübchen, Katharina Thalbach. Die Berliner Komödie, benannt nach der einst durch die Mauer geteilten Straße, schildert alltägliche Lebenssituationen im östlichen Teilstück der Sonnenallee in Angesicht der Mauer.

### andere

**31.3.** *The Matrix* (USA, *Matrix*, EA BRD 17.6.), R/B: Larry und Andy Wachowski, D: Keanu Reeves, Carrie-Ann Moss. Ein technisch aufwendig inszenierter Science-Fiction-Film über das Ineinanderfließen von greifbarer und virtueller Realität.
**16.7.** *Eyes Wide Shut* (GB/USA, EA BRD 9.9.), R/B: Stanley Kubrick nach der *Traumnovelle* von Arthur Schnitzler, D: Tom Cruise, Nicole Kidman. Es ist der letzte Film Kubricks; er stirbt am 7.3. in England.
**17.9.** *American Beauty* (USA, EA BRD 20.1.2000), R: Sam Mendes, D: Kevin Spacey, Annette Bening. In seinem Erstlingsfilm analysiert der Regisseur das amerikanische Kleinstadt-Milieu und entwirft ein ironisches Generationenporträt.

## MEDIEN

### Moskau ¬ Russland

**Herbst** Wahlkampf auch im Fernsehen: NTV unterstützt Otetschestwo – Wsja Rossija, die staatlichen Kanäle Jedinstwo.
In Moskau erscheint nun täglich die Wirtschaftszeitung *Vedomosti*, eine Gemeinschaftsausgabe von Financial Times und Wall Street Journal.

## THEATER ¬ MUSIK

### Moskau ¬ Russland

**1.–10.12.** Auf dem Theaterfestival *Puschkin-Bühne* kommen drei Interpretationen von *Boris Godunow* zur Aufführung: Temur Tschcheidses vom Großen Dramatischen Theater, St. Petersburg, Alexander Sagaltschiks vom Alexandrinski-Theater, Sankt Petersburg, und Oleg Jefremows vom Moskauer Künstlertheater. Alle drei sind beunruhigende Darstellungen über das Verhältnis der Mächtigen zu ihrem Volk.
Im Theater für Oper und Ballett in Samara wird unter der Leitung von Mstislaw Rostropowitsch Sergej Slonimskis Oper *Videnija Ioanna Groznogo* (Visionen Iwan des Schrecklichen) inszeniert.

### Berlin ¬ Bundesrepublik Deutschland

**19.5.** An der Volksbühne (zuvor bei den Wiener Festwochen) zeigt Frank Castorf seine aktualisierende Version von Fjodor Dostojewskis Roman *Dämonen* als Karikatur der postsowjetischen Gesellschaft.
**Sommer** Sasha Waltz, Thomas Ostermeier und die Dramaturgen Jens Hilje und Jochen Sandig übernehmen die künstlerische Leitung der Schaubühne.
**3.–29.9.** Berliner Festwochen: *Next Generation East* stellt mit Gastspielen aus Sofia, Budapest, Wrocław, Skopje und Vilnius aktuelle Prozesse der Transformation des jungen osteuropäischen Theaters vor.
**19.–21.11.** *intermedium 1* in der Akademie der Künste setzt Schwerpunkte auf Intermediale Performance, Hörspiel und Klubkultur.
UA von Hanspeter Kyburz' *à travers* für Klarinette und Orchester bei der Musik-Biennale, Berlin. Mit dem Stück *Cells* hatte Kyburz 1993 in Donaueschingen seinen Durchbruch.
Matthias Pintscher, *Hérodiade – Fragmente. Dramatische Szene für Sopran und Orchester*, UA in der Berliner Philharmonie unter der Leitung von Claudio Abbado. Das Werk ist charakteristisch für die emphatische Ausdrucksmusik Pintschers, der zu den Erfolgreichsten seiner Generation zählt.
Diedrich Diederichsen, *Der lange Weg nach Mitte. Der Sound einer Stadt* (Köln), ein Pop-Diskurs zwischen Cultural Studies und Musikjournalismus.
Im Rahmen der Münchener Biennale, des Festivals für neues Musiktheater, Premiere von Wladimir Tarnopolskis Oper *Kogda vremja vychodit iz beregov (Wenn die Zeit über die Ufer tritt)*, R: Peer Boysen.

## LITERATUR ¬ THEORIE

### Moskau ¬ Russland

Puschkin-Denkmal, Moskau

**Jan.–Juni** Hauptereignis des Jahres ist der 200. Geburtstag von Alexander Puschkin. Es erscheinen neue Ausgaben seiner Werke sowie Sekundärliteratur. Im Fernsehen wird der Roman in Versen *Evgenij Onegin* (*Eugen Onegin*) verlesen: Tausende Bürger des Landes aus verschiedenen Regionen und sozialen Gruppierungen lesen jeweils eine Zeile. Zu den Feierlichkeiten vom 5. bis 7.6. wird die Aufstellung von zwei Denkmälern für Puschkin und seine Frau Natalja Gontscharowa auf dem Arbat und am Nikitskije worota in Moskau bekannt gegeben. Führende Politiker, darunter Boris Jelzin, Ministerpräsident Stepaschin und der Moskauer Bürgermeister Lushkov, bekennen auf dem Bildschirm ihre Liebe zu Puschkin.
Erscheinen von Viktor Pelewins Roman *Pokolenie P* (*Generation P*, Berlin 2000) über das Verschwinden der Realität des postsowjetischen Russlands in der Welt der Reklamemanipulationen und Drogenträume. Der Roman wird mit großem Interesse erwartet, die Kritiker reagieren enttäuscht.

### Berlin ¬ Bundesrepublik Deutschland

Das Goethe-Jahr anlässlich des 250. Geburtstags des Dichters wird in ganz Deutschland gefeiert. In Weimar, der diesjährigen Kulturhauptstadt Europas, wird im Ilmpark eine komplette Replik des Gartenhauses von Goethe aufgestellt, in dem die Besucher inmitten von »originalen« Einrichtungsgegenständen dem Dichter nahe sein können.
Jens Sparschuh, *Lavaters Maske* (Köln), unterhaltsamer Roman über die eher zufällige Recherche eines Schriftstellers über Lavater.
Gert Neumanns Roman *Anschlag* (Köln) behandelt die Verständigungsschwierigkeiten zwischen Ost und West sowie die dabei deutlich werdende Begrenztheit von Sprachmustern.
Jürgen Beckers *Aus der Geschichte der Trennungen* (F/M) erzählt anhand seines Protagonisten von der Nachkriegsgeschichte Deutschlands, der Erfahrung der Teilung und der Möglichkeit, in den Landschaften der Kindheit Verlorengegangenes wieder zu entdecken.
Günter Grass erhält den Literaturnobelpreis. In seinem neuen Roman *Mein Jahrhundert* (Göttingen; russ. Auszüge in: *Moskovskie novosti*, Nr. 5, Moskau 1999, und *Inostrannaja literatura*, Nr. 1, Moskau 2000) blickt er mit hundert kleinen, chronologisch gereihten und von ihm bebilderten Geschichten anlässlich der Jahrtausendwende zurück.
Arnold Stadler, *Ein hinreissender Schrotthändler* (Köln), ein skurriles Ehedrama und ein zwischen Oberschwaben und Acapulco angesiedelter Heimatroman.
Karen Duves *Regenroman* (Berlin/F/M), die parabelhafte Geschichte über den Verfall der Gesellschaft, hat enormen Erfolg.

**DENKMAL ¬** Diskussion um das *Denkmal für die ermordeten Juden Europas*, zw. Französischer Straße und Behrenstraße, Berlin-Mitte, A: Peter Eisenman. 1988 wurde von der Perspektive Berlin e.V. erstmals ein groß angelegtes Holocaustmahnmal gefordert. Der 1989 gegründete Förderkreis zur Errichtung eines Denkmals für die ermordeten Juden Europas e.V. soll zwei Drittel der Bausumme aufbringen, ein Drittel werden 1993 vom Land Berlin und der Bundesregierung bereitgestellt. Im Frühjahr 1994 schrieb die Senatsbauverwaltung einen künstlerischen Wettbewerb aus (zwei 1. Preise an Simon Ungers und den Gemeinschaftsentwurf von Christine Jakob-Marks, Hella Rolfes, Hans Scheib, Reinhard Stangl, Felix Theissen; letzterer wird in der Folge favorisiert, die Realisierung aber durch ein Veto des damaligen Bundeskanzlers Helmut Kohl unmöglich gemacht). In der Öffentlichkeit wird sehr kontrovers über die Ergebnisse des Wettbewerbs, über die eventuelle Notwendigkeit des Einbezugs des Gedenkens an die ermordeten Sinti und Roma oder andere Opfergruppen, über den monumentalen Konzeptansatz und das Verhältnis des »offiziellen Holocaustdenkmals« zu bereits existierenden Gedenkstätten diskutiert. Ein Experten-Kolloquium sollte Jan.–April 1997 auf der Grundlage der preisgekrönten Arbeiten historische, ästhetische und stadträumliche Aspekte des Denkmals klären. Darauf wurde von der Senatsverwaltung 1997 ein engeres Auswahlverfahren für 25 geladene Künstler ausgeschrieben. Der Förderkreis und der Bundeskanzler favorisierten den Entwurf von Eisenman Architects und Richard Serra, New York, die um eine Überarbeitung gebeten wurden. In deren Verlauf stieg der Bildhauer Richard Serra aus dem Projekt aus. Nach dem Regierungswechsel im Sept. 1998 nahm sich der Deutsche Bundestag der Sache an. Anfang 1999 gewinnt der Staatsminister für Kultur, Michael Naumann, Peter Eisenman für eine erneute Überarbeitung mit Integration eines *Hauses der Erinnerung*. Verwirklicht werden soll schließlich bis zum 8. Mai 2005 auf dem Gelände der ehem. Ministergärten zwischen Brandenburger Tor und Potsdamer Platz ein Feld mit ca. 1500 Stelen und ein Besucherzentrum mit Bibliothek, Ausstellungsräumen und einem Genozid-Watch-Institute. Das Informationszentrum entsteht in Zusammenarbeit mit der Gedenkstätte *Yad Vashem* in Israel.

Peter Eisenmann, Denkmal für die ermordeten Juden Europas, Berlin (Modell)

# 2000

## POLITIK ¬ ZEITGESCHEHEN

### Moskau ¬ Russland

**Jan.** Sturm auf und Eroberung von Grosny durch Truppen der Russischen Föderation.

**26.3.** Wladimir Putin wird im ersten Wahlgang zum Präsidenten der Russischen Föderation gewählt.

**14.4.** Die Staatsduma ratifiziert die START-II-Verträge über eine weitere Reduzierung strategischer Offensivwaffen.

**13.5.** Beginn der Verwaltungsreform in Russland. Aufbau einer »Vertikale der Macht«: An der Spitze der sieben föderalen Bezirke steht jeweils ein Vertreter des Präsidenten.

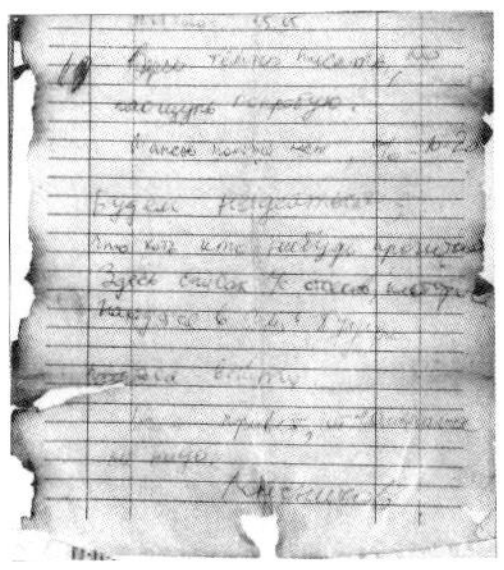

Ein im U-Boot *Kursk* gefundener Abschiedsbrief, vom 12. August, 15.15 Uhr

**17.5.** Die Regierung nimmt unter Ministerpräsident Michail Kassjanow ihre Tätigkeit auf.

**12.8.** Explosion auf dem Atom-U-Boot Kursk (K-141) in der Barentssee. Die 118-köpfige Besatzung kommt ums Leben. Im Aug. 2001 wird das Boot vom Meeresgrund geborgen und in den Hafen von Sewerodwinsk gebracht.

**31.12.** In der Neujahrsnacht wird erstmals die Staatshymne der RF gespielt. 1943 war sie als Nationalhymne der UdSSR bestätigt worden (M: Alexander Alexandrow, Text: Sergej Michalkow, Gabriel El-Registan). 1977 wurde der Text wegen der gewandelten politischen Verhältnisse geändert. 2000 wird sie – ungeachtet der Proteste von Teilen der Intelligenzija – mit einem neuen, ebenfalls von Michalkow stammenden Text, als Hymne Russlands von der Duma angenommen.

### Berlin ¬ Bundesrepublik Deutschland

**15.2.** Bundestagspräsident Wolfgang Thierse gibt bekannt, dass die CDU wegen ihres fehlerhaften Rechenschaftsberichts und verschwiegener schwarzer Konten 41,3 Mio. DM der staatlichen Parteienfinanzierung an die Bundeskasse zurückzahlen muss.

**1.6.–31.10.** Die Weltausstellung *Expo 2000* findet unter dem Leitthema *Mensch–Natur–Technik – Eine neue Welt entsteht* in Hannover und damit erstmals in Deutschland statt. 180 Nationen stellen sich vor. Daneben will ein Themenpark einen Ausblick auf das 21. Jh. geben (mit den Rubriken: Mensch, Umwelt, Basic Needs, Ernährung, Gesundheit, Energie, Mobilität, Arbeit, Wissen und Planet of Visions).

**15.6.** Die Bundesregierung und Vertreter der Energiewirtschaft einigen sich auf einen allmählichen Ausstieg aus der Kernenergie (am 11.6.2001 besiegelt). Zugleich sollen zukunftsträchtige, klimaverträgliche Energieformen gefördert werden.

**1.8.** Die Green-Card-Regelung tritt in Kraft, mit der 10–20.000 ausländische Computerspezialisten nach Deutschland geholt werden sollen. In Zusammenhang damit wird eine Debatte über kontrollierte Einwanderung geführt.

### andere

**5.10.** Anhänger der jugoslawischen Opposition stürmen, nachdem die Parlaments-, Präsidentschafts- und Kommunalwahlen offensichtlich betrügerisch beeinflusst worden waren, das Parlamentsgebäude und den Fernsehturm in Belgrad und zwingen den Präsidenten Slobodan Milošević abzutreten. Vojislav Koštunica wird neuer Präsident. Im Juni 2001 überstellt die serbische Regierung Milošević an das UN-Kriegsverbrechertribunal in Den Haag, wo er wegen Kriegsverbrechen im Kosovo, in Bosnien und Kroatien angeklagt wird.

## BILDENDE KUNST

### Moskau ¬ Russland

**25.2.** Im Museumszentrum der Staatlichen Humanistischen Universität in Moskau wird die ständige Ausstellung *Die andere Kunst* eröffnet, Leonid Talotschkins Sammlung inoffizieller sowjetischer Kunst von 1950 bis in die 80er Jahre.

**26.4.** In der Manege wird die von der Galerie Marat Guelman organisierte Ausstellung *Dynamische Paare* eröffnet. Teilnehmende Künstler sind: Komar & Melamid, Jelena Jelagina und Igor Makarewitsch, Dmitri Wrubel und Viktoria Timofejewa sowie die Gruppen Muchomor (Fliegenpilz) und Tschempiony mira (Champions der Welt).

**25.5.** In der Tretjakow-Galerie am Krymski wal wird die ständige Ausstellung russischer Kunst der zweiten Hälfte des 20. Jahrhunderts eröffnet. Die Herangehensweise der Kuratoren an die Kunst der Nachkriegsepoche führt zu einer erbitterten Kontroverse zwischen Kunstwissenschaftlern, die an der traditionellen »MOSCh«-Kunst festhalten, und ihren Opponenten, die die inoffizielle Kunst der Sowjetzeit in den offiziellen Museumskontext bringen wollen.

**8.–26.9.** *2356 km. Kunst aus Düsseldorf* im Moskauer Ausstellungszentrum Neue Manege.

**Herbst** Im Russischen Museum, Sankt Petersburg, startet die Galerie Marat Guelman eine Ausstellungsserie unter dem Titel *Kunst gegen Geographie*, eine »Enzyklopädie der Kunst der 90er Jahre«. Unter verschiedenen Motti wie »Südrussische Welle«, »Hinter der Grenze«, »Arme Kunst«, »Soziale Projekte« u. a. werden Werke von Alexander Brener, Oleg Golossi, Waleri Koschljakow, Oleg Kulik, Tatjana Liberman, Tatjana Nasarenko, Anatoli Osmolowski, der Gruppe Fenso u. a. gezeigt. Teile der Ausstellung sind im Jahr 2001 in verschiedenen Städten Russlands zu sehen.

**30.11.** Im Russischen Museum laufen die Ausstellungen *Kasimir Malewitsch im Russischen Museum* und *Schüler und Mitstreiter von Malewitsch* mit ca. 150 Gemälden und graphischen Arbeiten von Malewitsch und seinen Schülern Nikolai Suetin, Iwan Kljun u. a. Im Zuge der Ausstellungsvorbereitungen kam es zu Neudatierungen vieler Arbeiten Malewitschs.

### Berlin ¬ Bundesrepublik Deutschland

**28.1.–14.5.** *Das fünfte Element – Geld oder Kunst*, Kunsthalle Düsseldorf, Kurator: Jürgen Harten.

**10.9.–29.10.** *SAMIZDAT – alternative Kultur in Zentral- und Osteuropa: Die 60er bis 80er Jahre*, Akademie der Künste Berlin, in Zusammenarbeit mit der Forschungsstelle Osteuropa, Universität Bremen.

**10.12.–4.2.01** *Stand der Dinge*, Kuratorin: Catherine David, Kunst-Werke, Berlin, präsentiert politisch engagierte Kunst.

### andere

**23.9.–15.12.** *Apocalypse. Beauty and Horror in Contemporary Art*, Royal Academy of Arts, London. Die Kuratoren Norman Rosenthal und Max Wigram stellen Künstler vor, die das beginnende 21. Jahrhundert prägen. Maurizio Cattelans lebensechte Figur des Papstes, der von einem vom Himmel gefallenen Stein niedergestreckt ist, erregt die Gemüter.

**Okt.–Nov.** Die neue Dresdener Malerei macht mit einem poppigen und medienreflektierenden Realismus auf sich aufmerksam: der White Cube², London, präsentiert Eberhard Havekost, Thomas Scheibitz und Frank Nitsche.

**17.11.–21.1.01** *Hypermental. Wahnhafte Wirklichkeit 1955–2000 von Salvador Dalí bis Jeff Koons*, Kunsthaus Zürich, Kuratorin: Bice Curiger, anschließend Hamburger Kunsthalle.

## ARCHITEKTUR ¬ DENKMAL

### Moskau ¬ Russland

Der Bau des lichtdurchlässigen, weit gespannten Dachs (Ingenieure Pawel Jeremejew, Nodar Kantscheli) für den 1805 nach einem Entwurf von Giacomo Quarenghi gebauten Alten Gasthof löst eine heftige Diskussion über zulässige Methoden der Rekonstruktion von Architekturdenkmälern aus.

Michail Schemjakin, *Kinder – Opfer der Laster der Erwachsenen*, Moskau

Auf dem Bolotnaja-Platz wird Michail Schemjakins Denkmal *Deti – žertvy porokov vzroslych* (Kinder – Opfer der Laster der Erwachsenen) errichtet. Die Reaktion der Moskauer ist dermaßen negativ, dass dort ein ständiger Wachschutz positioniert werden muss.

Die Zeitschrift *Proekt klassika* (Chefredakteur Grigori Rewsin) will die zeitgenössische Architektur mit der Klassik zusammenbringen und erscheint gemeinsam mit der seit 1995 bestehenden Zeitschrift *Proekt Rossija. Architektura, dizajn, gradostroitel'stvo, technologija* (Projekt Russland. Architektur, Design, Städtebau, Technologie).

**BILDENDE KUNST ¬** Kunst im Reichstag: Neben deutschen Künstlern werden 1998 Vertreter der vier Siegermächte eingeladen, dauerhafte Installationen im Reichstag zu realisieren: Grischa Bruskin (Russland), Jenny Holzer (USA), Christian Boltanski (F) sowie Lord Norman Foster (GB), der für den Umbau des Gebäudes verantwortliche Architekt. Große Aufmerksamkeit und Widerspruch erregt Hans Haackes Installation für den nördlichen Lichthof mit dem Titel *Der Bevölkerung* (Bezug nehmend auf den Schriftzug über dem Westportal des Reichstags: DEM DEUTSCHEN VOLKE), eingeweiht am 12.9.2000. In eine Holzverschalung, die den Neonschriftzug DER BEVÖLKERUNG umschließt, wird nach und nach Erde gefüllt, welche die 669 Abgeordneten aus ihren Wahlkreisen mitbringen. Allmählich breitet sich Spontanvegetation auf dieser Erde aus und bringt ein anarchisch zufälliges Element in die gesetzlich und architektonisch strukturierte Umgebung des Parlamentsgebäudes.

**Berlin ¬ Bundesrepublik Deutschland**

Auswärtiges Amt, Werderscher Markt, Berlin-Mitte, Architekt des Umbaus der ehem. Reichsbank aus den 30ern: Hans Kollhoff, Erweiterungsbau: Thomas Müller, Ivan Reimann, (Wettbewerb 1996). Anhand des Auswärtigen Amts und des Bundesministeriums der Finanzen (ehem. Reichsluftfahrtministerium) wird eine öffentliche Diskussion um die Umnutzung von NS-Baubestand geführt.

Atrium der DG-Bank, Pariser Platz, Berlin-Mitte

Sony Center am Potsdamer Platz, Berlin-Tiergarten, A: Helmut Jahn. Mehrere Gebäude aus Stahl und Glas stehen um einen elliptischen Hof, der von einem asymmetrischen Zeltdach überfangen wird. Der Kaisersaal des historistischen Esplanade (eines nach dem Mauerbau einsam auf dem Brachgelände des Potsdamer Platzes verbliebenen Hotels) ist wie ein Schmuckkästchen in das Ensemble integriert, das Kinos, Restaurants, die Deutsche Mediathek, die Deutsche Film- und Fernsehakademie, das Filmmuseum sowie Wohnungen beherbergt.

DG-Bank, Pariser Platz 3, Berlin-Mitte (Wettbewerb 1999), A: Frank O. Gehry. Hinter der für Gehry wegen Berücksichtigung der Gestaltungsauflagen des Senats verblüffend schlichten Fassade des Bankhauses öffnet sich ein glasüberdachtes Atrium, in das ein metallverkleideter, skulpturaler Konferenzsaal hineinragt.

Denkmal zu den Ereignissen am 17. Juni 1953, vor dem ehem. Haus der Ministerien, heute Bundesministerium der Finanzen, Ecke Leipziger-/Wilhelmstraße, Berlin-Mitte, eingeweiht am 16.6. anlässlich des 47. Jahrestags der Niederschlagung des Arbeiteraufstands in der DDR und Ost-Berlin, Künstler: Wolfgang Rüppel. Bei dem 1997 ausgeschriebenen Wettbewerb erhält Katharina Karrenberg den 1. Preis mit einer Licht-Installation, die den Schriftzug »wer bin ich, dass ich sagen könnte: eine heroische tat« auf die Nord-Süd-Achse des Leipziger Platzes setzt. Wegen Interessenskonflikten geht der Auftrag an Rüppel, der eine Glasplatte mit einer gerasterten Fotografie vom Protestzug der Bauarbeiter der Stalinallee, dessen Ziel das Haus der Ministerien war, in den Boden einlässt.

Stasigefängnis Hohenschönhausen, Genslerstraße 66, Berlin-Hohenschönhausen, seit 2000 Gedenkstätte für die Opfer des DDR-Regimes. 1945/46 Errichtung des Sowjetisches Speziallagers Nr. 3 zur Internierung von Kriegsverbrechern an dieser Stelle. 1946/47–1951 Einrichtung des Zentralen Untersuchungsgefängnisses der SBZ. 1958–61 Bau eines neuen Gefängnisses, das bis 1989 als Zentrale Untersuchungshaftanstalt des Ministeriums für Staatssicherheit geführt wurde. Dort saßen u. a. bekannte Bürgerrechtler ein, z. B. Rudolf Bahro, Jürgen Fuchs, Wolfgang Templin, Vera Wollenberger. 30.11.90 Schließung der Haftanstalt durch die Senatsjustizverwaltung, 1.12.95 Gründung der Gedenkstätte, im Juli 2000 wird die Stiftung Gedenkstätte Berlin-Hohenschönhausen fundiert.

andere

**Mai** Eröffnung der Tate Modern, London, eines durch Jacques Herzog und Pierre de Meuron (CH) umgebauten ehem. Kraftwerks am Themseufer (Wettbewerb 1994). In Deutschland wurde das eine »neue Einfachheit« vertretende Architektenduo bekannt durch die Erweiterung der Bibliothek der Fachhochschule Eberswalde (beg. 1997), ein Kubus, dessen Fassade durch fotografische Bilder, die im Siebdruckverfahren in die Glas- und Beton-Elemente geätzt sind, belebt wird.

## FILM

**Moskau ¬ Russland**

**18.5.** *Brat'-2* (Der Bruder, Teil 2; Teil 1 1997), R: Alexej Balabanow. Der von xenophobischen Motiven durchdrungene und Gewalt verklärende Film stößt bei vielen Kritikern auf Ablehnung, wird aber zum Kassenschlager der 90er Jahre. Sergej Bodrow jr. wird in der Rolle des edelmütigen Killers zum Kultschauspieler.

**19.7.** *Romanovy – vencenosnaja sem'ja* (Die Romanows – eine gekrönte Familie), R: Gleb Panfilow, eröffnet das 22. Internationale Moskauer Filmfestival.

**Berlin ¬ Bundesrepublik Deutschland**

**19.1.** *Oi Warning*, B/R: Benjamin u. Dominik Reding, D: Sascha Backhaus, Simon Goerts, eine Milieustudie über die Skinheadszene.

**25.1.** *alaska.de*, R/B: Esther Gronenborn, D: Jana Pallaske, Frank Droese, Toni Blume. Eine Schülerin, die zu ihrem Vater in eine Plattenbausiedlung am Berliner Stadtrand zieht, wird Zeugin eines Mordes an einem türkischen Jugendlichen.

**14.9.** *Die Stille nach dem Schuss*, R: Volker Schlöndorff, D: Bibiana Beglau, Martin Wuttke, nach der Biografie der westdt. Ex-Terroristin Inge Viett. Der Film hat wie der Politkrimi desselben Jahres *Die innere Sicherheit*, R/B: Christian Petzold, D: Julia Hummer, Barbara Auer, den Terrorismus und die dt. Geschichte der 1970er Jahre zum Thema.

andere

**22.9.** *Dancer in the Dark* (DK/S/Finnland, EA BRD 28.9.), R/B: Lars von Trier, D: Björk, Cathérine Deneuve, M: Björk. Die tragische Geschichte über eine erblindende Fabrikarbeiterin, die aus dem erdrückenden Alltag in ihre Musical-Träume flüchtet, erhält in Cannes die Goldene Palme.

*In the Mood for Love* (Hongkong, EA BRD 30.11.), R/B: Wong Kar-wai, D: Maggie Cheung, Tony Leung; ein Liebesfilm in betörenden Bildern, der eine neue Langsamkeit in das Hongkong-Kino bringt.

## MEDIEN

**Moskau ¬ Russland**

**27./28.8.** Brand im Fernsehturm Ostankino in Moskau.

**Berlin ¬ Bundesrepublik Deutschland**

**1.3.–9.6.** RTL startet die Reality-Show *Big Brother-TV*. In einem Wohncontainer leben zehn Personen, von Videokameras beobachtet, mehrere Wochen zusammen. Die Zuschauer bestimmen, wer die WG verlassen muss, der Letzte erhält ein Preisgeld von 250.000 DM. Die Serie provoziert Debatten über die fortschreitende Medialisierung der Gesellschaft.

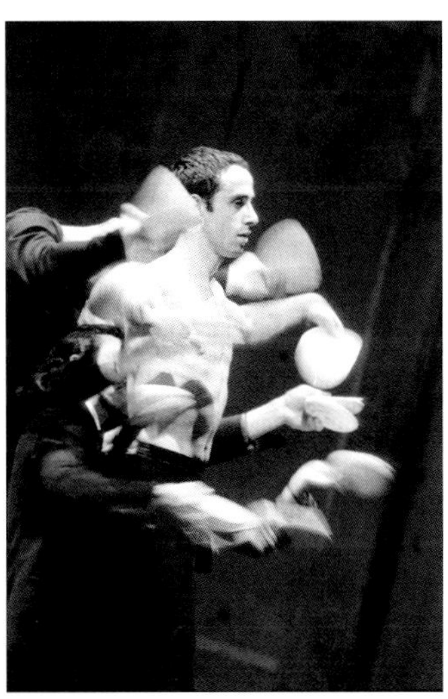

Juan Kruz Diaz de Gavaio Esnaola in *Körper*, Berlin

## THEATER ¬ MUSIK

**Moskau ¬ Russland**

**20.6.** Pjotr Fomenko inszeniert in seiner Werkstatt *Semejnoe sčastie* (Familienglück) nach der Erzählung von Lew Tolstoi. Die Kritik ist begeistert und hebt Xenia Kutepowas Darstellung der Mascha besonders hervor.

**10.7.** *Der Kontrabass* von Patrick Süskind im Theater Satirikon. Konstantin Raikin brilliert in dem Ein-Mann-Stück.

**Berlin ¬ Bundesrepublik Deutschland**

**23.1.** *Körper*, UA des Tanztheaterstücks von Sasha Waltz an der Schaubühne, eine bildstarke Erforschung des Körpers als Material, M: Hans-Peter Kuhn.

**22./23.7.** Für die Expo in Hannover inszeniert Peter Stein in einer Messehalle Goethes *Faust I* und *II* als »erste professionelle Gesamtaufführung«, Dauer: 21 Stunden (Faust: Christian Nickel; Bruno Ganz). Danach wird der vollständige *Faust* auch in Berlin und Wien aufgeführt. Außerdem werden bei der Expo in einzelnen Länderpavillons zeitgenössische Kompositionen vorgestellt. Die Holzgänge des Schweizer Pavillons (A: Peter Zumthor) *Klangkörper Schweiz* bespielen wandelnde Musiker nach einer Partitur und Choreographie des in Berlin lebenden Daniel Ott.

**27.8.–1.9.** ICMC (International Computer Music Conference), Leitung: Peter Castine, Martin Supper, Ioannis Zannos. Im Podewil, der Nationalgalerie und dem Musikinstrumentenmuseum wird mit Workshops, Konzerten und Installationen der Bogen von wissenschaftlich geprägter Computermusik zu live gespielter Laptopmusik der Clubszene gespannt. Die erste ICMC fand 1988 in Köln statt.

**13.10.** Frank Castorf zeigt an der Volksbühne *Endstation Amerika*, seine tragikomische Bearbeitung von Tennessee Williams' *Endstation Sehnsucht*, mit Henry Hübchen als exilpolnischem Stan Kowalsky zwischen traumatischen Rückblenden und trüben Aussichten; BB: Ein Blechwohncontainer von Bert Neumann (Premiere war im Mai bei den Wiener Festwochen).

andere

**Mai** Während der Wiener Festwochen zeigt Christoph Schlingensief während seiner Aktion *Bitte liebt Österreich* Asylbewerber in einem *Big-Brother*-Container vor der Wiener Oper und fordert die Zuschauer auf, über deren Abschiebung abzustimmen.

## LITERATUR ¬ THEORIE

**Moskau ¬ Russland**

Ljudmila Ulizkajas Roman *Kazus Kukockogo* (*Reise in den siebenten Himmel*, F/M u.a 2000) erscheint. Die Autorin beschreibt, wie zuvor in *Sonečka* (1992, *Sonetschka*, Berlin 1997) und *Medeja i eë deti* (1996, *Medea und ihre Kinder*, F/M u. a. 1997) den Alltag der sowjetischen Intelligenzija.

Tatjana Tolstaja, *Kys'* (*Kys*, Berlin 2003), ist eine groteske Erzählung über das Leben von Mutanten und eine Anspielung auf die Überlebenden der Tschernobyl-Katastrophe.

**Berlin ¬ Bundesrepublik Deutschland**

**7.6.–14.7.** Ein Literaturexpress, besetzt mit 103 Autoren aus 43 Ländern, fährt durch Europa: von Lissabon über Osteuropa nach Berlin. An 21 Stationen finden Lesungen, Diskussionen und andere Veranstaltungen statt. Für Deutschland fahren Felicitas Hoppe, Dubravka Ugrešič und Richard Wagner mit.

Alexander Kluge fasst Erzählungen und Erinnerungen zu einer über 2000-seitigen *Chronik der Gefühle* (F/M) zusammen.

In ihrem Roman *Moskauer Eis* (Leipzig) rekapituliert Annett Gröschner eine erstarrte DDR-Familiengeschichte.

Klaus Schlesinger, *Trug* (Berlin), beschreibt mithilfe des Doppelgängermotivs verschiedene Lebensstrategien in Berlin.

Wolfgang Hilbig, *Das Provisorium* (F/M), schildert das Leben als ein Entlanghangeln an Vorläufigem und Notdürftigkeiten. Das Ergebnis ist eine fragmentarische Geschichte.

Wladimir Kaminer, *Russendisko* (München). Der seit 1990 in Berlin lebende russische Autor erzählt in kurzen Episoden vom Leben der russischen Gemeinde in Berlin.

andere

Joane K. Rowling, *Harry Potter*; der vierte Band über den Zauberlehrling erscheint. 1996 wurde in London der erste Band veröffentlicht. Im März 2000 liegen drei Bände in jeweils 33 Sprachen und einer Gesamtauflage von 35 Mio. Exemplaren vor. Erstmalig führt ein Kinderbuch über Monate international die Bestsellerlisten an.

# 2001

## POLITIK ¬ ZEITGESCHEHEN

### Moskau ¬ Russland

**15.6.** Die Staatsduma verabschiedet ein Gesetz, das die rechtlichen Grundlagen für Privateigentum an Grund und Boden in Russland schafft.

**4.10.** Über dem Schwarzen Meer wird während eines Manövers die Passagiermaschine einer russischen Fluggesellschaft auf ihrem Flug von Tel Aviv nach Nowosibirsk von einer ukrainischen Luftabwehr-Rakete abgeschossen. Alle Passagiere und Besatzungsmitglieder kommen ums Leben.

**30.10.** Skinheads töten bei einem Überfall auf dem Zarizyn-Markt in Moskau 3 Menschen, Dutzende werden verletzt.

**21.11.** In Moskau wird ein Bürgerforum eingerichtet, in dem Mitglieder von unterschiedlichen Organisationen und Vereinen Vertretern der Regierung ihre Anliegen vortragen können.

### Berlin ¬ Bundesrepublik Deutschland

**Jan.** In zahlreichen landwirtschaftlichen Einrichtungen werden bei Tieren Erreger des »Rinderwahnsinns« festgestellt. Infolge der BSE-Krise müssen die Bundesminister Andrea Fischer und Karl-Heinz Funke zurücktreten. Die ökologische Landwirtschaft erhält nun mehr Unterstützung.

**25.–27.9.** Wladimir Putin ist zu einem dreitägigen Staatsbesuch in der Bundesrepublik und spricht vor dem Bundestag. Dabei fordert er als Konsequenz aus den Anschlägen vom 11.9. den Aufbau eines neuen globalen Sicherheitssystems. Seine Rede markiert darüber hinaus die Hinwendung Russlands zu einem pro-westlichen außenpolitischen Kurs.

**16.11.** Bundeskanzler Gerhard Schröder stellt aufgrund von Uneinigkeit in der Regierungskoalition hinsichtlich des Bundeswehreinsatzes in Afghanistan die Vertrauensfrage, wird aber bestätigt.

### andere

**20.–22.7.** G-8-Gipfel in Genua. Gewalttätige Auseinandersetzungen zwischen Polizei und Gegnern der Wirtschaftsglobalisierung. Ein Demonstrant wird von einem Polizisten erschossen.

Anschlag auf das World Trade Center, New York, 11. September

**11.9.** Anschläge auf das World Trade Center in New York und das Pentagon in Washington. Moslemische Terroristen kapern vier voll besetzte Passagierflugzeuge vom Typ Boeing. Zwei dieser Maschinen werden in des WTC gelenkt, dessen Bürotürme dadurch vollständig zerstört werden. Die dritte Maschine beschädigt das Pentagon, die vierte stürzt bei Pittsburgh ab, da sich Passagiere den Entführern widersetzen. 3035 Menschen kommen ums Leben. Der in Afghanistan untergetauchte saudische Millionär Osama Bin Laden und die Organisation Al-Qaida werden als Initiatoren der Terroranschläge angesehen. US-Präsident George W. Bush kündigt einen Krieg gegen den Terror an und versichert sich einer internationalen Allianz, der die NATO, Russland, China und auch eine Reihe arabischer und islamischer Staaten angehören.

**7.10.** Nach vergeblichen Aufforderungen von US-Präsident George W. Bush an das afghanische Taliban-Regime, Osama Bin Laden auszuliefern, beginnen US-amerikanische und britische Streitkräfte mit Luftangriffen auf Taliban-Stützpunkte in Afghanistan. Im Nov. hat die davon profitierende afghanische Nordallianz das ganze Land erobert. Am 27.11. soll eine Konferenz im Gästehaus der Bundesregierung auf dem Petersberg bei Bonn unter UN-Leitung über die Zukunft Afghanistans entscheiden. Am 5.12. Unterzeichnung eines Abkommens zur Neuordnung des Landes nach 2 Jahrzehnten Bürgerkrieg. Die UNO entsendet eine Schutztruppe nach Kabul. Chef der Übergangsregierung wird der Paschtune Hamid Karsai.

**14.–16.11.** Staatsbesuch von Wladimir Putin in den USA. Neben Washington und Texas besucht er New York und den Ort des terroristischen Anschlags vom 11.9. Die Treffen der Präsidenten der RF und der USA sollen die Annäherung der beiden Länder nach den tragischen Ereignissen demonstrieren.

## BILDENDE KUNST

### Moskau ¬ Russland

**25.10.–21.11.** *Organika. Die gegenstandslose Welt der Natur in der russischen Avantgarde des 20. Jahrhunderts* mit Werken von Michail Matjuschin und den Künstlern seiner Schule im Moskauer Zentrum der Künste auf der Neglinna-Straße.

**28.11.** *Arnold Schönberg – Wassily Kandinsky* in der Tretjakow-Galerie. Die Ausstellung ist der Wechselbeziehung von Malerei und Avantgardemusik gewidmet.

**5.–16.12.** *Glubinnaja Germanija* (Ein tieferes Deutschland) im Ausstellungssaal an der Kaschirka-Straße, Moskau, zum ästhetischen und sozial-psychologischen Bild des »Dritten Reiches«, mit Werken von Wladimir Dubossarski, Konstantin Swesdotschotow, Boris Mikhailow, Dmitri Prigow, Wladimir Sorokin, Andrej Filippow u. a.

Ausstellung *Ein tieferes Deutschland*, Moskau

**14.12.–8.4.02** *Abstrakcija v Rossii. XX vek* (Die Abstraktion in Russland. 20. Jahrhundert) im Russischen Museum, Sankt Petersburg, mit Werken von Wassily Kandinsky, Michail Larionow, Kasimir Malewitsch, Pawel Filonow, Nikolai Suetin, Alexander Rodtschenko u. a. Außerdem werden zeitgenössische Arbeiten von Juri Slotnikow, Michail Kulakow, Wladimir Nemuchin, Lidija Masterkowa, Leonid Borissow u. a. gezeigt. Parallel dazu laufen Ausstellungen abstrakter Malerei in verschiedenen Galerien, im Museum für nonkonformistische Kunst, im Anna-Achmatowa-Museum, im Museum für städtische Skulptur und im Freud-Museum.

### Berlin ¬ Bundesrepublik Deutschland

**20.4.–20.6.** *berlin biennale*, Kuratorin: Saskia Bos, Kunst-Werke, Postfuhramt, Jannowitzbrücke, Treptowers. Internationaler ausgerichtet als die erste Biennale 1998, stehen partizipative und »engagierte« künstlerische Positionen im Vordergrund.

**15.2.–22.4.** *The Short Century. Das kurze Jahrhundert. Unabhängigkeits- und Befreiungsbewegungen in Afrika 1945–1994*, Museum Villa Stuck, München, Kurator: Okwui Enwezor (anschließend in Berlin, Chicago, New York). Der kommende Kurator der *Documenta 11* präsentiert mit dieser Ausstellung seine Sicht der afrikanischen Kunst vor dem Hintergrund des Zusammenspiels von Politik und Kultur.

### andere

**1., 9.3.** In Afghanistan sprengen die Taliban zwei aus dem Fels geschlagene Buddhafiguren im Bamiyan-Tal, die auf der Liste des Weltkulturerbes der UNESCO stehen.

**10.6.–4.11.** Gregor Schneider, *Totes Haus ur*, Biennale Venedig, Kurator: Udo Kittelmann. Schneider transportiert große Teile des klaustrophobischen Innenausbaus eines Wohnhauses nahe Mönchengladbach, an dem er seit 1985 arbeitet, nach Venedig und implantiert sie dem Deutschen Pavillon.

## ARCHITEKTUR ¬ DENKMAL

### Moskau ¬ Russland

**Sommer** Das Staatl. Komitee für Bauwesen Russlands und das Schtschussew-Architekturmuseum schreiben einen Internationalen Wettbewerb aus für einen Pavillon, der das von Architekt Wassili Bashenow geschaffene große Modell für die im 18. Jh. geplante Rekonstruktion des Großen Kreml-Palasts beherbergen soll.

Die Restaurierung und Erweiterung des Puschkin-Museums auf der Pretschistenka-Straße ist abgeschlossen, A: Andrej Bokow, Anatoli Iwanow, Emma Noskowa, Juri Burow, Olga Galanina und Anna Milejewa. Für diese gelungene Synthese von historischem Kulturdenkmal und moderner Architektur erhält das Architektenteam 2001 den Staatspreis.

### Berlin ¬ Bundesrepublik Deutschland

**9.9.** Eröffnung des Jüdischen Museums, Lindenstraße 14, Berlin-Kreuzberg, A: Daniel Libeskind (vgl. 1999).

**4.11.** Bundespräsident Johannes Rau eröffnet das Dokumentationszentrum für NS-Propaganda auf dem ehem. Reichsparteitagsgelände in Nürnberg, A: Günther Domenig.

**9.11.** Einweihung der Neuen Synagoge Dresden, A: Andrea Wandel, Andreas Hoefer, Wolfgang Lorch, Nikolaus Hirsch (Wettbewerb 1997). Der erste Synagogenbau in den neuen Bundesländern nach dem Mauerfall ist ein ungewöhnlicher, verdrehter Baukörper zwischen Tempel und Zelt, außen mit Betonwerkstein, innen mit Metalltextil ausgeführt.

Nachdem Berlin Bundeshauptstadt geworden ist, kehren verschiedene Länderbotschaften z.T. an ihre vor Ende des 2. Weltkiegs angestammten Plätze zurück (so renovieren Italien und Japan aufwendig ihre Bauten der 30er Jahre) oder errichten im Bereich der traditionellen Botschaftsviertel neue, architektonisch Aufsehen erregende Gebäude. 2001 werden u. a. die Botschaften von Indien (A: Léon Wohlhage Wernik) und Österreich (A: Hans Hollein) an der Tiergartenstraße eröffnet sowie die Schweizer Botschaft (A: Diener & Diener, Gestaltung der Brandtwand: Helmut Federle) neben dem Bundeskanzleramt. Bereits 2000 wurden die Britische Botschaft (A: Michael Wilford Ass.) nahe dem Pariser Platz und die Mexikanische Botschaft (A: Teodoro González de León und Francisco Serrano) an der Klingelhöferstraße eingeweiht. Ende 1999 bezogen die »Nordischen Länder« Dänemark, Finnland, Island, Norwegen und Schweden ein Gebäudeensemble, dessen Konzept einzigartig ist. Um einen gemeinsamen Hof stehen ihre fünf Botschaften sowie ein Bau mit Gemeinschaftseinrichtungen. Die gesamte Anlage wird von einem 14,60 m hohen Fassadenband aus Kupfer umschlossen, was nach außen hin die Zusammenarbeit unterstreicht (Gesamtkonzept: Berger und Parkkinen, Wien).

## FILM

### Moskau ¬ Russland

**4.5.** Mit *V avguste sorok četvërtogo…* (Im August des Jahres 44…), R: Michail Ptaschuk, kehrt das Thema des Großen Vaterländischen Krieges auf die Leinwand zurück; es wird auch von anderen Filmemachern wieder aufgegriffen.

### Berlin ¬ Bundesrepublik Deutschland

**27.9.** *Berlin Babylon* (2000), R/B: Hubertus Siegert, M: Einstürzende Neubauten. Die dokumentarische Filmstudie beobachtet über einen längeren Zeitraum die Stadt als große Baustelle.

**11.7.** *Der Schuh des Manitu*, die Karl-May-Persiflage von und mit den Komikern Michael »Bully« Herbig und Christian Tramitz wird der erfolgreichste deutsche Film aller Zeiten.

### andere

**19.1.** *Memento* (USA, EA BRD 13.12.2001), R/B: Christopher Nolan. Ein Mann ohne Kurzzeitgedächtnis (Guy Pearce) wird auf der Suche nach dem Mörder seiner Frau von seiner Umgebung manipuliert. Zur Gedächtnisstütze tätowiert er sich die Ergebnisse seiner Recherchen auf den Leib. Ein Film über Wahrnehmungsverschiebungen und die Interpretationsbedürftigkeit von vermeintlich objektiven Fakten.

*La pianiste* (Ö/F, *Die Klavierspielerin*, EA BRD 11.10.), R/B: Michael Haneke, D: Isabelle Huppert, Benoît Magimel. Die Verfilmung des gleichnamigen Romans der Österreicherin Elfriede Jelinek über eine Klavierlehrerin und ihre masochistische Beziehung zu einem Schüler ist eine bedrängende und provozierende Inszenierung. Zuvor hatte Haneke Aufmerksamkeit erregt durch *Funny Games* (Ö, 1997) und *Code: Inconnu* (F, 2000).

*Le fabuleux destin d'Amélie Poulain* (F, *Die fabelhafte Welt der Amélie*, EA BRD 16.8.), R: Jean-Pierre Jeunet, D: Audrey Tautou, eine märchenhaft verfremdete, romantische Liebesgeschichte im Pariser Viertel Montmartre.

## MEDIEN

### Moskau ¬ Russland

**April** Höhepunkt des seit 2000 schwelenden Konfliktes um NTV. Der halbstaatliche Konzern Gasprom, Finanzier von NTV, verklagt den Inhaber der Fernsehgesellschaft Wladimir Gussinski aufgrund seiner Zahlungsunfähigkeit. Nach einer kurzen Haftstrafe und der von der Generalstaatsanwaltschaft gegen ihn erhobenen Anklage ist er gezwungen, das Land zu verlassen. Per Gerichtsbeschluss wird NTV nun von Gasprom kontrolliert. In Moskau und Sankt Petersburg demonstrieren NTV-Anhänger, die politische Gründe hinter dem Vorgehen gegen den Fernsehkanal sehen, der die oppositionelle Stimme vertritt. Aus Protest folgen führende Mitarbeiter der Gesellschaft ihrem Generaldirektor Jewgeni Kisseljow zu TV-6, der Boris Beresowski gehört, andere arbeiten unter der neuen Führung weiter. Im Jan. 2002 kann auch TV-6 aufgrund einer Klage von Aktionären nicht mehr senden, erst im Frühjahr nimmt er unter dem Namen TVS die Arbeit wieder auf.

Skandalträchtige Reality-Shows werden populär: *Poslednij geroj* (Der letzte Held, auf ORT), *Za steklom* (Hinter Glas, auf TV-6) sowie die Talk-Show *Bol'šaja stirka* (Große Wäsche, ORT) von Andrej Malachow, in der Personen schockierende Einzelheiten aus ihrer Intimsphäre beichten.

### Berlin ¬ Bundesrepublik Deutschland

Heinrich Breloers Trilogie über die deutsche Schriftstellerfamilie *Die Manns – Ein Jahrhundertroman* wird in der Vorweihnachtszeit von der ARD ausgestrahlt. Allein 1,31 Mio. Zuschauer sehen die erste Folge.

## THEATER ¬ MUSIK

### Moskau ¬ Russland

**17.2.** *Vojna i mir. Načalo romana. Sceny* (Krieg und Frieden. Beginn des Romans. Szenen) nach Lew Tolstoi. Das Stück von Pjotr Fomenko, das er in seiner Moskauer Theaterwerkstatt herausbringt, erhält verschiedene Preise; die Kritik hebt besonders Galina Tjunina in der Rolle der Anna Pawlowna Scherer hervor.

**21.4.–29.6.** In Moskau finden die 3. Theaterolympiade und das 4. Internationale Tschechow-Theaterfestival statt, an denen führende Theatergruppen aus über 40 Ländern teilnehmen. Künstlerische Leiter sind Mark Sacharow und Juri Ljubimow. Im Rahmen der Olympiade tagt ein Internationales Forum zu Problemen des experimentellen Theaters.

**14.5.** Premiere von Grigori Gorins Komödie *Šut Balakirev* (*Balakirew, der Narr*) im Lenkom- Theater in der Inszenierung von Mark Sacharow. In diesem letzten Stück Gorins über den Hofnarr von Zar Peter I. brilliert der Schauspieler Oleg Jankowski in der Rolle des Zaren.

**15.5.** Das Meyerhold-Zentrum initiiert ein Projekt, das dem Schaffen von Antonin Artaud gewidmet ist.

**19.–29.6.** Wjatscheslaw Polunin stellt beim ersten Moskauer Straßentheater-Fest *Korabl' durakov* (Das Narrenschiff) Karneval und Straßentheater aus aller Welt vor sowie die besten Clowns des 20. Jahrhunderts.

**24.11.** *Dama s sobačkoj* (*Die Dame mit dem Hündchen*) nach einer Erzählung von Anton Tschechow im Moskauer Theater des jungen Zuschauers. Der Regisseur Kama Ginkas eröffnet mit der szenischen Umsetzung von Tschechows Prosa neue Horizonte.

### Berlin ¬ Bundesrepublik Deutschland

**17.2.** In Hannover inszeniert Nicolas Stemann Shakespeares *Hamlet*. König Claudius wird als ein zum Politikmanager mutierter Alt-68er dargestellt.

**Juli** Unter dem Titel *Format 5. Signaturen elektronischer Klangkunst* findet das erste größere Festival der singuhr-hoergalerie (seit 1996, Leitung: Susanne Binas und Carsten Seiffarth) in der Parochialkirche, Berlin-Mitte, statt. Am 6.7. verwandelt Carsten Nicolai für *crystals* mit 59 Tonnen Scherbeneis das Kirchenschiff in einen polaren Garten, umgeben von Projektionen auf großflächigen Screens und minimalistischer elektronischer Musik.

**12.10.** Mit einer Inszenierung nach Motiven des sozialen Kolportageromans *Erniedrigte und Beleidigte* setzt Frank Castorf an der Berliner Volksbühne seine Dostojewski-Verwertung fort (zuvor bei den Wiener Festwochen). Selbst- und Realitätsverlust der Figuren werden durch Videotechnik reflektiert.

**1.–3.11.** *TOTAL MUSIC MEETING*, internationales Festival für improvisierte Musik im Podewil, Berlin-Mitte, mit dem Quartett Die Enttäuschung, dem Schlagzeuger Sven-Åke Johansson, Aki Takase u. a.

### andere

**7.7.** Die Berliner Staatskapelle und Ihr Dirigent Daniel Barenboim verursachen bei einem Gastkonzert in Jerusalem heftige Proteste, als sie ohne vorherige Ankündigung ein Werk von Richard Wagner zur Aufführung bringen wollen.

## LITERATUR ¬ THEORIE

### Moskau ¬ Russland

**7.4.** Der Vorbereitung eines Staatsstreichs beschuldigt, wird der Schriftsteller Eduard Limonow inhaftiert. Im Gefängnis schreibt er eine Reihe autobiographischer und politischer Bücher, darunter *Kniga vody* (Das Buch des Wassers), *Moja političeskaja avtobiografija* (2002, Meine politische Autobiographie), *Drugaja Rossija* (Das andere Russland) u. a.

Alexander Tschudakows Roman *Ložitsja mgla na starye stupeni* (Finsternis legt sich über alte Stufen) ist eine realistische Rekonstruktion des Alltags von Zwangsumsiedlern in Nordkasachstan während der Nachkriegsjahre.

### Berlin ¬ Bundesrepublik Deutschland

Felicitas Hoppe, 1996 bekannt geworden mit *Picknick der Frisöre* (Reinbek), Prosastücke mit einer Sammlung von Skurrilem, legt nun mit *Pigafetta* (Reinbek) einen Reiseroman vor, in dem das Fremde dem Leser nicht beim Durchstreifen anderer Länder begegnet, sondern auf einem Containerschiff während einer Weltumfahrung.

Marcel Reich-Ranicki, der gerühmte und umstrittene Literaturkritiker, veröffentlicht *Mein Leben* (München) – eine Autobiographie, die zugleich eine Literaturgeschichte der 2. Hälfte des 20. Jhs. ist.

Theater-Olympiade, Moskau

13. Darmstädter Gespräch *Die Gesellschaft im 21. Jahrhundert*. Der Kongress, organisiert von der TH Darmstadt, will an die Tradition der früheren Darmstädter Gespräche anknüpfen, erhält aber weniger Medienecho als in den 50er und 60er Jahren. Teilnehmer u. a. Slavoj Žižek, Saskia Sassen, Bruno Latour, Chantal Mouffe.

**ARCHITEKTUR ¬** Schlüsselübergabe für das Bundeskanzleramt, Willy-Brandt-Straße 1, am 2.5. aus den Händen des Architekten Axel Schultes an Bundeskanzler Gerhard Schröder (den städtebaulichen Wettbewerb zum Regierungsviertel gewannen Axel Schultes und Charlotte Frank 1992. 1994 erhielten sie einen der beiden 1. Preise des Realisierungswettbewerbs für das Bundeskanzleramt; im Juni 1995 Bundeskanzlerentscheid von Helmut Kohl für Schultes/Frank, Anfang 1997 wurde mit dem Bau begonnen). Schultes/Frank konzipierten ein »Band des Bundes«: Das Kanzleramt, ein Kubus zwischen 2 langgestreckten Verwaltungstrakten, präsentiert sich in seiner Hauptansicht mit einem Ehrenhof, in dem hohe Stelen aus Sichtbeton stehen, die Bäume tragen. Die bildhafte Architektur erhält einen zusätzlichen Akzent durch die im Hof aufgestellte Stahlplastik *Berlin* des baskischen Bildhauers Eduardo Chillida. An das Kanzleramt soll das Bundesforum anschließen, ein speziell gestalteter, öffentlicher Raum inmitten des Herzens der staatlichen Macht (bisher nicht ausgeführt). Nach Osten hin, die Spree und den ehemaligen Mauerstreifen übergreifend, vervollständigen weitere Regierungsbauten das »Band«: der Alsen- und Luisenblock mit Abgeordetenbüros und Bibliothek, A: Stephan Braunfels (fertig gestellt 2002).

Bundeskanzleramt, Berlin

## POLITIK ¬ ZEITGESCHEHEN

### Moskau ¬ Russland

**Feb.** Antiamerikanische Stimmungen verstärken sich aufgrund von Regelverletzungen gegen russische Sportler bei den Olympischen Winterspielen in Salt Lake City (USA), von denen die Presse ausführlich berichtet.
**28.4.** General Alexander Lebed, Gouverneur des Krasnojarsker Gebiets und ehemaliger Sekretär des Sicherheitsrates Russlands, kommt bei einem Flugzeugunglück ums Leben.
**23.–26.5.** Besuch von US-Präsident George W. Bush in Russland. Unterzeichnung eines Abkommens zur Reduzierung stationierter strategischer Atomwaffen. Der Besuch soll vor allem die besondere Beziehung zwischen den USA und Russland demonstrieren.
**9.6.** Neofaschistische Ausschreitungen im Zentrum Moskaus, nachdem die russische Mannschaft bei der Fußballweltmeisterschaft gegen die Japaner verliert. Fazit der Unruhen: 2 Tote, über 100 Verletzte, Dutzende von angezündeten Autos und demolierte Geschäfte.
**2.7.** Absturz einer russischen Passagiermaschine am Bodensee mit 69 Menschen an Bord (fast alle Passagiere waren Kinder, die aus Baschkirien in die Sommerferien flogen). Ursache ist ein durch die Schuld der Schweizer Flugsicherung verursachter Zusammenstoß mit einer amerikanischen Frachtmaschine.
**Sept.** Zuspitzung des russisch-georgischen Konflikts, nachdem in der Pankissi-Schlucht (Georgien) Tausende von Flüchtlingen aus dem benachbarten Tschetschenien, darunter Mitglieder bewaffneter Separatistenverbände, Zuflucht gefunden haben. Präsident Wladimir Putin stellt ein Ultimatum für die Gewährleistung der Sicherung der russischen Grenze zu Georgien und erklärt, das Problem gegebenenfalls auch mit militärischen Mitteln lösen zu wollen.
**9.–16.10.** Gesamtrussische Volkszählung, die erste im postsowjetischen Russland. Vorläufigen Angaben zufolge hat die RF über 145 Mio. Einwohner.
**23.–26.10.** Tschetschenische Terroristen bringen im Moskauer Konzertsaal auf der Dubrowka-Straße während der Aufführung des Musicals *Nord-Ost* über 800 Geiseln in ihre Gewalt und fordern den Abzug der russischen Truppen aus Tschetschenien. Am frühen Morgen des 26.10. wird das Gebäude von Polizeieinheiten gestürmt, wobei ein spezielles Betäubungsgas eingesetzt wird. Alle Terroristen und 129 Geiseln kommen ums Leben.

### Berlin ¬ Bundesrepublik Deutschland

**März** Streit im Bundesrat um das neue Zuwanderungsgesetz, dessen Verabschiedung scheitert, da die Landesregierung von Brandenburg uneins ist. Daraufhin wird das Gesetz schließlich vom Bundesverfassungsgericht wegen Verfahrensmängeln abgelehnt.
**April** Der *Zweite Petersburger Dialog* findet in Weimar statt. Bundeskanzler Gerhard Schröder und Staatspräsident Wladimir Putin verabreden gemeinsame Projekte in Wissenschaft, Bildung und Kultur.
**26.4.** Ein 19-jähriger ermordet in einem Erfurter Gymnasium 12 LehrerInnen, 1 Sekretärin, 2 Schüler, 1 Polizisten und richtet sich dann selbst.
**23.5.** US-Präsident George W. Bush spricht bei seinem Staatsbesuch vor den Abgeordneten des Deutschen Bundestags in Berlin.
**Juli** Aufgrund ihrer Verbindung zu dem Marketingfachmann Moritz Hunzinger und der ungerechtfertigten Inanspruchnahme von »Bonusmeilen« der Lufthansa für private Flüge treten mehrere Politiker der Bundesregierung zurück, so Bundesverteidigungsminister Rudolf Scharping (SPD), Gregor Gysi (PDS) und Cem Özdemir (Grüne).
**Aug.** Infolge starker Regenfälle treten in Mitteleuropa zahlreiche Flüsse über die Ufer. Die »Jahrhundertflut« in Deutschland, Tschechien und Österreich macht Hunderttausende obdachlos und löst eine große Welle der Hilfsbereitschaft aus.
**22.9.** Die Koalition aus SPD und Grünen gewinnt knapp die Bundestagswahl, auch weil sie sich vehement gegen einen erneuten Krieg gegen den Irak einsetzt, der von US-Präsident Bush forciert wird. Deutschland wird deshalb Antiamerikanismus vorgeworfen.
Die Edition Ost veröffentlicht ein Konvolut über die Staatssicherheit unter dem Titel *Die Sicherheit. Zur Abwehrarbeit des MfS*, in dem sich Generäle des MfS selbst darstellen und verteidigen.

John Bock, *NagojonesDandy*, Aktionsstück und Vortrag, *Documenta 11*, Kassel

Es stellt sich heraus, dass das islamische Terrornetz Al-Qaida auch in Deutschland vielfältige Standorte und Kämpfer hat. Nach den Anschlägen von New York (11.9.2001), Djerba (11.4.2002), Bali (13.10.2002), Moskau (23.10.2002) und Mombasa (28.11.2002) spricht man von einer »islamischen Weltrevolution«.

### andere

**1.1.** Anlässlich der Einführung des Euro für den allgemeinen Zahlungsverkehr in den meisten EU-Staaten findet die größte Geldumtauschaktion aller Zeiten statt.
**29.1.** In seiner Ansprache zur Lage der Nation kündigt US-Präsident George W. Bush den Kampf gegen die »Achse des Bösen«, d.h. Diktaturen wie den Irak an. Am 11.10. erteilt der amerikanische Kongress Bush die Vollmacht für einen Krieg gegen den Irak mit dem Ziel, dort einen Regimewechsel herbeizuführen. Im Nov. beschließt der UNO-Sicherheitsrat, dass vor einem Einmarsch UN-Inspektoren den Irak nach verbotenen Waffen absuchen sollen.
**Sommer** Der Palästinenserkonflikt spitzt sich zu. Israelisches Militär greift Jasir Arafats Hauptquartier in Ramallah an und zerstört es weitgehend.

## BILDENDE KUNST

### Moskau ¬ Russland

**15.–20.1.** *Zeitgenössische russische Malerei. 1992–2002*, organisiert von der XL-Galerie zum 10. Jahrestag der Moskauer Börse in der Neuen Manege in Moskau. Unter den Teilnehmern sind Konstantin Swesdotschotow, Wladimir Dubossarski und Alexander Winogradow, Igor Makarewitsch und Semjon Faibissowitsch.
**22.1.–31.3.** *Weibliche Kunst. Künstlerinnen Russlands vom 15. bis 20. Jahrhundert* in der Tretjakow-Galerie, Moskau. Die Ausstellung zeigt Stickereien des 15. Jhs., Gemälde des Silbernen Zeitalters und von russischen Avantgardemalerinnen sowie Performances und Installationen von zeitgenössischen Künstlerinnen.
**18./19.5.** Internationales Medienkunstfestival *Read_me 1.2* im Kulturzentrum DOM in Moskau.
**31.10.** In der Ausstellung *Die heiligen Sechziger* im Russischen Museum in St. Petersburg werden Werke aus dem 19. Jh. von Wassili Perow, Nikolai Ge, Iwan Kramskoi, Iwan Schischkin u.a. aus der eigenen Sammlung und der der Moskauer Tretjakow-Galerie gezeigt.

### Berlin ¬ Bundesrepublik Deutschland

**10.1.–27.2.** *Davaj. Russian Art Now. Aus dem Laboratorium der freien Künste in Russland*, Postfuhramt, Berlin, 19.6.–22.9. MAK, Wien, Kuratoren: Christiane Bauermeister, Peter Noever mit Team.
**4.5.–4.8.** *Iconoclash*, ZKM, Karlsruhe. Kuratoren: Peter Weibel, Bruno Latour, Peter Galison, Dario Gamboni, Joseph Leo Koerner, Adam Lowe, Hans-Ulrich Obrist. Die Autorität der Bilder in Theologie, Kunst und Wissenschaft und die darauf reagierenden ikonoklastischen Tendenzen werden befragt.
**8.6.–15.9.** *Documenta 11* in Kassel, Leiter: Okwui Enwezor, Co-Kuratoren: Carlos Basualdo, Ute Meta Bauer, Susanne Ghez, Sarat Maharaj, Mark Nash, Octavio Zaya. Der Schwerpunkt liegt auf künstlerischem und Dokumentarfilm; Basisbegriffe sind Transnationalität, Globalisierung und Créolité.

### andere

**23.3.–2.6.** Das *Labor der Metropolen* macht auf der Biennale von São Paulo auch Moskau und Berlin zum Thema.

## ARCHITEKTUR ¬ DENKMAL

### Moskau ¬ Russland

Bau des Wohnhauses »Patriarch« an den Patriarchenteichen, Moskau, A: Sergej Tkatschenko, Oleg Dubrowski, Je. Grizkewitsch, O. Skums. Der Bau vereint klassizistisches Dekor mit modernen Konstruktionslösungen. Auf seinem Dach thront neben einer Kuppel eine Adaption des Tatlin-Turmes.
Verwaltungsgebäude auf der Dolgorukowskaja Straße, A: Pawel Andrejew, W. Kowschel, W. Solonkin. Das 14-geschossige Gebäude liegt in einem historischen Viertel im Zentrum Moskaus und grenzt an einen Bau von Ilja Golossow aus den 30er Jahren, auf den es in Proportionen und Gliederung Bezug nimmt.

Russisches Kulturzentrum, Moskau

### Berlin ¬ Bundesrepublik Deutschland

**Jan.** Der SPD/PDS-Senat von Berlin beschließt im Koalitionsvertrag, der 1919 in Berlin ermordeten Sozialistin Rosa Luxemburg ein Denkmal zu setzen.
**4.7.** Der Deutsche Bundestag fasst den Entschluss, das im Krieg zerstörte und unter Ulbricht 1950 abgerissene Berliner Stadtschloss wieder aufzubauen. Die Finanzierung ist unklar.
Tempodrom, am Anhalter Bahnhof, Berlin-Kreuzberg, A: Gerkan, Marg & Partner. Der futuristische, zeltartige Bau ist Spielstätte für die lange Zeit provisorisch in einem Zelt im Tiergarten stationierte alternative Musik- und Theaterszene.

Tempodrom, Berlin-Kreuzberg

*Russian Ark* (R/BRD), Filmstill

## FILM

### Moskau ¬ Russland

**Mai** Premiere von Alexander Sokurows *Russkij kovčeg* (R/BRD, *Russian Ark*) beim Filmfestival in Cannes. Der Spielfilm behandelt drei Jahrhunderte russischer Geschichte. Er wurde in der Ermitage in Sankt Petersburg in einer 90-minütigen Kamerafahrt aufgenommen und nicht geschnitten.

**21.–30.7.** Auf dem Moskauer Filmfestival erhält *Kukučka* von Alexander Rogoshkin, ein Drama über eine Liebe im Krieg, die Preise für die beste Regie und für den besten Darsteller.

**29.8.–8.9.** Auf dem Filmfestival in Venedig erhält *Dom durakov* (Haus der Dummen) von Andrej Michalkow-Kontschalowski den Großen Preis der Jury, eine pazifistische Tragikfarce über den tschetschenischen Krieg. Im Kurzfilmwettbewerb gewinnt der animierte Film *Clown* von Irina Jewtejewa den Silbernen Löwen.

**20.9.** Bei einem Gletscherrutsch in den Bergen von Nordossetien wird das von Regisseur Sergej Bodrow jr. geleitete Aufnahmeteam des Films *Svjaznoj* (Verbindungsmann) verschüttet. Der Verlust des Filmhelden der 90er Jahre wird als nationale Tragödie empfunden.

### Berlin ¬ Bundesrepublik Deutschland

**6.–17.2.** Auf der Berlinale erhält Otar Iosselianis Film *V ponedel'nik utrom* (*Lundi Matin*) den Silbernen Bären für die beste Regie.

**17.2.** *Baader*, R/B: Christopher Roth, D: Frank Gierig, Laura Tonke. Wegen der Darstellung Baaders als Märtyrer und einer freien Pop-Interpretation der RAF-Geschichte wird dem Regisseur Geschichtsverfälschung vorgeworfen.

**22.8.** Anlässlich von Leni Riefenstahls 100. Geburtstag flammt die Diskussion um ihre Kollaboration mit den Nationalsozialisten, die Freundschaft mit Hitler und über die Wertung ihrer z.T. mehrfach preisgekrönten Filme (wie *Sieg des Glaubens*, 1933; *Triumph des Willens*, 1934; die beiden Olympia-Filme *Fest der Völker* und *Fest der Schönheit*, 1936–38; *Tiefland*, 1940/41), deren effektvolle, vermeintlich innovative und auf jeden Fall einflussreiche Ästhetik wieder auf.

*Berlin: Symphonie einer Großstadt*, R: Thomas Schadt. Der experimentelle Dokumentarfilm versucht eine zeitgenössische Version von Walter Ruttmanns *Berlin. Die Symphonie der Großstadt* (von 1927) .

*Halbe Treppe*, R/B: Andreas Dresen, D: Steffi Kühnert, Gabriela Maria Schmeide, eine Tragikomödie um zwei befreundete Ehepaare in Frankfurt/O.

*Heaven* (USA/BRD/F), R: Tom Tykwer, D: Cate Blanchett, Giovanni Ribisi. Der Film über die Liebe zwischen einer Bombenlegerin und einem Polizisten vor der Landschaftskulisse Italiens bringt Tykwer den internationalen Durchbruch.

### andere

**26.5.** *The Pianist* (F/BRD/P/GB, UA: Warschau, *Der Pianist*, EA BRD 24.10.), R: Roman Polanski, D: Adrien Brody, Thomas Kretschmann, erhält die Goldene Palme in Cannes. Die authentische Geschichte des Pianisten Władysław Szpilman, dem die Flucht aus dem Warschauer Ghetto gelang, dient dem polnischen Regisseur, der selbst das Ghetto von Krakau überlebte, als Grundlage für seinen Film.

*No man's land* (Slowenien/B/F/GB/I 2001, EA BRD 20.2.), R/B: Danis Tanovič, D: Barnko Djurič, René Bitorajač. Die an der bosnisch-serbischen Grenze angesiedelte Satire über die Absurdität des Krieges wird in Los Angeles mit dem Oscar für den besten ausländischer Film ausgezeichnet.

## MEDIEN

### Moskau ¬ Russland

**Sept.** Auf NTV wird innerhalb des Informationsprogramms *Namedni* (Kürzlich) die Zeichentrickserie *Masjanja* von Oleg Kuwajew regelmäßig ausgestrahlt, die zuvor bereits im Internet Kultstatus erlangt hatte.

## THEATER ¬ MUSIK

### Moskau ¬ Russland

**Sommer** Die deutsche Gruppe Rammstein präsentiert ihren Teutonen-Rock auf einer Konzerttournee durch Russland, u. a. in Moskau und Sankt Petersburg.

Premiere der Oper *Lulu* von Alban Berg in der Helikon-Oper, Moskau, R: Dmitri Bertman, Dir: Wladimir Ponkin. Erstmals wird ein Werk der Wiener Neuen Musik auf einer russischen Bühne gespielt.

### Berlin ¬ Bundesrepublik Deutschland

**23.2.** UA von Sasha Waltz' in Koproduktion mit dem Festival de Avignon entstandenen Tanzstücks *noBody* an der Schaubühne am Lehniner Platz, Berlin. Das Stück thematisiert Vereinzelung und Aufgehen in der Masse, Verzweiflung und spielerische Freude; M: Hans-Peter Kuhn.

**7.–17.3.** Erste *MaerzMusik* der Berliner Festspiele (Folgefestival der Musik-Biennale) mit einem Spagat zwischen zeitgenössischer Instrumentalmusik (u. a. Wolfgang Rihm), Experimental Rock (u. a. Lou Reed) und Electronic Clubmusic (u. a. sophisticated soirée). Das alle musikalischen Gattungen umfassende, klanggewaltige Werk des 50-jährigen Wolfgang Rihm wird in diesem Jahr in vielen Konzertsälen präsentiert.

**Sept.** Der erste Deutsche Klangkunstpreis wird in Marl an Georg Klein, Tilman Küntzel und Alexander Titz vergeben.

**16./17.10.** Gastspiel von Oleg Tabakows Theaterstudio mit *Die Letzten* am Maxim Gorki Theater, Berlin, das anlässlich seines 50-jährigen Bestehens auch russische Dramatiker zu Lesungen und Diskussionsveranstaltungen einlädt.

**23.11.–1.12.** *Magma2002Berlin. Festival of Contemporary Nordic Music* (u. a. im Tränenpalast) stellt das Schaffen skandinavischer Komponisten aus Finnland, Schweden, Norwegen vor: von Multimedia über Instrumentalkompositionen zur Klubkultur.

### andere

Das Gastspiel des russischen Pop-Duos TATU sorgt für Furore in Europa. Die beiden Mädchen werden als Superstars gehandelt.

## LITERATUR ¬ THEORIE

### Moskau ¬ Russland

**31.5.** Skandalträchtige Verleihung des Literaturpreises Nationaler Bestseller an Alexander Prochanow, den Verleger der radikalen nationalistischen Zeitung *Zavtra*, für seinen politischen Roman *Gospodin Geksogen* (Herr Hexogen) über die Explosionen in Moskau im Jahr 1999.

**27.6.** Bei einer öffentlichen Aktion der Bewegung Iduschtschije wmeste (Die gemeinsam Gehenden) werden Werke des Schriftstellers Wladimir Sorokin demonstrativ vernichtet. Auf den Antrag der Bewegung eröffnet die Generalstaatsanwaltschaft gegen Sorokin ein Strafverfahren wegen Pornographie, die sie in seinem Roman *Goluboe Salo* (1999, *Himmelblauer Speck*, Köln 2000) entdeckt zu haben glaubt. Der Rummel treibt den Verkauf von *Goluboe Salo* und Sorokins neuem Roman *Lëd* (Eis) in schwindelerregende Höhe. Im April 2003 wird der Prozess eingestellt.

### Berlin ¬ Bundesrepublik Deutschland

Sascha Anderson veröffentlicht seine Autobiographie *Sascha Anderson* (Köln), in der er seine Spitzeltätigkeit für die Stasi herunterspielt.

Reinhard Jirgl, *Genealogie des Tötens* (München), eine Trilogie um den Motivkomplex des Tötens, ständig zwischen verschiedenen Textformaten springend und zusammengesetzt aus Texten der 80er Jahre, die in der DDR nicht gedruckt werden durften.

Hans Pleschinski, *Bildnis eines Unsichtbaren* (München), eine Totenklage und Schilderung der Münchener Schwulenszene der 70er bis 90er Jahre, gefiltert durch die Kunstdebatten der Postmoderne.

Juli Zeh, *Die Stille ist ein Geräusch. Eine Fahrt durch Bosnien* (F/M), ein Reisebericht der Autorin, die, nur von ihrem Hund begleitet, durch Bosnien zog.

### andere

Der Kolumbianer Gabriel García Márquez, berühmt geworden durch *Cien Años de Soledad* (1967, *Hundert Jahre Einsamkeit*, Köln 1967) und 1982 mit dem Nobelpreis für Literatur ausgezeichnet, veröffentlicht den 1. Teil seiner Autobiographie (USA, *Vivir para contarla*, *Leben, um davon zu erzählen*, Köln), in der er sein Werk und dessen biographische Basis rekapituliert.

THEATER ¬ MUSIK ¬ Mit *Gibel' bogov* (*Götterdämmerung*) findet am 30.12. im Mariinski-Theater in Sankt Petersburg die vom Chefregisseur und künstlerischen Leiter des Theaters, Waleri Gergijew, unter Mitwirkung der deutschen Regisseure Johannes Schaaf und Gottfried Pilz inszenierte Wagner-Tetralogie *Der Ring der Nibelungen* (2000–02) ihren krönenden Abschluss. Das Mariinski-Theater (bis 1996 Kirow-Theater für Oper und Ballett) wird unter Gergijew in den 90ern eines der weltweit führenden Opernhäuser. Ab 1997 ist Gergijew zudem Gastdirigent an der Metropolitan Opera, New York. Gergijew setzt sich insbesondere zum Ziel, weltweit das Publikum an selten aufgeführte Meisterwerke der russischen Opernklassik heranzuführen. 1998 bringt er mit großem Erfolg *Obručenie v monastyre* (*Die Verlobung im Kloster*) von Sergej Prokofjew und *Boris Godunov* sowie *Chowanščina* von Modest Mussorgski an der Metropolitan Opera heraus. 1999 und 2000 haben die Prokofjew-Opern *Semën Kotko* und *Vojna i mir* (*Krieg und Frieden*) Premiere. *Krieg und Frieden* und generell das Mariinski-Theater werden nicht nur zu einer Visitenkarte für die russische Oper; das Mariinski-Theater läuft zudem dem Moskauer Bolschoi-Theater seinen Rang als Repräsentant der russischen Kultur ab. 2002 wird der dekonstruktivistische Entwurf des amerikanischen Architekten Eric Moss für das neue Theatergebäude heftig diskutiert. Schließlich wird er abgelehnt, da er nicht den Traditionen der Petersburger Architektur entspräche, und ein neuer internationaler Wettbewerb ausgeschrieben.

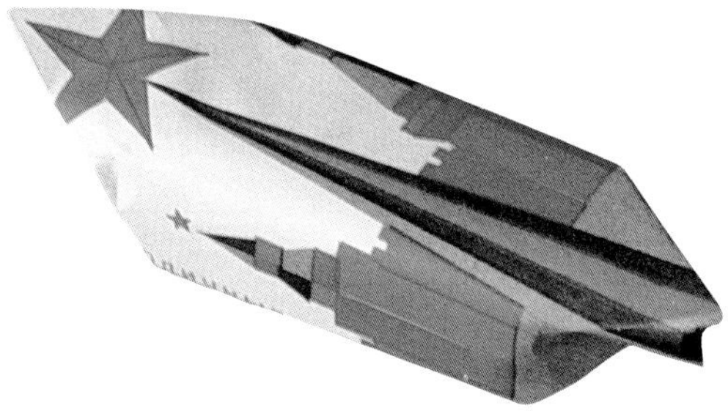

# ANHANG

## DIE AUTOREN

**Egon Bahr** geb. 1922, lebt in Berlin. Nach 1945 Reporter für verschiedene Berliner Tageszeitungen, 1950–60 RIAS-Korrespondent in Bonn; 1960 Senatssprecher und Chef des Presse- und Informationsamts Berlin, 1966 Sonderbotschafter und Leiter des Planungsstabs im Auswärtigen Amt, 1969–74 Staatssekretär im Bundeskanzleramt; verhandelte den Moskauer Vertrag (1970/71) und das Vier-Mächte-Abkommen für Berlin sowie den Grundlagenvertrag mit der DDR; 1972–90 Mitglied des Deutschen Bundestags, 1976–81 Bundesgeschäftsführer der SPD, 1976–91 Präsidiumsmitglied der SPD, 1980–90 Vorsitzender des Unterausschusses für Abrüstungs- und Rüstungskontrolle des Deutschen Bundestags; 1984–94 Direktor des Instituts für Friedensforschung und Sicherheitspolitik an der Universität Hamburg. Autobiografie: *Zu meiner Zeit*, München 1996.

**Eva-Maria Barkhofen** geb. 1956, lebt in Berlin. Kunst- und Architekturhistorikerin, Promotion zur Barockarchitektur; seit 1994 Leiterin der Architektursammlung der Berlinischen Galerie; seit 1998 Vorsitzende der Föderation Deutscher Architektursammlungen. Veröffentlichungen im Bereich Baugeschichte und Volkskunde, darunter: *Sergius Ruegenberg: Architekt zwischen Mies van der Rohe und Hans Scharoun*, Berlin 2000. *Fifty:Fifty: Gebaute und nicht gebaute Architektur in Berlin 1990–2000*, Berlin 2002.

**Barbara Barthelmes** geb. 1957, lebt in Berlin. Musikwissenschaftlerin, 1991 Promotion, 1985–90 wiss. Mitarbeiterin an der Hochschule der Künste Berlin, 1992–94 an der Universität Bielefeld. Mitherausgeberin der Zeitschrift *Musica*, Mitglied des Redaktionsbeirats der Zeitschrift *Positionen*, editory adviser des *Leonardo Music Journals*. Veröffentlichungen über Musik russischer Komponisten in der Emigration, über zeitgenössische Musik, Musik und Medien sowie Klangkunst.

**Nike Bätzner** geb. 1961, lebt in Berlin. Kunsthistorikerin, 1993 Promotion, 1994–99 wiss. Mitarbeiterin an der Hochschule der Künste Berlin, anschließend Lehraufträge an der Freien Universität Berlin, Vertretungsdozentur an der Humboldt-Universität Berlin; freie Autorin, Katalogredakteurin, Kuratorin. Veröffentlichungen zur Kunst und Architektur des 14. und 20./21. Jhs. u. a.: *Andrea Mantegna*, Köln 1998. *Arte povera. Zwischen Erinnerung und Ereignis: Giulio Paolini, Michelangelo Pistoletto, Jannis Kounellis*, Nürnberg 2000.

**Christiane Bauermeister** geb. 1948, lebt in Berlin. Slawistin, nach dem Studium an der Freien Universität Berlin Graduiertenstipendium an der Leningrader Universität. Tätigkeiten als Projektleiterin und Ausstellungsmacherin, u. a. für die Berliner Festspiele, das Solomon R. Guggenheim Museum New York, das MAK Museum für angewandte Kunst, Wien; zudem Rundfunk- und Fernsehautorin mit Schwerpunkt Russland.

**Helmut Böttiger** geb. 1956, lebt in Berlin. Germanist, 1985 Promotion in Freiburg/Br. mit einer Dissertation über DDR-Literatur. Nach journalistischer Arbeit in Stuttgart, Frankfurt/M und Berlin nun Tätigkeit als freier Autor. Wichtigste Veröffentlichung: *Orte Paul Celans*, Wien 1996.

**Bazon Brock** geb. 1936, lebt in Wuppertal. Teutscher Herkules der Selbstfesselungskunst auf den Foren von Universitäten, Museen, Galerien, TV und Radio. Prof. em. für Ästhetik an der Universität Wuppertal. Besonders interessiert an neuronaler Ästhetik und Biologie der Erkenntnis. Neueste Veröffentlichungen: *Der Barbar als Kulturheld, Ästhetik des Unterlassens, Kritik der Wahrheit – wie man wird der man nicht ist. Bazon Brock, Gesammelte Schriften 1991–2002*, Hg.: Anna Zika, Köln 2002. *Krieg und Kunst*, Hg.: Bazon Brock, München 2002.

**Henryk M. Broder** geb. 1946 in Katowice/Polen, seit 1958 in der Bundesrepublik, Abitur und Führerschein in Köln, 1981–90 in Jerusalem, seit 1991 in Berlin. Reporter für das Magazin *DER SPIEGEL*, Autor zahlreicher Bücher, zuletzt: *Kein Krieg, nirgends, die Deutschen und der Terror*, Berlin 2002.

**Oksana Bulgakowa** geb. 1954, lebt in Berlin. Nach dem Studium am Moskauer Institut für Kinematografie ab 1977 in Ost-Berlin, dort Promotion an der Humboldt-Universität; Tätigkeit an der Akademie der Künste der DDR und beim Internationalen Forum des Jungen Films, Berlin; Filmkuratorin der Ausstellung *Moskau–Berlin/Berlin–Moskau, 1900–1950*, Berlin 1995/96, Moskau 1996; seit 1998 mehrfach Visiting Professor, Stanford University, USA. Bücher und Fernsehfilme u. a.: mit Enno Patalas: *Stalin – eine Mosfilmproduktion*, WDR 1993. *Sergej Eisenstein: Drei Utopien. Architekturentwürfe zur Filmtheorie*, Berlin 1996; mit Dietmar Hochmuth: *Die verschiedenen Gesichter des Sergei Eisenstein*, arte 1998.

**Friedrich Wilhelm Christians** geb. 1922, lebt in Düsseldorf. 1950 Promotion der Rechts- und Staatswissenschaften. 1949 Eintritt in die Deutsche Bank, seit 1976 deren Vorstandssprecher zusammen mit Wilfried Guth, ab 1985 mit Alfred Herrhausen, 1988 Wechsel in den Aufsichtsrat; 1990–97 Vorstandsvorsitzender und Vertreter in zahlreichen Aufsichtsräten deutscher Großunternehmen; 1975–79 Präsident des Bundesverbands deutscher Banken. Autobiografie: *Wege nach Russland. Bankier im Spannungsfeld zwischen Ost und West*, Hamburg 1989.

**Alexander Daniel** geb. 1951, lebt in Moskau. Seit 1989 im Direktorium der Menschenrechtsgesellschaft *Memorial*, Moskau, als Leiter des Forschungsprogramms zur Geschichte der Entwicklung der unabhängigen gesellschaftlichen Bewegungen in der UdSSR 1950–90. Veröffentlichungen u. a.: *Wie freie Menschen. Ursprung und Wurzeln des Dissens in der Sowjetunion*, in: *Samizdat. Alternative Kultur in Zentral- und Osteuropa: Die 60er bis 80er Jahre*, Bremen 2000. *Kniga dlja učitelja. Istorija političeskich repressij i soprotivlenija nesvobode v SSSR* (Ein Buch für Lehrer. Die Geschichte politischer Repressalien und des Widerstands gegen die Unfreiheit), Moskau 2002.

**Ekaterina Degot** geb. 1958, lebt in Moskau. Kunsthistorikerin und -kritikerin, Kuratorin z.B. der Ausstellung *Body Memory: Underwear of the Soviet Era* (mit Julia Demidenko), St. Petersburg, Moskau 2000/2001. Gastprofessuren an Universitäten in Deutschland und den USA. 1998 Fulbright-Stipendiatin. Veröffentlichungen u. a.: *Terrorističeskij naturalizm* (Terroristischer Naturalismus), Moskau 1998. *Russkoe iskusstvo XX veka* (Russische Kunst des 20. Jahrhunderts), Moskau 2000.

**Michael Diers** lebt in Berlin. Kunsthistoriker, Dozent am Kunstgeschichtlichen Seminar der Humboldt-Universität Berlin, Forschungsschwerpunkte: Kunst der Renaissance, des 20./21. Jahrhunderts, Fotografie und neue Medien, politische Ikonographie, Kunst- und Medientheorie, Wissenschaftsgeschichte. Zahlreiche Veröffentlichungen zu den genannten Themen u. a.: *Warburg aus Briefen*, Weinheim 1991. *Schlagbilder*, Frankfurt/M 1997. *»Der Bevölkerung«*, Hg. mit Kasper König, Köln 2000. Demnächst: *Kunst und neue Medien* (Hg.) und *Edouard Manet, Gare Saint Lazare*.

**Wolfgang Dreßen** geb. 1942, lebt in Düsseldorf und Berlin. Professor für Politik an der Fachhochschule Düsseldorf, ebendort Leiter des Forschungsschwerpunktes *Neonazismus und interkultureller Dialog*. Veröffentlichungen zur Geschichte der Disziplinierung und zur Geschichte des Fremden, zuletzt: *Die deutsche Vergangenheit und der Nahostkonflikt*, in: Dreßen, Georg Minkenberg, Adam C. Oellers, *Ex Oriente*, Ausst.-Kat. Aachen 2003.

**Wolfgang Eichwede** geb. 1942, lebt in Bremen. Historiker, Professor für Zeitgeschichte und Politik Osteuropas, Universität Bremen, Direktor der Forschungsstelle Osteuropa. Arbeitsgebiete: internationale Beziehungen im 20. Jahrhundert, Geschichte Osteuropas, vornehmlich Russlands und der Sowjetunion. Zahlreiche Veröffentlichungen insbesondere zu kultur- und sozialgeschichtlichen Fragen, zu Widerstandsformen und alternativem Denken in der sowjetischen Epoche sowie dem kulturellen und gesellschaftlichen Wandel im gegenwärtigen (östlichen) Europa.

**Alexej Filitow** geb. 1938, lebt in Moskau. Arbeitet am Institut für allgemeine Geschichte der Russischen Akademie der Künste. Zahlreiche Veröffentlichungen zur Geschichte des Kalten Krieges und zur deutschen Frage, u. a.: *Cholodnaja vojna: istorio-grafičeskie diskussii na Zapade* (Der Kalte Krieg: Historiografische Diskussionen im Westen), Moskau 1993. *Germanskij vopros: ot raskola k ob"edineniju. Novoe pročtenie* (Die deutsche Frage: Von der Teilung zur Vereinigung. Eine neue Lesart), Moskau 1993.

**Bruno Flierl** geb. 1927, lebt in Berlin. Architekturhistoriker und Architekt, Promotion in Berlin. Wissenschaftliche Tätigkeit zu Themen der Theorie und Geschichte der Architektur und des Städtebaus, 1952–79 Mitarbeiter der Bauakademie der DDR, 1980–84 Dozent für Architektur und Stadtentwicklung an der Humboldt-Universität Berlin; anschließend freiberuflicher Architekturkritiker und Bauhistoriker. Zahlreiche Veröffentlichungen zu den damit verbundenen Themen.

**Michail Gorbatschow** geb. 1931, lebt in Moskau. Studium der Rechts- und Wirtschaftswissenschaften, 1952 Eintritt in die KPdSU, Parteikarriere im Gebiet Stawropol; 1985–91 Generalsekretär des ZK der KPdSU, 1989–91 Vorsitzender des Obersten Sowjets; März 1990–25.12.1991 Staatspräsident der UdSSR; 1990 erhält er den Friedensnobelpreis; seit 2001 russischer Vorsitzender des Lenkungsausschusses des Petersburger Dialogs und Präsident der Gorbatschow-Stiftung. Veröffentlichungen u. a.: *Perestrojka i novoe myšlenie dlja našej strany i dlja vsego mira*, Moskau 1987 (*Perestroika. Die zweite russische Revolution*, München 1987). *Der Zerfall der Sowjetunion*, München 1992. *Erinnerungen*, Berlin 1995.

**Boris Groys** geb. 1947, lebt in Karlsruhe und Moskau. Philosoph, 1965–76 Studium und wissenschaftliche Tätigkeit in Leningrad, 1976–81 wiss. Mitarbeiter am Institut für strukturale und angewandte Linguistik, Universität Moskau; Ende 1981 Ausreise aus der UdSSR in die Bundesrepublik Deutschland. 1988–94 wiss. Mitarbeiter am Philosophischen Seminar der Universität Münster, 1988/91 Gastprofessuren in Philadelphia und Los Angeles, USA. 1992 Promotion in Münster; seit 1994 Professor für Philosophie, Kunstwissenschaft und Medientheorie an der Hochschule für Gestaltung, Karlsruhe. Veröffentlichungen u. a.: *Gesamtkunstwerk Stalin*, München 1988 (diverse Übersetzungen). *Die Erfindung Russlands*, München 1995. *Unter Verdacht. Eine Phänomenologie der Medien*, München 2000.

**Durs Grünbein** geb. 1962, lebt seit 1984 in Berlin. Dichter, Übersetzer, Essayist; er wurde für sein Werk vielfach ausgezeichnet, darunter 1995 mit dem Georg-Büchner-Preis. Veröffentlichungen u. a.: *Grauzone morgens, Gedichte*, Frankfurt/M 1988. *Schädelbasislektion, Gedichte*, Frankfurt/M 1991. *Den Teuren Toten. 33 Epitaphe*, Frankfurt/M 1994. *Von der üblen Seite. Gedichte 1985–1991*, Frankfurt/M 1994. *Galilei vermißt Dantes Hölle, Aufsätze 1989–1996*, Frankfurt/M 1996. *Das erste Jahr. Berliner Tagebuch*, Frankfurt/M 2001. *Una storia vera, Gedichte*, Frankfurt/M 2002.

**Lew Gudkow** geb. 1946, lebt in Moskau. Soziologe, Leiter der Abteilung für sozial-politische Forschungen am Gesamtrussischen Zentrum für das Studium der öffentlichen Meinung (WZIOM), Stellv. Chefredakteur der Zeitschrift *Monitoring obščestvennogo mnenija: ėkonomičeskie i social'nye peremeny* (Monitoring der öffentlichen Meinung: wirtschaftliche und soziale Veränderungen). Veröffentlichungen: *Metafora i racional'nost' kak problema social'noj Ėpistemologii* (Metapher und Rationalität als Problem der sozialen Epistemologie), Moskau 1994. Mit B. Dubin: *Intelligencija* (Die Intelligenzija), Moskau 1995.

**Gassan Gussejnow** geb. 1953, lebt in Bonn. Promotion und Habilitation in Philologie, Mitarbeiter der Internetredaktion der Deutschen Welle, Gastprofessor an der Düsseldorfer, der Kopenhagener und an anderen europäischen Universitäten. Zahlreiche Publikationen zur klassischen Philologie, Kulturgeschichte, zeitgenössischen Politik und Literatur, zuletzt: *Karta našej rodiny: ideologema meždu slovom i telom* (Die Karte unserer Heimat: Ideologem zwischen Wort und Körper), Moskau 2003. *D. S. P.: Materialy k slovarju russkogo obščestvennogo političeskogo jazyka* (D. S. P.: Materialien zum Wörterbuch der öffentlichen politischen Sprache), Moskau 2003.

**Gret Haller** geb. 1947, lebt in Bern. Juristin, 1973 Promotion. 1975–77 Sachbearbeiterin für die Europäische Menschenrechtskonvention im Eidgenössischen Justiz- und Polizeidepartement, 1978–84 eigenes Anwaltsbüro; 1985–88 Mitglied der Berner Stadtregierung, 1987–94 Mitglied des Bundesparlaments sowie der Parlamentarischen Versammlungen des Europarats und der Organisation für Sicherheit und Zusammenarbeit in Europa, OSZE; 1993/94 Präsidentin des Schweizerischen Parlaments, danach Botschafterin der Schweiz beim Europarat in Strassburg; 1996–2000 OSZE-Menschenrechtsbeauftragte des Staates Bosnien und Herzegovina in Sarajevo. Seither Tätigkeit als Publizistin, Veröffentlichung u. a.: *Die Grenzen der Solidarität. Europa und die USA im Umgang mit Staat, Nation und Religion*, Berlin 2002.

**Sabine Hänsgen** geb. 1955, lebt in Bochum. Slawistin, 1984/85 DAAD-Stipendium zum Studium an der Filmhochschule Moskau (WGIK), dann wiss. Mitarbeiterin an den Universitäten Bochum (Lotman-Institut), Bremen (Forschungsstelle Osteuropa); z.Zt. am Sonderforschungsbereich *Das Politische als Kommunikationsraum in der Geschichte* an der Universität Bielefeld; Arbeiten zu Literatur, Kunst und Film in Russland, Übersetzerin und Herausgeberin (u. a. unter dem Pseudonym Sascha Wonders und mit Georg Witte, der das Pseudonym Günter Hirt verwendet). Neuere Veröffentlichung: *Präprintium. Moskauer Bücher aus dem Samizdat*, Bremen 1998.

**Jürgen Harten** geb. 1933, lebt in Berlin. Kunsthistoriker und Ausstellungskurator, 1968 Sekretär der *4. documenta*, Kassel, 1972–98 Direktor der Düsseldorfer Kunsthalle, 1999–2000 Gründungsdirektor des museum kunst palast Düsseldorf. Wichtige Ausstellungen u. a.: *1970/1989 Edward Kienholz*; 1972 *Marcel Broodthaers, Ad Reinhardt*; 1978 *Museum des Geldes* (mit Horst Kurnitzky); 1980 *Kasimir Malewitsch (1878–1935). Werke aus sowjetischen Sammlungen*; 1984 *Anselm Kiefer*; 1986 *Gerhard Richter, James Lee Byars*; 1987 *»Die Axt hat geblüht ...« Europäische Konflikte der 30er Jahre in Erinnerung an die frühe Avantgarde*; 1993 *Tatlin* und *Deutschsein? Eine Ausstellung gegen Fremdenhass und Gewalt*; 1995 *Pollock/Siqueiros*; 1997 *Michail Wrubel*; 2000 *Das fünfte Element – Geld oder Kunst*.

**Helmut Höge** geb. 1947, lebt in Berlin. Arbeitet zunächst als Dolmetscher bei der US-Air Force und bei einem indischen Großtierhändler. Ab 1969 Studium der Sozialwissenschaften, danach mehrere Jahre Arbeit als landwirtschaftlicher Betriebshelfer, daneben seit 1975 journalistisch tätig, u. a. für die *tageszeitung*. Veröffentlichungen u. a.: *Vogelsberg*, Berlin 1981. *Babelsberg*, Hamburg 1991. *Berliner Ökonomie*, Berlin 1997. Mit Wladimir Kaminer: *Helden des Alltags*, München 2002.

**Andrej Kaftanow** geb. 1960, lebt in Moskau. Architekturhistoriker und Architekt. Arbeitet seit 1983 am Institut für Architektur- und Städtebautheorie (NIITAG), Moskau. Forschungsinteresse: Probleme der Rekonstruktion von Wohnvierteln der 50er und 60er Jahre des 20. Jahrhunderts, Architektur und Kosmos. Zahlreiche Veröffentlichungen zur Geschichte der Architektur in der zweiten Hälfte des 20. Jahrhunderts und zu Fragen der architektonischen Praxis.

**Boris Kremer** geb. 1969, lebt in Berlin. Leiter des Internationalen Atelierprogramms am Künstlerhaus Bethanien, Berlin. Freischaffender Autor, Übersetzer und Kurator, Ausstellungen u. a.: *Audit*, Casino Luxembourg – Forum d'art contemporain, Luxemburg 2001. *Elvis Has Just Left the Building*, Perth International Arts Festival, Australien, und Künstlerhaus Bethanien, Berlin 2002. Co-Kurator des neuseeländischen Pavillons: *This Is the Trekka, Michael Stevenson*, 50. Biennale di Venezia, 2003.

**Georgy Litichevsky** geb. 1956, wohnt in Berlin, Nürnberg und Moskau. Freischaffender Künstler, Comiczeichner, Autor, Journalist. Studium an der Historischen Fakultät der Moskauer Universität. Seit 1986 Einzel- und Gruppenausstellungen in Russland und weltweit: Malerei, Grafik, Installationen, Performances, Comics. Als Autor interessiert an den lokalen Eigenschaften der zeitgenössischen Kunst. Veröffentlichung: *Das Lied über Moskau*, in: *Chudožestvennyj žurnal*, Nr. 1, 1993.

**Juri Ljubimow** geb. 1917, lebt in Moskau. Schauspieler, Theaterregisseur, Begründer und künstlerischer Leiter des Moskauer Theaters an der Taganka, wo er über 50 Stücke inszenierte. Außerdem Regietätigkeit während seiner Zwangsemigration (1984–88) an Theatern in Österreich, England, den USA, Italien und der Schweiz. Regisseur von ca. 30 Opernaufführungen weltweit: Scala, Grand Opéra, Covent Garden, Opernhäuser in Hamburg, München, Bonn, Karlsruhe, Stuttgart, Zürich, Neapel, Bologna, Turin, Florenz, Budapest und Chicago. Er wurde mit zahlreichen russischen und internationalen Theaterpreisen ausgezeichnet.

**Claus Löser** geb. 1962, lebt in Berlin. 1990–95 Filmstudium in Potsdam-Babelsberg, Filmemacher und Kinobetreiber, Dozent, Filmkritiker und -historiker. Mitbegründer der Sammlung *ex.oriente.lux – Experimentalfilmarchiv Ost 1976 bis 1989*. Zahlreiche Veröffentlichungen über den filmischen Underground, z.B.: *Gegenbilder – Filmische Subkultur in der DDR*, Berlin 1996.

**Klaus Michael** geb. 1959, lebt in Dresden. Germanist, ab 1987 wiss. Mitarbeiter an der Akademie der Wissenschaften, Berlin, bis 1989 Mitarbeit an nicht-offiziellen Zeitschriften; Arbeit für die Enquete-Kommission *Aufarbeitung von Geschichte und Folgen der SED-Diktatur*; ab 1994 wiss. Mitarbeiter an der TU Berlin, seit 1997 Präsidialsekretär der Sächsischen Akademie der Künste, Dresden. Veröffentlichungen u. a.: mit Peter Böthig: *MachtSpiele. Literatur und Staatssicherheit im Fokus Prenzlauer Berg*, Leipzig 1993. Mit Uta Grundmann: *Revolution im geschlossenen Raum. Die andere Kultur in Leipzig 1970–1990*, Leipzig 2002.

**Fritz Mierau** geb. 1934, lebt in Berlin. Literaturwissenschaftler, Übersetzer und Essayist; 1956/57 Mitarbeiter am Zentralvorstand der Gesellschaft für Deutsch-Sowjetische Freundschaft, 1956–62 Assistent am Slawischen Institut der Humboldt-Universität Berlin, 1962–65 freiberuflicher Übersetzer, 1966–80 Mitarbeiter der Akademie der Wissenschaften der DDR, seit 1981 wieder freiberuflich tätig. Zahlreiche Literaturpreise; Übersetzung und Herausgabe russischer Literatur und geistesgeschichtlicher Werke. Autobiografie: *Mein russisches Jahrhundert*, Hamburg 2002; letzte Neuerscheinung: *Russische Dichter. Poesie und Person. 19 Erkundungen*, Dornach 2003.

**Viktor Misiano** geb. 1957, lebt in Moskau. Kunstkritiker und Kurator. Seit 1993 Chefredakteur des *Moscow Art Magazine*; Stellvertretender Direktor des Staatlichen Museums- und Ausstellungszentrums ROSSISO in Moskau; Arbeitsschwerpunkt: Theorie und Praxis der bildenden Kunst der Gegenwart. Veröffentlichungen: *Masterskaja vizual'noj antropologii. Dokumentacija proekta/Proekt dokumentacii* (Werkstatt der visuellen Anthropologie. Dokumentation des Projekts/Projekt der Dokumentation), Moskau 2000. *Cultural Contradictions of Tusovka*, Ljubljana 2001.

**Nikolai Mitrochin** geb. 1972, lebt in Moskau. Mitarbeiter der Menschenrechtsgesellschaft Memorial, Moskau, Student der historischen Wissenschaften. Arbeitsschwerpunkte: geschlossene Gesellschaften, religiöse und ethnische Gruppen in der UdSSR und der GUS von 1953 bis heute. Publikationen: mit W. Ponomarjow: *Turkmenistan: gosudarstvennaja politika i prava čeloveka* (Turkmenistan: Staatspolitik und Menschenrechte), Moskau 1999. *Russkaja partija: dviženie russkich nacionalistov v SSSR. 1953–1985.* (Die russische Partei: Eine Bewegung russischer Nationalisten in der UdSSR. 1953–1985), Moskau 2003.

**Bert Papenfuß** geb. 1956, lebt in Berlin. Seit 1980 freischaffender Schriftsteller, Zusammenarbeit mit Malern und Musikern; seit 1994 Mitherausgeber der kulturpolitischen Zeitschrift *SKLAVEN*, ab 1998 *SKLAVEN Aufstand*, seit 1999 *GEGNER*. Veröffentlichungen u. a.: *Haarbogensturz. Versuche über Staat und Welt*, Berlin 2001. *ASTRACHAN. Alexander Krohn und Bert Papenfuß in Plauderton und Lokalismus. telegraphsurrogate # 3*, Berlin 2003.

**Dmitri Prigow** geb. 1940, lebt in Moskau. Dichter, Prosaschriftsteller, Dramatiker, Essayist, Künstler. Arbeitet mit Installationen, »Supergrafiken« und Sound-Performances, Mitwirkung als Schauspieler in mehreren Filmen. In Russland sind über 20 Bücher erschienen, die in alle europäischen Sprachen übersetzt wurden *(u. a. Der Milizionär und die anderen*, Leipzig 1992), darüber hinaus ins Chinesische, Japanische, Koreanische und Arabische. Ausstellungen in Russland und fast allen Ländern Europas, in den USA, Japan und Südkorea. Seine Arbeiten befinden sich in Museen und Privatsammlungen Russlands, Europas, der USA und Südkoreas.

**Tatjana Rexroth** geb. 1959 in Leningrad, lebt in Berlin. Studierte Klavier und Musikwissenschaft am Rimski-Korsakow-Konservatorium, Leningrad, 1986 Übersiedlung nach Deutschland. Dramaturgische wie organisatorische Betreuung diverser Schwerpunkt- und Festivalprogramme. Zahlreiche Veröffentlichungen über neue Musik in Russland, Deutschland, Holland, in der Schweiz und Österreich, Rundfunksendungen und -beiträge für verschiedene Sender, Publikationen in der russischen Presse über die Musikszene in Westeuropa.

**Arseni Roginski** geb. 1946, lebt in Moskau. Vorstandsvorsitzender der Menschenrechtsgesellschaft Memorial. Veröffentlichungen von Archivdokumenten zur Geschichte der gesellschaftlichen Bewegungen des 19./20. Jahrhunderts und zur Geschichte des politischen Terrors der Sowjetepoche. Redakteur der historischen Sammelbände und Nachschlagewerke *Zven'ja*, Nr. 1, Moskau 1991, Nr. 2 1992. *Sistema ispravitel'no-trudovych lagerej v SSSR* (System der Besserungs- und Arbeitslager in der UdSSR), Moskau 1998.

**Kirill Rogow** geb. 1966, lebt in Moskau. Journalist, Kolumnist für die Zeitung *Vedomosti*; Verfasser und Redakteur des Sammelbands *Rossija/Russia: 1970-e kak predmet istorii russkoj kul'tury* (Russland/Russia: Die 70er Jahre als Gegenstand der russischen Kulturgeschichte), Moskau 1998. Zahlreiche Artikel zur russischen Kulturgeschichte des 18. und 19. Jahrhunderts.

**Joachim Sartorius** geb. 1946, lebt in Berlin. 1984–94 Leiter des Künstlerprogramms des DAAD, Berlin; 1990–92 Vorsitzender des Kulturbeirats der EG-Kommission in Brüssel; 1996–2000 Generalsekretär des Goethe-Instituts in München, seit 1.1.2001 Intendant der Berliner Festspiele. Zahlreiche Veröffentlichungen, zuletzt: *Keiner gefriert anders, Lyrik*, Köln 1996. *»Minima Poetica«. Für eine Poetik des zeitgenössischen Gedichts*, (Hg.), Köln 1999. *Ich habe die Nacht, Gedichte*, Köln 2003.

**Wladimir Semjonow** 1911–1992. 1946–49 politischer Berater der Sowjetischen Militäradministration in Deutschland (SMAD), 1949–53 Politischer Berater der Sowjetischen Kontrollkommission in Deutschland (SKK), 1953/54 Sowjetischer Hoher Kommissar für Deutschland und Botschafter in der DDR, 1954/55 Leiter der III. europäischen Abteilung im Außenministerium der UdSSR, 1955–78 Stellvertretender Außenminister, 1978–86 Botschafter der UdSSR in der Bundesrepublik Deutschland. Autobiografie: *Von Stalin bis Gorbatschow. Ein halbes Jahrhundert in diplomatischer Mission 1939–1991*, Berlin 1995.

**Andrej Sorin** geb. 1956, lebt in Moskau. Professor für Literaturwissenschaft an der Staatlichen Universität Moskau. Gastprofessor an der Harvard und der Stanford University sowie anderen Universitäten der USA. Zahlreiche Veröffentlichungen über russische Geschichte und Literatur des 18./19. Jahrhunderts und über zeitgenössische Kultur, darunter: *Kormja dvuglavogo orla. Literatura i gosudarstvennaja ideologija v Rossii v poslednej treti XVIII – pervoj treti XIX veka* (Den Doppeladler füttertnd. Literatur und Staatsideologie in Russland vom letzten Drittel des 18. bis zum ersten Drittel des 19. Jahrhunderts), Moskau 2001.

**Maria Sorkaja** geb. 1955, lebt in Moskau. Germanistin, 1985 Dissertation: *Die Poetik Ernst Barlachs*, Moskau. Leiterin der Abteilung für literarische Übersetzung aus dem Deutschen am Gorki-Literaturinstitut, Moskau. Vorworte, Übersetzungen und Kommentare u. a. zu: Heinrich Böll, Gerhart Hauptmann, Egon Erwin Kisch, Erich Maria Remarque, Günter Wallraff, Christa Wolf, Friedrich Wolf, außerdem zahlreiche Aufsätze und Rezensionen in verschiedenen russischen Literaturzeitschriften.

**Christoph Tannert** geb. 1955, lebt in Berlin. Ausstellungsmacher und Kritiker, seit 2000 Geschäftsführer und Projektleiter des Künstlerhauses Bethanien, Berlin; Arbeitsschwerpunkt: internationale Kunst der Gegenwart. Zahlreiche Veröffentlichungen in Ausstellungskatalogen, Anthologien und in der Fachpresse. Regelmäßige Beiträge für RadioBerlinBrandenburg.

**Alexander Tarassow** geb. 1958, lebt in Moskau. Soziologe, Politologe, Leiter der Abteilung Jugendforschung des Zentrums für neue Soziologie und Analyse praktischer Politik »Phönix«. Veröffentlichungen: *Provokacija. Versija sobytij 3–4 oktjabrja1993 g. v Moskve* (Provokation. Version von den Ereignissen des 3./4. Oktober 1993 in Moskau), Moskau 1993 (USA 1994, Frankreich 1995, Griechenland 1995). *Levye v Rossii: ot umerennych do Ėkstremistov* (Die Linken in Russland: Von den Gemäßigten bis zu den Extremisten), Moskau 1997.

**Marina Tscheredntschenko** geb. 1968, lebt in Moskau. Übersetzerin, Journalistin, gegenwärtig Fernstudentin an der Moskauer Hochschule für Sozial- und Wirtschaftswissenschaften in der Fachrichtung Management im Kulturbereich. 1991–97 Tätigkeit für die Radiostation Majak, Veröffentlichung verschiedener Interviews in Moskauer Magazinen.

**Maja Turowskaja** geb.1942, lebt in München und Moskau. Philologiestudium in Moskau, theaterwissenschaftliche Promotion und Habilitation. Theater- und Filmkritikerin, Medienwissenschaftlerin, Kultursoziologin. Mitarbeit an der Ausstellung *Berlin– Moskau/Moskau–Berlin 1900–1950*, Berlin 1995/96, Moskau 1996. Drehbücher u. a.: *Der gewöhnliche Faschismus* (mit Michail Romm und Juri Chanjutin), *Sentimentale Groteske*; Veröffentlichungen u. a. zu Olga Knipper-Tschechowa, Andrej Tarkowski. Schreibt regelmäßig Essays für die *Frankfurter Allgemeine Zeitung* und die *Neue Zürcher Zeitung*.

**Dmitri Uchow** geb. 1946, lebt in Moskau. Seit 1970 Moderator von Rundfunkprogrammen für neue Musik, 2000 einer der Gewinner des EBU-Wettbewerbs für das Programm *Vsja muzyka mira* (Die ganze Musik der Welt). Kolumnist einer Reihe von Zeitungen, künstlerischer Leiter des seit 1993 jährlich in Moskau stattfindenden Festivals für neue Musik *Alternativa*. Zahlreiche Veröffentlichungen zur musikalischen Avantgarde, darunter: *Analogii i associacii* v knige *Sovetskij džaz* (Analogien und Assoziationen, in: Sowjetischer Jazz), Moskau 1987.

**Guntram Vogt** geb. 1937, lebt bei Regensburg. Literaturwissenschaftler, bis 2000 Professor für Neuere deutsche Literatur und Medien an der Philipps-Universität Marburg. Veröffentlichungen u. a. zu Robert Musil, Wim Wenders, Alexander Kluge, Derek Jarman, Louis Malle sowie zur Stadt im deutschen Film, zuletzt: *Die Stadt im Kino. Deutsche Spielfilme 1900–2000*, Marburg 2001.

**Franz Wille** geb. 1960, lebt in Berlin. Promovierter Theaterwissenschaftler, 1982–86 Dramaturg an der Freien Volksbühne in Berlin (Intendant: Kurt Hübner). Seit 1990 Redakteur von *Theater heute*.

**Georg Witte** geb. 1952, lebt in Berlin. Slawist, ab 1984 wiss. Mitarbeiter am Seminar für Slawistik der Ruhr-Universität Bochum, Promotion mit einer Arbeit über die postmoderne russische Prosa, Habilitation über Autobiografien des 18. und 19. Jahrhunderts, seit 1994 Professor für ostslawische Literaturen an der Humboldt-Universität Berlin. Zahlreiche Veröffentlichungen zur Literatur und Kunst der russischen Avantgarden, der stalinistischen Kultur und zur spät- und postsowjetischen Literatur. Gemeinsam mit Sabine Hänsgen Aufzeichner, Übersetzer und Herausgeber konzeptualistischer russischer Literatur und Aktionskunst.

**Slavoj Žižek** geb. 1949, lebt in Ljubljana (Slowenien). Professor für Philosophie an der Universität Ljubljana; Arbeiten im Grenzbereich zwischen Philosophie und Psychoanalyse. Für sein Forschungsprojekt *Antinomien der postmodernen Vernunft* erhielt er 1999 den Kulturwissenschaftlichen Forschungspreis des Landes Nordrhein-Westfalen. Veröffentlichungen u. a.: *Liebe Deinen Nächsten? Nein Danke! Die Sackgasse des Sozialen in der Postmoderne*, Frankfurt/M 1999. *Die Tücke des Subjekts*, Frankfurt/M 2001. *Die Revolution steht bevor. Dreizehn Versuche nach Lenin*, Frankfurt/M 2002.

## DIE FOTOGRAFEN DER IN DER AUSSTELLUNG PRÄSENTIERTEN FOTOCHRONIK

**Viktor Achlomow** geb. 1938, lebt in Moskau. 1955 Beginn des Studiums an der Fakultät für Kameraleute des Instituts für Kinematografie (WGIK); zeitgleich besucht er Kurse für Fotojournalismus im Zentralen Haus der Journalisten. Seit 1960 Fotokorrespondent für *Nedelja*, die erste sowjetische Sonntagsbeilage der *Izvestija*; gewinnt 1964–68 vier Mal das Ehrendiplom bei World Press Photo. Veröffentlichung: Viktor Achlomov: *Moskva v fotografijach* (Moskau in Fotografien), Ausst.-Kat. Haus der Fotografie, Moskau 1999.

**Ursula Arnold** geb. 1929, lebt in Berlin. 1948–50 Ausbildung zur Fotografin bei Harry Evers in Weimar, 1950–55 Studium der Fotografik an der HfGB in Leipzig; 1955/56 freiberufliche Fotografin in Leipzig; 1956/57 Mitwirkung in der Leipziger Gruppe action fotografie. 1956 gibt sie den Fotografenberuf auf, da sie sich von den staatlichen Behörden am eigenständigen Arbeiten gehindert sieht. Umzug nach Berlin; 1957–85 Tätigkeit beim Fernsehen der DDR in der Abteilung Dramatische Kunst. Hannah-Höch-Preis 2002. Veröffentlichung: *Ursula Arnold. Fotografien 1954–1990*, Ausst.-Kat. Neuer Berliner Kunstverein, Berlin 2002.

**Dmitri Baltermanz** 1912–1990. 1939 Abschluss des Studiums an der Fakultät für Mechanik und Mathematik der Moskauer Staatlichen Lomonossow-Universität und Tätigkeit als Dozent für Mathematik an der Höheren Militärakademie im Rang eines Hauptmanns. Im gleichen Jahr feste Anstellung als Bildjournalist bei der *Izvestija*. 1941 Kriegs-Fotokorrespondent an den Fronten vor Moskau und Stalingrad; 1942 Degradierung zum Soldaten und Versetzung in eine Strafkompanie; Verwundung und anschließend Rehabilitation; bis 1945 bei der Frontzeitung *Na razgrom vraga* tätig. Nach dem Krieg arbeitet er als Fotograf bei *Ogonëk*. Veröffentlichung: *Dmitri Baltermants, Collection Photo Poche*, Paris 1997.

**Sibylle Bergemann** geb. 1941, lebt in Berlin. Kaufmännische Lehre; 1966 fotografische Ausbildung bei Arno Fischer, ab 1967 freiberuflich tätig. Ab 1969 Aufträge für die Wochenzeitung *Sonntag*, ab 1973 Modefotografie für *Sibylle*. 1975–86 Bilddokumentation über die Entstehung des Marx-Engels-Denkmals von Ludwig Engelhardt. Seit 1990 Mitglied von OSTKREUZ Agentur der Fotografen, seit 1994 Mitglied der Akademie der Künste Berlin/Brandenburg. Veröffentlichung: *Östlich von Eden. Von der DDR nach Deutschland, 1974–1999*, Hg.: OSTKREUZ Agentur der Fotografen, Wien 1999.

**Wladimir Bogdanow** geb. 1937, lebt in Moskau. 1956–60 Studium an der Leningrader Staatlichen Universität; ab 1964 arbeitet er als Fotoreporter für Leningrader Jugendzeitungen. 1969 Umzug nach Moskau. Fotokorrespondent für die *Komsomolskaja pravda* und *Sovetskaja Rossija*. Ab 1976 bis zur Pensionierung Fotoreporter für die *Literaturnaja gazeta*. Veröffentlichung in: *Sovetskoe foto*, Moskau 1981, Nr. 4, S. 27–29.

**Sergej Borissow** geb. 1947, lebt in Moskau. Tritt 1959 dem Fotozirkel des Moskauer Hauses der Pioniere bei. Wegen des Vortrags von Gedichten Jewgeni Jewtuschenkos Ausschluss aus dem Komsomol und vom Studium am Kulturinstitut; arbeitet darauf als Beleuchter am Theater. Seit den 1970er Jahren fotografiert er Stars der sowjetischen Unterhaltungsmusik. Gründet 1979 das Künstleratelier Studio 50A. Veröffentlichung: *Sergej Borisov, Fotografii* (Fotografien), Moskau 1993.

**Jörg Boström** geb. 1936, lebt in Berlin und Lansen, Mecklenburg-Vorpommern. 1956–61 Studium der Malerei und Kunsterziehung an der Staatlichen Kunstakademie in Düsseldorf, 1961–63 Studium der Geografie und Kunstgeschichte an der Universität Köln. 1963–72 als Kunsterzieher tätig; 1964 Beginn der Arbeit mit fotografischen Mitteln. 1972–2000 Professor für Intermedia/Fotografie an der FH Bielefeld, Fachbereich Design. Veröffentlichung: Jörg Boström: *Stationen. Zwischen Malerei und Fotografie*, Bielefeld 1997.

**Sergej Burassowski** geb. 1946, lebt in Moskau. Ab 1965 nimmt er nach dem Studium an der Leningrader Fachschule für Topografie an Geodäsie-Expeditionen in Jakutien, auf der Halbinsel Kola, auf Kolyma und Tschukotka sowie auf den Inseln des Nördlichen Eismeeres teil. 1978 Abschluss am Institut für Geodäsie in Nowosibirsk. 1986 erste Ausstellung *Gesicht der Arktis* in Magadan. 1989 Umzug nach Moskau; 1990–96 Sekretär des Verbandes der Fotokünstler Russlands. Ab 1996 freier Fotograf, er arbeitet für Moskauer Zeitschriften und den Verlag Penta. Seit 2001 stellvertretender Direktor des Moskauer Hauses der Fotografie. Veröffentlichung in: *Sovetskoe foto*, Moskau 1983, Nr. 7, S. 15–19.

**Robert Capa (Endre Ernö Friedmann)** 1913–1954. Emigration aus Ungarn 1931 aufgrund von Aktivitäten in der linken studentischen Bewegung, Übersiedlung nach Berlin, Studium der Journalistik an der Hochschule für Politik. Arbeitet als Laborassistent bei der Bildagentur Dephot. 1933, nach der Machtübernahme der Nationalsozialisten, Flucht nach Paris. Erfindung der Figur des erfolgreichen Fotografen Robert Capa, dessen Namen er später annimmt. 1936/37 Kriegsberichterstatter im Spanischen Bürgerkrieg; 1939 Emigration nach New York; 1940–45 Bildberichterstatter für die U.S. Army und für *Life*. 1947 Gründungsmitglied der Fotoagentur Magnum in New York. 1947 mit John Steinbeck Reise in die Sowjetunion. Wichtige Veröffentlichungen: *Robert Capa. Photographien*, Hg.: Cornell Capa und Richard Whelan, Köln 1985. *Robert Capa. Sommertage, Friedenstage, Berlin 1945*, Hg.: Diethart Kerbs, Edition Photothek XVI, Berlin 1986.

**Henri Cartier-Bresson** geb. 1908, lebt in Paris. 1927/28 Studium der Malerei bei André Lhote, Fortführung der Studien an der Cambridge University. 1931 Reise an die Elfenbeinküste und Beginn der Karriere als Fotograf. Arbeitet als Kameraassistent bei Jean Renoir. 1937 Freiwilliger im Spanischen Bürgerkrieg, 1940 deutsche Kriegsgefangenschaft, 1943 Flucht in den französischen Untergrund zur MNPGD, der französischen Untergrund-Vereinigung der Fotografen. 1947 Gründungsmitglied der Fotoagentur Magnum in New York. In den 50er und 60er Jahren Reisen in verschiedene Länder, auch in die Sowjetunion, Publikation von Bildbänden. Ab 1973 Beschäftigung mit Malerei und Zeichnung. Veröffentlichungen: *Menschen in Moskau*, Düsseldorf 1955. *Wer sind Sie, Henri Cartier-Bresson? Das Lebenswerk in 602 Bildern.* Hg.: Fondation Henri Cartier-Bresson, München 2003.

**Jewgeni Chaldej** 1916–1997. 1932 Mitarbeiter bei einer Betriebszeitung; 1933 beginnt er beim *Stalinskij sokol* als Fotojournalist zu arbeiten; ab 1936 Korrespondent der Fotochronik der TASS; 1941–45 Kriegs-Fotokorrespondent der TASS, die ihn 1948 im Zuge der Kampagne gegen den Kosmopolitismus entlässt. 1957 feste Anstellung bei der *Pravda*. Arbeitet von 1973 bis zu seiner Pensionierung bei der *Sovetskaja kul'tura*. 1995 erhält er in Perpignan den Titel Chevalier de l'Ordre des arts et lettres. Veröffentlichung: *Von Moskau nach Berlin. Bilder des russischen Fotografen Jewgeni Chaldej*, Hg.: Ernst Volland, Berlin 1995.

**Jakow Chalip** 1908–1980. Sein erstes Foto entsteht 1924 auf der Beerdigung von Lenin. 1929 Abschluss der Fakultät für Kameraleute des Instituts für Kinematografie (WGIK) in Moskau; 1929–31 arbeitet er als Kameraassistent und Fotograf in den Moskauer Filmstudios. Aufträge für *Pravda, Izvestija, SSSR na strojke* und für die Agentur Sojuzfoto; 1938–41 fest angestellt bei *SSSR na strojke*. 1941–45 Frontkorrespondent für *Krasnaja zvezda*, dann für das Sowinform-Büro. Ab 1946 bei *Ogonëk* und *Smena* tätig, 1954–80 arbeitet er bei *Sovetskij sojuz*. Veröffentlichung in: *Antologija sovetskoj fotografii* (Anthologie der sowjetischen Fotografie), Band 1, Moskau 1986, S. 58–61.

**Chargesheimer (Karl Heinz Hargesheimer)** 1924–1971. Studium 1942–44 an der Fotoklasse der Kölner Werkschule, 1947–50 Tätigkeit als Bühnenfotograf und Bühnenbildner in verschiedenen Städten; Veröffentlichungen von Fotos in Illustrierten und Zeitungen. 1950–55 Dozent an der Bild und Klang-Schule für Fotografie und Film in Düsseldorf; 1957–70 Veröffentlichung von Fotobänden und Werbefotografie. 1967–71 Arbeit an kinetischen Skulpturen. Veröffentlichung: Chargesheimer, Scholz: *Berlin – Bilder aus einer großen Stadt*, Frankfurt/M 1959.

**Juri Feklistow** geb. 1961, lebt in Moskau. 1979–84 Studium an der Fakultät für Kameraleute des Instituts für Kinematografie (WGIK) bei S. J. Medynski. 1978 Veröffentlichung der ersten Fotos im *Moskovskij komsomolec*; 1985–88 Aufträge für die *Komsomolskaja pravda*. Seit 1988 fest angestellter Fotokorrespondent bei *Ogonëk*. Veröffentlichung in: Almanach *Foto-89*, Moskau 1989.

**Arno Fischer** geb. 1927, lebt in Gransee, Brandenburg. 1942–44 Modelltischlerlehre bei den Borsig-Werken, 1944–46 Kriegsmarine und Gefangenschaft. 1947–53 Studium der Bildhauerei in West- und Ost-Berlin; 1956–71 Lehrbeauftragter für Fotografie an der Kunsthochschule Berlin-Weißensee. 1967 Gründung der Fotografengruppe Direkt. Ab 1972 Publikation einer Reihe von Städte-Bildbänden. 1974–83 zusammen mit Peter Voigt Gestaltung der Foto-Stelen für das Marx-Engels-Denkmal in Ost-Berlin. 1985–93 Professor für künstlerische Fotografie an der HfGB Leipzig. Veröffentlichung: *Arno Fischer. Situation Berlin. Fotografien 1953–1960*, Hg.: Ulrich Domröse, Berlin 2001.

**Frank Gaudlitz** geb. 1958, lebt in Potsdam. 1987–91 Studium an der HfGB in Leipzig bei Arno Fischer. 1991–93 Arbeit am Fotoprojekt zum Abzug der russischen Streitkräfte aus Deutschland; 1994 Stipendiat des DAAD in Russland. Veröffentlichungen: Frank Gaudlitz, Thomas Kumlehn: *Die Russen gehen. Der Abzug einer Armee*, Berlin 1993. *Frank Gaudlitz, zwischen zeiten, Photographien aus Russland*, Ausst.-Kat. daad galerie, Berlin 1995.

**Igor Gawrilow** geb. 1952, lebt in Moskau. 1966 Veröffentlichung der ersten Fotos des 14-Jährigen in der Presse. 1975 Abschluss der Fakultät für Journalismus an der Moskauer Staatlichen Lomonossow-Universität. Seitdem Fotokorrespondent bei *Ogonëk*. Veröffentlichung in: Almanach *Foto-89*, Moskau 1989, S. 86–93.

**Waleri Gende-Rote** 1926–2000. Arbeitet zunächst als Projektant für Heizungsanlagen von Kraftwerken. Erhält 1957 als Hobbyfotograf für sein Foto *Winter* die Silbermedaille der Weltfestspiele der Jugend und Studenten in Moskau; im gleichen Jahr wird er Redakteur der Zeitschrift *Sovetskoe foto*. 1959 Korrespondent der Fotochronik der TASS; 1969 arbeitet er für *Nedelja, Sovetskaja ženščina* und die *Freie Welt* (DDR). Veröffentlichung: *Valerij Gende-Rote, Fotografii* (Fotografien), Moskau 1980.

**Gerhard Gronefeld** 1911–2000. 1932 Lehre im fotografischen Atelier der Firma August Scherl GmbH, kurz darauf dort Bildberichterstatter. 1936 Sportreporter für die Sommerspiele der XI. Olympiade in Berlin. Reporter für verschiedene Zeitungen; meldet sich im Zweiten Weltkrieg zur Propaganda-Kompanie der Wehrmacht, zeitweise als Kriegsberichterstatter mit Sonderaufgaben für *Signal* tätig. 1945 Fotograf der *Neuen Berliner Illustrierten (NBI)*, arbeitet für *Life, Heute, Stern, Quick*. Dokumentiert das Leben nach der deutschen Kapitulation. Ab 1950 spezialisiert sich Gronefeld auf Natur- und Tierfotografie. Veröffentlichung: Winfried Ranke: *Deutsche Geschichte kurz belichtet. Photoreportagen von Gerhard Gronefeld 1937–1965*, Ausst.-Kat. Deutsches Historisches Museum, Berlin 1991.

**Ernst Grossar** 1919–1986. Ausbildung als Pressefotograf; ab 1950 Exklusivreporter beim *Stern* in München, begleitet 1955 Bundeskanzler Konrad Adenauer bei seiner ersten Reise nach Moskau. Ab 1971 Bildredakteur für die Zeitschrift *Bild der Zeit*.

**Harald Hauswald** geb. 1954, lebt in Berlin. 1976 Abschluss einer fotografischen Lehre, 1978 fotografische Arbeit bei kirchlichen Einrichtungen. Seit 1989 freiberuflicher Fotograf. Gründungsmitglied von OSTKREUZ Agentur der Fotografen. Veröffentlichung: Lutz Rathenow/Harald Hauswald: *Berlin-Ost. Die andere Seite einer Stadt*, Berlin 1990. Harald Hauswald: *Seitenwechsel. Fotografien 1979–1999*, Berlin 1999.

**Walter Heilig** geb. 1925, lebt in Berlin. 1947 nach Krieg und Gefangenschaft Beschäftigung mit der Fotografie, angeregt durch seinen Vater Eugen Heilig, der den Arbeiterfotografen angehört. Bildreporter beim Berliner Verlag, in der Fotoabteilung Illus-Bilderdienst. 1947–74 Chefreporter und Chefredakteur in der Agentur Zentralbild; 1974–81 Generalsekretär von Photo-International. Seit 1960 Vorsitzender der Zentralen Kommission Fotografie im Kulturbund der DDR. Veröffentlichung: *Eugen Heilig, Walter Heilig. Zwei Fotografengenerationen*, Ausst.-Kat. Fotogalerie, Helsingforser Platz, Berlin 1989.

**Herbert Hensky** geb. 1910, lebt in Berlin. 1925/26 Ausbildung zum Dekorationsmaler, 1932/33 erste Aufnahmen für die Arbeiterfotografenvereinigung Prenzlauer Berg und erste Veröffentlichungen in der AIZ. 1938–45 Arbeit als Fotograf, neben Passbildern und Kinderporträts Aufträge vom Luftfahrtministerium. Ab 1945 freischaffend tätig, Aufträge für Zeitungen wie *Rundschau, Volkszeitung* und die *NBI*. 1956–68 freier Mitarbeiter der *Freien Welt*. Veröffentlichung in: *Das deutsche Auge. 33 Photographen und ihre Reportagen – 33 Blicke auf unser Jahrhundert*, Ausst.-Kat. Arbeitskreis Photographie Hamburg in Zusammenarbeit mit den Deichtorhallen, Hamburg, München/Paris/London 1996.

**Ralf Herzig** geb. 1954, lebt in Berlin. 1973–76 verschiedene Tätigkeiten; 1976–81 Studium der Kunstgeschichte/Kunstwissenschaft an der Humboldt-Universität in Berlin; 1980 erste fotografische Arbeiten; 1981–95 freiberuflich als Ausstellungsmacher und Kunstkritiker. Konzeption für die erste Fotogalerie am Helsingforser Platz in Ost-Berlin. Seit 1986 als Fotograf tätig, seit 1989 Beschäftigung mit Video. Veröffentlichung: *AMERICAN WATER & THÜRINGER GLAS*, Erfurt 1994.

**Erich Höhne** 1912–1999. Ausbildung bei Zeiss-Ikon in Dresden 1926–30, dort bis 1945 Laboringenieur. Seit 1931 Mitglied der Arbeiterphotogilde in Dresden und Freital; 1945 Bildserie über Dresdener Umsiedlerlager; 1945–68 freiberuflicher Fotojournalist in Dresden. Gründet mit **Erich Pohl** (1904–1968) den Dresdner Bilderdienst. Aufträge für die Tägliche Rundschau und die Sächsische Zeitung; wichtigstes Projekt ist die Dokumentation des Wiederaufbaus in Dresden. Zieht sich 1982 vom Journalismus zurück. Veröffentlichung: Hinterlassenschaft und Neubeginn, Hg.: Wolfgang Kil, Leipzig 1989.

**Hanns Hubmann** 1910–1996. Ausbildung als Ingenieur der Papiertechnologie an der Technischen Hochschule Darmstadt. 1931 Besuch der Bayerischen Staatslehranstalt für Lichtbildwesen in München, ab 1935 arbeitet er für die *Berliner Illustrirte Zeitung*. 1939 Arbeit für *Life*; 1941 als Kriegsberichterstatter für *Signal* eingezogen; 1945–47 für *Stars & Stripes* und *Weekend* tätig. 1948–80 fester Fotograf bei *Quick*, schreibt dazu Texte. 1980 letzter Auftrag: die Reise von Bundeskanzler Kohl nach China. Veröffentlichung: *Hanns Hubmann, Gesehen und geschossen: 40 Jahre Zeitgeschehen*, München/Berlin 1969. *KIOSK. Eine Geschichte der Fotoreportage 1839–1973*, Hg.: Bodo von Dewitz, Ausst.-Kat. Museum Ludwig/Agfa Foto-Historama Köln, Göttingen 2001.

**Max Jacoby** geb. 1919, lebt in Berlin. Beginnt 1937 in Berlin ein Foto- und Filmstudium, das er nach seiner Emigration in Buenos Aires weiterführt. Ab 1941 Arbeit als selbständiger Fotograf; 1951 Gründung der Gruppe Group of Ten mit neun südamerikanischen Fotografen; 1957 Rückkehr nach Berlin. Seit 1976 zusammen mit seiner Frau Hilla Jacoby Arbeit an verschiedenen Bildbänden. Veröffentlichung: *Der Fotograf Max Jacoby, Bilder der 60er und 70er Jahre*, Ausst.-Kat. Landesmuseum Koblenz 2003.

**Anatoli Jegorow** 1907–1986. 1924 Lehre als Buchhalter bei der Moskauer Agentur der Zentralasiatischen Bank. 1927 freier Fotoreporter für Zeitungen vom Zentralrat der sowjetischen Gewerkschaften, später für *Moskovskaja kooperacija, Za novyj byt* tätig. 1929–41 arbeitet er für *Rabočaja Moskva*; 1941–45 Fotokorrespondent für verschiedene Frontzeitungen. Nach 1945 Arbeit bei *Illjustrirovannaja gazeta*, 1950 Wechsel zu *Krasnaja zvezda*. 1953–58 Abteilungsleiter bei *Izvestija*, 1963–69 bei *Sovetskaja Rossija*. Veröffentlichung in: *Antologija sovetskoj fotografii* (Anthologie der sowjetischen Fotografie), Band 2, Moskau 1987, S. 206–209.

**Emmanuil Jewserichin** 1911–1997. 1931 Besuch von Kursen der Fotochronik Sojuzfoto in Moskau. 1934 Fotokorrespondent bei Sojuzfoto (spätere Fotochronik der TASS); 1941–45 Kriegs-Fotokorrespondent der TASS; 1945–75 TASS-Fotokorrespondent; in den 50er Jahren darf er jedoch im Zuge der Kampagne gegen den Kosmopolitismus keine »offiziellen« Aufnahmen mehr machen. Arbeitet in dieser Zeit im Bereich Kultur. Veröffentlichung in: *Antologija sovetskoj fotografii* (Anthologie der sowjetischen Fotografie), Band 2, Moskau 1987, S. 138–141.

**Andreas Kämper** geb. 1954, lebt in Rangsdorf, Brandenburg. Seit 1991 freiberuflich als Fotograf tätig; Aufträge für die *Süddeutsche Zeitung*, *DIE ZEIT* und die *Berliner Zeitung*. 2002 Stipendiat der VG Bild/Kunst Bonn. Veröffentlichung: *Wir und unser Trabant, Andreas Kämper, Reinhard Ulbrich*, Berlin 1995.

**Boris Kawaschkin** geb. 1944, lebt in Moskau. 1958 wird er Mitglied des Fotozirkels im Moskauer Haus der Pioniere. 1963 Beendigung der Ausbildung als Kameraassistent; arbeitet als Fotoreporter bei der *Moskovskaja pravda*. Nach dem Armeedienst 1966 Fotolaborant in einer Chemiefabrik. 1968 Arbeit bei der Presseagentur *Novosti* (APN); seit 1976 Fotokorrespondent bei der TASS.

**Gerhard Kiesling** geb. 1922, lebt in Berlin. 1934 erste fotografische Arbeiten, 1942–45 Militärdienst, 1946–48 freischaffender Theater- und Pressefotograf in Greiz, 1949–90 freier Bildjournalist für die *NBI*. Veröffentlichung in: *Das deutsche Auge. 33 Photographen und ihre Reportagen – 33 Blicke auf unser Jahrhundert*, Ausst.-Kat. Arbeitskreis Photographie Hamburg in Zusammenarbeit mit den Deichtorhallen, Hamburg, München/Paris/London 1996.

**Fjodor Kislow** geb. nach 1910, gest. nach 1965. In den 1920er Jahren kommt er über einen Fotozirkel zur Fotografie. In dieser Zeit beginnt er, mit der Gewerkschaftspresse zusammenzuarbeiten. 1930 Einstellung beim Presse-Klischee der TASS (später Sojuzfoto); er fotografiert im Ural, im Donbass und am Dnepr-Wasserkraftwerk. Ab 1934 fotografiert er Stalin und andere führende Politiker der UdSSR; 1941–45 Kriegskorrespondent der Fotochronik der TASS; nach 1945 dort weiter tätig. Veröffentlichung in: *Sovetskoe foto*, Moskau 1960, Nr. 12, S. 21–23.

**Barbara Klemm** geb. 1939, lebt in Frankfurt/M. Fotografische Ausbildung in Karlsruhe. Ab 1959 als Klischographin bei der *Frankfurter Allgemeinen Zeitung* tätig, seit 1970 arbeitet sie dort als fest angestellte Fotografin mit den Schwerpunkten Politik und Feuilleton. In den 80er Jahren Beschäftigung mit Künstlerporträts. Mitglied der Akademie der Künste Berlin/Brandenburg. Veröffentlichungen: *Barbara Klemm, Blick nach Osten, 1970–1995*, Frankfurt/M 1995. *Barbara Klemm, Unsere Jahre. Bilder aus Deutschland 1968–1998*, Ausst.-Kat. Deutsches Historisches Museum, Berlin 1999.

**Rolf Koehler** geb. 1915, lebt in Berlin. Lehre als Fotograf; bis 1945 Soldat, 1945–47 Internierung. 1952–93 als Fotograf tätig; anfangs Aufnahmen von Hochzeiten und Filmbällen, seit 1955 vor allem Architekturaufnahmen für Fachzeitschriften.

**Werner Kohn** geb. 1940, lebt in Bamberg. 1958–61 Fotografenlehre in Bamberg; 1963/64 bei Keystone in München tätig; 1966/67 Studium an der Folkwang-Schule in Essen bei Otto Steinert. Seither freiberuflich für verschiedene Agenturen tätig. Kohn gibt Bildbände – unter anderem über Berlin-Wedding, Berlin-Neukölln und Bamberg – heraus. Veröffentlichung: *In Bamberg war der Teufel los. K(l)eine 68er APOlogie*, Hg.: Werner Kohn, Bamberg 1993.

**Wjatscheslaw Kolejtschuk** geb. 1941, lebt in Moskau. 1966 Abschluss der Moskauer Hochschule für Architektur; Mitglied in der Künstlergruppe Dwishenije. 1967 gründet er die Gruppe Mir, die an Umweltprojekten arbeitet. Er erschafft die kinetische Komposition *Atom*. 1970–77 Tätigkeit am Zentralen Forschungsinstitut für Theorie und Geschichte der Architektur, 1977–96 beim Wissenschaftlichen Forschungsinstitut für technische Ästhetik in Moskau. Autor zahlreicher Artikel über kinetische Kunst, Design und Fotografie. Veröffentlichungen: Vjačeslav Kolejčuk: *Kinetizm* (Kinetismus), Moskau 1984. Vyacheslav Koleychuk: *The Evolution of My Kinetic Work*, in: *Leonardo*, Bd.27, Nr. 5, 1994.

**Georgi Kolossow** geb. 1945, lebt in Moskau. 1969 Abschluss des Moskauer Energetischen Instituts. Ab 1975 beschäftigt er sich aktiv mit Fotografie und wird Mitglied des Fotoklubs Nowator. 1987 Dozent an der Volksuniversität der Künste für Fernstudien (SNUI) und am Institut für Kultur. Autor zahlreicher Artikel über Fotografie.

**Josef Koudelka** geb. 1938, lebt in Paris und Prag. 1956–61 Ingenieurstudium an der Technischen Universität Prag, bis 1967 Arbeit als Luftfahrtingenieur. 1962–68 Aufnahmen in den Zigeunerreservaten im Osten der Slowakei. Seit 1967 hauptberuflich als Fotograf tätig. Erhält 1969 anonym den Robert-Capa-Award für seine Fotos vom Einmarsch der Truppen des Warschauer Pakts in Prag. 1970 Emigration nach London. Seit 1971 assoziiertes Mitglied und seit 1974 ständiges Mitglied der Agentur Magnum. 1975 Einzelausstellung im Museum of Modern Art in New York; 1989 Grand Prix National de la Photographie. Veröffentlichung: *Josef Koudelka*, Centre National de la Photographie, Collection Photo Poche, Paris 1984.

**Wadim Kowrigin** 1901–1963. 1930 Umzug von Irkutsk nach Moskau, Mitarbeiter bei der Zeitung *Večernjaja Moskva*. 1938 fotografiert er den Moskau-Wolga-Kanal. 1941–45 Kriegskorrespondent der Fotochronik der TASS bei der Nordflotte. Nach 1945 arbeitet er beim Fotodienst der WDNCh; im Auftrag von *Isogiz* entstehen Aufnahmen von Moskau; 1957 Fotoreporter bei den Weltfestspielen der Jugend und Studenten. Veröffentlichung: *Moskva. Al'bom. Fotografii V. Kovrigina* (Moskau, Bildband. Fotografien von W. Kowrigin), Moskau 1957.

**Wolfgang Krolow** geb. 1950, lebt in Berlin. 1969–72 Studium der Bildhauerei und Grafik an der Kunstakademie Mannheim, 1975–82 Studium an der Hochschule der Künste Berlin, Bereich Visuelle Kommunikation. Ab 1977 freie Mitarbeit bei Zeitungen, Magazinen und Verlagen; seit 1982 als freischaffender Fotograf tätig. Veröffentlichungen: *Seiltänze. Mit Texten von R. Hosfeld und P.P. Zahl*, Berlin 1982. Andres, Kallay, Krolow: *Albanien. 1931–1957–1990*, Berlin 1992.

**Heinz Krüger** 1919–1980. Ausbildung als Reproduktionsfotograf, Besuch von Abendkursen für Werbe- und Pressefotografie. Ab 1949 freischaffend als Bildreporter, arbeitet vorwiegend für die *Freie Welt*; häufig Reisen in die Sowjetunion. Veröffentlichung in: *Reporter. DDR-Bildjournalisten geben zu Protokoll*, Hg.: Heinz Rosenkranz, Richard Blumenthal, Gerhard Schiesser, Leipzig 1969.

**Sergej Kusnezow** geb. 1954, lebt in Dresden. 1973 Ausbildung als Radiotechniker; 1977–82 Studium der Journalistik an der Staatlichen Lomonossow-Universität Moskau. 1983–96 Pressefotograf für *Krest'janka, Sovetskaja Rossija, Komsomolskaja pravda, Novaja gazeta, Čas Pik*. 1996/97 Leiter der Fotoabteilung der *Novaja gazeta*; 1997–98 Fotograf beim *Russkij telegraf*; 1999/2000 freier Fotograf für *Focus, Liberation, Los Angeles Times* und *Izvestija*. 2000 Übersiedelung nach Deutschland, seitdem als freier Fotograf für die *Sächsische Zeitung* tätig. Veröffentlichung: Nick Reimer: *Als der Regen kam – Ein Fotolesebuch zur Flut in Sachsen*, Dresden 2002.

**Karl Ludwig Lange** geb. 1949, lebt in Berlin. 1967–70 fotografische Ausbildung; Volontariat bei der dpa; Assistenz im Studio Will McBride, München. 1973 erste freie Arbeiten, Schwerpunkte sind Stadtgeschichte und Industriearchäologie. Veröffentlichung: *Karl Ludwig Lange, Grenzwechsel, Berlin, Potsdam 1973–1990*, Ausst.-Kat. Lebendiges Museum, Berlin 1989.

**Bernard Larsson** geb. 1939, lebt in München. 1957–59 Ausbildung in der Staatslehranstalt für Fotografie in München, 1959–61 Fotoassistent bei *Vogue* in Paris. Larsson dokumentiert im Berlin der 60er Jahre die Folgen der Teilung der Stadt. 1964–66 Regieassistenz beim NDR-Fernsehen; 1966–68 Fotoreporter beim *Stern*; 1970–71 Dokumentarfilmregisseur beim WDR-Fernsehen; 1971–73 Studium der Sozialpädagogik; seit 1975 Mode- und Werbefotograf in München, Paris, Mailand. Veröffentlichungen: Bernard Larsson, M. Butor (Text): *Die ganze Stadt Berlin, Politische Fotos*, Hamburg 1964. *Bernard Larsson, Berlin, Hauptstadt der Republik, Fotografien aus einer geteilten Stadt 1961–68*, Ausst.-Kat. Haus der Kunst München, Göttingen 1998.

**Nikolai Lawrentjew** geb. 1921, lebt in Moskau. 1948 Abschluss des Moskauer Polygrafischen Instituts. Seit 1946, schon während des Studiums, arbeitet er im Verlag *Sovetskij pisatel'* als Buchgestalter und Kunstredakteur. 1957 beginnt er zu fotografieren, vor allem Schriftsteller, Künstler und Wissenschaftler. Veröffentlichung: *Nikolaj Lavrent'ev, Ljudi uchodjaščego veka, Vystavka fotografij* (Nikolai Lawrentjew, Menschen des ausgehenden Jahrhunderts, Fotoausstellung) Ausst.-Kat. Staatliches Literaturmuseum, Moskau 1996.

**Robert Lebeck** geb. 1929, lebt in Berlin. 1944 als Soldat an der Ostfront, danach Gefangenschaft. 1948–51 Studium der Völkerkunde in Zürich und New York; 1952–55 freier Fotograf; 1955–60 Leiter des Redaktionsbüros der *Revue* in Frankfurt/M, 1966–77 Fotograf beim *Stern*; 1977/78 zusammen mit Klaus Harpprecht Chefredakteur von *GEO*. Danach bis 1995 Fotoreporter beim *Stern*. Ab 1984 Sammlung von Bildmaterial zur Geschichte der internationalen Reportagefotografie. Veröffentlichung: *Robert Lebeck, Vis-à-vis*. Ausst.-Kat. Ausstellungsbüro Göttingen, WP Fahrenberg, Göttingen 1999.

**Klaus Lehnartz** geb. 1936, lebt in Berlin. 1957–59 Studium der Fototechnik und Ausbildung zum Journalisten; arbeitet für die *Große Österreich-Illustrierte*, den *Daily Mirror* und bei *Bild-Berlin*. Seit 1957 Zusammenarbeit mit der Landesbildstelle Berlin; 1973–91 Vertragsfotograf des Presse- und Informationsamtes der Bundesregierung. Veröffentlichung: Klaus Lehnartz: *Bilder aus der Mark Brandenburg*, Berlin 1975.

**Ute Mahler** geb. 1949, lebt in Lehnitz bei Berlin. 1969–74 Studium der Fotografie an der HfGB in Leipzig. Seit 1974 freiberuflich, Aufträge u. a. für *Sibylle*. 1990 Gründungsmitglied von OSTKREUZ Agentur der Fotografen. Seit 2000 Professur an der Hochschule für angewandte Wissenschaften in Hamburg. Veröffentlichungen: *Geliebte Zone. Geschichten aus dem neuen Deutschland*. Mit Fotos von Ute Mahler, Stuttgart 1997. *Östlich von Eden. Von der DDR nach Deutschland, 1974–1999*, Hg.: OSTKREUZ Agentur der Fotografen, Wien 1999.

**Werner Mahler** geb. 1950, lebt in Lehnitz bei Berlin. 1971–73 Assistent bei dem Fotografen Ludwig Schirmer in Berlin; 1973–78 Studium der Fotografie an der HfGB in Leipzig; ab 1978 freiberuflich. 1979–81 Aspirantur an der HfGB Leipzig, Abteilung Fotografie. 1990 Gründungsmitglied von OSTKREUZ Agentur der Fotografen. Veröffentlichung: *Östlich von Eden. Von der DDR nach Deutschland, 1974–1999*, Hg.: OSTKREUZ Agentur der Fotografen, Wien 1999.

**Jindřich Marco** 1921–2000. Als Fotograf Autodidakt; 1941–44 Reporter und Fotograf für Jan Mikotas Nachrichten- und Werbeagentur in Prag; 1945–48 arbeitet Marco im staatlichen Auftrag für in- und ausländische Presseagenturen in Prag. Seit 1948 freier Fotograf für *Pix* und *Black Star*, Zusammenarbeit mit *Czechoslovak Life*, *Life*, *Paris Match*, *Picture Post*. 1950–57 politischer Häftling. 1966 erste größere Präsentation innerhalb der Ausstellung *Prager Künstler in Fotografien*. Veröffentlichung in: V. Birgus: *Postwar Europe*, Prag 1987.

**Will McBride** geb. 1931, lebt in Berlin. 1951–53 Studium der Kunstgeschichte, Malerei und Illustration in New York; 1953–1955 Militärdienst bei der U.S.-Army in Würzburg; Beginn fotografischer Arbeiten. 1955–58 Umzug nach Berlin; Studium der Philologie, daneben Malerei und Fotografie. Ab 1961 in München tätig. Bildbeiträge für *Geo*, *Stern*, *Life*, *Look* und *Paris Match*. 1972 Übersiedlung in die Toskana, dort verstärkt Beschäftigung mit Plastik und Malerei. 1983 Rückkehr nach Deutschland. Veröffentlichung: *Will McBride, 40 Jahre Photographie*, Hg.: Peter Weiermeier, Ausst.-Kat. Rheinisches Landesmuseum, Schaffhausen 1992.

**Roger Melis** geb. 1940, lebt in Berlin. Fotografenlehre in Potsdam; 1962–68 wissenschaftlicher Fotograf an der Humboldt-Universität Berlin, Charité. Ab 1961 Porträtaufnahmen, vor allem von deutschen Schriftstellern. Ab 1968 freiberuflich; Veröffentlichungen in *Sibylle*, *Wochenpost*, *Das Magazin*. 1978–90 Lehrauftrag für Fotografie an der Kunsthochschule Berlin-Weißensee; seit 1993 Lehrer für Fotografie im Lette-Verein Berlin. Veröffentlichung: *Roger Melis, Berlin–Berlin, Schriftstellerporträts aus dreißig Jahren, Marbacher Schriften 35*, Marbach 1992.

**Jochen Moll (Hans-Joachim Mollenschott)** geb. 1928, lebt in Berlin. 1946 Volontariat bei Wolfram Kahle in West-Berlin; 1947/48 Gründung einer freien Presseagentur. Für *Neues Deutschland, Nationalzeitung, Berlin am Mittag* und *Nachtexpress* tätig; 1954–59 Festanstellung bei der *Wochenpost*. 1959–74 als freier Fotograf für die *NBI* tätig, von 1974–87 dort fest angestellt. Veröffentlichung in: *Das deutsche Auge. 33 Photographen und ihre Reportagen – 33 Blicke auf unser Jahrhundert*, Ausst.-Kat. Arbeitskreis Photographie Hamburg in Zusammenarbeit mit den Deichtorhallen, Hamburg, München/Paris/London 1996.

**Igor Muchin** geb. 1961, lebt in Moskau. 1977–81 Studium an der Fachschule für Bauwesen; 1981–87 Arbeit als Techniker in einem Projektbüro. 1986 Besuch des Fotostudios von Alexander Lapin in Moskau; Zusammenarbeit mit den Samisdat-Rockzeitschriften *Zombi* und *Sdvig*. 1988 Zusammenarbeit mit der Pariser Fotoagentur RAPHO. Seit 1989 freiberuflicher Fotograf. Mitglied der Gruppe Unmittelbare Fotografie in Moskau. Veröffentlichung: *Igor' Muchin. Moskva–Pariž* (Igor Muchin, Moskau–Paris), Ausst.-Kat. Moskauer Haus der Fotografie, Moskau 2000.

**Hilmar Pabel** 1910–2000. Abschluss als Diplom-Fotograf an der Agfa-Fotoschule in Berlin 1929; danach Studium der Germanistik, Philosophie und Zeitungswissenschaft. 1936–39 Fotoreportagen unter anderem für *Koralle*; 1939–45 Kriegsberichterstatter der *Neuen Illustrierten Zeitung* vor allem in Russland und der Normandie; Kriegsgefangenschaft. 1946/47 arbeitet er für das Bayerische Rote Kreuz, wo er eine Suchaktion initiiert und mehr als 2000 Kinder für die Familienzusammenführung fotografiert. 1948–60 Aufträge für *Quick*, 1961–70 Fotograf für den *Stern*, u. a. Serien zum Vietnam-Krieg. Erhält 1961 als erster deutscher Bildjournalist den Kulturpreis für Photographie. Nach 1970 freier Bildjournalist. Veröffentlichung in: *KIOSK. Eine Geschichte der Fotoreportage 1839–1973*, Hg.: Bodo von Dewitz, Ausst.-Kat. Museum Ludwig/Agfa Foto-Historama Köln, Göttingen 2001.

**Helga Paris** geb. 1938, lebt in Berlin. 1956–60 Studium der Modegestaltung an der Fachschule für Bekleidung in Berlin. Ab 1965 intensivere fotografische Arbeit; 1967/68 Tätigkeit als Fotolaborantin; Beginn der freiberuflichen Arbeit. Veröffentlichungen in der Zeitschrift *Das Magazin*. Mitglied der Akademie der Künste Berlin/Brandenburg. Veröffentlichung in: *DDR-Frauen fotografieren. Lexikon und Anthologie*, Hg.: Gabriele Muschter, West-Berlin 1989.

**Georgi Petrussow** 1903–1971. Arbeitet 1920 als Rechnungsführer und Buchhalter. Lebt ab 1924 in Moskau. Fotokorrespondent der Gewerkschaftszeitschrift *Metallist*, später von *Pravda*, *Ogonëk*, *Smena* und *Prožektor*; 1928–30 Leiter der Informationsabteilung der *Pravda* beim Hüttenwerk Magnitogorsk/Ural; 1930–41 Fotokorrespondent der Zeitschrift *SSSR na strojke*; dabei enge Zusammenarbeit mit Alexander Rodtschenko. 1941–45 Frontkorrespondent des Sowinform-Büros und der *Izvestija*; 1945–55 arbeitet er beim Verlag *Iskusstvo*; 1955 Fotokorrespondent des Sowinform-Büros; 1961 bei der Zeitschrift *Soviet Life*, die von der Presseagentur Novosti für die USA herausgegeben wird. 1967 Einzelausstellung in Ost-Berlin. Veröffentlichung: *Begegnungen mit Berlin, Georgi Petrussow*, Ost-Berlin 1970.

**Evelyn Richter** geb. 1930, lebt in Dresden und Neukirch/Lausitz. 1948–52 fotografische Ausbildung bei Pan Walther in Dresden; 1953–56 Studium der Fotografie an der HfGB in Leipzig; 1956–80 freiberuflich als Fotografin tätig; 1956–58 Mitwirkung in der Leipziger Gruppe action fotografie. 1980–90 Lehrauftrag, später Dozentur für Fotografie an der HfGB in Leipzig; 1990/91 Lehrauftrag für Fotografie an der FH Bielefeld; 1991–2001 Ehrenprofessur und Lehrauftrag an der HfGB Leipzig. Veröffentlichungen: *Evelyn Richter, Zwischenbilanz, Photographien aus den Jahren 1950–1989*, Ausst.-Kat. Staatliche Galerie Moritzburg, Halle 1992. *Evelyn Richter, Arrested Time*, Ausst.-Kat. Goethe-Institut Washington, USA, 2002.

**Fritz W. Richter (Fritz Otto Wilhelm Richter)** 1910–1996. Ausbildung zum Feinmechaniker, 1926–33 im Deutschen Metallarbeiterverband organisiert. Ab 1947 als Bildreporter freischaffend; Veröffentlichungen seit 1946 unter anderem im *Neuen Deutschland*, in der *Tribüne*, der *Illustrierten Rundschau*, der *Wochenpost*. Mitglied der Kreiskommission Fotografie im Kulturbund. Leiter des Fotozirkels beim VE Bau- und Montagekombinat Erfurt.

**Henry Ries** geb. 1917, lebt in New York. 1938 Emigration in die USA; 1946/47 als Bildjournalist eines US-Magazins in Berlin; 1947–52 Bildkorrespondent der *New York Times* in Berlin, dann für das *SUNDAY MAGAZINE* in New York. Seit 1955 Inhaber eines Fotostudios in New York. Veröffentlichungen: *Henry Ries, Photographien aus Berlin, Deutschland und Europa 1946–1951*, Ausst.-Kat. Berlinische Galerie, Berlin 1988. *Henry Ries, Berlin. Photographien 1946–1949*, Berlin 1998.

**Jakow Rjumkin** 1913–1986. Absolviert 1933 die Arbeiter- und Bauernfakultät der Universität Charkow; arbeitet für die Zeitung *Večernee radio*, danach für die Zeitung *Kommunist*. 1941–45 Fotokorrespondent der *Pravda* an der Südwestfront; fotografiert die Verteidigung von Odessa, Sewastopol und Stalingrad. Lernt Nikita Chruschtschow kennen. Ab 1946 Fotoreporter der *Pravda*, begleitet Chruschtschow auf zahlreichen Reisen. Später Korrespondent bei *Ogonëk*. Ab 1964 arbeitet er im Verlag Kolos. Veröffentlichung in: *Antologija sovetskoj fotografii* (Anthologie der sowjetischen Fotografie), Band 2, Moskau, 1987, S. 150–155.

**Andreas Rost** geb. 1966, lebt in Berlin. 1984/85 Lehre als Fotograf in Dresden; Zusammenarbeit mit den Autoperforationsartisten. 1988–93 Studium der Fotografie an der HfGB Leipzig bei Evelyn Richter und Arno Fischer; 1990–93 Mitarbeit im Kunst- und Kulturprojekt Tacheles in Berlin; Mitarbeit in der Künstlergruppe Herzattacke. Seit 1994 freischaffender Fotograf. Seit 1996 Lehrer an der Freien Kunstschule Berlin. Veröffentlichung: *La ville entière, Die ganze Stadt*, Ausst.-Kat. ifa Berlin, Berlin 2003.

**Jens Rötzsch** geb. 1959, lebt in Berlin. 1975–77 Ausbildung als Vermessungsfacharbeiter in Berlin. 1981–86 Studium der Fotografie an der HfGB Leipzig bei J. Jansong und W.C. Schröter; 1987–89 Zusatzstudium Fotografie und Video an der Hochschule für Design in Budapest; seit 1989 freiberuflicher Fotograf. Gründungsmitglied von OSTKREUZ Agentur der Fotografen. 1992–99 Lehrauftrag an der FH Bielefeld, FB Fotografie. 2002 World Press Photo Award, 3. Preis in der Kategorie Sport stories. Veröffentlichungen: *Jens Rötzsch, Zeitläufe. Farbfotografien 1987–1992*, Ausst.-Kat. Brandenburgische Kunstsammlungen Cottbus, Cottbus, 1993. *Östlich von Eden. Von der DDR nach Deutschland, 1974–1999*, Hg.: OSTKREUZ Agentur der Fotografen, Wien 1999.

**Boris Saweljew** geb. 1947, lebt in Moskau. 1972 Abschluss am Moskauer Luftfahrtinstitut. Seit 1974 Beschäftigung mit Fotografie; 1972–83 Tätigkeit als Ingenieur; ab 1983 freier Fotograf. Macht Reportagen, Porträts, Werbeaufnahmen und Buchumschläge. Stellt in England, Frankreich, den USA, Finnland und Spanien aus; Einzelausstellungen im Russischen Museum, St. Petersburg, und im Haus der Fotografie, Moskau. 2002 Nominierung für den Staatspreis Russlands im Bereich Kunst. Veröffentlichung: *Boris Savelev, Momente der Dauer*, Ausst.-Kat. ifa-Galerie, Bonn 1999.

**Iwan Schagin** 1904–1982. 1921 heuert er als Matrose auf einem Wolgadampfer an. 1924 Umzug nach Moskau. 1926 Mitglied im Fotozirkel der Redaktion *Naša gazeta*; fotografiert für Publikationen des Staatsverlags für Landwirtschaft *Selchosgiz*; 1930 Festanstellung als Mitarbeiter der Redaktion *Naša gazeta*, danach der Zeitung *Kooperativnaja žizn'*. 1932 Fotoreportage über Kolchosen; 1933–50 Bildberichterstatter bei der Jugendzeitung *Komsomolskaja pravda*; 1935 Aufnahmen von der Roten Armee; 1941–45 Kriegskorrespondent; das Kriegsende erlebt er in Berlin. Ab den 50er Jahren Beschäftigung mit Farbfotografie. Enge Zusammenarbeit mit den Verlagen Isogiz, Pravda, Moskovskij rabočij. Veröffentlichung: *Iwan Schagin. Kriegsfotografie 1941–1945*, Berlin 1999.

**Alexander Sljussarew** geb. 1944, lebt in Moskau. 1968 Abschluss am Moskauer Institut für Fremdsprachen Maurice Thorez; 1968–70 Dolmetscher bei der Allunionsaktiengesellschaft Intourist; 1971–89 Arbeit als Lehrer. 1989–91 Zusammenarbeit mit den Zeitschriften *Studenčeskij meridian*, *Ja* und *Bezopasnost'*; seit 1991 freier Fotograf. Viele Ausstellungen im In- und Ausland. Veröffentlichung: *Another Russia*, London 1985.

**Oleg Smirnow** geb. 1955, lebt in Moskau. 1981 Abschluss am Moskauer Polygrafischen Institut als Buchgestalter; während des Studiums Beschäftigung mit Fotografie. 1990 Bücher über Afghanistan beim Verlag Molodaja gvardija; als freiberuflicher Korrespondent der Truppen des Ministerium des Innern bei der Zeitschrift *Na boevom postu* fotografiert er in Gorny Karabach, Ossetien und Tschetschenien. Veröffentlichung: Iossif Brodski: *Predstavlenie*, Moskau 1999, Gestaltung, Text und Fotos von Oleg Smirnow.

**Valentin Sobolew** 1923–1995. Beschäftigt sich im Fotozirkel des Moskauer Hauses der Pioniere mit Fotografie; seine Aufnahmen werden in der *Pionerskaja pravda* gedruckt. 1943–45 an der Front; ab 1946 Reporter der Fotochronik der TASS. Er fotografiert offizielle Ereignisse, auch Neubauten und widmet sich der Genrefotografie.

**Uwe Steinberg** 1942–1983. 1960/61 Mitglied der Fotoleistungsgruppe novum des Kulturbundes in Dessau; ab 1961 Praktikant bei ADN-Zentralbild; ab 1963 Arbeit bei ADN-Zentralbild. 1966–69 Fernstudium an der Fachschule für Journalistik des Verbandes Deutscher Journalisten in Leipzig; 1969 Gründungsmitglied der Gruppe Jugendfoto Berlin; ab 1970 Bildreporter bei der *NBI*; 1974–78 Fernstudium Fotografie an der HfGB in Leipzig. Veröffentlichung: *Uwe Steinberg. Fotografien 1957–1983*, Ausst.-Kat. Galerie Sophienstraße, Berlin 1983.

**Waleri Stignejew** geb. 1937, lebt in Moskau. Arbeitet nach Abschluss der Moskauer Ingenieurhochschule ab 1960 als wiss. Mitarbeiter in verschiedenen Forschungsinstituten; 1968 wechselt er zum Journalismus. Er arbeitet beim Fernsehen, in Redaktionen von Zeitungen und Zeitschriften. Seit 1980 wiss. Mitarbeiter des Staatlichen Instituts für Kunstwissenschaft in Moskau. Autor zahlreicher Bücher und Artikel zur Theorie und Geschichte der Fotografie. Veröffentlichung: *Moskau–Berlin. Straßenbilder von Valerij Stignejew. Fotos 1996–1998*, Ausst.-Kat. Deutsch-Russisches Museum Berlin-Karlshorst, Berlin 2000.

**Nina Swiridowa** geb. 1939, lebt in Moskau. Arbeitet nach Abschluss der philologischen Fakultät der Moskauer Staatlichen Lomonossow-Universität in den 50er Jahren als Lehrerin und beginnt, ihre Schüler zu fotografieren. 1961 Wechsel zur Zeitung *Učitel'skaja gazeta*. 1965 Bekanntschaft mit Dmitri Wosdwishenski und Beginn der fotografischen Zusammenarbeit. Korrespondentin der Zeitschrift *RT (Radio i Televidenie)*. 1967 Wechsel zum Zentralfernsehen. 1973–90 Stellvertretende Dekanin des Instituts für Journalismus am Haus der Journalisten. Veröffentlichung: *Otraženie* (Reflexion), Moskau 2000.

**Wsewolod Tarassewitsch** 1919–1998. Abschluss des Leningrader Instituts für Elektrotechnik. Veröffentlichung erster Fotografien in der Zeitung *Leningradskaja pravda* und in der Zeitschrift *Smena*. 1940 Fotokorrespondent der Fotochronik der TASS. 1941–45 Fotokorrespondent der Politverwaltung der Nordwestfront, danach der Leningrader Front; viele Aufnahmen von Leningrad während der Blockade. 1945 Fotokorrespondent der Zeitung *Večernij Leningrad*; 1949 Umzug nach Moskau und Tätigkeit beim Fotodienst der WDNCh. In den 50er Jahren Fotokorrespondent der Zeitschrift *Sovetskaja ženščina*; ab 1961 bei der Presseagentur Novosti (APN), wo er bis zur Rente arbeitet. Veröffentlichungen: *My fiziki* (Wir sind Physiker), Moskau 1976 und in: *Antologija sovetskoj fotografii* (Anthologie der sowjetischen Fotografie), Band 2, Moskau 1987, S. 96–101.

**Abisag Tüllmann** 1935–1996. Nach begonnenem Studium der Innenarchitektur an der Hochschule für Gestaltung in Ulm in den 50er Jahren Volontariat bei verschiedenen Fotografen. Freiberufliche Bildjournalistin in Frankfurt/M für die Zeitschriften *Magnum* (1961–65) und *Publik* (1968–71). Chronistin der Studentenbewegung in Deutschland; außerdem tätig als Theaterfotografin; ab 1966 Zusammenarbeit mit Claus Peymann. In den 70er und 80er Jahren an verschiedenen Hochschulen als Dozentin für Reportagefotografie tätig (Kassel, Mainz, Frankfurt/M, Hamburg, Berlin). Veröffentlichung: *Abisag Tüllmann. Photographien*, Ausst.-Kat. Museum für Moderne Kunst, Frankfurt/M 1995.

**Maurice Weiss** geb. 1964, lebt in Berlin. 1989 Studium von Foto, Film, Design in Dortmund; seit 1991 freiberuflicher Fotograf; 1995 Mitglied von OSTKREUZ Agentur der Fotografen. Veröffentlichung in: *Östlich von Eden. Von der DDR nach Deutschland, 1974–1999*, Hg.: OSTKREUZ Agentur der Fotografen, Wien 1999.

**Wladimir Wjatkin** geb. 1951, lebt in Moskau. Arbeitet 1968 als Laborant in der Presseagentur Novosti (APN); 1970/71 Schüler des Fotografen W.A. Malyschew; 1978, nach Abschluss der Fakultät für Journalismus an der Moskauer Staatlichen Lomonossow-Universität, Fotokorrespondent der Presseagentur Novosti (APN). 1986 erhält er den Preis Goldenes Auge und die Goldmedaille der Ausstellung *World Press Photo* in Holland. Veröffentlichung in: Almanach *Foto–89*, Moskau 1989, S. 86–93.

**Dmitri Wosdwishenski** geb. 1942, lebt in Moskau. In den 60er Jahren Abschluss des Moskauer Gubkin-Instituts für Erdöl und Gas. 1965 lernt er Nina Swiridowa kennen, Beginn der fotografischen Zusammenarbeit. Arbeit bei der Zeitschrift *Sem'ja i škola*; 1970 Fotoreporter und Bildredakteur bei der Zeitschrift *Kul'tura i žizn'*, anschließend im Verlag Plakat, wo er bis zu dessen Zusammenbruch in den 1990er Jahren arbeitet. 1973–90 stellvertretender Dekan des Instituts für Journalismus beim Haus der Journalisten. Veröffentlichung: *Otraženie* (Reflexion), Moskau 2000.

**Benno (Benedikt Heinrich) Wundshammer** 1913–1986. 1930–34 Ausbildung als Reproduktions- und Tiefdruckfotograf bei der *Kölnischen Zeitung*, daneben Ausbildung in Fotografie und Werbegrafik in der Kölner Werkschule. 1935–37 Bildberichterstatter bei der *Kölnischen Zeitung*; 1939–45 Luftwaffen-Kriegsberichterstatter der Kompanie Nr. 1; Veröffentlichungen in *Signal*; 1947–57 bei der *Revue*; 1957–70 bei *Quick* tätig. Arbeitet ab 1970 als freier Fotograf. Veröffentlichung in: *Report der Reporter. Wie sie zu ihren Fotoerfolgen kommen*, Hg.: Franz H. Mösslang, Seebruck a. Chiemsee 1964.

**Günter Zint** geb. 1941, lebt in Hamburg. 1959 Volontariat bei der dpa; Ausbildung zum Bildjournalisten und Redakteur; arbeitetet für *Quick* und *Twen*. Lebt 1963–66 in Schweden und England; nach seiner Rückkehr nach Deutschland für den *Spiegel* tätig; seit 1969 freier Pressefotograf in Hamburg; Mitbegründer der *St. Pauli Nachrichten*. Veröffentlichung: *... und auch nicht anderswo! Die Geschichte der Anti-AKW-Bewegung*, Hg.: Redaktion Atom-Express. Mit Fotos von Günter Zint, Göttingen 1997.

Zu Heinrich Burger, Fjodor Rubaschkin, W. Serow und Eberhard Troeger ließen sich leider keine biografischen Angaben ermitteln.

*Biografien der russischen Fotografen: Sergej Burassowski;*
*Biografien der deutschen Fotografen: Jule Reuter*

*Einzugsfeier*, Moskau, 1950er Jahre

Viktor Achlomow, Moskau: 60/4, 66/1, 66/3, 66/4, 82/1
Anna Altschuk, Moskau: 247 li.o.
AP-Photo: 75/4, 288 li., 342 li.u.; Archiv: 263 re.; Thomas Kienzle: 40; Kurt Strumpf: 318 Mi.; Alexander Zemlianichenko: 365 li., 374 li.
Architekten von Gerkan, Marg & Partner, Hamburg, F.: Christian Gahl: 386 re.u.
Archiv Architektenteam Chasanow/Nagowizyn/Kontschelli, Moskau: 180 li.o.
Archiv Architektenteam J. Gnedowski/Krassilnikow/Solopow/Gawrilowa/S. Gnedowski, Moskau: 180 li.u.
Archiv Architektenteam Kusmin/Possochin/Tchor/Assadow/Sirota/Schitowa/Geleta, Moskau: 179 re.u.
Archiv Architektenteam Woltschok/Bassarija/Jersowski/Kanunnikow/Krymowa/Medwedew/Medinski/Nikulina und Melitonjan, Moskau: 179 re.o.
Archiv Autorenkollektiv Kisseljow/Labutin/Chaikin/Schabanow/Kaftanow Computergraphik, Moskau: 180 re.
Archiv Christiane Bauermeister, Berlin: 250 li.
Archiv Larissa Dudina: 215
Archiv Galerie Gelman, Moskau: 123 li.
Archiv der Galerie auf der Kaschirka, Moskau / Archiv Gesellschaft Memorial, Moskau: 64 re.o., 64 re.u., 65 li., 65 re., 68, 70 (beide)
Archiv Andrej Kaftanow, Moskau: 177 (alle), 349 Mi., 375 li.
Archiv für Kunst und Geschichte, Berlin: 82/2
Archiv Sergej Nekljudow, Moskau: 315 re.
Archiv Jelena Semjonowa, Moskau: 37, 38 li., 43, 46, 62 li.o., 62 li.Mi.
Archiv A. Skokan, Moskau, F. A. Konowaltschik: 181
Archiv Sohm, Staatsgalerie Stuttgart, F.: Hartmut Record: 296
Archiv Alexander Tarassow, Moskau: 122, 122, 125 re.
Archiv Theater auf der Taganka, Moskau: 216–217 (alle)
Archiv Vereinigung 17. Juni 1953 e.V., Weil: 45 (beide)
Archiv Martin Wörner, Stuttgart: 285/3
Archiv und Sammlung Prof. G. Peichl, Wien: 345 li.
Ursula Arnold, Berlin: 55/6
© Thomas Aurin: 219, courtesy Archiv Theater heute

© David Baltzer / ZENIT, Berlin: 222, 361 Mi.
© Georg Baselitz, Derneburg 2003 (Museum Ludwig Köln), F.: Jochen Littkemann, Berlin: 298
Basis-Film Verleih GmbH: Berlin, 210 li.
Nike Bätzner, Berlin: 9, 131, 159, 174 (beide), 176, 190, 193, 293 li., 326 re., 389; Originalfotografie im Staatsarchiv für politische Geschichte, Moskau: 330 li.; 371 li. / © Micha Ullman
© Sibylle Bergemann / OSTKREUZ: 80/2, 258/1
Berlinische Galerie, Landesmuseum für Moderne Kunst, Photographie und Architektur, Architektursammlung: 172; Photographische Sammlung, Repro: Markus Hawlik: 29/2, 372 Mi. Textkasten; © Gerda Krüger: 32/2; © Filip Marco, 29/5, 32/6, 35/3; © Henry Ries: 34/1
Werner Bethsold, Berlin: 229, 231
*Hauptstadt Berlin, Ergebnisse*, Berlin 1960, S. 13, Bibliothek Helmut Geisert: 287 li.o.
Bildarchiv Preußischer Kulturbesitz, Berlin 2003: 36, 59/1, 59/2, 275/2–3, 275/5, 295/11, 306 li.; Abisag Tüllmann Archiv: 75/5; Will McBride: 42/3, 285/4; Ernst Grossar, 12.09.1955: 278 li.o.; Herbert Hensky: 44 li.,164/1–2; Hanns Hubmann: 106/1; Gerhard Kiesling: 164/3; Rolf Koehler: 165/1, 165/3; Klaus Lehnartz: 295/8, 344 re.; Jochen Moll: 72/8; Hilmar Pabel: 72/7; Carl Weinrother: 269 li.o.; Benno Wundshammer: 275/4; Günter Zint: 92/2–3: 332 li.
BILDERBERG / Hans-Jürgen Burkhard, Hamburg: 272 li.
Wladimir Bogdanow, Moskau: 188/1, 188/3
Wilfried Böing, Berlin: 367
Sergej Borissow, Moskau: 173/3
Jörg Boström, Berlin: 87/3–4
Einladungskarte zur Ausstellung *KP Brehmer »Alle Künstler lügen«*, Kassel 1998: 308
The Bridgeman Art Library, London (Hamburger Kunsthalle): 144 re.
Alexander Brodski, Ilja Utkin: Moskau, 341 li.
Bundesarchiv, Berlin: Repro: Elke A. Jung, Bild 183 / G0418/16/1: 363 re.; Stiftung Archiv der Parteien und Massenorganisationen der DDR: 263 li.u.
Bundesarchiv-Filmarchiv, Berlin: 211 (alle), 212 li. (beide); Repro: Elke A. Jung-Wolff, 202 li.o. © Olaf Schittko; 202 li.Mi., 269 li.u.; © Gosfilm, Moskau: 197 re.; © Kirch Media, München: 265, 277 li.; © Mosfilm, Moskau: 200 re., 202 li.u.
Bundesarchiv Koblenz, Bild-Nr. 183/54 348 5 N: 272 re.

© Robert Capa / Magnum Photos / Agentur Focus: 29/3, 33/4
© Henri Cartier-Bresson / Magnum Photos / Agentur Focus: 178/3–5, 182/1, 182/3
CCC Filmkunst, Berlin: 212 re. (beide)
Valentin Christoforow, Igor Valentin: 355
Alexej Chwostenko, Moskau: 246 li.
Cinetext Bildarchiv, Frankfurt/M, Still: Filmmuseum Berlin – Stiftung Deutsche Kinemathek, Berlin: 293 re., 335 li.u.

Deutsche Film- und Fernsehakademie, Berlin: 209 re.o.
Deutsche Fotothek, Dresden / Erich Höhne/Erich Pohl: 32/1
Deutsches Historisches Museum - Bildarchiv, Berlin, 267 li.o.; Gerhard Gronefeld: 29/6, 32/3–4, 35/2, 285/1; Werner Kohn: 72/2
Deutsches Rundfunkarchiv Potsdam-Babelsberg / Vent: 289
Deutsches Theatermuseum München, Archiv Ilse Buhs: 218 re.; Archiv Roswitha Hecke: 321 li. Textkasten; Archiv Willy Saeger: 218 li., 220 re.u., 277 re.; Archiv Hildegard Steinmetz: 273
*Deutschland erwacht. Werden. Kampf und Sieg der NSDAP*, Hg.: Zigaretten-Bilderdienst Hamburg-Bahrenfeld, Harburg 1933, S. 39: 197 li.
Frontispiz der von H.G. Evers 1950 herausgegebenen Publikation zum Darmstädter Gespräch *Das Menschenbild in seiner Zeit*, aus: *Deutschlandbilder*, Ausst.-Kat. Berlin 1997: 267 re. Textkasten
documenta Archiv, Kassel, F.: Günther Becker: 278 Mi., 288 Mi.
dpa: 129, 280, 310/5; Andreas Altwein: 365 re.; Getty Platt: 384 li.; Lehtikuwa Oy Podd: 128

EgoliTossell Film AG/The Hermitage Bridge Studio: 387
© Tim Eitel, courtesy Galerie EIGEN + ART Leipzig/Berlin, © Uwe Walter: 143 re.
ex.oriente.lux, Berlin: 204 re.

Familienarchiv Naum Granowski, Moskau: 183, 288 re., 316 re., 397
Juri Feklistow, Moskau: 188/2
Hans-Peter Feldmann, Düsseldorf: 146 re.
Filmmuseum Berlin - Stiftung Deutsche Kinemathek, 201; © Columbia TriStar, Los Angeles: 301 re.; © Filmverlag der Autoren, Leipzig: 199; © Friedrich-Wilhelm-Murnau-Stiftung, Vertrieb: Transit-Film GmbH, München: 200 li.; © Gosfilm; Moskau: 197 re.; © Beat Presser, Basel: 339 Mi.; © Waltraud Zech: 323, li.
Arno Fischer, Berlin: 47/1–6
Bruno Flierl, Berlin: 161 (beide), 166 li.o.,168 li.o., 171 re.u.
Klaus Frahm/artur, Köln: 343, 349 re.

©Else Gabriel, © Andreas Rost: 346 re.
Galerie Alex Lachmann, Köln: 29/7, 50, 59/3
Courtesy Galerie Vostell, Berlin, F.: Jürgen Müller-Schneck: 303 li.o.
Frank Gaudlitz, Potsdam: 102/1–4
Rimma Gerlowina, Moskau: 245 li.
Nikolai Glaskow, Moskau: 244
Ilja Glasunow, Moskau: 138
Gosfilmofond, Moskau: 195, 205 re.u., 206, 291, 297 li.u., 305 li., 329
Gosteleradiofonds, Moskau: 196, 321 li.
Naum Granowski, Moskau: 270 re.o., 307, 320 Mi.
Andrej Gratschow: 384 Mi.

© Hans Haacke, New York, F.: Roman Mensing, Münster: 368 re.
Hamburger Theatersammlung, © Bettina Clausen (Rosemarie Clausen): 287 re.; © G. Pagenstecker, Bremen: 305 re.
Haus der Fotografie, Moskau: 59/4, 60/1–2, 69/1, 81/2, 93/1–2, 103/4, 103/6, 120/2, 182/5, 188/4, 258/3, 258/4, 274/3, 355/1
Haus der Geschichte, Bonn: 271 li., 281 li., 336 li., 340 Mi.Textkasten
Hausgemeinschaft Admiralstraße 15, Berlin: 336 Mi.
Robert Häusser, Mannheim: 325 li.
© Harald Hauswald / OSTKREUZ, Berlin: 189/1, 254/2–3, 350
Walter Heilig, Berlin: 32/5, 42/2
Elisabeth Henrichs, Berlin: 345 Mi.
Ralf Herzig, Berlin: 98/3–5
© Thomas Hirschhorn, courtesy Barbara Gladstone Gallery, New York City, © Werner Maschmann, Kassel: 147
Homeproductions GmbH, Berlin: 208 li.
Werner Huthmacher, Berlin: 385 Mi. Textkasten

*Internationale Lichtrundschau* (ILR) , Amsterdam 1958: 282 li.
© Jörg Immendorff, courtesy Collection Van Abbemuseum, Eindhoven: 143 li.
Inspektion »Medizinische Hermeneutik«, Moskau: 191 li.
Institut für Regionalentwicklung und Strukturplanung (IRS), Erkner: 163 re. o., 270 re.u.
ITAR-TASS, Moskau: 284/1, 312 li., 314, 332 Mi., 341 re., 344 li., 352 li.u., 364 li.o., 382 li.; Anatoli Batanow/Valentin Mastjukow: 284/2; Juri Belinski: 369 re.; Waleri Christoforow: 340 li., 362 re.u., 362 re.o.; Alexander Daniljuschkin: 378 re.; Konstantin Dudtschenko: 298 li.u.; Gennadi Hameljanin: 362 li.u.; Oleg Iwanow: 326 li. außen; Alexander Jakowlew: 385 re.; Wassili Jegorow: 48; Grigori Kalatschjan: 322, 342 li.o.; Boris Kawaschkin: 326 li. innen; Boris Klipinizer: 320 li.; Alexander Konkow: 287 Mi., 311; Igor Koschelkow: 284/3; Eduard Kotlakow: 338 re.; Valentin Kusmin: 346 li.u., 362 li.o.; Juri Lisunow: 364 re.u.; Nikolai Malyschew: 377 li.; Sergej Mamontow: 364 re.o.; Valentin Mastjukow: 292 li.o., 325 re., 330; Valentin Mastjukow/Wladimir Sawostjanow: 281 re.; Waleri Matyzin: 370 li.; Sergej Meteliza: 334, 335 Mi.; Anatoli Morkowkin: 364 li.u.; Juri Murawin/Juri Tumanow: 292 li.u.; Wladimir Mussaeljan: 338 li.; Wladimir Mussaeljan/Jewgeni Kassin: 309 u.; Wladimir Mussaeljan/Eduard Peskow: 374 re.; Genadi Polow: 323 re. Textkasten; Alexej Puschkarew: 324; Alexander Sabrin, Moskau: 344 Mi.; Martyn Schachbasjan: 352 li.o.; Alexander Senzow/Alexander Tschumitschow: 380 li.; Valentin Sobolew: 304, 366 li.; Alexej Solowjow: 358 li.; Igor Sotin: 369 li. ; Michail Strokow: 337; Waleri Sufarow: 346 li.o.; Viktor Welikshanin: 376 li. Textkasten

© Max Jacoby / argus fotokunst, Berlin: 55/2
Jane Vorhees Zimmerli Art Museum, Rutgers, The State University of New Jersey, The Norton and Nancy Dodge Collection of Nonconformist Art from the Soviet Union, F.: Jack Abraham: 135
© Viktor Jekimowski / Archiv Rexroth, Berlin: 227
Jüdisches Museum Berlin, F.: Jens Ziehe, Berlin: 380 re.
Ruslan Jussupow, Moskau: 360 Mi., 382 re.

© Allan Kaprow, courtesy Archiv René Block, Berlin: 314 re.

© Andreas Kämper / OSTKREUZ, Berlin: 189/4
Boris Kawaschkin, Moskau: 358 re.
KEYSTONE, Gerhard O. Aeckerle: 290 li.; Brigitte Hermann: 310/1
© Barbara Klemm / Frankfurter Allgemeine Zeitung, Frankfurt/M: 81/3, 88/1, 92/1, 92/4, 102/5, 103/1, 103/5, 106/2, 173/1; 173/4 / © Christo & Jeanne-Claude; 253, 354 Mi., 354 re., 355/2, 359/3–4, 363 li.
Ute Klophaus, Wuppertal: 145 re.o.
© Alexander Knaifel, courtesy Archiv Rexroth, aus: Programmheft *Frankfurt Feste, 92*, Alte Oper Frankfurt: 228
Helga Kneidl, Berlin: 323 Mi.
Wjatscheslaw Kolejtschuk, Moskau: 59/6, 187 li.
Georgi Kolossow, Moskau: 120/4
© Nicolai Korndorf, courtesy Archiv Rexroth, Berlin: 226
Korneon Records, Nürnberg / Alex Hartmann, Berlin: 127
© Josef Koudelka / Magnum Photos / Agentur Focus, Hamburg: 67/1–5
Wolfgang Krolow, Berlin: 254/4
© Christina Kubisch, Dahlwitz-Hoppegarten, F.: Jens Ziehe: 375 Mi. Textkasten
*Ich lebe, ich sehe. Künstler der 80er Jahre in Moskau*, Kunstmuseum Bern 1988: 249 li.
Kunstsammlung Nordrhein-Westfalen, Düsseldorf, © Walter Klein: 286
Kupferstichkabinett, Staatliche Museen zu Berlin, F.: Jörg P. Anders: 19, re.u.
Oleg Kulik: 372 re.
Sergej Kusnezow, Dresden: 355/3

Landesarchiv Berlin: 25, 44 re., 275/1, 297 li.u.; Klaus Lehnartz: 301 li., 312 re., 314 li., 320 re.; Thomas Platow: 381 li.; Henry Ries: 34/2–6, 35/1, 35/4; Karl-Heinz Schubert: 309 Mi.o.; Horst Siegmann: 283, 294/6, 295/9
Karl Ludwig Lange, Berlin: 99/1–2
Bernard Larsson, München: 54/1–5, 55/3–4, 72/3–6
Alexander Lawrentjew, Moskau: Frontispiz, 23, 213, 235, 261
Nikolai Lawrentjew, Moskau: 59/5, 133, 182/2
Robert Lebeck, Berlin: 31
Manfred Leve, Nürnberg: 232–234 (alle)

© Ute Mahler / OSTKREUZ, Berlin: 359/2
© Werner Mahler / OSTKREUZ, Berlin: 87/1–2
Igor Makarewitsch, Moskau: 336 re.
Werner Maschmann, Kassel: 386 Mi.
© Will McBride / argus fotokunst, Berlin: 55/1
Lew Melichow, Moskau: 351, 381 re., 386 re.o.
Roger Melis, Berlin: 81/1, 82/4
Mokèp C. Hungarofilm Division, Budapest: 204 li.
Andrej Monastyrski, Moskau: 247 (beide)
Mosfilm, Moskau: 7, 205 re.o.
Igor Muchin, Moskau: 62 li.u., 62 re.o., 62 re.u., 116 (beide), 117 (alle), 119 (alle), 123 re., 124, 125 li., 184 re., 185 (beide)
Museum für Moderne Kunst, Frankfurt/M, F.: Axel Schneider: 141 (alle)

Wsewolod Nekrassow, Moskau: 245 re.
Neues Deutschland, ND-Archiv, Berlin / Heinz Schönfeld: 186

Öffentliche Kunstsammlung Basel, F.: Martin Bühler: 139
Erik-Jan Ouwerkerk, Berlin: 109 (beide), 110 (beide), 111, 166 li.u., 168 (alle), 169, 349 li., 379 li.

© Nam June Paik, courtesy Kunsthalle Bremen: 145, re.u.
Igor Palmin, Moskau: 136, 137
Panorama Museum, Bad Frankenhausen, © Marion Murza (Gerhard Murza), Berlin: 348
Helga Paris, Berlin: 254/1
© A.R. Penck, Courtesy Galerie Michael Werner Köln und New York: 303 Mi.
Petersburger Dialog, Berlin: 41
Philips Company Archives, Eindhoven: 285/3

PICTURE PRESS / Stern, Hamburg: 75/3, 315 Mi., C.W. Schmidt-Luchs: 290 re.u.
Polizeihistorische Sammlung, Berlin: 294/1–5,
Presse- und Informationsamt der Bundesregierung / Bundesbildstelle, Berlin: 327
Pressefoto und Bildarchiv Siegfried Pater, Bonn: 241, 242
Kelly Price / Polaris Images, New York: 113
Dmitri Prigow, Moskau: 249 re.
Privatsammlung: 243 re. / © Komar & Melamid; 315 re.
Privatsammlung, Moskau: 28/5, 29/4, 33/3, 178/1–2, 182/4, 284/4, 378 re.
prokino plus, Berlin: 379 re.

Jule Reuter, Berlin: 377 re.
Reuters / e-Lance Media / Goran Tomasevic: 192
Rheinisches Bildarchiv Köln: 140 (Museum Ludwig); Chargesheimer: 164/4, 165/2
Evelyn Richter, Dresden: 80/1, 258/2
© Gerhard Richter, Leihgabe von PIN. Freunde der Pinakothek der Moderne München: 144 li.
Heinrich Riebesehl, Hannover: 300 re.
© Pipilotti Rist, courtesy Galerie Hauser und Wirth, Zürich und Luhring Augustine, New York, F.: Vera Isler: 146 li.
Road Movies Filmproduktions GmbH, Berlin: 208 re., 209 re.Mi., 209 re.u.
Karin Rocholl, Hamburg: 373
Roger-Viollet, Paris: 310/3
Frank Roland-Beeneken, Grips Theater Berlin: 347
Inge+Arves von der Ropp, courtesy Architektenbüro Böhm, Köln: 309 re.
Andreas Rost, Berlin: 121/1–3
© Jens Rötzsch / OSTKREUZ, Berlin: 98/1–2, 189/2–3, 383 li.
Lev Rubinstein, Moskau: 248
Russische Staatliche Bibliothek, Moskau / K. Iwanow: 133
Russisches Staatliches Archiv für Kinofotodokumente (RGAKFD), Moskau: 263 li.o., 266 li.u., 274/5, 300 li., 310/4; Fjodor Kislow: 266 li.o., 270 li.o.; Oleg Knor- ring: 268 li.o.; Nikolai Petrow: 63; Waleri Schachowski: 274/1; Jewgeni Schulepow: 278 li.u.; Nikolai Sitnikow: 61 (beide); Anatoli Skurichin: 276 li.
Russisches Staatsarchiv für Literatur und Kunst (RGALI), Moskau: 49, 357 re.

saai – Südwestdeutsches Archiv für Architektur und Ingenieurbau / Eberhard Troeger: 285/2
Alexander Sabrin, Moskau: 223–225 (alle), 319 re., 366 Mi., 370 Mi.
Sächsische Landesbibliothek – Staats- und Universitätsbibliothek Dresden, Abteilung Deutsche Fotothek / Erich Höhne/Erich Pohl: 32/1
Sammlung Familie Chaldej, Moskau: 28/1–4, 29/1
Sammlung Familie Jewserichin, Moskau : 274/6
Sammlung T. W. Martynowa, Moskau: 173/2
Sammlung Ju. Rybtschinski, Moskau: 88/2
Sammlung Je. Schumilowa, Moskau: 82/3
Genrich Sapgir, Moskau: 246
Günter Schneider, Berlin: 295/12
Erasmus Schroeter, Leipzig: 151–154 (alle)
*Städtebau und Architektur*, Bericht 16, Senatsverwaltung für Bau und Wohnungswesen, Berlin 1992, S. 6: 166 re.u.
Senatsverwaltung für Stadtentwicklung, Berlin: 162, 163 u.
Katharina Sieverding, Düsseldorf, F.: Uwe Walter: 366 re.
© Roman Signer, F.: © Roman Mensing, Münster / artdoc.de: 376 re.
Sven Simon, Essen: 243 li.
Oleg Smirnow, Moskau: 88, 103/2–3, 188/5, 355/4–5
Sony Music, Berlin: 331, 353
Sprengel Museum Hannover, F.: Michael Herting/Aline Gwose: 264 re. / © Elisabeth Nay-Scheibler
Staatliche Museen Kassel:145, re.Mi.
Staatliche Tretjakow-Galerie, Moskau: 264 li., 268 li.u., 276 Mi.

Staatliches Archiv der Russischen Förderation (GARF), aus: Bildband zum Bau der Sowchose *Traktorist*, Gebiet Karaganda, Moskau, 1954: 57, 58
Staatliches Museum für Theater- und Musikkunst, St. Petersburg: 250 re., 251 (beide), 335 re.
Stadtbauamt Berlin-Ost, Archiv Berlinische Galerie, F.: Dutschmann, 167
Stadtmuseum Schloss Hoyerswerda, Hoyerswerda, F.: Ulrich Noack: 290 re.o.
© Uwe Steinberg Nachlaß / argus fotokunst, Berlin: 55/5, 80/3
Mike Steiner, Berlin: 326 Mi.
Hans Peter Stiebing, Berlin: 352 re.
Stiftung Archiv der Akademie der Künste zu Berlin, Archivabteilung Baukunst, 319 li.; Hermann Henselmann (120.23.847, F.27): 163 re.u.; Hans Scharoun WV 212/1: 166 re.o.; Archivabteilung Darstellende Kunst, Erwin-Piscator-Sammlung 132: 299
Waleri Stignejew, Moskau: 60/3, 81/4, 120/1, 120/3
Rudi Stöhr, Greiz: 328 li.
Roland Stratmann, Berlin: 187 re., 388
Klaus Stuttmann, Berlin: 171 re.o.
Nina Swiridowa, Dimitri Wosdwishenski: 134

Alexander Tokarev, Berlin: 18–22 (außer 19 re.u.)
Transit-Film, München: 210 re.

ullstein bild, Berlin, 75/2 dpa (85): 328 Mi. Textkasten; Wolfgang Bera: 295/10; Heinrich Burger: 75/1; Joachim G. Jung: 310/2; Klaus Lehnartz: 72/1
UPI Photo Archives, Washington DC: 42/1

Verband der Fotokünstler Russlands, Moskau: 33/1–2, 66/2
*Die Mauer spricht*, Hg.: Verlag Haus am Checkpoint Charlie, Berlin 1990, o.S.: 295/7
Verlag Philipp Reclam jun. Leipzig: 238, 240 (alle)
Verlagsarchiv Haude & Spener, in: Bodo Rollka/Klaus-Dieter Wille *Das Berliner Stadtschloss*, Berlin 1993, S.78–79: 170
© Günter Vierow, courtesy Archiv Theater heute: 220 re.o.
Vitra Management AG, Birsfelden, ©Thomas Dix: 356 re. 357, li.

Sasha Waltz, Berlin: 383 Mi.
Ruth Walz, Berlin: 220 re.Mi., 333
Maurice Weiss / OSTKREUZ, Berlin: 99/3–4, 359/1
*Agit 883* (1969) aus: *Nilpferd des höllischen Urwalds*, Ausst.-Kat. Werkbundarchiv, Berlin 1991: 73
© Martin Westphal, Studio Pepperland, München: 255
Wissen Media Verlag, Gütersloh 1997: 282 Mi.
Ulrich Wüst, Berlin: 11–17 (alle)

Zentraler Ausstellungssaal Manege (MGWS) / Waleri Schustow: 302 li.
Zentrales Archiv für audiovisuelle Dokumente von Moskau (ZAADM), Moskau, 69/2; Wassili Jegorow: 38 re.o., 38 re.u., 298 li.o.; Alexander Konkow: 303 li.u.; Jewgeni Kassin: 287 li.u.; Georgi Korabelnikow: 306; Alexander Moklezow: 279; Valentin Sobolew: 39, 316 li., 318 li.; Michail Trachman: 184 li.
Werner Zellien, Oslo: 148–149 (alle) 149 re. © Jannis Kounellis; 191 re. / © Krzystof Wodiczko; 361/li.
Zentrales Staatliches Archiv für Kino- und Fotodokumente (ZGAKFD), Krasnogorsk: 274/2, 274/4
Zentrum für zeitgenössischen Kunst (ZSI) Moskau: 155–157 (alle)

UKW 92,4
RADIOkultur
Das Kulturradio des RBB